P. G. O'NEILL

JAPANESE NAMES

A Comprehensive Index by Characters and Readings

WEATHERHILL, INC.

New York & Tokyo

First edition, 1972
First paperback edition, 1989
Fourth printing, 1995

LCC Card No. 70-157274   ISBN 0-8348-0225-2

Japanese Names

日本地名人名辞典

TABLE OF CONTENTS

PREFACE

There is no final or complete solution to the problems of reading Japanese names written in Chinese characters. Such characters usually have special name readings which are distinct from the readings of the characters in their ordinary meaningful usages and therefore have to be learned separately. Virtually all these characters have more than one recognized name reading, and may have other unpredictable ones as well; and the difficulty of choosing the appropriate reading for a particular name may be compounded when, as is usually the case, it is written with two or more characters. Then the same combination of characters may have to be read differently according to whether it refers, for example, to a person, a place, or a literary work. Finally, the same characters referring to the very same person or thing should sometimes ideally be read differently according to the situation or context in which they are used.

It is therefore not surprising that, faced with such complexity, the Japanese should regard possible but mistaken readings with equanimity. It is usually only in speech, however, that they have to commit themselves to a particular reading of a name, for, when writing in their own language, they can leave the name in the obscurity of its characters. Japanese names are thus less of a practical problem for the Japanese themselves than they are for most other people who are concerned with Japan.

The present index is intended to help with the problem of reading Japanese names within the limits of what is feasible. It aims to be comprehensive, for example, but cannot in the nature of things hope to be complete. The impossibility of completeness can be realized from the fact that, while 300 Chinese characters with only one reading each could provide nearly 90,000 possible two-character names, this index contains nearly 3,000 different characters used in names. Nearly all of these have two or more name readings each, and many of them can be used alone as single-character names as well as in combinations with other characters.

The index is comprehensive, then, in the sense that it covers a wide range of Japanese names, some 36,000 in all, and is in two parts to provide both the readings of names written in characters and the characters for known names. It also has been designed to reduce the problems of choosing one from a number of possible readings for the same character or characters by 1) giving the names of nearly 7,000 individuals of literary, historical, or artistic importance; 2) identifying the broad category of every name reading so that the appropriate one can be chosen when alternative readings are in different categories; and 3) giving alternative name readings within the same category in a descending order of frequency so that the first reading in each category is normally the most likely one.

Then, too, each character listed is followed by its name readings as a single character and also by its main name readings when used in combination with other characters, again in descending order of frequency. This means that, by combining the first readings given for the various characters of a name, its most likely reading can in many cases be found even if the name is not listed as a separate entry.

The index was thus compiled to provide the certain readings of most of the names

likely to be met in normal circumstances and to give the most probable readings for others.

The 36,000-odd names covered by each of the two parts are made up as follows: 13,500 surnames; 11,000 personal names; 6,800 literary, historical, and artistic names; 4,400 place names; and 300 Japanese era names (*nengō*). These names were collected from a variety of sources, but most of them were obtained by taking all the appropriate name entries from the following main sources:

Araki R. (ed.), *Nanori jiten* (Tōkyōdō, 1959)
Fujiki, K. (ed.), *Nihonshi shōjiten* (Gakuseisha, 1960)
Gillis and P'ai, *Japanese Personal Names* (Peking, 1940)
————, *Japanese Surnames* (Peking, 1939)
Hisamatsu, S. et al. (ed.), *Gendai Nihon bungaku daijiten* (Meiji Shoin, 1965)
Ienaga, S. et al. (ed.), *Nihonshi* (Iwanami Shōjiten series, 1957)
Kataoka, R. (ed.), *Nihon bungaku: kindai* (Iwanami Shōjiten series, 1958)
Nihon bunken chizu (Nitchi Shuppan, 1964)
Takaki, I. (ed.), *Nihon bungaku: koten* (Iwanami Shōjiten series, 1955)

These sources were then supplemented from the Tokyo telephone directory and a list of personal names intended to help parents to choose names for their children, thus trying to ensure that no common surname or personal name had been missed, and from listings of unusual literary, historical, and geographical name readings in a number of reference works, which were also used to decide doubtful or conflicting readings. Such supplementary sources included the following:

Daijiten, 26 vols. (Heibonsha, 1934-35)
Engeki hyakka daijiten, 6 vols. (Heibonsha, 1962)
Fujimura, T. (ed.), *Nihon bungaku daijiten,* 8 vols. (Shinchosha, 1952-53)
Haga, Y., *Nihon jinmei jiten* (Ōkura Shoten, 1914)
Koop and Inada, *Japanese Names and How to Read Them* (Eastern Press, 1923; Routledge and Kegan Paul, 1963)
Nakayama, Y. (ed.), *Nankun jiten* (Tōkyōdō, 1966)
Noma, S. (ed.), *Nihon bijutsu jiten* (Tōkyōdō, 1967)
Ōrui, N. (ed.), *Sekai jinmei jiten: Tōyō hen* (Tōkyōdō, 1967)
Sato, N. (ed.), *Sekai chimei jiten: Nihon Tōyō hen* (Tōkyōdō, 1967)
Yashiro, K. et al. (ed.), *Kokushi daijiten* (Yoshikawa Kōbunkan, 1931)
Yoshida, T. (ed.), *Dainihon chimei jisho,* 7 vols., (Fuzanbō, 1911-13)

My sincere thanks are due to my wife for invaluable help in the laborious task of sorting, collating, and numbering the entries, and to the staff of Weatherhill, under the editorship of Meredith Weatherby, for their care and expertise, which have greatly improved both the content and the presentation of the index.

P. G. O'Neill

London, 1971

EXPLANATORY NOTES

I. Type of Names. The reading of a Japanese name written in characters can vary with the context in which it is used. For example, the same two characters are read Kumano as a surname or place name, but Yuya as the name of a medieval courtesan or the Nō play based upon her life. It is necessary, therefore, to distinguish name readings so that the appropriate one can be chosen in each case.

With the exception of era names, which are identified by the first and last years of the period in question, the different types of names are distinguished from each other in this index by the use of an identifying letter or letters in italics. Since many names belong to more than one category, many surnames and place names in particular being identical, this system of identifying readings has allowed such duplications to be combined into single entries without loss of precision, thus reducing the total number of entries in each part of the index to approximately 32,000.

The category of each entry is indicated in the following manner:

Surnames are followed by the letter *s*. This group consists mainly of ordinary family names, but it also includes some assumed literary or artistic names to which personal names were normally attached when referring to an individual.

Since a surname is an independent element never modified by other group letters showing literary, historical, or artistic associations, the hyphen used between other letters to show that they refer to separate items (see below under *Literary, historical, and artistic names*) has been omitted after *s*. Thus, *sp* means that the reading was found listed as a surname and, quite separately, as a place name too.

Personal names are indicated by the letters *m* and *f*, which show that they are mainly or exclusively male or female respectively.

Place names are indicated by the letter *p*. These include all Japanese prefectures, districts, cities, towns, wards, and villages, as well as the main foreign place names likely to be found written in Chinese characters.

The usual spelling of foreign place names has been given in quotation marks after the romanized Japanese version of the name and the appropriate identifying letter or letters, e.g., 'Kafu *p* "Washington." '

In the few cases where the Japanese reading in question is used for both a Japanese and a foreign place, the usual spelling of the foreign name given within quotation marks is enclosed in square brackets. Thus, 'Kantō *p* ["Kwantung"]' means that Kanto is a Japanese place name and also a foreign place name usually spelled Kwantung.

Literary, historical, and artistic names are indicated by the letters *l*, *h*, and *a*, respectively. When used alone these letters generally signify written works in the case of *l*, *h*, *lh*, and art objects in the case of *a*; but they have also been applied to technical terms, movements, organizations, etc., as appropriate. Such entries have been kept

within limits by omitting in nearly all cases those which are ordinary words or phrases and can therefore be found in the standard dictionaries.

In most cases, however, *l, h,* and *a* will be found in combination with other identifying letters, the main letter being given first. Thus *ml* is a male of literary importance, an author, while *lm* (e.g., Hikaru Genji) signifies a "literary male," that is, a male character in a literary work. A hyphen between identifying letters separates distinct elements (except that, as explained above, a hyphen is not given after *s* because this always indicates a separate element). The entry 'Mitsuko *f l*,' for example, indicates that Mitsuko is a female name and, quite separately, is also of literary importance, being in all probability the title of a literary work.

Most of the entries in this category give both the family and personal names of particular literary, historical, or artistic figures and are therefore followed by *ml, fl, mh, ma, mlh* (a male of both literary and historical importance), etc. Personal names alone are generally followed by such combined group letters only when they can reasonably be taken as exclusive to the persons concerned; that is, when they are assumed names and not ordinary ones likely to be used by other people. Thus, in the case of the writer Natsume Sōseki, his ordinary personal name of Kinnosuke is followed only by *m*, while his assumed literary name of Sōseki is followed by *ml*.

In the names of literary and historical works, the very common final elements *monogatari* ("tale"), *nikki* ("diary"), etc., are omitted unless needed to distinguish the particular entry or unless the full name forms part of a following entry (e.g., *Ise monogatari* followed by *Ise monogatari ketsugishō*).

In the case of the names of non-Japanese persons, the usual spelling has been added in quotation marks, in the same way as for foreign place names. Thus, 'Kōshi *mlh* "Confucius" ' means that Kōshi is a man of literary and historical importance who is generally known as Confucius.

Era names are distinguished by quoting the first and last years of the period to which they refer, e.g., 'Tokuji 1306-08.' (Since the second year of Tokuji is thus 1307, it will be seen that the Western year can be found by adding the year of the era in question to the year *preceding* the first date given.)

Occasionally era dates will be found after an identifying letter, e.g., 'Bunji *m* 1185-90.' This signifies that Bunji is a male name and also the name of the era 1185-90.

The purpose of this system of identification is to show the type of person or thing for which a particular reading is used. The category given will be the most common, and usually the only, application of the reading in question, but the description of the names are not always exhaustive. Some names described only as *s*, for example, may be found also as place names, and vice versa. What the identifying letters show are the categories in which the readings were found within the source material.

In both parts of the index, identifying letters also apply to all following names until a semicolon or the end of the entry is reached. In other words, readings separated by only a comma are of the same type.

For a recapitulation of these identifying letters, see the table on page *xvi*.

2. **Romanization.** The romanization used is that of the modified Hepburn system as

found in Kenkyusha's *New Japanese-English Dictionary* (1954 ed.) and recommended in the draft proposals of both the U.S. and British Standards institutions. This form of romanization keeps *n* unchanged before other consonants, including *m, b,* or *p* (e.g., Shinbashi rather than Shimbashi), and it uses the macron for long vowels instead of doubling the vowel (e.g., *ō* instead of *oo*). This means that the basic spelling remains unchanged when, as often happens with common place names or in works for the general reader, no indication of long vowels is given. The following list shows alternative spellings according to other systems of romanization in the left-hand columns and the standard equivalents as used in this index on the right:

di = ji	dzu = zu	-mb- = -nb-
du = zu	gw- = g-	-mm- = -nm-
dy = j-	hu = fu	-mp- = -np-
dzi = ji	kw- = k-	o = ō
oh = ō	ti = chi	wo = o
oo = ō	tu = tsu	ye = e
si = shi	ty- = ch-	zi = ji
sy- = sh-	wi = i	zy- = j-

Many of these variants are examples of early forms of romanization, and some name spellings based on them still have a certain amount of currency. They have not been included in the index, but the following are some of the most common of these, listed with their standard equivalents on the right:

Idzumo = Izumo	Noh = No
Itoh = Ito	Ohno = Ōno
Kohno = Kono	Satoh = Satō
Kwannon = Kannon	Uyeno = Ueno
Kwansai = Kansai	Yedo = Edo
Meidi = Meiji	Yezo = Ezo

Two problems of romanization are particularly intractable, since the pronunciation in these cases often varies from one person to another, or even with the same person at different times. The first of these is the problem of voiced and unvoiced consonants in names (e.g., Osawa/Ozawa, Yanagita/Yanagida, -kama/-gama, -shima/-jima, -hara/-bara/-wara/-ppara, etc.). The principle followed in this index is, in general, to give only the most common reading or, when two or more readings have more or less equal currency, the one with the unmodified consonant, e.g., Kamata rather than Kamada. It should be noted, however, that the sounds liable to this kind of variation (with the alternatives in parentheses) are:

ch (j)
h (b, w, *or* pp)
k (g)
s (z) *except for* sh (j)
t (d) *except for* ts (z)

The second problem is the pronunciation of names with a final vowel written with a separate character and coming immediately after a similar vowel (e.g., Iso-o, Hiro-o, Yu-u, etc.). Some speakers keep the two vowels separate, but often they are pronounced as an unbroken long vowel: Isō, Hirō, Yū, etc. In the index such names have been romanized with double letters, as Isoo, Hiroo, Yuu, etc., but the possibility of the alternative pronunciation and romanization should be borne in mind.

3. Alternative Name Readings. The readings given are basically those shown in the standard reference works. Sometimes, however, it has been necessary to add alternative readings because they are in such wide use. In most of these cases, the reference works give the official readings, but because it is difficult to know the correct readings of personal names, for example, and because the convenience of the shorter Sino-Japanese (*on*) readings of characters often leads to names being pronounced according to the *on* readings of the characters, especially in literary, academic, and artistic circles, two or more readings are sometimes found for the same name.

In Part I such alternatives have been separated by an oblique stroke and the more common alternatives have been given first; e.g., 'Kikuchi Kan/Hiroshi *ml*,' 'Itō Hirobumi/Hakubun *mh*.' In Part II the alternative readings are listed separately according to their alphabetical order.

4. Forms of Chinese Characters. The officially recommended forms of Chinese characters have been used for all *toyō kanji* (Chinese characters in current use) listed in the index, including the 47 recommended for inclusion in the list by the Seventh National Language Commission of Inquiry in December, 1965, and the 31 recommended for omission from the list by the same commission, and for the 92 extra characters approved for use in personal names. All other characters have been used in their full, unsimplified forms as given in Ueda's *Daijiten*, except for just one or two that are virtually never used in their full forms, even in dictionaries, e.g., 餅 has been used in preference to 餠.

The character repetition sign 々 and variant forms of characters, such as 嶋 (for 島) and 閒 (for 間), have been given only when they are used to write the name of a particular person or thing. Thus, Nonomura Sōtatsu is given as 野々村 宗達, and Uchida Hyakken as 内田百閒 because 々 and 閒 are regularly used in the names of the individuals in question.

5. Concerning Part I: From Characters to Readings. There are approximately 3,050 double-sized initial Chinese characters listed in Part I, and they fall into three types: 1) numbered main-entry characters in the approved forms described above; b) numbered old and variant forms of the *tōyō kanji*, with cross-references to the main-entry characters, listed when there is significant difference between the two forms; and c) a few unnumbered characters listed in possible alternative classification groups, with cross-references to the main entries.

Main-entry characters. To make it easier for the index to be used by people without formal Japanese-language training, the use of the traditional radical system of classification is avoided, and the characters are arranged first according to their total stroke count and then according to the way in which constituent elements are put together to form the whole character. This arrangement was developed from the method of grouping parts of characters into left, top, and frame or envelope elements used by Arthur Rose-Innes in his *Beginners' Dictionary of Chinese-Japanese Characters,* and is very similar to that used by Koop and Inada in their *Japanese Names and How to Read Them.**

For those familiar with the name readings of Japanese characters or with the radical system, other means of locating character entries are recommended (see Note 7 below).

Main-entry characters are followed first by their reference number and then, where appropriate, by one of the following small capital letters inside square brackets:

[T] for the 1,850 characters in the original *tōyō kanji* list (except for those coming under [O] below)

[O] for the 31 characters recommended for omission from the list by the National Language Commission of Inquiry in December, 1965

[I] for the 47 characters recommended for inclusion in the list by the same Commission

[N] for the 92 extra characters approved for use in proper names only (except for five characters coming under [I] above)

Next come the name readings for single characters; and finally, within parentheses, come the main component readings of the character (that is, readings used in names only in combination with similar readings of other characters.) Whenever there is a choice of name or component reading, the first one listed within a particular group is the most common reading.

Arrangement of name readings. When there are two or more possible name readings for the same character or characters, the most common one is given first. This is followed by other name readings in the same group and then by the name readings in the other groups, also as far as possible in descending order of frequency of use.

Arrangement of component readings. The standard Sino-Japanese (*on*) readings are given first in small capitals. They are followed in lower-case type by the other readings for which the character may be found used in names, consisting mainly of the native Japanese (*kun*) readings but including some variants or corruptions of the *on* readings. The readings are given as far as possible in descending order of priority.

*See the introductory sections of this latter work for detailed accounts of the various types of Japanese names and much background information. For a good general account of Japanese names and useful bibliographical advice, see chapters 4 and 5 in Webb's *Research in Japanese Sources: A Guide* (Columbia University Press, 1963).

If the probable reading of a name written with two or more characters is being sought, it will help to remember that *kun* readings are more common in Japanese names as a whole than *on* readings; but this should be checked for each character where possible by comparing the first *on* and *kun* readings listed with the first part of any multi-character names given below the main-entry character in question.

Multi-character names. Names written with more than one character appear under the first, main entry characters, where they are listed according to the number of strokes in the second characters, in ascending order. These numbers are printed beside second characters in names as a guide, where there are large numbers of subentries.

6. Concerning Part II: From Readings to Characters. This section is intended to serve primarily as index to Part I, and the entries in it are arranged in straighforward alphabetical order. There are two main types of entry in this section: full names, listed with an initial upper-case letter, e.g., 'Tanaka'; and component readings, listed in parentheses and with initial lower-case letters, e.g., '(mochi)'.

Where a name can be written in more than one way, the different character versions are arranged first under the various name categories in the order *s, m, f, p, l, h,* and *a* (with each followed by its subcategories, *sm, sp,* etc.) and within each group according to ascending order of the number of strokes in the characters. It was not practicable to try to arrange these character versions in any order of frequency but, in the case of surnames at least, the most common way of writing the name can often be seen by looking at the names of individuals with that surname given in following entries. Component readings are also arranged according to ascending order of the number of strokes in the characters.

A number given after a character entry is the Part I reference number for the initial character of the name. The number is not repeated with every entry but applies to all following entries until a new number occurs.

7. Finding Readings and Characters. The characters for the Japanese names listed and for component name readings can be found by simply looking these up in Part II, the alphabetical index. There are, however, three ways of finding in Part I the reading or readings of a name written in characters, the first being recommended as the quickest:

a) If any name reading of the first character is known, look up that reading (or a name beginning with that reading) in Part II, and use the reference number for that character to find the entries listed under it in Part I. For example, if the reading of 池尾 is being sought and it is known that 池 can be read *ike* in names, look for *Ike*, (*ike*), or any entry beginning with *Ike* (written 池) in Part II. This will show that names beginning with this character are listed in Part I under main-entry character 251.

b) Find the Part I character number by looking up the character under the traditional radical system in Appendix 1.

c) Find the first character in Part I from its total number of strokes and its character type as explained in Note 8 below, using the columns of characters given in the page margins as a guide. Then, if it is a multiple-character name, look up the second and subsequent characters according to their total strokes.

If the character entry has different readings in more than one category, choose the reading in the category appropriate to the particular context. If there are alternative readings within the same category, the first reading given is the most common one.

8. Rules for Character Classification. Characters have been classified from their printed forms throughout and are divided into ever smaller groups according to:

a) Their total stroke count.
b) Whether they have a separate *l*efthand element (L-type), *t*op element (T-type), *f*rame element (F-type), or are indivisible *u*nits (U-type). Thus, 得 is 11 L, 字 is 6 T, 病 is 10 F, and 来 is 7 U.
c) The number of strokes in left, top, or frame elements. Thus, 得 is 11 L3, 字 is 6 T3, 病 is 10 F5, and 来 remains 7 U.

These three stages take the classification as far as is needed for the purposes of this index, and most characters can be grouped according to them without difficulty or further explanation; but the following rules will help to make the classification more reliable and consistent.

Counting of strokes. The system used here differs in some particulars from the traditional one, again in order to make it possible for persons without formal Japanese-language training to use the index. There are only two rules and one special case:

a) When two lines form an angle at the top right of a character or part of a character without the top line projecting, they are counted as ONE stroke. For example, 九 is 2 strokes, 口 is 3, and 国 is 8; but 文 is 4 strokes because the horizontal line projects beyond the other line forming the angle.
b) All other strokes and all other lines forming distinct angles are counted separately. Thus, 山 is 4 strokes, 母 6, 狂 7, 対 7, and 妥 8; but 乙 is only 1 stroke because at the bottom left the stroke changes direction but does not form a distinct, sharp angle.
c) Old and variant forms of *tōyō kanji* are listed with cross-references to the main entries under the modern forms, with the following exception: *tōyō kanji* with ⻌ in their old forms (e.g., 近, 迫) are given only in their modern forms, as 近, 迫, etc., when there is no other difference between the two forms of the characters.

Classification into character types. The classification of characters into L, T, F, and U types is decided according to the following principles:

a) L-type and T-type characters: L and T elements are formed either by: 1) the first

space, going from left to right or top to bottom respectively, which separates one stroke or more from the rest of the character, e.g., 言 7 T1, 仲 6 L2, 吉 6 T3; or, if there is no space, by 2) the first line through a 'breaking point' where elements of two strokes or more join at only one point, e.g., 寺 is 6 T2, 先 6 T3, and 古 5 T2 (but 白 is 5 U and 里 is 7 U because the top and bottom strokes respectively are only single lines joined to the rest of the character).

Space or lines through breaking points may be completely straight or they may bend a little in the middle provided that their extremities form part of what would be roughly the same vertical or horizontal line; e.g., 仏 is 5 L2, 含 7 T3, and 糸 8 T5, but both 多 and 名 are U-type characters because a line dividing their separate elements would clearly be slanting. (Use common sense rather than a very rigid application of this rule, particularly in the case of a vertical dividing line. One or two elements in some types of print may have a line slanting under them slightly, e.g., 糸 in 統, 絣, 緘, etc., and 臣 in 臥, etc.; or may themselves overhang a little, e.g., 耳 in 取, 耽, 耾, etc. But 糸, 臣, and 耳 are all clearly lefthand elements in these cases, and the characters are therefore classified as L type.)

The top element 亠 (as in 立 5 U, 亦 6 U, and 商 11 F8) is treated like a single stroke for classification purposes; that is, it cannot stand as a separate element unless it is divided from the rest of the character by a space. Thus, 市 is 5 U, but 高 is 10 T2.

b) F-type characters are those in which part of the character is enclosed on two or more sides (e.g., 灰 6 F2, 風 9 F2, 国 8 F3), without joining the surround at more than one point: 日 is therefore 4 U.

Since division through a space takes precedence over division through touching elements, some characters are F-type as a result: 尚, for example, is not 8 T3 but 8 F5.

A short curved stroke rather like an apostrophe (as distinct from a straight line) is not enough to make a framed element. Thus, the stroke at the top right of 戈, etc., forms an indivisible part of that element, and 我 is 7 U and 為 is 9 F5.

When there are two possible framed elements with different numbers of strokes, choose the one with more strokes. Thus, 武 is 8 F4 (the framed elements being the 止 part) and 魁 is 15 F11.

When there are two possible framed elements with the same number of strokes, they cancel each other out and neither is taken as a framed element. Thus, 雨 is 8 U, 坐 7 U, and 喪 13 T8.

c) U-type characters are those which contain no L, T, or F elements.

To sum up, then, in deciding the group to which a character belongs: a) look for a space separating one or more strokes; b) look for a 'breaking point' between parts with two or more strokes each; and c) classify the character as L, T, or F if there is such a space or breaking point, and as U if there is not.

There are inevitably a few characters which require more detailed rules to place them unquestionably in only one classification group, but there is no need to go to such lengths. Cross-references have been given for most of these characters, and the following remarks will serve as a guide to these borderline cases:

a) Characters which might be either T or F type (e.g., 奈 , 泰, 尽) have been taken as T type, since this group comes first in the order of classification.

b) The common radical and lefthand element 忄 (as in 快, 性 , etc.) has been classed as L3 rather than as L1 in order to preserve it as a unit and to keep it parallel to 彳 (as in 行), 氵(as in 流), etc.

c) The characters 水 and 火 are both classed as 4 L2, rather than as 4 L1, since they are best divided by a straight line.

d) In the printed forms of characters, straight 'legs' (as in 只 , etc.) are usually separated from the elements above them by a space. Curved legs (as in 兄 , etc.), on the other hand, are attached to the top element and therefore indivisible from it. Thus 貝 is classified as 7 T5 and 見 as 7 U.

ABBREVIATIONS AND SIGNS

a = (item of) artistic importance
f = female name (or title)
fa = female of artistic importance (e.g., actress, dancer, painter)
fh = female of historical importance
fl = female of literary importance
f-l = female name; also item of literary importance
h = (item of) historical importance
ha = (item of) historical and artistic importance
[I] = a character recommended for inclusion in the *tōyō kanji* list
l = (item of) literary importance
la = item of literary and artistic importance (e.g., a play, song)
l-a = item of literary importance; also item of artistic importance
lam = 'literary and artistic male', i.e., a male character in literary and artistic work (e.g., a play)
lf = 'literary female', i.e., a female character in a literary work
lh = (item of) literary and historical importance
lm = 'literary male', i.e., a male character in a literary work
m = male name (or title)
ma = male of artistic importance (e.g., actor, painter, swordsmith)
m-f = male name; also female name
mh = male of historical importance
ml = male of literary importance
mla = male of literary and artistic importance (e.g., actor-playwright)
m-la = male name; also item of literary and historical importance
mlh = male of literary and historical importance
[N] = a character approved for use in names only
[O] = a character recommended for omission from the *tōyō kanji* list
p = place name
ph = place name of historical importance (e.g., the name of an old province no longer in common use)
s = surname (Note: Since a surname is always a separate item, a hyphen is never used immediately after *s*)
sf = surname; also female name
sm = surname; also male name
sm-f = surname; also male name; also female name
sm-p = surname; also male; also place name
sp = surname; also place name
[T] = a character in the *tōyō kanji* list not coming under [O] above

*   *   *

A single initial letter (e.g., H.) indicates the name, or name-element before a hyphen,
beginning with that letter in the appropriate name category in the previous entry.
(Used in Part I.)

~ indicates a repetition of the corresponding name, or name-element before a hyphen,
in the previous entry. (Used in Part II.)

/ separates alternative name readings.

"   "   mark the usual spelling of a foreign name.

["   "] mark the usual spelling of a foreign name which is also a Japanese name.

Dates following a reading indicate an era name.

A COMPREHENSIVE INDEX OF JAPANESE NAMES

Part I.   From Characters to Readings

——— 1 ———

| 1 Susumu *m*.
(KON)

乙 2 [T] Todomu *m*;
Kinoto *p*. (OTSU,
ITSU, ICHI, oto, taka, o,
tsugi, ki, to, kuni)
³川 Otokawa *s*, Otsu-
kawa
⁴女 Otome *f-p*
⁵未平 Kimihei *m*
未生 Tomio *m*
⁶竹 Ottake *s*, Ottachi
州 Otokuni *ml*
吉 Otokichi *m*
⁷男 Otoo *m*, Tsugio
亥正 Otsugase *sp*
⁹津 Ototsu *s*; Otsu *sp*
面 Otome *s*
彦 Otohiko *m*
¹⁰訓 Otokuni *sp*
骨 Okkotsu *s*, Otobo-
¹¹部 Otobe *sp* ⌐ne
黒 Otoguro *s*
魚 Otona *f*
鳥 Tsubame *f*
¹²須 Okisu *s*
¹³葉 Otoba *s* ⌐hata
¹⁵幡 Otohata *s*, Otsu-
熊 Otokuma *m*
¹⁶叡 Takatoshi *m*
²¹縄 Takatsuna *m*

———一 3 [T] Hajime *m*,
Hitoshi, Hajimu,
Makoto, Masashi, O-
samu, Susumu. (ICHI,
ITSU, kazu, hito, moto,
katsu, ka, hi, chi, tada,
kuni, nobu, hide, hiji,
kata, ma)
ノ瀬 Ichinose *s*
の酉 Ichi no tori *l*
の宮 Ichinomiya *p*
²二 Kazuji *m*; Hifu *f*
二三 Ijimi *s*, Hiomi,
Utakane, Utatane;
Isami *m*; Hifumi *f*
二野 Hifuno *f*
十 Kazutō *m*
力 Kazuchika *m*

九 Kazuhisa *m*; Ikku
³川 Ichikawa *s* ⌐*ml*
之瀬 Ichinose *s*
三 Ichizō *m* ⌐hiro *m*
口 Imoarai *sp*; Kazu-
大 Ichio *m*
万 Ichimata *s*
万田 Ichimata *s*
丸 Kazumaru *m*, Ichi-
maru
寸八分 Kamatsuka *s*
寸六分 Kamatsuka *s*
寸木 Masuki *s*
寸法師 Issun-bōshi *l*
心二河白道 Isshin ni-
ga byakudō *la*
仁 Kazusane *m*
戸 Ichinohe *sp*
予 Kazumasa *m*
文字 Ichimoji *s*
中節 Itchū-bushi *la*
日宮 Minori *s*
月 Katsuki *m*
円 Hitomaru *s*
方 Hijikata *s*
方井 Ikkatai *sp*
山 Ichiyama *s*, Issan
山一寧 Issan Ichinei
夫 Kazuo *m* ⌐*mlh*
井 Ichinoi *s*
太郎 Ichitarō *m*
木 Hitoki *m*; Ichiki *s*,
Ikki, Hitosugi ⌐a
木造 Ichiboku-zukuri
尺二寸 Kamanoe *s*
尺八寸 Kamatsuka *s*
尺八分 Kamae *s*
⁵以 Kazuyuki *m*
布 Kazuyoshi *m*
四明 Kazushime *f*
平 Ippei *m*
本松 Ipponmatsu *p*
生 Kazuo *m*, Ichio,
⁶休 Ikkyū *m* ⌐Issei
休宗純 I. Sōjun *ml*
宇 Ichiu *p*
字 Yōroko *s*
成 Kazushige *m*, Ka-
zuyoshi
西 Kazuaki *m* ⌐l
年有半 Ichinen yūhan
色 Isshiki *sp*
⁷位 Kazuhiko *m*

坂 Ichisaka *s*
杉 Ichisugi *s*, Hitosugi
町田 Ichimachida *s*
声 Hitokoe *m*
志 Ichishi *p*
男 Kazuo *m*
谷 Ichitani *s*; Ichino-
tani *ph*
谷嫩軍記 Ichinotani
futaba gunki *la*
条 Ichijō *s*
条重美 I. Shigemi *ml*
条兼良 I. Kanera *ml*
兵卒の銃殺 Ippeisotsu
no jūsatsu *l*
尾 Ichio *s*
見 Hitomi *s*
孝 Hidenori *m*
寿子 Kazuko *f* ⌐la
角仙人 Ikkaku Sennin
⁸河 Ichikawa *s*
定 Kazusada *m*
英 Kazufusa *m*
忠 Itchū *ma*
秀 Kazuho *m*
迫 Ichinohazama *s*;
Ichihasama *p*
夜四歌仙 Ichiya shi-
kasen *l*
⁹保 Ichiho *m*
松 Hitomatsu *s*, Ichi-
城 Ichijō *s* ⌐matsu
治 Motoharu *m*, Ichi-
政 Kazumasa *m* ⌐ji
到 Kazuyuki *s*
品 Ippō *s*
茶 Issa *ml*
音 Kazuo *m*
風迫 Ichinohazama *s*,
Ichinohagima
彦 Kazuhiko *m*
省 Kazumi *m*
乗 Ichijō *s*
¹⁰柳 Ichiyanagi *s*, Hi-
totsuyanagi, Ichiryū
郎 Ichirō *m*
郎一 Ichiroichi *m*
倉 Ichikura *s*
室 Ichimuro *s*
宮 Ichinomiya *sp*, Ik-
ku; Iku *s*; **Kazuno-**
miya *m*; Ichimiya *p*
宮善 Ikuze *s*

馬 Kazuma *m*, Hajime
¹¹清 Kazukiyo *m*, Issei
視 Hitomi *m*
啓 Kazutaka *m*
¹²場 Ichiba *s*
敏 Kazuhiro *m*
敬 Kazutoshi *m*
富士 Tanabe *s*
最 Kazumo *s*
森 Ichimori *s*
貫 Kazutsura *m*
番ケ瀬 Ichibagase *s*
筆 Ippitsu *s*
筆庵可候 Ippitsuan
Kakō *ml* ⌐suna *l*
¹³握の砂 Ichiaku no
睦 Kazutoki *m*
雄 Kazuo *m*, Kunio
誠 Kazushige *m*
聖 Ichiyō *fl*
豊 Kazutoyo *m*
資 Ichisuke *m*
遍上人 Ippen Shōnin
ml ⌐ku *l*
遍上人語録 I. S. goro-
¹⁴個 Kazuhiro *m*
塊 Hitokure *l*
徳 Motonori *m*
種 Kazutane *m*
寧一山 Ichinei Issan
関 Ichinoseki *p* ⌐mlh
噌 Issō *s*
衛 Kazue *m*
橋 Hitotsubashi *sp*
瀬 Ichinose *s*

——— 2 T1 ———

——一 4 [T] Susumu *m*,
——一 Tsugi. (NI, JI, fu-
ta, kazu, tsugi, tsugu,
sa, fu, bu, futatsu)
ツ井 Futatsui *p*
²九 Futaku *s*
人 Fuhito *s*
人大名 Futari daimyō
la ⌐ni *l*
人比丘尼 Ninin biku-
人祇王 Ninin Giō *la*
人袴 Futari-bakama *la*
人静 Futari Shizuka *la*
十一代集 Nijūichidai-
shū *l*
十二 Jisoji *s*

｜
乙
一
二
▼
父
几
〆
丁
了
卜
力
刀
又
人
入
九
▲
七
十
八
川
小
三
也
之
于
干

十八宿 Nijūhasshuku *l*
十九日 Hizume *s*
十子 Hatako *f*
十五里 Tsuyuhiji *s*
十五絃 Nijūgogen *l*
十冬 Fujikazu *m*
十世 Hatayo *m*
十里 Tsuruheiji *s*
⁴川 Futagawa *s*
三 Fumi *f*
三次 Fumiji *m*
三郎 Nisaburō *m*
上 Nikami *s*, Futagami ; Niji *p*
子 Kazuko *f*
丈 Nijō *p*
千石 Jisenseki *l*
⁴六新報 Niroku shin-
戸 Ninohe *sp* ⌐pō *l*
山 Futayama *s*
王 Niō *sla* ; Futami *m*
井 Futai *s*
木 Futaki *sm* ; Nikki *s*, Futatsugi
⁵平 Nihei *m*
本 Futamoto *s*
本松 Nihonmatsu *sp*
⁶杁 Niiri *s*
⁷村 Nimura *s*, Futamura, Ninomura
谷 Ninotani *s*
男 Tsugio *m*
条 Nijō *sp* ⌐*ml*
条良基 N. Yoshimoto
条為氏 N. Tameuji *ml*
見 Futami *sp*
⁸国 Nikuni *s*
⁹俣 Futamata *s*
松 Futamatsu *s*, Nino-
　matsu ⌐kami
神 Futagami *s*, Nino-
祐 Kazusuke *m*
面 Futaomote *s*
美 Fumi *f*
¹⁰柳 Futatsuyanagi *s*,
　Futayanagi
郎 Jirō *m*
郎丸 Jiromaru *m*
荒 Futara *s*
宮 Ninomiya *sp*
宮尊徳 N. Sontoku *mh*
¹¹瓶 Nihei *s*, Nigame
朗 Niiro *m*
部 Niibe *s*
¹²渡 Futawatari *s*
裕 Kazusuke *m*
¹³階堂 Nikaidō *s*

葉 Futaba *sf* ; Niwa *s* ;
　Tsuginobu *m*
葉亭 Fubabatei *s*
葉四迷 F. Shimei *ml*
¹⁶橋 Nihashi *s*, Futa-
　bashi
¹⁹藤部 Nitobe *s*

———— 3 U ————

父 5 (GAI, GE, yoshi)

几 6 (KI, yasu)
子 Yasuko *f*
董 Kitō *ml*

〆 7 (shime)
子 Shimeko *f*
治 Shimeharu *m*

丁 8 [T] Tei *s*, Yoboro, Yōro, Yo-
　rō ; Tsuyoshi *m*. (TEI, CHŌ, yoboro, yorō, yō, yobo)
子 Chōshi *s* ; Yōroko ;
　Yoboroko *sm*
字 Yōroko *s*
抹 Denmāku *p* "Den-
　mark"
野 Yoborono *s*, Yō-
　no, Yobono, Chōno

了 9 [T] Satoru *m*,
　Akira. (RYŌ, aki, sumi, nori)
久 Norihisa *m*
江 Sumie *f*
阿 Ryōa *ml*
雄 Akio *m*

卜 10 (BOKU, ura, shime)
田 Shimeta *s*
部 Urabe *s* ⌐*ml*
部兼倶 U. Kanetomo
養 Bokuyō *ml* ⌐⌐
養狂歌集 B. kyōkashū

力 11 [T] Chikara *m*, Isao, Tsuto-
mu. (RYOKU, RIKI, o, ka, chika, yoshi, chi-kara)

人 Chikara *m*
三 Rikizō *m*
丸 Rikimaru *s*
石 Chikaraishi *s*
造 Rikizō *m*
蔵 Rikizō *m*

刀 12 [T] Katana *s*.
　(TŌ, TO, katana, tachi, hakashi)
西 Tose *s*
自 Toji *s*
自子 Tojiko *f*
自咩 Tojime *s*
利 Tori *s*
佩 Tachihaki *s*
根 Tone *sp*
根館 Tonedachi *s*
禰 Tone *s*

又 13 [T] Tasuku *m*.
　(YŪ, U, mata, su-ke, yasu)
一郎 Mataichirō *m*
三郎 Matasaburō *m*
子 Matako *f*
夫 Matao *m*
司 Matashi *m*
次郎 Matajirō *m*
吉 Matakichi *s*
玄 Yasutō *m*
雄 Matao *m*, Yasuo
原 Matawara *s*
野 Matano *s*
策 Matasaku *s*
蔵 Matazō *m*

人 14 [T] Hito *m*,
　Hitoshi. (JIN, NIN, hito, to, me, sane, tami, futo, muto)
³上 Hitokami *s*
丸 Hitomaro *m*
丸影供 H. eigu *l*
⁶吉 Hitoyoshi *p*
名 Hitona *m*
⁷尾 Hitoo *s*
見 Hitomi *s*
見東明 H. Tōmei *ml*
耶鬼耶 Hito ka oni
首 Musu *s* ⌐ka *l*
首川 Hitokabegawa *p*
¹¹情本 Ninjōbon *l*
麻呂 Hitomaro *m*
康 Saneyasu *m*
¹²間経 Ningenkyō *l*
¹³雄 Tamio *m*

¹⁵磐 Hitowa *m*
¹⁸麿 Hitomaro *m*
²¹羅 Hitora *s*

入 15 [T] Kaeruda *s*.
　(NYŪ, iri, iru, shi-o, nari)
之波 Shionoha *p*
⌐戸 Iritono *s*, Nitto-
月 Iritsuki *s* ⌐no
内島 Iriuchijima *s*
山 Iriyama *s*
五郎 Irigorō *m*
⁵田 Irita *s*
矢 Iriya *s*
⁶江 Irie *s*
交 Irimajiri *s*, Irima-
　ze, Iriai
広瀬 Irihirose *p*
西 Nissai *s* ⌐ri *a*
母屋造 Irimoya-zuku-
⁷沢 Irizawa *s*
村 Irimura *s*
谷 Iritani *s*
来 Iriki *sp*
来院 Irikiin *s*
¹⁰倉 Irikura *s*
屋 Iriya *s*
¹²部 Nyūbe *s*
野 Irino *s* ; Shiono *sp*
野屋 Nyūnoya *s*
¹²善 Nyūzen *sp*
間 Iruma *m*
間川 Irumagawa *sl*
間野 Irumano *s*
鹿 Iruka *m*

九 16 [T] Chikashi
　m ; Ichijiku *s*.
　(KU, KYŪ, hisa, kazu, koko, tada, chika)
¹一郎 Kuichirō *m*
²二夫 Kunio *m*
十九 Tsukumo *sm-f-p*
十里 Kujūkuri *p*
十九院 Tsurushi *s*
³三子 Kumiko *f*
万 Tadakatsu *m*
子 Hisako *f*
寸五分 Kazuhata *s*
⁴戸 Kunohe *sp*
⁵石 Sazarashi *s*
申 Hisanobu *m*
平 Kuhei *m*
⁶仙 Kubutsu *s*
世戸 Kusenoto *l*
年坊 Kunenbō *s*

4

⁷兵衛 Kyūbee m
糸 Kujō s
糸武子 K. Takeko fl
糸兼実 K. Kanezane mh
里 Kuri s, Kunori
⁹段 Kudan p
度山 Kudoyama p
重 Kokonoe f ; Kujū p [m
¹⁰郎右衛門 Kuroemon
竜 Kyūryū / Kūron p "Kowloon"
¹¹野 Kuno s
鬼 Kuki s
鬼周造 K. Shūzō ml
島 Kushima s, Kujima
穂 Kazuo m

七 17 [T] (SHICHI, SHITSU, nana, na, kazu)

ケ浜 Shichigahama p
ケ宿 Shichigashuku p
つ面 Nanatsumen l
²二会 Naniai s
二恵 Nanie f
十 Nanashige m
七五分 Mitsuzuki s, Mitsuwata
³三野 Namiino s
子 Nanako f
寸五分 Kutsuwame s, Kutsuwata
夕 Tanabata s
⁴戸 Shichinohe sp
六 Shichiroku m
月代 Natsuyo f
山 Nanayama p
夫 Nanao m
太郎 Shichitarō m
五三 Shime sm-f-p ; Shimekake s
五三子 Shimeko f
五三介 Shimesuke m
五三懸 Shimekake s
井 Nanai s
⁵加家 Nanakamado s
左衛門 Shichizaemon
田 Shichida s [m
生 Habu s
⁷沢 Nanasawa s
会 Nanakai p
条 Shichijō s
尾 Nanao p
坐 Nanakura s, Nanakuro

見 Nanami s [chiri
里 Nanasato s, Shi-
⁸宝 Shippō p-a
宗 Hichisō p
⁹城 Shichijō s
珍 Shichichin s
美 Shitsumi sp
帝 Nananomikado mh
妛 Kazumasa m
重 Nanae f
¹⁰海 Nanaumi s
郎 Shichirō m
郎平 Shichirobei m
家 Nanakama s, Nanakamado
¹³塚 Nanatsuka s
飯 Nanae f
福 Shichifuku s
雄 Nanao m, Kazuo
¹⁴種 Saigusa s
緒子 Naoko f
曜 Shichiyō l
騎落 Shichiki-ochi la
瀬 Nanase f

十 18 [T] Mitsuru m, Hisashi ; Momoki s, Mogiki. (JŪ, SHŪ, TŌ, to, so, kazu, shige, jitsu, tada, mitsu, tomi, ma, toto, ta-

¹一三 Tohimi m [ri)
一夫 Tochio m
一谷 Jūichiya s
一谷義三郎 J. Gisaburō ml
²二月一日 Shiwasuta s
二月日 Shiwasuta s
二月晦日 Hizume s
二仏 Ochiburui s, Otsuburui
二仙 Ochiburui s, Otsuburui
二里 Tojiri s [shi l
二段草子 Jūnidan sō-
二神 Ochiburui s, Otsuburui, Otsurui, Oppurui
二神島 Ochiburui s, Otsuburui, Otsurui
二蔵 Tonizō m
九 Tomichika f
七夜 Kanō s, Kanaki
七夜月 Kanō s
八 Tōhachi m
八女 Sakari sp ; Wakairo s, Wakaiso

八日 Toyōka s
八公 Soyagimi s, Soyagin [Sogō
⁸川 Togawa s, Togō,
三日 Tomika m
三代集 Jūsandaishū l
三夜 Jūsan'ya l
寸子 Masuko f
寸見 Masumi s
寸穂 Tosuho m, Ma-
⁴六 Isao m [suho
六夜 Izayoi l
日町 Tōkamachi p
文字 Jūmonji p
五月 Mochizuki s
王 Jūō p
太 Jūta m
木 Totoki s
代 Soshiro s
代田 Toshiroda s, Toyota, Fushikata, So-
司 Jūji m [shiroda
右衛門 Jūemon m
市 Toichi s, Tōchi
四日 Toyoka s
⁵山 Jūshiyama s
四屋 Jūshiya m
⁶吉 Kazuyoshi m
合 Tōgō s, Sogō
字 Jūji s, Tsuji
旭 Jikkyoku m
⁷余島 Toyoshima sp
束 Totsuka s
返 Togaeri m
返舎一九 Jippensha Ikku ml [ml
返舎一 Togaeri Hajime s
⁸河 Sogō p ; Togawa s
和 Jikka sp, Tōwa
和田 Towada sp
和田操 T. Misao m
⁹津川 Totsukawa p
秋 Toaki s
重 Mitsushige m
¹⁰時 Totoki s, Toki, I-nenuki
訓抄 Jikkunshō / Jikkinshō l
郎 Jūrō m
¹島 Toshima m
鳥 Totori s
間最秘抄 Jūmon saihishō l
亀 Sogame m
¹²勝 Tokachi p
銘 Mitsukata s
摩 Tōma s

八 19 [T] Wakatsu m. (HACHI, ya, wa, kazu, yatsu, hatsu)

ッ橋 Yatsuhashi s
¹²九十三 Yakutomi s
十 Yaso m
十一鱗 Kukuri s
十八間 Hatoyama s, Hajiyama
十八騎 Todoroki s
十川 Yasogawa s
十郎 Hachijūrō m
十島 Yasoshima s
十瀬 Yasose s
⁴三 Kazumi m
下 Yachige s
千代 Yachiyo p
千穂 Yachiho p
丈 Hachijō p
丈部 Yasetsukabe s
丈島 Hachijōjima p
千田 Yageta s
子 Yago s [s, Yabe
⁵戸 Hachinohe sp ; Yae
王子 Hachiōji p
犬伝 Hakkenden l
太 Hachida s, Hatsuda, Hatta
日市 Yōkaichi p
日市場 Yōkaichiba p
月一日 Hozumi s
月一日宮 Hozumiya s, Hozunomiya
月十五日 Nakaaki s
月晦日 Hozumi s
月朔日 Hozumi s
少女 Yaotome l
尺 Yasaka m
女 Yame sp [sp
文字屋 Hachimonjiya
文字屋自笑 H. Jishō ml [ml
文字屋其笑 H. Kishō
文字屋其碩 H. Kiseki [ml
文字屋瑞笑 H. Zuishō
木 Yagi sp
木八四 Yagiyashi s
木下 Yagishita s
木田 Yagita s
木沢 Yagisawa s
木沼 Yaginuma s
木秀次 Yagi Hideji mh
木重吉 Y. Jūkichi ml
木岡 Yagioka s
木原 Yagihara s

〆 丁 了 卜 力 刀 又 人 入 九 ▼ 七 十 八 ▲ 川 小 三 也 之 于 乃 口 口

卜
力
刀
又
人
入
九
七
十
八
▼
川
▲
小
三
也
之
于
乎
乃
口
口
巳

木隆一郎　Yagi Ryū-ichirō *ml*
木義徳　Y. Yoshinori *ml*
木橋　Yagihashi *s*
木橋山　Hachiyama *s*
方　Happō *s*
[5]代　Yashiro *s*; Yatsu-shiro *sp*
代集　Hachidaishū *l*
左右　Hachisō *m*
右衛門　Hachiemon *m*
田　Hatta *sp*; Yata *s*, Hachida, Yatsuda
田元夫　Hatta Motoo *ml*
田知紀　H. Tomonori *ml*
本松　Hachihonmatsu
生　Yabu *s*; Habu *sp*
[6]羽　Yaba *s*
州　Yasu *s*
州仙　Yasunori *m*
次　Hachiji *m*
次郎　Hachijirō *m*
百子　Yaoko *p*
百里　Yaori *m*
百津　Yaotsu *p*
百屋　Yaoya *s*
百屋お七　Y. O-Shichi
年　Yatose *f*
名　Yana *p*
多　Hatta *s*, Yata, Hachida, Hatsuda; Ha-
[7]坂　Yasaka *sp*; Ta *sp*
住　Yasumi *s*
住雄　Y. Toshio *ml*
村　Yamura *s*
杉　Yasugi *s*; *ml*
杉貞利　Y. Sadatoshi
谷　Yaya *s*, Yatagai
条　Hachijō *s*
尾　Yao *sp-l*; Yatsuo *p*
甫谷　Happōya *s*
束　Yatsuka *sm-p*
里　Yazato *s*
角　Yasumi *s*
角島　Hakashima *s*, Ya-
[8]居　Yako *s*; kata
国分　Yakobu *s*
国生　Yakobu *s*, Yaka-bu, Yakō, Yakō
国府　Yakobu *s*
武崎　Yabusaki *s*
東　Hattō *p*
並　Yatsunami *s*, Ya-sonami

[9]信井　Hashii *s*
洲民　Yasumi *m*
相山　Yaeyama *s*
神　Yakami *s*
祐　Yakeshi *s*; Yasuke *p*
美　Yatsumi *f*
巻　Yamaki *s*
重　Yae *f*
重十　Yaekō *f*
重田　Yaeta *s*
重吉　Yaekichi *m*
重沢　Yaezawa *s*
重洲　Yaesu *p*
重垣　Yaegaki *s*
重樫　Yaegashi *s*
重橋　Yaegushi *s*
[10]郎　Hachirō *m*
郎右衛門　Hachiroe-mon *m*
郎潟　Hachirōgata *p*
咫子　Yatako *f*
剣　Yatsurugi *s*
竜　Hachiryū *p*
馬　Yauma *s*, Hachi-
[11]峰　Yatsuo *f*; Uma
朔　Hozumi *s*
都　Yatsu *s*
島　Yashima *sp-la*
[12]街　Yachimata *p*
隅　Yasumi *s*
椚　Yakunugi *s*
森　Hachimori *sp*
道　Yamichi *s*, Hachi-dō, Musashi
開　Hachikai *p*
鹿　Yōka *p*
[13]塚　Yatsuka *s*
尋　Yahiro *s*
握　Yatsuka *s*
雲　Yakumo *m-p-l*
雲御抄　Y. mishō *l*
[14]郷　Yasato *p*
[15]潮　Yashio *s*
幡　Yawata *sp*; Yaha-ta *p*, Hachiman
幡平　Hachimantai *p*
幡前　Yawata no mae *l*
幡宮　Hachimangū *p*
幡造　Hachiman-zuku-ri *a*
幡浜　Yawatahama *p*
箭　Hachiya *m*
[16]橋　Yatsuhashi *sp*, Yabase
頭　Yazu *p*
[17]鍬　Yaguwa *s*
衝　Yachimata *m*

川　20 [T] Kawa *s*. (SEN, kawa)
[2]又　Kawamata *s*
人　Kawahito *s*
[3]之江　Kawanoe *s*
久保　Kawakubo *s*
口　Kawaguchi *sp*
口一郎　K. Ichirō *ml*
口松太郎　K. Matsuta-rō *ml*
口浩　K. Kō *ml*
上　Kawakami *sp*; Ka-waue *p*
上小夜子　K. Sayoko *fl*
上音二郎　K. Otojirō *ma*
上眉山　K. Bizan *ml*
下　Kawashita *s*
[4]元　Kawamoto *s*
戸　Kawado *s*
中　Kawanaka *s*
中島　Kawanakajima *p*
内　Kawauchi *sp*; Sen-
井　Kawai *sp*; dai *p*
手　Kawade *s*
[5]北　Kawakita *sp*
勾　Kawamagari *s*
辺　Kawabe *sp*; Kawa-nobe *s*; Kawanabe *p*
尻　Kawajiri *sp*; Ka-wakame *s*; tan *ml*
尻清潭　Kawajiri Sei-tan *ml*
平　Kawahira *s*
本　Kawamoto *sp*
生　Kawaoi *m*
田　Kawada *s*
田順　K. Jun *ml*
[6]地　Kawachi *s*
合　Kawai *s*; ma
合玉堂　K. Gyokudō *s*
西　Kawanishi *sp*
名　Kawana *s*
[7]那辺　Kawanabe *s*
村　Kawamura *s*
村花菱　K. Karyō *ml*
谷　Kawatani *s*, Kawa-tei; dani
廷　Kawatei *s*
里　Kawasato *s*
見　Kawami *s*
戻　Kawazumi *s*, Ka-wakado
[8]波　Kawanami *s*
枝　Kawaeda *s*
和　Kawawa *s*
東　Kawato *s*

[9]俣　Kawamata *sp*
治　Kawaji *s*
津　Kawazu *s*
城　Kawashiro *s*
畑　Kawabata *s*
枯　Kawakare *s*
松　Kawamatsu *s*
相　Kawasuke *m*, Ka-mui; Kawai *s*
面　Kawamo *s*, Kawa-zura
南　Kawaminami *p*
首　Kawanōbito *s*
前　Kawamae *s*
岸　Kawagishi *s*
[10]浦　Kawaura *s*
柳　Senryū *l*
原　Kawabara *s*, Ka-wahara; Kawara *sp*
原井　Kawarai *s*
原田　Kawarada *s*
原林　Kawarabayashi *s*
[11]根　Kawane *p*
野　Kawano *s*
野辺　Kawanobe *s*
部　Kawabe *s*
副　Kawazoe *sp*; Ka-wafuku *s*
副国基　Kawazoe Ku-nitomo *ml*
浪　Kawanami *s*
添　Kawazoe *s*
島　Kawashima *sp*
島忠之助　K. Chūno-suke *ml*
[12]隅　Kawazumi *s*
場　Kawaba *p*
淵　Kawabuchi *s*
勝　Kawakatsu *s*
棚　Kawatana *p*
崎　Kawasaki *sp*
崎杜外　K. Togai *ml*
崎さきや　Kawasakiya *s*
崎長太郎　Kawasaki Chōtarō *ml*
喜田　Kawakita *s*
喜多　Kawakita *s*
森　Kawamori *s*
[13]路　Kawaji *s*
路柳虹　K. Ryūkō *ml*
路聖謨　K. Toshiaki-ra *mh*
[14]越　Kawagoe *sp*
跨　Kawamata *s*
窪　Kawakubo *s*
[15]澄　Kawazumi *s*
幡　Kawabata *s*

端 Kawabata s
端千枝 K. Chie fl
端玉章 K. Gyokushō ma
川端茅舎 K. Bōsha ml
端竜子 K. Ryūshi ma
端康成 K. Yasunari ml
16橋 Kawabashi s
鍋 Kawanabe s
瀬 Kawase s
鰭 Kawabata s

小 21 [T] (SHŌ, ko, o, sa, chiisa, sasa)
1一 Koichi m
一条 Koichijō s
一郎 Koichirō m
2十郎 Kojūrō m
八重 Kobae f
人大 Kotoo m
3川 Ogawa sp; Koga- 「wa s
川戸 Okawado s 「ml
川未明 Ogawa Mimei
三郎 Kosaburō m
千谷 Ojiya s
万 Koman f
丸 Komaru s
口 Oguchi s, Koguchi
口部 Chisakobe s
久江 Okue s
久保 Kokubo s
子 Chiisago s
子部 Chisakobe s, Chi-isakobe 「Kohinata
4日向 Kobinata sp,
月 Komatsuki s
内蔵 Okura m
文次 Komonji s
方 Ogata s
弓 Oyumi m
手子 Oteko f
手川 Kotegawa s
女淵 Onabuchi s
天 Oama s
天地 Shōtenchi l
木 Ogi sp; Kogi s
木曾 Ogiso s, Kogiso
牛 Koushi s
牛田 Kogota p
中 Konaka s
中川 Konakagawa s
中村 Konakamura s
中村清矩 K. Kiyonori ml 「sp
山 Koyama s; Oyama
山いと子 K. Itoko fl

山内 Osanai s
山内薫 O. Kaoru ml
山田 Oyamada s
山正太郎 Koyama Shōtarō ma
山祐士 K. Yūshi ml
山清 K. Kiyoshi ml
山鼎浦 K. Teiho ml
井上 Koido s
井戸 Koido s
井沼 Koinuma s
内 Kouchi s, Onai
太 Shōta m, Shōto
太刀 Kotachi s
太郎 Kotarō m
五郎 Kogorō m
5田 Oki s 「ke
仏 Osaragi s, Koboto-
代 Koshiro s, Kotai, Shōdai
比類巻 Kohirumaki s
汀 Obama s
永井 Konagai s
穴 Koana s, Oana
穴隆一 K. Ryūichi ml
勾 Komagari s
石 Koishi s
石川 Koishikawa sp
石山 Koishiyama s
石原 Koishiwara p
布施 Obuse sp; Kobu-se s
右記 Ouki / Shōyūki lh
左衛門 Kozaemon m
四郎 Koshirō m
立 Kodate s
矢部 Oyabe p
生 Koiku s; Komō p
市 Koichi s
市兵衛 Koichibee m
平 Kodaira sp; Odai-ra s, Kohira; Obira
平次 Koheiji m 「p
平治 Koheiji m
玉 Kodama s
用 Koyō s
甲 Kokabuto s
田 Oda sp
田川 Odagawa s
田切 Odagiri s, Odaki
田切秀雄 Odagiri Hideo ml
田中 Odanaka s
田内 Odauchi s
田井 Otai s, Odai
田村 Odamura s
田垣 Odagaki s

田桐 Odagiri s
田倉 Odakura s
田原 Odawara sp
田部 Otabe s
田野 Odano s
田島 Odajima s
田鳥 Odatori s
田観螢 Oda Kankei ml
田嶽夫 O. Takeo ml
6圷 Koakutsu s
江 Koe s, Oe, Ogō
池 Koike s
池堅治 K. Kenji ml
竹 Kotake sp; Otake s, Shinu, Shinō
竹田 Shinoda s, Shi-nuta, Otakeda
竹枝 Sasae f
此木 Okonogi s
百合 Koyuri f, Sayuri
寺 Kodera s, Odera
寺融吉 K. Yūkichi ml
宅 Koyake s; Oyake p
守 Komori s
早 Kobayakawa s
早川隆景 K. Takaka-ge mh
向 Komukai s
向田 Ohinata s, Oinata
式部内侍 Koshikibu no Naishi fl
辻 Kotsuji s
名 Ona s
西 Konishi s 「mh
西行長 K. Yukinaga
西惟然 K. Izen ml
7作 Kosaku s; Ozaku
佐 Kosa s 「sp
佐川 Kosagawa s
佐内 Osanai s
佐手 Osade s
佐佐 Kosaza p
佐治 Kosaji s
佐野 Osano s
住 Osumi s
坂 Kosaka sp, Osaka
坂井 Kozakai sp
阪 Kosaka s
沢 Ozawa s, Kozawa
沢征爾 O. Seiji ma
沢武二 O. Takeji ml
沢清 O. Kiyoshi ml
沢碧童 O. Hekidō ml
沢蘆庵 O. Roan ml
村 Komura s
村寿太郎 K. Jutarō mh
杉 Kosugi sf

杉天外 K. Tengai ml
杉余子 K. Yoshi ml
杉放庵 K. Hōan ml
助川 Kosukegawa s
助 Odasuku s
町 Komachi sfl
町谷 Komachiya s
豆 Shōzu p; Azuki s, Ozu 「Azusawa s
豆沢 Azukisawa sp;
豆島 Azukijima s, A-mejima, Mamejima
谷 Otani s, Kotani, O-hase; Ōna sp; Otari
谷田 Koyata s 「p
谷津 Koyatsu s
谷松 Koyamatsu s
谷野 Koyano s
余綾 Koyorogi s
尾 Obi s
花 Kobana s, Ohana
安 Koyasu s
串 Kogushi s, Ogushi
里 Ori s
更 Kofuke s
亜細亜 Shō-Ajia p "Asia Minor"
車梅 Okurume s
来川 Okikawa s
角 Osumi sm; Otsu-
出 Koide sp 「nu m
出槃 K. Tsubara ml
見 Komi s, Omi
見川 Omigawa p
見戸 Komito s
見山 Komiyama s, O-miyama
見野 Omino s
見濃 Omino s
貝 Kokai s
8侍従 Kojijū fl
彼 Ogano s
沼 Konuma s, Onuma
波 Sanami s; Sasana-
河 Ogawa s 「mi f
河原 Ogawara s
泊 Kodomari p
泊瀬 Ohase s
門 Okado s
門勝二 O. Katsuji ml
板橋 Koitabashi s
坪 Kotsubo s
牧 Komaki sf-p
牧近江 K. Ōmi ml
牧暮潮 K. Bochō ml
枝 Koeda s 「yashi
林 Kobayashi s, Oha-

力
刀
又
人
入
九
七
十
八
川
▼
小
▲
三
也
之
于
干
口
巳
已

力
刀
又
人
入
九
十
八
川
▼
小
▲
三
也
之
于
干
乃
口
口
已
已

林一茶 K. Issa *ml*
林古径 K. Kokei *ma*
林多喜二 K. Takiji *ml*
林英夫 K. Hideo *ml*
林秀雄 K. Hideo *ml*
林勇 K. Isamu *ml*
林清親 K. Kiyochika *ma*
林愛雄 K. Yoshio *ml*
知 Ochi *s* ⌐da
和田 Kowada *s*, Owa-
金 Kogane *s*
金井 Koganei *sp*
金井良精 K. Yoshikiyo *mh*
金井喜美子 K. Kimiko *fl*
金沢 Koganesawa *s*
夜 Sayo *f*
夜衣 Sayogoromo *l*
茂田 Komoda *s*
糸 Koito *p*
国 Oguni *sp*
東人 Koazumabito *m*
⁹保方 Obonai *sp*
保内 Obonai *sp*
侯 Komata *s*, Omata ; Obata *p* ⌐Ogi *sp*
城 Koshiro *s*, Kojiro ;
狐 Kogitsune *ma*
狭野 Sasano *s*
津 Ozu *s*
治田 Oharida *s*
祖父 Kōji *m*
弥太 Koyata *m*
畑 Obata *s*, Kohata
姉 Koane *f*
柏 Ogashima *s*, Okashima, Kokashima
松 Komatsu *sp*
松沢 Komatsuzawa *s*
松村 Komatsumura *s*
松原 Komatsubara *s*
松屋 Komatsuya *s*
松清 Komatsu Kiyoshi *ml*
松野 Komatsuno *s*
松島 Komatsushima *p*
松崎 Komatsuzaki *s*
祝 Koiwai *s*
南 Kominami *s*
草川 Kogusagawa *s*
岩 Koiwa *s*
岩井 Koiwai *s*
長 Ohase *s*
長井 Konagai *p*
長谷 Ohase *s*, Kohase,

Konagaya, Kohasebe ⌐hasebe
長谷部 Ohasebe *s*, Koharu *s*
春 Koharu *s*
泉 Koizumi *s*
泉八雲 K. Yakumo *ml*
泉茇三 K. Tōzō *ml*
泉信三 K. Shinzō *ml*
泉鉄 K. Magane *ml*
巻 Komaki *s*
屎 Okuso *fh*
¹⁰唄 Kobai *s*
海 Koumi *s*, Kokai ; Kōmi *p*
浦 Koura *s*
浜 Ohama *s*, Kohama ; Obama *p*
酒井 Kosakai *s*
酒井不木 K. Fuboku ml
脇 Kowaki *s* ⌐ml
畔 Koaze *s*
袖曾我 Kosode Soga *la* ⌐nagi
柳 Oyanagi *s*, Koyaizu *s*, Oyaizu
柳津 Koyaizu *s*, Oyaizu
柳筒 Koyaizu *s*, Oyaizu
郡 Kogun *p*, Ogōri
針 Kohari *s*
扇 Koōgi *l* ⌐s
高 Odaka *sp* ; Kodaka
室 Komuro *s*
室信夫 K.Shinobu *mh*
室凪山 K. Kutsuzan *s*
宮 Komiya *s* ⌐ml
宮山 Komiyama *s*
宮山天香 K. Tenkō *ml*
宮山明敏 K. Akitoshi *ml* ⌐taka *ml*
宮豊隆 Komiya Toyotaka Ohana *s*
荷田 Konita *s*
食堂 Sashidō *s*
倉 Ogura *s*, Kogoi ; Kokura *p*
倉百人一首 O. hyakunin isshu *l*
華和 Kohanawa *s*
畠 Obata *s*, Kobata, Kobatake, Obatake
竜 Kotatsu *m*
柴 Koshiba *s*
笑 Koemi *f*
栗 Oguri *s*
栗判官 O. Hangan *l*
栗風葉 O. Fūyō *ml*
栗栖 Ogurusu *sp*

隼人 Kohayato *m*
原 Ohara *sp*, Obara ; Kohara *s*
屋 Koya *s*
屋貝 Oyakai *s*
連 Komuraji *m*
県 Chiisagata *p*
馬 Kouma *s*, Koma, Ohasama
馬命婦集 Koma / Kouma no Myōbu shū *l*
¹¹値賀 Ojika *sp*
添 Osō *s*
清水 Koshimizu *p*
桜 Kozakura *s*
梅 Koume *s*, Konme
峰 Komine *s*
梶 Kokaji *s*
能 Ono *s*
船 Kobune *s*
弼井 Kobunai *s*
野 Ono *sp* ; Kono *s*
野十三郎 O. Tōzaburō ⌐chi *fl*
野小町 O. no Komachi
野川 Onokawa *s*
野口 Onoguchi *s*
野上 Onogami *p*
野山 Onoyama *s*
野内 Onouchi *s*
野木 Onoki *s*, Koyagi
野田 Onoda *sp*
野寺 Onodera *s*
野坂 Onozaka *s*
野沢 Onozawa *s*
野村 Onomura *s*
野里 Onozato *s* ⌐mh
野妹子 Ono no Imoko
野岡 Onooka *s*
野原 Onohara *s*
野梓 Ono Azusa *mh*
野島 Onojima *s*
野崎 Onozaki *s*
野道風 Ono no Michikaze / Dōfū *mla*
野塚 Onozuka *s*
野童 Ono no Takamura *m*
野蕪子 O. Bushi *ml*
野瀬 Onose *s*
菅 Kosuge *sp*
菊 Kogiku *s*
留 Kotome *f*
笠 Ogasa *sp*
笠原 Ogasawara *s*
梁川 Koyanagawa *s*

黒 Oguro *s*, Koguro
黒麻呂 Oguromaro *m*
鳥遊 Takanashi *s*
島 Kojima *sp* ; Oshima *s*
島政二郎 K. Masajirō
島法師 K. Hōshi *ml*
島信夫 K. Nobuo *ml*
島烏水 K. Usui *ml*
島原 Oshimabara *s*
島屋 Oshimaya *s*
島勗 Kojima Tsutomu *ml*
島徳弥 K. Tokuya *ml*
亀 Kokame *s*
¹²湊 Kominato *s*
隅 Osumi *sm*
須 Osu *s*
須戸 Kosudo *p*
須田 Kosuda *s*
堤 Kozutsumi *s*, Kotsutsumi
場 Koba *s*
場瀬 Obase *s* ⌐ml
場瀬卓三 O. Takuzō
堺 Kozakai *s*
椋 Ogura *sp* ; Oryō *s*
崎 Kozaki *s*, Ozaki
崎弘道 K. Hiromichi
勝 Okatsu *s* ⌐ml
補摩 Ohoma *s*
軽馬 Kokaruma *s*
納 Kona *s*
喜多 Okita *s*
森 Komori *s*
森谷 Komoriya *s*
童子 Kowarawako *m*
貫 Onuki *s*, Konuki
賀野 Ogano *s*
笹 Kozasa *s*, Ozasa
曾根 Kosone *s*, Osone
達 Kotatsu *s*
間 Koma *s*, Omasama
鹿 Kojika *s* ; Oshika *sm*
鹿野 Ogano *sp* ⌐sl
¹³塩 Koshio *s* ; Oshio
塩山 Oshioyama *s*
塚 Kozuka *s*
墻 Kohari *s*
堀 Kobori *s*
堀杏奴 K. Annu *fl*
堀鞆音 K. Tomone / Tomoto *ma*
堀遠州 K. Enshū *ma*
溝 Komizo *s*
滝 Kodaki *s*, Odaki
淵 Obuchi *s*

淵沢 Kobuchizawa *p*	磯 Koiso *s*

淵沢 Kobuchizawa *p*
張 Kobari *s*
弾正 Kodanjō *s*
楯 Otate *m*
楠 Ogusu *s*
槌 Kozuchi *s*
郷 Sōgō *s*
路 Shōji *s* ; Koji *m*
路頭 Ojigoro *sp*
塞 Oseki *s*
督 Kogō *fl*
園 Osono *s*, Kozono
[14]猿 Kozaru *s*
猿七之助 K. Shichi-nosuke *la*
樗 Kokure *s* 「zui *l*
説神髄 Shōsetsu shin-
管 Kosuge *s* 「shi
蘇 Kogure *s*, Kogura-
暮政治 Kogure Masaji *ml*
越 Kokoe *s*, Kogoshi, Okoshi
関 Ozeki *s*, Kozeki
関三英 O. San'ei *mh*
[15]幡 Obata *s*, Kohata
槻 Otsuki *s*
諸 Komoro *s*
駒 Kogoma *s*
蔵 Kogura *s*
舞 Komai *s*
熊 Oguma *sp*, Okuma, Kokuma *s* 「ml
熊秀雄 Oguma Hideo
[16]橋 Kohashi *s*
樽 Otaru *p*
鴨 Okae *s*
館 Kodate *s*
鍛冶 Kokaji *sla*
薬 Kogusuri *s*
蘭 Osono *s*
[17]篠 Koshino *f* ; Ozasa *s*, Ozase
檜山 Koshiyama *s*
網 Koami *s*
墾田 Obata *s*, Oharida, Konda
霜 Koshimo *f*
[18]藤 Kofuji *s*, Kotō
藤花 Kotōke *s*
[19]小瀬 Kose *s*, Ose
櫃 Kohitsu *s*, Ohitsu ; Obitsu *p*
嚔 Koaze *s*, Kohata
縮 Kochijimi *s*
鏡 Kokagami *l*
[20]簇 Obata *s*

磯 Koiso *s*
磯国昭 K. Kuniaki *mh*
鷹 Kodaka *s*

—— 3 T1 ——

二 22 [T] (SAN, SHIN, mi, kazu, zō, sabu, so, mitsu, tada, ko, sō, nao, miru)
ケ日 Mitsukabi *p*
ケ田 Migata *s*
ケ島 Migashima *s*
ケ島霞子 M. Yoshiko *fl*
ッ橋 Mitsuhashi *s*
[2]二 Sōji *m*
二子 Mibuko *f*
十六人集 Sanjūroku-ninshū *l*
七全伝南柯夢 Sanshichi zenden Nanka no yume *l*
入 Miru *sp*
刀谷 Mitoya *s*
刀屋 Mitoya *p*
九二 Mikuni *s*
九郎 Sankurō *m*
九娘 Mikura *f*
人片輪 Sannin-gata-wa *la*
人吉三廓初買 Sannin Kichizō kuruwa no hatsukai *l*
人法師 S. hōshi *l*
人妻 Sanninzuma *l*
[3]川 Mikawa *p*
三 Mitsuzō *m*
个田 Sangada *s*
之助 Sannosuke *m*
下 Sange *s*
于 Mitate *m*
子 Mitsune *s*
土 Mitsuchi *s*
上 Mikami *s* 「ml
上於菟吉 M. Otokichi
千年 Michitose *s*
千男 Michio *m*
千代 Michiyo *f*
[4]水 Misui *p*
介 Sansuke *m*
分一 Mibuichi *s*
分一所 Sanbuichisho *s*, Saiisho, Kutsuwata
日月 Mikazuki *s*
山 Miyama *s* ; Mitsu-yama *la*

五 Mii *sf* ; Sago *s*, San-夫 Mitsuo *m* 「go
毛 Mike *s*
手代 Miteshiro *s*
手代人名 M. no Hitona *ml*
文字屋 Sanmojiya *s*
方 Mikata *m-f*
方一方 Kutsuwata *s*
方一新 Kutsuwa *s*, Kutsū
戸 Sannohe *sp* ; Mito *s*
戸見 Mitomi *s*
戸部 Mitobe *s*
木 Miki *s* ; Sōki *s*, Miuki ; Mitsugi *sm*
木竹二 Miki Takeji *s*
木义 M. Kiyoshi *ml*
井 Mitsui *s* ; Mii *p*
井甲之 M. Kōshi *m*
井田 Miida *s*
井寺 Miidera *p-la*
井楽 Miiraku *p*
[5]加和 Mikawa *p*
加茂 Mikamo *p*
代吉 Miyokichi *m*
代川 Miyokawa *s*
代実録 Sandai jitsu-roku *l*
代集 Sandaishū *l*
石 Mitsuishi *s*
尻 Migashiri *s*
辺 Minabe *s*
四郎 Sanshirō *m-l*
冊子 Sanzōshi *p*
平 Mihira *s* ; Sanpei *m*
玉集 Sangyokushū *l*
半規管喪失 Sanhan kikan sōshitsu *l*
矢 Miya *s*
丘 Mitsuo *m*
本木 Sanbongi *p*
本柱 Sanbon no hashira *la*
田 Mita *s* ; Sanda *p*
田川 Mitagawa *p*
田谷 Sandaya *s*
田村 Mitamura *s*
田村鳶魚 M. Engyo *ml*
出澤人 Mita Reijin *ml*
[6]次 Miyoshi *s*
池 Miike *sp* ; Mike *s*
羽 Mitsuha *m*
全 Mittomo *m*
光 Sankō *f*
光子 Mitsuko *f*

吉 Miyoshi *s* ; Sanki-chi *m*
吉屋 Miyoshiya *s*
守 Mimori *sm* ; Mikami *s* ; Mimoru *m*, Mimore, Tadamori
宅 Miyake *sm-p*
宅川 Miyagawa *s*, Miyakegawa
宅花圃 Miyake Kaho *ml*
宅周太郎 M. Shūtarō
宅雪嶺 M. Setsurei *ml*
宅島 Miyakejima *p*
宅観蘭 Miyake Kanran *mh* 「dahira
成 Mitsunari *m*, Ta-
[7]阪 Misaka *s*
沢 Misawa *sp*
坂 Misaka *s* 「mura
村 Mimura *s*, Mitsu-
杉 Misugi *s*
作 Sansaku *m*
位 Sanmi *mh-fl*
位局 S. no Tsubone *fl*
好 Miyoshi *sp*
好十郎 M. Jūrō *ml*
好松洛 M. Shōraku *ml*
好長慶 M. Chōkei *mh*
好達治 M. Tatsuji *ml*
好豊一郎 M. Toyoichirō *ml*
男 Mitsuo *m*
貝 Migai *s*
芳野 Miyoshino *s*
谷 Mitani *s*, Miya
谷昭 Mitani Akira *ml*
条 Sanjō *p*
条西 Sanjōnishi *s*
条西実隆 S. Sanetaka *ml* 「ml
条西季知 S. Suetomo
条実美 Sanjō Saneto-mi *mh*
尾 Mio *s*, Mitsuo
尾木 Mioki *s*
尾谷 Mionoya *s*
角 Misumi *sp* ; Kazumi *m*
角寛 M. Kan *ml*
里 Misato *s*
充 Kazumitsu *m*
甫右衛門 Sabuemon *m*
[8]帖和讃 Sanjō wasan *l*
股 Mimata *p*
阿弥 San'ami *ma*

刀 又 人 入 九 七 十 八 川 小 ▼ 三 ▲ 也 之 于 乃 口 已 巳 己

又
人
入
九
七
十
川
小
三
▲
也
之
于
干
乃
口
口
▲
巳
已
己
夕
寸
才
丈
凡
子
工

牧 Mimaki s
和 Miwa sp, Sanwa ; Sanna ml
河 Mikawa ph
河口 Mikawaguchi s, Mikkouchi
林 Mibayashi s ; Mitsumoto m
枝 Daigusa sm, Daegusa s, Miesagusa
枝松 Saegusa s
枝部 Saegusa s
枝康高 Saigusa Yasutaka ml
枝博音 S. Hiroto ml
苫 Mitoma s
宝名義抄 Sanbō myōgishō l
宝絵詞 S. ekotoba l
宝類字抄 S. ruijishō l
国 Mikuni sp 「engi l
国志演義 Sangokushi
国通覧図説 Sangoku tsūran zusetsu lh
良坂 Mirasaka p
⁹俣 Mitsumata s, Minomata
狩 Mikari sm
松 Mimatsu s
砂 Misuna m
政崎 Sandagasaki s
依 Miyori sp
保 Miho sp ; Mio s
保木 Mioki s
保屋 Mioya s
津 Mitsu s
津川 Mitsugawa s
津木 Mitsugi s 「ml
津木春影 M. Shun'ei
津沢 Mitsuzawa s
神 Mikami s
科 Mishina s
参岡 Misaoka s
春 Miharu p
岳 Mitake sp
品 Mishina s
品蘭渓 M. Rinkei ml
宮 Sannomiya s
家 Mike s, Miyake
草 Mikusa s
荘太五人嬢 Sanshōdayū gonin musume l
岡 Mioka s
巻 Mitsumaki s
原 Mihara s
廻部 Mikurube s

省 Kazumi m, Sansei
重 Mie sp 「rō
重郎 Sanjūrō m, Mie-
重吉 Miekichi m
¹⁰珠 Mitama sp
柳 Mitsuyanagi s
浦 Miura sp 「ml
浦守治 M. Moriharu
浦木門 M. Ohumon m
浦泰村 M. Yasumura mh
浦梅園 M. Baien mh
郎 Saburō m, Samurō
郎坂 Saisaka sp
郎助 Saburosuke m
郎兵衛 Saburobee m
郎治 Saburōji m
倉 Mikura s
畠 Mihata s
柴 Mishiba s
笑 Sanshō la
室 Mimuro s
室戸 Mimurodo s
通士 Mitsushi m
馬 Sanba ml ; Mitsuma m
¹¹陸 Sanriku p
渓 Mitani s
根 Mine s
桝 Mimasu s
梓 Sansai s
栖 Misu s 「p
瓶 Mikame sp ; Sanbe
船 Mifune s
教指準 Sangō shiiki l
野 Mino sp ; Minu m
野宇泥須 Minunounesu s
野村 Minomura s
笠 Mikasa sp
部 Mibe s
鬼 Mitsuki m
留 Mitome s
島 Mishima sp
島由紀夫 M. Yukio ml
島通庸 M. Michitsune m
島章道 M. Shōdō ml
島霜川 M. Sōsen ml
¹²隅 Misumi sp
須 Misu s
崎 Misaki sp
朝 Misasa p
森 Mitsumori s, Mimori 「gashiri
賀尻 Mikajiri s, Mi-

富 Mitomi sp
富朽葉 M. Kyūyō ml
番叟 Sanbasō lam
喜男 Mikio m
善 Miyoshi sp
善清行 M. no Kiyoyuki mh 「nobu mh
善康信 M. no Yasu-
善康連 M. no Yasutsura mh
遊亭 San'yūtei s
遊亭円朝 S. Enchō mla 「p
間 Mitsuma s ; Mima
¹⁸階屋 Sangaiya s
堀 Mibori s
塚 Mitsuka s
経義疏 Sangyō gisho l
滝 Mitaki s 「buchi
淵 Mibuchi s, Mitsu-
豊 Mitoyo sp 「hashi
觜 Mihashi s, Mitsu-
雲 Mikumo sp
厩 Miumaya p, Minmaya 「koshi
越 Mitsukoshi s, Mi-
¹⁴増 Mimasu s
郷 Misato sp ; Sangō s
種 Migusa sm
統 Mimune s
熊 Mikuma s
幣 Minusa s, Miyuki
関 Miseki s 「Minuki
¹⁵穂 Miho s
穂田 Mihota sp
輪 Miwa sp-la
輪田 Miwata s
輪寿壮 Miwa Jusō mh
衛 Mitsue m
養基 Miyaki p
¹⁶樹 Miki sm
樹雄 Mikio m
橋 Mihashi s ; Mitsuhashi sp
橋鷹女 Mitsuhashi Takajo fl
厳 Mitsuyoshi m
¹⁸嶽 Mitake s
¹⁹瀬 Mise s ; Mitsuze p
瀦 Mitsuma sp ; Mitsumata s
²¹鶴夫 Mitsuo m
縄 Minawa s
巌 Mitsuyoshi s
²²嶺 Sanrai l
²⁴鷹 Mitaka s

也 23 [N] (YA, E, nari, tada, ari, mata)
寸志 Yasushi m
有 Yayū ml

之 24 [N] Itaru m (SHI, no, kore, yuki, yoshi, hide, kuni, tsuna, yori, nobu, hisa)
元 Yoshimoto m
布 Yukinobu m
貞 Koresada m
通 Yukimichi m
剛 Yukitaka m
勝 Korekatsu m

于 25 (U, yuki, kiyo)
夫 Kiyoo m

干 26 [T] (KAN, tate, taku, hi, hosu, moto)
河岸 Hikawagishi s, Higashi
城 Tateki sm
雄 Tateo m, Takuo
潟 Higata sp

乃 27 [N] Imashi m, Osamu. (DAI, NAI, no)
木 Nogi s
木子 Nogiko f
木希典 Nogi Maresuke mh
枝 Noe f 「ke mh
武 Nobu f
美 Nomi s
野 Nono s

口 28 Kakō s. (I)

口 29 [T] (KŌ, KU, kuchi, aki, hiro)
ノ津 Kuchinotsu p
人 Kuchūdo m, Akikiyo
分田 Kumode s, Kumoda, Kubunden
次 Akitsugu m
羽 Kuchiba sp
和 Kuchiwa p
遊 Kuchizusami l

10

巳 30 [N] (SHI, JI, mi)
生子 Miyoko f
代次 Miyoji m
代治 Miyoji m
栄子 Mieko f
野 Mino s
喜男 Mikio m
熊 Mikuma sm

巳 31 Owari m. (I, sue)
汶 Imon s

己 32 [T] Komon s. (KO, KI, no, oto)
西 Kose s
斐 Konomi s, Koi
智 Kochi s

夕 33 [T] (SEKI, JA-KU, yū, yu)
起子 Yukiko f
張 Yūbari p 「shū l
暮遺歌集 Yūgure ika-
輝子 Yukiko f
顔 Yūgao lf-la
霧 Yūgiri lf-fa

寸 34 [T] Hakaru m. (SUN, SON, ki, chika, nori)
土 Sundo l
喜 Suki s

才 35 (SAI, ZAI, tae, toshi, mochi, ka-ta)
一郎 Saiichirō m
木 Saiki s
田 Saida s
伎 Tehito s
光 Taemitsu m
蔵集 Saizōshū l
磨 Saimaro m

丈 36 [T] Hasetsu-ka s. (JŌ, CHŌ, ta-ke, hiro, masu, tomo, hase)
人 Taketo m
巳 Takemi m
夫 Masuo m
太郎 Jōtarō m
平 Jōhei m
次郎 Jōjirō m
草 Jōsō ml

部 Hasebe s, Hase-tsukabe
部路 Hasebeji s

凡 37 [T] Ōshi s, Oshi. (HAN, BON, tsune, ōshi, oshi, ō, o, chika) 「to m
人 Ōshihito s; Tsune-
川内 Ōshikōchi s
子 Tsuneko f
夫 Tsuneo m
兆 Bonchō ml
河 Ōkawa s, Okkawa
河内 Ōshikōchi s
河内躬恒 Ō. no Mi-tsune ml
治 Ōji s
部 Obe s, Hobe
海 Oshinumi s, Oshi-noumi, Ōshiama

子 38 [T] Shigeru m; Ko s. (SHI, SU, ko, ne, mi, shige, taka, tada, chika, tsugu, toshi, yasu, sane, tane, miru)
ゝ Tadashi m
一 Neichi m
子 Koko s; Shigeko f
子子 Koneko s, Ne-koshi
半 Konaka m
生 Yasuo m; Kobi p
地上 Kochigami s, Kochie
母沢 Shimosawa s
母寛 S. Kan ml
安 Koyasu s
男 Toshio m
持 Komochi p
建 Kodate m
盗人 Konusubito la
規 Shiki ml

工 39 [T] Tsutomu m, Tsukasa; Ta-kumi sm; Kinunui s. (KŌ, KU, yoshi, tada, 「nori)
月 Kutsuki s ⌐nori
匠 Takumi s, Tehito
造 Kinunui s
富 Kudomi s
楽 Kuraku m
藤 Kudō s
藤平助 K. Heisuke mh

藤好美 K. Yoshimi ml

丸 40 [T] Maru s, Wani. (GAN, ma-ru, mari, maro)
川 Marukawa s
之内 Marunouchi p
子 Maruko sf-p; Ma-riko sf
井 Marui s
毛 Marume s
女 Marume s
山 Maruyama sp
山作楽 M. Sakura ml
山芳良 M. Yoshimasa ml
山真男 M. Masao ml
山静 M. Shizuka l
山薫 M. Kaoru ml
田 Maruta s
目 Marume s
本 Marumoto m
地 Maruchi s
平 Marunari p
谷 Maruya s, Marutani
尾 Maruo s
林 Marubayashi s
房 Marufusa m
茂 Marumo s
岡 Maruoka sp
岡九華 M. Kyūka ml
岡明 M. Akira ml
岡桂 M. Katsura ml
屋 Maruya s
野 Maruno s
部 Wanibe s
島 Marushima s
亀 Marugame sp
森 Marumori sp
磐 Marutsuka s
橋 Marubashi s
通 Wani s
瀬布 Maruseppu p

土 41 [T] Osamu m, Tsukasa, Ma-moru, Akira. (SHI, JI, o, to, aki, koto, sachi, tada, nori, hito, hiko)
十 Hikotari m
別 Shibetsu p
郎 Shirō m
朗 Shirō ml
清 Kotosuga m
幌 Shihoro p
観 Sachimaro m

土 42 [T] (DO, TO, tsuchi, hiji, hani, tsutsu, tada, nori)
人 Tsuchito m
川 Tsuchikawa s
上 Tsuchigami s; Do-
巳 Tsutsumi m 「jō l
子 Tsuchiko s
水 Tsuchimi s
戸 Tsuchido s
山 Tsuchiyama sp
手 Dote s
方 Hijikata s
方定一 H. Teiichi m
井 Doi s, Tsuchii
井内 Doiuchi s
井晩翠 Doi Bansui ml
公 Dokō s
生 Hanyū s; Habu sp
田 Tsuchida s; Dota sp
田杏村 T. Kyōson ml
田耕平 T. Kōhei ml
本 Tsuchimoto s
江 Tsuchie s
有知 Touchi s
庄 Tonoshō p
気 Toke p
成 Donari p 「key"
耳古 Toruko s "Tur-
作 Totsukuri s; Tsu-chitsukuri m, Tsu-
佐 Tosa sph ⌐chishi
佐日記 T. nikki l
佐日記燈 T. n. akashi l
佐山 Tosayama p
佐山田 Tosa Yamada p 「mh
佐光信 T. Mitsunobu
佐光長 T. Mitsunaga ma 「ma
佐光起 T. Mitsuoki
佐清水 T. Shimizu p
佐房 Tosabō mh
沢 Tsuchizawa s
形 Hijikata s
村 Tsuchimura s
谷 Tsuchiya s
芳 Dohō ml
志田 Toshida s
車 Tsuchiguruma la
岐 Toki sp 「ml
岐善麿 T. Zenmaro
肥 Doi s, Dohi; Toi p
肥原 Dohibara s

川 小 三 也 之 于 乃 口 ▼ 巳 已 己 夕 寸 才 丈 凡 子 工 丸 上 土 ▲ 万 千 久 下 上 大 刈 切 火

夕 寸 才 丈 凡 子 工 卅 士 土 ▼ 万 千 ▲ 久 下 上 大 心 刈 切 火 双 水

居 Doi *sp*
居光知 D. Kōchi *ml*
[9]信田 Toshida *s*
持 Tsuchimochi *s*
神 Niwa *s* 「Teura *s*
[10]浦 Tsuchiura *sp* ;
海 Hanami *s*
師 Haji *s* ; Hanishi *sfl*
師清二 Haji Seiji *ml*
即部 Hanishibe *s*
師朝 Hajime *m*
倉 Tsuchikura *s*, To-
原 Hijiwara *s* ⌊kura
庫 Toko *s*
屋 Tsuchiya *s*
屋文明 T. Bunmei *m*
屋竹雨 T. Chikuu *ml*
[11]野 Tsuchino *s*
部 Tobe *s*
麻呂 Hijimaro *m*
[12]堅 Hijikata *m*
御 Tsuchigo *s*
御門 Tsuchimikado
崎 Tozaki *s* ⌊*mh*
崎田 Tozakida *s*
[15]蔵 Tsuchigura *s*; Do-
kura *sm* 「Dohashi
[16]橋 Tsuchihashi *s*,
蜘蛛 Tsuchigumo *la*

万 43 [T] Yorozu *m*, Susumu, Tsu-moru. (MAN, BAN, ka-zu, katsu, taka, tsumu, yorozu, yusuru, yoru, yuru)
[1]一郎 Man'ichirō *m*
[2]刀 Makata *s*
[3]三 Manzō *m*
之助 Mannosuke *m*
千代 Machiyo *sf* ; Manchiyo *m*
千野 Takema *s*
[4]太郎 Mantarō *m*
木 Maki *s*, Maruki, Yusurugi, Yuruki, Yoruki
[5]代 Mandai *s*, Bandai, Mozu, Mozume ; Yorozuyo *f*
代屋 Bandaiya *s*
代集 Mandaishū *l*
司 Manji *m*
石 Mangoku *s*
右衛門 Man'emon *m*
平 Manpei *m*
田 Manda *s*

[6]次郎 Manjirō *m*
字屋 Manjiya *s*
吉 Kazuyoshi *m*
年 Kazutoshi *m*; Man-nen *ml*
年艸 Mannensō *l*
年青 Omoto *f*
年馬 Maneba *s*
年場 Maneba *s*
[7]尾 Mao *s*
寿 Manju 1024–28
寿之助 Masunosuke *m*
里小路 Madenokōji *sp*
里小路宣房 M. Nobu-fusa *mh*
里子 Mariko *f*
里谷 Marigaya *s*
[8]波 Manami *s*
延 Man'en 1860–61
[9]城目 Makime *s*, Man-jōme 「*ml*
亭応賀 Mantei Ōga
治 Manji *m* 1658–61
治郎 Manjirō *m*
[10]栖子 Masuko *f*
華鏡 Kareedosukōpu *l*
呈 Yorozuya *s*
馬 Kazuma *m*
[11]紀之助 Makinosuke
鬼 Nakiri *s* ⌊*m*
逸 Man'itsu *m*
[12]場 Manba *p*
場目 Manjōme *s*
朝報 Yorozu chōhō *l*
喜 Maki *s* 「ishoku *l*
[13]葉代匠記 Man'yō da-
葉仮名 Man'yōgana *l*
葉考 Man'yōkō *l*
葉集 Man'yōshū *l*
葉集代匠記 M. dai-shōki *l*
葉集古義 M. kogi *l*
葉集玉の小琴 M. ta-ma no ogoto *l*
葉集抄 M. shō *l*
葉集燈 M. akashi *l*
葉集墨縄 M. sumina-wa *l* 「kashū *l*
載狂歌集 Manzai kyō-
[14]穀 Takayoshi *m*
[15]蔵 Manzō *m*
衛 Kazue *m*
[17]緑 Banroku *m*

千 44 [T] Sen *s*. (SEN, chi, kazu, yuki)

ケ崎 Chigasaki *s*
[2]丁 Senchō *p*
[3]川 Sengawa *s* ; Chi-kawa *m* 「shi
之 Kazuyuki *m*, Sen-
万億 Tsumoru *s*, Tsu-
丈 Chihiro *m* ⌊moi
寸 Yukichika *m*
也 Sen'ya *m*
干 Chine *f*
子部 Chiikobe *s*, Chii-sabe, Chiisakobe
千石 Chijiwa *sp*
千和 Chijiwa *s*, Chi-chiwa
千岩 Chijiiwa *sp*
千輪 Chijiwa *s*, Chi-chiwa
[4]切木 Chigiriki *l*
方 Chikata *m*
五百番歌合 Sengo-hyakuban utaawase *l*
夫 Chiburi *sp* ; Iburi *s*
木良 Chigira *m*
太郎 Sentarō *m*
女 Kazuko *f*
手 Senju *fa-la*
手院 Senjuin *s*
[5]仭 Chihiro *m*
代 Chiyo *sf* ; Chishi-ro *s*, Sendai
代川 Chiyogawa *sp*
代三郎 Chiyosaburō *m*
代之助 Chiyonosuke *m*
代女 Chiyojo *fl*
代尼 Chiyoni *fl*
代田 Chiyoda *sp*
代松 Chiyomatsu *sm*
代倉 Chiyogura *s*
代能 Chiyonō *s*
代童子 Chiyodōji *m*
代間 Chiyoma *s*
礼 Kazunori *m*
引 Chibiki *m*
冬 Chifuyu *m*
石 Sengoku *s*
古 Chifuru *m*
田 Senda *s*, Chita
本 Senbon *s*
本松 Senbonmatsu *s*
里 Chimura *m*
[6]任丸 Sentomaru *m*
羽 Senba *s*
羽鶴 Senbazuru *l*
字文 Senjimon *l*
年 Chitose *p*

年生 Chitose *f*
早 Chihaya *s*
早赤阪 C. Akasaka *p*
曲 Chikuma *p*
[7]住 Senjū *s*
坂 Chisaka *s*
沢 Chisawa *s*
役 Chiburi *s* 「to *s*
役湊 Chiburinomina-
村 Chimura *s*
別 Chiwaki *m*
利休 Sen no Rikyū *ma*
足 Senzoku *s* ; Chita-
谷 Chiya *s* ⌊ru *m*
谷子 Chiyako *f*
谷道雄 Chiya Michio
[8]柄 Chigara *s* ⌊*ml*
波 Senba *s*
枝 Chieda *s*
明 Chigira *s*
英 Chibusa *m*
苑 Chisono *f*
[9]俣 Chimata *m*
柄 Chigara *s*
弥 Sen'ya *m*
畑 Senhata *p*
秋 Chiaki *s*, Senshū
家 Senge *s* 「*ml*
家元暦 S. Motomaro
草 Chigusa *s*
千和歌 Senshu waka *l*
岩 Chihaya *s*
栄子 Chieko *f*
春 Chiharu *m*
風 Chikazu *m*
[10]脇 Chiwaki *s*
柳亭 Senryūtei *s*
破屋 Chihaya *s*
剣 Chihaya *m*
倉 Chikura *p*
原 Chihara *s*
屋 Chiya *s*, Chihaya, Hon'ya
馬 Chiba *s*
室 Chimuro *m*
速 Chihaya *s*
[11]振 Chifuri *m*
野 Chino *s*, Senno
鳥 Chidori *sf*
島 Chishima *sp* "Ku-
[12]場 Senba *s* ⌊riles"
須和 Chisuwa *s*
崎 Senzaki *s*
勝 Chikatsu *s*
尋 Chihiro *m*
葦 Chigaya *s*
賀 Chiga *s*, Senga

賀浦 Chigaura s; Chiganoura p
[13]幹 Chikara m
葉 Chiba sp
葉原 Chibahara s
葉胤明 Chiba Taneaki ml
葉亀雄 C. Kameo ml
歳 Chitose m-p; Senzai lam
装 Senjō s, Chizura, Chigira
載集 Senzaishū l
厩 Senmaya p
[14]種 Chigusa p
種忠顕 C. Tadaaki mh
[15]蔭 Chikage m
磐 Chihaya s
熊 Chikuma s
[16]樫 Chikashi m
穎 Chikai m
綿 Chime s
頭 Chikami s, Sentō
[20]織 Chiori m
麗 Chiyoshi f
[21]鶴子 Chizuko f
鶴笑 Chizue f

久 45 [T] Hisashi m; Hisa s. (KU, KYŌ, hisa, naga, tsune, hiko)
[1]一郎 Hisaichirō m
[2]七 Kyūshichi m
[3]川 Hisakawa s
三郎 Kyūzaburō m
下 Kuge s, Kumoto, Kusaka
子 Hisako f
大 Hisanaga m
之浜 Hisanohama p
之助 Kyūnosuke m
万 Kuma sp
万吉 Kumakichi m
久利 Kukuri s
久野 Kuguno sp
[4]仁 Hisato m
方 Kuba s
山 Hisayama sp; Kui p, yama s
太郎 Kyūtarō m
木村 Kukimura s
木 Hisaki m
木田 Kukita s
木野 Kugino sp
五郎 Kyūgorō m
[5]代 Kushiro s
永 Hisanaga m

布白 Kubushiro s
田 Hisata s
本 Hisamoto sm
平 Kyūhei m
四郎 Kyūshirō m
[7]次 Hisatsugu m, Hisaji, Kyūji
次郎 Kyūjirō m
地楽 Kuchira s
吉 Hisayoshi sm; Kyūkichi m
光 Hisamitsu s
世 Kuze sp
米 Kume s
米川 Kumegawa s
米田 Kumeda s
米正雄 Kume Masao ml
米邦武 K. Kunitake
米桂一郎 K. Keiichirō ma
米南 Kumenan p
米蔵 Kumezō m
[7]似美 Kunimi f
住 Kuzumi s, Hisazumi; Kujū s
作 Hisanao m, Kyūsaku
坂 Kusaka s
坂玄瑞 K. Genzui mh
村 Hisamura s, Kumura
利 Hisatoshi m; Kuri s
谷 Kutani sp
安 Kyūan 1145–51
芳 Kubo s, Kubō; Kuba sp
志 Kushi s
志本 Kushimoto s
貝 Kugai s
兵衛 Kyūbee m
里 Kuri s, Saka
我 Kuga s, Koga; Kyūga m
寿 Kyūju 1154–56
寿弥太 Kusuyata m
[8]板 Hisaita s
板栄二郎 H. Eijirō ml
明 Hisaharu m
芽子 Kumeko f
宜 Hisayoshi m
宗 Hisamune sm
居 Hisai p
良 Kura f
[9]保 Kubo s
保より江 K. Yorie fl
保川 Kubokawa s
保山 Kuboyama s

保天随 Kubo Tenzui
保井 Kuboi s, ml
保木 Kuboki s
保内 Kubouchi s
保田 Kubota sp
保田万太郎 K. Mantarō m, fl
保田不二子 K. Fujiko
保田正文 K. Masafumi ml
保田彦作 K. Hikosaku
保寺 Kubodera s
保谷 Kubotani s
保栄 Kubo Sakae ml
保庭 Kuboniwa s
保猪之吉 Kubo Inokichi ml
保野 Kubono s
保埜 Kubono s
保島 Kuboshima s
恒 Hisatsune sm
津見 Kutsumi s
治 Hisaji m
治郎 Kyūjirō m
柄 Hisamoto m
弥 Hisaya m
松 Hisamatsu s
松潜一 H. Sen'ichi ml
美浜 Kumihama p
[10]郎 Kurō m, Kyūrō; Kuraki s
浮 Hisachika m
高 Kudaka s
家 Kuge s, Hisaya
容 Hisanari m
原 Kuhara s
座 Hisago s
連 Hisatsura m
連木 Kureko s
連松 Kurematsu s
馬人 Kumando s
[11]後 Kyūgo s
城 Hisamura m
採 Hisamochi m
根崎 Kunezaki s
梅 Kume f
野 Kuno s, Hisano
野豊彦 K. Toyohiko
能 Kunō s
能木 Kunoki s
留 Hisatome s
留来 Kurume p
留島 Kurushima s
埜 Kuno s
進 Hisamichi m
島 Hisajima s, Kujima
[12]須美 Kusumi s

須美 Kusumi s
順 Hisamoto m
隅 Kusumi s
接 Hisatsugu m
崎 Kusaki s
納 Kunō s
富 Hisatomi sm
喜 Kuki sp
賀 Kuga sp
間 Kuma s, Hisama
[13]慎 Hisachika m
雄 Hisao m, Hisakata
幹 Hisatoshi m
寛 Hisahiro m
慈 Kuji s
葛 Hisatsura m
[14]徳 Kyūtoku s
郷 Hisasato s; Kugō sp
語 Hisatsugu m
静 Hisatsugu m
[15]徴 Hisayoshi m
雍 Hisayasu m
蔵 Kyūzō m
[16]積 Kusazumi s
縫 Hisatsugi sm
慈 Kuji p
邇 Kuni s
邇 K. no miyako ph
邇宮 Kuninomiya s
[19]瀬 Kuze p

下 46 [T] Shimo p. (KA, GE, shimo, shita, moto, shi, ji, kuda, ori)
[3]川 Shimokawa sp
口 Shimoguchi s
[4]仁田 Shimo-nida p
水内 Shimo-minochi p
方 Shimokata s
元 Shimomoto s
井 Orii s, Shimoi
日佐 Shimōsa s
斗 Shimoto s
斗女 Shimotome s
斗米 Shimotomai s
中 Shimonaka s, ml
中弥三郎 S. Yasaburō
山 Shimoyama sp
山田 Shimo-yamada p
山佐 Shimoyamasa s
毛 Shimoge p
毛野 Shimotsukenu s, Shimotsukeno
毛野俯見 Shimotsukenufushimi s

5石 Oroshi *sp*
司 Gesu *s*
市 Shimoichi *p*
平 Shimodaira *s*
生 Shimonobu *s*
北 Shimo-kita *p* ⌈*p*
北山 Shimo-kitayama
田 Shimoda *sp*; Shi-
tada *p* ⌈ko *flh*
田歌子 Shimoda Uta-
6冰 Shimohi *s*
伊那 Shimo-ina *p*
圷 Shimoakutsu *sp*
江 Shimoe *s*
地 Shimochi *s*
竹 Shimodake *s*
吉 Motoyoshi *m*
耳 Shimoni *s*
世古 Shimoseko *s*
米宮 Amenomiya *s*
舟尾 Shimofunao *s*
7阪 Shimosaka *s*
坂 Shimosaka *sm*
沢 Shimozawa *s*
谷 Shimoya *s*, Shi-
modani, Shitaya
呂 Gero *p* ⌈*s*, Shimo
条 Shimojō *sp*; Gejō
里 Shimosato *s*
出 Shimoide *s*
村 Shimomura *s*
村千秋 S. Chiaki *ml*
村海南 S. Kainan *ml*
村湖人 S. Kojin *ml*
村観山 S. Kanzan *ma*
8阿久津 Shimoakutsu
枝 Shimoeda *s* ⌊*sp*
京 Shimogyō *p*
河 Shimokawa *s*
河内 Shimokōchi *s*
河辺 Shimokōbe *s*
河辺長流 S. Chōryū
ml ⌈do *s*
9津 Shimotsu *sp*; Ori-
松 Kudamatsu *sp*
神 Shimotsumiwa *s*
秋 Shimoaki *s*
草 Shitakusa *l*
妻 Shimotsuma *sp*
風 Oroshi *s*
岡 Shimooka *s*
岡蓮杖 S. Renjō *mh*
10高井 Shimo-takai *p*
倉 Shimogura *s*
家 Oroshiya *s*, Wata-
rai, Watakushi
益城 Shimo-mashiki *p*

原 Shimobara *s*
連 Shimotsure *s*
県 Shimo-agata *p*
11振 Shimoburi *s*
船尾 Shimofunao *s*
野 Shimotsuke *fl-ph*;
Shimono *s*, Kabata
訳語 Shimōsa *s*
部 Shimobe *sp*
都賀 Shimo-tsuga *p*
笠 Shimogasa *s*
島 Shimojima *s*
閉伊 Shimo-hei *p*
鳥 Shimotori *s*
12曾根 Shimosone *s*
莵上 Shimotsuunaka-
mi *s*
道 Shimomichi *s*, Shi-
motsumichi, Shi-
motsumi
間 Shimotsuma *s*, Shi-
moma ⌈*p*
13新川 Shimo-niikawa
蒲刈 Shimo-kamagari
嵐 Oroshi *s* ⌊*p*
14郷 Shimosato *s*; Shi-
mogō *sp*
農 Susogo *s*
関 Shimonoseki *p*
15諏訪 Shimo-suwa *p*
蔵 Shimogura *s*
17総 Shimōsa *ph*, Shi-
mofusa
館 Shimodate *p*
甑 Shimo-koshiki *p*
18濃 Susogo *s*
瀬 Shimose *s* ⌈*mh*
瀬雅允 S. Masachika

上 47 [T] Noboru *m*, Takashi, Susumu; Kami *s*; Ue *sp*, Kado. (jō, kami, ue, taka, hozu, masa, uwa, ura, e, hisa, age, aga, kō, kado)

ノ国 Kaminokuni *p*
1一丸 Kamiichimaru *m*
2九一色 Kami-kuishiki
p
3小阿仁 Kami-koani *p*
三川 Kamimikawa *s*
口 Kamiguchi *s*
之保 Kaminoho *p*
上手 Kamijōzu *s*
上島 Shishima *s*
下 Jōge *p*

子 Urako *f*
士幌 Kami-shihoro *p*
川 Uekawa *s*; Kami-
kawa *sp*
川井 Kamikawai *s*
久保 Kamikubo *s*
4匂 Katori *s*
五島 Kami-gotō *p*
中 Uenaka *s*, Kami-
naka ⌈tsuki *sp*
月 Kamitsuki *s*; Kō-
木 Ueki *s*
水 Kamimizu *s*
水内 Kami-minochi *p*
方 Kamigata *sp*; U-
wakata *s*
方武士道 Zeeroku bu-
shidō *l*
山 Kamiyama *sp*; Ue-
yama *s*
山田 Kami-yamada *p*
山佐 Kamiyamasa *s*
毛 Kamitsuke *s*; Kō-
tsuke *ph*
毛布 Kamitsukefu *s*
毛野 Kamitsukenu *s*,
Kantsukeno
毛野坂本 Kōzukeno-
sakamoto *s*
5代 Kamishiro *s*, Jōdai
北 Kamikita *p*
北山 Kami-kitayama *p*
石 Kamiiwa *s*, Kami-
ishi
石津 Kami-ishizu *p*
勾 Kamimagari *s*
司 Kamitsukasa *s*
司小剣 K. Shōken *ml*
甲 Jōkō *s*
市 Kamiichi *p*
平 Kamihira *s*, Uehi-
ra, Uwahira; Kami-
taira *p* ⌈moto
本 Uemoto *s*, Kami-
矢作 Kami-yahagi *p*
田 Ueda *sp*; Ageta *s*
田万年 U. Mannen /
Kazutoshi *ml*
田広 U. Hiroshi *ml*
田英夫 U. Hideo *ml*
田秋成 U. Akinari *ml*
田敏 U. Bin *ml*
田進 U. Susumu *ml*
田穆 U. Boku *ml*
6伊那 Kami-ina *p*
地 Kamichi *s*, Uechi
竹 Uetake *s*

有智 Kamiuchi *s*; Kō-
zuchi *sp* ⌈nishi
西 Kaminishi *s*, Ue-
舟尾 Kamifunao *s*
7住 Uwazumi *s*
阪 Kōsaka *s*
抜井見 Kaminukiimi *s*
沢 Kamizawa *s*, Ue-
zawa ⌈ka
坂 Uesaka *s*, Kamisa-
対馬 Kami-tsushima *p*
那賀 Kami-naka *p*
村 Uemura *s*, Kami-
mura
村松園 U. Shōen *fa*
杉 Uesugi *s*
杉氏憲 U. Ujinori *mh*
杉治憲 U. Harunori
mh ⌈*mh*
杉重房 U. Shigefusa
杉景勝 U. Kagekatsu
mh ⌈*mh*
杉慎吉 U. Shinkichi
杉憲実 U. Norizane
mh ⌈*mh*
杉憲政 U. Norimasa
杉謙信 U. Kenshin
mh
利 Kamiri *s*, Agari
谷 Uetani *s*, Kamiya
志比 Kami-shihi *p*
条 Kamijō *s*
床 Kamitoko *s*
尾 Ageo *sp*
里 Kamisato *p*
見 Uemi *s*
出 Kamide *s*
8阿久津 Kamiakutsu *s*
牧 Kamimaki *sp*; Ka-
mimoku *p* ⌈numa
沼 Uenuma *s*, Kami-
河 Kamikawa *s*
河内 Kami-kawachi *p*
板 Kamiita *p*
枝 Hozue *sm-f-p*
林 Kanbayashi *s*, Ka-
mibayashi
林暁 Kanbayashi Aka-
房 Jōbō *p* ⌊tsuki *ml*
京 Kamigyō *p*
宝 Kamitakara *s*
9垣 Uegaki *s*
垣内 Kamikōchi *s*
神 Niwa *s*, Hiwa
神吉 Kamikanki *s*
松 Uematsu *s*; Age-
matsu *sp*

松浦 Kami-matsura *p*; Kamimatsuura *s*	崎 Uesaki *s*
砂 Kamisago *s*	森 Uemori *s*
砂川 Kami-sunagawa *s*	富良野 Kami-furano *p*
保 Uwaho *s* ⌐*p*	富田 Kami-tonda *p*
信 Kaminobu *s*	道 Kanmichi *s*, Kantsumichi; Jōtō *p*
依知 Kamiichi *s*	¹³塚 Uetsuka *s*
津 Kōzu *sp*; Kanzu *s*	滝 Kōtaki *s*
津江 Kami-tsue *p*	新川 Kami-niikawa *p*
津浦 Kōtsura *sp*	¹⁴郷 Kamisato *s*; Kamigō *p*
妻 Kōzuma *s* ⌐*ml*	領 Kamiryō *s*
泉 Kamiizumi *s*	遠野 Kamitōno *s*, Uedōno, Kadōno, Kadono, Atano
泉秀信 K. Hidenobu	園 Uezono *s*
岡 Kamioka *s*, Ueoka	関 Kaminoseki *p*; Waseki *s*
¹⁰柳 Kamiyanagi *s*, Ueyanagi	¹⁶網 Kamiyosami *s*
郡 Kamigōri *p*	総 Kazusa *ph*
郎 Kōrō *s*	磯 Kamiiso *p*
浦 Kamiura *sp*	鷲 Ōwashi *s*
浮穴 Kami-ukena *p*	
海 Shanhai *p-l* "Shanghai"	大 48 [T] Hiroshi *m*, Futoshi, Takashi, Masaru, Takeshi, Yutaka, Hajime; Ō *s*, Ōsumi. (DAI, TAI, ō, o, hiro, naga, mono, tomo, haru, masa, ōi, oi, ōki, ki, futo)
高井 Kami-takai *p*	
高地 Kamikōchi *p*	²十女 Otome *f*
倉 Uekura *s*, Kami-kura	刀西 Ōtose *s* ⌐*m*
益城 Kami-mashiki *p*	力之助 Dairikinosuke
畠 Uehata *s*	八木 Ōyagi *s*
宮 Kaminomiya *s*	八洲学会 Ōyashima gakkai *l*
宮聖徳法王帝説 Jōgū Shōtoku hōōtaisetsu *lh*	³口 Ōguchi *sm-p*
屋久 Kami-yaku *p*	子 Hiroko *f*, Tomoko; Daigo *p*
県 Kamiagata *sp*; Kamitsuagata *s*	下 Ōshita *s*
原 Uehara *s*	下宇陀児 Ō. Udaru *ml*
原勇作 U. Yūsaku *mh*	川 Ōkawa *sp*
¹¹峰 Kamimine *s*	川周明 Ō. Shūmei *mh*
部 Kamibe *s*	川端 Ōkawabata *l*
都賀 Kami-tsuga *p*	川原 Ōkawara *s*
野 Ueno *sp*, Kamino; Agano *s*; Kōzuke *ph*; Uwano *p*	川内 Ōkōchi *s*
野山 Uenoyama *s*	工 Daiku *m*
野壮夫 Ueno Takeo *ml*	工廻 Chakkujaku *s*
野原 Uenohara *sp*	工原 Daikuhara *s*
斎原 Kami-saibara *s*	三 Daizō *m*, Futomi
符 Uwabu *s*	三郎 Daizaburō *m*
基 Takamoto *m*	三島 Ōmishima *p*
埜 Ueno *s*	三輪 Ōmiwa *s*
閇伊 Kami-hei *p*	丸 Daimaru *s*
島 Kamijima *s*, Uejima	久 Ōhisa *p*
島鬼貫 K. Onitsura *ml*	久保 Ōkubo *sp*
¹²陽 Jōyō *p*	
湧別 Kami-yūbetsu *p*	
勝 Kamikatsu *sp*	

久保利通 Ō. Toshimichi *mh* ⌐*ml*	山田 Ōyamada *sp*
久保利謙 Ō. Toshiaki	山定一 Ōyama Teiichi *ml*
久保忠保 Ō. Tadayasu *s* ⌐*ml*	山郁夫 Ō. Ikuo *mlh*
上 Ōkami *s*, Ōue	山道中栗毛後駿足 Ō. dōchū kurige no shiriuma *l*
⁴仁 Ōhito *sp*	山崎 Ōyamazaki *p*
化 Taika 645–50	山巌 Ōyama Iwao *m*
手 Ōte *p*	⁵永 Daiei 1521–28
手拓次 Ō. Takuji *ml*	辺 Ōbe *s*
内 Ōuchi *sp*, Ōchi	四郎 Daishirō *m*
内兵衛 Ōuchi Hyōe *ml* ⌐*mh*	目 Ōme *s*
内義隆 Ō. Yoshitaka	用 Daiyō *s*
内山 Ōuchiyama *sp*	兄 Oine *m*
友 Ōtomo *s*	允 Ōmakoto *s*
友宗麟 Ō. Sōrin *mh*	定 Ōdate *s*
友皇子 Ō. no Ōji *m*	市 Ōichi *sm*, Ōchi *sp*
友義鎮 Ō. Yoshishige *s*	玉 Ōtama *p* ⌐26
戸 Ōto *sm-p* ⌐*mh*	正 Taishō *mh-p* 1912–
元 Ōmoto *s*	平 Ōhira *sm-p*; Ōdaira *s*; Taihei *p*
分 Ōita *sp*; Ōkita *s*	本 Ōmoto *s*
月 Ōtsuki *sp*; Tsuki *s*	廿 Ōama *s*
王 Daiō *p*	丘 Ōoka *s*
夫 Haruo *m*; Maetsugimi *s*, Mōchigimi *s*	生 Ōbu *s*, Ōmibu *s*
太郎 Daitarō *m*	矢 Ōya *s* ⌐nobu *sp*
方 Ōgata *p*	矢野 Ōyano *sp*
文字 Daimonji *s*	古 Ōko *s*
中 Ōnaka *s*	石 Ōishi *s*
中川 Ōnakagawa *s*	石田 Ōishida *sp*
中臣 Ōnakatomi *s*	石橋立 Ōishihashidate *s*
中臣宜 Ō. no Yoshinobu *ml*	五郎 Daigorō *m*
中道 Ōnakadō *s*	代 Ōshiro *s*
木 Ōki *s*	仏 Osaragi *s*, Ōsaragi; Daibutsu *sa*
木実 Ō. Minoru *ml*	仏次郎 O. Jirō *ml*
木惇夫 Ō. Atsuo *ml*	仏供 Daibuku *s*
木喬任 Ō. Takatō *mh*	仏供養 Daibutsu kuyō *la*
木口 Ōkiguchi *s*	北 Ōkita *s* ⌐yō *la*
日 Ōhi *s*, Dainichi, Ōgusa	田 Ōta *s*
日子 Ōhisu *s*, Ōko	田川 Ōtagawa *s*
日方 Oikata *s*, Ōhigata, Ōhinata	田洋子 Ōta Yōko *fl*
日佐 Ōosa *s*	田南畝 Ō. Nanpo *ml*
日奉 Ōhimatsuri *s*	田代 Ōtajiro *s*
日南 Ōhinata *s*	田見 Ōtami *s*
井 Ōi *m*	田垣 Ōtagaki *s* ⌐*ml*
井川 Ōigawa *p*	田蜀山月 Ō. Rengetsu *s*
井上 Ōinoue *s*	田原 Ōtawara *p*
井田 Ōita *s*	田黒 Ōtaguro *s*
井広 Ō. Hiroshi *ml*	田税 Ōtachikara *s*
井広介 Ōi Hirosuke *ml*	⁶田 Ōta *sp*
井憲太郎 Ōi Kentarō *mh* ⌐*p*	地 Ōji *s*
山 Ōyama *sp*; Daisen	竹 Ōtake *m*
	竹新助 Ō. Shinsuke *s* ⌐*ml*
	池 Ōike *s* ⌐*ml*

子 工 丸 士 土 万 久 下 上 大 ▲ 心 刈 切 火 双 仂 仁 孔

子 工 丸 士 土 万 宀 久 下 上 ▼ 大 ▲ 心 刈 切 火 双 水 仇 化 仁 孔

江 Ōe sp ; Ōmi sph
江丸 Ōemaru ml
江山 Ōeyama la
江田 Ōeda s, Oita
江広元 Ōe no Hiro-moto mh
江匡房 Ōe no Masa-fusa ml
江良太郎 Ōe Ryōtarō ml
江健三郎 Ōe Kenza-burō ml
江朝綱 Ōe no Asa-tsuna ml
江満雄 Ōe Mitsuo ml
羽 Ōba s
台 Ōdai p
羊 Ōhitsuji s
芝 Ōshiba s
吉 Ōyoshi s
吉郎 Daikichirō m
寺 Ōdera s
宇陀 Ōuda p
宅 Ōyake sp ; Ōya s, Ōyaku [tsugi m
宅世継 Ōyake no Yo-
宅壮一 Ōya Sōichi ml
同 Daidō 806-10
弐 Daini sm
成 Ōnari s ; Taisei m
辻 Ōtsuji s [ta
曲 Ōmagari sp, Ōwa-
亦 Ōmata s
耳 Daini s
世古 Ōseko s
米 Ōnoki s, Ōyagi
名曽我 Daimyō nagu-sami Soga m
多和 Ōtawa s, Ōto
多喜 Ōtaki sp
西 Ōnishi sp
西巨人 Ō. Kyojin ml
西克礼 Ō. Yoshinori ml
西祝 Ō. Hajime ml
西風 Asamaki s
阪 Ōsaka sp
坂 Ōsaka ph
坂屋 Ōsakaya s [ro l
社 Taisha p ; Ōyashi-
社造 T.-zukuri a
形 Ōgata s
町 Ōmachi sp
町桂月 Ō. Keigetsu
利 Ōri s [ml
利根 Ōtone sp
杉 Ōsugi s
杉栄 Ō. Sakae mlh

村 Ōmura sp
村益次郎 Ō. Masujirō mh
村純忠 Ō. Sumitada [mh
沢 Ōsawa s
沢野 Ōsawano sp
住 Ōsumi s
作 Daisaku m
仰 Ōnoki s
伯 Ōku sp
佐 Ōsa sp [miko flh
佐皇女 Ō. no Hime-
佐和 Ōsawa p
伴 Ōtomo sp
伴坂上郎女 Ō. no Sa-kanoe no Iratsume fl
伴金村 Ō. no Kana-mura mh
伴旅人 Ō. no Tabito [ml
伴家持 Ō. no Yaka-
豆 Otō s [mochi ml
会 Daie la
牟田 Ōmuta p
条 Daijō s, Ōeda
児 Tako s
貝 Ōgai s
声 Ōe s
志摩 Ōshima s
安 Daian p
安寺 Daianji p
安寺碑文 D. hibun l
谷 Ōtani s, Ōya
谷木 Ōyagi s [tsu ml
谷句仏 Ōtani Kubu-
谷津 Ōyazu s
谷藤子 Ōtani Fujiko fl
谷繞石 Ō. Gyōseki ml
串 Ōkushi s
出 Ōide s
見 Ōmi s
更 Ōfuke s
臣 Otodo m
甫 Daiho s
束 Ōtsuka s
来目部 Ōkumebe s
来皇女 Ōku no Hime-miko flh
身狭屯倉田部 Ōmusa-miyakenotabe s
角 Ōsumi s
角集 Ōtsui s, Ōtsume, Ōtozumi
[8]供 Ōtomo s
作 Ōsaku s
阿久 Ōaku s

狛 Ōkoma s
波 Ōnami s
沼 Ōnuma sp
河 Ōkawa s
河一 Daikaichi s
河内 Ōkawachi sp, Ō-kōchi s ; Okōchi s
戸 Ōkawato s
河平 Ōkobira s
河本 Ōkawamoto s
河原 Ōkawara sp
門 Ōkado s, Daimon
股 Ōmata s
和 Ōwa s
和久 Ōwaku s
和 Ōtsuki s
坪 Ōtsubo s
坪草二郎 Ō. Sōjirō ml
炊 Ōi sm [Ōimikado
炊御門 Ōinomikado s,
林 Ōbayashi s
枝 Ōeda s
邱 Taikyū p "Taegu"
私 Ōkisaichi s
和 Yamato s ; Daiwa p, Taiwa [washi l
和し美し Y. shi uru-
和郡山 Y. Kōriyama p
和高田 Y. Takada p
和田 Ōwada s
和絵 Yamatoe a
利田建樹 Ō. Tateki ml
房 Ōfusa p
幸 Ōsaki s, Ōsachi, Daikō, Ōsaka
舎人部 Ōtoneribe s, Ōtoribe
金 Ōgane s
英 Motofusa m
空 Ōzora s
典 Taiten l [701-04
宝 Ōtakara s, Daihō
宝寺 Daihōji p
府 Ōbu p
迫 Ōhasama sp ; Ōsa-ko s, Ōseko [ni m
国 Ōkuni s ; Nagaku-
国主神 Ōkuninushi no Kami mh
国隆正 Ōkuni Taka-masa mh
武 Ōtake s [sp
東 Daitō p ; Ōhigashi
[9]保 Ōho s
信 Taishin p
弥 Ōmi s
柿 Ōgaki sp

畑 Ōhata sp [Taiko
胡 Ōgo sp ; Daigo s,
垣 Ōgaki sp ; Ōgaito s
城 Ōki s, Ōshiro
松 Ōmatsu s
神 Ōkami s, Ōmiwa, Ōkane, Ōga
神格田 Ōmiwashimo-toda s
神田 Ōkanda s
洲 Ōzu s
洋 Ōmi sm ; Taiyō s
派 Ōmata s
治 Ōharu sp ; Daiji s
洗 Ōarai p [1126-31
津 Ōtsu sp
津京 Ōtsu-kyō ph
津美 Ōtsumi s [ml
政 Ōmasa s
草 Ōgusa s
星 Ōboshi s
前 Ōmae s
岩 Ōiwa s
長 Daichō s
音 Ōto s, Ōtachime
栄 Daiei p, Taiei
春 Ōharu s
春日 Ōkasuga s
泉 Ōizumi sp [ml
泉黒石 Ō. Kokuseki
丘 Ōtake s
直 Hironao m
為 Ōsu m
岡 Ōoka sp [mh
岡忠相 Ō. Tadasuke
岡昇平 Ō. Shōhei ml
岡政談 Ō. seidan l
[10]捌 Ōwake s
浜 Ōhama sp
脇 Ōwaki s
峡 Ōhazama s, Ōba
桃 Ōmomo s
祓詞後釈 Ōharai no kotoba goshaku l
財 Ōtakara s
軒 Ōnoki s
針 Ōhari s
柳 Ōyanagi s
柳津 Ōyaizu s
悟法 Daigohō s [ml
悟法利雄 D. Toshio
悟法進 D. Susumu ml
浦 Ōura sp [Ōama f
海 Ōumi s ; Ōmi s ;
海人 Ōama mh
海原 Ōmihara s, Ō-unabara

高 Ōdaka sp ; Ōtaka s
桑 Ōkuwa sp
荒木 Ōaraki s
畠 Ōhata s ; Ōbatake sp
倉 Ōkura s
倉桃郎 Ō. Tōrō ml
倉喜八郎 Ō. Kihachi- ⌊rō mh
宰 Dazai s
宰府 Dazaifu ph
宰権帥 Dazai no Gon-no-sotsu mh
家 Ōie s, Ōya, Ōyake
室 Ōmuro s ; Nagaie m
宮 Ōmiya sp
宮司 Daiguji s
兼 Ōgane s
栗 Ōguri s
庫 Ōko s
屋 Ōya sp ; Ōyake s
庭 Ōba s
庭柯公 Ō. Kakō ml
原 Ōhara sp, Ohara
原富枝 Ō. Tomie fl
原幽学 Ō. Yūgaku mh
原御幸 Ohara gokō la
11倭 Yamato sp ⌈s
猪廿人面 Ōikaihitōmo
瓶猩猩 Taihei shōjō la
後 Daigo s
朏 Ōtsuki s
峰 Ōmine s
蛇 Orochi la
淀 Ōyodo sp
船渡 Ōfunato sp
根 Ōne s
根占 Ōnejime p
野 Ōno sp
野木 Ōnoki s, Ōyagi
野見 Ōnomi p
野林火 Ōno Rinka mh
野洒竹 Ō. Shachiku
野原 Ōnohara p ⌊mh
野誠夫 Ōno Nobuo ml
斎院 Daisaiin fl
斎院御集 D. goshū l
魚 Ōna s ⌈smh
黒 Ōkuro s ; Daikoku
黒屋 Daikokuya s
黒連歌 Daikoku renga la ⌈ge l
菩薩峠 Daibosatsu tō-嘗 Ōsuge s, Ōsuga
菊 Ōgiku s
麻 Ōasa s ; Ōasha p
達 Ōdate s, Ōdachi
商蛭小島 Ōakinai hiru ga Kojima la

鳥 Ōtori s
鳥造 Ō.-zukuri a
島 Ōshima sp
島如雲 Ō. Joun ma
島博光 Ō. Hiromitsu
雀 Ōsasagi s
12御所 Ōgosho mh
晴日 Ōseijitsu s
脚 Ōashi m
崎 Ōsaki sp
朝 Ōasa sp
隅 Ōsumi sm-ph
胡 Ōyako s
納言 Dainagon mh
納言為家集 D. Tame-塔 Ōtō p ⌊ie shū l
場 Ōba s ⌈rō ml
場白水郎 Ō. Hakusui-須 Ōsu s
須賀 Ōsuga sp
須賀乙字 Ō. Otsuji ml
須磨 Ōsuma s
湖 Ōgo s
湊 Ōminato sp
湊田名部 Ō. Tanabe p
湯人 Ōyue s
湯坐 Ōyue s
湯座 Ōyue s
曾根 Ōsone s
富 Ōtomi s
賀 Ōga s
貫 Ōnuki s
笹 Ōzasa s
善 Daizen s
善亮 Daizennosuke s
喜 Ōki s
喜多 Ōkita s
萱 Ōgai s
萱生 Ōkayō s
森 Ōmori sp ⌈mh
森房吉 Ō. Fusayoshi
森儀太郎 Ō. Gitarō ml
道 Ōmichi s, Daidō
道寺 Daidōji sp
間 Ōma sp
間間 Ōmama p
鹿 Ōshika sp
鹿卓 Ō. Taku ml
13暗谷 Ōkuradani s
梢 Ōtsuchi sp
暉 Ōteru s
碓 Ōusu s
雄 Daiyū s
辟 Ōsaki s, Ōsake
輔 Daisuke m
飯 Ōi p
滝 Ōtaki s

溝 Ōmizo s
淵 Ōbuchi s
隈 Ōshima s ; Ōsumi sp
隈言道 Ōkuma Koto-michi ml ⌈mh
隈重信 Ō. Shigenobu
堀 Ōbori s, Ōhori
塩 Ōshio s
塩平八郎 Ō. Heiha-chirō mh
塚 Ōtsuka s
塚平山 Ō. Kōzan ml
塚金之助 Ō. Kinno-suke ml
塚保治 Ō. Yasuji ml
塚楠緒子 Ō. Kusuoko
路 Ōji s ⌈fl
豊 Ōtoyo p
歳 Ōtoshi m
義 Ōyoshi m
園 Ōsono s
越 Ōgoe s ; Ōgoshi s
14徳 Daitoku s
徳寺 Daitokuji p
腰 Ōshi s
郷 Ōsato s ; Daigo s
給 Ōkyū s, Ogyū
嘉多 Ōkata s
窪 Ōkubo sp
関 Ōzeki s
15儀見 Ōgimi s
潟 Ōgata p
穂 Ōho sp
輝 Ōteru s ⌈be s
蝮壬部 Ōtachihimibu-調和 Daichōwa l
輪 Ōwa s
輪田 Ōwada sp
槻 Ōtsuki s ⌈ph
槻如電 Ō. Joden s
槻玄沢 Ō. Gentaku mh
槻言二 Ō. Kenji ml
慧 Hirosato m
磐 Ōiwa s
魯 Tairo ml
紫 Ōshiki s ⌈m
蔵 Ōkura sp ; Ōtoshi
蔵永常 Ō. Nagatsune
熊 Ōkuma sp ⌈mh
熊信行 Ō. Nobuyuki ml ⌈ml
熊長次郎 Ō. Chōjirō
16膳 Daizen sm
頭 Ōgashira s, Ōzu
鋸 Ōga sp

鋸屋 Ogaya s
衡 Taisuke m
衡 Ōhira sp ⌈s
網 Ōami sp ; Ōyosami
網白里 Ōami Shirasa-to p
樹 Motoki m ; Taiki p
橋 Ōhashi s
橋乙羽 Ō. Otowa ml
橋松平 Ō. Matsuhei ml
築 Ōtsuki s
養徳 Yamato s
17館 Ōdate sp ; Ōdachi
翼 Hirosuke m
薩摩 Ōzatsuma s
慈弥 Ōjimi s
観 Taikan ma
嶺 Ōmine s
藤 Ōfuji s, Daitō
薮 Ōyabu s ⌈mi l
19磯部 Ōiso s ; Ōkaga-鷲 Ōwashi s
趕 Masayoshi m
瀬 Ōse s
瀬戸 Ōseto p
蘇 Ōso s
20鐘 Ōgane s
21磯 Ōiso sp
縄 Ōnawa s
鶴 Ōzuru s
鰐 Ōwani sp
24響 Ōhibiki s
鷹 Ōtaka s

工
丸
士
士
万
千
久
下
上
大
▼
心
刈
▲
切
火
双
水
仂
仁
孔
戸
元

——— 4 L1 ———

心 49 [T] (SHIN, mune, kiyo, mi, naka, moto, sane, go, gori)

中二ツ腹帯 Shinjū futatsu haraobi la
中天網島 S. ten no A-mijima la
中重井筒 S. kasane izutsu la
中宵庚申 S. yoigō-shin la
学早染草 Shingaku hayazome-gusa la
敬 Shinkei ml

——— 4 L2 ———

刈 50 (KAI, kari)

士 土 万 千 久 下 上 大 心 刈 ▼ 切 火 双 水 仍 化 仁 孔 ▲ 戸 元 方 文 六 予 支 分 父 介

田 Karita s, Kanda; Katta sp
込 Karikomi s
羽 Kariwa s
谷 Kariya p
部 Karibe s

切 51 [T] (SETSU, kiri, kire)
木 Kiriko s
山 Kiriyama s
田 Kirita s
戸 Kireto s
石 Kiriishi p
池 Kiriike s
河 Kikkawa s ┌ri a
妻造 Kirizuma-zuku-

火 52 [T] (KA, hi, ho)
作 Kozukuri s
野 Hino s
野葦平 H. Ashihei ml
撫 Hinozu s, Hinade, Honake, Honade

双 53 [T] Narabu m. (SŌ, futa, fu)
三 Futami p
木 Namiki s
美子 Fumiko f
海 Futami p
葉 Futaba s
蝶蝶曲輪 Futatsu chō-chō kuruwa la

水 54 [T] Taira m; Motori s. (SUI, mi, mizu, mina, na, yu, naka, yuku, moto-)
[3]川 Mizukawa s ┌ri)
口 Mizuguchi s, Mi-zoguchi; Minakuchi
子 Mizuneko s ┌sp
上 Minakami sp, Mi-zukami
上勉 Minakami Tsu-tomu ml ┌rō ml
上滝太郎 M. Takita-
[4]戸 Mito p
戸部 Mitobe s
元 Mizumoto s
分 Mukamari s
巴句帖 Suiha kuchō l
井 Mizui s
太郎 Mizutarō m
毛生 Mizumō s

木 Mizuki s
木京太 M. Kyōta ml
木洋子 M. Yōko fl
[5]田 Mizuta s
主 Minushi s, Ton-mon, Nuekako
本 Mizumoto s
[6]丁 Mizue s
守 Mizumori s; Mi-mori m
守亀之助 M. Kame-nosuke ml
早 Mizuhaya s
[7]沢 Mizusawa sp
村 Mizumura s
利 Mizukaga s
町 Mizumachi s
町京子 M. Kyōko fl
足 Mizutari s
志 Mizushi s
谷 Mizutani s, Mizu-noya ┌tō ml
谷不倒 Mizutani Fu-
谷川 Mizutanigawa s, Miyagawa, Mizuno-yagawa
尾 Mizuo sp; Mizu-noo s; Mio sl
見 Mizumi s
出 Mizude s
[8]沫集 Minawashū l
沼 Mizunuma s
明 Suimei l
門 Minato s
枝 Mizue f
取 Motori s, Mohitori, Mondori
茎 Mizukuki s
府 Suifu s
[9]俣 Minamata p
津 Mizutsu s, Suitsu
垣 Mizugaki s
品 Mizushina s
荘記 Suishōki l
巻 Mizumaki s
岡 Mizuoka s
海道 Mizukaidō l
郡 Mizugōri s
速 Mihaya s
原 Mizuhara s ┌ml
原秋桜子 M. Shūōshi
[11]撒 Mondori s ┌la
掛桜 Mizukake muko
流丸 Tsurumaru s
渓 Mizutani s
部 Motoribe s
野 Mizuno s

野仙子 M. Senko fl
野広徳 M. Hironori ml
野谷 Mizunoya s
野忠邦 Mizuno Tada-kuni mh
野葉舟 M. Yōshū ml
島 Mizushima s
鳥 Mizutori s
崎 Mizusaki s ┌l
蛙眼目 Suia ganmoku
登 Mizuto s
落 Mizuochi s
落露石 M. Roseki m
無子 Minako f
無月祓 Minazukibara-e la
無瀬 Minase sp-l
無瀬三吟 M. sangin l
道 Minamichi m, Mi-michi
間 Mizuma s
[13]満 Mitsumi s
越 Mizukoshi s, Mi-zunoo
[14]溜 Mizutame s
窪 Misakubo p
澄 Misumi m
穂 Mizuho s
[16]橋 Mizuhashi s
[18]藤 Mizufuji s
[19]鏡 Mizu kagami l
[20]甕 Mizukame l

仍 55 Tsutomu m, Hagemu, Masa-ru. (RYOKU, RIKI)

化 56 [T] (KA, KE, hori) ┌ga l
物曾我 Bakemono So-
政 Kasei 1804-29
間 Toga s
銀杏 Bakeichō l

仁 57 [T] Hitoshi m, Masashi, Hiro-shi, Yasushi, Hisashi, Tadashi, Shinobu. (NIN, JIN, ni, hito, ma-sa, yoshi, to, kimi, sa-ne, mi, nori, kimu, so-to, toyo)
ノ平 Ninohira s
[1]一郎 Niichirō m
[2]八 Nihachi s
[3]三郎 Nisaburō m
上 Ninoue s

[4]戸田 Nitoda s
文 Yoshibumi m
王 Niō smh-la
井田 Niida s
木 Niki s, Nikki
木悦子 Niki Etsuko fl
礼 Nire s; Kimihiro m
平 Nihira s; Ninbyō 1151-54
田 Nita s, Nitta
田原 Nitahara s
[6]江 Hitoe f
世 Kimiyo f
多 Nita s
[7]杉 Nisugi s, Hitosugi
村 Nimura s
安 Nin'an 1166-69
志 Hitoshi m
見 Nio sp
見 Nimi s
寿 Ninju 851-54; Sa-netoshi m
[8]和 Ninwa / Ninna 885-89
和寺 Niwaji s; Nin-naji sp
[9]治 Ninji 1240-43
保 Niho s, Nio
信 Yoshinobu m
神 Nigami s
秋 Nishina s
科 Nishina s
科芳雄 N. Yoshio mh
[10]郎 Nirō m
[11]淀 Niyodo p
瓶 Nihei s
[12]敬 Masahiro m
賀保 Nigao s; Nika-道 Yoshine m ┌ho p
[13]雄 Nishina s
詮 Yoshiakira m
義 Masayoshi m, Mi-yoshi
[14]徳 Nintoku mh
[15]監 Masaaki m
[18]藤 Nitō s
[21]羅山 Nirayama s

─── 4 L3 ───

孔 58 [T] (KŌ, KU, yoshi, tada, mi-chi, ushi)
一 Yoshikazu m
子 Kōshi mlh "Con-fucius"
王 Anao s ┌nie
王部 Amanibe s, Ama-

世部 Kusebe s
舎農家 Kusanoya m
敏 Tadatoshi m
雀船 Kujakubune l

—— 4 T1 ——

戸 59 [T] To s. (KO, GO, to, he, be, ie, kado, hiro, mori)
ケ崎 Togasaki s
8上 Togami s
川 Togawa s
川幸夫 T. Yukio ml
川秋骨 T. Shūkotsu ml
川残花 T. Zanka ml
丸 Tomaru s
口 Toguchi s
4刈 Tokari s
木 Heki sp
水 Tomizu s
井 Toi sp
井田 Toida s
山 Toyama s
5叶 Tokano s, Toganō
石 Toishi s
辺 Tobe s
矢 Toya s
田 Toda sp; Heta p
田茂睡 T. Mosui ml
田鉄堂 T. Kindō m
次 Hetsugi s
7村 Tomura s
汲 Tokumi s
沢 Tozawa sp
坂 Tosaka s
坂潤 T. Jun ml
谷 Todani s, Toya
苅 Togari s
出 Toide sp
来 Heki s, Herai
8波 Tonami s
河内 Togōchi p
枝 Toeda s
板 Toita s
板康二 T. Yasuji ml
所 Todokoro s
奈良 Tonara s
9津 Totsu s
畑 Tobata sp
松 Tomatsu s
前 Tosaki s
泉 Toizumi s
畔 Tobe smh-fh
倉 Togura sp
髙 Todaka s
室 Tomuro s

屋 Toya s
11浪 Tonami s
頃 Tokoro s
部 Tobe s, Kobe
祭 Tomatsuri s
島 Toshima s
12崎 Tosaki s, Tozaki
賀崎 Togasaki s
鹿里 Togari s
13塚 Totsuka sp
張 Tobari s
14隠 Togakushi s

元 60 [T] Hajime m, Gen, Hajimu, Tsukasa; Moto s. (GEN, GAN, moto, haru, yuki, naga, yoshi, asa, chika, masa)
1一 Motoichi m
3三 Genzō m
三郎 Motosaburō m
之助 Gennosuke m, Motonosuke
久 Motonaga m; Genkyū 1204–06
4仁 Gennin 1224–25
中 Genchū 1384–92
文 Genbun 1736–41
山 Motoyama s
五郎 Motogorō m
井 Motoi s
太郎 Mototarō m
木 Motoki m
夫 Motoo m
5永 Gen'ei 1118–20
田 Motoda s
正 Motomasa m; Genshō mh
生 Motoiki s
6次郎 Motojirō m
圭 Genkei m
吉 Motoyoshi sm
有 Motoari m
7信 Motonobu m
沢 Motozawa s
弘 Motohiro m; Genkō 1331–34
村 Motomura s
亨 Genkō 1321–24
亨釈書 G. shakusho lh
沢 Motozawa s
応 Gen'ō 1319–21
尾 Motoo sm
臣 Motoomi m
8明 Genmei mh

服曾我 Genbuku So-ga la
和 Genwa 1615–25
知 Motoaki m
京 Motochika m
昌 Motoyoshi m
良 Motoyoshi m [ml
良勇次郎 M. Yūjirō
9恒 Mototsune m
治 Motoharu m; Genji 1864–65
昭 Motoharu m
施 Motoharu m
貞 Motosada m
春 Motoharu m
岡 Motooka s
10祥 Motonaga m
造 Motozō m
11啓 Genkei m
島 Motojima s
亀 Genki 1570–73
崎 Motozaki s
就 Motonari m
敬 Genkei m
禄 Genroku 1688–1704
禄忠臣蔵 G. chūshin-gura la
森 Motomori m
運 Motoyuki m
達 Motohiro m
13源 Motoyoshi m
雄 Motoo m, Yoshio
経 Genkei m
義 Motoyoshi m
督 Mototada m
照 Moteru m
14徳 Gentoku 1329–31
輔 Motosuke ml
暦 Genryaku 1184–85
15儔 Mototoshi m
蕃 Motomitsu m
慶 Gangyō 877–85
16橋 Motohashi s
興 Motooki m
18藤 Motofuji s
簡 Motohiro m

—— 4 T2 ——

方 See 85

文 See 86

六 61 [T] Mutsu f. (ROKU, RIKU, mu, mutsu)

ケ所 Rokkasho p
1一郎 Rokuichirō m
2二 Rokuji m
七八 Munahachi s
人 Mutori s
人部 Mutobe s
十田 Musoda s
十谷 Musotani s
十里 Tsuihiji s
8川 Rokugawa s
4戸 Rokunohe p
月一日 Kusaka s, U-rihari
日 Muika p
日市 Muikaichi p
平 Mutaka s
6地蔵 Roku Jizō la
合 Kuni sp
7村 Rokumura s
条 Rokujō sp
兵衛 Rokubee s
車 Mukuruma s
角 Rokkaku s
8波羅 Rokuhara sph
所 Rokusho s
物 Rokubutsu s
国史 Rikkokushi l
9浦 Mutsuura s; Mutsura p-la
10郎 Rokurō m
原 Mutsuhara s
造 Rokuzō m
11野 Rokuno s
笠 Mugasa s
12崎 Mutsuzaki s
富 Mutsutomi m
鹿 Mutsuga s, Roku-shika
13雄 Mutsuo sm
14郷 Rokugō p
歐仙 Rokkasen ml-fl

予 62 [T] Atō m, Ya-sushi, Tanoshi. (YO, yasu, masa, a)
子 Yasuko f
何人 Anato m

支 63 [T] Tamotsu m. (SHI, KI, naka, moro, hase, yuta)
主 Kisu s
那 Shina p "China"
考 Shikō ml [kura
倉 Hasekura s, Hashi-
倉常長 Hasekura Tsu-nenaga mh

心
刈
火
双
化
仁
孔
▼
戸
元
方
文
六
予
支
▲
分
父
介
今
日
厄
反
友
斗
匀

化
仁
孔
戸
元
方
文
六
予
支
▼
分
父
介
今
日
厄
反
友
斗
匀
式
火
水
匹
中
▲
日
日
円
丹
月
内
片
及
卞
方

分 64 [T] (BU, BUN, FUN, chika, wa-ke, waka, kumari)
水 Bunsui p
倍 Bunbai sp ; Bubai s
校 Bungyō sp
部 Wakebe s
徧 Bundō s
瀬 Wakese s

父 65 [T] (FU, chi-chi, nori)
子鷹 Oyakodaka l
代 Chichiyo m
鬼 Chichioni s

介 66 [T] Tasuku m, Suke, Katashi. (KAI, KE, suke, aki, yuki, yoshi)
川 Sukegawa s
成 Sukenari m
寿 Suketoshi m
良 Kera p

今 67 [T] Kon s, I-ma. (KON, KIN, ima)
³小路 Imakōji s
川 Imagawa s
川了俊 1. Ryoshun mh
川仮名目録 I. kana mokuroku h ⌈mh
川義元 I. Yoshimoto
万 Konman s
子 Imako f
大路 Imaōji s
⁴切 Imagiri s
戸 Imado s
戸心中 I. shinjū l
中 Imanaka s
木 Imaki sfl
太郎 Imatarō m
毛人 Imaebisu sm ; I-makebito m
日子 Kyōko f
日出海 Kon Hidemi
井 Imai s ⌉ml
井田 Imaida s
井白楊 Imai Hakuyō ml
井邦子 I. Kuniko fl
井福治郎 I. Fukujirō
⁵北 Imakita s ⌉ml
田 Imada s ; Konda p
市 Imaichi sp
立 Imadate sp

本 Imamoto s
⁶江 Imae s
吉 Imayoshi s
庄 Imajō sp
西 Imanishi s
成 Imanari s
⁷坂 Imasaka s
沢 Imazawa s
村 Imamura s
別 Imabetsu p
尾 Imao s
里 Imazato s ⌈s
来才伎 Imakinotebito
⁸枝 Imaeda s
林 Imabayashi s
出 Imade s
出川 Imadegawa s
金 Imagane sp
官一 Kon Kan'ichi ml
昔 Konjaku l
奉 Imamatsuri s, Ima-matsuribe
府 Imafu s
居 Imai s
武 Imatake s
良 Imamairi s
東光 Kon Tōkō ml
⁹城 Imashiro s ; Imaki s
津 Imazu sp
治 Imabari sp
参 Imamairi l
春 Konparu l
泉 Imaizumi s
岡 Imaoka s
¹⁰帰 Nakinin s
宮 Imamiya s
¹¹峰 Imamine s
剛 Kongō s
野 Imano s, Konno
野賢三 I. Kenzō ml
¹²朝 Kesa f
朝美 Kesami f
牽佳 Imagunbai s
道 Imamichi s
¹³堀 Imabori s
福 Imafuku s
¹⁴給象 Imakure s, Ima-様 Imayō l ⌊gire
様薩摩歌 I. Satsuma uta la
関 Imazeki s
¹⁵熊野 Imagumano s
¹⁶橋 Imahashi s
¹⁸藤 Imafuji s
¹⁹鏡 Ima kagami l
²⁴鷹 Imataka s

──── 4 F ────

日 See 76

厄 68 [T] (YAKU)
巳 Yakumi s

反 69 [T] (HAN, TAN, sori, modori)
田 Sorita s
町 Sorimachi sp
保 Tanbo s
橋 Modoribashi s

友 70 [T] (YŪ, U, tomo, suke)
²二 Tomoji s
³之介 Tomonosuke s
三 Tomozō m
三郎 Tomosaburō m
⁴山 Tomoyama s
木 Tomoki s
⁵礼 Tomonari m
四郎 Tomoshirō m
永 Tomonaga s
田 Tomoda s
平 Tomohira sm
⁶次郎 Tomojirō m
江 Tomoe s
吉 Tomokichi m
光 Tomomitsu s
成 Tomonari sm
⁷沢 Tomozawa s
安 Tomoyasu sm
⁸枝 Tomoeda s ; To-moe f ⌊shō ma
⁹松 Tomomatsu s; Yū-法師 Tomo-hōshi ma
治 Tomoji m
則 Tomonori m
岡 Tomooka s
哉 Tomoya m
修 Tomoyoshi m
¹¹悌 Tomoyasu m
梅 Yūbai ml
野 Tomono s
部 Tomobe sp
常 Tomotsune sm
¹²博 Tomohiro sm
野 Tomomichi m
禅染 Yūzen-zome a
¹⁴精 Tomokiyo m

斗 71 [T] Hakaru m. (TO, masu, hoshi)

ケ沢 Togezawa s
福 Masutomi m

匀 72 Hitoshi m. (KIN, IN)

匂 73 Nioi s. (nio, niō)
十 Niōkō f
枝 Nioe f
宮 Niōnomiya l

弍 74 Hajime m. (I-TSU, ICHI, kazu, ⌊katsu)
子 Kazuko f
春 Katsuharu m

──── 4 U ────

火 See 52
水 See 54
匹 See 187

中 75 [T] Ataru m, Kaname, Tadashi, Nakaba; Naka sp; Chū sm. (CHŪ, naka, nori, na, yoshi, tada, uchi)
³小路 Nakakōji s
川 Nakagawa sp ⌈ml
川一政 N. Kazumasa
川宋淵 N. Sōen ml
川淳庵 N. Jun'an mh
川喜雲 N. Kiun ml
川根 Naka-kawane p
三川 Nakamigawa s
之口 Nakanokuchi sp
之条 Nakanojō p
之島 Nakanoshima s
口 Nakaguchi s
上 Nakagami s
上川 Nakamigawa s, Nakagamigawa
上川彦次郎 Nakami-gawa Hikojirō mh
大兄 Naka no Ōe mh
土佐 Naka-tosa p
万 Nakama s
丸 Nakamaru s
大路 Nakaōji s
丸子 Nakawaniko s
久木 Nakaguki s

久喜 Nakaguki s
ᶜ心 Nakago m
方 Nakagata s
元 Nakamoto s
内 Nakauchi s
内蝶二 N. Chōji ml
山 Nakayama sp; U-chiyama s
山省三郎 N. Shōzaburō ml
山義秀 N. Gishū ml
井 Nakai sp
井川 Nakaigawa s
井竹山 Nakai Chikuzan mh 「hiko ml
井克比古 N. Katsu-牛馬 Nakagome s
⁵代 Nakadai s
外経緯伝 Chūgai kei-iden l
北 Nakakita s
札内 Naka-satsunai p
主 Chūzu p
石 Nakaishi s
辺路 Naka-heji s
込 Nakagome s
古雑唱集 Chūko zas-shōshū l
布利 Nakafuri s
央 Chūō p 「nome
目 Nakame s, Naka-田 Nakata sp
田精治 N. Kōji ml
平 Nakahira s
巨摩 Naka-koma p
本 Nakamoto s
矢 Nakaya s
平 Nakadaira s
⁶仙 Nakasen p
伊豆 Naka-izu p
次 Nakatsugi sm
行 Yoshimichi m
江 Nakae s
江川 Nakaegawa s
江兆民 Nakae Chōmin mlh
江藤樹 N. Tōju mh
台 Nakadai s 「kiri
吉 Nakayoshi s, Naka-名生 Nakamyō s
辻 Nakatsuji s
世 Nakase s
米 Chūbei p "Central America"
西 Nakanishi s 「ml
西伊之助 N. Inosuke
西悟堂 N. Godō ml

西梅花 N. Baika ml
⁷沢 Nakazawa s
沢道二 N. Dōni mh
沢臨川 N. Rinsen ml
坂 Nakasaka s
沖 Nakaoki s
坊 Nakanobō s, Na-kanbō
杉 Nakasugi s
村 Nakamura sp
村三郎 N. Saburō ml
村不折 N. Fusetsu mla
村汀女 N. Teijo fl
村白葉 N. Hakuyō ml
村正直 N. Masanao mlh 「ml
村正常 N. Masatsune
村正爾 N. Shōji ml
村地平 N. Jihei ml
村吉蔵 N. Kichizō ml
村光夫 N. Mitsuo ml
村花痩 N. Kasō ml
村武羅夫 N. Burafu ml
村柊花 N. Shūka ml
村秋香 N. Akika ml
村草田男 N. Kusatao ml
村星湖 N. Seiko ml
村真一郎 N. Shin'i-chirō ml 「ml
村憲吉 N. Kenkichi
町 Nakamachi s
谷 Nakatani s, Nakaya
谷孝雄 Nakatani Ta-kao ml 「chirō ml
谷宇吉郎 Nakaya Uki-邑 Nakamura s
安 Nakayasu sm
牟田 Nakamuda s
条 Nakajō sp; Chūjō s
尾 Nakao s
出 Nakade s
里介山 N. Kaizan ml
里恒子 N. Tsuneko fl
臣 Nakatomi s
臣宅守 N. no Yaka-mori ml
臣寿詞 N. no yogoto l
臣鎌足 N. no Kama-tari mh
臣表 Nakatomiue s
出 Nakaide s
⁸坪 Nakatsubo s
河 Nakagawa s
河与一 N. Yoichi ml

河内 Naka-kawachi p
河幹子 Nakagawa Mi-kiko fl
沼 Nakanuma s
林 Nakabayashi s
牧 Nakamaki s
和 Chūka p
金 Nakagane s
京 Nakagyō p
茎 Nakaguki s
東 Nakahigashi s; Chūtō p "Middle居 Nakai s 「East"
⁹俣 Nakamata s
城 Nakashiro s
津 Nakatsu sp; Chū-shin ml
津川 Nakatsugawa sp
津江 Naka-tsue p
津軽 Naka-tsugaru p
垣 Nakagaki s
松 Nakamatsu s
神 Nakagami s
畑 Nakahata s
泉 Nakaizumi s
岡 Nakaoka s 「mh
岡慎太郎 N. Shintarō
¹⁰将 Chūjō mh
浦 Nakaura s
浜 Nakahama s
院 Nakanoin s
桐 Nakagiri s 「ml
桐雄太郎 N. Kakutarō
郡 Nakagōri s
倉 Nakakura s
宮 Nakamiya s
柴 Nakashiba s
庭 Nakaniwa s
原 Nakahara s; Naka-bara sp 「Chūya ml
原中也 Nakahara
原綾子 N. Ayako fl
原親能 N. no Chika-yoshi mh
屋 Nakaya s
県 Nakatsuagata s
馬 Chūma s, Chūman
¹¹後 Chūgo s
根 Nakane s
許 Nakamoto s
部 Nakabe s
務 Nakatsukasa sfl-p
務内侍 N. no Naishi
野 Nakano sp 「fl-l
野三允 N. San'in ml
野好夫 N. Yoshio ml
野実 N. Minoru ml

野重治 N. Shigeharu ml
野菊夫 N. Kikuo ml
野逍遙 N. Shōyō ml
野嘉一 N. Kaichi ml
魚沼 Nakauonuma p
曾根 Nakasone s
埜 Nakano s
康 Nakatsune m
島 Nakajima sp
島太郎 N. Kawatarō ml 「mh
島信行 N. Nobuyuki
島孤島 N. Kotō ml
島哀浪 N. Airō ml
島健蔵 N. Kenzō ml
島湘煙 N. Shōen ml
島斌雄 N. Takeo ml
島歌子 N. Utako fl
島敦 N. Atsushi ml
¹²須 Nakasu s
御門 Nakanomikado s, Nakamikado
須賀 Nakasuga s
崎 Nakazaki s
納言 Chūnagon mh
勘助 Naka Kansuke ml
森 Nakamori s 「ml
筋 Nakasuji s
富 Nakatomi sp
富良野 Naka-furano p
道 Nakamichi sp; Na-kaji s
間 Nakama sp
¹³堀 Nakabori s
塚 Nakatsuka s
塚一碧楼 N. Ippekirō ml 「ml
溝 Nakamizo s
楯 Nakadate s
路 Nakaji s, Nakami-chi s 「bachi
鉢 Nakabachi s, Chū-新川 Naka-niikawa p
新田 Naka-niida p
蒲原 Naka-kanbara p
園 Nakazono s
越 Nakagoe s
¹⁴郷 Nakagō p
種子 Naka-tane p
頓別 Naka-tonbetsu p
静 Nakashizu s
¹⁵標津 Naka-shibetsu p
摩 Chūma s 「p
¹⁶橋 Nakahashi s
橋公館 N. Kōkan l
橋徳五郎 N. Tokugo-興 Tadaki ml 「rō mh

厄
反
友
斗
勺
式
火
水
匹
▼
中
▲
日
日
円
丹
月
内
片
及
卞
方

21

反
友
斗
勾
式
火
水
匹
中
▼

日
日
円
丹
月
▲
内
片
及
卜
方
止
少
山
王

17館 Nakadate s
18藪 Nakayabu s
19瀬 Nakase s
鏡 Chūkyō s
頸城 Naka-kubiki p
21巌円月 Chūgan Engetsu mlh

日 76 (ETSU, OCHI, nori, wata, o)
佐 Osa s
理 Watari s
槽崎 Komisaki s

日 77 (NICHI, JITSU, hi, aki, ka, haru, hiru)
ノ出 Hinode p
の出島 Hinodejima l
1一 Akikazu m
3之影 Hinokage p
下 Kusaka s 「geta
下田 Kusakada s, Hi-
下部 Kusakabe s
3戸 Nitto s
中 Hinaka s
日 Tachigori s
内 Utsuhi s
月 Tachimori s
山 Hiyama s
3外 Akubi s
比 Hibi s
比谷 Hibiya sp
比野 Hibino s
比野士朗 H. Shirō ml
永 Hinaga s
田 Hita p 「yuku l
立 Hitachi sp ; Tate-
生 Hinase sp
生下 Hiuke s
本 Nihon / Nippon p; Yamato s
本三文オペラ Nihon sanmon opera l
本外史 N. gaishi lh
本永代蔵 Nippon eitaigura l
本国見在書目録 Nihon-koku genzaisho mokuroku l
本捕虜志 N. horyoshi l
本書紀 N. shoki l
本後記 N. kōki l
本紀 Nihongi l
本霊異記 Nihon reiiki / ryōiki l

6光 Nikkō sp-l
吉 Hiyoshi sp ; Hie p
吉津 Hiezu p
吉神社 Hie Jinja p
向 Hyūga ph ; Hinata sm-p ; Himuka m
向野 Hinatano s, Higano
名子 Hinako s
辻 Hitsuji s
色 Hiiro s
7坂 Hisaka s
沖 Hioki s
尾 Hio s
谷 Hitani s
出 Hide f ; Hiji p
出山 Hijiyama s
出谷 Hijiya s, Hishiya; Hideya p
出男 Hideo m
出雄 Hideo m, Hidenori 「ru m
出鶴丸 Hidetsuruma-
沼 Hinuma s
祀 Himatsuri s
和 Hiyori s, Hira
和佐 Hiwasa sp
和見 Hiyorimi m
英 Hiyoshi m
夜 Higurashi s, Hitarashi
弃 Hibi s
奉 Himatsuri s
並知 Hinameshi mh
東 Nittō s
良鷹 Hiramaro s
8浅 Hiasa s
香蚊 Hikaka m
前 Hinokuma s ; Hikuma sp
南 Nichinan p
南田 Hinata s, Hinada
10浦 Hiura s
柳 Kusayanagi s, Ku-
益 Hiiki s 「sanagi
夏 Hinatsu s
夏恥之介 H. Kōnosu-ke ml
高 Hidaka sp
高六郎 H. Rokurō ml
高只一 H. Tadaichi ml
原 Hihara s ; Nichiha-
11能 Hiyoki s 「ra p
根 Hine s
根野 Hineno s
野 Hino s

野水 Hinomizu s
野西 Hinonishi s
野島 Hinoshima s
野草城 Hino Sōjō ml
野富子 H. Tomiko fh
野資朝 H. Suketomo
笠 Nisshin s 「mh
進 Nisshin s
13詰 Hizume s
新 Hiyoshi s
義 Hiyoshi s
照 Akiteru m
照雨 Sobae l
14種 Higusa s 「na
鼻 Hikasa s, Kusaha-
暮 Higurashi s
暮里 Nippori p
蓮 Nichiren mlh
置 Hiki sp, Hioki; Hiki s
置川 Hikigawa s
置田 Hekida s
暦 Nichireki l
16鋼 Nisshin mh
18鎖 Tagusari s

円 78 [T] Maru m, Madoka ; Tsubura sm. (EN, maru, mado, mitsu, nobu, kazu, tsubura)
2力 Madoka m
4仁 Ennin mh
月 Engetsu ml
井 Tsuburai s
山応挙 M. Ōkyo ma
5田 Maruta s
6地 Enchi s
地文子 E. Fumiko fl
7谷 Tsuburaya s, Tsumuraya, Kamuroya
9城 Enjō s
城寺 Enjōji s
珍 Enchin mh
乗 Enjō s
12勝寺 Enshōji s
裕 Nobuhiro m
喜 Mitsuyoshi m
覚寺 Enkakuji p
覚寺舎利 E. Shari pa
13満 Nishō s
満井 Emai s, Mamai, Hōshō
満井座 Emaiza a
満団 Hōshōdan s
郷 Mitsusato s

丹 79 [O] Akashi m, Akira, Makoto ; Tan s, (TAN, ni, mi, 「aka)
2人 Nyūhito s
3下 Tange s, Akashita
下左膳 T. Sazen lm
山 Tanzan s
内 Tannai s 「sp
比 Nii s, Taji; Tachii
田 Tanda s
生 Nibu sp, Nyū; Tanbu s, Mibu, Hanyū
生川 Nyūgawa p
生谷 Mibunoya s
生屋 Mionoya s
次郎 Tanjirō m
羽 Niwa sp, Tanba
羽文雄 N. Fumio ml
沢 Tanzawa s
児玉 Tankodama s
尾 Nio s
8所 Tanjo s
波 Tanba sp ; Niwa s, Taniwa
波山 Tabayama sp
波与作待夜の小室節 Tanba Yosaku matsu yo no komuro-bushi la
波瀬 Tanbase s
呉 Tango s
9保 Tanbo s
治 Tanji s, Tajihi
治比 Tanjihi s, Tajihi
南 Tannan sp ; Tannami s
10原 Tanbara s
11後 Tango sp
野 Tanno s
15畦 Tajihi s
斐太郎 Niitarō s
徳子 Nioko f
敷 Nishiki s
16緑本 Tanrokubon l

月 80 [T] Tsuki m. (GATSU, GETSU, tsuki, tsugi)
3下部 Kasukabe s
4日 Ochigori s
井 Tsukii s
5本 Tsukimoto s
田 Tsukida s
7形 Tsukigata sp
村 Tsukimura s
安 Tsukiyasu s
見里 Yamanashi s

出里 Nudachi s
⁸良 Tsukiyoshi m
夜野 Tsukiyono p
⁹草 Tsukikusa l
岡 Tsukioka s
直 Tsukinao s
彦 Tsukihiko m
¹⁰宮殿 Gekkyūden la
¹¹野柄 Tsukinoe m
島 Tsukishima s
¹²崎 Tsukizaki s
森 Tsukimori s
¹³満 Tsukimaro m
潟 Tsukigata sp
輪 Tsukinowa s
¹⁷館 Tsukidate s
¹⁹瀬 Tsukise s ; Tsukigase s

内 81 [T] (NAI, DAI, uchi, utsu, haru, masa, tada, chika, nobu, mitsu)
ケ崎 Uchigasaki s
³川 Uchikawa s
之浦 Utsunoura sp
子 Uchiko sp
大臣家歌合 Naidaijin-ke utaawase l
丸 Uchimaru sm
⁴方 Uchikata s
山 Uchiyama s
山完造 U. Kanzō ml
木 Uchiki s, Naiki
⁵外詣 Uchito mōde la
古閑 Uchikoga s
本 Uchimoto s
生 Nibu s
田 Uchida s
田百閉 U. Hyakken ml
田沽山 U. Senzan ml
田康哉 U. Kōsai mh
田銀蔵 U. Ginzō mh
田魯庵 U. Roan ml
⁶池 Uchiike s
芝 Uchishiba s
⁷村 Uchimura s
村直也 U. Naoya ml
村鑑三 U. Kanzō mlh
匠 Takumi m
侍 Naishi / Naiji fh
沼 Uchinuma s
房 Utsubusa s
呉 Naiki s
⁹垣 Uchigaki s
前 Uchisaki m
¹⁰記 Naiki sm

浦 Uchiura sp 「umi
海 Utsumi sp, Uchi-
海月 杖 Utsumi Getsujō ml
倉 Uchikura sm
原 Uchihara sp
¹¹梅 Uchiume s
野 Uchino s
野倉 Uchinokura s
島 Uchijima s
¹²崎 Uchizaki s
貴 Naiki s
¹³堀 Uchibori s
¹⁴郷 Uchigō sp ; Uchisato sm 「awase l
裏詩歌合 Dairi shika
蔵 Uchikura s, Kura
蔵之助 Kuranosuke m
蔵太 Kurata m
蔵司 Kuraji m
蔵吉 Kurakichi m
¹⁶膳 Naizen mh ; Haruyoshi m
樹 Uchiki s
¹⁸藤 Naitō s
藤丈草 N. Jōsō ml
藤吐天 N. Toten ml
藤辰雄 N. Tatsuo ml
藤湖南 N. Konan ml
藤鳴雪 N. Meisetsu ml 「ml
藤鋏策 N. Shinsaku
藤灌 N. Arō ml
暦 Uchimaro m, Utsumaro
²²灘 Uchinada p

片 82 [T] Kata s. (HEN, kata)
⁸上 Katagami s
上伸 K. Nobu ml
⁴切 Katagiri s
山 Katayama s
山広子 K. Hiroko fl
山孤村 K. Koson ml
山敏彦 K. Toshihiko
山潜 K. Sen mh ⌊ml
⁵田 Katada s
平 Katahira sp
平田 Katahirata s
⁶羽 Kataba s
江 Katae s
多 Katata s
⁷村 Katamura s
貝 Katakai s
見 Katami s
¹品 Katashina sp

岡 Kataoka s
岡良一 K. Yoshikazu ml 「mh
岡健吉 K. Kenkichi
岡鉄兵 K. Teppei ml
¹⁰柳 Katayanagi s
桐 Katagiri s 「mh
桐且元 K. Katsumoto
桐顕智 K. Akinori m
倉 Katakura s
庭 Kataniwa s
¹¹根 Katane s
野 Katano s
寄 Katayori s
淵 Katabuchi s
¹²歌二夜問答 Katautaniya mondō l
¹⁹瀬 Katase s

及 83 [T] Itaru m. (KYŪ, GYŪ, chika, shiki, taka, oyo, oyobi)
川 Oyokawa s, Oikawa, Obikawa
行 Chikayuki m
位 Nozoki s
能 Kyūnō s
部 Oibe s, Oyobibe
淵 Shikibuchi sm; Shikinobu m

卜 84 Ben s, Hen. (BEN, HEN, nori)

方 85 [T] Masashi m, Ataru, Tadashi, Tamotsu ; Kata s. (HŌ, kata, masa, michi, shige, suke, nori, o, mi, taka, tsune, nami, fusa, yasu, yori)
⁸子 Masako f
寸 Michinori m
丈記 Hōjōki l
⁷仁 Michihito m
升 Masanori m
⁴代 Mozu s
正 Katamasa m
舟 Masanori m; Hakobune l
⁷言 Katatoki s
房 Masafusa m
波羽 Katabami s
波江 Katabami s
⁹城 Hōjō p
¹¹副 Masasoe m
¹²雄 Shigeo m

文 86 [T] Aya sf; Fumi s; Fumishi m, Hitoshi, Sujime. (BUN, MON, fumi, aya, nori, yuki, ya, mi, aki, tomo, nobu, ito, hisa, fumu, yasu, yoshi)
¹一 Bun'ichi m
²二 Bunji m
七 Bunshichi m
³三 Bunzō m
三子 Fumiko f
三郎 Bunzaburō m
之輔 Bunnosuke m
子 Ayako f, Fumiko
久 Fumiaki m
⁴仁 Ayahito m
化 Bunka 1804–18
六郎 Bunrokurō m
中 Bunchū 1372–75
太郎 Buntarō m
夫 Fumio m
五郎 Bungorō m
⁵代 Fumiyo f
永 Bun'ei 1264–75
左衛門 Bunzaemon m
平 Bunpei m
正 Bunshō 1466–67
正草子 Bunshō-zōshi l
⁶次 Bunji m
次郎 Bunjirō m
任 Fuminori m
吉 Bunkichi m
字 Moji m
字屋 Mojinoya s
成 Fuminari sm
⁷伝 Monden s
安 Bun'an 1444–49
男 Fumio m
吾 Bungo m
呂 Fumio m
応 Bun'ō 1260–61
⁸披 Fumihiro m
明 Bunmei 1469–87 ; Fumiaki m
和 Bunwa / Bunna 1352–56
学界 Bungakukai l
秀 Fumiho m
京 Bunkyō p
芸市場 Bungei ichiba l
芸倶楽部 B. kurabu l
武 Monmu mh

弋 火 水 匹 中 日 日 円 丹 月 ▼ 内 片 及 卜 方 文 ▲ 止 少 山 王 无 天 不 弓 尺

日
円
丹
月
内
片
爻
卜
方
文
▼
止
少
山
▲
王
五
无
天
不
弓
尺
巴
尹
丑

武さざれ石 Bunbu sa-zareishi *l*
武二道万石碣 B. nidō mangoku tōshi *l*
⁹弥 Bun'ya *ma*
炳 Fumiaki *m*
郁 Fumika *f*
政 Bunsei 1818-30
保 Bunpō 1317-19
信 Noriakira *m*
治 Bunji *m* 1185-90
治郎 Bunjirō *m*
彦 Fumihiko *m*, Aya-hiko
¹⁰珠 Monju *mh*
殊 Monju *mh*
時 Fumitoki *m*
祇 Fumimasa *m*
党 Buntō *l*
室 Fun'ya *s*, Fumiya
屋 Bun'ya *s*, Fun'ya
屋康秀 B. no Yasuhi-de *ml* ⌈tamaro *mh*
屋綿麻呂 B. no Wa-
華秀麗集 Bunka shū-reishū *l*
¹¹峰 Fumitaka *m*
彬 Ayayoshi *m*
規 Ayanori *m*
章 Fumi *f*
章達徳録 Bunshō tat-tokuroku *l*
亀 Bunki 1501-04
¹²禄 Bunroku 1592-96
筆眼心抄 Bunpitsu ganshinshō *l*
¹³雄 Fumio *m*
¹⁴徳 Montoku *mh*
徳実録 M. jitsuroku *l*
楼 Bunrō ⌈miaki
郷 Fumisato *m*, Fu-
輔 Bunsuke *m*
暦 Bunryaku 1234-35
¹⁵質 Fumitada *m*, A-yami
聡 Ayatoshi *m*
勲 Ayakoto *m*
蔵 Bunzō *m*
¹⁶儒 Fubito *m*
壇無駄話 Bundan mu-dabanashi *l*
¹⁸廬 Bunryo *m*
¹⁹鏡秘府論 Bunkyō hi-furon *l*

止 87 [T] Todomu *m*, Tomaru. (SHI, tome, tada, moto, to, tomo, oru)
子 Tomeko *f*
文 Motofumi *m*
止呂美 Todoromi *s*
美 Tonomi *s*

少 88 [T] (SHŌ O suku, sukuna, masa, mare)
子部 Chiisakobe *s*
女 Otome *f*
弐 Shōni *mh*
老 Ooyu *ml*
年行 Shōnenkō *l*
足 Otari *m*
咋 Okui *m*
草 Igusa *s*
将 Shōshō *mh-fh*
鳥遊 Takanashi *s*
麻呂 Sukunamaro *m*
納言 Shōnagon *mh-fh*
輔 Shō *mh-fl*

山 89 [T] Takashi *m*; Yama *s*. (SAN, SEN, yama, taka, nobu)
ノ内 Yamanouchi *p*
²入 Yamairi *s*
³川 Yamakawa *sp*
川均 Y. Hitoshi *mh*
川菊栄 Y. Kikue *flh*
川登美子 Y. Tomiko *fl*
千代 Yamasendai *ml*
久保 Yamakubo *s*
上 Yamakami *s*, Ya-manoue, Yamano-kami, Yamanoe
上憶良 Yamanoe no Okura *ml*
之口 Yamanoguchi *s*
之口獏 Y. Baku *ml*
之内 Yamanouchi *s*
之城 Yamanoshiro *s*
下 Yamashita *s*
下秀之助 Y. Hideno-suke *ml*
下陸奥 Y. Mutsu *ml*
口 Yamaguchi *sp*
口波津女 Y. Hatsujo *fl*
口茂吉 Y. Mokichi *ml*
口青邨 Y. Seison *ml*
口誓子 Y. Seishi *ml*
⁴水長巻 Sansui chōkan *l*
戸 Yamato *s* ⌈a
元 Yamamoto *sp* ⌈ma
元春挙 Y. Shunkyo

元都星雄 Y. Toseiyū *l*
方 Yamagata *sp* ⌈ml
井 Yamai *s*, Yamanoi
木 Yamaki *s*
中 Yamanaka *sp*
中峰太郎 Y. Minetarō *l*
片 Yamagata *s* ⌈ml
片嵯峨 Y. Banto *mh*
手 Yamate *s*; Yama-note *p*
手樹一郎 Yamate Ki-ichirō *ml*
内 Yamanouchi *s*; Ya-mauchi *sp*; Sannai *p*
内豊信 Yamanouchi Toyoshige *mh*
内義雄 Y. Yoshio *ml*
⁵代 Yamashiro *sp*
打 Yamauchi *s*
北 Yamakita *sp*; San-boku *p*
引 Yamabiki *s*
古志 Yamakoshi *p*
辺 Yamabe *s*, Yama-nobe
石 Yamaishi *s*
田 Yamada *s* ⌈mh
田菊次 Y. Nagamasa
田美妙 Y. Bimyō *ml*
田耕筰 Y. Kōsaku *ma*
田清三郎 Y. Seizabu-rō *ml*
田酡タ Y. Haseki *ml*
本 Yamamoto *sp*
本土佐掾 Y. Tosano-jō *ma*
本太郎 Y. Tarō *ml*
本友一 Y. Tomoichi
本正秀 Y. Masahide *ml*
本有三 Y. Yūzō *ml*
本芳翠 Y. Hōsui *ma*
本和夫 Y. Kazuo *ml*
本実彦 Y. Sanehiko *ml* ⌈ml
本周五郎 Y. Shūgorō
本宜治 Y. Senji *mh*
本修二 Y. Shūji *ml*
本健吉 Y. Kenkichi *ml*
本達雄 Y. Tatsuo *ml*
本権兵衛 Y. Gonno-hyōe *ma*
平 Yamadaira *s*
⁶地 Yamaji *s*
羽 Yamaba *s*
行 Sankō *l*
江 Yamae *s*

守 Yamamori *sm*
吉 Yamayoshi *s*
成 Yamanari *s*
西 Yamanishi *s*; San-sei *p* "Shansi"
名 Yamana *s*
名氏清 Y. Ujikiyo *mh*
名持豊 Y. Mochitoyo *mh*
寺 Yamadera *s* ⌈mh
⁷佐 Yamasa *sp*
住 Yamazumi *s*
坂 Yamasaka *s*
沢 Yamazawa *s*
形 Yamagata *sp*
村 Yamamura *s*
村房次 Y. Fusaji *mh*
村暮鳥 Y. Bochō *ml*
邑 Yamamura *s*
谷 Yamadani *s*, Ya-maya, Yatsue; Ya-magai *p*
谷加橋 Yamayakawa *s*
尾 Yamao *s*
角 Yamasumi *s*, Ya-makado *s*
我 Yamaga *s*
河 Yamakawa *s*
門 Yamato *sp*; Yama-kado *s*
於 Yamanoe *s*
肩 Yamagata *s*
国 Yamakuni *s*
武 Sanbu *p* ⌈tung"]
東 Santō *p* ["Shan-
東京伝 S. Kyōden *ml*
⁸冶 Sanji *m*
科 Yamashina *s*
城 Yamashiro *sph*
城屋 Yamashiroya *s*
畑 Yamahata *s*
南 Sannan *p*
前 Yamasaki *sp*
倉 Yamakura *s*
岸 Yamagishi *s*
岸外史 Y. Gaishi *ml*
岸荷葉 Y. Kayō *ml*
香 Yamaga *sp*
背 Yamashiro *sph*
背大兄 Y. no Ōe *mh*
背部 Yamashirobe *s*
彦 Yamabiko *s*
岡 Yamaoka *s*
岡元隣 Y. Genrin *ml*
岡八 Y. Sōhachi *ml*
岡鉄太郎 Y. Tetsuta-rō *mh*
¹⁰浦 Yamaura *s*

姥 Yamanba / Yamau-ba *la*
祇 Yamatsumi *s*
脇 Yamawaki *s*
脇東洋 Y. Tōyō *mh*
脇信徳 Y. Shintoku *ml*
高 Yamadaka *s*
脊 Yamashiro *sph*
脊部 Yamashirobe *s*
宮 Sangū *s*, Yamami-ya
宮允 S. Makoto *ml*
室 Yamamuro *s*
室軍平 Y. Gunpei *mh*
室静 Y. Shizuka *ml*
家 Yamaga *s*, Yamae, Yamaya, Yamabe, Yanbe ⌐chūka
家鳥虫歌 Sanka chō-
家集 Sankashū *l*
原 Yamabara *s*
座 Yamaza *s*
屋 Yamaya *s*
県 Yamagata *sp*
県大弐 Y. Daini *s*
県有朋 Y. Aritomo *mh*
[11]猫 Yamaneko *s*
添 Yamazoe *s*
姫 Yamahime *l*
都 Yamato *sp*
部 Yamabe *sp* ⌐ml
部赤人 Y. no Akahito
根 Yamane *s*
桜戸 Yamazakurato *m*
桝 Yamamasu *s*
野 Yamano *s*
野井 Yamanoi *s*
野辺 Yamanobe *s*
梨 Yamanashi *sp*
島 Yamashima *s*
[12]須 Yamasu *s*
陰 Yamakage *s*
陰道 San'indō *p*
陽 San'yō *p*
陽道 San'yōdō *p*
椒大夫 Sanshō-dayū *l*
崎 Yamazaki *sp*
崎与次兵衛寿の門松 Y. Yoshibee nebiki no kadomatsu *la*
崎宗鑑 Y. Sōkan *ml*
崎敏夫 Y. Toshio *s*
崎豊子 Y. Toyoko *fl*
崎紫紅 Y. Shikō *ml*
崎闇斎 Y. Ansai *mh*
森 Yamamori *s*
賀 Yamaga *s*

登 Yamato *s*, Santō
道 Yamamichi *s*, Ya-
鹿 Yamaga *sp* ⌐maji
鹿素行 Y. Sokō *mh*
[13]階 Yamashina *s*
極 Yamagiwa *s*
路 Yamaji *s*
路愛山 Y. Aizan *ml*
葉 Yamaba *s*
嵐 Yama-arashi *l*
勢 Yamase *s*
越 Yamagoe *s*
際 Yamagiwa *s*
[14]徳 Yamatoku *s*
腰 Yamakoshi *s*
郷 Yamagō *s*
領 Yamaryō *s*
滴血笑記 Sanka kes-shōki *l*
[15]幡 Yamabata *s*
澄 Yamazumi *s*
[16]蔭 Yamakage *s*
[18]藤 Santō *s*, Yamafuji
[19]瀬 Yamase *s*
[23]響集 Kodamashū *l*

王 90 [T] Ō *s*, Ko-kishi, Konikishi. (ō, kimi, taka, waka, mi, wa)
仁 Wani *mh*
壬 Ikurumi *s*
生 Ikurumi *s*
寺 Ōji *p*
供 Ōtomo *s*
明 Kimiaki *m*
直 Ōchoku *m*
宮西 Okunishi *s*
陽明 Ō Yōmei *mlh* "Wang Yang-ming"
滝 Ōtaki *sp*

五 91 [T] (GO, i, ka-zu, itsu, izu, sa, yuki)
ヶ瀬 Gogase *p*
[1]一 Goichi *m*
一郎 Goichirō *m*
[2]八夫 Iwao *m*
十 Iso *s*
十川 Isokawa *s*, Isa-kawa, Ikagawa, Isu-zugawa
十子 Ikago *s*; Irako *p*, Ikashiko
十土 Ikazuchi *s*
十六 Isoroku *m*

十山 Isuyama *s*, Yo-suyama
十公 Ikimi *s*
十公野 Izumino *s*; Ijimino *sp*
十羽 Iwane *m*
十字 Ikago *s*
十辻 Ikatsuji *s*
十足 Isotari *m*
十君 Ikimi *s*, Ishimi
十君野 Ikushino *s*
十里 Ikari *s*
十河 Ikagawa *s*, Ikawa
十畑 Ikahata *s*
十迹手 Itode *m*
十彦 Isohiko *m*
十海 Ikari *s*
十馬 Isoma *m*
十部 Isobe *s*
十郎 Isuke *s*
十崎 Ikazaki *sp*
十集 Isusaba *s*
十棲 Isozumi *s*, Iozu-mi, Imazumi, Irazu-
十鈴 Isuzu *s* ⌐mi
十嵐 Igarashi *s*; Isoa-rashi *s* ⌐ta
十幡 Isobata *s*, Ikaha-
十槻 Itsuki *s*
十槻園 Itsukizono *s*
[3]三 Izumi *m*
子 Itsuko *f*
大 Godai *m*
大力恋纖 Godairiki koi no fūjime *l*
大院 Ōin *s*
[4]戸 Gonohe *s*
六 Funobori *s*
介 Gosuke *m*
日市 Itsukaichi *s*
山文学 Gozan bunga-
弓 Gokyū *s* ⌐ku *l*
千里 Igimi *s*
月 Satsuki *sm*
月女 Sōtome *s*, Sao-
木 Itsuki *sp* ⌐tome
木雄 Ikio *m*
木田 Gokita *s*
井 Goi *s*, Gonoi
井屋 Goiya *s*
[4]代 Godai *s* ⌐mh
代友厚 G. Tomoatsu
代院 Godai *s*
四子 Ishiko *f*
本木 Gohongi *s*
[6]百人 Ioto *m*
百川 Imokawa *s*

百子 Ioko *f*
百井 Ioi *s*, Isai
百木 Iogi *s*, Ioki
百木井 Iokii *s*
百木部 Iokibe *s*
百木瓢亭 Ioki Hyōtei *ml* ⌐mi
百住 Iosumi *s*, Yusu-
百枝 Ioe *f*
百野 Iono *s*
百旗頭 Iokibe *s*
百梯 Iozumi *s*, Irazumi
百歳 Iorei *s*
百蔵 Ioroi *s*, Iorai
百盤 Iiniwa *s*, Iniwa
百瀬 Iose *s*
百籠 Iorobi *s*, Ioroi
色 Goshiki *p*
色墨 Goshikizumi *l*
辻 Ikatsuji *s*, Ittsuji
[7]位野 Goino *s*
条 Gojō *sp*
返舎 Gohensha *s*
車反舎 Gosha hōgo *l*
来 Gorai *s*
[8]明 Gomei *s*, Gomyō
所川原 Goshogawara
和 Itsuwa *p* ⌐lp
味 Gomi *s*
味川 Gomikawa *s*
味川純平 G. Junpei *ml*
味保義 Gomi Yasu-yoshi *ml* ⌐ml
味康祐 G. Yasusuke
味淵 Gomibuchi *s*
[9]城目 Gojōme *p*
松 Itsumatsu *p*
姓田 Goseda *s*
姓田芳柳 G. Hōryū
泉 Gosen *p* ⌐ma
[10]個荘 Gokashō *p*
料 Goryō *s*
郎 Gorō *m* ⌐m
郎右衛門 Goroemon
兵衛 Gorobee *m*
[11]鬼上 Gokijō *s*
島 Gotō *sp*; Goshima *s*
島茂 Gotō Shigeru *ml*
島美代子 G. Miyoko *fl*
[12]富 Gotomi *s* ⌐fl
間 Gokan *s*
[13]津 Itsuo *m*, Kazuo
稜郭血書 Goryōkaku kessho *la*
[15]艘 Goseki *s*
箇 Goka *p*
器所 Gokiso *s*

月 内 片 及 卞 方 止 少 山 ▼ 王 五 ▲ 无 天 不 弓 尺 巴 尹 丑 夬 与

17霞 Goka *p*
18観 Itsumi *m*
藤 Gotō *s*
畿 Goki *p*

无 92 (BU, MU, yori)
邪志 Musashi *s*

天 93 [T] Takashi *m*; Taka *f*; Ama *s*. (TEN, ama, ame, kami, sora) ⌈*l*
うつ浪 Sora utsu nami
に群星 Sora ni muraboshi *l* ⌈*l*
の夕顔 Ten no yūgao
3川 Amakawa *s*
4仁 Tennin 1108–83
水 Tensui *p*
水抄 Tensuishō *l*
元 Tengen 978–83
井 Amai *s*
木 Amaki *s*
方 Amakata *s*
文 Tenmon 1532–55
王 Tennō *p*
王寺 Tennōji *p*
5永 Ten'ei 1110–13
正 Tenshō 1573–92
丙 Amahyō *s*
本 Amamoto *s*
矢 Amaya *s*
田 Amada *sp*
田愚庵 A. Guan *ml*
生 Amō *s*
生目 Amanome *s*
平 Tenpyō 729–49
平宝字 T.-hōji 757–65
平神護 T.-jingo 765–67 ⌈57
平勝宝 T.-shōhō 749–
平感宝 T.-kanpō 749
6休 Tenkyū *s*
羽 Amaha *sp*; Amō *s*
地有情 Tenchi ujō *l*
行 Amayuki *s*
池 Amaike *s*
寺 Amadera *s*
宅 Amanoya *s*
台 Tendai *h*
台大師和讃 T. daishi wasan *l*
7利 Amari *s*
谷 Amadani *s*, Amagaya, Amanoya
安 Ten'an 857–59
児 Amako *s*, Amani
応 Ten'ō 781–82
貝 Amagai *s*
見 Amami *s*
衣紛上野初花 Kumo ni magō Ueno no hatsuhana *la*
8沼 Amanuma *s*
狗 Amainu *sm*
明 Tenmei *s* 1781–89
和 Tenwa / Tenna 1681–84
命 Tenmyō *s*
竺 Tenjiku *sp*
竺徳兵衛韓噺 T. Tokubee ikokubanashi
竺様 T.-yō *a* ⌊*la*
国 Amakuni *sm*
延 Ten'en 973–76
武 Tenmu *mlh*
承 Tenjō 1131–32
9保 Tenpō 1830–44
神林 Tenjinbayashi *s*
城 Amagi *sp* ⌈ma *p*
城湯ケ島 A. Yugashi-
治 Tenji 1124–26
津 Amatsu *sp*; Tenshin *p* "Tientsin"
津小湊 A. Kominato
栄 Ten'ei *p* ⌊*p*
香 Tenkō *l*
草 Amakusa *splh*
草四郎時貞 A. Shirō Tokisada *mh*
長 Tenchō 824–34
彦 Amabiko *l*
10降言 Amarigoto *l*
海 Amami *s*, Amakai; Tenkai *smh*
狼 Tenrō *l* ⌈nomiya
宮 Amamiya *s*, Ama-
竜 Tenryū *p*
竜寺 Tenryūji *p*
原 Amanohara *sm*
座 Amakura *sm*
11授 Tenju 1375–81
理 Tenri *p*
野 Amano *s*
野谷 Amanoya *s*
野貞祐 Amano Teisuke *ml*
野桃隣 A. Tōrin *ml*
野屋 Amanoya *s*
笠 Amagasa *s*
智 Tenchi *mlh*
12孫 Amahiko *s*
禄 Tenroku 970–73
喜 Tengi 1053–38
童 Tendō *p*
間林 Tenmabayashi *p*
13塩 Teshio *p*
福 Tenpuku 1233–34
鈿女命 Amenouzume-no-mikoto *fh*
鼓 Tenko *la*
満宮 Tenmangū *p*
満宮菜種御供 T. natane no gokū *la*
照大神 Amaterasu Ōmikami *fh*
14語 Amagatari *s*, Amagatarai
徳 Tentoku 957–61
徳歌合 T. utaawase *l*
暦 Tenryaku 947–57
16養 Ten'yō 1144–45
慶 Tengyō 938–47
18藤 Amafuji *s*

不 94 [T] (FU, zu)
2二夫 Fujio *m*
二雄 Fujio *m*
5比等 Fuhito *m*
6羽 Fuwa *s*
同調 Fudōchō *l*
死原 Fushihara *s*
7朽子 Fueko *f*
如帰 Hototogisu *l*
言不語 Iwazu katara-
8波 Fuwa *s* ⌊zu *l*
易流行 Fueki ryūkō *l*
知山 Isayama *s*
知火 Shiranui *p*
9美人 Fumihito *m*
10破 Fuwa *sph-la*
11惜身命 Fushaku shinmyō *l*
動 Fudō *mha-la*
問語 Towazu-gatari *l*
17壊の白珠 Fue no shiratama *l*

弓 95 [T] Yuge *s*. (KYŪ, KU, yu, yumi)
子 Yumiko *f*
4月 Yuzuki *m*
月君 Y. no Kimi *mh*
5矢幡 Yumi Yawata *la*
田 Yumita *s*
9削 Yuge *sp*
削田 Yugeta *s*
11弦 Yuzuru *m*
野 Yumino *s*
12場 Yuba *s*
納持 Yunamochi *s*, Minamochi
13張月 Yumiharizuki *l*
15槻 Yutsuki *f*
18麿 Yumimaro *m*

尺 96 [T] Seki *s*. (SEKI, SHAKU, saku, saka, kane)
土 Sekido *l*
采 Sekie *s*
度 Sakado *s*

巴 97 Tomoe *m-f*. (HA, tomo)
人 Hajin *ml*
山 Tomoeyama *s*
里 Pari *p* "Paris"
波川 Uzumagawa *p-l*
理 Pari *p* "Paris"
絵 Tomoe *f*

尹 98 Tadashi *m*, Makoto; In *s*. (IN, tada, masa, kazu, nobu, kami)
松 Tadamatsu *m*
通 Masamichi *m*
鎮 Tadashige *m*

丑 99 [N] (CHŪ, ushi, hiro)
二 Ushiji *m*
次郎 Ushijirō *m*
徳 Hironori *m*

央 100 Sadamu *m*. (KAI, KE, KETSU, KECHI, sada, mura)
夫 Sadaaki *m*
介 Sadaaki *m*

与 101 [T] Atae *m*, Atō, Hitoshi. (YO, tomo, yoshi, kumi, ato, nobu, sue, moro)
1一 Yoichi *m* ⌈*m*
一右衛門 Yoichiemon
一郎 Yoichirō *m*
2七 Yoshichi *m*
七郎 Yoshichirō *m*
3三七 Yosashichi *m*
三次 Yosōji *m*
三松 Yosomatsu *m*

三郎 Yosaburō m
之 Yoshi m-f
⁴五郎 Yogorō m
牛富 Yokotomi s
⁵左衛門 Yozaemon m
市 Yoichi m
四吉 Yoshikichi m
田 Yoda s
田準一 Y. Jun'ichi ml
⁶吉郎 Yokichirō m
芝 Yoshiba s
⁷住 Yosumi s
⁸板 Yoita sp
志 Yoshi m 「shi m
良 Yora s; Nobuyo-
⁹治 Yoshiharu m
美 Atomi m
¹⁰倉 Yogura s
¹¹清 Tomokiyo m
野 Yono sp
島 Yoshima s
¹²曽房 Yosoo m
敬 Tomokata m
喜 Yoki m
等 Yoto s
望都 Yomoichi m
¹³雄 Kumio m
話情浮名横櫛 Yowa nasake ukina no yokogushi la
¹⁵論 Yoron p
¹⁶謝 Yosa sp
謝野 Yosano s 「ml
謝野礼厳 Y. Reigon
謝野晶子 Y. Akiko fl
謝野鉄幹 Y. Tekkan ml
謝野寛 Y. Hiroshi ml
謝蕪村 Yosa Buson ml

廿 **102** (JŪ, tsuzu, tsutsu)
山 Tsutsuyama s
日市 Hatsukaichi p
日出 Hatsukade s
日岩 Hatsukaiwa s
屋 Tsuzuya s
楽 Tsuzura s

井 **103** [T] I s. (SEI, SHŌ, i, kiyo)
ケ田 Iketa s
³川 Ikawa s; Igawa sp
口 Iguchi s; Inokuchi
下 Inoshita s 「p
下田 Iketa s
上 Inoue s, Inai

上友一郎 Inoue Tomoichirō ml
上日召 I. Nisshō mh
上円了 I. Enryō mh
上文雄 I. Fumio ml
上光晴 I. Mitsuharu ml
上良雄 I. Yoshio ml
上勇 I. Isamu ml
上哲次郎 I. Tetsujirō mlh 「ml
上通泰 I. Michiyasu
上康文 I. Kōbun ml
上靖 I. Yasushi ml
上勤 I. Tsutomu ml
上準之助 I. Junnosuke mh 「nojō ma
上播磨掾 I. Harima-
上毅 I. Kowashi mh
上馨 I. Kaoru mh
山 Iyama s
水 Imizu s
元 Imoto s
戸 Ido s
戸川 Itogawa s
戸田 Itoda s
内 Iuchi s
手 Ide sp
⁵代 Ide s
石 Iishi s, Iseki, Donburi, Doburi
尻 Ijiri s, Inoshiri
田 Ida s
平 Ihira s
本 Imoto s, Inomoto
生 Iō s
伏 Ibuse s
伏鱒二 I. Masuji ml 「no shi la
伊 Ii s
伊大老の死 Ii Tairō
伊直弼 Ii Naosuke mh
合 Iai s
⁷坂 Isaka s
形 Igata s
村 Imura s
汲 Ikumi s
沢 Izawa s
谷 Itani s
荏 Ibana s
芹 Iseri s
尾 Io s
里 Isato s
出 Ide s
出井 Izui s 「ml
出曙覧 Ide no Akemi
⁸坪 Itsubo s
波 Inami sp; Iba s

門 Ikado s, Ito
於 Inoue s
東 Itō s
⁹狩 Ikari s
垣 Igaki s
城 Iki s
面 Inomo s
染 Isome s
草 Igusa s
泉水 Izumi s
岡 Ioka s
¹⁰浦 Iura s
桁 Igeta s
畔 Iguro s
倉 Ikura s
原 Ihara s; Ibara sp
原西鶴 Ihara Saikaku ml
¹¹深 Ibuka s 「ml
後 Inoshiri s
部 Ibe s
野 Ino s
野口 Inokuchi s
野辺 Inobe s
島 Ijima s
鳥 Itori s
¹²崎 Izaki s
蛙抄 Seiashō l
筒 Izutsu sf-la
簸 Izutsuya s
¹³塚 Izuka s
雲 Igumo s
¹⁴関 Iseki s
¹⁵駒 Ikoma s
熊 Ikuma s
¹⁶橋 Ibashi s
¹⁸藤 Itō s

夫 **104** [T] (FU, o, aki, suke)
木和歌抄 Fuboku wakashō l
次郎 Fujirō m
馬 Fuma s
婦木 Myōtogi s
婦善哉 Meoto zenzai l

太 **105** [T] Futoshi m; Ō s, Ōno. (TAI, TA, DAI, hiro, moto, futo, taka, to, mi, uzu, ō, shiro, masu)
¹一 Taichi m
²郎 Taichirō m
²刀川 Tachikawa s
刀洗 Tachiarai p
刀屋 Tachiya s
刀奪 Tachibai la

子 Taishi p
子屋 Taishiya s
介 Tasuke m
夫さん Kottai-san l
⁵左衛門 Tazaemon m
市 Taichi m
氏 Hirouji s
生子 Tauko f
平 Ōdabira s
平記 Taiheiki l
田 Ōta sp
田水穂 Ō. Mizuho ml
田玉茗 Ō. Gyokumei ml
田青丘 Ō. Seikyū ml
田垣 Ōtagaki s
田黒 Ōtaguro s
田道灌 Ōta Dōkan ml
田鴻村 Ō. Kōson ml
田麿 Ōtamaro m
⁷仲 Tachū m
次 Hirotsugu m
地 Taiji p
吉 Takichi m
⁷村 Tamura s
安万侶 Ō no Yasumaro ml
兵衛 Tahee m
茂 Futoshige m
⁸良 Tara p
⁹首 Futokubi m
重 Uzushige m
¹⁰祇 Taigi ml
郎 Tarō m
郎一 Taroichi m
郎三郎 Tarosaburō m
郎平 Tarobei m
郎館 Tarōdate s, Tarōdachi
泰 Motoyasu m
秦 Uzumasa sp
宰 Dazai m
宰府 Dazaifu ph
宰治 Dazai Osamu ml
宰春台 D. Shundai mh
¹¹部 Ōbe s
虔集 Taikyoshū l
¹⁸雄 Takao m
鼓音智勇三略 Taiko no oto chiyū no sanryaku la
楽 Taraku s
¹⁴閣記 Taikōki l

尤 **106** (YŪ, U, moto, motsu)
子 Motoko f

无 天 不 弓 尺 巴 尹 丑 夬 与 ▼ 廿 井 夫 太 尤 ▲ 犬 戈 木 勿 牛 午 升 女 爪 壬

巴
尹
丑
夬
与
廿
井
夫
太
尤
▼
犬
戈
木
勿
牛
午
升
女
▲
爪
壬
毛
旧
必
氷
加
似
仍

犬 107 [T] Inu s. (KEN, inu)
[3]川 Inugawa s
子集 Enokoshū l
丸 Inumaru s
上 Inugami sp
上御田鍬 I. no Mita-suki ml
[4]山 Inuyama sp
山伏 Inu yamabushi
井 Inui s ⌐la
[5]甘 Inukai s
田 Inuta s
田川 Inutagawa m
田卯 Inuta Shigeru ml
[6]伏 Inubuse s
江 Inue s
[7]阪 Inusaka s
坂 Inusaka s
村 Inumura s
[8]房丸 Inubōmaru m
[9]神 Inugami s
[12]童 Indō s ⌐shū l
筑波集 Inu Tsukuba-
[13]塚 Inuzuka s
飼 Inukai sp
[16]養 Inukai s
養健 I. Takeru ml
養毅 I. Tsuyoshi mh
[23]懸 Inukake s

戈 108 (KA, hoko, tomo, kata, mo-chi)
光 Tomomitsu m

木 109 [T] Iki s. (BOKU, MOKU, ki, ko, shige)
ノ内 Kinouchi s
[1]一 Kiichi m
[3]川 Kigawa s
口 Kikuchi s
之本 Kinomoto sp
之内 Kinouchi s
上 Kinoue s
工 Kotakumi s; Ta-
子 Kigo s ⌐kumi m
下 Kinoshita m
下夕爾 K. Yūji ml
下利玄 K. Rigen ml
下杢太郎 K. Mokuta-rō ml
下尚江 K. Naoe ml
下長嘯一 K. Chōshō-shi ml ⌐tarō ml
下常太郎 K. Tsune-

下順二 K. Junji ml
下順庵 K. Jun'an mh
々 Kigi s ⌐rō ml
々高太郎 K. Takata-
[4]元 Kimoto s
戸 Kido s, Kigo
戸允 Kido Takayo-shi mh
戸幸一 K. Kōichi mh
内 Kiuchi s
六駄 Kirokuda la
山 Kiyama s
山捷平 K. Shōhei ml
木 Kigi s
付 Kitsuke s
古内 Kikonai p
辺 Kibe s
立 Kidate s
目 Kinobe s
平 Kihira s
本 Kimoto s
田 Kita sp
田川 Kitagawa s
皿 Kisara s ⌐p
次 Kitsugu s; Kisuki
江 Kinoe sp
全 Kimata s
庄 Kinoshō s
西 Kinishi s
寺 Kodera s
名瀬 Kinase s
[7]佐貫 Kisanuki s
沢 Kisawa sp
村 Kimura s
村小舟 K. Shōshū ml
村麿太 K. Sōta ml
村荘八 K. Shōhachi ml
村栄 K. Hisashi mh
村捨録 K. Suteroku ml
村富子 K. Tomiko fl
村素衛 K. Motomori s
村曙 K. Ki ml
村曙 K. Akebono fl
村鷹太郎 K. Yōtarō ml
谷 Kitani s ⌐ml
呂子 Kiroko s
志見 Kishimi s
邑 Kimura s
尾 Shigeo s
更津 Kisarazu p
[8]使主 Kinoomi s
所 Kidokoro s
忠 Shigetada m
邸 Kimura s

[9]俣 Kimata s
俣修 K. Osamu ml
垣 Kigaki m
城 Kijō sp; Kishiro s
津 Kizu sp; Kozu m
津谷 Kizutani s
祖 Kiso sp
怛 Kibata s
南 Kinami s
[10]倉 Kigura s
浦 Kiura s
柴 Kishiba s
原 Kihara s
庭 Koba s
造 Kizukuri sp; Ko-
屋 Kiya s ⌐zukuri s
屋之助 Kiyanosuke m
屋平 Koyadaira m
[11]船 Kifune s
許 Kimoto s
野 Kino s
野内 Kinouchi s
野村 Kinomura s
部 Kibe s
梨 Kinashi s ⌐shima-
島 Kishima s, Kono-
島平 Kijimadaira p
[12]接 Kitsugi m
場 Kiba s, Koba
崎 Kizaki s
喜代 Shigekiyo m
菟 Zuku m
登 Kinobori s
曾 Kiso s
曾川 Kisogawa sp
曾岬 Kisosaki p
曾義仲 Kiso Yoshina-
賀 Kiga s ⌐ka p
間 Kima s
間瀬 Kimase s
[13]滝 Kitaki s
塚 Kizuka s
賊 Tokusa sla
越 Kikoshi s
[14]幡 Kohata s, Kibata
暮 Kigurashi s, Ko-gure
[15]鼠 Kinezumi s
[16]魂 Kodama m
頭 Kitō p
綿 Kowata s
綿子 Yūko f
[17]檜 Kogure s
[18]藤 Kidō s
[19]瀬 Kise s
蘇 Kiso s
蘇毅 K. Koku ml

勿 110 (KOTSU, BU-TSU, na)
巳子 Namiko f
来 Nakoso p

牛 111 [T] (GYŪ, GO, ushi, toshi)
ケ瀬 Ushigase s
[2]九十 Ukuso s
[3]久 Ushiku p
久保 Ushikubo s
丸 Ushimaru m
[4]木 Ushiki s
円 Ushimaro s
山 Ushiyama s
込 Ushigome s
尼 Ushiama s
田 Ushida s, Ushima
甘 Ushikai m
生 Ushū m
[7]沢 Ushizawa s
尿 Ubari s
尾 Ushio s
来 Gorai s
津 Ushizu p
草 Ushikusa s
[10]馬 Gyūba l
[11]深 Ushibuka p
島 Ushijima s
[12]場 Ushiba s
窓 Ushimado p
奥 Ushioku s
[13]堀 Ushibori p
塚 Ushizuka s
腸 Gochō s
越 Ushigoe s
窪 Ushikubo s
[16]養 Ushikai m
[17]糞 Gokoe s, Ukuso, Gokoso
[18]麿 Ushimaro m

午 112 [T] (GO, ma, uma)
介 Umasuke m

升 113 [T] Noboru m, Nobori, Mi-nori, Minoru. (SHŌ, masu, nori, taka, yuki)
田 Masuda s
本 Masumoto s
屋 Masuya s

女 114 [T] (JO, NYŌ, NYO, me, ko, ta-ka, yoshi, onna)

²人芸術 Nyonin geiju-tsu l
³川 Onagawa sp
大学 Onna daigaku l
⁶光 Yoshimitsu ma
⁷男之助 Meonosuke m
良 Mera m
郎花 Ominameshi la
殺油地獄 Onna-goro-shi abura jigoku la
屋 Onaya s
¹¹部田 Mebuta l
鹿 Mega s
満別 Memanbetsu p
誠扇綺譚 Jokaisen ki-dan l ⌐ki a
¹⁴歌舞伎 Onna Kabu-ki a
¹⁷篠 Meshino s

爪 115 (SŌ, tsume)
工 Tsumetakumi s, Tsumatakumi, Ha-takumi
色の雨 Tsumeiro no

壬 116 Akira m, Ōi; Mibu s. (JIN, NIN, mi, tsugu, mizu, yoshi)
二集 Minishū l
八 Miya f
子 Mine f
士 Yoshihito m
夫 Yoshio m
太郎 Mizutarō m
生 Mibu sp
生二位 M. no Nii ml
生忠岑 M. no Tada-mine ml
生川 Mibukawa s; Nyūgawa p
恵 Mizue f

毛 117 [T] (MO, MŌ, BŌ, ke, atsu)
²人 Ebisu m
⁴戸 Kedo s
内 Monai s
⁵穴 Kena s
生 Keo f
抜 Kenuki la
利 Mōri s, Mori
利元就 Mōri Motonari mh ⌐mh
利敬親 M. Takachika mh
利輝元 M. Terumoto mh

谷村 Keyamura s
呂 Moro s
呂山 Moroyama sp
呂清春 Moro Kiyoha-ru ml
⁸所 Menjo s, Nenjo
牧 Mohira s, Momura
受 Menju s, Keuke, Menjo, Menjō, Mo-
¹⁰剃 Kezori s ⌐zu
馬 Kema s, Menma
馬内 Kumanai s
¹¹野 Kenu ⌐ka
¹³塚 Mozuka s, Kezu-
籠 Morō s

手 118 [T] Te s. (SHU, te, ta, de)
²刀良 Tetora m
³川 Tegawa s
巾 Hankechi l
代木 Teshirogi s
末才伎 Tanasuenote-
白 Teshiro s ⌐bito s
束 Tezuka s
柄 Tegara s
柄山 Tegarayama s
⁹品 Tejina s
¹¹習 Tenarai l
島 Teshima s
島塔庵 T. Toan mh
¹²賀 Tega s
¹³搔 Tengai s
塚 Tezuka s
塚富雄 T. Tomio ml
越 Tegoshi s
¹⁴稲 Teine p
結 Tenashi s
爾乎葉 Tenioha l
²¹繦 Tasuki s
²³纏 Tamaki m

——— 5 L1 ———

旧 119 [T] (KYŪ, KU, GU, furu, hisa, moto, fusa)
井 Furui s
事本紀 Kuji hongi l

必 120 [T] (HITSU, sada)
佐 Hisa s
典 Sadanori m

——— 5 L2 ———

氷 See 140

加 121 [T] (KA, KE, masu, mata)
³川 Kagawa s
毋 Kashimo sp
久藤 Kakutō p
也 Masuya m
⁴孔 Masuyoshi m
戸 Kado s
内 Kanouchi s
山 Kayama s
太 Kabuto s
加集 Kagatsume s
加江 Kagae s
加見 Kagami s
加美 Kagami s
古 Kako sp
古川 Kakogawa sp
田 Kata s
⁶地 Kachi s
地井 Kachii s
州 Kashū p "Califor-
西 Kasai sp ⌐nia "
世 Kase s
世田 Kaseda sp
名生 Kanō s
⁷佐 Kasa sp
村 Kamura s
男利 Kaori f
来 Karai s, Kaku
寿子 Kazuko f
⁸沼 Kanuma s
波山 Kabasan p
門 Kamon s
舎 Kaya s
奈陀 Kanada p "Can-ada "
宜 Kaga s
茂 Kamo sp ⌐la
茂物狂 K. monogurui
茂川 Kamogawa p
茂宮 Kamonomiya s
東 Katō sp
⁹保茶 Kabocha s
持 Kamochi s
津佐 Kazusa p
治 Kaji s
治川 Kajikawa sp
治木 Kajiki sp
治屋 Kajiya s
畑 Kubata s
計 Kake sp
美 Kami sp
美山 Kamiyama s
¹⁰悦 Kaya sp; Kanitsu
倉井 Kakurai s ⌐s
倉井秋 K. Akio ml
留田 Karuta s

屋 Kaya s
¹¹野 Kano s
能 Kanō s
能作次郎 K. Sakuji-rō ml
部 Kabe s
島 Kajima s
¹²場山 Kabayama s
須 Kasu s; Kazo p
須屋 Kasuya s
納 Kanō s
納暁 K. Akatsuki ml
賀 Kaga sp
賀の千代女 K. no Chi-yojo fl
賀山 Kagayama s
賀谷 Kagaya s
賀美 Kagami s
登 Kado s
曾利 Kasori s
集 Kashū s, Katsume
¹³勢 Kase s
¹⁶頭 Katō s
¹⁸聚 Kase s
藤一夫 K. Kazuo ml
藤千蔭 K. Chikage ml
藤木 Katōki s ⌐ml
藤介春 Katō Kaishun
藤友三郎 K. Tomosa-burō mh ⌐mlh
藤弘之 K. Hiroyuki
藤周一 K. Shūichi ml
藤武雄 K. Takeo ml
藤東籬 K. Tōri ml
藤咄堂 K. Totsudō ml
藤将之 K. Masayuki
藤高明 K. Takaaki mh
藤清正 K. Kiyomasa ml
藤朝鳥 K. Chōchō ml
藤景正 K. Kagemasa ma
藤道夫 K. Michio ml
藤楸邨 K. Shūson ml
¹⁹瀬 Kase s
瀬谷 Kasetani s
²¹羅 Kara ph

似 122 Mitsuru m. (JIN, NIN, hiro, mitsu)

仍 123 (JŌ, NYŌ, yo-ri, atsu, nao)
久 Yorihisa m
敦 Yoriatsu m

太
尤
犬
戈
木
勿
牛
午
升
女
▼
爪
壬
毛
手
旧
必
氷
加
似
仍
▲
仕
代
付
伏
仏
他
仟
仡
叶
收

爪 壬 毛 手 旧 必 氷 加 叚 仍 ▼ 仕 代 付 仸 仏 他 仟 仡 収 以 功 打 比 北 ▲ 外 氷 汈 汀 氾 引 札 主 云 示

仕 124 [T] Tsukasa m, Tsukō, Manabu. (SHI, JI)

代 125 [T] Dai s. (DAI, TAI, yo, shiro, toshi, nori)
々 Yoyogi sp
五郎 Daigorō m
代木 Yoyogi s
田 Shirota s; Daita p
主 Shironushi la
包 Norikane m
長 Toshinaga m

付 126 [T] (FU, tomo, tsuke)
知 Tsukechi p

仸 127 [JŌ, CHŌ, yori, yoru]
幡 Yorihata s

仏 128 [T] Hotoke f; Satoru m. (BUTSU, FUTSU, hotoke)
木 Hotogi s
足石歌 Bussokuseki no uta l
法僧 Buppōsō l
師 Busshi la
原 Hotoke no hara la
蘭西 Furansu p "France"

他 129 [T] (TA, osa, hito)
戸 Osabe m
田 Osada s
田日奉部 Osadahimatsuribe s 「ue l
我身之上 Taga mino-

任 130 Shigeru m, Tsukasa. (SEN,
子 Osako f 「osa)

仡 131 (GITSU, isa)
夫 Isao m

—— 5 L3 ——

叶 132 Kanō m, Kanai. (KYŌ, GYŌ, yasu)
一 Kyōichi m
内 Kanouchi s

収 133 [T] Osamu m, Susumu. (SHŪ, SHU, kazu, mori, sane, naka, nao, nobu, moto, moro)
子 Kazuko f
多 Kazuta sm
收 Morishige m

以 134 [T] (I, mochi, yuki, tomo, kore, sane, shige, nori)
之 Tomoyuki m
久 Yukihisa m
仁 Mochihito m
仁王 M.-ō mh
正 Koremasa m
言 Koretoki m
良 Mochinaga m
都女 Iratsume l
昭 Shigeaki m
首一 Ishuichi s
修 Yukimasa m
悦 Mochiyoshi m
紀 Mochinori m
節 Iyo m
親 Yukichika m

功 135 [T] Tsutomu m, Isao, Isaoshi. (KŌ, KU, koto, isa, katsu, nari, naru, nori, ō, atsu, kata)
一 Kōichi m
力 Kunugi s
子 Kotoko f
内 Kunugi s
男 Norio m
阿弥 Kōami ma
長 Isanaga m
彦 Katsuhiko m
康 Kotoyasu m

打 136 [T] (DA, uchi, utsu, u)
木 Uchiki s
田 Uchida sp
矢 Uchiya s
宅 Uchida s, Uda
見 Utsumi s
越 Uchikoshi s, Ugoshi, Uchiichi, Uteishi, Udeshi
閒集 Uchigikishū l

比 137 [T] Tasuku m. (HI, tomo, taka, chika, hisa, nami, 「tsune)
内 Hinai sp
布 Pippu p
尼縵 Hinekazura s
田 Hida s
田井 Hidai s
企 Hiki ōp 「mh
企能員 H. Yoshikazu
佐 Hisa s
和 Hiwa sp
良 Hira s
良野 Hirano s
良麿 Hiramaro m
留 Hiru s
留間 Hiruma s
島 Hitō p "Philippines"
喜田 Hikida s
登 Hito m
等 Hito m
婆 Hiba s
曾牟 Hisomu m
徳 Takanori m
嘉 Hika s
叡山 Hieizan l
叡辻 Heitsuji s
護 Higo s
羅夫 Hirafu m

北 138 [T] Kita sp; Kitabashiri s. (HOKU, kita, ta)
一輝 Kita Ikki mh
九州 Kita-kyūshū p
小路 Kitakōji sp
川 Kitagawa sp 「ml
川冬彦 K. Fuyuhiko
川辺 Kita-kawabe p
口 Kitaguchi s
上 Kitakami s
上神 Kitaniwa s
久保 Kitakubo s
大路 Kitaōji sp
方 Kitakata s; Kitai Kitai s 「gata ml
中 Kitanaka s
山 Kitayama sp
爪 Kitazume s
代 Kitajiro s
辺 Kitabe s
古賀 Kitakoga s
平 Kita-hira p "Peiping"
巨摩 Kita-koma p
本 Kitamoto sp
田 Kitada s
田薄氷 K. Usurai ml

白 Kitajiro s
白川 Kitashirakawa sp
池 Kitaike s
宇和 Kita-uwa p
馬 Kita-arima p
向 Kitamuki s, Toki, Tosa
辻 Kitatsuji s
多摩 Kita-tama p
米 Hokubei p "N. America"
佐久 Kita-saku p
住 Kitazumi s
住敏夫 K. Toshio ml
坊 Kitabō s
沢 Kitazawa s
杜夫 Kita Morio m
村 Kitamura s 「ml
村小松 K. Komatsu
村山 Kita-murayama 「sao ml
村寿夫 Kitamura Hisao m
村季吟 K. Kigin ml
村透谷 K. Tōkoku ml
村喜八 K. Kihachi ml
会津 Kita-aizu p
谷 Kitatani s
牟婁 Kita-muro p
足立 Kita-adachi p
安 Kitayasu m
安曇 Kita-azumi p
条 Hōjō sp; Kitajō p
条元一 H. Motokazu ml
条氏政 H. Ujimasa mh
条氏康 H. Ujiyasu mh
条氏綱 H. Ujitsuna mh
条早雲 H. Sōun mh
条氏雄 H. Tamio ml
条実時 H. Sanetoki mh
条秀司 H. Hideji ml
条政子 H. Masako fh
条政村 H. Masamura mh
条重時 H. Shigetoki mh
条時行 H. Tokiyuki mh
条時政 H. Tokimasa mh
条時宗 H. Tokimune mh
条時房 H. Tokifusa mh
条時頼 H. Tokiyori 「mh
条高時 H. Takatoki

条泰時 H. Yasutoki mh
条誠 H. Makoto ml
条義時 H. Yoshitoki mh
条顕時 H. Akitoki mh
尾 Kitao s
里 Kitazato sm
里柴三郎 K. Shibasaburō mh
見 Kitami sp [fl
見志保子 K. Shihoko
出 Kitade s
8河 Kitagawa s
河原 Kitagawara s
林 Kitabayashi s
枝 Hokushi ml; Kitae
波多 Kita-hata s [fl
房 Hokubō p
京 Pekin p "Peking"
茂安 Kita-shigeyasu p
居 Kitai s
9垣 Kitagaki s
垣内 Kitagakitō s
津軽 Kita-tsugaru p
相木 Kita-aiki p
相馬 Kita-sōma p
松 Kitamatsu s
松浦 Kita-matsuura p
畑 Kitahata s
秋田 Kita-akita p
茨城 Kita-ibaraki p
風 Kitakaze s
岡 Kitaoka s
10浦 Kitaura sp
浜 Kitahama s
海部 Kita-amabe p
海道 Hokkaidō p
脇 Kitawaki s
高来 Kita-takaki p
桑田 Kita-kuwada p
竜 Hokuryū p
畠 Kitabatake s
畠八穂 K. Yaho ml
畠親家 K. Akiie mh
畠親房 K. Chikafusa ml
原 Kitahara s [ml
原白秋 K. Hakushū
原武夫 K. Takeo ml
屋 Kitaya s
11陸道 Hokurikudō p
埼玉 Kita-saitama p
清水 Kitashimizu s
淡 Hokudan s
添 Kitazoe s
設楽 Kita-shidara p

野 Kitano sp
野天神縁起 K. Tenjin engi la [p
部 Kitabe s; Hokubu
都留 Kita-tsuru p
副 Kitazoe p
斎 Hokusai ma
魚沼 Kita-uonuma p
島 Kitajima p
8御牧 Kita-mimaki p
崎 Kitazaki s
窓 Kitamado s
18塩原 Kita-shiobara p
堀 Kitabori s
群馬 Kita-gunma p
詰 Kitazume s
蒲原 Kita-kanbara p
葛城 Kita-katsuragi p
葛飾 Kita-katsushika
勢 Hokusei s [p
園 Kitazono s
園克衛 K. Katsue ml
14郷 Hokugō sp; Kitazato s, Hongō; Kitagō p [p
16諸県 Kita-morokata
綏 Kitaō s
橋 Hokkitsu p
橋 Kitahashi s
17檜山 Kita-hiyama s
館 Kitadate s
鮮 Hokusen p "N. Korea"
18藤 Kitafuji s

外 139 [T] Todokoro s. (GAI, GE, to, soto, tono, hiro, hoka)
8川 Sotogawa s, Togawa
三郎 Hokasaburō m
之助 Hokanosuke m
丸 Tomaru s
4山 Toyama s, Sotoyama; Tobi p
山〻山 Toyama Chūzan ml
山正一 T. Masakazu
山卯三郎 T. Usaburō [ml
山座 Tobi-za ml
5立 Hashidate s
処 Todokoro s
史 Gaishi m
6次郎 Sotojirō m
池 Toike s, Tonoike
交官 Tokonori m

守 Tomori m
7村 Tomura s, Tonomura, Sotomura
村史郎 S. Shirō ml
村繁 Tonomura Shigeru ml
谷 Toya s, Todani
出 Hashidate s
8波 Tonami s
所 Todokoro s
命婦 Gemyōbu f
9治 Sotoji m
松 Tomatsu s
10郎売 Uirōuri la
美雄 Tomio m
栄 Tonoe f
岡 Tooka s
浦 Tonoura s [p
海 Sotomi s; Sotome
記 Geki sm
記座 Gekiza p
宮山 Tomiyama s
11野岡 Tonooka s
恵 Tonoe f
島 Toshima s
11崎 Tozaki s
雄 Sotoo m
園 Hokazono s
衛 Tomori m
禰子 Toneko f

氷 140 [T] Hi s. (HYŌ, hi, kiyo)
川 Hikawa sp
上 Hikami sp
行 Kiyoyuki m
見 Himi p
車 Higuruma s
点 Hyōten l
高 Hitaka s
室 Himuro sla
島 Hyōtō l

沕 141 Minoto m. (ROKU)

汀 142 Nagisa f, Migiwa. (TEI)

氾 143 Hiroshi m. (HAN, hiro)
子 Hiroko f

───── 5 L4 ─────

引 144 [T] (IN, hiki, nobu, hisa)
田 Hikida s; Hiketa sp

佐 Inasa sp

札 145 [T] Nusa s, Nuki. (SATSU, fuda, sane, nusa)
子 Fudako f
場 Fudaba f
幌 Sapporo p

礼 146 [T] Hiroshi m, Masashi. (REI, RAI, nori, hiro, kata, nari, masa, michi, akira, yuki, yoshi, aki, aya, iya, uya)
之助 Reinosuke m
文 Rebun p
云 Hirohito m
本 Norimoto m
次郎 Reijirō m
吉 Reikichi m
助 Reisuke m
直 Norinao m
重 Hiroshige m
記 Raiki l "Li Chi"
朝 Hirotomo m
弼 Reisuke m [ml
厳法師 Reigon Hōshi

───── 5 T1 ─────

主 See 196

云 147 [T] (UN, hito, kore, tomo, oki)

示 148 [T] Shimesu s; Shime f. (SHI, JI, KI, mi, shime, toki)
元 Tokiyuki m

永 149 [T] Nagashi m, Hisashi, Naga, Hakaru. (EI, YŌ, naga, nori, tō, tsune, nobu, hisa, hira)
8三郎 Eizaburō m
川 Nagakawa s
万 Eiman 1165–66
久 Eikyū 1113–18; Nagahisa sm
久保 Nagakubo s
久子 Towako f
仁 Einin 1293–99
戸 Nagato s, Eito
元 Nagamoto s

他 仟 仡 叶 収 以 功 打 比 北 ▼ 外 氷 氿 汀 氾 引 札 主 云 示 永 ▲ 立 市 矛 卉 召 古 令 只

氿
汀
氾
引
札
礻
主
云
示
永
▼
立
市
矛
卉
召
占
古
▲
令
公
只
穴
艾
夵
旦
旡
丕

友 Nagatomo s
木 Nagaki s
山 Nagayama s
太郎 Eitarō m
井 Nagai s
井荷風 N. Kafū ml
井帝男 N, Tatsuo ml
⁵石 Nagaishi s
田 Nagamochi s
正 Eishō 1504-21
平寺 Eiheiji p
田 Nagata s
田青嵐 N. Seiran ml
田耕衣 N. Kōi ml
田鉄山 N. Tetsuzan ml
田衡吉 N. Kōkichi ml
⁶地 Nagatochi s
江 Nagae s
池 Nagaike s
守 Nagamori s
光 Nagamitsu s
吉 Nagayoshi s; Eikichi m
徳 Nagamochi s
⁷作 Eisaku sm; Nagasaku s
坂 Nagasaka s
沢 Nagasawa s
村 Nagamura s
谷 Nagatani s
安 Nagayasu sm
孚 Eisuke m, Nagasa-
見 Nagami s ⌐ne
⁸沼 Naganuma s
和 Eiwa 1375-79
享 Eikyō 1426-41
俞 Nagatomo s
延 Eien 987-89
並 Enami s
⁹保 Eihō 1081-84
持 Nagamochi s
治 Eiji 1141-42
祐 Nagasachi m
松 Nagamatsu s
則 Nagatsune m
岩 Nagaiwa s
長 Nagaosa s; Nagaie m; Eichō 1096-97
妻 Nagatsuma s
岡 Nagaoka s
廻 Nagasako s
¹⁰浜 Nagahama s
浦 Nagaura s
柞 Eiso 989-90
倉 Nagakura s

原 Nagahara s
造 Eizō m
¹¹峰 Nagamine s
根 Nagane s
野 Nagano s
留 Nagatome s
盛 Nagamori s
島 Nagashima s
鳥 Nagatori s
¹²禄 Eiroku 1558-70
富 Nagatomi s
森 Nagamori s
¹³淵 Nagabuchi s
堀 Nagahori s
塚 Nagatsuka s
滝 Nagataki s
源寺 Eigenji p
福 Nagayoshi m
福門院 Eifuku Mon'-in fl
誃 Nagaharu m
楽 Eiraku s
遠子 Towako f
¹⁴愷 Nagayasu m
徳 Eitoku 1381-84
暦 Eiryaku 1160-61
¹⁵幡 Nagahata s
¹⁶緒 Nagao sm
¹⁸藤 Nagafuji s
観 Eikan 983-85; Yō-kan mh
瀬 Nagase s
瀬清子 N. Kiyoko fl

— 5 T2 —

立 See 194

市 See 195

矛 150 [T] (BŌ, MU, hoko, take)
雄 Hokoo m

卉 151 Noboru m. (KI)

召 152 [T] (SHŌ, JŌ, meshi, mesu, yoshi, yobu)
子 Meshiko f
田 Meshida ml
波 Shōha ml

占 153 [T] (SEN, shime, ura)

太郎 Shimetarō m
吉 Shimekichi m
冠 Shimukappu p
部 Urabe s

古 154 [T] (KO, KU, furu, hisa, taka)
人大兄 Furuhito no Ōe mh ⌐gawa s
川 Furukawa sp; Ko-
川魁蕾 F. Kairai ml
口 Kokuchi s
子 Furuko f, Hisako; Hisatsugu m
久根 Kokune s
久沢 Kokuzawa s
⁵仁所 Konisho s
今 Kokon s; Kokin l
今百馬鹿 Kokon hya-kubaka l
今和歌六帖 Kokin waka rokujō l
今和歌集 K. wakashū l
今和歌集正義 K. w. seigi l
今著聞集 Kokon cho-monjū l
今集 Kokinshū l
今集両度聞書 K. ryō-do kikigaki l
今集注 K. chū l
井 Furui s
井出 Koide s
内 Furuuchi s
山 Furuyama s, Ko-止 Koto f ⌐yama
木 Furuki s
手屋 Furuteya s
⁵本 Furumoto s
矢 Furuya s
田 Furuta s, Kota
田土 Kotado s
田島 Kotajima s, Ko-dashima ⌐bira p
平 Kodaira s; Furu-市 Furuichi s
立 Kodachi s
史成文 Koshi seibun l
史通 Koshitsū l
史徴 Koshichō l
⁶江 Furue s
池 Furuike s, Koike
寺 Kodera s
宇田 Kouda s
在 Furuari s, Kozai
庄 Furushō s
⁷沢 Furusawa s

坂 Furusaka s
村 Komura s, Furu-mura
安 Furuyasu s
志 Koshi sp
谷 Furutani s, Furu-ya, Komoya
谷野 Koyano s
谷武 Furuya Tsu-natake ml
尾谷 Furuoya s
里 Furumi s
里 Furusato s
寿 Hisatoshi m
来 Furuku s
来風体抄 Korai fūtai-shō l ⌐sp
⁸河 Furukawa s; Koga
性 Furushō s
明地 Komechi s
門 Komon s
林 Kobayashi s, Fu-rubayashi
居 Furui s
東 Kotō s
事記 Kojiki l
事記伝 K. den l
事燈 K. akashi l
事談 Kojidan l
⁹俣 Komata s ⌐shiro
城 Kojō s, Furujō, Ko-松 Furumatsu s
畑 Furuhata s
荘 Furushō s
岳 Kogaku s
泉 Koizumi s
泉樫 K. Chikashi ml
¹⁰郡 Furugōri s
宮 Furumiya s, Komi-室 Komuro s ⌐ya
家 Furuya s
家枝夫 F. Kayao ml
屋 Furuya s
座 Koza s
座川 Kozagawa p
¹¹野 Furuno s
野生 Konoo s
都 Furuichi s; Koto s
塁 Kono f ⌐jima
島 Furushima s, Ko-¹²渡 Furuwatari s, Ko-watari; Futto sp
猪之助 Furuinosuke m
崎 Furusaki s
稀春風 Kokishunpū l
森 Furumori s, Ko-
篁 Kohitsu s ⌐mori

衆 Kosu s
賀 Koga sp
賀春江 K. Harue ma
賀精里 K. Seiri mh
閑 Kogen s, Koga
¹³満 Koma s
雅屋 Kogaya s
殿 Furudono p
¹⁴郷 Furusato s
語拾遺 Kogo shūi l
駅 Koeki l
越 Furukoshi s
関 Kokan s, Kozeki
爾 Koko s
¹⁶橋 Furuhashi s
館 Furudate s
慈悲 Kojihi m
¹⁸藤 Kotō s
藤田 Kotōda s
¹⁹瀬 Furuse s, Kose

令 155 [T] (REI, RYŌ, nori, yoshi, haru, nari)
子 Yoshiko f
寿 Yoshinobu m
宗 Yoshimune sm
家 Yoshiie m, Yoshi-
蔵 Reizō m ⌐mune

公 156 [T] Tadashi m, Isao, Tōru, Akira; Kimi f.(KŌ, KU, kimi, kin, taka, tomo, masa, hiro, tada, yuki, sato, ō, hito)
¹一 Tomokazu m
³三郎 Kimisaburō m
子 Kimiko f
⁴元 Kinharu m
方 Kubō m
尹 Kinmasa m
文 Kumon s
⁵功 Kinnaru m
允 Kinchika m
正 Kimimasa m, Kinnao, Kin'osa
平 Kimihira sm ; Kōhei m, Kimihei
⁶任 Kintō ml ; Kimihide m
行 Naoyuki m
光 Masateru m
共 Kintomo m
名 Kinna m
利 Kimisato m
条 Kin'eda m

男 Kimio m
考 Kinnaru m
孝 Yukitaka m
⁸使 Kuramu s
明 Takaaki m, Masaaki
門 Kumon s
房 Kimifusa m
宜 Kinsumi m
述 Kinakira m
⁹保 Kubo s
恪 Kintsumu m
城 Kinmura m
政 Kinmasa m
荘 Kushō s
長 Kin'osa m
栄 Kinteru m
直 Kinnao m
¹⁰修 Kin'osa m
威 Kōi m
¹¹恂 Kin'osa m
健 Kintaru m
致 Kin'yuki m
¹²揖 Kin'osa m
暁 Kugyō mh ⌐tō
勝 Kinkatsu m, Kin-
敬 Kinhaya m
董 Kintada m
森 Kimimori s
望 Kinmochi m
遂 Kinkatsu m
¹³塚 Kimizuka s
張 Takatomo m
靖 Hiroyasu m
誠 Kinzane m, Kinmi
純 Kin'ito m
誉 Takayoshi m
¹⁴説 Kinkoto m
詔 Kimimasa m
¹⁵毅 Kintake m
¹⁶衡 Kinhira m
積 Kintsumu m
翰 Kin'oto m
維 Kinfusa m
燕 Kinnaru m
賢 Kimiyoshi m
¹⁷總 Kinmichi m
¹⁸靄 Kimiyoshi m
¹⁹績 Kin'isa m
²⁰麗 Kimikazu m
²¹彝 Kintsune m

───── 5 T3 ─────

只 157 [N] (SHI, SHIN, tada)

八 Tadahachi m
木 Tadaki s
見 Tadami sp
野 Tadano s

穴 158 [T] (KETSU, ana, kore)
水 Anamizu sp
山 Anayama s
太 Anō sp ; Anato s, Anaho, Ano, Ana
井 Anai s
田 Anata s
生 Anō sp
吹 Anabuki p
沢 Anazawa s
原 Anahara s
穂部 Anahobe s
磯 Anashi s

艾 159 Yasushi m. (GAI, yasu, yoshi)

太 160 (TA, TAI, yasu)

冬 161 [T] (TŌ, fuyu, kazu, toshi)
二 Fuyuji m
三郎 Tōsaburō m
木 Fuyuki s
夫 Fuyuo m
弘 Toshihiro m
花帳 Tōkachō l
宝 Fuyutomi m
青空 Fuyu aozora l
柏 Tōhaku l
彦 Fuyuhiko m
彦集 Fuyuhikoshū l
嗣 Fuyutsugu m
暦 Tōreki l

───── 5 T4 ─────

旦 162 [I] Akira m, Tadashi ; Asa s, Tan. (TAN, DAN, aki, akira, asa)
夫 Asao m
来 Awasō s

亘 See 202

丕 163 Hajime m. (HI, hiro, i)
道 Hiromichi m

───── 5 F1 ─────

司 164 [T] Tsukasa m, Osamu, Tsutomu. (SHI, SU, mori, kazu, moto)
子 Moriko f
氏 Moriuji m
辻 Kasatsuji m
城 Tsukasagi m
亮 Moriaki m
直 Kazunao m, Moto-
馬 Shiba s ⌐nao
馬江漢 S. Kōkan ma
馬達等 S. Tatto / Tachito m
馬遷 Shiba Sen mlh "Ssu-ma Ch'ien"
馬遼太郎 S. Ryōtarō ml

───── 5 F2 ─────

可 165 [T] (KA, yoshi, ari, toki, yoku, yori)
子 Yoshiko f
丸 Kamaru m
也 Kanari m ⌐sp
児 Kaji s, Kako ; Kani
寿 Kazue m
知 Kachi s
官 Yoshitaka m
恰 Umashi m
美 Kami sp
重 Arishige m
笑子 Emiko f
笑記 Kashōki l
朋 Yoshiaki m
部 Kabe sp
賀 Kayoshi m
樹 Yoshiki m
薫 Tokishige m

疋 166 (HIKI, tada)
田 Hikita s
和田 Hikiwada s
野 Hikino s
檀 Hikida s

斥 167 [T] (SEKI, SHAKU, kata)

包 See 218

云 示 永 立 市 矛 卉 召 占 古 ▼ 令 公 只 穴 艾 太 冬 旦 丕 司 疋 斥 包 ▲ 勾 左 布 右 石 庁 尼 尻 処

太
冬
旦
卮
丕
司
可
疋
斥
包
▼
勾
左
布
右
石
▲
凶
庁
尼
尻
処
辺
井
水
无

勾 168 Magari s.
(KŌ, KU, magari, maga, sagi)
田 Magata s
当 Kōtō m
坂 Sagisaka s
籾 Magarinoyukei s

左 169 [T] Sa m
(SA, suke)
³口 Sakuchi s
也馬 Sayama m
⁴今次 Sakuji s
文字 Samonji s
中 Sachū m
中太 Sachūda s
⁵口馬 Sajima m
右田 Sōda s 「ml
右田喜一郎 S.Kiichirō
右松 Sōmatsu m
⁶任 Suketō m
吉 Sakichi m
吉雄 Sakio m
団次 Sadanji ma
⁷沢 Aterazawa s
近 Sakon m-fl
近司 Sakonji s
近衛門 Sakoemon m
部 Samon m
京 Sakyō p
⁹治衛 Sajie m
柄 Sagara s
¹⁰脇 Sakyō m
馬助 Sabanosuke m
甚五郎 Hidari Jingo-
　rō ma
¹¹部 Satori m
¹⁶衛 Samori m
膳 Sazen m

布 170 [T] (FU, HO,
nobu, nuno, shi-
ki, tae, yoshi, shiku)
³川 Fukawa s, Nuno-
kawa
上 Nunogami s
子 Nunoko f
也布伎 Fuefuki s
⁵田 Fuda s, Nunoda
目 Nunome s
⁷村 Nunomura s
忍 Nunoshi s, Nunose
良 Mera p
⁹津 Futsu sp
哇 Hawai p "Hawaii"
施 Fuse sp
施田 Fuseda s

¹⁰師 Nunoshi s
師田 Nunoshita s
高 Nobutaka m
屋 Nunoya s
¹¹野 Funo sp
部 Fube sp
留 Furu sla
留田 Furukawa s
¹²袋 Hotei sp
¹³勢 Fuse s

右 171 [T] Tasuku
m, Migi, Akira.
(U, YŪ, suke, migi, ta-
ka, aki, kore)
¹— Uichi m
³川 Ukawa s
⁴手 Ude s
司馬 Ujima m
左口 Ubaguchi sp
左視 Usami m
田 Migita s 「ml
田寅彦 M. Nobuhiko
⁶仲 Sukenaka m
⁷弘 Sukehiro s
近 Ukon sm-f ; Oko s
近右衛門 Ukon'emon
⁸門 Umon m 「m
門捕物帖 U. torimo-
nochō l
京 Ukyō p
宗 Takamune m
⁹治衛 Ujie m
¹⁰馬四郎 Umashirō m
馬允 Umanosuke m
馬飼 Umakai s, Uba-
¹³働 Udō s 「kai
¹⁴遠 Udō s
¹⁶膳 Uzen m
橘 Uchichi m
衛 Umori m
衛門 Uemon m
衛門佐 Yomosa s
衛門作 Emosaku s
衛門尉 Uemonjō s

石 172 [T] Seki s,
Iso, Kazu; Ishi f.
(SEKI, SHAKU, ishi, iwa,
shi, iso, atsu, kata)
³川 Ishikawa sp
川三四郎 I. Sanshirō
　mlh
川丈山 I. Jōzan ml
川千代松 I. Chiyoma-
tsu mh
川欣一 I. Kin'ichi ml

川桂郎 I. Keirō ml
川淳 I. Jun ml 「ml
川啄木 I. Takuboku
川理紀之助 I. Rikino-
suke mh
川善助 I. Zensuke ml
川達三 I. Tatsuzō ml
川雅望 I. Masamochi
川巌 I. Iwao ml 「ml
之助 Ishinosuke m
下 Ishige sp ; Ishiro-
shi s
口 Ishikuchi s 「kina
寸名 Ishikina fh, Iwa-
丸 Ishimaru s
上 Isonokami sp; Ishi-
gami s, Ishikami,
Ishinokami, Iwaka-
mi, Iwanokami
上乙麻呂 Isonokami
no Otomaro ml
上宅嗣 I. no Yakatsu-
gu ml
上左一郎 I. Gen'ichi-
rō ml 「to l
上私淑言 I. sasamego-
⁴水 Ishimizu s
切 Ishikiri s
戸 Ishido s, Oshito,
手 Ishite s 「Oshiko
月 Ishitsuki s
内 Ishiuchi s, Iwauchi
王 Ishiō s
无 Iwanasu s
毛 Ishige s
山 Ishiyama sp
山寺縁起絵巻 I.-dera
engi emaki ha
山徹郎 I. Tetsurō m
井 Ishii sp ; Iwai s
井柏亭 Ishii Hakutei
ma 「rō ml
井直三郎 I. Naozabu-
井桃子 I. Momoko fl
井菊次郎 I. Kikujirō
mh
井鶴三 I. Tsuruzō ml
井露月 I. Rogetsu ml
⁵代 Iwashiro s
引 Ishihiki s
永 Ishinaga sp
占 Iwaura s
田 Ishirai s
布 Iwashiki m
辺 Isobe s
本 Ishimoto m
禾 Ishiwa s, Isawa

生 Oshiko s
別引 Iwanasuwake s
田 Ishida s 「mh
田三成 I. Mitsunari
田波郷 I. Hakyō ml
田梅巌 I. Baigan mh
⁶台 Ishiai s
光 Ishimitsu s
圧 Ishihai s
母田 Ishimoda s
母田正 I. Shō ml
⁷作 Ishizukuri s, Iwa-
tsukuri
沢 Ishizawa s
坂 Ishisaka s
坂次次郎 I. Yōjirō ml
坂養平 I. Yōhei ml
村 Ishimura s, Iware
谷 Ishigaya s, Ishitani
足 Ishitari m, Isotari
志 Iwashi s
床 Iwatoko m
尾 Ishio s
助 Ishide s
来 Ishiko s, Ishirai,
Ishiki
見 Iwami sp
見女式 Iwaminojo-
shiki l
⁸河 Ishikawa s, Ishiko
附 Ishitsuke s
和 Isawa sp
和田 Ishiwada s
金 Ishigane s
居 Ishii s
津 Ishizu s
垣 Ishigaki sp
城 Iwaki sp
神 Ishigami s
杁 Ishikizukuri s
松 Ishimatsu s
狩 Ishikari sp
狩川 Ishikarigawa l
背 Iwase s
巻 Ishimaki s ; Ishino-
maki p
岡 Ishioka sp
飛 Ishitobi s
⁹浦 Ishiura s
浜 Ishihama s
浜金作 I. Kinsaku ml
桁 Ishigeta s
射 Ishii s
倉 Ishikura s
栗 Ishikuri s, Iwakuri
原 Ishihara s
原八束 I. Yatsuka ml

34

原慎太郎 I. Shintarō *ml*
原純 I. Atsushi *ml*
11清水 Iwashimizu *l*
根 Iwane *m*
野 Ishino *s*, Iwano
部 Ishibe *sp*
動 Isurugi *p*
動山 Yusurugi *s*
留 Ishidome *s*
堂 Ishidō *s*
黒 Ishiguro *s*
島 Ishijima *s*
鳥谷 Ishidoriya *p*
亀 Ishigame *s*
12渡 Ishiwatari *s*, Ishiwata
陰 Ishikage *m*
割 Ishiwari *s*
搏 Ishiuchi *s*
場 Ishiba *s*
塔 Ishidō *s*
崎 Ishizaki *s*
賀 Ishiga *s*
曾根 Ishisone *s*
森 Ishimori *s*
森延男 I. Nobuo *ml*
道 Ishimichi *s*
13楠 Shakunage *l*
福 Ishifuku *s*
雄 Iwao *m*
塚 Ishizuka *s*
塚文二 I. Tomoji *ml*
越 Ishikoshi *sp*
14榑 Ishikure *s*, Ishide
榑千亦 Ishikure Chimata *ml*
郷岡 Ishigōoka *s*
関 Ishizeki *s*
15幡 Ishibata *s*
鼎句集 Sekitei kushū *l*
16徹白 Ishidoshiro *s*; Itoshiro *sp*
積 Iwazumi *m*
綿 Ishiwata *s*
橋 Ishibashi *sp*; Shakkyō *la*
橋忍月 I. Ningetsu *ml*
橋辰之助 I. Tatsunosuke *ml*
橋思案 I. Shian *ml*
19館 Ishidate *s*
錦 Ishinabe *s*
18藤 Ishidō *s*
瀬 Ishise *s*
瀬星 Ishiseya *s*
21躍 Ishiyaku *s*

—— 5 F3 ——

凶 173 [T] (KYŌ)
徒津田三蔵 Kyōto Tsuda Sanzō *l*

庁 174 [T] Kobanawa *s*. (CHŌ)
鼻 Shibahana *s*, Kobanawa
鼻和 Chōnohanawa *s*

尼 175 [T] (JI, NI, ama, sada, tada, chika)
子 Amako *s*, Amane
崎 Amasaki *s*; Amagasaki *sp*

尻 176 (KŌ, shiri)
岸内 Shirikishinai *p*
高 Shiritaka *s*, Shitta-
掛 Shirikake *s* └ka

処 177 [T] Sadamu *m*. (SHO, SO, sumi, tokoro, fusa, yasu, oki, oru)
之助 Tokoronosuke *s*

込 178 [T] (kome, komi)
山 Komeyama *s*
田 Komeda *s*

辺 179 Hotori *sm*. (HEN, oi)
分 Oiwake *s*
方 Oiwake *s*
見 Henmi *s*

—— 5 F4 ——

丼 See 206

—— 5 U ——

氷 See 140

旡 180 See 无 92

兄 181 [T] (KEI, KYŌ, e, ani, ne, saki, eda, kore, shige, tada, yoshi)

子 Aniko *m*
国 Ekuni *s*
食下 Ekurashi *m*
部 Kōbe *s*
部坊 Konokonbō *s*
麻呂 Emaro *m*
遠子 Etōko *f*

央 182 [T] Nakaba *sm*; Hisashi *m*, Akira, Hiroshi. (Ō, YŌ, hisa, naka, teru, chika, hiro)
二 Hisaji *m*
子 Teruko *f*, Hiroko
夫 Teruo *m*
江 Hisae *f*
馬 Nakaba *s*

史 183 [T] Fubito *sm*; Chikashi *m*, Sakan. (SHI, chika, fumi, mi, hito, funo)
子 Fumiko *f*
伊 Fumii *f*
侍 Chikashi *m*

甲 184 [T] Yoroi *s*, Kabuto; Masaru *m*; Kinoe *f*. (KŌ, ka, ki, katsu)
3之助 Kinosuke *m*
子七 Kaneshichi *m*
子児 Kineji *m*
子男 Kashio *m*, Kineo
子彦 Kashihiko *m*
子郎 Kashirō *m*, Kōshirō └*p*
4山 Kōyama *s*; Kōzan
5代子 Kayoko *f*
可 Kōka *s*
田 Kōda *s*
6州 Kōshū *p*
州鱇沢報讐 K. Kajikazawa adauchi *l*
地 Kōchi *p*
奴 Kōnu *s*
西 Kōsai *p*, Kōsei
7作客 Kawaratsukurimarōdo *s*
佐 Kōsa *p*
谷 Kōya *s*
8府 Kōfu *p*
府方 Kōfukata *s*
良 Kōra *sp*; Kawara *s*
9南 Kōnan *p*
11峰松 Kanematsu *s*

許母 Kokomo *m*
能 Kōno *s*, Konō
野 Kōno *s*
12賀 Kōga *sp*
賀三郎 K. Saburō *ml*
斐 Kai *sf-ph*
斐庄 Kainoshō *s*
斐根 Kaine *s*
15藤 Kōdō *s*, Kattō, Kabutō

申 185 [T] Shin *sm*; Shigeru *m*. (SHIN, nobu, saru, mi)
二 Nobuji *m*
代 Saruyo *f*
楽 Sarugaku *la*
楽談儀 S. dangi *l*

由 186 [T] Yū *s*. (YŪ, YU, tada, yuki, yoshi, yori)
1一 Yūichi *m*
3三 Yoshikazu *m*
三郎 Yoshisaburō *m*
之 Yoshiyuki *m*
4仁 Yuni *sp*
井 Yui *s*
井正雪 Y. Shōsetsu *mh*
木 Yuki *s*
木尾 Yukio *s*
夫 Yoshio *m*
5比 Yui *sp*
布 Yubu *s*
6行 Tadayuki *m*
宇 Yuu *sp*
7扶 Yoshisuke *m*
利 Yuri *sp*
利之助 Yurinosuke *m*
利公正 Yuri Kimimasa *mh*
言 Yoshitoki *m*
豆流 Yuzuru *m*
里子 Yuriko *f*
8住里の梅 Yukari no
岐 Yuki *p* └ume *l*
茅 Yuki *s*
良 Yura *sp*
良之助 Yuranosuke *m*
9美 Yumi *s*; Yoshimi
10浜 Yuhama *s* └*m*
郎 Yoshirō *m*
恭 Yoshitaka *m*
原 Yubara *s*, Yuzuhara
座 Yuza *p* └ra
起 Yuki *s*

[11]後 Yoshinochi *m*
紀夫 Yukio *m*
章 Yoshiaki *m*
路 Yoshimichi *m*
蔵 Yoshizō *m*

匹 187 [T] (HIKI, HITSU, atsu, tomo)
他 Hikita *s*
田 Hikida *s*
見 Hikimi *p*
壇 Hikida *s*

四 188 [T] (SHI, yo, yotsu, hiro, mochi)
[2]十八朝 Yosonara *s*, Yoinara
十八願 Yoinara *s*
十九員 Tsurushi *s*
十万 Yosuma *s*, Shijima, Shizuma
十四院 Tsurushi *s*
十住 Yosumi *s*, Shiu-
十物 Aimono *s* ⌊chi
十宮 Yosomiya *s*
[3]川 Shisen *p* "Szechwan"
[4]元 Yotsumoto *s*
戸 Shinohe *sp*
分 Shibu *s*
五六 Yogoroku *m*
日 Yokka *s*
日市 Yokkaichi *p*
月 Watanuki *s*
月一日 Watanuki *s*, Watanu, Tsubomi
月朔日 Watanuki *s*
天王 Shitennō *smh*
天王寺 Shitennōji *p*
方 Yomo *sf*; Yokata *s*, Shikata
方子 Yomoko *f*
方四五右衛門 Yomoshigoemon *m*
方田 Yomoda *s*, Shioda ⌈ra *ml*
方赤良 Yomo no Aka-
方男 Yomoo *m*
方治 Shioji *m*
方恵 Yomoe *f*
[5]四 Yoshi *f*
主 Yonushi *s*
本 Yotsumoto *s*
本松 Shihonmatsu *s*
[6]辻 Yotsutsuji *s* ⌈*ml*
辻善成 Y. Yoshinari
[7]至内 Shishiuchi *s*, Shiuchi, Shikyū
谷 Yotsuya *sp*
谷怪談 Y. kaidan *l*
条 Shijō *sp*
条宮 Shijōnomiya *s*
条宮下野集 S. Shimotsuke-shū *l*
条畷 Shijōnawate *p*
[8]明 Shimei *ml*
[9]亮夫 Shiroo *m*
迷 Shimei *ml*
[10]郎 Shirō *m*
釜 Shikama *s*
倉 Yotsukura *p*
宮 Shinomiya *s*
家 Yotsuya *s*
柴 Shishiba *s*
真田 Shimada *s*
屋 Yotsuya *s*
座一流 Yoza ichiryū *a*
座役者目録 Y. yakusha mokuroku *l*
[12]街道 Yotsukaidō *p*
賀 Shiga *sp*
賀光子 S. Mitsuko *fl*
[17]綱 Yotsuami *m*
瀬 Yotsuse *s*
鏡 Shikyō *l*
纏 Yotsugane *sp*

田 189 [T] Den *s*. (DEN, ta, michi, da, tada)
[2]又利 Tatari *s*
人 Tabito *p*
[3]川 Tagawa *sp*
之助 Tanosuke *m*
上 Tanoue *s*; Tagami *sp* ⌈ta, Tage
下 Tanoshita *s*, Tashi-
万川 Tamagawa *sp*
子 Tago *s*; Tatsuko *p*
久保 Takubo *s*
丸 Tamaru *s*
口 Taguchi *s*, Tanokuchi ⌈chi *mlh*
口卯吉 Taguchi Uki-
口掬汀 T. Kikutei *ml*
[4]戸 Tado *s*
方 Tagata *sp*
内 Tauchi *s*, Tanouchi
井 Tai *s*
山 Tayama *s*
山花袋 T. Katai *ml*
中 Tanaka *s*
中丸 Tanakamaru *s*
中千禾夫 Tanaka Chikao *ml*
中王城 T. Ōjō *ml*
中王堂 T. Ōdō *ml*
中冬二 T. Fuyuji *ml*
中正造 T. Shōzō *mh*
中克巳 T. Katsumi *ml*
中英光 T. Hidemitsu *ml*
中保隆 T. Yasutaka *ml*
中貢太郎 T. Kōtarō *ml*
中勝助 T. Katsusuke
中純 T. Jun *ml* ⌊*mh*
中義一 T. Giichi *mh*
中澄江 T. Sumie *fl*
中館 Tanakadate *s*
中館愛橘 T. Aikitsu
[5]代 Tashiro *sp* ⌊*mh*
付 Tatsuki *s*
北 Takita *s*
永 Tanaga *s*
公 Tanokimi *s*
令 Tatsukai *s*
布施 Tabuse *sp*
尻 Tajiri *sp*
辺 Tanabe *sp*
辺元 T. Hajime *ml*
辺福麻呂 T. no Sakimaro *ml*
本 Tamoto *s*
田 Tada *s*
平 Tahira *sp*
主 Tanushi *m*
主丸 Tanushimaru *p*
[6]伏 Tabuse *s*
仲 Tanaka *s*
地 Tachi *s*, Taji
光 Tahika *s*
寺 Tadera *s*
老 Tarō *p*
名綱 Tanaami *s*
名部 Tanabe *s*
多民治集 Tadamichi-
母 Tanomo *s* ⌊shū *l*
母神 Tamokami *sp*; Tanokami *s*
母野 Tamono *s*
[7]阪 Tasaka *s*
坂 Tasaka *s*
沢 Tazawa *s*
沢湖 Tazawako *p*
那村 Tanamura *s*
村 Tamura *sp*
村子 Tamurako *f*
村松魚 Tamura Shōgyo *ml*
村俊子 T. Toshiko *fl*
村泰次郎 T. Taijirō *ml*
村隆一 T. Ryōichi *ml*
形 Tagata *s*
町 Tamachi *sp*
谷 Tadani *s*, Taya
安 Tayasu *s* ⌈*ml*
安宗武 T. Munetake
麦 Tamon *s*
東俣 Tamomata *s*
尾 Tao *s*
近 Tachika *s*
寿地 Azechi *s*
[8]使 Tae *s*
附 Tatsuke *s*
河 Tagawa *s*
波 Tanami *s*
波御白 T. Mishiro *ml*
沼 Tanuma *sp* ⌈*mh*
沼意次 T. Okitsugu
沼意知 T. Okitomo *mh*
所 Tadokoro *s*
林 Tabayashi *s*
知 Tachi *s*
知花 Tachibana *s*
牧 Tamaki *s*
制 Tazei *s*
舎芝居 Inaka shibai *l*
舎源氏 I. Genji *l*
舎館 Inakadate *p*
実 Tajitsu *s*
並木 Tanamiki *s*
[9]保 Tanbo *s*
畑 Tabata *s* ⌈rō *ml*
畑修一郎 T. Shūichi-
面 Tanomo *m*
南 Tanami *s*
草川 Takusagawa *s*
巻 Tamaki *s*
岡 Taoka *s*
岡嶺雲 T. Reiun *ml*
底 Tasoko *p* ⌈*p*
[10]浦 Taura *s*; Tanoura
桑 Taguwa *s*
倉 Tagura *s*
荷 Tani *s*
宮 Tamiya *s*
宮虎彦 T. Torahiko *ml* ⌈*p*
原 Tawara *s*; Tahara
原本 Tawaramoto *p*
原屋 Tawaraya *s*
屋 Taya *s*
[11]添 Tazoe *s*
能村 Tanomura *s*
能村竹田 T. Chikuden *ma*
部 Tanabe *s*, Tabe

部井 Tabei s
部重治 Tanabe Jūji ml
野 Tano p
野口 Tanoguchi s
野井 Tanoi s
野辺 Tanobe s
野村 Tanomura s
野畑 Tanohata p
野倉 Tanokura s
野部 Tanobe s
盛 Michimori m
島 Tajima sp
島象二 T. Shōji ml
12崎 Tazaki s
富 Tatomi sp
賀 Taga s
登 Tanobori s
無 Tanashi p
鹿 Tajika s
13淵 Tabuchi s
路 Taji s, Tamichi, Tōji
楽 Dengaku a
14窪 Takubo s
結 Tayui s
15幡 Tabata s
端 Tabata s
熊 Takuma s
16橋 Tabashi s
頭 Tantō s, Tagashira
賢 Michikata m
17総 Tabusa s
窪 Takubo s
18嶼 Tajima s
鎖 Tagusari s
21鶴浜 Tatsuruhama p

冊 190 [T] (SATSU, SAKU, nami, fumi, fun)

目 191 [T] Me m; Sakan s, Sakka. (MOKU, BOKU, me, ma, mi, yori) ⌐gusa l
4不酔草 Mezamashi-
5代 Mete s
加田 Mekata s
包 Meshiko s
6色 Meshiko s
色部 Meshikobe s, Mashikobe
8良 Mera s
9前心後 Mokuzen shingo l
10時 Metoki s
黒 Meguro sp

12崎 Mesaki s
賀 Mega s
賀田 Megata s
貫 Menuki s
貫屋 Menukiya s
堅 Mekata s
14徳 Metoku s
18鯉部 Meribe s

且 192 [O] (SHO, SO, katsu)
子 Katsumi m
元 Katsumoto m
来 Atsuryū sp

用 193 [T] (YŌ, YU, mochi, chika)
土 Yōdo s
田 Mochida s
随 Mochiyori s
徳 Mochiyoshi m
瀬 Mochigase sp; Mochise s, Mochinose

立 194 [T] Tatsu m, Tatsuru, Takashi; Tachi s, Tate, Ritsu. (RITSU, RYŪ, tatsu, tate, tachi, taka, taru, haru)
2入 Tachiiri s, Tateiri
3川 Tachikawa sp; Tategawa s, Tatsukawa ⌐bunko l
川文庫 Tachikawa
子 Tatsuko f
4山 Tateyama sp
五 Ryūgo m
夫 Tateo m
5石 Tateishi s, Tachiishi
田 Tatsuta sp; Tachida s, Tateda, Tatta
正安国論 Risshō ankokuron l
7沢 Tachizawa s, Tatsuzawa, Tatezawa
花 Tachibana sp
花北枝 T. Hokushi ml
見 Tatsumi s, Tachimi, Tatemi
身 Tatsumi m
8河 Tachikawa s, Tategawa
波 Tatsunami s

林 Tatebayashi s
9松 Tatematsu s
科 Tateshina sp
岩 Tateiwa s, Tachioka Tateoka s ⌐Iwa
10脇 Tatewaki s
家 Tatsuka s
原 Tachihara s, Tatsuhara, Tatehara
原道造 Tachihara Michizō ml
馬 Tatsuma s
11野 Tatsuno s, Tateno, Tachino
野信之 Tateno Nobuyuki ml ⌐jima
島 Tatejima s, Tachi-
13誠 Tatsuaki m
14暢 Tatsunaga m

市 195 [T] Ichi s. (SHI, ichi, chi, machi, naga)
2人 Ichininbu m
3川 Ichikawa sp
川大門 I. Daimon p
川左団次 I. Sadanji ma
川団十郎 I. Danjūrō
川房枝 I. Fusae fh
川為雄 I. Tameo ml
三郎 Ichisaburō m
丸 Ichimaru s
之瀬 Ichinose s
口 Ichiguchi s
5五郎 Ichigorō m
山 Ichiyama s
井 Ichii s
木 Ichiki s
太郎 Ichitarō m
毛 Ichike s
5古 Ichiko s
左衛門 Ichizaemon m
田 Ichida s
正 Ichinokami s
7沢 Ichisawa s
村 Ichimura s
兵衛 Ichibee m
貝 Ichikai sp
束 Ichiki sp; Ichiku s
8河 Ichikawa s
征 Ichiyuki s, Ichiki
邨 Ichimura s
東 Shitō s ⌐cago」
9俄古 Shikago p "Chi-
岡 Ichioka s ⌐「sa
10浦 Ichiura s; Shiura

師 Ichishi s
倉 Ichikura s
原 Ichihara sp
原豊田 I. Toyota ml
11野 Ichino s
野沢 Ichinosawa s
島 Ichijima sp
島春城 I. Shunjō mh
12場 Ichiba sp
13塚 Ichizuka s
路の果 Ichiji no hate l
15蔵 Ichizō m
16橋 Ichihashi s
瀬 Ichinose s, Ichise

主 196 [T] Tsukasa m. (SHU, SU, nushi, kazu, mori)
一 Shuichi m
子 Kazuko f
水 Mondo m
田 Nushida s
守 Nushimori m
信 Morinobu m
計 Kazue m-p
馬 Kazuma m, Shume
税 Chikara m-p
殿 Tonomo sm-p
膳 Shuzen m

卍 197 Manji l. (MAN, BAN, manji)
老人 Manji-rōjin ml

丙 198 [O] Hinoe m. (HEI, HYŌ, e, aki)
子郎 Heishirō m

巨 199 [T] (KO, KYO, ō, nao, masa)
田 Ōta s
老 Ōoyu m
知部 Kochibe s
野 Ōno s
椋 Ōkura s; Ogura sp
智 Kochi s
曾根 Kosone s
曾部 Kosobe s
勢 Kose s ⌐ma
勢金岡 K. no Kanaoka
勢樒田 Kosekakeida s, Kosenokashiketa
範 Masanori m

丕 See 163

无
兄
央
史
甲
申
由
四
田
▼
冊
目
且
用
立
市
主
卍
丙
丕
▲
互
瓦
呂
平
玉
正
井
甘
戊
朮

目
且
用
立
卉
市
主
卋
冉
巨
丕
▼
互
瓦
旦
平
玉
▲
正
井
廿
戉
朮
未
末
本
半
生

互 200 [T] Tagai s. (GO)

瓦 201 (GA, kawara)
井 Kawarai s
林 Kawarabayashi s

旦 202 (te)
良 Tera s
秦 Tehata s

平 203 [T] Taira sp; Hira s; Hitoshi m, Hakaru, Masaru, Osamu. (HEI, HYŌ, BYŌ, hira, toshi, tsune, naru, taira, sane, taka, nari, mochi, yoshi)
¹— Heiichi m
²八 Heihachi m
八郎 Heihachirō m
³川 Hirakawa s
三郎 Heisaburō m
之助 Heinosuke m
子 Hirako sf; Tairako f; Tairai s
久 Tairaku s
久保 Hirakubo s
也 Tsuneya m
⁴元 Hiramoto s
戸 Hirado sp; Hirato s
戸廉吉 Hirato Renkichi ml
手 Hirate s
中 Heichū l
内 Hirauchi s; Heinai m; Hiranai p
方 Hirakata s
夫 Hirao m
手 Hirade s
山 Hirayama s
山蘆江 H. Rokō ml
太 Heita m
太郎 Heitarō m
井 Hirai s, Tairai
井出 Hiraide s
井晩村 Hirai Banson
木 Hiraki s [ml
木二六 H. Niroku ml
木白星 H. Hakusei ml
⁵石 Hiraishi s
左衛門 Heizaemon m
右馬 Heiuma s, Heima s
右衛門 Heiemon m
四郎 Heishirō m

目 Hirame s
平 Hiradaira s
正盛 Taira no Masamori mh
本 Hiramoto s
氏 Heishi s
生三 Tsunezō m
田 Hirata sp
出伏二郎 H. Jisaburō ml
良 Heikichi m
田禿木 H. Tokubuku
田篤胤 H. Atsutane ml
⁶次郎 Heijirō m
吉 Heikichi m
光 Hiramitsu sm
曲 Heikyoku la
⁷住 Hirazumi s
佐 Hirasa s
坂 Hirasaka s
沢 Hirasawa s
沢計七 H. Keishichi
助 Heisuke s [ml
谷 Hiraya sp
安 Heian h
安京 Heiankyō ph
兵衛 Heibee m
児玉 Heikodama s
尾 Hirao s
見 Hirami s
出 Hiraide s, Hirade
出修 Hiraide Shū ml
⁸沼 Hiranuma s [mh
沼騏一郎 H. Kiichirō
林 Hirabayashi s; Hiramori m, Narushige [suke ml
林初之助 H. Hatsuno-
林彪吾 H. Hyōgo ml
和 Hirawa s; Heiwa p
取 Hiratori sp
定文 Taira no Sadabumi mh [mh
宗盛 T. no Munemori
忠常 T. no Tadatsune mh [mh
忠盛 T. no Tadamori
昇 Heishō m
良 Heira s; Hera sp
⁹保 Hirao s
治 Heiji m-l 1159–60
城 Heijō s
京 Heijōkyō ph
松 Hiramatsu s
政子 Taira no Masako fh
畑 Hirahata s

畑静塔 H. Seitō ml
貞文 Taira no Sadabumi mh [mh
貞盛 T. no Sadamori
岩 Hiraiwa s
泉 Hiraizumi sp
岡 Hiraoka s
度繁 Taira no Norishige mh [mh
重盛 T. no Shigemori
¹⁰将門 T. no Masakado mh-l [chi mh
高望 T. no Takamochi
柳 Hirayanagi s
秩 Hetsutsu s
郡 Hirakuni s, Heguri
釜 Hiraka m [ri
栗 Heguri s, Hirakuri
家 Heike l-h
家大護島 H. nyogo no shima l
原 Hirabara s
¹¹康頼 Taira no Yasuyori mh [mh-l
清盛 T. no Kiyomori
野 Hirano s
野万里 H. Banri ml
野国臣 H. Kuniomi mh [ml
野宜紀 H. Nobunori
野謙 H. Ken ml
部 Hirabe s
峯 Hiramine s
島 Hirashima s
¹²渡 Hirawatari s
富 Hiratomi s
森 Hiramori sm
賀 Hiraga sp [ml
賀元義 H. Motoyoshi
賀源内 H. Gennai mlh
道 Toshimichi m
間 Hirama s
鹿 Hiraka m
塚 Hiratsuka s
¹³塚 Hiratsuka s
塚明子 H. Haruko fh
福 Hirafuku s
福百穂 H. Hyakusui
群 Heguri sp [ml
¹⁴徳子 Taira no Tokuko fh [ri mh
¹⁶維盛 T. no Koremo-
蔵 Heizō m [yang"
¹⁷壌 Heijō p "Pyong-
館 Tairadate p
厳 Hiraiwa s
¹⁹櫛 Hirakushi s
瀬 Hirase s

玉 204 [T] Tama ma. (GYOKU, GO-KU, tama, kiyo)
ノ浦 Tamanoura p
の小琴 Tama no ogoto l
³川 Tamagawa sp-l
之助 Tamanosuke p
乃 Tamano s
上 Tamagami s
子 Tamako f
⁴水 Tamamizu s
山 Tamayama sp
井 Tamai s; Tama no
木 Tamaki s [i la
手 Tamate s
⁵代 Tamashiro s
田 Tamada s
本 Tamamoto s
生 Tamō s; Tamanyū
⁶江 Tamae sf [sp
吉 Tamakichi m
有 Tamaari s
虫 Tamamushi sl
虫厨子 T. no zushi a
名 Tamana sp
米 Tōmai sp
⁷作 Tamazukuri s
汝 Tamana m
沢 Tamazawa s
村 Tamamura sp
利 Tamari s
谷 Tamaya s
里 Tamari s
⁸林宴 Gyokurin'en l
舎 Tamanoya s
東 Gyokutō p
⁹垣 Tamagaki s
城 Tamaki sp
祖 Tamaoya p
松 Tamamatsu sl
松操 T. Misao mh
岡 Tamaoka s
¹⁰陣 Tamaburu m
星 Tamaya sp
造 Tamazō m; Tamazukuri p
¹¹野 Tamano sp
島 Tamashima sp
島山 Tamashimayama
¹²湯 Tamayu p
勝間 Tamakatsuma l
崎 Tamazaki s
¹³楮 Tamakaji s, Tamakage
葛 Tamakazura la

葉集 Gyokuyōshū *l*
越 Tamagoe *s*
[14]腰 Tamakoshi *s*
籌子 Tamahahaki *l*
置 Tamaki *s*, Tama-
[15]穂 Tamaho *p* ⌐oki
[16]樹 Tamaki *m*
緒 Tamao *m*
篋両浦嶼 Tamakushi-
ge futari Urashima
la
[19]櫛笥 Tamakushige *l*
藻 Tamamo *l*
藻集 Tamamoshū *l*
[20]瑩花 Gyokushinka *l*
[22]鬘 Tamakazura *la*

正 205 [T] Tadashi
m, Tadasu, Ma-
sashi, Shō, Akira. (SHŌ,
SEI, masa, tada, osa,
nao, kimi, sada, taka,
yoshi, kami, tsura, no-
bu) ⌐kazu
[1]一 Shōichi *m*, Masa-
[2]二 Shōji *m*
二郎 Shōjirō *m*
力 Shōriki *s*
八 Masaya *m*, Shōha-
chi ⌐do
人 Masato *m*, Masan-
[3]三 Shōzō *m*, Masa-
mitsu
三郎 Shōzaburō *m*
己 Masaoto *m*
子 Masako *f*
大 Masahiro *m*, Masa-
tomo ⌐shi
士 Masahito *m*, Masa-
久 Masahisa *m* ⌐ya
也 Masanari *m*, Masa-
之 Masayuki *m*
[4]仁 Tadahito *m*
化 Shōge *s*
元 Shōgen 1259–60
戸 Masato *sm*
中 Shōchū 1324–26 ;
Seichū *m*
丹 Akira *m*
方 Masasuke *m*
五 Shōgo *m*
五郎 Shōgorō *m*
夫 Masao *m*
井 Masai *s*
午郎 Shōgorō *m*
月 Mutsuki *m*
月一日 Ao *s*

木 Masaki *sm* ⌐ml
木不如丘 M. Fujokyū
太 Shōta *m*, Masataka,
Masami
太の馬 S. no uma *l*
太郎 Shōtarō *m*
文 Masafumi *m*
[5]外 Masato *m*
礼 Masanori *m*
占 Masaura *m*
令 Masanori *m*
司 Masamori *s*
田 Shōda *s*, Masada,
Shida
平 Shōhei 1346–70
白田 Shōhata *s*
生 Masanari *m*
史 Masashi *m*
市 Shōichi *m*
次 Masatsugu *m*
次郎 Shōjirō *m*
行 Masanari *m*, Masa-
tsura
全 Masatomo *m*
吉 Shōkichi *m*
旭 Masaakira *m*, Ma-
saaki ⌐kō *m*
広 Masahiro *m* ; Shō-
式 Masanori *m*
因 Masayori *m*, Masa-
yoshi
成 Masashige *m*
世 Masatoshi *m*
年 Masatoshi *m*, Sei-
nen
[7]住 Masazumi *s*
均 Masahira *m*
沖 Masaoki *m*
弘 Masaoki *m*
村 Masamura *sm*
妃 Masahime *f*
好 Masayoshi *s*
助 Shōsuke *m*
判 Masachika *m*
言 Masakoto *m*
兌 Masatoki *m*
安 Shōan 1299–1302
声 Masana *m*
孚 Masanobu *m*
吾 Shōgo *m*
吾郎 Shōgorō *m*
児 Masaru *m*
男 Masao *m*
応 Shōō 1288–93 ; Ma-
sakazu *m*
見 Masami *m*
玄 Shōgen *s*

寿 Masahisa *m*, Seiju
孝 Masataka *m*
甫 Masanami *m*, Ma-
samoto ⌐sachika
身 Masanobu *m*, Ma-
臣 Masaomi *m*
[8]阿弥 Shōami *s*
明 Masaaki *m*, Shō-
mei, Masateru
肥 Masamitsu *m*, Ma-
satomo
林 Masabayashi *s*
和 Shōwa 1312–17
房 Naofusa *m*
孟 Masamoto *m*
矣 Masashi *m*
学 Masaakira *m*
宗 Masamune *sm*
宗臼鳥 M. Hakuchō
季 Masasue *m* ⌐ml
辰 Masatoki *m*
[9]保 Shōhō 1644–48
侶 Masatomo *m*
信 Masanobu *ma*
洪 Masaaki *m*
垣 Masagaki *s*
恒 Masatsune *m*
城 Masanari *m*
治 Shōji *m* 1199–1201,
Masaharu, Masayo-
shi, Masatsugu
法 Minoru *m*
法眼蔵 Shōhōgenzō *l*
柯 Masaeda *m*
政 Tadamasa *m*
映 Masateru *m*
昭 Masaaki *m*
則 Masanori *m*
表 Masato *m*
美 Masami *m*, Seibi
長 Shōchō 1428–29
栄 Masayoshi *m*
泉 Masazumi *m*
岡 Masaoka *s*
岡子規 M. Shiki *ml*
直 Masanao *m*
彦 Masahiko *m*, Tada-
哉 Masaya ⌐hiko
[10]修 Masamoto *m*, Ma-
sanao
倚 Masayori *m*
俊 Masatoshi *m*
倫 Masamichi *m*, Ma-
satsune, Masatoshi,
Masamoto

祥 Masatada *m*
師 Masamoro *m*, Ma-
股 Masataka *m*
記 Seiki *m*
倉院 Shōsōin *pa*
容 Masakata *m*
晃 Masaaki *m*
毘 Masasuke *m*
真院 Shōshin'in *s*
益 Masanori *m*
恭 Masayasu *m*
造 Shōzō *m*
[11]脩 Masanaga *m*
健 Masatate *m*
得 Masanori *m*
隆 Masataka *m*
朗 Akira *m*
野 Shōno *s*
訥 Masamori *m*
致 Masatomo *m*
敏 Masatoshi *m*
躬 Masamune *m*
能 Shōnō *s*
部家 Shōbuke *s*
紀 Masatsugu *m*
剛 Masatake *m*, Seigō
章 Masaakira *m*, Ma-
saaki, Masanori
曹 Masatomo *m*
魚 Masana *m*
産 Masatada *m*
彪 Masatora *m*
[12]博 Masahiro *m*, Ki-
mihiro
備 Masanari *m*
陽 Masaharu *m*, Ma-
saoki
順 Masayori *m*
峻 Masataka *m*
勝 Masakatsu *m*
董 Seitō *m*
喬 Masataka *m*
尊 Shōzon *la*
奥 Masaoki *m*
富 Masatomi *sm*
富汪洋 M. Ōyō *ml*
雲 Masanobu *m*
道 Masamichi *m*
鹿 Masaka *m*
[13]満 Masamitsu *m*
強 Masatate *s*
睦 Masayoshi *m*
雄 Masao *m*
辞 Masakoto *m*
路 Masaji *m*, Masami-
幹 Masami *m* ⌐chi

主
卍
丙
丕
互
瓦
㐂
平
玉
▼
正
▲
井
甘
戊
未
末
本
半
生
矢

卍 丙 巨 丕 互 瓦 弖 平 玉 正 ▼ 井 甘 戊 朮 未 末 本 ▲ 半 生 矢 白 允 包 丘 禾 乎 屯

鉦 Masakane *m*
純 Masazumi *m*
献 Masatake *m*
凱 Masayoshi *m*
禎 Masatada *m*
福 Masatoshi *m*
誠 Masanari *m*, Masazane, Masasumi
詮 Masanori *sm*
義 Masayoshi *m*
愛 Masayoshi *m*
準 Masatoshi *m*
[14]徳 Masanori *m*; Shōtoku 1711–16
演 Masanobu *m*
弼 Masanori *m*
頌 Masatsugu *m*
銘 Masana *m*
嘉 Shōka 1257–59
節 Yoshimine *m*
愨 Masanao *m*
暦 Shōryaku 990–95
[15]儀 Masanori *m*
鋭 Masatoshi *m*
毅 Masatake *m*, Masatoshi
敷 Masanobu *m*
誼 Masayoshi *m*
論 Masatoki *m*
監 Masami *m*
熊 Shōkuma *m*
遵 Masachika *m*
慶 Shōkei 1332–33
蔵 Shōzō *m*
[16]隣 Masachika *m*
墻 Shōgaki *s*
澂 Masazumi *m*
徹 Masayuki *m*, Masatō; Shōtetsu *ml*
親 Ōgi *sp*; Masachika *m*
親町 Ōgimachi *smh*
親町公和 Ō. Kinkazu *ml*
震 Masanobu *m*
整 Masanari *m*
憑 Masayori *m*
寔 Masachika *m*
憲 Masanori *m*
[17]瞭 Masaakira *m*
諶 Masanobu *m*
[18]鵠 Masanori *m*
鎚 Masatsuchi *m*
燾 Masateru *m*
磨 Osamaro *m*
簡 Masafumi *m*
[20]織 Masaori *m*
[21]綱 Masatsuna *m*

丼 206 Donburi *s*, Toburi. (TAN, TON)

甘 207 [T] (KAN, ama, yoshi, kai)
木 Amagi *p*
[illegible] Amanō *s*
味 Amami *s*, Kami
利 Amari *s*
良 Kara *s*
南備 Kannabi *sp*
粕 Amakasu *s*
楽 Kanra *sp*
蔗 Kanja *s*
濃 Amano *s*
糟 Amakasu *s*
縄 Amanawa *s*
露寺 Kanroji *s*

戊 208 Shigeru *m*, Sakaru. (BO, shige)
午集 Bogoshū *l*
申 Shigenobu *m*

朮 209 Okera *m*. (JUTSU, SHUTSU)

未 210 [T] (MI, BI, ima, hitsuji, hide, iya)
子 Hitsujiko *f*
至磨 Mishima *s*

末 211 [T] Hiroshi *m*. (MATSU, MA, sue, tome, hozu)
[3]川 Suekawa *s*
三郎 Shōsaburō *m*
子 Sueko *f*
[4]元 Suemoto *sm*
木 Sueki *s*
[5]永 Suenaga *sm*
田 Sueda *s*
包 Suekane *sm*
[6]次 Suetsugu *sm*, Sueyoshi
次平蔵 Suetsugu Heizō *mh*
吉 Sueyoshi *sm-p*; Suekichi *m*
吉孫左衛門 S. Magozaemon *mh*
広 Suehiro *sm*
広狩 S.-gari *la*
広鉄腸 S. Tetchō *ml*
[7]村 Suemura *s*
弘 Suehiro *sm*
寿 Suehogi *m*
[8]枝 Hozue *f*
延 Suenobu *sm*
武 Suetake *sm*
[9]枯 Uragare *l*
松 Suematsu *s*
松謙澄 S. Kenchō *ml*
貞 Suesada *m*
昆 Suehide *m*
岡 Sueoka *s*
彦 Sueyoshi *m*
[10]高 Suetaka *sm*
兼 Suekane *sm*
盈 Suemitsu *m*
[11]常 Suetsune *sm*
[12]期の眼 Matsugo no me *l*
喜 Sueki *m*
森 Suemori *s*
[13]満留 Tomemaru *m*
雄 Sueo *m*
[14]摘花 Suetsumuhana *l*
[15]耦 Suetomo *m*
蔵 Suezō *m*

本 212 [T] Hajime *m*. (HON, moto, nari)
[2]力 Horiki *s*
[3]川 Hongawa *sp*; Motokawa *s*
川根 Honkawane *p*
[4]戸 Motodo *s*
井 Motoi *s*
山 Motoyama *sp*
山荻舟 M. Tekishū *ml*
木 Motoki *s*
木昌造 M. Shōzō *mh*
[5]目 Honme *s*, Honmoku
田 Honda *s*
田喜代治 H. Kiyoji *ml*
田種竹 H. Shuchiku *ml*
[6]江 Hongō *s*, Motoe
吉 Motoyoshi *sm-p*
因坊 Hon'inbō *sm*
庄 Honjō *sp*
庄陸男 H. Mutsuo *ml*
名 Honna *p*
多 Honda *s*
多光太郎 H. Kōtarō *mh*
多利明 H. Toshiaki *mh*
多秋五 H. Shūgo *ml*
多顕彰 H. Akira *ml*
位田 Hon'iden *s*
沢 Motozawa *s*, Honzawa
村 Honmura *s*
杉 Motosugi *sm*
別 Honbetsu *p*
谷 Motoya *s*
告 Motoori *s*
匠 Honjō *sp*
尾 Motoo *sm*
阿弥 Hon'ami *s*
阿弥光悦 H. Kōetsu *ma*
牧 Honmoku *s*
所 Honjo *s*
居 Motoori *s*
居宣長 M. Norinaga *mlh*
居豊穎 M. Toyokai *ml*
[9]津 Motozu *s*
咲 Honsaki *s*
城 Honjō *sp*
松 Motomatsu *s*
耶馬渓 Hon'yabakei *p*
荘 Honjō *sp*
岡 Motooka *s*
[10]倉 Motokura *s*
宮 Motomiya *sp*; Hongū *p*
原 Motohara *s*
[11]野 Motono *s*
宿 Honshuku *s*
巣 Motosu *p*
堂 Hondō *s*
梨 Motonashi *s*
埜 Motono *sp*
島 Motojima *s*
[12]渡 Hondo *sp*
納 Honnō *sp*
朝二十四孝 Honchō nijūshikō *l*
朝文粋 H. monzui *l*
朝会稽山 H. Kaikeizan *l*
朝書籍目録 H. shoseki mokuroku *l*
朝桜陰比事 H. ōin hijishi *l*
朝無題詩 H. mudaishi *l*
朝麗藻 H. reisō *l*
道 Hondō *s*
間 Honma *s*
間久雄 H. Hisao *ml*
間唯一 H. Yuiichi *ml*
[14]郷 Hongō *sp*
[15]儀 Motogi *s*
[16]樹 Motoki *m*
橋 Motohashi *s*
賢 Motokata *m*
蝶 Honchō *s*
[18]藤 Hondō *s*

半 213 [T] Nakaba m, Nakarai. (HAN, naka)
²人間 Hanningen l
³三郎 Hanzaburō m
乃 Hanno s
⁴月集 Hangetsushū l
太夫 Handayū ma
太郎 Hantarō m
井 Nakarai s
井卜養 N. Bokuyō ml
桃水 N. Tōsui ml
⁵布 Han'yū s
左衛門 Hanzaemon m
四郎 Hanshirō m
平 Hanpei m
平太 Hanpeida m
田 Handa sp
田良平 H. Ryōhei m
田義之 H. Yoshiyuki
⁷沢 Hanzawa s ⌐ml
谷 Han'ya s, Handani, Hangaya
⁹治 Hanji m
草 Nakakusa s
¹⁰原 Hanbara s
造 Hanzō m
¹²間 Hanma s
¹⁴嵒 Hajitomi la
¹⁶獣神 Hanjūshin l
¹⁸藤 Handō s

生 214 [T] Ikeru m, Umaru, Susumu; Iku s, Mibu, Ō. (SEI, SHŌ, iku, iki, nama, ubu, fu, ki, o, ō, mi, oi, bu, taka, nari, i, u, yo, ari, oki, nō, fuʻyu)
さ从仲 Nasanu naka l
⁸川 Ikkawa s, Namakawa, Narukawa, Oikawa ⌐igo s
子 Ikiko f, Mine; Se-
⁴仁 Fumi f
水 Shōzu m
戸 Ikito s
天目 Nabatame s
月 Ikutsuki s; Ikitsuki
内 Ubuuchi s ⌐l
方 Ubukata s
方たつ土 U. Tatsue fl
方敏郎 U. Toshirō ml
井 Ikui s, Namai
石 Ikushi s, Ōishi, Oi-
末 Ikusue s ⌐shi
玉 Mibu s, Ikutama

玉部 Ikutamabe s
田 Ikuta sp
田万 I. Yorozu mh
田川 Ikutagawa sla
田目 Namatame s
田原 Ikutahara p
田長江 Ikuta Chōkō ml
田春月 I. Shungetsu ml
田敦盛 I. Atsumori la
田葵山 I. Kizan ml
田蝶介 I. Chōsuke ml
地 Ikuji s, Oiji
江 Namae s
江沢 Namaezawa s
池 Ikuchi s, Nachi
名 Ikina p
沢 Ikuzawa s
坂 Ikusaka s
形 Ubukata s, Ikigata, Ubugata, Ōgata
麦 Namamugi s
出 Ikude s, Oide
夷 Iku s, Ikuhina
沼 Oinuma s
明 Azami s
実 Oimi s, Oyumi
津 Ikutsu s, Namatsu
松 Ikimatsu s
松敬三 I. Keizō ml
長 Oisaki s
悦住 Ikezumi s
馬 Ikuma s
¹¹清 Misumu f
野 Ikuno sp; Shōno s
都 Mibu s, Ikube, Obe
都子 Itoko f
島 Ikushima s
亀 Ikegame s ⌐genji
源寺 Shōgenji s, Sei-
越 Ogoshi s, Oikoshi, Ikuechi; Ikuo f
¹⁴稲 Ikuine s, Ikine, I-
駒 Ikoma sp ⌐nada
熊 Ikuma s
¹⁵幾 Ikushima s
¹⁹瀬 Namase s
²⁸懸 Kigake m

矢 215 [T] Chikō m; Yahagi s. (SHI, ya, tada, nao)
ケ崎 Yagasaki s
¹一 Yaichi m
³口 Yaguchi s
巾 Yahaba p
乃 Yano m

上 Yagami s
下 Yashita s
士 Yatsuchi s
木 Yagi s
太郎 Yatarō m
内 Yauchi s
内原 Yanaihara s
内原忠雄 Y. Tadao ml
⁵代 Yashiro s
代東村 Y. Tōson ml
代幸雄 Y. Yukio ml
本 Yamoto p
田 Yada s ⌐fl
田津世子 Y. Tsuseko
田挿雲 Y. Sōun ml
田箏 Yatabe s
田堀 Yatabori s
⁶次 Yatsugi s
地 Yaji s
守 Yamori s
当 Yatō s
向 Yakō s ⌐kuri s
⁷作 Yahagi sp; Yazu-
吹 Yabuki sp
沢 Yazawa s
村 Yamura s
花 Yahana s
尾 Yaoita s
尾坂 Yaozaka s
⁸沼 Yanuma s
股 Yaita s
板 Yaita s
定 Yasada s
延 Yanobe s
¹⁰矧 Yahagi sp
倉 Yagura s
原 Yawara s
¹¹掛 Yakake p
後 Yago s
根 Yane s
野 Yano s
野竜渓 Y. Ryūkei ml
野峰人 Y. Hōjin ml
野島 Yanoshima s
部 Yabe s
留 Yadome s
祭 Yamatsuri sp
島 Yashima s
¹²渡利 Yatori s
崎 Yazaki s ⌐ml
崎美盛 Y. Yoshimori
崎弾 Y. Dan ml
崎嵯峨の屋 Y. Saganoya ml
富 Yatomi s
萩 Yahagi s
袋 Yamuro s

集 Yatsume s, Yasu
間 Yazama s
¹⁴郷 Yatō s
¹⁵幡 Yawata s ⌐sp
¹⁶橋 Yabashi s; Yabase
頭 Yatō s; Yazu sp
鍋 Yanabe s

白 216 [T] Shiroshi m, Kiyoshi, Akira; Shiro m-f; Tsugumo s. (HAKU, BYAKU, shiro, shira, kiyo, aki, shi, akira)
³川 Shirakawa s
川渥 S. Atsushi ml
三 Akizō m
上 Shirakami s
子 Shirako p; Shiroko f
土 Shirato s, Shirani
仁 Shirani s
水 Shiramizu s; Shirōzu ml; Hakusui p
水郎 Ama s
戸 Shiroto s
日 Hakujitsu l
山 Shirayama s; Hakusan p ⌐sp
木 Shiroki s; Shiraki
木槿 Shiromukuge l
井 Shirai s; Shiroi p
井謙三郎 S. Kenzaburō ml
井喬二 S. Kyōji ml
⁵石 Shiraishi s; Shiroishi p; Hakuseki mlh
石実三 S. Jitsuzō ml
田 Shirota s, Hakuta
氏文集 Hakushi monsh-
⁶州 Hakushū p ⌐jū l
江 Shirae s
羊宮 Hakuyōkyū l
老 Shiraoi p
耳義 Berugii p "Belgium"
⁷坂 Shirasaka s
沢 Shirasawa sp
杉 Shirasugi s
谷 Shiraya s
男川 Shiraogawa s
尾 Shirao s
里浜 Kujūkuri-no-hama p ⌐a
⁸拍子 Shirabyōshi fa-
河 Shirakawa smh-p
河紀行 S. kikō l

平 玉 正 井 甘 戊 朮 未 本 ▼ 半 生 矢 白 ▲ 允 包 丘 禾 乎 屯 氏 州 冲 次

甘
戊
朮
未
末
本
半
矢
白
▼
允
包
丘
禾
平
屯
氏
州
次
仲
仙
▲
伍
仔
仮
伎
休
伏
任
价
伊
巧

居易 Hakkyoi / Haku Kyoi *ml* "Po Chü-i"
金 Shirogane *sm*
夜 Byakuya *l*
⁹洲 Shirasu *s*
津 Shiratsu *s*
神 Shirakami *s* 「ka
柄 Shirae *s*, Shiratsu-
松 Shiramatsu *s*
畑 Shirahata *s*
砂 Shirasuna *s*
南風 Shirahae *l*
岩 Shiraiwa *s*
岡 Shiraoka *sp*
¹⁰浜 Shirahama *sp*
珠 Shiratama *l*
柳 Shirayanagi *s*
柳秀湖 S. Shūko *ml*
倉 Shirakura *s*
馬 Hakuba *p*
馬会 Hakubakai *a*
¹¹浪 Shiranami *s*
狼 Hakurō *s*
峰 Shiramine *sp-l*
根 Shirane *sp*; Shiro-ne *p*
桜集 Hakuōshū *l*
菊集 Shiragikukai *l*
島 Shirashima *s*
鳥 Shiratori *sp*, Shiro-tori 「*ml*
鳥省吾 Shirotori Seigo
¹²堤 Shirasu *sp*
須 Shirasu *s*
猪 Shirai *s*
崎 Shirasaki *s*
塚 Shiratsuka *l*
鳩 Shirahato *l*
滝 Shiratateki *sp*
雄 Shirao *m*
雉 Hakuchi 650–54
路 Hakuro *l*
楽天 Haku Rakuten *ml-la* "Po Lo-tien"
勢 Shirose *s*
¹⁴旗 Shirahata *s*
樺 Shirakaba *l*
¹⁵幡 Shirahata *s*
¹⁶築 Shiratsuki *s*
¹⁷糠 Shiranuka *p*
輿 Shirakoshi *s*
¹⁸橋 Kashi *m*
藤 Shirafuji *s*
¹⁹瀬 Shirase *s*
縫 Shiranui *s*
²³鬚 Shirahige *la*
²⁴鷹 Shirataka *sp*

允 **217** Makoto *m.*
(IN, masa, suke, yoshi, oka, koto, sane, tada, chika, nobu, mi-tsu, tō, ae)
子 Nobuko *f*
文 Masafumi *m*
明 Yoshiaki *m*
如 Ujisuke *m*
承 Nobutsugu *m*
信 Sukenobu *m*
計 Masakazu *m*
亮 Tadasuke *m*

包 **218** [T] (HŌ, HYŌ, kane, kata, katsu, shige, sagi)
子 Kaneko *f*
女 Kanetaka *ma*
次 Kanetsugu *m*
坂 Sagisaka *s*
幸 Kaneyoshi *m*
秀 Kanehide *m*
是 Kaneyoshi *m*
高 Kanetaka *m*
真 Kanezane *m*
教 Kanenori *m*
蔵 Kanetoshi *m*

丘 **219** [T] Oka *s*; Takashi *m* (KYŪ, KU, o, oka, taka)
人 Obito *m*
子 Okako *f*
谷 Otani *s*
前来目 Okazakikume *s*

禾 **220** Hide *m*; Hi-izu *s*. (KA, WA, ine, nogi, awa)
子 Ineko *f*
田 Awata *m*
麿 Nogimaro *m*

乎 **221** (KO, GO, o, ka)
古止点 Okoto-ten *l*
佐麿 Osamaro *m*
知人 Ochibito *m*

屯 **222** Tamuro *m.* (TON, mura, ta-muro, mitsu, yori)
倉 Miyake *s*
麿 Tamuromaro *m*

氏 **223** [T] (SHI, JI, uji, he)

²人 Ujindo *m*
心 Ujimune *m*
中 Ujinori *m*
⁵公 Ujikimi *m*
共 Ujitaka *m*
田 Ujita *s*
⁶舟 Ujifune *m*
如 Ujisuke *m*
⁷防 Ujiakira *m*
命 Ujinori *m*
⁹政 Ujimasa *m*
宥 Ujiyasu *m*
彦 Ujiyoshi *m*
¹⁰家 Ujiie *sp*; Ujie *s*, Ujiya
家信 Ujiie Makoto *ml*
原 Ujihara *s*
¹³鉄 Ujikane *m*
筥 Ujitake *m*
¹⁴暭 Ujiaki *m*
郷 Ujisato *m*
¹⁶綏 Ujiyasu *m*
燕 Ujiyoshi *m*
養 Ujikiyo *m*
賢 Ujimasa *m*
¹⁹識 Ujisato *m*
²²戱 Ujihisa *m*

──── 6 L2 ────

州 **224** [T] (SHŪ, SHU, SU, kuni)
乂 Kuniyoshi *m*
孝 Kunitaka *m*

冲 **225** Oki *s*; Tōru *m.* (CHŪ, oki)
子 Okiko *f*

次 **226** [T] Yadoru *m.* (JI, SHI, tsugu, tsugi, chika, hide, na-mi)
田 Tsugita *s*
光 Tsugimitsu *m*
信 Tsuginobu *m*
郎 Jirō *m* 「*m*
郎左衛門 Jirozaemon
雄 Tsugio *m*, Chikao
義 Tsugiyoshi *m*

仲 **227** [T] Naka *s*; Nakashi *m.* (CHŪ, naka)
²二郎 Nakajirō *m*
³小路 Nakakōji *m*
川 Nakagawa *s* 「*f*
子 Nakago *s*; Nakako

丸 Nakamaru *s*
⁴太郎 Nakatarō *m*
井 Nakai *s*
山 Nakayama *s*
⁵田 Nakata *s*
本 Nakamoto *s*
目 Nakanome *s*
伏郎 Nakajirō *m*
地 Nakaji *s*
光 Nakamitsu *m-la*
西 Nakanishi *s*
多度 Naka-tado *p*
⁷佐 Nakasa *s*
沢 Nakazawa *s*
村 Nakamura *s*
谷 Nakaya *s*, Nakata-ni
安 Nakayasu *s*
条 Nakajō *s*
尾 Nakao *s*
寿 Nakatoshi *m*
⁸芸 Nakaki *m*
宗根 Nakasone *s*
⁹俣 Nakamata *s*
治 Nakaji *s*
南 Chūnan *p*
¹⁰原 Nakahara *s*
¹¹野 Nakano *sm-p*
都 Nakahiro *m*
麻呂 Nakamaro *sm*
島 Nakajima *s*
¹²博 Nakahiro *m*
間 Nakama *s*
¹⁷聴 Nakaakira *m*
麿 Nakamaro *sm*

仙 **228** [I] Takashi *m*, Yamabito. (SEN, nori, hito, hisa)
³太郎 Sentarō *m*
³北 Senboku *p*
石 Sengoku *s*
四郎 Senshirō *m*
田 Senda *s*
⁶次郎 Senjirō *m*
台 Sendai *sp*
名 Senna *s*
⁷弘 Norihiro *m*
波 Senba *s*, Sennami
果 Senka *ml*
⁸洞百番歌合 Sentō hyakuban utaawase
南 Sennan *p* 「*l*
¹²渡 Sendo *s*
覚 Senkaku *ml*
道 Sendō *s*
¹⁶頭 Senzu *s*

伍 229 Hitoshi *m*, Atsumu. (GO, itsu, kumi)
子 Kumiko *f*
堂 Godō *s*

伃 230 (YO, yoshi)
子 Yoshiko *f*

仮 231 [T] (KA, ka)
字本末 Kana no moto-sue *l*
名文章娘節用 Kana majiri musume setsuyō *l*
名手本忠臣蔵 Kana-dehon chūshingura
名垣 Kanagaki *s* ⌐*lla*
名垣魯文 K. Robun *ml*
名草子 Kana-zōshi *l*
名読八犬伝 Kanayomi Hakkenden *l*
谷 Kaya *s*

伎 232 (KI, GI)
芸天 Gigeiten *l*
楽 Kure *s*; Gigaku *a*

休 233 [T] Yasumu *m*, Yasushi.(KYŪ, KU, yasu, yoshi, tane, nobu)
子 Yasuko *f*, Yoshiko
弌 Yoshikazu *m*
広 Yoshishiro *m*

伏 234 [T] (FUKU, BUKU, FŪ, fushi,
丸 Fukawa *s* ⌐yasu)
木 Fushiki *s*
代 Fushiyo *f*
見 Fushimi *sma-p*
原 Fushihara *s*
屋 Fuseya *s*
流 Fukuryū *l*
島 Fushijima *s*, Fuse-shima

任 235 [T] Tsukasa *m*, Makoto, Takashi, Ataru, Tamotsu, Makashi; Nin *s*. (JIN, NIN, taka, tō, tae, yoshi, tada, nori, hide, to, tane)
子 Takako *f*, Taeko
田 Tōda *s*, Ninden
弘 Takahiro *m*
那 Mimana / Ninna *ph* "Kaya / Karak"
美 Takumi *s*, Tarami
重 Yoshishige *m*

价 236 (KAI, KE, tomo, yoshi)
子 Tomoko *f*

伊 237 [N] (I, yoshi, kore, isa, tada)
ケ崎 Igazaki *s*
¹一 Tadakazu *m*
²十郎 Ijūrō *m*
³川 Ikawa *s*
三次 Isōji *m*
三郎 Isaburō *m*
万里 Imari *sp*
大地 Iōji *s*
大知 Iōji *s* ⌐maru
十代丸 Izuchiyo-
之吉 Inokichi *m*
之助 Inosuke *m*
子 Yoshiko *f*
子志 Isoshi *s*
予 Iyo *m-p*
予三島 I. Mishima *p*
予田 Iyoda *m*
予部 Iyobe *s*
月 Izuki *s*
方 Ikata *p*
文字 Imoji *f*
尹 Koretada *m*
木 Iki *s*
太利 Itari *p* "Italy"
与田 Iyoda *s*
王野 Iōno *s*
王島 Iōshima *p*
井 Ii *s*
井蓉峰 Ii Yōhō *ma*
丹 Itami *sp* ⌐ml
丹三樹彦 I. Mikihiko
丹屋 Itamiya *s*
⁵比 Ihi *s*
礼 Irei *s*
四郎 Ishirō *m*
田 Ida *s*
本 Imoto *s*
⁷仙 Isen *p*
地知 Ijichi *s*
江 Ie *s*
吉 Iki *s*

気 Ike *s*
舟城 Ifunaki *s*
自牟 Ijimu *s*
良 Ijira *sp*
⁷佐 Isa *sf-p*
佐山 Isayama *s*
佐野 Isano *s*
坂 Isaka *s*
吹 Ibuki *sp* ; Itsuki *s*
吹武彦 Ibuki Takehi-ko *ml*
沢 Izawa *s*
沢修二 I. Shūji *mh*
形 Igata *s*
那 Ina *sp*
助 Isuke *m* ⌐ku
谷 Itani *s*, Ikoku, Iyo-
志良 Ishira *s*
男 Yoshio *s*
兵衛 Ihee *m*
呂波 Iroha *l* ⌐l
呂波字類抄 I. jiruishō
豆 Izu *m*
豆山 Izuyama *s*
豆田 Izuta *s*
豆長岡 Izu Nagaoka *p*
豆屋 Izuya *s*
豆島 Izushima *s*
豆淵 Izubuchi *s*
尾 Io *s*
臣 Iomi *s*, Itomi
何我 Ikaga *s*
²阿弥 Iami *sp*
坪 Itsubo *s*
波 Inami *s*
林 Ibayashi *s*
岐 Iki *s*
知如 Ichirō *m*
金 Isago *s*
具 Igu *sp*
宜我 Ikaga *s*
定 Yoshiyasu *m*
奈 Ina *s*
奈川 Inagawa *s*
周 Korechika *m*
氏 Isamu *m*
良 Ira *s*
良子 Irako *s*
良子清白 I. Suzushiro
東 Itō *sp* ⌐l
東已代治 I. Miyoji *mh*
東刊草 I. Gessō *ml*
東玄朴 I. Genboku *mh*
東専三 I. Senzō *ml*
東祐益 I. Sukemasu *mh*
東静雄 I. Shizuo *ml*
⁹保 Iho *s*

津 Itsu *s*
津野 Izuno *s*
神 Ikami *s*
弥頭 Imizu *s*
砂 Isago *s*, Isuka
秋 Izutsu *s*
南 Ina *p*
草 Igusa *s*
美 Koreyoshi *m*
美吉 Imiki *s*
香 Ika *sp* ; Ikō *s*, Ikago
香保 Ikaho *p*
¹⁰秋 Izutsu *s*
高 Itaka *s*
倉 Ikura *s*
庭 Iba *s*
原 Ihara *s*, Izuhara
原青々園 Ihara Sei-en *ml*
馬 Ima *s* ⌐seien
馬春部 I. Harube *m*
¹¹根 Ine *m*
野 Ino *sp* ; Izuno *s*
部 Ibe *s*, Inbe, Korebe
能 Inō *s*, Iyo
能忠敬 Inō Tadataka
都 Ito *p* ⌐mh
都国 Itokoku *ph*
都雄 Itsuo *m*
麻 Ima *s*
¹²崎 Izaki *s*
曾保 Isoho *l* "Aesop"
森 Imori *s*
賀 Iga *sp*
集院 Ijūin *sp*
達 Date *sp* ; Idate *s*
達宗城 D. Munenari *mh* ⌐mh
達政宗 D. Masamune
達得夫 D. Tokuo *ml*
達競阿国戯場 D. kurabe Okuni Kabuki *la*
¹³福 Ifuku *s*, Ihoki
勢 Ise *sp*
勢大輔集 I.-dayū shū *l*
勢田 Iseda *s*
勢宗瑞 Ise Sōzui *mh*
勢物語 I. monogatari *l*
勢物語闕疑抄 I. m. ketsugishō *l*
勢品遅部 Isenohon-chibe *s*
勢風 Isefū *l*
勢原 Isehara *p*
勢屋 Iseya *s*
勢崎 Isezaki *sp*

丘 禾 平 屯 氏 州 冲 次 仲 仙 ▼ 伍 伃 仮 伎 休 伏 任 价 伊 ▲ 巧 帆 圲 地 壮 兆 行 羽 竹

[14]雑 Izawa *s*
農 Ino *s*
関 Iseki *s*
[15]統 Itō *s*, Inō; Koremune *sm*
熊 Ikuma *s*
[16]橋 Ihashi *s*
頭志 Izushi *s*
覩 Ito *s*
賢 Yoshitada *m*
藤 Itō *s*
藤仁斎 I. Jinsai *mlh*
藤永之介 I. Einosuke *ml*
藤左千夫 I. Sachio *ml*
藤若中 I. Jakuchū *ma*
藤東涯 I. Tōgai *mh*
藤信吉 I. Shinkichi *ml*
藤松宇 I. Shōu *ml*
藤野枝 I. Noe *fl*
藤博文 I. Hirobumi / Hakubun *mh*
藤嘉夫 I. Yoshio *ml*
藤銀月 I. Gingetsu *ml*
藤整 I. Sei / Hitoshi *ml*
[19]瀬地 Isechi *s*
瀬知 Isechi *s*
蘇 Iso *s*
蘇志 Isoshi *s*
[20]織 Iori *m*

6 L3

巧 238 [T] Takumi *sm*. (KŌ, KYŌ, tae, yoshi)
児 Kōji *s*

帆 239 [T] (HAN, ho)
之助 Honosuke *m*
山 Hoyama *s*
足 Hoashi *s*
足万里 H. Banri *mh*

圷 240 Akutsu *sp*; Kutsu *p*.
大野 Akutsu Ōno *p*

地 241 [T] (CHI, JI, tsuchi, kuni, tada)
子 Kuniko *f*
引 Jibiki *s*, Chibiki
主 Jinushi *s*
田 Chida *s*
曳 Jibiki *s*
村 Chimura *s*
倶 Chigu *s*
原 Jihara *s*
獄変 Jigokuhen *l*
霊 Chirei *l*
蔵舞 Jizō-mai *la*

吐 242 (TO, ha)
山 Hayama *sp*
田 Handa *s*, Toda
師 Haji *s*

壮 243 [T] Takeshi *m*, Sakan, Sakari; Take *f*. (sō, SHŌ, take, masa, aki, mori, o)
一 Sōichi *m*
夫 Takeo *m*, Masao
宏 Masahiro *m*
昌 Akimasa *m*
麻呂 Omaro *m*
瞥 Sōbetsu *p*

兆 244 [T] (CHŌ, yoshi, toki)
生 Yoshinari *m*
向 Toki *s*
頼 Tokiyori *m*

行 245 [T] Akira *m*. (KŌ, GYŌ, AN, yuki, michi, tsura, ki, nori, mochi, hira, yasu, taka, nami, name)
[1]一 Kōichi *m*
[2]人 Kōjin *l*
[3]川 Yukigawa *s*, Namikawa
[4]心 Yukikiyo *m*
方 Namegata *sp*; Namikata *s*, Nasukata
山 Yukiyama *s*
五郎 Kōgorō *m*
木 Namiki *s*
夫 Yukio *m*
[5]田 Gyōda *sp*; Yukida *s*
平 Yukihira *m*
[6]行林 Odoro *s*; Odorobayashi *p*
先 Yukisaki *m*
成 Yukinari *m*; Kōzei *ml*
[7]沢 Yukizawa *s*
形 Ikinari *s*
芬 Yukihisa *m*
[8]明 Gyōmei *s*, Gyōmyō
欣 Yukiyoshi *m*
武 Yukitake *s*
幸 Miyuki *l*
命 Gyōmei *s*
忠 Yukitada *m*
虎 Michitake *m*
[9]信 Yukinobu *m*
則 Yukinori *m*
為 Yukitame *m*
[10]郎 Yukio *m*
造 Yukinori *m*
[11]基 Gyōki *mh*
[12]尊大僧正集 Gyōson Daisōjō shū *l*
[13]雄 Yukio *m*
歳 Yukitoshi *m*
[14]徳 Gyōtoku *s*
[16]橋 Yukihashi *p*

羽 246 [T] Hamoto *s*, Hanemochi. (U, ha, hane)
ノ浦 Hanoura *p*
[2]二生 Hanyū *s*
入 Hairi *s*
[3]川 Hagawa *s*, Hanekawa
[4]切井 Hakii *s*
仁 Hani *s*
仁五郎 H. Gorō *ml*
丹生 Hanyū *s*
山 Hayama *s*
太 Habuto *s*, Hata
毛田 Hageta *s*
[5]石 Haishi *s*
生 Hanyū *sp*; Hagyū *s*, Habu
田 Haneda *sp*; Hata *s*
田井 Hatai *s*
[6]合 Hawai *p*
成 Hanari *s*
曳野 Habikino *p*
[7]佐田 Hasada *s*
佐間 Hasama *s*
住 Hazumi *s*
沢 Hazawa *s*
吹 Habuki *s*
村 Hamura *p*
床 Hayuka *s*
衣 Hagoromo *la*
束 Hatsuka *s*, Hatsukashi
束志 Hatsukashi *s*
[8]咋 Hakui *sp*; Hanemochi *s*, Hamoto
茂 Hamochi *p*; Hanemochi *s*, Hamoto
[9]洲園 Hasuzono *s*
牀 Hayuka *s*
前 Uzen *ph*
[10]倉 Hagura *s*
室 Hamuro *s*
柴 Hashiba *s*
栗 Haguri *s*, Haneguri
原 Habara *s*
[11]深 Habuka *s*
後 Ugo *ph*
根 Hane *s*
根田 Haneda *s*
紅 Ukō *fl*
部 Habe *s*
黒 Haguro *sp*; Haguri *s*
鳥 Hatori *s*
島 Hashima *sp*
[12]場 Haba *s*
須美 Hasumi *p*
賀 Haga *s*
[13]喰 Hakui *s*
幌 Haboro *p*
淵 Habuchi *s*
[15]衝 Hatsugi *m*
[16]積 Hazumi *m*

竹 247 [T] Takeno *s*; Take *f*. (CHIKU, take, taka)
ノ内 Takenouchi *s*
の里歌 Take no satouta *l*
[2]二郎 Takejirō *m*
入 Takeiri *s*
[3]川 Takegawa *s*
三 Takezō *m*
之下 Takenoshita *s*
之内 Takenouchi *s*
口 Takeguchi *s*
上 Takegami *s*
万 Takema *s*
下 Takeshita *s*, Takenoshita
久 Takehisa *sm*
久夢二 T. Yumeji *ml*
[4]仁 Takani *s*
元 Takemoto *s*
介 Takesuke *m*
友 Taketomo *s*
友藻風 T. Sōfū *ml*
井 Takei *s*
五郎 Takegorō *m*
山 Takeyama *s*
山道雄 T. Michio *ml*
中 Takenaka *s*
中久七 T. Kyūshichi *ml*
中郁 T. Iku *ml*
内 Takeuchi *s*, Takenouchi
内久一 Takenouchi Hisakazu *ma*

内仁 T. Masashi ml
内式部 T. Shikibu ml
内好 Takeuchi Yoshimi ml
内栖鳳 T. Seihō ma
内敏雄 T. Toshio ml
内勝太郎 T. Katsutarō ml
⁵永 Takenaga s
石 Takeishi s
市 Takeichi s
平 Takehira s
本 Takemoto s 「ma
本義太夫 T. Gidayū
生 Takebu s, Takō
生島 Chikubushima p-la
田 Takeda sp 「ml
田小出雲 T. Koizumo
田出雲 T. Izumo ml
⁶州 Takesu s
次郎 Takejirō m
光 Takemitsu m
辻 Taketsuji s
⁷坊 Takenobō s
村 Takemura s
村俊郎 T. Toshio ml
谷 Taketani s, Takeya
花 Takebana s
志 Tsukushi s
志田 Takeshita s
尾 Takeo s 「ml
尾吉吉 T. Chūkichi
見 Takemi s
東 Taketaba s
⁸河 Takegawa s; Takekawa sl
門 Takemo s
林 Takebayashi s
林抄 Chikurinshō l
知 Takechi s
取 Taketori l
若 Takewaka s
居 Takei s
迫 Takehazama s
良 Chikura m
⁹俣 Takemata s
垣 Takegaki s
城 Takagi s
津 Taketsu s
治 Takeji m
柏会 Chikuhakukai l
松 Takematsu s
政 Takemasa s
前 Takesaki s, Take-
岡 Takeoka s 「mae

廻 Taketaba s
¹⁰脇 Takewaki s
倉 Takegura s
倉屋 Takeguraya s
宮 Takemiya s
家 Takeya s
柴 Takeshiba s
柴米水 T. Kisui s
原 Takehara sp
屋 Takeya s; Takenoya sm
馬 Chikuma s
¹¹野 Takeno sp
部 Takebe s
斎 Chikusai l
雪 Take no yuki la
島 Takeshima s
添 Takezoe s
¹²崎 Takezaki s
崎季長 T. Suenaga mh
富 Taketomi s
森 Takemori s
貫 Takenuki s
¹³塚 Takezuka s
淵 Takebuchi s
雄 Takeo sm
葉 Takeba s
園 Takezono s
越 Takekoshi s
越三叉 T. Sansa ml
越与三郎 T. Yosaburō mh
¹⁴腰 Takekoshi s
蓋 Ofuta s
鼻 Takehana s
¹⁵蔵 Takezō m
¹⁶橋 Takehashi s

汗 248 [T] Fuzakashi s. (KAN)

汎 249 [T] Hiroshi m. (HAN, hiro, mina)
子 Minako f
秀 Hirohide m
慶 Hiroyoshi m

汐 250 (SEKI, JAKU, shio, kiyo)
見 Shiomi s
明 Shioaki m
美 Shiomi f
崎 Shiozaki s

池 251 [T] Ike s. (CHI, ike)

ノ谷 Ikenoya s
⁸川 Ikegawa p
口 Ikeguchi s
之端 Ikenohata s
上 Ikegami s, Ikenoue
下 Ikenoshita s
子 Ikeko f
大雅 Ike no Taiga ma
⁴戸 Ikedo s
井 Ikei s 「chi
内 Ikeuchi s, Ikenou-
内友次郎 Ikenouchi Tomojirō ml
山 Ikeyama s
永 Ikenaga s
穴 Ikeana s
尻 Ikejiri s, Ikegami
辺 Ikebe s, Ikenobe
辺美象 Ikebe Yoshikata ml
本 Ikemoto s
主 Ikenushi sm
田 Ikeda sp
田大伍 I. Daigo ml
田光政 I. Mitsumasa mh
田克巳 I. Katsumi ml
田潔 I. Kiyoshi ml
⁶守 Ikemori sm
西 Ikenishi s
⁷坊 Ikenobō s
沢 Ikezawa s
村 Ikemura s
町 Ikemachi s
谷 Ikeya s, Iketani, I-kegaya, Iketari
谷信三郎 Iketani Shinzaburō ml
貝 Ikegai s
尾 Ikeo s
津 Iketsu s
松 Ikematsu s
畑 Ikehata s
亭記 Chitei no ki l
¹⁰浦 Ikeura s
原 Ikehara s
¹¹添 Ikezoe s
後 Ikejiri s, Ikenoshiri
野 Ikeno s
野谷 Ikenotani s
部 Ikebe s
皐所 Ike Kōurō ml
島 Ikejima s
亀 Ikegame s
¹²崎 Ikesaki s
森 Ikemori s
袋 Ikebukuro s

袋清風 I. Kiyokaze ml
¹³淵 Ikebuchi s
塘集 Chitōshū l
越 Ikenokoshi s
¹⁵端 Ikehata s

江 252 [T] Gō s. (KŌ, GŌ, e, nobu, kimi, tada)
ノ島 Enoshima p
³川 Egawa p
川坦庵 E. Tan'an mh
上 Egami s
口 Eguchi sla
口漁 E. Kiyoshi ml
口進一 E. Shin'ichi ml
之島 Enoshima la
之島土産 E. miyage l
⁴刈内 Egarinai s
戸 Edo sph
戸川 Edogawa sp
戸川乱歩 E. Ranpo ml
戸生艶女樺焼 Edo umare uwaki no kabayaki l
戸名所記 E. meishoki l
戸作者部類 E. sakusha burui l
戸砂子慶曾我 E. sunago kichirei Soga la
戸長唄 E. nagauta a
戸座 Edoza l
戸崎 Edosaki p
戸幕府 Edo bakufu h
井 Ei s
木 Egi s
⁵北 Kōhoku p
尻 Ejiri s
平 Ehira s; Nobuhira
本 Emoto s
田 Eda s
田島 Etajima p
⁶竹 Etake s
守 Emori s
成 Enari s
⁷坂 Esaka s
沢 Ezawa s
村 Emura s
利川 Erikawa s
別 Ebetsu p
別乙 Ebeotsu p
花 Ehana s
里口 Eriguchi s
角 Esumi s
見 Emi sp
見水蔭 E. Suiin ml
⁸波 Enami s

巧
帆
圬
地
吐
壮
兆
行
羽
竹
▼
汗
汎
汐
江
▲
劮
此
朴
奴
列
刑
卯
印
幻
亙

壮
兆
行
羽
竹
汗
汎
汐
池
江
▼
劮
此
朴
奴
列
刑
卯
印
幻
亘
旨
而
百
去
圭
▲
寺
企
合
号
羊
孕
弁
台
各

波戸 Ehado s
沼 Enuma sp ; Enu s
林 Ebayashi s
刺 Esashi p
府 Kōfu p
迎 Emukae p
良 Era s
東 Kōtō p
[3]津 Gōzu p
畑 Ebata s
帥集 Gōnosochi-shū l
南 Enami s ; Kōnan p
南文三 E. Bunzō ml
南亭 Kōnantei s
面 Ezura s
草 Egusa s
香 Kōka s, Gōka
乗 Enami s
[10]夏 Enatsu s
家次第 Kōke shidai l
差 Esashi p
原 Ebara s
原小弥太 E. Koyata ml
連 Etsure s
馬 Ema s
馬修 E. Shū ml
[11]添 Ezoe s
野 Eno s
野財 Enuma s
野島 Enoshima la
釣子 Ezuriko p
部 Enobe s
副 Ezoe s
黒 Eguro s
島 Ejima s; Enoshima [la
島其磧 E. Kiseki ml
島屋 Ejimaya s
[12]渡 Eto s
崎 Ezaki s
森 Emori s
間 Ema s
間章子 E. Shōko fl
[13]塚 Ezuka s
[15]幡 Ebata s
潮 Kōko s
談抄 Gōdanshō l
[16]橋 Ebashi s
積 Ezumi s
頭 Egashira s, Etō, Ezu
[18]藤 Etō s
藤淳 E. Jun ml
藤新平 E. Shinpei mh

— 6 L4 —

劮 253 Tsuyoshi m.
(KŌ, KYŌ)

此 254 (SHI, kono,
kore)
口 Aza s
助 Konosuke m
花 Konohana s
枝 Konoe f
美 Konomi f

朴 255 [I] Sunao m,
Boku s. (BOKU, e
[nao
木 Hōnoki s
次郎 Naojirō s
室 Emuro s

奴 256 [I] (NU, DO)
可 Nuka s
田 Nuda s [riya
借屋 Nukariya s, Ika-
留湯 Nurutō s

列 257 [T] (RETSU,
tsura, shige, to-
ku, nobu)
子 Tsurako s
田 Namita s
樹 Tsuraki m

刑 258 [T] Osaka s.
(KEI, GYŌ, nori)
坂 Osaka s
茆 Togawa s
事 Osakabe s
馬 Keima s
部 Osakabe smh-p ;
Osabe s, Gyōbu, O-
kibe, Katabe, Otae
部左衛門 Gyōbuzae-
mon m

卯 259 [N] Shigeru
m, Akira. (BŌ,
MYŌ, u, shige)
一 Uichi m
三郎 Usaburō m
之助 Unosuke m
月 Uzuki s
木 Uki s
外 Shigekado m
吉 Ukichi m

印 260 [T] (IN, aki,
shiru, oshi, kane,
[oki
[4]木 Uki s
支 Inaki s
支部 Inakibe s
代 Inashiro s

西 Inzai p
[7]貝 Isogai s
[8]牧 Kanemaki s, In-
maki [zumi
具 Igu s, Igui, Oshi-
東 Indō s
[9]南 Innami sp; Innan s
巻 Kanemaki s
度 Indo p "India"
[11]部 Inbe s, Isobe
[15]幡 Inba s
[18]幡 Inba p
藤 Indō s
[25]鑰 Innyaku s

— 6 L5 —

幻 261 [T] (GEN) [l
住庵記 Genjūan no ki

— 6 T1 —

亘 262 Wataru sm,
Watari ; Tan s ;
Motomu m. (SEN, no-
bu, asa). (=宣 919 q.v.,
but used also for 旦
162 and 亙 317 q.v.)
子 Nobuko f
行 Nobuyuki m
尾 Asao s
理 Watari sp

— 6 T2 —

旨 263 [T] Susumu
m. (SHI, mune,
yoshi)
国 Munekuni m
武 Munetake m
剛 Munetake m

而 264 (JI, NI, shika,
nao, yuki)
愉斎 Jiunsai ml

百 265 [T] Hagemu
m. (HYAKU, mo-
mo, o, to, mo)
[2]十彦 Todohiko m
人一首 Hyakunin
isshu l
人一首改観抄 H. i.
kaikanshō l
人一首簽 H. i. akashi l
[3]川 Momokawa s
三 Hyakuzō m
万 Hyakuman la
千万億 Tsumoru s

千代 Momochiyo f
[4]元 Momoto s
井 Momoi s, Dodoi
木 Momoki s
太郎 Hyakutarō m
毛 Momoke s
[5]石 Momoishi p
田 Momota s
[6]宗治 M. Sōji ml
目木 Domeki s
目鬼 Domeki s
[6]江 Momoe s [do sp
百 Dodo s, Sasa; Dō-
百子 Momoko f
百山 Momoyama s
合 Yuri sf
合子 Yuriko f
合五郎 Yurigorō s
合若大臣 Yuriwaka
Daijin l
[7]花 Hyakuhana s
足 Momotari sm; Mu-
kade s
足屋 Mukadeya s
束 Momozuka s
[8]学連環 Hyakugaku
renkan l
武 Hyakutake s
夜 Momoyo f-l
[9]津 Momotsu s
度 Momoto m; Zun-
do s
[10]渓 Momotani s
済 Kudara sph
"Paekche"
済伎 Kudaratebito s
済安宿 Kudaraasuka s
済河成 Kudara no
Kawanari ma
済楽 K. gaku u
済観音 K. Kannon a
島 Momojima s
鬼 Momoki m; Naki-
ri s
鬼園 Hyakukien l
[12]喜 Momoki m
[19]瀬 Momose s

去 266 [T] (KYO, KO,
saru, naru)
来 Kyorai ml
来川 Isakawa s
来抄 Kyoraishō l

圭 267 [N] Kiyoshi
m. (KEI, KE, yoshi,
tama, kiyo, kado, ka)

三 Keizō m
三郎 Keizaburō m
介 Keisuke m
太 Keita m
世子 Kayoko f
弘 Yoshihiro m
秀 Yoshihide m
美 Tamami f
雄 Tamao m
資 Kiyosuke m

寺 268 [T] (JI, tera)
⁸川 Terakawa s
久保 Terakubo s
口 Teraguchi s
子屋 Terakoya la-h
⁴戸 Terato s, Terado
内 Terauchi s
井 Terai sp
木 Teraki s
山 Terayama s
⁵本 Teramoto s
⁶田 Terada s 「ml
田寅彦 T. Torahiko
田透 T. Tōru ml
西 Teranishi s
⁷坂 Terasaka s
沢 Terasawa s
村 Teramura s
町 Teramachi s
谷 Teradani s
尾 Terao s
尾寿 T. Hisashi mh
見 Terami s
⁸泊 Teradomari p
門 Terakado s
林 Terabayashi s
⁹垣 Teragaki s
松 Teramatsu s
岡 Teraoka s
¹⁰脇 Terawaki s
師 Terashi s
倉 Terakura s
家村 Jigemura s
原 Terahara s
¹¹野 Terano s
部 Terabe s
島 Terajima s 「mh
島宗則 T. Munenori
¹²崎 Terazaki s
崎広業 T. Kōgyō ma
崎浩 T. Hiroshi ml
¹⁹瀬 Terase s

企 269 [T] (KI, moto)

宜 Motonori m
救 Kiku s
救岳 Kikutake s

合 270 [T] Ai f. (GŌ, ai, au, kai, haru, yoshi)
川 Aikawa sp; Gōkawa s 「ida
田 Anda s, Gōda, Ka-
志 Gōshi sp; Awashi s, Atsushi, Asshi
津 Gōtsu s
巻 Gōkan l
浦 Kappo la
原 Aibara s
渡 Gōto s
葉 Aiba s
賀 Aiga s
歓子 Nemuko f
歓垣 Nemugaki s

全 271 [T] Tamotsu m, Akira; Masa f. (ZEN, SEN, masa, tomo, take, mata, mitsu, utsu, haru, yasu)
子 Matako f, Haruko
仁 Matahito m
田 Matta s, Senda
光 Yasumitsu m
先 Matsusaki s
成 Mitsunari m, Utsunari
弘 Masahiro m
优 Masamitsu m
亭 Zentei s
勝 Takekatsu m
雄 Takeo m
徳 Takenori m

——6 T3——

号 272 [T] Nazuku m. (GŌ, KŌ, na)

羊 273 [T] (YŌ)
治郎 Yōjirō m

孕 274 [T] (YŌ, harami)
石 Haramiishi sp

弁 275 [T] Sonō m. (BEN, HAN, sada, wake, naka)
三 Benzō m

子 Sadako f
千代 Benchiyo m
内侍 Ben no Naishi fl
官 Bibuga s
治郎 Benjirō m
道 Sadamichi m
蔵 Benzō m

台 276 [T] Utena s. (TAI, DAI, moto)
北 Taihoku p "Tai-
東 Taitō p 「pei"
記 Taiki l
堂 Daidō s 「wan"
湾 Taiwan p "Tai-

各 277 [T] (KAKU, masa, nuka)
田 Nukata s
部 Nukatabe s
牟 Kagami s
務 Kagami sp; Kakumi s, Kakumu
務支考 Kagami Shikō ml
務原 Kagamigahara sp; Kagamihara s

吉 278 [T] Hajime m. (KICHI, KITSU, yoshi, sachi, tomo, yo)
²人 Yoshito m
十 Yoshito m
十郎 Kichijūrō m
³川 Yoshikawa sp; Kikkawa s; Yokawa p 「ml
川幸次郎 Y. Kōjirō
川英治 Y. Eiji ml
川惟足 Y. Koretaru
三 Kichisa f 「mh
三郎 Kichisaburō m
之 Yoshiyuki m
之助 Kichinosuke m
子 Yoshiko f
丸 Yoshimaru sm
士 Yoshito m, Yoshio; Kishi s
⁴水 Yoshimizu s
内 Kichinai m
山 Yoshiyama s
五郎 Kichigorō m
木 Yoshiki s
井 Yoshii sp
井勇 Y. Isamu ml
中 Yoshinaka s
⁵永 Yoshinaga sm-p

右衛門 Kichiemon m
左衛門 Kichizaemon
本 Yoshimoto s 「m
本隆明 Y. Ryūmei ml
田 Yoshida sp
田一穂 Y. Issui ml
田冬葉 Y. Tōyō ml
田正俊 Y. Masatoshi ml
田光由 Y. Kōyū mh
田定房 Y. Sadafusa mh
田茂 Y. Shigeru mh
田神道 Y. Shintō mh
田松蔭 Y. Shōin mh
田兼倶 Y. Kanetomo s
田健一 Y. Ken'ichi ml
田精一 Y. Seiichi ml
田絃二郎 Y. Genjirō
平 Yoshihira s 「ml
⁶仲 Yoshinaka sm
次郎 Kichijirō m, Yo-
江 Yoshie s 「shijirō
江喬松 Y. Takamatsu
竹 Yoshitake s 「ml
羽 Yoshiba s
行 Yoshiyuki s
行淳之介 Y. Junnosuke ml
池 Yoshiike s
光 Yoshimitsu s
広 Yoshihiro s
成 Yoshinari sm
母 Kichimo s
年 Yoshitoshi s
⁷住 Yoshizumi s
阪 Yoshizaka s
沢 Yoshizawa s 「ml
沢義則 Y. Yoshinori
孝子 Yoshiko f
弘 Yoshihiro f
町 Yoshimachi s
助 Kichisuke m
利 Yoshitoshi s, Yo-toshi
利支丹文学 Kirishitan bungaku l
村 Yoshimura s
村寅太郎 Y. Toratarō mh 「rō ml
村鉄太郎 Y. Tetsuta-
亭 Yoshitani s
邑 Yoshikuni m
尾 Yoshio s
呂 Yoshinaga m
兵衛 Kichibee s

刑卯印幻亙旨而百去圭 ▼ 寺企合全号羊孕台各吉 ▲ 旡先当宅守宇芡芋

企
合
全
号
羊
孕
㕥
各
吉
▼
㠯
先
光
▲
当
宅
守
宇
芖
芎
芝
㞡
㞢

志 Kishi *s*
志部 Kishibe *s*
尾 Yoshio *s*
甫 Yoshinori *m*
見 Yoshimi *sp*
身 Yoshimi *s*
⁸使部 Kishibe *s*
沼 Yoshinuma *s*
河 Yoshikawa *s*
和 Yoshiwa *p*
舎 Kisa *p*
英 Yoshihide *m*
宗 Yoshimune *s*
武 Yoshitake *s*
国 Yoshikuni *s*
固 Yoshikata *s*
事崎 Kitsujisaki *s*
良 Kira *sp*
⁹侯 Kimiko *s*
垣 Yoshigaki *s*
城 Yoshiki *p*
津 Kitsu *s*
弥 Kichiya *m*
弥侯部 Kinekobe *s*,
    Kimikobe
相 Yoshisuke *m*
柯 Yoshie *f*
品 Yoshimatsu *sp*
品 Yoshinori *m*, Yo-
    shitada
泉 Yoshizumi *s*
臭 Yoshizawa *s*
岡 Yoshioka *sp*
岡禅寺洞 Y. Zenjidō
    ml   ⌈miko *s*
彦 Yoshihiko *m* ; Ki-
省 Kichishō *m*
¹⁰修 Yoshinaga *m*
倚 Yoshiyori *m*
浜 Yoshihama *s*
浦 Yoshiura *s*
海 Yoshimi *s* ; Yoshi-
祥 Kisshō *m* ⌊umi *s*
祥天 Kichijōten *fh*
師部 Kishibe *s*
郎 Kichirō *m*
郎兵衛 Kichirobee *m*
高 Yoshitaka *s*
倉 Yoshikura *s*
益 Yoshimasu *s*
原 Yoshiwara *sp*
原雀 Y. suzume *a*
造 Kichizō *m*
屋 Yoshiya *s*
屋信子 Y. Nobuko *fl*
兼 Yoshikane *s*
¹¹清 Yoshikiyo *s*

祇 Yoshitada *m*
躬 Kimi *s*   ⌈nu *s*
野 Yoshino *sp* ; Eshi-
野天人 Y. Tennin *la*
野左衛門 Y. Saemon
    ml
野作造 Y. Sakuzō *ml*
野谷 Yoshinotani *p*
野秀雄 Yoshino Hi-
    deo *ml*
野拾遺 Y. shūi *l*
野臥城 Y. Gajō *ml*
野鉦二 Y. Shōji *ml*
野静 Y. Shizuka *la*
寅 Yoshinobu *m*
宿 Yoshiie *m*
峯 Yoshimine *s*
留 Yoshidome *s*
島 Yoshijima *s*, Yo-
    shima
¹²偕 Yoshitomo *s*
備 Kibi *sm-p*
備石無別 Kibiiwana-
    suwake *s* ⌈kama *l*
備津の釜 Kibitsu no
備品遅 Kibihonji *s*
備真備 Kibi no Maki-
    bi *mh*
備麻呂 Kibimaro *m*
場 Yoshiba *s*
崎 Yoshizaki *s*
崎坊 Y.-bō *ph*
報子 Yoshioko *f*
富 Yoshitomi *sp*
森 Yoshimori *s*
賀 Yoshiga *s*
達 Yoshimichi *m*
開 Yoshikai *s*
鹿 Yoshika *s*
¹³塚 Yoshizuka *s*
雄 Yoshio *m*
植 Yoshiue *s*
植庄亮 Y. Shōryō *ml*
葉 Yoshiba *s*
義 Yoshimichi *m*
廉 Yoshikiyo *m*
越 Yoshikoshi *s*
¹⁵敷 Yoshiki *p*
鋪 Yoshiki *m*
蔵 Kichizō *m*
¹⁶橋 Yoshihashi *s*
樹 Yoshiki *m*
¹⁷鴻 Yoshitoki *m*
鍾 Yoshiatsu *m*
¹⁸藤 Yoshifuji *s*
¹⁹瀬 Kichise *m*
識 Yoshiki *s*

屍 279 Hisashi *m*.
    (KI)

先 280 [T] Susumu
    m. (SEN, saki,
hiro, yuki)
斗町 Pontochō *p*
光 Sakimitsu *s*
崎 Senzaki *s*

光 281 [T] Mitsuru
    m, Hikaru, Teru,
Akira, Sakae, Hiroshi.
(KŌ, mitsu, teru, hiro,
aki, ari, kanu, kane,
⌈一 Kōichi *m* ⌊hiko)
³子 Mitsuko *f-l* ; Hi-
    roko *f* ; Mitsutaka *m*
寸 Mitsumura *s*
大 Mitsumasa *m*
久 Teruhisa *m*
⁴仁 Kōnin *mh* ; Mitsu-
    masa *m*
予 Mitsumasa *m*
山 Mitsuyama *s*, Kō-
    yama
少 Mitsumasa *m*
夫 Mitsuo *m*, Mitsu-
井 Mitsui *s* ⌊suke
太夫 Kōdayū *mh*
太郎 Mitsutarō *m*,
    Kōtarō
⁵永 Mitsunaga *sm*
田 Mitsuda *s*
正 Mitsumasa *m*
本 Mitsumoto *s*
⁶次 Mitsuji *m*
次郎 Mitsujirō *m*
行 Mitsuyuki *sm*
宅 Mitsutaku *m*
吉 Mitsuyoshi *m*
広 Mitsuhiro *m*
成 Mitsushige *m*
多 Mitsuoka *m*
⁷佐 Mitsusuke *m*
均 Teruo *m*
沢 Mitsuzawa *s*
村 Mitsumura *s*
弘 Mitsuhiro *m*
孚 Mitsuzane *m*, Mi-
    tsutada, Mitsutomo
寿 Mitsunaga *m*
孝平 Kōkōhei *m*
⁸明 Kōmyō *fh* ; Mi-
    tsuaki *m*
林 Kōrin *ma*
和 Mitsuyasu *m*

享 Mitsuyuki *m*
宙 Mitsuoki *m*
秀 Mitsutake *s*
武 Mitsutake *m*
承 Mitsusuke *s*
⁹法 Mippō *s*
治 Mitsuji *m*
施 Mitsuharu *m*
政 Mitsuosa *m*
秋 Mitsuaki *m*
春 Mitsuharu *m*
栄 Mitsuharu *m*, Mi-
    tsunaga
岡 Mitsuoka *s*
囹 Mitsukuni *m*
彦 Teruhiko *m*
¹⁰俊 Mitsutoshi *m*
悦 Kōetsu *mla* ; Mi-
    tsunobu *m*
華 Mitsuharu *m*
哲 Kōtetsu *m*
屋 Mitsuie *m*
造 Mitsuzō *m*
威 Mitsutake *m*
¹¹淳 Mitsuaki *m*
野 Mitsuno *s*
教 Mitsunori *m*
副 Mitsusuke *m*
庸 Mitsumochi *m*
彪 Mitsutake *m*
亀 Kōki *m*
¹²傅 Mitsusuke *m*
揚 Teruaki *m*
禄 Mitsutomi *m*
棣 Mitsutomi *m*
¹³源氏 Hikaru Genji
瑗 Teruni *m* ⌊lm
雄 Mitsuo *m*
勤 Mitsutoshi *m*
豊 Mitsutoyo *m* ⌈ma
雲 Hiromo *m* ; Kōun
¹⁴増 Mitsumasu *m*
徳 Mitsue *m*
瑞 Kōzui *m*
榎 Mitsue *f*
暢 Mitsumasa *m*
彰 Mitsuaki *m*
熙 Mitsuhiro *m*, Te-
    rusato
¹⁵蔵 Mitsuzō *m*
遵 Mitsuyori *m*
¹⁶親 Mitsuyori *m*
¹⁷慈 Mitsuchika *m*
厳 Kōgon *mlh*
¹⁸鎮 Mitsushige *m*
藤 Mitsufuji *m*
²⁰議 Mitsunori *m*

当 282 [T] Tae *m.* (TŌ, masa, tae, tai, matsu)
山 Tōyama *s*
世 Masayo *s*
世下手談義 Imayō heta dangi *l*
別 Tōbetsu *p*
舎 Tōsha *s*
宗 Masamune *sm*
英 Masateru *m*
時 Masatoki *m*
起 Masaoki *m*
麻 Taima *sp*, Tōma; Taema *sla*; Tagima *s* ⌈jibe *s*
麻品遅部 Tagimahon-
間 Tōma *s*
摩 Tōma *s*

宅 283 [T] Taku *s*, Takura. (TAKU, JAKU, ie, yaka, yake, ori)
刀自 Yakatoji *fh*
守 Yakamori *ml*
命 Ienori *m*
部 Yakabe *s*
間 Takuma *s*
嗣 Yakutsugu *m*
磨 Takuma *s*
磨為成 T. no Tamenari *ma*
麿 Takuma *s*

守 284 [T] Mamoru *sm-f*; Mamori *sm*; Mori *s.* (SHU, SU, mori, e, ma, more, sane)
¹一 Moriichi *m*
³川 Morikawa *s*
三 Morizō *m*
口 Moriguchi *sp*
之助 Morinosuke *m*
子 Moriko *f*
⁴戸 Morito *s*
元 Morimoto *s*
中 Morinaka *s*
山 Moriyama *sp*
手 Morite *m*
⁵永 Morinaga *s*
田 Morita *s*
本 Morimoto *s*
矢 Moriya *s*
⁶丞 Morisuke *m*
米 Morimitsu *ma*
⁷住 Morizumi *s*
村 Morimura *s*
利 Moritoshi *m*
谷 Moriya *sp*
安 Moriyasu *s*
尾 Morio *s*
⁸門 Sumon *p*
舎 Moriya *m*
武 Moritake *sm*
⁹度 Morito *m*
岡 Morioka *s*
重 Morishige *m*
家 Moriya *s*
¹⁰真 Morima *m*
屋 Moriya *sm*
¹¹脩 Moriosa *m*
峰 Morio *m*
理 Mari *f*
部 Moribe *sm*
¹²随 Shuzui *s*
道 Moriyuki *m*
晨 Moritoki *m*
¹⁴韶 Moriaki *m*
¹⁵蔵 Morizō *m*
¹⁶衛 Morie *m*
¹⁸藤 Shutō *s*
彝 Moritomo *m*

宇 285 [T] (U, uma, taka, noki)
ノ気 Unoke *p*
¹一 Uichi *m*
³川 Ugawa *s*
三郎 Usaburō *m*
之吉 Unokichi *m*
土 Uto *p*
久 Uku *sp*
⁴山 Uyama *s*
夫 Takao *m*
井 Ui *s*
木 Uki *s*
目 Ume *p*
⁵平治 Uheiji *m*
田 Uda *s*
田川 Udagawa *s* ⌈*ml*
田川文海 U. Bunkai
田川玄真 U. Genshin *mh* ⌈*mh*
田川玄随 U. Genzui
田川榕庵 U. Yōan *mh*
田零雨 Uda Reiu *ml*
⁶合 Umakai *m*, Nokiai
自可 Ujika *s*
多 Uda *smh*
多川 Udagawa *s*
多津 Utazu *p*
多麻呂 Utamaro *m*
⁷佐 Usa *sp*
佐川 Usagawa *s*
佐見 Usami *s*
佐美 Usami *s*
沢 Usawa *s*
豆磨 Uzumaro *m*
⁸泥須 Unesu *s*
陀 Uda *sp*
陀児 Udaru *m*
陀酒部 Udanosakabe *s*
和 Uwa *p*
和川 Uwagawa *s*
和海 Uwaumi *p*
和野 Uwano *s*
和島 Uwajima *p*
知村 Ujimura *s*
奈月 Unazuki *p*
垣 Ugaki *s*
⁹垣一成 U. Kazushige *mh*
治 Uji *sp*
治十帖 U. jūjō *l*
治川 Ujigawa *s*
治田 Ujita *s*
治田原 Uji Tawara *p*
治拾遺 U. shūi *l*
津 Utsu *s*
津木 Utsuki *s* ⌈*l*
津保 Utsubo / Utsuho
津宮 Utsunomiya *s*
津野 Utsuno *s*
美 Umi *p*
¹⁰高 Udaka *s*
¹¹根 Une *s*
梶 Ukaji *s*
野 Uno *s*
野千代 U. Chiyo *fl*
野辺 Unobe *s*
野沢 Unozawa *s*
野信夫 Uno Nobuo *ml*
野浩二 U. Kōji *ml*
部 Ube *p*
都 Utsu *s*, Uto
都木 Utsuki *s*
都宮 Utsunomiya *sp*
都野 Utsuno *s*
都野研 U. Ken *ml*
宿 Ushiku *s*
留 Uru *s*
留野 Uruno *s*
島 Unoshima *s*
¹²検 Uken *p*
喜田 Ukita *s*
喜多 Ukita *s* ⌈*mh*
喜多秀家 U. Hideie
賀 Uga *s*
賀神 Ukagami *s*
智 Uchi *p*
¹³漢迷 Ukanume *s*
¹⁴郷 Ugō *s*
¹⁵鋪 Ushiki *s*
敷 Ushiki *s*
摩 Uma *p*
¹⁶橋 Uhashi *s*
¹⁸藤 Utō *s*

芺 286 Osamu *m.* (CHI)

芊 287 Shigeru *m.* (SEN, shige)
子 Shigeko *f*

芋 288 [O] (U, imo)
川 Imokawa *s*
毛 Ikumo *s*
田 Imoda *s*
淵 Imobuchi *s*
瀬 Imose *s*

芝 289 Shiba *sp.* (SHI, shiba, shige, shiku, fusa)
³川 Shibakawa *sp*
小路 Shibakōji *s*
⁴山 Shibayama *sp*
不器男 Shiba Fukio ⌊*ml*
木 Shibaki *s*
木好子 S. Yoshiko *fl*
⁵田 Shibata *s*
本 Shibamoto *s*
生 Shibafu *s*
⁶辻 Shibatsuji *s*
⁷村 Shibamura *s*
⁸金 Shibakin *m*
⁹垣 Shibagaki *s*
亭 Shibatei *s*
¹⁰原 Shibahara *s*
屋 Shibaya *s*
¹¹野 Shibano *s*
¹²崎 Shibazaki *s*
間 Shibama *s*

6 T4

尽 290 [T] (JIN)
用而二分狂言 Tsukaihatashite nibu kyōgen *l*

屶 291 Takashi *m.* (RIKI, RYOKU)

号 羊 孕 弁 台 各 吉 旡 先 光 ▼ 当 宅 守 宇 芺 芊 芋 芝 尽 屶 ▲ 共 交 尖 早 丞 氐 同 夙 旭 旬

当
宅
守
宇
芐
芋
芝
尽
劳
▼
共
交
氼
丞
氏
同
夙
旭
旬
灰
有
后
瓜
式
迅
匝
回
▲
団
因
向
存
庄
广
母
互
危

共 292 [T] (KYŌ, GU, tomo, taka)
和 Kyōwa p
昌 Tomomasa m
重 Tomoshige m
福 Tomosachi m

交 293 [T] Yoshimi f. (KŌ, KYŌ, tomo, kata, mishi)
子 Michiko f
告 Kōketsu s
野 Katano sp

炏 294 Hikaru m. (KŌ, mitsu)
寿 Mitsutoshi m

早 295 [T] (SŌ, SA, haya, saki)
乙女 Saotome s ; Sōtome sp
川 Hayakawa sp
川幾忠 H. Ikutada ml
子 Hayako f
[4] 水 Hayami s
[5] 田 Hayata s, Sōda ; Wasada sp
生 Hayanari s
[6] 竹 Hayatake s, Satake
坂 Hayasaka s
尾 Sōi s, Hayao
見 Hayami s
来 Hayakita p
[8] 苗 Sanae f
苗之助 Sanaenosuke m
良 Sōra s ; Sawara p
[9] 津 Hayatsu s
[10] 速 Hayami s, Sasoku
馬 Hayama s
[11] 野 Hayano s
船 Hayafune s
島 Hayashima sp
[12] 崎 Hayazaki s
[13] 雄 Hayao m
雲 Hayakumo s
[14] 歌 Sōka l
稲 Wase f
稲田 Waseda p
[16] 蕨 Sawarabi l
[18] 藤 Hayatō s, Hayafuji
[19] 瀬 Hayase s

—— 6 T5 ——
丞 296 [N] Susumu m. (JŌ, SHŌ, suke)

氏 297 (TEI, yuki, moto)
良 Tera s

—— 6 F2 ——
同 298 [T] Hitoshi m, Atsumu. (DŌ, atsu, tomo, nobu)
保 Atsuyasu m

夙 299 (SHUKU, asa, toshi, haya, tsuto)
子 Asako f, Toshiko
夜 Shukuya m
興 Toshioki m

旭 300 Asahi sm-f-p ; Akira m. (KYOKU, KOKU, akira, teru, aki, asa, asahi)
川 Asahikawa p
志 Kyokushi p
信 Terunobu m
彦 Asahiko m

旬 301 [T] Hitoshi m. (JUN, toki, tada, masa, hira)
子 Tokiko f
江 Tokie f
殿実々記 Jun-Den jitsujitsuki l

灰 302 [T] (KAI, KE, hai)
野 Haino s
野庄平 H. Shōhei ml

有 303 [T] Tamotsu m. (YŪ, U, ari, tomo, mochi, nao, michi, ri, sumi, tō, nari, aru)
川 Arikawa sp
三 Yūzō m
久 Tomohisa m
也 Naoya m
[*] 元 Arimoto s
山 Ariyama s
王 Ariō s
井 Arii s
木 Ariki s
[5] 功 Arikoto m ; Isao m
富 Aritomo m
田 Arita sp
允 Arisuke m
本 Arimoto s

本芳水 A. Hōsui ml
[6] 江 Arie s
地 Arichi s
竹 Aritake s
光 Arimitsu sm
吉 Ariyoshi sm
吉佐和子 A. Sawako fl
在 Arasa s
[7] 快 Ariyoshi m
坂 Arisaka s
沢 Arisawa s
村 Arimura s
言 Ariaya m
志太郎 Ushitarō m
条 Arieda m
尾 Ario s
我 Ariga s
[8] 明 Ariake sp
幸郎 Arikōrō ma
忠 Tomotada m
尚 Aritaka m
良 Arikazu m
[9] 法師 Arihōshi s
持 Arimochi s
松 Arimatsu p
泉 Ariizumi s
岡 Arioka s
[10] 格 Arinori m
栖川 Arisugawa s
栖川熾仁 A.-no-miya Taruhito mh
容 Ariosa m
家 Ariie m ; Arie p ; Ariya s, Arake
為男 Uio m
原 Ariwara s, Arihara
馬 Arima sp
馬皇子 A. no Ōji mh
馬晴信 A. Harunobu mh
馬新七 A. Shinshichi
馬頼義 A. Yorichika
[7] 野 Arino s
動 Udō m
梁 Arimune s
島 Arishima s
島生馬 A. Ikuma mla
島武郎 A. Takeo ml
[12] 渡 Udo s
富 Aritomi s
森 Arimori s
象 Arikata s
賀 Ariga s, Aruga
賀雄 Ariga Nagao
智子 Uchiko f [ml]
貳 Uni s
道 Arimichi s

[13] 働 Udō s
滝 Aritaki s
福 Arifuku s
漢 Ukan p ; Uma s
路 Ariji s
園 Arizono s
[16] 煕 Arisato s
[18] 藤 Arifuji m
[20] 徹 Ariyoshi m
[21] 磯 Ariso s

—— 6 F3 ——
后 304 [T] (KŌ, GU, kimi, mi, nochi)
子 Kimiko f

瓜 305 (KA, WA, uri)
田 Urita s
生 Uryū s
生忠夫 U. Tadao ml
谷 Uritani s
実 Urizane m
哇 Jawa p "Java"
破 Uriwari p
連 Urizura p
盗人 Uri nusubito la

式 306 [T] (SHIKI, SHOKU, nori, tsune, mochi)
子 Noriko f
子内親王 Shikishi Naishinnō fl
守 Shikimori s
亭三馬 Shikitei Samba ml
胤 Noritane m
場 Shikiba s
場隆三郎 S. Ryūzaburō ml
部 Shikibu mh-fh

迅 307 [O] (JIN, toki, haya, toshi)
男 Tokio m
彦 Hayahiko m
瀬 Hayase s

匝 308 (SŌ)
蹉 Sōsa sp ; Kōsa s

回 309 [T] (KAI, mawari)
道 Mawarimichi s

団 310 [T] Dan *s*; Madoka *f*. (DAN, TAN, maru, atsu)

々珍聞 Marumaru chinbun *l*
子森 Dangomori *s*
六 Danroku *m*
平 Danpei *m*
琢磨 Dan Takuma *mh*
野 Danno *s*

因 311 [T] Chinami *m*, Yukari. (IN, yori, yoru, yoshi, nami)

子 Yoriko *f*
支 Inaki *s*
香 Yoruka *f*
島 Innoshima *p*
幡 Inaba *ph*
幡堂 Inabadō *l*
藤 Indō *s*

向 312 [T] Mukō *m*; Mukai *s*. (KŌ, muki, muka, hisa, muke, mukai)

子 Hisako *f*
⁴山 Mukōyama *s*, Mukaiyama
日 Mukō *p*
日葵 Higuruma *l*
井 Mukai *s*
井去来 M. Kyorai *ml*
⁵田 Mukōda *s*, Mukai
⁷坊 Mukaibō *s* ⌈da
坂 Sakisaka *s*
⁸東 Mukaihigashi *p*
⁹畑 Mukōbata *s*
¹⁰原 Mukaihara *p*
高 Mukadaka *sp*
¹¹後 Kōgo *s*
野 Kono *s*
宿弥 Mukinosukune *m*
笠 Mugasa *s*
島 Mukaijima *p*

存 313 [T] Tamotsu *m*, Ariya, Yasushi, Susumu. (SON, ZON, masa, ari, naga, sada, tsugi, nobu, akira, yasu, aru)

子 Nagako *f*, Nobuko, Yasuko
ヽ Nagahisa *m*
男 Tsugio *m*
身 Masamoto *m*

保 Masayasu *m*

在 314 [T] Akira *m*, Mitsuru. (ZAI, SAI, ari, aki, sumi, tō, maki)

³川 Arikawa *s*
子 Ariko *f*
⁵田 Arita *s*
⁷村 Arimura *m*
⁸明 Ariake *m*
明亭 Ariaketei *s*
⁹信 Arinobu *sm*
狭田 Arisada *s*
¹⁰星 Ariya *m*
原 Ariwara *s*, Arihara
原業平 Ariwara / Ariwara no Narihira *ml*
¹³経 Arinori *m*
¹⁶賢 Akikata *s*
衡 Arihira *m*
¹⁹藤 Saitō *s*

庄 315 [N] Shō *p*. (SHŌ, SŌ, masa)

³川 Shōgawa *sp*
三郎 Shōzaburō *m*
子 Shōshi *s*
⁴山 Shōyama *s*
内 Shōnai *sp*
五 Masakazu *m*
太郎 Shōtarō *m*
⁵田 Shōda *s*
司 Shōji *s*
⁸兵衛 Shōbee *m*
⁸林 Shōbayashi *s*
和 Shōwa *p* ⌈hara *s*
¹⁰原 Shōbara *sp*; Shō
¹¹野 Shōno *s*
野潤三 S. Junzō *ml*
¹⁵蔵 Shōzō *m*

広 316 [T] Hiroshi *m*; Hiro *s*. (KŌ, hiro, o, take, tō, mitsu)

¹一郎 Hiroichirō *m*
²人 Hirondo *m*, Hirome
⁸川 Hirokawa *sp*
大 Hironaga *m*
⁴元 Hiromoto *m*
介 Hirosuke *m*
中 Hironaka *s*
井 Hiroi *s*
木 Hiroki *s*
戈 Hirohoko *m*
山 Hiroyama *s*

太 Hirota *m* ⌈tarō
太郎 Kōtarō *m*, Hiro
⽭ Hirohoko *m*
布 Hirotae *m*
斥 Hirokata *m*
田 Hirota *sp*
田社歌合 H.-sha utaawase *l*
田弘毅 H. Kōki *mh*
⁶次 Hirotsugu *m*
次郎 Hirojirō *m*
江 Hiroe *s*
吉 Hirokichi *m*
弁 Hirowake *s*
守 Hiromori *m* ⌈"si"
西 Kanshii *p* "Kwang
虫 Hiromushi *m*
⁸沢 Hirosawa *s*
助 Hirosuke *m*
谷 Hirotani *s*, Hiroya
志 Hiroshi *m*
尾 Hiroo *mp*
果 Hiromi *p*
⁹沼 Hironuma *s*
国 Hirokuni *m* ⌈m
居 Hiroi *sm*; Hiroyasu
東 Kanton *p* "Canton, Kwangtung"
⁹城 Hiroshige *m*
胖 Hironao *m*
神 Hirokami *p*
畑 Hirohata *s*
松 Hiromatsu *s*
相 Hiromi *s*
津 Hirotsu *s*
津和郎 H. Kazuo *ml*
津柳浪 H. Ryūrō *ml*
岡 Hirooka *s*
重 Hiroshige *ma*
¹⁰海 Hiroumi *sm*, Hi
原 Hirohara *s* ⌈rōmi
隆寺 Kōryūji *p*
庭 Hironiwa *sm*
屋 Hiroya *s*
通 Hiromichi *m*
¹¹惟 Hirokore *s*
野 Hirono *s*
部 Hirobe *s*
曹 Hirotomo *s*
啓 Takehiro *ma*
島 Hiroshima *sp*
¹²渡 Hirowatari *s*
崎 Hirosaki *s*
道 Hiromichi *s*
¹³品 Hiroshina *s*
寛 Hiroyoshi *m*
楽 Hiroyoshi *s*

¹⁵幡 Hirohata *s*
端 Hirohashi *sm*
蔵 Hirozō *m*
¹⁶滋 Hiroshige *s*
橋 Hirohashi *s*
綾 Kōryō *f*
¹⁹瀬 Hirose *sp*
瀬哲士 H. Tesshi *ml*
²¹鰭 Hirohata *s*

——— 6 F4 ———

母 See 326

互 317 [N] Watari *sm*, Wataru, Watasu; Tōru *m*. (KŌ, ri Watari *s* ⌈nobu)

危 318 [T] (KI)

寸 Kiso *s*

気 319 [T] (KI, KE, oki)

比庄 Kibinoshō *s*
司 Keizai *m*
仙 Kesen *p*; Kesema *s*, Kemase
仙沼 Kesennuma *p*
作 Keisaku *m*
高 Kitaka *p*
賀 Kiga *s*
賀沢 Kigasawa *s*

辻 320 Tsuji *s*. (tsuji)

³川 Tsujikawa *s*
子 Tsujiko *f*
⁴元 Tsujimoto *m*
内 Tsujiuchi *s*
井 Tsujii *s*
⁵田 Tsujita *s*
本 Tsujimoto *s*
⁷沢 Tsujisawa *s*
村 Tsujimura *s*
⁷岡 Tsujioka *s*
¹⁰原 Tsujihara *s*
馬車 Tsujibasha *l*
¹¹野 Tsujino *s*
¹²萠 Gahana *s*
¹⁵潤 Tsuji Jun *ml*
¹⁶橋 Tsujibashi *s*

戎 321 Ebisu *s*. (JŪ, ebisu, suke)

野 Ebisuno *s*

旭
旬
灰
有
后
瓜
式
迅
匝
回
▼
団
因
向
存
在
庄
広
母
互
危
気
辻
戎
▲
成
凸
虫
亦
母
曲
戌
吏
弗
耳

存
在
庄
広
母
佇
气
辻
戎
▼
成
凸
虫
亦
母
曲
戌
吏
耳
隶
民
老
世
西
▲
血
臼
舟
自
朱
年
米
弁
争
色

——— 6 F5 ———

成 **322** [T] Shigeru *m*, Minoru, Sadamu, Osamu, Hakaru, Akira. (SEI, JŌ, nari, shige, fusa, hira, yoshi, naru, sada, masa, hide, aki, nori, michi)

¹一郎 Seiichirō *m*
²人 Narito *m*
³川 Narukawa *s*
之 Nariyuki *m*, Masayuki
子 Shigeko *f*, Naruko, Fusako, Sadako
⁴仁 Fusahito *m*
元 Narimoto *m*
井 Narui *s*
木 Nariki *s*
毛 Narige *s*
⁵立 Yoshitaka *m*
包 Narikane *s*
允 Shigemitsu *m*, Narimasa
⁶羽 Nariwa *s*
年 Seinen *m* 「sawa
沢 Narusawa *s*, Nari-
谷 Naruya *s*
尾 Nario *s*, Narumo
見 Narumi *sm*
⁸和 Narikazu *m*
長 Narinaga *m*
実 Narumi *m*, Shige-
東 Narutō *p* 「mi
⁹相 Nariai *s*, Narai ;
　Shigemi *m*
亮 Masaki *m*
美 Seibi *ml*
¹⁰海 Narumi *s*
家 Nariie *m*
烈 Naritsura *m*
¹¹彬 Nariaki *m*
章 Shigeaya *m*
島 Narushima *s*
島柳北 N. Ryūhoku
富 Naritomi *s* 「*ml*
尋 Jōjin *mh*
尋阿闍梨母集 J. Ajari
　Haha no shū *l*
達 Shigemichi *m*
¹³塚 Naritsuka *s*
煥 Nariakira *m*
¹⁴嘉 Nariyoshi *m*
範 Shigeyoshi *m*

¹⁶親 Narichika *m*
¹⁹蹊 Narimichi *m*
瀬 Naruse *s*
瀬仁蔵 N. Jinzō *mh*
瀬無極 N. Mukyoku
　ml

——— 6 U ———

凸 **323** Takashi *m*. (TOTSU)

虫 **324** [T] (CHŪ, mushi)
めづる姫君 Mushi mezuru himegimi *l*
生 Mushifu *s*
鹿 Mushika *s*
雄 Mushio *m*
麿 Mushimaro *m*

亦 **325** [N] (EKI, YAKU, mata)
太郎 Matatarō *m*
助 Matasuke *m*
雄 Matao *m*
野 Matano *s*

母 **326** [T] (BO, MO)
子叙情 Boshi jojō *l*
末 Bomatsu *s*
台 Motai *s*, Gudai
袋 Motai *s*

曲 **327** [T] (KYOKU, KOKU, nori, kuma, ma, maga, magari)
⁴山人 Kyokusanjin *ml*
水 Kyokusui *l*
水宴和歌 K.-no-en waka *l* 「ki
木 Magariki *s*, Maga-
⁵田 Magata *s*
⁷沢 Magarisawa *s*
⁹垣 Magaki *s*
亭馬琴 Kyokutei Bakin *ml*
直 Mana *s*
直部 Manabe *s*
直瀬 Manase *s*
¹⁷淵 Magaribuchi *s*
¹⁸舞 Kusemai *la*
¹⁹瀬 Magase *s*

成 **328** (JU, SHU, mori)
光 Morimitsu *m*

吏 **329** [T] Tsukasa *m*. (RI, sato, osa)

弗 **330** (FUTSU)
措 Fusso *s*

耳 **331** [T] (JI, NI, mi, mimi)
次郎 Mimijirō *m*
名宇 Jinō *s*
底記 Jiteiki *l*
塵集 Nijinshū *l*
瓔珞 Mimi yōraku *l*

聿 **332** Noboru *m*. (ITSU, ICHI, nobu, kore, yo)
子 Nobuko *f*

民 **333** [T] Tami *sf*; Mitami *sm*. (MIN, mi, tami, hito, moto)
之助 Taminosuke *m*
平 Minpei *m*
形 Tamigata *s*
谷 Tamiya *s*
使主 Mitaminoomi *s*
彦 Tamihiko *m*
陟 Tamitaka *m*
部 Minbu *m*
輔 Tamisuke *m*
衛 Tamie *m*

老 **334** [T] Oi *m*. (RŌ, oi, omi, oyu, toshi, fuka)
²人 Otona *m*
³川 Oikawa *s*
子 Rōshi *mlh* "Lao-tzu"
⁴夫 Otona *m*
⁵田 Oida *s*
⁶江 Oie *f*
名子 Ominako *f*
⁷見 Fukami *s*
⁸武者 Rōmusha *l*
⁹沼 Oinuma *s*
松 Oimatsu *la*
¹⁵馬 Onma *s*, Onba
¹¹麻呂 Oimaro *m*
¹³葉 Wakuraba *l*
¹⁵鼠堂永機 Rōsodō Eiki *l*
蘇の森 Oiso no mori *l*

世 **335** [T] (SE, SEI, yo, tsugi, tsugu, toshi, toshi)
⁴仁 Tsuguhito *m*
木 Seki *s*
⁵古 Seko *s*
田 Seta *s*
田谷 Setagaya *p*
⁶古 Tsugiyoshi *m* ;
　Yoshihi *l*
⁷谷 Seya *s*
安 Toshiyasu *m*
⁸阿弥 Zeami *mla*
知原 Sechibara *p*
茂 Tsugishige *m*
良 Tokinaga *m*; Sera *s*
良田 Serata *s*
⁹津谷 Setsuya *s*
¹⁰家真 Seyama *s*
¹²尊寺 Sesonji *s*
間子息気質 Seken musuko katagi *l*
間手代気質 S. tedai katagi *l*
間妾気質 S. tekake katagi *l* 「zan'yō *l*
間胸算用 S. mune-
間娘容気 S. musume katagi *l*
¹⁸誠 Tsuguyoshi *m*
¹⁷徳 Tsugunori *m*
¹⁶継 Yotsugi *m*
継曾我 Y. Soga *la*
²¹羅 Sera *sp*
羅西 Seranishi *p*

西 **336** [T] Nishi *sp*; Sai *s*. (SEI, SAI, nishi, aki, shi)
ケ谷 Nishigaya *s*
²八代 Nishi-yashiro *p*
入 Nishiiri *s*
³川 Nishikawa *sp*
川光二郎 N. Kōjirō *ml*
川如見 N. Joken *mh*
大寺 Saidaiji *p*; Nishiōji *s* 「shioida
大条 Nishōeda *s*, Ni-
大枝 Nishiōeda *s*
大音 Nishimorinai *s*
大路 Nishiōji *s*
口 Nishiguchi *s*
之表 Nishinoomote *p*
土佐 Nishi-tosa *p*
久保 Nishikubo *s*
上 Nishigami *s*

52

⁴元 Nishimoto s
内 Nishiuchi s, Nishi-nouchi
方 Nishikata p
文 Kawachinofumi s, Kōchinofumi
王母 Seiōbo la "Hsi-wang-mu"
五辻 Nishiitsutsuji s
井 Nishii s
片 Nishikata p
木 Nishiki p
木戸 Nishikido s
山 Nishiyama s
山泊雲 N. Hakuun ml
山宗因 N. Sōin ml
中 Nishinaka s
⁵加茂 Nishi-kamo s
代 Nishidai s
公談抄 Saikō danshō l
四辻 Nishiyotsutsuji s
本 Nishimoto s
白河 Nishi-shirakawa s
目 Nishime sp ⌐a
目屋 Nishimeya p
田 Nishita s
田天香 N. Tenkō ml
田幾多郎 N. Kitarō mlh
田川 Nishi-tagawa p
平 Nishihira s
⁶仙北 Nishi-senboku p
伊豆 Nishi-izu p
池 Nishiike s
行 Saigyō ml
行桜 S.-zakura la
合志 Nishi-gōshi p
宇和 Nishi-uwa p
吉野 Nishi-yoshino p
有 Nishiari s
有田 Nishi-arita p
有家 Nishi-arie p
広 Nishihiro s
成 Nishinari sp
臼杵 Nishi-usuki p
名 Nishina s
多摩 Nishi-tama p
⁷伯 Saihaku p
伯利亜 Shiberia p "Siberia"
坂 Nishizaka s
沢 Nishizawa s
形 Nishikata s
村 Nishimura s ⌐p
村山 Nishi-murayama s
村天囚 Nishimura Tenshū ml

村茂樹 N. Shigeki mlh
村陽吉 N. Yōkichi ml
那須野 Nishi-nasuno p
谷 Nishitani sp ; Nishinoya s
会津 Nishi-aizu p
芳寺 Saihōji p
牟田 Nishimuda s
牟婁 Nishi-muro p
条 Saijō s
糸八十 S. Yaso ml
尾 Nishio sp
貝 Nishigai s
来居 Sairaikyo s
出 Nishii s
出朝風 N. Chōfū ml
角 Nishikado s
⁸河 Nishikawa s
河原 Nishigawara s
泥部 Nishihijirikobe s
彼 Seihi s
彼杵 Nishi-sonogi p
林 Nishibayashi s
牧 Nishimaki s, Saimoku
邸 Nishimura s
西京 Nishinokyō sp
念 Sainen s
宗 Nishimune s
周 Nishi Amane mlh
居 Nishii s
国 Saikoku s
国立志編 S. risshihen l
国東 Nishi-kunisaki p
武 Saibu s
東 Saitō s
東三鬼 S. Sanki ml
東院 Nishinotoi s
⁹保 Nishio s
依 Nishiyori s
垣 Nishigaki s
城 Saijō s
洞院 Nishinotōin sp, Nishinotoi
浅井 Nishi-asai s
津軽 Nishi-tsugaru p
洋道中膝栗毛 Seiyō dōchū hizakurige l
畑 Nishihata s
枇杷島 Nishi-biwa-jima p
松 Nishimatsu s
松浦 Nishi-matsuura s
神 Nishigami s ⌐p
祖谷山 Nishi-iya-
面 Nishio s ⌐yama m
南北 Shinata m

茨城 Nishi-ibaraki p
巻 Nishimaki s
春 Nishiharu p
春日井 Nishi-kasugai p ⌐p
春近 Nishi-haruchika p
岡 Nishioka s
¹⁰浦 Nishiura ⌐kai p
海 Nishiumi sp ; Saikachi
海枝 Saikachi sm
海道 Saikaidō p
陣 Nishijin s
班牙 Supein p "Spain"
桂 Nishi-katsura p
脇 Nishiwaki sp
脇順三郎 N. Junzaburō ml
郡 Nishigōri s
高辻 Nishitakatsuji s
倉 Nishikura s
貢 Saigon p "Saigon"
宮 Nishinomiya s ; Nishinomiya sp
宮藤朝 Nishinomiya Tōchō ml
座 Nishihara s ; Nishiza ⌐hara s
馬音内 Nishimonai s
¹¹淀川 Nishi-yodoga- ⌐wa p
淡 Seitan p
隆寺 Sairyūji s
城 Seiiki plh ⌐p
桜島 Nishi-sakurajima p
根 Nishine p
野 Nishino s ⌐ml
野辰吉 N. Tatsukichi
野入 Nishinoiri s
都 Saito s
部 Nishibe s
紀 Nishiki s
翁十四韵 Saiō toppyakuin l
聖 Kawachihiji s
聖部 Kawachihijibe s, Nishihijirikobe
島 Nishijima s ; Nishinoshima s
島麦南 Nishijima Bakunan ml
亀 Nishiki s
¹²崎 Nishizaki s
勝 Nishikatsu s
森 Nishimori s
粟倉 Nishi-awakura s
筑摩 Nishi-chikuma p

間 Nishima s
¹³堀 Nishibori s
塚 Nishizuka s
新 Nishiara s
蒲原 Nishi-kanbara p
園 Nishizono s
園寺 Saionji s
園寺公望 S. Kinmochi mh
¹⁴暘 Akinobu m
漢 Kōchinaya s
漢文 Kawachinoaya-nofumi s
郷 Saigō sp; Nishigō p
郷隆盛 S. Takamori mh ⌐chi mh
郷従道 S. Tsugumichi
置賜 Nishi-okitama p
¹⁵潟 Nishikata s
諸県 Nishi-morokata p ⌐bet
蔵 Chibetto p "Tibet"
磐井 Nishi-iwai p
¹⁶興部 Nishi-okoppe s
¹⁷館 Nishidate s
¹⁸藤 Saitō s
¹⁹頚城 Nishi-kubiki p
願 Seigen s
礁波 Nishi-tonami p
²⁰織 Nishiori s
²¹鶴 Saikaku m
鶴諸国咄 S. shokoku-banashi l ⌐ge l
鶴土産 S. okimiya-
鶴織留 S. oritome l
羅 Sera s

血 337 [T] (KETSU, KECHI, chi)
沼 Chinuma s
脇 Chiwaki s
槍九郎 Chiyarikurō m
鎗太郎 Chiyaritarō m

臼 338 (KYŪ, usu)
井 Usui s
井大翼 U. Taiyoku ml
井吉見 U. Yoshimi ml
田 Usuda s
田亜浪 U. Arō ml
杵 Usuki sp; Usukine
射 Usui s
倉 Usukura s

舟 339 [T] (SHŪ, SHU, fune, nori)

曲
戍
吏
弗
耳
聿
民
老
世
西
▼
血
臼
舟
▲
自
朱
年
米
弁
争
色
名
多
児

弗
耳
聿
民
老
世
西
血
臼
舟
▼
自
朱
年
米
弁
争
色
名
多
▲
児
冴
冷
似
但
佃
伸
位
住
伴

戸 Funado s
井 Funai s
木. Funaki s ⌈ml
木重信 F. Shigenobu
山 Funayama s
5本 Funamoto s
生 Funyū s
7形 Funagata p
見 Funami s
8波 Funanami s
9津 Funatsu s
岡 Funaoka s
13越 Funakoshi s
16橋 Funabashi sp
橋聖一 F. Seiichi ml
橋宣賢 F. Nobukata mh

自 340 [T] (JI, SHI, yori, kore, sada, ono)
在丸 Jizaimaru s
助 Onosuke m
見 Jiken s
明 Yoriakira m
国 Yorikuni m
笑 Jishō ml
然居士 Jinen Koji la
鳴鐘 Jimeishō l
網 Koretsuna m

朱 341 [T] Akemi f; Shu s.(SHU,SU, ake, aya)
子 Ayako f; Shushi mlh "Chu-tzu"
子学 Shushigaku h
門 Shumon l
実 Akemi f
華 Akeha f
馬 Hanba s
鳥 Suchō s ⌈mh
雀 Susaki s; Suzaku
舜水 Shu Shunsui mh
楽 Akera s
楽菅公 A. Kankō ml
欒 Zanboa l

年 342 [T] Minoru m, Susumu. (NEN, toshi, tose, to, kazu, chika)
子 Toshiko f
中行事秘抄 Nenjū gyōji hishō l
立 Toshitatsu m
助 Toshisuke m

美 Toshiharu m
魚 Toshio m
魚麿 Ayumaro m
雄 Kazuo m

米 343 [T] Yone s.(BEI, MAI, yone, kome, mitsu)
8川 Yonekawa s
川正夫 Y. Masao ml
子 Yoneko f; Yonago
久保 Yonekubo s ⌈p
丸 Yonemaru s
4水津 Yonōzu p
元 Yonemoto s
山 Yoneyama sp; Yonayama s
太郎 Yonetarō m
木 Meki s
井 Yonei m
内 Yonai s
内山 Yonaiyama s, Yonayama
内光政 Yonai Mitsumasa mh
5田 Yoneda s, Komeda, Maida
田雄郎 Y. Yūrō ml
市 Yoneichi s
本 Yonemoto s
生 Komefu s
次郎 Yonejirō m
守 Komemori m
吉 Yonekichi m
光 Yonemitsu m
多比 Metabi s, Netami
7村 Yonemura s
沢 Yonezawa s
沢順子 Y. Junko fl
谷 Yoneya s, Kometani, Maiya, Yonetani
里 Yonesato s
8林 Yonebayashi s
良 Mera s
9持 Yonemochi s, Komechi
津 Yonetsu s, Yonekizu
松 Yonematsu m
岡 Yoneoka s
10倉 Yonekura s
原 Yonehara s; Maibara p
屋 Komeya s
造 Yonezō m
11野 Meno s, Yoneno
島 Yonejima s

12崎 Yonezaki s
集 Yokitsume s
14窪 Yonekubo s
15蔵 Yonezō m
餅搗 Shitokitsuki s
16橋 Yonebashi s
錦 Nishigori s

弁 See 273

争 344 [T] Saka s.(SŌ, saka)
戸 Sakabe s

色 345 [T] (SHOKU, SHIKI, iro, shiko)
川 Irokawa s
子 Iroko f
布知 Shikofuchi s
田 Irota s
主 Ironushi m
竹歌祭文揃 Irotake utazaimon-zoroe l
音論 Shikironron l
部 Irobe s
麻 Shikama p
樹 Iroki m
懺悔 Irozange l

名 346 [T] Nazuku m-f; Akira m; Natori s.(MEI, MYŌ, na, kata, mori, akira)
3川 Nagawa sp
子 Nako s
久井 Nakui s
4木 Naki s
5代 Nashiro m
古屋 Nagoya s
立 Nadachi p
氏 Shōji s
田庄 Natashō p
合 Nago s
西 Myōsai sp
7見崎 Namizaki s
村 Namura s
足 Nataru m
児形 Nagokata s
児邪 Nagoya s
8波 Nanami s
所記 Meishoki l
和 Nawa sp
和長年 N. Nagatoshi mh
取 Natori sp

取川 Natorigawa l
東 Myōtō sp
垂 Natari m
9畑 Nahata s
草 Nakusa s
美崎 Namizaki s
10倉 Nagura s
栗 Naguri p
11帆 Natori s
雪 Nayuki s
島 Najima s
理 Natori s
寄 Nayoro p
鳥 Natori m
12賀 Naga p
13塚 Nazuka s
張 Nabari p
越 Nagoshi s, Nagoe, Nagoya
14種 Nagusa s
19瀬 Nase p
鏡 Meikyō s
17護屋 Nagoya s

多 347 [T] Ōshi sm, Ōno; Ō s, Ōi; Masaru m. (TA, kazu, na, ō, tomi, masa, nao, masaru)
1一 Taichi m
3川 Tagawa s
之衛門 Tanoemon m
上 Tagami s
子 Kazuko f, Masaruko; Tako s
久 Taku m
4戸 Tado s
内 Tauchi m
木 Taki s
5古 Tako s
可 Taka p
尻 Tajiri s
目 Tame s
田 Tada m
田不二 T. Fuji ml
田南嶺 T. Nanrei ml
田裕計 T. Yūkei ml
田爺 T. no Jijii ml
6仲 Tachū m
伎 Taki p
米 Tame s
気 Taki sp; Take s
名 Tana s
多 Tada s
多良 Tatara s
多羅 Tatara s
7助 Tasuke m, Tasuku

利男 Tario m	木 Aogi s, Ōki

利男 Tario m
兵衛 Tahee m
[8]門 Ōkado s, Tamon
和田 Tawada s
岐川 Takigawa s
岐川恭 T. Kyō ml
芸 Tagi s
武保 Tanbo s
武峰 Tōnomine sph
武峰少将 T. shōshō l
良木 Taragi p
良見 Tarami p
[9]畑 Tabata s
胡 Tako s
治 Tajihi s
治比 Tajihi s
治見 Tajimi sp
栄 Tomihide m
度 Tado p
度志 Tadoshi p
度津 Tadotsu p
[10]浦 Taura s
記 Taki s
甚古村 Tajinko-mura l   [l
[11]情仏心 Tajō busshin
部 Tabe s, Tanabe
野 Tano p
紀 Taki sp
島 Tajima s
[12]湖 Tako s
須久 Tasuku m
納 Tanō s
賀 Taga sp
賀屋 Tagaya s
賀城 Tagajō p
喜 Taki s
喜二 Takiji m
喜沢 Takizawa s
喜男 Takio m
喜蔵 Takizō m
喜麿 Takima m
[13]勢 Tase s
[14]聞 Tamon m
槻 Tane s
端 Tabata s
[15]摩 Tama p
磨 Tama s
[21]尾 Tarao s

——— 7 L1-2 ———

児 See 497

冴 348 (KO, GO, sae)
子 Saeko f

冷 349 [T] Suzushi m. (REI, RYŌ, hi-)
川 Hiyakawa s [ya]
子洞房 Musukobeya l
牟田 Hiyamuda s
泉 Reizei smh   [ml
泉為相 R. Tamesuke

似 350 [T] Nitori s. (JI, SHI, i, ni, nori, ari, are, kata, chika, nise)
内 Nitanai sp
鳥 Nitadori sp
絵 Nise-e a

但 351 [O] (TAN, DAN, tada)
木 Tadaki sp
夫 Tadao m
次 Tadatsugu m
見 Tajimi m
東 Tantō p
馬 Tajima ph
野 Tajino s

佃 352 Tsukuda sm. (DEN)

伸 353 [T] Noburu m, Nobiru, Nobu, Noboru ; Shin sm. (SHIN, nobu, tada)
子 Nobuko f-l ; Tadako f
次郎 Nobujirō s
雄 Nobuo m
愛 Nobunaru m
顕 Nobuaki m

位 354 [T] Takashi m. (I, taka, kura, nori, tsura, hiko, hira, mi, tada, nari)
田 Inden s
彦 Norihiko m

住 355 [T] Sumi m. (JU, JŪ, sumi, oki, mochi, yoshi)
[3]川 Sumikawa s
[4]友 Sumitomo s
山 Sumiyama s
井 Sumii s
[5]田 Sumita sp
用 Sumiyō p
[6]江 Suminoe s

吉 Sumiyoshi sp-l ; Suminoe s
吉慶 Sumiyoshi Gukei ma
吉造 S.-zukuri a
吉詣 S. mōde la
[7]谷 Sumitani s
[8]英 Sumihide m
[9]野 Sumino s
[10]道 Suminoto s, Sumuji
[13]雄 Sumio m
跡 Suminoto s

佯 356 Tsukō m, Tayori. (HYŌ, suki, sumi, tori)

伽 357 (KA, KYA)
羅 Kyara s ; Kara ph "Kaya / Karak"
羅枕 Kyara makura l

体 358 [T] (TAI, TEI, nari, moto, mi)
子 Nariko f
仁 Narihito m

伝 359 [T] Den sm ; Tsutō m, Tsutae, Tsutomu. (DEN, tsugu, nobu, nori, tada, tsuta, yoshi)
[1]一郎 Den'ichirō m
[2]二郎 Denjirō m, Tsugujirō
[3]三郎 Denzaburō m
[4]五郎 Dengorō m
[5]田 Denda s
右衛門 Den'emon m
平 Denbei m   [gu
[6]次 Denji m, Tadatsumi
[7]作 Densaku m
助 Densuke s
兵衛 Denbee m
[9]法輪 Denpōrin s, Te-治 Denji   [buri
彦 Tsutahiko m
[11]教 Dengyō mh
[13]義 Nobuyoshi m
[15]槌 Tentsuchi m
蔵 Denzō m

仰 360 [T] Aogu m. (KŌ, GYŌ, GŌ, taka, mochi)

木 Aogi s, Ōki

伴 361 [T] Ban s, Tomo, Tomonai. (BAN, HAN, tomo, suke)
三 Hanzō m
久 Sukehisa m
田 Banda s
平 Banpei m
林 Tomobayashi s, Banbayashi
信 Tomonobu m
信友 Ban Nobutomo
馬 Banba s   [mla
野 Tomono s, Banno
部 Tomobe s   [mh
善男 Tomo no Yoshio

作 362 [T] Tsukuru m. (SAKU, SA, nari, tomo, ari, nao, fuka, tsukuri)
[3]三郎 Sakusaburō m
之助 Sakunosuke m
[4]太郎 Sakutarō m
山 Sakuyama s
手 Tsukude p
木 Sakugi p
木綿 Yūtsukuri s
[5]田 Sakuda s
平 Sakuhei m
本 Narimoto s, Saku-[6]次 Sakuji m   [moto
名 Sakuna s
[8]並 Sakunami s
東 Sakutō p
[10]屋 Sakuya p
造 Sakuzō m
[11]根 Sakune s
[12]間 Sakuma s
[13]楽 Sakura s
楽戸 Sakurado sm
楽園 Sakurazono m

伯 363 [T] Hakata s, Hata, Murako. (HAKU, nori, o, tomo, taka, osa, michi, ho, ku, haka, take)
[3]子 Tomoko f
[4]方 Hakata sp ; Hakuta [p
太 Hakata sp ; Hakuta
[6]仙 Hakusen p
伎 Hōki ph
母ケ酒 Oba ga sake la
母捨 Obasute la
[7]伯部 Hōkabe s

舟 自 朱 年 米 弁 色 名 多 ▼ 児 冴 冷 似 但 佃 伸 位 住 佯 伽 体 伝 仰 伴 作 伯 ▲ 佑 佐 狀 妛 吟 忡 快

位 住 伻 伽 体 伝 仰 佧 作 伯 ▼ 佑 佐 状 狂 舛 役 吟 吹 忱 快 ▲ 阠 防 阪 收 孜 孜 改 攻 技 択

伯壁 Hōkabe *s*
男 Osao *m*
孝 Michitaka *m*
[8]明 Noriaki *m*
岐 Hahaki *s* ⌈lin"
林 Berurin *p* "Ber-
[10]耆 Hōki *ph*
耆原 Hōkiwara *s*
[11]麻呂 Hakamaro *m*

佑 364 Tasuku *m.* (YŪ, U, suke)
山 Sukeyama *p*
貞 Sukesada *m*

佐 365 [T] Tasuku *m.* (SA, suke, yo- ⌊shi)
[1]一 Saichi *m*
[2]八 Sahachi *m*
七 Sashichi *m*
[3]川 Sagawa *sp*
川田 Sakawada *s*
三 Sazō *m*
之治 Sanoharu *m*
上 Sagami *s*
下橋 Sakabashi *s*
土原 Sadowara *sp*
々 Sassa *s*, Sasa
々木 Sasaki *s*
々木小次郎 S. Kojirō *l* ⌈na *ml*
々木弘綱 S. Hirotsu-
々木邦 S. Kuni *ml*
々木孝丸 S. Takamaru *ml* ⌈zō *ml*
々木味津三 S. Mitsu-
々木信綱 S. Nobutsuna *mh* ⌈na *mh-la*
々木高綱 S. Takatsu-
々木基一 S. Kiichi *ml*
々成政 Sassa Narimasa *mh*
々醒雪 S. Seisetsu *ml*
久 Saku *p*
久山 Sakuyama *s*
久間 Sakuma *sp*
久間貞一 S. Teiichi *mh*
久間象山 S. Zōzan *mh*
口 Sakuchi *s*
[4]介 Sakai *s*, Sasuke
分 Saburi *s*, Saori
分利 Saburi *s*
中太 Sachūda *s*
方 Sakata *s*
山 Sayama *sm*
井 Sai *sp*
太 Sada *s*
太郎 Satarō *m*
[5]代 Sade *s*, Sachi
古 Sako *s* ⌈*ml*
古純一郎 S. Jun'ichirō
左木 Sasaki *s*
左木俊郎 S. Toshirō
田 Sada *sp* ⌊*ml*
用 Sayo *sp*
本 Samoto *s*
生 Sashō *s*
[6]仲 Sanaka *s*
竹 Satake *s* ⌈hanai
羽内 Sawauchi *s*, Sa-
吉 Sakichi *m*
自努 Sajinu *s*
多 Sata *sp*
多稲子 S. Ineko *fl*
世 Sase *s*; Suketsugi *m*
世山 Saseyama *s*
世保 Sasebo *p*
[7]沢 Sazawa *s*
那河内 Sanagōchi *p*
伝 Yoshinori *m*
伯 Saeki *sp*, Saiki
伯彰一 Saeki Shōichi *ml*
佐 Sassa *sp*, Sasa
佐川 Sasakawa *s*
佐井 Sasai *s*
佐木 Sasaki *s* ⌈*ml*
佐木茂索 S. Mosaku
佐木信綱 S. Nobutsu-
佐布 Sasō *s* ⌊na *ml*
佐田 Sasada *s*
佐生 Sasō *s*
佐倉 Sasakura *s*
佐原 Sasahara *s*
佐部 Sasabe *s*
佐貴山 Sasakiyama *s*
谷 Sukeya *s*, Satani
呂間 Saroma *s*
尾 Sao *s*
[8]味 Sami *s*
和田 Sawada *p*
波 Sawa *sp*, Saba; Sa-
京 Sakyō *sp* ⌊nami *s*
奈 Sana *s*
奈宜 Sanagu *s*
宗 Sasō *s*
忠 Suketada *m* ⌈ke *s*
武 Suketake *m*; Sata-
良 Sarara *s*, Sara
東 Satō *p*
[9]治 Saji *sp*; Sachi *s*
保 Saho *s*
保田 Sahota *s*
保山 Saoyama *sla*
俣 Samata *s*
香 Saka *s*
[10]海 Sami *s*
柳 Sayanagi *s* ⌈Sōki
脇 Sawaki *s*, Saiki,
倉 Sakura *sp*
倉宗吾 S. Sōgo *mh*
原 Sawara *sp*
恩賀 Sanuga *s*
屋 Saya *sp*
[11]理 Suketaka *m*
都 Sato *s*; Satsu *f*
野 Sano *sp*
野川 Sanokawa *s*
野学 Sano Manabu *ml*
野常民 S. Tsunetami *mh*
鳥 Satori *s*
[12]粧 Sashō *s*
渡 Sado *sp*
渡山 Sadoyama *s*
渡狐 Sado-gitsune *la*
渡島 Sadoshima *sp-l*
善 Saze *s*
賀 Saga *sp*
賀関 Saganoseki *p*
貫 Sanuki *s*
[13]満 Sama *s*
塚 Satsuka *s*
[14]郷 Sagō *s*
[16]橋 Sabashi *s*, Sabase
興 Sukeoki *m*
[17]綱 Sakō *m*
[18]藤 Satō *s*
藤一英 S. Ichiei *ml*
藤佐太郎 S. Satarō *ml*
藤信淵 S. Nobuhiro *mh*
藤春夫 S. Haruo *ml*
藤直方 S. Naokata *mh*
藤紅緑 S. Kōroku *ml*
藤義亮 S. Yoshisuke *ml*
藤義清 S. Norikiyo *ml*
藤惣之助 S. Sōnosuke
雙 Sasō *s* ⌊*ml*
[19]瀬 Sase *s*
鏡 Sakyō *s*
[20]織 Saori *p*

7 L3

状 365A [T] (JŌ, kata, nori)

狂 366 [T] (KYŌ, KŌ, yoshi)
い凧 Kuruidako *l*
句 Kyōku *l*
四郎 Yoshishirō *m*
言 Kyōgen *la*
雲集 Kyōunshū *l*
歌 Kyōka *l*

舛 367 Noboru *m*; Masu *f.* (SEN, SHUN, masu)
水 Masumizu *s*
田 Masuda *s*
本 Masumoto *s*
明 Masuaki *sm*
岡 Masuoka *s*

役 368 [T] Mamoru *m*; Ōse *s.* (EKI, YAKU, yuki, tsura, mata) ⌈*mh-p-la*
の行者 En-no-gyōja
小角 En no Ozunu *mh*
者口三味線 Yakusha kuchi-jamisen *l*
者論語 Y. rongo *l*
賀 Mataka *s*

吟 369 [T] Akira *m.* (GIN, GON, oto, koe)

吹 370 [T] Suita *s.* (SUI, fuki, fuke, fuku, fu, kaze)
上 Fukiage *sp*
山 Fukiyama *s*
井 Fukii *s*
田 Suita *sp*; Fukita *s*
田順助 S. Junsuke *ml*
負 Fukui *m*; Fukei *s*
野 Fukino *s*
智 Shiuchi *s*
雄 Fukio *m*

忱 371 Makoto *m*, Tadasu. (SHIN, JIN)

快 372 [T] (KAI, yoshi, yasu, haya)
之 Yasuyuki *m*
子 Yoshiko *f*
彦 Yasuhiko *m*
温 Hayaatsu *m*
雄 Yoshio *m*
彰 Yoshitada *m*
慶 Kaikei *ma*

阯 373 (SHŌ, nori)
尚 Noriyori m

防 374 [T] (BŌ, fuse)
人 Sakimori m
夫 Atato s
府 Bōfu p

阪 375 (HAN, saka)
口 Sakaguchi s
上 Sakanoe s, Sakaga-
井 Sakai s ⌐gami
井久良伎 S. Kuraki ml
本 Sakamoto s
本越郎 S. Etsurō ml
田 Sakata s
谷 Sakatani s
庭 Sakaniwa s
根 Sakane s
部 Sakabe s
寄 Sakayori s

收 376 See 収 133

攷 377 Tsutomu m. (KŌ, nari)

孜 378 Tsutomu m, Tadasu. (SHI, 子 Atsuko f ⌐atsu)

改 379 [T] (KAI, ara)
井 Kaii s
田 Kaida s

攻 380 [T] Osamu m. (KŌ, KU, yoshi)
質 Yoshimoto m

技 381 [T] (KI, GI, aya, waza)
美 Wazayoshi m

択 382 [T] Eramu m. (TAKU, JAKU, 田 Erita s ⌐eri)

扶 383 [T] Tamotsu m. (FU, suke, moto)
子 Motoko f
信 Sukenobu m

桑 Fusō p
桑略記 F. ryakuki l
桑集 Fusōshū l

抜 384 [T] Yahazu m. (BATSU, nuki, nuke)
山 Nukiyama s
気太首 Nukike no Futokubi ml
殼 Nukegara l

折 385 [T] (SETSU, SECHI, ori)
³下 Orishimo s
山 Oriyama s
口 Origuchi s
口信夫 O. Shinobu ml
⁴井 Orii s
戸 Orito s
⁵本 Orimoto s
田 Orita s
⁶茂 Orimo s
居 Orii s
¹⁰原 Orihara s
¹¹笠 Origasa s
¹²焚く柴の記 Oritaku shiba no ki lh
¹⁶橋 Orihashi s

址 386 (SHI, moto)
子 Motoko f

均 387 [T] Hitoshi m. (KIN, hira, o, nao, tada, nari, masa)
一 Kin'ichi m
平 Kinpei s
光 Naomitsu m

坏 388 (HAI, tsuki)
作 Tsukitsukuri s

坊 389 [T] (BŌ) ⌐chimoto
本 Bōnomoto s, Ma-
門 Bōmon s
城 Bōjō s
津 Bōnotsu p
野 Bōno s

坂 390 [T] Saka sp; Ban s. (BAN, HAN, saka)
ノ下 Sakanoshita s

---

²入 Sakairi s
³川 Sakagawa s
下 Sakashita sp
口 Sakaguchi s
口安吾 S. Ango ml
上 Sakanoue s, Saka-noe, Sakaue, Saka-gami
上田村麻呂 Sakanoue no Tamuramaro mh
上望城 S. no Mochiki ml ⌐Iratsume fl
上郎女 Sakanoe no
⁴水 Sakamizu s
元 Sakamoto s
戸 Sakato sp; Sakabe s
内 Sakauchi sp; Ban-nai s
木 Sakaki s
牛 Sakaushi s
井 Sakai sp
井田 Sakaida s
爪 Sakazume s
⁵北 Sakakita p
田 Sakata sp ⌐ml
田藤十郎 S. Tōjūrō
本 Sakamoto sp ⌐ml
本四方太 S. Shihōda
本浩 S. Hiroshi ml
本竜馬 S. Ryōma mh
本紅蓮洞 S. Gurendō ml
本雪鳥 S. Setchō ml
主 Sakanushi s
⁶合部 Sakaabe s
西 Sakanishi s, Banzai s
⁷村 Sakamura s
名井 Sakanai s
谷 Sakatani s
谷部 Sakaibe s
尾 Sakao s
出 Sakaide p
⁸於 Sakanoe s
乳 Sakachi s
茂 Sakamo s, Sakamo-chi, Sakamoto
東 Bandō s
⁹城 Sakaki s
祝 Sakahogi p
巻 Sakamaki s
¹⁰倉 Sakakura s
¹¹野 Sakano s, Banno
部 Sakabe s
寄 Sakaki s
梨 Sakanashi s
¹²場 Sakaba s
崎 Sakazaki s

崎紫瀾 S. Shiran ml
間 Sakama s
¹³雄 Sakao m
詰 Sakazume s

汀 391 Nagisa m. (SHI)

沙 392 (SA, SHA, su, isa, suna) ⌐wa
川 Isagawa s, Sunaga-
石集 Shasekishū l
田 Isagoda s, Masago-da, Masuda
翁 Shaō ml "Shake-speare"

汻 393 Migiwa m. (KO, KU)

汝 394 (JO, NYO, na)

汎 395 (HAN, hiro)
子 Hiroko f

沃 396 (YOKU, nuru)
野 Yokuya l

汾 397 (FUN, BUN, kawa, ō, mitsu)
陽 Kawaminami s, Kawanami, Kawa-kita

汶 398 (MON, BUN)
旦 Montan s
斯 Monshi s

沈 399 [T] Chin s. (CHIN, ushi)

沖 400 [T] Fukashi m. (CHŪ, oki, na- ⌐ka)
山 Okiyama s
田 Okita s
村 Okimura s
垣 Okigaki s
津 Okitsu s
美 Okimi p
海 Okimi f
原 Okihara s
野 Okino s ⌐rō ml
野岩三郎 O. Iwasabu-

状狂舛役吟吹忙快▼阯防阪收攷改攻技扶折址均坏坊阯沙汻汝汎沃汾汶沈沖▲汪決汲沢対社牡肝

辻
沙
汧
汝
泛
沃
汾
汶
沖
▼
汪
決
汲
沢
対
社
肝
玖
弘
妃
如
好
形
邢
那
▲
邦
杠
朽
材
杕
杜
杣
町

島 Okijima s

汪 401 Hiroshi m. (ō, hiro)
子 Hiroko f

決 402 [T] (KETSU, KECHI, sada)
子 Sadako f

汲 403 (KYŪ, GYŪ, kumi)
子 Kumiko f
田 Kumida s
事 Kumiji m

沢 404 [T] Sawa s. (TAKU, JAKU, sawa, masu)
²二郎 Sawajirō m
³口 Sawaguchi s
⁴内 Sawauchi sp
山 Sawayama s
井 Sawai s
木 Sawaki s
木欣一 S. Kin'ichi ml
中 Sawanaka s
⁵辺 Sawabe s
本 Sawamoto s
田 Sawada s [ma
田正二郎 S. Shōjirō
⁶地 Sawachi s
江 Sawae s
⁷村 Sawamura s
村田之助 S. Tanosuke ma-l
村胡夷 S. Koi ml
谷 Sawaya s
尾 Sawao s
⁹俣 Sawamata s
畑 Sawabatake s
宜嘉 Sawa Nobuyoshi mh
¹⁰浦 Sawaura s
柳 Sawayanagi s
柳政太郎 S. Masatarō mh
畠 Sawabatake s
原 Sawabara s
屋 Sawaya s
¹¹部 Sawabe s
野 Sawano s
野久雄 S. Hisao ml
庵 Takuan mh
島 Sawashima s
¹²渡 Sawato s
崎 Sawazaki s

¹⁵潟 Omodaka s
¹⁶橋 Sawahashi s

——— 7 L4 ———

対 405 [T] (TAI)
馬 Tsushima sp
馬完治 T. Kanji ml
間 Taima s

社 406 [T] Koso s; Yashiro p. (SHA, ari, taka, koso)
下 Kosoge s
戸 Kosobe s
本 Shamoto s

牡 407 (BO, BŌ)
丹燈籠 Botan-dōrō l
丹平家譚 Natorigusa Heike monogatari l
蠣殻 Kakigara p

肝 408 [T] (KAN, kimo)
付 Kimotsuki s
属 Kimotsuki sp
衡 Kimotsuki s

玖 409 (KYŪ, KU, tama, ki, hisa)
次 Hisaji m
城 Tamaki m
珂 Kuga p
珠 Kusu p

弘 410 [N] Hiroshi m, Hiromu, Hirome. (KŌ, KU, hiro, mitsu, o)
¹一 Hiroichi s
一郎 Hiroichirō m
²子 Mitsuko f
之 Hiroyuki m
⁴仁 Kōnin 810-24
化 Kōka 1844-48
中 Hironaka s
⁵田 Hirota s
⁶光 Hiromitsu m
世 Hirose s
⁷亨 Hiroaki m
邑 Hiromura s
安 Kōan 1278-88
玄 Hiroharu m
⁸明 Hiroaki m
和 Kōwa 1381-84

矣 Hiroshi m
⁹計 Oke m [ml
法大師 Kōbō Daishi
治 Kōji 1555-58
前 Hirosaki p
長 Kōchō 1261-64
岡 Hiroka s
¹⁰欧 Hiraaki m
訓 Hironori m
配 Hirobumi m
家 Hiroie m
造 Kōzō m
馬 Hirome m
¹¹渉 Hirosada m
視 Hiroyoshi m
¹²達 Hiromichi m
達 Hiroyoshi m
道館 Kōdōkan ph
¹³義 Hiroyoshi m
¹⁴精 Hirokiyo m
調 Hirotsugu m
毅 Hirotake m, Kōki, Hironori, Hiromi, Hirokata
¹⁹盧 Hiroyoshi m
瀬 Hirose s
²⁰徽殿 Kokiden ph

妃 411 [T] (HI, hime, ki)
生子 Kiiko f

如 412 [T] (JO, NYO, yuki, suke, iku, nao, moto, yoshi)
⁴月 Kisaragi f
⁶行 Yoshiyuki m
⁹信 Yukinobu m
¹¹拙 Josetsu ma
常 Ikutsune m
皐 Jokō ml
雪 Naoyuki m
¹²道 Yukimichi m
¹³雄 Motoo m
意地 Sukeichi m
意輪観音 Nyoirin Kannon fh
¹⁷儡子 Joraishi ml
¹⁹願 Nyogan ml
願法師集 N. Hōshi shū l

好 413 [T] Yoshimi m, Konomu. (KŌ, yoshi, taka, kono, mi, sumi)
¹一 Yoshikazu m

³三郎 Kōsaburō m
子 Yoshiko f
⁴日 Yoshiharu s
⁵永 Yoshinaga sm
示 Yoshimi s
古 Yoshihisa m
⁶色一代女 Kōshoku ichidai onna l
色一代男 K. i. otoko l
巴五人女 K. gonin onna l
母 Konomo m
⁷見 Yoshimi s
佐子 Misako f
玄 Yoshinori m
孝 Yoshinori m
⁸忠 Yoshitada m
⁹津 Yomizu m
祖 Yoshimoto m
美 Yoshitomi m, Yoshinori
重 Yoshie f
¹⁰造 Yoshinari m
¹¹鳥 Yoshitori s
間 Yoshitada m
¹²暁 Yoshiaki m
就 Yoshiyuki m
間 Yoshima p
¹³経 Takatsune m
純 Yoshizumi m

形 414 [T] (KEI, GYŌ, kata, nari, yori, sue, are, mi)
山 Katayama s
名 Katana s [nohara
原 Katahara s, Nari-
影抄 Keieishō l
舞 Gyōbu s

邢 415 (KEI, GYŌ, osaka)
部 Osakabe s

那 416 (NA, tomo, fuyu, yasu)
子 Tomoko f, Fuyu- [ko
波 Nawa s
珂 Naka sp
珂川 Nakagawa p
珂湊 Naka-minato p
倉 Nagura s
須 Nasu sp
須野 Nasuno s
智 Nachi p
智勝浦 N. Katsuura p
賀 Naka p

賀川 Nakagawa *p*
歳 Nasai *m*
覇 Naha *p*

邦 417 [T] Kuni *m.* (HŌ, kuni)
¹一 Kunikazu *m*
³三 Kunizō *m*
子 Kuniko *f*
⁴友 Kunitomo *sm*
太郎 Kunitarō *m*
⁵乎 Kunitake *m*
氏 Kuniuji *m*
⁷寿 Kuninaga *m*
⁸枝 Kunieda *s*
枝完二 K. Kanji *ml*
房 Kuninobu *m*
尚 Kuninao *m*, Kuni-nari
⁹治郎 Kunijirō *m*
松 Kunimatsu *m*
栄 Kuniyoshi *s*
彦 Kunihiko *m*
彦王 Kuniyoshi-ō *mh*
省 Kunimi *m*
¹⁰造 Kunizō *m*
¹²敬 Kuniyoshi *m*
¹³雄 Kunio *m*
鼎 Kunitane *m*
¹⁴輔 Kunisuke *m*

杠 418 Yuzuriha *s*, Akanashi. (KŌ, yuzuri)
葉 Yuzuriha *s*

朽 419 [T] (KYŪ, KU, e, kuchi)
木 Kutsuki *sp*; Kuchi-折 Tsugisho *s* ⌐ki *s*
網 Kutami *s*, Kuami

材 420 [T] Motoki *m*, Motoshi. (ZAI, SAI, ki, eda)

代 421 (YOKU, IKU, kui)
瀬 Kuize *s*

杖 422 (JŌ, CHŌ, tsue, ki, mochi)
部 Tsuebe *s*, Hasetsu-kabe

杜 423 Akanashi *sm*; Yuzuriha *sp* ;

Mori *s.* (TO, mori)
人 Morito *s*
子春 To Shishun *mlh-l* "Tu Tzu-ch'un"
女 Morime *f*
沢 Hōzawa *s*
若 Kakitsubata *la*
国 Tokoku *ml*
智秦 Echihata *s*

村 424 [T] Mura *sf.* (SON, mura, sue, tsune)
³川 Murakawa *s*
士 Suguri *s*
口 Muraguchi *s*
上 Murakami *sp*
上専精 M. Senjō *mh*
上浪六 M. Namiroku *ml*
上鬼城 M. Kijō *ml*
上霽月 M. Seigetsu *ml*
⁴中 Muranaka *s* ⌐*ml*
木 Muraki *s*
山 Murayama *sp*
山知義 M. Tomoyo-shi *ml*
山槐多 M. Kaita *ml*
井 Murai *s*
井長庵 M. Chōan *lm*
井長庵巧破衾 M. C. takumi no yaregasa *la*
井弦斎 M. Gensai *ml*
³石 Muraishi *s* ⌐*shi*
主 Suguri *s*, Muranu-
本 Muramoto *s*
田 Murata *sp*
田春海 M. Harumi *ml*
田珠光 M. Jukō *mh*
田清風 M. Seifū *mh*
⁶地 Muraji *s*, Murachi
西 Muranishi *s*
⁷坂 Murasaka *s*
沢 Murasawa *s*
杉 Murasugi *s*
社 Murakoso *s*
谷 Muratani *s*
尾 Murao *s*
⁸林 Murabayashi *s*
国 Murakuni *s*
雨 Murasame *s*
侯 Muratoki *m*
垣 Muragaki *s*
治 Muraji *s*
松 Muramatsu *sp*

松正俊 M. Masatoshi *ml* ⌐*ml*
松定孝 M. Sadataka
松檜風 M. Shōfū *ml*
松剛 M. Takeshi *ml*
岸 Murakishi *s*
岡 Muraoka *sp*
¹⁰浦 Muraura *s*
高 Murataka *s*
挙 Murake *s*, Soke
¹¹野 Murano *s*
野四郎 M. Shirō *ml*
野次郎 M. Jirō *ml*
島 Murajima *s*
¹²崎 Murazaki *s*
¹³塚 Muratsuka *s*
雲 Murakumo *s*
椿 Muratsubaki *s*
越 Murakoshi *s*
¹⁶橋 Murahashi *s*
¹⁹瀬 Murase *s*

杉 425 [I] Sugi *s.* (SAN, sugi)
³川 Sugikawa *s*
下 Sugishita *s*
戸 Sugito *p*
⁴中 Suginaka *s*
井 Sugii *s*
木 Sugiki *s*
山 Sugiyama *s*
山丹後揆 S. Tangono-jō *ma*
山平助 S. Heisuke *s*
山杉風 S. Sanpū *ml*
山肥前揆 S. Bizenno-jō *ma*
山英樹 S. Hideki *ml*
内 Sugiuchi *s*
⁵立 Sugitate *s*
平 Sugihira *s*
本 Sugimoto *s*
生 Sugifu *s*
田 Sugita *s*
田久女 S. Hisajo *fl*
田玄白 S. Genpaku *ml*
田鶴子 S. Tsuruko *fl*
⁶江 Sugie *sf*
⁷坂 Sugisaka *s*
沢 Sugisawa *s*
村 Sugimura *s* ⌐*ml*
村楚人冠 S. Sojinkan
谷 Sugitani *s*, Sugiya
⁸林 Sugibayashi *s*
若 Sugiwaka *s*
並 Suginami *p*
⁹妻 Suginome *s*

岡 Sugioka *s*
風 Sanpū *ml*
¹⁰浦 Sugiura *s*
浦明平 S. Minpei *ml*
浦重剛 S. Shigetake / Jūgō *mlh*
浦翠子 S. Suiko *fl*
原 Sugihara *s*
¹¹渓 Sugitani *s*
野 Sugino *s*
島 Sugishima *s*
¹⁶崎 Sugisaki *s*
森 Sugimori *s* ⌐*ml*
森久英 S. Hisahide
森次郎 S. Kōjirō *ml*

─────7 L5─────

町 426 [T] Machi *s.* (CHŌ, machi)
口 Machiguchi *s*
子 Machiko *f*
井 Machii *s*
山 Machiyama *s*
尻 Machijiri *s*
尻子 Machijiriko *f*
田 Machida *s*
田嘉章 M. Kashō *ma*
出 Machide *s*
彦 Machihiko *m*
野 Machino *s*
島 Machijima *s*

初 427 [T] Hajime *m.* (SHO, SO, ha-tsu, moto)
³子 Hatsuko *f*
太郎 Hatsutarō *m*
⁴山 Hatsuyama *s*
山別 Shosanbetsu *p*
山踏 Uiyamafumi *l*
⁵田 Hatsuda *s*, Hatta
次郎 Hatsujirō *m*
⁷沢 Hatsuzawa *s*
谷 Hatsugai *s*
⁸巳 Hatsumi *s*
芽 Hatsume *m*
⁹卯 Hatsuo *m*
音 Hatsune *sl*
¹¹菊 Hatsugiku *f*
雪 Hatsuyuki *la*
島 Hatsushima *s*
¹²鹿 Hajika *s*, Hatsu-shika
鹿野 Hajikano *sp*; Ha-tsukano *s*
¹⁶鴉 Hatsugarasu *l*

杠 朽 材 杙 杖 杜 杣 杉 町 初 ▼ 幼 劮 励 助 刭 刔 判 别 利 乱 豆 言 亨 走 克 赤 ▲ 毎 希 肴 兔 余 吉 肖 夸 舎

¹⁹瀨 Hatsuse *m*; Hase *p*

幼 428 [T] (YŌ, wa-ka, ubu)
方 Ubukata *s*

劮 429 Tsutomu *m* (SHŌ, JŌ)

励 430 [T] Tsutomu *m.* (REI)
作 Reisaku *m*

助 431 [T] Tasuku *m.* (JO, SHO, ZO, suke, hiro, masu)
³川 Sukegawa *s*
千 Sukekazu *m*
⁴六 Sukeroku *la*
太郎 Suketarō *m*
⁵左衛門 Sukezaemon
市 Sukeichi *m* ⌈*m*
⁶休 Sukeyoshi *m*
当 Sukemasa *m*
有 Sukemichi *m*
名 Sukena *m*
⁷弘 Sukehiro *m*
⁸林 Sukemori *m*
受 Suketsugu *m*
⁹映 Sukehide *m*
松 Sukematsu *s*
参 Sukechika *m*
¹⁰高屋 Suketakaya *s*
盈 Sukemichi *m*
¹⁴種 Suketane *m*
¹⁶賢 Suketoshi *m*

劍 432 Satoshi *m.* (REI, RYŌ)

刔 433 See 初 427

判 434 (HAN, sada, chika, naka, yu-
乃 Hanno *s* ⌈ki)
門田 Haneda *s*

别 435 [T] (BETSU, waki, waku, no-bu)
³子山 Besshiyama *p*
⁴木 Bekki *s*
井 Betsui *s*
処 Bessho *s*
⁶当 Bettō *mh*

⁷役 Betsuyaku *s*, Be-tchaku
⁸所 Bessho *s*
府 Beppu *sp*, Befu
¹⁰海 Bekkai *p*
宮 Bekku *s* ⌈*uchi* s
¹¹倭種 Kotoyamatono-
¹⁷喜 Bekki *s* ⌈*um* s
¹⁹願和讃 Betsugan wa-

利 436 [T] Toshi *m*, Tōru, Minoru.
(RI, toshi, yoshi, sato, to, nori, kaga, kazu, michi, yuki, masa)
¹一 Riichi *m*
³川 Toshikawa *s*
三 Toshizō *m*
三郎 Risaburō *m*
上 Toshikami *m*
子 Toshiko *f* ⌈*mh*
仁将軍 Rijin Shōgun
夫 Toshio *m*
井 Kagai *s*
太 Toshimasu *m*
⁵以 Toshimochi *m*
功 Toshikoto *m*
可 Toshiyoshi *m*
尻 Rishiri *p*
生 Rifu *s*
⁶休 Rikyū *m*
行 Toshihira *m*
吉 Rikichi *m*
光 Toshimitsu *sm*; Kagami *s*
同 Toshikatsu *m*
⁷位 Toshitsura *s*
助 Risuke *m*
初 Toshimoto *m*
亨 Toshinao *m*
克 Toshinari *m*
声 Toshikata *m*
苅 Togari *s*
兵衛 Ribee *m* ⌈*akira*
見 Toshimi *m*, Toshi-
考 Toshiyasu *m*
寿 Toshihogi *m*
⁸物 Toshitane *m*
和 Toshikazu *m*, To-shiyoshi
制 Toshiyori *m*
定 Toshisada *m*
周 Toshikane *m*
府 Rifu *sp*
⁹治 Toshiharu *m*
美 Toshiyoshi *m*
彦 Toshihiko *m*

¹⁰家 Toshinari *m*
¹⁰家 Toshiie *m*
恭 Toshichika *m*
通 Toshiyuki *m*, To-shimichi
済 Toshitada *m*
理 Toshimasa *m*, To-shitada
躬 Toshimoto *m*
剛 Toshihisa *m*
根 Tone *p*
根川 Tonegawa *sp*
根子 Toneko *f*
彭 Toshika *m*
島 Toshima *p*
彪 Toshitora *m*, To-shiaya
¹²随 Toshiyuki *m*
温 Toshiyoshi *m*
敬 Toshiyuki *m*
彭 Toshichika *m*
賀 Toga *p*
喜三郎 Rikisaburō *m*
喜太郎 Rikitarō *m*
¹³極 Toshinaka *m*
雄 Toshio *m*, Toshi-katsu
幹 Toshitsune *m*
寛 Toshihito *m*
誉 Toshitaka *m*
¹⁴精 Toshiaki *m*
¹⁵鋪 Toshiharu *m*
器 Toshikata *m*
¹⁶賢 Toshikata *m*
¹⁷謙 Toshinori *m*, To-shikata, Toshiaki
豁 Toshiakira *m*
²⁰徽 Toshiyoshi *m*

———— 7 L6 ————

乱 437 [T] Osamu *m-f.* (RAN)

———— 7 T1 ————

豆 438 [T] (TŌ, ZU, mame)
田 Mameda *s*

言 439 [T] Hogi *s.*
(GEN, GON, koto, toki, nobu, nori, aki, aya, toshi, yuki, tomo)
人 Kotondo *m*
夫 Nobuo *m*
同 Kontō *s*
志 Noriyuki *m*
知 Tokisato *m*

忠 Akitada *m*
辰 Tokitatsu *m*
泰 Tokihiro *m*
道 Kotomichi *m*
語同断 Tekurada *s*, Tekura
緒 Tokio *m*
綱 Toshitsuna *m*
縄 Kototsuna *m*
鑒 Kotomi *m*

———— 7 T2 ————

亨 440 [N] Susumu *m*, Tōru, Akira.
(KYŌ, KŌ, michi, yuki, aki, chika, toshi, naga, nao, nari)
子 Michiko *f*
介 Kyōsuke *m*
江 Yukie *f*
吉 Kōkichi *m*
弘 Toshihiro *m*

走 441 [T] (SŌ, ha-shiri, yuki)
井 Hashirii *s*
出 Hashiride *s*
馬燈 Sōmatō *l*
部 Hasebe *s*

克 442 [T] Suguru *m*, Katsumi, Ka-tsu, Masaru, Isoshi.
(KOKU, katsu, yoshi, tae, nari)
³三 Katsumi *m*
巳 Katsumi *m*
子 Katsuko *f*
⁴太郎 Katsutarō *m*
⁵礼 Yoshinori *m*
⁷孝 Yoshitaka *m*
⁸明 Katsuaki *m*
知 Yoshiakira *m*
⁹彦 Katsuhiko *m*
¹⁰郎 Yoshirō *m*, Yoshi-修 Yoshinobu *m* ⌈ra
¹¹惟 Katsutada *m*
捷 Katsutoshi *m*
¹³禎 Katsusada *m*
¹⁶衛 Katsue *m*

赤 443 [T] Hanyū *m*; Aka *p.* (SEKI, SHAKU, aka, ka, hani, wani)
²人 Akahito *m*
³川 Akagawa *s*

60

土 Akahani s, Shakudo
⁴山 Akayama s
井 Akai s
井川 Akaigawa s
木 Akagi s
木桁平 A. Kōhei ml
木格堂 A. Kakudō ml
木健介 A. Kensuke ml
⁵司 Akashi s
石 Akaishi s, Akashi
生 Hanyū s
兄 Akae m
田 Akada s
平 Akabira ml
本 Akahon l
⁶地 Akaji m
池 Akaike s
羽 Akabane sp
羽根 Akabane sp
光 Shakkō l
⁷佐 Akasa s
阪 Akasaka s
坂 Akasaka sp
沢 Akazawa s
尾 Akao s
見 Akami s
見坂 Akamizaka s
⁸泊 Akadomari p
林 Akabayashi s
⁹津 Akatsu s
垣 Akagaki s
城 Akagi sp; Sekijō sm
松 Akamatsu s
松則村 A. Norimura mh ⌐mh
松満祐 A. Mitsusuke
星 Akaboshi s
岩 Akaiwa s
岩栄 A. Sakae ml
染 Akazome s
染部 Akazome s
染衛門 A. Emon fl
岡 Akaoka p
彦 Akahiko m
¹⁰歐 Akaze m
荻 Akaogi s
座 Akaza s
¹¹根 Akane s
野 Akano s
黄男 Kakio m
¹²埴 Akahani s, Aka-
湯 Akayu p ⌐bane
須 Akasu s
萩 Akahagi s
崎 Akasaki s
間 Akama s
¹³碕 Akasaki p

塚 Akatsuka s
塩 Akashio s
堀 Akabori s
¹⁵蝦夷風説考 Akaezo fūsetsukō lh
穂 Akaho s; Akō p
穂浪士 Akō rōshi l
磐 Akaiwa p
¹⁶橋 Akabashi s
¹⁸藤 Shakudō s
嶺 Akamine s
¹⁹禰 Akane s
²¹鶴 Shakuzuru sma
鶴成 S. Yoshinari ma

毎 444 [T] (MAI, BAI, kazu, tsune)
人 Tsuneto m
月抄 Maigetsushō l
田 Maiden s, Maida
保 Tsuneyasu m
治 Tsuneji m
高 Maitaka s

希 445 [T] (KI, KE, mare)
一 Kiichi m
人 Marendo s
代 Kidai s
世 Mareyo m
男 Mareo m
典 Maresuke s
雄 Mareo m
臘 Girisha p "Greece"

谷 446 (KŌ, kin)
定 Kinsada m

兗 447 Tōru m, Satoru, Naoshi, Atsumaru. (DA, TAI, sawa, toki, michi)

余 448 [T] Amari s. (YO, ware)
一 Yoichi m
川 Yokawa s
四男 Yoshio m
田 Yoden s; Aguri sp
市 Yoichi p
奴 Enu s
技 Hakuri m
呉 Yogo p

島 Ashima s
郷 Yogō s
語 Yogo s, Jogo
綾 Yurugi s; Yorogi sp

谷 449 [T] Tani s, Yatsu, Hazama. (KOKU, ya, tani, yatsu, hiro)
³川 Tanikawa s, Tani-gawa, Yatsukawa
川俊太郎 Tanikawa Shuntarō ml
川徹三 T. Tetsuzō ml
口 Taniguchi s, Yagu-guchi
下田 Yashimoda s
上 Tanigami s
干城 Tani Tateki mh
元 Tanimoto s
戸 Yato s
中 Yanaka s
内 Taniuchi s, Yachi, Tannai, Yanai
内田 Yachida s
文晁 Tani Bunchō ma
山 Taniyama sp
五郎 Tanigorō m
井 Tanii s; Yatsui, Ya-sui, Yai
⁵永 Taninaga s
古田 Yakuda s
古宇 Yakou s
本 Tanimoto s
⁶地田 Yachida s
行 Tanikō la
合 Taniai s ⌐wa
⁷沢 Tanizawa s, Yaza-
汲 Tanigumi p
村 Tanimura s
邦 Kokuna s
谷 Yatsuya s, Yatsu-gaya, Tanigae, Ya-
出 Tanide s ⌐nigaya
貝 Yatsugai s ⌐gawa
³河 Tanikawa s, Tani-
和原 Wahara p
津 Tanizu s; Yatsu sp
津田 Yatsuda s
治 Yaji s
活東 Tani Kattō ml
垣 Tanigaki s

畑 Tanihata s
岸 Tanigishi s
岡 Tanioka s
¹⁰時中 Tani Jichū mh
脇 Taniwaki s
高 Tanitaka s
原 Tanihara s
¹¹野 Yano s, Tanino
部 Tanibe s ⌐shima
島 Yashima s, Tani-
¹²崎 Tanizaki s
崎潤一郎 T. Jun'ichirō
森 Tanimori s ⌐ml
¹³鼎 Tani Kanae ml
¹⁵蔵 Tanizō m
¹⁸藤 Tanifuji s
²⁰馨 Tani Kaoru ml

——— 7 T3 ———

旹 450 See 旨 263

肖 451 [T] (SHŌ, ae, are, ayu, sue, ta-ka, nori, yuki)
柏 Shōhaku ml
奈 Sena s

夸 452 (KO, KU, ya)

含 453 [T] (GAN, mochi)
羞草 Nemurigusa l

会 454 [T] (KAI, E, ai, au, kazu, sa-da, haru, mochi)
加 Eka s
田 Aida s
合衆 Egōshū mh
沢 Aizawa s
沢安 A. Yasushi mh
見 Aimi p
洲 Aisu s
津 Aizu sph
津八一 A. Yaichi ml
津坂下 A. Bange p
津高田 A. Takada p
曾川 Aisogawa s

牟 455 (MU, BŌ, moto, masu)
子 Motoko f
礼 Mure sp
田 Muta s

判別利乱豆言亨走克赤 ▼ 每希谷兗余谷吉肖夸含会牟 ▲ 麦条枭呂邑足忍志声

左 margin:
谷
兌
余
谷
吉
肖
奇
含
牟
▼
麦
条
朶
呂
邑
足
忌
志
声
売
壱
宋
宕
宍
▲
完
安
芭
芙
芥
芼
芳
芹
苅
芳

田口 Mutaguchi s
佐 Musa s
岐 Mugi sp
宜都 Mugetsu s
庫 Muku s
妻 Muro p
義都 Mugetsu s

麦 456 [T] (BAKU, mugi)
子 Mugiko f
水 Bakusui ml
生 Mugyū s, Mugifu
倉 Mugikura s

条 457 [T] Koeda s. (JŌ, CHŌ, eda, e, naga)
太郎 Jōtarō m
野 Jōno s
野採菊 J. Saigiku ml

朶 458 (DA, TA, eda, e)
子 Edako f

呂 459 [N] Ro s. (RO, RYO, tomo, naga, oto, fue)
久 Tomohisa m
宋 Ruson p "Luzon"
蓮 Roren l

邑 460 Satoshi m. (YŪ, ō, mura, sato, kuni, sumi)
一 Muraichi m
上 Murakami s
久 Oku p
井 Murai s
代 Iishiro s
珍 Ōchi s 「Ōchi p
智 Ochi s, Okuchi ;
楽 Ōaraki s ; Ōra p
治 Ōji m

足 461 [T] Taruno s. (SOKU, ashi, tari, taru, a, nari, mitsu, yuki, tarashi)
5代 Ajiro sp
尼 Sukune s
立 Adachi s 「sp
6羽 Ashiba s ; Asuwa
守 Ashimori p
7助 Asuke sp
助素一 A. Soichi ml

利 Ashikaga sp
利成氏 A. Shigeuji mh
利持氏 A. Mochiuji mh
利政知 A. Masatomo mh 「mh
利直義 A. Tadayoshi
利基氏 A. Motouji mh
利尊氏 A. Takauji mh
利義尚 A. Yoshihisa mh 「mh
利義持 A.Yoshimochi
利義昭 A.Yoshiaki mh
利義政 A. Yoshimasa mh 「mh
利義教 A. Yoshinori
利義満 A.Yoshimitsu mh
利義視 A.Yoshimi mh
利義詮 A. Yoshiakira mh 「mh
利義輝 A. Yoshiteru
尾 Ashio p
尾銅山 A. Dōzan ph
8和田 Ashiwada p
奈 Sukuna s
9柄 Ashigara s
柄上 A.-kami p
柄下 A.-shimo p
10迹 Ashiato l
11寄 Ashiyoro p
12達 Adachi s
15穂 Ashio s ; Tariho m, Taruho

忌 462 [T] (KI, imi)
寸 Imiki s
町 Itō s
部 Inbe s
鉄師 Imikanuchi s

忍 463 [T] Shinobu m-f ; Oshi sp ;
Oshimi s, Oshinumi.
(NIN, oshi, shino, tō)
4夫 Shinobu m
4冬 Suikazura l
田 Oshida s
7助 Oshisuke m
坂 Osaka s
坂部 Osakabe s
足 Oshitari s, Otari
8性 Ninshō mh
9岡 Shinobugaoka s
10海 Oshinoumi s ; Oshimi sp
峡 Oshio s

11野 Oshino p
12崎 Oshizaki s
13路 Oshiro s
15熊 Oshikuma s
16壁 Osakabe s, Oshikabe

志 464 [1] Shirusu m. (SHI, yuki, sane, mune)
4水 Shimizu s
内 Shiuchi s
方 Shikata sp
太 Shida p
毛 Shige s
比 Shii s
比陀 Shihida s
布志 Shibushi p
立 Shidate s, Shidachi
田 Shida sp
田野坂 S. Yaba ml
田素琴 S. Sokin ml
6池 Shichiike s
自岐 Shijiki s
7佐 Shisa s
沢 Shizawa s
村 Shimura s
那 Shina s
豆紀 Shizuki f
豆機 Shizuhata s
我閇 Shikanohe s
8岐 Shiki s
和 Shiwa p
知 Shichi s
波 Shiwa s, Shiba, Shinami
波姫 Shiwahime s
免 Shime p
茂 Shimori s
9段 Shidami s
礼 Shiki s
保 Shio f
依 Yukie f
津 Shizu s
津川 Shizugawa p
津野 Shizuno s
津梨 Shizuri s
津摩 Shizuma m
津磨 Shizuma m
度 Shido p
10倉 Shigura s
馬 Shima s
深村 Shijimimura s
野 Shino s
12朝 Yukitomo m
富田 Shibuta s
斐 Shibi s

筑 Shitsuki s, Shizuku
筑忠雄 Shitsuki Tadao mh
賀 Shiga sp-la
賀直哉 S. Naoya ml
賀重昂 S. Shigetaka mlh
賀潔 S. Kiyoshi mh
賀穴太 Shiganoanaho s 「shiji
道 Shidō s, Shiji, Shi-
13雄 Yukio m ; Shio p
純 Yukitō m
15談 Shidan s, Shidami
摩 Shima sm-p
16須磨 Shizuma m
磨 Shima s
17濃夫硒舎 Shinobunoya ml
18鎌 Shikama s
藤 Shitō s

声 465 [T] Nobu f. (SEI, SHŌ, na, kata, ato)

売 466 [T] (BAI, ME, uri)
木 Urugi p
豆紀 Mezuki s

壱 467 [T] (ICHI, ITSU, kazu, sane, moro)
比韋 Ichihii s
礼比 Ichirohi s
体比 Ichirohi s
岐 Iki sph

宋 468 Sō s. (SŌ, SU, kuni, oki)

宕 469 See 宕 948

宍 470 (JIKU, NIKU, shishi)
人 Shishūdo s, Shishi-
戸 Shishido s 「do
夫 Shishio m
甘 Shishikai sp ; Shishikō s
草 Shishikusa s
倉 Shishikura s
栗 Shishiguri s
粟 Shishizawa s ; Shizawa sp ; Shisō p

道 Shinji *sp*
喰 Shishikui *p*

完 471 [T] Tamotsu *m*, Mataki, Matashi, Hiroshi, Yutaka; Mitsu *f*. (KAN, GAN, sada, naru, hiro, mitsu, masa, mata, shishi)
二 Kanji *m*
子 Hiroko *f*
戸 Kanto *s*, Shishido
利 Shitori *s*
吾 Kango *m*
孝 Sadataka *m*
治 Kanji *m*
草 Shishigusa *s*
美 Narumi *f*
道 Shishiji *s*
雄 Masao *m*
爾 Kanji *m*
識 Sadanori *m*

安 472 [T] Yasushi *m*; Yasu *sm*. (AN, yasu, sada)
[1]一郎 Yasuichirō *m*
[2]八 Anpachi *p*
[3]川 Yasukawa *s*
三郎 Yasusaburō *m*
口 Hatakuchi *s*, Hatayasu, Hatakasu
之助 Yasunosuke *m*
万 Ama *m*
子 Yasuko *f*
土 Azuchi *p*; Azechi *s*
土桃山 Azuchi Momoyama *h* ⌈*s*
[4]心院 Ajimi *sp*; Ajimu
元 Angen 1175–77; Yasumoto *s*
中 Yasunaka *s*; Annaka *sp*
王 Yasutaka *m*
五郎 Yasugorō *m*
太郎 Yasutarō *m*
毛 Amo *s*
井 Yasui *s* ⌈*ma*
井曾太郎 Y. Sōtarō
木 Yasugi *s*
木田 Akita *s* ⌈*p*
[5]代 Yasuyo *s*; Ashiro
礼 Yasumasa *m*
永 An'ei 1772–81; Yasunaga *sm*
古市 Yasufuruichi *p*
旦 Yasuaki *m*, Yasuakira
左衛門 Yasuzaemon *m*
立 Adachi *s*, Anryū
玉 Yasukiyo *m*
本 Yasumoto *s*
生 Anjō *s*
田 Yasuda *sp*
田青風 Y. Seifū *ml*
田章生 Y. Ayao *ml*
田靫彦 Y. Yukihiko
正 Yasumasa *m* ⌊*ma*
[6]次郎 Yasujirō *m*
江 Yasue *s*
光 Yasumitsu *sm*
吉 Yasukichi *m*; Aki *s*
宅 Ataka *sp-la*; Adaki *s*, Kataka, Yasumi; Yasuori *m*
宅木 Ataki *s*
在 Anzai *s*
成 Yasunari *sm*
成二郎 Y. Jirō *ml*
成貞雄 Y. Sadao *ml*
西 Anzai *s*
西冬衛 A. Fuyue *ml*
[7]村 Yasumura *s*
但 Yasutada *m*
佐 Asa *p*
佐美 Asami *s*
住 Azumi *s*, Yasuzumi, Anjū ⌈*ml*
住敦 Azumi Atsushi
沢 Anzawa *s*, Yasuza-
形 Agata *s* ⌊wa
谷 Yasutani *s*
究 Yasuzumi *m*
至 Yasuchika *m*
邑 Yasumura *m*
足 Yasutari *sm*
見 Yasumi *s*
寿田 Yasuda *s*
来 Yasugi *p*
[8]拝 Ae *s*
河内 Yasukōchi *s*
明 Yasuaki *m*
岐 Aki *sp*
和 Anwa 968–70
房 Awa *p*
念 Annen *s*
定 Yasusada *m*
奈木 Anaki *s*
斉 Anzai *s*
努 Anu *s*
典 Yasunori *m*
英 Yasue *f*
芸 Aki *sf-p*; Age *p*
芸凡 Akiōshi *s*
芸津 Akitsu *p*
国寺 Ankokuji *p*
居 Yasui *s*, Ao; Yasuoki *m*
居院 Agui *sml-p*; Akuin *s*, Agoin
武 Yasutake *s*
良沢 Arasawa *s*
良岡 Araoka *s*, Yasu-
東 Andō *s* ⌊raoka
東次男 A. Tsuguo *ml*
[9]保 Anpo *s*, Abo, Aho
松 Yasumatsu *s*
政 Ansei 1854–66
城 Anjō *sp*
城家の兄弟 Anjōke no kyōdai *l*
治 Yasuharu *m*
治郎 Yasujirō *m*
勅 Ajiki *s*, Achiki, A-
勅城 Ajiki *s* ⌊doki
南 Annan *p* "Annam"
香 Akō *s*
貞 Antei 1227–29
彦 Yasuhiko *m*, Yasuo; Abiko *s*
岡 Yasuoka *s* ⌈*ml*
岡章太郎 Y. Shōtarō
[10]浦 Yasuura *p*
祥 Anjō *s*
殷 Yasushige *m*
勑 Atogi *s*
勑城 Atogi *s*
倍 Abe *sp*
倍貞任 A. no Sadatō *mh* ⌈*ml*
倍能成 A. Yoshishige
倍晴明 A. no Seimei *mh* ⌈*mh*
倍頼時 A. no Yoritoki
食 Ajiki *sp*; Agui *s*
容 Yasumori *m*
室 Yasumuro *s*
益 Aya *sp*
原 Yasuhara *s*
[11]後 Yasunochi *m*
族 Yasutsugu *m*
野 Yasuno *s*
都 Yasukuni *m*
部 Abe *s*
部公房 A. Kōbō *ml*
部忠三 A. Chūzō *ml*
部磯雄 A. Isoo *mlh*
宿 Asuka *s*
堂 Andō *s*
斎 Anzai *sml* ⌈*ml*
斎桜磈子 A. Ōkaishi
島 Yasushima *s*, Aji-
閑 Abe *s*, Ae ⌊ma
[12]順 Yasushige *m*
孫子 Abiko *s*
補 Yasusada *m*
場 Yasuba *s*
堵 Ando *p*
納 Annō *s* ⌈*s*
富 Yasutomi *sp*; Anfu
喜 Yasuyoshi *m*
崇 Yasutaka *m*
間 Anma *s*, Ama, Yasuma
達 Adachi *sp* ⌈*mh*
達泰盛 A. Yasumori
達原 Adachigahara *la*
[13]喰 Anjiki *s*, Ajiki
塚 Yasuzuka *p*
満 Yasumitsu *sm*
福 Anpuku *s*, Yasukabe, Yasukae, Yasu-
雄 Yasuo *m* ⌊fuku
純 Yasuzumi *m*
誠 Yasumasa *m*
詮院 Azebu *s*
蒜 Anhiru *s*
雲 Yasumo *s*
愚楽鍋 Aguranabe *l*
幕 Amaka *s*, Amari
楽 Anraku *s*
楽城 Araki *s*
楽庵策伝 Anrakuan Sakuden *ml*
[14]徳 Antoku *mh*
飾 Anjiki *s*
認 Yasumoro *m*
誠 Yasumasa *m*
[15]蔵 Anzō *s*, Azō
摩 Ama *s*
諦 Ade *sp*
[16]頭麻呂 Azumaro *m*
歓 Yasuyoshi *m*
積 Azumi *s*; Asaka *sp*
積澹泊 Asaka Tanpaku *mh*
親 Yasuchika *m*
憲 Yasunori *m*
蟇 Amaka *s*
[17]濃 Anō *sp*
濃津 Annotsu *s*
曇 Azumi *sp*; Akumo *s*, Atsumo
曇川 Adogawa *p*
[18]藤 Andō *s*
藤一郎 A. Ichirō *ml*

忍
志
声
売
壱
宋
宄
完
安
▼
芭
芙
芥
茾
芬
芹
苅
芳
花
歩
昊
孚
芦
至
杢
杏
李
▲
呑
告
吾
労
究
辛
皀
男
禿
児

藤広重 A. Hiroshige ma
藤昌益 A. Shōeki mh
藤信正 A. Nobumasa mh
19 繁 Yasushige m
20 蘇 Aso sp
21 繹 Yasutsugu m

芭 473 (BA, HA)
蕉 Bashō ml 「shū l
蕉七部集 B. shichibu-

芙 474 (FU, hasu)
代 Hasuyo f

芥 475 (KAI, KE, shi-na, akuta)
川 Akutagawa sla
川竜之介 A. Ryūno-suke ml

茾 476 (MŌ, HŌ, hiro)
子 Hiroko f

芬 477 Kaoru m. (FUN, hisa, ka)

芹 478 (KIN, GON, seri)
川 Serikawa s
生 Seryū s
田 Serita s
田鳳車 S. Hōsha ml
沢 Serizawa s
沢光治良 S. Kōjirō ml
草越 Serikoshi s
野 Serino s

苅 479 (KAI, GAI, GE, kari)
山 Kariyama s
田 Kanda sp ; Karita s
田丸 Karitamaru m
田麻呂 Karitamaro m
込 Karikomi s
米 Kariyone s
谷 Kariya s
部 Karibe s
萱 Karukaya s
萱道心 K. Dōshin lm
萱桑門筑紫轢 K. D. Tsukushi no iezuto la

芳 480 [T] Kaoru m, Kanbashi, Yoshi. (HŌ, yoshi, ka, michi, fusa, hana, moto)
人 Yoshito m
川 Yoshikawa s
三郎 Yoshisaburō m
子 Yoshiko f
久 Yoshihisa m
水 Hōsui m
井 Yoshii p
太郎 Yoshitarō m
夫 Yoshio m
市 Yoshiichi m
生 Michio m
次郎 Yoshijirō m
名 Yoshina s
沢 Yoshizawa s
村 Yoshimura s
男 Yoshio m
林 Yoshibayashi s
宜薗 Hagizono s
武 Yoshitake m
香 Hōka s
美 Hami s
郎 Yoshirō m
野 Yoshino m
隆 Yoshitaka m
賀 Haga sp
賀矢一 H. Yaichi ml
賀檀 H. Mayumi ml
雄 Yoshio m
徳 Yoshinori m
蔵 Yoshizō m
樹 Yoshiki m
養 Haya s
幾 Yoshichika m

花 481 [T] Hana sf. (KA, KE, hana, haru)
ケ崎 Hanagasaki p
川 Hanakawa s
子 Hanako f ; Hana-
上 Hanae s 「go la
水 Hanamizu s
井 Hanai s
木 Hanagi s
月 Kagetsu la
月草紙 K. sōshi l
山 Hanayama sp ; Kazan mlh
山院 Kazan'in smlh
山院長親 K. Nagachika ml
矢 Hanaya p
生 Hanao s

田 Hanada s 「ml
田比露思 H. Hiroshi
田清輝 H. Kiyoteru ml
本 Hanamoto s
守 Hanamori m
伝書 Kadensho l
坊 Hanabō s
沢 Hanazawa s
村 Hanamura s
形 Hanagata s
谷 Hanatani s
安 Hanayasu s
里 Hanasato s
枝 Hanae f
房 Hanabusa s
咲翁 Hanasakajii l
泉 Hanaizumi p
香 Hanaka m
巻 Hanamaki p
岡 Hanaoka s
岡謙二 H. Kenji m
柳 Hanayanagi s
家 Hanaya s
恵 Hanae f
屋 Hanaya s
笑 Hanae f
桜折少将 Hanazakura oru shōshō l
野 Hanano s
宴 Hana no en l
笠 Hanagasa s
島 Hanashima s
鳥編 Kachōhen l
崎 Hanazaki s
散里 Hana chiru sato l
間鶯 Kakan'ō l
塚 Hanazuka s
植 Hanaue s
筐 Hanagatami la
園 Hanazono sp
暦八笑人 Hanagoyomi hasshōjin l
輪 Hanawa sp
影 Kaei l
簇 Hanamure s

——— 7 T4 ———

歩 481A See 歩 694

昊 482 Hiroshi m. (DAI, TAI)

孚 483 Makoto m. (FU, koto, sane, tada, taka, tane, tomo, nobu)

子 Taneko f
貞 Nobusada m
俊 Takatoshi m
鷹 Takamaro m

芦 484 (RO, ashi, yoshi)
川 Ashigawa p
刈 Ashikari p-l
北 Ashikita p
辺 Ashibe p
田 Ashida p
田均 A. Hitoshi mh
田恵之助 A. Enosuke
沢 Ashizawa s 「ml
別 Ashibetsu p
安 Ashiyasu p
谷 Ashiya s
見 Yoshimi s
品 Ashina sp
原 Ashiwara s ; A-wara p
屋 Ashiya p
野 Ashino s
葉 Ashiba s

至 485 [T] (SHI, yuki, chika, yoshi, nori, michi, mune)
上律 Shijōritsu l
子 Yukiko f
大 Michitomo m
世 Noriyo f
弘 Yoshihiro m
花道書 Shikadōsho l
剛 Shigō m
徳 Shitoku 1384–87
鎮 Yoshishige m

杢 486 Moku m. (moku)
之進 Mokunoshin m
網 Mokuami m

杏 487 Kyō s. (KŌ, KYŌ, anzu)
っ子 Anzukko l

李 488 Ri s. (RI, mo-mo, sumomo)
子 Momoko f
木 Sumomogi s
花集 Rikashū l
家 Rinoie s
陵 Ri Ryō mh-l " Li Ling "

呑 489 (TON, nomi)
義 Nomiyoshi m

告 490 [T] Shimesu m; Nori s. (KOKU, kō, tsugu, tsuge)
森 Tsugemori s, Kotsumori

吾 491 [N] (GO, a, waga, wa, ware, michi)
⁸川 Agawa p
⁵北 Gohoku p
平 Ahira p
⁶全 Waze s
⁷助 Gosuke s
⁸河 Wakagawa s, Wagō, Agawa
枝 Wagae f
⁹妹 Wagimo l
妻 Azuma sp; Agatsuma p; Azuma dō l
妻間答 Azuma mondō lh
妻鏡 A. kagami lh
¹⁰郎 Gorō m
¹¹箭 Ake m
¹²孫子 Abiko s
孫子 Abiko s
¹⁵髪 Atsura m
¹⁶樹 Aki f
²³鬘 Atsura m

——— 7 T5 ———

労 491A [T] (RŌ, mori)

究 492 [T] Kiwamu m. (KYŪ, KU, sata, sumi)

辛 493 [T] Kanoto m. (SHIN, kara)
夷 Kobushi l
島 Karashima sp

皀 494 Kyū s. (KYŪ)
郭 Kyūkaku s

男 495 [T] (DAN, NAN, o, oto)
也 Otoya m
女川 Omegawa s
玉 Otama m
色大鑑 Nanshoku ōkagami l

沢 Ozawa s
谷 Odani s
足 Otari s
波 Onami f
壮 Oyuka s
梶 Okaji m
衾 Obusuma s
鹿 Oga p

禿 496 Kamuro m; Kaburu s. (TOKU, kamuro)
氏 Kamuroji s, Toku-shi

児 497 [T] Hajime m; Chigo s. (JI, ko, ru, nori, chigo)
山 Koyama s
山敬一 K. Keiichi ml
玉 Kodama s
玉花外 K. Kagai ml
玉源太郎 K. Gentarō
谷野 Koyano s mh
馬 Koba s
部 Jibe s
島 Kojima sp
島惟謙 K. Iken mh
島喜久雄 K. Kikuo ml
湯 Koyu p

貝 498 [T] (HAI, BAI, kai)
おほひ Kai-ōi l
川 Kaikawa s
子 Kaiko f
田 Kaida s
沼 Kainuma s
津 Kaizu s
原 Kaibara s
原益軒 K. Ekiken / Ekken mh
島 Kaijima s
賀 Kaiga s
塚 Kaizuka sp
瀬 Kaise s

兵 499 [T] (HEI, HYŌ, take, hito, mune)
¹一 Hyōichi m
⁸三郎 Hyōsaburō m
⁵五郎 Hyōgorō m
⁵主 Hyōsu s
⁶吉 Hyōkichi m
⁷治 Hyōji m
¹⁰俊 Taketoshi m
庫 Hyōgo p

¹¹動 Hyōdō s
部 Hyōbu m
部卿 H.-kyō l
視 Takemi m
¹²須 Hyōsu s
¹⁶衛 Hyōe m-fl
頭 Hyōdō s
¹⁸藤 Hyōdō s

——— 7 F ———

考 See 540

孝 See 541

屍 500 See 虎 754

廷 501 [T] (TEI, naga, taka, tada)

囲 501A [T] (I, mori)

図 502 [T] Hakaru m. (TO, ZU, nori, mitsu)
南 Tonan m
師 Zushi s

匠 503 [T] Takumi m. (SHŌ, ZŌ)

匡 504 [N] Tadashi m, Masashi, Tasuku. (KYŌ, KŌ, masa, tada)
子 Masako f
也 Masatada m
四郎 Masashirō m, Tadashirō
房 Masafusa ml
徳 Masanori m, Tadanori
衛 Masahiro m
衡 Masahira m

尾 505 [T] (BI, o, sue)
⁸川 Ogawa s
口 Okuchi sp
子 Sueko f
上 Onoe sp; Ogami s
上柴舟 Onoe Saishū ml
上菊五郎 O. Kikugo-rō ma

下 Oshita s
⁴中 Onaka s
方 Ogata s
山 Oyama s ml
山篤二郎 O. Tokujirō
木 Ogi s
内 Onai s, Ouchi
⁵古 Oko s
本 Omoto s
田 Oda s
⁶池 Oike s
辻 Otsuji s
竹 Otake s
去沢 Osarizawa p
宅 Oyake s
芝 Oshiba s
台 Odai s
吉 Suekichi m
寺 Odera s
西 Bisai p
⁷沢 Ozawa s
坂 Osaka s
佐丸 Osamaru m
佐竹 Osatake s
佐竹猛 O. Takeo mlh
形 Ogata s
形光琳 O. Kōrin ma
形乾山 O. Kenzan ma
形亀之助 O. Kamenosuke ml
村 Omura s, Onomura
谷 Otani s
花 Ohana s
花沢 Obanazawa p
里 Ozato s
見 Omi s
⁸林 Obayashi s
⁹城 Oshiro s
畑 Obata s
¹⁰高 Otaka s, Suetaka
原 Ohara s
¹¹野 Ono s
島 Ojima sp
¹²崎 Ozaki s
崎一雄 O. Kazuo ml
崎士郎 O. Shirō ml
崎行雄 O. Yukio mh
崎孝子 O. Kōko fl
崎放哉 O. Hōsai ml
崎宏次 O. Hirotsugu ml
崎紅葉 O. Kōyō ml
崎喜八 O. Kihachi ml
道 Onomichi p
¹³張 Owari ph
塞 Oseki s

芳
花
歩
具
孚
芦
至
杢
杏
李
▼
呑
告
吾
労
究
辛
皀
男
禿
児
貝
考
孝
屍
廷
囲
図
匠
匡
尾
▲
近
序
床
応
妟
戒
罔
何
局
君

兵
考
孝
厞
廷
囲
囮
匠
匡
尾
▼
近
序
床
応
彣
戒
囲
何
局
君
串
里
見
亥
衣
充
▲
玄
出
巫
亜
酉
臣
更
艮
家
両

園 Ozono s
¹⁴関 Ozeki s
¹⁷奥 Okoshi m
¹⁸藤 Bitō s
¹⁹瀬 Ose s
瀬敬止 O. Keishi ml
²³鷲 Owase p

近 506 [T] Kon s, Chika ; Chikashi m. (KIN, KON, chika)
⁴方 Chikakata m
山 Chikayama s
木 Chikaki s
⁵代詩苑 Kindaishien l
田 Chikada s
⁶江 Ōmi sph
江八幡 Ō. Hachiman
江県 Ō. agata l
江源氏先陣舘 Ō. Genji senjin yakata la
江聖人 Ō. Seijin mh
江脚身 Ōminoashi-tsumi s
世談美少年録 Kinsei-setsu bishōnen roku
年諸国咄 Kinnen shokoku-banashi l
⁷坂 Chikazaka s
沢 Chikazawa s
来風体抄 Kinrai fū-taishō l 「East"
⁸東 Kintō p "Near
⁹神 Chikami s
松 Chikamatsu sml
松半二 C. Hanji m
松門左衛門 C. Mon-zaemon ml
松秋江 C. Shūkō ml
岡 Chikaoka s
¹⁰俊 Chikatoshi m
¹¹淡海 Chikatsuōmi s
野 Konno s
菊 Chikagiku m
¹²間 Chikama s
路行者 Kinro Gyōja
¹³喰 Konjiki s 「ml
¹⁶衛 Konoe sfl
衛文麿 K. Fumimaro
¹⁸藤 Kondō s 「ml
藤芳美 K. Yoshimi ml
藤芳樹 K. Yoshiki ml
藤恒義 K. Tadayoshi ml
藤東 K. Azuma ml
藤重蔵 K. Jūzō mh
藤経一 K. Keiichi ml

嶺 Chikane m
¹⁹霧 Chikakiri m

序 507 [T] Hisashi m. (JO, SHO, tsu-ne, nobu, tsugu)
光 Tsunemitsu m
克 Tsunekatsu m

床 508 [T] (SHŌ, JŌ, toko, yuka)
井 Tokoi s
次 Tokonami s 「mh
次竹二郎 T. Takejirō
波 Tokonami s

応 509 [T] (ō, masa, nori, kazu, taka, nobu)
³子 Masako f
⁴仁 Ōnin 1467–69
⁵代 Norishiro m
永 Ōei 1394–1428
田 Ōta s
⁷安 Ōan 1368–75
安新式 Ō. shinshiki l
和 Ōwa 961–64
⁸保 Ōhō 1161–63
神 Ōjin mh-p
叙 Masanobu m
長 Ōchō 1311–12
¹¹隆 Masataka m
理 Masanori m
堂 Ōdō s
¹²道 Masatsune m
¹⁴徳 Ōtoku 1084–87
輔 Ōsuke m
詔 Masatsugu m

彣 510 (BUN, MON, aki, yoshi)

戒 511 [T] (KAI)
三 Kaizō m
田 Kaida s
重 Kaijū s
野 Kaino s
能 Kainō s
壇院四天王 Kaidan'in shitennō a

囲 512 Akira m. (KEI, KYŌ, akira)

何 513 [T] Ka s. (KA, GA, nani, izu)

丸 Nanimaru m
応欽 Ka Ōkin mh "Ho Ying-ch'in"
恵 Izue f
鹿 Ikaruga s

局 514 [T] Tsubone f. (KYOKU, COKU, chika)

君 515 [T] (KUN, kimi, ko, kin, sue, nao, yoshi)
子 Kimiko f
仁 Kimihito m
手 Kimite m
平 Kunpei m
和田 Kimiwada s
津 Kimitsu s
美 Kimi f ; Kimiyo-shi m
家 Ōya s
島 Kimishima s
袋 Kimibukuro s
塚 Kimizuka s
雄 Kimio m
養 Kiminobu m

—— 7 U ——

串 516 (KAN, kushi)
木野 Kushikino p
本 Kushimoto p
田 Kushida s 「ml
田孫一 K. Magoichi
良 Kushira p
原 Kushibara p
間 Kushima p

里 517 [T] Satomi m ; Sato p. (RI, sato, nori)
川 Satokawa s
子 Satoko f
内 Satouchi s
吉 Satoyoshi s
庄 Satoshō p
村 Satomura s
村欣三 S. Kinzō ml
村紹巴 S. Shōha ml
美 Satomi p
春 Satoharu sm

見 518 [T] (KEN, mi, chika, aki, akira, miru)
³子 Miruko f
上 Mikami s
千 Chikayuki s
⁴戸 Mito s
山 Miyama s
付 Mitsuke s
田 Handa s
日 Kenmoku s
⁶次 Akitsugu m
米 Migome s
⁷形 Migata s
⁸附 Mitsuke p
城 Kenjō s
参岡 Misaoka s
¹⁰原 Mihara s
¹¹留 Mitome s
¹²崎 Misaki s
富 Mitomi s
¹³雲 Mikuma s

亥 519 [N] (GAI, i, ri)
八 Ihachi m
三 Izō m, Isamu
子 Ine s
太郎 Itarō m
久 Iku f
六 Iroku m
勇夫 Isao m

衣 520 [T] E s. (I, E, kinu, so, miso)
川 Kinugawa s, Koro-mogawa
江 Kinue f
非 Ebi s
祝 Ehafuri s
枳 Eki s
笠 Kinugasa s
斐 Ibi s, Ebi
摺 Kinuzuri s
摺 Kinushiri s, Kinu-
箱 Yohomi s 「zuri
繊 Kinugasa s
羅 Yosami s

充 521 [T] Mitsuru m, Makoto, Ta-kashi. (JŪ, SHŪ, JU, mitsu, michi, mi, atsu)
子 Mitsuko f, Atsuko
晤 Mitsuaki m
曼 Mitsuhiro m
常 Mitsunobu m

玄 522 [T] Fukashi m, Shizuka, Hakaru, Hajime, Hikaru; Gen sm. (GEN, haru, kuro, fuka, tō, shizu, tsune, nori, hiro, tora)

¹一郎 Gen'ichirō m
³子 Haruko f
上 Kurokami m, Harumasa, Haruura; Genjō la
⁴夫 Fukao m
太郎 Gentarō m
⁶次 Harutsugu m
朴と長英 Genboku to Chōei la
広 Haruhiro m
⁷玄集 Gengenshū l
⁸門 Haruto m
明 Haruakira m
防 Genbō mh
空 Genkū ml
⁹洞 Gendō ml
洋社 Gen'yōsha h
治 Tsuneharu m
¹⁰海 Genkai ma-p
通 Fukamichi m
¹¹理 Kuromasa m
渓 Genkei m
¹²御 Gengo s
象 Genjō la
¹⁵慧 Gen'e mh
¹⁷綱 Tōtsuna m
²¹鶴山房 Genkaku Sanbō l

出 523 [T] Izuru m; Ide s. (SHUTSU, SUI, de, izu, ide)

³川 Degawa s
口 Deguchi s
口王仁三郎 D. Wanisaburō mh ⌈mh
口佳佳 D. Nobuyoshi
口直 D. Nao fh ⌈sp
⁴水 Demizu s; Izumi
水川 Demizugawa p
井 Dei s, Izui, Idei
牛 Deushi s
山 Deyama s
⁵石 Izuishi; Izushi sp
田 Ideta s
目 Deme s
⁶羽 Dewa sph; Izuha s
光 Idemitsu s
世 Izuyo f ⌈kiyo la
世景清 Shusse Kage-

⁷村 Demura s
見 Izumi m
来 Deki s
来丸 Dekimaru s
来星 Dekiboshi m
来島 Dekishima s
¹⁰浦 Deura s, Ideura
射 Idei s
家 Deie s
原 Idehara s, Ihara
庭 Dewa s, Niwa
¹¹隆 Ide Takashi ml
野 Izuno s, Ideno
島 Dejima / Deshima
¹²湿 Deon s ⌈sp
納 Suinō s, Suitō
¹³淵 Debuchi s, Izubuchi, Izu
雲 Izumo s
雲阿国 I. no Okuni fa
雲国 Izumonokuni ph
雲国風土記 I. no fudoki l
雲国造神賀詞 I. no miyatsuko no kami yogoto l
雲崎 Izumozaki p
雲路 Imoji s
雲郷 Adakai s

巫 524 (FU, miko)

学談弊 Fugakudan hei l ⌈gi, Kōnai
部 Mikobe s, Kanna-

亜 525 [T] A l. (A, E, tsugi, tsugu)

子 Tsugiko f
米利加 Amerika p "America"
夫 Tsugio s
沙子 Asako f
刺比亜 Arabia p "Arabia"
周 Tsuguchika m
欧堂田善 Aōdō Denzen ma
風 Tsugikaze ma
彦 Tsuguhiko m
細亜 Ajia p "Asia"
爾然 ʃ Aruzenchin p "Argentine"

酉 526 [N] Minoru m. (YŪ, YU, tori, 乙 Torioto m ⌈naga)

三 Yūzō m, Torizō
子 Toriko f
水 Sugai s
井 Torii s
夫 Torio m
雄 Nagao m

臣 527 [T] Shige f; Omi s, Onnoko. (SHIN, JIN, omi, tomi, mi, on, shige, mitsu, o)

乙 Omio m
江 Omie f
直 Tominao m

更 528 [T] Kawaru m. (KŌ, KYŌ, nobu, toku, to, fuke)

科 Nobuko f
北 Kōhoku p
田 Fukeda s
別 Sarabetsu s
衣 Kōi f; Kisaragi m; Watanuki s
科 Sarashina sp
科紀行 S. kikō l
埴 Kōshoku p
級 Sarashina sp
級日記 S. nikki l

艮 529 Katashi m. (KON, tora, kata, ushi, tada)

雄 Torao m

豕 530 Inoke s. (SHI)

両 531 [T] (RYŌ, furu, moro)

角 Morozumi s
国 Ryōgoku s
津 Ryōtsu p
神 Ryōkami p

車 532 [T] Kuruma s, Sha. (SHA, kuru, kuruma, nori)

力 Shariki p
田 Kurumada s
谷 Shatani s
前草 Shazensō l
間 Kuruma s
僧 Kuruma-sō la

甫 533 Hajime m. (HO, FU, suke, yoshi, nami, moto, nori, mi, kami, masa)

子 Toshiko f
冬 Sukefuyu m
信 Yoshinobu m
美 Namiyoshi m
鬼 Hoki s
喜山 Hokiyama s

夾 534 Chikashi m. (KYŌ)

夷 535 (I, hina, hira, ebisu)

子 Ebisu mh
川 Ebisugawa s
大黒 Ebisu Daikoku mh-la
守 Hinamori sp
臣 Hiraomi m
毘沙門 Ebisu Bishamon mh-la
隅 Isumi s
隔 Ishini s
麿 Hinamaro m

束 536 [T] Tsukane m, Tsukanu. (SOKU, SHOKU, tsuka, ki, 田 Tsukada s ⌈sato)

稲 Tsukane m

求 537 [T] Motomu m. (KYŪ, GU, moto, masa, hide)

己 Motoki m
女 Motome f
枝 Motoe f
周 Masachika m
馬 Motome m
塚 Motomezuka la

来 538 [T] Kitaru m; Rai s. (RAI, ki, ku, ko, na, kuru, yuki)

⁵目 Kume sm
正 Kurumasa s
生 Kisugi s
⁶次 Kitsugu sp
⁷住 Kishi s
位 Kishū s
吹 Kigisu s
余 Koromo s ⌈chi
⁸河 Kurumi s, Kima-
迎和讃 Raigō wasan l
⁹城 Raijō s ⌈chi
¹⁰海 Kurumi s, Kima-

艮
家
両
車
苗
夷
束
求
来
▼
寿
考
孝
坐
缶
兎
我
身
角
協
列
佛
侃
佼
侊
佰
供
▲
使
侑
侍
佳
侂
帖
性
怜

栖 Kurusu s
栖三郎 K. Saburō mh
原 Kuruhara sp
¹¹島 Kurushima s
¹³殿 Raiden la
¹⁶熊田 Kumata s
¹⁸臨 Koromo s

寿 539 [T] Hisashi m, Kotobuki, Nagashi, Hiroshi, Tamotsu, Yasushi, Toshinaga. (JU, SHŪ, hisa, naga, yoshi, toshi, hogi, tsune, nobu, hide, kazu, iki)
の門松 Nebiki no kadomatsu la
¹一 Hisaichi m, Juichi
²乙 Kazuo m
人 Hisato m; Toshito m-f
³三郎 Jusaburō m
子 Hisako m
⁴夫 Ikio m
太郎 Toshitarō m
⁵永 Juei 1182-85
巨 Hisanao m
⁶吉 Jukichi m, Hisayoshi
⁷男 Hisao m ⌐shi
床 Sudoko s
寿木 Suzuki s
⁸幸 Toshihide m
命 Toshinaga m
昌 Nagamasa m
津 Suzu f
軌 Hidenori m
¹⁰修 Toshinori m
郎 Jurō m
格 Toshinori m
原 Suhara s
¹¹都 Suttsu p
¹²崎 Susaki s
詞 Yogoto l
¹³祺 Hisayoshi m
雄 Hisao m
準 Hisanori m
¹⁴増子 Sumako f
¹⁵摩 Suma s
¹⁶樹 Hisaki m
¹⁸藤 Sudō s
¹⁹清 Toshikiyo m
²¹縄 Toshitsuna m

考 540 [T] (KŌ, naru, taka, naka, yasu, tada, chika, toshi, nari, nori, yoshi)

孝 541 [T] Takashi m, Tsukō. (KŌ, KYŌ, taka, nori, yoshi, michi, yuki, atsu, nari, moto)
¹一 Kōichi m
²二 Kōji m
³子 Kōko f
之丞 Kōnojō m
之助 Kōnosuke m
之亮 Kōnosuke m
之輔 Kōnosuke m
⁴友 Takatomo m
太 Takashiro m
太郎 Kōtarō m
⁵允 Takayoshi m
平 Takahira s; Kōhei
四郎 Kōshirō m ⌐m
⁶次 Kōji m, Takatsugu
吉 Kōkichi m
因 Takanori m
⁷作 Kōsaku m
⁸明 Kōmei mh
弟 Takachika m
昌 Takayoshi m
季 Norisue m
⁹治 Kōji m
哉 Kōsai m
¹⁰時 Takatoki m
高 Yoshitaka m
恭 Takayoshi m
¹¹徠 Takatome m
章 Takanori m
順 Takanobu m
孫 Takahiko m
景 Takakage m
道 Takamichi m
福 Yoshitomi m
雄 Takao m
詮 Takanori m
幹 Takamiki m
経 Kōkyō l
¹⁴徳 Kōtoku m
節 Takatoki m
¹⁵標 Takasue m-f
標次 T. no Musume fl
蔵 Kōzō m
¹⁶儔 Takatomo m
綽 Takayasu m
¹⁷廟 Takayoshi m
謙 Kōken fh
¹⁸顕 Takaaki m, Noriaki
嶺 Takane m

坐 542 (SA, ZA, masu, kura, imasu)
間 Kurama s

缶 543 (FŪ, FU, be)

兎 544 See 兎 763

我 545 [T] (GA, KA, a, waga)
如古 Kaneko s
何 Soga s ⌐ma
妻 Azuma s, Wagatsuma
彦 Abiko s, Gahiko
孫 Abiko s
孫子 Abiko sp
楽多文庫 Garakuta
謝 Kasha s ⌐bunko l

身 546 [T] (SHIN, mi, mu, nobu, chika, moto, tada, yoshi)
人 Myūto s, Myūdo, Mutori ⌐tobe
人部 Myūtobe s, Mi-
毛 Muge s
毛津 Mugetsu s
延 Minobu p-l
狭 Musa s
度部 Mutobe s
挟 Musashi s

角 547 [T] Kaku s, Sumi, Tsuno, Tsunu, Roku. (KAKU, sumi, kado, mi, tsuno, tsunu, fusa)
¹一 Kakuichi m
³川 Kadokawa s
⁴井 Kadoi s, Tsunoi
山 Kadoyama s
⁵田 Tsunoda s, Kadota, Sumida, Kakuda
田川 Sumidagawa la
田竹冷 Sumida Chikurei ml
田浩々歌客 Kakuda Kōkōkakaku ml
本 Kadomoto s
⁷折 Tsunoori s
村 Tsunomura s
谷 Kadotani s, Kakuya, Sumiya
尾 Tsunoo s

出 Kadode s
我 Tsunuga ph
⁸和 Tsunowa s
国 Kadokuni m
⁹南 Sunami sp; Suminami s
岡 Kakuoka s
¹⁰倉 Sumikura s, Suminokura
倉了以 Suminokura Ryōi mh ⌐Sumiya
屋 Kadoya s, Kakuya, 屋七兵衛 Kadoya Shichirōbee mh ⌐no
¹¹野 Sumino s, Kadonosukune
宿禰 Tsununosukune
¹²間 Kadoma s ⌐m
鹿 Tsunuga m
¹³張 Kadohari s
義 Takayoshi m
¹⁷館 Kakunodate p
¹⁸麿 Sumimaro m

——— 8 L2 ———

協 548 [T] Kanō m. (KYŌ, GYŌ, yasu)
中 Yasunaka m
和 Kyōwa p

列 549 Kiyoshi m, Tadashi. (RETSU)
子 Kiyoko f ⌐kiyo
泉 Kiyomi s

佛 550 See 仏 128

侃 551 Tadashi m, Tsuyoshi, Sunao. (KAN, nao, akira, tada, yasu)
左 Naosuke m

佼 552 (KŌ, KYŌ, yoshi)

侊 553 (KŌ, teru, mitsu)
男 Teruo m

佰 554 Tsukasa m; Momo f. (HAKU)

供 555 [T] (KYŌ, KU, tomo)
子 Tomoko f
愛 Tomonaru m

使 556 [T] (SHI)
主 Omi sm

侑 557 Atsumu m, Susumu. (YŪ, U, yuki)

佶 558 Tadashi m. (KITSU, tada, yoshi)

侍 559 [T] (JI, SHI, hito)
従 Jijū sm
郎 Jirō m

佳 560 [T] Yoshi m. (KA, yoshi)
一 Kaichi m 「gū l
人之奇遇 Kajin no ki-子 Yoshiko f
丈 Yoshitake m
代子 Kayoko f
田 Yoshida s
似子 Kaiko f
妙 Yoshitō f
秧 Kanae f
郎 Yoshirō m
盛 Kamori m

佽 561 (SHI, toshi)
男 Toshio m

侚 562 (JUN, SHUN, toshi)
子 Toshiko f

——— 8 L3 ———

帖 563 (CHŌ, JŌ, sada, tada)
佐 Chōsa s

性 564 [T] (SEI, SHŌ, moto, nari)
之 Motoyuki m
霊集 Shōryōshū l

怜 565 Satoshi m. (REI, RYŌ, sato, 子 Satoko f 「toki)

狗 566 (KŌ, KU, inu, koma) 「tsuki
月 Inuzuki s, Koma-張子 Inuhariko l

狛 567 Koma sm. (HAKU, koma)
人 Komōdo s
人野 Komōdono s
井 Komai s
江 Komae sp
堅部 Komanochiisa-kobe s

陀 568 (DA)
羅尼 Darani s

阿 569 Akutsu s. (A, kuma)
²刀 Ato s
刀田 Atōda s
³川 Agawa s 「ml
弘之 A. Hiroyuki
三次 Asōji m
万 Ama s
子島 Akogashima s, Akushima
久井 Akui s
久比 Agui s
久沢 Akusawa s
久津 Akutsu s
久根 Akune s
⁴内 Anouchi s
仁 Ani p
支奈 Ashina s, Akina
介 Asuke s
山 Ayama p 「m
王丸 Kumawakamaru
尺 Asaka s
井 Ai s
木 Agi s
太肥人 Atakumabito s
⁵仏尼 Abutsuni fl
礼 Are m
比 Ai s, Abi
比古 Abiko s
比留 Ahiru s
比木 Akogi s
左古 Asako s
由葉 Ayuba s
田 Ata s, Kumada
⁶竹 Atake s
曲 Akuma s
多見 Atami s 「rica"
弗利加 Afurika p "Af-⁷沙丸 Asamaru m
形 Agata s
那名 Anana s
佐井 Asai s
佐利 Asari s
佐美 Asami s

児 Ago p
見 Ami p
出川 Adegawa s
免谷 Ametani s
⁸波 Awa p, Aba
波之鳴門 Awa no Na-ruto l
波野 Awano s
波野青畝 A. Seiho ml
知女作法 Achime no waza l 「mh
知使主 Achi no Omi
知波 Achiba s
知須 Ajisu p
国 Okuni fa
武 Abu sp; Anno s
武方 Anno s
東 Atō p
⁹弥 Ao s, Abo
治川 Ajikawa s
弥陀 Amida mh
相 Asō s
南 Anan p; Anami s
直 Ajiki s
直岐 Achiki mh
祇奈 Akina s
¹⁰珥古 Abiko s
射弥 Azami s
倍 Abe s 「fu mh
倍比羅夫 A. no Hira-
倍仲麻呂 A. no Naka-maro mh 「mh
倍頼時 A. no Yoritoki
高 Ataka s
哲 Atetsu p
座上 Azakami s
¹¹都扇 Atsumi s
野 Ano s, Aya, Anno
部 Abe s
部一族 A. ichizoku l
部正弘 A. Masahiro mh
部次郎 A. Jirō ml
部知二 A. Tomoji mh
部信行 A. Nobuyuki mh 「suke ml
部真之助 A. Shinno-部野 Abeno s
部静枝 Abe Shizuè fl
留多岐 Arutaki s
留多岐佑 Arutakii s
閇 Abe sp; Atoji s, A-tsuji
閉門人 Abenokadōdo s
閉麻呂 Abemaro m
閇間人 Abehashihito s
島 Ajima s

¹²孫 Abiko s
曾 Aso s
曾谷 Asotani s
曾沼 Asonuma s
寒 Akan s
智 Achi s
間 Anma s
鹿沼 Akanuma s
達 Adachi s
¹³蛭 Anhiru s 「m
新丸 Kumawakamaru
墓 Abaka s, Azumi
¹⁴漕 Akogi la
歐麿 Akamaro s
¹⁶積 Azumi s
¹⁷畳 Azumi s
曇比羅夫 A. no Hirafu
¹⁸藤 Atō s 「mh
¹⁹蘇 Aso sp

咋 570 Kui sm. (SAKU, SHAKU, kui)
田 Kuita s

呼 571 [T] (KO, KA, un, oto, koe, yo-子 Yobuko p 「bu)
噢 O s, Ō
翁 Un'ō ma

味 572 [T] (MI, BI, aji, uma, chika)
戸 Ajito s
方 Ajikata p
尺 Umasaka s
木 Ajiki s
村 Mimura s
岡 Ajioka s
淳 Umasake m
酒 Umasake s, Misaki
稲 Umashine ml

坤 573 Mamoru m. (KON, shita)

坦 574 Hiroshi m, Hiromu, Taira, Yasushi, Yutaka, Shizuka, Akira; Yasu f. (TAN, katsu, hiro, hira)

坪 575 [T] (HYŌ, tsubo)
⁸川 Tsubokawa s
上 Tsubogami s
⁴山 Tsuboyama s
木 Tsuboki s

Right margin

身
角
協
冽
佛
侃
佼
佽
佰
供
▼
使
侑
佶
侍
佳
佽
帖
性
怜
狗
狛
陀
阿
咋
味
坤
坦
坪
▲
徑
徂
彼
往
征
担
披
拈
抱
拝

狗
狛
陀
阿
咋
味
坤
坦
坪
▼
径
徂
彼
往
征
担
披
拈
抱
拝
押
泗
決
泣
注
油
泥
沼
波
河
▲
艸
岐
所
閂
炊
欣
改
玲
秘
放

井 Tsuboi s 「mh
井正五郎 T. Shōgorō
内 Tsubouchi s
内士行 T. Shikō ml
内道遙 T. Shōyō ml
5平 Tsubohira m
田 Tsubota s
田譲治 T. Jōji ml
7仆 Tsubuya s
10倉 Tsubokura s
11野 Tsubono s
野哲久 T. Tekkyū ml

径 576 [T] (KEI, KYŌ, michi)
子 Michiko f

徂 577 (SO, ZO, yu-ku)
子 Yukuko f
徠 Sorai mlh

彼 578 [T] (HI, no-bu, sono, kano)
末 Kanosue s
杵 Sonoki sp; Sōki s
岸過迄 Higan-sugi made l

往 579 [T] (Ō, yuki, hisa, yoshi, nari, mochi)
生要集 Ōjō yōshū lh
生極楽院 Ō. Gokura-kuin p
住 Tokozumi s
来 Yukiki m
来物 Ōraimono l
岸 Ōgin s

征 580 [T] Tadasu m, Tadashi. (SEI, SHŌ, yuki, masa, sachi, yuku, so, moto)
之助 Masanosuke m
夫 Masao m, Yukuo
四郎 Seishirō m
矢 Soya s
矢子 Soyako f
矢野 Soyano s
帆 Yukiho s
行利 Yukitoshi m
朗 Sachio m
雄 Yukio s

担 581 [T] Yutaka m. (TAN, SEN, ZEN)

披 582 (HI, hiro, hi-ra)

拈 583 (NEN, DEN)
華微笑 Nenge mishō l

抱 584 [T] (HŌ, mochi)
月 Hōgetsu ml

拝 585 [T] (HAI)
郷 Haigō s

拓 586 [T] Hiraku m, Hiroshi. (TA-KU, CHAKU, hiro)
章 Hiroaki m

押 587 [T] (Ō, oshi)
小路 Oshikōji s
川 Oshikawa s
川春浪 O. Shunrō ml
上 Oshiage s
久保 Oshikubo s
4木 Oshiki s
水 Oshimizu p
元 Oshimoto s
山 Oshiyama s
切 Oshikiri s
5田 Oshida s
本 Oshimoto s
村 Oshimura s
谷 Oshitani s
尾 Oshio s
見 Oshimi s
戻 Oshimodoshi l
11野 Oshino s
20鐘 Oshikane s

泗 588 (SHI)
水 Shisui p

決 589 Hiroshi m; Hiro m-f. (Ō, hi-ro)
夫 Hiroo m

泣 590 [T] (KYŪ, naki)
尼 Nakiama la
菫詩集 Kyūkin shi-shū l

注 591 [T] (CHŪ, SHU)
連内 Shimeuchi s
連雄 Shimeo m

泊 592 [T] Tomari sp. (HAKU, hatsu)
舎 Sadanaminoya ml
槗部 Hatsukashibe s
瀬 Hatsuse sp

油 593 [T] (YU, abura)
小路 Aburanokōji s
川 Yugawa s, Abura-kawa
井 Aburai s, Yui
木 Yuki p
田 Yuda s
比 Yui s
谷 Yuya sp; Yutani s, Aburadani
原 Yubara s
屋 Yuya s, Aburaya
糟 Aburakasu l
精淀川 A. Yodogawa l

泥 594 [I] Nuri s, Hatsukashi. (DEI, ne, doro, nuri)
人形 Doro ningyō l
之助 Doronosuke m
戸 Nurihe s
谷 Hijiya s, Hijinoya
障 Afuri s

沼 595 [T] Numa s. (SHŌ, numa, nu)
3上 Numagami s
口 Numaguchi s
子 Numako f
4井 Numai s
5田 Numata sp
尻 Numajiri s
本 Numamoto s
7沢 Numazawa s
尾 Numao s
知 Numachi s
波 Numanami s, Nu-nami 「on m
波電音 Nunami Kei-
垂 Nutari s; Nuttari sp
9津 Numazu sp
南 Shōnan p
前 Numasaki s
10倉 Numakura s

畠 Numabatake s
11浪 Numanami s
野 Numano s
部 Numabe s
島 Numajima s
12隅 Numakuma s
崎 Numazaki sp
間 Numa s

波 596 [T] Nami f. (HA, nami)
2入 Hanyū s
4方 Hagata p
木井 Hakii s
太 Hata s
5田 Hata sp
田野 Hatano s
平 Naminohira s
白 Hashiro s
6伊万世 Haimase s
江 Namie s
多 Hata s
多江 Hatae s
多野 Hatano s
多野完治 H. Kanji ml
7佐見 Hasami p
8波伎 Hahakabe s, Hō-kabe
波伯部 Hahakabe s, Hōkabe, Hahakaga
波波伎 Hahakabe s, Ha-hakaga 「Hōkabe
波泊部 Hahakabe s,
9重 Namie f
11野 Namino sp
部 Habe s
留 Haru f
12崎 Hasaki p
斯 Perusha p "Persia"
賀 Haga p 「land"
21蘭 Porando p " Po-

河 597 [T] (KA, GA, kawa)
3子 Kawako f
口 Kawaguchi sp
口湖 K.-ko p
上 Kawakami s 「mh
上丈太郎 K. Jōtarō
上肇 K. Hajime mlh
上徹太郎 K. Tetsuta-rō ml
4匂 Kawawa s
手 Kawade s
井 Kawai s
井酔茗 K. Suimei ml
内 Kawachi sp, Kōchi s

Kawauchi s; Hanoi p "Hanoi"
内山 Kōchiyama s
内芳野 Kawachi Yoshino p
内長野 K. Nagano p
内屋 Kawachiya l
⁵北 Kawakita s; Kahoku p
尻 Kawajiri s
辺 Kawabe sp
田 Kawada s
本 Kawamoto s, Kō-
⁶池 Kawaji s 「moto
竹 Kawatake s 「ml
竹新七 K. Shinshichi
竹黙阿弥 K. Mokuami ml 「ml
竹瑞俊 K. Shigetoshi
合 Kawai sp; Tatasu s
合曾良 K. Sora ml
名 Kawana s
曲 Kawamagari s, Kawamagari, Kawane;
  Kawawa sp
西 Kawanishi s, Kasai
⁷社 Kawayashiro l
杉 Kawasugi s
杉初子 K. Hatsuko fl
村 Kawamura s
村瑞軒 K. Zuiken mh
村瑞賢 K. Zuiken mh
角 Kawazumi s
⁸沼 Kawanuma p
明り Kawakari l
奈 Kawana s
芸 Kawage p
居 Kawai s
出 Kawade s
東 Kawahigashi sp; Katō s, Kawato
東節 Katō-bushi a
東碧梧桐 Kawahigashi Hekigotō ml
⁹俣 Kawamata s
相 Kawai s
津 Kawazu sp
治 Kawaji s
面 Kōmo s, Kawazura
南 Kawaminami s, Kawanami; Kanan p ["Honan"]
¹⁰浦 Kawaura p
海抄 Kakaishō l
郡名 Kawaguna s
原 Kawahara s; Kawabata s, Kawara

原太郎 Kawara Tarō l
原木 Kawaragi s
原井 Kawarai s
原田 Kawarada s
原林 Kawarabayashi s
原塚 Kawarazuka s
原崎 Kawarazaki s
¹¹浪 Kawanami s
添 Kawazoe s
部 Kawabe s
副 Kawazoe s
野 Kōno sp; Kawano s
野与一 Kōno Yoichi ml 「mh
野広中 K. Hironaka
野通有 K. Michiari mh
野敏鎌 K. Toshigama mh
盛 Kawamori s
盛好蔵 K. Yoshizō ml
島 Kawashima s
¹²崎 Kawasaki sp
喜田 Kawakita s
童 Kappa l
間 Kawama s
¹³路 Kawaji s
越 Kawagoe s
¹⁴精 Kayoshi f
窪 Kawakubo s
¹⁵端 Kawabata s
¹⁷鍋 Kawanabe s
¹⁹瀬 Kawase s
²¹鰭 Kawahire s, Kawabata

——— 8 L4 ———

艸 598 (SŌ, kusa)
千里 Kusa senri l
木虫魚 Sōmokuchū-gyo l

岐 599 [T] Michi s; Chimata s, Funato. (KI, GI, michi)
阻 Kiso s
阜 Gifu p 「mh
神 Funato-no-kami
弥 Kimi s
南 Ginan p
宿 Kishuku s
蘇 Kiso s

所 600 [T] Tokoro sm, (SHO, SO, do, 古 Ikoma s 「nobu)

沢 Tokorozawa s
神根 Shoshine s
緑の藤波 Yukari no fujinami l

門 601 [T] Kado m, Hiro; Mon l. (MON, kado, to, hiro, yuki, kana)
⁸川 Kadokawa sp
口 Kadoguchi s
⁴井 Kadoi s
⁵叶 Toga s
司 Moji sp; Monji s
田 Kadota s, Monden
次郎 Monjirō s
地 Moji s
別 Monbetsu p
⁷河 Mokawa s
林 Kadobayashi s
奈 Monna s
居 Kadoi s
⁹松 Kadomatsu s
前 Monzen p
¹⁰脇 Kadowaki s
倉 Kadokura s
屋 Kadoya s
真 Kadoma sp; Monma s, Kamato
馬 Kadoma s, Monma
¹¹部 Kadono s
部 Kadobe s
¹²勝 Hirokatsu s
間 Monma s

炊 602 [T] (SUI, i, kashi, kashigi, togu)

欣 603 [N] Yasushi m. (KIN, yoshi)
一 Kin'ichi m
子 Yoshiko f
永 Yoshinaga s
秀 Yoshihide s
造 Kinzō m

改 See 379

玢 604 Nibu s, Chin. (FUN, HIN, chin)

刱 605 Hajime m. (SHŌ, SŌ)

放 606 [T] (HŌ, yuki, kura)

下僧 Hōkazō la
生川 Hōjōgawa la

於 607 Ue s, Ōi. (O, U)
田 Oda sm
母影 Omokage l
金 Okane s
国 Okuni fa
国歌舞伎 O. Kabuki a
保 Oho s
染久松読販 Osome Hisamatsu ukina no yomiuri la
庫 Okura f
菟 Oto s
曾 Oso s

祉 608 [T] (SHI, KE, tomi, yoshi)

祈 609 [T] (KI)
念仏 Kinenbuchi s
禱院 Kitōin p

牧 610 [T] Maki sp. (BOKU, MOKU, maki)
⁸口 Makiguchi s
⁴水 Bokusui ml
戸 Makito s
内 Makiuchi s
山 Makiyama s
丘 Makita s, Maita
⁶西 Makinishi s
⁷村 Makimura s
⁸岡 Makioka p
¹⁰唄 Makiuta l
原 Makihara s
¹¹野 Makino s 「ml
野信一 M. Shin'ichi
野逸馬 M. Itsuma ml
¹³雄 Makio m
園 Makizono sp
¹⁶衛 Makie m

物 611 [T] (BUTSU, MOCHI, MOTSU, mono, tane)
⁵四郎 Monoshirō m
江 Monoe s
⁷応 Monoō s
⁸面 Monomo s
草太郎 Monogusa Tarō l

泗
決
泣
注
泊
油
泥
沼
河
▼
艸
岐
所
門
炊
欣
改
玢
刱
放
於
祉
祈
牧
物
▲
奸
妊
妙
股
朋
肥
服
昉
昨

欣
改
玿
翫
放
於
祉
收
物
▼
妍
妘
妙
朋
肥
服
旺
昐
明
枌
杣
枕
枡
杵
枚
枝
板
▲
林
壯
的
私
和
社
祁
邪

11部 Mononobe *s*, Mononofu ; Monobe *p*

部守屋 Mononobe no Moriya *mh* ⌐*mh*

部尾輿 M. no Okoshi *p*

12集 Mozume *s*

集女 Mozume *sp*; Mozumime *s*

妍 612 (KEN, GEN, kiyo, kazu, yoshi)　⌐Yoshiko

子 Kiyoko *f*, Kazuko,

妘 613 (GEN, GAN, moto)

香 Motoka *f*

妙 614 [T] Tae *f*. (MYŌ, MYŌ, tae, tō, tayu, tada, yoshi)

竹林話七偏人 Myō-chikurin-banashi shichihenjin *l*

光 Taemitsu *m*

見 Yoshimi *s*, Myōken, Myōmi

美 Yoshimi *s*, Taemi

泉 Yoshizumi *s*

髙 Myōkō *p*

羲 Myōgi *p*

股 615 Mata *s*. (KO, KU, mata)

野 Matano *s*

朋 616 [N] (HŌ, BŌ, tomo)

八 Tomohachi *m*

子 Tomoko *f*

礼 Tomoaya *m*

来 Tomoki *m*

満 Tomomitsu *m*

誠堂喜三二 Hōseidō Kisanji *ml*

肥 617 [T] Yutaka *m*; Kuma *s*. (HI, uma, koe, tomi, tomo, mitsu, kuma)

人 Umahito *m*; Ku-田 Hida *s* ⌐mahito *s*

田木 Hidaki *s*

田野 Hidano *s*

沼 Koinuma *s*

前 Hizen *ph*

前国 Hizennokuni *ph*

前国風土記 H. no fudoki *l*

後 Higo *sph*

原 Hibara *s*

塚 Kozuka *s*

服 618 [T] Hatori *s*. (FUKU, BUKU, koto, yo, yuki)

糸 Haramaki *s*

部 Hattori *sp*; Hattori *s*

部士芳 Hattori Dohō *ml* ⌐*mh*

部南郭 H. Nankaku

部直人 H. Naoto *ml*

部躬治 H. Motoharu *ml*

部達 H. Tatsu *ml*

部嵐雪 H. Ransetsu

部嘉香 H. Yoshika *ml*

部撫松 H. Bushō *ml*

昉 619 Akira *m*. (HŌ, aki, akira)

旺 620 Akira *m*. (Ō, akira)

昤 621 Akira *m*. (GO, KU)

昕 622 (KIN, KON, asa)

子 Asako *f*

明 623 [T] Akira *m*, Kiyoshi, Tōru. (MEI, MYŌ, aki, teru, toshi, akira, kuni, haru, hiro, mitsu, ake, aka, yoshi, nori, akaru, akari, akirakei)

る妙 Akaru tae *l*

3三 Mitsuzō *m*

三郎 Meisaburō *m*

子 Teruko *f*; Akira-keiko *fh*

4日香 Asuka *p-l*

月記 Meigetsuki *l*

文 Toshifumi *m*

太郎 Kunitarō *m*

5石 Akashi *sf-p-l*

四 Akirashi *m*

田 Akeda *s*

田川 Akedagawa *s*

氏 Akiuji *m*

6兆 Minchō *ma*

光 Akimitsu *m*

7応 Meiō 1492–1501

8阿弥 Myōami *ml*

林 Akebayashi *s*

和 Meiwa *p* 1764–72

幸 Noritaka *m*

居 Terui *m*

9恒 Akitsune *m*

珍 Myōchin *s*

科 Akashina *p*

軌 Akinori *m*

治 Meiji *mh* 1868–1912; Akiji *m*

治叛臣伝 M. hanshinden *l*

星 Myōjō *sp-l*

10恵 Myōe *mlh*

恵上人歌集 M. Shōnin kashū *l*

祥 Akisachi *m*

珠子 Akemiko *f*

浦 Akera *s*

浜 Akehama *p*

烏 Akegarasu *l*

烏後正夢 A. nochi no masayume *l*

11峰 Akemine *s*

野 Akeno *p*

渡 Aketo *s*

智 Akechi *sp* ⌐*mh*

智光秀 A. Mitsuhide

13楽 Akera *s*

14徳 Meitoku 1390–94

暦 Meireki 1655–58

16衛 Akihira *m*

衛往来 Meikō ōrai *l*

親 Haruchika *m*

枌 624 Hegi *s*. (FUN, BUN, nuki, soge, nire)

田 Nukita *s*

谷 Sogetani *s*

杷 625 (HA, e)

木 Haki *p*

杣 626 Soma *s*. (soma)

子 Somako *f*

山 Somayama *s*

木 Somagi *s*

田 Somada *s*

枕 627 [I] Makura *s*. (CHIN, makura)

物狂 M. monogurui *la*

草子 M. no sōshi *l*

崎 Makurazaki *p*

慈童 Makura Jidō *la*

枡 628 see 桝 1368

杵 629 Kine *s*. (SHO, ki, kine)

杵 Kine *s*

宮 Kinenomiya *s*

屋 Kineya *s*

島 Kishima *p*

筑 Kitsuki *p* ⌐chi

淵 Kibuchi *s*, Kinebu-

雄 Kineo *m*

肄 Kii *s*

枚 630 [T] (MAI, BAI, hira, kazu, fumu)

方 Hirakata *sp*

田 Hirata *p*

岡 Hiraoka *sp*

野 Hirano *s*

枝 631 (SHI, KI, GI, eda, e, shige)

川 Edagawa *s*

元 Edamoto *s*

木 Edaki *s*

田 Eda *s*

吉 Edayoshi *s*

村 Emura *s*

幸 Esashi *p*

松 Edamatsu *s*

彦 Shigehiko *m*

板 632 [T] (HAN, ita)

4山 Itayama *s*

井 Itai *s*

7坂 Itasaka *s*

沢 Itasawa *s*

谷 Itaya *s*

8門店 Hanmonten *p* "Panmunjon"

取 Itadori *s*

茂 Itamochi *s*

東 Bandō *s*

9津 Itatsu *s*

垣 Itagaki *s*

垣直子 I. Naoko *fl*

垣退助 I. Taisuke *mh*

垣鷹穗 I. Takaho *ml*

10柳 Itayanagi *p*

72

倉 Itakura sp 　⌐mh
倉重昌 I. Shigemasa
倉勝重 I. Katsushige
荷 Itako s 　　　└mh
原 Itahara s
¹¹野 Itano p
部岡 Itabeoka s
¹⁴鼻 Itahana s
¹⁶播 Itabashi sp

林 633 [T] Hayashi
s, Rin; Shigeru
m. (RIN, shige, moto,
mori, ki, na, kimi, ki-
mu, toki, fusa, yoshi)
¹一 Rin'ichi m
³子平 Hayashi Shihei
久男 H. Hisao ml
⁴五郎 Ringorō m
⁵古渓 Hayashi Kokei
四郎 Rinshirō m └ml
田 Hayashida sp
平 Rinpei m
⁶次 Moritsugu m
次郎 Rinjirō m
圭子 Hayashi Keiko fl
吉 Rinkichi m ⌐mh
有造 Hayashi Yūzō
⁷邑楽 Rin'yūgaku a
芙美子 Hayashi Fumi-
出 Hayashide s └ko fl
⁸林 Rinbayashi s
和 Hayashi Yawara
房雄 H. Fusao ml
述斎 H. Jussai mh
⁹信篤 H. Nobuatsu ml
治 Rinji m
治郎 Rinjirō m
昱 Shigeteru m
泉集 Rinsenshū l
為 Shigetame m
¹⁰屋 Hayashiya s
原 Hayashibara s
原来井 H. Raisei ml
¹¹部 Hayashibe s
¹²崎 Hayashizaki s
間 Rinkan l 　⌐ml
達夫 Hayashi Tatsuo
¹³銑十郎 H. Senjūrō
¹⁵蔵 Rinzō m ⌐mh
²⁰甕臣 Hayashi Mika-
omi ml
²¹羅山 H. Razan mhl

──── 8 L5 ────
壯 634 See 壮 243

的 635 [T] Akira m;
Ikuha s. (TEKI,
mato, masa, ikuha)
井 Matoi s
屋 Matoya s
部 Ikuhabe s
場 Matoba s

知 636 [T] Satoru
m, Satoshi. (CHI,
tomo, chika, nori, aki,
sato, tsugu, akira, oki,
toshi, shiri, shiru, shi,
kazu, haru)
¹一 Tomonobu m
²二 Tomokazu m
又 Chimata m
十 Tomotada m
³三 Tomozō m
三郎 Tomosaburō m
久 Chiku s
久平 Chikuhei m
也 Tomoya m
⁴内 Shiriuchi p
止 Tomotada m
夫 Chibu p; Chiburi
sp; Chichiri s
⁴四郎 Tomoshirō m
田 Chita s
立 Chiryū p
⁶名 China p
多 Chita p
⁷言 Chikanobu m
至 Tomoyuki m
⁸念 Chinen s
⁹先 Tomoaki m
¹⁰眺 Tomoaki m
哲 Tomoaki m
速 Tomohaya m, To-
motō
¹¹健 Tomotake m
野 Chino s
常 Tomotsune m
¹²間 Chima s
¹³福 Tomoyo m
強 Tomotake m
雄 Tomoo m
淵 Tomohiro m
満 Norimitsu m
義 Tomoyoshi m
¹⁴暢 Tomonobu m
⁹養 Tomoyasu m
¹⁷覧 Chiran p
¹⁸識 Chishiki s

私 637 [T] Kisa s,
Kisai, Kisaichi.

(SHI, kisa, ki, tomi)
可多咄 Shikatabana-
shi l 　　⌐Kiichi s
市 Kisaichi sp, Kisai;
家集 Shikashū l
語 Sasamegoto l
撰集 Shisenshū l
燭 Shishoku l

和 638 [T] Yawara
m, Yasushi, Wa,
Nodoka, Kazu, Hito-
shi, Wataru; Kanō sm,
Yamato, Mikita. (WA,
kazu, yasu, yori, tomo,
yoshi, toshi, masa, ka-
ta, masu, ai, yō, ka,
chika, katsu, nigi)
¹一 Waichi m
一郎 Waichirō m
⁴七 Washichi m
人 Masando m
³三 Yoshikazu m
三郎 Wasaburō m
子 Kazuko f, Tomo-
ko, Masako
久 Waku s
久井 Wakui s
久田 Wakuta s
久兎毛 Wakutomo s
⁴仁 Wani s; Katsuhito
介 Wasuke m 　⌐m
夫 Kazuo m, Yoshio
木 Waki sp
井内 Wainai s
井内貞行 W. Sadayu-
井田 Waida s └ki mh
⁵外 Kazuto m
布刈 Mekari sla
布浦 Meura s
布麿 Nigitemaro m
平 Wahei m
正 Yasumasa m
氏 Kazuuji m
田 Wada sp; Mikita s,
Nigita
田三造 W. Sanzō ma
田山 Wadayama p
田山蘭 Wada Sanran
田木 Wadaki s └ml
田合戦女舞鶴 Wada
kassen onnamai-
zuru la
田伝 W. Tsutō ml
田芳恵 W. Yoshie ml
田英作 W. Eisaku ma
田垣 Wadagaki s

田津 Wadatsu s
田義盛 Wada Yoshi-
mori mh
田鍋 Watanabe s
⁶地 Wachi s
合 Wagō s
宇慶 Wauke s, Ōki
光 Masamitsu m; Wa-
辻 Watsuji s 　⌐kō s
辻哲郎 W. Tetsurō ml
気 Wake sp; Waki s;
Yawaki m
気広虫 Wake no Hiro-
mushi fh ⌐maro mh
気清麻呂 W. no Kiyo-
名抄 Wamyōshō l
多守 Watamori m
多留 Wataru m
⁷作 Wasaku m
佐 Wasa s
佐二 Wasaji m
安部 Waabe s
志 Yoriyuki m
男 Kazuo m
応 Kazumasa m
孝 Toshiyuki m
束 Watsuka p
⁸知 Wachi p
波 Wanami m
泊 Wadomari p
幸 Kazuyoshi m
良 Wara p
⁹貞 Kazusada m
育 Kazuyasu m
泉 Izumi sp
泉一牛城 I.-ga-jō l
泉式部 I. Shikibu fl
¹⁰耳部 Wanibe s
郎 Kazuo m
髙 Kazutaka m
栗 Waguri s
宮 Kazunomiya fh
家 Kazue f
屋 Yamatoya s
¹¹島 Washima p
¹²崎 Wasaki s
寒 Wassamu p
¹³我 Waga p
賀 Yamatoga s
賀井 Wakai s
智 Wachi s
達 Wadachi s
¹³誠 Kazuyoshi m, Ya-
義 Kazuyoshi m, Ya-
suyoshi 　　⌐shū l
漢詠集 Wakan rōei-
¹⁴徳 Toshinori m; Ya-
郷 Wagō p 　⌐mato s

明
粉
杷
柚
枕
枡
杵
枚
枝
板

林
壯
的
知
私
和

▲
社
祀
邪
邶
邱
邵
卦
即

杵 枚 枝 板 林 壯 的 舡 私 和 ▼ 社 祀 祁 邪 邯 邱 邨 邵 卦 即 叔 取 勅 劼 効 刺 刷 制 乳 房 毎 斧 卓 幸 ▲ 享 京 金 矢 帚 孟 奇 奄 侖 念

銅 Wadō 708–15
歌 Waka *l*
歌九品 W. kuhon *l*
歌月 Wakatsuki *s*
歌山 Wakayama *p*
歌体十種 Wakatai jis-shu *l*
歌作者部類 Waka sa-kusha burui *l*
歌庭訓 W. teikin *l*
歌童蒙抄 W. dōmōshō *l*
歌題林抄 W. dairin-shō *l*
爾 Wani *s*
15霊 Nigitama *l*
16櫓 Wataru *m*
親 Kazuchika *m*
18邇 Wani *s*
邇部 Wanibe *s*
19蘭陀 Oranda *p* "Holland"
22讃 Wasan *l*

社 639 See 社 406

祀 640 (SHI, JI, toshi)
子 Toshiko *f*
夫 Toshio *m*

祁 641 (KI)
答院 Kedōin *p*

邪 642 [T] (JA, YA)
宗門 Jashūmon *l*
馬台国 Yamatai-koku *ph*

邯 643 (KAN)
鄲 Kantan *la*
鄲諸国 K. shokoku *l*

邱 644 Kyū *s.* (KYŪ, oka)
永漢 Kyū Eikan *ml*

邨 645 (SON, SUN, TON, DON, mura)
岡 Muraoka *s*

邵 646 (SHŌ, JŌ, taka)
子 Takako *f*
蔵 Takazō *m*

8 L6

卦 647 (KA, KE, KAI)
婁 Keiro *s*

即 648 [T] Chikashi *m*; Tsuku *s.* (SOKU, mitsu, yori, hito, tada, atsu)
子 Mitsuko *f*

叔 649 [T] Hajime *m.* (SHUKU, yoshi)
省 Yoshimi *m*

取 650 [T] (SHU, tori, toru)
手 Torite *p*
石 Toroshi *sp*; Tosshi *s*

勅 651 Tsuyoshi *m.* (HI)

劼 652 Tsutomu *m.* (KITSU, KICHI, KATSU)

効 653 [T] Itaru *m*, Susumu. (KŌ, KYŌ, kazu, kata, nari, nori)
子 Kazuko *f*

刺 654 [T] (SHI, SEKI, sashi, sasu)
賀 Sashiga *s*

刷 655 [T] (SATSU, SACHI, kiyo)
雄 Kiyoo *m*

制 656 [T] Osamu *m*, Isamu. (SEI, nori, sada, suke)
子 Sadako *f*

8 L7

乳 657 [T] (NYŪ, chi)
戸 Chihe *s*
井 Nyūi *s*, Nioi
乳井 Chichii *s*
部 Mibube *s*

8 T1

房 658 [T] (BŌ, HO, fusa, nobu, o)
之助 Fusanosuke *m*
子 Fusako *f*
五郎 Fusagorō *m*
太郎 Fusatarō *m*
次郎 Fusajirō *m*
吉 Fusakichi *m*
俊 Fusatoshi *m*
造 Fusazō *m*
野 Fusano *s*
喜 Nobuyoshi *m*
雄 Fusao *m*

8 T2

毎 658A See 毎 444

斧 659 Hajime *m*; Ono *s.* (FU, ono)
田 Onoda *s*
寺 Onodera *s*
馬 Onoma *m*
琴菊 Yoki koto o kiku *l*

卓 660 [T] Takashi *m*, Makoto, Masaru, Taku. (TAKU, taka, tsuna, tō, mochi)
一 Takuichi *m*
四郎 Takushirō *m*
吉 Takukichi *m*
成 Takashige *m*
哉 Takuya *m*
郎 Takurō *m*
造 Takuzō *m*
淳 Takujun *s*
雄 Takuo *m*
幹 Takamoto *m*
蔵 Takuzō *m*

幸 661 [T] Miyuki *m*; Kō *sm*; Yuki *s.* (KŌ, GYŌ, yuki, yoshi, saki, sachi, taka, hide, sai, tatsu, tomi, tomo, mura)
1一 Kōichi *m*
一郎 Kōichirō *m*
3三 Kōzō *m*
三郎 Saisaburō *m*
之助 Kōnosuke *m*
子 Yukiko *f*, Kōko
久 Yoshihisa *m*
千代 Kōchiyo *m*
丸 Kōmaru *m*
4文 Sachibumi *m*
山 Kōyama *s*
木 Kōboku *l*
手 Satte *p*
太夫 Kōdayū *mh*
太郎 Kōtarō *m*
5四郎 Kōshirō *m*
平 Kōhei *m*
王丸 Kōōmaru *m*
生 Sachio *m*
田 Kōda *sp*
田文 K. Aya *fl*
田露伴 K. Rohan *ml*
6次郎 Kōjirō *m*
守 Yukie *f*
吉 Kōkichi *m*
吉郎 Kōkichirō *m*
母 Kōmo *s*
民 Yukimoto *m*
世 Yukiyo *m-f*
年 Yukitoshi *m*
7佐 Kōsa *m*
村 Kōmura *s*
弘 Sachihiro *sm*
安 Kōan *m*
足 Yukitari *m*
男 Yukio *m*, Sachio, Sakio
8枝 Yukie *f*
宜 Yukiyoshi *m*
若 Kōwaka *sla*
若丸 Kōwakamaru *ma*
辰 Yukitoki *m*
9治郎 Kōjirō *m*
松 Yukimatsu *m*
松丸 Kōmatsumaru *m*
松麿 Kōmatsumaro *m*
前 Kōzen *s*
専 Yukitaka *m*
10高 Yukitaka *m*
11健 Yukiyasu *m*
得 Yoshinari *m*
野 Kōno *s*
堂 Kōdō *s*
堂得知 K. Tokuchi *ml*
島 Kōjima *s*
12景 Yukikage *m*
13殖 Sakitane *m*
雄 Yukio *m*, Sachio, Takao
14徳 Kōtoku *s*
徳秋水 K. Shūsui *mlh*
徳井 Kōtokui *s*
16橘 Kōkitsu *m*
輸 Sachibumi *m*
17謙 Yukikane *m*

享 662 [N] Susumu *m*, Akira. (KYŌ, KŌ, taka, tsura, yuki, michi)

吉 Kōkichi *m*
和 Kyōwa 1801–4
保 Kyōhō 1716–36
禄 Kyōroku 1528–32
徳 Kyōtoku 1452–55

京 663 [T] Takashi *m*, Hiroshi, Osamu; Kyō *s*, Kanadome, Karaguri. (KYŌ, KEI, chika, atsu, ki)

が瀬 Kyōgase *p*
³久保 Kikubo *s*
⁴升屋 Kimasuya *s*
⁵北 Keihoku *p*
田 Kida *s*
⁷伝 Kyōden *ml*
⁹城 Keijō *p* "Seoul"
¹¹猫一斑 Keibyō ippan *l*
都 Kyōto *p*, Miyako
¹²童 Kyō warabe *l*
鹿子 Kyōkanoko *l*
¹³極 Kyōgoku *sp*; Kigoku *s* 「*ml*
極杞陽 Kyōgoku Kiyo *ml* 「gokuya
極為兼 K. Tamekane 「
極屋 Kyōgokuya *s*, Ki-

金 664 [T] Kane *m*; Kin *s*, Kon, Kanuchi, Kimu. (KIN, KON, kane, kana, ka)

ケ崎 Kanegasaki *p*
の草鞋 Kin no waraji *l*
²二郎 Kinjirō *m*
³川 Kanekawa *s*
之助 Kinnosuke *m*
万 Konman *s*, Konma
久保 Kanakubo *s*
々先生栄花夢 Kinkin sensei eiga no yume
丸 Kanamaru *s* 「*l*
子 Kaneko *s* 「*ml*
子元臣 K. Motoomi
子不泣 K. Fukyū *ml*
刁光唯 K. Mitsuharu *ml*
子洋文 K. Yōbun *ml*
子筑水 K. Chikusui *ml* 「*mh*
子堅太郎 K. Kentarō

子兜太 K. Tōta *ml*
子薫園 K. Kun'en *ml*
⁴戸 Kanedo *s*, Kanae
中子 Kanako *f*
内 Kaneuchi *s*
山 Kanayama *sp*; Kaneyama *p*
木 Kaneki *s*; Kanagi *p*
太 Kanō *s*
太郎 Kintarō *m*
井 Kanai *sp*
井三笑 K. Sanshō *ml*
井田 Kaneida *s*
⁵札 Kinsatsu *la*
古 Kaneko *s*
玉集 Kingyokushū *l*
本 Kanemoto *s*
矢 Kin'ya *m*
生 Kaneo *s*, Kinshō
平 Kanehira *sm*; Kinpei *m*; Kinpira *lm*
平浄瑠璃 Kinpira Jōruri *l*
田 Kanada *sp*; Kaneda *s*; Kanetada *m*
田一 Kindaichi *sp*
田一京助 K. Kyōsuke *m*
⁶次郎 Kinjirō *m*
仙 Konson *s*
江 Kanae *s*
行 Kaneyuki *sm*
守 Kanemori *sm*
光 Kanemitsu *sm*; Konkō *p*
光明経 Konkōmyōkyō *lh* 「nari *sp*
成 Kanenari *s*; Kan-
⁷作 Kanuchi *s*
坂 Kanesaka *s*
村 Kanamura *s*
杉 Kanasugi *s*
沙集 Kinsashū *l*
沢 Kanazawa *sp*; Kanesawa *s*
沢文庫 Kanazawa Bunko *pl* 「*ml*
沢種美 K. Tanetomi
安 Kaneyasu *s*
谷 Kanaya *s*, Kanetani
吾 Kingo *sm*
児 Kaneko *s*
尾 Kaneo *s*
出地 Kanaji *s*
甫 Kaneyoshi *m*
⁸門 Kinmon *p* "Quemoy, Golden Gate"

門五三桐 K. gosan no kiri *l*
林 Kanebayashi *s*
枝 Kaneeda *s*
若 Kanawaka *m*
居 Kanei *s*
居田 Kaneida *s*
⁹保 Kaneda *s*
津 Kanazu *sp*; Kanetsu *s*
城 Kaneshiro *s*, Kanakusuku, Kanagi
治郎 Kinjirō *s*
神 Konjin *s*
砂郷 Kanasagō *p*
刺 Kanesasu, Kanasasu 「Kanemochi
持 Kanaji *s*, Kanachi
指 Kanezashi *s*
長 Kanenaga *s*
春 Konparu *s* 「*mla*
春禅竹 K. Zenchiku
泉 Kaneizumi *s*
巻 Kanemaki *s*
岡 Kanaoka *s*
重 Kaneshige *sm*; Kanae *s*
¹⁰海 Kaneumi *s*
浦 Konoura *p*
高 Kanetaka *s*
屋 Kanaya *sp*
造 Kinzō *m* 「hara
原 Kinbara *s*, Kana-
原省吾 Kinbara Seigo
¹¹峰 Kinpō *s* 「*ml*
野 Kaneno *s*, Konno
剛 Kongō *s* 「Kinno
剛峰寺 Kongobuji *s*
宿 Kaneie *m*
曾木 Kanesogi *s*
盛 Kanemori *sm*
島 Kanashima *s*, Kaneshima
¹²須 Kisu *s*
勝 Konze *s*
崎 Kanesaki *s*
森 Kanamori *s*
集 Kanesaki *s*
達寿 Kimu Darusu *ml*
道 Kanemichi *m*
¹³塚 Kanetsuka *s*
雄 Kaneo *m*
葉集 Kin'yōshū *l*
¹⁴窪 Kanakubo *s*
閣寺 Kinkakuji *p-l*
槐集 Kinkaishū *l*
輪 Kanawa *s*, Konrin

鋳 Kaneto *s*
敷 Kaneshiki *s* 「sa
蔵 Kinzō *m*, Kanema-
箱 Kanehako *s*
¹⁶親 Kaneoya *s*
鞍 Kanakura *s*
¹⁷綱 Kanatsuna *s*
¹⁸鵞 Kinga *ml*
²³鑽 Kanasana *s*

────── 8 T3 ──────

矢 665 (I, O)

帚 666 (SŌ, hahaki)

木 Hahakigi *l*
木別注 H. betchū *l*

孟 667 Takeshi *m*, Tsutomu, Hajimu. (MŌ, take, moto, tomo, haru, naga, osa, takeshi) 「cius"
子 Mōshi *mlh* "Men-
伯 Takenori *s*
芳 Takeyoshi *m*
郎 Takeshirō *m*
雄 Haruo *m*
鷺 Takeyoshi *m*

奇 See 752

奄 668 (EN, hisa)

智 Anchi *s*

俞 669 Rin *f*. (RIN, RON, tomo)

念 670 [T] (NEN, mune) 「a
仏踊 Nenbutsu odori

命 671 [T] Makoto *m*, Akira; Mikoto *f*. (MEI, MYŌ, nori, nobu, naga, michi, yoshi, toshi, mi, na, ya, kata, mori)
之 Michiyuki *m*
子 Noriko *f*, Nobuko
尾 Meio *s*, Meo
幸 Michitaka *m*
啓 Nagahiro *s* 「tone
婦 Myōbu *f*, Hime-

京
金
矣
帯
孟
奄
俞
念
命
▼
盲
官
宙
宜
宝
定
実
宗
▲
苣
茨
苑
茉
芽
茎
苗
苦
苔

盲 See 936

官 672 [T] (KAN, nori, hiro, taka, kimi, kore, osa)
佳 Hiroyoshi m

宙 673 [T] Hiroshi m. (CHŪ, oki, michi)
子 Michiko f
造 Chūzō m

宏 674 [N] Hiroshi m, Kō. (KŌ, hiro, atsu)
平 Kōhei m
亘 Hironobu m
枝 Hiroe f
海 Kōkai m
富 Hiroto m

宜 675 [T] Yoroshi m. (GI, yoshi, nobu, masa, yasu, ki, noru, sumi, taka, nari)
仁 Yoshihito m
孝 Yoshitaka m
保 Kibo s
治 Senji m
政 Norimasa m
彦 Nobuhiko m
振 Yoshifuru m
野湾 Ginowa s
剛 Yoshitaka m
雄 Yoshio m, Masao m
慶 Yasuyoshi m

宝 676 [T] Takashi m; Takara m-f. (HŌ, taka, tomi, yoshi, kane, take, tomo, michi)
の槌 Takara no tsuchi
¹一 Hōichi m ⌊la
⁴山 Takarayama s
井 Takarai s
井其角 T. Kikaku ml
⁵永 Hōei 1704-11
田 Takarada s
正 Hōshō s
本 Takaramoto s
生 Hōshō s
⁷男 Tomio m
来 Hōrai s
寿 Takatoshi m

⁸性 Hōjō s
忠 Yoshitada m
物集 Hōbutsushū l
治 Hōji 1247-49
治二年百首 H. ninen hyakushu l
栄 Yoshinaga m
¹⁰珠山 Hōshuyama p
¹¹亀 Hōki 770-80
¹³塚 Takarazuka p-a
満 Hōman s
飯 Hoi p
¹⁴徳 Hōtoku 1449-52
暦 Hōreki 1751-64
¹⁵蔵院 Hōzōin l

定 677 [T] Sadamu m, Sadame, Mata. (TEI, JŌ, sada, tsura, yasu)
¹一 Sadaichi m
²二郎 Yasujirō m
³之助 Sadanosuke m
子 Sadako f
⁵方 Sadakata sm
⁵加 Sadamasu m
功 Sadanari m, Sadaisa
正 Sadamasa m
⁶次郎 Sadajirō m
芝 Sadashige m
吉 Teikichi m, Sadakichi
⁷助 Sadasuke m
条 Teijō m, Sadae
⁸房 Sadafusa m
宗 Sadamoto m
忠 Sadanori m
武 Sadatake m
信 Sadanobu m
治郎 Sadajirō m
省 Sadakami m
¹⁰俊 Sadatoshi m
祥 Sadanaga m
家 Sadaie m-ml; Teika
兼 Sadakane m ⌊ml
¹¹猗 Sadayori m
剛 Sadayoshi m
逸 Sadatoshi m
¹²順 Sadanori m
温 Sadayoshi m
琮 Sadayoshi m
朝 Jōchō ma
敬 Sadanori m, Sadaaki
¹³塚 Jōzuka s
豊 Sadaatsu m

輔 Teisuke m
静 Sadakiyo m, Sadayasu
豪 Sadakatsu m
禛 Sadakoto m
¹⁹識 Sadanori m

実 678 [T] Minoru m, Makoto, Sane. (JITSU, sane, mi, mitsu, nori, nao, ma, kore, chika, tsune, miru)
⁸川 Jitsukawa s
万 Sanetsumu m
⁴仁 Mihito m
方 Sanekata ml; Jitsukata s
⁵用 Sanechika m
生 Mishō l
⁶吉 Saneyoshi sm
光 Sanemitsu m
世 Saneyo m
⁷利 Sanesato m
孚 Sanekoto m
近 Sanechika m
⁸枝 Saneeda m
和 Minoru m
宜 Saneakira m
英 Saneakira m
受 Saneshige m
⁹柿 Mikaki m
政 Sanemori m
美 Sanetomi m
栄 Saneharu m
岳 Saneoka m
¹⁰海 Naonatsu m
¹¹陸 Sanetaka ml
淳 Saneatsu m
敏 Sanetoshi m
梁 Saneyane m
庸 Sanemochi m
¹²揖 Saneosa m
順 Saneaya m
勝 Saneto m
程 Minori m
朝 Sanetomo m
堅 Sanemi m
遠 Sanekatsu m
¹³福 Sanetaru m
誠 Sanemi m
廉 Saneyasu m
遠 Saneto m
¹⁴徳 Saneatsu m
¹⁵勲 Saneisa m
¹⁶瞳 Saneaki m
頴 Sanehide m
頼 Saneyori m

¹⁷総 Saneosa m
²⁰麗 Saneakira m

宗 679 [T] Takashi m, Hajime ; Sō s. (SHŪ, sō, mune, moto, toki, kazu, toshi, nari, hiro)
²二 Muneji m
³三 Sōzō m
于 Muneyuki m
子 Muneko f, Motoko ; Munechika m
⁴友 Munetomo m
力 Munakata s
文 Sōbun s
不旱 Sō Fukan ml
⁵功 Muneisa m
礼 Muneaki m
右馬 Sōma s
田 Muneta s
平 Sōhei m
⁶吉 Sōkichi m
光 Munemitsu m
因 Sōin ml
在 Muneari m
広 Munehiro m
⁷均 Munehira m
那 Muneyasu m
形 Munakata s
弘 Munemitsu m
村 Sōmura s
判 Munesada m
谷 Sōya p
志 Sōji m
至 Muneyoshi m
近 Munechika sm
臣 Muneomi m
寿 Munenaga m
孝 Munemichi m
⁸阿弥 Sōami ma
享 Munetaka m
茂 Muneshige m
忠 Munetada m
武 Munetake m
良 Munenaga m
⁹城 Munenari m, Munesane
治郎 Sōjirō m
衍 Munenobu m
砌 Sōzei ml
軌 Munenori m
前 Sōzen s
長 Sōchō ml
春 Sōshun ml
岳 Muneoka s, Munaoka, Soga

直 Munenao m
岡 Muneoka s, Muna-oka, Soga
¹⁰從 Muneyori m
祇 Sōgi ml
祇終歌記 S. shūen no ki l
宮 Sōmiya s
恵 Muneyoshi m
¹¹理 Munemichi m, Munetada
梁 Muneyana m
啓 Munenori m
¹²敬 Munetaka m, Muneyoshi
彭 Sōhō mh
素 Sōso s
尊 Munetaka mh
達 Sōtatsu ma
¹³睦 Munechika m
雄 Muneo m
純 Sōjun ml
¹⁴像 Munekata sp
懂 Munenori m
徳 Munee m
¹⁵論 Shūron l
¹⁶穎 Munehide m
翰 Munemoto m
薫 Muneshige m
賢 Muneyasu m
¹⁷厳 Muneyoshi m
¹⁸賞 Muneyoshi m
²¹巌 Muneyoshi m
²³鑑 Sōkan ml

莒 680 (KYO, GO, chisa)
子 Chisako f

莈 681 Yadori m, Yadoru. (BATSU)

苑 682 (EN, ON, so-no)
部 Sonobe s

茉 682A (MATSU, ma)
莉 Mari f
理子 Mariko f

芽 683 [T] (GA, GE, me, mei)
子 Meiko f
室 Memuro p

茎 684 [T] (KEI, KŌ, GYŌ, kuki)
子 Kukiko f
崎 Kukisaki p

苗 685 [T] (MYŌ, BYŌ, nae, mitsu, nari, tane, e)
太郎 Naetarō m
代 Myōji s, Naeshiro
村 Naemura s, Namura, Nawamura
滝 Nōka s

苫 686 (SEN, TEN, toma)
小牧 Tomakomai p
田 Tomada sp; Tomoda s
米地 Tomabechi sp
前 Tomamae p

苦 687 [T] (KU, ni-ga)
力頭の表情 Kūrii-gashira no hyōjō l
竹 Nigatake s
瓜 Nigauri s
林野 Kururino s
桃 Nigamomo s, Kutō, Kumera

苓 687A (REI, RYŌ, fusa)
北 Reihoku f

苞 688 Shigeru m; Shige f. (HŌ, HYŌ, moto, suga)
子 Motoko f, Sugako

芸 689 [T] (GEI, UN, ki, yoshi, gi, saku, nori, masa)
北 Geihoku p
西 Geisei p
阿弥 Geiami mla
林歩 Geirinkanpo l
亭 Untei plh
濃 Geino p
鑑 Geikan l

茅 690 Kaya s. (BŌ, MYŌ, kaya, chi)
ケ崎 Chigasaki p
³子 Kayako f

⁵代 Chishiro s, Chichishiro
¹⁰原 Kayahara s
原華山 K. Kazan ml
¹¹停 Chinu s
根 Chine s, Chinone
野 Chino sp; Kayano s
野雅子 C. Masako fl
野蕭々 C. Shōshō ml
島 Kayashima s
¹²場 Kayaba s
淳 Chinu s
崎 Chigasaki p

茂 691 [T] Shigeru m, Shigemi. (MO, BŌ, shige, toyo, mochi, yuta, ari, taka, tō, moto, ikashi, shigei)
²二 Shigeji m
³三治 Mosōji m
上 Mogami s
子 Shigeko f, Shigeiko
丸 Ikashimaro m
⁴仁 Toyohito m, Yutahito
木 Mogi s; Motegi sp
手木 Motegi s
太 Shigeta m
太郎 Shigetarō m
山 Shigeyama s
⁵左衛門 Mozaemon m
田 Shigeta s
田井 Motai s
平 Mohei m
氏 Shigeuji m
⁶吉 Mokichi m
在 Mozai s
⁷作 Mosaku s
村 Shigemura s
呂 Moro s
亥 Shigeri m
⁸明 Shigeaki m
幸 Shigeyuki m
茂 Shigemoto m
秀 Shigehide m
⁹垣 Mogaki s
岳 Shigeoka m
¹⁰原 Shigehara s; Mobara p
庭 Moniwa s
¹¹済 Shigemasa m
野 Shigeno s
¹²登 Moto m
¹³雄 Shigeo m
¹³徳 Shigenori m
語 Shigetsugu m

¹⁶憲 Mochinori m
橘 Shigekichi m
樹 Shigeki m, Shigetatsu
薫 Shigeyuki m

若 692 [T] (JAKU, NYAKU, waka, yori, waku, nao, masa, yoshi) 「ko
³子 Wakako f, Waku-
⁴水 Wakamizu sm
月 Wakatsuki s
井 Wakai s
木 Wakagi s
山 Wakayama s
山牧水 W. Bokusui ml
山喜志子 W. Kishiko
⁵代 Wakashiro s 「fl
比売 Wakahime f
田 Wakada s
目田 Wakameda s
市 Nyakuichi l
生 Wakō s
⁶江 Wakae s
竹 Wakatake s
芝 Jakushi s
色 Wakairo s
⁷杉 Wakasugi s
杉慧 W. Kei ml
売 Wakume f
尾 Wakao s
見 Wakami s
⁸林 Wakabayashi s
林強斎 W. Kyōsai mh
命 Wakamikoto s, Wakamei
⁹狭 Wakasa sph
松 Wakamatsu sp
松賤子 W. Shizuko fl
草 Wakakusa s
泉 Wakaizumi s
癸 Wakaki s
竿 Wakasa s
¹⁰柳 Wakayanagi s
宮 Wakamiya sp
帯 Wakatarashi s
原 Wakahara s
栗 Wakaguri s
¹¹桜 Wakasa p
桜部 Wakasakurabe s
部 Wakabe s
菜 Wakana sf-la
麻呂 Wakamaro m
麻績 Wakaomi s
島 Wakashima s
雀 Wakasagi m

命 盲 官 宙 宏 宜 宝 定 実 宗 ▼ 苣 茇 苑 茉 芽 茎 苗 苫 苦 苓 苞 芸 茅 若 ▲ 英 歩 杰 奈 炎 沓 昔 青 斉 忝

茎
苗
苦
苦
苔
苞
茅
茂
若
▼
英
歩
杰
奈
炎
昔
青
斉
忞
恶
忽
▲
忠
爭
妥
肯
昃
昊
杲
昇
易

¹²湯座 Wakayue s
森 Wakamori s
¹³塚 Wakatsuka s
園 Wakazono s
¹⁴紫 Wakamurasaki s
¹⁵穂 Wakaho p
槻 Wakatsuki s
帆忛次郎 W. Reijirō ⌐mh
¹⁸藤 Wakafuji s ⌐mh

英 693 [T] Hanabusa sm-p; Hideru m, Suguru, Takeshi. (EI, YŌ, hide, fusa, teru, yoshi, aya, tsune, toshi, hana, hira, akira) ⌐kazu
¹一 Eiichi m, Yoshi-
一郎 Eiichirō m ⌐ma
一蝶 Hanabusa Itchō
²二 Hideji m, Eiji, Hi-
三 Eizō m ⌐detsugu
⌐五 Eigo m
五郎 Eigorō m, Hide-
太 Eda s ⌐gorō
太郎 Eitarō m, Hide-
夫 Hideo m ⌐tarō
³田 Aida p
⁶光 Toshimitsu m
吉 Eikichi m, Hide-kichi
早 Hidehaya m
多 Aita s; Agata sp
⁷作 Eisaku m
男 Hideo m
寿 Hidetsune m
⁸征 Hideyuki m
延 Fusanobu m
尚 Ayanaka m
⁹保 Ayaho s, Aho
草紙 Hanabusa sōshi l
美 Fusatomi s
泉 Hidemi m
為 Hidetame m
彦 Hidehiko m
¹⁰真 Terumi f
通 Teruyuki m
造 Eizō m
¹¹脩 Hidenaga m
斌 Hideaki m
敏 Hidetoshi m
¹²詰 Eitetsu m
賀 Aga sp ⌐taka
¹³雄 Hideo m, Hide-
経 Fusatsune m
資 Eishi m
¹⁵肇 Hidekoto m

熙 Hidehiro m
¹⁵蔵 Eizō m
¹⁶薫 Hideshige m, Terushige, Teruhide
¹⁸麿 Hidemaru m

—— 8 T4 ——

歩 694 [T] Susumu m, Ayumi. (HO, BU)

杰 695 See 傑 1827

奈 696 [N] (NA, DAI, nani)
³川 Nagawa p
⁴井江 Naie p
⁵古 Nako s
半利 Nabari p
⁷名 Nasa s
⁸河 Nagawa s
良 Nara sp ⌐s
良己知部 Narakochibe
良井 Narai s
良尾 Narao p
良岡 Naraoka s
良原 Narahara s
良屋 Naraya s
良屋茂左衛門 N. Mozaemon mh
良部 Narabe s
良崎 Narasaki s
良間 Narama s
良詣 Nara mōde la
良絵本 N. ehon la
良橋 Narabashi s
良麿 Naramaro m
⁹癸 Naki s, Naiki
癸私 Nakisaichi s
底麿 Nademaro m
¹⁰倉 Nagura s
¹¹留 Naru p
¹²須 Nasu s
¹³義 Nagi p

炎 697 [T] (EN, honoo)
の人 Honoo no hito
昼 Enchū l ⌐la

杳 698 (TŌ, kazu)
手鳥孤城落月 Hototogisu kojō no rakugetsu la

沢 Kutsuzawa s
冠 Kutsukamuri l
掛 Kutsukake s

昔 699 [T] (SEKI, SHAKU, mukashi, tsune, toki, hisa, furu)
木刀右迴 Mukashi-gome mangoku tōshi la
語丹前風呂 Mukashi-gatari tanzenburo l

青 700 [T] (SEI, SHŌ, ao, kiyo, haru)
ケ島 Aogashima p
⁴戸 Aoto s
丹よし Aoni yoshi l
井 Aoi s
女子 Aonao s
山 Aoyama sp
山杉作 A. Sugisaku ml
山霞村 A. Kason ml
木 Aoki sp
木月斗 A. Getto ml
木周蔵 A. Shūzō mh
木昆陽 A. Kon'yō mh
木健作 A. Kensaku m
木繁 A. Shigeru ma
⁵田 Aota s
本 Aohon l
⁶地 Aochi s
池 Aoike s
江 Aoe sf
江舜二郎 A. Shunjirō ml
芝 Aoshiba l
名端 Aonahata s
⁷谷 Aoya p
麦 Aomugi s
貝 Aogai s
玄 Seigen l
⁸沼 Aonuma s
果の市 Seika no ichi l
⁹垣 Aogaki p-l
柿 Aogaki s
岡 Aooka s
¹⁰海 Ōmi p
柳 Aoyagi s
柳有美 A. Yūbi ml
柳優 A. Yutaka ml
¹¹砥 Aoto s
猪 Aojishi l
猫 Aoneko l
根 Aone s
梅 Ōme sp; Aomi l

野 Aono s
野季吉 A. Suekichi ml
島 Aojima s; Chintō / Seitō p "Tsingtao"
¹²森 Aomori p
鹿 Aoshika s
¹⁶頭巾 Ao-zukin l
¹⁸陽 Aojima s; Chinto / Seitō p "Tsingtao"
鞜 Seitō l
¹⁸嶺 Aone l
²⁴褁 Aosoi s

斉 701 [I] Hitoshi m, Tadashi. (SAI, nari, tada, toki, kiyo, nao, masa, mune, yoshi)
³川 Saigawa s
⁴木 Saiki s
⁵田 Saida s
⁶吉 Saikichi s
広 Naritō m
名 Tokina m
⁷村 Saimura s
⁸明 Saimei fh
典 Narioki m
⁹信 Tadanobu m
荘 Naritaka m
¹⁰宮 Saigū s
¹¹脩 Narinobu m
彬 Nariakira m
部 Inbe s, Imube
斎 Nariyoshi m
粛 Naritari m
¹²貴 Naritake m
賀 Saiga s
間 Saima s
¹³雄 Toshio m
兹 Narishige m
徳 Nariyasu m
¹⁴郷 Saigō s
¹⁶衡 Saikō 854-57
¹⁸藤 Saitō s

忞 702 Tsutomu m. (BIN)

恶 703 (GO, sato)
夫 Satoo m

忽 704 (KOTSU)
邪 Kotsuna s, Kutsuna
滑谷 Nukariya s, Nukaruya

忠 705 [T] Tadashi *m*, Tadasu, Chū, Sunao, Kiyoshi, Atsushi, Hodokosu. (CHŪ, tada, nori, atsu, nari, tsura, jō)
[1]一 Chūichi *m*
[2]二 Tadaji *m*
二郎 Chūjirō *m*
人 Tadato *m*
[3]三 Chūzō *m*
三郎 Chūzaburō *m*
子 Tadako *f*
大 Tadamoto *m*
也 Chūya *m*
[4]介 Chūsuke *m*
夫 Tadao *m*
文 Tadafumi *m*
内 Tadanai *s*
太 Chūta *m*
与 Tadayoshi *m*
升 Tadatake *m*
[5]以 Tadazane *m*
礼 Tadanari *m*
用 Tadamochi *m*
丙 Tadaaki *m* ⌈hei
平 Tadahira *m*, Chū-
休 Tadayoshi *m*
[6]次 Tadatsugu *m*
次郎 Chūjirō *m*
光 Tadamitsu *m*
当 Tadamasa *m*
存 Tadaakira *m*
民 Tadamoto *m*
[7]村 Tadamura *s*
作 Chūsaku *m*
位 Tadataka *m*, Tadanori, Tadakura
邦 Tadakuni *m*
言 Tadatoki *m*, Tada-
克 Tadatae *m* ⌊nobu
安 Tadayasu *m*
志 Chūji *m*
至 Tadayuki *m*
告 Tadatsugu *m*
兵衛 Chūbee *m*
匡 Tadamasa *m*
見 Tadachika *m*; Tadami *s*
寿 Tadahisa *m*
考 Tadanaka *m*
臣 Tadaon *m*
臣水滸伝 Chūshin suikoden *l*
臣金短冊 C. kogane no tanzaku *l*
臣蔵 Chūshingura *la*
[8]和 Tadayori *m*, Tadatomo
幸 Atsuyuki *m*
岑 Tadamine *ml*
学 Tadanori *m*, Tada-
英 Tadateru *m* ⌊sato
苗 Tadamitsu *m*
宗 Tadamune *sm*
宝 Tadatake *m*, Tadamichi, Tadatomo
実 Tadamitsu *m*
居 Tadaoki *m*
述 Tadanobu *m*
良 Tadakata *m*
[9]治 Chūji *m*
治郎 Chūjirō *m*
持 Tadamochi *m*
珍 Tadaharu *m*
秋 Tadaaki *m*
相 Tadami *s*
刻 Tadatoki *m*
俔 Tadami *m*
信 Tadanobu *m*
洪 Tadahiro *m*
亮 Tadaakira *m*
勇 Tadatoshi *m*
沓 Tadakazu *m*
発 Tadaaki *m*
岡 Tadaoka *p*
囿 Tadasono *m*
度 Tadanori *m*
彦 Tadahiko *m*, Tadasato ⌈chika
直 Tadanao *m*, Tada-
直卿行状記 Tadanao-kyō gyōjōki *l*
重 Tadashige *m*
[10]俊 Tadatoshi *m*
将 Tadamasa *m*
郡 Tadakuni *m*
郎 Tadao *m*
候 Tadayoshi *m*
倫 Tadatomo *m*
容 Tadayasu *m*
晃 Tadateru *m*
毘 Tadayasu *m*
烈 Tadayasu *m*
要 Tadatoshi *m*
恭 Tadayasu *m*, Tadasumi
恵 Tadashige *m*
挙 Tadataka *m*, Tadahira
哲 Tadaakira *m*
威 Tadaakira *m*
通 Tadamichi *ml*
造 Chūzō *m*
[11]惇 Tadatoshi *m*
祇 Tadamasa *m*
移 Tadayori *m*
能 Tadayasu *m*
敏 Tadayuki *m*
淳 Tadaatsu *m*
済 Tadamasa *m*
常 Tadatsune *m*
宴 Tadayoshi *m*
啓 Tadahira *m*
喬 Tadataka *m*
恕 Tadayuki *m*, Tadamichi, Tadanori
進 Tadayuki *m*
粛 Tadatoshi *m*, Tadamasa
[12]順 Tadatoshi *m*, Tadamasa, Tadayori, Tadaosa
馮 Tadayori *m*
揚 Tadataka *m*
晴 Tadaharu *m*
勝 Tadakatsu *m*
款 Tadamasa *m*
敬 Tadaatsu *m*, Tadakata
斂 Tadahisa *m*
裕 Tadayasu *m*
禄 Tadayoshi *m*, Tadatoshi
[13]禎 Tadayoshi *m*
瑗 Tadamitsu *m*
強 Tadatsuyo *m*, Ta-
雄 Tadao *m* ⌊daatsu
稠 Tadashige *m*
誠 Tadayoshi *m*
幹 Tadamoto *m*
義 Tadayoshi *m*, Tadaaki
寛 Tadatō *m*
意 Tadaoki *m*
豊 Tadamori *m*
雲 Tadakumo *m*
悳 Tadanori *m*
舜 Tadakiyo *m*
愛 Tadayoshi *m*, Tadanaru
廉 Tadayasu *m*
鼎 Tadakane *m*
[14]徳 Tadaari *m*
詔 Tadatcru *m*
穀 Tadayoshi *m*
嘉 Tadahiro *m*
節 Tadatoki *m*
[15]鋒 Tadasaki *m*
器 Tadakata *m*
賛 Tadasuke *m*
蔵 Chūzō *m*
[16]徹 Tadayuki *m*
輸 Tadanaka *m*
親 Tadachika *m*
篤 Tadayuki *m*
震 Tadanari *m*
養 Tadayasu *m*
興 Tadaoki *m*
[17]総 Tadafusa *m*
藎 Tadae *m*
翼 Tadasuke *m*
[18]顕 Tadateru *m*
類 Chūrui *p*
燾 Tadateru *m*
[19]鵬 Tadayuki *m*
[20]籌 Tadakazu *m*
耀 Tadateru *m*
[22]懿 Tadanao *m*

争 706 See 争 344

采 707 (SAI, une, aya, koto)
子 Ayako *f*, Kotoko
女 Uneme *sf-p*
男 Uneo *m*
野 Saino *s*

妥 708 [T] (DA, TA, yasu)
江 Yasue *f*

肯 709 [T] (KŌ, saki, mune)

旻 710 Akira *m*, Takashi; Min *mh*. (BIN)

昊 711 Hiroshi *m*. (KŌ, GŌ, hiro)

杲 712 Akira *m*, Akashi, Takashi. (KŌ, aki)
雄 Akio *m*

昇 713 [T] Noboru *m*, Susumu; Nobori *sm*. (SHŌ, nori, kami)
一 Shōichi *m*
平 Shōhei *m*
次郎 Shōjirō *m* ⌈ml
曙夢 Nobori Shomu

杰 奈 炎 沓 昔 青 斉 忞 忢 忽 ▼ 忠 争 采 妥 肯 旻 昊 杲 昇 ▲ 易 昌 帛 奉 具 学 糸 舎 突 空

忽
忠
争
采
妥
肯
旻
昌
昊
昇
▼
易
昌
帛
奉
具
学
糸
舍
突
空
季
季
秀
▼
凭
努
竺
受
卓
卒
典
其
呉
直

易 714 [T] Yasushi *m*. (EKI, YAKU, yasu, osa, kane, kanu)
二郎 Yasujirō *m*
次郎 Yasujirō *m*

昌 715 [N] Masashi *m*, Masaru, Sakan, Akira, Sakae. (SHŌ, masa, yoshi, aki, masu, suke, yo, atsu, saka)
¹一 Masuichi *m*
³三 Masami *m*
⁴夫 Masao *m*
介 Shōsuke *m*
女 Akiko *f*
⁵司 Shōji *m*
由 Masayori *m*
正 Yoshimasa *m*
生 Masaki *m*
⁶次 Shōji *m*
吉 Shōkichi *m*
⁷作 Shōsaku *m*
弘 Masamitsu *m*
言 Masayuki *m*
谷 Sakaya *s*, Shōya
寿 Masayoshi *m*
甫 Masayoshi *m*
⁸服 Masamoto *m*
英 Masahide *m*, Masatsune
矣 Masao *m*
幸 Masao *m*
昌 Masami *m*
⁹信 Akinobu *m*
胖 Masanao *m*
貞 Masatada *m*
岡 Masaoka *s*
¹⁰倫 Masanori *m*
泰 Shōtai 898–901
耆 Masatoshi *m*
喬 Masataka *m*
達 Masayoshi *m*
道 Masanori *m*
¹³植 Masatane *m*
猷 Masamichi *m*
¹⁴碩 Masahiro *m*
¹⁵蔵 Masayoshi *m*
¹⁶穆 Masayoshi *m*
縄 Masanobu *m*
熹 Masayoshi *m*

邁 Masayuki *m*
臧 Masayoshi *m*
¹⁸穏 Masae *f*

——— 8 T5 ———

帛 716 (HAKU, kinu)
江 Kinue *f*
世 Kinuyo *f*

奉 717 [T] (HŌ, BU, tomo, yoshi, na, uke)
文 Tomoyuki *m*
天 Hoten *p* "Mukden"
永 Yoshinaga *m*
政 Tomomasa *m*
表 Tomoyoshi *m*

具 718 [T] (GU, KU, tomo, kane)
下場 Kugetsuka *s*
下塚 Kugetsuka *s*
氏 Tomouji *m*
志 Gushi *s*
国 Tomokuni *m*
視 Tomomi *m*
集 Kaneai *m*
選 Tomonobu *m*
慶 Kaneyasu *m*
瞻 Tomomi *m*

学 719 [T] Manabu *m*, Satoru, Akira. (GAKU, michi, taka, sato, akira, take, nori, sane, hisa)
一 Gakuichi *m*
文 Satofumi *m*
夫 Michio *m*
俊 Takatoshi *m*
習院 Gakushūin *p*
說乞丐袋 Gakusetsu kikkaibukuro *l*
館院 Gakkan'in *ph*

糸 720 [T] (SHI, ito)
³川 Itogawa *s*
之 Itoshi *f*
子 Itoko *f*
久 Itoku *m*
⁴山 Itoyama *s*
井 Itoi *s*
永 Itonaga *s*
田 Itoda *sp*

竹初心集 Itotake / Shichiku shoshinshū *l*
⁷沢 Itozawa *s*
尾 Itoo *s*
⁹治 Itoji *m*
重子 Itoeko *f*
¹⁰原 Itohara *s*
屋 Itoya *s*
¹¹魚川 Itoigawa *h*
島 Itoshima *p*
¹²貫 Itonuki *p*
賀 Itoga *s*

舍 721 [T] Yadoru *m*, Yaguri. (SHA, ya, ie, tone)
人 Toneri *sm-p*
人親王 T. Shinnō *mlh*
川 Tonegawa *s*
子 Ieko *s*
利 Shari *la*
利讃歎 S. santan *l*
弟 Shatei *l*
栄 Ieyoshi *m*

突 722 [T] (TOTSU, tsuku)
棒船 Tsukubōsen *l*

空 723 [T] (KŪ, taka, sora)
也 Kūya / Kōya *mh*
地 Sorachi *s*
知 Sorachi *p*
海 Kūkai *m*
華集 Kugeshū *l*
閑 Kuga *s*, Koga
蝉 Utsusemi *l*
穂 Akiho *m*

季 724 See 年 342

季 725 [T] Minoru *m*. (KI, sue, toki, toshi, hide)
³子 Sueko *f*, Toshiko
⁶次 Suetsugu *m*, Tokiha
羽 Sueba *s* ⌊tsugu
吉 Suekichi *m*
⁷吟 Kigin *ml*
宝 Suetaka *m*
良 Sueharu *m*
⁹彦 Tokihiko *m*
¹⁰家 Sueie *s*
彬 Suehide *m*
¹²備 Sueyoshi *m*

¹³雄 Sueo *m*, Toshio
茲 Sueshige *m*
¹⁴鳳 Suetaka *m*
¹⁵誕 Suenobu *m*
熊 Suekuma *m*
¹⁶興 Sueoki *m*
²¹巌 Sueyoshi *m*

秀 726 [T] Shigeru *m*, Hide, Shū, Hideshi, Sakae, Minoru, Hiizu. (SHŪ, SHU, hide, ho, hozu, yoshi, mitsu, hora, sue)
¹一 Hideichi *m*, Hide-
³三 Shūzō *m* ⌊katsu
三郎 Hidesaburō *m*
子 Hideko *f*
⁴心 Hidemi *m*
仁 Mitsuhito *m*
円 Hidemaru *m*
文 Hidebumi *m*
⁵夫 Hideo *m*
太郎 Hidetarō *m*
司 Hideji *m*, Hideshi
句阜 Shūku karakasa *l*
央 Hidenaka *m*
用 Hidemochi *m*
⁶次 Hidetsugu *m*
次郎 Hidejirō *m*
兆 Hideyoshi *m*
光 Hidemitsu *m*
守 Hidemori *m*
吉 Hideyoshi *m*, Hidekichi ; Hozuma *s*
成 Hidenari *m*
世 Hidetsugu *m*
⁷伯 Hideo *m*, Hideho
完 Hidesada *m*
臣 Hidemitsu *m*
来 Hideki *m*
⁸枝 Hozue *m-f*
行 Hideyuki *m*
宝 Hidekane *m*
実 Hidesane *m*, Hidemi ; Hozumi *sm*
忠 Hidetada *m*
典 Hidetsune *m*
並 Hidenami *m*
延 Hidenobu *m*
武 Hidetake *m*
虎 Hidetora *m*
⁹治 Hideji *m*
松 Hidematsu *m*
秋 Hideaki *m*
発 Hideoki *m*
郎 Yoshio *m*

倉 Hogura sm
真 Hozuma sm
造 Hidezō m
¹¹猪 Hidei m 「tō mh
能 Hidehisa m ; Hide-
剰 Hidemasu m
恕 Hidehiro m
進 Hidenobu m
康 Hideyasu m
島 Hideshima s
¹²復 Hidemata m
¹³煌 Hideteru m
雄 Hideo m
幹 Hideki m, Homiki
聖 Hidesato m
¹⁶嶹 Hidetaka m
樹 Hideki m
積 Hozumi s
頼 Hideyori m
穎 Hidekai m
¹⁷禧 Hidetomi m
¹⁸観 Hidemi m

——— 8 T6 ———

凭 727 (HYŌ, yori, yoru, yoshi, teru)

努 728 [T] Tsutomu m. (DO)

竺 729 Chiku p. (CHIKU, JIKU)
志 Tsukushi s

受 730 [T] (JU, SHŪ, tsugu, shige, osa, uke, uku)
川 Ukegawa s
長 Osanaga m

阜 731 Tōru m. (FU, taka, oka, na, atsu)
子 Okako f, Atsuko

卒 732 [T] (SOTSU, taka, hiki)
都婆小町 Sotoba Komachi la
塔婆小町 S. K. la
渓 Hikitani s

典 733 [T] Tsukasa m. (TEN, nori, tsune, yoshi, fumi, michi, suke, oki, mori, yori)

子 Tsuneko f, Fumiko, Michiko
文 Yoshifumi m
夫 Norio m
田 Suketada m
次 Yoshitsugu m
寿 Norihisa m
明 Tsuneaki m
暁 Tsunetoshi m

其 734 (KI, GI, sono, toki, moto)
二 Sonoji m
田 Sonoda s
由縁鄙廼俤 Sono yukari hina no omokage l
吉 Sonokichi m
母 Sonomo s
角 Kikaku ml
阿弥 Kiami mh
面影 Sono omokage l
笑 Kishō ml
雪影 Sono yukikage l
磯 Kiseki ml

呉 735 [T] Kure sp, Go "Wu." (GO, GU, kure, kuni)
子 Kureko f
本 Kuremoto s
羽 Kureha p
床作 Goshōtsukuri s
服 Kureha sf-la ; Kurehara s, Kurehatori, Kurehato
茂一 Kure Shigeichi
妹 Kurese s 「ml
陵軒可有 Goryōken Arubeshi ml
須 Gosu s
漢 Kureaya s
葉 Kureha f

——— 8 F1 ———

直 See 988

——— 8 F2 ———

周 736 [T] Makoto m, Chikashi, Amane, Hiroshi, Itaru; Shū s. (SHŪ, SHU, chika, nori, kane, tada, kata, nari, kanu)
¹一 Shūichi m
²三 Shūzō m

之 Chikayuki m 「ko
子 Chikako f, Kane-
⁴仁 Katahito m
太郎 Shūtarō m
⁵布 Suu sp ; Sufu s
田 Shūda s
平 Kanehira m
⁶次郎 Shūjirō m
行 Kaneyuki m
吉 Suki p
西 Susai s
⁷作 Shūsaku m 「chi-
防 Suō sph 「chi-
知 Tadatomo m; Shū-
房 Norifusa m
東 Shūtō sp
⁹秋 Chikaaki m
亮 Chikaaki m
参見 Sumami s; Susami sp 「rishige
重 Chikashige m, No-
¹⁰桑 Shūsō p
¹¹陸 Chikamichi m
恕 Chikahiro m
滑平 Sukoppei m
¹⁵敷 Sufu s
蔵 Shūzō m
¹⁶翰 Chikataka m
¹⁸藤 Shūtō s

——— 8 F3 ———

居 737 [T] (KYO, KO, i, oki, sue, ori, yasu, yori, saya)
石 Sueishi s
初 Isome s
波 Inami s
杭 Igui l
具 Igu s
貞 Isada m
野 Ino s
勢 Kose s

辰 738 [N] Noburu m, Tatsu. (SHIN, JIN, tatsu, toki, nobu, yoshi)
³三郎 Tatsusaburō m
之助 Tatsunosuke m
口 Tatsunokuchi p
巳 Tatsumi p
信 T. fugen l
⁵五郎 Tatsugorō m
井 Tatsui m
夫 Tokio m
木 Tatsuki m
太郎 Tatsutarō m

午 Tatsuma m
⁴四郎 Tatsushirō m
由 Nobuyoshi m
市 Tatsuichi s
⁶次郎 Tatsujirō m
江 Tatsue s
吉 Tokiyoshi m
⁷男 Tatsuo m
⁸良 Tatsuo m
⁹治 Tatsuji m
弥 Tatsuya m
⁹郎 Tatsuoka s
¹⁰郎 Tatsurō m
馬 Tatsuma sm ; Tatsuuma s
¹¹猪 Tatsui m
野 Tatsuno sp
野隆 T. Yutaka ml
¹³雄 Tatsuo m
¹⁴爾 Tokishika s

延 739 [T] Noburu m, En, Susumu, Tadashi; Nobu p. (EN, nobu, naga, tō, suke)
³于 Nobuyuki m
子 Nobuko f
久 Nobuhisa 1069–74
⁴元 Engen 1336–40
文 Enbun 1356–61
太郎 Nobutarō m
山 Nobeyama s
⁵生 Nobu s
⁶次郎 Enjirō m
全 Nobumasa m
光 Tōteru m
吉 Nobukichi m, Enkichi
⁷応 En'ō 1239–40
⁸房 Tōfusa m
享 Enkyō 1744–48
宝 Enpō 1673–81
⁹信 Nobusane m
秋 Nobutoki m
長 Enchō 923–31
香 Nobuka s
岡 Nobeoka p
¹⁰原 Nobehara s
¹²喜 Engi 901–23
喜式 Engishiki l
¹⁴徳 Entoku 1489–92
暦 Enryaku 782–806
暦寺 Enryakuji l
¹⁵慶 Engyō / Enkei 1308–11
慶両卿訴陳状 Engyō ryōkyō sochinjō l

奉 具 学 糸 舎 突 牽 季 秀 ▼ 凭 努 竺 受 阜 卒 典 呉 直 周 居 辰 延 ▲ 府 庚 匝 医 固 国 迎 迫 述 者

阜
卒
典
其
呉
直
周
居
辰
延
▼
府
庚
匪
医
固
国
迎
述
者
迂
或
武
▲
奇
尚
虎
辰
兩
來
兒
雨
承

府 740 [T] Atsu f. (FU, moto, atsu, kura)
川 Fukawa s
子 Motoko f
中 Fuchū p
役 Kōmata s ⌈shima
島 Kōshima s, Kōno-

庚 741 Kanoe f. (KŌ, KYŌ, ka, tsugu, yasu)
子彦 Kanehiko m
子郎 Kaneo m
午治郎 Kamajirō m

匪 742 (KŌ, GŌ, ku-shige)

医 743 [T] Osamu m. (I)
王野 Iono s

固 744 [T] Katamu m, Katashi. (KO, kata, taka, moto, mi)
山 Katayama s

国 745 [T] Kuni s. (KOKU, kuni, to-
¹一 Kuniichi m ⌊ki)
¹十 Kunikazu m
³三 Kunizō m
子 Kuniko f
士 Kunio m
久 Kunihisa sm
⁴元 Kunimoto s
分 Kokubu sp; Koku-bun s
分一太郎 Kokubun Ichitarō ml
分寺 Kokubunji p;
  Kōdera s ⌈gai ml
分青厓 Kokubu Sei-
友 Kuninaka sm
中 Kuninaka sm
日出 Kunihide m
方 Kunikata sm
壬 Kunitsugu m
井 Kunii s
木田 Kunikida s
木田独歩 K. Doppo ml
太郎 Kunitarō m
⁵司 Kunitsukasa s, Ku-
田 Kunida s ⌊nishi
立 Kunitachi p
正 Kokushō s

本 Kunimoto s
氏 Kuniuji m
⁶行 Kuniyuki m
江 Kunie s
守 Kunimori m
吉 Kuniyoshi sm
光 Kunimitsu s
広 Kunihiro s
米 Kokumai s
多 Kunikazu m
⁷佐 Kunisa s
沢 Kunisawa s
弘 Kunihiro s
谷 Kuniya s
芳 Kuniyoshi m
安 Kuniyasu m
忍 Kunioshi m
見 Kunimi p
継 Kunitsugu m
臣 Kunimi m
寿丸 Kunijumaru m
⁸明 Kuniaki m
枝 Kunieda s
枝史郎 K. Shirō ml
定 Kunisada s
定忠治 K. Chūji mh-l
宗 Kunimune m
府 Kokufu sp, Kō
府犀東 Kokufu Saitō ml
府方 Kofukata s
府田 Kōfuda s
武 Kunitake sm
東 Kunisaki sp
⁹保 Kuniyasu sm
昭 Kuniaki m
祝 Kunitoki m
姓爺合戦 Kokusen'ya kassen l
柱 Kunihashira s
松 Kunimatsu s
香 Kunika m
背宍人 Kuseshishido s
栄 Kuniyoshi m
岡 Kunioka s
彦 Kunihiko m
貞 Kunisada m
重 Kunishige sm
¹⁰栖 Kuzu sla
宰 Kuninomikotomo-chi s
家 Kuniie sm
原 Kunihara s
造 Kunizō m; Kuni-tsukuri s, Kunitsuko
¹¹寛 Kunimogi s
巣 Kuzu s

康 Kuniyasu m
島 Kunishima s
隆 Tokitaka m
¹²順 Kuniyuki m
納 Kunitomo m
崎 Kunisaki s
崎屋久太郎 K. Moku-tarō m
富 Kunitomi sm-p
賀 Kuniyoshi m
¹³滋 Kunimaro m
領 Kokuryō s
歌八論 Kokka hachi-ron l ⌈gen l
歌八論余言 K. h. yo-
歌八論余言拾遺 K. h. y. shūi l
算 Kunikazu m
¹⁵蕃 Kunishige m
蔵 Kunizō s
¹⁶儔 Kunitomo s
頼 Kuniyori m
維 Kunifusa m
¹⁸顕 Kuniakira m
藤 Kunitō s

迎 746 [T] Mukai s. (GEI, GYŌ)
田 Kōda m
達 Itate s

迫 747 [T] Sako s; Hasama p. (HA-KU, sako, seri, tō)
水 Sakomizu s, Sako-mi
田 Sakoda s, Serita
間 Sakoma s, Hazama

述 748 [T] Noburu m. (JUTSU, SHU-TSU, nobu, tomo, akira, nori)
子 Nobuko f, Tomo-
史 Nobumi m ⌊ko
直 Nobunao m

——— 8 F4 ———

者 See 769

迂 749 (Ō, sumi, yu-ki)

或 750 (WAKU, mo-chi)
水 Wakumizu s

武 751 [T] Takeshi m, Takeru, Isa-mu; Take f. (MU, BU, take, isa, tatsu, fuka, u)
¹一 Buichi m
²二 Takeji m
人 Takendo m
³川 Takegawa s; Mu-
三 Buzō m ⌊kawa sp
三郎 Takesaburō m
子 Takeko f; Takeshi
下 Takeshita s ⌊s
久 Takehisa s
之 Takeyuki m
之助 Takenosuke m
士 Takeshi m
⁴元 Takemoto sm
内 Takeuchi s, Take-nouchi, Takechi
夫 Takeo m
太郎 Taketarō m
山 Takeyama s
山英子 T. Hideko fl
井 Takei s
井昭男 T. Teruo ml
中 Takenaka s
⁵永 Takenaga s
石 Takeishi s, Fuishi, Fuseki; Takeshi sp
四郎 Takeshirō m
生 Taketatsu m
凸 Takehiro s
平 Buhei m
本 Takemoto s
市 Takeichi s, Takechi
市瑞山 Takechi Zui-zan mh
正 Takemasa m ⌈m
生 Takefu sp; Takeo
生水 Mushōzu sp
田 Takeda s
田交来 T. Kōrai ml
田仰天子 T. Gyōten-shi ml
田信玄 T. Shingen mh
田泰淳 T. Taijun ml
田耕雲斎 T. Kōunsai mh ⌊ml
田勝頼 T. Katsuyori
田鴬塘 T. Ōtō ml
田麟太郎 T. Rintarō
末 Takesue s ⌊ml
⁶次 Takeji m
次郎 Takejirō m
江 Takee s
光 Takemitsu sm
吉 Bukichi m

辻 Taketsuji s
⁷佐 Musa s
沢 Takezawa s
社 Musa s
村 Takemura s
谷 Takeya s
芳 Takeyoshi sm
安 Takeyasu sm
志 Takeshi m
男 Takeo m
兵衛 Buhee m
臣 Taketomi s
⁸林 Takebayashi s; Takeshige m [ml
林無想庵 T. Musōan
知 Takechi s
幸 Takeyuki m
命 Takemi m, Isami
宜部 Mugebe s
芸 Muge p
定 Takesada m
茂 Mumo s
居 Takei s
東 Mutō s
者 Musha s
者小路 Mushakōji s, Mushanokōji
者小路実篤 Mushanokōji Saneatsu ml
⁹信 Takenobu s
津 Taketsu s
治 Takeji m
律 Fukatsu s
松 Takematsu m
政 Takemasa m
則 Takenori m
香 Takeka m
直夫 Muneo m
岡 Takeoka s
彦 Takehiko m
重 Takeshige s
¹⁰修 Takenobu m
将列伝 Bushō retsuden l [den l
射 Musa s
宮 Takemiya s
家義理 Buke giri l
要 Takeyasu m
原 Takehara s
¹¹済 Takemasa m
敏 Taketoshi m
能 Takenori m
野 Takeno s
野紹鴎 T. Jōō mh
部 Takebe s, Takeru
紀 Taketoshi m [be
笠 Mukasa s
島 Takeshima s

島羽衣 T. Hagoromo
富 Taketomi s [ml
¹²森 Takemori s
第 Takemori m
智 Takechi s
智鉄二 T. Tetsuji ml
智麿 Muchimaro m
悪 Buaku la
曽 Takeso s
道伝来記 Budō den-raiki l
間 Buma s
¹³隈 Takekuma s
雄 Takeo sm-p
幹 Takemi m
豊 Taketoyo s
義 Muge s
¹⁴郷 Takesato s
¹⁵儀 Mugi p
蔵 Musashi sm-p
蔵野 Musashino sp-l
蔵鐙 Musashiabumi s
¹⁶衛 Bue s
整 Takenobu m
¹⁸駿 Taketoshi m
藤 Mutō s, Takefu

—— 8 F5 ——

奇 752 [T] (KI, GI, kusu, aya, saku, yori, kushi)
久麿 Kikumaro m
男 Kusuo m
奇羅 Kikira s
弥 Han'ya m

尚 753 [I] Hisashi m, Naoshi, Takashi. (SHŌ, JŌ, nao, hisa, yoshi, taka, yori, naka, nari, masa, sane, mashi, masu)
¹一 Naoichi m
³之 Takayuki m
⁴士 Naonori m
⁴文 Takabumi m
⁵目 Takashime s
古 Yoshifuru m
⁶同 Hisatomo m
⁷住 Naozumi m
志 Hisayuki m, Naomune
男 Yoshio m
⁸征 Naoyuki m
服 Naokoto m
知 Hisaaki m
実 Naozane m

武 Naotake m
⁹信 Naonobu m
¹⁰真 Naozane m
¹¹敏 Naotoshi m
隆 Naotaka m
¹²順 Naoyoshi m
備 Naomitsu m
敬 Hisayuki m
経 Hisatsune m
¹⁴徳 Hisanori m
¹⁵監 Naomi m

—— 8 F6 ——

虎 754 [N] Takeshi m, Takeki ; Tora f. (KO, KU, tora, take)
¹一郎 Toraichirō m
³三郎 Torasaburō m
之介 Toranosuke m
之助 Toranosuke m
⁴六郎 Torarokurō m
五郎 Toragorō m
王丸 Toraōmaru ma
太 Torata m
太郎 Toratarō m
次郎 Torajirō m
沢 Torazawa ma
蔵 Toraya s
児 Toraji m
尾 Torao s
⁸明 Toraakira m
林 Torabayashi s
⁹治 Toraji m
岩 Toraiwa s
彦 Torahiko m
星 Toraya s
¹¹清 Torakiyo m
姫 Torahime p
¹³雄 Torao m
¹⁴関師錬 Kokan Shiren mlh

—— 8 U ——

辰 See 738

兩 755 See 両 531

來 756 See 来 538

兒 757 See 児 497

兜 758 (SHI, JI, take)

雨 759 [T] (U, ame, ama, furu, same)
月 Ugetsu l
山 Ameyama l
田 Uda s [gaya
谷 Amegaya s, Ama-
夜 Amaya s
夜記 Amayo no ki l
宮 Amemiya s
竜 Uryū p [nomori
森 Amemori s, Ame-
森芳洲 Amenomori Hōshū mh

承 760 [T] (SHŌ, JŌ, tsugu, tsugi, yoshi, koto, suke, uke)
久 Jōkyū 1219–22
元 Jōgen 1207–11
平 Jōhei 931–38
安 Jōan 1171–75
応 Jōō 1652–55
和 Jōwa 834–48
昭 Tsuguakira m
叙 Tsugumitsu m
保 Jōhō 1074–77
徳 Jōtoku 1097–99
暦 Jōryaku 1077–81

垂 761 [T] Shigeru m. (SUI, ZUI, tari, taru, tare)
水 Tarumi sp ; Tarumizu p
井 Tarui sp
氷 Taruhi s, Nuruhi
枝 Taree f
穂 Tariho m
麿 Tarimaro m

免 762 [T] (MEN)
田 Menda p
取 Mendori s

兎 763 Usa f. (TO, u)
也 Tonari m
太 Uda s
毛 Tomō m
原 Uhara s

弟 764 (TEI, oto, chika, kuni, tsugi, futo)
子丸 Deshimaru s
子屈 Teshikaga p

医 固 国 迎 迫 述 者 迂 或 武 ▼ 奇 尚 虎 辰 兩 兒 雨 承 垂 免 兎 弟 ▲ 並 夜 良 事 者 果 東 俛 俠 俔

女 Otome *f*
彦 Otohiko *m*
麻呂 Otomaro *m*
稲 Otoine *m*

並 765 [T] Narabu *m.* (MEI, BYŌ, nami, mitsu, mi, name)
川 Namikawa *s*
之 Mitsuo *f*
木 Namiki *sm*
木千柳 N. Senryū *ml*
木五瓶 N. Gohei *ml*
木正三 N. Shōzō *ml*
木宗輔 N. Sōsuke *ml*
枝 Namie *f* ⌈ka
河 Namikawa *s*, Nabi-
岡 Namioka *s*
始 Okihajime *s*
栗 Namikuri *s*
樹 Namiki *sm*
藤 Namifuji *m*

夜 766 [T] (YA, yo, yoru, yasu)
の禰覚 Yo no nezame
久野 Yakuno *p* ⌊*l*
半の寝覚 Yowa no nezame *l*
半楽 Yahanraku *l*
交 Yomaze *s*
宗 Yorumune *m*
討曾我 Youchi Soga *la*
須 Yasu *sp*
詩 Yoshi *m*

良 767 [T] Makoto *sm*; Ryō *m*, Nagashi, Akira, Naoshi, Tsukasa. (RYŌ, yoshi, rō, naga, ro, ra, o, kazu, kata, suke, taka, haru, hisa, hiko, mi, sane, tsugi, fumi)
[1]一 Ryōichi *m*
[2]三 Ryōzō *m*
子 Yoshiko *f*, Ryōko, Nagako
之助 Ryōnosuke *m*
士 Ryōshi *m*, Yoshio
[4]仁 Nagahito *m*
太 Ryōta *m*, Yoshimoto
太郎 Ryōtarō *m*
[5]平 Ryōhei *m*
夫 Yoshio *m*
[6]任 Yoshitō *m*
地 Yoshitada *m*
吉 Ryōkichi *m*
弁 Rōben *mh*
成 Yoshinari *m*
世 Yoshitsugu *m*
[7]佐 Rasa *f*
作 Ryōsaku *m*
助 Ryōsuke *m*
邑 Yoshimura *m*
忍 Ryōnin *mh*
志子 Yoshiko *f*
男 Yoshio *m*
[8]知 Yoshitomo *m*, Yoshikazu; Rachi *s*
房 Yoshifusa *m*
茂 Yoshishige *m*
岑 Yoshimine *s*
岑安世 Y. no Yasuyo *ml* ⌈shi *ml*
岑玄利 Y. no Haruto-
[9]治 Ryōji *m*
長 Takanaga *m*
栄 Yoshihiro *m*
[10]造 Ryōzō *m*
[11]野 Yoshino *s*
能 Yoshinori *m*
基 Yoshimoto *m*
[12]勝 Nagakatsu *m*
敬 Yoshiatsu *m*
逸 Ryōitsu *m*
[13]源 Ryōgen *mh*
祺 Yoshiyasu *m*
経 Yoshitsune *m*
寛 Ryōkan *mlh*
雄 Yoshio *m*
業 Yoshinari *m*
蒸 Yoshitsugu *m*
輔 Ryōsuke *m*
[15]澄 Yoshisumi *m*
蔵 Ryōzō *m*
[18]観 Ryōkan *mh*
[20]馨 Yoshika *m*

事 768 [T] Tsutomu *m.* (JI, SHI, koto, waza)
主 Kotonushi *m*

者 769 [T] (SHA, hito, hisa)
度 Yotto *s*, Itto

果 770 [T] Hatasu *m*, Hatsuru, Masaru, Akira. (KA, hata)
之 Hatashi *m*
安 Hatayasu *m*

東 771 [T] Azuma *sm-p*; Higashi *sp*; Tō *s*; Akira *m*, Hajime, Agari. (TŌ, higashi, haru, hide, moto)
[1]一 Tōichi *m*
一郎 Tōichirō *m*
[2]八代 Higashi-yatsushiro *p* ⌈mōdo
人 Azumabito *m*, Azu-
[3]川 Higashigawa *sp*
三条 Higashisanjō *s*
万 Tōma *s* ⌈ruko
子 Higashiko *f*, Ha-
久世 Higashikuze *s*
久邇 Higashikuni *s*
久邇稔彦 H. Naruhiko *mh*
[4]与賀 Higashiyoka *p*
文 Yamatonofumi *s*
方 Higashikata *s*
方朔 Tōbō-saku *ml-la* "Tung-fang Shuo"
山 Higashiyama *sp*; Tōyama *s*
山桜荘子 H. sakura sōshi *la*
山殿花五彩幕 H.-dono no sakura no iromaku *la* ⌈shi *sp*
山梨 Higashi-yamana-
山道 Tōsandō *p*
井 Azumai *s*
[5]加茂 Higashi-kamo *p*
北 Tōhoku *p*; Tōbo-
司 Tōji *s* ⌊ku *la*
田 Higashida *s*, Tsukada
田川 Higashi-tagawa *p*
由利 H.-yuri *p*
市来 H.-ichiki *p*
平 Tōhei *m*
生 Higashinari *s*
白川 Higashi-shiraka-
本 Tōmoto *s* ⌊wa *p*
[6]伊豆 Higashi-izu *p*
伏見 Higashifushimi *s*
池田 Toita *s*
地 Tōji *s*
地井 Tochii *s*
宇和 Higashi-uwa *p*
吉野 H.-yoshino *p*
庄 Tōjō *p*
成 Higashinari *p*
成瀬 Higashi-naruse *p*
臼杵 H.-usuki *p*
[7]住吉 H.-sumiyoshi *p*
伯 Tōhaku *p*
坊城 Higashibōjō *s*
村 Higashimura *s*
村山 Higashi-murayama *p*
利尻 H.-rishiri *p*
谷 Higashidani *s*
安居 Higashiango *s*
牟婁 Higashi-muro *p*
条 Tōjō *sp*; Higashijo *s*
条英機 T. Hideki *mh*
児 Tōji *p*
尾 Higashio *s* ⌈*p*
串良 Higashi-kushira
出 Higashide *s*
出雲 Higashi-izumo *p*
里 Tōri *sm*
里山人 T. Sannin *ml*
[8]彼杵 Higashi-sonogi
門 Tōmon *s* ⌊*p*
和 Tōwa *p*
京 Tōkyō *p*
金 Tōgane *sp*
国東 Higashi-kunisaki *p*
[9]城 Tōjō *sp*
洲斎写楽 Tōshūsai Sharaku *ma*
洋 Tōyō *p*
浅井 Higashi-asai *p*
津野 H.-tsuno *p*
津軽 H.-tsugaru *p*
神楽 H.-kagura *p*
祖谷山 H.-iyayama *p*
松 Tōmatsu *s*
松山 Higashi-matsuyama *p*
松浦 H.-matsuura *p*
茨城 H.-ibaraki *p*
岸居士 Tōgan Koji *la*
背振 Higashi-sefuri *p*
春日井 H.-kasugai *p*
栄 Tōei *p*
風浦 Kochiura *s*
彦 Haruhiko *m*
[10]浦 Higashiura *sp*
海 Tōkai *sp*
海一漚集 T. ichiōshū *l*
海散士 T. Sanshi *ml*
海村 Shōjimura *s*
海林 Shōji *s*
海道 Tōkaidō *p*
海道中膝栗毛 Tōkaidōchū hizakurige *l*
海道四谷怪談 Tōkaidō Yotsuya kaidan *la*

海道名所記 T. meishoki *l*
倶知安行 Higashi-kutchan-kō *l*
砺波 H.-tonami *p*
秩父 H.-chichibu *p*
員 Tōin *p*
宮 Tōgū *s*
家 Toke *s*
恩納 Higashionna *s*
原 Higashihara *s*, Tōhara
屋 Azumaya *l*
通 Higashidōri *p*
馬 Tōma *sm*
[11]淀川 Higashi-yodogawa *p*
流 Tōryū *s*
根 Higashine *p*
能勢 Higashi-nose *p*
野 Higashino *sp*; Tō- ⌊no *s*
部 Tōbu *p*
常縁 Tō no Tsuneyori *ml* ⌈ma
島 Higashima *s*, Tōji-
鳥取 Higashi-tottori *p*
[12]陽 Tōyō *p* ⌈ra *p*
粟倉 Higashi-awaku-
筑摩 H.-chikuma *p*
遊 Azuma asobi *l*
道 Azumaji *s*
[13]雄 Hideo *m*
葛飾 Higashi-katsushika *p*
蒲原 H.-kanbara *p*
園 Higashizono *s*
漢 Yamatonoaya *s*
[14]歌 Azuma uta *l*
郷 Tōgō *sp*
郷平八郎 T. Heihachirō *mh* ⌈*p*
置賜 Higashi-okitama
関紀行 Tōkan kikō *l*
[15]儀 Tōgi *s*
諸県 Higashi-morokata *p*
磐井 H.-iwai *p*
[16]樹 Tōju *s* ⌈*p*
[19]頸城 Higashi-kubiki
藻琴 H.-mokoto *p*
[22]灘 H.-nada *p*
[24]鷹栖 H.-takasu *p*
[26]籬 Tōri *s*

—— 9 L2 ——

侽 772 (DAN, o)

俠 773 Satoru *m*, Tamotsu. (KYŌ, GYŌ)

俔 774 (KEN, GEN, mi, chika)
子 Chikako *f*

俐 775 (RI, sato)
子 Satoko *f*

俗 776 [T] Narō *m*. (ZOKU, SHOKU, yo, michi) ⌈taii *l*
神道大意 Zoku shintō

侯 777 [T] (KŌ, GU, kimi, toki, kinu,
子 Kimiko *f* ⌊yoshi)
雄 Kimio *m*, Kinuo

侶 778 (RO, RYO, tomo, kane, kanu)

俣 779 (mata)
代 Matayo *f*
野 Matano *s*

依 780 [T] (I, E, yori, yo)
氏 Yoriuji *m*
永 Yonaga *s*
田 Yoda *sp*; Yorita *s*
田学海 Yoda Gakkai *ml*
田秋圃 Y. Shūho *ml*
光 Yorimitsu *s*
信 Yorinobu *m*
岡 Yorioka *s*
常 Etsune *s*
智秦 Echihata *s*
徹 Yorimichi *m*
綱 Yosami *s*
藤 Yorifuji *s* ⌈*sp*
羅 Yosara *s*; Yosami

保 781 [T] Tamotsu *m*, Yasushi, Mamoru. (HO, HŌ, yasu, mori, mochi, o, yori)
[1]一 Yasuichi *m*
[2]二 Yasuji *m* ⌈gawa
[3]川 Yasukawa *s*, Ho-
之助 Yasunosuke *m*
己一 Hōkiichi *m*
土ケ谷 Hodogaya *p*
土田 Hotoda *s*
[4]刈 Hogari *s*
元 Hōgen *l* 1156–59
戸田 Hotoda *s*
内 Honai *p*
木 Hoki *s*
太郎 Yasutarō *m*
井 Yasui *s* ⌈*mh*
井算哲 Y. Santetsu
[5]立 Hodate *s*
田 Yasuda *s*, Hoda
田与重郎 Y. Yojūrō *ml*
[6]次郎 Yasujirō *m*
吉 Yasukichi *m*
母 Hobo *s*
[7]佐 Hosa *s*
住 Hozumi *s*
坂 Hosaka *s*
利 Hori *s*
谷 Hodani *s*; Hōya *p*
安 Hōan 1120–24
志 Hoshi *s*
見 Homi *s*
孝 Yasutaka *m*
考 Yasutaka *m*
臣 Yasuomi *m*
[8]知名 Hochina *s*
昌 Yasumasa *m*
忠 Yasutada *m*
固 Yasukata *m*
延 Hōen 1135–41; Honobe *s*
[9]保 Hobo *s*
浄 Yasukiyo *m*
治 Yasuji *m*
津 Hotsu *s*
津美 Hozumi *s*
科 Hoshina *s* ⌈*mh*
科正之 H. Masayuki
栄 Yasuhisa *m*
岡 Hooka *s*
[10]倉 Hokura *s*
高 Yasutaka *s*
高徳蔵 Y. Tokuzō *ml*
恵 Yasutoshi *m*
原 Hobara *p*
馬 Yasuma *m*
[11]健 Yasutake *m*
康 Moriyasu *m*
[12]間 Homa *s*
[13]誠 Yasumasa *m*
義 Yasuyoshi *m*
[15]鞏 Yasukata *m*
選 Yasukazu *m*
[16]積 Hozumi *s*

信 782 [T] Makoto *m*, Akira; Shin *sm*. (SHIN, nobu, sane, shino, aki, shige, sada, masa, akira, koto, tada, chika, toki, toshi, michi) ⌈sakazu
[1]一 Nobuichi *m*, Ma-
一郎 Shin'ichirō *m*
[2]二 Shinji *m*, Nobuji
十 Nobukazu *m*
[3]三 Shinzō *m*
之 Nobuyuki *m*
之介 Shinnosuke *m*
子 Nobuko *f*
乃 Shinano *s*, Shinno, Shinō; Shino *lm*
也 Shin'ya *m*, Nobuya
[4]心 Nobukiyo *m*
元 Nobuharu *m*
介 Nobusuke *m*
木 Nobuki *s*
尹 Nobutada *m*
方 Nobukata *m*
文 Nobufumi *m*
夫 Nobuo *m*; Shinobu *sm-p*
太 Shinta *m*; Shinoda *sp*, Shida ⌈butarō
太郎 Shintarō *m*, No-
友 Nobutomo *ml*
[5]公 Nobutaka *m*
古 Nobuhisa *m*
可 Nobuyoshi *m*
四郎 Shinshirō *m*
市 Nobumachi *m*
包 Nobukane *m*
田 Shinoda *s*, Shida, Shita ⌈tsugu
[6]次 Shinji *m*, Nobu-
任 Nobutō *m*
行 Nobuyuki *m*
州 Shinshū *p*
州川中島合戦 S. Kawanakajima kassen *l*
州新 S. Shin *p*
圭 Nobukado *m*
光 Nobumitsu *m*
旭 Nobuakira *m*
民 Nobuhito *m*
[7]伝 Nobutsugu *m*
沢 Nobusawa *s*
弘 Saneakira *m*
形 Nobukata *m*
好 Nobuyoshi *m*
亨 Nobumichi *m*, Nobunaga

志 Nobusane *m*
吾 Shingo *m*
呆 Nobue *f*
尾 Nobuo *m*
更 Jinkō *p*
孝 Nobutaka *m*
8明 Saneakira *m*
枚 Nobuhira *m*
享 Nobutsuru *m*
舎 Nobuie *m*
昊 Nobuhiro *m*
忠 Nobutada *m*
学 Nobumichi *m*
秀 Nobuhide *m*
凭 Nobuyori *m*
阜 Nobutaka *m*
宝 Nobutaka *m*
実 Nobuzane *m*
国 Nobukuni *s*
兕 Nobutake *m*
良 Nobuyoshi *m*, Akira
9俣 Shinomata *s*
恒 Nobutsune *m*
映 Nobuaki *m*
弥 Nobuyoshi *m*
祝 Nobutoki *m*, Nobuyoshi
秋 Nobuaki *m*
治 Shinji *m*, Nobuji
治郎 Shinjirō *m*
美 Nobuyoshi *m*
長 Nobunaga *m*
思 Nobukoto *m*
泉 Nobumoto *m*
発 Nobuoki *m*
岡 Nobuoka *s*
厚 Nobuatsu *m*
重 Nobushige *m*
10郎 Nobuo *m*
恩 Nobuoki *m*
高 Nobutaka *m*
真 Nobumasa *m*
原 Nobuhara *s*
11部 Shinobe *s*
紀 Nobukazu *m*
常 Nobutsune *m*
菫 Sanemori *m*
12順 Nobuyuki *m*
陽 Nobuakira *m*
随 Nobuyori *m*
勝 Nobukatsu *m*
景 Sadakage *m*
策 Nobutsuka *m*
堅 Nobutaka *m*
貴 Shigi *s*
貴山 S.-san *p*
達 Nobumichi *m*
13淵 Nobuhiro *m*
卿 Nobuaki *m*
雄 Nobuo *m*, Nobuyoshi
稚 Nobuwaka *m*
義 Nobuyoshi *m*
意 Nobumoto *m*, Nobunori, Nobumune
誉 Nobunori *m*
資 Nobusuke *m*
業 Nobunori *m*
愛 Nobusane *m*, Nobunori, Nobuhide
楽 Shiragaki *p*; Shigaraki *sp*
14愷 Nobuyasu *m*
徳 Shintoku *ml*
輔 Nobusuke *m*
嘉 Nobuyoshi *m*
睿 Nobusato *m*
節 Nobuyo *m*
15徴 Nobuaki *m*
璋 Nobuaki *m*
毅 Shinki *m*
蕃 Nobushige *m*
蔵 Nobukura *m*
16篤 Nobuatsu *m*
慶 Nobuyoshi *m*
頰 Nobutsura *m*
綿 Nobutsura *m*
頼 Nobuyori *m*
親 Nobuchika *m*
賢 Nobukata *m*, Nobumasa, Nobutaka
17濃 Shinano *sp*
濃田 Shinoda *s*
緝 Nobutsugu *m*
綱 Nobutsuna *m*
謹 Sanemori *m*
18顕 Nobuaki *m*
20離 Nobutsura *m*
馨 Nobukiyo *m*
24壽 Nobuharu *m*

9 L3

咩 783 (BI, me)

咲 784 [T] Saku *f*. (sa, saku, saki)
本 Sakimoto *s*
花 Sakihana *s*
良子 Sakurako *f*
美 Sakumi *f*
麻 Sakuma *m*
喜子 Sakiko *f*

待 785 [T] (TAI, DAI, matsu, machi, naga, michi)
乳 Matsuchi *s*

衍 786 Hiroshi *m*. (EN, nobu, hiro, mitsu)
子 Nobuko *f*

律 787 [T] Tadashi *m*, Tadasu. (RITSU, nori, oto)
夫 Norio *m*

独 788 [T] (DOKU, katsu)
言 Hitorigoto *l*
歩 Doppo *ml*
歩吟 Doppogin *l*
逸 Doitsu *p* "Germany"

狐 789 (KO, GO, kitsune)
川 Kitsunegawa *s*
塚 Kitsunezuka *sla*; Kozuka *s*
鍛冶 Kitsunekaji *m*

狭 790 [T] (KYŌ, sa)
川 Sagawa *s*
山 Sayama *sp*
手彦 Sadehiko *m*
衣 Sagoromo *l*
狭城山 Sasakiyama *s*
度 Sado *s*
野茅上娘子 Sanu no Chigami no Otome *fl*
間 Hazama *s*

狩 791 [T] (SHU, kari, mori)
小川 Kakogawa *sp*
戸 Karito *s*
太 Kaributo *p*
谷 Kariya *s*
谷棭斎 K. Ekisai *mlh*
野 Kanō *s*, Kano, Karino
野元信 Kanō Motonobu *ma*
野山楽 K. Sanraku *ma*
野永徳 K. Eitoku *ma*
野正信 K. Masanobu *ma*
野芳崖 K. Hōgai *ma*
野探幽 K. Tan'yū *ma*

陌 792 (HAKU, michi)

垪 793 (HEI)
和 Haga *sp*; Hagai *s*

坻 794 (TEI, oka)
子 Okako *f*

垣 795 [I] Kaki *s*. (KAN, GAN, kaki, taka, han)
子 Kakiko *f*
内 Kakiuchi *s*, Kaitō, Kakitsu, Kakito
内松三 Kaitō Matsuzō *ml*
内田 Kakitsuda *s*
外 Kaito *s*
田 Kakida *s*
本 Kakimoto *s*
谷 Han'ya *s*
見 Kakimi *s*, Kakehi

城 796 [T] Shiro *sm-f*; Jō *s*, Tachi, Kitsuki. (JŌ, SEI, ki, nari, shiro, mura, shige, kuni, sane)
3川 Shirokawa *p*
上 Kinokami *s*, Shikinokami
口 Shiroguchi *s*
下 Shiroshita *s*
4戸 Kido *s*
戸崎 Kidosaki *s*
山 Shiroyama *sp*
内 Shirouchi *s*, Jōuchi
井 Kii *s*
5左門 Jō Samon *ml*
辺 Jōhen *p*
丘前来目 Kinookasakinokume *s*
本 Shiromoto *s*
田 Shirota *s*
8所 Kidokoro *s*
東 Kitō *sp*; Jōtō *s*
9南 Jōnan *p*
10倉 Shirokura *s*
11野 Jōno *s*
島 Kishima *s*; Jōjima *p*
12陽 Jōyō *p*

崎 Shirosaki s; Kinosaki p
13篇 Shirotsuka s
15端 Jōhana p
17篠 Kishino s
19縵 Shikinokazura s

抵 797 [T] (TEI, yasu, atsu, yuki)

拇 798 Oyayubi s. (BO)

拡 799 [T] Hiyoshi m, Hiromu. (KAKU, hiro)
充 Hiromitsu m

指 800 [T] (SHI, sashi, yubi, mune)
田 Sashida s
吸 Yubisui s
弘 Iiho s
保 Iio s, Isero, Iseho
原 Sashibara s
宿 Sashijiku s, Yubisuku; Ibusuki sp

持 801 [T] (JI, CHI, mochi, yoshi)
丸 Mochimaru s
木 Mochiki s
田 Mochida s
地 Mochiji s
永 Mochinaga s
言 Mochikoto m
明院 Jimyōin s
長 Mochinaga m
是 Chise s
統 Jitō flh

拾 802 [T] Hirō s. (SHŪ, JŪ, hiro, tō)
子 Hiroko f
菓抄 Shūkashō l
菓集 Shūkashū l
遺百番歌合 Shūi hyakuban utaawase l
遺集 Shūishū l
遺愚草 Shūi gusō l

恪 803 Tsutomu m. (KAKU, KYAKU, taka, tsumu)

恰 804 Takashi m. (KŌ)

恆 805 Wataru m, Hisashi. (KŌ, GŌ)

恢 806 (KAI, KE, hiro)
子 Hiroko f

恂 807 Makoto m, Jun. (JUN, SHUN, nobu)
子 Nobuko f

怡 808 (I, haru)
子 Haruko f
積弘 Isao f

恒 809 [T] Tsune m, Hisashi, Hitoshi, Wataru. (KŌ, GŌ, tsune, hisa, nobu, chika)
²二郎 Tsunejirō m
七 Tsuneshichi m
³川 Tsunekawa s
三 Tsunezō m
子 Tsuneko f
之 Tsuneyuki m
⁵心 Tsunemi m, Tsunemoto
夫 Tsuneo m, Hisao
太 Tsuneta m
太郎 Tsunetarō m
⁵平 Tsunehei m
⁶次郎 Tsunejirō m
吉 Tsuneyoshi sm; Tsunekichi m
存 Tsuneari m
⁸河 Tsunegawa s
明 Tsuneakira m
幸 Tsuneyuki m
長 Tsunenaga sm
⁹柯 Tsuneeda m
松 Tsunematsu s
貞 Tsunesada m
彦 Hisahiko m
¹⁰屋 Tsuneya m
¹¹清 Tsunekiyo m
¹²富 Tsunetomi m
堅 Tsunekata m
¹³雄 Tsuneo m
¹⁴徳 Tsuneyoshi m
¹⁸藤 Tsunetō s

洌 810 Kiyoshi m. (RETSU)

洪 811 Hiroshi m. (KŌ, KU, hiro, ō)

派 812 [T] Minamata s. (HA, mata)

洸 813 Hiroshi m, Fukashi, Takeshi. (KŌ, hiro)
江 Hiroe f

洒 814 (SHA)
落本 Sharebon l

洵 815 Makoto m. (JUN, SHUN, nobu)
盛 Nobumori m

洽 816 Hiroshi m. (KŌ, GŌ, to)
馬 Koma m

洗 817 [T] (SEN, yoshi, kiyo)
馬 Seba s
波 Senba s

洛 818 (RAKU)
陽 Rakuyō ph ["Loyang"]
陽名所集 R. meishoshū l
陽田楽記 R. dengaku-

活 819 [T] (KATSU, GACHI, iku, ike)
井 Ikei s
玉 Ikutama s

洲 820 (SHŪ, SU, kuni)
子 Kuniko f
内 Sunouchi s
本 Sumoto p
股 Sunomata s
流 Sunagashi s
崎 Susaki s

洞 821 [I] Akira m. (DŌ, aki, hiro, hora, horo)
下 Horage s
口 Horaguchi s
戸 Horado p
内 Horouchi s
院 Tōin s
爺 Tōya s

洋 822 [T] Hiroshi m; Nada s. (YŌ, hiro, nami, mi, umi, kiyo)
々社談 Yōyōshadan l
子 Yōko f
之助 Yōnosuke m
大 Hiroo m, Namio
六 Hiromu m
司 Kiyoshi m
右 Yōsuke m
次郎 Yōjirō m

浄 823 [T] Kiyoshi m. (JŌ, SEI, kiyo, shizu)
三 Kiyomi m
上 Kiyokami s
土三部経 Jōdo sanbukyō l
土真宗 J. Shinshū h
土宗 Jōdoshū h
夫 Shizuo m
吉 Jōkichi m
弁 Jōben ml
法寺 Jōbōji p
岡 Kiyooka s
庭 Kiyoniwa s
野 Kiyono m
鉱 Jōkō m
瑠璃 Jōruri la

法 824 [T] Hakaru m, Tsune. (HŌ, nori, kazu, tsune)
子 Noriko f
元 Hōga m
王帝説 Hōōtaisetsu l
夫 Kazuo m
木 Noriki s
示 Hōshi s
安 Hōan s
花寺 Hokkeji s
茂 Norishige m
城寺 Hōjōji sp
隆寺 Hōryūji p
師人 Hosuto s
華経 Hokekyō / Hokkekyō lh
華経義疏 H. gisho l
貴 Hōki s
然 Hōnen mlh

狐
狭
狩
陌
垰
坻
垣
城
▼
抵
拇
拡
指
持
拾
恪
恂
怡
恒
洪
派
洒
洵
洽
洗
洛
活
洲
洞
洋
浄
法
▲
治
津
拝
岬
牲
施
弥

淘
洶
洗
洛
活
洲
洞
洋
浄
法
▼
治
津
浅
拜
牲
施
弥
弭
珎
炳
▲
畑
呢
映
昭
胛
胖
胘
胆
姓
姉

治 825 [T] Osamu *m*, Tadasu. (JI, CHI, haru, sada, tsugu, nobu, yoshi, zu, tō)
1一郎 Jiichirō *m*
2人 Haruto *m*
3三 Harumitsu *m*
三郎 Jisaburō *m*
之助 Harunosuke *m*
子 Haruko *f*
4五郎 Jigorō *m*
右衛門 Jiemon *m*
田 Haruta *s*
7安 Jian 1021–24
兵衛 Jihee *m*
8承 Jijō *l* 1177–81
国 Harukuni *m*
9保 Harumori *m*
貞 Harusada *m*
10剣 Haruakira *m*
郎 Jirō *m*
郎右衛門 Jiroemon *m*
通 Harumitsu *m*
11嵐 Harumi *m*
脩 Harunaga *m*
済 Harusada *m*
祇 Haruyoshi *m*
朗 Jirō *m*
部 Jibu *p*
部太郎 Jibutarō *m*
12策 Jisaku *m*
14輔 Jisuke *m*
暦 Jiryaku / Chiryaku 1065–69

津 826 [T] Tsu *sp*. (SHIN, tsu, zu)
ノ宮 Tsunomiya *s*
3川 Tsugawa *sp*
上 Tsugami *s*
下 Tsuge *s*, Tsushita
久井 Tsukui *sp*
久見 Tsukumi *p*
4戸 Tsudo *s*
山 Tsuyama *sp*
井 Tsui *s*
爪 Tsuzume *s*
5打 Tsuuchi *s*
打治兵衛 T. Jihee *ml*
布久 Tsubuku *s*
辺 Tsube *s*
田 Tsuda *sp*
田左右吉 T. Sōkichi *mlh*
田青風 T. Seifū *ml*
田真道 T. Mamichi *ml*
田梅子 T. Umeko *fh*

本 Tsumoto *s*
6江 Tsue *sp*
守 Tsumori *s*
名 Tsuna *p*
曲 Tsumagari *s*
7吹 Tsubuki *s*
阪 Tsusaka *s*
別 Tsubetsu *p*
杣 Tsumura *s*
村秀夫 T. Hideo *ml*
村信夫 T. Nobuo *ml*
谷 Tsuya *s*
8和野 Tsuwano *s*
金 Tsugane *s*
奈木 Tsunagi *p*
具 Tsugu *p*
9南 Tsunan *p*
10髙 Tsudaka *p*
原 Tsuhara *s*
屋崎 Tsuyazaki *s*
11野 Tsuno *s*
留 Tsuru *s*, Tsudome
島 Tsushima *sp*
12崎 Tsuzaki *s*
軽 Tsugaru *sp-l*
15幡 Tsubata *p*
摩 Tsuma *f*

浅 827 [T] (SEN, ZEN, asa)
7七 Asashichi *m*
3川 Asakawa *sp*
口 Asakuchi *p*
子 Asako *sf*
4水 Asami *s*, Asōzu
山 Asayama *s*
木 Asaki *s*
井 Asai *sp*
井十三郎 A. Jūsaburō
井了意 A. Ryōi *ml*
井忠 A. Chū *ma*
井長政 A. Nagamasa
5古 Asako *s*
田 Asada *s*
生 Asō *s*
6次 Asaji *m*
次郎 Asajirō *m*
江 Asanae *s*, Asae
羽 Asaba *sp*
7村 Asamura *s*
利 Asari *s*
尾 Asao *s*
見 Asami *s*
見淵 A. Fukashi *ml*
見絅斎 A. Keisai *mh*
8波 Asaba *s*
沼 Asanuma *s*

茅が宿 Asaji ga yado *l*
9科 Asashina *p*
草 Asakusa *sp*
草の灯 A. no hi *l*
草紅団 A. kurenaidan
香 Asaka *s*
岡 Asaoka *s*
彦 Asahiko *m*
10海 Asami *s*
倉 Asakura *s*
原 Asahara *s*
原六朗 A. Rokurō *ml*
11野 Asano *s*
野長政 A. Nagamasa
野晃 A. Akira *ml*
野梨郷 A. Rikyō *ml*
野総一郎 A. Sōichirō
黄 Asaki *s*
13場 Asaba *s*
賀 Asaka *s*
間 Asama *s*
間嶽面影草紙 Asama-gatake omokage *l*
葉 Asaba *s*, zōshi *l*
15輪 Asawa *s*

——— 9 L4 ———

拜 828 See 拝 585

岬 829 Misaki *m-f-p*. (KŌ)

牲 830 (SEI, SHŌ, nie)
川 Niekawa *s*

施 831 [T] Hodo-kosu *m*; Haru *s*. (SHI, SE, haru, nobu, toshi, masu, mochi)
恩 Shion *s*

弥 832 [N] Watari *m*, Watari, Hisa-shi; Iyo *f*. (MI, BI, ya, hisa, hiro, mitsu, yo-shi, iya, masu, mane, yasu)
1一 Yaichi *m*
一郎 Yaichirō *m*
2二郎 Yajirō *m*
八 Yahachi *m*
3三 Yazō *m*, Yasabu
三吉 Yasoji *m*
三吉 Yasakichi *m*
三郎 Yasaburō *m*

子 Hisako *f*
之助 Yanosuke *m*
久太 Yakuta *m*
久太郎 Yakutarō *m*
4仁 Iyahito *m*
太郎 Yatarō *m*
永 Yanaga *s*
市 Yaichi *m*
市郎 Yaichirō *m*
5右 Yaishi *s*
生 Yayoi *sp-h* 「shi
6吉 Yakichi *m*, Yayo-団次 Yadanji *m*
世継 Iyayotsugi *l*
7助 Yasuke *m*
兵衛 Yahee *m*
陀如来和讃 Mida Nyorai wasan *l*
幸 Yasaki *m*
忠 Mitsutada *m*
9栄 Yasaka *p*
栄太 Yaeta *m*
彦 Yahiko *p*
10郡 Iyakōri *m*
髙 Iyataka *m*
11勒 Miroku *mh*
勒菩薩 M. Bosatsu *mh*
12富 Yatomi *sp*
14蔓 Hiroshi *m*
15続 Yatsugi *m*

弭 833 (SHŌ, haru, yumi)

珎 834 (SAN, sabu)
朗 Saburō *m*

玲 835 [N] Akira *m*. (REI, RYŌ, tama)
枝 Tamae *f*

珍 836 [T] Chinu *s*. (CHIN, yoshi, ha-ru, uzu, taka, nori, iya)
丸 Medemaru *s*
田 Chinda *s*
次 Takaji *m*
弘 Yoshihiro *m*
彦 Uzuhiko *m*
重 Yoshishige *m*
磧 Chinseki *ml*
頼 Yoshinori *m*
麿 Uzumaro *m*

炳 837 (HEI, HYŌ, aki)

畑 838 [T] Hata s. (hata)
川 Hatagawa s
中 Hatanaka s
山 Hatayama s
井 Hatai s
田 Hatada s, Kamata
佐 Hatasa s
屋 Hataya s
野 Hatano sp

昵 839 Mutsubi m, Mutsumi. (JITSU, NICHI, chika)

映 840 [T] Akira m. (EI, YŌ, aki, teru, akira, mitsu)
子 Teruko f

昭 841 [T] Akira m. (SHŌ, aki, teru, akira, haru, ika)
之 Teruyuki m
四 Akiyo f
君 Shō Kun fh-la "Chao Chün"
和 Shōwa p 1926–
房 Akifusa m
実 Akizane m
英 Terufusa m
良 Haruyoshi m
訓 Akikuni m
島 Akishima p
義 Akiyoshi m
憲皇太后 Shōken Kō-taigō flh

胛 842 Kō s. (KŌ)

胖 843 Yutaka m. (HAN, nao, hiro, ō)

肱 844 (KŌ, hiji)
川 Hijikawa p

胆 845 [T] I s. (TAN, i)
大小心録 Tandaishō-shin-roku l
沢 Isawa p
津 Itsu m
香瓦 Ikaga s
振 Iburi p

姓 846 [T] (SEI, SHŌ, uji)

姉 847 [T] (SHI, ane, e)
川 Anegawa sp
小路 Anenokōji s
子 Aneko f
帯 Anetai s
崎 Anesaki s
崎嘲風 A. Chōfu ml
歯 Aneha s

妹 848 [T] (MAI, BAI, imo)
子 Imoko mh
尾 Senoo sp; Seo s
背山婦女庭訓 Imose-yama onna teikin la
背牛 Imoseushi p
島 Seshima s

祢 849 See 禰 2800

祖 850 [T] Hajime m. (SO, moto, o-ya, saki, nori, hiro)
父江 Sobue sp
母井 Ubai s, Ubagai, Sobagai
母江 Ubagae s
村 Motomura s
泉 Soizumi s
師 Soshi s
道 Motomichi m

祝 851 [T] Iwai sm; Iwō m, Hajime. (SHUKU, SHŪ, SHU, to-ki, nori, yoshi, i, ho)
乃 Tokino s
子 Noriko f
山 Hafuriyama s
太郎 Noritarō m
年子 Ineko f
部 Hafuribe s, Hafuri,
詞 Norito l ⌐Hōri
雄 Tokio m

祐 852 [N] Tasuku m. (YŪ, U, suke, sachi, yoshi, chi, ma-su, mura)
[3]之 Sukeyuki m
[5]方 Sukenori m
六 Yūroku m

夫 Yoshio m ⌐tarō
太郎 Suketarō m, Yū-
[5]丘 Suketaka m
[6]吉 Yūkichi m
[8]邦 Sukekuni m
[8]命 Sukenobu m
[9]乗坊 Yūjōbō s
相 Sukenobu m
彦 Sukehiko m, Sa-chihiko
[10]泰 Sukehiro m
[12]善 Yūzen l
[13]殖 Sukemasa m
靖 Sukeyasu m
[15]慶 Sukenori m

神 853 [T] Kami s, Miwa, Aho; Shin sm. (SHIN, JIN, kami, kan, kō, kiyo, ka, ka-mu, shino, taru, miwa)
[1]一 Kōkazu m
[3]川 Kamikawa sp
三郡 Kamikuni s
丸 Kanmaru s
久保 Imonokubo s
子 Kamiko s
子上 Mikogami s
子島 Kamishima s
[4]戸 Kōbe p, Gōdo, Kōdo, Kando; Kanbe s
中 Jinnaka s
木 Kamiki s
山 Kamiyama sp; Kō-yama s
山茂夫 Kamiyama Shigeo ml ⌐shiro
[5]代 Kōjiro sp, Kuma-
代種亮 Kōjiro Tane-suke ml
功 Jingū fh
永 Kaminaga s
石 Jinseki p
辺 Kannabe p
目 Kōme sp
立 Kandachi s
主 Kōsu s
生 Kanō m
田 Kanda sp; Kōda s
田孝平 Kanda Taka-hira mlh
田橋 Kandabashi sp
本 Kamimoto s
[6]刑部 Kamiutae s
奴 Kando s, Kami-yakko

吉 Kamiyoshi s, Ka-mikichi, Kamiki, Kangi; Kanki sp
宇日文伝 Shinji hi-fumiden l
在 Jinzai s
気 Kiyooki m
成 Kaminari s
吉 Kamiki s
名帳考 Shinmeichōkō l
西 Jinzai s ⌐l
西清 J. Kiyoshi ml
作 Kamisaku s
坂 Kamisaka s
沢 Kamizawa s, Kan-zawa
社 Kansha s, Senja, Kamikoso
村 Kamimura s
余 Kanamari s
谷 Kamiya s
谷戸 Kamiyato s
志那 Kōshina s
足 Kōtari s, Kōtani
尾 Kamio s, Kannō
近 Kamichika s
近市子 K. Ichiko flh
見 Kiyoaki m
[6]例 Kanrei s
河 Miwakawa s
波 Jinba s, Kannami, Kōnami
明 Jinmei s ⌐a
明造 Shinmei-zukuri l
門 Kando s, Kōdo, Gōto ⌐tori
服 Kanhatori s, Hat-
林 Kamibayashi s
私 Kansaichi s
奈川 Kanagawa p
奈子 Kanako f
奈垣 Kanagaki s
努 Kantsukone s ⌐[a
武 Jinmu mh; Kōtake
[9]依田 Miwayoda s
保 Jinbo s, Kannō; Jinbo sp ⌐tarō ml
保光太郎 Jinbo Kō-
津 Kōzu s, Kamitsu
津島 Kōzushima s
垣 Kamigaki s
神廻 Shishiba s
南 Kōnai s
前 Kanzaki s
長 Kaminaga s
長倉 Kanakura s
泉 Kami-izumi p

拝 岬 牲 施 弥 弼 珊 玲 珍 炳 ▼ 畑 昵 映 昭 胛 胖 肱 胆 姓 姉 祢 祖 祝 祐 神 ▲ 柱 柯 柁 柚 柑 枯 柊 柾 柄 柵

肱
胆
姓
姉
妹
袮
祖
祝
祐
神
▼
柱
柯
柁
柚
柑
枯
柊
柾
柄
柵
柘
栃
柏
柿
相
松
▼
狀
祉
竑
衿
段
研
砂
科
秋
胡

皇正統記 Jinnō shō-
tōki *l*

岡 Kamioka *sp*
¹⁰栖 Kamisu *p*
郎 Taruo *m*
宮 Jingū *s* ; Shingū *sp*
宮司 Jingūji *s*
宮寺 Jingūji *s*
息 Kiyooki *m*
恵内 Kamuenai *p*
原 Kanbara *s* ⌈*ml*
原克重 K. Katsushige
原泰 K. Tai *ml*
屋 Kamiya *s*
庭 Kanba *s*
¹¹掃石 Miwahakishi *s*
野 Kamino *s*, Kanno,
  Jinno
符麿 Shinobumaro *m*
麻加牟陀 Miwamaka-
  muda *s*
麻績 Kan'omi *s*
島 Kamijima *s*
亀 Jinki 724–29
¹²崎 Kanzaki *sp* ; Kō-
  zaki *p*
崎清 K. Kiyoshi *ml*
道大意 Shintō taii *l*
道集 Shintōshū *l*
¹³意 Kiyooki *m*
楽 Kagura *p-a* ; Kara-
  ki *s*
楽歌 Kagura uta *l*
楽歌譜入文 K. u. fu-
  iriaya *l*
楽師 Kakotoshi *s*
¹⁴雷 Kaminari *la*
漆 Kaminuri *s*
郷 Shingō *p*
稲 Kumashiro *sp*
農 Kannō *s* ⌈²zumi
墨 Kamizumi *s*, Kō-
¹⁵霊矢口渡 Shinrei Ya-
  guchi no watashi *l*
蔵 Kamikura *s*
¹⁶薬師 Kakotoshi *s*
¹⁷館 Kodate *s*, Kota-
  chi
¹⁸鞭 Kōmuchi *s*
藤 Kamifuji *s*, Shin-
¹⁹瀬 Kamise *s* ⌈dō
²⁰護景雲 Jingo-keiun
  767–70
²³鑾 Kagami *s*

柱 854 [T] (CHŪ, ha-
  shira)

柯 855 (KA, e, eda,
  kado)
斐 Kai *s*

柁 856 (TA, DA, kaji)
川 Kajikawa *s*

柚 857 (YŪ, YU, yu-
  zu)
木 Yuzuki *s*, Yūnoki
原 Yuzuhara *s*

柑 858 (KAN, KON)
子 Kōji *l*
本 Kōjimoto *s*

枯 859 (KO, KU, ka-
  re)
木 Kareki *s*
山水 Kare-sansui *a* ;
  Kosensui *l*

柊 860 (SHU, SHŪ,
  hiiragi, hiragi,
  kuki)
屋 Hiragiya *s*
崎 Kukisaki *s*

柾 861   Masa *f* ;
  Masaki *m*. (ma-
  子 Masako *f* ⌈sa)
木 Masaki *s*

柄 862 [T] (HEI,
  HYŌ, e, moto,
  tsuka, kara, eda, kai,
  井 Karai *s* ⌈kami)
井川柳 K. Senryū *ml*
本 Emoto *s*
沢 Karasawa *s*
原 Ebara *s*

柵 863 (SAKU, mase,
  yana)
木 Maseki *s*
原 Yanahara *p*
割 Sakurai *s*
瀬 Sakurai *s*

柘 864 Tsuge *sp* ;
  Tsuku *s*. (JAKU,
  SHA, tsuku)
垣 Tsugegaki *s*
植 Tsumie *s*, Tsuge
榴 Ishitome *sp*

栃 865 (tochi)
子 Tochiko *f*
内 Tochiuchi *s*, To-
  chinai
木 Tochigi *p*
本 Tochimoto *s*
沢 Tochizawa *s*
谷 Tochiya *s*
尾 Tochio *s*
原 Tochihara *s*

柏 866 Kashiwa *sm-*
  p ; Kaya *sp*. (HA-
  KU, kashiwa, kashi)
⁴山 Kashiyama *s*
木 Kashiwagi *sla* ; Ka-
  井 Kashi *s* ⌈yaki *s*
⁵田 Kashiwada *s*
本 Kashiwamoto *s*, Ka-
  shiwamoto
⁷村 Kashiwamura *s*
谷 Kashiwaya *s*
¹⁰倉 Kashiwakura *s*
原 Kashihara *sp* ; Ka-
  shiwabara *smh* ; Kai-
  bara *p*
屋 Kashiwaya *s*
¹¹野 Kashino *s*
¹²崎 Kashiwazaki *p-la*
¹³淵 Kashiwabuchi *s*
¹⁵熊 Kashiwaguma *s*

柿 867 (SHI, JI, kaki,
  kage, katsu)
の本 Kakinomoto *l*
⁴内 Kakiuchi *s*
木 Kakinoki *p*
山 Kakiyama *s*
山伏 Kaki yamabushi
⁵田 Kakida *s* ⌈*la*
本 Kakimoto *s*, Kaki-
  nomoto
本人麻呂 Kakinomoto
  no Hitomaro *ml*
本人麻呂朝臣勘文 K.
  no H. Ason kanmon
⁷沢 Kakizawa *s* ⌈*l*
花 Kakihana *s*
⁸沼 Kakinuma *s*
⁹岡 Kakioka *s*
¹⁰栖 Kakisu *s*
原 Kakihara *s*
¹¹島 Kakishima *s*
¹²崎 Kakizaki *s*
¹³園 Kakizono *s*
¹⁴蔭集 Shiinshū *l*

¹⁶衛門 Kakiemon *m*

相 868 [T] Tasuku
  m. (SŌ, SHŌ, suke,
  ai, masa, tomo, au, ō,
  sa, mi, haru, miru,
  saga)
³川 Aikawa *sp*
子 Aiko *f*, Masako
⁴内 Aiuchi *s*
山 Aiyama *s*
木 Aiki *s*
可 Ōka *s*
田 Aida *s*
生 Aioi *sp*
羽 Aiba *s*
合 Aiau *s*
沢 Aizawa *s*
近 Sukechika *m*
見 Aumi *s*
⁸阿弥 Sōami *ma*
知 Ōchi *p*
宗 Aisō *s*
武 Sagamu *s*
良 Sagara *sp*
¹⁰浦 Aiura *s*, Ainoura
原 Aibara *s*
庭 Aiba *s*
馬 Sōma *sp* ; Sōba *s*
馬泰三 S. Taizō *ml*
馬黒光 S. Kokkō *ml*
馬御風 S. Gyofū *ml*
¹¹根 Sagane *s*
島 Aijima *s*
¹²曾 Aiso *s*
場 Aiba *s*
勝 Masakatsu *m*
崎 Aisaki *s* ⌈*sp*
賀 Sōga *s*, Saga ; Ōga
智 Sachi *f*
¹³淵 Aibuchi *s*
葉 Aiba *s*
楽 Sōraku *sp*, Sagara ;
  Sōra *s*, Sagaraku
¹⁴模 Sagami *sp-fl*
模原 Sagamihara *s*
模湖 Sagami-ko *p*
聞 Sōmon *l*, Aigikoe
¹⁵視物部 Namitsuki-
  mononobe
²⁰磯 Aiso *s*, Aiiso

松 869 [T] Matsu
  sf ; Tokiwa *m*.
  (SHŌ, matsu, masu)
の落葉 Matsu no
  ochiba *l*

の葉 M. no ha *l*
¹一郎 Matsuichirō *m*
²人 Matsundo *m*
³川 Matsukawa *sp*
川裁判 M. saiban *l*
三 Matsuzō *m*
三郎 Matsusaburō *m*
口 Matsukuchi *s*
之山 Matsunoyama *p*
之助 Matsunosuke *m*
下 Matsushita *s*
子 Matsuko *f*
久 Matsuhisa *s*
丸 Matsumaru *s*
⁴元 Matsumoto *sp*
戸 Matsudo *m*
介 Matsusuke *m*
太郎 Matsutarō *m*
木 Matsuki *s*, Matsunoki
方 Matsukata *s* ⌐*mh*
方正義 M. Masayoshi
山 Matsuyama *sp*
山天狗 M. tengu *la*
山鏡 M. kagami *la*
井 Matsui *s*
井如流 M. Joryū *ml*
井麿子 M. Sumako *fa*
井田 Matsuida *s*
⁵代 Matsushiro *p*, Matsudai
永 Matsunaga *sp*
永久秀 M. Hisahide *mh*
永五五 M. Sekigo *ml*
永貞徳 M. Teitoku *ml*
石 Matsuishi *s*
四郎 Matsushirō *m*
末 Matsusue *s*
生 Matsuu *s*
田 Matsuda *sp* ⌐*ml*
田常憲 M. Tsunenori
本 Matsumoto *p*
本昌夫 M. Masao *mh*
本清張 M. Seichō *ml*
平 Matsudaira *p*
平定信 M. Sadanobu *mh* ⌐*na mh*
平信綱 M. Nobutsu-
平容保 M. Katamori *mh*
平康英 M. Yasuhide
平慶永 M. Yoshinaga
⁶次 Matsuji *m* ⌐*mh*
次郎 Matsujirō *m*
伏 Matsubushi *p*

任 Mattō *sp*, Matsutō
地 Matsuji *s*
江 Matsue *sf-p* ⌐*ml*
江重頼 M. Shigeyori
江維舟 M. Ishū *ml*
竹 Shōchiku *a*
吉 Matsuyoshi *sm*; Matsukichi *m*
虫 Matsumushi *la*
年 Shōnen *m*
⁷住 Matsuzumi *s*
沢 Matsuzawa *s*
阪 Matsuzaka *p*
坂 Matsuzaka *s*
村 Matsumura *s*
村呉春 M. Goshun *ma*
村英一 M. Eiichi *ml*
村緑 M. Midori *ml*
村助 Matsusuke *m*
谷 Matsuya *s*
会 Matsue *s*
屁 Matsuoo *sla* ⌐*shō*
尾芭蕉 Matsuo Bashō
見 Matsumi *s*
角 Matsusumi *s*
寿 Shōju *m*
寿丸 Shōjumaru *m*
⁸沼 Matsunuma *s*
波 Matsunami *s*
波資之 M. Sukeyuki
枝 Matsueda *s* ⌐*ml*
林 Matsubayashi *s*
金 Matsugane *s*
苗 Matsunae *sm*
茂 Matsushige *p*
居 Matsui *s*
居松爹 M. Shōō *ml* ⌐*ml*
並 Matsunami *s*
⁹保 Matsuo *s*
信 Matsunobu *s*
垣 Matsugaki *s*
洛 Shōraku *ml* ⌐*ml*
亭金水 Shōtei Kinsui
南 Matsunami *s*
前 Matsumae *sp*, Matsuzaki *p*; Masaki *p*
風 Matsukaze *sla*
岡 Matsuoka *sp*
岡洋右 M. Yōsuke *mh*
岡映丘 M. Eikyū *ml*
岡貞総 M. Teisō *ml*
岡荒村 M. Kōson *ml*
岡譲 M. Yuzuru *ml*
¹⁰浦 Matsuura *sp*, Matsura

浦一 Matsuura Hajime *ml*
浦辰男 M. Tatsuo *ml*
浦宮 Matsura-no-miya *l*
脇 Matsuwaki *s*
脂 Matsuyani *la*
倉 Matsukura *s*
倉米吉 M. Yonekichi
室 Matsumuro *s*
家 Matsuka *s*
宮 Matsumiya *s*
宮寒骨 M. Kankotsu *ml*
原 Matsubara *sp*
原地蔵尊 M. Jizōson *ml* ⌐noya
屋 Matsuya *s*, Matsunoya *s*
硴家 Matsunoya *s*
硴家露八 M. Rohachi *mh-l*
¹¹浪 Matsunami *s*
根 Matsune *sm* ⌐*ml*
根東洋城 M. Tōyōjō
野 Matsuno *s*
盛 Matsumori *m*
島 Matsushima *s*
¹²崎 Matsuzaki *p*
崎天民 M. Tenmin
森 Matsumori *s* ⌐*ml*
扉 Shōhi *s*
¹³塚 Matsuzuka *s*
隈 Matsukuma *s*
義 Matsuyoshi *s*
葉 Matsuba *s*
葉谷 Matsubaya *s*
園 Matsuzono *s*
¹⁴農波 Matsu no ha *l*
¹⁵影 Matsukage *m*
蔭 Matsukage *s*
¹⁶橋 Matsuhashi *s*; Matsubase *p*
¹⁷濤 Matsunami *s*
橋 Matsufuji *s*
¹⁸韻 Matsuoto *m*
瀬 Matsuse *s*
瀬青々 M. Seisei *ml*
²¹縄 Matsunawa *s*
巌 Matsuo *s*
²²嶺 Shōrai *l*

——— 9 L5 ———

狀 870 See 状 365A

祉 871 See 祉 608

竑 872 (KI, tate)
子 Tateko *f*

袗 873 (KIN, KON, eri)
子 Eriko *f*

段 874 [T] (DAN, TAN)
野 Danno *s*
嶺 Tamine *sp*

研 875 [T] Togi *s*. (KEN, GEN, togi, aki, kiyo, ishi, kishi)
一 Ken'ichi *m*
二 Kenji *m*
川 Togikawa *s*
太郎 Kentarō *m*
橋 Ishibashi *s*

砂 876 [T] Isago *m*. (SA, SHA, suna, isa) ⌐kawa
川 Sunagawa *sp*; Isa-
子 Sunako *s*, Masago
土居 Sunadoi *s*
山 Sunayama *s*
永 Sunanaga *s*
村 Sunamura *s*
押 Sunaoshi *s*
金 Isagane *s*, Sunago,
治 Sunaji *s* ⌐Isago
原 Sawara *p*
塚 Sunazuka *s*
賀 Sunaga *s*
越 Sagoshi *s* ⌐*l*
絵呪縛 Sunae shibari

科 877 [T] (KA, shina)
子 Shinako *f*
良 Akira *s*
野 Shinano *l*

秋 878 [T] Osamu *m*, Akira. (SHŪ, SHU, aki, toki, toshi)
⁸子 Akiko *f*
嶺 Shūsuirei *la*
元 Akimoto *s*
元不死男 A. Fujio *ml*
元松代 A. Matsuyo *fl*
月 Akizuki *s*
月桂太 A. Keita *ml*

柊
桎
柄
柵
柘
栃
柏
柿
相
松
▼
狀
祉
竑
袗
段
研
砂
科
秋
▲
胡
故
政
虹
虸
帥
封
邢
叙

松 牀 祉 竑 衿 段 研 砂 科 秋 ▼ 胡 故 政 虻 虹 帥 耐 封 瓶 籾 郊 耶 郁 卽 軌 叙 訂 計 ▲ 勃 勑 勅 剏 刻 到 則 糺 面 冠

山 Akiyama *sp* ⌈*ml*
山秋紅蓼 A. Shūkōryō
山清 A. Kiyoshi *ml*
[5]永 Akinaga *s*
本 Akimoto *s*
生 Tokio *m*
田 Akita *sp*
田実 A. Minoru *ml*
田雨雀 A. Ujaku *ml*
[6]江 Akie *f*
吉 Akiyoshi *s*
成 Akinari *m*
多 Akita *p*
[7]沢 Akizawa *s*
沢修二 A. Shūji *ml*
谷 Akiya *s*, Akitani
声会 Shūseikai *l*
芳 Shūhō *p*
尾 Akio *s*
里 Akizato *s*
[8]和 Akiwa *s*
忠 Akitada *m*
夜長 Aki no yonaga *l*
良 Akira *s* ⌈kyū *p*
[9]保 Akiho *s*, Akio; A-
津 Akitsu *m*
津麿 Akitsumaro *m*
草 Akigusa *s*
香 Akika *m*
岡 Akioka *s*
[10]時 Akitoki *s*
庭 Akiba *sm*
馬 Akiba *s*
[11]清 Akikiyo *m*
野 Akino *s*
[12]場 Akiba *s*
森 Akimori *s*
賀 Aiga *s*
間 Akima *s*
鹿 Aika *s*
島 Akishima *s*
[13]葉 Akiba *s*
[15]穂 Akiho *sm*; Aiho *p*
[17]篠 Akishino *s* ⌈*l*
篠月清集 A. gesseishū

胡 879 (KO, GO, hisa)
子 Ebisu *s*
江 Hisae *f*
保 Hisayasu *m*
桃 Kurumi *sf*
蝶 Kochō *la*

故 880 [T] (KO, KU, moto, hisa, furu)
木 Motoki *s*
後 Kogo *s*
混馬鹿集 Kokon bakashū *l* ⌈hana *l*
郷の花 Furusato no

政 881 [T] Masashi *m*, Tadashi, Tadasu, Sunao; Tsukasa *s*. (SEI, SHŌ, masa, tada, kiyo, kazu, koto, osa, nori, nari, nobu, yuki)
[1]一 Masakazu *m*, Masaichi
[2]二郎 Masajirō *m*
人 Masato *m*
[3]之助 Masanosuke *m*
之輔 Masanosuke *m*
子 Masako *f*
[4]仁 Kotohito *m*
太郎 Masatarō *m*
五郎 Masagorō *m*
木 Masaki *s*
[5]礼 Masakata *m*
令 Masanori *m*
右衛門 Masaemon *m*
司 Seiji *m*
田 Masada *s*
[6]池 Masaike *s*
次 Masaji *m*
次郎 Masajirō *m*
宇 Masanoki *m*
光 Masamitsu *m*
吉 Masakichi *m*
[7]均 Masahira *m*
弘 Masahiro *m*
助 Masasuke *m*
応 Masanobu *m*
男 Masao *m*
尾市 Masaoichi *m*
近 Masachika *m*
孝 Tadasue *m*
[8]所 Mandokoro *sp-h*
知 Masatomo *m*, Masachika ⌈tomo
和 Masayori *m*, Masa-
宗 Masamune *m*
苗 Masamitsu *m*, Masanari
忠 Masatada *m*
青 Masakiyo *m*
秀 Masahide *m*
周 Kiyochika *m*
国 Masakuni *m*
尚 Masahisa *m*
事要略 Seiji yōryaku *l*
[9]治 Masaji *m*
胖 Masahiro *m*
則 Masanori *m*
参 Masamitsu *m*
岡 Masaoka *s*
彦 Masahiko *m*
[10]倫 Masahito *m*
殷 Masatada *m*
恭 Masatada *m*
家 Masaie *m*
容 Masayoshi *m*
速 Masachika *m*
[11]脩 Masanobu *s*
清 Masakiyo *m*
猪 Masai *m*
敏 Masatoshi *m*
章 Masaaki *m*
常 Masatsune *m*
[12]順 Masayoshi *m*
偏 Masayuki *m*
峻 Masamine *m*
森 Masamori *m*
崇 Masataka *m*
[13]誠 Masanari *m*
業 Masanobu *m*
悳 Masayoshi *m*
[14]輔 Masasuke *m*
暦 Masatoshi *m*
[15]醇 Masaatsu *m*
鋪 Masaharu *m*
[16]環 Masaakira *m*
憲 Masanori *m*
養 Masayoshi *m*, Masakiyo
賢 Masatada *m*
興 Masaoki *m*
[17]優 Masakatsu *m*, Masahiro
[18]叢 Masamura *m*
[19]廬 Masayoshi *m*
[23]鑑 Masaaki *m*, Masaakira

—— 9 L6 ——

虻 See 1134

虹 882 (KŌ, GU, niji)
子 Nijiko *f*

帥 883 [T] Sochi *mh*; Sotsu *f*. (SUI, SHUTSU, sochi, sotsu)
宮敦道 Sochinomiya Atsumichi *mh*

耐 884 [T] Tsuyoshi *m*. (TAI, DAI, tō)

封 885 [T] (FŪ, HŌ, kane)
子 Kaneko *f*

瓶 886 See 瓶 605

籾 887 (momi)
井 Momii *s*
山 Momiyama *s*
山梓月 M. Shigetsu *ml*

郊 888 [T] (KŌ, KYŌ, sato, hiro, oka)
子 Satoko *f*
美 Satomi *f*

耶 889 (YA)
馬渓 Yabakei *p*
麻 Yama *p*

郁 890 [N] Kaoru *m*, Takashi. (IKU, ka, aya, fumi)
子 Ikuko *f*
子園 Mubezono *s*; Ikushien *mh*
夫 Ikuo *m*, Ayao
次郎 Ikujirō *m*
芳門院 Ikuhō Mon'in
良 Ikuo *m* ⌊*fh*
彦 Ikuhiko *m*

—— 9 L7 ——

卽 891 See 即 648

軌 892 [T] (KI, nori)
秀 Norihide *m*

叙 893 [T] (JO, nobu, mitsu)
衡 Nobuhira *m*

訂 894 [T] Tadasu *m*. (TEI, tada)

計 895 [T] Hakaru *m*; Kazue *f*. (KEI, KAI, kazu)
三 Keizō *m*
子 Kazuko *f*
介 Keisuke *m*
夫 Kazuo *m*

束 Totsuka *s*

馬 Kazuma *m*

勃 896 (BOTSU, hira, hiro)

勅 897 See 勅 898

勅 898 [T] (CHOKU, toki, te, de)

丁 Chokutei *s*

子 Tokiko *f*

夫 Tokio *m*

市 Deshi *s*

刺川原 Teshigawara *s*

使河原 Teshigawara *sp*

撰集 Chokusenshū *l*

荊 899 Kei *s.* (KEI, KYŌ, ibara)

沢 Ibarasawa *s*

尾 Takarao *s*

刻 900 [T] (KOKU, toki)

国 Tokikuni *m*

到 901 [T] Itaru *m.* (TŌ, yuki, yoshi)

津 Itōzu *s*

則 902 [T] (SOKU, nori, tsune, toki, mitsu)

⁴心 Norisane *m*

文 Norifumi *m*

⁷光 Norimitsu *m*

来 Noriyuki *m*

⁸宗 Norimune *m*

彦 Norihiko *m*

¹⁰兼 Norikane *m*

¹¹清 Norikiyo *m*

¹³雄 Norio *m*

¹⁴蓼 Norishige *m*

¹⁶録 Noribumi *m*

¹⁸瓊 Noriyoshi *m*

麿 Tsunemaro *m*

²¹耀 Noriteru *m*

紀 903 Tadashi *m*, Tadasu. (KYŪ, KU, tada)

民 Tadatami *m*

面 904 [T] (MEN, BEN, tsura, omo,

川 Omokawa *s* ⌐mo)

木 Omoki *s*

西 Menishi *s*

図 Ozu *s*

来 Menrai *s*

河 Omoga *p*

幸 Tsurayuki *m*

冠 905 [T] Kan *s*, Kanmuri. (KAN, kabura)

木 Kabuki *s*, Kangi

松次郎 Kanmuri Matsujirō *ml*

城 Kangi *s*, Kaburagi

軍 906 [T] Susumu *m.* (GUN, isa, mura, mure)

子 Gunji *s*

司 Gunji *s*

四郎 Gunshirō *m*

地 Gunpei *m*

雄 Isao *m*

柔 907 [T] Yawa *f.* (JŪ, tō, nari, yasu)

子 Nariko *f*, Yasuko

勇 908 [T] Isamu *m*, Isami, Isao, Takeshi. (YŪ, toshi, isa, taka, o, sa, haya, yo, soyo)

¹一 Yūichi *m*

²人 Hayato *m*

³三 Yūzō *m*, Isami

三郎 Yūsaburō *m*

之助 Yūnosuke *m*

⁴夫 Toshio *m*

太郎 Yūtarō *m*

山文雄 I. no Fumitsu

⁵礼 Ikure *s* ⌐gu *ml*

⁶吉 Yūkichi *m*

広 Isao *m*

児 Yūji *m*

作 Yūsaku *m*

宜 Toshinobu *m*

⁹治郎 Yūjirō *m*

¹⁰記 Isayoshi *m*

¹¹魚 Isao *m*

逸 Takeyasu *m*

¹⁵蔵 Yūzō *m*

亭 909 [I] Takashi *m.* (TEI)

兗 910 Tadashi *m.* (EN)

亮 911 [N] Makoto *m*, Akira, Kiyoshi, Tōru. (RYŌ, aki, akira, suke, yoshi, yori, ro, katsu, fusa)

⁷一 Ryōichi *m*, Akika-

二 Ryōji *m* ⌐zu

三 Ryōzō *m*

太郎 Ryōtarō *m*

平 Yorio *m*

平 Ryōhei *m*

吉 Ryōkichi *m*

美 Fusami *f*

策 Ryōsaku *m*

道 Akimichi *m*

澄 Sukezumi *m*

南 912 [T] Minami *sp.* (NAN, ake, nami, mina, yoshi, minami, na)

³川 Minagawa *s*, Minamikawa

小国 Minami-oguni *p*

小泉村 M.-koizumi-mura *l*

子 Minamiko *f*

大路 Minamiōji *s*

⁴山 Minamiyama *s*

山城 Minami-yama-shiro *p*

木 Nanboku *s*

木曾 Nagiso *p*

見方 Minamikata *p*; Minakata *s*

⁵外 Nangai *p*

北 Nanboku *ml*

北洞話 N. shinwa *l*

巨摩 Minami-koma *p*

白亀 Nabaki *s*

田 Minamida *s*

⁷伊豆 Minami-izu *p*

江 Nan'e *s*

合 Nangō *s*

光 Nankō *p*

宇和 Minami-uwa *p*

有馬 M.-arima *p*

多摩 M.-tama *p*

⁷佐久 M.-saku *p*

沢 Minamizawa *s*, Mi-nazawa

那珂 Minami-naka *p*

那須 M.-nasu *p*

村 Minamimura *s*

村山 Minami-mura-yama *p*

村梅軒 Minamimura Baiken *mh*

会津 Minami-aizu *p*

足柄 M.-ashigara *p*

安曇 M.-azumi *p*

牟婁 M.-muro *p*

摩田 Minamidani *s*

条 Nanjō *p*

条文雄 N. Bun'yū *mh*

条範夫 N. Norio *ml*

里 Minasato *s*, Nanri

串山 Minami-kushi-yama *p*

出 Minamide *s*

陀羅 Nadara *m*

杣笑楚満人 Nansen-shō Somahito *ml*

知多 Minami-chita *p*

牧 M.-maki *p*, Nan-moku

波 Nanba *sp* ⌐*p*

河内 Minami-kawachi

河原 M.-kawara *p*

茅部 M.-kayabe *p*

京 Nankin *p* "Nan-king"

国 Nangoku *p*

国太平記 N. taiheiki *l*

⁹津軽 Minami-tsugaru

城 Nanjō *s* ⌐*p*

秋田 Minami-akita *p*

信濃 M.-shinano *p*

保 Nanbo *s* ⌐ura *p*

松浦 Minami-matsu-

相木 M.-aiki *p*

長尾 Minaminagao *s*

岩倉 Minamiiwakura *s*

界 Soji *s*

¹⁰浦 Minamiura *s*

海 Nankai *p* ⌐*p*

海部 Minami-amabe

海道 Nankaidō *p*

高来 Minami-takaki *p*

桑田 M.-kuwata *p*

荒 Minamiarai *s*

宮 Nangū *s*

家 Nanke *s*

原 Nanbara *s*, Nangen

糺
面
冠
軍
柔
勇
亭
奓
亮
南
▼
奎
表
奚
品
客
宥
宣
単
首
前
奐
美
▲
荊
茘
茸
茆
荷
苔
荏
茶
茨

原繁 Nanbara Shige-ru *ml* 「ma *p*

¹¹**埼玉** Minami-saita-

設楽 M.-shidara *p*

野 Nōno *s*

部 Nanbu *sp*; Minabe *p* 「*ml*

鄜修太郎 N. Shutarō

部川 Minabegawa *p*

留別志 Narubeshi *l*

魚沼 Minami-uonu-ma *p*

島 Nantō *s* 「*s*

鬼窪 Minamionikubo

¹²**圏** Minami Hiroshi

陽 Nan'yō *p* 「*ml*

場 Nanba *s*

湖 Nanko *s*

晴 Akeharu *m*; Nan-sei *s* 「no *p*

富良野 Minami-fura-

窓集 Nansōshū *l*

¹³**幌** Minami-horo *p*

雄 Minao *m* 「*ml*

新二 Minami Shinji

淵 Minabuchi *sp*; Nan-buchi *s*, Inabuchi

淵請安 M. no Shōan *mh* 「ragi *p*

葛城 Minami-katsu-

雲 Nagumo *s*

勢 Nansei *p*

¹⁴**郷** Nangō *sp*

種子 Minami-tane *p*

箕輪 M.-minowa *p*

置場 M.-okitama *p*

関 Nankan *p*

¹⁵**摩** Nama *s*

¹⁷**濃** Nannō *p*

総 Nansō *p*

総里見八犬伝 N. Sa-tomi hakkenden *l*

鮮 Nansen *p* "S. Ko-rea"

¹⁸**嶺** Nanrei *ml*

───── 9 T3 ─────

奎 ⁹¹³ (KEI, fumi)

吾 Keigo *m*

彦 Fumihiko *m*

表 ⁹¹⁴ [T] Kozue *m*, Akira; Omote *s*, Ue. (HYŌ, aki, yoshi,

---

to, kinu, o, uwa, suzu, omo)

子 Kinuko *f*

美 Akiyoshi *m*

郷 Omotegō *p*

奚 ⁹¹⁵ Kume*f*. (ku-me)

川 Kumegawa *s*

早 Kumeko *f*

田 Kumeda *s*

吉 Kumekichi *m*

枝 Kumee *f*

馬 Kumema *m*

野 Kumeno *sf*

品 ⁹¹⁶ [T] (HIN, HON, shina, kazu, katsu, tada, nori, hide)

子 Shinago *f*

川 Shinagawa *sp*

川弥二郎 S. Yajirō *mh*

吉 Shinakichi *m*

治 Honji *ph*

遅 Honji *ph*

遅部 Honjibe *s*

客 ⁹¹⁷ [T] Marōdo *s*. (KAKU, KYAKU, hito, masa)

者評判記 Kyakusha hyōbanki *l*

宥 ⁹¹⁸ (YŪ, U, hiro, suke)

子 Hiroko *f*

宣 ⁹¹⁹ [T] Noburu *m*, Shimesu; Sen *sm*. (SEN, nobu, nori, hisa, yoshi, sumi, tsu-ra, fusa, mura)

¹**一** Nobutada *m*

⁸**子** Nobuko *f*

⁶**夫** Hisao *m*

⁶**次** Nobutsugu *m*

⁷**男** Nobuo *m*

⁸**明** Nobuaki *m*

命 Senmyō *l*

⁹**長** Norinaga *m*

¹⁰**家** Nobuie *m*

¹²**順** Nobumasa *p*

¹³**雄** Yoshio *m*

経 Noritsune *p*

¹⁴**嘉** Nobuyoshi *m*

算 Nobukazu *m*

¹⁶**論** Norisato *m*

維 Nobutsuna *m*, No-busumi

単 ⁹¹⁹A [T] (TAN, ichi, tada)

首 ⁹²⁰ [T] Hajime *m*; Obuto *sm*, O-bito; Ōto *s*, Ōshi, Ō-hito, (SHU, obito, kami, saki)

引 Kubihiki *la*

代 Shudai *s*

名 Obitona *m*

藤 Shudō *s*, Sudō

麿 Obitomaro *m*

前 ⁹²¹ [T] Susumu *m*; Mae *s*. (ZEN, SEN, mae, saki, chika,

¹**刀** Sakito *s* 「kuma)

³**川** Maekawa *s* 「*ml*

川佐美雄 M. Samio

口 Maeguchi *s*

子 Sakiko *f*

⁴**山** Maeyama *s*

木 Maeki *s*

中 Maenaka *s*

⁵**田** Maeda, Maita *s*

田川 Maedagawa *s*

田夕暮 Maeda Yūgu-re *ml*

田正名 M. Masana *mh*

田女以 M. Gen'i *mh*

田利家 M. Toshiie *mh*

田阿 Maedakō *s*

田河広一郎 M. Hiro-ichirō *ml* 「*ml*

田林外 Maeda Ringai

田青邨 M. Seison *ma*

田香雪 M. Kōsetsu *ml*

田晁 M. Akira *m*

田普羅 M. Fura *ml*

田鉄之助 M. Tetsu-nosuke *ml*

田曙山 M. Shozan *ml*

⁶**次** Chikatsugu *m*

光 Sakimitsu *m*

⁷**沢** Maezawa *s*

村 Maemura *s*

⁸**波** Maenami *s*, Maeha

⁹**津江** Maetsue *p*

畑 Maehata *s*

岡 Maeoka *s*

¹⁰**倉** Maegura *s*

原 Maebara *sp*; Mae-baru *p*

---

¹¹**野** Maeno *s*

部 Maebe *s*

島 Maejima *s*

島密 M. Hisoka *mh*

¹³**雄** Chikao *m*

豊 Sakitoyo *m*

園 Maezono *s*

¹⁶**橋** Maebashi *sp*

奐 ⁹²² Susumu *m*, (YŪ, YU, michi)

弘 Michihiro *m*

美 ⁹²³ [T] Kiyoshi *m*, Umashi; Yo-shimi *s*. (MI, BI, yoshi, tomi, haru, uma, uma-shi, yo, mitsu, hashi)

³**川** Mikawa *s*

之助 Minosuke *m*

子 Yoshiko *f*, Haruko

土里 Midori *p*

久 Yoshihisa *m*

仁 Yoshinori *m*

方 Mikata *p*

山 Miyama *p*

井 Mii *s*

毛光麿 Mikeimaro *m*

⁵**代** Miyo *s*

代子 Miyoko *f*

代蔵 Miyozō *m*

石 Umashi *m*

田 Mita *s*

玉 Mitama *s* 「*s*

甘 Mikamo *sp*; Mikan

帆子 Mihoko *f*

気 Mike *s*

⁷**作** Mimasaka *ph*

杉 Misugi *p*

図垣 Mizugaki *s*

図星 Mizuya *s*

男 Yoshio *m*

里 Misato *p*

臣 Yoshio *m*

⁸**和** Miwa *p*

泥 Mine *f*

波留 Miharu *m*

宏 Yoshihiro *m*

努 Mino *s*

奈和集 Minawashū *l*

奈猷 Minase *f*

東 Mitō *p*

並 Minami *p*

⁹**保** Miho *p*

保関 Mionoseki *p*

律 Minori *m*

柯 Mie *f*

珍 Yoshiharu *m*
津 Mitsu *s*
津島 Mitsushima *p*
星 Bisei *p*
[10]唄 Bibai *p*
浦 Miho *s*
浜 Mihama *p*
原 Mihara *p*
座 Miza *s*
馬 Mima *sp*
[11]陵 Misasagi *p*
野里 Minori *p*
都 Mito *p*
淑 Mitoshi *m*
深 Bifuka *p*
添 Mizoe *m*
章 Yoshiaki *m*
麻 Miasa *p*
亀次郎 Mikijirō *m*
[12]峻 Yoshitaka *m*
瑛 Biei *p*
喜蔵 Mikizō *m*
智子 Michiko *f*
智太郎 Michitarō *m*
[13]幌 Bihoro *p*
摸 Yoshinori *m*
雄 Tomio *m*
誠 Yoshiaki *m*
楳 Misumi *s*
楯 Mitate *m*
夢 Miyume *f*
越乃 Miono *m*
[14]郷 Misato *m-p*
稲 Yoshine *m*, Uma-
静 Yoshizu *m* ⌊shine
[15]蔭 Yoshikage *m*
[16]樹 Umiki *m*, Miki,
  Umaki, Harushige
積 Yoshitsumu *m*
[17]濃 Mino *p*
濃加茂 M. Kamo *p*
濃風 Minofū *l*
濃部 Minobe *s*
濃輪 Minowa *s*
[19]瀬 Mine *p*
[20]織 Miori *m*
囊 Minō *p* ; Mikuji *s*

荊 923A See 荊 899

荔 924 (REI)

支 Nigauri *l*

茸 925 (JŌ, NYU,
  take)

次 Takeji *m*

茆 926 (BŌ, MYŌ,
  shige)

樹 Shigeki *m*

茚 927 Shigeru *m.*
  (CHŪ, shige)

子 Shigeko *f*

茜 928 (SEN, akane)

星 Akaneya *s*
部 Akanabe *s*

苔 929 Sunori *s.*
  (TAI, DAI, koke)

の衣 Koke no koromo
寺 Kokedera *p* ⌊l

茬 930 (JIN, NIN, e)

戸内 Etouchi *s*
原 Ebara *s*
柄 Egara *s*

茶 931 [T] (CHA, SA)

山 Sayama *s*
木 Chaki *s*
谷 Chadani *s*, Saya
屋 Chaya *p*
壺 Chatsubo *la*

茨 932 (SHI, JI, iba-
  ra, ubara)

木 Ibaraki *sp* ; Ubara-
田 Ibata *s*, Ashida, ⌊ki
  Matsuda, Manda
沢 Ibarasawa *s*
城 Ibaraki *p*

荘 933 [T] Sō *m*,
  Takashi, Tada-
shi, Sakō ; Shō *s*. (SŌ,
  SHŌ, taka, masa)

十 Sōjū *m*
川 Shōkawa *p*
子 Takako *f*
内 Sōnai *p* ; Shōnai *s*
司 Sōji *s*, Shōji
田 Shōda *s*
行 Masayuki *m*
村 Shōmura *s*
政 Takamasa *m*
原 Shōbara *s*

草 934 [T] Kusaka *s*.
  (SŌ, kusa, shige,
kaya)

ケ谷 Kusagaya *s*
川 Kusagawa *s*
子洗小町 Sōshi-arai
  Komachi *la*
刈 Kusakari *m*
双紙 Kusa-zōshi *l*
井地 Kusaichi *p*
加 Sōka *p*
可 Sōka *s*
生 Kusō *s*
地 Kusachi *s*
村 Kusamura *s*
津 Kusatsu *p*
柳 Kusayanagi *s*
深 Kusabuka *s*
根集 Sōkonshū *l*
野 Kusano *s*
野小平 K. Shinpei *m*
島 Kusajima *s*
庵集 Sōanshū *l*
場 Kusama *s*
間 Kusama *s*
鹿 Kusaka *s*, Kusajika
鹿砥 Kusakado *s*
郷 Sōgō *s*
彅 Kusanagi *s*
薙 Kusanagi *sl*
壁 Kusakabe *s*
籠 Kusakago *s*

荒 935 [T] Ara *s*,
  Arara, Araragi.
(KŌ, ara, ra, arara)

人 Arando *m*
川 Arakawa *sp*
三 Arazō *m*
山 Arayama *s*
井 Arai *s*
木 Araki *s*
木又右衛門 A. Mata-
  emon *mh-l*
木田 Arakida *s*
木田守武 A. Moritake
  ml ⌊mh
木太郎 Araki Sōtarō
木貞夫 A. Sadao *mh*
木繊 A. Takashi *m*
正人 Ara Masahito *ml*
本 Aramoto *s*
田 Arata *s*
田井 Aratai *s*
田殖 Aratae *s*
生 Arao *s*

耳 Aramimi *m*
沢 Arasawa *s*
助 Arasuke *m*
谷 Araya *s*, Aratani
身 Arami *s*
尾 Arao *sp*
牧 Aramaki *s*
波 Aranami *s*
波多 Arahata *s*
金 Arakane *s*
居 Arai *s*
畑 Arahata *s*
畑寒村 A. Kanson *mlh*
城 Araki *s*
垣 Aragaki *s*
垣秀雄 A. Hideo *ml*
巻 Aramaki *s*
岡 Araoka *s*
浦 Akinoura *s*
荒 Arara *s*
屋 Araya *s*
造 Kōzō *m*
深 Arabuka *s*
野 Arano *s*, Kōya
島 Arashima *s*
賀 Araka *s*
幡 Arahata *s*
樹 Araki *m*
瀬 Arase *s*

—— 9 T4 ——

盲 936 [T] (MŌ)

安抄 Mōanjō *l*

革 937 [T] (KAKU)
  ⌈kurabu *h*
新倶楽部 Kakushin

査 938 See 松 869

長 939 [T] Nagashi
  m, Hisashi, Ta-
keshi, Masaru, Tsuka-
sa; Chō *sm*, Osa. (CHŌ,
  naga, hisa, osa, take,
tsune, masa, ie, nobu,
masu, michi)

一 Chōichi *m*, Tsune-
  kazu
二郎 Chōjirō *m*
十郎 Chōjūrō *m*
人 Hisato *m*
川 Nagakawa *s*
三郎 Chōzaburō *m*
之 Nagayuki *m*

象
品
客
宥
宣
単
首
前
羑
美
▼
荊
荔
茸
茆
茚
茜
苔
茬
茶
茨
荘
草
荒
革
衾
長
▲
岩
岸
昂
昱
星
穿
夏

荏
茶
茨
荘
草
荒
盲
革
杢
長
▼
岩
岸
▲
岩
昂
昱
昆
星
是
穹
窆
妛
奏

万部 Oshamanbe p
土呂 Nagadoro s
丸 Osamaru s
久 Chōkyū 1040-44; Naune s
久手 Nagakute p
久保 Nagakubo s
⁴戸 Nagato s
元 Chōgen 1028-37
内 Osanai sp
山 Nagayama s
井 Nagai sp
太郎 Chōtarō m
文 Nagabumi m
方 Nagakata m
与 Nagayo s
与専斎 N. Senzai mh
与善郎 N. Yoshirō m
⁵北 Chōboku s
礼 Nagamichi s
永 Nagae s
五郎 Chōgorō m
友 Nagatomo s
平 Chōhei m
本 Nagamoto s
生 Naganari m, Nagaoki; Chōsei p
田 Nagata sp; Osada s
田秀雄 N. Hideo ml
田恒維 Osada Tsuneo ml
田秋濤 O. Shūtō ml
田幹彦 Nagata Mikihiko ml
⁶次郎 Chōjirō m
江 Nagae s
合 Nagaai s, Nagakai
吉 Nagayoshi s
光 Nagamitsu m
広 Nagahiro s
成 Nagashige m
耳国漂流記 Chōjikoku hyōryūki l
⁷村 Nagamura s
坂 Nagasaka sp; [su
沙 Nagasuna s, Naga-
沢 Nagasawa s
沢美津 N. Mitsu ml
利 Osari s
亨 Chōkyō 1487-89
谷 Hase sp; Nagatani s, Nagaya
谷川 Hasegawa sp
谷川かな女 H. Kanajo fl
谷川巳之吉 H. Minokichi ml

谷川天渓 H. Tenkei ml
谷川四郎 H. Shirō ml
谷川伸 H. Shin ml
谷川如是閑 H. Nyozekan ml
谷川幸延 H. Kōen ml
谷川泉 H. Izumi ml
谷川時雨 H. Shigure fl
谷川素逝 H. Sosei ml
谷川等伯 H. Tōhaku ma
谷川零余子 H. Reiyoshi ml [ml
谷川銀作 H. Ginsaku
谷山 Haseyama ml
谷見 Hasemi s
谷河 Hasegawa s
谷部 Hasebe s
谷場 Haseba s
谷雄 Haseo m
谷健 Hase Ken m
克 Hisakatsu m
兵衛 Chōbei m
男 Masao m
尾 Nagao sp
尾虎 N. Kagetora mh [suka
束 Nagatsuka s, Nat-
束正家 Nagatsuka Masaie mh
⁸沼 Naganuma sp
明 Chōmei m
門 Nagato sp
岐 Nagaki s
和 Chōwa 1012-70; Nagakazu m, Nagatoshi
秀 Nagahide s
命 Nagayoshi m
命 Chōmei s
宗 Osamune m, Takemune
孟 Nagatake s
岑 Nagamine s
季 Tsunesue m
良 Nagara sm
承 Chōjō 1132-35
⁹保 Chōhō 999-1004
狭 Nagasa sp
津 Nagatsu s
洲 Nagasu s
治 Chōji m 1104-06
岫 Nagaana s
畑 Nagahata s
弥 Tatsuya m

松 Nagamatsu s
柄 Nagara sp
柄川 Nagaragawa p
秋詠藻 Chōshū eisō l
亮 Hisakatsu m
南 Chōnan p
昱 Nagaakira m
青 Naganari m
泉 Nagaizumi m
岡 Nagaoka sp [mh
岡半太郎 N. Hantarō
岡京 N.-kyō ph
妻 Nagatsuma s
¹⁰唄 Nagauta a
浜 Nagahama s
祥 Nagaakira m
畝 Naune sp
郡 Nagamura s
訓 Nagamichi s
記 Naganari m
倉 Nagakura s
宮 Nagamiya s
晨 Nagaakira m
竜 Chōryū ml
羊 Nagataka m
原 Nagahara s
星 Nagaya s
星王 N.-ō mh
¹¹淳 Nagakiyo m
流 Nagaru m; Chōryū ml
峰 Nagamine s
根 Nagane sp
祇 Nagatada m
船 Osafune m
船長 O. Nagamitsu
野 Nagano sp [ma
野原 Naganohara p
部 Osabe s
翁 Nagatoshi m
著 Nagaakira m
盛 Nagamori m
康 Nagayasu m
庵 Chōan ml
島 Nagashima sp
順 Nagatoshi m
陽 Chōyō s
塩 Nagashio s
禄 Chōroku 1457-60
崎 Nagasaki sp [mh
崎高資 N. Takasuke
曾我部 Chōsokabe s
曾我部元親 C. Motochika mh
曾根 Nagasone s
曾禰 Nagasone s

富 Osatomi s
森 Nagamori s
貴 Nagayoshi m
景 Nagakage m
¹³卿 Nagaaki m
雄 Nagao sm; Haseo m
詮 Nagatoshi m
群 Nagamura m
幹 Nagayoshi m
猷 Nagakazu m
滝 Nagataki s
溥 Nagahiro m
堀 Nagahori s
塚 Nagatsuka s
塚節 N. Takashi ml
寛 Chōkan 1163-65
¹⁴徳 Chōtoku 995-99; Naganori m
郷 Chōgō s [l
歌 Nagauta la; Chōka
歌撰格 C. senkaku l
説 Nagatsugu m
詰 Naganori m
暦 Chōryaku 1037-40
¹⁵潤 Osauru m
統 Nagamune s
監 Nagateru m
勲 Nagakoto m
蔵 Chōzō m
¹⁶操 Nagamochi m
衛 Nagamori m
橋 Nagahashi s
維 Nagatsuna s
壁 Osakabe s
¹⁷蕃 Nagachika m
緑 Nagayori m
職 Nagamoto m
藤 Nagafuji s, Chōdō
贇 Nagamitsu m
嶺 Nagamine s
¹⁹瀬 Nagase s
²¹繩 Naganawa s

岩 940 (CHŌ, taka)

岸 941 [T] Kishi s. (GAN, kishi)
⁸川 Kishigawa s
上 Kishigami s, Kishinoue
下 Kishishita s
彦 Kishiko f
大路 Kishiōji s
⁴井 Kishii s
⁵本 Kishimoto sp
田 Kishida s

田吟香 K. Ginkō mlh
田国士 K. Kunio ml
田俊子 K. Toshiko fh
田劉生 K. Ryūsei mla
[6]名 Kishina s
[7]沢 Kishizawa s
村 Kishimura s
[8]波 Kishinami s
和田 Kishiwada sp
[11]野 Kishino s
部 Kishibe s

岩 942 [T] Iwao m. (GAN, iwa, kata, seki, taka)
[3]川 Iwakawa s
三郎 Iwasaburō m, Sekisaburō
口 Iwaguchi s
子 Iwako f
上 Iwagami s
上順一 I. Jun'ichi ml
下 Iwashita s
下俊作 I. Shunsaku ml
[4]切 Iwakiri s
戸 Iwato s
元 Iwamoto s
内 Iwauchi s; Iwanai p
月 Iwatsuki s
山 Iwayama s
木 Iwaki sp
太 Iwata m
手 Iwate sp
井 Iwai sp
井出 Iwaide s
[5]代 Iwashiro p
永 Iwanaga s
永胖 I. Yutaka ml
田 Iwata s
片 Iwakata s
立 Iwadate s
本 Iwamoto s
[6]次郎 Iwajirō m
竹 Iwatake s
吉 Iwakichi s
成 Iwanari s
舟 Iwafune s
[7]沢 Iwasawa s
村 Iwamura sp
村部 Iwamurabe s
佐 Iwasa s [ma
佐久兵衛 I. Matabee
佐東一郎 I. Tōichirō ml
波 Iwasaka s
男 Iwao sm
谷 Iwaya s, Iwatani

谷莫哀 Iwaya Bakuai
見 Iwami s [ml
見沢 Iwamizawa p
出 Iwade sp
出山 Iwadeyama p
尾 Iwao s
[8]附 Iwatsuki s
門 Iwakado s, Iwato
沼 Iwanuma sp
波 Iwanami s
波茂雄 I. Shigeo ml
国 Iwakuni p
松 Iwamatsu s
政 Iwamasa s
津 Iwatsu s
浅 Iwasa s
治郎 Iwajirō m
垣 Iwagaki s
城 Iwaki s
城之徳 I. Yukinori ml
城准太郎 I. Juntarō ml
美 Iwami p
泉 Iwaizumi p
岡 Iwaoka s
垂 Iwataru s
重 Iwashige s
[10]脇 Iwawaki s
郡 Iwakuri s
室 Iwamuro sp
倉 Iwakura sp
倉具視 I. Tomomi mh
倉政治 I. Masaji ml
原 Iwahara sp; Iwap-
屋 Iwaya s [para p
[11]幕 Genmaku m
浪 Iwanami s
渓 Iwadani s
根 Iwane sm
船 Iwafune p-la
部 Iwabe s
動 Iwarugi s, Isurugi
野 Iwano s
野泡鳴 I. Hōmei ml
堂 Iwadō s
島 Iwashima s
亀 Iwahisa m
[12]陽 Iwanami s
崎 Iwasaki sp
崎弥太郎 I. Yatarō mh
森 Iwamori s
間 Iwama sp
塚 Iwatsuka s
楢 Iwadate s
淵 Iwabuchi s
渡 Iwataki p
満 Iwamitsu s
雲 Iwakumo s

越 Iwakoshi s
堀 Iwabori s
[14]窪 Iwakubo s
[15]槻 Iwatsuki p
[16]橋 Iwahashi s
[17]館 Iwadate s
[18]藤 Iwatō s, Iwafuji
藤雪夫 Iwatō Yukio
[19]瀬 Iwase sp [ml
瀬忠震 I. Tadanari mh

昴 943 Takashi m, Noboru, Akira. (KŌ, taka, aki)
式 Takatsune m

昱 944 (IKU, YOKU, aki, akira)
子 Akiko f
太郎 Ikutarō m
禧 Ikuyoshi m

昆 945 Kon s. (KON, hide, yasu, hi)
子 Hideko f, Yasuko
布 Konbu s
沙子 Hisako f
野 Konno s
解 Komuki s, Kongi

星 946 [T] Hoshi s. (SEI, SHŌ, hoshi, toshi)
[3]川 Hoshikawa s
之助 Hoshinosuke m
子 Hoshiko f
[4]戸 Hoshito s
山 Hoshiyama s
井 Hoshii s
[5]田 Hoshida s
[6]名 Hoshina s
[7]谷 Hoshiya s
亨 Hoshi Tōru mh-la
沢 Hoshizawa s
[8]舎露玉菊 Hoshi yadoru tsuyu no tamagiku la
[10]郎 Hoshio m
倉 Hoshikura s
[11]野 Hoshino sp
野天知 H. Tenchi ml
野立子 H. Tatsuko fl
野麦人 H. Bakujin ml
童派 Seikinha l
島 Hoshijima s
[12]港 Shingapōru p
"Singapore"

落秋風五丈原 Hoshi otsu shūfū gojōgen l
[14]歌 H. no uta l

是 947 [T] Sunao m, Tadashi. (SHI, ZE, kore, yoshi, yuki, tsuna)
[3]一 Koreichi m
[8]子 Koreko f, Yoshiko
[4]分 Korechika m
太 Korehiro m, Yoshihiro
[5]永 Korenaga s
公 Korekimi m
[7]沢 Korezawa s
我意 Zegai la
[8]枝 Koreeda s
恒 Koretsune sm
洞 Koreaki m, Yoshi-
界 Zegai la [aki
香 Yoshika m
[11]清 Korekiyo m
彰 Koreaki m
[15]儀 Korenori m
[16]賢 Korekata m

——— 9 T5 ———

穹 948 Takashi m. (KYŪ, KU, taka)
子 Takako f

叝 949 See 更 528

斐 950 (SEI, masa)
一 Masakazu m

奏 951 [T] (SŌ, kana)
子 Kanako f

癸 952 (KI, mizu)
生 Kebu s
生川 Kebukawa s, Mibukawa

発 953 [T] Hiraku m, Akira; Okori s. (HATSU, HOTSU, oki, akira, aki, shige, chika, toki, nari, nobu, nori) [wakashū l
心和歌集 Hosshin
心集 Hosshinshū l

茨 荘 草 荒 盲 革 杢 長 峕 岸 ▼ 岩 邦 昱 昆 是 穹 叝 奏 癸 発 ▲ 恷 岱 岳 肯 育 妻 委 香 音 春

昱 昆 星 是 穹 亜 要 奏 癸 発 ▼ 忎 岱 岳 背 育 妻 委 香 音 春 ▲ 皇 泉 思 界 染 栄 変 帝 呰 専

田 Hotta *s*
地 Hotchi *s*
身 Hatsumi *m*
智 Hotchi *s*

忎 954 (FU, yoshi)
子 Yoshiko *f*

岱 955 (TAI, DAI)
三 Taizō *m*
明 Taimei *p*

岳 956 [T] Takashi *m.* (GAKU, oka, take, taka)
守 Takemori *m*
村 Okamura *s*
男 Takeo *m*
周 Takanori *m*

背 957 [T] (HAI, se, shiro, nori)
板 Seita *s*
振 Sefuri *p*
評 Hekobori *s*

育 958 [T] (IKU, yasu, nari, suke, naru)
一 Yasukazu *m*
子 Yasuko *f*
作 Ikusaku *m*
英 Yasuhide *m*
郎 Ikurō *m*

妻 959 [T] (SAI, SEI, tsuma, me)
子 Tsumako *f*
木 Tsumaki *s*
谷 Tsumatani *s*
我 Mega *s*
沼 Menuma *p*
恋行 Tsumagoiyuki *la*
鳥 Mendori *s*
鹿 Mega *s*
籠 Tsumago *s*

委 960 [T] (I, tomo, tsuku, kutsu, moro)
子 Tomoko *f*
文 Shidori *s*

香 961 [T] Kaoru *m-f*; Katori *s.* (KŌ, KYŌ, ka, taka, yoshi, kaga)
^{3}川 Kagawa *sp*
川進 K. Susumu *ml*
川景柄 K. Kagemoto *ml*
川景樹 K. Kageki *ml*
^{4}月 Katsuki *s*, Kōtsuki
山 Kayama *s*, Kaguyama
^{5}代 Koshiro *s*
北 Kahoku *p*
田 Kōda *s*
平 Takahira *m*
^{6}寺 Kōdera *p*
光 Takamitsu *m*
芝 Kashiba *p*
母 Kōmo *s*
西 Kasai *s*, Kōsai, Kōzei, Konishi
^{7}住 Kasumi *p*
坂 Kōsaka *s*
村 Kamura *s*, Kōmura
芳 Niokata *s*
我美 Kagami *p*
^{8}取 Katori *sp*; Kandori *s*
取秀真 Katori Hozuma *mla*
宗我部 Kasokabe *s*, Kōsokabe
苗 Kanae *m*
居 Kaori *f*
^{9}保留 Kaoru *f*
南 Kōnan *p*
美 Kami *p*; Kagami *sp*
春 Kawara *p*
香地 Kakaji *p*
^{10}栖 Kōzumi *s*
^{11}野 Kōno *s*
魚音 Ayune *f*
^{12}港 Honkon *p* "Hongkong"
曾我部 Kōsokabe *s*
椎 Kashii *s*
焼 Kōyagi *p*
^{16}積 Katsumi *s*
^{20}織 Kaoru *m*

音 962 [T] (ON, IN, oto, ne, o, to, nari)
^{2}人 Otondo *m*, Ondo, Otomuto
^{3}川 Otogawa *s*
三 Otozō *m*
^{4}戸 Ondo *p*
戸瀬戸 O.-no-seto *p*
山 Otoyama *s*
五郎 Otogorō *m*
太 Ō *s*
女 Otome *f*
^{5}田 Onda *s*
主 Otonushi *m*
^{6}次郎 Otojirō *m*
羽 Otowa *s*
羽屋 Otowaya *s*
吉 Otokichi *m*
^{7}那 Otona *f*
別 Onbetsu *p*
更 Otofuke *p*
^{8}阿弥 On'ami *ma*
^{9}松 Otomatsu *m*
弥 Otoya *m*
治 Otoji *m*
治郎 Otojirō *m*
威子府 Otoineppu *p*
^{12}無 Otonashi *s*
^{14}輔 Otosuke *m*

春 963 [T] Haru *sf*; Kasuga *s*; Hajime *m.* (SHUN, haru, su, ha, azuma, kasu, kazu, toki, atsu)
^{1}一 Haruichi *m*
^{3}川 Harukawa *s*
小 Haruko *f*
三 Haruzō *m*
子 Haruko *f*
^{4}中子 Hanako *f*
及 Haruchika *m*
井 Harui *s*
太郎 Harutarō *m*
木 Haruki *s*
山 Haruyama *s*; Harunobu *m*
山行夫 H. Yukio *ml*
日 Kasuga *sp*; Haruhi *p*; Shunnichi *s*
日井 Kasugai *sp*
日居 Kasugai *p*
日竜神 Kasuga ryūjin *la*
日造 K.-zukuri *a*
日部 Kasukabe *sp*
日権現験記 Kasuga Gongen kenki *la*
^{5}田 Haruta *s*
生 Haruo *m*
本 Harumoto *s*
^{6}次郎 Harujirō *m*
江 Harue *m-p*
色英対暖語 Shunshoku eitai dango *l*
色辰巳園 Shunshoku tatsumi no sono *l-la*
色恵之花 S. megumi no haha *l*
色梅児誉美 S. umegoyomi *l*
色梅美婦禰 S. ume mibune *l*
光 Harumitsu *m*
夫 Haruo *m*
名 Haruna *s*
^{7}告鳥 Harutsugedori *l*
^{8}良 Haruhiko *m*
良洲 Karasu *p*
泥 Shundei *l*
門 Haruto *m*
枝 Harue *m-f*; Harueda *s*
定 Tokisada *m*
周 Haruchika *m*
雨 Harusame *l*
^{9}信 Harunobu *ma*
秋 Haruaki *s*
秋子 Suzuko *f*
泉 Harumi *m*
栄 Shun'ei *la*
風馬堤曲 Shunpū bateikyoku *l*
彦 Haruhiko *m*
重 Harushige *m*
^{10}海 Harumi *m*
恵 Harue *f*
原 Harubara *s*, Suhara, Sunohara, Shunbara
屋妙葩 Shun'oku Myōha *mh*
馬 Kazuma *m*
^{11}野 Haruno *p*
部 Kasube *s*; Kasugabe *sp*
魚 Haruna *m*
島 Harushima *s*
^{12}琴抄 Shunkinshō *l*
道 Harumichi *s*
遂 Harukata *s*, Kasugata
^{13}満 Azumamaro *ml*
殖 Harue *s*
雄 Haruo *m*
路 Haruji *m*
^{14}節 Haruyo *m*
^{15}澄 Haruzumi *s*
^{16}樹 Harushige *m*
燈 Shuntō *l*
^{18}麿 Azumamaro *m*
邇 Haruchika *m*
藤 Harufuji *s*, Shundō
^{19}繁 Harushige *m*
^{21}譲 Harumasa *m*

皇 964 [T] Sumeragi s. (KŌ, Ō, sumera, sube)
子代 Mikoshiro s
太后 Kōtaikō fh
女和の宮 Kōjo Kazunomiya l
甫 Kōho s
帝 Kōtei l
極 Kōgyoku fh

泉 965 [T] Izumi sm-f-p; Sen s, Motoji; Kiyoshi m. (SEN, ZEN, izumi, i, izu, mi, moto, zumi, mizo)
²二 Motoji s
³川 Izumikawa s
大津 Izumi Ōtsu p
⁴水 Sensui s
山 Izumiyama s
⁵田 Izumida s
本 Izumoto s
北 Senboku p
⁷佐野 Izumi Sano p
沢 Izumizawa s
谷 Izumiya s, Izumitani, Izutani
⁹亭 Izumitei s
南 Sennan s
¹⁰原 Izumihara s, Izuhara, Motohara
屋 Izumiya s
¹²崎 Izumizaki sp
¹⁹鏡花 Izumi Kyōka ml

思 966 [T] Shida s. (SHI, koto, omoi)
草 Omoigusa l

界 967 [T] Sakai sp. (KAI, sakai)
麿 Sakaimaro m

染 968 [T] (SEN, ZEN, NEN, some)
川 Somekawa s
子 Someko f
井 Somei s
右衛門 Someemon m
羽 Shimeha s
村 Somemura s
谷 Someya s, Sometani
谷進 Someya Susumu ml
宮 Somemiya s

星 Someya s
野 Someno s
崎 Somezaki s
崎延房　S. Nobufusa ml
葉 Oiba s

栄 969 [T] Sakae m-f-p; Shigeru m, Sakō, Hisashi. (EI, YŌ, shige, yoshi, saka, hide, naga, haru, masa, teru, hisa, tomo, hiro, taka)
¹一 Eiichi m, Hidekazu
一郎 Eiichirō m
²八郎 Eihachirō m
³三郎 Eizaburō m
之助 Einosuke m
子 Shigeko f, Hideko, Nagako, Masako
⁴仁 Yoshihito m
介 Eisuke m
山 Sakayama s
五郎 Eigorō m
井 Sakai s
夫 Yoshio m, Sakao
木 Sakaki m
太郎 Eitarō m
⁵司 Eiji m
右 Masao m
四郎 Eishirō m
田 Sakata s
⁶次 Eiji m
次郎 Eijirō m
光 Yoshimitsu m, Masamitsu
吉 Eikichi m
同 Teruatsu m
西 Eisai mh
⁷作 Eisaku m
材 Hideki m
助 Eisuke m
谷 Sakaedani s
花 Eiga l
⁸明 Haruaki m
⁹信 Naganobu m
彦 Shigehiko m
¹⁰帰 Hidemoto m
¹¹嵐 Yoshitsugu m
¹²嵩 Yoshihisa m
量 Masakazu m
¹⁴蔵 Eizō m
¹⁶樹 Shigeki m
¹⁸煥 Hidekane m
²⁰顕 Hideaki m
²¹耀 Hideaki m

—— 9 T6 ——

変 970 [T] (HEN)
目伝 Hemeden l
通軽井茶話　Hentsū Karuizawa l

帝 971 [T] (TEI, TAI, mikado, tada)
力 Teiriki m

皆 972 [T] (SHI, SEI, ata)
女 Atame f

専 973 [T] Atsushi m, Atsumu, Mohara. (SEN, taka, moro)
一郎 Sen'ichirō m
之助 Sennosuke m
太郎 Sentarō m
治 Senji m
堯 Morotaka m

巷 974 [T] (KŌ, sato)
路過程 Kōro katei l

巻 975 [T] Maki sp. (KEN, KAN, maki, maru)
子 Makiko f
口 Makiguchi s
田 Makita s
吉 Kenkichi m
島 Makishima s
雄 Makio m
絹 Makiginu la

卑 976 [T] (HI)
弥呼 Himiko / Himeko fh

系 977 [T] Ito s. (KEI, ito, tsugi, tsura, toshi)

参 978 [T] Mairu m. (SAN, SHIN, kazu, michi, mitsu, chika, mi, naka, hoshi)
木 Miki s
正 Kazumasa m
男 Kazuo m
里 Misato m

河 Mikawa s
和 Sanna ml
顕 Michiteru m

奐 979 Akira m. (KAN, akira)

契 980 [T] Chigiru m. (KEI, KETSU, hisa)
斤 Keikin s
沖 Keichū mlh

—— 9 T7 ——

負 981 [T] (FU, hi, e, oi, masu)
他 Ōta s
嚢者 Fukuroōmono s

貞 982 [T] Tadashi m, Tadasu, Tei, Misao; Sada s. (TEI, JŌ, sada, tada, tsuru)
¹一 Teiichi m
一郎 Teiichirō m
²二 Teiji m
二郎 Teijirō m
³三 Teizō m
三郎 Teisaburō m
之助 Teinosuke m
丈 Sadatake m
才 Sadatoshi m
子 Sadako f
⁴仁 Sadami m
元 Jōgen 976–78
方 Sadakata s
夫 Sadao m
升 Sadamasu m
⁵永 Jōei 1232–33
市 Teiichi m
央 Sadahisa m
允 Sadayoshi m 「ji
⁶次 Sadatsugu m, Tei-
次郎 Teijirō m
巧 Sadatae m
行 Sadayuki m, Sadamochi
光 Sadamitsu p
守 Sadamori m
吉 Teikichi m
成 Sadafusa m
老 Sadaoi m
⁷作 Sadanari m
材 Sadaki m
利 Sadanori m
亨 Jōkyō 1684–88; Sadanari m
応 Jōō 1222–24

Right margin (vertical text)

悠 俗 岳 背 育 妻 委 香 音 春 ▼ 皇 泉 思 界 染 変 帝 皆 専 巷 卑 系 奐 契 貞 ▲ 昼 盾 厚 風 岡 南 直 屎 囲 画

亭 巷 巻 卑 系 参 奥 契 負 貞 ▼ 昼 盾 厚 風 岡 直 ▲ 屋 囿 画 度 底 追 廻 建 咫 眉

⁸和 Jōwa 1345-50
宗 Sadamune m
固 Sadamoto m
居 Sadasue m
⁹松 Sadamatsu m
治 Jōji 1362-68 ; Tei-ji m 「jirō
治郎 Teijirō m, Sada-
長 Sadatake m
発 Sadaakira m
¹⁰叔 Sadayoshi m
祓 Sadakiyo m
訓 Sadakuni m
哲 Sadayoshi m
造 Teizō m
¹¹敏 Sadao m
寄 Sadayori m
著 Sadaaki m
斎 Sadatoki m
盛 Sadamori s
啓 Sadanobu m
¹²隅 Sadazumi m
勝 Sadanori m
敬 Sadayuki m 「ru
喜 Sadaki m, Sadaha-
¹³雅 Sadanori m
雄 Sadao m
幹 Sadamoto m, Ta-dayoshi
意 Sadaoki m
載 Sadanori m
義 Sadayoshi m
¹⁴徳 Teitoku ml
説 Sadatoki m
置 Sadaoki m
¹⁵福 Sadanori m
慶 Jōkei mh
¹⁶融 Sadatō m, Sadaaki
親 Sadachika m
¹⁷懐 Sadakane m
謙 Sadayoshi m
¹⁸観 Jōgan 859-77
²⁰馨 Sadaka m
²¹羅 Sadatsura m
²²鑼 Sadayoshi m

——— 9 T8 ———

昼 983 [T] Akira m. (CHŪ, hiru, aki, akira)
飯 Hirui sp
間 Hiruma s

——— 9 F2 ———

盾 984 [T] (JUN, SHUN, TON, DON, tate)

夫 Tateo m

厚 985 [T] Atsushi m-f ; Hiroshi m ; Atsu f. (KŌ, atsu, hiro)
²二 Kōji m
³川 Atsukawa s
三 Kōzō m
⁴木 Atsugi sp
⁵比 Atsutomo m
田 Atsuta m
⁵ Atsunari m, Atsu-mi, Atsutaka
生新編 Kōsei shinpen
⁶池 Atsuike s 「lh
吉 Kōkichi m
母 Atsumo m
⁷沢 Atsuzawa s
沢部 Assabu p
見 Atsumi s
⁸物咲 Atsumonozaki l
東 Kōtō s
狭 Atsusa s ; Asa p
狭之介 Atsusanosuke
岸 Atsukeshi p 「m
¹⁰真 Atsuma p
¹³誉 Atsutake s

風 986 [T] (FŪ, FU, kaze, kaza)
³土記 Fudoki l
土記逸文 F. itsubun l
⁴戸 Kazado m
斗 Futo s 「kiku
⁶吉 Kazakiri s, Kaza-
早 Kazahaya s
⁷花 Kazahana s
至 Fushi s, Fukeshi
見 Kazami s 「ml
来山人 Fūrai Sanjin
⁸知草 Fuchisō l
⁹俗文選 Fūzoku mon-zen l
巻 Kazamaki s
巻景次郎 K. Keijirō
岡 Kazaoka s 「ml
¹⁰連 Fūren p
¹¹流仏 Fūryūbutsu l
流志道軒伝 Fūryū Shidōken-den l
流曾我 F. Soga l
流微塵蔵 F. mijinzō l
流踊 F. odori s
流懺法 F. senbō l
祭 Kazamatsuri s
¹²琴調一節 Fūkin shi-rabe no hitofushi l

間 Kazama s
間浦 Kazamaura p
¹³雅集 Fūgashū l
葉集 Fūyōshū l

岡 987 Oka s. (KŌ, oka)
川 Okagawa s
上 Okanoe s, Okaga-mi, Okanobori
⁴戸 Okado s
元 Okamoto s
内 Okauchi s
山 Okayama sp
太夫 Oka-dayū l
⁵永 Okanaga s
右衛門 Okaemon m
平 Okahira s
田 Okada s 「fl
田八千代 O. Yachiyo
田三郎 O. Saburō ml
田三郎助 O. Saburō-suke ma
田啓介 O. Keisuke mh
本 Okamoto s 「fl
本かの子 O. Kanoko
本大無 O. Daimu m
本弥 O. Bun'ya ma
本圭岳 O. Keigaku ml
本松浜 O. Shōhin ml
本起泉 O. Kisen ml
本潤 O. Jun ml
本霊華 O. Reika ml
本綺堂 O. Kidō ml
本癖三酔 O. Hekisan-sui ml
本巌 O. Iwao ml
⁶地 Okaji s
宅 Okawake s, Oiyake
西 Okanishi s
沢 Okazawa s
沢秀虎 O. Hidetora ml
村 Okamura s
村柿紅 O. Shikō ml
谷 Okaya sp ; Okatani
安 Okayasu s 「s
芹 Okaseri s
尾 Okao s
見 Okami s
出 Okade s
⁸金 Okanami s
林 Okabayashi s
⁹信 Okanobu s
垣 Okagaki p
松 Okamatsu s
¹⁰倉 Okakura s

倉天心 O. Tenshin mla 「ru p
原 Okahara s ; Okaha-
庭 Okaniwa s
¹¹添 Okazoe s
根 Okane s
野 Okano s
野他家夫 O. Takeo ml
野知十 O. Chijū ml
野直七郎 O. Naoshi-chirō ml
部 Okabe s
埜 Okano s
島 Okajima s 「ml
鬼太郎 Oka Onitarō
¹²崎 Okazaki s
崎正宗 O. Masamune ma 「ml
崎清一郎 O. Seiichirō
崎雪声 O. Sessei ma
崎義恵 O. Yoshie ml
¹⁶橙里 Oka Tōri ml
橋 Okahashi s
¹⁸麿 Okamaro s
²⁰蔭 Oka Fumoto ml

直 988 [T] Naoshi m, Naoki, Tada-shi, Tadasu, Sunao, Noboru; Atai sm; Atae s; Nao f. (CHOKU, JIKI, nao, tada, sugu, masa, naga, ma, chika, ne)
¹一 Naoichi m
²二郎 Naojirō m
入 Naoiri m-p
人 Naoto m, Naondo, Masahito
⁸川 Naokawa p
三 Naozō m
三郎 Naosaburō m
子 Naoko f
上 Nikami s
九 Naoki m
下 Nōge s, Mashimo
⁴心 Naomi m
円 Naomitsu m
方 Naomasa m, Nao-michi ; Nōgata sp
夫 Tadao m
井 Naoi s
⁴木 Naoki m 「ml
木三十五 N. Sanjūgo
太 Naota m
太郎 Naotarō m
⁵旧 Naohisa m, Nao-
田 Suguta s 「moto

平 Naohira *m*
矢 Naoya *m*
四郎 Naoshirō *m*
生 Naoki *m*
[6]次郎 Najirō *m*
江 Naoe *s*
江津 Naoetsu *p*
吉 Naokichi *m*
交 Naotomo *m*
有 Naomochi *m*
気 Tadaoki *m*
成 Sugunari *m*, Naga-
世 Tadayo *s* ⌐nari
[7]村 Naomura *s*
助 Naosuke *m*
応 Naomi *m*; Nasumi
見 Naomi *m*; Nasumi
臣 Naomi *m* ⌐*s*
孝 Naotaka *m*
服 Naokoto *m*
知 Naotoshi *m*
幸 Naohide *m*
秀 Naohide *m*
良 Naoyoshi *m*
[9]胖 Naohiro *m*
故 Naomoto *m*
計 Naokazu *m*
法 Naonori *m*
治 Naoharu *m*, Naoji
治郎 Naojirō *m*
映 Naomitsu *m*
昭 Naoteru *m*
政 Naomasa *m*
亮 Naosuke *m*, Nao-
柔 Naotō *m* ⌐yoshi
風 Makaze *m*
彦 Naohiko *m*
哉 Naochika *m*
[10]浩 Naoharu *m*
桓 Naotaka *m*
称 Naomitsu *m*
俊 Naotoshi *m*
侯 Naotoki *m*, Nao-
yoshi ⌐*ma l*
毘霊 Naobi no mita-
原 Jikihara *s*, Yukihara
馬 Naoma *m*
[11]陳 Naotsura *m*
砥 Naoto *m*
躬 Naomoto *m*
惇 Naoatsu *m*
惟 Naoyoshi *m*
康 Naoyoshi *m*
[12]島 Naoshima *m*
随 Naoyuki *m*
温 Naoatsu *m*, Nao-
椋 Tadakura *s* ⌐haru

期 Naosane *m*
富 Naohisa *m* ⌐daji
道 Naomichi *m*, Ta-
[13]雉 Suguo *m*
幹 Naomi *m*
義 Tadayoshi *m*
廉 Naokiyo *m*
[14]僅 Naonori *m*
徳 Naonori *m*, Naoe
鼫 Naoyoshi *m*
静 Naoyasu *m*
[15]諒 Naoaki *m*, Nao-
masa
僉 Naoyasu *m*
熊 Naokuma *m*
蔵 Naozō *m*
[16]橘 Naokichi *m*
穎 Naotoshi *m* ⌐kai
義 Naonobu *m*, Nao-
[19]繊 Naotsune *m*
[21]纓 Naotada *m*
彝 Naonori *m*

———— 9 F3 ————

屍 989 (SHIN, KI, ku-
so)

囿 990 (YŪ, U, sono,
aze)

画 991 [T] Egaki *s*.
(GA, KAKU, egaki)
部 Egakibe *s*

度 See 1009

底 992 [T] Hagemi
s. (TEI, sada, fu-
ka)

追 993 [T] (TSUI, oi)
川 Oikawa *s*
分 Oiwake *p*

廻 994 Mawari *s*.
(KAI, E, nori)
間 Hazama *s*

建 995 [T] Takeru
m; Takeshi *m*,
Tatsuru. (KEN, KAN,
take, tate, tatsu)
[3]川 Tatekawa *s*
久 Kenkyū 1190–99
[4]仁 Kennin 1201–04

仁寺 Kenninji *p*
[5]礼門院 Kenrei Mon'-
in *fh*
礼門院右京大夫集 K.
M. Ukyō-dayū shū *l*
永 Ken'ei 1206–07
石 Tateishi *s*
[7]武 Kenmu 1334–38
武年間記 K. nenkan-
[8]城 Tateki *m* ⌐ki *l*
保 Kenpō 1213–19
治 Kenji 1275–78
治新式 K. shinshiki *l*
長 Kenchō 1249–56
長寺 Kenchōji *l*
[10]匠 Taketa *s*
畠 Tatebatake *s*
通 Tatemichi *m*
[11]野 Tateno *s*
部 Takebe *sp*; Tatebe
s, Takerube
部綾足 Takebe no A-
yatari *ml*
[12]弥 Tateya *m*
[14]徳 Kentoku 1370–72
暦 Kenryaku 1211–13
[16]樹 Tateki *m*
[18]顕 Takeaki *m*
鷹 Takemaro *m*

———— 9 F4 ————

恨 996 (SHI, ta, take)

眉 997 (BI, mayu)

南 See 912

看 998 [T] Akira *m*.
(KAN, mitsu, mi-
ru, mi)

迦 999 (KA)
具土 Kagu tsuchi *l*

迢 1000 (CHŌ, TŌ,
haru)
子 Haruko *f*

迪 1001 Susumu *m*,
Tadasu. (TEKI,
michi, hira, fumi)
一郎 Michiichirō *m*
怜 Michisato *m*

———— 9 F5 ————

囿 1002 See 国 745

咸 1003 (KAN, mina,
shige, sane)
子 Minako *f*
陽宮 Kan'yōkyū *la*

昶 1004 Akira *m*, Ita-
ru, Sakan, Tōru.
(CHŌ, aki, teru, tō, no-
bu, hisa)
夫 Hisao *m*
光 Noboteru *m*
彦 Teruhiko *m*
恵 Akie *f*

為 1005 [T] (I, ta-
me, nari, yoshi,
su, ta, yuki, chi, sada,
shige, suke, yori)
三郎 Tamesaburō *m*
之介 Tamenosuke *m*
子 Tameko *f*
[4]介 Tamesuke *m*
太郎 Tametarō *m*
[5]功 Yoshikoto *m*
示 Tami *m*
永 Tamenaga *sm*
永春水 T. Shunsui *ml*
兄 Tamesaki *m*
生 Tameo *m*
氏 Tameuji *ml*
[6]守 Tamemori *m*
吉 Tamekichi *m*
名 Ina *s*
[7]我井 Tamegai *s*
[8]知 Tametsugu *m*
実 Tamenori *m*
奈 Ina *s*
定 Tamesada *m*
学 Tametaka *m*
居 Tameyori *m*
[9]浄 Tamekiyo *m*
相 Tamesuke *m*
是 Tameyuki *m*
栄 Tameyoshi *m*, Ta-
mehisa
貞 Tamesada *m*
[10]修 Tamenaga *m*
家 Tameie *ml*
恭 Tameyasu *m*, Ta-
mechika
造 Tamezō *m*
兼 Tamekane *m*

契
負
貞
昼
盾
厚
風
岡
直
▼
屍
囿
画
度
底
追
廻
建
咸
昶
為
▲
哉
彦
勉
度
門
韋
者
長
省
飛

眉
南
看
迦
迢
迪
咸
昶
為
▼
哉
彦
勉
度
閂
韭
者
長
省
飛
禹
乗
重
▲
帰
娵
涼
凌
准
倞
倍
倬

兼和歌抄 T. wakashō l
11理 Tamemasa m, Ta-mesuke
紀 Tamemoto m
逸 Tameyasu m
隆 Tameshige m
12貴 Tameyoshi m
善 Tametaru m
遂 Tamenaru m
13喧 Tamenobu m
禎 Tametomo m
義 Tameyoshi m
寛 Tamechika m
14歌可 Ikaga s
適 Tameatsu m

——— 9 F6 ———

哉 1006 [N] Hajime m. (SAI, ya, chika, ei, ka, suke, toshi, ka-na, ki)
女 Kaname f

彦 1007 [N] Hiko m. (GEN, hiko, yo-shi, o, yasu, sato, hiro)
一 Hikoichi m
九郎 Hikokurō m
三 Hikozō m, Yasuko
三郎 Hikosaburō m
士 Hikotada m
久保 Hikokubo s
石 Hikoishi m
正 Yoshimasa m
田 Hikoda s
次郎 Hikojirō m
坂 Hikosaka s
助 Hikosuke m
兵 Hikohyō m
松 Hikomatsu m
昂 Hikoaki m
家 Hikoya s
馬 Hikoma m
根 Hikone sp
部 Hikobe s
衛 Hikoe m

——— 9 F7-8 ———

勉 1008 Tsutomu m, Tsuyoshi.

度 1009 [T[Wataru m. (DO, nori, ta-da, watara, naga, no-bu, michi, moro)
正 Norimasa m
会 Watarai sp; Wata-

rae s
道 Tadamichi m
羅 Dora / Tora ph "Thailand?"
羅楽 D. / T. gaku a

閂 1010 (SAN, SEN, kado)

——— 9 リ ———

韭 1011 See 韮 1728

者 1012 See 者 769

長 See 939

省 1013 [T] Habu-ku m, Sei, Akira. (SHŌ, SEI, SEN, mi, ka-mi, yoshi, miru)
三 Shōzō m, Seizō
三郎 Shōzaburō m
市 Shōichi m
江 Yoshie f
吾 Seigo m
輔 Shōsuke m
蔵 Shōzō m

飛 1014 [T] (HI, to-bi, taka)
4山 Tobiyama s 「ga
5永 Tobinaga s, Hina-田 Tobita s, Hida
7志 Tobishi s
来 Hirai s
11梅千句 Tobiume senku 「shima s
島 Tobishima p; Hi-鳥 Asuka sp
鳥川 A.-gawa la
鳥井 Asukai sp
鳥井雅経 A. Masatsu-ne ml 「ka ml
鳥井雅親 A. Masachi-
鳥寺 Asukadera s
鳥清御原宮 Asuka no Kiyomihara-no-mi-ya ph
鳥清御原律令 A. no K. ritsuryō h
鳥部 Asukabe s
13塚 Hizuka s
弾 Hida s
弾瀬 Hidase s

雲 Tobikumo s; Hiun
越 Tobikoe l 「l
14鳴 Hita s
15鋪 Hijiki s
22躍 Hida ph

禹 1015 (U, nobu)
子 Nobuko f
昌 Nobumasa m

乗 1016 [T] Yotsu-noya s. (JŌ, SHŌ, nori, shige, aki)
木 Nogi s
付 Noritsuke s
竹 Noritake s
寿 Norikazu m
命 Noritoshi m
津彦 Noritsuhiko m
杉 Norisugi s
秩 Noritsune s
紀 Noritada m
統 Noritsuna m
蘊 Norimori m

重 1017 [T] Shigeru m, Shige, Shige-shi, Atsushi, Kasanu, Omoshi, Katashi; Chō sm. (JŪ, CHŌ, JU, shige, e, atsu, kazu, nobu, fusa)
1一 Shigekazu m
2九郎 Chōkurō m
3之 Shigeyuki ml
久 Shigehisa sm
2仁 Shigesane m
元 Shigemoto sm
五郎 Jūgorō m
太 Shigemoto m
太郎 Jūtarō m
山 Shigeyama s
5旧 Shigehisa m
功 Shigekatsu m
右衛門 Jūemon s
田 Shigeta s
平 Jūhei m
木 Shigesue sm
本 Shigemoto sm
6任 Shigeto m
地 Shigeji m
行 Shigetsura m
次 Shigeji m, Shige-tsugu
次郎 Jūjirō m
吉 Jūkichi m

光 Shigemitsu sm; Shigeteru m
成 Shigenari m
老 Shigeoyu m
7村 Shigemura s
助 Jūsuke m
近 Shigechika m
里 Shigesato m
見 Shigemi s
臣 Shigeomi m
8枝 Shigeeda s
幸 Shigeyuki m
舎 Shigeie m
宝 Shigetomi m
昌 Shigemasa m
忠 Shigetada m
迪 Shigemichi m
9信 Shigenobu sm-p
松 Shigematsu s, Ka-samatsu
政 Shigemasa m
昂 Shigetake m
音 Shigene m
栄 Shigehide m
岡 Shigeoka s
直 Shigenao m
厚 Shigeatsu m
彦 Shigehiko m
哉 Shigeya m
10訓 Shigenori m
栖 Shigesu s
格 Shigenori m
容 Shigekata s
帯 Shigeyo m
要 Shigetoshi m
恭 Shigeyuki m, Shi-genori
原 Shigehara s
威 Shigetaka m, Shi-genori
11険 Shigenori m
理 Shigemichi m
隆 Shigetaka m
野 Shigemichi m
教 Shigemichi m
盛 Shigemori sm-p; Shigetomi m
進 Shigeyuki m
12陽 Shigeaki m
富 Shigetomi s
森 Shigemori s
喜 Shigeki m
量 Kazushige m
然 Shigenari m
道 Shigemichi m
13靖 Shigenobu m
雄 Shigeo m

源 Chōgen *mh*
薄 Shigehiro *m*
蕊 Shigekore *m*
廉 Shigekado *m*
遠 Shigctō *m*
¹⁴徳 Shigenori *m*
¹⁶麟 Shigechika *m*
樹 Shigeki *m*
親 Shigechika *m*
憲 Shigeyoshi *m*
凞 Shigeteru *m*
慈 Shigetoshi *m*
¹⁷鴻 Shigehiro *m*
¹⁸鎌 Shigekane *m*
齢 Shigeyo *m*
巍 Shigesato *m*

——10 L1——

帰 1018 [T] (KI, mo-to, yori, kaeri, ki)
山 Kaeriyama *s*, Ki-yama
光 Yorimitsu *m*
厚 Motoatsu *m*
度 Kido *s*

——10 L2——

虎 1019 Takeshi *m*. (KŌ, KYŌ)

凉 1020 Suzushi *m*. (RYŌ)

清 1021 Suzushi *m*. (SEI, SHŌ)

凌 1022 Shinogu *m*. (RYŌ)
雲集 Ryōunshū *l*

准 1023 [T] (JUN, SHUN, nori)
子 Noriko *f*

悰 1024 Tsuyoshi *m*. (RYŌ, KYŌ)

倍 1025 [T] (BAI, masu, yasu)
一 Masuichi *m*
夫 Masuo *m*
男 Yasuo *m*
造 Masuzō *m*

俶 1026 Hajime *m*. (SHUKU, yoshi, hide)
子 Yoshiko *f*

男 Yoshio *m*
躬 Yoshimi *m*

倬 1027 Akira *m*. (TAKU, aki, tsu-na)
男 Akio *m*

俱 1028 (KU, tomo, hiro, moro)
利加羅 Kurikara *ph*
志 Tomoshi *m*
知安 Kutchan *p*

候 1029 [T] Miyo *f*. (KŌ, KU, toki, yo-shi, soro)
兵衛 Sorobee *m*

健 1030 (SHŌ, tsugu)

倩 1031 (SEI, SHŌ, yoshi, tsura)
孝 Yoshisuc *m*
郎 Yoshirō *m*

借 1032 [T] (SHAKU, kari, karu)
屋 Kariya *s*
馬 Karume *s*

倚 1033 (KI, I, yori, mochi, kane, ka-
子 Yoriko *f* ⌐nu)
男 Yorio *m*

倦 1034 (KEN)
鳥 Kenchō *l*

俟 1035 (SHI, JI, KI, GI, machi, ma-tsu)
子 Machiko *f*, Matsu- ⌐ko

俳 1036 [T] (HAI)
人蕉村 Haijin Buson *l*
文 Haibun *l*
句 Haiku *l*
星 Haisei *l*
諧 Haikai *l*
諧七部集 H. shichibu-shū *l* ⌐l
諧大句数 H. ōkukazu
諧次韻 H. jiin *l*
諧武玉川 H. Mutama-

gawa *l* ⌐raku *la*
諧亭句楽 Haikaitei ku-
諧連歌抄 Haikai ren-gashō *l* ⌐kuso *l*
諧馬の糞 H. uma no
諧御傘 H. gozan *l*

倫 1037 Hitoshi *m*, Osamu. (RIN, RON, tomo, michi, tsu-ne, nori, toshi, hito, moto, tsugu, shina)
子 Tomoko *f*
方 Tsunekata *m*
太郎 Rintarō *m*
正 Michimasa *m*
明 Michiaki *m*
枝 Norie *f*
治 Tomoharu *m*
彦 Tomohiko *m*
敦 Rondon *p* "Lon-
敦塔 R.-tō *l* ⌐don"

修 1038 Osamu *m*, Shū, Nagashi, Nagaki, Atsumu, Yo-shimi. (SHŪ, SHU, osa, naga, hisa, michi, no-bu, nao, sane, nori, masa, yoshi, yasu, mo-to, moro)
¹一 Shūichi *m*
²二 Shūji *m*
³三 Shūzō *m*
之 Yoshiyuki *m*
文 Hisafumi *m*
夫 Osao *s*
⁶吉 Shūkichi *m*
⁷男 Nobuo *m*
身 Osami *m*
美 Nagatomi *m*
¹⁰造 Shūzō *m*
郎 Michirō *m*
¹¹理 Shuri *m*
理苑 Shurinosuke *m*
¹²善寺 Shuzenji *p*
道 Nagamichi *m*
¹³禅寺 Shuzenji *la*

俊 1039 [T] Suguru *m*, Masaru, Ta-kashi, Masari, Satoshi. (SHUN, toshi, yoshi)
⁸子 Toshiko *f*
士 Toshio *m*
久 Toshihisa *m*, To-shinaga

丸 Toshimaru *m*
⁶六郎 Shunrokurō *m*
太郎 Shuntarō *m*
平 Shunpei *m*
夫 Toshio *m*, Yoshio
⁶次 Toshitsugu *m*
吉 Shunkichi *m*
成 Toshinari *m-ml*; Shunzei *ml*
成女 T. no Musume *fl*
成忠度 Shunzei Tada-nori *la*
成卿女集 Toshinari-kyō / Shunzei-kyō no Musume no shū *l*
⁷吾 Shungo *m*
助 Shunsuke *m*
位 Toshihira *m*
作 Shunsaku *m*
完 Toshisada *m*
忠 Toshishizu *m*
寿 Toshihisa *m*
⁸茗 Shunjo *mh*
⁹迪 Toshihira *m*
信 Toshinobu *m*, To-shisane
弥 Toshiya *m*
政 Toshimasa *m*
彦 Toshihiko *m*
¹⁰将 Toshinobu *m*
郎 Toshirō *m*
恵 Shun'e *ml*
馬 Toshime *m*
¹¹章 Toshiaya *m*
基 Toshimoto *m*
¹²順 Toshimune *m*
程 Toshinori *m*
¹³雄 Toshio *m*, Toshi-take
寛 Shunkan *mh-la*
義 Toshiyoshi *m*
豊 Toshimori *m*
¹⁵蔵 Shunzō *m*
¹⁶親 Toshinaru *m*
頼 Toshinari *m-ml*; Shunrai *ml*
頼口伝集 T. kudenshū *l* ⌐shō *l*
頼無名抄 T. mumyō-
頼髄脳 T. zuinō *l*
賢 Toshiyoshi *m*
¹⁷懋 Toshimasa *m*, To-shiyoshi

——10 L3——

将 1040 [T] Susu-mu *m*, Tasuku,

度 門 圭 者 長 省 飛 禹 乗 重 ▼ 帰 虓 凉 凄 准 悰 倍 倬 俱 候 健 倩 借 倚 倦 俟 俳 倫 修 俊 将 ▲ 埋 捍 挨 按 唄 啝 唁 徒 徐 従

倚倦俟俳倫修倅将▼埋捍挾按唄唈徒徐從悍恨悟悦院陣陞降除涉涓涙涮浴酒浦浩▲浮浜海弭旅祥珽珉

Tadashi, Tamotsu, Hitoshi. (SHŌ, SŌ, masa, hata, mochi, nobu, yuki)

吉 Shōkichi *m*
志 Masayuki *m*
応 Masanori *m*
門 Masakado *m*
門記 M.-ki / Shōmon-ki *l*
軍 Ikusanokimi *s*
愛 Masachika *m*
監 Shōkan *m*

埋 1041 [T] (MAI, BAI, ume, uzu)
忠 Umetada *sm*
橋 Uzuhashi *s*

捍 1042 Mamoru *m*. (KAN, mori)

挾 1043 (KYŌ, GYŌ, sashi, mochi)
間 Hasama *sp*

按 1044 (AN)
察 Azechi *sfl-ph*
察使 Azechi *mh*

唄 1045 [I] (BAI, uta)
子 Utako *f*

唈 1046 (TOTSU, hanashi)
本 Hanashibon *l*

唈 1047 Hoki *s*, Negi. (GEN, GON)

徒 1048 [T] (TO, kachi, tada, tomo)
然草 Tsurezuregusa *l*

徐 1049 [T] Jo *s*. (JO, SHO, yasu, yuki)
子 Yasuko *f*
江 Yasue *f*

從 1050 [T] (JŪ, SHŌ, JU, tsugu, yori, shige)
尹 Shigekazu *m*
正 Yorimasa *m*

者 Shitori *s*
者部 Shitoribe *s*
矩 Tsugunori *m*
道 Tsugumichi *m*
徳 Jūtoku *m*

悍 1051 Isamu *m*. (KAN, GAN)

恨 1052 [T] (KON)
の介 Urami no Suke *l*

悟 1053 [T] Satoru *m*, Satoshi, Sato. (GO, sato, nori)
一 Goichi *m*
里 Satori *m*

悦 1054 [O] (ETSU, ECHI, yoshi, nobu)
二郎 Etsujirō *m*
久 Nobuhisa *m*
太郎 Etsutarō *m*
目抄 Etsumokushō *l*
次 Etsuji *m*
耳 Yoshimi *m*
蔵 Etsuzō *m*

院 1055 [T] (IN)
内 Innai *p*
本物 Maruhonmono *a*
相 Innosō *s*

陣 1056 [T] Jin *s*. (JIN, CHIN, buru, tsura)
内 Jinnouchi *s*, Jinnai
野 Jinno *s*

陞 1057 Noboru *m*, Susumu. (SHŌ, nori)

降 1058 [T] (KŌ, GŌ, furi, furu, ri)
矢 Furuya *s*
旗 Furihata *s*
幡 Furihata *s*

除 1059 [T] (JO, CHO, JI, kiyo, saru, noki, yoke, yoki)
村 Yokemura *s*, Yoki-mura

村吉太郎 Yokimura Yoshitarō *ml*

涉 1060 See 涉 1331

涓 1061 Tōru *m*. (KEN)

涙 1062 [T] (RUI)
痕 Ruikon *l*

涮 1063 Toshi *m*. (RI, toshi)
太 Toshiyasu *m*

浴 1064 [T] Yuami *s*, Ami. (YOKU, yuami, ami, yuki)
永 Yukinaga *s*
部 Yuamibe *s*, Amibe

涌 1065 (YŪ, waki, waku, waka)
子 Wakiko *f*, Wakuko
井 Wakui *s*; Waku i *l*
田 Wakuda *s*
別 Yūbetsu *p*
谷 Wakuya *p*
島 Wakushima *s*
雪 Yūki *s*

酒 1066 [T] Saka *s*. (SHU, saka, sake, mi)
ほがい Sakahogai *l*
人 Sakato *s*, Sakai
川 Sakagawa *s*
上 Sakanoe *s*
介 Sakaji *s*
匂 Sakō *s*
井 Sakai *s*
井田 Sakaida *s*
井田柿右衛門 S. Kakiemon *ma*
井広治 Sakai Hiroji *ml*
井抱一 S. Hōitsu *mla*
本 Sakamoto *s*
勾 Sakawa *sp*; Sakō *s*
田 Sakata *p*
向 Sakamuki *s*, Sakawa, Sakō
西 Susai *s*
作 Sakatoko *s*
君 Sakenokimi *m*
出 Sakade *s*

見 Sakami *s*
居 Sakai *s*
良 Sakara *s*
依 Sakayori *s*
巻 Sakamaki *s*
泉 Sakaizumi *s*
看都 Sakamitsu *s*
酒井 Suzui *s*; Shisui *p*
部 Sakabe *s*
寄 Sakayori *s*
麻呂 Sakamaro *m*
喜男 Mikio *m*
葉 Sakaba *s*
顕童子 Shuten dōji *l*

浦 1067 [T] Ura *s*. (HO, FU, ura, ra)
川 Urakawa *s*
川原 Urakawara *p*
口 Uraguchi *s*
上 Uragami *s*
山 Urayama *s*
井 Urai *s*
木 Uraki *s*
辺 Urabe *s*
田 Urata *s*
本 Uramoto *s*
臼 Urausu *p*
名 Urana *s*
沢 Urasawa *s*
谷 Uraya *s*, Uratani
安 Urayasu *p*
河 Urakawa *p*
和 Urawa *p*
松 Uramatsu *s*
岡 Uraoka *s*
野 Urano *s*
部 Urabe *s*
鬼 Hoki *s*
島 Urashima *s*
島子伝 U.-go no den *l*
崎 Urasaki *s*
幌 Urahoro *p*
瀬 Urase *s*

浩 1068 [N] Hiroshi *m*, Isamu, Yutaka, Ōi, Kiyoshi; Kō *s*. (KŌ, GŌ, hiro, haru)
一郎 Kōichirō *m*
二 Kōji *m*
子 Hiroko *f*
佑 Kōsuke *m*
洋 Hiroumi *sm*, Hirō-mi
運 Hiroyuki *m*

浮 1069 [T] (FU, uki, chika)
⁵穴 Ukena s
田 Ukita s ⌈ml
田和民 U. Kazutami
田秀家 U. Hideie ml
⁶羽 Ukiha p
気 Fuke s
名 Ukena s
舟 Ukifune la
世床 Ukiyo-doko l
世草子 U.-zōshi l
世風呂 U.-buro l
世道中膝栗毛 U. dō-chū hizakurige l
世絵 U.-e a
世親仁気質 U. oyaji katagi l
⁷貝 Ukigai s
¹¹島 Ukishima s
¹⁴標 Bui la

浜 1070 [T] Hama s. (HIN, hama)
³川 Hamagawa s
口 Hamaguchi s
口雄幸 H. Osachi mh
⁴井 Hamai s
⁵北 Hamakita sp
辺 Hamabe s
田 Hamada s ⌈ml
田広介 H. Hirosuke l
本 Hamamoto s
本浩 H. Hiroshi ml
¹⁰地 Hamaji s
池 Hamanoike s
成 Hamanari m
西 Hamanishi s
名 Hamana s
坂 Hamasaka s
村 Hamamura s
村米蔵 H. Yonezō ml
谷 Hamatani s, Ha-
尾 Hamao s ⌊maya
臣 Hamaomi m
⁹松 Hamamatsu sp
松納中言 H. Chūnagon l
岡 Hamaoka sp
¹⁰高屋 Hamatake s, Hamadaki
益 Hamamasu p
屋 Hamaya s
¹¹野 Hamano s
部 Hamabe s
島 Hamajima sp

¹²崎 Hamasaki sp
崎玉島 H. Tamashima p ⌈p
¹⁴別 Hamatonbetsu

海 1071 [T] Ama s. (KAI, umi, mi, ama, una)
ノ屋 Uminoya s
²人 Ama la ⌈mo l
人の刈藻 A. no karu-
人彦 Amahiko m
³上 Unagami s
士 Ama sp-la ⌊mo
士名 Amana s
⁴山 Miyama p
犬甘 Amanoinukai s
犬養 Amainukai s
⁵北 Kaihō s, Kaihoku
北友松 Kaihō Yūshō
辺 Kaibe s ⌈ma
田 Umida s; Kaita sp
平 Umihei m
⁷江田 Umieda s, Ka-
老 Ebi s ⌊ieda
老名 Ebina sp
老名弾正 E. Danjō mh
老原 Ebihara s
老島 Ebijima s
老塚 Ebizuka s
⁷住 Kaizumi s
谷 Kaiya s
⁸沼 Kainuma s
宝 Kaihō s ⌈dan h
国兵談 Kaikoku hei-
東 Kaitō s
⁹神丸 Kaijinmaru l
保 Kaiho s, Kaibo
保陵 Kaiho Seiryō
法保 Kaihō s ⌊mh
津 Kaizu sp
松 Umimatsu s
松子 Miruko f
南 Kainan p ["Hai-
草 Kaisō p ⌊nan"]
音 Kaion ml
音寺潮五郎 K. Chōgorō ml
¹⁰祇 Watatsumi s
原 Unabara s
¹¹後 Kaigo s
紅 Kaikō l
野 Unno s, Uchino
野口 Unnokuchi s
部 Kaibu sp, Amabe,

Ama; Kaibe s, Ama-bu
¹²渡 Kaito s, Kairo
崎 Kaizaki s
賀 Kaiga s
道 Kaidō s
道記 Kaidōki l
¹³塚 Kaizuka s
雄 Umio m
¹⁴語 Amagatari s
¹⁵潮音 Kaichōon l
¹⁶藤 Kaidō s
¹⁹瀬 Kaise s

——10 L4——

弭 1072 (BI, yasu)
田 Hatta s
間 Hazuma s

旅 1073 [T] (RYO, RO, tabi, taka, ⌈moro)
人 Tabito m
子 Tabiko f
順 Ryojun p "Port Arthur"

祥 1074 [T] (SHŌ, JŌ, yoshi, sachi, na-ga, tada, yasu, saka, akira, saki, samu)
三 Yoshikazu m
子 Yoshiko f
次 Yasutsugu m
光 Samumitsu m
男 Yoshio m
枝 Sakae m
哉 Yoshichika m
雲 Sakumo s, Nagumo
瑞五郎太夫 Shonzui Gorō-tayū ma
樹 Yoshiki m

班 1075 [T] (HAN, tsura, mi)
女 Hanjo la

珉 1076 Tama f. (MIN, BIN, tami)
子 Tamiko f

珠 1077 [T] Tama f. (SHU, tama, mi)
一 Shuichi m
洲 Suzu p; Suku s
流河 Suruga s

琉河 Suruga s
輝 Tamaki f
磯 Tamaki m
鶴 Suzu f

峡 1078 [T] Hazu-ma s. (KYŌ)
峇 1079 Takashi m. (GŌ, KŌ)
岷 1080 (MIN, BIN)
江入楚 Mingō nisso l

峠 1081 [T] Tōge s. (tōge)
三吉 T. Sankichi ml
田 Taoda s

胝 1082 Akagari s, Akagire. (CHI, SHI)

脇 1083 Waki sf-p. (KYŌ, KŌ, waki)
山 Wakiyama s
本 Wakimoto s
田 Wakida s
坂 Wakizaka s
沢 Wakizawa s
谷 Wakiya s
屋 Wakiya s
野 Wakino s
野沢 Wakinozawa p

晄 1084 See 晃 1189

晅 1085 (KEN, KAN, aki)
宣 Akinobu m

時 1086 [T] (JI, SHI, toki, yori, yoshi)
³川 Tokigawa s
三郎 Tokisaburō m
之 Yoshiyuki m
行 Tokiyuki m
万 Tokitsumu m
子 Tokiko f
⁴友 Tokitomo s
山 Tokiyama s
⁵田 Tokida s
⁶休 Tokiyasu m
次郎 Tokijirō m
任 Tokitō s

除 渉 涓 涙 洌 浴 涌 酒 浦 浩
▼
浮 浜 海 弭 旅 祥 班 珉 峡 峇 岷 峠 胝 脇 晄 晅 時
▲
妍 姚 姞 姥 始 栭 栈 栩 校

珠
峡
岾
岷
峠
胝
脇
眈
晅
時
▼
姸
姚
姑
姥
始
栢
栈
栩
校
栂
株
格
栖
桂
桐
桃
柳
▲
竝
袖
矩
毗
畔
砠
砥
秧
秱

広 Tokihiro *sm*
存 Tokiari *s*
名 Tokina *m*; ⌈koto
[7]言 Tokikoto *m*, Yori-
沢 Tokizawa *s*
[8]枝 Tokieda *s*
枝誠記 T. Motoki *ml*
宗 Tokimune *m*
宙 Tokizane *sm*
忠 Tokitada *m*
雨 Shigure *m-f*; Toki-
　furu *m*　⌈tsu *m*
雨の炬燵 S. no kota-
雨子 Shigureko *f*
[9]津 Togitsu *p*
岡 Tokioka *s*
直 Tokinao *m*
重 Tokishige *sm*
[10]莘 Tokinaga *m*
原 Tokihara *s*
[11]敏 Tokitoshi *m*
[12]敬 Tokiyoshi *m*
[13]雄 Tokio *m*
[15]蔵 Tokizō *m*
[17]綱 Tokitsuna *m*
懋 Tokishige *m*

姸 1087 See 姸 612

姚 1088 (CHŌ, tao)

子 Taoko *f*

姑 1089 (KITSU, KI-CHI, yoshi)

子 Yoshiko *f*

姥 1090 (BO, MO, to-me, oke, uba)

子 Tomeko *f*
沢 Ubayaki *s*

始 1091 (Ō, ai)

良 Aira *sp*
罪 Aino *s*

始 1092 [T] Hajime *m*. (SHI, moto, tomo, haru)

男 Motoo *m*
彦 Motohiko *m*
関 Shiseki *s*

栢 1093 See 柏 866

栈 1094 See 棧 1615

栩 1095 Tote *s*. (KO, KU, U, tochi)

木 Tochigi *s*

校 1096 [T] (KŌ, KYŌ, toshi, nari, aze)

条 Menjō *s*　⌈a
倉造 Azekura-zukuri

栂 1097 (toga)

井 Togai *s*
坂 Togasaka *s*
野 Togano *s*

株 1098 [T] (SHU, moto, yori)

修 Motonobu *m*
徳 Motonori *m*

格 1099 [T] Tadashi *m*, Tadasu, Kaku, Tsutomu, Kiwame, Itaru. (KAKU, KYAKU, tada, nori, masa)

子 Noriko *f*
文 Tadafumi *m*
安 Tadayasu *m*

桓 1100 Takeshi *m*. (KAN, GAN, take, taka, uji)

千代 Takechiyo *f*
夫 Takeo *m*
武 Kanmu *mh*
武平氏 K. Heishi *h*
虎 Taketora *m*

栖 1101 (SEI, SAI, su, sumi)

千代 Sumichiyo *f*
本 Sumoto *p*
原 Suhara *s*
関 Suseki *s*

桂 1102 [N] Katsura *sm-f-p*. (KEI, KE, katsu, yoshi)

[8]小五郎 Katsura Ko-gorō *mh*
川 Katsuragawa *s*
川甫周 K. Hoshū *mh*
三 Keizō *m*

之助 Keinosuke *m*
[4]山 Katsurayama *s*
井 Katsurai *s*
夫 Yoshio *m*
太郎 Katsura Tarō *mh*
[5]田 Katsurada *s*
[6]吉 Keikichi *m*
[7]男 Katsuo *m*
[7]野 Katsurano *s*
庵ム樹 Katsuan Genju
　ml　　　⌈pa
[20]離宮 Katsura Rikyū

桐 1103 [N] (DŌ, TŌ, kiri, hisa)

ノ谷 Kirinoya *s*
ケ谷 Kirigaya *s*
[1]一葉 Kiri hitoha *la*
[3]子 Kiriko *f*
[4]山 Kiriyama *s*
木 Kiriki *s*
[5]田 Kirita *s*
生 Kiryū *sp*
生織 K. ori *a*
[7]竹 Kiritake *s*
沢 Kirizawa *s*
村 Kirimura *s*
谷 Kiritani *s*, Kiriya, Kirigayatsu
[8]林 Kiribayashi *s*
[10]原 Kirihara *s*
[11]野 Kirino *s*
島 Kirishima *s*
[13]淵 Kiribuchi *s*
壺 Kiritsubo *l*
[18]麿 Kirimaro *m*

桃 1104 [T] Momo *s*. (TŌ, momo)

[3]川 Momokawa *s*
子 Momoko *f*
丸 Momomaru *m*
[4]木 Momoki *s*
山 Momoyama *p*
山譚 M. monogatari *l*
井 Momoi *s*, Momonoi
井直詮 Momonoi Nao-akira *ml*
太郎 Momotarō *m*
太郎侍 M.-zamurai *l*
[5]田 Momoda *s*
生 Momō *p*
沢 Momozawa *s*
谷 Momoya *s*, Momo-tani
李 Momo-sumomo *l*
[9]香 Momoka *f*

[10]配 Momokubari *s*
原 Momohara *s*
[11]麻呂 Momomaro *m*
[13]源集 Tōgenshū *l*
園 Momozono *s*
[16]隣 Tōrin *ml*

柳 1105 [T] Yanagi *s*. (RYŪ, yanagi, yagi, yanai, yana)

[1]一 Ryūichi *m*
[1]川 Yanagawa *sp*
川春葉 Y. Shun'yō *ml*
下 Yanagishita *s*, Ya-gishita
下亭種員 Ryūkatei Tanekazu *ml*
[3]元 Yanagimoto *s*, Ya-gimoto
内 Yanagiuchi *s*
山 Yanayama *s*
井 Yanai *sp*
太郎 Ryūtarō *m*
[4]本 Yanagimoto *s*, Ya-gimoto
生 Yagyū *sp*　　⌈l
生武芸帖 Y. bugeichō
田 Yanagida *sp*; Ya-nagita *s*　⌈nio *ml*
田国男 Yanagita Ku-
田泉 Y. Izumi *ml*
[6]多留 Yanagidaru *l*
[7]作 Ryūsaku *m*
沢 Yanagisawa *s*
沢吉保 Y. Yoshiyasu *mh*
沢健 Y. Ken *ml*
町 Yanagimachi *s*
谷 Yanadani *sp*; Ya-nagiya *s*
[8]沼 Yaginuma *s*
河 Yanagawa *s*
河春三 Y. Shunzō *ml*
宗悦 Yanagi Muneyo-shi *ml*
[9]津 Yanaizu *p*
亭 Ryūtei *s*　　　⌈ml
亭種彦 R. Tanehiko
[10]倉 Yanagura *s*
原 Yanagihara *s*
原白蓮 Y. Byakuren *fl*
原極堂 Y. Kyokudō
屋 Yanagiya *s*　⌈ml
[11]梧 Ryūgo *m*
島 Yagishima *s*
[13]堀 Yanabori *s*
楽 Yagira *s*, Nadara

園 Yanagizono *sm*
[16]橋 Yanagibashi *s*
橋新詩 Ryūkyō shin-shi *l*
樽 Yanagidaru *l*
[19]瀬 Yanase *s*

——10 L5——

竝 1106 See 並 765

袖 1107 Sode *f*. (SHŪ, JU, sode)
ケ浦 Sodegaura *p*
子 Sodeko *f*
山 Sodeyama *s*
中抄 Shūchūshō *l*
香 Sodeka *f*
岡 Sodeoka *s*
浦 Sodeura *s*
島 Sodeshima *s*
崎 Sodezaki *s*

矩 1108 Tadasu *m*, Tadashi, Kane. (KU, nori, tsune, kane, kado)
夫 Tsuneo *m*
次 Noritsugu *m*
次郎 Tsunejirō *m*
随 Noriyuki *m*
最 Noriyoshi *m*

毗 1109 See 毘 1195

畔 1110 [T] Aze *s*. (HAN, kuro, aze, be)
上 Azegami *s*, Kuroue
田 Kuroda *s*
柳 Kuroyanagi *s*, Azeyanagi, Kuroyagi
高 Azetaka *s*
蒜 Azehiru *s*, Ahiru
蔵 Azekura *s*, Aze

砡 1111 Tadashi *m*. (GYOKU, GOKU)

砧 1112 Kinuta *m-la*. (CHIN, kinu)
子 Kinuko *f*

破 1113 [T] (HA)
切居 Hakii *s*

魔子 Hamako *f*

秧 1114 (Ō, nae)

秢 1115 Minoru *m*, Yowai. (REI, RYŌ)

租 1116 [T] Mitsugi *m*. (SO, tsumi, moto)
地 Ochi *s*

秘 1117 [T] (HI)
楽 Higyō *l*

称 1118 [T] (SHŌ, mitsu, yoshi, kami, nori, na, agu)
徳 Shōtoku *fh*

秩 1119 [T] Satoshi *m*. (CHITSU, chichi, tsune)
父 Chichibu *sp*
父別 Chippubetsu *p*
夫 Chichio *m*, Tsuneo

祝 1120 See 祝 851

神 1121 See 神 853

祖 1122 See 祖 850

祐 1123 See 祐 852

祜 1124 (KO, GO, sachi)
子 Sachiko *f*

祓 1125 (FUTSU, HOCHI, kiyo, harai)
川 Haraigawa *s*

祚 1126 (SO, ZO, mura, toshi, sa)
景 Murakage *m*

祇 1127 (GI, KI, SHI, masa, nori, moto, kesa, tsumi)
子 Noriko *f*
文 Masafumi *m*

王 Giō *f-la*
勝 Kesakatsu *m*
賀 Masanori *m*
園 Gion *sp*

——10 L6——

効 1128 See 効 653

耿 1129 Akira *m*. (KŌ, KYŌ, aki, suke)
子 Akiko *f*

師 1130 [T] Tsukasa *m*; Moro *s*. (SHI, moro, kazu, nori, moto, mitsu)
子 Shishi; Motoko *f*
田 Morota *s*
宅 Moroie *m*
男 Moroo *m*, Norio
垂 Morotaru *m*
宣 Moronobu *ma*
香 Moroka *m*
岡 Morooka *s*
勝 Shikatsu *p*
錬 Shiren *mlh*

耕 1131 [T] Tsutomu *m*, Tagayasu, Osamu; Kō *sm*. (KŌ, KYŌ, yasu)
一 Kōichi *m*
二郎 Kōjirō *m*
三 Kōzō *m*
之介 Kōnosuke *m*
子 Yasuko *f*
太郎 Kōtarō *m*
作 Kōsaku *m*
治人 Kō Haruto *ml*
象 Kōzō *m*
雄 Yasuo *m*
雲 Kōun *ml*
輔 Kōsuke *m*
蔵 Kōzō *m*

粋 1132 [T] (SUI, kiyo, tada)
町甲閭 Suichō kōkei *l*

粉 1133 (FUN, ko)
川 Kogawa *s*
河 Kogawa *p*

虹 1134 (BŌ, abu)

田 Abuta *p*

蚊 1135 [T] (BUN, MON, ka)
相模 Ka-zumō *la*
野 Kano *s*

航 1136 [T] Wataru *m*. (KŌ, GŌ)

般 1137 [T] (HAN, kazu, tsura)

殺 1138 [T] (SATSU, SETSU)
生石 Sesshōseki *la*
陣師 Tateshi *s*

殷 1139 (IN, taka, shige, tada, tomi, masa, moro)
一 Takaichi *m*
之 Takashi *m*
子 Takako *f*
根 Shigene *m*

——10 L7——

豹 1140 Hadara *m*. (HYŌ)
山 Hyōnosen *p*

配 1141 [T] (HAI, atsu)
子 Atsuko *f*

畝 1142 [O] Une *s*. (HO, BŌ, MO, une, se)
子 Uneko *f*
米 Unebe *s*
尾 Unebi *s*, Uneo
傍 Unebi *s*
傍山 Unebiyama *p*

財 1143 [T] Takara *sm-f*. (ZAI, SAI, takara)
田 Saita *p*
津 Zaitsu *s*
部 Takarabe *sp*
部彪 T. Takeshi *mh*

射 1144 [T] Iri *f*. (SHA, JA, i)
水 Imizu *p*
辻 Inotsuji *s*
兵衛 Ihee *m*
出 Ide *s*

桐
桃
柳
▼
竝
袖
矩
毗
畔
砡
砧
破
秧
秢
租
秘
称
秩
祝
祖
祐
祜
祓
祚
祇
効
耿
師
耕
粋
粉
虹
蚊
航
般
殺
殷
豹
配
畝
財
射
▲
郎
郡
訒

蚊
航
般
殺
股
豹
配
歌
財
射
▼
郎
郡
訒
託
訓
記
劬
劍
釼
釘
針
扇
脅
冥
食
釜
夏
桑
高
▲
差
倉
貢
員
荒
莘
蒬
茹
荅

屋 Iya s, Iteya
場 Iba s
越 Inokoshi s

郎 1145 [T] (RŌ, o, ra, iratsuko)

郡 1146 [T] Kōri s, Gun, (GUN, KUN, kōri, kuni, sato, tomo)
上 Gujō sp; Kujō s
戸 Kunito s,　Gūko, Kōdo
山 Kōriyama sp
司 Gunji s
孝 Kunitaka m
虎彦 Kōri Torahiko ml
東 Guntō s
昭 Kuniteru m
岡 Kōrioka s
家 Gūke s; Kōge p
場 Kōriba s
廉 Kunikiyo m
領 Kōrinomiyatsuko s

訒 1147 Shinobu f. (JIN, nobu, kata)

託 1147A [T] (TAKU, yori)
麻 Takuma sp
摩 Takuma s

訓 1148 [T] (KUN, KIN, kuni, nori, michi, toki, shiri)
三 Tokizō m
子 Kuniko f
子府 Kunneppu p
谷 Kuntani s
常 Noritsune m
儒麿 Kuzumaro m

記 1149 [T] Shirusu m. (KI, fumi, nori, toshi, nari, yoshi, fusa)
之 Noriyuki m
久 Norihisa m
彦 Fumihiko m
紀歌謡 Kiki kayō l

——— 10 L8 ———

劬 1150 Tsuyoshi m. (KEI, GYŌ)

劍 1151 [T] Tsutomu m. (KEN, haya, akira, tsurugi)
之助 Kennosuke m
持 Kenmotsu s
淵 Kenbuchi p

釼 1152 Tsutomu m. (SHŌ, KYŌ, toshi)

釼 1153 (HACHI, shō)
三郎 Hachisaburō m
次郎 Shōjirō m

釘 1154 (TEI, CHŌ, kugi)
宮 Kugimiya s
屋 Kugiya s
崎 Kugisaki s

針 1155 [T] Hari f. (SHIN, hari)
ケ谷 Harigatani s
本 Kugimoto s
生 Haryū s
生一郎 H. Ichirō ml
谷 Harigatani s
貝 Harigai s
金 Harigane s
重 Harishige s
屋 Hariya s
塚 Haritsuka s

——— 10 T1 ———

扇 1156 [T] (SEN, ōgi, mi)
田 Ōgida s　　「tsu
谷 Ōgiya s,　Ōgigaya-
迫 Ōgiba s,　Ōgihaza-
畑 Ōgihata s　　「ma
畑忠雄 Ō. Tadao ml

——— 10 T2 ———

脅 1157 See 脇 1083

冥 1158 (MEI, MYŌ, kura)
府 Yomi l
府山水図 Meifu sansuie l
途の飛脚 Meido no hikyaku l

食 1159 [T] Mike s. (SHOKU, SHIKI,

ke, kura, uke, aki, mi-満 Kema sm-p 「ke)

釜 1160 (FU, kama)
山 Fuzan p "Pusan"
井 Kamai s
石 Kamaishi p
田 Kamata s
次郎 Kamajirō m
淀 Kamayatsu s, Kamayachi
屋 Kamaya s
范 Kamayachi s

夏 1161 [T] (KA, GE, natsu)
井 Natsui s
木立 Natsu kodachi l
山 Natsuyama s
山繁樹 N. Shigeki ml
目 Natsume s
目成美 N. Seibi ml
目漱石 N. Sōseki ml
足 Nadase sp
花 Natsuhana l
花少女 Natsubana otome l
見 Natsumi s
秋 Natsuaki s, Nakaba
野 Natsuno sm
祭浪花鑑 Natsu-matsuri Naniwa kagami la
間 Natsuma s
樹 Natsuki m

桑 1162 [T] Kuwa s. (SŌ, kuwa)
3子 Kuwako f
4山 Kuwayama s
木 Kuwaki s
木厳翼 K. Gen'yoku
5田 Kuwada s 「ml
本 Kuwamoto s
6江 Kuwae s
名 Kuwana p
7折 Kuwa sp
沢 Kuwazawa s
村 Kuwamura s
谷 Kuwadani s
8波田 Kuwabata s
門 Kuwakado s
9畑 Kuwabata s
岡 Kuwaoka s
10原 Kuwabara s
原武夫 K. Takeo ml

原腹赤 K. no Haraaka
屋 Kuwaya s 「ml
11野 Kuwano s
島 Kuwajima s
12港 Sōkō p "San Francisco"
15絹 Kuwakinu p

高 1163 [T] Takashi m; Kō sm, Taka s. (KŌ, taka, ue, take, hodo, takai, akira, su-
2力 Kōriki s 「ke)
3川 Takagawa s
三 Takasabu s 「mla
三隆達 T. Ryūtatsu
口 Takaguchi s
子 Takako f, Takaiko
土 Takatsuchi s
千穂 Takachiho s
久 Takahisa sm; Takaku s
下 Takashita s
上 Takagami s
4戸 Takado s
月 Takatsuki s
円 Takamado s, Takamaro
内 Takauchi s
天 Takama s
井 Takai s
太郎 Takatarō m
木 Takagi sf, Takaki
木一夫 Takagi Kazuo ml
木卓 T. Taku ml
木貞治 T. Teiji mh
山 Takayama sp; Kōyama p
山宗砌 T. Sōzei ml
山彦九郎 T. Hikokurō mh
山毅 T. Tsuyoshi ml
山博牛 T. Chogyū m!
中 Takanaka s
水 Takamizu s
5比良 Takahira s
司 Takatsukasa s
句麗 Kōkuri ph "Koguryŏ"
石 Takaishi p
左右 Takasō s
平 Takahira s
玉 Takatama s
本 Takamoto s, Kō-丘 Takaoka s 「moto
市 Takaichi sp; Take-

ichi s, Takachi, Ta-
kechi, Yamato
市黒人 Takechi no
　Kurohito ml 「m
市麻呂 Takechimaro
田 Takada sp, Takata
田半峰 Takada Hanbō
　ml 「p
田保 Takata Tamotsu
田屋 Takadaya s
田屋嘉兵衛 T. Kahee
　mh 「p
田馬場 Takadanobaba
田浪吉 Takada Nami-
　kichi ml
田博厚 T. Hiroatsu ml
田瑞穂 T. Mizuho ml
田蝶衣 Takata Chōi
⁶次 Takaji m 「ml
次郎 Takajirō m
任 Takatō m
仲 Takanaka s
地 Kōchi s, Takaji
行 Takayuki m
羽 Takaba s, Takaha
刑 Takanori m
宅 Takaya s
光 Takamitsu ml
台寺 Kōdaiji p
弁 Kōben mh
品 Takashina s
広 Takahiro s
向 Takamuko s, Ta-
　kamuku
向玄理 Takamuko no
　Kuromaro mh
辻 Takatsuji s
西 Takanishi s
寺 Takadera s 「ka
⁷阪 Takasaka s, Kōsa-
坂 Takasaka s, Kōsaka
沢 Takasawa s
沖 Takaoki s
沖陽造 T. Yōzō ml
杉 Takasugi s
杉一郎 T. Ichirō ml
杉晋作 T. Shinsaku
弘 Takahiro m 「mh
村 Takamura sp
村松太郎 T.Kōtarō ml
村光雲 T. Kōun ma
利 Kōri s
谷 Takadani s, Takaya
兔 Takasawa m
志 Kōshi s, Koshi,
　Takashi
志壬生 Kōshimibu s

朶 Takaeda m
芥 Takashina m
安 Takayasu sm ; Kō-
　yasu p
安月郊 T. Gekkō ml
安国世 T. Kuniyo ml
安犬 Kōyasu inu l
尾 Takao p 「m
尾船字文 T. senjimon
尾野 Takaono p
来 Takagi p
見 Takami s
見順 T. Jun m
見沢 Takamizawa s
⁸沼 Takanuma s
波 Takanami s
門 Takakado m; Oka-
明 Takaaki m 「do s
林 Takabayashi s
知 Kōchi s
知尾 Takachio s
取 Takatori sp
孟 Takaosa m
武 Kōtake s
或 Takamochi m
良 Kōra s
良城 Takaragi s
⁹信 Takanobu m
洲 Takasu s
津 Takatsu s
城 Takagi s, Takashi-
　ro ; Takajō p, Taki
浪 Takanami s
埴 Takagaki s
弥 Takahisa m
畑 Takahata s
柿 Takataku m
砂 Takasago p-la
松 Takamatsu sp
草 Takakusa s
草木 Takakusagi s
品 Takakazu m
長谷 Takahase s
岸 Takagishi s
岩 Takaiwa s
妻 Takatsuma s, Kō-
　tsuma
岳 Takaoka smh
栄 Takashige m
岡 Takaoka sp
¹⁰修 Takanaga m, Ta-
浦 Takaura s 「kaosa
浜年尾 T. Toshio ml
浜虚子 T. Kyoshi ml
時 Takatoki m
柳 Takayanagi sp

柳重信 T. Shigenobu
矩 Takanori m 「ml
卿直 Kō no Moronao
宮 Takamiya sp 「mh
荷 Takani s
荻 Takahagi s
倉 Takakura s
倉下 Takakuraji m
泰 Takayoshi m
畠 Takabatake s, Ta-
　katsu ; Takahata sp
畠素之 Takabatake
　Motoyuki mlh
畠瑞泉 T. Ransen ml
桑 Takakuwa s
桑純夫 T. Sumio ml
柴 Takashiba s
原 Takahara sp
座 Takakura s ; Kōza
屋 Takaya s 「p
屋窓秋 T. Sōshū ml
¹¹陳 Takayoshi m
清水 Takashimizu p
規 Takatsuki p
峰 Takamine s
峰譲吉 T. Jōkichi mh
根 Takane sp
根沢 Takanezawa s
野 Takano sp ; Kōno
　s ; Kōya p
野口 Kōyaguchi s
野山 Kōya-san p 「la
野物狂 K. monogurui
野房太郎 Takano
　Fusatarō mh
野長英 T. Chōei mh
野素十 T. Sujū ml
野聖 Kōya hijiri l
野瀬 Takanose s
部 Takabe s
斎 Takasai s
梁 Takahashi sp
悠 Takachika m
梨 Takanashi s
鹿 Takashika s
島 Takashima sp
島秋帆 T. Shūhan mh
鳥 Takatori s
¹²国 Takanobu m
場 Takaba s
須 Takasu s
須梅渓 T. Baikei ml
須賀 Takasuka s
隂 Takakage m
階 Takashina s, Taka-
　hashi 「Sekizen ml
階積善 Takashina no

陽 Kōyō p
陽院七首歌合 Kaya-
　noin shichishu uta-
　awase l
琢 Takaaya m
斌 Takayoshi m
峻 Takatoshi m
崎 Takasaki s
崎正秀 T. Masahide
　ml 「ml
崎正風 T. Masakaze
富 Takatomi sp
萩 Takahagi s
森 Takamori sp
達 Takasato m
道 Takamichi m
遂 Takanaru m
間 Takama s
¹³堀 Takabori s
塚 Takatsuka s
塩 Takashio s
塩背山 T. Haizan ml
植 Takanao m
楊 Takayanagi s
楠 Takakusu s
楠順次郎 T. Junjirō s
雄 Takao sm 「ml
群 Takamure s
群逸枝 T. Itsue fl
猷 Takayuki m
亶 Takatada m
寛 Takanori m
遠 Takatō p 「same
¹⁴境 Takaki s, T.
際 Takagiwa s
徳 Takanori m
徳院 Kōtokuin p
郷 Takasato m
精 Takakiyo m
¹⁵幡 Takahata s
標 Takashina sp
楢 Takayu s
聡 Takasato m
輪 Takanawa s
鉾 Takahoko s
幣 Takahei s
遷 Takatō p
慶 Takayasu m
¹⁶橋 Takahashi p
橋五郎 T. Gorō ml
橋由一 T. Yūichi ma
橋氏文 T. ujibumi l
橋虫麻呂 T. no Mu-
　shimaro ml
橋阿伝夜叉譚 T. Oden
　yasha monogatari l
橋和巳 T. Kazumi ml

釘
針
扇
脅
冥
食
釜
夏
桑
高
▼
差
倉
貢
員
荒
荵
羮
茹
荅
茁
莫
荻
寉
宵
宰
害
容
室
▲
宮
家
炭
晟
晃
衷
党
帯
哥

橋是清 T. Korekiyo mh ⌐mh
橋景保 T. Kageyasu
橋新吉 T. Shinkichi ml
橋禎二 T. Teiji ml
橋蕃幸 T. Yoshitaka ml
頭 Takatō s ⌐ml
翰 Takanaka m
緒 Takatsugu m
維 Takasumi m
築 Takatsuki s
篠 Takashino s
¹⁷潔 Takakiyo m, Takayoshi
濃 Takano s ⌐yori
聴 Takaaki m, Taka-
謙 Takakata m
鍋 Takanabe p
鍬 Takakuwa s
鍛 Takadachi l
¹⁸鎌 Takakata m
額 Takanuka s
藤 Takafuji s, Takatō
嶺 Takamine s
巖 Takasato m
¹⁹瀬 Takase s ; Takaze ⌐ml
瀬文淵 Takase Bun'en
瀬舟 Takasebune l
藪 Takayabu m
²⁰麗 Koma sph "Koguryŏ"; Kōrai ph "Koryŏ"; Kōma s
麗楽 Koma gaku a
²³鷲 Takawashi p
²⁷轟 Takanobu s

——10 T3——
差 1164 [T] (SA, sashi, shina, su-
紙 Sashigami s ⌐ke)

倉 1165 [T] Kura sm. (SŌ, SHŌ, ku-
²又 Kuramata s ⌐ra)
³上 Kuragami s
之助 Kuranosuke m
⁴内 Kurauchi s
山 Kurayama s
井 Kurai s
木 Kuraki s
方 Kurakata s
片 Kurakata s
⁵永 Kuranaga s
石 Kuraishi sp
平 Kurahei m

本 Kuramoto s
田 Kurata s
田百三 K. Momozō / Hyakuzō ml
⁶地 Kurachi s
光 Kuramitsu s
吉 Kurayoshi m-p ; Kurakichi m
成 Kuranari s
辻 Kuratsuji s
西 Kuranishi s
⁷沢 Kurasawa s
形 Kuragata s
谷 Kuratani s, Kuraya
見 Kurami s
⁸林 Kurabayashi s
知 Kurachi s
茂 Kurashige s
金 Kurakane s
⁹垣 Kuragaki s
持 Kuramochi s
松 Kuramatsu m
科 Kurashina s
美 Kurami f
品 Kurashina s
岳 Kuratake p
岡 Kuraoka s
彦 Kurahiko m
重 Kurashige m
¹⁰員 Kurakazu s
¹¹掛 Kurakake s
野 Kurano s
部 Kurabe s
島 Kurashima s
¹²崎 Kurasaki s
梯歴 Kurahashimaro
富 Kuratomi s ⌐m
賀野 Kuragano s
¹³淵 Kurabuchi p
塚 Kuratsuka s
¹⁴数 Kurakazu s
¹⁵敷 Kurashiki p
橋 Kurahashi sp
橋由美子 K. Yumiko fl
¹⁹繁 Kurashige s

貢 1166 [T] Mitsugi m-f ; Susumu m. (KŌ, KU, tsugu)

員 1167 [T] (IN, kazu, sada)
弁 Inabe sp
昆 Kazuyasu m
従 Kazuyori m
恵 Kazutoshi m

馬 Kazuma m
規 Kazunori m
種 Kazufusa m
維 Kazutada m

荒 See 935

莘 1168 (SHIN, naga, shige)

荵 1169 Shinobu f. (NIN)

羮 1170 (I, TEI, DAI, hae)

茹 1171 Kayane m. (JO, NYO, tsura)

荅 1172 Tsubomi f. (GAN)

茁 1173 (SATSU, SACHI, setsu)
子 Setsuko f

苨 1174 (RI, nozoki)
戸 Nozokido s, Nozo-

莫 1175 Sadamu m. (BAKU, MAKU, sata, toshi, naka, ana)
太 Anaho s
田 Aita s
位 Makui s
保 Anaho s

荻 1176 Ogi sp. (TEKI, ogi)
子 Ogiko f
久保 Ogikubo s
山 Ogiyama s
田 Ogita s
生 Ogyū s
生徂徠 O. Sorai mlh
江 Ogie sf
村 Ogimura s
谷 Ogiya s
沼 Oginuma s
原 Ogiwara s ⌐ml
原井泉水 O. Seisensui
原重秀 O. Shigehide
野 Ogino s ⌐mh
島 Ogishima s
須 Ogisu s

窪 Ogikubo p

完 1177 Hiroshi m. (KŌ)

案 1178 Minoru m. (HŌ, HATSU)

宥 1179山 (SHO, yoi)
子 Shōko f

宰 1180 [T] Osamu m, Tsukasa. (SAI, tada, suzu, kami)
子 Suzuko f
光 Tadamitsu m

害 1181 [T] (GAI, shishi)
人 Shishihito s
人部 Shishihitobe s

容 1182 [T] Hiroshi m, Iruru. (YŌ, YU, kata, yasu, mori, hiro, yoshi, osa, nari, masa)
大 Kataharu m
甲校 Yukie m
住 Kataoki m
保 Katamori m
度 Yasunori m
盛 Hiromori m
衆 Katahiro m
頌 Katanobu m

室 1183 [T] Muro s. (SHITSU, SHICHI, muro, ya, ie)
³川 Murokawa s
⁴戸 Muroto p
井 Muroi s
木 Muroki s
内 Murouchi s
山 Muroyama s
⁵田 Murota s
生 Murō sp
生犀星 M. Saisei ml
伏 Murobushi s
伏高信 M. Kōshin ml
⁷住 Murozumi s
沢 Murozawa s
町 Muromachi sph
町時代小歌集 M. jidai koutashū l ⌐tani
谷 Muroya s, Muro-
君 Murogimi l

寿詞 Muro hogi no kotoba l
8枝 Muroe f
9岡 Murooka s
9崗 Murooka s
10原 Murohara s
屋 Muroya sm
11根 Murone p
12崎 Murozaki s
賀 Muroga s ⌈mh
13鳩巣 Muro Kyūsō
越 Murokoshi s
16橋 Murohashi s
積 Murozumi s
積祖春 M. Soshun ml
20蘭 Muroran p

宮 1184 [T] Miya sp. (GŪ, KYŪ, KU, miya, taka, ie)
2入 Miyairi s
3川 Miyagawa sp
口 Miyaguchi s
下 Miyashita s
久保 Miyakubo s
之城 Miyanojō p
子 Miyako sf
4戸 Miyato s
元 Miyamoto s
中 Miyanaka s
木 Miyagi s
井 Miyai s ⌈nai m
内 Miyauchi sp; Ku-
内寒弥 M. Kan'ya ml
内卿 Kunaikyō fl
山 Miyayama s
5代 Miyashiro sf
北 Miyakita s
永 Miyanaga s
司 Miyaji s
石 Miyaishi s
処 Miyako s
辺 Miyabe s, Miyana-
古 Miyako sp ⌊be
古路 Miyakoji s
田 Miyata sp
氏 Miyauji s
本 Miyamoto s ⌈fl
本百合子 M. Yuriko
本武蔵 M. Musashi ml
本顕治 M. Kenji ml
6行 Takayuki m
地 Miyachi s; Mi-
yaji ⌈ku ml
地嘉六 Miyaji Karo-
守 Miyamori sp
吉 Miyakichi m
寺 Miyadera s

庄 Miyanoshō s
成 Miyanari s
西 Miyanishi s
7坂 Miyazaka s
沢 Miyazawa s
沢賢治 M. Kenji ml
村 Miyamura s
尾 Miyao s
里 Miyazato s
8所 Miyadokoro s
林 Miyabayashi s
和田 Miyawada s
居 Miyai s
武 Miyatake s
武外骨 M. Tobone ml
武寒々 M. Kankan ml
9垣 Miyagaki s
津 Miyazu sp
治 Miyaji s
城 Miyagi sp; Miya-shiro s ⌈ma
城道雄 Miyagi Michio
城謙 ·M. Ken'ichi ml
柊二 Miya Shōji ml
松 Miyamatsu s
首 Miyaji s
前 Miyamae s
長 Miyanaga s
岡 Miyaoka s
重 Miyashige s
9脇 Miyawaki s
原 Miyabara sp
11後 Miyajiri s
根 Miyane s
野 Miyano s
部 Miyabe s
麻呂 Miyamaro m
島 Miyajima s
島新三郎 M. Shinza-burō ml
島資夫 M. Sukeo ml
12崎 Miyazaki sp
崎三昧 M. Sanmai ml
崎安貞 M. Yasusada mh ⌈shi ml
崎湖処子 M. Kosho-
崎夢柳 M. Muryū ml
森 Miyamori s
道 Miyamichi s, Mi-yaji
之 Miyajino s
13塚 Miyazuka s
越 Miyakoshi s
路 Miyaji s
園 Miyazono s
14腰 Miyakoshi s

窪 Miyakubo sp
16継 Miyatsugu s
蘭 Miyazono s
18藤 Miyafuji s
19瀬 Miyase s

家 1185 [T] Yaka s. (KA, KE, ie, e, o, ya, yaka, yake)
2人部 Yakehitobe s
入 Ieiri s
4仁 Yakahito m
介 Iesuke m
中 Ienaka s
内 Kenouchi s
尹 Ienobu m
木 Ieki s
5永 Ienaga sm
永三郎 I. Saburō ml
田 Ieda s
正 Iemasa m
6守 Kemori s
存 Iesada m
7村 Iemura s
寿多 Yasuda s
8門 Iekado s
所 Iedokoro s, Kasho
宜 Soki s
茂 Iemochi s
斉 Ienari m
良 Ienaga m
9垣 Yagaki s
持 Yakamochi ml
治 Iesada s
城 Ieki s, Yagi
10祥 Iesaki m
隆 Ietaka m
原 Iehara s, Ehara
屋 Ieya s
11船 Iefune m
康 Ieyasu m
島 Iejima sp; Yashima
亀 Yakame s ⌊s
12須多 Yasuda s
胤 Iezaki s
納 Yanō s
富 Yatomi s
喜 Yagi s
達 Iesato m

——10 T4——
炭 1186 [T] Sumi s. (TAN, sumi)
太祇 Sumi Taigi ml
宮 Tannomiya s
俵 Sumidawara l
塵 Gasu la

晟 1187 Akira m. (SEI, JŪ, teru, masa, akira)
千世 Masachiyo m
子 Teruko f

晁 1188 Akira m; Chō sm. (CHŌ, aki, asa)
子 Asako f
沢 Kurumizawa s
雄 Akio m

晃 1189 [N] Akira m, Hikaru, Kō. (KŌ, aki, teru, mitsu, kira)
之 Kirayuki m
夫 Akio m
司 Mitsushi m
央 Teruo m
年 Terutoshi m
弘 Mitsuhiro m
昇 Akinori m
治 Kōji m

——10 T5——
衷 1190 [T] Tada-shi m. (CHŪ, tada, atsu, yoshi)
子 Atsuko f

党 1191 [T] Akira m. (TŌ, tomo, masu, akira) ⌈l
生活者 Tōseikatsusha

帯 1192 [T] (TAI, yo, obi, tarashi)
刀 Tatewaki sm; Obi-nata s
士 Tarashiko s
子 Obiko f, Tarashi-
王 Tarashira s ⌊ko
壬 Tachishiro s
包 Obikane s
広 Obihiro p
谷 Obiya s
金 Obikane s

哥 1193 (KA, uta)
子 Utako f

哿 1194 Kanari s. (KA, yoshi)
彦 Yoshihiko m

苩 莫 寛 案 宵 宰 害 容 室 ▼ 宮 家 炭 晟 晁 晃 党 帯 哥 哿 ▲ 毘 皆 杲 畠 竜 盈 益 秦 泰 栔

家炭晨晁衷党
▼
毘皆皋畠盈益秦挈恭拳笈
▲
笑烝烈脊骨耆晋書姿要

毘 1195 (HI, BI, hi-de, yasu, teru, suke, tomo, nobu, ma-sa)
次 Terutsugu m
沙門 Bishamon mh
信 Hidenobu m

皆 1196 [T] (KAI, KEI, mina, mi, tomo, michi)
川 Minagawa s
山 Minayama s
木 Minaki s
吉 Minayoshi s, Mi-nakiri 「Sōu ml
吉爽雨 Minayoshi
河 Minaka s
良 Miyoshi f
彦 Minahiko m
野 Minano p
藤 Kaidō s
瀬 Minase p

皋 1197 Susumu m, Takashi. (KŌ, GŌ, taka)
月 Satsuki f

畠 1198 Hata s. (ha-take, hata)
巾 Hatanaka s
山 Hatakeyama s
山政長 H. Masanaga mh 「mh
山重忠 H. Shigetada
山義就 H. Yoshinari
田 Hatakeda s 「mh
野 Hatakeno s

竜 1199 [I] Shige-mi m, Tōru, Me-gumu ; Tatsu s, Ryū, Ryō. (RYŪ, RYŌ, RYU, tatsu, kimi, tō)
ケ岳 Ryūgadake p
ケ崎 Ryūgasaki p
¹一 Ryūichi m
³三 Ryūzō m
三郎 Tatsusaburō m, Ryūzaburō
之介 Ryūnosuke m
之助 Ryūnosuke m
土会 Ryūdokai l
⁴水 Tatsumi m
山 Tatsuyama sp ; Ryōsen s

王 Tatsuō ma ; Ryūō p
太郎 Ryūtarō m
木 Tatsuki s
⁵北 Ryūhoku p
田 Tatsuta la
平 Ryūhei m
⁶吉 Ryūkichi m
⁷沢 Tatsuzawa s
安寺 Ryōanji p
苑 Ryūen p
見 Ryūgen s, Ryōgen
居 Tatsui s
虎 Ryōko l
⁹洋 Ryūyō p
胆寺雄 Ryūtanji Yū
神 Ryūjin p 「ml
泉 Ryūsen s
岡 Tatsuoka s
¹⁰海 Tatsumi m
造寺 Ryūzōji s
馬 Tatsuma s, Ryū-起 Tatsuoki s 「ma
蛇 Tatsuhebi s
¹¹涎香 Ryūzenkō l
盛 Kimimori m
野 Tatsuno sp
盛 Kimimori m
麻呂 Tatsumaro m
¹²崎 Ryūzaki s
¹³雄 Tatsuo m
¹⁴郷 Tatsugō p
種 Tatsutane m
¹⁵蔵 Ryūzō m

盈 1200 Mitsuru m. (EI, YŌ, michi, mitsu, ari, tsuchi, tsu-子 Mitsuko f 「ne)
比 Michitomo m
良 Mitsuyoshi m
進 Michinobu m

益 1201 [T] Masu m, Susumu, Eki. (EKI, YAKU, masu, ma-shi, ari, nori, mi, mata, mitsu)
²人 Masuhito m
³川 Masukawa s
三郎 Masusaburō m
子 Mashiko sp ; Ma-suko sf
⁴戸 Masuto s
井 Masui s
太郎 Masutarō m
⁵以 Masutomo m
甲 Yakawa s
立 Masutachi m

田 Masuda sp ; Ma-shida p 「sada mh
田時貞 Masuda Toki-⁶次郎 Masujirō m
広 Masuhiro m
材 Masuki m
寿子 Masuki s ; Mashi-津 Mashizu s 「ki n
荒 Masura m
⁹城 Masuki s ; Mashi-津 Mashizu s
⁹軒 Ekiken / Ekken
¹¹得 Masue m
¹²富 Masutomi s
¹⁶頭 Mashizu s, Ma-suzu, Masugami

秦 1202 Hata s. (SHIN, JIN, hata, masa)
川 Hatagawa s
井手 Hataide s
皮 Toneriko l
佐八郎 Hata Sahachi-rō mh
荘 Hatashō p
党 Shinnotō s 「p
野 Hatano s ; Hadano
豊吉 Hata Toyokichi
誦 Hatasumi m 「ml

泰 1203 [T] Yasushi m, Hiroshi, Yu-taka, Tōru, Akira ; Tai p "Thailand". (TAI, hiro, yasu, yoshi)
²二 Taiji m
³三 Taizō m 「la
⁴山府君 Taizanbukun
⁵代 Yasuhiro m
令 Yasunori m
右 Hiroaki sm
平 Yasuhira m
⁶次郎 Taijirō m
光 Yoshimitsu m
吉 Taikichi m
⁷作 Taisaku m
甫 Taisuke m
⁸祉 Yasutomi m
阜 Yasuoka sp
国 Taikoku p "Thai-良 Taira m 「land"
⁹治 Taiji m
彦 Yasuhiko m
¹¹敏 Yasuharu m
啓 Yasuhiro m
¹²舒 Yasunobu m

¹³経 Yasutsune m, Ya-sunori
義 Yasuyoshi m
舜 Yasukiyo m
業 Yasunari m
¹⁶儔 Yasutoshi m
賢 Yasumasa m, Ya-sukata m

挈 1204 Kiyoshi m. (KETSU)

恭 1205 [O] Yasushi m, Takashi, Ta-dashi. (KYŌ, KU, yasu, yuki, taka, chika, shi, tada, uya, sumi, tsuka, nori, mitsu)
一 Yukikazu m
二 Kyōji m
三 Kyōzō m
子 Uyako f
仁京 Kuni-kyō ph
介 Kyōsuke m
太郎 Kyōtarō m
平 Kyōhei m
行 Yasunori m
光 Yukimitsu m
助 Kyōsuke m
彦 Yasuhiko m, Taka-雄 Yasuo m 「hiko
輔 Kyōsuke m
慶 Takayoshi m

拳 1206 Tsutomu m, Takashi. (KEN, GEN)

挙 1207 [T] (KYO, KO, taka, shige, tatsu, hira, age)
白集 Kyohakushū l
母 Koromo p, Agemo
周 Takachika m
直 Shigenao m
雄 Tatsuo m

笈 1208 Oi l. (KYŪ, oi)
の小文 Oi no kobumi / obumi l
川 Oikawa s
田 Oida s
沼 Oinuma s

笑 1209 [T] (SHŌ, e, emi)
子 Emiko f
顔 Egao f

丞 1210 Susumu m, Atsushi. (SHŌ, toshi)

烈 1211 [T] Takeshi m, Isao. (RETSU, take, yasu, tsura, yoshi, tsuyo)
女 Yoshime f
男 Takeo m
資 Takesuke m

脊 1212 (SEKI, se)
許 Hekobori s

骨 1213 [T] (KOTSU, hone)
皮 Honekawa la

耆 1214 (KI, GI, SHI, toshi)
長 Toshinaga m

晋 1215 [N] Susumu m, Susumi, Shin. (SHIN, SEN, kuni, aki, yuki)
次郎 Shinjirō m
匡 Yukimasa m

書 1216 [T] Fumi s. (SHO, fumi, nobu, nori, hisa, fumu, fun)
上 Kakiage m
主 Fuminushi m
持 Fumimochi m
紀 Shoki l

姿 1217 [T] (SHI, shina, kata, taka)
三四郎 Sugata Sanshirō l
子 Shinako f

要 1218 [T] Kaname m, Motomu. (YŌ, toshi, yasu, me, shino)
人 Kanando m, Kaname
三郎 Yōzaburō m

造 Yōzō m
蔵 Yōzō m
範 Toshinori m

栗 1219 Kuri f. (RITSU, kuri, kuru)
の本 Kurinomoto l
²又 Kurimata s
³川 Kurikawa s
⁴井 Kurii s
太 Kurita f
山 Kuriyama sp
山理一 K. Riichi ml
山潜鋒 K. Senpō mh
木 Kuriki s
⁵田 Kurita s
本 Kurimoto s
本鋤雲 K. Joun ml
生 Kuryū s, Kurio
生純夫 Kuryū Sumio
⁷沢 Kurisawa p s ml
谷 Kuriya s, Kuritani
花生 Tsuyuo m
花落 Tsuyuri s, Tsuyu
⁸股 Kurimata s
林 Kuribayashi s
林一石路 K. Issekiro ⌐ml
板 Kuriita s
辰 Kurihara s
東 Rittō p
⁹城 Kuriki s
岩 Kuriiwa s
岡 Kurioka s
¹⁰栖 Kurusu s
原 Kurihara sp
原潔子 K. Kiyoko fl
¹¹野 Kurino sp
島 Kurishima s
崎 Kurisaki s
椋 Kurusu s
焼 Kuriyaki l
殻谷 Kurikaradani s
間 Kuruma s
¹³隈 Kurikuma m
塚 Kurizuka s
源 Kurimoto s
¹⁵駒 Kurikoma p
¹⁶橋 Kurihashi p
¹⁹瀬 Kurise s

栞 1220 Shiori f. (KAN)

柴 1221 Shiba s. (SHI, SAI, ZE, shiba, shige)
³三郎 Shibasaburō s

子 Shibako f
⁴内 Shibanai s
山 Shibayama s
井 Shibai s
⁵本 Shibamoto s
生田 Shibōta s
生田稔 S. Minoru ml
田 Shibata sp
田天馬 S. Tenma ml
田白葉女 S. Hakuyōjo fl
田是真 S. Zeshin ma
田勝家 S. Katsuie mh
田鳩翁 S. Kyūō mh
田錬三郎 S. Renzaburō m
⁸沼 Shibanuma s
⁹岡 Shibaoka s
¹⁰宮 Shibamiya s
原 Shibahara s
¹¹野 Shibano s
野栗山 S. Ritsuzan mh
¹²崎 Shibazaki s
¹⁶橋 Shibahashi s

怒 1222 [T] (NU, DO)
借屋 Nukariya s
留湯 Nuruya s

恋 1223 [T] (REN, koi)
川 Koikawa s
川春町 K. Harumachi mh
女房染分手綱 Koi nyōbō somewake tazuna la
衣 Koigoromo l
重荷 Koi no omoni la
飛脚大和往来 Koibikyaku Yamato ōrai la

息 1224 [T] Yasu f; Oki s. (SOKU, oki, iki, ki)
津 Kitsu s
長 Okinaga sp
郷 Okisato sp

恩 1225 [T] Megumi m. (ON, oki)
田 Onda s, Okida
地 Onchi s ⌐ml
地孝四郎 O. Kōshirō
智 Onchi s

恵 1226 [T] Megumi m, Satoshi. (KEI, E, yoshi, shige, toshi, aya, yasu, sato)
²二 Keiji m
³三 Keizō m
三郎 Keizaburō m
之輔 Shigenosuke m
⁴介 Keisuke m
心僧都 Eshin Sōzu mh
仁 Ayahito m
文 Yoshifumi m
尺 Esaku m
太郎 Keitarō m
⁶江 Yoshie f
⁷那 Ena p
弘 Yoshihiro m, Keikō
⁸武 En f
良 Era s
美 Emi sf
美子 Emiko f
美押勝 Emi no Oshikatsu mh
¹¹庭 Eniwa p
¹¹教 Yasumichi m
¹³敬 Yoshihiro m
¹³寛 Ayahiro m
¹⁸藤 Etō s

———10 T7———

哲 1227 [T] Satoru m, Satoshi, Akira; Tetsu m-f. (TETSU, aki, nori, sato, yoshi, akira)
一郎 Tetsuichirō m
二 Tetsuji m
三 Tetsuzō m
三郎 Tetsutarō m
夫 Tetsuo m, Satoo
史 Tetsushi m
四郎 Tetsushirō m
次郎 Tetsujirō m
西 Tessei p
多 Tetta p
哉 Norichika m
浩 Akihiro m
郎 Tetsurō m
造 Tetsuzō m
致 Noriyoshi m

真 1228 [T] Makoto m, Shin, Tadashi; Maki s. (SHIN, sane, ma, mi, masa, mana, sada, sana, tada, chika, maki, masu,

Right margin (vertical index)

竜 盈 益 秦 泰 絜 恭 拳 笈 ▼
笑 丞 烈 脊 骨 耆 晋 書 姿 要 栗 栞 柴 怒 恋 息 恵 哲 真 ▲
巫 隼 原 函 屋 逡 造 逆 退 速

栗
栞
柴
怒
恋
息
恩
志
恵
哲
真
▼
至
隼
原
函
屋
途
逆
造
▲
退
速
連
通
庤
疒
席
庫
庭
座

nao, mata)
¹一 Shin'ichi m
一郎 Shin'ichirō m
²人 Makoto sm; Matto sp
人部 Mahitobe s
³川 Magawa s
三 Shinzō m
子 Saneko f
大 Mahiro m
也 Shin'ya m
上 Magami s
下 Mashita s, Mashimo
下飛泉 Mashimo Hisen ml
⁴仁田 Manita s
心 Manaka m
元 Masamoto m
六郎 Shinrokurō m
中 Manaka s
五郎 Shingorō m
弓 Mayumi sm
巳 Manami m
夫 Chikao m 「ma
山 Mayama s, Miya-
山青果 Mayama Seika
木 Maki s 「ml
木桂 Makibashira l
⁵辺 Manabe s
田 Sanada sp
正 Shinsei p
玉 Matama s
平 Shinpei m
⁶行 Sanemichi m
光 Sadamitsu m
吉 Shinkichi m
曲抄 Shinkyokushō l
虫 Mamushi m
舟 Mafune m
⁷佐子 Masako f
坂 Masaka s
村 Mamura s
形 Makata s
杉 Masugi s
杉静枝 M. Shizue fl
如 Shinnyo mh-la
利子 Mariko sf
志野 Mashino s
吾 Shingo s
男 Sanao m, Masuo
貝 Shinkai s
言 Makoto s
言宗 Shingonshū h
臣 Maomi m
⁸門 Makado sm
知子 Machiko f-l

幸 Masaki sm-f-p; Miyuki m
金 Mamune f
宗 Mamune f
秀 Mahora m
⁹信 Sanenobu m
狩 Makkari p
神 Magami s
神田 Makanda s
珠庵過去帳 Shinjuan kakochō l
砂 Masago s
砂野 Masano s
砂園 Masazono s
柄 Makara s
柱 Mihashira s
前 Masaki m
長 Mitake m
泉 Masamoto s
岡 Maoka p
風 Makaze m
¹⁰脇 Mawaki s
畔 Makuro m
記 Matoshi m
室川 Mamurokawa s
家 Maie s
恵美 Maemi f
柴 Mashiba s
真田 Mamada s
庭 Maniwa p 「ryū
¹¹流 Managare s, Ma-
清 Makiyo s, Masumi, Masuga
清水 Mashimizu s
梶 Makaji m
理子 Mariko f 「m
船 Mafune s; Mifune
船豊 M. Yutaka ml
野 Mano sp; Matono s
野守 Manomori m
野麿 Manomaro m
部 Manabe s
常 Masatsune m
庸 Saneyasu m
透 Masuki m 「ma
島 Majima sm, Mashi-
¹²備 Mabi p; Makibi
揖 Makaji m 「s
崎 Masaki s, Magasaki
棹 Masao m
敞 Masataka m
喜雄 Makio m
森 Sanemori m
景累ケ淵 Shinkei kasanegafuchi la
琴 Makoto m
善美 Masami f

達 Masato m
道 Shindō s
¹³淵 Mabuchi mlh; Mabechi m
塩 Mashio s
楫 Makaji m
楯 Matate m, Matachi
雄 Masao m
鉄 Magane m
鈴 Masuzu m
葛 Masuzu m
義 Sadayoshi m
¹⁴猿 Masaru m
榛 Mahari m
郷 Masezato m
稗 Shinnen m
奪 Shinbai l
節 Sanetake m
¹⁵澄 Mashio m
澄 Sanezumi m, Matama m 「sumi
瑤 Matama m
鋤 Masuki m
鋒田 Masakida s
¹⁶壁 Makabe sp
橋 Mahashi m
継 Kureki s
賢木 Masakaki l
¹⁷鍋 Manabe s
¹⁸観 Shinkan ml
藤 Shindō s
²¹鶴 Manatsuru m-p
²³鷲 Mawashi m

—— 10 T8 ——

罤 1229 (KEI, KYŌ, nao, michi)
子 Naoko f, Michiko

隼 1230 Hayashi m; Hayabusa s.(JUN, SHUN, haya, toshi)
人 Hayato sm-p; Haiz Hayayuki m 「to s
子 Hayako f
太 Hayata s
太郎 Hayatarō m

—— 10 F2 ——

原 1231 [T] Hara sp; Hajime m. (GEN, GAN, moto, hara, oka)
³川 Harakawa s
三郎 Hara Saburō ml
口 Haraguchi s
子 Harako f
子公平 H. Kōhei ml
⁴月舟 Hara Gesshū l

山 Harayama s
木 Haragi s
⁵石 Hara Sekitei ml
田 Harada s
田実 H. Minoru ml
田浜人 H. Hinjin ml
田康子 H. Yasuko f
田孫七郎 H. Magoshichirō mh
⁵義人 H. Yoshito s
田種茅 H. Taneji ml
⁶地 Haraji s
民喜 Hara Tamiki l
⁷沢 Harazawa s
村 Haramura s
町 Haranomachi p
見 Harami m
⁸阿佐緒 Hara Asao fl
包一庵 H. Hōitsuan ml
坦山 H. Tanzan mh
⁹南 Motonami m, Motoyoshi
¹¹野 Harano s
島 Harashima s
¹²崎 Harazaki s
¹³越 Harakoshi s
¹⁵澄 Motozumi m
¹⁶橋 Harahashi s

—— 10 F3 ——

函 1232 Susumu m. (KAN, hako)
南 Kannami p
館 Hakodate p

屋 1233 [T] (OKU, ya, ie)
子 Ieko f
久 Yaku p
代 Yashiro s
島 Yashima la
富 Yatomi s
敷 Yashiki s
瀬 Yase s

途 1234 [T] (TO, michi, tō)
子 Michiko f

逆 1235 [T] (GYAKU, GEKI, saka)
井 Sakai s
矛 Sakahoko l
田 Sakata s

造 1236 [T] Itaru m. (ZŌ, SŌ, nari)

次 Zōji m
酒 Miki m

退 1236A [T] (TAI, noki)
二郎 Taijirō m
助 Taisuke m
蔵 Taizō m

速 1237 [T] Haya-mi sm; Hayami m. (SOKU, haya, chika, tō, tsugi, mesu)
人 Hayato m-f
水 Hayami sm
見 Hayami sm-p

連 1238 [T] Muraji sp; Tsura s, Yasu. (REN, tsura, muraji, tsugi, masa, yasu)
一郎 Ren'ichirō m
三 Renzō m
子 Tsurako f; Murajiko m
山 Tsureyama s
英 Tsurahide m
理秘抄 Renri hishō l
陽春 Murajiyasu m
歌 Renga l
歌比況集 R. hikyōshū
歌本式 R. honshiki l
歌宝抄 R. shihōshō l
歌盗人 R. nusubito la
歌新式 R. shinshiki l
歌新式今案 R. s. kon'an l

通 1239 [T] Tōru m, Hiraku. (TSŪ, michi, yuki, mitsu, tō, nao)
[3]小町 Kayoi Komachi la
久 Michitsune m
也 Michiya m
[4]円 Tsūen la
[5]生 Michiu m
[6]次 Michitsugu m
任 Michitaka m
向 Michinobu m
[7]伯 Michitake m
孝 Michitaka m
言総籬 Tsūgen sōmagaki l
[8]枝 Michieda m
武 Michitatsu m

[9]津 Tsuzu s
亮 Michiakira m
[10]俊 Michitoshi m
晃 Michiaki m
泰 Michiyasu m
[11]済 Michinari m
庸 Michiyasu m
[12]陽 Michiharu m
勝 Michikatsu m
敬 Michitaka m
富 Michitoyo m
貫 Michitsura m
[13]誠 Michitomo m
[16]積 Michitsumu m
憲 Michinori m
禧 Michitomi m
[19]簡 Michihiro m

庤 1240 Takashi m. (KŌ, KYŌ)

庬 1241 Hiroshi m. (BŌ, MŌ)

席 1242 [T] (SEKI, JAKU, suke, nobu, yasu, yori)
田 Mushiroda s

庫 1243 [T] (KO, KU, kura)
之助 Kuranosuke m
吉 Kurakichi m
治 Kuraji m

庭 1244 [T] (TEI, niwa, ba, nao)
木 Niwaki s
山 Niwayama s
田 Niwata s
苔 Niwagoke l
訓往来 Teikin ōrai l
野 Niwano s

座 1245 [T] (SA, ZA, e, kura, oki)
田 Zada s, Saida
光寺 Zakōji s
亀 Zakame s
間 Zama p

唐 1246 [T] Kara l. (TŌ, kara)
[2]人 Karōdo s
[3]川 Karakawa s
大和尚東征伝 Tō-

daiwajō tōseiden l
土 Morokoshi sp; Morokuni s
[4]木 Karaki s
木田 Karakida s
木順三 Karaki Junzō m
牛 Karaushi s [ml
[7]沢 Karasawa s
衣 Karakoromo s
来三和 Tōrai Sanna ml
[8]物 Karamono s
物語 Kara monogata-
和 Tōwa s [ri l
金 Karakane s
[9]津 Karatsu sp
松 Karamatsu s
[10]桑 Karakuwa p
原 Tōhara s
[11]船 Tōsen la
[12]渡 Karawatari s
崎 Karasaki s
[14]様建築 Kara-yō kenchiku a
[15]端 Karahata s
[16]橋 Karahashi s
燎 Niwabi l
[18]鎌 Karakama s

——10 F4——

氣 1247 See 気 319

翅 1248 (SHI, KI, GI, nobu, suke)

迹 1249 Ato s. (SEKI, SHAKU, to)
見 Tomi s

——10 F5——

病 1250 [T] (BYŌ)
狀六尺 Byōshō rokushaku l

威 1251 [T] Takeshi m, Takeru. (I, take, taka, tsuyoshi, nari, nori, akira)
子 Takeko f
士 Takeshi m
丸 Takehito m
知 Takechi m
勇治 Isaharu m
海衛 Ikaiei p "Weihaiwei"
儀 Nariyoshi m

県 1252 [T] Agata sp. (KEN, GEN, agata, sato, mura, tō)
犬養 Agatainukai s
犬養人上 A. no Hitokami ml
主 Agatanushi s
主前利 Agatanushisakito s
守 Agatamori m
居 Agatai m
直 Agatanoatae s
造 Agatanomiyatsuko s
麿 Agatamaro m [s

——10 F6——

虔 1253 Masashi m. (KEN, GEN)

栽 1254 [T] Ueru m. (SAI, tane)
正 Tanemasa m

或 1255 (IKU, OKU, aya)
子 Ayako f
雄 Ayao m

烏 1256 (U, O, E, karasu)
丸 Karasumaru sp; Karasuma p
丸光広 K. Mitsuhiro ml
山 Karasuyama p
天 Eten s
那 Una s
金 Karasugane l
胡跛 Okoe s
帽子 Eboshi s
帽子折 E.-ori la
賀陽 Ugayo s, Ugaya s
麿 Karasumaro m

馬 1257 Takeshi m; Uma s. (BA, ME, uma, ma, muma)
刀沢 Matezawa s
入 Magumi m
[3]上 Maue s
子 Umako m
工 Umamikui s, Isara s
[5]加 Makuwa s, Makuwari s
込 Magome sp
目 Mame s
次郎 Umajirō m

哲 真 至 隼 原 兩 屋 途 逆 造 ▼ 退 速 連 庤 庬 席 庫 庭 座 唐 氣 翅 迹 病 威 県 虔 栽 或 烏 馬 ▲ 曷 荷 尅 赶 起 勉 哥 亞 乘 華

F7   10 Strokes   U

翅
迹
病
威
県
虘
栽
或
烏
馬
▼
冨
荷
尅
赳
起
勉
哥
亞
乘
華
甚
兼
▲
胤
條
假
停
偏
偸
修
偺
値

[7]杉 Umasugi s, Maᴣu-gi, Basugi
来 Maki s, Maku; Ma-rai p " Malay "
来田 Makida s; Ma-kuta sm
[9]神屋 Mamiya s
被 Makinu s
面 Bamen s
[10]屋原 Umayahara s, Mayahara
[11]酔木 Ashibi l
島 Umashima s, Ma-shima, Majima
[12]場 Baba s
場孤蝶 B. Kochō ml
場辰猪 B. Tatsui mh
御檝 Umamikui s
渡 Mawatari s, Mōta-ri, Mōtai
琴 Bakin ml
達 Batatsu s
鹿 Mega s
[13]喰田 Mabata s, Ba-bata
淵 Mabuchi sm; Ma-buchi m
越 Magoshi s, Uma-路 Umaji p ⌐goe
[14]関 Bakan ph
[15]澄 Masumi s
[16]頭 Batō p
[18]馬 Umakai m
[19]瀬 Maze p
[23]籠 Magome s

―― 10 F7 ――

冐 1258 Akira m. (KŌ, KYŌ, akira)

荷 1259 [T] Kada s. (KA, GA, mochi)
兮 Kakei ml
田 Kada s ⌐ml
田在満 K. no Arimaro
田春満 K. no Azuma-maro ml
見 Hasumi s
風 Kafū ml

尅 1260 (KOKU, ka-tsu)

赳 1261 Takeshi m. (KYŪ, KU, take)
夫 Takeo m
城 Takeki m

起 1262 [T] Okosu m; Tatsu f; Oko-shi s. (KI, oki, kazu, tatsu, yuki)
賢 Okikata m

―― 10 F8 ――

勉 1263 [T] Tsuto-mu m, Masaru. (BEN, katsu, masu)

―― 10 U ――

哥 See 1193

亞 1264 See 亜 525

乘 1265 See 乗 1016

華 1266 [T] (KA, GE, hana, haru, ha)
子 Hanako f
山院 Kazan'in s
夷通商考 Kai tsūshō-kō h ⌐"ton "
府 Kafu p "Washing-
岡 Hanaoka s
頂 Kachō s
厳 Kegon p-l

甚 1267 [1] (JIN, SHIN, yasu, shi-ge, tane, tō, fuka)
一 Jin'ichi m
一郎 Jin'ichirō m
七 Jinshichi m
三郎 Jinzaburō m
五郎 Jingorō m
夫 Yasuo m
太郎 Jintarō m
与茂 Jin'yomo m
目 Jinmoku s, Hada-me
目寺 Jimokuji p
吾 Jingo m

兼 1268 [T] Kane s. (KEN, kane, to-mo, kazu, kata, kanu)
[1]一 Ken'ichi m
[2]二 Kenji m
乙 Kaneoto s
入 Kanenari m
人 Kaneto m
[3]三郎 Kanesaburō m

之 Kanehide m
上 Kanetaka m
下 Kanemoto m
子 Kaneko sf
大 Kanehiro m
心 Kanehito m, To-mohito
戸 Kanehiro m
介 Kanewaka m
日 Kaneaki m
及 Kanechika m
山 Kaneyama sp; Ka-netaka m
井 Kanekiyo m
女 Kanetaka ma
太 Kanemoto m
太郎 Kanetarō m
[5]仍 Kaneyori m
付 Kanetomo m
代 Kaneyo m
外 Kaneyo m
公 Kanetomo m
令 Kaneyoshi m
古 Kanefuru m, Ka-nehisa
田 Kaneda m
平 Kanehira s
玉 Kanekiyo m
正 Kanemasa m
本 Kanemoto s
氏 Kaneuji m
白 Kanekiyo m
生 Kanenari m
仙 Kanehito m
列 Kanetsura m
宅 Kaneie m
吉 Kanekichi m
同 Kanetomo m
在 Kaneari m
曲 Kanenori m
自 Kaneyori m
[7]位 Kanetaka m
住 Kanezumi m
伝 Kaneyoshi m
体 Kanemoto m
伴 Kanetomo m
伯 Kanetaka m
作 Kanenari m
坂 Kanetaka m
村 Kanemura s
杜 Kanemori m
好 Kenkō ml
延 Kanenobu m
足 Kanetari m
安 Kaneyasu sm

花 Kanehana m
床 Kaneyuka m
充 Kanemitsu m
孝 Kanetaka m
角 Kanezumi m
[8]明 Kaneakira m
知 Kanetomo m
房 Kanefusa m; Ken-舎 Kaneie m ⌐bō s
宝 Kanesane m
宝 Kaneyoshi m
宏 Kanehiro m
英 Kanefusa m
若 Kanewaka m
青 Kaneharu m
奉 Kanetomo m
辰 Kanetoki m
武 Kanetake m
並 Kanenami m
[9]信 Kanenobu m
持 Kanemochi m
洞 Kaneaki m
待 Kanemachi m
施 Kanenobu m
姓 Kaneuji s
松 Kanematsu s
相 Kanesuke s
研 Kanekiyo s
刻 Kanetoki m
計 Kanekazu m
前 Kanesaki m
香 Kaneka m
廻 Kanenori m
重 Kaneshige sm
[10]倫 Kanetomo m
涌 Kanewaka m
従 Kanetsugu m
師 Kanemoro m
高 Kanetaka s
家 Kaneie m
員 Kanekazu m, Ka-nesada
堊 Kaneie m
馬 Kanemuma m
[11]惟 Kanetada m
陸 Kanemichi m
流 Kaneharu m, Ka-netomo
得 Kanenari m
教 Kanenori m
常 Kanetsune sm
常清佐 K. Kiyosuke ml
[12]備 Kanetomo m
順 Kaneyori m
梢 Kanetaka m
敬 Kanetaka m

116

崇 Kanetaka m
等 Kanetomo m
集 Kanechika m
奥 Kaneoki m
達 Kanemichi m
¹³源 Kanemoto m
福 Kanetomi m
植 Kanetane m
純 Kanesumi m
¹⁴像 Kanekata m
輔 Kanesuke m
銅 Kanekane m
裏 Kaneura m
節 Kanefushi m
熙 Kanehiro m
閑 Kanehiro m
関 Kanemori m
¹⁵誼 Kaneyoshi m
¹⁶像 Kanehira m
続 Kanetsugu m
毅 Kanetake m
魄 Kaneai m
積 Kanetsune m
頭 Kanetō s
²⁰護 Kanemori m
離 Kaneaki m
籌 Kanekoto m

——11 L1——

胤 1269 [N] Tsuzu-ki m. (IN, tane, tsugu, kazu, mi, tsugi)
昌 Tanesuke m
信 Tanenobu m
勇 Taneo m
貞 Tanesada m
禄 Taneyoshi m, Tanesachi
雄 Kazuo m
継 Kazutsugu m

——11 L2——

條 1270 See 条 457

假 1271 See 仮 231

停 1272 [T] Todomu m. (TEI)

偏 1273 [T] (HEN, yuki, tsura, tomo)

偉 1274 Susumu m. (SEN)

修 1275 (GAN, GEN, nise)
柴田舎源氏 Nise Murasaki inaka Genji l

偵 1276 [I] (TEI)
次 Teiji m

偆 1277 (SHUN, tomi)
子 Tomiko f

値 1278 [T] (CHI, ne)
賀 Chiga s

俾 1279 (HI, masa, masu, yasu)
加 Hika s

俵 1280 [T] Tawara s. (HYŌ, tawara)
山 Tawarayama s
木 Tawaragi s
谷 Tawaraya s
星 Tawaraya s
屋宗達 T. Sōtatsu ma

脩 1281 Osamu m. (SHŪ, SHU, naga, nobu, osa, haru, sane, suke, nao)
夫 Nobuo m
広 Nagahiro m
孝 Naganori m
胤 Nobutane m

健 1282 [T] Ken m, Takeshi, Takeru, Tsuyoshi, Masaru, Kiyoshi. (KEN, take, tate, tsuyo, tatsu, taru, yasu, katsu, toshi, kiyo)
¹一 Ken'ichi m
一郎 Ken'ichirō m
²二 Kenji m
二郎 Kenjirō m
人 Chikarahito s
³三 Kenzō m
三郎 Kenzaburō m
⁴介 Kensuke m
太 Takeo m, Tatsuo
太郎 Kentarō m
⁵田 Takeda s
⁶次 Kenji m

次郎 Kenjirō m
吉 Kenkichi m
⁷作 Kensaku m
助 Kensuke m
志 Tsuyoshi m
吾 Kengo m
児 Takeru m
⁹治 Kenji m
治郎 Kenjirō m
¹⁰郎 Toshio m
軍 Takemiya s
彦 Takehiko m
晋 Katsuaki m
¹¹康 Takeyasu m
¹⁵蔵 Takezō m
¹⁶樹 Takeki m

倭 1283 Yamato sm, Shitori; Shizu sf; Hitori s, Mitori. (WA, I, shizu, yasu, masa, kazu, yamato)
子 Masako f
夫 Shizuo m, Kazuo
文 Shitori sm; Shizu sf
文子 Shizuko f
代 Yasuyo f
市 Waichi m
江 Shizue f
奴国 Wanona-no-kuni ph
名類聚鈔 Wamyō ruijūshō l
彦 Shizuhiko m
麻呂 Yamatomaro m
絵 Yamato-e a
蔵 Yasuzō m
鍛師 Yamatokanuchi s

——11 L3——

唱 1284 [T] Tonō m. (SHŌ, uta)

啄 1285 (TAKU)
二 Takuji m
木 Takuboku ml
治 Takuji m

唯 1286 [T] Tada m. (I, YUI, tada)
一 Tadaichi m, Tadakazu, Tadakatsu
人 Tadahito m
心房集 Yuishinbōshu
井 Tadai s

有 Yuyū s
男 Tadao m
雄 Tadao m
糊 Tadanori m

悍 1287 Isamu m, Hatasu. (KA)

悴 1287A (kase)
田 Kaseda s

惇 1288 Atsushi m, Makoto, Sunao. (JIN, SHUN, atsu, toshi)
氏 Atsuuji m
信 Atsunobu m
郎 Toshio m

悌 1289 [N] Yasushi m, Yoshi. (TEI, yasu, yoshi, tomo)
二郎 Teijirō m
三 Teizō m
三郎 Teisaburō m
夫 Tomoo m
次 Teiji m
吉 Teikichi m
成 Yasunari m

惟 1290 Tamotsu m. (I, YUI, kore, tada, nobu, yoshi, ari)
¹一 Tadaichi m
⁷戸 Koredo s
⁷任 Koretō s
⁷住 Korezumi s
条 Koreeda m
⁸明 Koreakira m
宗 Koremune sm
忠 Koretada m
⁹前 Korechika m
¹⁰俊 Tadatoshi m
高 Yoshitaka m
恵 Yoshie f
¹¹斌 Koreakira m
規 Nobunori m, Nobunari
紀 Koretada m
粛 Koretada m
¹²柒 Izen ml
¹³詳 Koremitsu m
¹⁴精 Koreyoshi m, Koreshige
¹⁵雍 Koreyasu m
¹⁶親 Korechika m
幾 Korechika m

赳
赶
起
勉
哥
乘
華
甚
兼
▼
胤
條
假
停
偏
偉
偵
偆
値
俾
俵
脩
倭
唱
啄
唯
悍
悴
惇
悌
惟
▲
城
培
埼
埖
埃
堆
從
徠
術
得

健倭唱啄唯倮悴惇悌惟▼城培埼埓埃堆從徠術得後猗猊狼猫猛猪陛険陟陵陳陸▲隆採授探排捧掃振掛推

域 1290A [T] (IKI, kuni, mura)

培 1291 [T] (BAI, masu)
子 Masuko *f*

埼 1292 (KI, sai)
玉 Saitama *p*

埓 1293 Osamu *m.* (sō, SHŌ)

埃 1294 (AI)
及 Ejiputo *p* "Egypt"

堆 1295 (TSUI, TAI, taka, nobu, oka)
朱 Tsuishu *sm*
朱屋 Tsuishuya *s*
橋 Uzuhashi *s*

從 1296 See 従 1050

徠 1297 (RAI, tone)

術 1298 [T] Yasushi *m*, Tedate. (JUTSU, yasu, michi)
太 Yasuta *m*

得 1299 [T] (TOKU, nari, e, u, ari, nori, yasu)
一 Narikazu *m*
三 Tokuzō *m*
三郎 Tokusaburō *m*
四郎 Tokushirō *m*
平 Tokuhira *sm*
地 Tokuji *s*
江 Tokue *s*
志恵 Ushie *f*
恒 Tokutsune *sm*
美子 Emiko *f*
重 Tokue *s*
馬 Tokuma *m*
能 Tokunō *sl*
道 Noriyori *m*
純 Toku *s*
撫 Uruppu *p*

後 1300 [T] Ushirogu *s*, Shitori. (GO, KŌ, nochi, nori, shitsu, shizu, shiri, ushiro, chika, mochi)
^{3}川 Shizukawa *sp*
小松 Gokomatsu *mh*
三条 Gosanjō *mh*
上 Gokami *s*
^{4}水尾 Gomizunoo *mlh*
月 Shitsuki *p*; Shiritsuki *s* *mlh*
^{5}白河 Goshirakawa
生 Nochinari *m*
^{7}村上 Gomurakami *mh*
町 Gochō *s*
志 Shiribeshi *p*
^{8}河 Shizukawa *s*
拈 Osama *s*
^{9}拾遺集 Goshūishū *l*
城 Shitsuki *m*
神 Gokō *s*
^{10}宮 Ushiromiya *s*, Ushiroku, Atomiya
^{11}深草 Gofukakusa *mh*
部 Shitoribe *s*
部高 Kōbukō *s*
鳥羽院 Gotobain *mlh*
鳥羽院宮内卿 G. Kunaikyō *fl* *mh*
亀山 Gokameyama
^{12}陽成 Goyōzei *mh*
間 Gokan *s*
開榛名梅ケ香 Okurezaki haruna no umegaka *la*
閑 Gokan *s*
^{13}漢書 Gokanjo *lh* "Hou-Han shu"
^{14}嵯峨 Gosaga *mh*
関 Goseki *s*
^{15}撰集 Gosenshū *l*
^{16}醍院 Godaiin *s*, Godai
醍醐 Godaigo *mh*
^{18}藤 Gotō *s*
藤田 Gotōta *s*
藤末雄 Gotō Sueo *ml*
藤宙外 G. Chūgai *mh*
藤祐乗 G. Yūjō *ma*
藤象二郎 G. Shōjirō *mh*
藤新平 G. Shinpei *mh*

猗 1301 (I, shige, yori)
夫 Shigeo *m*

猊 1302 (GEI, shishi, oi)
倉 Shishikura *s*

狼 1303 (RŌ, ōkami, oi)
之助 Ōkaminosuke *m*
坂 Oisaka *s*

猫 1304 (MYŌ, neko)
又 Nekomata *s*
丸 Nekomaru *s*
屋 Nekoya *s*

猛 1305 [T] Takeshi *m*, Takeru, Takeki, Takeo, Isamu. (MŌ, take, taka)
昌 Takemasa *m*
省 Takemi *m*
猪 Takei *m*
雄 Takeo *m*

猪 1306 [N] I *s*, Ino, Inoshishi. (CHO, i, ino, shishi)
^{1}一郎 Iichirō *m*
^{2}又 Inomata *s*
^{3}川 Inokawa *s*
口 Iguchi *s*, Inokuchi
之吉 Inokichi *m*
子 Inoko *s*
^{4}山 Inoyama *s*
木 Iki *s*
爪 Izume *s*
^{5}田 Ida *s*
甘 Ikai *s*
^{6}名 Ina *s*
名川 Inagawa *p*
名部 Inabe *s*
^{7}坂 Isaka *s*
村 Imura *s*
尾 Inoo *s*
^{8}使 Itsukai *s*
股 Inomata *s*
幸 Isachi *f*
苗代 Inawashiro *sp*
奈部 Inabe *s*
^{9}俣 Inomata *s*
狩 Ikari *s*
岡 Ioka *s*
^{10}家 Inoie *s*
原 Ihara *s*, Inohara
^{11}野 Ino *s*
野口 Inokuchi *s*
野毛 Inoge *s*
野謙二 Ino Kenji *ml*
^{12}間 Inoma *s*
^{13}隈 Inokuma *s*
越 Inokoshi *s*
^{14}腰 Inokoshi *s*
鼻 Inohana *s*
^{15}飼 Ikai *s*
熊 Inokuma *s*
^{16}橋 Inohashi *s*
養 Ikai *s*
^{19}瀬 Inose *s*

陛 1307 [T] Noboru *m.* (HEI, BAI, yori, nori)

険 1308 [T] (KEN, nori, taka)

陟 1309 Noboru *m.* (CHOKU, taka)
章 Takanori *m*

陵 1310 [T] Misasaki *s.* (RYŌ, taka, oka, sasaki)
戸 Sasakibe *s*
辺 Sasakibe *s*

陳 1311 [T] Noburu *m*; Chin *sm.* (CHIN, JIN, nobu, yoshi, kata, tsura, nori, hisa)
子 Nobuko *f*
内 Jinnouchi *s*
外郎 Uirō *s*
令 Nobuharu *m*
光 Katamitsu *m*
雄 Nobuo *m*

陸 1312 [T] Atsushi *m*, Takashi, Hitoshi, Kuga *s.* (RIKU, michi, mutsu, mu, atsu, kuga)
^{3}川 Rikukawa *s*
口 Mukuchi *s*
^{4}中 Rikuchū *ph*
井 Kugai *s*
^{5}田 Rikuda *s*, Kugata
^{7}別 Rikubetsu *p*
臣 Mutsuomi *m*
^{8}良 Michiyoshi *m*
^{9}前 Rikuzen *ph*
前高田 R. Takada *p*
長 Michinaga *m*
^{10}郎 Rikurō *m*
原 Rikuhara *s*
^{12}奥 Mutsu *sp*

奥子 Mutsuko f
奥宗光 Mutsu Mune-
mitsu mh
奥話記 M. waki l
¹³雄 Mutsuo m
路 Mutsuro s ⌐mlh
¹⁶羯南 Kuga Katsunan

隆 1313 [T] Takashi
sm; Yutaka m.
(RYŪ, RYU, taka, shige,
o, toki, naga, mori,
¹一 Ryūichi m ⌐oki)
一郎 Ryūichirō m
²二 Ryūji m
³三 Ryūzō m
⁴文 Takatomo m
夫 Takao m
太郎 Ryūtarō m
⁵平 Takahira m, Ta-
katoshi
正 Takamasa m
生 Takaari m
⁶次 Ryūji m
任 Takatō m
光 Takamitsu m
吉 Ryūkichi m, Taka-
tomi
成 Takahide m
⁷玄 Takahiro m
声 Takana m
考 Takanaru m
孝 Takayoshi m
来 Tsuburai s
⁸門 Takato m
定 Takayasu m
孟 Takanaga m
英 Takahide m
季 Takasue m
国 Takakuni ml
良 Takahisa m
⁹信 Takanobu m
抵 Takayasu m
律 Takanori m
祐 Takasachi m
研 Takaaki m
育 Takayasu m
¹⁰俊 Takatoshi m
師 Takakazu m
造 Ryūzō m
衷 Takayoshi m
¹¹術 Takamichi m
章 Takatoshi m
盛 Takamori m
¹²喬 Takatomo m
彭 Takamichi m
襄 Takanao m

量 Takasato m
崇 Takashi m
達 Ryūtatsu mla
道 Takamasa m
¹³純 Takaito m
意 Takaosa m
督 Takamasa m
遠 Takatō m
業 Takanobu m
¹⁴精 Takasumi m
詔 Takatsugu m
聚 Takatsumu m
¹⁵璉 Takateru m
慰 Takanori m
¹⁶慶 Takayoshi m
興 Takaoki m
¹⁷蕃 Takayoshi m
諤 Takauta m

採 1314 [T] (SAI,
mochi)

授 1315 [T] Sazuku
m. (JU, SHŪ)

探 1316 [T] (TAN)
題 Tandai l

排 1317 [T] (HAI,
oshi)
蘆小船 Ashiwake
obune l

捧 1318 Sasage s.
(HŌ, taka, kata,
mochi)
泰 Takayasu m

掃 1319 [T] Kani-
mori s. (SŌ, kani)
守 Kanimori s, Ka-
mori
部 Kanimori s, Kan-
be; Kamon sm

振 1320 [T] (SHIN,
furu, furi, toshi,
nobu)
分髪 Furiwakegami l
田 Furuta p
武 Toshitake m

掛 1321 [T] (KE, ka-
ke)
川 Kakegawa p
札 Kakefuda s

合 Kakeya p
橋 Kakehashi s

推 1322 [T] (SUI,
oshi)
川 Oshikawa s
古 Suiko fh
名 Oshina s

捷 1323 Katsu m-f;
Satoshi, Sugu-
ru, Masaru. (SHŌ, ka-
tsu, toshi, kachi, haya)
世 Katsuyo f
男 Kachio m
房 Toshifusa m
郎 Hayao m

捨 1324 [T] Sute f.
(SHA, sute, ie,)
二 Suteji m ⌐eda)
六 Iemutsu m
次郎 Sutejirō m
吉 Sutekichi m
造 Sutezō m
菊 Sutegiku m
鍋 Sutenabe f

海 1324A See 海
1071

涙 1325 See 涙 1062

淺 1326 See 浅 827

淨 1327 See 浄 823

淇 1328 Migiwa m.
(KI, GI)

浚 1329 Fukashi m.
(SHUN, fuka)

涼 1330 [T] (RYŌ,
suke)
朝 Suketomo m

渓 1330A [I] Tani
s. (KEI, tani)
中 Taninaka s

渉 1331 [T] Wataru
m. (SHŌ, JŌ, sada,
tada, taka)

子 Tadako f

流 1332 [T] (RYŪ,
RU, haru, tomo,
shika, nagare, naga)
水 Nagami s
山 Nagareyama p
石 Sasuga s
宣 Tomonobu m
綱 Harutsuna m

淀 1333 Yodo p.
(TEN, yodo)
川 Yodogawa p-l
川油橋 Y. aburakasu l
江 Yodoe p-l
君 Yodogimi fh
屋 Yodoya s ⌐rō mh
屋辰五郎 Y. Tatsugo-
野 Yodono s
野隆三 Y. Ryūzō ml

渋 1334 [T] (SHŪ,
shibu)
川 Shibukawa sp
川玄耳 S. Genji ml
川春海 S. Shunkai ml
驍 S. Gyō ml
井 Shibui s
木 Shibuki s
右衛門 Shibuemon m
江 Shibue s
江抽斎 S. Chūsai mh-l
沢 Shibusawa s
沢栄一 S. Eiichi ml
谷 Shibuya sp; Shibu-
tani s, Shibue
谷定輔 Shibuya Sada-
suke ml
河 Shibukawa s

淑 1335 [T] Kiyoshi
m, Yoshi, Fuka-
shi. (SHUKU, yoshi, to-
shi, kiyo, sumi, yo,
sue, hide)
人 Yoshito m
子 Yoshiko f, Toshi-
ko, Kiyoko, Sumiko
允 Yoshioka m
成 Yoshinari m
郎 Toshio m
望 Yoshimochi m

済 1336 [T] Wataru
m, Watari, Wa-
tasu, Tōru, Satoru, I-

猫
猛
猪
陸
険
陜
陵
陳
陸
▼
隆
採
授
探
排
捧
振
掛
推
捷
捨
海
涙
淺
淨
浚
涼
渓
渉
流
淀
渋
淑
済
▲
淳
添
浪
淡
深
清
族
炫
弦

淇 淩 涼 渓 涉 流 淀 渋 淑 済
▼
淳 添 浪 淡 深 清 ▲
族 炫 弦 胏 胸 視 規 峩 峰 晔

tsuki. (SEI, SAI, nari, masa, sumi, tada, naru, *masa, yasu, yoshi, sada, o, kata, wata)
子 Nariko *f*
夫 Masuo *m*
治 Seiji *m*
時 Yasutoki *m*
陽 Watayō *s*

淳 1337 [N] Jun *m*, Sunao, Atsushi, Kiyoshi, Tadashi, Makoto. (JUN, SHUN, atsu, kiyo, suna, toshi, aki, yoshi)
一郎 Jun'ichirō *m*
之助 Junnosuke *m*
子 Atsuko *f*
夫 Sunao *m*
秀 Yoshihide *m*
国 Atsukuni *m*
治 Junji *m*
浩 Kiyohiro *m*
高 Toshitaka *m*
教 Atsunori *m*

添 1338 [T] (TEN, soe)
上 Soekami *p*
子 Soeko *f*
田 Soeda *sp*
野 Soeno *s*
御杖 Soenomitsue *s*

浪 1339 [T] (RŌ, nami)
川 Namikawa *s*
子 Namiko *f*
平 Namihei *s*
江 Namie *f-p*
合 Namiai *sp*
花 Rōka *ml*
花停 Nanbatei *s*
貝 Namikai *m*
秀 Namihide *m*
貞 Namisada *m*
岡 Namioka *p*
速 Naniwa *s*
野 Namino *s*
雄 Namio *m*
越 Nagoshi *s*

淡 1340 [T] Awashi *m*, Awaji. (TAN,)
川 Ōkawa *s* ⌐awa, ō)
近 Awachika *s*

河 Akawa *s*, Arakawa, Aikawa, Agō, Awa-
相 Awai *s* ⌐ka
海 Ōmi *sm*
海三船 Ō. no Mifune
星 Awajiya *s* ⌐ml
理 Awamaro *m*
島 Awashima *s* ⌐ml
島寒月 A. Kangetsu
路 Awaji *m-p*
輪 Tannowa *s*, Tan-
瀬 Awase *s* ⌐nori

深 1341 [T] Fukashi *m*. (SHIN, fuka, mi, tō)
川 Fukagawa *sp*
水 Fukami *s*
日 Fukehi *s*
山 Fukayama *s*, Miyai- ⌐ma
井 Fukai *s*
木 Fukaki *s*
目 Fukame *s*
田 Fukada *sp*; Fukuda *s* ⌐ml
田久弥 Fukada Kyūya
田康算 F. Yasukazu
江 Fukae *sm-p*, Mitsukuri
作 Fukasaku *s*, Mitsukuri
沢 Fukazawa *s*
沢七郎 F. Shichirō *ml*
坂 Fukazaka *s*
町 Fukamachi *s*
谷 Fukaya *sp*; Fukagai *s*
安 Fukayasu *p* ⌐*s*
尾 Fukao *s*
尾正治の手記 F. Shōji no shuki *l* ⌐*fl*
尾須麿子 F. Sumako
見 Fukami *s*
和 Fukawa *s*
洲 Fukasu *s*
津 Fukatsu *s*
柄 Fukae *s*
草 Fukakusa *s*
浦 Fukaura *p*
海 Fukasu *s*, Fukai
栖 Fukasu *s*, Misu
原 Fukabara *s*
野 Fukano *s*
巣 Fukasu *s*
雪 Miyuki *f*
間内 Fukamauchi *s*
淵 Fukasu *s*
溝 Fukamizo *s*, Fuka-
堀 Fukabori *s* ⌐utsu

翠 Midori *f*
養父 Fukayabu *m*
覧 Fukami *m*
瀬 Fukase *s*
瀬基寛 F. Motohiro *ml*

清 1342 [T] Kiyoshi *m*; Suga *f*; Sei *sm*; Sumeri *s*. (SEI, SHŌ, oiiii, kiyo, suga, sumi, sumu)
一 Seiichi *m*
一郎 Seiichirō *m*
二 Seiji *m*
七 Seishichi *m*
人 Kiyohito *m*, Kiyondo
川 Kiyokawa *sp*
三郎 Seizaburō *m*
之助 Seinosuke *m*
子 Kiyoko *f*
久 Kiyohisa *sm*
心 Kiyomune *m*
水 Shimizu *s*, Kiyomizu; Kiyomi *m*
水千代 S. Chiyo *fl*
水寺 Kiyomizu-dera *p*
水石 Shimizudani *s*
水信 Shimizu Shin *m*
水浜臣 S. Hamaomi *ml*
水清玄誓約桜 Kiyomizu Seigen chikai no sakura *la*
水基吉 Shimizu Motoyoshi *ml*
水幾太郎 S. Ikutarō *ml*
元 Kiyomoto *sm-a*
内路 Seinaiji *p*
少納言 Sei Shōnagon *fl* ⌐ma
山 Kiyoyama *s*, Seiya-
夫 Sugao *m*, Kiyoo
太郎 Seitarō *m*
方 Kiyokata *m*
永 Kiyonaga *s*
公 Kiyokimi *m*
右衛門 Seiemon *m*
左 Kiyosuke *m*
四郎 Seishirō *m*
田 Kiyota *s*, Seita
生 Kiyomasa *m*
生 Kiyō *m*
本 Kiyomoto *s*
州 Kiyosu *ph*
次 Kiyotsugu *m*
次郎 Seijirō *m*

江 Kiyoe *s*
行 Kiyoyasu *m*
先 Kiyonari *m*
成 Kiyonari *m*
住 Kiyosumi *s*
作 Seisaku *m*
沢 Kiyozawa *m*
沢満之 K. Manshi *ml*
村 Kiyomura *s*
疋 Kiyotari *m*
安 Kiyoyasu *m*
兵衛 Seibee *m*
兵衛と瓢箪 S. to hyō-
里 Kiyosato *p* ⌐tan *l*
見 Kiyomi *sm-p*; Kiyoaki *m*, Seiken
玄 Kiyoharu *m*
臣 Sugaomi *m*
身 Kiyomi *m*
河 Kiyokawa *s*
枚 Kiyokazu *m*
和 Seiwa *mh-p*
和井 Segai *sp*
房 Kiyofusa *m*
芽 Kiyome *m*
岑 Kiyomine *s*
秀 Kiyohide *m*
武 Kiyotake *p*
尚 Kiyohisa *m*
信 Kiyonobu *m*
恰 Kiyotaka *m*
洲 Kiyosu *m*
治 Seiji *m*, Kiyoharu
治湯講釈 Seijiyu kō-
砂 Seisa *m* ⌐shaku *l*
科 Kiyoshina *s*
勇 Kiyotake *m*
品 Kiyohide *m*
宜 Kiyonobu *m*
長 Kiyonaga *m*
音 Kiyone *p*
岡 Kiyooka *s*
風 Seifū *s*
彦 Kiyohiko *m*
哉 Kiyoka *m*
倍 Kiyomasu *m*
修 Kiyonaga *m*
従 Kiyotsugu *m*
海 Kiyomi *sm*
浦 Kiyoura *s*
浦奎吾 K. Keigo *mh*
格 Kiyotada *m*
貢 Kiyotsugu *m*
宮 Kiyomiya *s*, Seimiya ⌐Seige
家 Kiyoie *sm*; Seika *s*,
原 Kiyohara *s*

原元輔 K. no Moto-suke *ml*
原武則 K. Takenori *mh* [*mh*
原宣賢 K. Nobukata
原深養父 K. no Fuka-yabu *ml*
¹¹健 Kiyotake *m*
隆 Kiyotaka *m*
猛 Kiyotake *m*
深 Kiyomi *m*
族 Kiyotsugu *m*
野 Kiyono *s*, Seino
剛 Kiyokata *m*
晏 Kiyoharu *m*
盛 Kiyomori *m*
庸 Kiyonori *m*
馬 Seima *m*, Kiyome
島 Kiyojima *s*
¹²須美 Kiyosumi *s*
温 Kiyomi *m*
湖 Seiko *m*
就 Kiyonari *m*
閑寺 Seikanji *s*
¹³満 Kiyomitsu *m*
湍 Kiyose *s*
源 Kiyomoto *s*
塚 Kiyozuka *s*
棲 Kiyosumi *s*
張 Kiyoharu *m*
雄 Sumio *m*
意 Kiyonori *m*
義 Kiyoshi *m*
¹⁴徳 Kiyonori *m*
種 Kiyokazu *m*
輔 Kiyosuke *ml*
豪 Kiyohide *m*, Kiyo-kata
¹⁵澄 Kiyosumi *s*
輝 Kiyoteru *m*
輪 Kiyowa *f*
談松の調 Seidan ma-tsu no shirabe *l*
談峰初花 S. -mine no hatsuhana *l*
蔵 Seizō *m*
¹⁶親 Kiyochika *m*
¹⁷綱 Kiyotsuna *m*
¹⁸藤 Seitō *s*, Kiyofuji
¹⁹瀬 Kiyose *sp*
額 Kiyonuka *s*
²²曦 Kiyoteru *m*

──────11 L4──────
族 1343 [T] Yakara *m*. (ZOKU, SOKU, tsugu, tsugi, eda)

炫 1344 (GEN, KEN, aki)
隆 Akitaka *m*

弦 1345 [T] (GEN, KEN, tsuru, o, ito, fusa)
一郎 Gen'ichiro *m*
木 Tsuruki *s*
男 Tsuruo *s*
巻 Tsurumaki *s*
彦 Tsuruhiko *m*
孫 Tsuruhiko *m*

胐 1346 Mikazuki *s*. (KOTSU, KOCHI)

胸 1347 [T] (KYŌ, KU, mune)
刺 Musashi *sp*
治 Muneharu *m*

視 1348 [T] (SHI, JI, mi, nori)
之 Noriyuki *m*
秧 Minae *m*

規 1349 [T] Tada-shi *m*, Tadasu. (KI, nori, tada, nari, chika, moto)
矩 Noritsune *m*, Mo-tonori; Kiku *s*
矩次 Kikuji *m*
清 Norikiyo *m*

峨 1350 (GA)
山 Gazan *s*

峰 1351 [T] Mine *sp*; Takashi *m*. (HŌ, FU, mine, o, ne, taka)
¹一郎 Mineichirō *m*
⁸三郎 Minesaburō *m*
子 Mineko *f*
⁴元 Minemoto *s*
山 Mineyama *p*
⁵本 Minemoto *s*
田 Mineta *s*
⁷村 Minemura *s*
尾 Mineo *sf*
⁹松 Minematsu *s*
岸 Minegishi *s*
重 Mineshige *m*
¹⁰浦 Mineura *s*

浜 Minehama *p*
¹¹島 Mineshima *s*
¹²崎 Minezaki *s*

晔 1352 Noboru *m*. (KAN, GEN)

晤 1353 (GO, aki)

咄 1354 (HOTSU, HO-CHI, hide)
夫 Hideo *m*

晧 1355 Akira *m*. (KŌ, GŌ, aki, tsu-gu)
之 Akiyuki *m*
章 Tsuguaki *m*

娥 1356 Kao *f*. (GA)

姨 1357 (I, oba)
捨 Obasute *la*

姫 1358 [T] (KI, I, hime)
子 Himeko *f*
戸 Himedo *p*
田 Himeda *s*
野 Himeno *s*
島 Himeshima *sp*
路 Himeji *p*

球 1359 [T] (KYŪ, GU, tama)
二 Tamaji *m*
子 Tamako *f*
恵 Tamae *f*
磨 Kuma *p*

現 1360 [T] (GEN, KEN, mi, ari)
在七面 Genzai shichi-men *la*
在忠度 G. Tadanori *la*
在鶴 G. nue *la*
爾也奚婆 Geniya saba *l*
影 Gen'ei *s* [*l*

理 1361 [T] Osamu *m*, Tadashi, Ta-dasu, Sadamu; Michi *f*. (RI, michi, masa, ta-da, toshi, nori, suke,

maro, taka, yoshi, aya, osa)
一郎 Riichirō *m*
二 Toshiji *m*
上 Rinoue *s*
文 Masafumi *m*
夫 Michio *m*
正 Michimasa *m*
作 Risaku *m*
里有楽 Ririura *l*
健 Masatsugu *m*
泰 Masayasu *m*

梢 1362 Kozue *m-f*. (SHŌ, taka, sue)

椛 1363 Sometimes used mistakenly for 樺 2103 q.v.

栲 1364 (KŌ, taku)

梧 1365 (GO, kiri)
一 Goichi *m*

梓 1366 Azusa *m*. (SHIN, azusa)
川 Azusagawa *p*
神子 Azusa miko *l*

梛 1367 (NA, nagi)
男 Nagio *m*
野 Nagino *s*

桝 1368 (masu)
子 Masuko *f*
田 Masuda *s*
本 Masumoto *s*
伊 Masui *m*
谷 Masutani *s*

桶 1369 (TŌ, TSU, oke)
川 Okegawa *p*
田 Okeda *s*
谷 Oketani *s*
狭間 Okehazama *p*
師 Tsushi *s*

彬 1370 Akira *m*, Yoshi, Shigeshi; Aki *f*. (HIN, aki, yoshi, hide, aya, mori)

淑 済 淳 添 浪 淡 深 清 ▼ 族 炫 弦 胐 胸 視 規 峨 晔 晤 晧 娥 姨 姫 球 現 理 梢 椛 栲 梧 梓 梛 桝 桶 彬 ▲ 梶 根 桜 梅 皎 眠 务 移

理
梢
椛
梺
梓
梛
桝
彬
▼
梶
根
桜
梅
皎
眠
務
移
祥
祇
畦
時
硏
硯
砥
蛇
版
粒
粕
▲
船
斜
朔
朗
積
躬
能
野
訥
訢

江 Yoshie f
光 Akimitsu m
男 Ayao m

梶 1371 Kaji s. (BI, kaji)
ケ谷 Kajigaya s
川 Kajikawa s
山 Kajiyama s
木 Kajiki s
井 Kajii s [ml
井基次郎 K. Motojirō
田 Kajita s
村 Kajimura s
谷 Kajiya s, Kajitani
浦 Kajiura s [ml
浦正之 K. Masayuki
原 Kajiwara s [mh
原景時 K. Kagetoki
野 Kajino s
島 Kajishima s
塚 Kajitsuka s
間 Kajima s

根 1372 [T] (KON, ne, moto)
ノ井 Nenoi s
³上 Neagari p
子 Netsuko s
⁴元 Nemoto s
木 Motoki s
井 Nei s, Nenoi
⁵石 Neishi s
立 Nedate s
田 Nonda s, Neda
本 Nemoto s
⁶羽 Neba p
⁷村 Nemura s
尾 Neo sp
来 Negoro sp
⁸府川 Nebukawa s
東 Kondō s
津 Nezu s
津権現裏 N. Gongen ura l [sa
南志比佐 Nenashigu-
岸 Negishi s
長 Nenaga m
¹⁰室 Nemuro p
¹¹麻呂 Nemaro m
¹²橋 Nebashi s

桜 1373 [T] Sakura sm-f-p. (Ō, saku-ra)

³川 Sakuragawa sp-la
⁴内 Sakurauchi s, Ōu-chi
山 Sakurayama s
木 Sakuragi s
井 Sakurai sp
井天壇 S. Tendan ml
卅忠温 D. Chuon ml
井駅 S. no eki l
井錠二 S. Jōji mh
⁵田 Sakurada s
田左交 S. Sakō ml
田百衛 S. Momoe ml
田治助 S. Jisuke ml
本 Sakuramoto s
⁶江 Sakurae p
⁷沢 Sakurazawa s
町 Sakuramachi s
⁸林 Sakurabayashi s
⁹岡 Sakuraoka s
庭 Sakuraba s
¹¹根 Sakurane s
姫全伝曙草紙 Saku-rahime zenden ake-bono-zōshi l
島 Sakurajima sp-l
¹²間 Sakurama s, Sa-kuraba

梅 1374 [T] Ume sla. (BAI, ume, me)
ケ島 Umegashima p
³川 Umegawa s
小路 Umekōji s, Ume-nokōji
上 Umegami s
干 Umeboshi s, Hoya
子 Umeko f
⁴戸 Umedo s
山 Umeyama s
木 Umeki s
太郎 Umetarō m
⁵北 Umekita s
四頭 Umeshirō s
本 Umemoto s
本克巳 U. Katsumi ml
田 Umeda sp
田青夫 U. Haruo mh
田雲浜 U. Unpin mh
⁶地 Umeji s, Umechi
吉 Umekichi m
辻 Umetsuji s
多田 Umetada s
⁷沢 Umezawa s
村 Umemura s
谷 Umetani s

男 Umeo m
⁸沼 Umenuma s
門 Umenoto s
枝 Umegae l
林 Umebayashi s
若 Umewaka s
忠 Umetada m
雨小袖昔八丈 Tsuyu kosode mukashi ha-chijō la
⁹津 Umezu s
亭金鵞 Baitei Kinga
家 Umegae s
岡 Umeoka sf
¹⁰浦 Umeura s
宮 Umemiya s
原 Umehara s [ml
原北明 U. Hokumei
原竜三郎 U. Ryūsa-burō ma
星 Umeya s
¹¹渓 Umetani s
根 Umene s
野 Umeno s
島 Umejima s
¹²崎 Umezaki s
崎春生 U. Haruo ml
森 Umemori s
¹³浦 Umeo m
鉢 Umebachi s
園 Umezono sm
¹⁴壺 Umetsubo f
暮里 Umebori s
暦 Umegoyomi l
謙次郎 Ume Kenjirō [mh
巌 Baigan ml

─────11 L5─────

皎 1375 Akira m. (KŌ, KYŌ, aki)

眠 1376 [T] (MIN, nemuri)
狂四郎 Nemuri Kyō-shirō m

務 1377 [T] Tsuto-mu m. (MU, BU, kane, chika, naka, tsu-yo, michi)
子 Chikako f
本 Kanemoto m
台 Mutai s

移 1378 [T] Wataru m. (I, SHI, yori, nobu, ya, yoki)

竹 Ichiku ml

祥 1379 See 祥 1074

祇 1380 (SHI, tada, masa, yoshi, ma-su, yasu)
文 Masafumi m

畦 1381 (KEI, aze, une)
森 Unemori s
籠 Azekura s

時 1382 (SHI, SHI-CHI, JI, aze)
籠 Azekura s, Azemu-ro

硏 1383 See 研 875

硯 1384 Toki s. (KEI, GYŌ)

硅 1385 Katashi m. (KATSU, KACHI)

砥 1386 (SHI, TEI, TAI, to)
川 Togawa s
上 Togami s
用 Tomochi p
部 Tobe p
鹿 Toga s

─────11 L6─────

蛇 1387 (JA, hebi)
口 Hebiguchi s
性の婬 Jasei no in l
柳 Jayanagi l
塚 Hebizuka s

瓶 1388 (HEI, BIN, kame)
子 Heishi s
尻 Kameshiri s, Mika-jiri

粒 1389 [T] (RYŪ, tsubu)
良 Tsubura s

粕 1390 (HAKU, ka-su)

川 Kasugawa sp
谷 Kasuya s
屋 Kasuya p

船 1391 [T] (SEN, ZEN, fune, funa)
³子 Funako f
⁴水 Funamizu s
戸 Funado s
戸川 Funatogawa s
戸部 Funatobe s
井 Funai sp
木 Funagi s
山 Funayama s
山聲 F. Kaoru ml
⁵引 Funahiki p
田 Funada s
本 Funamoto s
生 Funyū s
⁶江 Funae s
弁慶 Funa-Benkei la
⁷坂 Funasaka s
⁹津 Funatsu s
岡 Funaoka p
¹⁰倉 Funakura s
¹²場 Funaba s
渡 Funado s
崎 Funazaki s
¹³越 Funakoshi sp
¹⁵穂 Funaho p
¹⁶橋 Funabashi sp-la

——11 L7——

斜 1392 [T] (SHA)
里 Shari p

朔 1393 Hajime m. (SAKU, kita, mo-
郎 Kitarō m ⌐to)

朗 1394 [T] Akira m, Hogara. (RŌ, aki, akira, sae, o, toki)
子 Saeko f
詠 Rōei l
徹 Akimichi m

釈 1395 [T] (SEKI, SHAKU, toki)
日本紀 Shaku Nihon-gi l ⌐kurube
迦如来 Nigume s, Ni-
迦牟尼仏 Nikurube s, Mikurube, Nikurō-be, Nigurome
迢空 Shaku Chōkū ml

躬 1396 (KYŪ, KU, mi, moto, nao, chika, miru)
仁 Mihito m
行 Motoyuki m
和 Kuwa s
恒 Mitsune m
治 Motoharu m
則 Minori m
弦 Mitsuru m
澄 Misumi m

能 1397 [T] Chikara m; Nō la. (NŌ, no, yoshi, yasu, nori, hisa, michi, yoki, taka, mu-
³川 Nogawa s ⌐ne, tō)
⁵代 Noshiro s
生 Nou s
⁶任 Noto s
光 Yasumitsu m
有 Yoshiari m
因 Nōin ml ⌐shū l
因法師集 N. Hōshi
因歌枕 N. utamakura
世 Nose s
⁷作書 Nōsakusho l
沢 Nosawa s
村 Nomura s
見 Nomi s
⁸阿弥 Nōami ma
⁹津 Nozu s
宜 Yoshinobu ml
美 Nomi sp
¹⁰恵 Yokie m
都 Noto p
島 Nojima s
¹²登 Noto p
登川 Notogawa p
登屋 Notoya s
登島 Notojima p
⁶良 Yoshikazu m
達 Yoshisato m, Mi-chitada
¹³雄 Yoshio m
楽 Nōgaku la
義 Nogi p
勢 Nose sp
¹⁹瀬 Nose s

野 1398 [T] (YA, no, hiro, nu, tō, nao)
¹一色 Noishiki s
²七里 Noshichiri s
³川 Nogawa s
三 Yazō s
上 Nogami sp

上弥生子 N. Yaeko fl
上豊一郎 N. Toyo-ichirō ml
口 Noguchi s; Hiroaki m ⌐ml
口米次郎 N. Yonejirō
口英世 N. Hideyo mh
口雨情 N. Ujō ml
々口 Nonoguchi s
々口立圃 N. Ryūho ml
々村 Nonomura s
々村仁清 N. Ninsei ma ⌐ma
々村宗達 N. Sōtatsu
⁴元 Nomoto s
分 Nowaki l
水 Nomizu s; Yasui
中 Nonaka s
内 Nouchi s
火 Nobi l
山 Noyama s
井 Noi s
木 Nogi sp
与 Noyo s, Noyori
⁵扒 Noiri s
北 Nokita s
尻 Nojiri s
尻湖 Nojiriko p
辺 Nobe s
辺田 Nobeta s
辺地 Nobeji sp
市 Noichi p
本 Nomoto s
矢 Noya s
生司 Nōsu s
田 Noda sp
田川 Nodagawa p
平 Nohira s
末 Nozue s
⁶州良 Yasura m
地 Nochi s
百合 Noyuri f
守 Nomori la
寺 Nodera s
世渓 Nosedani s
老 Tokoro s
老山 Tokoroyama s
母崎 Nomozaki p
⁷坂 Nozaka s, Nosaka
沢 Nozawa sp
村 Nomura sp
村吉三郎 N. Kichisa-burō mh
村吉哉 N. Yoshiya ml
村朱鱗洞 N. Shurindō ml

村泊月 N. Hakugetsu ml
村胡堂 N. Kodō ml
村隈畔 N. Waihan ml
谷 Nodani s
安 Noyasu s
苅家 Nokariya s
条 Nojō s, Nozashi
足 Notari m
呂 Noro s
呂丈 N. Genjō mh
呂松 Noromatsu p
里 Nozato s
出 Node s
見 Nomi s
見山 Nomiyama s
見山朱鳥 N. Asuka ml
波 Nonami s
坂 Yaba ml
於 Nonoe s
林 Nobayashi s
宝 Nomi s
迫川 Nosegawa sp
⁹依 Noyori s
城 Noshiro s
畑 Nohata s, Nobata
洲 Yasu sp
津 Notsu sp; Nozu s
津原 Notsuhara p
長瀬 Nonagase s
栄 Nosaka p ⌐kō l
¹⁰晒紀行 Nozarashi ki-
郎虫 Yarō mushi l
宮 Nomiya s; Nono-miya sla
原 Nohara s
馬 Noma s
¹¹根 None s
野口 Nonoguchi s
野山 Nonoyama s
野市 Nonoichi p
野村 Nonomura s
野垣 Nonogaki s
野宮 Nonomiya s
部 Yabe s
副 Nozoe s
島 Nojima s
¹²崎 Nozaki s
崎左文 N. Sabun ml
萩 Nohagi s
賀 Noga s
雁 Nokari m
間宏 N. Hiroshi ml
間清治 N. Seiji ml
間口 Nomaguchi s
¹³蔵 Nomitsu s

畦
時
研
硯
砧
砥
蛇
瓶
粒
粕
▼
船
斜
朔
朗
釈
躬
能
野
▲
訥
訴
設
訳
許
敍
敕
教
致
教

粕
船
斜
朔
朗
釈
躬
能
野
▼
訥
訴
設
訳
許
敍
敕
致
教
敏
乾
彫
釟
釧
釣
郭
部
都
執
紈
糾
紅
紀
▲
動
剰
剳
副
眞
翁
奇

溝 Nomizo s
塚 Nozuka s
堀 Nobori s
路 Noji s
[14]際 Nogiwa s
[19]瀬 Nose s

訥 1399 (TOTSU, mori)

訴 1400 Makoto m. (KIN, KON, yoshi)

設 1401 [T] (SETSU, nobu, oki)
楽 Shidara sp

訳 1402 (YAKU, EKI, tsugu, wake)
樋 Wakehi s

許 1403 [T] (KYO, KO, moto, yuku)
子 Motoko f
六 Kyoroku ml
西部 Kosebe s
曾部 Kosobe s
婓 Kohi s, Konomi,
勢 Kose s ⌊Koi

敍 1404 See 叙 893

敕 1405 (CHOKU, tada, toki)
介 Tadasuke m

救 1406 [T] Tasuke m. (KYŪ, KU, suke, nari, hira, yasu)
仁郷 Kunigo s
世観音 Guze Kannon
済 Gusai ml ⌊a

致 1407 [T] Itasu m, Itaru. (CHI, tomo, yoshi, nori, mune, yuki, oki)
也 Munenari m
公 Yoshitada m
行 Yoshiyuki m
美 Noriyoshi m
陳 Yoshinobu m
寛 Tomohiro m

教 1408 [T] Oshie m. (KYŪ, KŌ, nori,

michi, kazu, taka, yuki, ko, nari)
子 Noriko f
用 Norimochi m
成 Yukinari m
邦 Norikuni m
来石 Kyōraishi s
尚 Noritaka m
訓雉尋持 Kyōkunmō nagamochi l
翅 Norinobu m
馬 Kazuma m
兼 Norikane m

敏 1409 [T] Satoshi m, Bin, Toshi, Hayashi, Haya, Minu. (BIN, MIN, toshi, to, haru, sato, haya, yuki)
[1]一 Bin'ichi m
[3]之 Satoshi m
子 Toshiko f
[5]功 Toshikatsu m
四郎 Toshirō m
且 Toshikatsu m
[6]行 Toshiyuki m, Toshitsura
[7]男 Toshio m
[8]明 Toshiaki m
防 Toshiakira m
事 Toshiwaza m
[9]保 Haruyasu m
彦 Toshihiko m
[10]穀 Toshikazu m
郎 Toshio m, Toshirō m
馬 Toshima s
[21]鑲 Togama s

──── 11 L8 ────

尉 1410 [T] (I, UTSU, UCHI, jō, yasu)
一 Jōichi m
女 Yasujo f
功 Yasuko f

乾 1411 [T] Tsutomu m, Susumu, Takeshi ; Inui s. (KAN, KEN, kimi, fu)
元 Kengen 1302–03
山 Kenzan ma
雄 Kimio m
漆像 Kanshitsu-zō a

彫 1412 [T] (CHŌ, hori)
物屋 Horimonoya s

彩 1413 [T] Aya f. (SAI, tami)
世 Tamiyo f

釟 1414 Kiyoshi m. (SHŌ)

釧 1415 Tamaki m ; Kushiro s. (SEN, kushi)
路 Kushiro p

釣 1416 [I] (CHŌ, tsuru, tsuri)
子 Tsuruko f
狐 Tsurigitsune la
船 Tsuribune s

郭 1417 [T] (KAKU, hiro)
子 Hiroko f

部 1418 [T] (BU, HO, be, he, moto, kitsu)
曲 Kakibe s ⌊tsu
坂 Hesaka s
将 Tamuronoosa s

都 1419 [T] Miyako sm-f. (TO, TSU, kuni, miyako, ichi, sato, hiro)
[2]刀 Tsuto m
[3]万 Tsuma p
子 Satoko f
丸 Tomaru s
[4]太一中 Miyakodayū Itchū ma
木 Takagi s
[5]生 Tsuki f
甲 Togō s, Tokō
氏文集 Toshi bunshū
[6]竹 Tsudake s ⌊l
江 Kunie f
守 Tsumori s
吉 Tokichi m
[7]住 Tsuzumi s
岐沙羅柵 Tsukisaranoki s
所 Todokoro s
祁 Tsuge p
[8]努 Tsunami s
並 Tsunami s
良香 Miyako no Yoshika ml
[9]城 Miyakonojō s, Miyashiro

治 Kuniharu m ; Toji
南 Tonan p ⌊s
[10]倉 Tokura s
[11]野井 Tsunoi s
都美 Tsuzumi sf
留 Tsuru sp
島 Miyakojima p
良 Tsuturi s
[12]崎 Tsuzaki s
富 Tsutomi s
賀 Tsuga sp ; Toga s
賀夫 Tsugao m
賀庭鐘 Tsuga Teishō
筑 Tsuzuki s ⌊ml
[13]路 Tsuji s ; Miyako-
[14]操 Tsukubo p ⌊ji p
築 Tsuzuki s
築吾 T. Shōgo ml
幾川 Tokigawa p
[17]濃 Tsuno sp

執 1420 (SHITSU, SHŪ, shu, mori, tori)
子 Moriko f ⌊tori
行 Shugyō s, Shikkō

紈 1421 (GAN, kinu)
子 Kinuko f

糾 1422 [T] Tadasu m, Tadashi. (KYŪ, KU, tada)
夫 Tadao m
明 Tadaaki m

紅 1423 [T] Kurenai s. (KŌ, GU, momi, aka, iro, kure, beni)
子 Momiko f
毛 Kōmo s
白 Irimazari s
谷 Beniya s
林 Kurebayashi s
良 Akara f
草 Inutade s
梅 Kōbai l
葉 Momiji f; Kōyō ml
葉狩 M.-gari l
葉賀 M. no ga l
露 Kōro s

紀 1424 [T] Ki s, Kii, Kino ; Osamu m, Tadashi, Shi-

rusu, Hajime, Kaname. (KI, toshi, tada, nori, kazu, moto, yoshi, tsugu, aki, tsuna, osa, koto, sumi)

¹一 Kiichi *m*

³三 Toshikazu *m*

子 Kazuko *f*

久 Toshihisa *m*

⁴元 Akimoto *m* ⌈*ml*

友則 Ki no Tomonori

⁵文 Toshifumi *m*

伊 Kii *sp*

伊国屋 Kinokuniya *s*

伊国屋文左衛門 K. Bunzaemon *mh*

光 Norimitsu *m*, Motomitsu

成 Norishige *m*

⁷男 Tadao *m*, Yoshio

辛梶 Kinokarakaji *s*

⁸和 Kiwa *p*

宝 Kihō *p*

季 Osasue *m*

国造 Kinokunizō *s*

⁹長谷雄 Ki no Haseo

貞 Norisada *m* ⌊*ml*

¹⁰酒人 Kinosakahito *s*

海音 Ki no Kaion *ml*

時文 Ki no Tokibumi *ml*

¹¹淑望 Ki no Yoshimochi *ml*

¹²貫之 Ki no Tsurayuki *ml*

¹³雄 Tsunao *m*

勢 Kisei *p*

¹⁸藤 Kitō *s*

——11 L9——

勔 1425 Tsutomu *m*. (BEN, MEN)

剰 1426 [T] (JŌ, SHŌ, masu, nori)

剝 1427 (HAKU, muki)

野老 Mukitokoro *l*

副 1428 [T] (FUKU, HOKU, suke, suc, soe, tsugi, masu)

田 Soeda *s*, Soyota

安 Sukeyasu *m*

武 Soemu *m*

島 Soejima *s*

島種臣 S. Taneomi *mh*

隆 Suetaka *m*

剛 1429 [T] Takeshi *m*, Takashi, Tsuyoshi, Katashi, Kowashi. (GŌ, KŌ, yoshi, take, taka, kata, masa, hisa, tsuyo)

一 Gōichi *m*

二 Takaji *m*

太郎 Kōtarō *m*

志 Takeshi *s*; Gōshi *sp*

男 Takeo *m*

昂 Yoshitaka *m*

彦 Masahiko *m*

靖 Takayasu *m*

雄 Katao *m*

寛 Yoshihiro *m*

蔵 Gōzō *m*

——11 T2——

眞 1429A See 真 1228

翁 1430 [T] Okina *la*. (Ō, U, oki, okina, toshi, oi, hito)

助 Ōsuke *m*

満 Okinamaro *m*

——11 T3——

巣 1431 [T] (SŌ, JŌ, su)

山 Suyama *s*

内 Sunouchi *s*

永 Sunaga *s*

南 Sunami *p*

森 Sumori *s*

奝 1432 Akira *m*. (KŌ)

奝 1433 (CHŌ, taka)

然 Chōnen *mh*

寁 1434 Toshi *m*. (SHŌ, SAN, toshi)

宷 1435 Akira *m*, Sadaka. (SAI)

寂 1436 [T] (JAKU, SEKI, yasu, shizu, chika)

念 Jakunen *ml*

然 Jakunen *ml*

超 Jakuchō *ml*

蓮 Jakuren *ml*

宴 1437 [T] (EN, mori, yoshi, yasu)

行 Moriyuki *m*

曲 Enkyoku *l*

至 Morichika *m*

宿 1438 (SHUKU, SUKU, ie, sumi, yado, oru)

木 Yadorigi *l*

毛 Sukumo *sp*

尼 Sukuni *s*

利 Sukuri *s*

谷 Shukuya *s*, Shukutani

奈麿 Sukunamaro *m*

弥 Sukuna *m*

南 Sukunami *s*

屋 Yadoya *s* ⌈*ml*

屋飯盛 Y. Meshimori

禰 Sukune *m*

禰麿 Sukunemaro *m*

寅 1439 [N] Tora *m*. (IN, tora, tomo, nobu, tsura, fusa)

二 Toraji *m*

二郎 Torajirō *m*

三郎 Torasaburō *m*

之助 Toranosuke *m*

太郎 Toratarō *m*

次 Toraji *m*

次郎 Torajirō *m*

吉 Torakichi *m*

甫 Toratoshi *m*

栄 Tomoyoshi *m*

直 Toranao *m*

彦 Torahiko *m*

造 Nobuzō *m*

輔 Torasuke *m*

莊 1440 See 荘 933

菌 1441 Kusabira *m*. (KIN)

萃 1442 Shigeru *m*. (SUI, ZUI, atsu)

莠 1443 Hagusa *m*. (SHŪ)

菖 1444 Ayame *f*. (SHŌ)

蒲 Shōbu *p*

蒲井 Ayamei *s*

著 1445 [T] Akira *m*. (CHO, CHAKU, aki, tsugu, tsugi, ki)

寿 Akihisa *m*

座 Kimase *s*

菴 1446 Iori *m*. (AN, i) ⌈*nobe s*

宜物庵 Anginomono-原 Ihara *s*

菜 1447 [T] (SAI, na)

生 Nanase *s*

穂子 Naoko *f-l*

萠 1448 Kizashi *m*. (BŌ, MŌ, me, mo-e, megumi, memi)

子 Megumiko *f*

枝 Memie *f*

葉 Moeba *s*

菱 1449 (RYŌ, hishi)

川 Hishikawa *s*

川師宜 H. Moronobu

刈 Hishikari *p* ⌊*ma*

木 Hishiki *s*

山 Hishiyama *s*

田 Hishida *s*

田春草 H. Shunsō *ma*

江 Hishie *f*

村 Hishimura *s*

谷 Hishitani *s*

苅 Hishikari *s*

沼 Hishinuma *s*

屋 Hishiya *m*

菅 1450 Suga *s*, Kan. (KAN, suga, suge)

³子 Sugako *f*

⁴井 Sugai *s*, Sugenoi

⁵永 Suganaga *m*

田 Sugada *s*

生 Sugō *s*, Sugafu

⁷沢 Sugasawa *s*

村 Sugamura *s*

谷 Sugaya *sp*; Sugatani *s*, Suganoya

⁸沼 Suganuma *s*

釣
郛
部
都
執
執
紮
紅
紀
▼
勔
剰
剝
副
剛
眞
翁
奝
奝
寁
宷
宴
宿
寅
莊
菌
萃
菖
著
菴
菜
萠
菱
菅
▲
菊
峯
黄
菫
斎
㫪
㫬
曼
晏

菌
萃
莠
菖
著
菴
菜
菰
菱
菅
▼
菊
峯
黄
菫
斎
勖
昴
曼
晏
皋
春
章
堂
▲
畫
帶
望
翌
祭
盛
留
笛
筥

波 Suganami *s*
⁹治 Sugaji *m*
彦 Sugahiko *m*
¹⁰宮 Sugamiya *s*
家文草 Kanke bunsō *l*
家万葉集 K. man'yō-shū *l*
家後草 K. kōsō *l*
原 Sugawara *s*, Suga-hara 「Fumitoki *m*
原文時 Sugawara no
原伝授手習鑑 S. denju tenarai kagami *la*
原孝標 S. no Takasue *mh* 「Musume *fl*
原孝標女 S. no T. no
原道真 S. no Michi-zane *ml*
屋 Sugaya *s*
¹¹浪 Suganami *s*
根 Sugane *m*
野 Sugano *s*, Sugeno, Kanno
¹²間 Sugama *s*
¹³雄 Sugao *m*
¹⁶結 Sugao *s*
¹⁹瀬 Sugase *s*

菊 1451 [T] Kiku *s*. (KIKU, hi, aki)

¹一郎 Kikuichirō *m*
²二郎 Kikujirō *m*
入 Kikuiru *s*
³川 Kikugawa *sp*
三郎 Kikusaburō *m*
之助 Kikunosuke *m*
千代 Kikuchiyo *f*
⁴水 Kikusui *p*
山 Kikuyama *s*
井 Kikui *s*
五郎 Kikugorō *m*
⁵永 Kikunaga *s*
本 Kikumoto *s*
四郎 Kikushirō *m*
田 Kikuda *s*
田一夫 K. Kazuo *m*
⁶次郎 Kikujirō *m*
地 Kikuchi *s*
地庫郎 K. Kurarō *ml*
池 Kikuchi *sp*
池大麓 K. Dairoku *mh*
池知勇 K. Chiyū *ml*
池武光 K. Takemitsu *mh*
池武時 K. Taketoki
池剣 K. Ken *ml* 「*ml*
池寛 K. Kan / Hiroshi

池幽芳 K. Yūhō *ml*
名 Kikuna *s*
⁷沢 Kikuzawa *s*
村 Kikumura *s*
村知 K. Itaru *ml*
谷 Kikuya *s*, Kikutani
花の約 Kikuka no chi-
男 Kikuo *m* 「giri *l*
里 Kikuzato *s*
⁸苗 Kikunae *f*
⁹亭 Kikutei *s*
亭香水 K. Kōsui *ml*
栄 Kikuei *m*
岡 Kikuoka *s*
岡久利 K. Kuri *ml*
¹⁰原 Kikuhara *s*
屋 Kikuya *s*
屋太兵衛 K. Tahee *ml*
¹¹野 Kikuno *s*
盛 Kikumori *s*
島 Kikushima *s*
¹²陽 Kikuyō *p*
鹿 Kikuka *p*
間 Kikuma *sp*
¹³雄 Kikuo *m*
¹⁵蔵 Kikuzō *m*
¹⁷慈童 Kiku Jidō *la*
瀬 Kikuse *m*

──────11 T4──────

峯 1452 See 峰 1351

村 Minemura *s*
村国一 M. Kuniichi *ml*

黄 See 1499

菫 1453 Sumire *f*. (KIN, KON)

斎 1454 [T] Itsuki *sm*; Hitoshi *m*. (SAI, toki, itsu, yoshi, tada, kiyo, iwai, imi)

³川 Saikawa *s*
⁴木 Saiki *s*
⁵田 Saida *s*
⁶吉 Tokiyoshi *m*
名 Tadana *m*
⁷男 Itsuo *m*
⁸所 Saisho *s*
京 Saikyō *s*
¹⁰宮 Itsuki *m-f*; Saiki *s*
¹¹部 Inbe *s*, Imibe, Monoibe 「nari *ml*
部広成 Inbe no Hiro-

¹²間 Saima *s*
鹿 Saika *s*
¹⁸藤 Saitō *s*
藤史 S. Fumi *ml*
藤茂吉 S. Mokichi *ml*
藤実 S. Makoto *mh*
藤昌三 S. Shōzō *ml*
藤勇 O. Takeshi *ml*
藤野の人 S. Nonohito *ml*
藤道三 S. Dōsan *mh*
藤緑雨 S. Ryokuu *ml*
藤瀞 S. Ryū *ml*

勖 1455 Tsutomu *m*. (KYOKU, KOKU)

昴 1456 Susumu *m*. (BOKU, MOKU)

曼 1457 (MAN, BAN, hiro)

晏 1458 (AN, yasu, haru, sada, oso)

子 Yasuko *f*
代 Yasuyo *f*
尚 Yasumasa *m*

──────11 T5──────

皋 1459 See 皋 1197

春 1460 (SHU, SHŌ, tsuki) 「shine
米 Tsukishine *s*, Tsui-

章 1461 [T] Akira *m*, Shō. (SHŌ, aki, aya, fumi, nori, taka, yuki, akira, fusa, toshi, 三 Yukizō *m* 「ki)
子 Akiko *f*, Ayako, Fumiko
夫 Fumio *m*, Fusao
女 Ayame *f*
太郎 Shōtarō *m*
代 Akiyo *f*
生 Ayao *m*
男 Takao *m*
甫 Norimi *m*
明 Takaaki *m*
信 Akinobu *m*, Yuki-nobu
風 Akikaze *m*
業 Fuminari *m*
憲 Akinori *m*

堂 1462 [T] (DŌ, ta-ka)

本 Dōmoto *s*
正 Dōshō *s*
前 Dōmae *s*
場 Dōba *s*
正 Dōchō *s*
園 Dōzono *s*

常 1463 [T] Tsune *m*, Tokiwa, Hi-sashi. (JŌ, SHŌ, tsune, toki, toko, hisa, nobu, tsura) 「negawa
³川 Tsunekawa *s*, Tsu-
三郎 Tsunesaburō *m*
子 Tsuneko *f*, Hirako
⁴木 Tsunegi *s*
山 Tokoyama *s*, Tsu-neyama
井 Tsunei *s*
夫 Tokio *m*
与 Tokoyo *s*
太 Tsuneta *m*
⁵北 Jōhoku *p*
石 Tokonami *s*
田 Tsuneda *s*, Tsune-ta, Tokita
⁶次 Tsunetsugu *m*
次郎 Tsunejirō *m*
羽 Tokuha *s*
吉 Tsunekichi *m*
光 Tsunemitsu *s*
世 Tokoyo *s*
世田 Tokiyoda *s*
民 Tsunetami *m*
⁷代 Tsunetomo *m*
作 Tsunesaku *m*
那 Tsunena *m*
男 Tokoo *m*
田 Tokoro *p*
見 Tsunemi *s*
⁸明 Tokoakira *m*
孟 Tsunetomo *m*
尚 Tsunenao *m*
⁹治 Hisaharu *m*
昨 Tonomukashi *s*
松 Tsunematsu *s*
栄 Tsuneshige *m*
泉 Tsuneizumi *s*
岡 Tsuneoka *s*
彦 Tunehiko *m*
¹⁰夏 Tokonatsu *l*
造 Tsunezō *m*
¹¹深 Tsunemi *s*
陸 Hitachi *ph*
陸太田 H. Ōta *p*

陸国 Hitachinokuni
　ph　┌doki *l*
陸国風土記 H. no fu-
隆 Tsuneo *m*
¹²喜 Jōki *s*
晨 Tsunetoki *m*, Tsu-
賀 Tsuneyoshi *sm*
¹³滑 Tokonabe *s*; To-
　koname *p*
雄 Tsuneo *m*, Tokio
誠 Tsunenaga *m*
葉 Tokiwa *sp*
¹⁵澄 Tsunesumi *p*
盤 Tokiwa *p*　┌*sp*
磐 Jōban *p*; Tokiwa
磐井 Tokiwai *s*
磐舎 Tokiwanoya *m*
磐津 Tokiwazu *sa*
磐津文字太夫 T. Mo-
　ji-dayū *ma*
磐麿 Tokiwamaro *m*
¹⁶操 Tsunemochi *m*
憲 Tsunenori *m*
緑 Tokiwa *m*

────11 T6────

畫 1464 See 昼 983

帶 1465 See 帯 1192

望 See 1777

翌 1466 [T] Akira *m*.
　(YOKU, akira)
檜 Asunaro *l*

祭 1467 [T] (SAI,
　matsuri)
文 Saimon *l*
原 Saihara *s*

習 1468 [T] (SHŪ, JŪ,
　shige, nara)
田 Shutta *s*
志野 Narashino *p*
宜 Suge *s*

盛 1469 [T] Mori
　sm; Sakari *m*,
　Shigeru. (SEI, JŌ, mori,
　shige, take)
¹一郎 Seiichirō *m*
²人 Morindo *m*
²之進 Morinoshin *m*

子 Moriko *f*
⁴仁 Takehito *m*
⁵正 Morimasa *m*
⁷亨 Moriyuki *m*
至 Moriyoshi *m*
迂 Morisumi *m*
枝 Morie *f*
舎 Moriie *m*
治 Moriji *m*
郁 Morika *m*
岡 Morioka *sp*
¹⁰高 Moritaka *s*
康 Moriyasu *m*
¹²達 Morishige *s*
勝 Morikatsu *m*
¹³雄 Morio *m*
徳 Moritomi *m*
彰 Moriaki *m*
¹⁵徴 Morisumi *m*
諸 Moritsura *m*
¹⁶樹 Shigeki *m*

留 1470 [T] (RYŪ,
　RU, tome, hisa,
　to, tane)
一 Taneichi *m*
夫 Tomeo *m*
辺葉 Rubeshibe *p*
主 Rusu *s*
次 Tomeji *m*
守 Rusu *s*
吉 Tomekichi *m*
束 Futsuka *s*
寿郎 Rusutsu *p*
萌 Rumoi *p*

笛 1471 [T] (TEKI,
　fue)
之巻 Fue no maki *la*
子 Fueko *f*
木 Fueki *s*
田 Fueda *s*
吹 Usui *s*, Utō
吹峠 Usui *s*

笥 1472 (SHI, ke)

笠 1473 Ryū *s*, Ka-
　sa. (RYŪ, RITSU,
　kasa)
⁴元 Kasamoto *s*
井 Kasai *s*
木 Kasagi *s*
⁶合 Kasai *s*
寺 Kasadera *s*
⁷沙 Kasasa *p*

村 Kasamura *s*
利 Kasari *p*
谷 Kasaya *s*
尾 Kasao *s*
⁸金村 Kasa no Kana-
　mura *ml*　┌*ml*
⁹信太郎 Ryū Shintarō
松 Kasamatsu *sp*
亭 Ryūtei *s*
亭仙果 R. Senka *ml*
岡 Kasaoka *sp*
¹⁰倉 Kasakura *s*
家 Kasahara *sp*
原 Kasahara *s*
星 Kasaya *s*
星三勝二十五年忌 K.
　Sankatsu nijūgo-
　nenki *la*
¹¹野 Kasano *s*
麻呂 Kasamaro *m*
島 Kasajima *s*
森 Kasamori *s*
貫 Kasanuki *s*
間 Kasama *sp*
¹⁴笠 Kasagi *sp*
¹⁸縫 Kasanui *s*
縫専助 K. Sensuke *ml*
²³縣 Kasakake *p*

────11 T7────

娑 1474 (SHA, SA)

羅羅馬飼 Sararauma-
　kai *s*

梁 1475 Takashi *m*;
　Ryō *sm*. (RYŌ,
　yana, yane, mune, ha-
　ri)　┌rikawa *s*
川 Yanagawa *sp*; Ha-
田 Yanada *s*
守 Yanamori *m*
島 Yanashima *m*
満 Yanamaro *m*
瀬 Yanase *s*

梨 1476 (RI, nashi)

子 Nashiko *f*
木 Nashinoki *s*
本 Nashimoto *s*, Na-
　shinomoto　┌*l*
本果 Nashinomotoshū
羽 Nashiba *s*
壺五人 Nashitsubo no
　gonin *ml*

曽 1477 See 曾 1794

曽 1477A See 胸
　1347

晢 1478 Akira　*m*.
　(SETSU, SECHI, a-
　kira)

曹 1479 [I] (SŌ, ZŌ,
　tomo, nobu)
丸 Tomomaru *m*
洞宗 Sōdōshū *h*

悊 1480 Satoshi *m*.
　(TETSU, aki)
麿 Akimaro *m*

悠 1481 [I] Hisashi
　m. (YŪ, YU, hisa)
一郎 Yuichirō *m*
夫 Hisao *m*

悉 1482 (SHITSU,
　SHICHI)
皆屋康吉 Shikkaiya
　Yasukichi *l*
悲 Shihi *s*

恕 1483 Hakaru *m*,
　Hiroshi, Hiro-
　mu, Tadashi, Shino-
　bu, Yurusu; Yuki *f*.
　(JO, SHO, hiro, yuki,
　michi, yoshi, nori, mo-
　ro, kuni)
子 Hiroko *f*, Michiko
夫 Yoshio *m*
郎 Norio *m*
連 Yoshitsura *m*
胤 Morotane *m*

悪 1483A [T] Aku *s*.
　(AKU)
人正機説 Akunin shō-
　ki setsu *h*
太郎 Akutarō *la*
坊 Akubō *la*

君 1484 (KUN, kimi)

子 Kimiko *f*

魚 1485 [T] (GYO,
　GO, na, uo, o, io)
井 Manai *s*, Mamai

智
哲
曹
愁
悠
恕
悲
羣
魚
▼
黒
專
麥
墊
梵
啓
湜
基
雫
雪
▲
眞
異
貧
黄
國
展
透
進
▲
逸
庶
庸
麻
康
毬
逗
遥
遅

百美 Naomi f
吉 Sunae s
名 Uona m
住 Uozumi s
住折薑 U. Setsuro ml
谷 Uotani s
返 Ogaeri s
沼 Uonuma s, Unuma
津 Uozu p
彦 Nahiko m
員 Iokazu m
屋 Sakanaya s
島 Uojima p
鳥平家 Gyochō Heike
貫 Natsura m
養 Uokai m, Nakai

黒 1486 [T] (KOKU, kuro)
³川 Kurokawa sp
川真頼 K. Mayori ml
子 Kuroko m
⁴井 Kuroi s
木 Kuroki sp
女 Kurome f
山 Kuroyama s
⁵石 Kuroishi p
正 Kokushō s
田 Kuroda m
田竹城 Kurodatakagi s
田庄 Kurodashō p
田孝高 Kuroda Yoshitaka mh
田辰男 K. Tatsuo ml
田長政 K. Nagamasa mh
田清隆 K. Kiyotaka
田清輝 K. Seiki / Kiyoteru ma
田清綱 K. Kiyotsuna
⁶州 Kurosu s
羽 Kurowa s; Kurobane p
江 Kuroe s
舟 Kurofune s
米 Kuroyone s
⁷住 Kurozumi s
沢 Kurosawa s
坂 Kurosaka s
谷 Kurotani s
衣聖母 Kokui seibo l
尾 Kuroo s
⁸沼 Kuronuma s
河 Kurokawa s
河内 Kurokōchi s, Kuruōchi
板 Kuroita s; ta
股 Kuroto s, Sunoma-

金 Kurogane s
⁹保根 Kurohone p
神 Kurokami s
松 Kuromatsu s
松内 Kuromatsunai p
前 Kurosaki s
岩 Kuroiwa s
岩重吾 K. Jūgo ml
岩涙香 K. Ruikō mlh
¹⁰柳 Kuroyanagi s, Kuroyagi; Shōha ml
柳召波 Kuroyanagi
竜会 Kokuryūkai h
原 Kurobara s
¹¹姫 Kurohime p
船 Kurofune s
野 Kurono s
部 Kurobe sp
島 Kuroshima s
島治助 K. Denji ml
¹²須 Kurosu s
崎 Kurosaki s
¹³鳩 Kurohato s
滝 Kurotaki p
塚 Kurozuka la
葛原 Tsuzurahara s, Tsurahara
¹⁴蜥蜴 Kurotokage l
¹⁵潮 Kokuchō l
¹⁹檜 Kurohi l
¹⁹瀬 Kurose sp
²¹磯 Kuroiso p

———— 11 T8 ————

專 1487 See 専 973

麥 1488 See 麦 456

墊 1489 See 野 1398

梵 1490 (BON)
天国 Bontenkoku l
行品 Bongyōbon l
唄 Bonbai l

啓 1491 [T] Hiroshi m, Hiromu, Hiraki, Hiraku, Hajime, Akira. (KEI, KAI, kei, hira, taka, nobu, nori, haru, yoshi, hi, satoshi)
三 Keizō m
之助 Keinosuke m

子 Satoshiko f
久 Hiraku m
介 Keisuke m
夫 Hiroo m
太郎 Keitarō m
市 Keiichi m
次 Keiji m
次郎 Keijirō m
柿 Keiko s
虎 Keikō s
喜 Hiroki m
貫 Hironuki m
徳 Harunori m
蔵 Keizō m

湜 1492 Hiji s. (DEI)
部 Hatsukashibe s

基 1493 [T] Motoi m, Motoe, Hajime, Hajimu. (KI, moto, nori)
三 Norizō m
山 Kiyama p
氏 Motouji s
次郎 Motojirō m
全 Mototomo m
吉 Motokichi m
廷 Motonaga m
政 Motokazu m
栄 Motoyoshi m
俊 Motoshi m
祥 Motosachi m
要 Motome m
惟 Motokore m
流 Motoharu m
逸 Motohaya m
隆 Kiirun p "Keelung"
揚 Motonobu m
愛 Motonaru m
標 Motoeda m
範 Motonori m
礎 Motoki m

雫 1494 Shitoke p. (shizuku)
石 Shizukuishi sp

雪 1495 [T] Yuki f-la; Kiyomu, Kiyomi, Sosogu. (SE-TSU, yuki, kiyo)
下 Yukinoshita sp; Yukishita s
中梅 Setchūbai l

月花 Setsugekka l
山 Yukiyama s
夫 Yukio m
夫人絵図 Yuki Fujin onna gomai hagoita la
舟 Sesshū ma
吹 Fubuki s; ml
村白梅 Sesson Yūbai
臣 Yukiomi m
門 Setsumon l
岡 Yukioka s
野 Yukino s
雄 Yukio m
解 Yukige l

———— 11 T9 ————

邑 See 1517

眞 1496 See 真 1228

異 1497 [T] (I, koto, yori)
国日記 Ikoku nikki h

貧 1498 [T] (HIN)
富論 Hinpuron l

黄 1499 [T] Katsumi m. (KŌ, Ō, ki)
川田 Kikawada s
地 Ōji s
河 Kōga p "Yellow R."
表紙 Kibyōshi l
楊 Tsuge s
楊夫 Tsugeo m

———— 11 F3 ————

國 1500 See 国 745

展 1501 [T] (TEN, nobu, hiro)
狂 Hiroke f
男 Nobuo m

透 1502 [T] Tōru m. (TŌ, suki, suku, yuki)
一 Tōichi m; yuki
谷 Tōkoku ml

進 1503 [T] Susumu m; Shin sm

(SHIN, yuki, nobu, su-su, su, michi)
三郎 Shinzaburō m
士 Nobukoto m
平 Shinpei m
行 Nobuyuki m
男 Yukio m
来 Suzuki s
実 Susumi m
秀 Yukihide m
美子 Sumiko f
馬 Susume s
藤 Shindō s
藤純孝 S. Junkō ml

逸 1504 [T] Suguru m. (ITSU, ICHI, haya, toshi, yasu, ha-tsu, masa)
人 Hayato m, Yasuto
好 Itsuyoshi m
見 Henmi s, Itsumi; Hatsumi m
見諮吉 H. Yūkichi ml
枝 Itsue f
彦 Hayahiko m
朗 Itsuaki m
暁 Itsuaki m
雄 Toshio m
勢 Hayanari m, Ma-sanari

庶 1505 [T] (SHO, chika, moro, mo-ri) 「aki
明 Chikaaki m, Moro-

庵 1506 Iori m; Io s, Iho. (AN, io)
主 Ionushi l
地 Iochi s
谷 Ioriya s, Iboriya
治 Aji p
原 Iohara s, Iorihara; Ihara sp
智 Anchi s
跡 Anseki s

庸 1507 [T] Isao m, Mochiu. (YŌ, YU, yasu, tsune, mochi, nobu, nori)
子 Tsuneko f
之助 Yōnosuke m
久 Yasuhisa m
六 Tsunoo m
太郎 Tsunetarō m
公 Tsunetomo m
雄 Tsuneo m
嵩 Tsunetaka m

麻 1508 [T] (MA, BA, asa, o, nusa)
子 Asako f
布 Azabu sp
田 Asada s
田剛立 A. Gōryū mh
生 Asō sp-la; Asabu s, Oe
生久 Asō Hisashi mh
生義幣 A. Yoshiteru
男 Nusao m 「ml
呂 Maro m (cf. 麿 2786)
呂子 Maroko mh
見 Omi s
柄 Ogara s
原 Asahara s
賀 Asaka s
植 Oe p
殖 Oe p
殖生 Maio s
積 Omi p
績 Omi s 「noichi
績一 Omiichi m, Omi-

康 1509 [T] Yasu-shi m, Shizuka. (KŌ, yasu, michi, shi-zu, yoshi)
二 Yasuji m
三郎 Yasusaburō m
工 Yasuyoshi m
子 Yasuko f
元 Kōgen 1256-57
井 Yasui s
弌 Michikazu m
永 Kōei 1342-45
四方 Yasuyomo m
田 Yasuda s
平 Kōhei 1058-65
正 Kōshō 1455-57; Yasumasa m
百 Yasuo m
安 Kōan 1361-62; Shizuyasu m
男 Michio m, Yasuo
応 Kōō 1389-90
匡 Yasutada m
和 Kōwa 1099-1104
命 Yasunobu m

昌 Yasumasa m
秀 Yasuhide m
国 Yasukuni m
信 Yasunobu m
保 Kōhō 964-68; Yasumochi m
治 Kōji 1142-44; Yasuji m
政 Yasumasa m
秋 Yasutoki m
荘 Yasutaka m
哉 Yasuya m, Yasu-toshi
陸 Yasuyori m
隆 Yasutaka m
晴 Yasuharu m
裕 Yasumichi m
敬 Yasunori m
景 Yasukazu m
雄 Yasuo m
禎 Yasutsugu m
誠 Yasuzane m
暦 Kōryaku 1379-81
慶 Yasuyoshi m
融 Yasutō m
爵 Yasutaka m
麿 Yasumaro m
穣 Yasushige m

——11 F4——
毬 1510 (KYŪ, GU, mari)
子 Mariko f

逗 1511 (ZU, TO)
子 Zushi p

巡 1512 (KEI, KYŌ, michi)
江 Michie f

逞 1513 Takuma m. (TEI, toshi, yoshi, yuki)
之 Yoshiyuki m
治 Toshiji m

逍 1514 (SHŌ)
遊愚抄 Shōyū gushō l
遙 Shōyō ml

這 1515 (SHA, GEN, kore, chika, hau)
田 Hōta s, Hauta
季 Koresue m

逢 1516 Ai f; Au s. (HŌ, BU, ai, ō)
坂 Ōsaka sph
沢 Aizawa s
瀬 Ōse p

——11 F5——
邑 1517 (CHŌ, ka)

——11 F6——
斎 1518 See 処 177

虚 1519 [T] (KYO)
子 Kyoshi ml
子俳話 K. haiwa l
栗 Minashiguri l

産 1520 [T] (SAN, SEN, ubu, tada, umu, musubi)
子 Tadako f
山 Ubuyama p
田 Saita s
婦木 Ubumeki s
賀 Ubuga s

——11 F7——
鳥 1521 [T] Tori m. (CHŌ, tori)
入 Toriire s
方 Torikata s
山 Toriyama s
井 Torii s
本 Torimoto s
辺山心中 Toribeyama shinjū la
田 Torita s
羽 Toba smh-ma-p
羽家の子供 T. -ke no kodomo l
光 Torimitsu s
沢 Torisawa s
谷部 Toriyabe s, To-yabe
尾 Torio s
取 Tottori sp
居 Torii s
居大路 Toriiōji s
居清信 Torii Kiyono-bu ma 「ma
居清長 T. Kiyonaga

零 雪 眞 異 貧 黃 國 展 透 進 ▼ 逸 庶 庵 庸 麻 康 毬 逗 巡 逞 這 逢 邑 斎 處 虛 產 鳥 ▲ 島 彪 問 寄 商 鬼 肅 爽 雀 龜

左端縦列（漢字見出し）:
逞 逭 遭 逢 邁 斎 處 虚 產 鳥 ▼ 島 彪 問 寄 商 肅 爽 雀 龜 順 ▲ 馮 博 偉 傅 偺 傍 孫 喧 喫

第1列

⁹神山 Tonamiyama s, Tonami
追 Torioi la
追舟 T.-bune la
¹⁰海 Torinoumi s, Torimi ; Chōkai p
原 Torihara s
屋 Toriya p
栖 Tosu p
¹¹野 Torino s
巣 Torisu s, Tosu
遊 Takanashi s
¹³塚 Torizuka s
喰 Torihami s
雄 Torio m
越 Torigoe sp
越信 T. Shin ml
¹⁴飼 Torikai s
¹⁵養 Torikai s

島 **1522** [T] Shima sm. (TŌ, shima)
原 Shimagahara p
²人 Shimando m
³川 Shimakawa s
口 Shimaguchi s
⁴内 Shimauchi s
井 Shimai s
中 Shimanaka s
中雄作 S. Yūsaku ml
山 Shimayama s
木 Shimaki s, Shimagi
木赤彦 Shimagi Akahiko ml
木健作 Shimaki Kensaku ml
方 Shimakata s
⁵本 Shimamoto sp
田 Shimada p
田三郎 S. Saburō s
田青峰 S. Seihō ml
田清次郎 S. Seijirō ml
田謹二 S. Kinji ml
⁶地 Shimaji s, Shimachi ⌜kurai mh
地黙雷 Shimaji Mo-ji Shimakichi s
名 Shimana s
⁷沢 Shimazawa s
村 Shimamura s
村民蔵 S. Tamizō ml
村抱月 S. Hōgetsu ml
谷 Shimatani s, Shimadani
図 Shimazu m
尾 Shimao s
尾敏雄 S. Toshio ml

第2列

⁸牧 Shimamaki p
宗 Shimamune s
居 Shimai s, Shimasue
⁹津 Shimazu sm ⌜mh
津久光 S. Hisamitsu
津斉彬 S. Nariakira mh ⌜mh
津重豪 S. Shigehide
津家久 S. Iehisa mh
津貞久 S. Tadahisa mh ⌜mh
津義久 S. Yoshihisa
津義弘 S. Yoshihiro
岡 Shimaoka s
廻戯聞書 Shimame-guri uso no kikigaki
¹⁰浦 Shimaura s ⌜l
倉 Shimakura s
原 Shimabara sp
屋 Shimaya s
¹¹峰 Shimamine s
根 Shimane sp
野 Shimano s
¹²崎 Shimazaki s
崎藤村 S. Tōson ml
森 Shimamori s
袋 Shimabukuro s
貫 Shimanuki s
¹⁶橋 Shimahashi s
薗 Shimazono s
¹⁷衛門白浪 Shimachi-dori tsuki no shira-nami la

────── 11 F8 ──────

彪 **1523** Takeshi m, Hyō, Tsuyoshi, Akira. (HYŌ, aya, tora, take)
夫 Ayao m, Takeo

問 **1524** [T] (MON, BUN, tada, yo, toi, tou)
叶 Toga s
田 Toida s
注所 Monjūsho s
計 Toga s

寄 **1525** [T] (KI, yo-ri, yose)
子 Yoriko f
木造 Yosegi-zukuri a
生木 Yadorigi l
谷 Yoriya s
居 Yorii p
島 Yorishima p

第3列

商 **1526** [T] (SHŌ, aki, atsu, hisa)
人世帯薬 Akindo setai-gusuri l
人軍配闘 A. gunpai-uchiwa l ⌜kun l
人家職訓 A. kashoku
次 Akitsugu m
利 Atsutoshi m
辰 Akiosa s

鬼 **1527** [T] (KI, oni)
ケ城 Onigajō s
ノ継子 Oni no mama-
¹一 Kiichi sm ⌜ko la
一法眼 K. Hōgen mh
一法眼三略巻 K. H. sanryaku no maki la
⁸小島 Okikojima s
⁴斗生 Kitosei m
王 Oniō s
王丸 Oniōmaru ma
⁵石 Onishi p
瓦 Onigawara la
生田 Onyūda s
⁷作左 Onisakuza m
沢 Kizawa s, Onizawa
尾 Onio s
⁸武 Onitake sm
武蔵 Onimusashi s
俣 Kimata m
界島 Kikaigashima la
¹⁰涙村 Kinadamura l
原 Kihara s
¹¹島 Onijima s, Kijima
¹²啾啾 Kishūshū l
貫 Onitsura ml
無里 Kinasa p
鹿毛無佐志鐙 Onikage Musashi abumi la
¹³塚 Onizuka s
極 Onikime s
越 Onikoshi s
¹⁴窪 Onikubo s
¹⁶頭 Kitō s

────── 11 U ──────

肅 **1528** [T] Susu-mu m, Kiyoshi. (SHUKU, toshi, tada, tari, masa, kata, kane, haya)

爽 **1529** Akira m. (SŌ, sa, saya, wa)

第4列

子 Sayako f, Sawako
生子 Saoko f

雀 **1530** Sasagi s. (JAKU, su, sagi, sasagi)
右衛門 Jakuemon m
部 Sasagibe s, Sasaibe, 鶴 Suzu f ⌜Sasabe

龜 **1531** [N] Kame sf ; Hisashi sm ; Nagashi m, Susumu, Kagamu. (KI, kame, hisa, ama)
さん Kame-san l
¹一 Kameichi m
¹二 Kameji m
³川 Kamegawa s
三郎 Kamesaburō m
之助 Kamenosuke m
万太 Kimata m
千代 Kamechiyo m-f
⁴山 Kameyama sp
五郎 Kamegorō m
夫 Hisao m
太郎 Kametarō m
井 Kamei s
井勝一郎 K. Katsui-chirō ml
⁵史 Hisashi m
甲鶴 Kikkōzuru l
田 Kameda sp
本 Kamemoto s
丘 Kameoka m
⁶次郎 Kamejirō s
光 Kamemitsu m
吉 Kamekichi m
⁷沢 Kamezawa s
村 Kamemura s
谷 Kameya s, Kame-gaya, Kametani
⁸卦川 Kikegawa s
⁹垣 Kamegaki s
弥太 Kameyata m
美 Kimi f
岡 Kameoka sp
¹⁰倉 Kamekura s
屋 Kameya s
造 Kamezō m
¹¹島 Kameshima s
崎 Kamesaki s
¹³雄 Kameo m

────── 12 L1 ──────

順 **1532** [T] Shitagō ml ; Jun m, Su-

nao, Hajime, Osamu, Yasushi, Kazu. (JUN, yoshi, masa, nobu, toshi, yuki, yori, aya, nori, su, ari, osa, kazu, shige, nao, michi, mitsu, mune, moto, yasu)

¹一 Toshikazu m, Jun'-ichi [ichi]
²二 Junji m
³三 Junzō m, Toshizō
三郎 Junzaburō m
之 Nobuyuki m
子 Yoshiko f
⁵四郎 Junshirō m
正 Nobumasa m
⁶次郎 Junjirō m
耳 Junji m
吉 Junkichi m
⁷作 Junsaku m
助 Junsuke m
⁸若 Masayori m
良 Nobuyoshi m
⁹治 Junharu m
長 Ayanaga m
美子 Sumiko f
彦 Yoshihiko m, Michihiko
¹⁰恵 Nobue f
通 Masamichi m
造 Junzō m
¹¹嵐 Aritane m
城 Norikuni m
康 Yoshimichi m
¹²皓 Yasuaki m
朝 Naotomo m
雄 Norio m
路 Masamichi m
義 Mitsuyoshi m
¹⁴徳 Yukinori m
徳院 Juntokuin mlh

—— 12 L2 ——

馮 1533 (HYŌ, yori)
代 Yoriyo m

博 1534 [T] Hiroshi m, Hiromu, Tōru m. (HAKU, hiro, ha-
³之 Hiroyuki m [ka)
⁴介 Hirosuke m
文 Hirobumi m
太郎 Hirotarō m
⁶多 Hakata p
多小女郎波枕 H. kojorō namimakura la
⁷邦 Hirokuni m

尨 Hiroaki m
⁸林 Hiromoto m
英 Hirohide m
⁹音 Hiroto m
麻 Hakama m
麻呂 Hakamaro m
進 Hironobu m
⁴徳 Hakatoko m
精 Hiroyoshi m
¹⁵蔵 Hirozō m
¹⁹瀬 Hakase m

偉 1535 [T] Isamu m, Ōi. (I, take, yori)
久 Takehisa m

傅 1536 (FU, suke, yoshi)
田 Suketada m
助 Yoshisuke m

偕 1537 (KAI, tomo)
一郎 Kaiichirō m
子 Tomoko f
宣 Tomonobu m

傍 1538 [T] (HŌ, BŌ, kata, soba)
士 Hōji m
木 Hōki m
島 Sobashima s
陽 Soehi s

備 1539 [T] Sonō m, Sonawaru. (BI, tomo, mitsu, nari, masa, yoshi, mina, nobu, naga)
子 Masako f, Minako
中 Bitchū ph
治 Tomoharu m
前 Bizen sph
後 Bingo ph
愛 Mitsuyoshi m

—— 12 L3 ——

孫 1540 [T] (SON, mago, hiko, tada, sane, hiro)
一 Magoichi m
一郎 Magoichirō m
三郎 Magosaburō m
右衛門 Magoemon m
主 Hikonushi m
次郎 Magojirō m

吉 Magokichi m
名人 Hikonahito s
作 Magosaku m
兵衛 Magobee m
姫式 Hikohimeshiki l
顕 Tadaaki m

喧 1541 (KEN, KAN, haru)
子 Haruko f

喫 1542 [T] (KITSU) [la
茶養生記 Kissa yōjōki

項 1543 [T] (KŌ, GŌ, uji) "Yu"
羽 Kō U mh-l "Hsiang
羽と劉邦 Kō U to Ryū Hō la "Hsiang Yu & Liu Fang"

須 1544 [N] Motomu m. (SU, SHU, matsu, mochi)
³川 Sugawa s
之内 Sunouchi s
子 Suko s
久毛 Sukumo s
⁴戸 Suto s
山 Suyama s
木 Suki p
⁵加 Suga s
永 Sunaga s
田 Suda s
立 Sudate s
玉 Sutama p
⁶合 Sugō s
⁷佐 Susa sp
佐木 Susaki s
坂 Suzaka s
沢 Suzawa s
貝 Sugai s
見 Sumi s
⁸波 Suwa s
知 Suchi s
受武良 Suzumura s
⁹良 Sunaga s
¹⁰釜 Sugama s
恵 Sue p
原 Subara s, Suwara
原屋 Suwaraya s
¹¹黒 Suguro s
須木 Suzuki s, Susu-
崎 Susaki sp [ki
崎屋 Suzakiya l
賀 Suga s, Suka

賀川 Sukagawa sp
賀井 Sukai s
賀田 Sukada s
賀院 Sukai s
¹³細 Susai s
¹⁴郷 Sugō s
¹⁶磨 Suma sp-l
磨子 Sumako f
磨源氏 Suma Genji la
磨都源平躑躅 S. no miyako Genpei tsu-
¹⁷藤 Sudō s [tsuji la
藤南翠 S. Nansui ml

惶 1545 (KŌ, ō, kashiko)

慇 1546 (IN, AN, ON, yoshi)
子 Yoshiko f

惺 1547 Satoshi m. (SEI, SHŌ)
窩 Seika ml
窩文集 S. bunshū l

接 1548 [T] (SETSU, SHŌ, tsugu, tsura, mochi)

挨 1549 Hakaru m. (KI, GI)

揖 1550 (SHŪ, ITSU, i, osa)
保 Ibo p
保川 Ibogawa p
斐 Ibi sp; Segai s
斐川 Ibigawa p

揚 1551 [T] Akira m; Age s. (YŌ, aki, nobu, age)
屋 Ageya s
牙児奇獄 Yonkeru kigoku l

猪 1552 See 猪 1306

猩 1553 (SHŌ)
猩 Shōjō la

猨 1554 (EN, sa)
山 Sayama s

彭 問 寄 商 鬼 肅 爽 雀 龜 順 ▼ 馮 博 偉 傅 偕 傍 備 孫 喧 喫 項 須 惶 慇 惺 接 挨 揖 揚 ▲ 猶 塚 堤 塔 塀 堺 堨 陸 陰 隨

惶
憎
偓
接
揆
揚
猪
猩
獀
▼
猶
塚
堤
塔
堺
塀
塋
隆
陰
随
陶
隅
陽
徨
街
復
御
▲
湧
游
渚
湊
渙
測
渥
淳
淞
渤

猶 1555 [T] (YŪ, YU, nao, sane, yori)
子 Naoko *f*
吉 Naokichi *m*
耳 Ikaka *s*
林 Naobayashi
治郎 Naojirō *m*
原 Konohara *s*
朔 Naomoto *m*
崎 Naozaki *s*

塚 1556 See 塚 1844

堤 1557 [T] Tsutsumi *s.* (TEI, tsutsumi)
中納言 T. Chūnagon *l*

塔 1558 [T] (TŌ)
沢 Tonosawa *s*
原 Tonohara *s*

塀 1559 (HEI, kaki)
加塀 Hakai *s*
和 Kakiwa *s*, Haga

堺 1560 Sakai *sp.* (KAI, sakai)
沢 Sakaisa *s* ⌈*mlh*
利彦 Sakai Toshihiko
枯川 S. Kosen *ml*

埴 1561 (SHOKU, JI-KI, hani, hai, ha)
生 Hanyū *s*, Habu
谷 Haniya *s*
谷雄高 H. Yutaka *ml*
科 Hanishina *p* ⌈ra
原 Haniwara *s*, Haiba-
盧新羅人 Haniioshi-ragibito *s*

隆 1562 See 隆 1313

陰 1563 [T] (IN, ON, kage)
山 Kageyama *s*
守 Kagemori *m*
陽道 On'yōdō / Onmyōdō *h*
獣 Injū *l*
翳礼讃 In'ei raisan *l*

随 1564 [T] (ZUI, SUI, yori, yuki, aya, michi)
分附 Nabusazuke *s*, Nabusa, Naburi
光 Yorimitsu *m*
時 Yoritoki *m*
朝 Zuichō *m*
資 Ayasuke *m*

陶 1565 [T] Sue *s.* (TŌ, sue, su, yoshi)
山 Sueyama *s*, Suyama
山務 Sueyama Tsuto-
東 Sudō *s* ⌊mu *ml*
帰 Tōki *s*
浪 Sunami *s*
部 Suebe *s*
晴實 Sue Harukata *mh*
器 Suki *s*, Sue
器所 Sue *s*

隅 1566 (GŪ, sumi, fusa)
山 Sumiyama *s*
田 Sumida *sp* ; Suda *s*
田川 Sumidagawa *la*
田川花御所染 S. hana no gosho-zome *la*
田春女容性 Sumi-da no haru geisha katagi *l*
田葉吉 S. Yōkichi *ml*
屋 Sumiya *s*

陽 1567 [T] Akira *m*, Kiyoshi ; Yō *sm* ; Minami *s*. (YŌ, aki, akira, ya, haru, kiyo, o, hi, oki, taka, naka)
一 Yōichi *m*
二 Yōji *m*
丹 Yoni *s*
太郎 Yōtarō *m*
平 Nobuhira *s*
吉 Hiyoshi *m*
治 Takanobu *m*
春子 Yasuko *f*
恵 Akiyoshi *m*
通 Kiyomichi *m*
康 Kiyoyasu *m*
疑 Yagi *s*

徝 1568 Susumu *m*. (I, CHOKU)

循 1569 [T] (JUN, SHUN, mitsu, yuki, yoshi)

街 1570 [T] Chimata *s.* (GAI)
風 Tsumuji *s*

復 1571 [T] Shigeru *m*, Sakae, Atsushi. (FUKU, mata, nao)
六 Mataroku *m*

御 1572 (GO, GYO, mi, o, nori, mitsu, oki, oya)
[3]土田 Mitoda *s*
子 Miko *s* ⌈koidan
子神 Mikohidari *s*, Mi-
子神 Mikogami *s*
[4]井子 Miiko *f*
木 Miki *s*
本 Mikimoto *s*
木幸吉 M. Kōkichi
手 Mite *s* ⌊*mh*
手代 Miteshiro *s*
[5]代 Mitarai *s*, Mita-
代 Mishiro *s* ⌊rashi
代田 Miyoda *p*
代川 Miyokawa *s*
田鍬 Mitasuki *m*
立 Mitate *s*
主人 Miushi *mh*
正 Mimasa *s*
本 Mimoto *s*
[6]存商売物 Gozonji no shōbai-mono *l*
名 Mina *s*
舟 Mifune *m*
[7]杖 Mitsue *m-f-p*
坊 Gobō *p*
坂 Misaka *s*
伽草山 Otogizōshi *l*
伽婢子 Otogibōko *l*
安 Miyasu *m*
返事 Otsuhechi *s*
巫 Mikanagi *s*, Mikan-nagi
[8]炊 Mikashigi *s*
牧 Mimaki *sm*
供田 Gokuden *s*
使 Mitsukai *s*, Mitsuka
所 Gose *p*
所浦 Goshoura *p*
所桜堀河夜討 Gosho-zakura Horikawa youchi *la*

国詞活用抄 Mikuni kotoba katsuyōshō *l*
[9]垣の下草 Mikaki no shitakusa *l*
神本 Mikamoto *s*
松 Omatsu *f*
津 Mitsu *p*, Mito
法 Minori *l*
法川 Minorigawa *s*
荘 Mishō *p*
春 Miharu *s*
岳 Mitake *sp* ; Otake *s*
前 Mimae *s*, Misaki
前山 Gozenyama *p*
前崎 Omaezaki *p*
風 Norikaze *m*
看 Oroshi *s*
[10]浜 Mihama *p*
酒 Miki *f*
酒本 Mikimoto *s*
息 Miiki *s*
家流 Oie-ryū *la*
室 Mimuro *s* ; Omuro
座 Mimashi *s* ⌊*l*
[11]船 Mifune *sm-p*
野江 Onoe *s*
宿 Mishuku *s*, Mishi-ku, Tonoi; Onjuku *p*
曹子島わたり Onzōshi shimawatari *l*
堂七番歌合 Midō shichiban utaawase *l*
堂関白 M. Kanpaku *mh*
堂関白記 M. K. ki *l*
堂関白集 M. K. shū *l*
[12]崎 Misaki *s*
[13]摂勧進帳 Gohiiki kanjinchō *la*
溝 Mikawa *s*, Mikō
殿陽 Gotenba *p*
園 Misono *sp*
園生 Misonō *s*
[14]稲 Mishine *m*
嵩 Mitake *p*
[15]霊谷 Mikuriya *s*
幡 Mihata *s*
郷 Migō *s*
調 Mitsugi *sp*
影池 Mikageike *s*, Mi-noike, Minoichi
器所 Gokiso *s*
幣 Mitehara *s*
裳濯 Mimosuso *la*
裳濯川歌合 M.-gawa utaawase *l*
蔵 Mikura *s*

蔵島 Mikurashima *p*
厩 Minmaya *s*
廚 Mikuriya *sp*
廚屋 Mikuriya *s*
[16]薬袋 Minai *s*
[19]簇納 Misuno *s*
[21]闍 Mikuji *s*
[24]甕 Okai *s*

湧 1573 See 涌 1065

游 1574 Yutaka *m.* (YŪ, YU)

渚 1575 Nagisa *m-f.* (SHO)

湊 1576 Minato *sm.* (SŌ, SU)

渙 1577 Kiyoshi *m.* (KAN)

測 1578 [T] (SOKU, hiro)
江 Hiroe *f*

湜 1579 (SHOKU, JIKI, kiyo)
子 Kiyoko *f*

淳 1580 (TEI, nu, nu-na)
足 Nutari *s*

淞 1581 (SHŌ, SU, matsu)
世 Matsuyo *f*

渤 1582 (BOTSU, fu-ka)
海 Fukami *s*; Bokkai *p*

港 1583 [T] Minato *m-f-p.* (KŌ, GU, minato, tsu)
元 Tsumoto *s*
北 Kōhoku *p*
次郎 Kōjirō *m*
崎 Minatozaki *s*

湖 1584 [T] Hiroshi *m.* (KO, GO)
月抄 Kogetsushō *l*
山 Koyama *s*
北 Kohoku *p*

西 Kosai *p*
出 Koide *s*
東 Kotō *p*
南 Konan *p*
畔手記 Kohan shuki *l*
陵 Koryō *p*
鯉魳 Koryū *m*

温 1585 [T] Atsushi *m*, Yutaka, No-doka, Sunao, Tadasu, Tsutsumu, Narō ; Nukumi *s*, Nukui. (ON, UN, atsu, yoshi, yasu, haru, masa, naga, iro, mitsu)
子 Atsuko *f*
文 Atsufumi *m*
井 Nukui *s*
乎 Yoshika *m*
次郎 Masajirō *m*
圭 Yoshikiyo *m*
知 Nagatomo *s*
泉 Onsen *p*
美 Atsumi *p*
海 Atsumi *m-p*

渡 1586 [T] Wataru *sm*, Watari. (TO, watari, watara, tada)
之助 Watarinosuke *m*
井 Watarai *s*
辺 Watanabe *s*
辺一夫 W. Kazuo *ml*
辺水巴 W. Suiha *ml*
辺光風 W. Kōfū *ml*
辺崋山 W. Kazan *mlh*
辺順三 W. Junzō *ml*
辺黙禅 W. Mokuzen *ml*
辺霞亭 W. Katei *ml*
守武 Tomotake *p*
利 Watari *s*
会 Watarai *s*
里 Watari *s*
沼 Watanuma *s*
海 Tokai *s*
海谷 Watamiya *s*
部 Watanabe *s*
島 Oshima *p*
貫 Watanuki *s*
植 Tonoe *s*
瀬 Watarise *s*, Watarase, Watase

湯 1587 [T] Yu *s*. (TŌ, YU)

[2]人 Yue *s*
[3]川 Yukawa *sp*
川秀樹 Y. Hideki *mlh*
上 Yukami *s*
口 Yuguchi *s*
之谷 Yunotani *p*
[4]山 Yuyama *s*
[5]布院 Yufuin *p*
田 Yuda *sp*
生 Yue *s*
本 Yumoto *sp*
本喜作 Y. Kisaku *ml*
[6]次 Yutsugi *s*
江 Yue *s*
池 Yuchi *s*
地 Yuchi *s*
地孝 Y. Takashi *ml*
沢 Yuzawa *sp*
村 Yumura *s*
谷 Yūya *s*
邑 Yumura *s*
来 Yugi *p*
坐 Yue *s*
[8]河 Yukawa *s*
河原 Yugawara *p*
津上 Yuzukami *p*
浅 Yuasa *p*
浅半月 Y. Hangetsu [*ml*
浅芳子 Y. Yoshiko *fl*
前 Yunomae *p*
[10]浦 Yunoura *p*
原 Yubara *sp*
座 Yue *m*

——12 L4——

焼 1588 [T] (SHŌ, yaki, yai)
津 Yaizu *p*

禄 1589 [N] (ROKU, RYOKU, yoshi, tomi, sachi, toshi)
夫 Yoshio *m*
寿 Yoshitoshi *m*
郎 Rokurō *m*

斌 1590 Akira *m*, Takeshi, Sakan, Sakae, Sakashi, Hitoshi, Hajime, Susumu. (HIN, aya, yoshi, take, akira, aki, toshi)
人 Ayato *m*
夫 Ayao *m*, Yoshio
彦 Ayahiko *m*
雄 Takeo *m*
衡 Toshihide *m*

峻 1591 Takashi *m.* (SHUN, taka, to-shi, mine, chika, michi)
次 Toshitsugu *m*
雄 Takao *m*

崎 1592 (KI, saki)
川 Sakigawa *s*
子 Sakiko *f*
戸 Sakito *p*
元 Sakimoto *s*
山 Sakiyama *s*
永 Sakie *f*
田 Sakita *s*
村 Sakimura *s*

晙 1593 Akira *m.* (SHUN)

暎 1594 Akira *m.* (EI, YŌ, teru, aki-ra)
二 Teruji *m* [ra)
臣 Teruomi *m*

晩 1595 [T] (BAN, kure, kage)
重 Kageshige *m*
涼 Banryō *l*
稲 Okute *f* [ho
穂 Kureo *m-f*, Kure-

暁 1596 [T] Akatsuki *m*, Akira, Satoru, Satoshi ; Akebono *sp* ; Akeno *s*. (GYŌ, toshi, aki, akira, ake, toki)
春 Toshiharu *m*
烏 Akegarasu *s*
烏敏 A. Haya *ml*
雄 Akeo *m*
霞 Akatsuka *s*

晴 1597 [T] Kiyoshi *m*, Haruru. (SEI, JŌ, haru, teru, hare, nari)
子 Haruko *f* [nari)
丸 Harumaru *m*
山 Haruyama *s*
夫 Haruo *m*
比古 Haruhiko *m*
具 Harutomo *m*
季 Harusue *m*
枝 Harumaki *s*
彦 Teruhiko *m*

陰
随
陶
隅
陽
禎
循
街
復
御
▼
湧
游
渚
湊
渙
測
湜
淳
淞
渤
港
湖
温
渡
湯
焼
禄
斌
峻
崎
晙
暎
晩
暁
晴
▲
姫
娘
婉
婧
媄
婦
琮
琚
球

景 Harukage *m*
善 Hareyoshi *m*
輝 Haruteru *m*
綱 Harutsuna *m*
賢 Harutaka *m*

姫 1598 See 姬 1358

娘 1599 [T] (RŌ, ra) ⌈jōji *a*
道成寺 Musume Dō-

婉 1600 Tao *f*. (EN, ON, shina, tsuya, tao) ⌈ko
子 Shinako *f*, Tsuya-

婧 1601 (SEI, SHŌ, tada)
子 Tadako *f*

婇 1602 (SAI, une)
女 Uneme *f*

婦 1603 [T] (FU, FŪ)
中 Fuchū *p*
系図 Onna keizu *l*
負 Nei *sp*

琮 1604 (SŌ, SU, mizu)

琚 1605 Tama *f*. (KYO, KO)

琅 1606 (RŌ, tama)
枝 Tamae *f*

瑛 1607 Akira *m*. (EI, YŌ, aki, akira, te- ⌊ru)
子 Akiko *f*
代 Teruyo *f*

琢 1608 [N] Migaku *m*. (TAKU, aya, taka)
之助 Takunosuke *m*
禅 Takayoshi *m*
磨 Takuma *m*

斑 1609 (HAN, madara)
目 Madarame *s*
猫 Madara neko *l*
鳩 Ikaruga *sp*; Ikarugamo *s* ⌈ph
鳩宮 Ikaruga-no-miya

腺 1610 See 朗 1394

腆 1611 Atsushi *m*. (TEN)

脚 1612 [T] (KYAKU, KAKU, ashi, shi)
身 Ashitsumi *s*
咋 Ashikui *s*
結抄 Ayuishō *l*

勝 1613 [T] Katsu *sm*, Suguru, Suguro; Kachi *s*, Masa, Suguri; Masaru *m*, Sugure. (SHŌ, katsu, masa, yoshi, tō, nori, kachi, masu)
[1]一 Katsuichi *m*
一郎 Katsuichirō *m*
[2]二 Katsuji *m*
又 Katsumata *s*
人 Katsundo *m*
[3]川 Katsukawa *s*
川春章 K. Shunshō *ma*
三郎 Katsusaburō *m*
久 Masahisa *m*
[4]元 Katsumoto *m*
及 Katsuchika *m*
山 Katsuyama *sp*
五郎 Katsugorō *m*
井 Katsui *s*
夫 Katsuo *m*
太郎 Katsutarō *m*
升 Katsuyuki *m*
木 Katsuki *s*
木原 Nodehara *s*
[5]以 Katsuyuki *m*
代豆米 Masayotsume ⌊*f*
北 Shōboku *p*
司 Katsushi *m*
矢 Katsuya *s*
目 Katsume *s*
田 Katsuta *sp*; Shōda *s*, Suguta
央 Shōō *p*
本 Katsumoto *sp*
本清一郎 K. Seiichirō ⌊*ml*
[6]任 Katsutō *m*
次 Katsuji *m*
次郎 Katsujirō *m*
行 Masayuki *m*
亦 Katsumata *s*
全 Katsutake *m*
多 Katta *s*
谷 Katsuya *s*
[7]伴 Yoshitomo *m*; Suguritomo *s*, Kashiwadenotomo
沢 Katsuzawa *s*
村 Katsumura *s*
安芳 Katsu Yasuyoshi ⌊*mh*
男 Katsuo *m*
尾 Katsuo *s*
呂 Katsuro *s*, Suguro
見 Katsumi *s*
臣 Katsutomi *m*, Katsumi, Kachion
寿 Katsuyoshi *m*
[8]河 Katsukawa *s*
沼 Katsunuma *sp*
矣 Masaru *m*
易 Katsuyasu *m*
承夫 Katsu Yoshio *ml*
[9]俣 Katsumata *s*
津子 Katsuko *f*
治 Katsuji *m*
畑 Katsuhata *s*
昶 Katsuaki *m*, Ka- ⌊tsutō
郎 Katsurō *m*
美 Katsumi *m*
重 Katsushige *m*
[10]修 Katsunaga *m*
浦 Katsuura *sp*; Katsura *s*
海 Katsumi *m*
殷 Katsumasa *m*
倉 Katsukura *s*
家 Katsuie *m*
屋 Katsuya *s*
馬 Katsuma *m*
[11]峰 Katsumine *s*
峰晋風 K. Shinpū *ml*
野 Katsuno *s*
部 Kachibe *s*, Katsube
皐 Katsutaka *m*
庸 Katsunobu *m*
進 Katsuyuki *m*
島 Katsushima *s*
商 Katsuaki *m*
[12]暁 Katsutoki *m*
賀瀬 Katsugase *s*, Shōgase
敞 Katsuaki *m*
間 Katsuma *sm*
間田 Katsumata *s*
[13]経 Yoshinori *m*
愛 Katsusane *m*
[14]鳴 Katsunari *m*
摘 Katsumi *m*
豪 Katsutake *m*
[15]徵 Katsuyoshi *m*
権 Katsunori *m*
摩 Katsukiyo *m*
蔵 Katsuzō *m*
[17]謙 Katsukata *m*
騂 Masaka *m*
憲 Katsunori *m*
[18]観 Katsumi *m*
齢 Katsutoshi *m*
曠 Katsuhiro *m*
[22]鬘経 Shōmangyō *l*
鬘経義疏 S. gisho *l*

梅 1614 See 梅 1374

棧 1615 Kakehashi *s*. (SAN, ZEN)

棣 1616 (TEI, TAI, tomi)

梯 1617 Kake *s*, Kakehashi. (TEI, hashi)

椚 1618 Kunugi *s*. (kunugi)
田 Kunugita *s*

椒 1619 (SHŌ, ki)
芽 Kinome *s*

棹 1620 (TAKU, sao)
江 Saoe *f*

棭 1621 (EKI)
斎 Ekisai *mlh*

楉 1622 (JAKU, NYAKU, tada)
田 Shimotoda *s*

棒 1623 [T] (BŌ)
屋 Bōya *s*
縛 Bō-shibari *la*

椀 1624 (WAN, mari)

子 Mariko s
久末松山 Wankyū sue no Matsuyama la
屋 Wan'ya s

棚 1625 (HŌ, BYŌ, tana, suke)
木 Tanaki s
田 Tanada s
沢 Tanazawa s
村 Tanamura s
谷 Tanaya s
倉 Tanagura sp
橋 Tanahashi s
網 Tanaami s
瀬 Tanase s

椙 1626 (sugi, soma)
川 Sugikawa s
山 Sugiyama s, Somayama
平 Sugihira s
社 Suginomori s
原 Sugihara s, Suginohara

棟 1627 [I] Takashi m, Munagi. (TŌ, mune, taka, sake, mi— Muneichi m ⌊ne)
一郎 Tōichirō m
方 Munakata s ⌈sue
居 Munesue s, Muna-
治 Muneharu m
造 Tōzō m
梁 Munehari m

椋 1628 Muku s. (RYŌ, kura, mu-
人 Kurahito s ⌊ku)
原 Mukuhara s
梨 Mukunashi s
椅 Kurahashi s
椅部 Kurahase s
鳩十 Muku Hatojū ml
橋部 Kurahashibe s

椎 1629 (SUI, TSUI, shii, tsuchi)
の木 Shiinoki l
木 Shiinoki s
田 Shiida p
本 Shiigamoto l
名 Shiina s
名麟三 S. Rinzō ml
谷 Shiiya s

貝 Shiikai s
津 Shiizu s
原 Shiihara s
野 Shiino s
葉 Shiiba p
園詠草 Shiizono eisō l
橋 Shiihashi s

——12 L5——

視 1630 See 視 1348

將 1631 See 将 1040

竦 1632 Takashi m. (SHŌ, SHU)

短 1633 [T] (TAN)
歌 Tanka l
歌草原 T. sōgen l
歌撰格 T. senkaku l

硯 1634 Suzuriya s. (KEN, GEN, suzuri)
友社 Ken'yūsha l

硬 1635 [T] Katashi m. (KŌ, GŌ, GYŌ, kata)

眸 1636 Hitomi m. (BŌ, MU)

眼 1637 [T] (GAN, GEN, me, makuwashi)
目 Sakka s
部 Manabe s

皖 1638 Akira m, Kiyoshi. (KAN, GAN, kiyo)
是 Kiyoyuki m

皓 1639 Akira m, Hikaru, Hiroshi. (KŌ, aki, teru, hiro, tsuku)
子 Teruko f, Hiroko

稀 1640 (KI, KE, mare)
音家 Kineya s
雄 Mareo m

程 1641 [T] (TEI, nori, hodo, take, mina)
ケ谷 Hodogaya s
田 Hodota s
島 Hodojima s
塚 Hodotsuka s

税 1642 [T] Osamu m, Mitsugi; Chikara sm. (ZEI, SEI, chi-
田 Saita s ⌊kara)
所 Saisho s, Zeisho
所敦子 S. Atsuko fl
部 Chikarabe s

袴 1643 (KO, KU, hakama)
田 Hakamada s
塚 Hakamazuka s

補 1644 [T] Tasuku m. (HO, FU, BU, sada, suke)
子 Sukeko f
杏 Hokutsu s
鬼 Hoki s

裕 1645 [T] Hiroshi m, Yutaka. (YŪ, hiro, michi, suke, yasu)
子 Hiroko f
久 Yasuhisa m
仁 Hirohito m
吉 Yūkichi m
志 Sukeyuki m
宏 Michihiro m
弥 Hirohisa m
輔 Yūsuke

——12 L6——

祅 See 1922

喆 1646 See 哲 1227

弱 1647 [T] (JAKU, yowa, yoro)
法師 Yoroboshi la

蛙 1648 Kawazu m. (A)
川 Agawa s

蛤 1649 (KŌ, ai)
良 Aira s

蛯 1650 (ebi, hiru)
子 Ebiko s, Ebisu
江 Ebie s
野 Hiruno s

——12 L7——

貯 1651 [T] Osamu m. (CHO, moru)

谺 1652 Kodama m. (KA, GE)

釉 1653 Tsuya f. (YŪ, YU)

酢 1654 (SO, SAKU, ZAKU, su)
屋 Suya s

匏 1655 (HŌ, BYŌ, hisago)
子 Hisagoko f

転 1656 [T] Utata m. (TEN, hiro)
身の頭 Tenshin no shō l
法輪 Teburi s
寝の記 Utatane no ki l

軽 1657 [T] Karu f. (KEI, KYŌ, karu)
井沢 Karuizawa p
米 Karumai p
見 Karumi s
我孫 Karuabiko s
馬 Karume s
部 Karube s
間 Karuma s
雷集 Keiraishū l

詔 1658 [T] (SHŌ, nori)

詖 1659 See 讋 2637A

証 1660 [T] Akira m. (SHŌ, akashi, mi, tsuku)
子 Akashiko f

詼 1661 (KEI, RYO, teru)
子 Teruko f

搭 棒 椀 ▼ 棚 椙 棟 椋 椎 視 將 竦 短 硯 硬 眸 眼 皖 皓 稀 程 税 袴 補 裕 祅 喆 弱 蛙 蛤 蛯 貯 谺 釉 酢 匏 転 軽 詔 詖 証 ▲ 訶 評 詠

訶 1662 (KA, uta)
子 Utako *f*

評 1663 [T] Hakaru *s*, Hakari, Kōri. (HYŌ, tada)
判記 Hyōbanki *l*

詠 1664 [T] Uta *f*; Nagame *s*. (EI, YŌ, uta, naga, kane, kanu)
歌一体 Eiga ittai *l*
歌大概 E. taigai *l*

詞 1665 [T] (SHI, JI, koto, fumi, nari, nori)
の玉緒 Kotoba no tama-no-o *l*
子 Kotoko *f*, Fumiko
花集 Shikashū *l*

——12 L8——

款 1666 [T] (KAN, masa, suke, tada, yuku, yoshi)

報 1667 [T] (HŌ, o, tsugu)

就 1668 [T] (SHŪ, JU, nari, yuki)
久 Narihisa *m*
高 Naritaka *m*
馴 Nariyoshi *m*

断 1669 [T] Takeshi *m*, Sadamu. (DAN, sada, tō)
腸亭日乗 Danchōtei nichijō *l*

斯 1670 (SHI, kore, tsuna, nori)
波 Shiba *s*, Shinami
波義将 Shiba Yoshimasa *mh*
真田 Shimada *s*
臘 Shirō *s*

期 1671 [T] (KI, GI, GO, sane, toki, toshi, nori)

朝 1672 [T] Hajime *m*. (CHŌ, asa, tomo, toki, sa, tsuto, kata, nori)
[3]川 Asakawa *s*
子 Asako *f*, Tokiko
[4]戸 Asabe *s*
井 Asai *s*
日 Asahi *sp*; Asuka *s*
日奈 Asahina *sl*; Asaina *s*
[5]比奈 Asahina *sl*
永 Tomonaga *sm*
永三十郎 T. Sanjūrō *ml*
田 Asada *s*
生 Asō *s*; Asami *f*
[6]地 Asaji *p*
印奈 Asaina s, Asahina
成 Tomohira *m*
米 Asako *s*
[7]吹 Asabuki *s*
臣 Ason *sm*, Asomi
来 Asako *sf-p*
夷 Asahina *s*, Asaina
夷巡島記 Asaina shimameguri *la*
夷名 Asahina *s*, Asaina, Asatsuna
河 Asakawa *s*
明 Asake *s*
枝 Asaeda *s*
忠 Asatada *m*
宗 Asamune *sm*
定 Tomosada *m*
阜苗 Sanae *f*
武 Tsutomu *m*
[9]治 Tomoharu *m*
則 Tokinori *m*
妻 Asazuma *s*
妻子午 Asazumakouma *s*
香 Asaka *s*
岡 Asaoka *s*
[10]家 Asaya *s*
倉 Asakura *sp*
倉文夫 A. Fumio *ma*
倉敏景 A. Toshikage *mh*
倉義景 A. Yoshikage *mh*
原 Asahara *sm*
[11]猟 Asakari *m*
野 Asano *s*
野群載 Chūya gunsai *l*
[12]陽 Tomoo *m*
棟 Asamune *m*
賀 Asaka *s*
象 Tomokata *m*
[13]嵐夕雨 Asaarashi yūsame *l*
[16]積 Asaka *s*
融 Asaakira *m*
[17]霞 Asaka *p*

舒 1673 Noburu *m*, Shizuka. (JO, SHO, nobu, yuki)
子 Nobuko *f*
光 Nobumitsu *m*
明 Jomei *mlh*

鈞 1674 Hitoshi *m*. (KIN)

鈊 1675 (SHIN, toshi)
子 Toshiko *f*

鈔 1676 Kiyoshi *m*. (SHŌ)
吾 Shōgo *m*

鈇 1677 (FU, ono)
子 Onoko *f*

欽 1678 [N] Makoto *m*, Hitoshi. (KIN, KON, yoshi, tada, koku)
一 Yoshikazu *m*
明 Kinmei *mh*

紝 1679 Kinu *f*. (JIN, NIN)

級 1680 [T] (KYŪ, shina)
子 Shinako *f*

紡 1681 [T] (BŌ, HŌ, tsumu)
子 Tsumuko *f*

紐 1682 (CHŪ, NYU, kumi)
子 Kumiko *f*
育 Nyūyōku *p* "New York"

紗 1683 Suzu *f*. (SA, SHA, tae)
子 Taeko *f*
抜大押 Sanukiōoshi *s*
綾子 Sayako *f*

紋 1684 [T] (MON, BUN, aya)
子 Ayako *f*
太郎 Montarō *m*
次郎 Monjirō *m*
別 Monbetsu *p*

納 1685 [T] Osamu *m*; Osame *s*, Iri. (TŌ, NA, NŌ, tomo, nori, iri)
米 Nōme *s*
谷 Naya *s*
村 Namura *s*
所 Nōso *s*, Naso
部 Iribe *s*
富 Nōtomi *s*, Iritomi, Itomi
寛 Norihiro *m*

敝 1686 (HEI, BEI, hisa)

敢 1687 [T] Isamu *m*, Isami; Ae *s*. (KAN, ae)
臣族岸 Aeomizokugishi *s*

做 1688 Takashi *m*, Hiroshi, Akira. (SHŌ, taka, hiro, aki, hisa)
子 Hiroko *f*
夫 Takao *m*

散 1689 [T] (SAN, nobu)
木奇歌集 Sanboku kikashū *l*
吉 Sanuki *s*, Saki
楽 Sangaku *a*

敦 1690 [N] Atsushi *m*, Osamu, Tsutomu. (TON, atsu, tsuru, tai, nobu)
子 Atsuko *f*
仁 Atsukimi *m*
介 Taisuke *m*
井 Tsurui *s*
有 Atsuari *m*
成 Atsuhira *m*
男 Tsuruo *m*
固 Atsukata *m*
盛 Atsumori *m*
賀 Tsuruga *sp*
儀 Atsunori *m*

敬 1691 [T] Takashi *m*, Hiroshi, Satoshi. (KEI, KYŌ, taka, yuki, yoshi, hiro, nori, toshi, atsu, haya, aki, itsu, kata, uya)
[1]一 Keiichi *m*

²二 Keiji m
八 Keihachi m
七 Keishichi m
³三 Keizō m
三郎 Keizaburō m
⁴介 Keisuke m
止 Keishi m 「dō ml
天牧童 Keiten Boku-
夫 Yukio m, Toshio
⁵礼 Noriyuki m
⁶次郎 Keijirō m
行 Yoshiyuki m
光 Yukimitsu m
吉 Keikichi m
⁸恬 Hiroyoshi m
⁹治 Keiji m
栄 Yukinaga m
直 Hirotada m
¹²款 Keisuke m
道 Norimichi m
¹³雄 Itsuo m
義 Takayoshi m
愛 Yoshinari m
¹⁶親 Takachika m, Yo-
shichika

——12 L9——
都 1692 See 都 1419

彭 1693 Sakaki s.
(HŌ, BYŌ, chika,
michi, mori)
城 Sakaki s
祖 Hōso l

靭 1694 Yukei s.
(JIN, NIN, yuki)
子 Yukiko f 「s
負 Yuki sm-p; Yukei
負輔 Yukienosuke s
連 Hokaru s
雄 Yukio m
猿 Utsubo-zaru la
編 Yukiami s

——12 L10——
剰 1695 See 剰 1426

創 1696 [T] Hajimu
m. (SŌ, SHŌ)
生 Sōsei l

割 1696A [T] (KA-
TSU, saki, wari)
田 Warita s

駆 1697 (GYO, GO,
nori)
戎慨言 Karaosame no
uretamigoto l

勁 1697A Tsuyoshi
m. (KEI, KYŌ)

勤 1698 [T] Tsuto-
mu m; Isoshi sm.
(KIN, iso, toshi, nori)
二 Kinji m
子 Isoko f

勘 1699 [T] Sada-
m. (KAN, KON,
nori, sada)
一 Kan'ichi m
十 Kanjū m
文 Noribumi m
平 Kanpei m
次郎 Kanjirō m
助 Kansuke m
治 Kanji m
馬 Kanma m
解人 Kageto m
解由 Kageyu m
解由小路 Kadenokōji s
蔵 Kanzō m

——12 T1——
啻 1700 (SHI, TEI,
TAI, tada)
子 Tadako f

——12 T2——
奠 1701 (TEN, sada)
子 Sadako f

傘 1702 Karakasa s.
(SAN, kasa)
火 Kasabi l

索 1703 [T] (SAKU,
moto)
人 Mogiki m
羅下 Sakurabe s

——12 T3——
翁 1704 (KYŪ, atsu)
子 Atsuko f

尋 1705 [T] Hiroshi
m. (JIN, hiro, chi-
ka, tsune, nori, hitsu,
mitsu)
来津 Hirokitsu s, Shi-
kitsu

奢 1706 (SHA, haru)
灄都 Sabato l

素 1707 Hajime m,
Shiroshi, Sunao;
So s. (SO, SU, moto, shi-
人 Shirō m 「ro)
川 Sugawa s
三 Shirozō m
木 Shiroki s, Shiraki
谷 Sodani s
身 Motomi m
性 Sosei ml
直 Sunao l
彦 Motohiko m
袍落 Suō otoshi la
堂 Sodō m
履 Motobumi m
衛 Motomori m

壹 1708 See 壱 467

喜 1709 [T] Kono-
mu m, Tanoshi.
(KI, yoshi, nobu, hisa,
haru, yuki)
¹一 Kiichi m, Yoshi-
kazu
一郎 Kiichirō m
²又 Yoshisuke m
八 Kihachi m
十郎 Kijūrō m
八郎 Kihachirō m
人 Kihindo m
入 Kiire sp
七 Kishichi m
七郎 Kishichirō m
³三 Kisabu m
三一 Kisōji m
三八 Kisohachi m
三次 Kisanji m
三郎 Kisaburō m
三蔵 Kisazō m
子 Yoshiko f
久人 Kikuto m
久三 Kikuzō m
久大 Kikuo m
久太郎 Kikutarō m
久雄 Kikuo m
之助 Kinosuke m

¹仁 Yoshihito m, Yo-
shito
六 Kiroku m
文 Yoshinobu m
太郎 Kitarō m
⁵平次 Kiheiji m
代 Kiyo m
代一 Kiyoichi m
代太 Kiyota m
代田 Kiyota s
代次 Kiyoji m
市 Kiichi m
正 Yoshitaka m
生子 Kioko f
田 Kida s
田川 Kitagawa s
田貞吉 Kida Sadaki-
chi mh
⁶光 Nobuhiro m
早 Kihaya s, Kiso
世啓 Kiyohiro m
多 Kita sp; Yoshikazu
多川 Kitagawa s 「m
多川歌麿 K. Utamaro
多方 Kitakata p
多山 Kitayama s
多村 Kitamura s
多村久城 K. Hisamu-
ra ml
多見 Kitami s
多野 Kitano s
多島 Kitajima s
⁷作 Kisaku m
安 Kiyasu s
志 Kishi m
谷 Kitani s
谷六花 K. Rikka ml
⁸知郎 Kichirō m
茂別 Kimobetsu p
東 Yoshiharu m
⁹勇爾 Kiyoji m
美子 Kimiko s
界 Kikai p
哉 Yoshichika m
重郎 Kijūrō m
¹⁰郎 Yukio m
連川 Kitsuregawa s,
Kiregawa; Kiretsu-
gawa p
起 Yoshikazu m
¹¹望 Kimochika m
¹²堅 Nobukata m
¹³福 Nobutomi m
稔 Yoshitoshi m
雄 Yoshio m, Hisao,
Nobukazu

紐 紗 紋 納 敝 敢 敵 散 敦 敬 ▼ 都 彭 靭 剰 創 割 馭 勁 勘 啻 奠 傘 索 翁 尋 奢 素 壹 喜 ▲ 寔 寍 甯 密 寒 富 萬 著 募 葦

雲 Kiun *ml*
楽 Yoshimoto *m*
14徳郎 Kitokurō *m*
15撰式 Kisenshiki *l*
23鑑 Yoshinori *m*

寔 1710 Makoto *m*. (SHOKU, kore, sane, tada)
弘 Korehiro *m*

1711 See 寧 2181
皿

甯 1712 See 寧 2181

密 1713 Hisoka *m*, Takashi. (MITSU)
田 Mitsuda *s*

寒 1714 [T] Kan *s*. (KAN, samu, fuyu)
川 Samukawa *sp*, Sangawa; Sōkawa *s*
川光太郎 Samukawa Kōtarō *ml*
川鼠骨 S. Sokotsu *ml*
山落木 Kanzan rakuboku *l*
吉 Kankichi *m*
河 Samukawa *s*
河江 Sagae *sp*
出 Kande *s*
風沢 Sōsa *s*
紅葉 Kankōshū *l*
雷 Kanrai *l*

富 1715 [T] Tomi *sm-p*; Tomeri *m*, Tomeru, Tomasu, Yutaka, Sakae, Mitsuru, Atsushi. (FŪ, FU, tomi, yoshi, hisa, to, toyo, atsu, fuku)
ノ沢麟太郎 Tominosawa Rintarō *ml*
8川 Tomikawa *s*
小路 Tominokōji *s*
子 Tomiko *f*
久 Tomihisa *m*, Yoshihisa
久山 Fukuyama *p*
久田 Fukuda *s*
士 Fuji *sp-l*
士川 Fujikawa *p*

士山 Fuji-san *p-la*
士太郎 Fujitarō *m*
士太鼓 Fuji-daiko *la*
士吉田 F. Yoshida *p*
士名 Fujina *s*
士見 Fujimi *p*
士谷 Fujitani *s* [*ml*
士谷良章 F. Nariakira
士谷御杖 F. Mitsue *ml*
上浅間 Fuji Asama *l*
士弥 Fujiya *m*
士松 Fujimatsu *sla*
士宮 Fujimiya *p*
士根 Fujimoto *s*
士額男女繁山 Fujibitai Tsukuba no shigeyama *la*
4山 Toyama *sp*, Tomiyama
井 Tomii *s*
木 Tomiki *s*
太郎 Tomitarō *m*
5加 Tomika *p*
永 Tominaga *sm*
永太郎 T. Tarō *ml*
永仲基 T. Nakamoto *mh*
平 Tomihira *sm*
本 Tomimoto *s*
本豊前掾 T. Buzennojō *ma*
田 Tomita *s*, Tonda
田林 Tondabayashi *p*
田砕花 Tomita Saika *ml*
田常雄 T. Tsuneo *ml*
6次郎 Tomijirō *m*
江 Tomie *p*
合 Tomiai *p*
守 Tomimori *sm*
光 Yoshimitsu *m*
吉 Tomiyoshi *sm*
成 Tominari *s*
米 Tome *s*
7佐雄 Fusao *m*
坂 Tomisaka *s*
沢 Tomizawa *sp*
沢有為男 T. Uio *ml*
沢赤黄男 T. Kakio *ml*
谷 Tomiya *sp*; Tomigaya *s*
安 Tomiyasu *m*
安風生 T. Fūsei *ml*
男 Hisao *m*
尾 Tomio *s*
尾木 Tomioki *s*
里 Tomisato *p*

来 Tomiki *s*; Togi *sp*; Tomiku *m*
来田 Fukuta *p*
8所 Tomidokoro *s*, Todokoro
枝 Tomie *m*
取 Tottori *s*
良野 Furano *p*
9城 Tomiki *s*
津 Futtsu *sp*
松 Tomimatsu *s*, Tomatsu
則 Yoshinori *m*
勅 Tomitoki *m*
直 Tominao *m*
岡 Tomioka *sp*
岡恋山開 T. koi no yamabiraki *la*
岡鉄斎 T. Tessai *ma*
10海 Tonomi *s*
浦 Tomiura *s*
祚子 Fusako *f*
高 Tomitaka *s*
家 Fuke *s*, Tomiie
倉 Tomikura *s*
原 Tomihara *s*
11野 Tomino *s*, Tonno
島 Tomijima *s*
12崎 Tomizaki *s*
森 Tomimori *s*
賀見 Fukami *s*
13塚 Tomitsuka *s*
強 Tomikatsu *m*
張 Tomihari *s*
雄 Fuse *m*
勢 Fuse *s*
14豪 Futoshi *m*
16樫 Tomigashi *s*, Togashi
樫政親 Togashi Masachika *mh*
総江 Fusae *f*

萬 1716 See 万 43

著 1717 See 著 1445

募 1718 Tsunoru *m*. (BO, MU)

葎 1719 Mugura *m*. (RITSU)

葺 1720 (SHŪ, fuki)

合 Fukiai *p*

菘 1721 Takashi *m*. (SŪ, SHŪ, SHU, suzuna)
子 Suzunako *f*

萋 1722 (SAI, SEI, shige)
子 Shigeko *f*

葵 1723 Aoi *sf*; Mamoru *m*. (KI, GI)
上 Aoi no Ue *la*

葡 1724 (HO, BU)
萄牙 Porutogaru *p* "Portugal"

葭 1725 (KA, KE, yoshi)
子 Yoshiko *f*
江 Yoshie *m*
原 Yoshihara *s*
葉 Yoshiba *s*

葆 1726 Shigeru *m*. (HO, HŌ, shige, yasu)
光 Yasumitsu *m*
見 Shigemi *m*

菰 1727 (KO, komo, makomo)
田 Komoda *s*, Makomoda
野 Komono *s*

韮 1728 (KYŪ, nira, hisa)
山 Nirayama *p*
沢 Nirasawa *s*
青集 Kyūseishū *l*
塚 Niratsuka *s*
崎 Nirasaki *p*

菟 1729 (TO, u)
田主水部 Udamohito-ribe *s*
田野 Udano *p* [*fh*
名日処女 Unai Otome
玖波集 Tsukubashū *l*
狭 Usa *s*
野 Uno *s*, Unu
道 Uji *s*

萱 1730 Kaya f. (KEN, KAN, kaya, tada, masa)
生 Kayō s
沼 Kayanuma s
草 Wasuregusa l
草に寄す W. ni yosu l
野 Kayano s, Sugano
島 Kayashima s
場 Kayaba s
森 Kayamori s
間 Kayama s

董 1731 Tadashi m, Tadasu, Shigeru, Makoto. (TŌ, tada, shige, nao, masa, yoshi, nobu)
一郎 Tōichirō m
子 Shigeko f
枝 Tadae f
重 Masashige m
躬 Tadami m

萩 1732 Hagi sf-p. (SHŪ, SHU, hagi)
大名 Hagi daimyō la
元 Hagimoto s
井 Hagii s
生田 Hagyūda s
本 Hagimoto s
田 Hagita s
谷 Hagiya s
原 Hagiwara sp
原恭次郎 H. Kyōjirō ml
原朔太郎 H. Sakutarō
原蘿月 H. Ragetsu ml
野 Hagino sf
野由之 H. Yoshiyuki
島 Hagishima s
森 Hagimori s
雄 Hagio s

落 1733 [T] (RAKU, ochi)
合 Ochiai sp [ml
合直文 O. Naobumi
実 Ochimi m
城 Rakujō l
首 Rakushu l
話 Otoshibanashi l
葉 Ochiba l
窪 Ochikubo l

——12 T4——
黄 1734 See 黄 1499

森 1735 [T] Mori sp; Shigeru m. (SHIN, mori)
一 Moriichi m
川 Morikawa s
川許六 M. Kyoroku ml
口 Moriguchi s
久保 Morikubo s
下 Morishita s, Morimoto
下雨村 Morishita Uson ml
元 Morimoto s
戸 Morito s
戸辰男 M. Tatsuo mh
木 Moriki s
井 Morii s
太郎 Moritarō m
山 Moriyama s
山汀川 M. Teisen ml
山啓 M. Kei ml
内 Moriuchi s
永 Morinaga s
田 Morita sp
田草平 M. Sōhei ml
田思軒 M. Shiken ml
田義郎 M. Girō ml
本 Morimoto s
本治吉 M. Jikichi ml
本厚吉 M. Kōkichi ml
本薫 M. Kaoru ml
江 Morie s
竹 Moritake s
吉 Moriyoshi p
有礼 Mori Arinori mh
有正 M. Arimasa ml
住 Morizumi s
沢 Morisawa s
村 Morimura s
谷 Moriya s, Moritani
志げ Mori Shige ml
男 Morio m
尾 Morio s
沼 Morinuma s
於菟 Mori Oto ml
林 Moribayashi s
茉莉 Mori Mari fl
実 Morizane s
居 Morii s
信 Morinobu s
津 Morizu s
垣 Morigaki s
松 Morimatsu s
岡 Morioka s
重 Morishige sm
脇 Moriwaki s

脇一夫 M. Kazuo ml
原 Morihara s
屋 Moriya s
泉 Moriizumi s
野 Morino s
部 Moribe s
島 Morishima s
崎 Morisaki s
園 Morizono s
園天涙 M. Tenrui ml
鼻 Moribana s
槐南 Mori Kainan ml
蔵 Morizō m
橋 Morihashi s
瀬 Morise s
羅 Shinra s
羅万象 S. Banshō ml
鷗外 Mori Ōgai ml

釜 1736 Takashi sm. (GIN, GON, taka)

崖 1737 Kishi s. (GAI)

崔 1738 Sai s. (SAI, ZE, chika, taka)
之 Chikayuki m

暑 1738A [T] (SHO, atsu, natsu)

晨 1739 (SHIN, JIN, toki, aki, toyo)
子 Akiko f
江 Tokie s

晶 1740 [T] Akira m. (SHŌ, aki, masa)
子 Akiko f
江 Akie f
穠 Masae f

量 1741 [T] Hakaru m, Hakari. (RYŌ, kazu, sato, tomi)
子 Kazuko f
行 Kazuyuki m
原 Kazumoto s
輔 Kazusuke s
愿 Kazuyasu m

最 1742 Masaru m, Yutaka, Takashi, Kaname. (SAI, mo, yoshi, iro)

一 Yoshikazu m
一郎 Saiichirō m
上 Mogami sp [mh
上徳内 M. Tokunai
中 Monaka m
吉 Saikichi m
所 Saisho s
信 Yoshinobu m
首 Saishu s
原 Mobara s
誉子 Moyoko f
澄 Saichō s

——12 T5——
童 1743 [T] (DŌ, waka, warawa)
馬漫語 Dōba mango l
絵解万国噺 Osanatoki bankoku-banashi l

登 1744 [T] Noboru sm, Nobori; Minoru m. (TŌ, TO, taka, nari, chika, tomo, mi, naru, tomi, nori)
川 Kawanobori s
三郎 Tōsaburō m
之 Chikayuki m
子 Takako f, Nariko, Tomiko
山 Toyama s
内 Touchi s
代太郎 Toyotarō m
石 Toishi s
吉 Nariyoshi m
米 Tome sp, Toyama
坂 Tosaka s, Noborizaka
別 Noboribetsu p
志 Toshi f
治 Takaharu m
美 Noriyoshi m
倉 Tokura s
盛 Tōmori m
康 Naruyasu m
張 Tobari s
張竹風 T. Chikufū ml
徳 Tomonori m
藻野 Tomono f
鶴 Tozu f

窃 1745 Fukashi m. (YŌ)

窓 1746 [T] Mado m. (SŌ, mado)

葺
菸
萋
葵
葡
葭
葆
菰
菫
菟
▼
萱
董
萩
落
黄
森
釜
崖
崔
暑
晨
晶
量
最
童
登
窃
窓
▲
棠
掌
袈
袋
営
覚
買
貫
貴
賀

棠 1747 (TŌ, DŌ)
陰比事 Tōin hiji *l*

掌 1748 [T] (SHŌ, naka)
編小説 Shōhen shōsetsu *l*

袈 1749 (KA, KE, kesa)
江 Kesae *f*
裟 Kesa *f*

袋 1750 [T] (TAI, DAI)
井 Fukuroi *p*
布 Tafu *s*
草紙 Fukuro sōshi *l*

営 1751 [T] (EI, YŌ, yoshi)
成 Yoshinari *m*
邦 Yoshikuni *m*
篤 Yoshiatsu *m*

覚 1752 [T] Satoru *m*, Satoshi, Tadashi, Akira. (KAKU, sato, tada, yoshi, aki, akira, sada)
三 Kakuzō *m*
王院 Kakuōin *s*
本 Kakumoto *s*
太郎 Kakutarō *m*
次郎 Kakujirō *m*
行 Satoki *m*
弘 Satohiro *m*
長 Yoshinaga *m*
張 Kakubari *s*
猷 Kakuyū *ma*

買 1753 [T] Mei *s.* (BAI)

貫 1754 [T] Tōru *m*, Tsura; Nuki *s.* (KAN, tsura, nuki)
一 Kan'ichi *m*
之 Tsurayuki *ml*
井 Nukii *s*, Nukui
太郎 Kantarō *m*
名 Nukina *s*
城 Kanjō *m*
洞 Kandō *s*
長 Tsuranaga *m*

貴 1755 [T] Takashi *m.* (KI, yoshi, taka, atsu, ate, take, muchi)
子 Takako *f*, Ateko
太郎 Kitarō *m*
布禰 Kifune *s*
司 Kishi *s*
司山治 K. Yamaji *ml*
田 Kita *s*
志 Kishi *s*
志子 Kishiko *f*
志川 Kishigawa *p*
臣 Takaomi *m*
孝 Yoshinori *m*
命 Takayoshi *m*
恒 Takatsune *m*
泉 Itsuki *s*
島 Kishima *s*
道 Yoshimichi *m*
暢 Takamitsu *m*

賀 1756 [T] Iwō *m.* (KA, GA, yoshi, nori, shige, masu)
[3]川 Kagawa *s*
川豊彦 K. Toyohiko *mlh*
子 Yoshiko *f*, Noriko
[5]永 Kaya *s*
古 Kako *s*
田 Kada *s*
[6]名生 Anō *p*
[7]沢 Kazawa *s*
来 Kaku *s*
[8]茂 Kamo *sp*; Hamochi *s*
茂真淵 K. no Mabuchi *mlh*
良 Kara *s*
良倶 Karoku *m*
[10]訓 Yoshinori *s*
屋 Kaya *s*
[11]浪 Kanuma *s*
島 Kashima *s*
[12]陽 Kaya *sm*; Kayō *p*
陽院水閣歌合 Kayanoin Suikaku utaawase *l*
陽豊年 Kaya no Toyotoshi *ml*
集 Kashū *s*

——12 T6——

棗 1757 (SŌ, natsume)
田 Natsumeda *s*

畫 1758 See 画 991

單 1759 See 単 919A

巽 1760 Tatsumi *m.* (SON, yuki, yoshi)

象 1761 [T] Kisa *f.* (ZŌ, SHŌ, kata, kisa, taka, nori)
引 Zōhiki *la*
雄 Kisao *m*
潟 Kisakata *p*

衆 1762 [T] (SHŪ, SHU, hiro, tomo, moro, mori)
二 Shūji *m*
妙集 Shūmyōshū *l*
樹 Minaki *s*, Morogi

粟 1763 Awa *s.* (ZOKU, SHOKU, awa)
凡 Awanoōshi *s*
山 Awayama *s*, Momiyama
生 Ao *s*, Awafu
生田 Aōda *s*
田 Awata *s*
田口 Awataguchi *sla*
田口吉光 A. Yoshimitsu *ma* ⌈hito *mh*
田真人 Awata no Ma-
米宮 Amenomiya *s*
竹 Awatake *s*
津 Awazu *s*
冠 Sakka *s*
屋 Awaya *s*
野 Awano *sp*
野原 Awanohara *s*
島浦 Awashimaura *p*
賀 Awaga *s* ⌈hara
飯原 Awaihara *s*, Ai-

景 1764 [T] Akira *m.* (KEI, KYŌ, kage, hiro)
[3]子 Hiroko *f*
[4]方 Kagemasa *m*
与 Kagetomo *m*
山 Kageyama *s*
山英子 K. Hideko *fh*
[5]正 Kagemasa *m*
[7]戒 Keikai *ml*
[8]明 Kageaki *m*
季 Kagesue *m*
奉 Kagetomo *m*
事 Keigoto *l*
[9]保 Kageyasu *m*
柄 Kagemoto *m*
祐 Kagesuke *m*
政 Kagemasa *m*
乗 Kagenori *m*
重 Kageshige *m*
[10]時 Kagetoki *m*
晋 Kagekuni *m*
[11]惇 Kageatsu *m*
清 Kagekiyo *m-la*
盛 Kagemori *m*
[12]勝 Kagekatsu *m*
欽 Kageyoshi *m*
[13]紹 Kagetsugu *m*
新 Kagechika *m*
[14]漸 Kagetsugu *m*
[16]樹 Kageki *m*
憲 Kagenori *m*

答 1765 [T] (TŌ, sato, toshi, tomi, tomo, nori) ⌈Tsubo
本 Taho *s*, Tsuho,

筏 1766 (BATSU, ikada)
井 Ikadai *s*
井嘉一 I. Kaichi *ml*

策 1767 [T] (SAKU, SHAKU, kazu, tsuka, mori)
三 Sakuzō *m*
之助 Sakunosuke *m*
太郎 Sakutarō *m*

第 1768 [T] (DAI, TEI, kuni, tsuki)
一作 Daiissaku *l*
六天 Dairokuten *l*
五郎 Daigorō *m*

筆 1769 [T] Funde *s.* (HITSU, fude)
一郎 Fudeichirō *m*
川 Fudekawa *s*
子 Fudeko *f*

等 1770 [T] Hitoshi *m.* (TŌ, tomo, toshi, shina, hitoshi, taka) ⌈ko, Hitoshiko
子 Tomoko *f*, Shina-

枝 Shinae *f*
等力 Todoroki *sp*
等木 Todoroki *s*
綱 Tomotsuna *m*, To-
shitsuna

筑 1771 (TSUKU,
CHIKU)
上 Chikujō *f*
井 Tsukui *s*
山 Tsukuyama *s*, Tsu-
kiyama
邦 Chikuhō *p*
波 Chikuba *sm-p*
波間答 T. mondō *l*
城 Chikujō *p*
前 Chikuzen *ph*
後 Chikugo *sp*
紫 Tsukushi *sph*; Chi-
kushi *ph*
紫奥 T. no oku *l*
紫道記 T. dōki *l*
紫野 Chikushino *p*
穂 Chikuho *p*
摩 Chikuma *sp*
摩地 Tsukamachi *s*

笹 1772 Sasa *f*. (sa-
sa)
³子 Sasako *sf*
川 Sasakawa *s*
川風 S. Rinpū *ml*
⁴山 Sasayama *s*
井 Sasai *s*
木 Sasaki *s*
⁵田 Sasada *s*
市 Sasaichi *m*
生 Sasō *s*
本 Sasamoto *s*
本寅 S. Tora *ml*
⁷沢 Sasazawa *s*
沢美明 S. Yoshiaki *ml*
沢左保 S. Saho *ml*
村 Samamura *s*
谷 Sasaya *s*
尾 Sasao *s*
⁹沼 Sasanuma *s*
神 Sasagami *s*
栄 Sasae *f*
岡 Sasaoka *s*
¹⁰倉 Sasakura *s*
原 Sasawara *s*
屋 Sasaya *s*
¹¹野 Sasano *sf*
部 Sasabe *s*
島 Sasashima *s*
¹²崎 Sasazaki *s*

森 Sasamori *s*
間 Sasama *s*
¹³淵 Sasabuchi *s*
淵友一 S. Tomoichi
¹⁹瀬 Sasase *s* ⌐*ml*

─── 12 T7 ───

番 1773 [T] Ban
s, Tsugai. (BAN,
HAN, tsugi, tsugu, tsu-
ra, fusa)
町皿屋敷 Banchō sa-
rayashiki *la*
匠 Banshō *s*
匠谷 Banshōya *s*
匠谷英一 B. Eiichi *ml*
長 Bao *s*
場 Banba *s*
御 Hanmo *s*

崇 1774 [T] Taka-
shi *m*. (SŪ, SU, SŌ,
taka, kata, shi)
伝 Sūden *m*
明 Kataakira *m*
神 Sujin *mh*
恵 Takae *f* ⌐nori *m*
徳 Sutoku *mh*; Kata-

喬 1775 Takashi *m*.
(KYŌ, GYŌ, taka,
nobu, tada, suke, mo-
木 Takagi *s* ⌐to)
言 Nobukoto *m*
求 Takamoto *m*
蔚 Takashige *m*
樹 Takaki *m*

─── 12 T8 ───

勞 1776 See 労 491A

望 1777 [T] Nozo-
mu *m*. (BŌ, MŌ,
mochi, mi)
月 Mochizuki *sp*
田 Mochida *s*
陀 Mōda *s*
東 Mōtō *m*
城 Mochiki *m*

琴 1778 [T] Koto *f*.
(KIN, GON, koto)
二 Kotoji *m*
子 Kotoko *f*
田 Kotoda *s*
平 Kotohira *p*

丘 Kotooka *p*
南 Kotonami *p*
海 Kinkai *p*
浜 Kotohama *p*
後集 Kotojirishū *l*
歌譜 Kinkafu *l*

集 1779 [T] Tsudoi
m. (SHŪ, JŪ, ai,
chika, i)
田 Sokuta *s*
堂 Sudō *s*

裴 1780 Tasuku *m*.
(HI, suke)

斐 1781 Ayaru *m*,
Akira. (HI, aya,
i, yoshi, naga)
川 Hikawa *p*
子 Ayako *f*
伊川 Hiigawa *p*
多 Hida *m*
邦 Yoshikuni *m*
後前 Higochika *m*
雄 Ayao *m*

悲 1782 [T] (HI)
田院 Hiden'in *p*

惠 1783 See 恵 1226

惑 1784 [T] (WAKU,
KOKU, OKU, ma-
doi)

物 1785 [N] (sō, su,
fusa). See also 総
一 Sōichi *m* ⌐2662
八 Sōhachi *l*
三郎 Sōsaburō *m*
之助 Sōnosuke *m*
太郎 Sōtarō *m*
助 Sōsuke *m*
三郎 Tomosaburō *m*

黒 1786 See 黒 1486

煮 1787 [T] (SHA,
ni)

然 1788 [T] (ZEN,
NEN, shika, nari,
nori)
良 Shikayoshi *m*

無 1789 [T] (MU,
BU, nashi, na)
²二 Muni *m*, Arikazu
³三四 Musashi *m*
子 Nashiko *f* ⌐*m*
⁴手右衛門 Muteemon
⁵布施経 Fuse nai kyō
市 Muichi *m* ⌐*la*
⁶尽 Tsukuna *f*
名抄 Mumyōshō *l*
名草子 Mumyō-zōshi
名秘抄 M.-hishō *l* ⌐*l*
⁷住一円 Mujū Ichien
⌐*mlh*
花果 Ichijuku *l*
⁸明と愛染 Mumyō to
aizen *la*
学祖元 Mugaku So-
gen *mh* ⌐*m*
¹¹理之介 Murinosuke
弦弓 Mugenkyū *l*
¹²斎成恭 Muchaku
Seikyō *ml*
¹⁴漏 Muro *s*

晉 1790 See 晋 1215

晢 1791 (SEKI, SHA-
KU, aki)
子 Akiko *f*

普 1792 [T] Hiroshi
m, Susumu. (FU,
kata, hiro, yuki)
川 Fukawa *s*
子 Hiroko *f*
代 Fudai *p*
春 Kataharu *m*
勧坐禅儀 Fukan za-
賢 Fugen *l* ⌐zengi *l*

智 1793 [N] Satoru
m, Satoshi, To-
mo, Sakashi, Akira.
(CHI, nori, tomo, sato,
toshi, tomi, moto)
三郎 Tomosaburō *m*
子 Satoko *f*
仁 Tomohito *m*, To-
shihito
月 Chigetsu *fl*
夫 Norio *m*
正 Chishō *mh*
津子 Chizuko *f*
泉子 Chiiko *f*
恵子 Chieko *f*

象
衆
粟
景
答
筏
策
第
筆
等
▼
筑
笹
番
崇
喬
勞
望
集
裴
斐
悲
惠
惑
物
黒
煮
然
無
晉
晢
普
智
▲
曾
堯
堅
奥
善
兜
雁
属

感
惣
黒
煮
然
無
晋
析
普
智
▼
曾
堯
堅
尊
奥
善
兜
厨
雁
属
犀
過
遍
遂
遅
▲
運
遊
達
道
遉
達
奥
甦
趁
超

真 Chishin *mh*
寛 Tomohiro *m*
義 Tomonori *m*
準 Tomonori *m*
頭 Chizu *sp*
聡 Chisato *m*

曾 1794 Sō *s*. (sō, zō, so, katsu, tsune, nari, masu)
川 Sogawa *s*
[7]布 Sohō *s*
山 Soyama *s*
木 Soki *s*
丹 Sotan *ml*
丹後 Sotango *ml*
丹集 Sotanshū *l*
[8]布川 Sofukawa *s*
田 Soda *s*
谷 Sodani *s*, Sogae
呂利 Sorori *s*
我 Soga *sl* 「*la*
我会稽山 S. Kaikeizan
我娑 Soganoya *s*
我部 Sogabe *s*
[8]和 Sowa *s*
歩曾 Sofusofu *s*
良 Sora *ml* ; Katsura *s*
[9]政 Katsumasa *m*
[10]宮 Somiya *s*
益 Tsunenori *m*
原 Sohara *s*
[11]根 Sone *s*
根田 Soneda *s*
根原 Sonehara *s*
根崎 Sonezaki *sp*
根崎心中 S. shinjū *la*
野 Sono *s*
野綾子 S. Ayako *fl*
[14]雌 Soshi *s*
爾 Soni *p*
[19]禰 Sone *s*
禰好忠 S. no Yoshitada *ml*

———12 T9———
堯 1795 Takashi *m*. (GYŌ, taka, nori, aki)
一 Akikazu *m*
文 Takafumi *m*
孝 Gyōkō *ml*
信 Takanobu *m*
治 Noriharu *m*
爾 Takaji *m*

堅 1796 [T] Katashi *m*, Tsuyoshi.

(KEN, kata, kaki, taka, yoshi, mi)
太郎 Kentarō *m*
田 Katada *sp*
守 Yoshimori *m*
高 Katataka *m*
造 Kenzō *m*
松 Katsuo *m*
磐 Kakiwa *m-f*
蔵 Kanzō *m*

尊 1797 Takashi *m*. (SON, taka)
子 Takako *f*
円 Son'en *mh*
礼 Takahiro *m*
氏 Takauji *m*
成 Takahira *m*
祀 Takatoshi *m*
孫 Takahiko *m*
閑 Takayasu *m*
澄 Takazumi *m*
輝 Takateru *m*

奥 1798 [T] Oku *s*. (ō, oku, oki, fuka, sumi, uchi, mura)
の細道 Oku no hosomichi *l*
[3]川 Okugawa *s*
子 Okuko *f*
[4]戸 Okudo *s*, Okudo
中 Okunaka *s*
山 Okuyama *s*
井 Okui *s*
[5]代 Okudai *s*
尻 Okushiri *p*
平 Okudaira *s*
田 Okuda *s*
本 Okumoto *s*
[6]守 Okimori *m*
寺 Okudera *s*
多摩 Oku-tama *p*
[7]住 Okuzumi *s*
沢 Okuzawa *s*
村 Okumura *s*
村五百子 O. Ioko *fh*
谷 Okuya *s*
志 Fukashi *m*
兵衛 Okubee *s*
実 Sumizane *m*
[8]明方 Okumyōgata *p*
居 Okui *s*
[9]津 Okutsu *p*
秋 Okuaki *s*
泉 Okuizumi *s*
[10]脇 Okuwaki *s*

倉 Okugura *s*
宮 Okumiya *s*
原 Okuhara *s*
[11]野 Okuno *s* 「*ml*
野信太郎 O. Shintarō
野健男 O. Takeo *ml*
島 Okushima *s*
[12]崎 Okusaki *s*
富 Okutomi *s*, Okuto
貫 Okunuki *s*
道 Okumichi *m*
[13]隈 Okuzumi *s*
義抄 Ōgishō *l*
[18]藤 Okufuji *s*
麿 Okimaro *m*
[19]瀬 Okuse *s*

善 1799 [T] Yoshi *m*, Tadashi ; Zen *s*. (ZEN, yoshi, taru, sa)
[1]一 Zen'ichi *m*, Yoshikazu
一郎 Zen'ichirō *m*
[7]七 Zenshichi *m*
十郎 Zenjūrō *m*
[3]三郎 Zenzaburō *m*
之 Yoshiyuki *m*
子 Yoshiko *f*
[4]仁 Taruhito *m*
方 Yoshikata *m*
太郎 Zentarō *m*
[5]四郎 Zenshirō *m*
次郎 Zenjiro *m*
[6]作 Zensaku *m*
助 Zensuke *m*
兵衛 Zenbee *m*
[7]知 Utō *m*
知鳥 Utō *sla*
知鳥安方忠義伝 U. Yasukata chūgiden *l*
国 Yoshikuni *m*
[9]法寺 Zenbōji *s*
治郎 Zenjirō *m*
郎 Yoshirō *m*
界 Zegai *la*
直 Yoshinao *m*
重郎 Zenjūrō *m*
[10]通亨 Zentsūji *p*
[11]剛 Yoshikata *m*
富 Yoshitomi *s*
堯 Yoshitaka *m*
[12]導 Yoshimichi *ms*
雄 Yoshio *m*
淵 Yoshibuchi *s*
[15]澄 Yoshizumi *sm*
導寺 Zendōji *p*
[16]親 Yoshichika *m*

衛 Yoshie *m*
滋 Yoshishige *sm*
積 Yoshizumi *s*
[21]縄 Yoshitada *m*

———12 T10———
兜 1800 Kabuto *s*. (kabuto)
木 Kabutogi *s*
町 Kabutochō *p*
碁盤忠信 Hoshikabuto Goban Tadanobu *la*

———12 F2———
厨 1800A See 廚 2417

雁 1801 Taka *s*. (GAN, GEN, kari)
の寺 Gan no tera *l*
厂金 Gankarigane *la*
宇丸 Karyūmaru *m*
金 Karigane *m*
部 Karibe *s*
礫 Gan tsubute *l*

———12 F3———
属 1802 [T] Saka *s*, Sakka, Sakan. (ZOKU, tsura, masa, yasu)

犀 1803 (SAI, SEI, kata)
川 Saigawa *p*
星 Saisei *ml*
蔵 Saizō *m*

過 1804 [T] (KA)
去現在因果経 Kako genzai ingakyō *la*

遍 1805 [T] (HEN)
昭 Henjō *ml*
遍古 Bebeko *s*

遂 1806 [T] Togeru *m*. (SUI, katsu, naru, tsuku)
良 Katsuyoshi *m*
長 Katsunaga *m*

遅 1807 [T] (CHI, matsu)
栄 Matsue *m*

塚 Chizuka s
塚麗水 C. Reisui ml

運 1808 [T] Hako-bu m. (UN, kazu, yuki, yasu)
子 Kazuko f
夫 Kazuo m
美 Kazumi m
雄 Kazuo m

遊 1809 [T] (YŪ, YU, yuki, naga)
子方言 Yūshi hōgen l
行上人 Yugyō Shōnin ml
行柳 Y. yanagi la
佐 Yusa sp
馬 Asuma s, Yūma

達 1810 [T] Itaru m, Tōru, Susumu, Satoru, Satoshi. (TA-TSU, michi, sato, yoshi, tō, shige, tada, tate, nobu, hiro, katsu)
² 二 Tatsuji m
人 Tatsundo m
³ 三 Tatsuzō m
之助 Tatsunosuke m
之輔 Tatsunosuke m
⁴ 夫 Tatsuo m
次郎 Tatsujirō m
吉 Tatsukichi m
⁷ 朶 Michie f 「yasu
安 Michiyasu m, Sato-
夸 Tatsuya m
谷 Takeya s
谷窟 Takeya s, Tagaya
⁹ 治 Tatsuji m
¹⁰ 海 Tatsumi m
¹¹ 朗 Tōru m
¹² 等 Tatto m, Tachito
里 Satomichi m
¹⁵ 賛 Tatsuji m
摩 Daruma mh

道 1811 [T] Osamu m, Michi, Osame, Wataru, Naoshi. (DŌ, michi, tsune, nori, yuki, yori, ji, chi, masa, tsuna, ne)
¹ 一 Michikazu m
² 二 Dōni mh
力 Michiyoshi m
³ 川 Michikawa s

上 Michigami s
下 Michishita s
三 Michinao m
子 Michiko f
大 Michio m
千代 Tsunachiyo m
也 Michinari m
⁴ 元 Dōgen mlh
山 Michiyama s
中膝栗毛 Dōchū hiza-kurige l
⁵ Michiaki m
夫 Michio m, Tsuneo
太郎 Michitarō m
⁵ 旧 Michifuru m
田 Ōchita s
生 Michitaka m
⁶ 行 Michiyuki m-l
守 Chimori s
吉 Michishiba l
吉 Michisachi m
有 Michiari m
因 Michiyoshi m
冲 Michinari m, Michishige
成寺 Dōjōji p-la
⁷ 則 Chiwaki m
助 Michisuke m
志 Dōshi p
芳 Michika m
⁸ 阿弥 Dōami ml
和留 Michiwaru m
明 Michiaki sm; Dō-myō l
明寺 Dōmyōji p-la
実 Michizane m
⁹ 昭 Dōshō mh
祖 Saido s, Funato
祖土 Saido sp
祖木 Sainoki s
祖尾 Sainoo s
長 Michinaga s
春 Dōshun mlh
香 Michika m
風 Michikaze s
¹⁰ 倫 Michitomo m
師 Michinoshi s
家 Dōke s
真 Michizane m
原 Dōgen s
通 Michitō m
¹¹ 隆 Michitaka s
理山 Ubeyama s
紀 Michitoshi s
¹² 揚 Michiaki s
富 Michitomi m

智 Dōchi s
善 Michitaru m
運 Michikazu m
¹³ 暁 Michitoshi m
雄 Michio m
雲 Michimo m
遠 Michitō m
¹⁴ 頓堀 Dōtonbori p
輔 Michisuke m
¹⁶ 幾 Michioki m
¹⁷ 綱 Michitsuna m
綱母 D. no Haha fl
¹⁹ 瀬 Michinose s
鏡 Dōkyō mh
²⁰ 機 Michinori m

——12 F4——

氍 1812 (KIKU, GO-KU, mari)
子 Mariko f

逵 1813 Tōru m.(KI, GI, katsu, michi, tsuji)
邑 Tsujimura s

——12 F6——

奥 See 1798

——12 F7——

甦 1814 (SO)
生平 Sobuhei m

趁 1815 Shitagō m. (CHIN)

超 1816 [T] Koeru m, Koyuru, Tōru. (CHŌ, yuki, ki, tatsu, oki)
子 Yukiko f

——12 F8——

爲 1817 See 爲 1005

筒 1818 [T] (TŌ, tsutsu)
井 Tsutsui s
居 Tsutsui s
賀 Tsuga p

閏 1819 (JUN, SHUN, uru)
三郎 Junzaburō m

子 Uruko f
江 Urue f

閑 1820 [T] (KAN, GEN, shizu, yasu, mori, nori, yori)
子 Shizuko f
吟集 Kanginshū l
居友 Kankyo no tomo l
院 Kan'in s
情未摘花 Kanjō sue-tsumuhana l
衛 Morie m; Shizue f

開 1821 [T] Hiraku m, Hiraki. (KAI, haru, hira, saku, haru-ki, hiraki)
目鈔 Kaimokushō l
田 Kaida sp; Kaiden s
成 Kaisei f
城 Haruki m
発 Kaihotsu s
高 Kaikō s
高健 K. Takeshi ml
帳利益札遊合 Kaichō riyaku fuda asobi-awase l
聞 Kaimon p

間 1822 [T] Kan s, Hazama. (KAN, KEN, ma, chika, hashi)
² 人 Hashūdo s, Hashi-ride, Manabe, Ma-rehito, Maui
³ 下 Mashita s
⁴ 中 Manaka s
山 Mayama s
⁶ 世田 Maseda s
仲 Manaka s
守 Mamori m
⁸ 所 Madokoro s
⁹ 柄 Makara s
¹⁰ 宮 Mamiya s
宮林蔵 M. Rinzō mh
宮茂輔 M. Mosuke ml
庭 Maniwa s
¹¹ 野 Mano s, Aino
部 Manabe s, Mabe
部詮房 Manabe Aki-fusa m
島 Majima s 「ml
島冬道 M. Fuyumichi
島琴山 M. Kinzan ml
¹² 崎 Masaki s
¹³ 淵 Mabuchi s

善 兜 厨 雁 属 犀 過 遍 遂 遅 ▼ 運 遊 達 氍 逵 奥 甦 趁 超 爲 筒 閏 閑 開 間 ▲ 鹿 鴆 鳩 傅 傀 僧 傾 徑 喰

奥 甦 趁 超 爲 筒 閏 閑 開 間 ▼ 鹿 鳰 鳩 傳 傑 傀 僧 傾 徑 喰 幌 猾 獅 摸 摂 慂 慎 階 隈 塘 堪 塚 塙 塩 ▲ 堀 滉 湾 滂 溢 溥 漠 潑 湛 渥

[17]鍋 Manabe *s*
[10]瀬 Mase *s*, Manase

——12 U——

鹿 1823 [N] (ROKU, shika, ka, shishi)
の子餅 Kanokomochi *l*
の巻筆 Shika no makifude *l*
[2]人 Shikahito *m*
又 Shikamata *s*, Kanomata
[3]之助 Shikanosuke *m*
子木 Kanokogi *s*, Kakogi
子木孟郎 Kanokogi Takeshirō *ma*
[4]火屋 Kabiya *l*
文 Kaya *m*
山 Kayama *s*
内 Shikauchi *s*
毛 Kage *s*
[5]北 Kahoku *p*
央 Kaō *p*
田 Shikada *s*, Kada
目 Kanome *s*
本 Kamoto *p*
生 Shishifu *s*
[6]次郎 Shikajirō *m*
伏兎 Kabuto *s*, Kanbe, Ninbe
地 Kaji *s*
地亘 K. Wataru *ml*
吉 Shikakichi *m*
西 Rokusei *p*
[7]住 Kazumi *s*
村 Shikamura *s*
町 Shikamachi *p*
志村 Kashimura *s*
足 Shikatari *m*; Kanoashi *p*
児島 Kagoshima *sp*
児島寿蔵 K. Juzō *ml*
角 Kazuno *p*
[8]沼 Kanuma *sp*
股 Shikamata *s*
取 Katori *sm*
[9]持 Kamochi *s*
持雅澄 K. Masazumi *ml*
苑寺 Rokuonji *p*
背 Kase *s*
追 Shikaoi *p*
[10]浜 Shikahama *s*
討 Shishiuchi *s*
倉 Shikakura *s*
屋 Kanoya *p*
[11]部 Shikabe *p*
野 Shikano *sp*, Kano; Mino *s*
野武左衛門 S. Buzaemon *mla*
島 Kashima *sp*
島田 Kashimada *s*
島台 Kashimadai *p*
島紀行 Kashima kikō *l*
[12]間 Shikama *s*
[13]園 Shikazono *s*
[14]鳴集 Rokumeishū *l*
鳴館 Rokumeikan *phla*
窪 Shikakubo *s*
[19]瀬 Kanose *p*

——13 L2——

鳰 1824 Nio *s*. (nio)
子 Nioko *f*

鳩 1825 (KYŪ, KU, hato, yasu)
ケ谷 Hatogaya *sp*; Hatogai *s*
子 Hatoko *f*
山 Hatoyama *sp*
山一郎 H. Ichirō *mh*
居 Hatoi *s*
彦 Yasuhiko *m*

傳 1826 See 伝 359

傑 1827 [T] Takeshi *m*, Masaru, Takashi. (KETSU)

傀 1828 (KAI)
儡子記 Kugutsumawashi no ki / Kairaishiki *l*

僧 1829 [T] (SŌ)
旻 Sōmin *mh*

傾 1830 [T] (KEI, KYŌ, katabu)
子 Katabuko *mh*
城反魂香 Keisei hangonkō *la*
城壬生大念仏 K. Mibu dainenbutsu *la*
城色三味線 K. irojamisen *l*
城阿波の鳴門 K. Awa no Naruto *la*
城無間鐘 K. muken no kane *la*

——13 L3——

徑 1831 See 径 576

喰 1832 (hō, kui)
丸 Kuimaru *p*
代 Hōjiro *sp*

幌 1833 Akira *m*. (KŌ, horo)
加内 Horokanai *p*
延 Horonobe *p*
泉 Horoizumi *p*

猾 1834 (KATSU, KACHI, ukeshi)

獅 1835 (SHI)
子 Shishi *s*
子文六 S. Bunroku *ml*

摸 1836 (BAKU, MAKU, nori)

摂 1837 [T] Osamu *m*. (SETSU, SHŌ, kane, kanu)
津 Settsu *sph*
待 Settai *la*

慂 1838 Isamu *m*. (YŌ)

慎 1839 [T] Makoto *m*. (SHIN, JIN, chika, nori, yoshi, mitsu)
三 Shinzō *m*
之 Chikayuki *m*
之助 Shinnosuke *m*
太郎 Shintarō *m*
吉 Shinkichi *m*
英 Norihide *m*
治 Shinji *m*
科 Mashina *s*

階 1840 [T] (KAI, yori, hashi, tomo)
上 Hashikami *p*
土 Shinato *s*
戸 Shinato *s*, Shinando
見 Shinami *s*
藤 Kaitō *s*

隈 1841 Kuma *s*. (WAI, E, kuma)
川 Kumagawa *s*
子 Kumako *f*
元 Kumamoto *s*
本 Kumamoto *s*
部 Kumabe *s*
笹 Kumazasa *l*
鷹 Kumataka *s*

塘 1842 Tsutsumi *m*. (TŌ)

堪 1843 Tatae *s*. (KAN, TAN, tae)
子 Taeko *f*

塚 1844 (CHŌ, tsuka)
口 Tsukaguchi *s*
田 Tsukada *s*
本 Tsukamoto *s*
平 Tsukahira *s*
谷 Tsukatani *s*
脇 Tsukawaki *s*
原 Tsukahara *s*
原渋柿園 T. Jūshien *ml*
野 Tsukano *s*
崎 Tsukazaki *s*
越 Tsukagoe *s*
瀬 Tsukase *s*

塙 1845 Hanawa *sf-p*; Ban *s*, Han. (KŌ, KYŌ, hana)
田 Hanawada *s*
団右衛門 Ban / Hanawa Dan'emon *mh-l*
坂 Hanesaka *s*
保己一 Hanawa Hokinoichi *ml*

塩 1846 [T] Shio *m*. (EN, shio)
[2]入 Shioiri *s*, Shionoiri
[3]川 Shiokawa *sp*
[4]山 Shioyama *s*; Enzan *p*
井 Shioi *s*
井雨江 S. Ukō *ml*
月 Shiozuki *s*
[5]尻 Shiojiri *sp*
尻公明 S. Kōmei *m l*
田 Shioda *sp*
田良平 S. Ryōhei *ml*
[6]江 Shionoe *p*

⁷沢 Shiozawa *sp*
谷 Shioya *sp*; Shiono-ya *s*, En'ya, Shōya
谷鵜平 E. Uhei *ml*
見 Shiomi *s*
⁸冶 En'ya *s*
⁹津 Shiotsu *s*
¹⁰浜 Shiohama *s*
浦 Shioura *s*
脇 Shiowaki *s*
釜 Shiogama *p*
屋 Shioya *s*
原 Shiobara *sp*
¹¹野 Shiono *s*
野入 Shionoiri *s*
野谷 Shionoya *s*
野義 Shionogi *s*
麻呂 Shiomaro *m*
島 Shiojima *s*
¹²崎 Shiozaki *s*
焼 Shioyaki *m*
¹³塚 Shiozuka *s*
路 Shioji *s*
¹⁴鮑 Shiowaku *s*, Shiwato, Shia
¹⁸藤 Shiofuji *s*
¹⁹瀬 Shioze *s*

堀 1847 [I] Hori *s*. (KUTSU, hori)
ノ内 Horinouchi *s*
⁸川 Horikawa *s*
之内 Horinouchi *p*
口 Horiguchi *s*
口大学 H. Daigaku *ml*
⁴戸 Kutto *s*
中 Horinaka *s*
山 Horiyama *s*
井 Horii *s*
切 Horikiri *s*
内 Horiuchi *s*, Horinouchi
内通孝 Horiuchi Michitaka *ml*
木 Horiki *s*
木克三 H. Katsuzō *ml*
⁵北 Horikita *s*
永 Horinaga *s*
込 Horigome *s*
本 Horimoto *s*
田 Hotta *s*
田正俊 H. Masatoshi *mh* ⌈*mh*
田正睦 H. Masayoshi
田善衛 H. Yoshie *ml*
⁶江 Horie *sf*
池 Horiike *s*

西 Horinishi *s* ⌈*me*
米 Horigome *s*, Hori-
⁷沢 Horizawa *s*
村 Horimura *s*
谷 Horiya *s*, Horinoya
尾 Horio *s*
⁸河 Horikawa *smh*
河院百首 H.-in hyakushu *l*
河院艶書合 H.-in kesōbumi awase *l*
金 Horikane *p*
⁹津 Horizu *s*
辰雄 Hori Tatsuo *ml*
岡 Horioka *s*
¹⁰家 Horiya *s*
屋 Horiya *s*
¹¹野 Horino *s*
部 Horibe *s*
留 Horidome *s*
¹²場 Horiba *s*
¹³越 Horikoshi *s*
藤 Horifuji *s*
²³籠 Horikome *s*

混 1848 Hiroshi *m*. (KŌ, hiro)

湾 1849 [T] Mizukuma *m*. (WAN)

滂 1850 Hiroshi *m*. (HŌ, awa)

溢 1851 (ITSU, ICHI, mitsu)

溥 1852 Hiroshi *m*. (HAKU, hiro)

漠 1853 [I] (BAKU, MAKU, hiro, tō)
男 Hiroo *m*

漫 1854 (SHOKU, JI-KI, nami)
子 Namiko *f*

湛 1855 Tatae *m*. Tatō; Mizuki *s*. (TAN, DAN, kiyo, yasu)
子 Kiyoko *f*
慶 Tankei *ma*

渥 1856 Atsushi *m*. (AKU, atsu, hiku)
子 Atsuko *f*

見 Atsumi *s*
美 Atsumi *s*
美清太郎 A. Seitarō *ml*

滑 1857 [T] (KOTSU, KATSU, name, nameri)
川 Namekawa *sp*, Namerikawa
川道夫 Namekawa Michio *ml*
良 Satara *s*
稽本 Kokkeibon *l*
稽和合人 Kokkei wagōjin *l*

淵 1858 Fuchi *s*; Fukashi *m*. (EN, fuchi, hiro, nobu, suke, sue, nami, fuka)
川 Fuchigawa *s*
上 Fuchigami *s*
辺 Fuchibe *s*
本 Fuchimoto *s*
名 Fuchina *sm*
沢 Fuchizawa *s*
岡 Fuchioka *s*
野 Fuchino *s*
崎 Fuchizaki *s*

溝 1859 [I] (KŌ, KU, mizo)
川 Mizogawa *s*
上 Mizogami *s*
口 Mizoguchi *s*
口白羊 M. Hakuyō *ml*
井 Mizoi *s*
辺 Mizobe *p*
田 Mizota *s*
江 Mizoe *s*
呂木 Mizorogi *s*
杭 Mizogui *s*
畑 Mizohata *s*
落 Mizoochi *s*
淵 Mizobuchi *s*
端 Mizohata *s*

漢 1860 [T] Aya *s*. (KAN, aya, kami, kuni, nara)
人 Ayando *s*
才伎 Ayanotebito *s*
主 Ayanushi *s*
字三音考 Kanji san'-
城 Ayaki *s* ⌈onkō *l*
長 Ayanonaga *s*

書 Ayanofumi *s*; Kanjo *lh* "Han Shu"
部 Ayabe *s*

満 1861 [T] Mitsuru *m*. (MAN, BAN, mitsu, maro, masu, michi, ari)
之進 Mitsunoshin *m*
子 Mitsuko *f*
⁴山 Mitsuyama *s*
王野 Mionoya *s*, Mitsuwano
夫 Mitsuo *m*
木 Maki *s*
太郎 Mantarō *m*
⁵田 Mitsuda *s*
生野 Mionoya *s*, Miida
⁶仲 Manjū *la* ⌊noya
快 Mitsuyoshi *m*
谷 Mitsutani *s*
⁸和 Mitsuyoshi *s*
⁹岡 Mitsuoka *s*
¹¹留 Mitsutome *s*
¹²納 Mitsunō *s*
喜 Maki *s*
董 Mitsuyoshi *m*
¹⁵納 Mitsunori *m*
¹⁷濃 Mannō *p*

滝 1862 [T] Taki *s*; Takeshi *m*. (RYŌ, RYŪ, RŌ, taki, yoshi)
ケ崎 Takigasaki *s*
³川 Takigawa *sp*
川幸辰 T. Yukitoki *ml*
三 Takizō *m*
上 Takigami *s*; Takinoue *p*
子 Takiko *f*
口 Takiguchi *s*
口入道 T. Nyūdō *l*
口武士 T. Takeshi *ml*
口修造 T. Shūzō *ml*
下 Takishita *s*
⁴山 Takiyama *s*
中 Takinaka *s*
太郎 Takitarō *m*
井 Takii *s*
井孝作 T. Kōsaku *ml*
内 Takiuchi *s*
⁵沢 Takizawa *s*
本 Takimoto *s*
田 Takita *s*
田樗陰 T. Choin *ml*
⁷沢 Takizawa *sp*
沢馬琴 T. Bakin *ml*

Right margin (vertical)

摂 榕 慎 階 隈 堪 塚 塙 塩 ▼ 堀 混 湾 滂 溢 溥 漠 湛 滑 淵 溝 漢 満 滝 ▲ 源 嵯 卿 頎 殖 媛 媤 腮 腹 瑛

漠
漫
湛
湿
滑
淵
溝
渓
満
滝
▼
源
嵯
卿
頑
殖
媛
婚
腮
腹
奐
瑗
頊
煜
輝
煥
煌
強
張
弾
暄
暖
暗
暉
禍
禅
▲
禎
福
榤
楸
椰
楓
椴
楪
椿
極

村 Takimura s
谷 Takiya s, Takidani
⁸波 Takinami s
⁹亭 Ryūtei s
亭鯉丈 R. Rijō ml
春一 Taki Haruichi ml
¹⁰浦 Takiura s
脇 Takiwaki s
原 Takihara s, Taki-
  wara
¹¹浪 Takinami s
根 Takine p
野 Takino sp
野川 Takinogawa s
島 Takishima s
¹⁶崎 Takizaki s
崎安之助 T. Yasuno-
  suke ml   ⌈ma
¹⁸廉太郎 Taki Rentarō
¹⁸藤 Takitō s
¹⁹瀬 Takise s

源 1863 [T] Mina-
  moto s ; Hajime
m. (GEN, moto, yoshi)
をぢ Gen-oji l
¹一 Gen'ichi m
一郎 Gen'ichirō m
²二 Genji m
八 Genhachi m
九郎 Genkurō m
⁸川 Minagawa s
三郎 Genzaburō m
之助 Gennosuke m
子 Motoko f
⁴内 Gennai m
太 Genta m
太夫 Gendayū la
太郎 Gentarō m
⁵右衛門 Gen'emon m
四郎 Genshirō m
平盛衰記 Genpei sei-
  suiki l
氏 Genji sl-lm-h
氏供養 G. kuyō la
氏物語 G. monogatari
  l
氏物語玉の小櫛 G. m.
  tama no ogushi l
氏鶏太 G. Keita ml
田 Genda s
⁶次郎 Genjirō m
行 Motoyuki m
行家 Minamoto no
  Yukiie mh ⌈ki ml
光行 M. no Mitsuyu-
  ki Genkichi

⁷吾 Gengo m
助 Gensuke m ⌈ki l
⁸注余滴 Genchū yote-
  実朝 Minamoto no
  Sanetomo mh
空 Genkū mlh
⁹信 Genshin mlh
治 Genji m
政 Motomasa m
為朝 Minamoto no
  Tametomo mh
為義 M. no Tameyo-
  shi mh   ⌈ml
重之 M. no Shigeyuki
俊頼 M. no Toshiyori
  ml   ⌈ml
高明 M. no Takaakira
通親 M. no Michichi-
¹²順 M. no Shitagō ml
¹²登 Motonori m
間 Motoma s
¹²満仲 Minamoto no
  Mitsunaka mh
経信 M. no Tsuneno-
  bu ml
経基 M. no Tsune-
  moto mh   ⌈mh
義仲 M. no Yoshinaka
義家 M. no Yoshiie
  mh   ⌈mo mh
義朝 M. no Yoshito-
義経 M. no Yoshitsu-
  ne mh   ⌈ka mh
義光 M. no Yoshichi-
¹⁵蔵 Genzō m
慶 Genkei m
¹⁶頼光 Minamoto no
  Yorimitsu mh
頼信 M. no Yorinobu
  mh   ⌈mlh
頼政 M. no Yorimasa
頼家 M. no Yoriie mh
頼朝 M. no Yoritomo
  mh   ⌈mh
頼義 M. no Yoriyoshi
範頼 M. no Noriyori
¹⁸兼光 M. no Akikane

———13 L4———

嵯 1864 Takashi m.
  (GEN)

卿 1865 Akira m.
  (KYŌ, KEI, aki,
nori)

頑 1866 (KI, GE, yo-
  shi)
子 Yoshiko f

殖 1867 [T] Shigeru
  m. (SHOKU, JIKI,
masu, ue, tane, nobu,
naka, mochi, e)
子 Masuko f
月 Uetsuki s
田 Ueda s
栗 Ekuri s
穂 Nobuo m

媛 1868 Hime f.
  (EN, ON, hime)

婚 1869 (SHUN, ha-
  ru)
子 Haruko f

腮 1870 (SAI, nina)
太郎 Ninatarō m

腹 1871 [T] (FUKU,
  hara)
目 Harami s
赤 Haraka m
巻 Haramaki s

奐 1872 Akira m.
  (KAN, akira)

瑗 1873 (EN, mitsu,
  ni, tama, teru)

頊 1874 (KYOKU, KO-
  KU, tama)
子 Tamako f

煜 1874A Hikaru m.
  (IKU, OKU)

輝 1875 Atsushi m,
  Akira. (KI, teru,
akira)
栄 Terue f

煥 1876 (KAN, aki,
  akira)
光 Akimitsu m

煌 1877 (KŌ, ō, aki,
  teru)
子 Akiko f

強 1878 [T] Tsuyo-
  shi m, Tsutomu.
(KYŌ, GŌ, take, tsuyo,
atsu, katsu, sune, ko-
wa)
力伝 Gōrikiden l
哉 Kyōei m

張 1879 [T] Chō sm.
  (CHŌ, haru, to-
mo, hari, tsuyo)
本 Harimoto s
次 Harutsugu m
良 Chō Ryō mh-la
  " Chang Liang "
替 Harigae s
間 Harima s
幹 Hariki m
赫宙 Chō Kakuchū ml

弾 1880 [T] Dan s.
  (DAN, TAN, tada)
正 Danjō m
正尹 D.-no-in mh
正忠 D.-no-jō mh
正疏 D.-no-sakan mh
正弼 D.-no-hitsu mh
男 Tadao m
間 Hazuma s

暄 1881 (KEN, KAN,
  nobu, atsu)

暖 1882 [T] (DAN,
  NAN, haru, atsu,
子 Haruko f   ⌈yasu)

暗 1883 [T] Kura
  s, Kurai, Harai.
(AN)
夜行路 An'ya kōro l

暉 1884 Akira m,
  Terasu; Teru m-
f. (KI, teru, aki, akira)
三 Terumi m
児 Terunori m
昌 Akimasa m
峻 Teruoka s
衛 Terue f

禍 1885 [T] (KA, GA,
  maga)

禅 1886 [T] (SEN,
  ZEN, yoshi)
竹 Zenchiku mla

宗 Zenshū h
師曾我 Zenji Soga la

禎 1887 [N] Sadamu m, Tadashi. (TEI, yoshi, sada, tada, to-mo, tsugu, sachi)
子 Sachiko f
次 Teiji m
次郎 Teijirō m
利 Yoshitoshi m
栄 Yoshie f
章 Sadaaki m

福 1888 [T] Fuku s. (FUKU, tomi, yo-shi, sachi, saki, yo, ta-ru, toshi, mura, moto)
の神 F. no kami la
³川 Fukugawa s
三郎 Fukusaburō m
巳 Yoshimi m
丸 Fukumaru m
子 Tomiko f, Yoshiko, Sakiko; Fukugo s
士 Fukushi s
士幸次郎 F. Kōjirō ml
⁴元 Fukumoto s
水 Fukumizu s
中 Fukunaka s
山 Fukuyama sp
王 Fukuō s
王寺 Fukuōji s
井 Fukui sp
太郎 Fukutarō m
与 Fukuyo s
⁵永 Fukunaga s
永武彦 F. Takehiko ml
生 Fussa p
本 Fukumoto s
本日南 F. Nichinan mlh
本和夫 F. Kazuo ml
田 Fukuda sp
田夕咲 F. Yūsaku ml
田正夫 F. Masao ml
田行誠 F. Gyōkai ml
田英子 F. Hideko fh
田恆存 F. Tsuneari ml
田栄一 F. Eiichi ml
田清人 F. Kiyoto ml
田部 Fukudabe s
田徳三 Fukuda Toku-zō mlh
田夢汀 F. Ryōtei ml
⁶次郎 Fukujirō m
羽 Fukuba s

江 Fukue sp
地 Fukuchi sp
地桜痴 F. Ōchi ml
地源一郎 F. Gen'ichi-rō mh
光 Fukumitsu sp
当 Tonda s, Futagi
吉 Fukukichi m
朱 Fukusa s
西 Fukunishi s
⁷住 Fukuzumi s
村 Fukumura s
沢 Fukuzawa s
沢諭吉 F. Yukichi ml
谷 Fukuya s, Ukigai
男 Tomio m
見 Fukumi s
角 Fukuzumi s
⁸林寺 Fukurinji s
知 Fukuchi s
知山 Fukuchiyama p
⁹依 Fukuyori s
松 Fukumatsu s
草 Sakigusa m; Saigu-sa s
草部 Saigusabe s
長 Fukunaga s, Tomi-
栄 Fukuei p ⌐naga
岡 Fukuoka sp ⌐mh
岡孝弟 F. Takachika
¹⁰将 Fukumochi m, Tomimochi
浦 Fukuura s
家 Fukke s, Fuke
室 Fukumuro s
恵 Fukue s
原 Fukuhara s ⌐ml
原麟太郎 F. Rintarō
¹¹掛 Fukukake s
野 Fukuno sp
部 Fukube p
翁自伝 Fukuō jiden l
留 Fukudome s
麻呂 Sakimaro m
島 Fukushima s
¹²渡 Fukuwatari p
崎 Fukuzaki sp
禄壽 Fukurokuju mh
富 Fukutomi sp
富草子 F. -zōshi l
富長者 F. chōja l
富菁児 F. Seiji ml
喜田 Fukukita s
森 Fukumori s
智 Fukuchi s
間 Fukuma p
¹³雄 Fukuo m

督 Yoshimasa m
¹⁸麿 Sachimaro m
¹⁹瀬 Fukuse s

㮤 1889 Shigeru m. (BŌ, MU, shige)

楸 1890 Hisagi m. (SHŪ, SHU)

椰 1891 (YA, yashi)
子 Yashiko f

楓 1892 (FŪ, FU, ka-ede)
麻呂 Kaedemaro m

椴 1893 (TAN, DAN, todo, kui)
木 Todoki m
法華 Todohokke p

楳 1894 (BŌ, MU, ume)
一 Umeichi m
川 Umekawa s
田 Umeda s

椿 1895 Tsubaki f-p. (CHIN, tsubaki, tsuba)
井 Tsubai s
本 Tsubakimoto s
峠 Tsubakitōge s
紅 Tsubani s, Tsubae
説男張月 Chinsetsu yumiharizuki l

極 1896 [T] Kiwa-mu m, Kiwame. (KYOKU, GOKU, kiwa, naka, mune)
人 Kiwame m
子 Kiwako f
月晦 Hinashi s, Hizu-name
馬 Kiwame m
楽六時讃 Gokuraku rokujisan l

楯 1897 Tate s, Ta-tenuki. (JUN, SHUN, tate, tachi)
又 Tatenuki s
石 Tateishi s
臣 Tateomi m
岡 Tateoka s

衛 Tateyoshi m
縫 Tatenuki s

楊 1898 Yanagi s. (YŌ, yanagi, yagi, ya, yana, yanai)
井 Yagii s, Yanai
又 Yako s
枝 Yōji s
枳 Yaki s
胡 Yako s
柳 Yanaizu s
梅 Yamamomo s
貴 Yagi s
貴妃 Yō-kihi fh-la "Yang Kuei-fei"
盧原 Uzuhara s

楫 1899 (SHŪ, JŪ, kaji)
子 Kajiko f
江 Kajie s
取 Katori s, Kajitori
取魚女 Katori Nahiko
野 Kajino s ⌐ml
斐 Segai s

楢 1900 (YŪ, YU, nara)
川 Narakawa p
下 Narage s
山節考 Narayama-bushikō l
井 Narai s
木 Naraki s
林 Narabayashi s
舎 Naranoya m
岡 Naraoka s ⌐bara
原 Narahara s, Nara-
菊 Naragiku f
崎 Narasaki s
葉 Naraha sp
園 Narazono m

楠 1901 [N] Kusu-noki sp, Kusu. (NAN, kusu)
³川 Kusugawa s
久 Kusuku s
⁴元 Kusumoto s
太郎 Kusutarō m
山 Kusuyama s
山正雄 K. Masao ml
木 Kusunoki s, Kusu-ki
木正行 Kusunoki Masatsura mh

煌
強
張
弾
喧
暖
暗
暉
禍
禅
▼
禎
福
㮤
楸
楓
椴
楳
椿
楯
楊
楫
楢
楠
▲
植
祺
睦
靖
裲
裾
碑
碇
碓

楓
椴
楳
椿
極
楷
揚
楫
楢
楠
▼
植
祺
畯
睦
靖
裲
裾
碑
碇
碓
雄
雅
稗
稚
稠
稔
稜
▲
辞
辭
蛭
蜂
蛾
解
群
路
跡
詳

木正成 K. Masashige
井 Kusui s ⌐mh
⁵田 Kusuda s
本 Kusumoto s
本憲吉 K. Kenkichi
⁶次 Kusuji m ⌐ml
⁷男 Kusuo m
見 Kusumi s
⁹美 Kusumi s
¹⁰原 Kusubara s
¹¹後 Kusujiri s
¹⁹瀬 Kusunose s
²¹露 Kusu no tsuyu l

植 1902 [T] (SHOKU, JIKI, ue, tane, nao)
⁴中 Uenaka s
山 Ueyama s
井 Uei s
月 Uetsuki s
木 Ueki sp
木枝盛 U. Emori mlh
⁵田 Ueda s
田寿蔵 U. Juzō ml
本 Uemoto s
⁶竹 Uetake s
⁷村 Uemura s
村正久 U. Masahisa mlh
村諦 U. Tai ml
⁹松 Uematsu s
松寿樹 U. Hisaki ml
草 Uekusa s
長 Tanenaga m
⁹柳 Ueyanagi s
家 Taneie m
栗 Uekuri s
原 Uehara s
¹野 Ueno s
島 Uejima s
¹²場 Ueba s

———13 L5———

祺 1903 (KI, GI, yoshi, yasu, sachi)
子 Yoshiko f, Yasuko, Sachiko
和 Yoshikata m

畯 See 2110

睦 1904 [N] Mutsu-mi m, Chikashi, Atsushi, Makoto. (BO-KU, MOKU, mutsu, chi-

ka, yoshi, toki, tomo, nobu, mu)
之 Tomoyuki m
子 Mutsuko f, Chika-ko
仁 Mutsuhito m
月 Mutsuki f
立 Mutsumi f
沢 Mutsuzawa p
玄 Chikaharu m
美 Mutsumi f
陸 Mutsumu m
道 Yoshimichi m
睦 Mutsumu m

靖 1905 [N] Yasu-shi m, Osamu, Hakaru, Kiyoshi. (SEI, JŌ, yasu, nobu, shizu)
三郎 Yasusaburō m
文 Yasuyuki m
夫 Shizuo m
彦 Yasuhiko m
胤 Nobutane m
章 Yasufumi m
道 Yasumichi m

裲 1906 (RYŌ)
襠 Uchikake l

裾 1907 (KYO, KO, suso)
巳 Susomi f
野 Susono p

碑 1908 Ishibumi l. (HI)

碇 1909 Ikari s. (TEI, CHŌ, ikari)
ケ関 Ikarigaseki p
之助 Ikarinosuke m
山 Ikariyama s
谷 Ikariya s
潜 Ikarikazuki la

碓 1910 (TAI, TE, usu)
川 Usugawa s
井 Usui sp
氷 Usui sp
男 Usuo m

雄 1911 (CHI, kiji, nobu, fusa)
本 Kijimoto s

雄 1912 [T] Take-shi m, Yū. (YŪ, o, take, katsu, kazu, taka, kata, nori, yoshi)
¹一 Yūichi m
一郎 Yūichirō m
²二 Yūji m
二郎 Yūjirō m
人 Ondo m
力衛 Orie m
³三郎 Yūsaburō m
之功 Yūnosuke m
⁴太郎 Yūtarō m
⁵比古 Kazuhiko m
只 Kazutada m
⁶次 Yūji m
吉 Yūkichi m
早馬 Osame m
年 Katsuchika m
⁷君 Ogimi f
物川 Omonogawa s
⁸和 Yūwa p
幸 Yūkō m
昇 Takenori m
兎 Oto m
武 Ōmu p
⁹祐 Yūsuke m
風 Okaze m
彦 Katsuhiko m
¹⁰家 Oe s
¹¹略 Yūryaku mh
章 Takefumi m
¹²勝 Okatsu p, Ogachi
¹⁵端 Katsumasa p
踏 Yūtō p

雅 1913 [T] Masa-shi m, Masari, Miyabi, Tadashi, Hi-toshi. (GA, masa, tsune, tada, nori, nari, moto)
¹一 Masaichi m, Ma-sakazu
²二 Masaji m
二郎 Tsunejirō m
人 Masando m
³川 Tsunekawa s
川滉 T. Hiroshi ml
万 Masakazu m
子 Masako f
之助 Masanosuke m
⁴太郎 Masatarō m
也 Tsuneya m
孔 Masamichi m
⁵史 Masachika m
⁶休 Masayasu m
宅 Masaie m

光 Tsuneteru m ⌐l
⁷言集覧 Gagen shūran
充 Masamichi m
英 Norie m
⁹美 Masami f
¹⁰訓 Masakuni m
郎 Masarō m
¹¹情 Masaharu m
規 Masanori m
常 Masatsune m
庸 Masanobu m
¹²富 Masatomi s
¹³睦 Masanobu m
楽 Uta m
楽川 Utakawa s
楽介 Utanosuke m
¹⁴嘉 Masayoshi m
¹⁵儀 Masayoshi m
澄 Masazumi m
¹⁶親 Masachika m
¹⁷縁 Masayori m

稗 See 2123

稚 1914 (CHI, waka, waku, nori)
子 Wakako f
内 Wakkanai p
女 Wakume f

稠 1915 Shigeru m, Shigeshi, Ama-ne; Shige f. (CHŌ, shige)
尚 Shigehisa m

稔 1916 [N] Minoru m-f. (NEN, toshi, naru, nari)
足 Toshitari m
男 Toshio m
彦 Naruhiko m

稜 1917 (RYŌ, RŌ, izu, taka, taru)
人 Takato m
彦 Izuhiko m, Taruhi-⌐ko
威 Itsue s
威子 Itsuko f
威言別 Itsu no koto-wake l
威道別 Itsu no chiwa-ke l
威雄 Itsuo m

———13 L6———

辞 1918 (JI, SHI, koto)

辟 1919 (HEKI, HYAKU, nori)
田 Hirata s
秦 Haihata s
槻 Hijitsuki s

蛭 1920 (SHITSU, hiru)
川 Hirukawa sp
可 Hiruka s
田 Hiruta s
河 Hirukawa s
間 Hiruma s

蜂 1921 Hachi s. (HŌ, hachi)
田 Hachida s
谷 Hachiya s
屋 Hachiya s
巣 Hachinosu s
須 Hachisu s
須賀 Hachisuka s

———13 L7———

犾 1922 Susumu m. (SHIN)

解 1923 [T] Satoru m ; Toki s. (KAI, GE, toki, hiro, za)
子 Hiroko f
以 Zai f
礼 Kere f 「lh
体新書 Kaitai shinsho
良 Kera s
脱 Gedatsu l

群 1924 [T] (GUN, KUN, mura, tomo, mure, moto)
南 Gunnan p
書類従 Gunsho ruijū l
馬 Gunma p
蜂 Gunbō l
樹 Muraki m

路 1925 [T] Ōji s. (RO, michi, ji, nori, yuki)
子 Michihisa m
彦 Michiko f
子工 Michinokoda s

通 Rotsū ml

跡 1926 [T] (SEKI, SHAKU, ato)
川 Togawa s
田 Atoda s
成 Atonari m
見 Atomi s, Tomi
部 Atobe s

詳 1927 [T] (SHŌ, zō, mitsu, tsuma)

詢 1928 Makoto m. (JUN, SHUN)

誂 1929 (CHŌ, atsurae)
染遠山麓子 Atsuraezome Tōyamaganoko l

詣 1930 (KEI, GEI, GAI, yuki)
見 Yukimi m

詫 1931 (TAKU)
間 Takuma p

試 1932 [T] (SHI, mochi)

詩 1933 [T] (SHI, uta)
之家 Shi no ie l
臣 Utaomi m
神 Shishin l
草社 Shisōsha l
風土 Shifūdo l
聖 Shisei l

詮 1934 Satoru m, Satoshi, Akira. (SEN, aki, toshi, nori, sato, haru, tomo, akira)
子 Akiko f
太郎 Sentarō m
允 Akisane m
実 Akimitsu m
茂 Akitō m
信 Akinobu m
兼 Akikane m

誠 1935 [T] Makoto m-f ; Masashi m, Akira, Takashi. (SEI, JŌ, masa, yoshi, aki, akira, nobu, shige, sane, mi, kane, taka, sumi, tane, tomo, naga, nari, naru, nori, moto)
[1]一 Yoshikazu m
一郎 Seiichirō m
[2]二 Seiji m
二郎 Seijirō m
[3]三 Seizō m
三郎 Seizaburō m
子 Masako f
[2]丹 Taneyuki m
之助 Seinosuke m
[4]内 Nobumasa m
介 Seisuke m
文 Masafumi m
夫 Masao m
太郎 Seitarō m
[5]司 Seiji m
白 Masashi m
[6]次 Seiji m
次郎 Seijirō m
成 Takanari m
[7]佑 Kanesuke m
克 Shigekatsu m
[8]明 Nobuaki m
定 Akisada m
忠 Sanetada m
[9]治 Seiji m
弥 Shigehiro m
亮 Seisuke m
美 Saneyoshi m
[10]記 Motoki m
[11]康 Naruyasu m
[12]博 Yoshihiro m
道 Masamichi m
[13]寛 Shigehiro m
業 Nobuoki m

———13 L8———

甌 1936 (CHŌ, DŌ, mika)
尻 Mikashiri s
玉 Mikatama s
取 Mikatori s

嗣 1937 [T] (SHI, JI, tsugi, tsugu, sane, hide)
夫 Tsuguo m
定 Tsugisada m
武 Tsugitake m
郎 Shirō m
頼 Tsuguyori m

幹 1938 [T] Miki m, Motoki, Tsuyoshi, Takashi. (KAN, ki, moto, ki, mi, yoshi, tsune, toshi, tomo, kara, masa, yomi, yori)
一郎 Kan'ichirō m
之助 Kannosuke m, Mikinosuke
太 Mikita m
示 Yoshimi f
次郎 Mikijirō m
直 Mikitada m
彦 Mikihiko m
郎 Motoo m
雄 Mikio m
嗣 Mototsugu m
興 Motooki m

鉤 1939 Magari sm. (KŌ, KU)

鈿 1940 (DEN, uzu)
女 Uzume f

鉦 1941 (SEI, SHŌ, kane)
次郎 Kanejirō m

鈺 1942 (GYOKU, GOKU, kane)
宜 Kaneyoshi s

鈍 1943 [T] (DON)
太郎 Dontarō la

鉛 1944 [T] Namari s. (EN, kana)
山 Kanayama s

鉢 1945 (HACHI, ho)
かづき Hachikazuki l
木 Hachinoki la

鉅 1946 Tsuyoshi m, Takashi ; Ōshika sm ; Ōka s. (KYO, GO, ō, ōka, saza)
鹿 Ōka s, Sazaka

鈴 1947 [T] (REI, RYŌ, suzu, rin)
[3]川 Suzukawa s

雄
雅
稗
稚
稠
稔
稜
▼
辞
辟
蛭
蜂
犾
解
群
路
跡
詳
詢
誂
詣
詫
試
詩
詮
誠
甌
嗣
幹
鉤
鈿
鉦
鈺
鈍
鉛
鉢
鉅
鈴
▲
鉄
鉱
終
紬
組
紙
紺

幹 鉤 細 鉦 鉅 鈍 鉛 鉢 鉅 鈴 ▼ 鉄 紘 終 紬 組 紙 紺 紹 純 経 細 鼓 殿 献 獻 ▲ 飫 飯 新 馴 凱 勤 勧 亂 寶

子 Suzuko f
太郎 Reitarō m
木 Suzuki s
木三重吉 S. Miekichi
木大拙 S. Daisetsu s
木文治 S. Bunji mh
木田 Suzukida s
木正三 Suzuki Shōsan ml
木弘恭 S. Hiroyasu ml
木花簑 S. Hanamino
木虎雄 S. Torao ml
木信太郎 S. Shintarō ［ma
木春信 S. Harunobu
木泉三郎 S. Senzaburō ml ［mh
木梅太郎 S. Umetarō
木貫太郎 S. Kantarō mh ［ml
木善太郎 S. Zentarō
⁵田 Suzuta s
⁶江 Suzue sf
虫 Suzumushi l
⁷村 Suzumura s
⁹治郎 Rinjirō m
¹⁰屋 Suzuya s
¹¹峰 Reihō p
野 Suzuno
¹²賀 Suzuka s
鹿 Suzuka sp ［ml
鹿野風呂 S. Noburo
¹³雄 Suzuo m

鉄 1948 [T] Tetsu sm; Kurogane s; Magane m. (TETSU, kane, kimi, toshi)
一郎 Tetsuichirō m
二 Tetsuji m
三 Tetsuzō m
之助 Tetsunosuke m
工 Kanuchi s
夫 Kaneo m, Kimio
山 Tessan s
太郎 Tetsutarō m
平 Tetsuhei m, Teppei
次郎 Tetsujirō m
吉 Tetsukichi m
男 Tetsuo m
臣 Tetsuomi m
師 Kanuchi s
屋 Tetsuya s
馬 Tetsuma m
朗 Toshiaki m

輪 Kanawa la
蔵 Tetsuzō m

紘 1949 Hiroshi m. (KŌ, GYŌ, hiro)

終 1950 [T] (SHŪ, tsuki, nochi)
の栖 Tsui no sumika l

紬 1951 (CHŪ, tsumugi)
子 Tsumugiko f

組 1952 (SO, SHO, kumi, kumu)
子 Kumiko f

紙 1953 [T] Kami s. (SHI, kami)
子 Kamiko f
田 Kamida s
谷 Kamiya s
風船 Kamifūsen la
屋 Kamiya s

紺 1954 [T] (KON)
口 Konku s
村 Konmura s
谷 Kontani s
屋 Kon'ya s
野 Konno s
部 Konbe s

紹 1955 [T] (SHŌ, tsugu, tsugi, aki)
子 Tsugiko f
仁 Tsuguhito m
巴 Shōha m
房 Akifusa m
念 Tsugumune m
美 Jōmi s
雄 Tsugio m

純 1956 [T] Atsushi m, Jun, Makoto, Kiyoshi, Sunao, Itaru. (JUN, yoshi, sumi, atsu, aya, ito, tsuna, tō)
一 Jun'ichi m
一郎 Jun'ichirō m
友 Sumitomo s
夫 Sumio m
正 Sumimasa m, Yoshimasa, Yoshitada
吉 Junkichi m

如 Tsunayuki m
孝 Sumitaka m
則 Yoshiaki m
信 Yoshinobu m
彦 Atsuhiko m, Sumi-
郎 Ayao m ［hiko
雄 Sumio m
義 Sumiyoshi m
資 Yoshisuke m
情 Sumikiyo m

経 1957 [T] Osamu m. (KEI, KYŌ, tsune, nori, fu, nobu, fu-
介 Keisuke m ［ru)
夫 Tsuneo m
式 Tsunenori m
世秘策 Keisei hisaku lh ［riaki
⁸明 Tsuneakira m, No-
孟 Tsunemoto m
国集 Keikokushū l
⁹信 Tsunenobu ml
治 Tsuneharu m
則 Tsunetoki m
¹⁰家 Tsuneie m
裕 Norihiro m
教 Tsunenori m
済 Tsunenari m ［lh
済要録 Keizai yōroku
済録 Keizairoku lh
¹²道 Tsunemichi m
¹³雅 Tsunetada m
幹 Tsunemoto m
義 Norishige m
¹⁴甄 Tsuneaki m
¹⁵慰 Tsuneyasu m
¹⁶縄 Tsuneo m
輝 Tsuneteru m
¹⁸顥 Tsuneaki m

細 1958 [T] Kuwashi m. (SAI, SEI, hoso)
²入 Hosoiri p
³川 Hosokawa s
川重賢 H. Shigekata mh ［mh
川勝元 H. Katsumoto
川幽斎 H. Yūsai ml
川頼之 H. Yoriyuki m
⁴戸 Hosodo s
山 Hosoyama s
木 Hosoki s
井 Hosoi s
井和喜蔵 H. Wakizō mlh

井魚袋 H. Gyotai ml
内 Hosouchi s
⁵田 Hosoda s
田民樹 H. Tamiki ml
田源吉 H. Genkichi
矢 Hosoya s ［ml
⁶江 Hosoe p
合 Hosoai s
辻 Hosotsuji s
⁷沢 Hosozawa s
村 Hosomura s
谷 Hosoya s, Hosono-ya ［ml
谷源二 Hosoya Genji
貝 Hosogai s
見 Hosomi s
⁸沼 Hosonuma s
岡 Hosooka s
¹⁰倉 Hosokura s
屋 Hosoya s
¹¹浪 Hosonami s
渓 Hosotani s
根 Hosone s
野 Hosono s
雪 Sasameyuki l
島 Hosojima s
萱 Hosokaya s
¹³淵 Hosobuchi s
堀 Hosobori s
越 Hosogoe s
越夏村 H. Kason ml

———13 L9———

鼓 1959 [T] Tsuzumi s. (KO)
常良 T. Tsuneyoshi ml

殿 1960 [T] Tonomori s. (DEN, tono, ato, sue)
木 Tonoki s
村 Tonomura s
来 Tonoki s
岡 Tonooka s
原 Tonohara s
塚 Tonozuka s

献 1961 [T] (KEN, KON, take)

獻 1962 (YŪ, YU, michi, yuki, nori, kazu)
子 Michiko f
太郎 Yūtarō m
彦 Michihiko m

飯 1963 (O, YO)

富 Ō s, Obu

飯 1964 [T] Ii s.
(HAN, ii, meshi)
³川 Iigawa s
土用 Iitoyo s
久保 Iikubo s ⌐p
⁴山 Iiyama sp; Hanzan
井 Meshii s
⁵石 Iishi p
田 Iida sp; Handa s
田川 Iidagawa s ⌐ml
田年平 Iida Toshihira
田武郷 I. Takesato ml
田莫哀 I. Bakuai ml
田竜太 I. Ryūta ml
田蛇笏 I. Dakotsu ml
田屋 Iidaya s
田橋 Iidabashi s
⁶吉 Iiyoshi s
⁷坂 Iizaka p, Iisaka
沢 Iizawa s
沢匡 I. Tadasu ml
村 Iimura s
尾 Iio s, Inoo
⁸沼 Iinuma s
河 Iigawa s, Ikō
⁹垣 Iigaki s
南 Iinan p
泉 Iizumi s
岡 Iioka sp
¹⁰酒盃 Isahai s
高 Iitaka sp
倉 Iigura s
室 Iimuro s
浜 Iihama s
原 Iihara s
¹¹浪 Iinami s, Iinuma
野 Iino sp
能 Hannō p
盛 Iimori sp; Meshi-
mori ml
麻呂 Iimaro m
島 Iijima sp
島正 I. Tadashi ml
¹²富 Iitomi s
笹 Iizasa s
森 Iimori s
¹³塚 Iizuka sp
塚友一郎 I. Tomoi-
豊 Iide p ⌐chirō ml
淵 Iibuchi s
¹⁴窪 Iikubo s
郷 Iigō s
¹⁷館 Iidate p

篠 Iizasa s, Iishino

新 1965 [T] Arata
sm; Shin m-p;
Hajime m, Susume,
Akira; Atarashi s.
(SHIN, nii, ara, chika,
waka, yoshi, imaki,
ima) ⌐kazu
¹一 Shin'ichi m, Ara-
一郎 Shin'ichirō m
²十津川 Shin-totsuga-
wa p
十郎 Shinjūrō m
八 Shinpachi m
七 Shinshichi m
³川 Arakawa s, Niika-
wa, Nikkawa; Shin-
kawa, Shimura
三郎 Shinzaburō m
万葉集 Shin-man'yō-
shū l
久保 Shinkubo s
千載集 Shin-senzai-
shū l
之允 Shinnojō m
之助 Shinnosuke m
⁴戸 Niinohe s
元 Niimoto s
今 Niima s
内 Shinnai a ⌐ma
山 Niiyama s, Araya-
太郎 Shintarō m
井 Arai sp
井田 Niida s ⌐mlh
井田白石 Arai Hakuseki
井洸 A. Kō ml
井紀一 A. Kiichi ml
⁵比古 Chikahiko m
比恵 Imahie s
比叡 Imahie s
右衛門 Shin'emon m
生 Niibu s, Niifu, Nii-
kura ⌐l
古文林 Shin-kobunrin
古今集 S.-kokinshū l
今集美濃家苞 S.-k.
Mino no iezuto p
市 Shin'ichi p
平 Shinpei m
平家 Shin-heike l
田 Nitta sp ⌐mh
田目 Aratame s
田次郎 Nitta Jirō ml
田義貞 N. Yoshisada
田潤 N. Jun ml ⌐mh
⁶旭 Shin-asahi s

次郎 Shinjirō m
地 Shinchi p
行内 Shingyōji s
江 Arae s
合 Niiai s
吉 Shinkichi m
吉富 Shin-yoshitomi p
宅 Shintaku s
庄 Shinjō sp; Jinjō s
曲赫映姫 Shinkyoku
Kaguyahime la
世帯 Arajotai l
名 Niina s
西蘭 Nyūjiirando p
"New Zealand"
⁷体詩抄 Shintaishishō
沢 Shinsawa s ⌐l
村 Niimura s, Shin-
mura, Shimura
村出 Shinmura Izuru
助 Shinsuke m ⌐ml
利根 Shin-tone p
谷 Niitani s, Araya,
Niiya, Shin'ya,
Shintani
条 Shinjō s
花摘 Shin-hanatsumi l
尾 Arao s
里 Niisato s
見 Niimi sp; Shinmi
s, Shinomi, Niima
見正親 Shinmi Masa-
oki mh
⁸沼 Niinuma s
和 Shinwa p
和様 Shinwayō a
即物性 Shinsoku bus-
sei l ⌐zaimon l
版歌祭文 Shinpan uta-
免 Shinmen s, Niimi
実 Niimi s
学 Niimanabi l
学異見 N. iken l
阜 Niiya s ⌐s
居 Arai sp, Nii; Niori
居格 Nii Itaru ml
居浜 Niihama p
国 Niikuni s
武道伝来記 Shin budō
denraiki l
良 Shinra s
良貴 Shiragi s
⁹保 Shinbo s
拾遺集 Shin-shūishū l
城 Niiki s, Shinjō;
Shinshiro p
垣 Niigaki s

津 Niitsu p ⌐p
治 Niihari sp; Niiharu
松 Niimatsu s
枬 Aramomi s
勅撰集 Shin-choku-
senshū l
冠 Niikappu p
荘 Shinjō s
美 Niimi s ⌐ml
美南吉 N. Nankichi
音羽屋 Shintowaya s
妻 Niizuma s
発田 Shibata sp; Shi-
ōda s
泉 Niizumi s
岡 Niioka s ⌐l
¹⁰俳話会 Shinhaiwakai l
海 Shinkai s ⌐ma
海竹太郎 S. Taketarō
家 Niiya s, Araya,
Shin'ya, Niinomi;
Niie m
倉 Niikura s
宮 Shingū sp
畠 Niibata s
原 Niibara s
座 Shinza s
潟 Niiya s, Shin'ya
¹¹後撰集 Shin-gosen-
shū l ⌐ishū l
後拾遺集 Shin-goshū-
得 Shintoku p
野 Niino sp
宿 Shinjuku p
著百種 Shincho hya-
kushu l
笠 Niigasa m
魚目 Shin'uonome p
島 Niijima s
島本 Niijimahon p
島栄治 Niijima Eiji ml
島襄 N. Jō mlh
島繁 N. Shigeru ml
¹²湊 Shinminato p
渡戸 Nitobe s, Niitobe
渡戸稲造 Nitobe Ina-
zō mlh ⌐kajin l
粧之佳人 Shinsō no
納 Niiro s, Shiiro, Ni-
ira, Shiyū
富 Shintomi p
開 Shinkai sp
間 Shinma s, Niima
間進一 S. Shin'ichi ml
¹³堀 Shinbori s, Nip-
pori, Niibori
漢 Imakinoaya s

紙 紺 紹 経 細 鼓 殿 献 献 ▼ 飯 飯 新 ▲ 馴 凱 勧 勧 乳 稟 稟 島 義

純
経
細
鼓
殿
献
猷
飯
新
▼
馴
凱
勤
勧
乳
亶
稟
義
▲
寝
寛
塋
墓
蒿
蒸
蒨
蓉
葩

漢人 Imakiayahito s, Imakinoayahito
葉集 Shin'yōshū l
楽 Niira s
[14]演芸 Shin'engei l
猿猴記 Shinsarugaku-
郷 Shingō p ⌐ki l
銅 Shindō s
関 Niizeki s
関良三 N. Ryozo m
[15]潟 Niigata p
撰字鏡 Shinsen jikyō l
撰姓氏録 S. shōjiroku l
撰朗詠集 S. rōeishū l
撰菟玖波集 S. Tsuku-bashū l
撰組 Shinsengumi l
撰髄脳 Shinsen zuinō l
穂 Niibo p
続古今集 Shin-zoku-kokinshū l
熊 Niikuma m
選組 Shinsengumi l
選組始末記 S. shima-tsuki l
[16]輿 Niioki s
[17]篠津 Shinshinotsu p
墾 Niihari l
[18]藤 Shindō s
[19]韻 Shin'in l
[21]鶴 Niitsuru p
羅 Shiragi / Shinra ph "Silla"
羅楽 Shiragi gaku a

───13 L10───
馴 1966 (JUN, SHUN, nare, yoshi)

───13 L11───
凱 1967 Tanoshi m. (GAI, yoshi, toki)
一 Tokiichi m
金 Yoshikane m
実 Yoshizane m
陣八島 Gaijin Yashi-ma la

勤 1968 See 勤 1698

勗 1969 Iwao m. (SEKI, SHAKU)

勧 1970 Susumu m. (KAN, KEN, yuki)
学院 Kangakuin ph

進帳 Kanjinchō la
修寺 Kajūji s ⌐aku l
善戀悪 Kanzen chō-
善惡悪覗機関 K.c. no-zoki karakuri la

───13 L12───
乳 1971 Osamu m. (CHI)

───13 T2───
亶 1972 Yutaka m. (TAN, SEN, tada, atsu)

稟 1973 Ukuru m. (RIN)

───13 T3───
品 1974 Iwao m. (GAN)
雄 Iwao m

義 1975 [T] Tadashi m, Yoshi, Tsutomu. (GI, yoshi, nori, aki, shige, take, chika, michi, yori)
[1]一 Giichi m
[3]三 Yoshizō m
三郎 Yoshisaburō m, Gisaburō
子 Yoshiko f, Noriko
士 Takeo m
久 Yoshihisa m
之 Yoshiyuki m
之介 Yoshinosuke m
[4]心 Yoshimune m
元 Yoshiyuki m, Yo-shinaga ⌐suke
介 Yoshisuke m, Gi-
友 Yoshitomo m
文 Yoshifumi m
止 Yoshimune m
五 Yoshikazu m
夫 Yoshio m
太 Yoshihiro m
大夫 Gidayū ma-a
太郎 Yoshitarō m
[5]比 Yoshichika m, Yo-shihisa
礼 Yoshiakira m
令 Yoshiharu m
公 Yoshimasa m, Yo-shihiro
処 Yoshisumi m
央 Yoshichika m

四郎 Gishirō m
正 Yoshimasa m, Yo-shisada
[6]光 Yoshimitsu m, Yo-shiteru, Yoshiaki
広 Yoshihiro m
[7]弘 Yoshihiro m
助 Yoshisuke m
利 Yoshimasa m
亢 Yoshikatsu m
兌 Yoshimichi m
男 Yoshio m
局 Yoshichika m
[8]明 Yoshiaki m
杵 Yoshiki m
知 Yoshitomo m
和 Yoshichika m, Yo-shimasa, Yoshiyori
苗 Yoshitane m
忠 Noritada m
秀 Yoshihide m
居 Yoshisue m
武 Yoshitake m
尚 Yoshihisa m
国 Yoshikuni m
固 Yoshitaka m
良 Yoshio m, Norina-ga
[9]保 Yorio m ⌐ga
治 Yoshiharu m
昭 Yoshiaki m
珍 Yoshimitsu m
弥 Yoshimitsu m
柄 Yoshie m, Yoshi-tsuka
政 Yoshimasa m
故 Yoshimoto m
垣 Yoshitaka m
城 Yoshikuni m
則 Yoshinori m
勇 Yoshitoshi m, Yo-shitake, Yoshio
美 Yoshitomi m
栄 Yoshishige m
巻 Yoshimaki m, Yo-shimaru
岡 Yoshioka s
建 Yoshitake m
彦 Yoshihiko m
門 Yoshikado m
貞 Yoshisada m
[10]将 Yoshimasa m
格 Yoshitaka m
始 Yoshimoto m
修 Yoshinaga m
倫 Yoshitsugu m
祚 Yoshitoshi m
祇 Yoshimoto m

郎 Yoshirō m
髙 Yoshitaka m, Yo-shiue
員 Yoshikazu m
竜 Yoshitatsu m
恭 Yoshitada m
威 Yoshitoshi m
[11]清 Yoshikiyo m
深 Yoshitō m
隆 Yoshitaka m
胸 Yoshimune m
視 Yoshimi m
理 Yoshitada m, Yo-shitoshi
規 Yoshinori m
務 Yoshikane m
朗 Yoshirō m
教 Yoshinori m
著 Yoshitsugu m
章 Yoshitaka m ⌐ml
堂周信 Gidō Shūshin
盛 Yoshimori m
留 Yoshito m
恕 Yoshikuni m
亀 Yoshihisa m
[12]備 Yoshinari m
陽 Yoshiki m
勝 Yoshikatsu m
晴 Yoshiharu m
朝 Yoshitomo m
温 Yoshiatsu m, Yo-shiyasu
貴 Yoshiatsu m
登 Yoshitaka m
智 Yoshitomo m
堅 Yoshikata m
量 Yoshikazu m
景 Yoshikage m
喬 Yoshitaka m
[18]植 Yoshitane m
雄 Yoshio m
詮 Yoshitoshi m, Yo-shiakira
淵 Gien mh
満 Yoshimitsu m
経 Yoshitsune m
経千本桜 Y. senbon-zakura la
経新高館 Y. Shin Ta-kadachi l
経記 Gikeiki l
意 Yoshimoto m
照 Yoshiteru m
蓁 Yoshishige m
舜 Yoshikiyo m
愛 Yoshichika m
[14]演 Gien mh

徳 Yoshinori m
弼 Yoshisuke m
旗 Yoshitaka m
暢 Yoshinaga m
種 Yoshitane m
輔 Yoshisuke m
詔 Yoshiaki m
数 Yoshikazu m
農 Yoshitami m
算 Yoshikazu m
¹⁵澄 Yoshizumi m
輝 Yoshiteru m
蕃 Yoshimori m
履 Yoshifumi m
調 Yoshishige m
銀 Yoshikane m
統 Yoshimune m
続 Yoshitsugu m
寮 Yoshiie m
質 Yoshitada m, Yoshimoto, Yoshikata
¹⁶積 Yoshisane m
縅 Yoshiyasu m
賢 Yoshinori m
興 Yoshioki m
¹⁷懐 Yoshichika m
諶 Yoshitsumu m
謙 Yoshinori m, Yoshikane
慈 Yoshishige m
¹⁸曜 Yoshiteru m
¹⁹鏡 Yoshikane m, Yoshiakira
²³鑑 Yoshinori m

寝 1976 [T] (SHIN, ne)
星川 Neyagawa p
覚 Nezame l ⌈a
殿造 Shinden-zukuri
園 Shin'en l

寛 1977 [T] Hiroshi m, Kan, Yutaka. (KAN, hiro, tomo, chika, tō, tomi, nori, hito, o, tora, nobu, mune, moto, yoshi, oki)
¹一郎 Kan'ichirō m
²九郎 Kankurō m
人 Hiroto m, Hirondo
二郎 Kanjirō m
³三郎 Kanzaburō m
⁴仁 Kannin 1017–21; Tomohito m
元 Kangen 1243–47
文 Kanbun 1661–73

⁵永 Kan'ei 1624–44
永寺 Kan'eiji p
申 Hiromi m
正 Kanshō 1460–66
平 Kanpyō / Kanpei 889–98
⁶次 Kanji m
次郎 Kanjirō m
⁷弘 Kankō 1004–12
⁸和 Kanwa 985–87
延 Kan'en 1748–51
⁹保 Kanpō 1741–44
治 Kanji m 1087–94
祐 Tomimasa m
政 Kansei 1789–1801
政三奇人 K. no sankijin mh
政三博士 K. no sanhakase mh
哉 Kansuke m
¹⁰恵 Hiroyoshi m
造 Kanzō m
¹¹剛 Hiroyoshi m
裕 Tomimasa m
¹²喜 Kangi 1229–32
徳 Kantoku 1044–46
¹⁶憲 Kanzō m
篤 Tomoatsu m

莖 1978 See 茎 684

墓 1979 [T] Haka s, Hakamori. (BO, haka, tsuka)

蒿 1980 Yomogi f. (KŌ)

蒸 1981 [T] Tsumaki m. (JŌ, tsugu)

蒨 1982 Shigeru m. (SEN)

蓉 1983 (YŌ, YU, hasu)
身 Hasumi f

蓁 1984 Shigeru m. (SHIN, shige, hari)
原 Harihara s

配 1984A (HAI)
島 Haijima s

蒔 1985 (JI, SHI, maki)
子 Makiko f
田 Makita s

蒜 1986 (SAN, hiru)
田 Hiruta s
園 Hiruzono m

茲 1987 Shigeru m. (JI, shige, kore, tsuna)
俊 Koretoshi m
親 Korechika m

蒼 1988 Shigeru m. (SŌ, shige, ta)
生子 Tamiko f
穹 Sōkyū l
氓 Sōbō l

幕 1989 ['T] (MAKU, BAKU)
内 Makuuchi s
田 Makuta s
別 Makubetsu p
谷 Makuya s
屋 Makuya s

夢 1990 [T] (MU, BŌ, yume)
助 Yumesuke m
応の鯉魚 Muō no rigyo l
前 Yumesaki p
浮橋 Yume no ukihashi l ⌈mlh
窓疎石 Musō Soseki

葉 1991 [T] (YŌ, ha, ba, nobu, tari, fusa)
山 Hayama sp
山嘉樹 H. Yoshiki ml
若 Hawaka s
室 Hamuro s
栗 Haguri p

葦 1992 (I, ashi)
名 Ashina s
谷 Ashiya s
室 Ashiya s
原 Ashiwara s
屋 Ashiya s
野 Ashino s

渡 Ashiwatari s
崎 Ashizaki s
敷 Ashiki s
繁 Ashishige s

蒲 1993 Gama s. (HO, BU, gama, kama)
刈 Kamagari p
田 Kabata s, Katsukida ⌈p
生 Gamō sm-p; Kamō
生君平 G. Kunpei mh
地 Kamachi s
江 Kamae p
坂 Hosaka s
沢 Kamasawa s
谷 Kamaya s
郡 Gamagōri p
原 Kanbara sp; Kamahara s ⌈ake ml
原有明 Kanbara Ari-

葛 1994 Kazura s, Kashii, Kuzō, Kasai, Fujii. (KATSU, kuzu, kado, kazu, sachi, fuji, tsura, katsura)
⁸上 Kazukami s
子 Sachiko f
⁴山 Kuzuyama s, Kadoyama, Katsurayama, Kazura, Kashio
井 Kadoi s, Fujii
井広成 F. Hironari ml
生 Kuzuo s; Kuzuu p
⁶西 Kasai s, Kassai
西善蔵 Kasai Zenzō
⁷谷 Kuzudani s ⌈ml
尾 Katsurao p
見 Katsumi s
巻 Kuzumaki sp; Kazumaki s
城 Kazuraki sla; Katsuragi s; Katsujō m
城天狗 Kazuraki ten-
岡 Kazuraki ⌈gu l
¹⁰原 Kuzuhara s, Katsurahara, Tsuzurahara
¹¹根 Kuzune s
野 Kuzuno s; Kadono
盛 Kazumori m ⌈sm
¹²貫 Kasanuki s
¹⁴飾 Katsushika sp

馴 凱 勤 勣 勧 乳 亶 稟 啚 義 ▼ 寝 寛 莖 墓 蒿 蒸 蒨 蓉 蓁 蒔 蒜 茲 蒼 幕 夢 葉 葦 蒲 葛 ▲ 歳 暑 量 崈 嵩 風 當 發 蒙 累

蒔
蒜
茲
蒼
幕
夢
葉
葦
蒲
葛
▼
歳
暑
暈
崙
崧
嵐
當
發
蒙
蜀
罪
意
登
羨
貫
資
豊
筧
筠
▲
筥
舜
愛
椉
會
惡
禁
楚
督
業

飾北斎 K. Hokusai *ma*
[18]鎮 Fujitsune *m*

—— 13 T4 ——

歳 1995 [T] (SAI, SEI, toshi, tose,
三 Toshizō *m*　[isa]
久 Toshihisa *m*
男 Isao *m*
兼 Toshikane *m*

暑 1996 See 暑 1738 A

暈 1997 Higasa *s*. (UN)

崑 1998 See 崑 1974

崧 1999 Takashi *m*. (SHŪ, SHU)

嵐 2000 Arashi *sm*. (RAN)
山 Arashiyama *p-la*
雪 Ransetsu *ml*

—— 13 T5 ——

當 2001 See 当 282

發 2002 See 発 953

蒙 2003 (MŌ)
求和歌 Mōgyū waka *l*

累 2004 [T] Rui *f*. (RUI, taka)
教 Takako *f*

蜀 2005 (SHOKU, ku-ni)
山人 Shokusanjin *ml*

罪 2006 [T] (ZAI, tsumi)
山 Tsumiyama *s*

意 2007 [T] (I, oki, moto, nori, o, osa, mune, yoshi)
次 Okitsugu *m*
気陽 Ikiyō *m*
成 Motonari *m*

壱 Okikazu *m*
岐 Oki *s*
忠 Noritada *m*
美麿 Ommaro *m*
留 Okihisa *m*
舒 Motonobu *m*
富 Ō *s*
薩 Osato *s*

—— 13 T6 ——

趸 2008 (KYŌ)
音 Ashioto *la*

羨 2009 (SEN, ZEN, yoshi, nobu)
子 Yoshiko *f*

誉 2010 [T] Homare *m*, Homaru, Takashi. (YO, yoshi, taka, shige, nori, homu, hon, yasu, moto)
子 Yoshiko *f*
代 Takayo *f*
田 Honda *sm*; Konda *s*
次郎 Takajirō *m*
津 Honzu *s*
富 Takayoshi *m*
純 Shigesumi *m*
弼 Yoshisuke *m*

貫 2011 (SEI, morai)
聟 Morai-muko *la*

資 2012 [T] Tasuku *m*. (SHI, suke, toshi, yasu, yori, moto, tada, yoshi)
子 Sukeko *f*
公 Suketaka *m*
芝 Sukeshige *m*
吉 Motokichi *m*
忠 Suketada *m*
承 Sukekoto *m*
貞 Sukesada *m*
始 Sukemoto *m*
雄 Yasuo *m*
凱 Sukeyoshi *m*
徳 Sukekatsu *m*
弼 Toshisuke *m*
邁 Suketaka *m*

豊 2013 [T] Toyo *s*, Bun, Bunno; Yutaka *m-p*; Minoru, *m*,

Noboru, Hiroshi. (HŌ, BU, toyo, atsu, mori, hiro, to, yuta, kata, yoshi)
[1]一郎 Toyoichirō *m*
[3]川 Toyokawa *sp*
三久 Tomihisa *m*
三郎 Toyosaburō *m*
子 Atsuko *f*
口 Toyoguchi *s*
[4]水 Toyomizu *s*
仁 Yutahito *m*
中 Toyonaka *p*
日子 Toyohiko *m*
山 Toyoyama *p*
夫 Toyoo *m*
太 Toyoo *m*
太郎 Toyotarō *m*
[5]北 Hōhoku *p*
永 Toyonaga *s*
四郎 Toyoshirō *m*
平 Toyohira *p*
玉 Toyotama *p*
本 Toyomoto *s*
丘 Toyooka *p*
田 Toyoda *sp*, Toyota
田三郎 Toyoda Saburō *ml*
田佐吉 T. Sakichi *mh*
[6]次 Toyoji *m*
竹 Toyotake *s*
行 Toyoyuki *m*
吉 Toyokichi *m*
広 Toyohiro *m*
名賀 Toyonaga *s*
[7]住 Toyozumi *s*
作 Toyomasa *m*
沢 Toyozawa *s*
村 Toyomura *s*
助 Toyosuke *m*
里 Toyosato *p*
臣 Toyotomi *m*
臣秀次 T. Hidetsugu *mh*　[mh]
臣秀吉 T. Hideyoshi
[8]明 Toyoake *p*
昌 Toyomasa *m*
受 Toyuke *s*
国 Toyokuni *ma*
[9]信 Toyonobu *m*, Toyoshige
津 Toyotsu *p*
治 Toyoji *m*
治郎 Toyojirō *m*
松 Toyomatsu *m*
科 Toyoshina *p*
秋 Toyoaki *s*

前 Buzen *sph*　[saka
栄 Toyosaka *p*, Toya-
泉 Toyoizumi *s*
岡 Toyooka *sp*
彦 Toyohiko *m*
[10]俊 Toyotoshi *m*
浜 Toyohama *p*
浦 Toyoura *sp*; Toyora *s*
泰 Toyoyasu *m*
恵 Hiroyoshi *m*
恭 Toyoyuki *m*
原 Toyohara *s*; Toyomoto *m*
[11]頃 Toyokoro *p*
隆 Toyotaka *m*
後 Bungo *ph*
後国 Bungonokuni *ph*
後国風土記 B. no fudoki *l*　[p
後高田 Bungo Takada
根 Toyone *p*
野 Toyono *sp*
能 Toyono *p*
産 Toyotada *m*
島 Toshima *sp*; Toyoshima *s*, Teshima
島与志雄 Toyoshima Yoshio *ml*
[12]崎 Toyosaki *s*
富 Toyotomi *p*
答 Toyokazu *m*
道 Bundō *s*
間 Toyoma *s*
[13]階 Toyoshina *s*, To-shina
福 Toyofuku *s*
誠 Toyonori *m*
[14]郷 Toyosato *p*
[15]敷 Toyonobu *m*
頴 Toyokai *m*
煕 Toyoteru *m*
[16]綺 Toyohatori *s*
親 Yoshika *m*
橘 Toyokichi *m*
橋 Toyohashi *p*
[17]雍 Toyochika *m*
[18]饒 Bunyō *s*, Toyoyuta

筧 2014 Kakei *sm*, Kakehi. (KEN, GEN)

筠 2015 Take *m*. (KIN, take, taka)
彦 Takehiko *m*

宮 2016 Hako *s*.
(KYO, hako, kiyo)
室 Kiyomuro *s*
崎 Hakozaki *s*

舜 2017 Hitoshi *m*.
(SHUN, kiyo, toshi, mitsu, kiyo)
二 Toshiji *m*
子 Toshiko *f*
江 Yoshie *f*
世 Toshiyo *m*
治 Shunji *m*

愛 2018 [T] Chikashi *m*, Megumu.
(AI, E, yoshi, chika, naru, sane, nari, aki, nori, hide, yori, tsune, yasu, aya, mashi)
一郎 Aiichirō *m*
川 Aikawa *sp*
三 Aizō *m*
子 Aiko *f* ; Ayashi *s*, Mashiko
仁 Naruhito *m*
日抄 Aijisshō *l*
甲 Aikō *sp* ; Aikawa *s*
民 Chikatami *m*, Narumi
多茂 Atamu *s*
多義 Aitagi *s*
作 Aisaku *m*
沢 Aizawa *s*
別 Aibetsu *p*
[8]知 Aichi *s*, Echi
知川 Echigawa *p*
若 Aiwaka *s*
宕 Atago *sp*, Otagi
宕空也 A. Kūya *la*
[9]信 Chikanobu *m*
洲 Aisu *s*
発 Yoshichika *m*, Yoshishige, Chikanari, Naritoki
炤 Yoshiteru *m*
彦 Aihiko *m*, Yoshi-
[10]Yoshio *m* ⌐hiko
[11]野 Aino *sp*
[12]曾 Aso *s*
智 Aichi *s*, Echi, Aechi
善 Yoriyoshi *m*
[13]媛 Ehime *p* ⌐taka
雄 Yoshio *m*, Yoshi-
義 Akiyoshi *m*
[14]輔 Aisuke *m*
[15]勲 Yoshihiro *m*

[16]橘 Aikitsu *m*
親 Naruchika *m*
臧 Naritsugu *m*
[20]護若塘箱 Aigonowaka negurabako *la*

—— 13 T7 ——

粲 2019 Akira *m*, Yutaka, Tsubara. (SAN)

—— 13 T8 ——

會 2020 See 会 454

瑟 2020A (SHITSU, SHICHI, koto)
子 Kotoko *f*

禁 2021 [T] (KIN, shime)
秘抄 Kinpishō *lh*
野 Shimeno *s*

楚 2022 Shimoto *m*; Ubara *f*. (SO, SHO, taka)
子 Takako *f*
囚之詩 Soshū no shi *l*
満人 Somahito *ml* ; Somando *m*

督 2023 [T] Tadasu *m*, Osamu, Susumu. (TOKU, tada, masa, yoshi, kami, kō, suke)
正 Tadamasa *m*
応 Yoshio *m*
章 Tadaaki *m*

業 2024 [T] Hajime *m*. (GYŌ, GŌ, nari, nobu, nori, oki, kazu, kuni, fusa)
子 Nariko *f*
尹 Naritada *m*
平 Narihira *m*
合 Nariai *s*
苦 Gōku *l*
景 Narikage *m*
繁 Norishige *m*

電 2025 [T] Inazuma *s*. (DEN)

雷 2026 [T] Ikazuchi *sm* ; Azuma

m. (RAI)
太 Raita *m*
太郎強悪 Ikazuchi Tarō gōaku *l*
電 Raiden *la*

雲 2027 [T] (UN, kumo, mo, yuku)
切 Kumokiri *s*
井 Kumoi *s*
井五雄 K. Tatsuo *ml*
州往来 Unshū ōrai *l*
母 Unmo *l*
母谷 Ubagatani *s*
母集 Kirarashū *l*
出川 Kumodani *s*, Kumoya, Unkoku
出川 Kumodegawa *s*
林院 Unrin'in *sla* ; Uriin *s*, Ujii
英 Kira *s*
津 Kumotsu *s*
飛 Unebi *s*
浦 Unara *s*
野 Unno *s*
雀 Hibari *s*
雀山 Hibariyama *la*
梯 Unade *s*

—— 13 T9 ——

牽 2028 (KEN, toki, toshi, kuru, hiki, hita)

楽 2029 [T] Tanoshi *m* ; Raku *s*. (RAKU, GAKU, yoshi, moto, sasa)
水 Motomi *m*
平 Yoshihira *m*
成 Yoshinari *m*
世 Rase *s*, Nara
阿弥 Rakuami *la*
浪 Sasanami *s*, Gakurō
楽前 Sasanokuma *s*
楽熊 Sasanokuma *s*

聖 2030 [T] Satoshi *m*, Satoru, Akira, Takara ; Kiyo *f*. (SEI, SHŌ, masa, sato, toshi, kiyo, hijiri)
三稜玻璃 Seisanryō hari *l*
子 Masako *f*
丸 Hijirimaru *mh*
夫 Masao *m*

明王 Seimei-ō *mh*
武 Shōmu *mh*
家族 Seikazoku *l*
勝 Masakatsu *m*
遊廓 Hijiri yūkaku *l*
徳太子 Shōtoku Taishi *mh*
徳太子伝暦 S. T. denryaku *l*
譲 Toshiakira *m*
籠 Seirō *p*

慈 2031 Tsutomu *m*. (BŌ, MO)

愚 2032 (GU)
弟賢兄 Gutei kenkei *l*
問賢註 Gumon kenchū *l*
管抄 Gukanshō *l*

眞 2033 Isao *m*, Shin. (TOKU, nori, shin, yoshi)
吾 Shingo *m*
郎 Tokurō *m*
輝 Noriteru *m*

煦 2034 (KU, aki)

照 2035 [T] Terasu *m*, Terashi, Akira. (SHŌ, teru, akira, teri, aki, ari, toshi, nobu, mitsu)
子 Teruko *f*
千賀 Teruchika *m*
久 Teruhisa *m*
内 Teruuchi *s*
山 Teruyama *s*
甲 Terui *s*
男 Teruo *m*
阿 Terukuma *s*
沼 Terunuma *s*
実 Teruzane *m*
映 Teruaki *m*
重 Terushige *m*
屋 Teruya *s*
峰 Terumine *s*
部 Terube *s*
道 Terumichi *m*
葉狂言 Teriha kyōgen
煦 Teruaki *m* ⌐*l*
幡 Teruhata *s*
憑 Teruyori *m*

罪
意
蕘
義
誉
資
豊
筧
筠
▼
宮
舜
愛
粲
會
瑟
禁
楚
督
業
電
雷
雲
牽
楽
聖
慈
愚
眞
煦
照
▲
奬
瑆
塗
勢
率
準
廉
遠
圓
圍

牽
楽
聖
愍
愚
惠
煦
熙
▼
奨
暒
塗
勢
率
廉
遠
圍
園
遁
遐
載
歯
越
麁
個
敫
僮
僑
僖
催
像
猿
徳
▲
噲
嗚
搞
搰
慷
懂
愷

——13 T10——

奨 2036 [T] Susumu m, Tsutomu. (SHŌ, SŌ)

暒 2037 Tōru m. (TEI)

塗 2038 [T] (TO, michi)
師谷 Nushitani s

——13 T11——

勢 2039 [T] (SEI, nari)
田 Seta s
多 Seta sp
似 Sei f
和 Seiwa p
喜門 Sekito s

率 2040 [T] (SOTSU, RITSU, yori, nori, isa)
川 Isakawa s
道 Yorimichi m

準 2041 [T] Hitoshi m, Narō. (JUN, SHUN, nori, toshi)
人 Norito m
三郎 Junzaburō m
之助 Junnosuke m
策 Junsaku m

——13 F3——

廉 2042 [T] Kiyoshi m, Sunao, Tadashi. (REN, kiyo, yasu, kado, suga, yuki, osa)
之 Kiyoshi m
子 Kiyoko f, Kadoko
次郎 Renjirō m
吉 Renkichi m
助 Rensuke m
香 Kiyoka m
星 Kadoya s
嶋 Kadooka s

遠 2043 [T] Tōshi m. (EN, ON, tō)
⁴山 Tōyama s
井 Tōi s
田 Enda s, Onda; Tōda sp
矢 Tōya s

⁶州 Enshū ma
江 Tōtōmi ph; Tōtsuōmi s
地 Onchi s
地輝武 O. Terutake
⁷坂 Tōzaka s ⌐ml
別 Enbetsu p
⁹城 Onjō s
¹¹淡海 Tōtsuōmi s
渓 Otani m
峰 Tōmine s
野 Tōno p
¹²賀 Onga p
軽 Engaru p
賀川 Ongagawa p
¹⁵敷 On'yū sp
¹⁶隣集 Enrinshū l
¹⁸藤 Endō s
藤周作 E. Shūsaku ml
藤慎吾 E. Shingo ml

圓 2044 See 円 78

圍 2045 See 囲 501 A

園 2046 [T] Sono s. (EN, ON, sono)
人 Sonondo m
三郎 Sonosaburō m
井 Sonoi s
木 Sonoki s
山 Sonoyama s
田 Sonoda s
生 Sonō sf
辺 Sonobe s
池 Sonoike s
池公致 S. Kin'yuki ml
村 Sonomura s
城寺 Onjōji p
面 Sonomo m
部 Sonobe sp

——13 F4——

遉 2047 (TEI, yū)
爾 Yūji m

遐 2048 Haruka m. (KA, GE, haru, tō)
子 Haruka f
仁 Tōhito m

——13 F6——

虛 2049 See 虚 1519

載 2050 [T] Koto f. (SAI, TAI, koto, nori, toshi)
仁 Kotohito m
吉 Saikichi m

——13 F7——

歯 2051 [T] (SHI, ha, kata, toshi)
朶尾 Shidao s

越 2052 [T] Koshi s. (ETSU, OCHI, E-CHI, o, koshi, koe)
ケ谷 Koshigaya s
二 Koshiji m
人 Etsujin ml
川 Koshigawa s, Echigawa, Erakawa
中 Etchū ph; Koshinaka s
水 Koshimizu s
山 Koshiyama s
石 Koshiishi s, Uchi-
田 Koshida s ⌐shi
生 Ogose sp; Koshifu
坂 Osaka s
坂部 Osakabe s
沢 Koshizawa s
村 Koshimura s
谷 Koshigaya p
知 Ochi sp
前 Echizen sph
迺 Koshino p
振 Otsufuru s
後 Echigo ph
後獅子 Echigo-jishi a
後谷 Echigoya s
野 Koshino s
部 Koshibe s
部禅尼 K. no Zenni fl
部禅尼消息 K. no Z. shōsoku l
智 Ochi s, Echi
智越人 O. Etsujin ml
智人 Ochibito s
替 Koshigae s
塚 Koshizuka s, Koe-zuka
路 Koshiji p

——13 U——

麁 2053 (SO, ara)
子 Arako s
草 Arakusa l

鹿火 Arakabi f
蝦夷 Araemishi s

——14 L2——

個 2054 Hiroshi m, Takeshi, Yutaka. (KAN, KEN, hiro)

倣 2055 Hiroshi m. (SHŌ)

僮 2056 Kaburu sm. (DŌ)

僑 2957 Takashi m. (KYŌ, GYŌ, taka)

僖 2058 (KI, yoshi, yasu)
子 Yoshiko f

僐 2059 (ZEN, SEN, yoshi)
子 Yoshiko f

催 2060 [T] (SAI, SE, toki)
馬楽 Saibara l ⌐l
馬楽譜入文 S. fuiraya

像 2061 [T] (ZŌ, SHŌ, kata, mi, nori, sue)
一 Zōichi m
見 Katami m

——14 L3——

猿 2062 Saru m. (EN, ON, saru, mashi)
人 Sarundo m ⌐sa
子 Mashiko s, Masuko
山 Saruyama s, Saya-
田 Saruta s ⌐ma
払 Sarufutsu p
投 Sanage p
尾 Mashio s
来川 Iwagawa s
若 Saruwaka sa
島 Sashima s
渡 Saruwatari s, Sa-watari, Ento
楽 Sarugaku la
襄 Sarumino l
橋 Saruhashi s

徳 2063 [T] Isao m, Atsushi, Megumu, Noboru, Tadashi.

(TOKU, nori, e, yasu, yoshi, toko, tomi, akira, atsu, ari, katsu, sato, nari, naru)
¹一 Tokuichi m
²力 Tokuriki s
七 Tokushichi m
³川 Tokugawa s
川光圀 T. Mitsukuni mh ⌐mh
川吉宗 T. Yoshimune
川恵紀 T. jikki h
川斉昭 T. Nariaki mh
川秀忠 T. Hidetada mh
川家光 T. Iemitsu mh
川家定 T. Iesada mh
川家茂 T. Iemochi mh
川家斉 T. Ienari mh
川家治 T. Ieharu mh
川家宣 T. Ienobu mh
川家重 T. Ieshige mh
川家康 T. Ieyasu mh
川家達 T. Iesato mh
川家慶 T. Ieyoshi mh
川家継 T. Ietsugu mh
川家綱 T. Ietsuna mh
川義直 T. Yoshinao mh ⌐Keiki mh
川慶喜 T. Yoshinobu mh
川頼房 T. Yorifusa mh ⌐mh
川頼宣 T. Yorinobu
川綱吉 T. Tsunayoshi mh
三 Tokuzō m
三郎 Tokusaburō m
大寺 Tokudaiji m
久 Tokuhisa sm
丸 Tokumaru s
之助 Tokunosuke m
之島 Tokunoshima p
子 Tokuko f
⁴山 Tokuyama sp
井 Tokui s
五郎 Tokugorō m
太古 Tokotako m
太郎 Tokutarō m
太理 Tokutari m
⁵永 Tokunaga sm
永直 T. Sunao ml
司 Tokushi m
本 Tokumoto s
包 Norikane s
田 Tokuda s
田秋声 T. Shūsei ml
田球一 T. Kyūichi mh

⁶次 Tokuji m, Noritsugu
次郎 Tokujirō m
地 Tokuji p
江 Tokue s
竹 Tokutake s
全 Norimasa m
光 Tokumitsu s
⁷仰 Noritaka m
沢 Tokusawa s
弘 Tokuhiro sm
村 Tokumura s
至 Yasuyuki m
見 Tokumi s
出 Tokude s
寿 Tokuju m
⁸和歌後万載集 Tokuwaka gomanzaishū l
若 Tokuwaka s
武 Tokutake s
⁹治 Tokuji 1306–08
治郎 Tokujirō m
松 Tokumatsu s
政 Tokumasa s
岡 Tokuoka s
重 Tokushige s
¹⁰海 Noriumi m
真 Norizane m
原 Tokuhara s
¹¹野 Tokuno s
能 Tokunō s
宿 Tokushuku s
留 Tokutome s
島 Tokushima sp
¹²晴 Yoshiharu m
富 Tokutomi s
蘇峰 T. Sohō ml
蘆花 T. Roka ml
間 Tokuma s
¹³植 Tokuue s
楽 Tokura s
業 Norinari m
¹⁴増 Tokumasu s
¹⁵蔵 Tokuzō m

喩 2064 (YU, aki)
義 Akiyoshi m

鳴 2065 [T] (MEI, naki, nari, naru)
子 Naruko p
女 Nakime f
沢 Narusawa s
見 Narumi s
門 Naruto sp
門秘帖 N. hichō l

神 Narukami la
海 Narumi s
海仙吉 N. Senkichi l
海要吉 N. Yōkichi ml
雪 Meisetsu ml
島 Narushima s
瀬 Naruse sp

摘 2066 [T] (TEKI, tsumi)

摺 2067 (SHŌ, suri, su)
沢 Surizawa s
宜 Suge s

慊 2068 (KEN, mitsu, yasu)

懃 2069 (KIN, GON, nori)

愫 2070 Makoto m, Tashika. (SŌ, sada)

愷 2071 Yasushi m, Yutaka. (GAI, yasu, yoshi, hide, sue)
子 Yasuko f, Yoshiko
介 Hidesuke m
夫 Yasuo m

隑 2072 (GAI, yasu)
夫 Yasuo m

際 2073 [T] (SAI, SEI, kiwa)
子 Kiwako f

隠 2074 [T] Nabari s. (IN, ON, yasu, ⌐kage)
元 Ingen mh
地 Ochi p
岐 Oki sph
居 Kagei p
曾 Ozo s

塡 2075 Mitsu f. (TEN, sada, mitsu, masa)

境 2076 [T] Sakai sm-p; Sakae p. (KYŌ, KEI, sakai)
川 Sakaigawa p

長 Sakai s
野 Sakaino s
部 Sakaibe s
港 Sakaiminato p

増 2077 [T] (ZŌ, masu, mashi, ma, naga)
川 Masukawa s
子 Masuko sf; Mashiko s
⁴山 Masuyama s
井 Masui s
毛 Mashike p
⁵永 Masunaga s
田 Masuda sp
田八風 M. Happū ml
本 Masumoto s
⁶次郎 Masujirō m
式 Masutsune s
沢 Masuzawa s
村 Masumura s
尾 Masuo s
見 Masumi s
阿弥 Zōami ma
⁹岡 Masuoka s
重 Masushige m
¹¹野 Masuno s, Mashino, Koshino
基 Zōki ml
島 Masujima s
¹²喜 Masuki s
淵 Masubuchi s
勤 Masutoshi m
業 Masunari m
¹⁵穂 Masuho sp; Masuo s
蔵 Masuzō m
¹⁸燿 Masuteru m
¹⁹鏡 Masu kagami l

漢 2078 See 漢 1860

窪 2078A See 窪 2203

演 2079 [T] Hiroshi m. (EN, nobu, hiro)

滲 2080 Kiyoshi m. (RYŌ)

漸 2081 Susumu m, Susumi. (ZEN, tsugu)

侗
歆
僮
僑
僖
僣
催
像
猿
德
▼
喩
鳴
摘
摺
慊
懃
愷
隑
際
隠
塡
境
増
漢
窪
演
滲
漸
▲
漣
漂
漱
漾
漁
漆
煇
熅
腰
暐

漢 漥 演 漻 漸 ▼ 漣 漂 潄 漾 漁 漆 燁 媼 腰 暐 弼 旗 瑞 嵯 槭 椹 楷 様 槍 榲 槌 樺 模 榑 榊 榎 榛 颯 晙 暢 鄉 頌 頔 頓 ▲ 碩 禎 福 祿 禔

漣 2082 (REN, nami)

漂 2083 [T] (HYŌ)
民宇三郎 Hyōmin Usaburō *l*

潄 2084 (SŌ)
石 Sōseki *ml*

漾 2085 (YŌ, nami)
子 Namiko *f*

漁 2086 [T] (GYO, RYŌ, suna, fuki)
田 Sunada *s*, Fukita

漆 2087 Urushi *s*, Nuri. (SHITSU, urushi, nuri, uru)
戸 Urushido *s*
山 Urishiyama *s*
畑 Urushibata *s*
原 Urushibara *s*
馬 Urushima *s*
部 Urushibe *s*, Nuribe, Nurube
島 Nurishima *s*
崎 Urushizaki *s*
葉 Uruha *s*
間 Uruma *s*, Urushima

——14 L4——

燁 2088 (YŌ, teru)
子 Teruko *f*

媼 2089 (Ō, UN, ON, baba)

腰 2090 [T] (YŌ, koshi)
川 Koshigawa *s*
祈 Koshiinori *l*
高 Koshitaka *s*
原 Koshihara *s*
塚 Koshizuka *s*
越 Koshigoe *s*

暐 2091 Akira *m*. (YŌ, aki, teru, akira)
子 Teruko *f*
道 Terumichi *s*

弼 2092 Tasuku *m*, Takashi, Tadashi. (HITSU, suke, nori, tane)
一 Sukeichi *m*
成 Sukenari *m*
基 Tanemoto *m*

旗 2093 [T] (KI, GI, hata, taka)
子 Hatako *f*
江 Hatae *f*
野 Hatano *s*
魚 Kigyo *l*

瑞 2094 [N] Tama *f*. (ZUI, SUI, tama, mizu)
夫 Tamao *m*, Mizuo
西 Suisu *p* "Switzerland"
枝 Mizue *f*
典 Suēden *p* "Sweden"
笑 Zuishō *ml*
浪 Mizunami *p*
渓周鳳 Zuikei Shūhō *mh*
穂 Mizuho *p*
樹 Tamaki *m*

嵯 2095 (SA)
峨 Saga *sp*
の屋御室 Saganoya Omuro *ml*

槭 2096 (I, hi)
田 Hida *s*

椹 2097 Sawaragi *s*, Magusa, Mizuki. (JIN, fushi)

楷 2098 (KAI, nori)
子 Noriko *f*

様 2099 [T] (YŌ, sama)
似 Samani *p*

槍 2100 (SŌ, SHŌ, hoko, utsu)
田 Utsuda *s*

榲 2101 (ON, OTSU, sugi)
子 Sugiko *f*
谷 Tsuchiya *s*
邨 Sugimura *m*

槌 2102 (TSUI, TAI, tsuchi)
五郎 Tsuchigorō *m*
田 Tsuchida *s*

樺 2103 (KA, kaba, kara)
山 Kabayama *s*
太 Karafuto *p*
沢 Kabasawa *s*
島 Kabashima *s*

模 2104 [T] (BO, MO, nori)
一 Norikazu *m*
子 Noriko *f*
作 Katahitsukuri *s*

榑 2105 Kure *s*. (FU, kure)
子 Kureko *f*
山 Kureyama *s*
林 Kurebayashi *s*
松 Korematsu *s*
族部 Haarabe *s*

榊 2106 Sakaki *sm*. (sakaki)
山 Sakakiyama *s*
山潤 S. Jun *ml*
田 Sakakida *s*
谷 Sakakiya *s*
原 Sakakibara *s*
原美文 S. Yoshinobu *ml*

榎 2107 Enoki *s*. (KA, KE, e, enoki)
下 Enoshita *s*
土 Edo *s*
戸 Enokido *s*
木 Enoki *s*
田 Enokida *s*, Eda
本 Enomoto *s*
本武揚 E. Takeaki *mh*
波 Enami *s*
並 Enami *s*
並屋 Enamiya *s*
津 Inatsu *s*

榛 2108 (SHIN, JIN, hari, haru, hai, han)
名 Haruna *m-p*
沢 Hanzawa *s*
谷 Hangaya *s*, Hangae, Kangaya
東 Shintō *p*
松 Haimatsu *s*
原 Haibara *sp*; Hanbara
葉 Shinba *s*, Shin'yō, Shiba, Han'yō
葉英治 Shinba Eiji *ml*

——14 L5——

颯 2109 (SATSU)
波 Sappa *s*, Sawa

晙 2110 Taosa *m*. (SHUN)

暢 2111 [N] Noburu *m*, Itaru, Tōru, Mitsuru. (CHŌ, nobu, naga, masa, mitsu)
夫 Nobuo *m*
気眼鏡 Nonki megane *l*
籌 Nobukazu *m*

鄉 2112 [T] Gō *s*; Akira *m*. (GŌ, KYŌ, sato, aki, akira, nori)
ノ浦 Gōnoura *p*
太郎 Gōtarō *m*
古 Gōko *s*
司 Gōshi *s*; Satoshi *m*
四 Satoshi *m*
田 Gōda *s*
甫 Gōho *m*
原 Gōhara *s*
野 Gōno *s*
間 Gōma *s*

頌 2113 (SHŌ, JU, tsugu, nobu, uta, oto, yomu)

頔 2114 (TEKI, yoshi)
雄 Yoshio *m*

頓 2115 (TON, haya)
所 Tonjo *s*
田 Tomita *s*
阿 Ton'a *ml*

宮 Tongu s, Hayami, Hamiya
原 Tonbara p

碩 2116 Mitsuru m, Yutaka. (SEKI, JAKU, hiro, michi, ō)
人 Ōto m
六 Sekiroku m
文 Hirofumi m
彦 Michihiko m
哉 Hiroya m

禎 2117 See 禎 1887

福 2118 See 福 1888

禄 2119 See 禄 1589

禔 2120 (SHI, TEI, DAI, yoshi, kore)

稱 2121 See 称 1118

稙 2122 (SHOKU, JI-KI, tane, nara)
通 Tanemichi m

稗 2123 (HAI, hie, nen, suke)
子伝 Haishiden l
方 Hikata s
田 Hieda s
田阿礼 H. no Are ml
貫 Hienuki p

種 2124 [T] (SHU, SHŌ, tane, shige, kazu, fusa, kusa, osa)
一郎 Shuichirō m
子 Taneko f
子島 Tanegashima sph
子島時堯 T. Tokitaka
山 Taneyama s ⌐mh
市 Taneichi p
田 Taneda s, Oita
田山頭火 T. Santōka
任 Tanetada m ⌐ml
行 Taneyuki s
村 Tanemura s, Tana-mura
村 Taneki m
実 Tanezane m

英 Tanehide m
治郎 Tanejirō m
美 Taneyoshi m
彦 Tanehiko ml
殷 Tanetomi m
森 Tanemori s
樹 Shigeki m, Tane-tatsu
憲 Tanekazu m

稲 2125 [T] (TŌ, ina, ine, ne, shine)
²人 Inato m
³川 Inakawa s
子 Ineko f
⁴山 Inayama s
戸 Inato s
井 Inai sp
木 Inaki s
毛 Inage s
毛飯風 I. Sofū ml
⁵布 Inashiki m
田 Inada s
目 Iname m
用 Inamoto s
本 Inamoto s
生 Inō s, Inafu
生若水 Inō Jakusui mh
辺 Inabe s
⁶次 Inatsugi s
羽忍海 Inabanooshi-numi s
吉 Inayoshi s
舟 Inafune f
⁷沢 Inazawa sp
村 Inamura s ⌐mlh
村三伯 I. Sanpaku
足 Inetari m, Inatari
見 Inami s
⁸枝 Inae p
羽 Inabobe s
武 Inabu p
⁹津 Inatsu s, Inazu
城 Inagi sp
垣 Inagaki sp
垣巴穂 I. Taruho ml
垣達郎 I. Tatsurō ml
畑 Inabata s
美 Inami p
香 Inaka m
岡 Inaoka s
¹⁰原 Inahara s
庭 Inaniwa p
庭連 I. Kawatsura p
造 Inazō m
荷 Inari sfh

¹¹掛 Inakake s
野 Inano s
野辺 Inanobe s
野屋 Inenoya s
留 Inatome s
島 Inajima s
¹²場 Inaba s
崎 Inazaki s
富 Inatomi s
森 Inamori s
筑 Inatsuki p
¹³植 Inaue s
葉 Inaba sm-p
¹⁴増 Inamasu s
置 Inagi sm; Ishiki s
¹⁵敷 Inashiki s
熱病 Imochi l
熊 Inaguma s
¹⁶橋 Inahashi s

——14 L6——

號 2126 See 号 272

雑 2127 [T] Kusa s. (ZATSU, ZŌ, SŌ, kazu, tomo, kusa)
古 Sako s
田 Kusata s
供 Zakku s, Zakkube
岸 Saiga s
賀 Saiga s
楽 Shidara s
誹 Zappai l
談集 Zōdanshū l

蜻 2128 (SEI)
蛉 Kagerō l

蜷 2129 (KEN, GEN, nina, mina)
川 Ninagawa s

粹 2130 See 粋 1132

精 2131 [T] Sei m, Kiyoshi, Tada-shi, Makoto, Masashi, Akira, Suguru, Kuwa-shi, Hitoshi, Tsutomu. (SEI, SHŌ, kiyo, aki, yo-shi, tada, shige, sumi, akira, shira, mori)
一 Seiichi m
一郎 Seiichirō m

八郎 Seihachirō m
七郎 Seishichirō m
三 Seizō m
之 Akiyuki m
夫 Tadao m
太郎 Seitarō m
古 Akihisa m
吉 Seikichi m
孝 Kiyotaka m
彦 Kiyohiko m
華 Yoshiharu m; Sei-ka p
進魚類 Shōjin gyorui

——14 L7——

踊 2132 [T] Odori s. (YŌ, YU)

輔 2133 [N] Tasuku m, Tasuke. (HO, FU, suke)
子 Sukeko f
臣 Sukeomi m
治野 Fujino s

玆 2134 (JI, KEN, GEN, kore)
岡 Koreoka s
矩 Korenori m
原 Korehara s
都歌 Shizu-uta l
監 Korekane m

該 2135 [T] (GAI, kane, kata, mori, kanu)

語 2136 [T] Katari s, Katarai. (GO, tsugu, koto, katari, ka-ta)

認 2137 [T] (NIN, moro)

誦 2138 (SHŌ, JU, su-mi)

誠 2139 (KAI, E, ma-sa)

誥 2140 (KŌ, KOKU, nori, tsugu)

誌 2141 [T] (SHI)
村 Shimura s

榎
榛
颯
晙
暢
郷
頌
頣
頓
▼
碩
禎
祿
褆
稱
稙
稗
稻
號
雜
蜻
蜷
粹
精
踊
玆
該
語
認
誠
誥
▲
読
説
肆
粿
銚
絶
給
絢

茲
該
語
認
誦
誠
語
誌
▼
読
説
肆
静
絈
絃
絶
絢
結
鈇
鉉
銘
銓
鉞
銑
銅
錢
甄
鞆
韶
飾
戡
馘
穀
數
歌
▲
馭
駅
鄙
彭
亂
裏
豪
參

読 2142 [T] (DOKU, TOKU, yomi, oto, yoshi)
人不知 Yomibito shi-razu l
子 Yomiko f
本 Yomihon l

説 2143 [T] (SETSU, SECHI, ZEI, toki, koto, kane, nobu, hisa, tsugu, aki, kanu, toku)
子 Setsuko f
太郎 Tokitarō m
田 Tokida s, Setsuda
光 Kotomitsu m
成 Kanenari m
男 Nobuo m
実 Tokizane m
望 Kanemochi m

──── 14 L8 ────

肆 2144 (SHI, SHI-TSU, tada, chika, naga, yotsu)
矢 Yotsuya s

静 2145 [T] Shizuka m-f; Yasushi m; Shizu f. (SEI, JŌ, shizu, yasu, kiyo, yoshi, hide, tsugu, chika)
¹一 Seiichi m
³子 Shizuko f
也 Shizuya m
⁴戸 Shizurie s
六 Jōroku m
内 Shizunai p
夫 Shizuo m
太郎 Seitarō m
⁵田 Shizuta s
平 Yoshihira m
⁷弘 Yasuhiro m
吾 Seigo m
⁸枝 Shizue f
英 Shizuhide m
⁹治 Seiji m
治男 Shizuo m
香 Shizuka f
岡 Shizuoka p
妻 Shizuma s
¹⁰修 Shizusane m, Ki-yoyasu
宮 Shizuya s, Seiya
家 Shizuo m
馬 Shizume m
¹²間 Shizuma s

¹⁹雄 Shizuo m
¹⁵嘉 Yasuyoshi m
衛 Hidechika m
緒 Shizuo f

絈 2146 (KŌ, hae)

絃 2147 (KŌ, nume)
子 Numeko f

絶 2148 [T] (ZETSU, tau, tae)
海中津 Zekkai Chū-shin ml

給 2149 [T] (KYŪ, tari, haru)
黎 Kiire s

絢 2150 (JUN, SHUN, aya)
子 Ayako f
彦 Ayahiko m

結 2151 [T] Hitoshi m. (KETSU, KECHI, yui, kata)
子 Yuiko f
知 Ketchi s
城 Yūki sp
城哀草果 Y. Aisōka ml
城憲三 Y. Kenzō ml
城素明 Y. Somei ma
崎 Yūsaki s
解 Ketsuge s

鈇 2152 Kanae m. (SHIKI)

鉉 2153 [T] (KŌ, KYŌ, kane)
三郎 Kanesaburō m

銑 2154 (CHŌ)
子 Chōshi p

銘 2155 [T] (MEI, BEI, aki, kata, na)
長 Akinaga m

銓 2156 (SEN, nori)
総 Norifusa m

鉞 2157 (ETSU, OCHI, ono)
太郎 Etsutarō m
次郎 Onojirō m

銑 2158 [T] (SEN, sane)
十郎 Senjuro m
三郎 Senzaburō m

銅 2159 [T] (DŌ, ka-ne)
工 Tanuchi s
吉 Dōkichi m
直 Tobeta s
鑼 Dora l

錢 2160 [T] (SEN, zeni)
形 Zenigata s
形平次捕物控 Z. Heiji torimono hikae l
谷 Sen'ya s
屋 Zeniya s
亀沢 Zenikamezawa p
湯新話 Sentō shinwa l

──── 14 L9 ────

甄 2161 (KEN, aki)

鞆 2162 (tomo)
子 Tomoko f
音 Tomoto m
掛 Tomokake s
絵 Tomoe f

韶 2163 Akira m. (SHŌ, JŌ, aki, tsu-gu, yoshi, teru, masa, tsuna, miharu, oto)
子 Akiko f, Tsuguko, Miharuko
仁 Tsunahito m
夫 Yoshio m
光 Akimitsu m

飾 2164 [T] Akira m. (SHOKU, SHIKI, yoshi)
磨 Shikama p

飽 2165 [T] Akira m. (HŌ, HYŌ, aki, aku)
田 Akita p
田女 Akutame f

託 Hōtaku p
浦 Akura s
海 Akumi sp
庭 Aiba s
間 Akuma s, Nukima

──── 14 L10 ────

戡 2166 (KAN, katsu)

馘 2167 Takashi m. (SHŌ, taka)
子 Takako f

穀 2168 [T] Minoru m. (KOKU, yoshi, yori, kura)
谷 Kuratani s
定 Yoshisada m
美 Yoshimi m

數 2169 [T] (SŪ, SHU, su, kazu, ya, no-ri, hira)
子 Kazuko f
千木 Yachiki m
太 Kazuta m
井 Kazui s
江 Kazuse m
見 Kazumi m
奇伝 Sakkiden l
直 Kazunao m
原 Suwara s
珠屋 Juzuya s
馬 Kazuma m
馬助 Kazumanosuke
野 Kazuno s
寄屋造 Sukiya-zukuri
衛 Kazue m
藤 Sudō s
藤五城 S. Gojō ml

歌 2170 [T] (KA, uta)
³川 Utagawa s
川豊国 U. Toyokuni
子 Utako f
⁵代 Utashiro s
田 Utada s
占 Utaura la
⁶仙 Kasen ml-fl
行燈 Uta andon l
合 Utaawase l
合類聚 U. ruijū ll
吉 Utakichi m
⁷沢 Utazawa sl
会 Utakai l

志内 Utashinai p
返 Utagaeshi l
⁶枕 Utamakura l; Katsuragi l
林樸樴 Karin bokusoku l
⁹津 Utatsu p
¹⁰病 Kahei l
¹¹祭文 Utazaimon l
¹²登 Utanobori p
道小見 Kadō shōken l
¹³経標式 Kakyō hyōshiki l
意考 Kaikō l
¹⁵舞伎 Kabuki la
舞伎十八番 K. jūhachiban la　　「ki l
舞髄脳記 Kabu zuinō-
¹⁸麿 Utamaro ma

駁 2171 (SŌ, toshi)
栄 Toshiyoshi m

駅 2172 [T] (EKI)
川 Ekisen p
家 Ekiya m

──14 L11──
鄙 2173 (HI, hina)
唄 Hinauta m

彰 2174 [T] Akira m. (SHŌ, SŌ, aki, akira, tada, teru)
子 Akiko f
仁 Akihito m
祐 Shōsuke m
逸 Akihaya m
義 Akiyoshi m

──14 L13──
亂 2175 See 乱 437

──14 T2──
裏 2176 [T] Ura m. (RI, ura)
辻 Uratsuji s
松 Uramatsu s
襟 Uraeri m

豪 2177 [T] Takeshi m, Toshi, Tsuyoshi. (GŌ, KŌ, to-

shi, hide, take, tsuyo, kata, katsu)
夫 Hideo m
雄 Tsuyoo m

──14 T3──
参 2178 See 参 978

鳶 2179 (EN, tobi)
沢 Tobizawa m

察 2180 [T] Akira m. (SATSU, SECHI, aki, miru, mi)

寧 2181 [T] Yasushi m. (NEI, yasu, shizu, sada)
子 Yasuko f
雄 Shizuo m
親 Yasuchika m

壽 2182 See 寿 539

壺 2183 (KO, KU, tsubo)
内 Tsubouchi s
井 Tsuboi s
井栄 T. Sakae fl
井繁治 T. Shigeji ml
田 Tsubota s
田花子 T. Hanako fl

嘉 2184 [N] Yoshimi m. (KA, KE, yoshi, hiro)
¹一 Kaichi m
一郎 Kaichirō m
²十 Kajū m
³子 Yoshiko f
⁴吉 Kagen 1303–06
六 Karoku m
山 Kayama m
⁵代 Kashiro s
永 Kaei 1848–54
右衛門 Kaemon m
市 Kaichi m
平 Kahei m
平治 Kaheiji m
²次郎 Kajirō m
吉 Kakitsu 1441–44 ; Kakichi m
⁶作 Kasaku m
村 Kamura s

村礒多 K. Isota ml
兵衛 Kahee m
応 Kaō 1169–71
寿 Kazu m
⁸明 Yoshiaki m
芽市 Kameichi m
幸 Yoshiyuki m
承 Kajō 1106–08
⁹保 Kahō 1094–96
昼 Yoshihiru m
祥 Kashō 848–51
真 Yoshimasa m
造 Kazō m
¹¹基 Yoshimoto m
島 Kashima p
隆 Yoshitaka m
¹²陽 Kaya s
禄 Karoku 1225–27
納 Kanō s
納治五郎 K. Jigorō mh
道 Yoshimichi m
¹³瀬 Yoshinori m
禎 Katei 1235–38
¹⁴徳 Yoshinori m
瑞 Yoshimizu s
暦 Karyaku 1326–29
¹⁵穂 Kaho p
慶 Kakyō 1387–89
¹⁶衡 Yoshihira m
樹 Yoshiki m
¹⁸顕 Yoshiaki m
藤 Katō s
藤次 Katōji m
¹⁹瀬 Kase s
²⁰織 Kaori m

蔟 2185 Atsumu m. (SOKU)

鄙 2186 Shitomi sm. (BU, HO)

蓴 2187 Nunawa m. (SHUN, JUN)

蒿 2188 Ōne s. (HO-KU)

蓊 2189 Shigeru m, Shigeki, Sakae. (Ō, U, shige)

暮 2190 [T] (BO, kure)
田 Kureta m

地 Kurechi s
笛集 Botekishū l

蔚 2191 Shigeru m. (I, UTSU, UCHI, shige, masa, mochi)
彦 Shigehiko m

蔓 2192 (MAN, BAN, tsuru)
子 Tsuruko f

蓋 2193 Kinugasa s. (GAI, futa, kasa)
山 Mikasayama s
縫 Kasanui s

蓑 2194 Mino s. (SA, mino)
夫 Minoo m
田 Minota s
助 Minosuke m
和 Minowa s
輪 Minowa s
麿 Minomaro m, Minomaru

蓬 2195 (HŌ, yomogi)
田 Yomogita p
生 Yomogifu l
伍 Hōitsu m
莱 Hōrai lp
莱曲 H. no kyoku l

蔦 2196 [N] Tsuta s. (CHŌ, tsuta, ta-Tatsuko f　「tsu)
夫 Tatsuo m
木 Tsutaki s
本 Tsutamoto s
沢 Tsutazawa s
松 Tsutamatsu m
屋 Tsutaya s
紅葉宇都谷峠　Tsuta momiji Utsunoya tōge la

蓮 2197 (REN, hasu, hachisu)
の露 Hachisu no
井 Hasui s　「tsuyu l
田 Hasuda sp
田善明 H. Zenmei ml
池 Hasuike s
光 Hasumitsu m
如 Rennyo mh

蔓
蓋
蔽
蓬
蔦
蓮
▼
嵗
睿
彙
盡
棄
翠
農
嵩
絜
紫
箙
箭
管
箕
節
簡
裔
誓
需
聚
肇
竪
碧
啓
惡
愬
愿
蓼
▲
墨
與
置
鳳
厲
暦

見 Hasumi s
阿弥 Ren'ami ma
沼 Hasunuma sp
葉 Hachisuba s

——14 T4——

嵗 2198 Takashi m. (AI, WAI, E)

睿 2199 See 叡 2555

彙 2200 (I, shige)
邇 Shigechika m

——14 T5——

盡 2201 See 尽 290

棄 2202 [T] (KI, sute)
子 Suteko f

窪 2203 Kubo s. (A, kubo)
川 Kubokawa sp
川鶴次郎 K. Tsurujirō ml
山 Kuboyama s
井 Kuboi s
田 Kubota s
田空穂 K. Utsubo ml
田章一郎 K. Shōichirō ml
谷 Kuboya s
寺 Kubodera s
津 Kubotsu s
島 Kuboshima s

——14 T6——

翠 2204 Midori sm-f; Misu s; Akira m. (SUI, aki)
川 Midorigawa s
静 Akiyoshi m

農 2205 [T] (NŌ, atsu, tami, toki, taka, toyo, naru)
人 Atsuto m
雄 Tokio m

鼻 2206 [T] (BI, hana)
山人 Bisanjin ml
金剛 Hanakongō ma

豊後 Hanabungo ml

嵩 2207 Takashi m; Take s, Dake. (SŪ, SHŪ, taka, take)
山 Suseyama s
年 Takatoshi m

絜 2208 (KETSU, KECHI, kiyo, toyo)
行 Kiyoyuki m

紫 2209 [T] Murasaki f. (SHI, murasaki, mura)
子 Murako f
文要領 Shibun yōryō l
合 Yūda s
安 Murayasu m
式部 Murasaki Shikibu fl
式部家集 M.S. kashū l
波 Shiwa p
垣 Shigaki s
苑 Shion l
原 Murasakibara s
桃 Shitō s
野 Murasakino s
雲寺 Shiunji p
関 Shiseki s
藤 Shitō s
羅欄花 Araseitō l

簸 2210 Ebira la. (FUKU)

箭 2211 See 策 1767

管 2212 [T] Kan s. (KAN, suge, uchi)
恒 Sugetsune m
野 Kanno s

算 2213 [T] (SAN, kazu, tomo)
文 Kazufumi s
馬 Kazuma m
衛 Kazue m

箕 2214 (KI, mi, miru, mino)
川 Minokawa s
田 Mita s, Minota
勾 Minowa s
曲 Minoo s, Minowa
作 Mizukuri s

作麟祥 M. Rinshō mh
沢 Misawa f
尾 Minoo s
面 Minoo sp; Minomo s
浦 Minoura s
原 Minohara s
鳥 Minoshima s
郷 Minosato p
輪 Minowa sp

節 2215 [T] Setsu m, Takashi, Makoto, Misao. (SETSU, toki, yo, yoshi, sada, nori, o, fu, taka, take, fushi, hodo, misa, mine, tomo, moto)
子 Setsuko f, Sadako
分 Setsubun la
成 Tokinari m
男 Misao m, Hodoo
治 Setsuji m
美 Sadami f
美子 Fumiko f
用集 Setsuyōshū l
雄 Yoshio m, Norio
義 Noriyoshi m
蔵 Setsuzō m
繁 Takashige m

簡 2216 [O] (KO, KA, kazu, tomo)

——14 T7——

裔 2217 (EI, sue)
生 Sueo m

誓 2218 [T] Chikō m. (SEI, ZEI, chika)
夫 Chikao m
堂 Chikataka m
願寺 Seiganji p-la

——14 T8——

榮 2219 See 栄 969

需 2220 [T] Motome m; Machi f. (JU, mitsu, moto)

聚 2221 (SHŪ, JU, SHU, atsu, tsumu)
岩 Atsutaka m

肇 2222 [N] Hajime m, Hajimu, Tadashi. (CHŌ, hatsu, koto, tada)
子 Hatsuko f
四 Chōyo m
蔚 Tadamasa m

——14 T9——

秖 2223 (SHŪ, ishi)
の上 Ishi no ue l

竪 2224 Chiisago s. (JU, SHU, tate, tatu, nao)
川 Tategawa s
山 Tateyama s
野 Tateno s
興 Tatsuoki m

碧 2225 Midori m-f; Kiyoshi m; Heki l. (HEKI, HYAKU, ao, tama)
川 Midorigawa s
玉集 Hekigyokushū l
南 Hekinan p
海 Aomi m; Hekikai p
梧桐 Hekigotō ml

——14 T10——

啓 2226 Tsutomu m. (MIN, BIN)

惡 2227 See 悪 1483 A

愬 2227A See 愬 2403

愿 2228 Sunao m, Makoto. (GEN, GAN, yoshi, nao)
一 Gen'ichi m
子 Naoko f
江 Yoshie f
治 Genji m
徳 Yoshinori m

——14 T11——

蓼 2229 Tade s. (RYŌ, RYŪ, tade)
太 Ryōta m
汀 Ryōtei m
沼 Tadenuma s

墨 2230 [T] Sumi s. (BOKU, MOKU, su-mi)
之助 Suminosuke
水十二夜 Bokusui jū-niya l
汁一滴 Bokujū itteki l
田 Sumida p
江 Sumie s, Suminoe
俣 Sunomata sp
染桜 Sumizome-zaku-ra la
塗 Suminuri l
塗女 S. onna la

——14 T12——
與 2231 See 与 101

——14 F2——
置 2232 [T] (CHI, oki, yasu, ki)
戸 Oketo p
始 Okisome s
塩 Ojio s
賜 Ototashi s

鳳 2233 Hō s. (HŌ, BU, taka)
平 Hōhei m
至 Fukeshi sp
来 Hōrai p

厲 2234 Takashi m. (REI, RAI)

暦 2235 [T] (RYAKU, REKI, toshi)
仁 Ryakunin 1238–39
応 Ryakuō 1338–42

——14 F3——
圖 2236 See 図 502

團 2237 See 団 310

匵 2238 Kanae m. (YOKU)

廓 2239 Akira m. (KAKU, hiro, aki-ra)
髄 Hironaka m

適 2240 [T] Kanō m. (TEKI, masa, yuku, atsu)
子 Yukuko f
永 Masanaga m

——14 F4——
遣 2241 [T] (KEN)
唐船 Kentōsen l

——14 F6——
虞 2242 [O] Kari s. (GU, yasu, kari, suke, mochi)
人 Karihito s
臣 Yasuomi m

——14 F7——
趙 2243 Chō s. (CHŌ)

——14 F8——
聞 2244 [T] (BUN, MON, hiro)

関 2245 [T] Seki sp; Tōru m. (KAN, KEN, seki, mori, mi)
ケ原 Sekigahara p
²八州繋馬 Kanhasshū tsunagiuma la
³川 Sekikawa sp
口 Sekiguchi s
口次郎 S. Jirō ml
⁴戸 Sekido s
山 Sekiyama s
内 Sekiuchi s
水 Sekimizu s
中 Sekinaka s
⁵矢 Sekiya s
白 Kanpaku h
本 Sekimoto s
目 Sekime s
田 Sekida s
四郎 Sekishirō m
⁶江 Sekie s
羽 Kan-U mh-l "Kuan Yü"
寺 Sekidera sp
寺小町 S. Komachi la
西 Kansai p
⁷沢 Sekizawa s
村 Sekimura s
谷 Sekiya s ⌐mh
谷清景 S. Kiyokage
尾 Sekio s

孝和 Seki Takakazu
⁸和 Sekiwa s ⌐mh
取千両幟 Sekitori sen-ryō-nobori la
金 Sekigane p
定 Morisada m
東 Kantō p ["Kwan-tung"]
良一 Seki Ryōichi ml
⁹城 Sekijō s
前 Sekisen p
岳 Sekioka s
岡 Sekioka s
¹⁰宮 Sekinomiya p
原 Sekihara s
原与市 S. Yoichi la
屋 Sekiya sl
¹¹根 Sekine s
根弘 S. Hiroshi ml
野 Sekino s
宿 Sekiyado p
島 Sekijima s
¹²場 Sekiba s
崎 Sekizaki s ⌐ml
登久也 Seki Tokuya
¹³塚 Sekizuka s
雄 Sekio m
¹⁸藤 Sekifuji s

——14 F9——
鼎 2246 Kanae sm-p. (TEI, kane)

——14 F10——
歴 2247 [T] (REKI, RYAKU, tsune, furu, yuki)
程 Rekitei l

——14 U——
肅 2248 See 粛 1528

甼 2249 Tsutomu m. (BŌ, MYŌ, BEN)

爾 2250 [N] Mitsu-ru m, Chikashi. (JI, NI, shika, chika)
也 Chikaya m
散南 Nisanamu s

幽 2251 [T] (YŪ)
玄 Yūgen l
斎 Yūsai ml ⌐ki l
斎翁閨書 Y.-ō kigiga-

——15 L2——
億 2252 [T] Hakaru m. (OKU, YAKU, IKU, yasu)

儁 2253 Masaru m, Toshi. (SHUN, to-shi)

僻 2254 (HEKI, higa)
言調 Higagoto shirabe l

儀 2255 [T] Tadashi m, Nori, Kita-ru. (GI, nori, yoshi)
一 Giichi m
一郎 Giichirō m
子 Noriko f, Yoshiko
任 Yoshitō m
作 Gisaku m
助 Gisuke m
兵衛 Gihee m
俄 Kega s
達 Norisato m
義 Noriyoshi m

——15 L3——
増 2256 See 増 2077

憙 2257 See 意 2559

撰 2258 Eramu m. (SEN, SAN, nobu)
集抄 Senjūshō l

播 2259 (BAN, hiro, hari, kashi, suke)
本 Harimoto s
州 Banshū p; Hiro-kuni m
州平野 B. heiya l
磨 Harima sph
磨国 Harimanokuni ph ⌐doki l
磨国風土記 H. no fu-

幟 2260 (SHI, taka)
仁 Takahito m

幡 2261 (HAN, HON hata, man)

碧 瞀 惡 慇 愍 蓼 ▼ 墨 與 置 鳳 厲 曆 圖 團 匵 廓 適 遣 虞 趙 聞 関 鼎 歷 肅 甼 爾 幽 億 儁 僻 儀 增 憙 撰 播 幟 幡 ▲ 德 徸 衙 徴 衛 澁

幟
幡
▼
德
徸
衝
徴
衞
澁
澔
潭
潯
溪
潜
潟
潤
潮
澄
潤
嘖
嫩
嶋
鵪
膝
眧
暉
暲
璉
瑤
璋
檁
楡
槿
樛
榧
樽
樟
槻
槐
槇
標
樋
▲
權
横

川 Hatagawa s
文 Hataaya s, Hatamu
井 Hatai s
太郎 Mantarō m
多 Hata sp
多幡美 Hatabami s
豆 Hazu sp
美 Hamu s
彦 Hatahiko m
屋 Hataya s
掛 Hatakake s
野 Hatano s
鎌 Hatagama s

德 2262 See 德 2063

徸 2263 (DŌ, yuki)

衝 2264 [T] (SHŌ, SHU, tsugi, michi, tsuku, mori)

徴 2265 [T] Akira m, Kiyoshi. (CHŌ, aki, yoshi, sumi, oto, miru)

衞 2266 See 道 1811

澁 2267 See 渋 1334

澔 2268 Yowa f. (KŌ, GŌ). See also 浩 1068

潭 2269 Hiroshi (TAN, DON)

潯 2270 Hiroshi f. (JIN, SHIN)

溪 2271 See 渓 1330 A

潜 2272 [T] Hisomu m. (SEN, ZEN, su-
枝 Sumie f ⌊mi)

潟 2273 (SEKI, SHA-KU, kata)
子 Katako f
東 Katahigashi p
保 Katanoho s

澗 2274 (KAN, KEN, tani, ma)
生 Tanio m
雄 Tanio m
潟 Magata s

潮 2275 [T] Ushio m (CHŌ, shio)
田 Ushioda s
来 Itako p
音 Chōon l
崎 Shiozaki s
騒 Shiosai l

澄 2276 [T] Kiyoshi m, Sumeru, Ki-yomu, Sumeri, Tōru ; Sumi f. (CHŌ, sumi, kiyo, sumu)
川 Sumikawa s
子 Sumiko f
元 Sumimoto m
田 Sumida s
男 Sumio m
美子 Sumiko f

潤 2277 [T] Jun m, Uruu, Uruo, Hi-roshi, Masaru, Sakae. (JUN, SHUN, uru, masu, mitsu, hiro)
一郎 Jun'ichirō m
夫 Masuo m
次郎 Junjirō m
身 Hiromi m
登 Masumi m
象 Mitsutaka m
瓢 Junpyō m

——15 L4——

嘖 2278 Tadashi m. (SAKU, JAKU)

嫩 2279 Futaba f. (DON, NON)

嶋 2279A See 島 1522

鵪 2280 Hō s. (HŌ, toki)
田 Tokida s, Tokita
根 Tōgane s
崎 Tokizaki s

膝 2281 (SHITSU, hi-za)

栗毛 Hizakurige l

晹 2282 Akira m. (YŌ)

暉 2283 Akira m. (KŌ, GŌ, akira)

暲 2284 Akira m, Susumu m ; Aki f. (SHŌ, aki)

璉 2285 (REN, teru, tsura)

瑤 2286 (YŌ, tama)
子 Tamako f

璋 2287 Akira m. (SHŌ, tama, aki, teru)
八 Shōhachi m
子 Tamako f
光 Akimitsu m
男 Tamao m
敏 Akitoshi m
悦 Teruyoshi m

様 2288 See 様 2099

楡 2288A (YU, nire)
井 Nirei s
木 Nireki s

槿 2289 Asagao l.
花戯書 Hachisu zare-gaki l

樛 2290 (RYŌ, tsuga)
子 Tsugako f

榧 2291 (HI, kaya)
木 Kayaki s, Kayanoki

樽 2292 (TAN, SEN, kuruma)
林 Kurumabayashi s

樅 2293 (SHU, SHŌ, momi)
山 Momiyama s

樟 2294 (SHŌ, kusu)
子 Kusuko f
本 Kusumoto s

槻 2295 (KI, tsuki)
子 Tsukiko f
本 Tsukimoto s

槐 2296 (KAI, E, enji, enisu)
本 Enisunomoto m
郎 Enjirō m

槇 2297 Maki s. (SHIN, TEN, maki)
子 Makiko f
山 Sakakiyama s
太郎 Makitarō m
田 Makita s
本 Makimoto m
本楠郎 M. Kusurō ml
村 Makimura s
桂 Makibashira s
島 Makinoshima s

標 2298 [T] Kozue m, Meate ; Shi-meki s. (HYŌ, shibe, shime, sue, eda, shina, kata, taka, hide)
津 Shibetsu p
茶 Shibecha p
葉 Shiba s, Shimeha
縦 Katatsugu m

樋 2299 (TŌ, TSU, hi)
口 Higuchi s, Hinoku-chi ⌈yō fl
口一葉 Higuchi Ichi-
口竜峡 H. Ryūkyō ml
川 Higawa s
山 Hiyama s
田 Hida s, Toida
爪 Hizume s
沼 Hinuma s
畑 Hibata s
前 Hinokuma s
泉 Toizumi s
浦 Hiura s
脇 Hiwaki p
野 Hino s
渡 Hiwatari s
熊 Higuma s

権

権 2300 [T] (GON, KEN, nori, yoshi)

- 一 Gon'ichi *m*
- 八 Gonpachi *m*
- 七 Gonshichi *m*
- 三 Gonzō *m*
- 大 Gondai *m*
- 士 Norio *m*
- 之允 Gennosuke *m*
- 左衛門 Gonzaemon *m*
- 田 Gonda *s*
- 正 Gonshō *s*
- 平 Gonbei *s*
- 四郎 Gonshirō *m*
- 助 Gonsuke *m*
- 兵衛 Gonbee *m*
- 治 Gonji *m*
- 現造 Gongen-zukuri *a*
- 瓶 Gonbei *s*
- 野 Gonno *s*
- 蔵 Gonzō *m*
- 藤 Gondō *s*

横

横 2301 [T] (Ō, yo-ko) 「gawa *s*

- 8川 Yokogawa *sp*; Yo-
- 4内 Yokouchi *s*
- 手 Yokote *sp*
- 井 Yokoi *s*
- 井小楠 Y. Shōnan *mh*
- 井也有 Y. Yayū *ml*
- 山 Yokoyama *s*
- 山大観 Y. Taikan *ma*
- 山白虹 Y. Hakukō *ml*
- 山有策 Y. Yūsaku *ml*
- 山健堂 Y. Kendō *ml*
- 山源之助 Y. Genno-suke *ml*
- 木 Yokoki *s*
- 5田 Yokota *sp*
- 矢 Yokoya *s*
- 6地 Yokochi *s*
- 江 Yokoe *s*
- 竹 Yokotake *s*
- 芝 Yokoshiba *p*
- 光 Yokomitsu *sm*
- 光利一 Y. Riichi *ml*
- 7沢 Yokozawa *s*
- 坂 Yokosaka *s*
- 村 Yokomura *s*
- 谷 Yokotani *s*, Yokoya
- 尾 Yokoo *s*
- 充 Yokomitsu *m*
- 8佩 Yokohagi *s*
- 知 Yokochi *s*
- 9松 Yokomatsu *s*
- 前 Yokomae *s*

- 10浜 Yokohama *sp*
- 倉 Yokokura *s*
- 屋 Yokoya *s*
- 11野 Yokono *s*
- 島 Yokoshima *sp*
- 12須賀 Yokosuka *sp*
- 曾根 Yokosone *s*
- 森 Yokomori *s*
- 道 Yokomichi *s*
- 13堀 Yokobori *s*
- 塚 Yokozuka *s*
- 溝 Yokomizo *s*
- 溝正史 Y. Seishi *ml*
- 張 Yokobari *s*
- 越 Yokogoshi *p*
- 14張 Yokozeki *s*
- 16橋 Yokobashi *s*
- 19瀬 Yokose *sp*
- 瀬夜雨 Y. Yau *ml*

---15 L5---

郷

郷 2302 See 郷 2112

竭

竭 2303 Motoru *m.* (EI)

褘

褘 2304 (I, yoshi)

- 健 Yoshitake *m*

確

確 2305 [T] Katashi *m*, Akira; Tashika *f*. (KAKU, kata, tai)

- 子 Katako *f*
- 悟 Taigo *m*

端

端 2306 [T] Hata *s*, Tan; Tadashi *m*, Tadasu, Hajime. (TAN, hashi, masa, tada, ha, hata, nao, moto)

- 子 Masako *f*
- 夫 Masao *m*, Tadao
- 守 Hamori *m*
- 居 Hashii *m*
- 連 Masatsura *m*
- 野 Tanno *p*
- 館 Hatadate *s*

稲

稲 2307 See 稲 2125

穂

穂 2308 [T] Minoru *m-f*. (SUI, ZUI, ho, 「o)

- 井 Hoi *s*
- 井田 Hoida *s*

- 阪 Hosaka *s*
- 坂 Hosaka *s*
- 別 Hobetsu *p*
- 谷 Hodani *s*
- 苅 Hogari *s*
- 波 Honami *s*
- 保 Hoshifu *s*
- 高 Hotaka *p*
- 瓮 Hohe *s* 「me
- 集 Hoatsume *s*, Hozu-
- 積 Hozumi *sm-p*
- 積忠 H. Kiyoshi *ml*
- 積陳重 H. Nobushige *mh*
- 穂 Hozumi *s*, Honomi

---15 L6---

糊

糊 2309 (KO, GO, no-ri)

耨

耨 2310 (GŪ, GŌ, GU, tomo)

聡

聡 2311 [N] Satoshi *m*, Satoru, Akira, satō, toshi, sa, to, tomi, (sō, su, aki, 「toki)

- 夫 Tomio *m*
- 敏 Satoshi *m*
- 善 Akiyoshi *m*
- 頼 Akiyori *m*

蝶

蝶 See 2495

蝮

蝮 2312 Tajihi *s*. (FUKU, BUKU)

- 壬 Tajihimibu *s*
- 壬部 Tajihibe *s*
- 椿 Hamatsubaki *s*

蝦

蝦 2313 (GA, ebi, emi)

- 夷 Ezo *h*; Emishi *m-h*
- 原 Ebihara *s*
- 蟆鉄拐 Gama tekkai *l*

---15 L7---

踏

踏 2314 [T] (TŌ, fu-mi, fuma)

- 瀬 Fumase *p*

醇

醇 2315 Atsushi *m*. (JUN, SHUN, atsu)

輪

輪 2316 [T] (RIN, wa)

- 之内 Wanouchi *p*
- 田丸 Wadamaru *m*
- 座 Waza *s*
- 島 Wajima *sp*
- 賀月 Wakatsuki *s*
- 違 Wachigai *s*
- 蔵 Rinzō *l*

賜

賜 2317 [T] Tamō *m*. (SHI, tama, masu)

- 子 Tamako *f*

賎

賎 2318 Shizu *f*. (SEN, ZEN, shizu)

- 子 Shizuko *f*
- 夫 Shizuo *m*
- 香 Shizuka *f*
- 機 Shizuhata *l*
- 機帯 Shizuhataobi *a*

誕

誕 2319 (TAN, DAN, nobu)

論

論 2320 [T] (RON, RIN, toki, nori)

誹

誹 2321 (HI). (cf. 俳 1036)

- 風柳多留 Haifū yana-gidaru *l*

誼

誼 2322 (GI, yoshi, koto)

- 衡 Yoshihiro *m*

請

請 2323 [T] (SEI, SHIN, uke)

- 川 Ukegawa *s*
- 地 Ukeji *s*

諄

諄 2324 Itaru *m*, Makoto. (JUN, atsu, sane, shige, to-mo, nobu)

- 子 Atsuko *f*
- 太郎 Juntarō *m*

談

談 2325 [T] Katari *m*. (DAN, TAN, ka-ta, kanu, kane)

- 林 Danrin *l*
- 林十百韻 D. toppya-kuin *l*

諒

諒 2326 Makoto *m*, Masa; Aki *f*.

榑
橇
樟
槻
槐
槙
標
樋
▼
権
横
郷
竭
褘
確
端
稲
穂
糊
耨
聡
蝶
蝮
蝦
踏
醇
輪
賜
賎
誕
論
誹
誼
請
諄
談
諒
▲
諏
調
諸
絹
絋
絵
統
統

賜　(RYŌ, aki, masa, asa)
賤　一 Masakazu m
誕　兄 Akie m
論
誹　諏 2327 (SU, SHU)
誼
請　佐 Susa s
諄　訪 Suwa sp
諒　訪部 Suwabe s
▼　訪都 Suwa ICHI l
諏
調　調 2328 [T] Shira-
諸　be s; Mitsugi sm;
絹　Tsuki sf. (CHŌ, tsugu,
絃　tsugi, shige, tsuki)
絵　川 Tsukinokawa s
統　子 Chōshi s
統　月 Tsukizuki s, Tsu-
絃　kazuki, Chikazuki
鋤　布 Chōfu p; Tetsuku-
鋳　ri s, Tatsukuri
鋳　伎 Tsuki s
鋒　伏曾我 Chōbuku So-
鋪　ga la
銅　使 Tsugitsukai s
鉾　所 Zusho s, Chōsho
鋳　所広郷 Z. Hirosato mh
銀　興 Tsugioki m
騂
駛　諸 2329 [T] Moro s.
駒　(SHO, JO, SHA,
▲　moro, tsura, mori)
戯　³川 Morokawa s
毅　⁴井 Moroi s
歓　木 Morogi s
歎　⁵田 Morogino s
敵　兄 Moroe m
敷　立 Morotate m
鄭　⁷会 Moroai m
影　見里 Moromisato s
愈　角 Morokado s
雍　⁹垣 Morogaki s
　　姉 Moroe f
　　星 Moroboshi s
　　岡 Morooka s
　　¹¹野 Morono s
　　魚 Morona m
　　¹²富 Morodomi p
　　遊 Moroyū s
　　道聴耳世間猿 Shodō
　　kikimimi sekenzaru
　　¹³塚 Morotsuka p l
　　葛 Morokuzu sm
　　照 Moroteru m
　　¹⁶橋 Morohashi s
　　¹⁸藤 Morofuji s

———15 L8———

絹 2330 [T] Kinu f.
(KEN, kinu, masa)
川 Kinugawa s
山 Kinuyama s
田 Kinuta s
谷 Kinutani s
香 Kinuka f

絃 2331 (GEN, KEN,
tsuru, o, ito)
上 Genjō la
夫 Tsuruo m

絵 2332 [T] (KAI, e)
本曾我 Ehon Soga l
合 Eawase la
坂 Ezaka s
見 Emi s
面 Ezura s
巻物 Emaki-mono la
師草子 Eshi no sōshi l
馬 Ema sla-a
菱 Ebishi s
詞 Ekotoba l

統 2333 [T] Osamu
m-f; Sumeru m,
Tsuzuki; Moto f. (TŌ,
mune, sumi, nori, ka-
ne, tsuna, tsune, osa)
一 Tsunekazu m, Tō-
仁 Osahito m　　Ichi
秋 Sumiaki m
理 Munemasa m
雄 Kaneo m
間 Norisato m

続 2334 [T] Tsuzu-
ki s; Tsuzuku m-
f. (ZOKU, SHOKU, tsugi,
tsugu, hide)
³千載集 Zoku senzai-
shū l
⁴木 Tsuzuki s　　「gi l
日本紀 Shoku Nihon-
日本後紀 Zoku Nihon
kōki l
⁵古今集 Z. kokinshū l
古事談 Z. koji dan l
本朝文粋 Z. honchō
monzui l
⁶世継 Shoku yotsugi l
耳塵集 Zoku nijinshū
l

⁸明烏 Z. akegarasu l
⁹信 Tsuginobu m
拾遺集 Zoku shūishū l
草庵集 Z. sōanshū l
¹⁰浦島子伝 Z. Urashi-
mago-no-den l
¹¹後拾遺集 Z. goshūi-
shū l
後撰集 Z. gosenshū l
¹²道中膝栗毛 Z. dō-
chū hizakurige l
¹⁴猿蓑 Z. sarumino l
¹⁵蔵 Tsugizō m

鉉 2335 (GEN, KEN,
tsuru)
子 Tsuruko f

鋤 2336 (JO, SHO,
suki)
柄 Sukie s, Sukigara

鋢 2337 Kazari s.
(kazari)
谷 Kazariya p

鋳 2338 (TETSU, ka-
ne)
胤 Kanetane m

鋒 2339 (HŌ, FU, ho-
ko, saki)
子 Hokoko f

鋪 2340 Nobu f.
(HO, FU, nobu,
haru, shige, suke)
猪 Nobui m
綱 Nobutsuna s

鋧 2341 (RI, toshi,
sen)
之允 Sennojō s
子 Toshiko f
秋 Toshiaki m

鉾 2342 (BŌ, MU,
hoko)
子 Hokoko f
久 Muku s
田 Hokoda p

鋳 2343 [T] (CHŌ, i)
方 Igata s
式 Ishiki s

谷 Itani s
銭司 Susenji s
銭部 Chūsenbu s

鋭 2344 [T] Toshi
m, Satoki. (EI, to-
shi, toki)
太郎 Eitarō m
市 Eiichi m
清 Toshikiyo m
雄 Tokio m
憲 Toshikazu m

銀 2345 [T] Shiro-
gane m. (GIN,
GON, kane)
二郎 Ginjirō m
三郎 Ginzaburō m
之助 Ginnosuke m
太郎 Gintarō m
次郎 Ginjirō m
佐 Kanesuke m
杏 Ichō s
座 Ginza p
語録 Gingoroku l
閣寺 Ginkakuji pha
蔵 Ginzō m

———15 L9———

餅 2346 (HEI, mochi)
原 Mochihara s
屋 Mochiya s

———15 L10———

駙 2347 (FU, chika,
tsuku, toshi)

駛 2348 (SHI, haya,
toshi)
夫 Hayao m
馬 Hayama m
量 Toshikazu m

駒 2349 [N] (KU,
koma)
³之助 Komanosuke m
⁴井 Komai s
木 Komagi s
木根 Komagine s
⁵代 Komayo f
込 Komagome s
目 Komame s
田 Komada s
田信二 K. Shinji ml
⁶次郎 Komajirō m
吉 Komakichi m

⁷沢 Komazawa s
形 Komagata s
村 Komamura s
谷 Komaya s
⁸林 Komabayashi s
¹⁰宮 Komamiya s
¹¹猪 Komai f
野 Komano s
¹²場 Komaba sp
崎 Komazaki s
¹³雄 Komao m
¹⁴槌 Komatsuchi m

—— 15 L11 ——

戯 2350 [T] (GI, GE)
作 Gesaku l
作三昧 G.-zanmai l

毅 2351 [N] Take-shi m, Tsuyoki, Kowashi, Hatasu, Sadamu, Shinobu. (KI, GI, GE, take, tsuyo, mi, kata, taka, toshi, nori, yoshi)
彦 Takehiko m
陸 Kiroku m
雄 Takeo m

歓 2352 [T] (KAN, yoshi)
子 Yoshiko f

歎 2353 (TAN)
異抄 Tan'ishō l

敵 2354 [T] (TEKI, toshi)
討義女英 Katakiuchi gijo no hanabusa l

敷 2355 [T] (FU, nobu, shiki, hira)
田 Shikida s
地 Shikichi s
村 Shikimura s
見 Shikimi s
根 Shikine s
島 Shikishima p
智 Fuchi s

—— 15 L12 ——

鄭 2356 Tei s. (TEI)

影 2357 [T] (EI, YŌ, kage)
山 Kageyama s ⌐ml
山正治 K. Masaharu
光 Kagemitsu m

—— 15 T2 ——

愈 2358 Masaru m; Masu f. (YU, iyo, masu, yasu)
子 Iyoko f

雍 2359 (YŌ, YU, yasu, chika, kazu)
人 Kazuhito m
子 Yasuko f
仁 Yasuhito m
通 Chikamichi m

—— 15 T3 ——

賣 2360 See 売 466

臺 2361 See 台 276

實 2362 See 実 678

寢 2363 See 寝 1976

寮 2364 [T] (RYŌ, ie, tomo, matsu)

審 2365 [T] Akira sm. (SHIN, aki)

藏 See 2424

豐 2366 Iraka s. (BŌ)

賁 2367 Minoru m; Shige f. (FUN, BUN)

蔣 2368 (SHŌ, SŌ, komo) ⌐chi
池 Komoike s, Komo-

燕 2369 See 燕 2570

蔭 2370 (IN, ON, kage)

山 Kageyama s
見 Kagemi m

蕃 2371 Shigeru m, Shigeri. (BAN, shige, mitsu, mori, shiku, fusa)
良 Hara s, Hora
樹 Shigeki m

蕉 2372 (SHŌ)
門 Shōmon l
門頭陀 S. zuda l
堅稿 Shōkenkō l

蕪 2373 (BU, MU, kabura)
木 Kaburagi s
坂 Kaburasaka s
村 Buson ml ⌐shū l
村七部集 B. shichibu-
屋 Kaburaya s

—— 15 T4 ——

嵬 2374 Takashi m, Kewashi. (KAI)

—— 15 T5 ——

晶 2375 Akira m. (KYŌ, GYŌ)

裳 2376 (SHŌ, mo)
咋 Mokui s
原 Mobara s

賞 2377 [T] Takashi m. (SHŌ, taka, yoshi, suke, homu)
成 Yoshishige sm
善 Suketaru m
雅 Takamasa m

—— 15 T6 ——

器 2378 [T] (KI, kata)

鞏 2379 (KYŌ, KU, kata, yoshi)

節 2380 See 節 2215

箸 2381 Akira m. (CHO, hashi, aki, ⌐tsuku)
尾 Hashio s

篁 2382 Takamura sm-l; Takai s; Taka f. (KŌ, Ō, taka)
雄 Takeo m

箱 2383 [T] (SHŌ, SŌ, hako)
山 Hakoyama s
田 Hakoda s
羽 Hakoba s
守 Hakomori s
根 Hakone p
崎 Hakozaki s

範 2384 [T] Susumu m. (HAN, nori)
一 Norikazu m
三 Hanzō m
子 Noriko f
夫 Norio m
平 Norihei m
田 Hanta s
宗 Norimune m
規 Noritada m
頼 Noriyori m

—— 15 T7 ——

魯 2385 (RO)
文 Robun ml
迅 Ro Jin ml "Lu Hsün"
国 Rokoku p "Russia"

—— 15 T8 ——

墨 2386 See 墨 2230

瑩 2387 Akira m; Teru f. (EI, YŌ, teru, akira)

製 2388 [T] (SEI, nori)
保 Noriyasu m

黎 2389 (REI, RAI, tami)
子 Tamiko f
吉 Reikichi m

霊 2390 [T] (REI, RYŌ, tama, yoshi)
山 Ryōzen p; Yoshiyama s
田 Tamada s

駒
▼
戯
毅
歓
歎
敵
敷
鄭
影
愈
雍
賣
臺
實
寢
審
藏
豐
賁
蔣
燕
蔭
蕃
蕉
蕪
嵬
晶
裳
賞
器
鞏
節
箸
篁
箱
範
魯
墨
瑩
製
黎
霊
▲
舞

範魯壘瑩製黎靈
▼
舞慧輦賛質賓箭監盤齊暫慭慰默熟勳熱熙獎墊導幣履廣廚遵選遲
▲
遙趣魁蔵慶閭閣

異記 Reiiki *l*
亀 Reiki 715–17
鞍 Tamakura *s*

舞 2391 [T] (BU, MU, mai)
の木 Mai no hon *l*
白百箇集 Butai hyak-kajō *l*
阪 Maisaka *p*
原 Maibara *sp*
姫 Maihime *l*
楽 Bugaku *a*
鶴 Maizuru *p*

慧 2392 Satoshi *m*, Satoru, Kei, Akira. (KEI, E, sato, akira)

輦 2393 (REN, nori)
止 Kurumado *s*

賛 2394 [T] Tasuku *m*, Akira. (SAN, yoshi, suke, ji)
子 Yoshiko *f*
雄 Yoshio *m*

質 2395 [T] Sunao *m*, Tadashi. (SHITSU, SHICHI, tada, moto, kata, mi, sada)

賓 2396 (RAI, tama, yori)
夫 Tamao *m*
四郎 Raishirō *m*

——— 15 T9 ———
箭 2397 (SEN, ya)
口 Yaguchi *s*, Yanokuchi
内 Yanai *s*
括 Yahazu *s*
野 Yano *s*
集 Yatsume *s*

監 2398 [T] Akira *m*. (KAN, KEN, mi, aki, kane, teru, tada)
物 Kenmotsu *sm*

盤 2399 [T] (BAN, HAN, maru, yasu)
吉 Bankichi *m*

磐 2400 Iwao *m*. (HAN, BAN, iwa)
一 Iwaichi *m*
子 Iwako *f*
太郎 Iwatarō *m*
田 Iwata *p*
余 Iware *s*
奈 Iwana *s*
城 Iwaki *p*
前 Iwamae *m*
恵 Iwae *m*
梨別 Iwanasuwake *s*
梯 Bandai *p*
瀬 Iwase *s*

——— 15 T11 ———
齊 2401 See 斉 701

暫 2402 [T] Shibaraku *la*. (ZAN)

慭 2403 Sunao *m*. (KAKU, yoshi, masa, nao)
麿 Yoshimaro *m*

慰 2404 [T] (I, yasu, nori)
子 Yasuko *f*

默 2405 [T] (MOKU)
阿弥 Mokuami *ml*

熟 2406 [T] (JUKU)
田 Niita *s* 「ma *s*
皮高麗 Oshikawako-
蝦夷 Nigiemishi *s*

勳 2407 [T] Tsutomu *m*, Isao. (KUN, isa, koto, hiro, iso)
夫 Isao *m*
光 Isamitsu *m*
男 Isao *m*

熱 2408 [T] (NETSU, atsu)
川 Atsukawa *s*, Niekata
代 Atsuyo *f* 「wa
田 Atsuta *sp*
田祝部 Atsutahafuribe *s*
海 Atami *sp* 「p
塩加納 Atsushiokanō

熙 2409 Hiroshi *m*, Hiromu, Ki. (KI, I, hiro, sato, teru, oki, yoshi, nori)
子 Hiroko *f*, Teruko
永 Yoshinaga *m*
成 Norinari *m*
栄 Hirohide *m*
煌 Hiromi *m*
景 Hirokage *m*

熊 2410 [N] Kuma *s*. (YŪ, kuma, kage)
[1]一 Kumaichi *m*
[3]川 Kumagawa *s*
三郎 Kumasaburō *m*
丸 Kumamaru *m*
[4]毛 Kumage *p*
井 Kumai *s*
井田 Kumaida *s*
木 Kumaki *s*
山 Kumayama *sp*
王丸 Kumaōmaru *m*
代 Kumashiro *s*
切 Kumagiri *s*
石 Kumaishi *p*
田 Kumada *s*
本 Kumamoto *sp*
[6]次 Kumaji *m*
次郎 Kumajirō *m*
吉 Kumakichi *m*
庄 Kumanoshō *s*
耳 Yūji *s*
[7]沢 Kumazawa *s*
沢番山 K. Banzan *mh*
沢沒六 K. Mataroku *ml*
阪 Kumasaka *s*
坂 Kumasaka *sla*
村 Kumamura *s*
谷 Kumagaya *sp*; Kumagai *s*, Kumagae
谷武雄 Kumagai Takeo *m*
[8]取 Kumatori *p*
取谷 Hishiya *s*
[9]津 Kumazu *s*
岡 Kumaoka *s*
彦 Kumahiko *m*
[10]倉 Kumakura *s*
[11]野 Kumano *sp*; Yu-ya *fa-la*
野川 Kumanogawa *s*
野跡 Kumanoato *p*
埜御堂 Kumanomido
猪 Kumai *s*

[12]崎 Kumasaki *s*
喜 Kumaki *m*
[13]雄 Kumao *m*
勢 Kumase *s*
[15]凝 Kumakori *m*
[16]懐 Kumazuki *s*
[24]襲 Kumaso *h*

——— 15 T12 ———
奬 2411 See 奨 2036

墊 2412 Motoi *m*. (SHŌ, SŌ)

導 2413 [T] (DŌ, michi, osa)
子 Michiko *f*

幣 2414 [T] Shide *m*. (HEI, BEI, nusa)
一 Nusakazu *m*
帛 Mitegura *s*
原 Shidehara *s*
原喜重郎 S. Kijūrō *mh*

——— 15 F3 ———
履 2415 [T] (RI, fumi)

廣 2416 See 広 316

廚 2417 (CHŪ, kuriya)
川 Kuriyagawa *s*
川白村 K. Hakuson *mh*

遵 2418 [T] Jun *m*. (JUN, SHUN, nobu, chika, yori, yuki)
子 Nobuko *f*

選 2419 [T] (SEN, SAN, kazu, nobu, yori, yoshi)
子 Yoriko *f*
子内親王 Senshi Naishinnō *fl*

——— 15 F4 ———
遲 2420 See 遅 1807

遙 2421 Haruka m. (YŌ, haru, tō, michi)

——15 F7——

趣 2422 [T] (SHU, toshi, koshi)
山 Koshiyama s

——15 F8——

魁 2423 Isao m, Isamu, Tsutomu; Sakigake s. (KAI, KE)

蔵 2424 [T] Kura s; Osamu m. (ZŌ, SŌ, kura, tada, toshi, masa, yoshi)
人 Kurando m
下麿 Kurajimaro m
元 Kuramoto s
六 Kuraroku m
王 Zaō p
方 Kurakata s
太 Kurata m
田 Kurata s
本 Kuramoto s
主 Kuruji s
老 Kuraoi m
持 Kuramochi s
重 Kurashige s
原 Kurahara s 「mh
原伸二郎 K. Shinjirō
原惟人 K. Korehito ml
野 Kurano s
紀 Kuraki m

慶 2425 [T] Yoshi m; Iwai s. (KEI, KYŌ, yoshi, yasu, nori, chika, michi, iwai)
⁸三 Keizō m
三郎 Keizaburō m
子 Keiko f, Yoshiko
之 Yoshino f
之助 Keinosuke m
⁴夫 Yoshio m
太郎 Keitarō m
⁵四郎 Keishirō m
田 Iwaida s
⁶次郎 Keijirō m
光院 Keikōin s
吉 Keikichi m
⁷作 Keisaku m
利 Yasutoshi m
安 Keian 1648–52
応 Keiō 1865–68

応義塾 K. Gijuku p
⁸定 Yoshisada m
⁹長 Kyōchō/Keichō 1596–1615 「han l
長勅版 Keichō choku-
香 Yoshika m
¹¹隆 Keiryū m
野 Keino s
¹²勝 Yoshikatsu m
喜 Yoshinobu m
¹³寛 Kyōhitomo m
雲 Kyōun 704–08; Keiun ml 704–08
¹⁵蔵 Keizō m
¹⁶滋 Yoshishige sm
滋保胤 Y. no Yasutane ml

閭 2426 (RO, RYO, sato)

閨 2427 Tadashi m. (GIN, GON)

——15 F11——

摩 2428 [T] (MA, BA, kiyo, nazu)
耶夫人 Maya-bunin fh
理勢 Marise m
島 Mashima s
賀部 Makabe s
漏 Maro m

——15 F12——

塵 2429 (JIN)
芥集 Jinkaishū lh
溜 Hakidame l

——15 U——

鼠 2430 (SO, nezumi)
小紋東君新形 Nezumi-komon haru no shingata la

——16 L2——

凝 2431 [T] Kōru m. (GYŌ, kori)

儒 2432 [T] (JU, NYU, haka, hito, michi, yasu, yoshi)

儔 2433 (CHŪ, tomo, toshi)

儘 2434 (KEN, toshi)
儀 Toshiyoshi m

儘 2435 (JIN, michi, mama)
田 Mamada s

——16 L3——

獨 2436 See 独 788

嘘 2437 (KYO)
の果 Uso no mi l

壇 2438 [T] (DAN)
浦 Dannoura ph
浦兜軍記 D. kabuto gunki la

懌 2439 (EKI, YAKU, yoshi, tsugu)
子 Yoshiko f

憶 2440 [T] (OKU, ZŌ)
良 Okura ml
頼 Okurai s

隨 2441 See 随 1564

險 2442 See 険 1308

隣 2443 [T] Chikashi m, Tonari. (RIN, chika, sato, tada, naga)
夫 Tadao m
信 Chikanobu m, Naganobu

擇 2444 See 択 404

擔 2445 See 担 581

撛 2446 Tasuku m. (RIN)

撿 2447 (KEN)
見川 Kemigawa s

操 2448 [T] Misao m; Ayatsuri a. (SŌ, misa, mochi, aya, sao, toru)
子 Misako f
加 Misaka f
浄瑠璃 Ayatsuri jōruri la

徵 2449 See 徴 2265

衡 2450 [T] Hitoshi m, Mamoru. (KŌ, GYŌ, hira, hiro, chika, hide)
能 Hirayoshi m

徹 2451 [T] Tetsu m, Itaru, Tōru, Akira, Osamu, Hitoshi. (TETSU, michi, yuki, tō)
一 Tetsuichi m
二 Tetsuji m
三 Tetsuzō m
太郎 Tetsutarō m
志 Tetsurō m
郎 Tetsurō m
書記 Tesshoki l
蔵 Tetsuzō m

衛 2452 [T] Mamoru m, Mamori. (EI, E, mori, hiro, yoshi)
万 Moritaka m
士 Eshi m, Morito
士夫 Ejio m
守 Emori m
佐 Esuke m
好 Moriyoshi m
門 Emon mh
彦 Morihiko m
衡 Morimichi m
藤 Eitō s, Etō

澤 2453 See 沢 404

澈 2454 Kiyoshi m. (TETSU)

潊 2455 Kiyoshi m. (SAN)

澄 2456 See 澄 2276

廚 遵 選 遲 ▼ 遙 趣 魁 慶 閭 閨 摩 塵 鼠 凝 儒 儔 儘 獨 嘘 壇 懌 憶 隨 險 隣 擇 擔 撛 撿 操 衡 徵 徹 衛 澤 澈 潊 澄 ▲ 濁 澤 澳 滋

衛 澤 澈 澪 激 ▼ 濁 澪 澳 滋 豫 彈 膳 燒 熾 嶝 嶟 曉 暾 瞳 璟 璞 璃 嫗 嫺 嬉 樴 橡 樬 樵 樗 樫 樽 樹 橘 橋 磔 魄 魂 鴨 ▲ 穎 稽 穏 積 穆

濁 2457 [T] (DAKU, nigori)
川 Nigorikawa sp

澪 2458 Mio f-l. (REI, RYŌ, mio)
標 Miotsukushi l

澳 2459 Oki s. (Ō, oki)
門 Makao p "Macao"
野 Okino m
麿 Okimaro m

滋 2460 [T] Shigeru m, Shigeshi. (SHI, JI, shige, masu, asa, fusa)
子 Shigeko f
田 Shida s
生 Shigefu s
秀 Masuhide m
春 Shigeharu m
彦 Shigehiko m ⌈s
野 Shigeno sm; Shino
野貞主 Shigeno no Sadanushi ml
賀 Shiga p

—16 L4—

豫 2461 See 予 62

彈 2462 See 弾 1880

膳 2463 Kashiwade sm; Zen s. (ZEN, SEN, yoshi)
天 Kashiwade s
次 Yoshitsugu m
住 Zejū s
伴 Kashiwadenotomo s
所 Zeze s
清 Yoshikiyo m
部 Kashiwade s

燒 2464 See 焼 1588

熾 2465 (SHI, taru)
仁 Taruhito m

嶝 2466 Noboru m. (TŌ)

嶟 2467 Takashi m. (SON)

曉 2468 See 暁 1596

暾 2469 Hajime m. (TON)

瞳 2470 (DŌ, aki)

璟 2471 (EI, YŌ, akira)

璞 2472 Makoto m; Tama f. (HAKU, tama)

璃 2473 (RI, aki)
子 Akiko f

嫗 2474 Baba f. (Ō, baba)

嫺 2475 (KAN, KEN, shizu)
子 Shizuko f

嬉 2476 (KI, yoshi)
子 Yoshiko f
野 Ureshino p

樴 2477 (SHIKI, SHOKU, kui)

橡 2478 Tsurubami l. (ZŌ, SHŌ, tochi)

樬 2478A (SHŌ, nude)
島 Nudejima sp

樵 2479 Kikori m. (SHŌ, JŌ, soma)
夫 Somao m

樗 2480 (CHO)
牛 Chogyū ml
良 Chora ml

樫 2481 (kashi, kashiwa)
田 Kashiwada s
山 Kashiyama s
村 Kashimura s
谷 Kashiwaya s
尾 Kashio s
原 Kashiwara s
野 Kashiwano s

樽 2482 Taru s. (SON, taru)
川 Tarukawa s
子 Taruko f
之助 Tarunosuke m
井 Tarui s
井藤吉 T. Tōkichi mh
本 Tarumoto s
沢 Tarusawa s
見 Tarumi s
味 Tarumi s

樹 2483 [T] Tatsuki m, Itsuki. (JU, SHU, tatsu, shige, ki, miki, mura, na)
一郎 Kiichirō m
人 Tatsundo m
子 Tatsuko f, Shigeko, ⌊Mikiko
下 Juge s
夫 Tatsuo m
次郎 Shigejirō m
海 Ki no umi l
胤 Muratane m

橘 2484 [N] Tachibana sp. (KITSU, KICHI)
[2]八衢 T. no Yachimata ml ⌈yo fh
[3]三千代 T. no Michi-
川 Kikkawa s
[4]内 Kitsunai s
[5]田 Kitsuda s
永愷 Tachibana no Nagayasu ml ⌈mh
[6]守部 T. no Moribe
成季 T. no Narisue ml
[7]谷 Kitsuya s
[8]宗利 Tachibana Munetoshi ml
奈良麻呂 T. no Naramaro mh
糸重子 T. Itoeko fla
東世子 T. Toseko fl
[10]高 Kittaka s, Kitaka
屋 Tachibanaya s
[11]逸勢 Tachibana no Hayanari ml ⌈mlh
[15]諸兄 T. no Moroe

橋 2485 [T] Hashi s. (KYŌ, GYŌ, hashi, taka)
[3]川 Hashikawa s
川文三 H. Bunzō ml
口 Hashiguchi s
[4]元 Hashimoto s
井 Hashii s
爪 Hashizume s
山 Hashiyama s
[5]田 Hashida s
田東声 H. Tōsei ml
本 Hashimoto sp
本左内 H. Sanai mh
本多佳子 H. Takako fl
本宗吉 H. Sōkichi mh
本英吉 H. Eikichi ml
本雅邦 H. Gahō ma
本夢道 H. Mudō ml
本徳寿 H. Tokuju ml
本鶏二 H. Keiji ml
[6]弁慶 Hashi Benkei la
[7]作 Kurahone s
村 Hashimura s
谷 Hashitani s
[10]倉 Hashikura s
[11]姫 Hashihime l
野 Hashino s ⌈nobe
部 Hashibe s, Hashi-
[12]場 Hashiba s
[13]詰 Hashizume s

—16 L5—

磔 2486 (TAKU)
茂左衛門 Haritsuke Mozaemon la

魄 2487 (HAKU, ai)

魂 2488 [T] (KON, GON, tama, mitama, moto)

鴨 2489 Kamo sm. (Ō, kamo)
川 Kamogawa p
下 Kamoshita s
方 Kamogata p
井 Kamoi s ⌈moji
打 Kamouchi s, Ka-
田 Kamoda s
池 Kamochi s
志田 Kamoshida s
足 Ichō s ⌈mei ml
長明 Kamo no Chō-

島 Kamojima *p*
脚 Ichō *s*
継 Kamotsugu *m*

穦 2490 Shigeru *m.* (SHIN, TEN, DEN)

稽 2491 (KEI, KAI, toki, nori, yoshi)
子 Tokiko *f*

穏 2492 [T] Yasuki *m.* (ON, yasu, shizu, toshi)
子 Yasuko *f*, Shizuko
仁 Yasuhito *m*
香 Yasuka *m*
野 Ono *s*
雄 Toshio *m*
徳 Yasunori *m*

積 2493 [T] Tsumoru *m*, Seki. (SEKI, SHAKU, SHI, tsumu, kazu, tsumi, sane, katsu, mori, sa, atsu, mochi, tsune)
丹 Shakotan *p*
田 Tsumida *s*
正 Katsumasa *m*
成 Saneshige *m*
善 Kazuyoshi *m*, Moriyoshi, Atsuyoshi
雄 Morio 「gumi
組 Tsubukumi *s*, Tsu-

穆 2494 Atsushi *m.* (BOKU, MOKU, kiyo, atsu, yoshi, yasu, mutsu, tō)
人 Mutsundo *m*
子 Kiyoko *f*, Atsuko
文 Yasufumi *m*
夫 Yoshio *m*
佐 Mukasa *s*
英 Kiyohide *m*
詔 Atsuyoshi *m*
韶 Atsuyoshi *m*
凞 Kiyohiro *m*

———16 L6———

蝶 2495 [N] (CHŌ)
子 Chōko *f*

———16 L7———

辨 2496 See 弁 275

輯 2497 Atsumu *m.* (SHŪ, JŪ, mutsu)

瞕 2498 Atsushi *m.* (SHUN)

輝 2499 [T] Akira *m*, Hikaru, Kagayaki. (KI, teru, akira)
子 Teruko *f*
久 Teruhiko *m*
元 Terumoto *m*
夫 Teruo *m*
北 Kihoku *p*
充 Terumichi *m*
和 Teruyasu *m*
承 Teruyoshi *m*
虎 Terutora *m*
政 Terumasa *m*
規 Teruka *f*
規 Teruchika *m*
智 Terutoshi *m*
雄 Teruo *m*
徳 Teruakira *m*
聴 Terutoshi *m*

醍 2500 (DAI)
醐 Daigo *smh-p*

醒 2501 Samuru *m*; Same *f.* (SEI, SHŌ)
井 Samegai *sp*
睡笑 Seisuishō *l*

頤 2502 Yasushi *m.* (I)

頬 2503 (KYŌ, tsura, ho)
垂 Hotaru *m*

頭 2504 [T] Akira *m.* (TŌ, ZU, aki, kami)
山 Tōyama *s* 「kami
山満 T. Mitsuru *mh*
本 Zumoto *s*

穎 2505 Isao *m*, Satoshi. (EI, YŌ, hide, kai, saka, toshi)
人 Sakahito *m*
川 Egawa *s*
才新誌 Eisai shinshi *l*
田 Kaita *p*
田島 Etajima *s* 「ml
田島一二郎 E. Ichijirō

則 Hidenori *m*
娃 Ei *sp*; Eno *s*
雄 Hideo *m*

頼 2506 [T] Rai *sm*; Tanomu *m*; Yoshi *f*. (RAI, yori, nori, yo, yoshi)
三 Raizō *m*
三樹三郎 Rai Mikisaburō *mh*
山陽 Rai San'yō *mh*
升 Yorinori *m*
央 Yorihisa *m*
由 Yoriyuki *m*
母木 Tanomogi *s*
行 Yoshiyuki *m*
旨 Yorimune *m*
全 Yorimitsu *m*
存 Yorinaga *m*
名 Yorina *m*
多 Yorimasa *m*
位 Yoritaka *m*
寿 Yorikazu *m* 「Yori-
明 Yorihiro *m*
知 Yorioki *m*
幸 Yoriyuki *m*
芸 Yoriyoshi *m*
易 Yoriosa *m*
信 Yorinobu *m*, Yoritsune
則 Yorinori *m*, Yoritsune
宣 Yorinobu *m*
政 Yorimasa *m*
政家集 Y. kashū *l*
倫 Yorimichi *m*
桓 Yoritake *m*
郡 Yorikuni *m*
恭 Yorimichi *m*
通 Yorimichi *ml*
殷 Yoritaka *m*
救 Yorisuke *m*
恕 Yorioki *m*
朝 Yoritomo *m*
慎 Yoriyoshi *m*
稔 Yoritoshi *m*
義 Yorichika *m*
篤 Yoriyuki *m*
郷 Yorinori *m*
説 Yorihisa *m*
截 Yorikatsu *m*
寧 Yoriyasu *m*
熙 Yorioki *m*
潤 Yorimitsu *m*
彊 Yoriyuki *m*
誼 Noriyoshi *m*

慶 Yorinori *m*
錦 Yorikane *m*
聰 Yoritoshi *m*
職 Yoritoshi *m*
裏 Rai Noboru *mh*
繩 Yoritsugu *m*

諸 2507 See 諸 2329

諓 2508 Takeshi *m.* (GEN, koto, ō)

謀 2509 [T] Hakaru *m.* (BŌ, MU, koto, nobu)

諭 2510 [T] Satoshi *m*, Satosu. (YU, sato, tsugu)
吉 Yukichi *m*

諢 2511 (KON, odoke)
話浮世風呂 Odokebanashi ukiyoburo *l*

諟 2512 (SHI, JI, TEI, TAI, aki, sane, tada)
子 Akiko *f* 「da

諅 2513 (KEN, KAN, yoshi)
子 Yoshiko *f*

諫 2514 Isamu *m.* (KAN, KEN, isa, tada)
山 Isayama *s* 「tada
早 Isahaya *p*

諷 2515 (FŪ, yomu, oto) 「getsu *l*
詠十二月 Fūei jūnika-

諦 2516 Akira *m.* (TEI, TAI, aki, akira)
子 Akiko *f* 「ra
成 Teisei *m*
寛 Akihiro *m*

———16 L8———

靜 2517 See 静 2145

翰 2518 (KAN, fumi, naka, moto, oto, ha)
於 Fumio *m*

樽
樹
橘
橋
磔
魄
魂
鴨
▼
禛
稽
穏
積
穆
蝶
辨
輯
瞕
輝
醍
醒
頤
頬
頭
穎
諸
諓
謀
諭
諢
諟
諅
諫
諷
諦
靜
翰
▲
號
鋿
錚
鋸
錄
錫
錦
絲

疎 2519 Takeshi *m.* (HŌ, BŌ)

錡 2520 Kanae *m.* (KI, GI)

鋹 2521 (JUN, SHUN, TON, tomo)
彦 Tomohiko *m*

鋸 2522 (KYO)
南 Kyonan *p*

録 2523 [T] (ROKU, RYOKU, fumi, toshi)
之助 Rokunosuke *m*
子 Fumiko *f*
郎 Rokurō *m*

錫 2524 Tamō *m,* Atō ; Suzu *f.* (SHAKU, SEKI, suzu, masu, yasu)
子 Suzuko *f*
枝 Suzue *m*
胤 Masutane *m*
類 Yasuyoshi *m*

錦 2525 [N] Nishiki *sp.* (KIN, KON, kane, nishiki)
一 Kin'ichi *m*
小路 Nishikikōji *s*
戸 Nishikido *sla*
文 Kanefumi *m*
木 Nishikigi *la*
古利 Nishikori *s*
古里 Nishikori *s*
光山 Kinkōzan *s*
民 Nishigorinotami *s*
吾 Kingo *m*
見 Nishikimi *s*
部 Nishikibe *s,* Nishigori
貫 Nishikini *s*
絵 Nishikie *a*
織 Nishigori *s*

絲 2526 (SHI, ito, yori, tae, tame)

練 2527 [T] (REN, neri)
木 Neriki *s*
馬 Nerima *p*

綜 2528 (SŌ, ZU, osa)
子 Osako *f*

綽 2529 Yutaka *m*; Hiro *f.* (SHAKU, nobu, hiro, yasu, yoshi, hi)
子 Nobuko *f*

綴 2530 Tsuzuki *s.* (TEI, TETSU, tsuzu)   ⌐ruhe
喜 Tsuzuki *sp* ; Tsu-

綉 2531 (SHŪ, SHU, hide)
子 Hideko *f*

綟 2532 (KEN, KAN, he, heso)
村 Hesomura *s,* Hemura, Henmura

綺 2533 Kanhatori *s,* Kanta. (KI, aya, kamuhata)
子 Ayako *f*
堂 Kidō *ml*
語抄 Kigoshō *l*

綏 2534 Yasushi *m.* (SUI, ZUI, yasu, masa, yoshi)
子 Yasuko *f*
枝 Yasue *f*
彦 Yasuhiko *m*
稔 Yasunari *m*

緑 2535 [T] Midori *m-f-p.* (RYOKU, ROKU, tsuka, tsuna, nori, midori)
川 Midorigawa *s*
太郎 Rokutarō *m*
舎 Midorinoya *m*
雨集 Ryokuushū *l*
野 Minano *s*
簔談 Ryokusadan *l*

網 2536 [T] Yosami *s.* (MŌ, ami, a)
干 Aboshi *s*
干屋 Aboshiya *s*
中 Aminaka *s*
代 Ajiro *s*
走 Abashiri *p*

谷 Amitani *s*
倉 Amikura *s*
野 Amino *sp*
野菊 A. Kiku *fl*
部 Yosamibe *s*

緒 2537 [T] (SHO, JO, SHA, o, tsugu)
川 Ogawa *p*
方 Ogata *sp*
方洪庵 O. Kōan *mh*
田 Oda *s*
形 Ogata *s*
明 Oake *s*
嗣 Otsugu *m*

綿 2538 [T] (MEN, BEN, wata, tsura, masa, masu, yasu)
内 Watauchi *s*
木 Wataki *s*
打 Watauchi *s*
引 Watabiki *s*
屋 Wataya *m*
野 Watano *s*
貫 Watanuki *s*
麿 Watamaro *m*

継 2539 [T] (KEI, KAI, tsugu, tsugi, tsune, hide)
人 Tsugihito *m*
之助 Tsugunosuke *m*
子 Tsuguko *f*
屯 Tsugutamuro *s*
男 Tsuguo *m*
述 Tsugunobu *m*
信 Tsugunobu *m,* Tsuginobu
路 Tsugiji *f*

維 2540 [T] Tsunagu *m,* Tamotsu. (I, YŌ, tsuna, kore, fusa, sumi, shige, tada, masa, yuki, suke)
子 Tsunako *f,* Koreko
大 Tsunahiro *m*
也納 Uiin *p* "Vienna"
氏美学 Ishi bigaku *l*
佐子 Isako *f*
男 Fusao *m*
叙 Korenobu *m*
哉 Shigeya *m*
重 Tsunashige *m*
彬 Koreaki *m*

盛 Koremori *m*
摩経 Yuimakyō *l*
摩経義疏 Y. gisho *l*
摩郷 Imasato *m*
織 Koreori *m*

綾 2541 [N] Aya *sp.* (RYŌ, aya)
人 Ayando *m*
川 Ayakawa *s*
小路 Ayanokōji *s*
上 Ayagami *p*
子 Ayako *f*
也 Aya *f*
夫 Ayao *m*
井 Ayai *s*
田 Ayada *s*
足 Ayatari *ml*
垣 Ayagaki *s*
郁 Ayaka *f*
南 Ryōnan *p*
部 Ayabe *sp*
鼓 Aya no tsuzumi *la*
歌 Ayauta *p*
蔵 Ayazō *m*
麿 Ayamaro *m*
瀬 Ayase *sp*

——16 L9——
餘 2541A See 余 448

鞘 2542 (SHŌ, saya)
子 Sayako *f*

鞍 2543 (AN, kura)
子 Kurako *f*
山 Anzan *p*
手 Kurate *p*
岡 Kuraoka *s*
馬 Kurama *p*
馬天狗 K. tengu *la*
馬出 K. ide *l*
馬参 K. mairi *la*
掛 Kurakake *s*
部 Kuratsukuribe *s*
貫 Kuranuki *s*
智 Kurachi *s*

親 2544 [T] Chikashi *m,* Yoshimi, Itaru. (SHIN, chika, mi, naru, moto, yori, miru, oya)
子 Chikako *f*

尹 Chikamasa m
行 Chikayuki ml
民 Chikahito m
孚 Chikasane m
男 Chikao m
房 Chikafusa m
保 Chikayasu m
松 Oyamatsu s
音 Motone m
従 Chikayori m
葆 Chikayasu m
賀 Chikayoshi m
善 Chikayoshi m
誠 Chikanobu m
廉 Chikayuki m
蔵 Chikatada m
鸞 Shinran mh

融 2545 [T] Tōru m-la; Nagashi m. (YŪ, YU, tō, suke, aki-ra, aki, michi, yoshi)
成 Sukenari m

—16 L11—

鮒 2546 (FU, funa)
子田 Fushida s
主 Funanushi m

鮎 2547 (SEN, DEN, NEN, ayu)
川 Ayukawa s, Aikawa
川信夫 Ayukawa Nobuo ml
之助 Ayunosuke m
沢 Ayuzawa s
貝 Ayukai s
貝槐園 A. Kaien ml

—16 L12—

數 2548 See 数 2169

歂 2549 Takeshi m. (KŌ)

歆 2550 See 喜 2169

—16 L13—

鄰 2551 See 隣 2443

—16 L14—

勵 2552 See 励 430

勳 2553 See 勲 2407

劉 2554 Ryū sm, Mizuki; Mizuchi m. (RYŪ, RU, nobu)

叡 2555 Satoshi m, Akira, Tōru. (EI, sato, toshi, masa, tada, yoshi)
尊 Eison mh

—16 T2—

褒 2556 (HŌ, yoshi)
子 Yoshiko f

—16 T3—

齒 2557 Shigeru m. (JI)

養 2558 [T] Mamoru m. (YŌ, yasu, nobu, kai, yoshi, kiyo, osa, suke)
一 Yōichi m
二 Yōji m
父 Yabu sp; Kaifu s
田 Yōda s
仲 Nobunaka m
老 Yōrō p-la 717-24
老律令 Y. ritsuryō l
利 Yoshitoshi m
和 Yōwa 1181–82
秀 Yoshihide m
信 Osanobu m
長 Yasunaga m
蚕 Kogai s
根 Yasumoto m
道 Nobumichi m
徳 Yamato s

憙 2559 Yoshi f. (KI, yoshi, toshi)
子 Yoshiko f
彦 Yoshihiko m
雄 Toshio m

憙 2560 (KI, yoshi, toshi, hiro)
季 Hirosue m
郎 Toshirō m

窺 2561 See 親 2544

憲 2562 [T] Tadashi m, Tadasu, Ken, Toshi, Akira. (KEN, nori, toshi, kazu, sada)
一 Ken'ichi m
二郎 Kenjirō m
三 Kenzō m
夫 Sadao m
太郎 Kentarō m
正 Toshimasa m
次 Kenji m
作 Kensaku m
信 Toshinobu m
治 Kenji m
法十七条 Kenpō jū-shichijō l
相 Norisuke m
宜 Kazunobu m
重 Norishige m
陰 Norikage m
欽 Noriyoshi m
福 Noriyoshi m
顕 Noriaki m
藤 Norifuji m

薊 2562A Azami s. (KEI, KAI, azami)

薆 2563 Kaoru m. (AI)

蕗 2564 Fukiawase s. (RO, fuki)
子 Fukiko f

薤 2565 (KAI, nira)
山 Nirayama s
露行 Kairokō l

蕨 2566 Warabi sp; Ketsu s. (KETSU)
桐軒 Warabi Tōken ml
真 Ketsu Shin ml
橿堂 Warabi Kyōdō ml

薫 2567 [T] Kaoru m, Tsutomu. (KUN, shige, hide, nio, yuki, kao, kuru, tada, nobu, hō, fusa, masa)
子 Shigeko f, Nioko
丸 Shigemaru m
兵 Kunpei m

明 Shigetoshi m
信 Hōshin m

薬 2568 [T] Kusuri m; Kusushi sm. (YAKU, kusu, kusuri)
子 Kusuko f
戸 Kusushie s
君 Kusuriko fh
師 Yakushi s
師山 Yakushiyama s
師寺 Yakushiji sp
師如来 Yakushi Nyorai mh 「razu
袋 Minae s, Minai, I-

薄 2569 [T] Susuki s; Itaru m. (HAKU, usu, susuki, susu)
井 Usui s
木 Susuki s
氷 Usurai ml
田 Susukida s
田泣菫 S. Kyūkin ml
尾屋 Susukioya s
葉 Usuba s
雲 Usugumo m

—16 T4—

燕 2570 Tsubame p. (EN, yasu, yoshi, naru, teru)
夫 Yasuo m

—16 T5—

冀 2571 Chikashi m. (KI, kuni)

鴛 2572 (EN, oshi)
海 Enkai s

窮 2573 [T] Kiwamu s; Itaru m. (KYŪ, KU, mi)
田 Kubota s
死 Kyūshi l

—16 T6—

篝 2574 Kagari m. (KŌ, KU)
火 Kagaribi l

築 2575 [T] (CHIKU, tsui, tsuki, tsu-ku)
山 Tsukiyama s
地 Tsukiji p; Tsuiji sp

維
綾
餘
鞍
親
▼
融
鮒
鮎
數
歂
歆
鄰
勵
勳
劉
叡
褒
齒
養
憲
憙
窺
憲
薊
薆
蕗
薤
蕨
薫
薬
薄
燕
冀
鴛
窮
篝
築
▲
篤
震
覓
賢
髻
整

薄
燕
翼
鴛
窮
簀
▼
篤
震
霓
賢
髥
整
憑
煕
學
壁
興
曆
歷
還
遼
遜
邁
暹
盧
臧
磨
幾
齒
龜
優
隱
擦
壞
壤
▲
懊
懷
濱
澀
濫
濤
潤

城 Tsuiki s, Tsuki
部 Tsukube s
館 Tsukidate p

篤 2576 [T] Atsushi
m. (TOKU, atsu,
sumi, shige)
子 Atsuko f
太郎 Tokutarō m
次郎 Tokujirō m
志郎 Tokushirō m
治 Tokuji m
珍 Atsuyoshi m
彦 Atsuhiko m
倉 Atsukura m
胤 Atsutane ml
楽 Atsusuke m

——16 T8——
震 2577 [T] Shin m.
(SHIN, nari, naru,
oto, nobu)

霓 2578 (GEI)
裳微吟 Geishō bigin l

——16 T9——
賢 2579 [T] Satoshi
m., Satoru, Ma-
saru, Suguru, Tada-
shi, Sakashi. (KEN, yo-
shi, masa, kata, sato,
tada, masu, saka, taka,
toshi, nori, yasu, yori,
katsu)
¹—一郎 Ken'ichirō m
³三 Kenzō m, Katami-
tsu
² Katako f, Satoko
之助 Kennosuke m
⁴木 Sakaki m-l
⁵外集 Kengaishū l
礼 Yoshinori m
四郎 Kenshirō m
⁶次 Yoshitsugu m,
Kenji
次郎 Kenjirō m
⁷作 Kensaku m
吾 Kengo m
⁹保 Yoshiyasu m
信 Yoshinobu m
治 Kenji m
祐 Masachi m
¹⁰俊 Masatoshi m ;
Kenshun mh

竜 Kenryū m
造 Kenzō m
¹²策 Kensaku m
¹⁵蔵 Kenzō m

——16 T11——
髯 2580 (ZEN, NEN,
hige)
九郎 Higekurō m

整 2581 [T] Hitoshi
m., Totonō, Osa-
mu. (SEI, SHŌ, nari,
masa, nobu, yoshi)
方 Masakata m
明 Nariaki m

——16 T12——
憑 2582 Atsushi m.
(HYŌ, yori, mi-
tsu)

煕 2583 See 熙 2409

——16 T13——
學 2584 See 学 719

壁 2585 [T] Kabe s.
(HEKI, kabe)
谷 Kabeya s
草 Kabegusa l
屋 Kabeya s

——16 T14——
興 2586 [T] Sakan
m. (KŌ, KYŌ, oki,
ki, tomo, saki, fuka,
⁴人 Okindo m ⌊fusa)
之 Tomoyuki m
丸 Okimaru m
⁴文 Okinori m
⁵石 Okiishi m
正 Okimasa m
生 Okinari m
⁶次郎 Kōjirō m
世 Okiyo s
⁸国 Kōkoku 1340–46
⁹津 Okitsu s
直 Okinao m
風 Okikaze m
建 Okitatsu m
重 Okishige m
¹⁰除 Kōjo p
家 Okiie m
屋 Okiie m

¹¹梧 Kōrogi s
根昇 Okinenobori m
野 Okino s
部 Okoppe p
¹²貫 Okitsura m
道 Okimichi m
¹³福寺 Kōfukuji p
禅護国論 Kōzen goko-
kuron lh
詩 Okuta m
¹⁴増 Okinaga m
¹⁵統 Okimune sm
膳 Kōzen s
²¹譲館 Kōjōkan ph

——16 F2——
曆 2587 See 暦 2235

歷 2587A See 歴
2247

——16 F3——
還 2588 [T] (KAN)
魂紙料 Sukikaeshi l

——16 F4——
邊 2589 See 辺 179

遼 2590 Haruka m.
(RYŌ, tō)

遜 2591 Yuzuru m.
(SON, yasu)
子 Yasuko f

邁 2592 Susumu m.
Tsutomu. (MAI,
BAI, taka, yuki, tō)

暹 2593 Noboru m.
Susumu, Tera-
su. (SEN, take, nori,
akira)
子 Takeko f
雄 Takeo m

——16 F6——
盧 2594 Iori m; Ro s.
(RO, RYO, ie, yo-
shi)

——16 F9——
臧 2595 (ZŌ, SŌ, yo-
shi, tsugu, atsu)

子 Yoshiko f

——16 F11——
磨 2596 [N] Migaku
m, Osamu. (MA,
BA, kiyo, usu)
井 Usui s
谷 Usutani s
礒夫 Masao m
輔 Masuke m

——16 F14——
幾 2597 [T] Chika-
shi m. (KI, KE, iku,
chika, oki, nori, fusa)
三郎 Ikusaburō m
之輔 Ikunosuke m
子 Ikuko f
太郎 Ikutarō m
田 Ikuta s
平 Ikuhei m
世 Ikuyo s
男麻呂 Kiomaro m
馬 Ikuma m

——16 U——
齒 2598 See 歯 2051

龜 2598A See 亀
1531

——17 L2——
優 2599 [T] Masaru
m, Yutaka. (YŪ,
U, masa, hiro, katsu)
美 Masami m
厳 Masayoshi m

——17 L3——
隱 2600 See 隠 2074

擦 2601 Akira m.
(SATSU)

壞 2602 [T] Tsuchi
f. (KAI, E)
島 Tsukureshima s,
Eshima, Hotokoro-
jima

壕 2603 Hori s. (GŌ,
KŌ, hori)
越 Horikoshi s
越菜陽 H. Saiyō ml

174

慄 2604 (GI, sato, nori)

懐 2605 [T] Kitasu m. (KAI, E, kane, yasu, chika, mochi, ta-ka, tsune, kanu)
之 Yasuyuki m
子 Kaneko f
月堂 Kaigetsudō s
世 Mochiyo m
成 Kanehira m
国 Mochikuni m
良 Kanenaga m
春 Yasuharu m
風藻 Kaifūsō l
通 Chikamichi m
徳堂 Kaitokudō ph

濱 2606 See 浜 1070

澁 2607 See 渋 1334

濬 2608 Fukashi m. (SHUN)

濯 2609 Arō m. (TAKU, JOKU)

濠 2610 Hori s. (GŌ) 「lia"
洲 Gōshū p "Austra-

潤 2611 Hiroshi m. (KATSU, KACHI,
子 Hiroko f 「hiro)

濃 2612 [T] Atsushi m, Nō. (NŌ, JŌ,
子 Atsuko f 「atsu)

濤 2613 (TŌ, nami)
川 Namikawa s
子 Namiko f
五郎 Namigorō m

鴻 2614 Hiroshi m; Kō s. (KŌ, GU, hiro, toki)
山 Ōyama s
太郎 Kōtarō m
本 Kōnomoto s
池 Kōnoike s

野 Kōno s
巣 Kōnosu p
臚館 Kōrokan ph

潔 2615 [T] Kiyoshi m. (KETSU, KECHI, kiyo, yoshi, yuki)
茂 Kiyomoto m
真 Kiyomi m
雄 Yoshio m
興 Kiyoki m
綱 Kiyotsuna m

—— 17 L4 ——

膽 2616 See 胆 845

曦 2617 See 曦 2914

璘 2618 Hikaru m. (RIN)

璐 2619 (RO, tama)
太郎 Tamatarō m

環 2620 [T] Tamaki m-f. (KAN, tama)
江 Tamae f
貫 Kannuki s

疆 2621 Tsutomu m. (KYŌ, GŌ, take, kowa)

檍 2622 Kashiwa m. (KYŌ, kashi, ka-shiwa)
原 Kashihara p, Ka-shiwara; Kashiwa-bara s

檀 2623 Dan s; Mayumi m-f. (DAN)
一雄 D. Kazuo ml
上 Danjo s
風 Danpū la
野 Danno s
越 Dan'otsu m

檜 2624 Hinoki s. (KAI, hi)
山 Hiyama sp
山田 Hiyamada s
坂 Hisaka s
枝岐 Hinoemata p

垣 Higaki sla
前 Hinokuma s
原 Hinohara p
隈 Hinokuma s
園 Hizono s

—— 17 L5 ——

穂 2625 See 穗 2308

矯 2626 Takeshi m, Isami.(KYŌ, tada)

禪 2627 See 禅 1886

禧 2628 Osamu m, Yoshi. (KI, yoshi, tomi, saki, toshi)
子 Yoshiko f, Sakiko

瞭 2629 Akira m. (RYŌ, aki)

瞳 2630 Akira m; Hitomi f. (DŌ)

—— 17 L6 ——

鴿 2631 (KŌ, hato)
巣江 Kozue f

糟 2632 (SŌ, kasu)
谷 Kasuya s

糠 2633 (KŌ, nuka, ara)
子 Nukako f
虫 Nukamushi m
信 Nukanobu s

聴 2634 [T] Akira m. (CHŌ, aki, toshi, yori)
子 Akiko f

聰 2635 See 聡 2311

—— 17 L7 ——

輕 2636 See 軽 1657

臻 2637 Itaru m. (SHIN)

謐 2637A Shizuka m. (HITSU, yasu)

謨 2638 Hakaru m. (BO, MO, koto, akira, nori, fumi)

諧 2639 Kanō m. (KAI, GAI, nari, yuki)

謎 2640 (MEI)
帯一寸徳兵衛 Nazo no obi chotto Tokubee la

諶 2641 Makoto m. (JIN, nobu, tsu-mu)
貞 Nobusada m

謠 2642 [T] Utai la. (YŌ)
曲 Yōkyoku l

謌 2643 (KA, uta)
郎 Utarō m

講 2644 [T] (KŌ, tsugu, nori, michi)
道館 Kōdōkan p
殿 Kōden m

謹 2645 [T] Susumu m. (KIN, KON, chi-ka, mori, nori, nari)
一郎 Kin'ichirō m
之助 Kinnosuke m
治 Kinji m
度 Chikanori m

謙 2646 [T] Ken m, Yuzuru. (KEN, nori, kane, kata, yoshi, aki, shizu)
一 Ken'ichi m
二 Kenji m
二郎 Kenjirō m
十郎 Kenjūrō m
三 Kenzō m
三郎 Kenzaburō m
介 Kensuke m
夫 Shizuo m

壕 ▼ 懃 懐 濱 澁 濯 濠 潤 濃 濤 鴻 潔 膽 曦 璘 璐 環 疆 檀 檜 穂 矯 禪 禧 瞭 瞳 鴿 糟 糠 聰 聰 輕 臻 謐 謨 諧 謎 諶 謠 謌 講 謹 謙 ▲ 錄

謹
謙
▼
錄
鍬
鍋
鍛
鍵
繩
練
緖
綵
纙
絹
緩
綠
綱
總
龍
鞠
驊
嚞
瓢
鮪
鮮
鮭
鮫
戲
劍
義
贏
襃
舊
巍
盡
薗
薦
薩
曇
翼
簀
▲
簃
簍

四郎 Kenshirō m
次 Kenji m
次郎 Kenjirō m
吉 Kenkichi m
和 Norikazu m
昌 Norimasa m
信 Kenshin m
治 Kenji m
亮 Yoshiaki m
雄 Yoshio m
輔 Kensuke m
蔵 Kenzō m

——17 L8——

錄 2647 See 録 2523

鍬 2648 (SHŪ, SHŌ, suki, kuwa)
形 Kuwagata s

鍾 2649 (SHŌ, SHU, atsu)
馗 Shō Ki mh-la "Chung K'uei"

鍋 2650 (KA, nabe)
八撥 Nabe yatsubachi
井 Nabei s ⌊l
太郎 Nabetarō m
田 Nabeta s
谷 Nabetani s, Nabeya
倉 Nabekura s
島 Nabeshima s
島閑叟 N. Kansō mh

鍛 2651 [T] Kitō m, Kitae; Kanuchi s, Katashi. (TAN, kaji, ka)
冶 Kaji s, Kanuchi
師 Kanuchi s

鍵 2652 Kagi sl. (KEN, GEN, kagi)
子 Kagiko f
山 Kagiyama s
太郎 Kentarō m
次郎 Kenjirō m
谷 Kagiya s
武 Kagitake m
富 Kagitomi s

繩 2653 See 縄 2955

練 2654 See 練 2527
緖 2655 See 緒 2537
綠 2656 See 緑 2535
纙 2657 See 纙 2988

絹 2658 Tsugu f. (SHŪ, tsugi, tsugu, masa)
子 Tsugiko f
熙 Tsugihiro m

緩 2659 [T] (KAN, yasu, hiro, nobu, ⌊fusa]
子 Hiroko f
稔 Yasunari m

緣 2660 [T] Heri s. (EN, yori, yuka, yasu, masa, mune, yo-⌊shi]
子 Yukako f
外緣 Engaien l
信 Yorinobu m

綱 2661 [T] Tsuna sm. (KŌ, tsuna)
子 Tsunako f
川 Tsunagawa s
手 Tsunade m
野 Tsunano s
紀 Tsunanori s
島 Tsunajima s
島梁川 T. Ryōsen ml

總 2662 [T] Fusa f; Suburu m. (SŌ, SU, fusa, osa, sa, nobu, michi)
一郎 Sōichirō m
三郎 Sōzaburō m
太郎 Sōtarō m
生 Fusō s
社 Sōja p
角 Agemaki l
明 Fusaaki m
長 Fusanaga m
領 Sōryō p

——17 L9——

龍 2663 See 竜 1199

鞠 2664 (KIKU, KO-KU, mari, tsugu, mitsu)
子 Mariko f
智 Kikuchi s
瀬 Marise s

——17 L10——

驊 2665 (SEI, SHŌ, ka)

駸 2666 Susumu m. (SHIN)

嚞 2667 Hiroshi m, Hiraku, Tōru. (KATSU, hiro, akira, yuki)
夫 Hiroo m
通 Hiromichi m

——17 L11——

瓢 2668 (HYŌ, hisago)
郎 Hisagorō m

鮪 2669 Shibi m. (YŪ, U)

鮮 2670 [T] Akira m. (SEN, akira, asa)
田 Asada s

鮭 2671 (KEI, sake)
川 Sakegawa p
延 Sakenobe s

鮫 2672 (KŌ, KYŌ, same)
人 Kōjin l
川 Samegawa sp
造 Samezō m
島 Samejima s

——17 L13——

戲 2673 See 戯 2350

劍 2674 Osamu m. (REN, kazu, yoshi, osa)

——17 T3——

義 2675 Tadashi m. (GI)

贏 2676 (EI, YŌ, mitsu)

襃 2677 (KEN, to)
張 Tobari s

舊 2678 See 旧 119

巍 2679 Shigeru m. (GI)

盡 2680 Susumu m. (JIN, e)

薗 2681 Sono f. (EN, ON, sono)
八 Sonohachi ma
田 Sonoda s
部 Sonobe s

藁 2682 (KŌ, wara)
谷 Waraya s, Waragai
科 Warashina s
品 Warashina s
屋詠草 Waraya eisō l

薦 2683 [T] Komo s. (SEN, komo, shige, nobu)
口 Komoku s
田 Komoda s
河 Suruga s
集 Komozume s

薩 2684 (SATSU)
陀 Satta s
埵 Satta s, Sassui
摩 Satsuma sph
摩守 S. no Kami la
摩浄雲 S. Jōun ma

——17 T4——

曇 2685 [T] (DON)
徴 Donchō mh

——17 T6——

翼 2686 [T] Tsubasa m, Tasuku, Tamotsu. (YOKU, suke)

簀 2687 (SAKU, JAKU, su)

秦 Suhata s

簣 2688 See 簣 2194

篷 2689 (HŌ, BU, toma)
子 Tomako f

簗 2690 See 梁 1475

篠 2691 Sasa s, Shino. (SHŌ, shino, sasa)
ノ井 Shinonoi p
⁴山 Shinoyama s, Sasayama
井 Shinoi s
木 Shinogi s
⁵田 Shinoda s
田太郎 S. Tarō ml
田俤二郎 S. Teijirō ml
本 Shinomoto s
⁶江 Shinoe f
⁷沢 Shinozawa s
⁹俣 Shinomata s
岡 Shinooka s
¹⁰倉 Sasakura s
宮 Shinomiya s
栗 Sasaguri p 「hara
原 Shinohara s, Sasa-
原志都児 Shinohara Shizuji ml
原梵 S. Bon ml
原温亭 S. Ontei ml
原鳳作 S. Hōsaku ml
屋 Sasaya s
¹¹野 Sasano s
笥 Sasaki s
¹²崎 Shinozaki s
¹³塚 Shinozuka s

——17 T8——

營 2692 See 営 1751

霞 2693 Kasumi sm-f-p. (KA, kasumi)
ケ関 Kasumigaseki p
翁 Kaoki m
間昼 Kamagaya s

霜 2694 [T] (SŌ, SHŌ, shimo)
子 Shimoko f
山 Shimoyama s

田 Shimoda s
村 Shimomura s
邨 Shimomura s
鳥 Shimotori s
越 Shimokoshi s

——17 T10——

覽 2695 [T] (RAN, mi, kata, tada, miru)

——17 T11——

聲 2696 See 声 465

髭 2697 (SHI, hige)
野 Higeno s

聳 2698 (SHŌ, SHU, taka)
子 Takako f

——17 T13——

勳 2699 Tsutomu m. (KIN, GON)

懋 2700 Tsutomu m, Shigeru, Susumi. (BŌ, MU, shige, masa, yoshi)

慈 2701 [T] Shigeru m. (JI, SHI, shige, chika, nari, yasu, yo-子 Chikako f 「shi]
円 Jien ml
光寺 Jikōji s
悲心鳥 Jihishinchō l
照寺 Jishōji s
鎮 Jichin ml

——17 T14——

墾 2702 [T] Tsutomu m, Hiraku; Araki s. (KON)
田 Konda s

——17 T15——

輿 2703 (YO, koshi)
水 Koshimizu s
石 Koshiishi s

——17 F3——

應 2704 See 応 509

膺 2705 Osamu m. (YŌ, Ō)

——17 F5——

厳 2706 [T] Itsuki m, Ikashi, Gen. (GEN, GON, GAN, itsu, izu, yoshi, iwa, kane, taka, hiro, tsuyo, ika-丸 Itsumaru m 「shi]
子 Itsuko f, Izuko, Ta-水 Itsumi m 「kako
山 Izuyama s
木 Kyūragi p
太郎 Itsutarō m
戈 Ikashihoko m
比古 Izuhiko m
石 Ikashi s
平 Iwahei m
秀 Iwahide m
浄 Hirokiyo m
美 Izumi s
原 Izuhara p
島 Itsukushima p
穂 Izuho m

——17 F6——

戴 2707 Tai s. (TAI, DAI)
恩記 Daionki l

——17 F8——

闌 2708 Takeshi m. (RAN, take, suso)
更 Rankō ml

闇 2709 (AN, kura)
中政治家 Anchū seiji-「ka l

闊 2710 Hiroshi m. (KATSU, KACHI, 子 Hiroko f 「hiro)

——18 L3——

擴 2711 See 拡 799

攄 2712 Noburu m. (CHO)

濟 2713 See 済 1336

濹 2714 (BOKU)
東綺譚 Bokutō kidan l

——18 L4——

彌 2715 See 弥 832

嶸 2716 Takashi m. (EI, YŌ)

瓊 2717 Tama f. (KEI, GYŌ, SEN, ZEN, tama, ni, yoshi)
玖 Tamaki f
缶 Nibe m

嬬 2718 (JU, tsuma)
恋 Tsumagoi p

曙 2719 Akebono sf; Akira m. (SHO, JO, ake, akira)
覧 Akemi m

曜 2720 [T] Terasu m, Akira; Teru f. (YŌ, teru)
禧 Teruyoshi m

燿 2721 (YŌ, teru)
胤 Terutane m

櫂 2722 (TAKU, JAKU, kaji)
子 Kajiko f

檝 2723 (GAI, kaji)
媛 Kajihime fh

檮 2724 (TŌ, JU, yusu)
原 Yusuhara p

——18 L5——

禮 2725 See 礼 146

瞻 2726 (SEN, mi)

蟻 2727 Tadashi m. (GI)

穟 2728 Hiizuru m. (SUI, ZUI, hide, hina)

翼
簀
▼
簣
篷
簗
篠
營
霞
霜
覽
聲
髭
聳
勳
懋
慈
輿
應
膺
厳
戴
闌
闇
闊
擴
攄
濟
濹
彌
嶸
瓊
嬬
曙
曜
燿
櫂
檝
檮
禮
瞻
蟻
穟
▲
穟
礎

檣 禮 瞻 蟻 穟 ▼ 穫 礎 磷 礒 蟬 職 謠 謹 轉 嬲 鵠 踰 韓 經 緣 緯 緘 縫 鎗 鎰 鎚 鎌 鎮 鞭 馥 顏 類 額 顯 歸 雜 難 館 騎 駿 ▲ 鯉 観 齢 勸 齋

穫 2729 [T] Minoru *m.* (KAKU, WAKU, e)

礎 2730 [T] (SO, SHO, ki)

磷 2731 Kiyoshi *m* (RIN)

礒 2732 Iwao *m.* (GI, iso)
子 Isoko *f*
辺 Isobe *s*
田 Isoda *s*
野 Isono *s*
部 Isobe *s*
崎 Isozaki *s*

—18 L6—

蟬 2733 (SEN, ZEN, semi)
丸 Semimaru *m-la*

職 2734 [T] (SHOKU, SHIKI, moto, yori, tsune, yoshi)
仁 Yorihito *m*
男 Tsuneo *m*
直 Motonao *m*, Yorinao
俊 Yoshitoshi *m*
原抄 Shokugenshō *lh*
隆 Mototaka *m*

—18 L7—

謠 2735 See 謡 2642

謹 2736 See 謹 2645

轉 2737 See 転 1656

嬲 2738 Uwanari *l.* (JŌ, DŌ)

鵠 2739 (KOKU, GOKU, nori, tazu)
世 Tazuyo *m*

踰 2740 Koshi *s.* (YU, YŌ, koshi)
部 Koshibe *s*
部大炊 Koshibeōi *s*

—18 L8—

韓 2741 Kara *s.* (KAN, GEN, kara)
白水郎 Karaama *s*
国 Kankoku *p* "(Republic of) Korea"; Karakuni *mh*

經 2742 See 経 1975

緣 2743 See 縁 2660

緯 2744 [T] Tsukane *m.* (I)

緘 2745 (I)
藤 Itō *s*

縫 2746 (HŌ, BU, nui)
二 Nuiji *m*
川 Nuigawa *s*
子 Nuiko *f*
伴 Kinunuinotomo *s*

鎗 2747 (SŌ, SHŌ, yari)
田 Yarita *s*

鎰 2748 (ITSU, ICHI, kagi)
子 Kagiko *f*

鎚 2749 (TSUI, TAI, tsuchi)
之助 Tsuchinosuke *m*

鎌 2750 [N] (REN, kama, kata, kane)
ケ谷 Kamagaya *p*
太郎 Kamatarō *m*
田 Kamata *s*
形 Kamagata *s*
足 Kamatari *m*
治 Kenji *m*, Kamaji
倉 Kamakura *sp*
倉殿 K.-dono *mh*
倉幕府 K. bakufu *h*
原 Kamahara *s*
野 Kamano *s*
滝 Kamataki *s*
腹 Kamabara *la*
髭 Kamabige *la*

鎮 2751 [T] Shizumu *m*, Osamu, Shizumi, Shizume, Yasushi, Mamoru. (CHIN, shizu, yasu, shige, tsune, shin, masa, tane, naka)
一 Shin'ichi *m*
三 Chinzō *m*
目 Shizume *s*
次郎 Chinjirō *m*
休 Shigetane *m*
西 Chinzei *p*
吾 Masamichi *m*
男 Yasuo *m*, Shigeo
実 Shizusane *m*
治 Shizuharu *m*
重 Shigeatsu *m*
家 Shigeie *m*
馬 Shizuma *m*
漣 Shigenami *m*
静 Tsuneyasu *m*
衛 Yasumori *m*

—18 L9—

鞭 2752 (BEN, HEN, muchi)
子 Muchiko *f*

馥 2753 Kaoru *f.* (FUKU, BUKU)

顏 2754 [T] (GAN, kao)
師 Kaoshi *l*

類 2755 [T] (RUI, yoshi, tomo, nashi)
聚名義抄 Ruijū myōgishō *l*
聚国史 R. kokushi *l*

額 2756 [T] Nuka *s.* (GAKU, nuka)
川 Nukagawa *s*
戸 Kōto *s*
田 Nukada *sp*, *ml*
田六福 N. Roppuku *ml*
田王 N. no Ōkimi *fl*
田部 Nukadabe *s*
賀 Nukaga *s*

顯 2757 [T] Akira *m.* (KEN, aki, akira, teru, taka)
^{3}三 Kenzō *m*
子 Akiko *f* ⌈koto
^{5}允 Akimasa *m*, Aki-
^{6}次 Takatsugu *m*
行 Akiyuki *m*
光 Akimitsu *m*
成 Kensei *m*
^{7}如 Kennyo *mh*
孝 Akinori *m*
^{8}注密勘 Kenchū mitsukan *l*
房 Akifusa *m*
^{9}信 Akinobu *m*
治 Kenji *m*
昭 Kenshō *ml*
^{10}時 Akitoki *m*
家 Akiie *m*
^{11}能 Akiyoshi *m*
^{12}達 Akitate *m*
智 Akinori *m*
^{13}義 Akiyoshi *m*
^{14}輔 Akisuke *ml*
彰 Akira *m*

—18 L10—

歸 2758 See 帰 1018

雜 2759 See 雑 2127

難 2760 [T] (NAN)
波 Naniwa *ph-la*; Nanba *s*
波土産 Naniwa miyage *l*
波田 Nanbata *s*
波江 Naniwae *s*
波鉦 Naniwa dora *l*
波鑑 N. kagami *la*

館 2761 [T] Tate *s*, Tachi, Yakata. (KAN, tate, tachi)
山 Tateyama *sp*
山一子 T. Kazuko *fl*
村 Tatemura *s*
林 Tatebayashi *sp*
岩 Tateiwa *p*
野 Tateno *s*, Tachino

騎 2762 [T] (KI, GI, nori)
西 Kisai *p*

駿 2763 Hayashi *m*, Hayao, Toshi, Takashi. (SHUN, toshi)

吉 Shunkichi *m*
男 Toshio *m*
河 Suruga *sph*
東 Suntō *p*

──── 18 L11 ────

鯉 2764 [N] (RI, koi)

三郎 Risaburō *m*
江 Koie *s*
吉 Koikichi *m*
沼 Koinuma *s*
登 Koito *s*
淵 Koibuchi *s*

観 2765 [T] Shime-su *m*. (KAN, mi, aki, maro, miru)

心寺 Kanshinji *p*
世 Kanze *s*
世元清 K. Motokiyo *mla*
世清次 K. Kiyotsugu *mla*
応 Kan'ō 1350–52
阿弥 Kan'ami *mla*
依 Akiyori *m*
音 Kannon *fh*
音寺 Kan'onji *p*
音岩 Kannon'iwa *l*
勧 Kanroku *mh*
潮楼 Kanchōrō *ml*

──── 18 L13 ────

齢 2766 [T] (REI, RYŌ, yo, toshi, naka)

子 Toshiko *p*

──── 18 L16 ────

勸 2767 Susumu *m*. (YŌ)

──── 18 T2 ────

齋 2768 See 斎 1454

襄 2769 Noboru *m*. (JŌ)

一 Jōichi *m*
夫 Jōfu *m*

──── 18 T3 ────

燾 2770 (JU, CHŪ, teru)

次 Teruji *m*

藩 2771 [T] (HAN)

翰譜 Hankanpu *lh*

藍 2772 Ai *s*. (RAN, ai)

川 Aikawa *s*
子 Aiko *f*
住 Aisumi *s*
沢 Aizawa *s*
谷 Aiya *s*
香 Aikyō *s*
染川 Aisomegawa *la*
原 Aibara *s*
野 Aino *s*

藤 2773 [N] Fuji *sf-la*; Tō *s*; Katsura *m*. (TŌ, fuji, tsu, hisa)

ノ木 Fujinoki *s*
ケ谷 Fujigaya *s*
ケ崎 Fujigasaki *s*
¹一 Tōichi *m*
一郎 Tōichirō *m*
²二郎 Tōjirō *m*
十郎 Tōjūrō *m*
³三郎 Tōzaburō *m*
川 Fujikawa *s*
川忠治 F. Chūji *ml*
下 Fujishita *s*, Toke
大路 Fujiōji *s*
丸 Fujimaru *s*
子 Fujiko *f*
⁵戸 Fujito *sla*; Fujiie *m*
元 Fujimoto *s*
中 Fujinaka *s*
山 Fujiyama *s*
木 Fujiki *s*
太 Tōta *m*
太郎 Tōtarō *m*
井 Fujii *s*
井右門 F. Umon *mh*
井浩祐 F. Kōyū *ma*
井真澄 F. Masumi *ml*
⁹永 Fujinaga *s*; Tōei *la*
代 Fujishiro *p*
右衛門 Tōemon *m*
市郎 Tōichirō *m*
四郎 Tōshirō *m*
平 Fujidaira *s*
本 Fujimoto *s*
矢淵 Fujiyabuchi *s*
氏 Tōshi *s*
田 Fujita *sp* ［*mh*
田小四郎 F. Koshirō
田茂吉 F. Mokichi *mh*

田東湖 F. Tōko *mh*
田信勝 F. Nobukatsu *ml*
田幽谷 F. Yūkoku *mh*
⁶江 Fujie *s* ［chi *m*
吉 Fujiyoshi *s*; Tōki-
⁷作 Tōsaku *m*
坂 Fujisaka *s*
沢 Fujisawa *sp*
沢古実 F. Furumi *ml*
沢桓夫 F. Takeo *ml*
沢清造 F. Seizō *ml*
好 Fujiyoshi *s*
杜 Fujinomori *s*
村 Fujimura *s*; Tōson *s*
村操 F. Misao *ml*
助 Tōsuke *m*
谷 Fujitani *s*, Fujiya, Fujigaya ［kashū *l*
谷和歌集 Fujigaya wa-
安 Fujiyasu *s*
尾 Fujio *s*
里 Fujisato *p*
寿丸 Fujijumaru *m*
⁸牧 Fujimaki *s*
門 Fujito *s*, Fujikado
波 Fujinami *s*
沼 Fujinuma *s*
林 Fujibayashi *s*
枝 Fujieda *sp*; Fujie *s*
枝静男 Fujieda Shi-zuo *ml* ［*ma*
若丸 Fujiwakamaru *m*
居 Fujii *s*
居教恵 F. Kyōe *ml*
並 Fujinami *s*
⁹咲 Fujisaki *s*
津 Fujitsu *sp*
城 Fujishiro *s*
松 Fujimatsu *s*
栄 Tōei *la*
巻 Fujimaki *s*
岡 Fujioka *sp*
茂 Fujishige *s*
¹⁰浦 Fujiura *s*
栩 Fujiu *s*
高 Fujitaka *s*
倉 Fujikura *s*
原 Fujiwara *sp*
原元命 F. no Motona-ga *mh* ［to *mh*
原不比等 F. no Fuhi-
原冬嗣 F. no Fuyu-tsugu *mh*
原仲麻呂 F. no Naka-maro *mh*

原行成 F. no Yukina-ri / Kōzei *mlh*
原百川 F. no Momo-kawa *mh*
原宇合 F. no Umakai
原広嗣 F. no Hirotsu-gu *mh* ［ka *mh*
原成親 F. no Narichi-
原佐世 F. no Sukeyo *ml* ［*ml*
原明衡 F. no Akihira
原忠平 F. no Tadahi-ra *mh* ［chi *mh*
原忠通 F. no Tadami-
原秀能 F. no Hidetō *ml*
原秀郷 F. no Hidesato
原秀衡 F. no Hidehi-ra *mh*
原実方 F. no Saneka-ta *ml* ［ri *mh*
原実頼 F. no Saneyo-
原定 F. Sadamu *ml*
原定家 F. no Teika / Sadaie *ml*
原良房 F. no Yoshifu-sa *mh* ［ne *mla*
原信西 F. no Nobuza-
原信実朝臣集 F. no N. Ason shū *l*
原信頼 F. no Nobuyo-ri *mh* ［*ml*
原為家 F. no Tameie
原浜成 F. no Hama-nari *ml*
原時平 F. no Tokihira *mh* ［yasu *ml*
原倫寧 F. no Tomo-
原俊成 F. no Toshina-ri / Shunzei *mlh*
原高光 F. Takamitsu *ml* ［*fh*
原宮子 F. no Miyako
原泰衡 F. no Yasuhira *mh* ［nori *mh*
原通憲 F. no Michi-
原惺窩 F. Seika *ml*
原清衡 F. no Kiyohi-ra *mh* ［da *mh*
原陳忠 F. no Nobuta-
原隆信 F. no Takano-bu *ma* ［*ml*
原隆家 F. no Takaie
原隆能 F. no Takayo-shi *ma*
原基俊 F. no Mototo-shi *ml*

179

観
齡
勸
齋
襄
纛
藩
藍
藤
▼
巍
嶽
嶺
蟲
叢
爵
齋
贄
璧
舉
雙
邇
麿
簡
擄
衢
獺
瀏
瀨
鵬
櫛
礪
疇
禰
▲
穩
穡
穢
蟻
螺
鎬
蹠
蹊
證

原基経 F. no Moto-tsune *mh* 「ra *mh*
原基衡 F. no Motohi-
原道長 F. no Michi-naga *mh*
原純友 F. no Sumito-mo *mh* 「gu *mh*
原種継 F. no Tanetsu-
原審爾 F. Shinji *ml*
原頼長 F. no Yorina-ga *mh* 「chi *mh*
原頼通 F. no Yoritsu-
原頼嗣 F. no Yoritsu-gu *mh* 「ne *mh*
原頼経 F. no Yoritsu-
11掛 Fujikake *s*
浪 Fujinami *s*
根 Fujine *s*
野 Fujino *sp*
野白白 F. Kohaku *ml*
堂 Tōdō *s*
島 Fujishima *sp*
島武二 F. Takeji *ma*
盛 Fujimori *s*
12崎 Fujisaki *sp*
袴 Fujibakama *l*
富 Fujitomi *s*
森 Fujimori *s*
森成吉 F. Seikichi *ml*
森朋夫 F. Tomoo *ml*
森淳三 F. Junzō *ml*
貫 Fujinuki *s*
間 Fujima *s*
13塚 Fujitsuka *s*
14裏葉 Fuji no uraba *l*
16橋 Fujihashi *sp*
簟帽子 Tsuzurabumi *l*
19瀬 Fujise *s* 「*l*
21縄 Fujinawa *s*
23懸 Fujikake *s*

──18 T4──
嶷 2774 Satoshi *m*. (GI, sato)

嶽 2775 (GAKU, take, taka)
夫 Takeo *m*

嶺 2776 Mine *s*. (REI, RYŌ, ne, mine)
子 Mineko *f*
田 Mineda *s*
岸 Minegishi *s*

──18 T6──
蟲 2777 See 虫 224

──18 T8──
叢 2778 Kusamura *s*. (SŌ, SU, mura)
人 Murato *m*

──18 T9──
爵 2779 [O] (SHAKU, SAKU, takā, kura)

──18 T11──
齋 2780 See 斎 1454

贄 2781 Nie *s*. (SHI, nie)
川 Niekawa *s*
田 Nieda *s*

──18 T13──
璧 2782 (HAKU, BYA-KU, tama)
子 Tamako *f*

──18 T14──
舉 2783 See 挙 1207

──18 T16──
雙 2784 See 双 53

──18 F4──
邇 2785 Chikashi *m*. (JI, NI, chika, ta-ka)
宗 Takamune *s*
摩 Nima *sp*; Niwa *s*
邇芸 Ninigi *m*

──18 F11──
麿 2786 [N] Maro *m*. (maro, maru). Also written as 麻呂
枝 Maroe *f*

──18 F14──
簒 2787 (EN, suzu)
子 Suzuko *m*

簡 2788 [T] Yasushi *m*, Akira. (KAN, KEN, hiro, fumi, akira)
子 Hiroko *f*, Fumiko
治 Kanji *m*
野 Kanno *s*

──19 L3──
擄 2789 Sometimes used for 擄 2712, q.v.

嗣 2790 Tadashi *m*. (DŌ). See also 道 1811

獺 2791 (DATSU)
祭 Dassai *l* 「haiwa *l*
祭書屋俳話 D. shooku

瀏 2792 Kiyoshi *m*. (RYŪ, kiyo)

瀞 2793 Kiyoshi *m*. (SEI, JŌ, kiyo)
子 Kiyoko *f*

瀬 2794 [T] Iwata *s*. (RAI, se)
3川 Segawa *s*
川如皐 S. Jokō *ml*
之口 Senokuchi *s*
下 Seshimo *s*, Seshita
口 Seguchi *s*
上 Segami *s*
4木 Seki *s*
戸 Seto *sp*
戸口 Setoguchi *s*
戸川 Setogawa *s*
戸山 Setoyama *s*
戸内 Setouchi *p*
戸内晴美 S. Harumi
戸田 Setoda *p* 「*ml*
山 Seyama *s*
5左衛門 Sezaemon *m*
古 Seko *s*
田 Seta *p*
平 Sehei *m*
6在 Sezai *s*
名 Sena *s*
7村 Semura *s*
谷 Sedani *s*
兵衛 Sebee *m*
尾 Seo *s*, Senoo
見 Semi *s*
8沼 Senuma *s*
沼茂樹 S. Shigeki *ml*
沼夏葉 S. Kayō *fl*
河 Segawa *s*
9畑 Sebata *s*
10脇 Sewaki *s*

高 Setaka *p*
11浪 Senami *s*
峰 Semine *p*
能 Seno *s*
野 Seno *s*
野川 Senogawa *p*
島 Seshima *s*
12場 Seba *s*
崎 Sesaki *s*
棚 Setana *s*
賀 Sega *s*
間 Sema *s*
15端 Sebata *s*
18藤 Setō *s*

──19 L4──
鵬 2795 (HŌ, BU, to-mo, yuki)
一 Tomoichi *m*

曠 2796 Hiroshi *m*, Akira. (KŌ, hiro, akira)
野 Arano *l* 「akira)
詞 Hiroshi *m*

櫛 2797 (SHITSU, SHICHI, kushi, ki-yo)
代 Kushiro *s*, Kujiro
引 Kushibiki *sp*
田 Kushida *s*
田民蔵 K. Tamizō *ml*
形 Kushigata *s*
原 Kushihara *s*
筍 Kushige *s*, Kushiji, Kushizu
淵 Kushibuchi *s*
橋 Kushibashi *s*

──19 L5──
礪 2798 (REI, to)
波 Tonami *p*

疇 2799 Hitoshi *m*. (CHŪ, une, tomo)
之丞 Unenojō *m*
彦 Unehiko *m*

禰 2800 (NE)
知風 Nechikaze *s*
宜田 Negita *s*
津 Nezu *s*
麻呂 Nemaro *m*
寝 Neshine *s*, Neshime
磯節 Misao *f*

穏 2801 See 穏 2492

穰 2802 [N] Minoru m, Yutaka, Osamu. (JŌ, NYŌ, shige)

穠 2803 Shigeru m, Atsushi. (JŌ, NYU, shige)
子 Shigeko f

———19 L6———

蟻 2804 (GI, ari)
川 Arikawa s
通 Aridōshi la

螺 2805 (RA, nishi)
木 Hōki s
田 Nishida s
江 Nishie s, Sazae
沢 Kaisawa s
良 Tsubura s

———19 L7———

罇 2805A Motai s. (SON)

蹴 2806 (SHŪ, SHUKU, ke)
速 Kehaya m

蹊 2807 (KEI, GAI, michi)
子 Michiko f

證 2808 See 証 1660

譓 2809 Satoshi m. (KEI, E)

識 2810 [T] (SHIKI, SHOKU, SHI, sato, tsune, nori)
子 Tsuneko f
仁 Satohito m

———19 L8———

總 2811 See 総 2662

繢 2812 Hiroshi m. (EN)

縮 2813 [T] (SHUKU, nao)
見屯倉 Shijimimiyake

績 2814 [T] Isao m, Tsumugu. (SEKI, SHAKU, isa, sane, mitsu, nari, nori, mori)
子 Isako f

鏈 2815 Katashi m. (REN)

鏑 2816 (TEKI, kabura)
木 Kaburagi s
木清方 K. Kiyokata

鏡 2817 [T] Kagami sf-p; Akira m. (KYŌ, kane, kagami, toshi, aki, akira, mi)
山 Kagamiyama s
石 Kagamiishi p
花 Kyōka ml
男 Kagami otoko la
味 Kagami s
枝 Toshie f
野 Kagamino p
島 Kagashima s
湖 Kaneko f

鵺 2818 Nue la. (YA)

鵡 2819 (MU, BU)
川 Mukawa p

鶉 2820 (SHUN, JUN, uzura)
衣 Uzuragoromo l
尾 Uzurao s

鶏 2821 [T] (KEI, KAI)
冠 Kaede s, Kaide
冠井 Kaedei s, Kaede, Kaide, Tosakai
聟 Niwatori muko la
頭 Keitō l

鵜 2822 (TEI, TAI, u)
川 Ugawa s
木 Uki s
甘部 Ukaibe s

沢 Usawa s
取 Utō s
多 Utaka s
野 Uno s
祭 U no matsuri la
飼 Ukai sla
殿 Udono sp
養 Ukai s
瀞 Unotoro s

———19 L9———

謙 2823 Kaoru m. (KEN)

韻 2824 [T] (IN, oto)

———19 L10———

縣 2825 See 県 1252

髄 2826 [T] (ZUI, SUI, sune, naka)

顓 2827 Tadashi m. (SEN)

頸 2828 (KEI, kubi)
城 Kubiki p

———19 L11———

鯰 2829 (namazu)
田 Namazuda s

鯖 2830 Saba m. (SEI, SHŌ, saba)
江 Sabae p
麻呂 Sabamaro m

鯨 2831 [T] Kujira m. (GEI)
井 Kujirai s
伏 Isafushi s
岡 Kujiraoka s, Kuji-

鯛 2832 [N] (CHŌ, tai)
の味噌津 Tai no mi-
二 Taiji m ⌊sozu l

———19 L13———

艶 2833 [N] Tsuya f. (EN, tsuya, yoshi, ō, moro)
子 Tsuyako s

太 Tsuyata m
姿女舞衣 Hadesugata onnamaiginu la

———19 L17———

勸 2834 See 勧 1970

———19 T3———

藝 2835 See 芸 689

藏 2836 See 蔵 2424

藻 2837 (SŌ, mo)

蘭 2838 (RIN, i)
牟田 Imuda s
都絵 Itsue f

蘭 2839 [N] (RAN)
学 Rangaku lh ⌈lh
学事始 R. kotohajime
著待 Ranjatai l
越 Rankoshi p

藪 2840 Yabu s, Sō. (SŌ, SU, yabu)
下 Yabushita s
内 Yabuuchi s, Yabu-nouchi
中 Yabunaka s
本 Yabumoto s
田 Yabuta s
田義雄 Y. Yoshio ml
原 Yabuhara s, Yago-
野 Yabuno s ⌊hara
塚 Yabutsuka s
塚本 Yabuzukahon p
崎 Yabusaki s

蘇 2841 (SO, SU, haru, iki)
二 Haruji m
我 Soga s
我入鹿 S. no Iruka mh
我石川麻呂 S. no Ishi-kawamaro mh
我馬子 S. no Umako mh ⌈mh
我稲目 S. no Iname
我蝦夷 S. no Emishi
宗 Soga s ⌊mh

禰
▼
穏
穰
蟻
螺
罇
蹴
蹊
證
譓
識
總
繢
縮
績
鏈
鏑
鏡
鵺
鵡
鶉
鶏
鵜
謙
韻
縣
髄
顓
頸
鯰
鯖
鯨
鯛
艶
勸
藝
藏
藻
蘭
蘭
藪
蘇
▲
蘆

蘭 藪 蘇 ▼ 蘆 藥 簾 籤 霧 鶩 繁 豐 醫 攀 贇 蟹 樂 蘆 躓 靡 麴 畿 璽 壞 懷 懼 瀧 瀛 徽 騰 璣 機 蠣 釋 瓣 疆 轍 譯 議 護 縷 織 ▲ 鎧 鏘 鐔

宜 Soga s
連 Soren p "U.S.S.R."
陽 Soyō p
提売 Soteme f

蘆 2842 (RO, RYO, ashi, yoshi)
川 Ashigawa s
刈 Ashikari la
辺 Ashibe s
田 Ashida s
品 Ashina s
沢 Ashizawa s
尾 Susukio s
荻集 Rotekishū l
原 Ashiwara s
屋 Ashiya sp
屋道満大内鑑 A. Dōman ōuchi kagami
野 Ashino s [la
渡 Ashiwatari s
塚 Ashizuka s
葉 Ashiba s
敷 Ashiki s

──19 T6──
羹 2843 Atsumono l. (KŌ, atsu)
見 Atsumi s
簾 2844 (REN, sumi)
子 Sumiko f
籤 2845 (HA, hi)
川 Hikawa p
川上 Hinokawakami l
河上 Hinokawakami l
浦 Minoura s

──19 T8──
霧 2846 [T] (MU, BU, kiri)
島 Kirishima p

──19 T9──
鶩 2847 Tsutomu m. (MU, BU)

──19 T11──
繁 2848 [T] Shigeru m, Shigeshi. (HAN, shige, toshi, eda)
二 Shigeji m
三 Shigezō m
太郎 Shigetarō m

田 Shigeta s
氏 Shigeuji m
次 Toshiji m
吉 Shigekichi m
在家 Hanzaike s
栄 Shigetaka m
造 Shigezō s
野 Shigeno s
野天来 S. Tenrai ml
野話 Shigeshige yawa
数 Toshikazu m [l
隆 Shigekage m
蔵 Shigezō m
矯 Shigetada m

──19 T12──
豐 2849 See 豊 2013
醫 2850 See 医 743
攀 2851 Yoshi s. (HAN, hiku, yoshi, yori)
贇 2852 (IN, yoshi, un)
五郎 Ungorō m
夫 Yoshio m
雄 Yoshio m

──19 T13──
蟹 2853 Kani s. (KAI, GE, kani)
子丸 Kanikomaru ml
山伏 Kani yamabushi
田 Kanita p [la
本 Kanimoto s
江 Kanie sp
守 Kanimori m
沢 Kanizawa s
谷 Kanitani s
島 Kanijima s

──19 T15──
樂 2854 See 楽 2029

──19 F3──
蘆 2855 Iori f. (RO, RYO)

──19 F9──
躓 2856 (I, yoshi)

──19 F11──
靡 2857 Nabiku m. (HI)
麴 2858 Kōji p. (KIKU)
池 Kikuike s

──19 F14──
畿 2859 (KI, GE, chika)
内 Kinai p

──19 U──
璽 2860 [O] (JI, shirushi)

──20 L3──
壞 2861 See 壊 2603
懷 2862 See 懐 2605
懼 2863 (KAN, yoshi)
子 Yoshiko f
瀧 2864 See 滝 1862
瀛 2865 (EI, YŌ, oki)
徽 2866 (KI, yoshi)
子 Yoshiko f

──20 L4──
騰 2867 [T] Noboru m. (TŌ, kari)
璣 2868 Tamaki m. (KI, KE)
機 2869 [T] (KI, KE, nori, hata)
野 Inano s

──20 L6──
蠣 2870 (REI, RAI, kaki)
崎 Kakizaki s

──20 L7──
釋 2871 See 釈 1395

瓣 2872 See 弁 275
疆 2873 Tsutomu m. (KYŌ, KŌ)
轍 2874 Wadachi m. (TETSU)
譯 2875 See 訳 1102
議 2876 [T] (GI, nori, taka)
護 2877 [T] Mamoru m. (GO, KO, mori, sane)
上 Gojō s
戸 Morito m
立 Moritatsu m
臣 Moriomi m
国 Morikuni m
良 Morinaga m
得久 Goeku s
躬 Morimi m
麗都留 Gomatsuru s

──20 L8──
縷 2878 (RŌ, RU, a-ya)
女 Ayame f
紅新草 Rukō shinsō l
織 2879 [T] Hatori s. (SHIKI, SHOKU, ori, oru, ri)
人 Orito m
之助 Orinosuke m
仁 Orihito m
戸 Orito s
井 Orii s
目 Orime s
本 Orimoto s
田 Oda s, Orita; Ota p
田正信 Oda Masanobu ml
田信長 O. Nobunaga
田純一郎 O. Jun'ichirō ml [suke ml
田作之助 O. Sakunosuke
衣 Orie f
茂 Orimo s, Orishige
居 Orii m
畑 Orihata s
原 Orihara s
都 Ritsu f

部 Oribe *sm*; Hatori-
越 Orikoshi *s* ⌊be *s*
衛 Orie *m*

鐙 2880 (TŌ, abumi, abu)
屋 Abumiya *s*

鏘 2881 Takashi *m*. (SHŌ, SŌ, naru)

鐔 2882 (SHIN, JIN, tsuba)
屋 Tsubaya *s*

鐘 2883 [T] Atsumu *m*. (SHŌ, SHU, kane)
の音 Kane no ne *la*
巳 Kanemi *m*
子 Kaneko *f*
打 Kaneuchi *s*
江 Kanegae *s*
巻 Kanemaki *s*
崎 Kanezaki *s*

——20 L10——

韜 2884 (TŌ, yoshi)

韡 2885 (I, shige)
雄 Shigeo *m*

——20 L11——

鰕 2886 (KA, KE, ebi)
十郎 Ebijūrō *m*

鰍 2887 (SHŪ, kajika)
沢 Kajikazawa *p*

——20 L12——

雞 2887A See 鶏 2821

雛 2888 (SŪ, SU, JU, hina)
子 Hinako *f*
田 Hinada *s*
形 Hinagata *s*
屋 Hinaya *s*
亀 Hinaki *m*

離 2889 [T] Akira *m*. (RI, aki, tsura, akira)

——20 L13——

辭 2890 See 辞 1918

獻 2891 See 献 1961

斆 2892 See 学 719

寵 2893 Utsuku *f*, Utsukushi. (CHŌ, yoshi)

——20 T3——

蘭 2894 See 蘭 2839

藹 2895 Shigeru *m*. (AI)

繭 2896 (KEN, mayu)
子 Mayuko *f*

——20 T5——

竇 2897 Toku *s*. (TŌ, TOKU, ana)
田 Anata *s*

黨 2898 See 党 1191

羆 2899 Higuma *m*. (HI)
取谷 Hishiya *s*

——20 T6——

嚴 2900 See 厳 2706

籌 2901 (JU, CHŪ, kazu, koto)
三 Kazuzō *m*

——20 T8——

麗 2902 [T] (REI, RAI, yoshi, kazu, akira, tsugu, tsura, yori)
子 Reiko *f*, Yoshiko

麓 2903 Fumoto *m*; Hayama *s*. (ROKU)
草分 F. no kusawake *l*

——20 T11——

馨 2904 [N] Kaoru *sm*. (KEI, KYŌ, ka, yoshi, kiyo)
一 Keiichi *m*
邦 Yoshikuni *m*

——20 T12——

繁 2905 See 繁 2848

——20 T13——

贊 2906 See 賛 2394

覺 2907 See 覚 1952

——20 T15——

甕 2908 Motai *s*. (YŌ, YU, mika, kame)
川 Mikagawa *s*
子 Kameko *f*
男 Mikao *m*
麿 Mikamaro *m*

——20 T17——

龔 2909 Sunao *m*. (KYŌ, KU, nori, yoshi)

——20 F——

麵 2910 (MEN)
麭 Pan *l*

——21 L1——

攝 2911 See 摂 1837

權 2912 See 権 2300

爛 2913 Tadare *l*. (RAN)

曦 2914 Asahi *m*. (GI, teru, yoshi)
子 Teruko *f*
正 Yoshimasa *m*
章 Teruaki *m*

——21 L5——

穐 2915 (SHŪ, SHU, aki)
三 Akizō *m*
之助 Akinosuke *m*
山 Akiyama *s*
田 Akita *s*

磯 2916 [N] Iso *s*. (KI, KE, iso, shi)
[1]一 Isoichi *m*
[3]川 Isogawa *s*
子 Isoko *p*
上 Isogami *s*
[4]山 Isoyama *s*
[5]永 Isonaga *s*
辺 Isobe *s*
田 Isoda *s*
目 Isome *s*
[6]次 Isoji *m*
合 Isoai *s*
吉 Isokichi *m*
[7]村 Isomura *s*
谷 Isoya *s*, Isogaya, Isogai
足 Isotari *m*
貝 Isogai *s*
貝雲峰 I. Unbō *ml*
[8]林 Isobayashi *s*
[9]城 Shiki *p*
前 Isozaki *s*
[11]野 Isono *s*
部 Isobe *sp*
菜 Isona *f*
島 Isojima *s*
[13]雄 Isoo *m* ⌈*l*
馴松 Sonare no matsu

——21 L7——

辯 2917 See 弁 275

讓 2918 Yuzuru *m*, Yuzuri. (JŌ, NYŌ, masa, nori, yoshi, uya, semu)
吉 Jōkichi *m*
治 Jōji *m*
衛 Jōe *m*

耀 2919 Akira *m*. (YŌ, teru, aki)
男 Teruo *m*
星 Terutoshi *m*

——21 L8——

鐵 2920 See 鉄 1948

鐡 2921 See 鉄 1948

讀
輝
鐵
鐡
▼
鐸
繪
繹
懌
鶴
競
顯
顧
齡
歡
亹
蘊
襄
巖
羅
矗
鷺
露
彝
屬
囁
灘
櫻
聯
讀
躋
鑄
鐶

鐸 2922 (TAKU, DA-KU, suzu, sute)
木 Suzuki s
木孝 S. Takashi ml
男 Suzuo m

繪 2923 See 絵 2332

繹 2924 (EKI, YAKU, tsugu, nobu, tsu-ra, mitsu)

—21 L9—

饒 2925 Atsushi m, Yutaka, Ōshi. (JŌ, NYŌ, nigi, tomo, o)
石川 Oishikawa s
村 Nyōmura s

—21 L10—

鶴 2926 [N] Tsuru s. (KAKU, GAKU, tsuru, tsu, zu, tazu)
ケ島 Tsurugashima p
ノ門 Tsurunoto m
¹一八 Tsuruichi m
²八 Tsuruhachi m
八鶴次郎 T. Tsuruji-rō l
二郎 Tsurujirō m
³三 Tsuruzō m
三郎 Tsurusaburō m
川 Tsurukawa s
丸 Tsurumaru s
⁴四郎 Tazushirō m
本 Tsurumoto s
田 Tsuruta sp
田知也 T. Tomoya ml
⁶吉 Tsurukichi m
次郎 Tsurujirō m
⁷沢 Tsuruzawa s
谷 Tsuruya s
来 Tsurugi s
貝 Tsurugai s
見 Tsurumi sp
見祐輔 T. Yūsuke ml
⁹円 Tsurudo m
居 Tsurui p
松 Tsurumatsu m
岡 Tsuruoka s; Tsuruoka sp
原 Tsuruhara s
蔵 Tsuruzō m
屋 Tsuruya s 「ml
郎 T. Nanboku
嶺 Tsurumine s

野 Tsuruno s
亀 Tsurukame la
¹²崎 Tsuruzaki s
賀 Tsuruga s
賀斎 Tsurugasai m
集 Tsurui f
間 Tsuruma s
¹³淵 Tsurubuchi s
雄 Tsuruo m
群 Tsurumura m
殿 Tsurudono s
¹⁴飼 Tsurukai s
¹⁶橋 Tsuruhashi s
²¹齢 Tsuyo f

—21 L11-17—

競 2927 [T] Kisō m, Kurabu; Kisoi s, Kioi. (KYŌ, KEI)

顯 2928 Akira m. (GŌ, KŌ)

顧 2929 [T] (KO, mi)
弥太 Koyata m

齡 2930 See 齢 2766

歡 2931 See 歓 2352

—21 T—

亹 2932 Tsutomu m. (BI)

藥 2933 See 薬 2568

蘊 2934 Osamu m. (ON, mori)

襄 2935 (JŌ, myōga)
星 Myōgaya s

巖 2936 [N] Iwao m, Iwai. (GAN, GEN, iwa, yoshi, o, mine, michi)
川 Iwakawa s
本 Iwamoto s
本善治 I. Zenji ml
村 Iwamura s
谷 Iwaya s
谷小波 I. Sazanami ml

垣 Iwagaki s
崎 Iwasaki s
雲 Iwakumo s

羅 2937 (RA, tsura)
山 Razan mlh
山文集 R. bunshū lh
生門 Rashōmon l
曳 Abiki s
臼 Rausu p
馬 Rōma p "Rome"

矗 2938 Shizuka m. (GŌ)

轟 2939 Todoroki s. (KŌ, GŌ)
木 Todoroki s

鶯 2940 (Ō, YŌ, ugu-isu)
沢 Uguisawa p
谷 Uguisudani p

露 2941 [T] Akira m. (RO, tsuyu)
子 Tsuyuko f
久保 Tsuyukubo s
口 Tsuyuguchi s
五郎兵衛 Tsuyu no Gorobee ml
木 Tsuyuki s
団々 Tsuyudandan l
西亜 Roshia p "Russia"
伴 Rohan ml 「sia"
国 Rokoku p "Rus-
香 Tsuyuka f
原 Tsuyuhara sl
崎 Tsuyusaki s

譽 2942 See 誉 2010

彝 2943 Tsune m-f. (I, tsune, tomo, 雄 Tsuneo m ⌊nori)

—21 F—

屬 2944 See 属 1802

—22 L—

囁 2945 (SO)
咲 Soo sp

灘 2946 Nada p. (NAN, nada)
崎 Nadasaki p

櫻 2947 See 桜 1373

聯 2948 Tsurane m. (REN, tsura)

讀 2949 See 読 2142

躋 2950 Noboru m. (SEI, SAI, nori)
造 Seizō m

鑄 2951 See 鋳 2343

鐶 2952 Tamaki m. (KAN)

鑓 2953 (yari)
水 Yarimizu s
田 Yarita s
田研一 Y. Ken'ichi ml

繡 2954 (SHŪ, SHU, SHŌ, nui)
子 Nuiko f

繩 2955 Nawa s. (JŌ, SHŌ, tada, tsuna, nawa, tsugu, nao, nori, tsune, masa)
子 Tadako f
田 Nawata s
主 Tadanushi m
直 Tadanao m
倉 Nawakura s
稚 Nawachi s
絢 Nawanai l

聽 2956 See 聴 2634

驍 2957 Takeshi m, Gyō, Suguru. 夫 Isao m ⌊(GYŌ, isa)

懿 2958 Atsushi m. (I, yoshi, atsu, hisa, nao)
子 Yoshiko f, Atsuko
修 Yoshinaga m

譽 Yoshishige *m*

—— 22 T ——

繋 2959 (KEI, KAI, tsuna, tsugu)
子 Tsunako *f*

覽 2960 See 覧 2695

—— 22 F ——

魔 2961 [T] (MA)
風恋風 Makaze koikaze *l*

—— 23 L3 ——

灑 2962 Kiyoshi *m*. (SAI, SE)

—— 23 L4 ——

櫟 2963 Kunugi *f*. (REKI, RYAKU, nobu, ichi, ichii)
子 Nobuko *f*, Ichiiko
木 Ichiki *s*
本 Ichinomoto *s*
津 Ichitsu *s*
原 Ichihara *s*, Kunugihara, Hirahara

—— 23 L5 ——

穭 2964 See 穭 2802

—— 23 L8 ——

續 2965 See 続 2334

纈 2966 (KŌ)
纈 Kōketsu *sa*; Kikutoji *s*, Kukuri, Hanabusa

鑛 2967 See 鉱 2153

鑑 2968 [T] Akira *m*. (KAN, GAN, aki, akira, kane, nori, shige, mi, miru, kata)
正 Akimasa *m*
次郎 Kanjirō *m*
任 Akitaka *m*
定 Shigesada *m*
重 Akishige *m*

真 Ganjin *mh*
連 Akitsura *m*
備 Akinobu *m*
載 Kanekoto *m*
種 Akitane *m*, Kanetane

—— 23 L10 ——

體 2969 See 体 358

髓 2970 See 髄 2826

驛 2971 See 駅 2172

鱙 2972 Takashi *m*. (SŌ, taka)

—— 23 L11 ——

鬚 2973 (SHU, hige)
継 Higetsugu *m*

—— 23 L12 ——

鷄 2973A See 鶏 2821

鶾 2974 Rei *m*. (RYŌ)

鷗 2975 Kamome *f*. (Ō, U)
外 Ōgai *ml*

鷦 2976 Sasagi *s*. (SHŌ)
鷯 Sasagi *s*, Misosazai

—— 23 T ——

籠 2977 (RŌ, ko, komori, kago)
太鼓 Rō taiko *la*
手田 Koteda *s*
沢 Kozawa *s*
谷 Komoriya *s*
祇王 Rō-Giō *la*
宮 Komiya *s*, Kagomiya
島 Kagoshima *s*

霽 2978 (SEI, SAI, haru, hare, nari, nori)
見 Harumi *s*
堅 Harukata *m*

鬘 2979 (MAN, BAN, tsura, katsura)

鷲 2980 Washi *s*. (SHŪ, JU, washi)
山 Washiyama *s*
田 Washida *s*
光 Washimitsu *m*
尾 Washio *s*, Washinoo
見 Washimi *s*, Sumi
津 Washizu *s*
栖 Washizu *s*
宮 Washimiya *p*
野 Washino *s*
巣 Washisu *s*
塚 Washizuka *s*
森 Washimori *s*
雄 Washio *m*
敷 Washishiki *s*
頭 Washinozu *s*

響 2981 [T] (KYŌ, KŌ, oto, hibiki)
山 Hibikiyama *s*
庭 Aiba *s*

鑒 2982 Akira *m*. (KAN, GAN, mi, nori)
江 Norie *f*

襲 2983 (SHŪ, JŪ, SO, tsugi, yori)
津彦 Sotsuhiko *m*

懸 2984 [T] (KEN, GEN, kake, tō)
葵 Kakeaoi *l*

—— 24 L ——

衢 2985 (GU, KU, chimata)

欑 2986 Shigeru *m*. (SAN, ZAN)

礫 2987 Sazai *m*. (REKI, RYAKU)

纏 2988 Matomu *m*. (TEN, maki)
向 Makimuku *s*

觀 2989 See 観 2765

巖 2990 See 巌 2936

巍 2991 Takashi *m*. (GI, taka)
八郎 Gihachirō *m*
洋 Takahiro *m*
則 Takanori *m*

靈 2992 See 霊 2390

鷺 2993 Sagi *sla*. (RO, sagi)
谷 Sagitani *s*
池 Saginoike *s*
坂 Sagisaka *s*
沼 Saginuma *s*
屋 Sagiya *s*
雄 Sagio *sm*

—— 24 F ——

關 2994 See 関 2245

鷹 2995 Takatori *s*. (YŌ, Ō, taka)
[4]木 Takagi *m*
[5]司 Takatsukasa *s*
主 Takanushi *m*
廿戸 Takakaibe *s*
[6]次郎 Takajirō *m*
羽 Takaba *s*
[7]阪 Takawaki *s*
谷 Takagai *s*
見 Takami *s*
[8]取 Takatori *sm*
[9]治 Takaji *m*
松 Takamatsu *s*
岡 Takaoka *p*
[10]栖 Takasu *p*
[11]清 Takakiyo *m*
野 Takano *s*
部屋 Takabeya *s*
巣 Takasu *s*; Takanosu *p*
島 Takashima *sp*
[12]森 Takamori *s*
[13]箸 Takahashi *s*
[16]穂 Takao *s*
嘴 Takahashi *s*
衛 Takae *m*
養戸 Takakaibe *s*
[19]譴 Takanobu *m*

聰
驍
懿
▼
繋
覽
魔
灑
櫟
穭
續
纈
鑛
鑑
體
髓
驛
鱙
鬚
鷄
鶾
鷗
鷦
霽
鬘
鷲
響
鑒
襲
懸
衢
欑
礫
纏
觀
巖
巍
靈
鷺
關
鷹
▲
礫
巍
鑰

— 25 L —

礦 2996 Iwao m. (GEN, GAN)

穐 2997 See 穐 2915

鑰 2998 (YAKU, kagi)
之助 Kaginosuke m

鯵 2999 (SŌ, aji)
ケ沢 Ajigasawa p
坂 Ajisaka s

麟 3000 (RIN)
也 Rin'ya m
蔵 Rinzō m

顱 3001 (RO, RU, hachi)
郎 Hachirō m

顯 3002 See 顕 2757

— 25 T —

鹽 3003 See 塩 1846

靄 3004 (AI, moya)

子 Moyako f

饗 3005 (KYŌ, KŌ, ae, ai)
庭 Aeba s, Aiba ⌐ml
庭簀村 Aeba Kōson
場 Aeba s, Aiba

— 25 F —

廳 3006 See 庁 174

— 26 L —

驢 3007 (RO, RYO)
鞍橋 Roankyō l

驥 3008 Hayama m, Takeshi. (KI, toshi) ⌐zu
— Kiichi m, Toshika-

靉 3009 (AI)
日 Aijitsu l

— 26 T —

籬 3010 Magaki s. (RI, kaki)

爵 3011 Shigeru m. (UTSU, UCHI)

變 3012 See 変 970

— 27 L —

讚 3013 Sarara s. (SAN, sasa)
井 Sai s, Sanui, Sanai
次郎 Sanjirō m
母 Sanomo s
岐 Sanuki sph
岐興侍日記 S. no Tenji nikki l

鱸 3014 Suzuki s. (RO, suzuki)
庖丁 Suzuki-bōchō la
庖丁青砥切味 S.-b. aoto no kireaji l

鱷 3015 (GAKU, wani)
川 Wanikawa s
石 Waniishi s
淵 Wanibuchi s

斷 3016 See 断 1669

— 27 T —

矗 3017 (CHIKU, CHŪ, nobu, nao)
江 Naoe f
昶 Nobuteru m

戀 3018 See 恋 1223

— 28 L —

纘 3019 Tsugu m. (SAN)

鑽 3020 (SAN, taka)
— Takaichi m

— 29 L —

鸚 3021 (Ō)
鵡小町 Ōmu Komachi la
鵡返文武二道 Ō.-gaeshi bunbu nidō l

靁 3022 (KAKU, tsuru)
雄 Tsuruo m

— 30 L —

灣 3023 See 湾 1849

— 31 L —

繼 3024 See 継 2539

— 36 T —

麤 3025 (SO, ara)
郎 Arao m
鹿火 Arakabi m
鹿比 Arakabi m

A COMPREHENSIVE INDEX OF JAPANESE NAMES

Part II.   From Readings to Characters

A

A *l* 亜 525. (予 62, 足 461,
吾 491, 亜 525, 我 545,
阿 569, 蛙 1648, 窪 2203,
網 2536)
Aba *p* 阿波 569
Abaka *s* 阿墓
Abashiri *p* 網走 2536
Abe *s* 安部 472, 安閉,
阿倍 569, 阿部; *sp* 安
倍 472, 阿閉 569
~ Chūzō *ml* 安部忠三
472　　　　　「人 569
Abehashihito *l* 阿閉間
Abe Ichizoku *l* 阿部一
族　　　　　　「472
~ Isoo *mlh* 安部磯雄
~ Jirō *ml* 阿部次郎 569
~ Kōbō *ml* 安部公房
472　　　　　　　「569
Abemaro *m* 阿閉麻呂
Abe Masahiro *mh* 阿
部正弘
Abeno *p* 阿部野
Abe Nobuyuki *mh* 阿
部信行
~ no Hirafu *mh* 阿倍
比羅夫
Abenokadodo *s* 阿閉
門人
Abe no Nakamaro *mh*
阿倍仲麻呂
~ no Sadatō *mh* 安倍
貞任 472　　「晴明
~ no Seimei *mh* 安倍
~ no Yoritoki *mh* 安
倍頼時
~ Shinnosuke *ml* 阿
部真之助 569
~ Shizue *fl* 阿部静枝
~ Tomoji *ml* 阿 部 知
二　　　　「能成 472
~ Yoshishige *ml* 安倍
Abi *s* 阿比 569
Abiki *s* 羅曳 2937
Abiko *s* 安彦 472, 安孫
子, 吾孫 491, 阿孫子,
我彦 545, 我孫, 阿比
古 569, 阿珥古, 阿孫;
sp 我孫子 545
Abo *s* 安保 472, 阿保 569

Aboshi *s* 網干 2536
Aboshiya *s* 網干屋
Abu *sp* 阿武 569. (虻
1134, 鐙 2880)
(abumi 鐙)
Abumiya *s* 鐙屋
(abura 油 593)
Aburadani *s* 油谷
Aburai *s* 油井
Aburakasu Yodogawa
l 油糟淀川
Aburakawa *s* 油川
Aburanokōji *s* 油小路
Aburaya *s* 油屋
Abuta *p* 虻田 1134
Abutsuni *fl* 阿仏尼 569
Achi *p* 阿知
Achiba *s* 阿知波
Achiki *s* 安勅 472; *mh*
阿直岐 569
Achime no waza *l* 阿
知女作法　　「使主
Achi no Omi *mh* 阿知
Adachi *s* 足達 461, 安立
472, 阿達 569; *sp* 足立
461, 安達 472　　「原
Adachigahara *la* 安達
Adachi Yasumori *mh*
安達泰盛
Adakai *s* 出雲郷 523
Adaki *s* 安宅 472
Ade *sp* 安諦
Adegawa *s* 阿出川 569
Adogawa *p* 安曇川 472
Adoki *s* 安勅
Ae *s* 安拝, 安閉, 敢 1687.
(允 217, 肖 451, 敢 1687,
饗 3005)
Aeba *s* 饗庭, 饔場
~ Kōson *ml* 饗庭篁村
Aechi *s* 愛智 2018
Aeomizokugishi *s* 敢臣
族岸 1687
Afuri *s* 泥障 594
Afurika *p* "Africa" 阿
弗利加 569
Aga *p* 英賀 693. (上 47)
Agano *s* 上野
Agari *s* 上利; *m* 東 771
Agata *s* 安形 472, 阿形

569 ; *sp* 英多 693, 県
1252. (県)
Agatai *m* 県居
Agatainukai *s* 県犬養
~ no Hitokami *ml* 県
犬養人上
Agatamaro *m* 県麿
Agatamori *m* 県守
Agatanoatae *s* 県直
Agatanomiyatsuko *s*
県造
Agatanushi *s* 県主
Agatanushisakito *s* 県
主前利
Agatsuma *p* 吾妻 491
Agawa *s* 吾河, 阿川 569,
蛙川 1648; *p* 吾川 491
~ Hiroyuki *ml* 阿川弘
之 569
Age *s* 揚 1551; *p* 安芸
472. (上 47, 揚 1551, 挙
472)
Agemaki *l* 総角 2662
Agematsu *sp* 上松 47
Agemo *p* 挙母 1207
Ageo *sp* 上尾 47
Ageta *s* 上田
Ageya *s* 揚屋 1551
Agi *s* 阿木 569
Ago *p* 阿児
Agō *s* 淡河 1340
Agoin *s* 安居院 472
(agu 称 1118)
Agui *s* 安食 472; *sml-p*
安居院; *p* 阿久比 569
Aguranabe *l* 安愚楽鍋
472
Aguri *sp* 余田 448
Ahira *s* 吾平 491
Ahiru *s* 阿比留 569, 畔
蒜 1110
Aho *s* 安保 472, 英保
693, 神 853
Ai *s* 阿井 569, 阿比, 藍
2772 ; *f* 会 270, 逢 1516.
(合 270, 会 454, 和 638,
相 868, 姶 1045, 挨 1294,
逢 1516, 蛤 1649, 集
1779, 愛 2018, 嵗 2198,
魄 2487, 蔓 2563, 藍

2772, 薆 2895, 靄 3004,
饗 3005, 鬢 3009)
Aiau *s* 相合 868
Aiba *s* 合葉 270, 相羽
868, 相庭, 相場, 相葉,
飽庭 2165, 饗庭 2981,
饗庭 3005, 饔場
Aibara *s* 合原 270, 相原
868, 藍原 2772
Aibetsu *p* 愛別 2018
Aibuchi *s* 相淵 868
Aichi *s* 愛智 2018; *sp* 愛
知
Aida *s* 会田 454, 相田
868; *p* 英田 693
Aiga *s* 合賀 270, 秋賀 878
Aigikoe *l* 相聞 868
Aigonowaka negura-
bako *la* 愛護若塒箱
2018
Aihara *s* 粟飯原 1763
Aihiko *m* 愛彦 2018
Aiho *p* 秋穂 878
Aiichirō *m* 愛一郎 2018
Aiiso *s* 相磯 868
Aijima *s* 相島
Aijisshō *l* 愛日抄 2018
Aijitsu *m* 靄日 3009
Aika *s* 秋鹿 878
Aikawa *s* 淡河 1340, 愛
甲 2018, 愛若, 鮎川
2547, 藍川 2772 ; *sp* 合
川 270, 相川 868, 愛川
Aikitsu *m* 愛橘 「2018
Aiko *f* 相子 868, 愛子
2018, 藍子 2772
Aikō *p* 愛甲 2018
Aikyō *s* 藍香 2772
Aimi *p* 会見 454
Aimono *s* 四十物 188
Aino *s* 安保 472, 間野
1091, 間野; *p* 藍野
2772; *sp* 愛
野 2018
Ainoura *s* 相浦 868
Aioi *sp* 相生 「良 1091
Aira *s* 蛤良 1649; *sp* 姶
Aisaki *s* 相崎 868
Aisaku *m* 愛作 2018
Aiso *s* 相曾 868, 相磯

189

Aisō s 相宗
Aisogawa s 会曾川 454
Aisomegawa la 藍染川 2772
Aisu s 会州 454, 愛州
Aisuke m 愛輔
Aisumi p 藍住 2772
Aita p 英多 693, 莫田 1175
Aitagi s 愛多義 2018
Aiuchi s 相内 868
Aiura s 相浦
Aiwaka s 愛若 2018
Aiya s 藍谷 2772
Aiyama s 相山 868
Aizawa s 会沢 454, 相沢 868, 逢沢 1516, 愛沢 2018, 藍沢 2772
~ Yasushi mh 会沢安 454
Aizō m 愛三 2018
Aizu sph 会津 454
~ Bange p 会津坂下
~ Takada p 会津高田
~ Yaichi ml 会津八一
Aji p 庵治 1506. (味 572, 鰺 2999)　「525
Ajia p "Asia" 亜細亜
Ajigasawa p 鰺ケ沢 2999
Ajikata p 味方 572
Ajikawa p 阿治比 569
Ajiki s 安勅 472, 安勅城, 安喰, 阿直 569, 味木 572; sp 安食 472
Ajima s 安島, 阿島 569
Ajimi p 安心院 472
Ajimu p 安心院
Ajioka p 味岡 572
Ajiro s 足代 461, 網代 2536
Ajisaka p 鰺坂 2999
Ajisu p 阿知須 569
Ajito m 味戸 572
Aka p 赤 443. (丹 79, 赤 443, 明 623, 紅 1423, 赭 2498)
Akabane s 赤埴 443; sp 赤羽, 赤羽根
Akabashi s 赤橋
Akabayashi s 赤林
Akabira p 赤平
Akabori sp 赤堀
Akaboshi s 赤星
Akada s 赤田
Akadomari p 赤泊
Akae m 赤兄

Akaezo fūsetsukō lh 赤蝦夷風説考
Akagaki s 赤垣
Akagari s 胝 1082
Akagawa s 赤川 443
Akagi s 赤木; sp 赤城
~ Kakudō ml 赤木格堂
~ Ketsuke ml 赤木健
~ Kōhei ml 赤木桁平
Akagire s 胝 1082
Akahagi s 赤荻 443
Akahani s 赤土, 赤埴
Akahiko m 赤彦
Akahito m 赤人
Akaho s 赤穂
Akahon l 赤本
Akai s 赤井
Akaigawa p 赤井川
Akaike sp 赤池
Akaishi s 赤石
Akaiwa s 赤岩; p 赤磐
~ Sakae ml 赤岩栄
Akaji s 赤地
Akama s 赤間
Akamaro m 阿歌麿 569
Akamatsu s 赤松 443
~ Mitsusuke mh 赤松満祐　「則村
~ Norimura mh 赤松
Akami s 赤見
Akamine s 赤嶺
Akamizaka s 赤見坂
Akan p 阿寒 569
Akanabe s 茜部 928
Akanashi s 杠 418; sm 杜 423　「(茜 928)
Akane s 赤根 443, 赤禰.
Akaneya s 茜屋
Akano s 赤野 443
Akanuma s 阿鹿沼 569
Akao s 赤尾 443
Akaogi s 赤荻
Akaoka p 赤岡
Akara f 赤良 1423 (akaru 明 623)
Akaru tae l 明る妙
Akasa s 赤佐 443　「坂
Akasaka s 赤阪; p 赤
Akasaki s 赤崎; p 赤碕
Akashi s 赤司, 赤石; sf-p-l 明石 623; m 丹 79, 杲 712. (証 1660)
Akashiko f 証子
Akashina p 明科 623
Akashio s 赤塩 443
Akashita s 丹下 79

Akasu s 赤須 443
Akatsu s 赤津　「1596
Akatsuka s 赤塚, 暁霞
Akatsuki m 暁
Akawa s 淡河 1340
Akayama s 赤山 443
Akayu p 赤湯
Akaza s 赤座
Akanawa s 赤沢
Akaze s 赤畝　「部
Akazome s 赤染, 赤染
~ Emon fl 赤染衛門
Ake m 吾笥 491. (朱 341, 明 623, 南 912, 暁 1596, 曙 2719)
Akebayashi s 明林 623
Akebono sf 曙 2719; sp 暁 1596
Akechi sp 明智 623
~ Mitsuhide mh 明智　「光秀
Akeda s 明田 623
Akedagawa s 明田川
Akegarasu s 暁烏 1596; l 明烏 623
~ Haya ml 暁烏敏 1596
~ nochi no masayume l 明烏後正夢 623
Akeha f 朱華 341
Akehama p 明浜 623
Akeharu m 南晴 912
Akemi sf 曙覧 2719; f 朱 341, 朱実
Akemiko f 明珠子 623
Akemine s 明峰
Akeno s 暁 1596; p 明野 623
Akeo m 暁雄 1596
Akera s 朱楽 341, 明浦 623, 明楽　「341
~ Kankō ml 朱楽菅公
Aketo s 明渡 623
Aki s 安吉 472; sf-p 安芸; f 安岐; f 吾樹 491, 彬 1370, 暉 2284, 諒 2326. (了 9, 口 29, 士 41, 日 77, 文 86, 夫 104, 礼 146, 旦 162, 右 171, 丙 198, 旦 216, 士 243, 印 260, 光 281, 旭 300, 在 314, 成 322, 西 336, 言 439, 亨 440, 廷 510, 見 518, 昉 419, 明 623, 知 636, 杲 712, 昌 715, 信 782, 洞 821, 炳 837, 映 840, 昭 841, 研 875, 秋 878, 亮 911, 表 914, 昂 943, 昱 944, 発 953,
昼 983, 昶 1004, 乗 1016, 倬 1027, 眈 1084, 晅 1085, 耿 1129, 皙 1159, 晃 1188, 晃 1189, 晋 1215, 哲 1227, 淳 1337, 炫 1344, 晤 1353, 晧 1355, 彬 1370, 紀 1424, 著 1445, 菲 1451, 竜 1461, 惹 1480, 商 1526, 揚 1551, 陽 1567, 斌 1590, 暁 1596, 瑛 1607, 皓 1639, 歆 1688, 敬 1691, 晨 1739, 晶 1740, 覚 1752, 皙 1791, 義 1795, 卿 1865, 煥 1876, 煌 1877, 暉 1884, 詮 1934, 紹 1955, 義 1975, 愛 2018, 照 2034, 照 2035, 喻 2064, 曄 2093, 郷 2112, 精 2131, 説 2143, 銘 2155, 甄 2161, 韶 2163, 飽 2165, 彰 2174, 察 2180, 翠 2204, 徴 2265, 暲 2284, 璋 2287, 聡 2311, 諒 2326, 審 2365, 箸 2381, 瞳 2470, 璃 2473, 頭 2540, 叠 2512, 諦 2516, 融 2545, 曖 2629, 聴 2634, 謙 2646, 顕 2757, 観 2765, 鏡 2817, 離 2889, 耀 2915, 耀 2919, 鑑 2968)
Akiba s 秋馬 878, 秋葉, 秋場; sm 秋庭
Akie m 諒兄 2326; f 秋江 878, 昶恵 1004, 晶江 1740
Akifusa m 昭房 841, 紹房 1955, 顕房 2757
Akigusa s 秋草 878
Akihaya m 彰逸 2174
Akihira ml 明衡 623
Akihiro m 哲浩 1227, 諦寛 2516　「古 2131
Akihisa m 著寿 1445, 精古
Akihito m 彰仁 2174
Akiho s 秋保 878; sm 秋穂; m 空穂 723
Akiie s 顕家 2757
Akiji m 明治 623
Akika m 秋香 878
Akikane m 詮兼 1934
Akikata m 在賢 314
Akikaze s 章風 1461
Akikazu m 日一 77, 亮一 911, 堯一 1795

Akikiyo *m* 口人 29, 秋清 878
Akiko *f* 昌女 715, 秋子 878, 昱子 944, 耿子 1129, 章子 1461, 瑛子 1607, 晨子 1739, 晶子 1740, 晢子 1791, 煌子 1877, 詮子 1934, 韶子 2163, 彰子 2174, 璃子 2473, 諟子 2512, 諦子 2516, 聴子 2634, 顕子 2757
Akikoto *m* 顕允
Akikuni *m* 昭訓 841
Akima *s* 秋間 878
Akimaro *m* 晢麿 1480
Akimasa *m* 壮昌 243, 暉昌 1884, 顕允 2757, 鑑正 2968 「朗徹 1394
Akimichi *m* 亮道 911,
Akimitsu *m* 明光 623, 彬光 1370, 煥光 1876, 詮実 1934, 韶光 2163, 璋光 2287, 顕光 2757
Akimori *s* 秋森 878
Akimoto *s* 秋元, 秋本; *m* 紀元 1424
~ Fujio *ml* 秋元不死男 878 「代
~ Matsuyo *fl* 秋元松
Akina *s* 阿支奈 569, 阿祗奈 「銘長 2155
Akinaga *s* 秋永 878; *m*
Akinari *m* 秋成 878
Akindo setai-gusuri *l* 商人世帯薬 1526
~ gunpai uchiwa *l* 商人軍配団
~ kashoku kun *l* 商人家職訓
Akino *s* 秋野 878
Akinobu *m* 西暢 336, 昌信 715, 晅宣 1085, 章信 1461, 詮信 1934, 顕信 2757, 鑑備 2968
Akinori *m* 明軌 623, 晃昇 1189, 章憲 1461, 顕孝 2757, 顕智 「2915
Akinosuke *m* 穐之助
Akinoura *s* 荒浦 935
Aki no yonaga *l* 秋夜長 878
Akio *s* 秋尾, 秋保; *m* 了雄 9, 杲雄 712, 倬男 1027, 晁雄 1188, 晃夫 1189
Akioka *s* 秋岡 878
Akiosa *s* 商長 1526
Akiōshi *s* 安芸凡 472
Akira *s* 科良 877, 秋良 878, 箸 2381; *m* 了 9, 士 41, 丹 79, 壬 116, 公 156, 旦 162, 右 171, 央 182, 正 205, 正丹, 正朗, 白 216, 行 245, 卯 259, 全 271, 光 281, 旭 300, 在 314, 成 322, 名 346, 吟 369, 亨 440, 冏 512, 坦 574, 昉 619, 旺 620, 昨 621, 明 623, 的 635, 享 662, 命 671, 旻 710, 杲 712, 昌 715, 学 719, 良 767, 果 770, 東 771, 信 782, 信良, 洞 821, 玲 835, 映 840, 昭 841, 秋 878, 亮 911, 表 914, 昂 943, 発 953, 奐 979, 昼 983, 看 998, 昶 1004, 省 1013, 倬 1027, 晄 1084, 耿 1129, 晟 1187, 晁 1188, 晃 1189, 党 1191, 泰 1203, 哲 1227, 冏 1258, 晈 1355, 彬 1370, 皎 1375, 朗 1394, 奝 1432, 寀 1435, 著 1445, 章 1461, 翌 1466, 晢 1478, 啓 1491, 彪 1523, 爽 1529, 揚 1551, 陽 1567, 斌 1590, 晙 1593, 暎 1594, 暁 1596, 瑛 1607, 皖 1638, 皓 1639, 証 1660, 敞 1688, 晶 1740, 覚 1752, 景 1764, 斐 1781, 智 1793, 幌 1833, 卿 1865, 換 1872, 煇 1875, 暉 1884, 詮 1934, 誠 1935, 新 1965, 粲 2019, 聖 2030, 照 2035, 暐 2091, 郷 2112, 精 2131, 韶 2163, 飾 2164, 飽 2165, 彰 2174, 察 2180, 翠 2204, 廓 2239, 徴 2265, 晧 2282, 皡 2283, 暲 2284, 璋 2287, 確 2305, 聡 2311, 審 2365, 晶 2375, 瑩 2387, 慧 2392, 賛 2394, 監 2398, 徹 2451, 輝 2499, 頭 2504, 諦 2516, 叡 2555, 憲 2562, 擦 2601, 瞭 2629, 曈 2630, 聴 2634, 鮮 2670, 曙 2719, 曜 2720, 顕 2757, 顕彰, 簡 2788, 曠 2796, 鏡 2817, 離 2889, 耀 2919, 顥 2928, 露 2941, 鑑 2968, 鑒 2982. (礼 146, 旦 162, 白 216, 旭 300, 存 313, 名 346, 言 439, 冏 512, 見 518, 侃 551, 昉 619, 旺 620, 明 623, 知 636, 英 693, 学 719, 述 748, 信 782, 映 840, 昭 841, 亮 911, 昱 944, 発 953, 奐 979, 昼 983, 祥 1074, 剣 1151, 高 1163, 晟 1187, 党 1191, 哲 1227, 威 1251, 冏 1258, 炫 1344, 晧 1355, 郎 1394, 章 1461, 翌 1466, 晢 1478, 陽 1567, 斌 1590, 暎 1594, 暁 1596, 瑛 1607, 覚 1752, 換 1872, 煇 1875, 煥 1876, 暉 1884, 詮 1934, 誠 1935, 照 2035, 徳 2063, 暐 2091, 郷 2112, 精 2131, 飽 2165, 彰 2174, 廓 2239, 暉 2285, 璋 2287, 聡 2311, 瑩 2387, 慧 2392, 璟 2471, 輝 2499, 諦 2516, 融 2545, 暹 2593, 謨 2638, 豁 2667, 鮮 2670, 曙 2719, 顕 2757, 観 2765, 簡 2788, 曠 2796, 鏡 2817, 離 2889, 麗 2902, 穐 2915, 鑑 2968)
Akirakeiko *fh* 明子 623
Akirashi *m* 明四
Akisachi *m* 明祥
Akisada *m* 誠定 1935
Akisane *m* 詮允 1934
Akishige *m* 鑑重 2968
Akishima *s* 秋島 878; *p* 昭島 841
Akishino *s* 秋篠 878
~ gesseishū *l* 秋篠月清集
Akisuke *ml* 顕輔 2757
Akita *s* 安木田 472, 穐田 2915; *sp* 秋田 878; *p* 秋多, 飽田 2165
Akitada *m* 言忠 439, 秋忠 878 「任 2968
Akitaka *m* 炫隆 1344, 鑑
Akita Minoru *ml* 秋田実 878
Akitane *m* 鑑種 2968
Akitani *s* 秋谷 878
Akitate *m* 顕達 2757
Akita Ujaku 秋田雨雀 878
Akiteru *m* 日照 77
Akitō *m* 詮茂 1934
Akitoki *s* 秋時 878; *m* 顕時 2757
Akitoshi *m* 璋敏 2287
Akitsu *m* 秋津 878; *p* 安芸津 472
Akitsugu *m* 口次 29, 見次 518, 商次 1526
Akitsumaro *m* 秋津麿 878
Akitsune *m* 明恒 623
Akitsura *m* 鑑連 2968
Akiuji *m* 明氏 623
Akiwa *s* 秋和 878
Akiya *s* 秋谷
Akiyama *s* 穐山 2915; *sp* 秋山 878
~ Kiyoshi *ml* 秋山清
~ Shūkōryō *ml* 秋山秋紅蓼 「1461
Akiyo *f* 昭四 841, 章代
Akiyori *m* 聡頼 2311, 観依 2765
Akiyoshi *sm* 秋吉 878; *m* 昭義 841, 表美 914, 陽恵 1567, 愛義 2018, 喩義 2064, 彰義 2174, 翠静 2204, 聡善 2311, 顕能 2757, 顕義
Akiyuki *m* 晧之 1355, 精之 2131, 顕行 2757
Akizane *m* 昭実 841
Akizato *s* 秋里 878
Akizawa *s* 秋沢
~ Shūji *ml* 秋沢修二
Akizō *m* 白三 216, 穐三 2915
Akizuki *s* 秋月 878
~ Keita *ml* 秋月桂太
Akō *s* 安香 472; *p* 赤穂 443 「569
Akogashima *s* 阿子島
Akogi *s* 阿古木; *la* 阿漕 「433
Akō rōshi *l* 赤穂浪士
Aku *s* 悪 1483A. (悪, 渥 1856, 飽 2165)
Akubi *s* 日外 77
Akubō *la* 悪坊 1483A
Akui *s* 阿久井 569
Akuin *s* 安居院 472
Akuma *s* 阿曲 569, 飽間
Akumi *sp* 飽海 ⌊2165
Akumo *s* 安曇 472

Akune p 阿久根 569

Akunin shōki setsu 悪人正機説 1483A

Akura s 飽浦 2165

Akusawa s 阿久沢 569

Akushima s 阿子島 (akuta 芥 475)

Akutagawa sla 芥川

~ Ryūnosuke ml 芥川竜之介

Akutame f 飽田女 2165

Akutarō la 悪太郎 1483A

Akutsu s 阿 569, 阿久津; sp 圷 240

~ Ōno p 圷大野

Akyū s 秋保 878

Ama s 天 93, 白水郎 216, 安間 472, 安摩, 阿万 569, 海 1071; sp 海部; sp-la 海士; m 安万 472; la 海人 1071. (天 93, 尼 175, 甘 207, 雨 759, 海 1071, 亀 1531)

Amabe s 海部 1071

Amabiko l 天彦 93

Amabu s 海部 1071

Amada sp 天田 93

~ Guan ml 天田愚庵

Amadani s 天谷

Amadera s 天寺

Amafuji s 天藤

Amagai s 天貝

Amagasa s 天笠

Amagasaki sp 尼崎 175

Amagatarai s 天語 93

Amagatari s 天語, 海語 1071 「谷 759

Amagaya s 天谷 93, 雨

Amagi sp 天城 93; p 甘木 207

~ Yugashima p 天城湯ヶ島 93

Amaha sp 天羽

Amahiko s 天孫; m 海人彦 1071

Amahyō s 天丙 93

Amai s 天井

Amaike s 天池

Amainu sm 天狗

Amainukai s 海犬養 1071

Amaka s 安摩 472, 安蘑

Amakai s 天海 93

Amakasu s 甘粕 207, 甘糟

Amakata s 天方 93

Amakawa s 天川

Amaki s 天木

Amako s 天児, 尼子 175

Amakuni sm 天国 93

Amakura sm 天座

Amakusa splh 天草

~ Shirō Tokisada mh 天草四郎時貞

Amami s 天見, 天海, 甘味 207

Amamiya s 天宮 93

Amamoto s 天本

Amana s 海士名 1071

Amanawa s 甘縄 207

Amane s 尼子 175; m 周 736, 稠 1915

Amani s 天見 93

Amanibe s 孔王部 58

Amanie s 孔王部

Amano s 天野 93, 天濃 207

Amanō s 甘名宇

Amanohara sm 天原 93

Amanoinukai s 海大犬 1071 「の刈藻

Amano karumo l 海人

Amanome s 天生目 93

Amanomiya s 天宮

Amano Teisuke ml 天野貞祐

~ Tōrin ml 天野桃隣

Amanoya s 天宅, 天谷, 天野谷, 天野星

Amanuma s 天沼

Amari s 天利, 甘利 207, 余 448, 安幕 472

Amasaki s 尼崎 175

Amaterasu Ōmikami fh 天照大神 93

Amatsu sp 天津 「湊

~ Kominato p 天津小湊

Amaya s 天矢, 雨夜 759

Amayo no ki l 雨夜記

Amayuki s 天行 93 (ame 天, 雨 759)

Amegaya s 雨谷

Amejima s 小豆島 21

Amemiya s 雨宮 759

Amemori s 雨森

Amenomiya s 下米宮 46, 粟米宮 1763

Amenomori s 雨森 759

~ Hōshū mh 雨森芳洲

Amenouzume-no-mikoto fh 天鈿女命 93

Amerika p "America" 亜米利加 525

Ametani s 阿免谷 569

Ameyama s 雨山 759

Ami s 阿 569 (谷 1064, 網 2536)

Amibe s 浴部 1064

Amida mh 阿弥陀 569

Amikura s 網倉 2536

Aminaka s 網中

~ Kiku s 網野菊

Amitani s 網谷

Amo s 安毛 472

Amō s 天毛 93, 天羽

Amorigoto l 天降言

(an 行 245, 安 472, 按 1044, 莫 1175, 菴 1446, 晏 1458, 庵 1506, 悋 1546, 暗 1883, 鞍 2543, 闇 2709)

Ana s 穴太 158. (穴, 莫 1175, 寶 2897)

Anabuki s 穴吹 158

Anahara s 穴原

Anaho s 穴太, 莫太 1175, 莫保

Anahobe s 穴穂部 158

Anai s 穴井

Anaki s 安奈木 472

Anami s 阿南 569

Anamizu sp 穴水 158

Anan s 阿南 569

Anana s 阿那名

Anao s 孔王 58

Anashi s 穴磯 158

Anata s 穴田, 寶田 2897

Anato s 穴太 158; m 予何人 62

Anayama s 穴山 158

Anazawa s 穴沢

Anchi s 奄智 668, 庵智 1506 「治家 2709

Anchū seijika l 闇中政

Anda s 合田 270

Ando p 安堵 472 「藤

Andō s 安東, 安堂, 安

~ Hiroshige ma 安藤広重

~ Ichirō ml 安藤一郎

~ Nobumasa mh 安藤信正 「益

~ Shōeki mh 安藤昌

~ Tsuguo mh 安藤次男

(ane 姉 847)

Anegawa sp 姉川

Aneha s 姉歯

An'ei 1172-81 安永 472

Aneko f 姉子 847

Anenokōji s 姉小路

Anesaki s 姉崎

~ Chōfū ml 姉崎嘲風

Anetai s 姉帯

Anfu s 安富 472

Angen 1175-77 安元

Anginomononobe s 菴宜物部 1446

Anihihu s 支赤 472, 阿虹

Ani p 阿仁. (兄 181)

Aniko m 兄子

Anjiki s 安喰 472, 安飾

Anjō s 安生, 安祥; s 安城 「城家の兄弟

Anjōke no kyōdai l 安城家の兄弟

Anjū s 安住

Ankokuji s 安国寺

Anma s 安間, 阿間 569

Anna 968-70 安和 472

Annaka sp 安中

Annan p 安南

Annen s 安念

Anno s 阿武 569, 阿武方, 阿野

Annō s 安納 472

Annotsu s 安濃津

Ano s 穴太 158, 阿野

Anō sp 穴生 158, 穴太, 安濃 472; p 賀名生 1756

Anouchi s 阿内 569

Anpachi p 安八 472

Anpo s 安保

Anpuku s 安福

Anraku s 安楽

Anrakuan sakuden ml 安楽庵策伝

Anryū s 安立

Ansei 1854-60 安政

Anseki s 庵跡 1506

Antei 1227-29 安貞 472

Antoku mh 安徳

Anu s 安努

Anwa 968-70 安和

An'ya kōro l 暗夜行路 1883

Anzai s 安在 472, 安西, 安斉; sml 安斎

~ Fuyue ml 安西冬衛

~ Ōkaishi ml 安斎桜磈子

Anzan p 鞍山 2543

Anzawa s 安沢 472

Anzō s 安蔵 (anzu 杏 487)

Anzukko l 杏っ子

Ao s 正月一日 205, 安居

472, 阿保 569, 粟生 1763. (青 700, 碧 2225)

Aō s 青生 700

Aochi s 青地

Aōda s 粟生田 1763

Aōdō Denzen *ma* 亜欧堂田善 525

Aoe *sf* 青江 700

~ Shunjirō *ml* 青江舜二郎

Aogai s 青貝

Aogaki s 青柿; *p-l* 青垣

Aogashima *p* 青ヶ島

Aogi s 仰木 360

Aogu *m* 仰

Aohon *l* 青本 700

Aoi s 青井; *sf* 葵 1723

Aoike s 青池 700

Aoi no Ue *la* 葵の上 1723

Aojima s 青島 700, 青隴

Aojishi *l* 青猪

Aoki *sp* 青木

~ Getto *ml* 青木月斗

~ Kensaku *ml* 青木健作   「陽

~ Kon'yō *mh* 青木昆

~ Shigeru *ma* 青木繁

~ Shūzō *ml* 青木周蔵

Aomi *m* 碧海 2225

Aōmi s 青梅 700

Aomori *sp* 青森

Aomugi *l* 青麦

Aonahata s 青名畑

Aonao s 青女子

Aone s 青根; *l* 青嶺

Aoneko *l* 青猫

Aoni yoshi *l* 青丹よし

Aono s 青野   「吉

~ Suekichi *ml* 青野季

Aonuma s 青沼

Aooka s 青岡

Aoshiba *l* 青芝

Aoshika s 青鹿

Aosoi s 青襲

Aota s 青田

Aoto s 青戸, 青砥

Aoya *p* 青谷

Aoyagi s 青柳

~ Yūbi *ml* 青柳有美

~ Yutaka *ml* 青柳優

Aoyama *sp* 青山

~ Kason *ml* 青山霞村

~ Sugisaku *ml* 青山杉作

Ao-zukin *l* 青頭巾

Ara s 荒 935. (改 379, 荒

935, 新 1965, 麁 2053, 糠 2633, 蠶 3025)

Arabia *p* "Arabia" 亜刺比亜 525

Arabuka s 荒深 935

Arae s 新江 1965

Araemishi s 麁蝦夷 2053

Aragaki s 荒垣 935

~ Hideo *ml* 荒垣秀雄

Arahata s 荒波多, 荒畑, 荒幡   「村

~ Kanson *mlh* 荒畑寒

Arai s 荒井, 荒居; *sp* 新井 1965, 新居

~ Hakuseki *mlh* 新井白石

~ Kiichi *ml* 新井紀一

~ Kō *ml* 新井洸

Arajotai *l* 新世帯

Araka s 荒賀 935

Arakabi s 麁鹿火 3025, 麁鹿比; *f* 麁鹿火 2053

Arakane s 荒金 935

Arakawa s 淡河 1340, 新川 1965; *sp* 荒川 935

Arakazu *m* 新一 1965

Arake s 荒家 303

Araki s 安楽城 472, 荒木 935, 荒城, 新木 1965, 墾 2702; *m* 荒樹 935

Arakida s 荒木田

~ Moritake *ml* 荒木田守武

Araki Mataemon *mh-l* 荒木又右衛門

~ Sadao *mh* 荒木貞夫

~ Sōtarō *mh* 荒木宗太郎

~ Takashi *ml* 荒木巍

Arako s 麁子 2053

Arakusa *l* 麁草   「巻

Aramaki s 荒牧 935, 荒

Ara Masahito *ml* 荒正

Arami s 荒身   「人

Aramimi s 荒耳

Aramori s 新桝 1965

Aramoto s 荒本 935

Aranami s 荒波

Arando *m* 荒人   「2796

Arano s 荒野; *l* 曠野

Arao s 荒生 935, 新尾 1965; *p* 荒尾 935; *m* 荒男, 麁郎 3025

Araoka s 安良岡 472, 荒岡 935

Arara s 荒, 荒荒. (荒)

Araragi s 荒

Arasa s 有在 303

Arasawa s 安良沢 472, 荒沢 935

Arase s 荒瀬   「2209

Araseitō *l* 紫羅欄花

Arashi *sm* 嵐 2000

Arashima s 荒島 935

Arashiyama *p-la* 嵐山 2000

Arasuke *m* 荒助 935

Arata s 荒田; *sm* 新 1965

Aratae s 荒田殖 935

Aratai s 荒田井

Aratame s 新田目 1965

Araya s 荒谷, 荒屋, 新谷 1965, 新屋

Arayama s 荒山 935, 新山 1965

Arazō *m* 荒三 935

Are *m* 阿礼 569. (似 350, 形 414, 肖 451)

(ari 也 23, 有 165, 生 214, 光 281, 有 303, 存 313, 在 314, 似 350, 存 362, 社 406, 茂 691, 盈 1200, 益 1201, 惟 1291, 得 1299, 現 1300, 順 1532, 満 1861, 照 2035, 徳 2063, 蟻 2804)

Ariake *sp* 有明 303; *m* 在明 314

Ariaketei s 在明亭

Ariaya *m* 有言 303

Arichi s 有地

Aridōshi *la* 蟻通 2804

Arie s 有江 303; *p* 有家

Arieda s 有条

Arifuji *m* 有藤

Arifuku *m* 有福

Ariga s 有我, 有賀

~ Nagao *ml* 有賀長雄

Arihara s 有原, 在原 314

~ no Narihira *ml* 在原業平

Arihira *m* 在衡

Arihōshi s 有法師 303

Arii s 有井

Ariie *m* 有家

Ariizumi s 有泉

Ariji s 有路

Arikata *m* 有象

Arikawa s 在川 314, 蟻川 2804; *sp* 有川 303

Arikazu *m* 有良, 無二 1789

Ariki s 有木 303

Ariko *f* 在子 314

Arikōrō *ma* 有幸郎 303

Arikoto *m* 有功

Arima *sp* 有馬   「晴信

~ Harunobu *mh* 有馬

~ no Ōji *mh* 有馬皇子

~ Shinshichi *mh* 有馬新七

Arimatsu *p* 有松

Arima Yorichika *ml* 有馬頼義

Arimichi s 有道

Arimitsu *sm* 有光

Arimochi s 有持

Arimori s 有森

Arimoto *m* 有元, 有本

~ Hōsui *ml* 有本芳水

Arimune *m* 有梁

Arimura s 有村; *m* 在村 314

Arino s 有野 303

Arinobu *sm* 在信 314

Arinori *m* 有格 303, 在経

Ario s 有尾 303

Ariō s 有王

Arioka s 有岡

Ariosa *m* 有容

Arisada s 在狭田 314

Arisaka s 有坂 303

Arisawa s 有沢

Arishige *m* 可重 165

Arishima s 有島 303

~ Ikuma *mla* 有島生馬

~ Takeo *ml* 有島武郎

Ariso s 有磯

Arisugawa s 有栖川

~ -no-miya Taruhito *mh* 有栖川宮熾仁

Arisuke *m* 有允

Arita s 在田 314; *sp* 有田 303

Aritaka *m* 有尚

Aritake s 有竹

Aritaki s 有滝

Aritane *m* 順胤 1532

Aritomi s 有富 303

Aritomo *m* 有公

Ariwara s 有原, 在原 314   「原業平

~ no Narihira *ml* 在

Ariya s 有家 303; *m* 存 313, 在屋 314

Ariyama s 有山 303

Ariyoshi *sm* 有吉 ; *m* 有快, 有徽　「子
~ Sawako *fl* 有吉佐和

Arizono *s* 有園

Arō *m* 灘 2609

(aru 有 303, 存 313)

Aruga *s* 有賀 303

Arutaki *s* 阿留多岐 569

Arutakii *s* 阿留多岐怡

Aruzenchin *p* "Argentine" 亜爾然丁 525

Asa *s* 且 162 ; *p* 安佐 472, 阿佐 985. (元 60, 且 162, 亘 262, 夙 299, 旭 300, 昕 622, 浅 827, 晁 1188, 麻 1508, 朝 1672, 諒 2326, 滋 2460, 鮮 2670)

Asaakira *m* 朝融 1672

Asaarashi yūsame *l* 朝嵐夕雨

Asaba *s* 浅波 827, 浅場, 浅葉 ; *sp* 浅羽

Asabe *s* 朝戸 1672

Asabu *s* 麻生 1508

Asabuki *s* 朝吹 1672

Asada *s* 浅田 827, 麻田 1508, 朝田 1672, 鮮田 2670　　　「立 1508

~ Gōryū *mh* 麻田 剛

Asae *s* 浅江 827

Asaeda *s* 朝枝 1672

Asagao *l* 槿 2289

Asahara *s* 浅原 827, 麻原 1508 ; *sm* 朝原 1672

~ Rokurō *ml* 浅原六朗

Asahi *sm-f-p* 旭 300 ; *sp* 朝日 1672 ; *m* 曦 2914. (旭 300)

Asahikawa *p* 旭川

Asahiko *m* 旭彦, 浅彦 827

Asahina *s* 朝印奈 1672, 朝夷, 朝夷名 ; *sl* 朝比奈, 朝日奈

Asai *s* 阿佐井 569, 朝井 1672 ; *sp* 浅井 827

~ Chū *ma* 浅井忠

~ Jūsaburō *ml* 浅井十三郎

Asaina *s* 朝日奈 1672, 朝印奈, 朝夷, 朝夷名

Asai Nagamasa *mh* 浅井長政 827

Asaina shimameguri *la* 朝夷巡島記 1672

Asai Ryōi *ml* 浅井了意 827

Asaji *m* 浅次 ; *p* 朝地 1672

~ ga yado *l* 浅茅が宿

Asajirō *m* 浅次郎

Asaka *s* 阿尺 569, 阿積, 浅香 841, 浅賀 1508, 朝香 1672, 朝賀, 朝積 ; *sp* 安積 472 ; *p* 朝霞 1672

Asakari *m* 朝猟

Asaka Tanpaku *mh* 安積澹泊 472

Asakawa *s* 朝川 1672, 朝河 ; *sp* 浅川 827

Asake *s* 朝明 1672

Asaki *s* 浅木 827, 浅黄

Asako *s* 阿左古 569, 浅古827, 朝子 827 ; *sf* 浅子 827 ; *sf-p* 朝来 1672 ; *f* 夙子 299, 亜沙子 525, 昕子 622, 晁子 1188, 麻子 1508, 朝子 1672

Asakuchi *p* 浅口 827

Asakura *s* 浅倉 ; *sp* 朝倉 1672　　「夫

~ Fumio *ma* 朝倉文

~ Toshikage *mh* 朝倉敏景　　「義景

~ Yoshikage *mh* 朝倉

Asakusa *sp* 浅草 827

~ kurenaidan *l* 浅草紅団

~ no hi *l* 浅草の灯

Asama *sp* 浅間

Asamagatake omokage-zōshi *l* 浅間嶽面影草紙

Asamaki *s* 大西風 48

Asamaru *m* 阿沙丸 569

Asami *s* 安佐美 472, 阿佐美 569, 浅水 827, 浅見, 浅海 ; *f* 朝生 1672

~ Fukashi *ml* 浅見淵 827

~ Keisai *mh* 浅見絅斎

Asamune *sm* 朝宗 1672 ; *m* 朝棟

Asamura *s* 浅村 827

Asanae *s* 浅江

Asano *s* 浅野, 朝野 1672

~ Akira *ml* 浅野晃 827

~ Nagamasa *mh* 浅野長政

~ Rikyō *ml* 浅野梨郷

~ Sōichirō *mh* 浅野総一郎

Asanuma *s* 浅沼

Asao *s* 亘尾 262, 浅尾 827 ; *m* 旦夫 162

Asaoka *s* 浅岡 827, 朝岡 1672

Aoari *p* 阿佐利 569, 浅利 827

Asashichi *m* 浅七

Asashina *p* 浅科

Asatada *m* 朝忠 1672

Asatsuna *s* 朝夷名

Asawa *s* 浅輪 827

Asaya *s* 朝家 1672

Asayama *s* 浅山 827

Asazuma *s* 朝妻 1672

Asazumakouma *s* 朝妻子午

(ashi 足 461, 芦 484, 脚 1612, 葦 1992, 蘆 2842)

Ashiato *l* 足迹 461

Ashiba *s* 足羽 827, 芦葉 484, 蘆葉 2842　　「辺

Ashibe *s* 蘆辺 ; *p* 芦辺

Ashibetsu *p* 芦別

Ashibi *p* 馬酔木 1257

Ashida *s* 芦田 932, 蘆田 2842 ; *sp* 芦田 484

~ Enosuke *ml* 芦田恵之助

~ Hitoshi *mh* 芦田均

Ashigara *p* 足柄 461

~ -kami *p* 足柄上

~ -shimo *p* 足柄下

Ashikaga *p* 足利 461

~ Masatomo *mh* 足利政知　　「持氏

~ Mochiuji *mh* 足利

~ Motouji *mh* 足利基氏　　「氏

~ Shigeuji *mh* 足利成

~ Tadayoshi *mh* 足利直義　　「氏

~ Takauji *mh* 足利尊

~ Yoshiaki *mh* 足利義昭　　「義詮

~ Yoshiakira *mh* 足利

~ Yoshihisa *mh* 足利義尚　　「義政

~ Yoshimasa *mh* 足利

~ Yoshimi *mh* 足利義視　　「利義満

~ Yoshimitsu *mh* 足

~ Yoshimochi *mh* 足利義持　　「義教

~ Yoshinori *mh* 足利

~ Yoshiteru *mh* 足利義輝

Ashikari *p-l* 芦刈 484 ; *la* 蘆刈 2842

Ashikawa *s* 蘆川 ; 芦川 484　　「敷 2842

Ashikita *s* 葦敷 1992, 蘆

Ashikita *s* 芦北 484

Ashikui *s* 脚咋 1612

Ashima *s* 余島 448

Ashimori *p* 足守 461

Ashina *s* 阿支奈 569, 葦名 1992, 蘆名 2842 ; *sp* 芦品 484

Ashino *s* 芦野, 葦野 1992, 蘆野 2842

Ashio *s* 足穂 461 ; *p* 足尾

~ Dōzan *p* 足尾銅山

Ashioto *la* 跫音 2008

Ashiro *p* 安代 472

Ashishige *s* 葦繁 1992

Ashitsumi *s* 脚身 1612

Ashiwada *p* 足和田 461

Ashiwake obune *l* 排蘆小船 1317

Ashiwara *s* 芦原 484, 葦原 1992, 蘆原 2842

Ashiwatari *s* 葦波 1992, 蘆渡 2842

Ashiya *s* 芦谷 484, 葦谷 1992, 葦屋, 葦屋 ; *sp* 蘆屋 2842 ; *p* 芦屋 484

~ Dōman ōuchi kagami *l* 蘆屋道満大内鑑 2842

Ashiyasu *p* 芦安 484

Ashiyoro *p* 足寄 461

Ashizaki *s* 葦崎 1992

Ashizawa *s* 芦沢 484, 蘆沢 2842

Ashizuka *s* 蘆塚

Aso *s* 阿曾 569, 愛曾 2018 ; *sp* 安蘇 472, 阿蘇 569

Asō *s* 阿相, 浅生 827, 麻生 1672 ; *sp-la* 麻生 1508

~ Hisashi *mh* 麻生久

Asōji *m* 阿三次 569

Asomi *sm* 朝臣 1672

Ason *sm* 朝臣

Asonuma *s* 阿曾沼 569

Asotani *s* 阿曾谷

Asō Yoshiteru *ml* 麻生義輝 1508

Asōzu *s* 浅水 827

Assabu *p* 厚沢部 985

Asshi s 合志 270
Asuka m 安宿 472, 朝日 1672; sp 飛鳥 1014; p-l 明日香 623
Asukabe s 飛鳥部 1014
Asukadera p 飛鳥寺
Asuka-gawa la 飛鳥川
Asukai sp 飛鳥井
~ Masachika ml 飛鳥井雅親 「井雅経
~ Masatsune ml 飛鳥
Asuka no Kiyomihara-no-miya ph 飛鳥清御原宮
~ no Kiyomihara ritsuryō h 飛鳥清御原律令 「助 461
Asuke s 阿介 569; sp 足
~ Soichi ml 足助素一
Asuma s 遊馬 1809
Asunaro l 翌檜 1466
Asuwa sp 足羽 461
Ata 阿当 (告 972)
Atae s 直 988; m 与 101
Atago sp 愛宕 2018
~ Kūya la 愛宕空也
Atai sm 直 988
Ataka s 阿高 569; sp-la 安宅 472
Atake s 阿竹 569
Ataki s 安宅木 472
Atakumabito s 阿太肥人 569
Atame f 仳女 972
Atami s 阿多見 569; sp 熱海 2408
Atamu s 愛多茂 2018
Atano s 上遠野 47
Atarashi s 新 1965
Ataru m 中 75, 方 85, 任 ⌐235
Atato s 防夫 374
(ate 貴 1755)
Ateko f 貴子
Aterazawa s 左沢 169
Atetsu m 阿哲 569
Ato s 阿刀, 迹 1249. (与 101, 跡 1926, 殿 1960)
Atō s 阿藤 569; m 千 62, 与 101, 錫 2524; p 阿東 569
Atobe s 跡部 1926
Atoda s 跡田
Atōda m 阿刀田 569
Atogi s 安勅 472, 安勅城
Atoji s 阿閇 569
Atomi s 跡見 1926; m 与美 101

Atomiya s 後宮 1300
Atonari m 跡成 1926
Atsu f 府 740, 厚 985. (毛 117, 仍 123, 功 135, 石 172, 匹 187, 同 298, 団 310, 孜 378, 充 521, 孝 541, 即 648, 京 663, 宏 674, 忠 705, 昌 715, 阜 731, 府 740, 抵 797, 春 963, 厚 985, 重 1017, 配 1141, 衷 1190, 惇 1288, 陸 1312, 淳 1337, 萃 1442, 商 1526, 温 1585, 敦 1690, 敬 1691, 窎 1704, 富 1715, 着 1738A, 貴 1755, 渥 1856, 強 1878, 暗 1881, 暖 1882, 純 1956, 寛 1972, 豊 2013, 徳 2063, 農 2205, 聚 2221, 適 2242, 醇 2315, 諄 2324, 熱 2408, 積 2493, 穆 2494, 篤 2576, 臧 2595, 濃 2612, 鍾 2649, 羹 2843, 懿 2958)
Atsuari m 敦有 1690
Atsufumi m 温文 1585
Atsugi s 厚木 985
Atsuhiko m 純彦 1956, 篤彦 2576
Atsuhiro m 敦成 1690
Atsuike s 厚池 985
Atsuji s 阿閇 569
Atsukata m 敦固 1690
Atsukawa s 厚川 985, 熱川 2408
Atsukeshi p 厚岸 985
Atsukimi m 敦仁 1690
Atsuko f 孜子 378, 充子 521, 阜子 731, 配子 1141, 衷子 1190, 淳子 1337, 温子 1585, 敦子 1690, 窎子 1704, 渥子 1856, 豊子 2013, 諄子 2324, 穆子 2494, 篤子 2576, 濃子 2612, 懿子 2958
Atsukuni m 淳国 1337
Atsukura m 篤倉 2576
Atsuma m 厚真 985
Atsumaru m 兊 447
Atsumi s 阿都局 569, 厚見 985, 渥見 1856, 渥美, 羹 2843; m 厚生 985; m-p 渥海 1585; p 温美 「郎 1856
~ Seitarō ml 渥美清太

Atsumo s 安曇 472, 厚母 985
Atsumono l 羹 2843
Atsumonozaki l 厚物咲 985
Atsumori m 敦盛 1690
Atsumu m 伍 229, 吻 298, 侑 557, 専 973, 修 1038, 蒐 2185, 輯 2497, 鐘 2883
Atsunari m 厚成 985
Atsunobu m 惇信 1288
Atsunori m 淳教 1337, 敦儀 1690 「鬢
Atsura m 吾髪 491, 吾 (atsurae 誂 1929)
Atsuraezome tōyama-ganoko l 誂染遠山麓子
Atsuryū sp 且束 192
Atsusa s 厚狭 985
Atsusanosuke m 厚狭之介
Atsushi m 忠 705, 専 973, 重 1017, 添 1210, 惇 1288, 陸 1312, 淳 1337, 復 1571, 温 1585, 腆 1611, 敦 1690, 富 1715, 渥 1856, 輝 1875, 睦 1904, 純 1956, 徳 2063, 醇 2315, 穆 2494, 賭 2498, 篤 2582, 濃 2612, 穏 2803, 饒 2925, 懿 2958; m-f 厚 985 「納 2408
Atsushiokanō p 熱塩加
Atsusuke m 篤紫 2576
Atsuta sp 熱田 2408; p 厚田 985
Atsutahafuribe s 熱田祝部 2408 「岩 2221
Atsutaka m 厚生 985, 聚
Atsutake s 厚誉 985
Atsutane ml 篤胤 2576
Atsuto m 農人 2205
Atsutomo m 厚比 985
Atsutoshi m 商利 1526
Atsuuji m 惇氏 1288
Atsuyasu m 同保 298
Atsuyo f 熱代 2408
Atsuyoshi m 積善 2493, 穆詔 2494, 穆韶, 篤珍 2576
Atsuyuki m 忠幸 705
Atsuzawa s 厚沢 985
Au s 逢 1516. (合 270, 会 454, 相 868)

Aumi m 相見
Awa s 粟 1763; p 安房 472, 阿波 569. (禾 220, 淡 1340, 粟 1763, 滂 1850)
Awachika s 淡近 1340
Awafu s 粟生 1763
Awaga s 粟賀
Awai s 淡相 1340
Awaihara s 粟飯原 1763
Awaji m 淡 1340; m-p 淡路
Awajiya s 淡屋
Awaka s 淡河
Awamaro m 淡理
Awano s 淡野 569; sp 粟野 1763
Awanohara s 粟野原
Awa no Naruto l 阿波之鳴門 569
Awanoōshi s 粟凡 1763
Awano Seiho ml 阿波野青畝 569
Awara p 芦原 484
Awase s 淡瀬 1340
Awashi s 合志 270; m 淡 1340
Awashima s 淡島
~ Kangetsu ml 淡島寒月 「浦 1763
Awashimaura p 粟島
Awasō s 且来 192
Awata s 禾田 220, 粟田 1763
Awataguchi sla 粟田口
~ Yoshimitsu ma 粟田口吉光
Awatake s 粟竹
Awata no Mahito mh 粟田真人
Awatsu s 粟津
Awaya s 粟屋
Awayama s 粟山
Awazu s 粟津
Aya s 阿野 569, 漢 1860; sf 文 86; sp 安益 472, 綾 2541; f 綾也, 彩 1413. (孔 146, 朱 341, 技 381, 言 439, 礽 451, 英 693, 采 707, 奇 752, 郁 890, 恵 1226, 或 1255, 理 彪 1523, 順 1532, 随 1564, 斌 1590, 琢 1608, 紋 1684, 斐 1781, 漢 1860, 純 1956, 愛 2018, 絢 2150, 操 2448, 綺

2533, 綾 2541, 纈 2878)
Ayabe *s* 漢部 1860; *sp* 綾部 2541
Ayada *s* 綾田
Ayagaki *s* 綾垣
Ayagami *p* 綾上
Ayahiko *m* 文彦 86, 斌彦 1590, 絢彦 2150
Ayahiro *m* 恵寛 1226
Ayahito *m* 文仁 86, 恵仁 1226
Ayaho *s* 英保 693
Ayai *s* 綾井 2541
Ayaka *f* 綾郁
Ayakawa *s* 綾川
Ayaki *s* 漢城 1860
Ayako *f* 文子 86, 朱子 341, 采子 707, 彧子 1255, 章子 1461, 紋子 1684, 斐子 1781, 絢子 2150, 綺子 2533, 綾子 2541
Ayakoto *m* 文勲 86
Ayama *p* 阿山 569
Ayamaro *m* 綾麿 2541
Ayame *f* 菖 1444, 章女 1461, 纈女 2878
Ayamei *s* 菖蒲井 1444
Ayami *m* 文質 86
Ayanaga *m* 順長 1532
Ayanaka *m* 英尚 693
Ayando *s* 漢人 1860; *m* 綾人 2541
Ayanofumi *s* 漢書 1860
Ayanokōji *s* 綾小路 2541
Ayanonaga *s* 漢長 1860
Ayanori *m* 文規 86
Ayanotebito *s* 漢才伎 1049
Aya no tsuzumi *la* 綾鼓 2541
Ayanushi *s* 漢主 1860
Ayao *m* 郁夫 890, 彧雄 1255, 彬男 1370, 章生 1461, 彪夫 1523, 斌夫 1590, 斐雄 1781, 純郎 1956, 綾夫 2541
Ayaru *m* 斐 1781
Ayase *sp* 綾瀬 2541
Ayashi *s* 愛子 2018
Ayasuke *m* 随資 1564
Ayatari *ml* 綾足 2541
Ayato *m* 斌人 1590
Ayatoshi *m* 文聡 86
Ayatsuri *a* 操 2448
~ jōruri *la* 操浄瑠璃
Ayauta *p* 綾歌 2541
Ayayoshi *m* 文彬 86
Ayazō *m* 綾蔵 2541
(ayu 鮎 2547)
Ayuba *s* 阿由葉 569
Ayuishō *l* 脚結抄 1612
Ayukai *s* 鮎貝 2547
~ Kaien *ml* 鮎貝槐園
Ayukawa *s* 鮎川
~ Nobuo *ml* 鮎川信夫
Ayumaro *m* 年魚麿 342, 年麻呂
Ayumi *m* 歩 694
Ayune *f* 香魚音 961
Ayunosuke *m* 鮎之助 2547
Ayuzawa *s* 鮎沢
Aza *s* 此口 254
Azabu *sp* 麻布 1508
Azakami *s* 阿座上 569
Azami *s* 生明 214, 阿射弥 569, 薊 2562A. (薊)
Aze *s* 畔 1110, 畔蔵. (圕 990, 校 1096, 畔 1110, 畦 1381, 畤 1382)
Azebu *s* 安詮院 472
Azechi *s* 田寿地 189, 安土 472; *sfl-ph* 按察 1044; *mh* 按察使
Azegami *s* 畔上 1110
Azehiru *s* 畔蒜
Azekura *s* 畔蔵, 畦籠 1381, 畤籠 1382
~-zukuri *a* 校倉造 1096
Azemuro *s* 畤籠 1382
Azetaka *s* 畔高 1110
Azeyanagi *s* 畔柳
Azō *s* 安蔵 472
Azuchi *p* 安土
~ Momoyama *h* 安土桃山
Azuki *s* 小豆 21
Azukijima *s* 小豆島
Azukisawa *sp* 小豆沢
Azuma *s* 我妻 545; *sp* 吾妻 491; *sm-p* 東 771; *m* 雷 2026. (春 963)
~ asobi *l* 東遊 771
Azumabito *m* 東人
Azumai *s* 東井
Azumaji *s* 東道
Azuma kagami *lh* 吾妻鏡 491
Azumamaro *m* 春麿 963; *ml* 春満
Azuma mondō *l* 吾妻問答 491
Azumaro *m* 安頭麻呂 472
Azuma uta *l* 東歌 771
Azumaya *l* 東屋
Azumi *s* 安住 472, 安積, 阿曇 569, 阿曇; *sp* 安曇 472
~ Atsushi *ml* 安住敦
~ no Hirafu *mh* 阿曇比羅夫 569
Azumōdo *m* 東人 771
Azusa *m* 梓 1366. (梓)
~ miko *l* 梓神子
Azusagawa *p* 梓川
Azusawa *s* 小豆沢 21

B

(ba 芭 473, 庭 1244, 馬 1257, 麻 1508, 葉 1991, 摩 2428, 磨 2596)
Baba *s* 馬場 1257, 媼 2474. (媼 2089, 媼 2474)
~ Kochō *ml* 馬場孤蝶
Babata *s* 馬喰田 1257
Baba Tatsuo *mh* 馬場辰猪
(bai 毎 444, 売 466, 貝 498, 枚 630, 妹 848, 倍 1025, 埋 1041, 唄 1045, 培 1291, 陪 1307, 梅 1374, 買 1753, 邁 2592)
Baigan *ml* 梅巌 1374
Baitei Kinga *ml* 梅亭金鵞
Bakan *ph* 馬関 1257
Bakeichō *l* 化銀杏 56
Bakemono Soga *l* 化物曾我
Bakin *ml* 馬琴 1257
(baku 麦 456, 莫 1175, 摸 1836, 漠 1853, 幕 1989)
Bakusui *ml* 麦水 456
Bamen *s* 馬面 1257
Ban *s* 伴 361, 坂 390, 番 1773, 塙 1845. (万 43, 卍 197, 伴 361, 坂 390, 曼 1457, 晩 1595, 番 1773, 満 1861, 蔓 2192, 播 2259, 蕃 2371, 盤 2399, 磐 2400, 鬘 2979)
Banba *s* 伴馬 361, 番場 1773
Banbayashi *s* 伴林 361
Banchō sarayashiki *la* 番町皿屋敷 1773
Banda *s* 伴田 361
Bandai *s* 万代 43; *p* 磐梯 2400
Bandaiya *s* 万代屋 43
Ban Dan'emon *mh-l* 塙団右衛門 1845
Bandō *s* 坂東 390, 板東 632
Bankichi *m* 磐吉 2399
Bannai *s* 坂内 390
Banno *s* 伴野 361, 坂野 390
Ban Nobumoto *mlh* 伴信友 361
Banpei *m* 伴平
Banroku *m* 万緑 43
Banryō *l* 晩涼 1595
Banshō *s* 番匠 1773
Banshōya *s* 番匠谷
~ Eiichi *ml* 番匠谷英一
Banshū *sp* 播州 2259
~ heiya *l* 播州平野
Banzai *s* 坂西 390
Bao *s* 番長 1773
Bashō *ml* 芭蕉 473
~ shichibushū *l* 芭蕉七部集
Basugi *s* 馬杉 1257
Batatsu *s* 馬達
Batō *p* 馬頭
(batsu 抜 384, 茇 681, 筏 1766)
(be 戸 59, 缶 543, 畔 1110, 部 1418)
Bebeko *s* 遍遍古 1805
Befu *sp* 別府 435
(bei 米 343, 明 623, 敝 1686, 銘 2155, 幣 2414)
Bekkai *p* 別海 435
Bekki *s* 別木, 別喜
Bekku *s* 別宮
Ben *s* 卞 84. (弁 275, 面 904, 勉 1263, 勔 1425, 黽 2249, 綿 2538, 鞭 2752)
Benchiyo *m* 弁千代 275
(beni 紅 1423)

Beniya *s* 紅谷
Benjirō *m* 弁治郎 275
Ben no Naishi *fl* 弁内侍
Benzō *s* 弁蔵；*m* 弁三
Beppu *sp* 別府 435
Berugii *p* "Belgium" 白耳義 216
Berurin *p* "Berlin" 伯林 363
Besshiyama *p* 別子山 435
Bessho *s* 別処，別所
Betchaku *s* 別役
(betsu 別)
Betsugan wasan *l* 別願和讃
Betsui *s* 別井
Betsuyaku *s* 別役
Bettō *mh* 別当
(bi 未 210, 尾 505, 味 572, 咩 783, 弥 832, 美 923, 眉 997, 弭 1072, 毘 1195, 梶 1371, 備 1539, 鼻 2206, 彎 2367, 蘪 2714)
Bibai *p* 美唄 923
Bibuga *s* 弁官 275
Biei *p* 美瑛 923
Bifuka *p* 美深 923
Bihoro *p* 美幌
Bin *m* 敏 1409. (忞 702, 旻 710, 珉 1076, 岷 1080, 瓶 1388, 敏 1409, 魯 2226)
Bingo *ph* 備後 1539
Bin'ichi *m* 敏一 1409
Bisai *p* 尾西 505
Bisanjin *ml* 鼻山人 2206
Bisei *p* 美星 923
Bishamon *mh* 毘沙門 1195
Bitchū *ph* 備中 1539
Bitō *s* 尾藤 505
Bizen *sph* 備前 1539
(bo 母 326, 牡 407, 拇 798, 姥 1090, 募 1718, 墓 1979, 模 2104, 暮 2190, 謨 2638)
(bō 毛 117, 矛 150, 戊 208, 卯 259, 防 374, 坊 389, 牡 407, 牟 455, 朋 616, 房 658, 茅 690, 茂 691, 苏 926, 虻 1143, 庖 1241, 萌 1448, 傍 1538, 棒 1623, 眸 1636, 紡 1681, 望 1777, 謀 1894, 夢 1990, 愁 2031, 鉾 2342, 蔍 2366, 謀 2509, 競 2519, 懋 2700)
Bōfu *p* 防府 374
Bogoshū *l* 戊午集 208
Bōjō *s* 坊城 389
Bokkai *l* 渤海 1582
Boku *s* ト 10, 木 109, 目 191, 朴 255, 牧 610, 鼻 1456, 睦 1904, 墨 2230, 穆 2494, 濹 2714)
Bokujū itteki *l* 墨汁一滴
Bokusui *ml* 牧水 610
~ jūniya *l* 墨水十二夜 2230
Bokutō kidan *l* 濹東綺譚 2714
Bokuyō *ml* ト養 10
~ kyōkashū *l* ト養狂歌集
Bomatsu *s* 母末 326
Bōmon *s* 坊門 389
(bon 凡 37, 梵 1490)
Bonchō *l* 凡兆 37
Bongyōbon *l* 梵行品 1490
Bōno *s* 坊野 389
Bōnomoto *s* 坊本
Bōnotsu *p* 坊津
Bontenkoku *l* 梵天国
Bō-shibari *la* 棒縛 1623
Boshi jojō *l* 母子叙情 326
Botan-dōrō *l* 牡丹燈籠
Botekishū *l* 幕末集 2190
(botsu 勃 896, 渤 1582)
Bōya *l* 棒屋 1623
(bu 二 4, 分 64, 无 92, 生 214, 歩 694, 奉 717, 武 751, 務 1377, 部 1418, 逢 1516, 補 1644, 葡 1724, 蒲 1789, 舞 1983, 豊 2013, 蔀 2186, 鳳 2233, 蕪 2373, 舞 2391, 蓬 2689, 縫 2746, 鵬 2795, 濃 2819, 霧 2846, 鶩 2847)
Buaku *la* 武悪 751
Bubai *s* 分倍 64
Budō denraiki *l* 武道伝来記 751
Bue *s* 武衛
Bugaku *a* 舞楽 2391
Buhee *m* 武兵衛 751

Buhei *m* 武平
Bui *la* 浮標 1069
Buichi *m* 武一 751
Buke giri *l* 武家義理
Bukichi *m* 武吉
(buku 伏 234, 服 618, 鰒 2312, 馥 2753)
Buma *s* 武間 751
Bun *s* 豊 2013. (分 64, 文 86, 汾 397, 渡 398, 妢 510, 枌 624, 蚊 1135, 問 1524, 紋 1684, 聞 2244, 糞 2367)
Bun'an 1444–49 文安 86
Bunbai *sp* 分倍 64
Bunbu nidō mangoku tōshi *l* 文武二道万石通 86
~ sazareishi *l* 文武さざれ石
Bunchū 1372–75 文中
Bundan mudabanashi *l* 文壇無駄話 2013
Bundō *s* 分銅 64, 豊道
Bun'ei 1264–75 文永 86
Bungakukai *l* 文学界
Bungei ichiba *l* 文芸市場
~ kurabu *l* 文芸倶楽部
Bungo *m* 文吾；*ph* 豊後 2013
Bungonokuni *ph* 豊後国
~ no fudoki *l* 豊後国風土記
Bungorō *m* 文五郎 86
Bungo Takada *p* 豊後高田 2013
Bungyō *sp* 分校 64
Bun'ichi *m* 文一
Bunji *m* 文二，文次，1185–90 文治
Bunjirō *m* 文次郎，文治郎
Bunka 1804–18 文化
~ shūreishū *l* 文華秀麗集
Bunki 1501~04 文亀
Bunkichi *m* 文吉
Bunkyō *p* 文京
~ hifuron *l* 文京秘府
Bunkyū 1861–64 文久
Bunmei 1469–87 文明
Bunna 1352–56 文和
Bunno *s* 豊 2013
Bunnosuke *m* 文之輔
Bun'ō 1260–61 文応

Bunpei *m* 文平
Bunpitsu ganshinshō *l* 文筆眼心抄
Bunpō 1317–19 文保
Bunro *m* 文呂
Bunrō *m* 文楼
Bunroku *m* 文六；1592–96 文禄
Bunrokurō *m* 文六郎
Bunryaku 1234–35 文暦
Bunsei 1818–30 文政
Bunshichi *m* 文七
Bunshō 1466–67 文正
~ tattokuroku *l* 文章達徳録
~ zōshi *l* 文正草子
Bunsui *p* 分水 64
Bunsuke *m* 文輔 86
Buntarō *m* 文太郎
Buntō *l* 文党
Bunwa 1352–56 文和
Bun'ya *s* 文屋；*ma* 文弥
~ no Watamaro *mh* 文屋綿麻呂
~ no Yasuhide *ml* 文屋康秀
Bunyō *s* 豊饒 2013
Bunzaburō *m* 文三郎 86
Bunzaemon *m* 文左衛門
Bunzō *m* 文三，文蔵
Buppōzō *l* 仏法僧 128
(buru 陣 1056)
Bushō *l* 武将列伝 751
Buson *ml* 蕪村 2373
~ shichibushū *l* 蕪村七部集
Busshi *la* 仏師 128
Bussokuseki no uta *l* 仏足石歌
Butai hyakkajō *l* 舞台百箇条 2391
(butsu 勿 110, 仏 128, 物 611)
Buzen *sph* 豊前 2013
Buzō *m* 武三 751
(byaku 白 216, 璧 2782)
Byakuchi 650–54 白雉 216
Byakuya *l* 白夜
(byō 平 203, 妙 614, 苗 685, 並 765, 廟 1250, 棚 1625, 鮑 1655, 彭 1693)
Byōshō rokushaku *l* 病牀六尺 1250

C

Chikurinshō *l* 竹林抄
Chikusai *l* 竹斎 ⌐247
Chikushi *ph* 筑紫 1771
Chikushino *ph* 筑紫野
Chikuzen *ph* 筑前
Chima *s* 知間 636
Chimata *s* 岐 599，街 1570；*m* 千俣 44，知又 636．(齬 2985)
Chime *s* 千綿 44
Chimori *s* 道守 1811
Chimura *s* 千村 44，地村 241；*m* 千屯 44
Chimuro *m* 千室
Chin *s* 沈 399，珍 604；*sm* 陳 1311．(沈 399，珍 604，枕 627，珍 836，陣 1056，砧 1112，陳 1311，趁 1815，椿 1895，鎮 2751)
China *p* 知名 636
Chinami *m* 因 311
Chinda *s* 珍田 836
Chine *s* 茅根 690；*f* 千子 44
Chinen *s* 知念 636
Chinjirō *m* 鎮次郎 2751
Chino *s* 千野 44，知野 636；*p* 茅野 690
~ Masako *fl* 茅野雅子
Chinone *s* 茅根「蔭々 836
Chino Shōshō *ml* 茅野
Chinseki *ml* 珍碩 836
Chinsetsu yumihari-zuki *l* 椿説弓張月 1895
Chintō *p* "Tsingtao" 青島 700，青隝
Chinu *s* 茅渟 690，茅渟，珍 836
Chinuma *s* 血沼 337
Chinzei *s* 鎮西 2751
Chinzō *m* 鎮三
Chiori *m* 千織 44
Chippubetsu *p* 秩父別 1119
Chiran *p* 知覧 636
Chirei *l* 地霊 241
Chiryaku 1065-69 地暦
Chiryū *s* 知立 636
(chisa 苣 680)
Chisaka *s* 千坂 44
Chisako *f* 苣子 680
Chisakobe *s* 小口部 21，小子部

Chisawa *s* 千沢 44
Chise *s* 持是 801
Chishiki *l* 知識 636
Chishima *sp* "Kuriles" 千島 44
Chishin *mh* 智真 1793
Chishiro *s* 千代 44，茅代 690
Chishō *mh* 智正 1793；1177-81 治承 825
Chisono *f* 千苑 44
Chisuwa *s* 千須和
Chita *s* 千田，知田 636；*p* 知多
Chitaru *m* 千足 44
Chitei no ki *l* 池亭記 251
Chitose *m-p* 千歳 44；*f* 千年生；*p* 千年
Chitōshū *l* 池塘集 251
(chitsu 秩 1119)
Chiwaki *s* 千脇 44，血脇 337；*m* 千別 44，道別 1811
Chiya *s* 千谷 44，千屋
Chiyako *f* 千谷子
Chiya Michio *ml* 千谷道雄「郎 337
Chiyarikurō *m* 血槍九
Chiyaritarō *m* 血槍太郎
Chiyo *sf* 千代 44
Chiyoda *sp* 千代田
Chiyodōji *m* 千代童子
Chiyogawa *sp* 千代川
Chiyojo *fl* 千代女
Chiyokura *s* 千代倉
Chiyoma *s* 千代間
Chiyomatsu *sm* 千代松
Chiyoni *fl* 千代尼
Chiyono *m* 千代能
Chiyonosuke *m* 千代之助　　　「郎
Chiyosaburō *m* 千代三
Chiyoshi *f* 千麗
Chizu *sp* 智頭 1793
Chizue *f* 千鶴笑 44
Chizuka *s* 遅塚 1807
~ Reisui *ml* 遅塚麗水
Chizuko *f* 千鶴子 44，智津子 1793
Chizura *s* 千装 44
(cho 緒 1059，猪 1306，著 1445，貯 1651，箸 2381，楮 2480，攄 2713)
Chō *s* 趙 2243；*sm* 長 939，重 1017，晁 1188，張

1879．(丁 8，丈 36，伬 127，厅 174，兆 244，杖 422，町 426，条 457，帖 563，長 939，岧 940，迢 1000，晁 1004，重 1017，姚 1088，釘 1154，晁 1188，彫 1412，釣 1416，兪 1433，嶝 1517，鳥 1521，朝 1672，超 1816，塚 1844，張 1879，碇 1909，稠 1915，誂 1929，瓺 1936，暢 2111，銚 2154，蔦 2196，肇 2221，趙 2243，徴 2265，潮 2275，澄 2276，調 2328，漖 2456，蝶 2495，聽 2634，鯛 2832，糶 2893)
Chōan *ml* 長庵 939
Chōbee *m* 長兵衛
Chōboku *s* 長北
Chōboku Soga *la* 調伏曾我 2328
Chōdō *s* 長藤 939
Chōfu *p* 調布 2328
Chōgen *mh* 重源 1017；1028-37 長元 939
Chōgo *s* 長郷
Chōgorō *m* 長五郎
Chogyū *ml* 樗牛 2480
Chōhei *m* 長平 939
Chōhō *s* 999-1004 長保
Chōichi *m* 長一
Chōji *m* 1104-06 長治
Chōjikoku hyōryūki *l* 長耳国漂流記
Chōjirō *m* 長二郎，長次郎
Chōjō 1132-35 長承
Chōjūrō *m* 長十郎
Chōka *l* 長歌
Chōkai *p* 鳥海 1521
Chō Kakuchū *ml* 張赫宙 1879
Chōkan 1163-65 長寛 939
Chōka senkaku *l* 長歌撰格
Chōko *f* 蝶子 2495
(chōku 勅 898，直 498，陟 1309，敕 1405，植 1568)
Chōkurō *m* 重九郎 1017
Chokusenshū *l* 勅撰集 898
Chokutei *s* 勅丁
Chōkyō 1487-89 長亨 939
Chōkyū 1040-44 長久

Chōmei *s* 長命；*ml* 長明
Chōnan *sp* 長南
Chōnen *mh* 奝然 1433
Chōno *s* 丁野 8
Chōnohanawa *s* 庁鼻和 174
Chōon *l* 潮音 2275
Chora *ml* 樗良 2480
Chōroku 1457-60 長禄 939　　　　　「暦
Chōryaku 1037-40 長
Chō Ryō *mh-la* "Chang Liang" 張良 1879　　　　　「流
Chōryū *ml* 長竜 939，長
Chōsa *s* 帖佐 563
Chōsei *p* 長生 939
Chōshi *s* 丁子 8，調子 2328；*p* 銚子 2154
Chōsho *s* 調所 2328
Chōshō 1132-35 長承 939　　　　　「藻
Chōshū eisō *l* 長秋詠
Chōsokabe *s* 長曾我部
~ Motochika *mh* 長曾我部元親
Chōtarō *m* 長太郎
Chōtoku 995-99 長徳
Chōwa 1012-70 長和
Chōya gunsai *l* 朝野群載 1672
Chōyo *m* 肇四 2222
Chōyō *sp* 長陽 939
Chōzaburō *m* 長三郎
Chōzō *m* 長蔵
Chū *sm* 中 75；*m* 忠 705．(中 75，丑 99，冲 225，仲 227，虫 324，沖 400，注 591，宙 673，忠 705，柱 854，苃 927，昼 983，衷 1190，紐 1682，紬 1951，鋳 2343，廚 2417，儔 2433，煮 2770，疇 2799，紬 2901，矗 3017)
Chūbachi *s* 中鉢 75
Chūbee *m* 忠兵衛 705
Chūbei *p* "C. America" 中米 75
Chūgai keiiden *l* 中外経緯伝
Chūgan Engetsu *mlh* 中巌円月
Chūgo *s* 中後
Chūhei *m* 忠平 705
Chūichi *m* 忠一
Chūji *m* 忠志，忠治

Chūjirō *m* 忠二郎, 忠
次郎, 忠治郎
Chūjō *s* 中条 75; *mh* 中
Chūka *p* 中和   └将
Chūko zasshōshū *l* 中
古雑唱集
Chūkyō *s* 中鏡
Chūma *s* 中馬, 中摩

Chūman *s* 中馬
Chūnagon *mh* 中納言
Chūnan *p* 仲南 227
Chūō *p* 中央 75
Chūrui *p* 忠類 705
Chūsaku *m* 忠作
Chūsenbu *s* 鋳銭部
2343

Chūshin *ml* 中津 75
Chūshingura *la* 忠臣蔵
705
Chūshin kogane no
tanzaku *l* 忠臣金短
冊   └滸伝
~ suikoden *l* 忠臣水
Chūsuke *m* 忠介

Chūta *m* 忠太
Chūtō *p* " Middle
East " 中東 75
Chūya *m* 忠也 705
Chūzaburō *m* 忠三郎
Chūzō *m* 宙造 673, 忠
三 705, 忠造, 忠蔵
Chūzu *p* 中主 75

D

(da 打 136, 田 189, 兌 447,
柴 458, 陀 568, 妥 708,
柁 856)
Dai *s* 代 125. (乃 27, 太
48, 内 81, 太 105, 代 125,
台 276, 吴 482, 奈 696,
待 785, 耐 884, 苔 929,
岱 955, 寰 1170, 袋 1750,
第 1768, 禔 2120, 醍
2500, 戴 2707)
Daian *p* 大安 48
Daianji *s* 大安寺
~ hibun *l* 大安寺碑文
Daibosatsu tōge *l* 大菩
薩峠
Daibuku *s* 大仏供
Daibutsu *a* 大仏
~ kuyō *la* 大仏供養
Daichō *s* 大長
Daichōwa *l* 大調和
Daidō *s* 大道, 台堂 276;
806–10 大同 48
Daidōji *sp* 大道寺
Daie *la* 大会   └大永
Daiei *p* 大栄; 1521–28
Daigo *s* 大胡, 大後;
smh-p 醍醐 2500; *p* 大
Daigo *s* 大郷   └子
Daigohō *s* 大悟法
~ Susumu *ml* 大悟法
進   └利雄
~ Toshio *ml* 大悟法
Daigorō *m* 大五郎, 代
五郎 125, 第五郎 1768
Daiho *s* 大甫
Daihō 701–04 大宝
Daihōji *sp* 大宝寺
Daiissaku *l* 第一作 1768
Daiji 1126–31 大治 48
Daijō *s* 大条
Daikaichi *s* 大河一
Daikichirō *m* 大吉郎
Daikō *s* 大幸

Daikoku *smh* 大黒
~ renga *la* 大黒連歌
Daikokuya *s* 大黒屋
Daiku *s* 大工
Daikuhara *s* 大工原
Daimaru *s* 大丸
Daimon *p* 大門
Daimonji *s* 大文字
Daimyō nagusami So-
ga *l* 大名誉我
Dainagon *mh* 大納言
~ Tameie shū *l* 大納
言為家集
Daini *s* 大耳; *sm* 大弐
Dainichi *s* 大日
Daiō *p* 大王
Daionki *l* 戴恩記 2707
Dairikinosuke *m* 大力
之助
Dairi shika awase *l* 内
裏詩歌合 81   └1768
Daisaiin *fl* 大斎院 48
~ goshū *l* 大斎院御集
Daisaku *m* 大作
Daisen *p* 大山
Daishirō *m* 大四郎
Daisuke *m* 大輔
Daita *p* 代田 125
Daitarō *m* 大太郎 48
Daitō *s* 大藤; *p* 大東
Daitokuji *s* 大徳寺
Daiwa *p* 大和
Daiyō *s* 大用
Daiyū *s* 大雄
Daizaburō *m* 大三郎
Daizen *s* 大善; *sm* 大膳
Daizennosuke *s* 大善
Daizō *m* 大三   └亮
Dake *s* 嵩 2207
(daku 濁 2457, 鐸 2922)
Dan *s* 団 310, 弾 1880, 檀
2623. (旦 162, 団 310, 但

351, 男 495, 伊 772, 段
874, 断 1669, 澶 1855,
弾 1880, 暖 1882, 毈
1893, 誕 2319, 談 2325,
壇 2438, 檀 2623)
Danchōtei nichijō *l* 断
腸亭日乗 1669   └310
Dangomori *s* 団子森
Danjō *s* 檀上 2623; *mh*
弾正 1880   └弼
~ -no-hitsu *mh* 弾正
~ -no-in *mh* 弾正尹
~ -no-jō *m* 弾正忠
~ -no-sakan *mh* 弾正
疏   └2623
Dan Kazuo *ml* 檀一雄
Danno *s* 団野 310, 段野
874, 檀野 2623
Dannoura *ph* 壇浦 2438
~ kabuto gunki *la* 壇
浦兜軍記
Dan'otsu *m* 檀越 2623
Danpei *m* 団平 310
Danpū *la* 暖風 1882
Danrin *l* 談林 2325
~ toppyakuin *l* 談林
十百韻
Danroku *m* 団六 310
Dan Takuma *mh* 団琢
磨
Darani *s* 陀羅尼 568
Daruma *mh* 達摩 1810
Dassai *l* 獺祭 2791
~ shooku haiwa *l* 獺
祭書屋俳話
Date *sp* 伊達 237
~ kurabe Okuni Ka-
buki *la* 伊達競阿国
戯場   └政宗
~ Masamune *mh* 伊達
~ Munenari *mh* 伊達
宗城
~ Tokuo *ml* 伊達得夫
(datsu 獺 2791)

Dazai *s* 大宰 48, 太宰
105
Dazaifu *ph* 大宰府 48,
太宰府 105
Dazai no Gon-no-so-
tsu *mh* 大宰権師 48
~ Osamu *ml* 太宰治
105   └春
~ Shundai *mh* 太宰
(de 手 118, 出 523, 勅 898)
Debuchi *s* 出淵 523
Degawa *s* 出川
Deguchi *s* 出口
~ Nao *fh* 出口直
~ Nobuyoshi *mh* 出口
延佳
~ Wanisaburō *mh* 出
口王仁三郎   └1492
Dei *s* 出井. (泥 594, 埿
Deie *s* 出家 523
Dejima *sp* 出島
Deki *s* 出来
Dekiboshi *m* 出来星
Dekimaru *m* 出来丸
Dekishima *s* 出来島
Deme *s* 出目
Demizu *s* 出水
Demizugawa *p* 出水川
Demura *s* 出村
Den *s* 田 189; *sm* 伝 359.
(田 189, 佃 352, 伝 359,
拈 583, 鈿 1940, 霙 1960,
電 2025, 靝 2490, 鮎
2457)
Denbee *m* 伝兵衛 359
Denbei *m* 伝平
Denda *s* 伝田
Den'emon *m* 伝右衛門
Dengaku *u* 田楽 189
Dengorō *m* 伝五郎 359
Dengyō *mh* 伝教
Den'ichirō *m* 伝一郎
Denji *m* 伝次, 伝治
Denjirō *m* 伝二郎

Denmāku *p* "Denmark" 丁抹 8
Denpōrin *s* 伝法輪 359
Densaku *m* 伝作
Densuke *m* 伝助
Denzaburō *m* 伝三郎
Denzō *m* 伝蔵
Deon *s* 出温 523
Deshi *s* 勅市 898
Deshima *sp* 出島 523
Deshimaru *s* 弟子丸 764
Deura *s* 出浦 523
Deushi *s* 出牛
Dewa *s* 出庭; *ph* 出羽
Deyama *s* 出山
(do 土 42, 戸 59, 奴 256, 所 600, 努 728, 度 1009, 怒 1222)
(dō 同 298, 洞 821, 桐 1103, 堂 1462, 童 1743, 棠 1747, 道 1811, 瓺 1936, 僮 2056, 銅 2159, 衜 2263, 導 2413, 曈 2470, 瞳 2630, 鷳 2738, 衜 2790)
Dōami *ml* 道阿弥 1811
Dōba *s* 堂馬 1462
~ mango *l* 童馬漫語 1743
Dobashi *s* 土橋 42
Doburi *s* 井石 103
Dōchi *s* 道智 1811
Dōchū hizakurige *l* 道中膝栗毛
Dodo *s* 百百 265
Dōdo *sp* 百百
Dodoi *s* 百井
Dōgen *s* 道原 1811; *mlh* 道元
Dohi *s* 土肥 42
Dohibara *s* 土肥原
Dohō *ml* 土芳
Doi *s* 土井, 土肥; *sp* 土居
~ Bansui *ml* 土井晩翠
~ Kōchi *ml* 土居光知
Doitsu *p* "Germany" 独逸 788
Doiuchi *s* 土井内 42
Dojō *l* 土上
Dōjōji *p-la* 道成寺 1811
Dōke *s* 道家
Dōkichi *m* 銅吉 2159
Dokō *s* 土公 42
(doku 独 788, 読 2142)
Dokura *sm* 土蔵 42
Dōkyō *mh* 道鏡 1811
Dōmae *s* 堂前 1462
Domeki *s* 百目木 265, 百目鬼
Domon *s* 土門 42
Dōmoto *s* 堂本 1462
Dōmyō *s* 道明 1811
Dōmyōji *p-la* 道明寺
(don 邨 645, 盾 984, 鈍 1943, 潭 2269, 嫩 2279, 曇 2685)
Donari *p* 土成 42
Donburi *s* 井石 103, 丼 206
Donchō *mh* 曇徴 2685
Dōni *mh* 道二 1811
Dōnose *s* 道瀬
Dontarō *la* 鈍太郎 1943
Doppo *ml* 独歩 788
Doppogin *l* 独歩吟
Dora *ph* "Thailand?" 度羅 1009; *l* 銅鑼 2159
~ gaku *a* 度羅楽 1009
(doro 泥 594)
Doro ningyō *l* 泥人形
Doronosuke *m* 泥之助
Dōshi *p* 道志 1811
Dōshō *s* 堂正 1462; *mh* 道昭 1811
Dōshun *mlh* 道春
Dota *sp* 土田 42
Dote *s* 土手
Dōtonbori *p* 道頓堀 1811
Dōzono *s* 堂園 1462

E

(e 也 23, 上 47, 兄 181, 丙 198, 江 252, 朴 255, 守 284, 朽 419, 会 454, 条 457, 朶 458, 衣 520, 亜 525, 恵 535, 杷 625, 枝 631, 苗 685, 依 780, 姉 847, 柯 855, 柄 862, 荏 930, 負 981, 廻 994, 重 1017, 家 1185, 笑 1209, 恵 1226, 座 1245, 烏 1256, 得 1299, 隈 1841, 殖 1867, 愛 2018, 徳 2063, 榎 2107, 誠 2139, 歳 2198, 槐 2296, 絵 2332, 慧 2392, 衛 2452, 壊 2602, 懐 2605, 蕙 2680, 穫 2729, 譓 2809)
Eawase *la* 絵合 2332
Ebara *s* 江原 252, 柄原 862, 荏原 930
~ Koyata *ml* 江原小弥太 252
Ebashi *s* 江橋
Ebata *s* 江畑, 江畠, 江端, 江幡
Ebayashi *s* 江林
Ebeotsu *p* 江別乙
Ebetsu *p* 江別
Ebi *s* 衣非 520, 衣斐, 海老 1071. (蛯 1650, 蝦 2313, 鰕 2886)
Ebie *s* 蛯江 1650
Ebihara *s* 海老原 1071, 蛯原 1650, 蝦原 2313
Ebijima *s* 海老島 1071
Ebijūrō *m* 鰕十郎 2886
Ebiko *s* 蛯子 1650
Ebina *s* 蛯名, 蝦名 2313; *sp* 海老名 1071
~ Danjō *mh* 海老名弾正
Ebine *s* 海老根
Ebira *la* 箙 2210
Ebisawa *s* 海老沢 1071, 蛯沢 1650
Ebishi *s* 絵菱 2332
Ebisu *s* 戎 321, 胡子 879, 蛯子 1650; *m* 毛人 117; *mh* 夷子 535. (戎 321, 夷 535)
~ Bishamon *mh-la* 夷毘沙門
~ Daikoku *mh-la* 夷大黒
Ebisugawa *s* 夷川
Ebitani *s* 蛯谷 1650
Ebizuka *s* 海老塚 1071
Eboshi *s* 烏帽子 1256
~-ori *la* 烏帽子折
Echi *s* 愛智 2018, 越智 2052; *sp* 愛知 2018. (悦 1054, 越 2052)
Echigawa *s* 越川; *p* 愛知川 2018
Echigo *sph* 越後 2052
~-jishi *a* 越後獅子
Echigoya *s* 越後谷
Echihata *s* 杜智秦 423, 依智秦 780
Echizen *sph* 越前 2052
Eda *s* 江田 252, 枝田 631, 英太 693, 榎田 2107. (兄 181, 材 420, 条 457, 朶 458, 枝 631, 柯 855, 柄 862, 捨 1324, 族 1343, 幹 1938, 標 2298, 繁 2848)
Edagawa *s* 枝川 631
Edaki *s* 枝木
Edako *f* 朶子 458
Edamatsu *s* 枝松 631
Edamoto *s* 枝元
Edayoshi *s* 枝吉
Edo *s* 榎土 2107; *sph* 江戸 252
~ bakufu *h* 江戸幕府
Edogawa *sp* 江戸川
~ Ranpo *ml* 江戸川乱歩
Edo meishoki *l* 江戸名所記
~ nagauta *a* 江戸長唄
~ sakusha burui *l* 江戸作者部類
~ sunago kichirei Soga *la* 江戸砂子慶曾我
~ umare uwaki no kabayaki *l* 江戸生艶気樺焼
Edoza *l* 江戸座
Egaki *s* 画 991
Egakibe *s* 画部
Egami *s* 江上 252
Egao *f* 笑顔 1209
Egara *s* 荏柄 930
Egarinai *s* 江刈内 252
Egashira *s* 江頭
Egawa *s* 江川, 穎川 2505
~ Tan'an *m* 江川坦庵 252
Egi *s* 江木
Egōshū *mh* 会合衆 454
Eguchi *sla* 江口 252
~ Kiyoshi *ml* 江口渙
~ Shin'ichi *ml* 江口榛一
Eguro *s* 江黒
Egusa *s* 江草
Ehado *s* 江波戸

Ehafuri *s* 衣祝 520
Ehana *s* 江花 252
Ehara *s* 家原 1185
Ehime *p* 愛媛 2018
Ehira *s* 江平 252 「2332
Ehon Soga *l* 絵本曾我
Ei *s* 江井 252；*sp* 穎娃
2505. (永 149, 奠 603, 映
840, 栄 949, 哉 1006, 盈
1200, 暎 1594, 瑛 1607,
詠 1664, 営 1751, 叡
2199, 裔 2271, 縊 2333,
鋭 2344, 影 2357, 瑩
2387, 衛 2452, 環 2471,
穎 2505, 叡 2562, 贏
2676, 嶸 2716, 瀛 2863)
Eichō 1096–97 永長
Eien 987–89 永延
Eifuku Mon'in *fl* 永福
Eiga *l* 栄花 949 「門院
~ ittai *l* 詠歌一体 1664
~ taigai *l* 詠歌大概
Eigenji *p* 永源寺 149
Eigo *m* 英五 693
Eigorō *m* 英五郎, 栄五
郎 969
Eihachirō *m* 栄八郎
Eiheiji *p* 永平寺 149
Eiho 1081–84 永保
Eiichi *m* 英一 693, 栄一
969, 鋭市 2344
Eiichirō *m* 英一一郎 693,
栄一郎 969
Eiji *m* 英二 693, 栄 司
969, 栄 次；1141–42
永治 149
Eijirō *m* 栄次郎 969
Eijō 1046–53 永承 149
Eikan 983–85 永観
Eikichi *m* 永 吉, 英 吉
693, 栄吉 969
Eikyō 1429–41 永享 149
Eikyū 1113–18 永久
Eiman 1165–66 永万
Einin 1293–99 永仁
Einosuke *m* 栄之助 969
Eiraku *s* 永楽 149
Eiroku 1558–70 永禄
Eiryaku 1160–61 永暦
Eisai *mh* 栄西 969
~ shinshi *l* 穎才新誌
2505
Eisaku *sm* 永作 149；*m*
英作 693, 栄作 969
Eishi *m* 英資 693
Eishirō *m* 栄四郎 969
Eishō 1504–21 永正 149

Eiso 989–90 永祚
Eison *mh* 叡尊 2555
Eisuke *m* 永 宇 149, 栄
介 969, 栄助
Eitarō *m* 永太郎 149, 英
太郎 693, 栄太郎 969,
鋭太郎 2344
Eiten *m* 茋詫 693
Eito *s* 永戸 149
Eitō *s* 衛藤 2452
Eitoku 1381–84 永徳
149
Eiwa 1375–79 永和
Eizaburō *m* 永三郎, 栄
三郎 693
Eizō *m* 永造 149, 英三
693, 英造, 英蔵, 栄蔵
969
Ejima *s* 江島 252 「969
~ Kiseki *ml* 江島其磧
Ejimaya *s* 江島屋
Ejio *m* 衛士夫 2452
Ejiputo *p* "Egypt" 埃
及 1294
Ejiri *s* 江尻 252
Eka *s* 会加 454
Eki *s* 衣枳 520；*m* 益
1201. (亦 325, 役 368,
易 714, 益 1201, 駅 1402,
枳 1621, 駅 2172, 懌
2439, 繹 2924)
Ekiken *m* 益軒 1201
Ekisai *mlh* 棭斎 1621
Ekisen *m* 駅川 2172
Ekiya *p* 駅家
Ekken *m* 益軒 1201
Ekotoba *l* 絵詞 2332
Ekuni *m* 兄国 181
Ekurashi *m* 兄食下
Ekuri *s* 殖栗 1867
Ema *s* 江馬 252, 江間；
sla-a 絵馬 2332
Emai *s* 円満井 78
Emaiza *a* 円満井座
Emaki-mono *la* 絵 巻
物 2332
Emaro *m* 兄麻呂 181
Ema Shōko *fl* 江間章
子 252
~ Shū *ml* 江馬修
Emi *s* 絵美 2332；*sf* 恵
美 1226；*sp* 江見 252.
(笑 1209, 恵美 252.
Emiko *f* 可笑子 165, 笑
子 1209, 恵美子 1226,
得美子 1299
Emi no Oshikatsu *mh*
恵美押勝 1226

Emishi *m* 蝦夷 2313
Emi Suiin *ml* 江見水蔭
252
Emon *mh* 衛門 2452
Emori *s* 江守 252, 江森；
m 衛守 2452
Emosaku *m* 右衛門作
171 「862
Emoto *s* 江本 252, 柄本
Emukae *p* 江迎 252
Emura *s* 江村, 枝村 631
Emuro *s* 朴室 255
En *s* 役 368；*m* 延 739；
f 恵武 1226. (円 78, 奄
668, 苑 682, 炎 697, 延
739, 衍 786, 兗 910, 宴
1437, 援 1554, 婉 1600,
塩 1846, 淵 1858, 媛
1868, 猿 1873, 鉛 1944,
遠 2043, 園 2046, 猿
2062, 演 2079, 蔦 2179,
燕 2570, 鳶 2572, 縁
2660, 薗 2681, 燕 2787,
鎮 2812, 艶 2833)
Ena *p* 恵那 1226
Enami *s* 永並 149, 江波
252, 江南, 江東, 榎坂
2107, 榎並 「252
~ Bunzō *ml* 江南文三
Enamiya *s* 榎並屋 2107
Enari *s* 江成 252
Enatsu *s* 江夏
Enbetsu *p* 遠別 2043
Enbun 1356–61 延文
Enchi *s* 円地 78 「739
~ Fumiko *fl* 円地文子
Enchin *mh* 円珍
Enchō 923–31 延長 739
Enchū *l* 炎昼 697
Enda *s* 遠田 2043
Endō *s* 遠藤
~ Shingo *ml* 遠藤慎吾
~ Shūsaku *ml* 遠藤周
作
Engaien *l* 縁外縁 2660
Engaru *p* 遠軽 2043
Engen 1336–40 延元
739
Engetsu *ml* 円月 78
Engi 901–23 延喜 739
Engishiki *l* 延喜式
Engyō 1308–11 延慶
~ ryōkyō sochinjō *l*
延慶両卿祚陳状
(enisu 槐 2296)
Enisunomoto *m* 槐本
Eniwa *p* 恵庭 1226

(enji 槐 2296)
Enjirō *m* 延次郎 739, 槐
郎 2296
Enjo *s* 円処 78, 円乗
Enjōji *s* 円城寺
Enkai *s* 鷲海 2572
Enkakuji *p* 円覚寺 78
~ shari *pa* 円覚寺舎利
Enkei 1308–11 延慶 739
Enkichi *m* 延吉
Enkyō 1744–48 延享
Enkyoku *l* 宴曲 1437
Enkyū 1069–74 延 久
739
Enmon 1356–61 延文
Ennin *mh* 円仁 78
En-no-gyōja *mh-p-la*
役の行者 368 「角
~ no Ozunu *m* 役小
Eno *s* 江野 252, 穎娃
2505
En'ō 1239–40 延応 739
Enobe *s* 江部 252
Enoki *s* 榎 2107, 榎木
Enokida *s* 榎田
Enokido *s* 榎戸
Enokoshū *l* 犬子集 107
Enomoto *s* 榎本 2107
~ Takeaki *mh* 榎本武
揚
Enoshima *p* 江ノ島 252;
la 江野島, 江之島, 江
島 「産
~ miyage *l* 江之島土
Enoshita *s* 榎下 2107
Enpō 1673–81 延宝 739
Enrinshū *l* 遠隣集 2043
Enryaku 782–806 延暦
739
Enryakuji *p* 延暦寺
Enshōji *s* 円勝寺 78
Enshū *ma* 遠州 2043
Ento *s* 猿渡 2062
Entoku 1489–92 延徳
739
Enu *s* 余奴 448, 江沼 252
Enuma *s* 江野財；*sp* 江
沼
En'ya *s* 塩谷 1846, 塩治
~ Uhei *m* 塩谷鵜平
Enzan *p* 塩山
Era *s* 江良 252, 恵良 1226
Erakawa *s* 越川 2052
Eramu *m* 択 382, 撰 2258
(eri 択 382, 衿 817)
Eriguchi *s* 江里口 252
Erikawa *s* 江利川

Eriko *f* 衿子 873
Erita *s* 択田 382
Esaka *s* 江坂 252
Esaku *m* 恵尺 1226
Esashi *p* 江刺 252, 江差, 枝幸 631
Eshi *m* 衛士 2452
Eshima *s* 壊島 2602
Eshi no sōshi *l* 絵師草子 2332
Eshin Sōzu *mh* 恵心僧都 1226
Eshinu *s* 吉野 278

Esuke *m* 衛佐 2452
Esumi *s* 江角 252
Etajima *s* 頴田島 2505 ; *p* 江田島 252
~ Ichijirō *ml* 頴田島一二郎 2505
Etake *s* 江竹 252
Etchū *ph* 越中 2052
Eten *s* 烏天 1256
Eto *s* 江渡 252
Etō *s* 江頭, 江藤, 恵藤 1226, 衛藤 2452
~ Jun *ml* 江藤淳 252

Etōko *f* 兄遠子 181
Etosaki *p* 江戸崎 252
Etō Shinpei *mh* 江藤新平
Etouchi *s* 荏戸内 930
(etsu 日 76, 悦 1054, 越 2052, 鉞 2157)
Etsuji *m* 悦次 1054
Etsujin *ml* 越人 2052
Etsujirō *m* 悦二郎 1054
Etsumokushō *l* 悦目抄
Etsune *s* 依常 780
Etsure *s* 江連 252

Etsutarō *m* 悦太郎 1054, 鉞太郎 2157
Etsuzō *m* 悦蔵 1054
Ezaka *s* 絵坂 2332
Ezaki *s* 江崎 252
Ezawa *s* 江沢
Ezo *h* 蝦夷 2313
Ezoe *s* 江副 252, 江添
Ezu *s* 江頭
Ezuka *s* 江塚
Ezumi *s* 江積
Ezura *s* 江面, 絵面 2332
Ezuriko *s* 江釣子 252

F

(fu 二 4, 双 53, 父 65, 不 94, 夫 104, 付 126, 布 170, 生 214, 伏 234, 吹 370, 扶 383, 芙 474, 孚 483, 巫 524, 甫 533, 阜 543, 斧 659, 阜 731, 府 740, 封 884, 恣 954, 負 981, 風 986, 浦 1067, 浮 1069, 釜 1160, 峰 1351, 乾 1411, 傅 1536, 婦 1603, 補 1644, 鉄 1677, 富 1715, 普 1792, 楓 1892, 経 1957, 鳧 2105, 輔 2133, 節 2215, 鋒 2339, 鋪 2340, 駙 2347, 敷 2355, 鮒 2546)
(fū 風 986, 婦 1603, 富 1715, 楓 1892, 諷 2515)
Fube *sp* 布部 170
Fubito *sm* 史 183 ; *m* 文儒 86
Fuboku wakashō *l* 夫木和歌抄 104
Fubuki *s* 雪吹 1495
Fuchi *s* 淵 1858, 敷智 2355
Fuchibe *s* 淵辺 1858
Fuchigami *s* 淵上
Fuchigawa *s* 淵川
Fuchimoto *s* 淵本
Fuchina *sm* 淵名
Fuchino *s* 淵野
Fuchioka *s* 淵岡
Fuchisō *l* 風知草 986
Fuchizaki *s* 淵崎 1858
Fuchizawa *s* 淵沢
Fuchū *p* 府中 740, 婦中 1603
Fuda *s* 布田 170. (札 145)

Fudaba *s* 札場
Fudai *p* 普代 1792
Fudako *f* 札子 145
(fude 筆 1769)
Fudeichirō *m* 筆一郎
Fudekawa *s* 筆川
Fudeko *f* 筆子
Fudō *mha-la* 不動 94
Fudōchō *l* 不同調
Fudoki *l* 風土記 986
~ itsubun *l* 風土記逸文
(fue 呂 459, 笛 1471)
Fueda *s* 笛田
Fuefuki *s* 布也布伎 170
Fūei jūnikagetsu *l* 諷詠十二月 2515
Fueki *s* 笛木 1471
~ ryūkō *l* 不易流行 94
Fueko *f* 不朽子, 笛子 1471
Fue no maki *la* 笛之巻
~ no shiratama *l* 不壊の白珠 94
Fugakudan hei *l* 巫学談弊 524
Fūgashū *l* 風雅集 986
Fugen *l* 普賢 1792
(fugu 寒 1714)
Fuhito *s* 二人 4 ; *m* 不比等 94
Fuishi *s* 武石 751
Fuji *sf-la* 藤 2773 ; *sp-l* 富士 1715. (葛 1994, 藤 2773)
~ Asama *l* 富士浅間
Fujibakama *l* 藤袴 2773
Fujibayashi *s* 藤林
Fujibitai Tsukuba no

shigeyama *l* 富士額男女繁山 1715
Fuji daiko *la* 富士太鼓
Fujidaira *s* 藤平 2773
Fujie *s* 藤江, 藤枝
Fujieda *sp* 藤枝
~ Shizuo *ml* 藤枝静男
Fujigasaki *s* 藤ケ崎
Fujigaya *s* 藤ケ谷, 藤谷
~ wakashū *l* 藤谷和歌集
Fujihashi *s* 藤橋
Fujihira *s* 藤平
Fujii *s* 葛 1994, 葛井, 藤井 2773, 藤居
Fujii Hironari *ml* 葛井広成 1994
~ Kōyū *ma* 藤井浩祐
~ Kyōe *ml* 藤居教恵
~ Masumi *ml* 藤井真澄
~ Umon *mh* 藤井右門
Fujijumaru *m* 藤寿丸
Fujikado *s* 藤門
Fujikake *s* 藤掛, 藤懸
Fujikawa *s* 藤川 ; *p* 富士川 1715
~ Chūji *ml* 藤川忠治
Fujikazu *m* 二十冬 4
Fujiki *s* 藤木 2773
Fujiko *f* 藤子
Fujikura *s* 藤倉
Fujima *s* 藤間
Fujimaki *s* 藤牧, 藤巻
Fujimaru *s* 藤丸
Fujimatsu *s* 藤松 ; *sla* 富士松 1715
Fujimi *p* 富士見

Fujimiya *s* 富士宮
Fujimori *s* 藤盛 2773, 藤森
~ Junzō *ml* 藤森淳三
~ Seikichi *ml* 藤森成吉
~ Tomoo *ml* 藤森朋夫
Fujimoto *s* 富士根 1715, 藤元 2773, 藤本
Fujimura *s* 藤村
~ Misao *ml* 藤村操
Fujina *s* 富士名 1715
Fujinaga *s* 藤永 2773
Fujinaka *s* 藤中
Fujinami *s* 藤波, 藤並, 藤浪
Fujinawa *s* 藤繩
Fujine *s* 藤根
Fujino *s* 輔治野 2133 ; *sp* 藤野 2773
Fujinoki *s* 藤ノ木
Fujino Kohaku *ml* 藤野古白
Fujinomori *s* 藤杜
Fuji no uraba *l* 藤裏葉
Fujinuki *s* 藤貫
Fujinuma *s* 藤沼
Fujio *s* 藤生, 藤尾 ; *m* 不二夫 49, 不二雄
Fujiōji *s* 藤大路 2773
Fujioka *sp* 藤岡
Fujirō *m* 夫次郎 104
Fujisaka *s* 藤坂 2773
Fujisaki *s* 藤咲 ; *sp* 藤崎 1715
Fujisan *p-la* 富士山
Fujisatō *s* 藤里 2773
Fujisawa *sp* 藤沢 「実
~ Furumi *ml* 藤沢古

~ Seizō *ml* 藤沢清造
~ Takeo *ml* 藤沢桓夫
Fujise *s* 藤瀬
Fujishige *s* 藤重
Fujishima *sp* 藤島
~ Takeji *ma* 藤島武二
Fujishiro *s* 藤城；*p* 藤
城
Fujishita *s* 藤下 「代
Fujita *sp* 藤田
Fujitaka *s* 藤高
Fujita Koshirō *mh* 藤
田小四郎 「吉
~ Mokichi *ml* 藤田茂
Fujitani *s* 富士谷 1715,
藤谷 2773 「杖 1715
~ Mitsue *ml* 富士谷御
~ Nariakira *ml* 富士谷
成章
Fujita Nobukatsu *ml*
藤田信勝 2773
Fujitarō *m* 富士太郎
1715 「東湖 2773
Fujita Tōko *mh* 藤田
~ Yūkoku *mh* 藤田幽
谷
Fujito *s* 藤門；*sla* 藤戸
Fujitomi *s* 藤富
Fujitsu *s* 藤津
Fujitsuka *s* 藤塚
Fujitsune *m* 葛鎮 1994
Fujiu *s* 藤生 2773, 藤翌
Fujiura *s* 藤浦
Fujiwakamaru *ma* 藤
若丸
Fujiwara *sp* 藤原
~ no Akihira *ml* 藤原
明衡 「不比等
~ no Fuhito *mh* 藤原
~ no Fuyutsugu *mh*
藤原冬嗣
~ no Hamanari *ml* 藤
原浜成 「原秀衡
~ no Hidehira *mh* 藤
~ no Hidesato *mh* 藤
原秀郷 「秀能
~ no Hidetō *ml* 藤原
~ no Hirotsugu *mh* 藤
原広嗣 「原清衡
~ no Kiyohira *mh* 藤
~ no Kōzei *ml* 藤原行
成 「藤原道長
~ no Michinaga *ml* 藤
~ no Michinori *mh* 藤
原通憲 「宮子
~ no Miyako *fh* 藤原
~ no Momokawa *mh*
藤原百川

~ no Motohira *mh* 藤
原基衡 「原元命
~ no Motonaga *mh* 藤
~ no Mototoshi *mh* 藤
原基俊
~ no Mototsune *mh*
藤原基経
~ no Nakamaro *ml*
藤原仲麻呂
~ no Narichika *mh* 藤
原成親 「原陳忠
~ no Nobutada *mh* 藤
~ no Nobuyori *mh* 藤
原信頼
~ no Nobuzane *mla*
藤原信実
~ ~ ~ Ason *l* 藤
原信実朝臣集
~ no Sadaie *ml* 藤原
定家 「原実方
~ no Sanekata *ml* 藤
~ no Saneyori *mh* 藤
原実頼 「原俊成
~ no Shunzei *mh* 藤
~ no Sukeyo *ml* 藤原
佐世 「藤原純友
~ no Sumitomo *mh*
~ no Tadahira *mh* 藤
原忠平
~ no Tadamichi *ml*
藤原忠通 「隆家
~ no Takaie *mh* 藤原
~ no Takamitsu *ml*
藤原高光
~ no Takanobu *ma*
藤原隆信
~ no Takayoshi *ma*
藤原隆能 「為家
~ no Tameie *ml* 藤原
~ no Tanetsugu *ml*
藤原種継 「家
~ no Teika *ml* 藤原定
~ no Tokihira *mh* 藤
原時平 「原俊寧
~ no Tomoyasu *ml* 藤
~ no Toshinari *mlh*
藤原俊成 「宇合
~ no Umakai *mh* 藤
~ no Yasuhira *mh* 藤
原泰衡 「原頼通
~ no Yorimichi *mh* 藤
~ no Yorinaga *mh* 藤
原頼長 「原頼嗣
~ no Yoritsugu *mh* 藤
~ no Yoritsune *mh* 藤
原頼経 「原良房
~ no Yoshifusa *mh* 藤

~ no Yukinari *mlh* 藤
原行成
~ Sadamu *ml* 藤原定
~ Seika *ml* 藤原惺窩
~ Shinji *ml* 藤原審爾
Fujiya *s* 藤谷；*m* 富士
弥 2773
Fujiyabuchi *s* 藤矢淵
Fujiyama *s* 藤山
Fujiyasu *s* 藤安
Fujiyoshi *s* 藤好, 藤吉
Fuji Yoshida *p* 富士吉
田 1715
(fuka 老 334, 作 362, 玄
522, 洪 992, 基
1267, 浚 1329, 深 1341,
渤 1582, 奥 1798, 淵
1858, 興 2586)
Fukabara *s* 深原 1341
Fukabori *s* 深堀
Fukada *sp* 深田
~ Kyūya *ml* 深田久弥
~ Yasukazu *ml* 深田
康算
Fukae *s* 深柄；*sm-p* 深
江
Fukagai *s* 深谷
Fukagawa *sp* 深川
Fukai *s* 深井, 深海
Fukaki *s* 深木
Fukakusa *s* 深草
Fukamachi *s* 深町
Fukamauchi *s* 深間内
Fukame *s* 深目
Fukami *s* 老見 334, 深水
1341, 深見, 深海, 渤海
1582, 富賀見 1715；*m*
深覧 1341
Fukamichi *m* 玄通 522
Fukamizo *s* 深溝 1341
Fukan zazengi *l* 普勧
坐禅儀 1792
Fukano *s* 深野 1341
Fukao *s* 深尾；*m* 玄夫
522
~ Shōji no shuki *l* 深
尾正治の手記 1341
~ Sumako *fl* 深尾須
磨子
Fukasaku *s* 深作
Fukase *s* 深瀬
~ Motohiro *ml* 深瀬
基寛
Fukashi *m* 沖 400, 玄
522, 洸 813, 浚 1329, 淑
1335, 深 1341, 窈 1745,
奥志 1798, 淵 1858, 濬
2608

Fukasu *s* 深洲 1341, 深
栖, 深巣, 深淵
Fukatsu *s* 武律 751, 深
津 1341
Fukaura *p* 深浦
Fukautsu *s* 深溝
Fukawa *s* 布川 170, 伏
丸 234, 府川 740, 深和
1341, 晋川 1792
Fukaya *sp* 深谷 1341
Fukayabu *m* 深養父
Fukayama *s* 深山
Fukayasu *p* 深安
Fukazaka *s* 深坂
Fukazawa *s* 深沢 「郎
~ Shichirō *ml* 深沢七
Fuke *s* 浮気 1069, 富家
1715, 福家 1888. (吹
370, 更 528)
Fukeda *s* 更田
Fukehi *s* 深日 1341
Fukei *s* 吹負 370
Fukeshi *s* 風至 986；*sp*
鳳至 2233
(fuki 吹 370, 葺 1720, 漁
2086, 蕗 2564)
Fukiage *sp* 吹上 370
Fukiai *p* 葺合 1720
Fukiawase *s* 蕗 2564
Fukii *s* 吹井 370
Fukiko *f* 蕗子 2564
Fukino *s* 吹野 370
Fūkin shirabe no hito-
fushi *l* 風琴調一節
986
Fukio *m* 吹雄 370
Fukita *s* 吹田, 漁田 2086
Fukiyama *s* 吹山 370
Fuku *s* 福. (伏 234, 吹
370, 服 618, 副 1428, 復
1571, 富 1715, 葺 1720,
腹 1871, 福 1888, 皶
2210, 蝮 2312, 馥 2753)
Fukuba *s* 福羽 1888
Fukube *p* 福部
Fukuchi *s* 福知, 福智；
sp 福地 「源一郎
~ Gen'ichirō *mh* 福地
~ Ōchi *ml* 福地桜痴
Fukuchiyama *s* 福知
山 「*sp* 福田 1888
Fukuda *s* 富久田 1715；
Fukudabe *s* 福田部
Fukuda Eiichi *ml* 福田
栄一
~ Gyōkai *ml* 福田行誠

~ Hideko *fh* 福田英子

~ Kiyoto *ml* 福田清人

~ Masao *ml* 福田正夫

~ Ryōtei *ml* 福田蓼汀

~ Tokuzō *mlh* 福田徳三 　「存

~ Tsuneari *ml* 福田恆

~ Yūsaku *ml* 福田夕咲

Fukudome *s* 福留

Fukue *s* 福恵; *sp* 福江

Fukuei *p* 福栄

Fukugawa *s* 福川

Fukugo *s* 福子

Fukuhara *s* 福原

~ Rintarō *ml* 福原麟太郎 　「370

Fukui *sp* 福井; *m* 吹負

Fukujirō *m* 福次郎1888

Fukukake *s* 福掛

Fukukichi *s* 福吉

Fukukita *s* 福喜田

Fukuma *p* 福間

Fukumaru *m* 福丸

Fukumatsu *m* 福松

Fukumi *s* 福見

Fukumitsu *sp* 福光

Fukumizu *s* 福水

Fukumochi *m* 福将

Fukumori *s* 福森

Fukumoto *s* 福元, 福本

~ Kazuo *ml* 福本和夫

~ Nichinan *mlh* 福本日南

Fukumura *s* 福村

Fultumuro *s* 福室

Fukunaga *s* 福永, 福長

~ Takehiko *ml* 福永武彦

Fukunaka *s* 福中

Fukunishi *s* 福西

Fukuno *sp* 福野

Fuku no kami *la* 福の神

Fukuo *m* 福雄　「神

Fukuō *s* 福王

Fukuōji *s* 福王寺

Fukuō jiden *l* 福翁自伝

Fukuoka *sp* 福岡

~ Takachika *mh* 福岡孝弟

Fukura *s* 福浦

Fukurai *s* 福来

Fukurinji *s* 福林寺

Fukuroi *p* 袋井1750

Fukurokuju *mh* 福禄壽1888

Fukuroōmono *s* 負嚢者981　　「1750

Fukuro sōshi *l* 袋草紙

Fukuryū *l* 伏流234

Fukusa *s* 福朱1888

Fukusaburō *m* 福三郎

Fukuse *s* 福瀬

Fukushi *s* 福士　「郎

~ Kōjirō *ml* 福士幸次

Fukushima *sp* 福島

Fukuta *p* 富来田1715

Fukutarō *m* 福太郎1888

Fukutomi *sp* 福富

~ chōja *l* 福富長者

~ Seiji *ml* 福富菁児

~-zōshi *l* 福富草子

Fukuwatari *p* 福渡

Fukuya *s* 福谷

Fukuyama *sp* 福山; *p* 富久山1715

Fukuyo *s* 福与1888

Fukuyori *s* 福依

Fukuzaki *s* 福崎

Fukuzawa *s* 福沢

~ Yukichi *ml* 福沢諭吉

Fukuzumi *s* 福角, 福住

Fuma *s* 夫馬104. (踏2314)

Fumase *p* 踏瀬

Fumi *s* 文86, 書1216; *f* 二三4, 二美, 文章86, 生仁214. (文86, 史183, 冊190, 典733, 良767, 郁890, 至913, 迪1001, 記1149, 書1216, 章1461, 詞1665, 踏2314, 履2415, 翰2518, 録2523, 譲2638, 簡2788)

Fumiaki *m* 文士86, 文明, 文炳, 文郷

Fumihiko *m* 文彦, 奎彦913, 記彦1149

Fumihiro *m* 文披86

Fumihito *m* 不美人94

Fumiho *m* 文秀86

Fumii *f* 史伊183

Fumiji *m* 二三次4

Fumika *f* 文郁86

Fumiko *f* 双美子53, 文三子4, 文士, 史子183, 典子733, 章子1461, 詞子1665, 節美子2215, 録子2523, 簡子2788

Fumimaro *m* 文麿86

Fumimasa *m* 文祇

Fumimochi *m* 書持1216　　「章業1461

Fuminari *sm* 文成86;

Fuminori *m* 文任86

Fuminushi *m* 書主1216

Fumio *m* 文夫86, 文男, 文雄, 章夫1461, 翰於2518

Fumisato *m* 文郷86

Fumishi *m* 文

Fumitada *m* 文質

Fumitaka *m* 文峰

Fumitoki *m* 文時

Fumiya *s* 文室

Fumiyo *f* 文代

Fumoto *m* 麓2903

~ no kusawake *l* 麓の草分

(fumu 枚630, 書1216)

(fun 分64, 冊190, 幼397, 芬477, 玢604, 粉624, 粉1133, 書1216, 賁2367)

(funa 船1391, 鮒2546)

Funaba *s* 船場1391

Funabashi *p* 舟橋339;
sp-la 船橋1391

~ Nobukata *mh* 舟橋宜賢339

~ Seiichi *ml* 舟橋聖一

Funa-Benkei *la* 船弁慶1391

Funada *s* 船田

Funado *p* 舟戸339, 船戸1391, 船渡

Funae *s* 船江

Funagata *p* 舟形339

Funagi *s* 船木1391

Funahiki *p* 船引

Funaho *p* 船穂

Funai *s* 舟井339; *sp* 船井1391

Funaki *s* 舟木339

~ Shigenobu *ml* 舟木重信

Funako *f* 船子1391

Funakoshi *s* 船越339; *sp* 船越1391

Funakura *s* 船倉

Funami *s* 舟見339, 船見1391

Funamizu *s* 船水

Funamoto *s* 舟本339, 船本1391

Funanami *s* 舟波339

Funanushi *m* 鮒主2546

Funaoka *s* 舟岡339; *sp* 船岡1391

Funasaka *s* 船坂

Funato *s* 岐599, 道祖1811

Funatobe *s* 船戸部1391

Funatogawa *s* 船戸川

Funato-no-kami *mh* 岐神599　　「津1391

Funatsu *s* 舟津339, 船

Funayama *s* 舟山339, 船山1391

~ Kaoru *ml* 船山馨

Funazaki *s* 船崎

Funde *s* 箪1769

(fune 舟339, 船1391)

Funo *sp* 布野170. (史183)

Funobori *s* 五六barely1 (史)

Fun'ya *s* 文室86, 文屋

Funyū *s* 舟生339, 船生1391　　「山人986

Fūrai Sanjin *ml* 風来

Furano *p* 富良野1715

Furansu *p* "France" 仏蘭西128

Fūren *p* 風連986

(furi 降1058, 振1320)

Furihata *s* 降旗1058, 降幡　　「髪1320

Furiwakegami *l* 振分

Furu *sla* 布留170. (旧119, 古154, 両531, 昔699, 雨759, 故880, 降1058, 振1320, 猛1957, 歴2247)

Furuari *s* 古在154

Furubayashi *s* 古林

Furubira *p* 古平

Furudate *s* 古館

Furudono *p* 古殿

Furue *s* 古江

Furugōri *s* 古郡

Furuhashi *s* 古橋

Furuhata *s* 古畑

Furuhito no Ōe *mh* 古人大兄　　「井119

Furui *s* 古井, 古居, 旧

Furuichi *s* 古市154, 古

Furuike *s* 古池　「都

Furuinosuke *m* 古猪之

Furujō *s* 古城　「2

Furukawa *s* 古河, 布留川170; *sp* 古川154

~ Kairai *ml* 古川魁畾

Furuki *s* 古木

Furuko *f* 古子

Furukoshi *s* 古越
Furuku *s* 古来
Furumatsu *s* 古松
Furumi *s* 古見
Furumiya *s* 古宮
Furumori *s* 古森
Furumoto *s* 古本
Furumura *s* 古村
Furuno *s* 古野
Furuoya *s* 古尾谷
Furusaka *s* 古坂
Furusaki *s* 古崎
Furusato *s* 古里, 古郷
~ no hana *l* 故郷の花 880
Furusawa *s* 古沢 154
Furushima *s* 古島
Furushō *s* 古庄, 古性, 古荘 「1320
Furuta *s* 古田; *p* 振田
Furutani *s* 古谷 154
Furuteya *s* 古手屋
Furuuchi *s* 古内
Furuwatari *s* 古渡
Furuya *s* 古矢, 古谷, 古屋, 古家, 降矢 1058
~ Kayao *ml* 古家榧夫 154
Furuyama *s* 古山
Furuyasu *s* 古安
Furuya Tsunatake *ml* 古谷綱武 「986
Fūryūbutsu *l* 風流仏
Fūryū mijinzō *l* 風流微塵蔵
~ odori *a* 風流踊
~ senbō *l* 風流懺法
~ Shidōken-den *l* 風流志道軒伝
~ Soga *l* 風流曾我
Fusa *f* 総 2662. (方 85,

旧 119, 処 177, 芝 289, 成 322, 芳 480, 角 547, 林 633, 房 658, 英 693, 亮 911, 宣 919, 重 1017, 記 1149, 弦 1345, 寅 1439, 章 1461, 隅 1566, 畲 1773, 惣 1785, 雉 1911, 葉 1991, 業 2024, 種 2124, 番 2371, 歛 2480, 縫 1340, 薫 2567, 興 2586, 幾 2597, 綬 2659, 総 2662)
Fusaaki *m* 総明
Fusae *f* 富総江 1715
Fusagorō *m* 房五郎 658
Fusahito *m* 成仁 322
Fusajirō *m* 房次郎 658
Fusakichi *m* 房吉
Fusako *f* 成子 322, 房子 658, 富莋子 1715
Fusami *m* 亮美 911
Fusanaga *m* 総長 2662
Fusano *s* 房野 658
Fusanobu *m* 英延 693
Fusanosuke *m* 房之助 658
Fusao *m* 房雄, 章夫 1461, 富佐雄 1715, 維男 2540
Fusatarō *m* 房太郎 658
Fusatomi *m* 英美 693
Fusatoshi *m* 房俊 658
Fusatsune *m* 英経 693
Fusazō *m* 房造 658
Fuse *s* 布勢 170, 富勢 1715; *sp* 布施 170. (伏 234, 防 374)
Fuseda *s* 布施田 170
Fuseki *s* 武石 751
Fuse nai kyō *l* 無布施経 1789
Fuseshima *s* 伏島 234

Fuseya *s* 伏屋
Fushaku shinmyō *l* 不惜身命 94
Fushi *s* 風至 986. (伏 234, 椹 2097, 節 2215)
Fushida *s* 鮒子田 2546
Fushihara *s* 不死原 94, 伏原 234
Fushijima *s* 伏島
Fushihata *s* 十代国 18
Fushiki *s* 伏木 234
Fushimi *sma-p* 伏見
Fushiyo *f* 伏代 「383
Fusō 総生 2662; *p* 扶桑
~ ryakuki *l* 扶桑略記
Fusōshū *l* 扶桑集
Fussa *s* 福生 1888
Fusso *s* 弗措 330
(futa 二 4, 双 53, 両 531, 蓋 2193)
Futaba *sf* 二葉 4; *f* 嫰 2279; *p* 双葉 53
Futabashi *s* 二橋 4
Futabatei *s* 二葉亭
~ Shimei *ml* 二葉亭四迷
Futagami *s* 二上, 二神
Futagawa *s* 二川
Futagi *s* 福当 1888
Futai *s* 二井 4
Futaki *sm* 二木
Futaku *s* 二九
Futamata *s* 二俣
Futamatsu *s* 二松
Futami *p* 二見; *m* 二王; *p* 双三 53, 双海
Futamoto *s* 二本 4
Futamura *s* 二村
Futamote *s* 二面
Futara *s* 二荒 「袴
Futari-bakama *la* 二人
~ daimyō *la* 二人大名

~ Shizuka *la* 二人静 (futatsu 二)
Futatsu chōchō kuruwa *la* 双蝶蝶曲輪 53
Futatsugi *s* 二木 4
Futatsui *p* 二ツ井
Futatsuyanagi *s* 二柳
Futawatari *s* 二渡
Futayama *s* 二山
Futayanagi *s* 二柳
Futo *s* 風天 986. (人 14, 大 48, 太 105, 弟 764)
Futogimi *m* 人君 14
Futokubi *m* 太首 105
Futomi *m* 太三 48
Futoshi *m* 大, 太 105, 富豪 1715
Futoshige *m* 太茂 105
Futsu *sp* 布津 105. (仏 128, 弗 330, 祓 1125)
Futsuka *s* 留束 1470
Futto *sp* 古渡 154
Futtsu *p* 富津 1715
Fuwa *s* 不羽 94, 不波 *; sph-p* 不破
Fūyōshū *l* 風葉集 986
(fuyu 冬 161, 生 214, 那 416) 「161
Fuyu aozora *l* 冬青空
Fuyuhiko *m* 冬彦
Fuyuhikoshū *l* 冬彦集
Fuyuji *m* 冬二
Fuyuki *m* 冬木
Fuyuko *f* 那子 416
Fuyuo *m* 冬夫 161
Fuyutomi *m* 冬宝
Fuyutsugu *m* 冬嗣
Fuzakashi *s* 汗 248
Fuzan *p* "Pusan" 釜山 1160
Fūzoku monzen *l* 風俗文選 986

G

(ga 瓦 201, 何 513, 我 545, 河 597, 芽 683, 画 991, 荷 1259, 峨 1350, 娥 1356, 賀 1756, 禍 1885, 雅 1913, 蝦 2313)
(gachi 活 819)
Gagen shūran *l* 雅言集覧 1913
Gahana *s* 辻葩 320
Gahiko *s* 我彦 545

(gai 乂 5, 外 139, 艾 159, 刈 479, 亥 519, 害 1181, 街 1570, 崖 1737, 詣 1930, 凱 1967, 愷 2071, 隘 2072, 該 2135, 蓋 2193, 諧 2639, 擬 2723, 蹊 2807)
Gaijin Yashima *la* 凱陳八島 1967
Gaishi *m* 外史 139

(gaku 学 719, 岳 956, 楽 2029, 額 2756, 嶽 2775, 敷 2892, 鶴 2926, 鱸 3015)
Gakuichi *m* 学一 719
Gakkan'in *ph* 学館院
Gakurō *s* 楽浪 2029
Gakusetsu kikkaibukuro *l* 学説乞丐袋 719

Gakushūin *p* 学習院
Gama *s* 蒲 1993
Gamagōri *p* 蒲郡
Gama tekkai *l* 蝦蟆鉄拐 2313
Gamō *sm-p* 蒲生 1993
~ Kunpei *mh* 蒲生君平
(gan 丸 40, 元 60, 含 453, 完 471, 妧 613, 垣 795,

岸 941, 岩 942, 悍 1051,
桓 1100, 莟 1172, 原
1231, 倝 1275, 紘 1421,
眼 1637, 睆 1638, 雁
1801, 邑 1974, 願 2228,
嚴 2706, 顏 2754, 巌
2936, 鑑 2968, 鑒 2982,
礦 2996)

Gangyō 877–85 元慶 60
Ganji 1864–65 元治
Ganjin mh 鑑真 2968
Gankarigane la 雁厂金
1801
Ganmaku m 岩捲 942
Gan no tera l 雁の寺
1801
~ **tsubute** l 雁礫
Garakuta bunko l 我
楽多文庫 545
Gasu la 炭塵 1186
(gatsu 月 80)
Gazan s 峨山 1350
(ge 乂 5, 下 46, 外 139, 牙
202, 苅 479, 芽 683, 夏
1161, 華 1266, 衙 1652,
頋 1866, 逗 2048, 戯
2350, 蟹 2853, 鯨 2859)
Gedatsu l 解脱 1923
(gei 芸 689, 迎 746, 猊
1302, 詣 1930, 覓 2578,
鯨 2831)
Geiami mla 芸阿弥 689
Geihoku p 芸北
Geikan l 芸鑑
Geino p 芸濃
Geirinkanpo l 芸林間
Geisei p 芸西   ⌐步
Geishō bigin l 霓裳微
吟 2578
Gejō s 下条 46
Geki sm 外記 139. (逆
1235)
Gekiza p 外記座
Gekkyūden la 月宮殿
80
Gemyōbu f 外命婦 139
Gen sm 玄 522; m 元 60,
嚴 2706. (元 60, 幻 261,
言 439, 玄 522, 妍 612, 妧
613, 俔 774, 研 875, 彥
1007, 唁 1047, 挙 1206,
原 1231, 県 1252, 痃
1253, 倝 1275, 炫 1344,
弦 1345, 晊 1352, 現
1360, 這 1515, 硯 1634,
眼 1637, 雁 1801, 閑
1820, 源 1863, 筧 2014,

蜷 2129, 兹 2134, 愿
2228, 絃 2331, 鉉 2335,
戯 2350, 毂 2351, 愬
2508, 鍵 2652, 厳 2706,
韓 2741, 巌 2936, 懸
2984, 礦 2996)
Genbō mh 玄昉 522
Genboku to Chōei la
玄朴と長英
Genbuku Soga la 元
服曾我 522
Genbun 1736–41 元文
Genchū 1384–92 元中
~ **yoteki** l 源注余滴
1863
Genda s 源田; m 源太
Gendayū la 源太夫
Gendō ml 玄洞 522
Gen'e mh 玄慧
Gen'ei s 現影 1360;
1118–20 元永 60
Gen'emon m 源右衛門
1863
Gengenshū l 玄玄集
Gengi m 源治 1863
Gengo s 玄御 522; m 源
吾 1863
Gengyō 877–85 元慶 60
Genhachi m 源八 1863
Gen'ichi m 源一, 愿一
2228
Gen'ichirō m 玄一郎
522, 弦一郎 1345, 源一
郎 1863   ⌐婆 1360
Ceniyasaba l 現爾也婆
Genji l-lm-h 源氏 1863;
m 源二, 愿治 2228;
1864–65 元治 60
~ **Keita** m 源氏鶏太
1863
~ **kuyō** la 源氏供養
~ **monogatari** l 源氏
物語
~ **tama no ogushi** l
源氏物語玉の小櫛
Genjirō m 源次郎
Genjō s 玄上 522, 玄
象, 絃上 2331
Genjūan no ki l 幻住
庵記 261
Genkai ma-p 玄海 522
Genkaku sanbō l 玄鶴
山房
Genkei m 元圭 60, 元
啓, 元敬, 元経, 玄渓
522, 源慶 1863
Genki 1570–73 元亀 60

Genkichi m 源吉 1863
Genkō 1321–24 元亨
60; 1331–34 元弘
~ **shakusho** lh 元亨釈
書
Genkū ml 玄空 522;
mlh 源空 1863
Genkurō m 源九郎
Genkyū 1204–06 元久
Genmei mh 元明   ⌐60
Genna 1615–24 元和
Gennai ml 源内 1863
Gennin 1224–25 元仁
60
Gennosuke m 元之助,
源之助 1863, 権之允
2300
Gen'ō 1319–21 元応 60
Gen-oji l 源をぢ 1863
Genpei seisuiki l 源平
盛衰記   ⌐禄 60
Genroku 1688–1704 元
~ **chūshingura** la 元
禄忠臣蔵   ⌐暦
Genryaku 1184–85 元
Genshin mlh 源信 1863
Genshirō m 源四郎
Genshō mh 元正 60
Gensuke m 源助 1863
Gentarō m 玄太郎 522,
源太郎 1863   ⌐忠
Gentoku 1329–31 元徳
Genwa 1615–24 元和
Gen'yōsha h 玄洋社 522
Genzaburō m 源三郎
1863   ⌐七面
Genzai nue la 現在鵺
~ **shichimen** la 現在
七面   ⌐度
~ **Tadanori** la 現在忠
Genzō m 元三 60, 源蔵
Gero p 下呂 46   ⌐1863
Gesaku l 戯作 2350
~ **zammai** l 戯作三昧
Gesu s 下司 46
(getsu 月 80)
(gi 伎 232, 技 381, 岐 599,
枝 631, 宜 671, 其 734,
其 734, 奇 752, 俟 1035,
祇 1127, 耆 1214, 翅
1248, 淇 1328, 揆 1549,
期 1671, 葵 1723, 逵
1813, 祺 1903, 義 1975,
旗 2093, 儀 2255, 誼
2322, 戯 2350, 毅 2351,
錡 2520, 懝 2604, 羲
2675, 蟻 2679, 犠 2727,

礒 2732, 巍 2774, 蟻
2804, 議 2876, 曦 2914,
犠 2991)   ⌐1975
Gidayū ma-a 義太夫
Gidō Shūshin ml 義堂
周信
Gien mh 義淵, 義演
Gifu p 岐阜 599
Gigaku a 伎楽 232
Gigeiten l 伎芸天
Gihachirō m 巍八郎
2991
Gihee m 儀兵衛 2255
Giichi m 義一 1975, 儀
一 2255
Giichirō m 儀一郎
Gikeiki l 義経記 1975
(gin 吟 369, 崟 1736, 銀
2345, 誾 2427)
Ginan p 岐南 599
Gingoroku l 銀語録
2345   ⌐次郎
Ginjirō m 銀二郎, 銀
Ginkakuji pha 銀閣寺
Ginnosuke m 銀之助
Ginowa s 宜野湾 675
Gintarō m 銀太郎 2345
Ginza p 銀座
Ginzaburō m 銀三郎
Ginzō m 銀蔵
Giō fa-la 祇王 1127
Gion sp 祇園
Girisha p "Greece"
希臘 445
Gisaburō m 義三郎 1975
Gisaku m 儀作 2255
Gishirō m 義四郎 1975
Gisuke m 義介, 儀助
(gitsu 仡 131)   ⌐2255
Go sp ["Wu"] 呉 735.
(心 49, 戸 59, 五 91, 牛
111, 午 112, 互 200, 乎
221, 伍 229, 牙 348, 吾
491, 杇 621, 狐 735, 呉
735, 狐 789, 胡 879, 悟
1053, 祜 1124, 後 1300,
晤 1353, 梧 1365, 魚
1485, 御 1542, 湖 1584,
期 1671, 馭 1697, 鉅
1946, 語 2136, 糊 2309,
護 2877)
Gō s 江 252, 郷 2112. (江
252, 合 270, 号 272, 仰
360, 昊 711, 匣 742, 恒
805, 恒 809, 洽 816, 降
1058, 浩 1068, 峠 1079,
航 1136, 皋 1197, 晧

Gusai *ml* 救済 1406

Gushi *s* 具志 718

Gutei kenkei *l* 愚弟賢兄 2032

Guze Kannon *a* 救世観音 1406

(gyaku 逆 1235)

(gyo 魚 1485, 御 1572, 馭 1697, 漁 2086)

Gyō *m* 驍 2957. (叶 132, 行 245, 刑 258, 仰 360, 形 414, 邢 415, 協 548, 幸 661, 莖 684, 迎 746, 俠 773, 挾 1043, 勁 1150, 硎 1384, 曉 1596, 硬 1635, 喬 1775, 堯 1795, 絋 1949, 業 2024, 儌 2057, 皛 2375, 凝 2431, 衡 2450, 橋 2485)

Gyōbu *s* 刑部 258, 形舞 414 ｢左衞門 258

Gyōbuzaemon *m* 刑部

Gyochō Heike *l* 魚鳥平家 1485

Gyōda *sp* 行田 245

Gyōdai *ml* 曉台 1596

Gyōki *mh* 行基 245

Gyōkō *ml* 堯孝 1795

(gyoku 玉 204, 砡 1111, 鈺 1942)

Gyokurin'en *l* 玉林宴 204

Gyokushinka *l* 玉簪花

Gyokutō *p* 玉東

Gyokuyōshū *l* 玉葉集

Gyōmei *s* 行明 245, 行命

Gyōmyo *s* 行明

Gyōson Daisōjō shū *l* 行尊大僧正集

Gyōtoku *s* 行徳

(gyū 及 83, 牛 111, 汲 403)

Gyūba *l* 牛馬 111

H

(ha 巴 97, 吐 242, 羽 246, 芭 473, 波 596, 杷 625, 派 812, 春 963, 破 1113, 華 1266, 堛 1561, 葉 1991, 歯 2051, 端 2306, 翰 2518, 皦 2845)

Haarabe *s* 榑族部 2105

Haba *s* 羽場 246

Habara *s* 羽原

Habe *s* 羽部, 波部 596

Habikino *p* 羽曳野 246

Haboro *p* 羽幌

Habu *s* 七生 17, 羽生 246, 埴生 1561; *sp* 八生 19, 土生 42

Habuchi *s* 羽淵 246

Habuka *s* 羽深

Habuki *s* 羽吹

Habuku *s* 省 1013

Habuto *s* 羽太 246

Hachi *s* 羽生 1921. (八 19, 釟 1153, 蜂 1921, 鉢 1945, 顫 3001)

Hachida *s* 八太 19, 八田, 八多, 蜂田 1921

Hachidaishū *l* 八代集

Hachidō *s* 八道 ｣19

Hachiemon *m* 八右衞門 ｢本松

Hachihonmatsu *s* 八

Hachiji *m* 八次

Hachijirō *m* 八次郎

Hachijō *s* 八条; *p* 八丈

Hachijōjima *p* 八丈島

Hachijūrō *m* 八十郎

Hachikai *p* 八開

Hachikazuki *l* 鉢かづき 1945

Hachiman *p* 八幡 19

~ -zukuri *a* 八幡造

Hachimangū *s* 八幡宮

Hachimantai *p* 八幡平

Hachimonjiya *sp* 八文字屋 ｢自笑

~ Jishō *ml* 八文字屋

~ Kiseki *ml* 八文字屋其磧 ｢其笑

~ Kishō *ml* 八文字屋

~ Zuishō *ml* 八文字屋瑞笑

Hachimori *sp* 八森

Hachinohe *sp* 八戸

Hachinoki *la* 鉢木 1945

Hachinosu *s* 蜂巣 1921

Hachiōji *p* 八王子 19

Hachirō *m* 八郎, 顫郎 3001 ｢右衞門 19

Hachiroemon *m* 八郎

Hachirogata *p* 八郎潟

Hachiryū *p* 八竜

Hachisaburō *m* 釟三郎 1153

Hachisō *m* 八左右 19

Hachisu *s* 蜂須 1921. (蓮 2197)

Hachisuba *s* 蓮葉

Hachisuka *s* 蜂須賀 1921

Hachisu no tsuyu *l* 蓮の露 2197 ｢2289

~ zaregaki *l* 權花戯書

Hachiuma *s* 八馬 19

Hachiya *s* 蜂谷 1921, 蜂屋; *m* 八箭 19

Hachiyama *s* 八山

Hadame *s* 甚目 1267

Hadano *p* 秦野 1202

Hadara *m* 豹 1140

Hadesugata onnamai-ginu *la* 艶姿女舞衣 2833

(hae 蠅 1170, 絙 2146)

Hafuri *s* 祝部 851

Hafuribe *s* 祝部

Hafuriyama *s* 祝山

Haifū yanagidaru *l* 誹風柳多留 2321

Haga *s* 羽賀 246; *sp* 芳賀 480, 埒和 1559; *p* 波賀 480, 坤和 793

Hagai *s* 坩和

Haga Mayumi *ml* 芳賀檀 480

Hagata *p* 波方 596

Hagawa *s* 羽川 246

Haga Yaichi *ml* 芳賀矢一 480

Hagemi *s* 底 992

Hagemu *m* 勵 55, 百 265

Hageta *s* 羽毛田 246

Hagi *sf-p* 萩 1732. (萩)

~ daimyō *la* 萩大名

Hagii *s* 萩井

Hagimori *s* 萩森

Hagimoto *s* 萩元, 萩本

Hagino *sf* 萩野

~ Yoshiyuki *ml* 萩野由之

Hagio *s* 萩雄

Hagishima *s* 萩島

Hagita *s* 萩田

Hagiwara *s* 萩原

~ Kyōjirō *ml* 萩原恭次郎 ｢月

~ Ragetsu *ml* 萩原蘿

~ Sakutarō *ml* 萩原朔太郎

Hagiya *s* 萩谷 ｣太郎

Hagizono *m* 芳宜園 480

Hagoromo *l* 羽衣 596

Hagura *s* 羽倉

Haguri *s* 羽栗, 羽黒; *p* 葉栗 1991

Haguro *sp* 羽黒 246

Hagusa *m* 葠 1443

Hagyū *s* 羽生 246

Hagyūda *s* 萩生田 1732

Hahakabe *s* 波波伯 596, 波波泊部, 波波泊, 波波泊部 ｢666

Hahaki *s* 伯岐 363. (帚

Hahakigi *l* 帚木別註

~ betchū *l* 帚木別註

(hai 灰 302, 坏 388, 貝 498, 拜 585, 背 957, 俳 1036, 配 1141, 排 1317, 堛 1561, 配 1984A, 榛 2108, 稗 2123)

Haibara *s* 堛原 1561; *sp* 榛原 2108

Haibun *l* 俳文 1036

Haifū Yanagidaru *l* 誹風柳多留 2321

Haigō *s* 拜郷 585

Haihata *s* 辞峯 1919

Haijima *s* 配島 1984A

Haijin Buson *l* 俳人蕪村 1036

Haikai *l* 俳諧

~ gozan *l* 俳諧御傘

~ jiin *l* 俳諧次韻

~ Mutamagawa *l* 俳諧武玉川 ｢数

~ ōkukazu *l* 俳諧大句

~ rengashō *l* 俳諧連歌抄 ｢七部集

~ shichibushū *l* 俳諧

Haikaitei kuraku *la* 俳諧亭句楽

Haikai uma no kuso *l* 俳諧馬の糞

Haiku *l* 俳句

Haimase *s* 波伊万世 596

Haimatsu *s* 榛松 2108

Haino *sp* 灰野 302

Hanawada s 塙田 1845

Hanawa Dan'emon mh-l 塙田右衛門

~ Hokinoichi ml 塙保己一

Hanaya s 花谷 481, 花家, 花屋; p 花矢

Hanayama sp 花山

Hanayanagi s 花柳

Hanayasu s 花安

Hanazaki s 花崎

Hanazakura oru shōshō l 花桜折る少将

Hanazawa s 花沢

Hanazono sp 花園

Hanazuka s 花塚

Hanba s 半場 213, 朱馬 341　　　「原 2108

Hanbara s 半原 213, 榛

Handa s 吐田 242, 泉田 518, 飯田 1964; sp 半田 213

Handani s 半谷

Handa Ryōhei ml 半田良平　　　　　「義之

~ Yoshiyuki ml 半田

Handayū ma 半太夫

Handō s 半藤

Hane s 羽根 246. (羽)

Haneda s 羽根田, 判門田 434; sp 羽田 246

Haneguri s 羽栗

Hanekawa s 羽川

Hanemochi s 羽, 羽茂, 羽咋

Hanesaka s 塙坂 1845

Hangae s 榛谷 2108

Hangaya s 半谷 213, 榛谷 2108　　　　「213

Hangetsushū l 半月集

Hani s 羽仁 246. (土 42, 赤 443, 埴 1561)　「246

~ Gorō ml 羽仁五郎

Haniioshiragibito s 埴盧新羅人 1561

Hanishi sfl 土師 42; m 土作

Hanishibe s 土師部

Hanishina p 埴科 1561

Haniwara s 埴原

Haniya s 埴谷

~ Yutaka ml 埴谷雄高

Hanji m 半治 213

Hanjo la 班女 1075

Hanjūshin l 半獣神 213

Hankanpu lh 藩翰譜 2771

Hankechi l 手巾 118

Hanma s 半間 213

Hanmo s 番御 1773

Hanmonten p "Panmunjon" 板門店 632

Hanningen l 半人間 213

Hanno s 半乃, 判乃 434

Hannō p 飯能 1964

Hannoura p 羽ノ浦 246

Hanoi p "Hanoi" 河内 597　　　「2384

Hanpei m 半平 213, 範

Hanpeida m 半平太 213

Hanshirō m 半四郎

Hanta s 範田 2384

Hantarō m 半太郎 213

Han'ya s 半谷, 垣谷 795; m 奇弥 752

Han'yō s 榛葉 2108

Hanyū s 土生 42, 丹生 79, 半布 213, 羽二生 246, 羽入, 羽丹生, 赤生 443, 波入 596, 埴入 1561; sp 羽生 246; m 赤 443　　　「213

Hanzaburō m 半三郎

Hanzaemon m 半左衛門

Hanzaike s 繁在家 2848

Hanzan p 飯山 1964

Hanzawa s 半沢 213, 榛沢 2108

Hanzō m 半造 213, 伴三 361, 範三 2384

Happō s 八方 19

Happōya s 八甫谷

Hara s 蕃良 2371; sp 原 1231. (原, 腹 1871)

~ Asao fl 原阿佐緒

Harada s 原田　　「1231

~ Hinjin ml 原田浜人

~ Magoshichirō mh 原田孫七郎

~ Minoru ml 原田実

~ Taneji ml 原田種茅

~ Yasuko fl 原田康子

~ Yoshito ml 原田義人　　　　　「册

Hara Gesshū ml 原月

Haragi s 原木

Haraguchi s 原口

Harahashi s 原橋

Hara Hōitsuan ml 原抱一庵

Harai s 暗 1883. (祓 1125)

Haraigawa s 祓川

Haraji s 原地 1231

Haraka m 腹赤 1871

Harakawa s 原川 1231

Harako sf 原子

~ Kōhei ml 原子公平

Harakoshi s 原越

Haramaki s 腹巻 1871, 腹巻 618

Harami s 腹目 1871; m 原見 1231. (孕 274)

Haramiishi sp 孕石 274

Haramura p 原村 1231

Harano s 原野

Haranofuefuki s 大角吹 48　　　「1231

Haranomachi p 原町

Hara Saburō ml 原三郎

~ Sekitei ml 原石鼎

Harashima s 原島

Hara Tamiki ml 原民喜

~ Tanzan ml 原坦山

Harayama s 原山

Harazaki s 原崎

Harazawa s 原沢 (hare 晴 1597, 霽 2978)

Hareyoshi m 晴善 1597

Hari f 針 1155. (針, 梁 1475, 張 1879, 秦 1984, 榛 2108, 播 2259, 霽 2978)

Harigae s 張替 1879

Harigai s 針貝 1155

Harigane s 針金

Harigatani s 針ケ谷, 針谷

Harihara s 榛原 1984

Harikawa s 梁川 1475

Hariki m 張幹 1879

Harima s 張間; sph 播磨 2259

Harimanokuni ph 播磨国

~ no fudoki l 播磨国風土記

Harimoto s 張本 1879, 播本 2259

Harishige s 針重 1155

Haritsuka s 針塚

Haritsuke Mozaemon la 磔茂左衛門 2486

Hariya s 針屋 1155

Haru s 施 831; sf 春 963; f 波留 596. (大 48, 元 60, 日 77, 内 81, 令 155, 立 194, 合 270, 全 271,

会 454, 花 481, 玄 522, 明 623, 知 636, 孟 667, 青 700, 良 767, 東 771, 怡 808, 治 825, 施 831, 弸 833, 珍 836, 昭 841, 美 923, 春 963, 栄 969, 逌 1000, 浩 1068, 時 1086, 始 1092, 華 1266, 脩 1281, 流 1332, 敏 1409, 晏 1458, 啓 1491, 暄 1541, 陽 1567, 温 1585, 晴 1597, 奢 1056, 喜 1709, 開 1821, 婚 1869, 張 1879, 暖 1882, 詮 1934, 遐 2048, 榛 2108, 給 2149, 舗 2340, 遙 2421, 蘇 2841, 霽 2978)　　　「栄明 969

Haruaki m 春秋 963; m

Haruakira m 玄明 522, 治剣 825

Harubara s 春原 963

Haruchika m 明親 623, 春久 963, 春周, 春邇

Harue s 春殖 1567; m-f 春枝; m-p 春江; f 春恵

Harueda s 春枝

Harufuji s 春藤

Haruhi p 春日

Haruhiko m 東彦 771, 春良 963, 春彦, 晴比古 1597

Haruhiro m 玄広 522

Haruhisa m 春久 963

Harui s 春井

Haruichi m 春一

Haruji m 春治, 春路, 蘇二 2841

Harujirō m 春次郎 963

Haruka m 遐 2048, 遙 2421, 遼 2590

Harukage m 晴景 1597

Harukata s 春遂 963; m 霽堅 2978

Harukawa s 春川 963

Haruki s 春木; m 開城 1821. (開)

Haruko f 全子 271, 玄子 522, 東子 771, 怡子 808, 治子 825, 美子 923, 春小 963, 春子, 逗子 1000, 暄子 1541, 晴子 1597, 婚子 1869, 暖子 1882, 遐子 2048

Harukuni m 治国 825

Harumaki s 晴披 1597

Harumaru m 晴丸

Harumasa *m* 玄上 522, 春譲 963

Harumi *m* 治胤 825, 春泉 963, 春海, 霽見 2978

Harumichi *m* 春道 963

Harumitsu *m* 治三 825, 治通, 春光 963

Harumori *m* 治保 825

Harumoto *m* 春本 963

Haruna *s* 春名; *m* 春魚; *m-p* 榛名 2108

Harunaga *m* 治脩 825

Haruno *p* 春野 963

Harunobu *m* 春山; *ma* 春信

Harunori *m* 啓徳 1491

Harunosuke *m* 治之助 825

Haruo *m* 大夫 48, 孟雄 667, 春夫 963, 春生, 春雄, 晴夫 1597

Haruru *m* 晴

Harusada *m* 治貞 825,

Harusame *l* 春雨 963

Harushige *m* 美樹 923, 春重 963, 春矩, 春繁

Harushima *s* 春島

Harusue *m* 晴季 1597

Haruta *s* 治田 825, 春田 963

Harutaka *m* 晴賢 1597

Harutarō *m* 春太郎 963

Haruteru *m* 晴輝 1597

Haruto *m* 玄門 522, 治人 825, 春門 963

Harutomo *m* 晴具 1597

Harutsugedori *l* 春告鳥 963 「張次 1879

Harutsugu *m* 玄次 522,

Harutsuna *m* 流綱 1332, 晴綱 1597

Haruura *m* 玄上 522

Haruyama *s* 春山 963, 晴山 1597 「963

～ Yukio *m* 春山行夫

Haruyasu *m* 敏保 1409

Haruyo *m* 春節 963

Haruyoshi *m* 内藤 81, 治祇 825, 昭良 841

Haruzumi *m* 春澄 963

Haruzō *m* 春三

Haryū *s* 針生 1155

～ Ichirō *m* 針生一郎

Hasada *s* 羽佐田 246

Hasaki *p* 波崎 596

Hasama *s* 羽佐間 246; *sp* 狭間 1048; *p* 迫 747

Hasami *p* 波佐見 596

Hase *sp* 長谷 939; *p* 初瀬 427. (丈 36, 谷 63)

～ Ken *ml* 長谷健 939

Haseba *s* 長谷場

Hasebe *s* 丈部 36, 走部 441, 長谷部 939

Hasebeji *s* 丈部路 36

Hasegawa *s* 長谷河 939; *sp* 長谷川 「銀作

～ Ginsaku *ml* 長谷川

～ Izumi *ml* 長谷川

～ Kanajo *fl* 長谷川かな女 「延

～ Kōen *ml* 長谷川幸

～ Minokichi *ml* 長谷川巳之吉

～ Nyozekan *ml* 長谷川如是閑

～ Reiyoshi *ml* 長谷川零余子 「雨

～ Shigure *fl* 長谷川時

～ Shin *ml* 長谷川伸

～ Shirō *ml* 長谷川四郎 「逝

～ Sosei *ml* 長谷川素

～ Tenkei *ml* 長谷川天渓 「等伯

～ Tōhaku *ma* 長谷川

～ Tsunenaga *mh* 支倉常長

Hasemi *s* 長谷見 939

Haseo *m* 長雄

Hasetsuka *s* 丈 36

Hasetsukabe *s* 丈部, 杖部 422 「939

Haseyama *sp* 長谷山

Hashi *s* 橋 2485. (美 923, 梯 1617, 階 1822, 階 1840, 端 2306, 箸 2381, 橋 2485) 「場 2485

Hashiba *s* 羽柴 246, 橋

Hashibe *s* 橋部

Hashi Benkei *la* 橋弁

Hashida *s* 橋田 「慶

Hashidate *s* 外立 139, 外出, 橋立 2485

Hashida Tōsei *ml* 橋田東声

Hashiguchi *s* 橋口

Hashihime *l* 橋姫

Hashii *s* 八信井 19, 橋井 2485; *m* 端居 2306

Hashikami *p* 階上 1840

Hashikawa *s* 橋川 2485

～ Bunzō *ml* 橋川文三

Hashikura *s* 橋倉

Hashima *sp* 羽島 246

Hashimoto *s* 橋元 2485; *sp* 橋本

～ Eikichi *ml* 橋本英吉

～ Gahō *ma* 橋本雅邦

～ Keiji *ml* 橋本鶏二

～ Mudō *ml* 橋本夢道

～ Sanai *mh* 橋本左内

～ Sōkichi *mh* 橋本宗吉

～ Takako *fl* 橋本多佳子

～ Tokuju *ml* 橋本徳寿

Hashimura *s* 橋村

Hashino *s* 橋野

Hashinobe *s* 橋部

Hashio *s* 箸尾 2381 (hashira 柱 854)

(hashiri 走 441) 「1822

Hashiride *s* 走出, 間人

Hashirii *s* 走井 441

Hashiro *s* 波白 596

Hashitani *s* 橋谷 2485

Hashiyama *s* 橋山

Hashizume *s* 橋爪, 橋詰

Hashūdo *s* 間人 1822 (hasu 芙 474, 蓉 1983, 蓮 2197)

Hasuda *sp* 蓮田 2197

～ Zenmei *ml* 蓮田善

Hasui *s* 蓮井 「明

Hasuike *s* 蓮池

Hasumi *s* 荷見 1259, 蓮見 1985, 蓮実; *f* 春風 1983; *p* 羽須美 246

Hasumitsu *m* 蓮光 2197

Hasunuma *sp* 蓮沼

Hasuyo *f* 芙代 474

Hasuzono *s* 羽洲園 246

Hata *s* 羽太, 羽田, 伯 363, 波太 596, 波多, 畑 1198, 畠 1198, 秦 1202, 端 2306; *sp* 八多 19, 波田 596, 幡多 2261. (果 770, 畑 838, 将 1040, 畠 1198, 秦 1202, 旗 2093, 幡 2261, 端 2306, 機 2869)

Hataaya *s* 幡文 2261

Hatabami *s* 幡多幡美

Hatada *s* 畑田 838

Hatadate *s* 端館 2306

Hatae *s* 波多江 596; *f* 旗江 2093

Hatagama *s* 幡鎌 2261

Hatagawa *s* 畑川 838, 秦川 1202, 幡川 2261

Hatahiko *m* 幡彦

Hatai *s* 羽田井 246, 畑井 838, 幡井 2261

Hataide *s* 秦井手 1202

Hatakasu *s* 畠 472 (hatake 畠 1198)

Hatakeda *s* 畠田

Hatakeno *s* 畠野

Hatakeyama *s* 畠山

～ Masanaga *mh* 畠山政長 「重忠

～ Shigetada *mh* 畠山

～ Yoshinari *mh* 畠山義就 「子 2093

Hatako *f* 二十子 4, 旗

Hatakuchi *s* 安口 472

Hatakumi *s* 爪工 115

Hatamu *s* 幡文 2261

Hatanaka *s* 畑中 838, 畠中 1198

Hatano *s* 波田野 596, 波多野, 秦野 1202, 旗野 2093, 幡野 2261; *sp* 畑野 838 「治 596

～ Kanji *ml* 波多野完

Hatanosuke *ml* 将之助 1040

Hatasa *s* 畑佐 838

Hata Sahachirō *mh* 秦佐八郎 1202

Hatashi *s* 果之 770

Hatashō *p* 秦荘 1202

Hatasu *m* 果 770, 楳 1287, 毅 2351

Hatasumi *m* 秦誦 1202

Hata Toyokichi *ml* 秦豊吉

Hataya *s* 畑屋 838, 幡屋

Hatayama *s* 畑山 838

Hatayasu *s* 安口 472; *m* 果安 770

Hatayo *m* 二十世 4 (hato 鳩 1825, 鴿 2631)

Hatogai *s* 鳩貝 1825

Hatogaya *p* 鳩ケ谷

Hatoi *s* 鳩居

Hatoko *f* 鳩子

Hatori *s* 羽鳥 246, 服 618, 服部, 織部 2879

Hatoribe *s* 織部

Hatoyama *s* 八十八間 19; *sp* 鳩山 1825

～ Ichirō *mh* 鳩山一郎 (hatsu 八 19, 初 427, 泊

592, 発 953, 案 1178, 逸 1504, 肇 2222)
Hatsuda s 八太 19, 八田, 八多, 初田 427
Hatsugai s 初谷
Hatsugarasu l 初鴉
Hatsugi m 羽衝 246
Hatsugiku f 初菊 427
Hatsujirō m 初次郎
Hatsuka s 羽末 246
Hatsukade s 廿日出 102
Hatsukaichi p 廿日市
Hatsukaiwa s 廿日岩
Hatsukano s 初鹿野 427
Hatsukashi s 初束 246, 羽束志, 泥 594
Hatsukashibe s 泊橿部 592, 塑部 1492
Hatsuko f 初子 427, 肇子 2222
Hatsume m 初芽 427
Hatsumi s 初見; m 発身 953, 逸見 1504
Hatsune sl 初音 427
Hatsuo m 初伊
Hatsuoka s 初岡
Hatsuru m 果 770
Hatsuse sp 泊瀬 592; m 初瀬 427
Hatsushika s 初鹿
Hatsushima s 初島
Hatsutarō m 初太郎
Hatsuyama s 初山
Hatsuyuki la 初雪
Hatsuzawa s 初沢
Hatta s 八太 19, 八多, 初田 427, 弭田 1072; sp 八田 19
~ Motoo ml 八田元夫
~ Tomonori ml 八田
Hattō p 八東
Hattori s 神阪 853; sp 服部 618
~ Bushō m 服部撫松
~ Dohō ml 服部土芳
~ Motoharu ml 服部躬治 「南郭
~ Nankaku mh 服部
~ Naoto ml 服部直人
~ Ransetsu ml 服部嵐雪
~ Tatsu ml 服部達
~ Yoshika ml 服部嘉
(hau 這 1515) 「香
Hauta s 這田
Hawai p "Hawaii" 布哇 170; p 羽合 246

Hawaka s 葉若 1991
Haya s 芳養 480; m 俊 1409. (早 295, 夙 299, 迅 307, 快 372, 剣 1151, 隼 1230, 速 1237, 捷 1323, 敏 1409, 逸 1504, 粛 1528, 敬 1691, 頓 2115, 駛 2348)
Hayaatsu m 快温 372
Hayabusa s 隼 1230
Hayafuji s 早藤 295
Hayafune s 早船
Hayahiko s 迅彦 307, 逸彦 1504
Hayakawa sp 早川 295
~ Ikutada ml 早川幾 「忠
Hayakita p 早来
Hayako f 早子, 隼子 1230
Hayakumo s 早雲 295
Hayama s 吐山 242, 羽山 246, 早馬 295, 麓 2903; sp 葉山 1991; m 駛馬 2348, 驪 3008
~ Yoshiki ml 葉山嘉樹 1991
Hayami s 早水 295, 早見, 早速, 頓宮 2115; sm 速 1237, 速水; sm-p 速見
Hayanari m 早生 295; m 逸勢 1504
Hayano s 早野 295
Hayao s 早尾; m 速雄 1237, 捷郎 1323, 駛夫 2348, 駿 2763
Hayasaka s 早坂 295
Hayase s 早瀬, 迅瀬 307
Hayashi s 林 633; m 集 1230, 速 1237, 敏 1409, 駿 2763
Hayashibara s 林原 633
~ Raisei ml 林原来井
Hayashibe s 林部
Hayashida sp 林田
Hayashide s 林出
Hayashi Fumiko fl 林芙美子
~ Fusao ml 林房雄
~ Hisao ml 林久男
~ Jussai mh 林述斎
~ Keiko fl 林圭子
~ Kokei ml 林古渓
Hayashima sp 早島 295
Hayashi Mikaomi ml 林甕臣 633 「篤
~ Nobuatsu mh 林信

~ Razan mlh 林羅山
~ Senjūrō mh 林銑十
~ Shihei mh 林子平
~ Tatsuo ml 林達夫
Hayashiya s 林屋
Hayashi Yawara ml 林和
~ Yūzō mh 林有造
Hayashizaki s 林崎
Hayata s 早田 295, 隼太 1230
Hayatake s 早竹 295
Hayatarō m 隼太郎 1230
Hayato sm-p 隼人; m 勇人 908, 逸人 1504; m-f 速人 1237
Hayatsu s 早津
Hayayuki m 隼之 1230
Hayazaki s 早崎 295
Hayuka s 羽床 246, 羽牀
Hazama s 谷 449, 迫間 747, 狭間 790, 廻間 994, 峡 1078, 間 1822
Hazawa s 羽沢 246
Hazu sp 幡豆 2261
Hazuma s 弸間 1072, 弾間 1880 「羽積
Hazumi s 羽住 246; m (he 氏 223, 部 1418, 縘 (hebi 蛇 1387) 」2532)
Hebiguchi s 蛇口
Hebizuka s 蛇塚
Hegi s 枌 624 「平郡
Heguri s 平栗 203; sp (hei 丙 198, 平 203, 兵 499, 並 765, 坪 793, 炳 837, 柄 862, 陛 1307, 瓶 1388, 塀 1559, 斂 1686, 餅 2404, 幣 2414)
Heian m 平安 203
Heiankyō ph 平安京
Heibee m 平兵衛
Heichū l 平中
Heiemon m 平右衛門
Heihachi m 平八
Heihachirō m 平八郎
Heiichi m 平一
Heiji m-l 1159-60 平治
Heijirō m 平次郎
Heijō p "Pyongyang" 平壌
Heijōkyō ph 平城京
Heike l-h 平家

~ nyogo no shima la 平家女護島
Heikichi m 平吉
Heikodama s 平児玉
Heikyoku la 平曲
Heima s 平右馬
Heinai m 平内
Heinosuke m 平之助
Heisaburō m 平三郎
Heishi s 平氏, 瓶子 1388
Heishirō m 丙子郎 198, 平四郎 203
Heisuke m 平助
Heita m 平太
Heitarō m 平太郎
Heitsuji s 比叡辻 137
Heiuma s 平右馬 203
Heiwa p 平和
Heizaemon m 平左衛門
Heizō m 平蔵 「門
Heki s 戸来 59; sp 戸木, 日置 77; l 碧 2225. (辟 1919, 碧 2225, 僻 2254, 壁 2585)
Hekida s 日置田 77
Hekigotō ml 碧梧桐 2225 「集
Hekigyokushū l 碧玉
Hekikai p 碧海
Hekinan p 碧南
Hekobori s 背岬 957, 脊許 1212
Hemeden l 変旦伝 970
Hemura s 縘村 2532
Hen s 卞 84. (片 82, 辺 179, 変 970, 偏 1273, 遍 1805, 鞭 2752)
Henjō ml 遍昭 1805
Henmi s 辺見 179, 逸見 1504 「吉
~ Yūkichi ml 逸見猶
Henmura s 縘村 2532
Hentsū Karuizawa l 変通軽井茶話 970
Hera sp 平良 203
Herai s 戸来 59
Heri s 縁 2660
Hesaka s 部坂 1418
(heso 縘 2532)
Hesomura s 縘村
Heta p 戸田 59
Hetsuji s 戸衣
Hetsutsu s 平秩 203
Hi s 氷 140. (一 3, 干 26, 火 52, 日 77, 比 137, 氷 140, 丕 163, 妃 411, 彼 578, 披 582, 肥 617, 勅

651, 昆 945, 卑 976, 負 981, 飛 1014, 秘 1117, 毘 1195, 俾 1279, 菊 1451, 啓 1491, 陽 1567, 枈 1780, 斐 1781, 悲 1782, 碑 1908, 檓 2096, 鄙 2173, 榧 2291, 誹 2321, 綽 2529, 檜 ?624, 箆 2845, 靡 2857, 羆 2899)

Hiasa s 日浅 77
Hiba p 比婆 137
Hibana s 日鼻 77
Hibara s 肥原 617
Hibari s 雲雀 2027
Hibariyama la 雲雀山
Hibata s 樋畑 2299
Hibi s 日并 77, 日比
(hibiki 響 2981)
Hibikiyama s 響山
Hibino s 日比野 77
~ Shirō ml 日比野士
Hibiya sp 日比谷 ⌐朗
Hichisō p 七宗 17
Hida s 比田 137, 肥田 617, 飛田 1014, 飛弾, 檓多 2096, 樋田 2299 ; m 斐多 1781 ; ph 飛驒 1014
Hidai s 比田井 137
Hidaka sp 日高 77
~ Rokurō ml 日高六郎 ⌐一
~ Tadaichi ml 日高只
Hidaki s 肥田木 617
Hidano s 肥田野
Hidari Jingorō ma 左甚五郎 169
Hidase s 飛弾瀬 1014
Hide s 秀 726 ; m 禾 220 ; f 日出 77. (一 3, 之 24, 末 210, 次 226, 任 235, 成 322, 求 537, 寿 539, 幸 661, 英 693, 孝 725, 秀 726, 東 771, 品 916, 昆 945, 栄 969, 叔 1026, 毘 1195, 淑 1335, 毗 1354, 彬 1370, 胴 1937, 愛 2018, 愷 2071, 静 2145, 豪 2177, 標 2298, 統 2334, 衡 2450, 穎 2505, 綉 2531, 継 2539, 薫 2581, 穟 2728)
Hideaki m 英斌 693, 秀秋 726, 栄顕 969, 栄耀
Hidebumi m 秀文 726
Hidechika m 静衡 2145

Hidegorō m 英五郎 693
Hidehaya m 英早
Hidehiko m 英彦
Hidehiro m 英熙, 秀恕
Hidehisa m 秀能 ⌐726
Hideho m 秀伯
Hidei m 秀猪
Hideichi m 秀一
Hideji m 英二 693, 秀司 726, 秀次, 秀治
Hidejirō m 秀次郎
Hidekai m 秀穎 ⌐969
Hidekane m 秀宝, 栄懐
Hidekatsu m 秀一 726
Hidekazu m 栄一 969
Hideki m 秀来 726, 秀幹, 秀樹, 栄材 969
Hidekichi m 英吉 693, 秀吉 726
Hideko f 秀子, 昆子 945, 栄子 969, 綉子 2531
Hidekoto m 英肇 693
Hidemaro m 英麿
Hidemaru m 秀丸 726
Hidemasu m 秀剰
Hidemata m 秀俣
Hidematsu m 秀松
Hidemi m 英泉 693, 秀心 726, 秀実, 秀観
Hidemitsu m 秀光, 秀臣
Hidemochi m 秀用
Hidemori m 秀守
Hidemoto m 栄基 669
Hidenaga m 英脩 693
Hidenaka m 秀央 726
Hidenami m 秀並
Hidenari m 秀成
Hiden'in p 悲田院 1782
Hidenobu m 秀延, 秀進, 毘信 1195
Hidenori m 一孝 3, 日出雄 77, 寿軌 539, 穎則 2505
Hideo m 日出男 77, 日出雄, 英夫 693, 英男, 英雄, 秀夫 726, 秀伯, 秀雄, 東雄 771, 頴夫 1354, 豪夫 2177, 穎雄 2505
Hideoki m 秀発 726
Hideomi m 秀臣
Hideru m 英 693 ⌐726
Hidesaburō m 秀三郎
Hidesada m 秀完
Hidesane m 秀実
Hidesato m 秀聖

Hideshi m 秀, 秀司
Hideshige m 英薫 693
Hideshima s 英島 726
Hidesuke m 愷介 2071
Hidetada m 秀忠 726
Hidetaka m 英雄 693, 秀巁 726
Hidetake m 秀武
Hidetame m 英為 693
Hideteru m 秀煌
Hidetō mh 秀能
Hidetomi m 秀禧
Hidetora m 秀虎
Hidetoshi m 英敏 693
Hidetsugu m 英二, 秀次 726, 秀世
Hidetsune m 英寿 693, 秀典 726
Hidetsurumaru m 日出鶴丸 77
Hideya p 日出谷
Hideyasu m 秀康 726
Hideyo m 秀世
Hideyori m 秀頼
Hideyoshi m 秀吉, 秀兆 ⌐秀幸 726
Hideyuki m 英征 693, 秀行
Hidezō m 秀三, 秀造
Hie p 日吉 77. (稗 2123)
Hieda s 稗田
~ no Are ml 稗田阿礼
Hieizan p 比叡山 137
Hie Jinja p 日吉神社 77
Hienuki p 稗貫 2123
Hiezu p 日吉津 77
Hifu f 一二 3
Hifumi f 一二三
Hifuno f 一二野
(higa 僻 2254) ⌐言調
Higagoto shirabe l 僻
Higaki sla 檜垣 2624
Higano s 日向野 77
Higan-sugi made l 彼岸過迄 578
Higasa s 量 1997
Higashi s 千河岸 26 ; sp 東 771. (東)
Higashiango s 東安居
Higashi-asai p 東浅井
~ -awakura p 東粟倉
Higashibōjō s 東坊城
Higashi-chichibu p 東秩父
~ -chikuma p 東筑摩
Higashida s 東田

Higashidani s 東谷
Higashide s 東出
Higashidōri p 東通
Higashifushimi s 東伏見
Higashigawa sp 東川
Higashihara s 東原
Higashi-ibaraki p 東茨城
~ ichiki p 東市来
~ -iwai p 東磐井
~ -iyayama p 東祖谷
~ -izu p 東伊豆 ⌐山
~ -izumo p 東出雲
Higashijō s 東条 ⌐楽
Higashi-kagura p 東神
~ -kamo p 東加茂
~ -kanbara p 東蒲原
~ -kasugai p 東春日井
Higashikata s 東方
Higashi-katsushika p 東葛飾
Higashiko p 東子
Higashi-kubiki p 東頸城
Higashikuni p 東久邇
~ Naruhiko mh 東久邇稔彦 ⌐国東
Higashi-kunisaki p 東
~ -kushira p 東串良
~ -kutchan-kō l 東倶知安行
Higashikuze s 東久世
Higashima s 東島
Higashi-matsuura p 東松浦 ⌐山
~ -matsuyama p 東松
~ -mokoto p 東藻琴
~ -morokata p 東諸県
Higashimura s 東村
Higashi-murayama p 東村山
~ -muro p 東牟婁
~ -nada p 東灘
Higashinari s 東生 ; p 東成 ⌐瀬
Higashi-naruse p 東成瀬
Higashine p 東根
Higashino sp 東野
Higashi-nose p 東能瀬
Higashio s 東尾
Higashi-okitama p 東置賜
Higashionna s 東恩納
Higashi-rishiri p 東利尻
Higashisanjō s 東三条

Higashi-sefuri *p* 東背振　　「河
~ -shirakawa *p* 東白
~ -sonogi *p* 東彼杵
~ -sumiyoshi *p* 東住吉
~ -tagawa *p* 東田川
~ -takasu *p* 東鷹栖
~ -tonami *p* 東砺波
~ -tottori *p* 東鳥取
~ -tsugaru *p* 東津軽
~ -tsuno *p* 東津野
Higashiura *sp* 東浦
Higashi-usuki *p* 東臼杵
~ -uwa *p* 東宇和
Higashiyama *p* 東山
~ -dono no sakura no iromaku *la* 東山殿花五彩幕　　「東山梨
Higashi-yamanashi *p*
Higashiyama sakura sōshi *la* 東山桜荘子
Higashi-yatsushiro *p* 東八代　　　　「川
~ -yodogawa *p* 東淀
Higashioka *p* 東与賀
Higashi-yoshino *p* 東吉野
~ yuri *p* 東由利
Higashizono *s* 東園
Higata *p* 干潟 26
Higawa *s* 樋川 2299
(hige 髯 2580, 髭 2697, 鬚 2973)　　　　「2580
Higokurō *m* 鼻ノ児郎
Higeno *s* 髭野 2697
Higeta *s* 日下田 77
Higetsugu *m* 鬚継 2973
Higo *s* 比護 137; *sph* 肥後 617　　　「1781
Higochika *m* 婁後前
Higuchi *s* 樋口 2299
~ Ichiyō *fl* 樋口一葉
~ Ryūkyō *ml* 樋口龍峡　　　　「2899
Higuma *s* 樋熊; *m* 羆
Higurashi *s* 日夜 77, 日暮　　　「l 向日葵 312
Higuruma *s* 氷車 140;
Higusa *s* 日種 77
Higyō *l* 秘漁 1117
Hihara *s* 日原 77
Hiigawa *p* 斐伊川 1781
Hiiki *s* 日益 77
(hiiragi 柊 860)
Hiiro *s* 日色 77

Hiizu *m* 禾 220, 秀 726
Hiizuru *m* 穟 2728
Hiji *s* 塩 1492; *p* 日出 77. (一ろ, 土 42, 肱 844)
Hijikata *s* 一方 3, 土方 42, 土形; *m* 土堅
~ Teiichi *ml* 土方定一
Hijikawa *p* 肱川 844
Hijiki *s* 飛鋪 1014
Hijimaro *m* 土麻呂 42
Hijinoya *s* 泥谷 594
(hijiri 聖 2030)
Hijirimaru *mh* 聖丸
Hijiri yūkaku *l* 聖遊廓
Hijitsuki *s* 肆槻 1919
Hijiwara *s* 土原 42
Hijiya *s* 日出谷 77, 泥谷 594
Hijiyama *s* 日出山 77
Hika *s* 比嘉 137, 伸加 1279
Hikaka *m* 日香蚊 77
Iikami *p* 氷上 140
Hikari *m* 氷 281
Hikaru *m* 光 281, 炐 294, 玄 522, 晃 1189, 皓 1639, 煌 1874A, 輝 2499, 璘 1618
~ Genji *lm* 光源氏 281
Hikasa *s* 日笠 77
Hikata *s* 稗方 2123
Hikawa *p* 氷川 140; *s* 斐川 1781, 簸川 2845
Hikawagishi *s* 干河岸 26
Hiketa *sp* 引田 144
Hiki *s* 日置 77; *sp* 比企 137. (引 144, 疋 166, 匹 187, 卒 732, 牽 2028)
Hikida *s* 比喜田 137, 引田 144, 疋檀 166, 匹田 187, 匹壇
Hikigawa *p* 日置川 77
Hikimi *p* 匹見 187
Hikino *s* 疋野 166
Hikita *s* 疋田 166, 匹他 187
Hikitani *s* 卒溪 732
Hikiwada *s* 疋和田 166
Hiki Yoshikazu *mh* 比企能員 137
Hiko *m* 彦 1007. (士 41, 久 45, 彦 1007, 良 767, 彦 1007, 孫 1540)
Hikoaki *m* 彦昴 1007
Hikobe *m* 彦部
Hikoda *s* 彦田
Hikoe *m* 彦衛

Hikohimeshiki *l* 孫姫式 1540
Hikohyō *m* 彦兵 1007
Hikoichi *m* 彦一
Hikoishi *m* 彦石
Hikojirō *m* 彦次郎
Hikokubo *s* 彦久保
Hikokurō *m* 彦九郎
Hikoma *m* 彦馬
Hikomatsu *m* 彦松
Hikonahito *s* 孫名人 1540
Hikone *sp* 彦根 1007
Hikonushi *s* 孫主 1540
Hikosaburō *m* 彦三郎
Hikosaka *s* 彦坂 　「1007
Hikosuke *m* 彦助
Hikotada *m* 彦士
Hikotari *m* 士十 41
Hikoya *s* 彦家 1007
Hikozō *m* 彦三
(hiku 渥 1856, 攀 2851)
Hikuma *sp* 日前 77
Himatsuri *s* 日祀 77, 日杢
Hime *f* 媛 1868. (妃 411, 姫 1358, 媛 1868)
Himeda *s* 姫田 1358
Himedo *p* 姫戸
Himeji *p* 姫路
Himeko *f* 姫子; *fh* 卑弥呼 976
Himeno *s* 姫野 1358
Himeshima *p* 姫島
Himetone *f* 命締 671
Himi *p* 氷見 140
Himiko *fh* 卑弥呼 976
Himuka *m* 日向 77
Himuro *sla* 氷室 140
(hin 品 604, 品 916, 浜 1070, 彬 1370, 貧 1498, 斌 1590)
(hina 夷 535, 鄙 2173, 毬 2728, 雛 2888)
Hinada *s* 日南田 77, 雛田 2888
Hinade *s* 火撫 52
Hinaga *s* 日永 77, 飛永 1014
Hinagata *s* 雛形 2888
Hinai *sp* 比内 77
Hinaka *s* 日中 77
Hinaki *m* 雛亀 2888
Hinako *s* 日名子 77; *f* 比勿子 137, 雛子 2888
Hinamaro *m* 夷麿 535
Hinameshi *mh* 日並知 77

Hinamori *sp* 夷守 535
Hinase *sp* 日生 77
Hinashi *s* 極月晦 1896
Hinata *s* 日南田 77; *sm-p* 日向
Hinatano *s* 日向野
Hinatsu *s* 日夏
~ Kōnosuke *ml* 日夏耿之介
Hinauta *m* 鄙唄 2173
Hinaya *s* 雛屋 2888
Hinazu *s* 火撫 52
Hine *s* 日根 77　　「137
Hinekazura *s* 比尼縵
Hineno *s* 日根野 77
Hino *s* 火野 52, 樋野 2299; *sp* 日野 77
~ Ashihei *ml* 火野葦平 52
Hinode *sp* 日ノ出 77
Hinodejima *l* 日の出島
Hinoe *m* 丙 198　　「2624
Hinoemata *p* 檜枝岐
Hinohara *p* 檜原
Hinokage *m* 日之影 77
Hinokawakami *l* 簸川上 2845, 簸河上
Hinoki *s* 檜 2624
Hinokuchi *s* 樋口 2299
Hinokuma *s* 日前 77, 樋前 2299, 檜前 2624, 檜隈
Hinomizu *s* 日野水 77
Hinonishi *s* 日野西
Hinoshima *s* 日野島
Hino Sōjō *ml* 日野草城
~ Suketomo *mh* 日野資朝　　　「子
~ Tomiko *fh* 日野富
Hinpuron *l* 貧窮論 1498
Hinuma *s* 日沼 77, 樋
Hio *s* 日尾 77　「沼 2299
Hioki *s* 日沖 77; *sp* 日置
Hiomi *s* 一二三 3
Hira *s* 平和 77, 比良 137, 平 203. (永 149, 行 245, 旬 301, 成 322, 位 354, 均 387, 夷 535, 坦 574, 披 582, 枚 430, 英 693, 勃 896, 迪 1001, 挙 1207, 救 1406, 啓 1491, 開 1821, 数 2169, 敷 2355, 衡 2463)
Hirabara *s* 平原 203
Hirabayashi *s* 平林
~ Hatsunosuke *ml* 平林初之助

~ Hyōgo *ml* 平林彪吾
Hirabe *s* 平部
Hiradaira *s* 平平
Hirade *s* 平手, 平出
Hirado *sp* 平戸
Hirafu *m* 比羅夫 137
Hirafuku *s* 平福 203
~ Hyakusui *mla* 平福百穂
Hiraga *sp* 平賀
~ Gennai *mlh* 平賀源内 「元義
~ Motoyoshi *ml* 平賀
(hiragi 柊 860)
Hiragiya *s* 柊屋
Hirahara *s* 櫟原 2963
Hirahata *s* 平畑 203
~ Seitō *ml* 平畑静塔
Hirai *s* 平井, 飛来 1014
~ Banson *ml* 平井晩村 203
Hiraide *s* 平井出, 平出
~ Shū *ml* 平出修
Hiraishi *s* 平石
Hiraiwa *s* 平岩, 平巌
Hiraizumi *sp* 平泉
Hiraka *sp* 平鹿; *m* 平瓮
Hirakata *s* 平方, 平形; *sp* 枚方 630
Hirakawa *sp* 平川 203
Hiraki *s* 平木, 平城; *m* 啓 1491, 開 1821. (開)
~ Hakusei *ml* 平木白星 203 「六
~ Niroku *ml* 平木二
Hirako *sf* 平子
Hirakō *s* 平光
Hiraku *m* 拓 586, 発 953, 通 1239, 啓 1491, 啓久, 開 1821, 豁 2667, 墾 2702
Hirakubo *s* 平久保 203
Hirakuni *s* 平郡
Hirakuri *s* 平栗
Hirakushi *s* 平櫛
Hirama *s* 平間
Hiramaro *m* 日良麿 77, 比良麿 137
Hiramatsu *s* 平松 203
Hirame *s* 平目
Hirami *s* 平見
Hiramine *s* 平峯
Hiramitsu *sm* 平光
Hiramori *sm* 平森; *m* 平林
Hiramoto *s* 平元, 平本
Hiranai *p* 平内
Hirano *s* 比良野 137, 平野 203, 枚野 630 「203
~ Banri *ml* 平野万里
~ Ken *ml* 平野謙
~ Kuniomi *mh* 平野国臣 「宣紀
~ Nobunori *ml* 平野
Hiranori *m* 平昇
Hiranuma *s* 平沼
~ Kiichirō *mh* 平沼騏一郎
Hirao *s* 平尾, 平保; *sp* 平生; *m* 平夫
Hiraoka *s* 平岡; *sp* 枚岡 630
Hiraomi *m* 夷臣 535
Hirasa *s* 平佐 203
Hirasaka *s* 平坂
Hirasawa *s* 平沢
~ Keishichi *ml* 平沢計七
Hirase *s* 平瀬
Hirashima *s* 平島
Hirata *s* 辟田 1919; *sp* 平田 203, 枚田 630
~ Atsutane *ml* 平田篤胤 「三郎
~ Jisaburō *ml* 平田次
~ Tokuboku *ml* 平田禿木
Hirate *s* 平手
Hirato *s* 平戸
Hiratomi *s* 平富
Hirato Renkichi *ml* 平戸廉吉
Hiratori *sp* 平取
Hiratsuka *sp* 平塚
~ Haruko *fh* 平塚明子
Hirauchi *s* 平内
Hirawa *s* 平和
Hirawatari *s* 平渡
Hiraya *sp* 平谷
Hirayama *s* 平山
~ Rokō *ml* 平山蘆江
Hirayanagi *s* 平柳
Hirayoshi *s* 衡能 2450
Hirazumi *s* 平住 203
Hiro *s* 広 316; *m* 門 601; *f* 泱 589, 綽 2529. (口 29, 丈 36, 大 48, 戸 59, 丑 99, 太 105, 仭 122, 外 139, 氾 143, 礼 146, 公 156, 丕 163, 央 182, 四 188, 汎 249, 先 280, 光 281, 広 316, 泛 395, 汪 401, 弘 410, 助 431, 谷 449, 完 471, 芼 476, 玄 522, 坦 574, 披 582, 拓 586, 泱 589, 門 601, 明 623, 官 672, 宏 674, 宗 679, 昊 711, 衍 786, 拡 799, 拾 802, 恢 806, 洪 811, 洸 813, 洞 821, 洋 822, 弥 832, 胖 843, 祖 850, 郊 888, 勃 896, 宥 918, 栄 969, 厚 985, 彦 1007, 倶 1028, 浩 1068, 容 1182, 泰 1203, 野 1398, 郭 1417, 郁 1419, 曼 1457, 恕 1483, 啓 1491, 展 1501, 博 1534, 孫 1540, 測 1578, 皖 1639, 裕 1645, 転 1656, 敞 1688, 敬 1691, 尋 1705, 衆 1762, 景 1764, 普 1792, 達 1810, 滉 1848, 溥 1852, 漠 1853, 淵 1858, 解 1923, 紘 1949, 寛 1977, 豊 2013, 僩 2054, 演 2079, 碩 2116, 嘉 2184, 廓 2239, 聞 2244, 播 2259, 潤 2277, 勲 2407, 熙 2409, 衡 2450, 衛 2452, 綽 2529, 熹 2560, 熈 2583, 優 2599, 濶 2611, 鴻 2614, 緩 2659, 豁 2667, 厳 2706, 闊 2710, 簡 2788, 曠 2796)
Hirō *s* 平生 203, 拾 802
Hiroaki *sm* 泰右 1203; *m* 弘亨 410, 弘明, 弘耿, 拓章 586, 野口 1398, 博彣 1534
Hirobe *s* 広部 316
Hirobumi *m* 弘記 410, 博文 1534
Hiroe *s* 広江 316; *f* 宏枝 674, 洸江 813, 測江 1578
Hirofumi *m* 碩文 2116
Hirohara *s* 広原 316
Hiroharu *m* 弘玄 410
Hirohashi *s* 広橋 316; *sm* 広端 「広鰭
Hirohata *s* 広畑, 広幡,
Hirohide *m* 汎秀 249, 博英 1534, 熙栄 2409
Hirohisa *m* 裕弥 1645
Hirohito *m* 礼云 146, 裕仁 1645 「広矛
Hirohoko *m* 広戈 316,
Hiroi *s* 広井; *sm* 広居
Hiroichi *m* 弘一 410
Hiroichirō *m* 広一郎 316, 弘一郎 410
Hiroie *m* 弘家
Hirojirō *m* 広次郎 316
Hirokage *m* 熙景 2409
Hirokami *p* 広神 316
Hirokata *m* 広斥, 弘毅 410
Hirokatsu *m* 門勝 601
Hirokawa *sp* 広川 316
Hiroke *f* 展狂 1501
Hiroki *s* 広木 316; *m* 啓喜 1491
Hirokichi *m* 広吉 316
Hirokitsu *s* 尋来津 1705
Hirokiyo *m* 弘精 410, 厳浄 2706
Hiroko *f* 大子 48, 氾子 143, 央子 182, 光子 281, 泛子 395, 汪子 401, 完子 471, 芼子 476, 拾子 802, 恢子 806, 宥子 918, 浩子 1068, 郭子 1417, 恕子 1483, 皓子 1639, 裕子 1645, 敞子 1688, 景子 1764, 普子 1792, 解子 1923, 熙子 2409, 熈子 2583, 濶子 2611, 緩子 2659, 闊子 2710, 簡子 2788
Hirokore *m* 広惟 316
Hirokuni *m* 広国, 博邦 1534, 播州 2259
Hiromatsu *s* 広松 316
Hirome *m* 広人, 弘 410, 弘馬
Hiromi *m* 広相 316, 弘視 410, 弘毅, 寛申 1977, 潤身 2277; *p* 広見 316
Hirōmi *sm* 広海, 浩洋 1068
Hiromichi *m* 丕道 163, 広通 316, 広道, 弘逵 410, 豁通 2667
Hiromitsu *m* 弘光 410, 拡充 799
Hiromo *m* 光雲 281
Hiromori *m* 広守 316, 容盛 1182
Hiromoto *m* 広元 316, 博林 1534
Hiromu *m* 弘 410, 坦 574, 拡 799, 洋六 822, 恕 1483, 啓 1491, 博 1534, 熙 2409, 熈 2583
Hiromura *m* 弘邑 410
Hiromushi *m* 広虫 316
Hironaga *m* 広大

(hishi 菱 1449)
Hishida s 菱田 「草
~ Shunsō ma 菱田春
Hishie f 菱江 「刈
Hishikari s 菱苅 ; p 菱
Hishikawa s 菱川
~ Moronobu ma 菱川
師宣
Hishiki s 蕣木
Hishima s 飛島 1014
Hishimura s 菱村 1449
Hishinuma s 菱沼
Hishitani s 菱谷
Hishiya s 日出谷 77, 菱
屋 1449, 熊取谷 2410,
羆取谷 2899
Hishiyama s 菱山 1449
~ Shūzō ml 菱山修三
Hisoka m 密 1713
Hisomu m 比曾牟 137,
潜 2272
Hita s 飛鳴 1014 ; p 日
田 77. (牽 2028)
Hitachi m 日立 77 ; ph
常陸 1463 「国
Hitachinokuni ph 常陸
~ no fudoki l 常陸国
風土記
Hitachi Ōta p 常陸太
Hitaka m 氷高 140
Hitani s 日谷 77
Hitarashi s 日夜
Hito m 人 14, 比登 137,
比等. (一 3, 人 14, 士
41, 仁 57, 他 129, 云
147, 公 156, 収 183, 仙
228, 民 333, 兵 499, 侍
559, 即 648, 者 769, 客
917, 倫 1037, 翁 1430,
寛 1977, 儒 2432)
Hitō p "Philippines"
比島 137
Hitoe f 仁江 57
Hitokabegawa p 人首
川 14
Hitokami m 人上
Hito ka oni ka l 人耶
鬼耶
Hitoki m 一木 3
Hitokoe m 一声
Hitokure l 一塊
Hitomaro m 人丸 14, 人
麻呂, 人麿
~ eigu l 人丸影供
Hitomaru s 一円 3
Hitomatsu s 一松
Hitomi s 一見, 人見 14 ;

m 一視 3, 眸 1636 ; f
瞳 2630 「14
~ Tōmei ml 人見東明
Hitona m 人名
Hitoo s 人尾 ; m 仁雄
Hitora s 人羅 「57
Hitori s 倭 1283
Hitorigoto l 独言 788
Hitoshi m 一 3, 人 14,
仁 57, 仁志 , 匀 72, 又
86, 与 101, 平 203, 伍
229, 同 298, 匂 301, 均
387, 和 638, 斉 701, 恒
809, 倫 1037, 将 1040,
陸 1312, 斎 1454, 斌
1590, 釣 1674, 欽 1678,
等 1770, 雅 1913, 舜
2017, 準 2041, 精 2131,
結 2151, 衡 2450, 徹
2451, 整 2581, 疇 2799.
(等 1770)
Hitoshiko f 等子 「57
Hitosugi s 一杉 3, 仁杉
Hitotsubashi sp 一橋 3
Hitotsugi s 一木
Hitotsuyanagi s 一柳
Hitowa s 人磐 14
Hitoyoshi p 人吉
(hitsu 必 120, 匹 187, 尋
1705, 筆 1769, 弼 2092,
謐 2637A) 「210」
Hitsuji l 日未 77. (未
Hitsujiko f 未子
Hiuke s 日生下 77
Hiun l 飛雲 1014
Hiura s 日浦 77, 樋浦
2299 「和 137
Hiwa s 上神 47 ; sp 比
Hiwada sp 日和田 77
Hiwaki p 樋脇
Hiwasa s 日和佐 77
Hiwatari s 樋渡 2299
(hiya 冷 349)
Hiyakawa s 冷川
Hiyama s 日山 77, 樋山
2299 ; sp 檜山 2624
Hiyamada s 檜山田
Hiyamuda s 冷牟田 349
Hiyoki s 日能 77
Hiyori s 日和
Hiyorimi m 日和見
Hiyoshi s 日新, 日義 ;
sp 日吉 ; m 日英, 陽
吉 1567
(hiza 膝 2281)
Hizakurige l 膝栗毛
Hizen ph 肥前 617

Hizennokuni ph 肥前
国 「風土記
~ no fudoki l 肥前国
Hizono s 檜園 2624
Hizuka s 飛塚 1014
Hizume s 二十九日 4,
十二月晦日 18, 日詰
77, 極月晦 1896, 樋爪
2299
(肥 火 52, 甬 170, 帆 151,
伯 363, 甫 533, 歩 694,
秀 726, 保 781, 庸 1068,
畝 1142, 部 1418, 補
1644, 葡 1724, 葆 1726,
蒲 1993, 輔 2133, 鄗
2186, 穂 2308, 舗 2340,
頗 2503)
Hō s 鳳 2233, 鴇 2280. (方
85, 包 218, 邦 417, 芼
476, 芳 480, 抱 584, 彷
606, 朋 616, 防 619, 房
658, 宝 676, 苞 688, 奉
717, 保 781, 法 824, 祝
851, 封 846, 峰 1318, 縫
1318, 峰 1351, 逢 1516,
傍 1538, 棚 1625, 飽
1655, 報 1667, 紡 1681,
彭 1693, 葉 1726, 喰
1832, 滂 1850, 蜂 1921,
豊 2013, 飽 2165, 蓬
2195, 鳳 2233, 鴇 2280,
鋒 2339, 褒 2519, 髮
2556, 薫 2567, 篷 2689,
縫 2746, 鵬 2795)
Hōan s 法安 824 ; 1120–
24 保安 781
Hoashi s 帆足 239
~ Banri mh 帆足万里
Hoatsume s 穂集 2308
Hobara p 保原 781
Hobe s 凡部 37
Hobetsu p 穂別 2308
Hobo s 保母 781, 保保
Hōbutsushū l 宝物集
676
(hochi 祓 1125, 畩 1354)
Hochina s 保知名 781
Hoda s 保田 「2308
Hodani s 保谷, 穂谷
Hodate s 保立 781
(hodo 高 1163, 程 1641,
2215)
Hodogaya s 程ケ谷
1641 ; p 保土ケ谷 781
Hodojima s 程島 1641
Hodokosu m 忠 705, 施
831

Hodoo m 節男 2215
Hodota s 程田 1641
Hodotsuka s 程塚
Hōei 1704–11 宝永 676
Hōen 1135–41 保延 781
Hōga s 法元 824
Hogara m 朗 1394
Hogari s 穂苅 2308, 保
刈 781
Hogawa s 侶川
Hōgen l 1156–59 保元
Hōgetsu ml 抱月 584
Hogi s 言 439. (寿 539)
Hogura sm 秀倉 726
Hohe s 穂甕 2308
Hōhei m 鳳平 2233
Hōhoku p 豊北 2013
Hoi s 穂井 2308 ; p 宝飯
Hōichi m 宝一 「676
Hoida s 穂井田 2308
Hōitsu m 蓬伍 2195
Hōji s 傍士 1538 ; 1247–
49 宝治 676
~ ninen hyakushu l
宝治二年百首
Hōjiro sp 喰代 1832
Hōjō s 宝性 676 ; sp 北
条 138 ; p 方城 85
~ Akitoki mh 北条顕
時 138 「606
Hōjōgawa la 放生川
Hōjō Hideji ml 北条秀
司 138
Hōjōji sp 法城寺 824
Hōjōki l 方丈記 85
Hōjō Makoto ml 北条
誠 138 「子
~ Masako fh 北条政
~ Masamura mh 北条
政村 「元一
~ Motokazu ml 北条
~ Sanetoki mh 北条実
時 「重時
~ Shigetoki mh 北条
~ Sōun mh 北条早雲
~ Takatoki mh 北条
高時
~ Tamio ml 北条民雄
~ Tokifusa mh 北条
時房 「時政
~ Tokimasa mh 北条
~ Tokimune mh 北条
時宗 「時頼
~ Tokiyori mh 北条
~ Tokiyuki mh 北条
時行 「政
~ Ujimasa mh 北条氏

~ Ujitsuna *mh* 北条氏綱
~ Ujiyasu *mh* 北条　「康
~ Yasutoki *mh* 北条泰時　　　　「義時
~ Yoshitoki *mh* 北条
(hoka 外 139)
Hōka *s* 芳香 480
Hōkabe *s* 伯伯部 363, 波波伯 596, 波波伯部, 波波泊部　　「139
Hokanosuke *m* 外之助
Hokaru *s* 靫連 1694
Hokasaburō *m* 外三郎 139
Hōkazō *la* 放下僧
Hokazono *s* 外薗 139
Hokekyō *lh* 法華経 824
~ gisho *l* 法華経義琉
Hoki *s* 甫鬼 533, 保木 781, 喧 1047, 浦鬼 1067, 補鬼 1644
Hōki *s* 法貴 824, 傍木 1538, 蝮木 2805 ; *ph* 伯伎 363, 伯耆 ; 770-80 宝亀 676
Hōkiichi *m* 保己一 781
Hōkiwara *s* 伯耆原 363
Hokiyama *s* 甫喜山 533
Hokkaidō *p* 北海道 138
Hokkeji *s* 法花寺 824
Hokkekyō *lh* 法華経
Hokkitsu *p* 北橘 138
(hoko 戈 108, 矛 150, 槍 2100, 鋒 2339, 鉾 2342)
Hokoda *p* 鉾田
Hokoko *f* 鋒子 2339, 鉾子 2342
Hokoo *m* 矛雄 150
(hoku 北 138, 副 1428, 蔔 2188)
Hokubei *p* "N. America" 北米 138
Hokubō *p* 北房
Hokubu *p* 北部
Hokudan *s* 北淡
Hokugō *sp* 北郷
Hokura *s* 保倉 781
Hokurikudō *p* 北陸道
Hokuryū *p* 北竜　　「138
Hokusai *ma* 北斎
Hokusei *s* 北星
Hokusen *p* "N.Korea" 北鮮
Hokushi *ml* 北枝
Hokutsu *s* 補脰 1644
Homa *s* 保間 781

Hōman *s* 宝満 676
Homare *m* 誉 2010
Homaru *m* 誉
Homi *s* 保見 781
Homiki *m* 秀幹 726
(homu 誉 2010, 賞 2377)
(hon 本 212, 品 916, 誉 2010, 幡 2261)
Honade *s* 火撫 52
Honai *p* 保内 781
Honake *s* 火撫 52
Honami *s* 穂波 2308
Hon'ami *s* 本阿弥 212
~ Kōetsu *ma* 本阿弥光悦
Honbetsu *p* 本別
Honchō *s* 本蝶
~ Kaikeizan *l* 本朝会稽山
~ monzui *l* 本朝文粋
~ mudaishi *l* 本朝無題詩　　「十四孝
~ nijūshikō *l* 本朝二
~ ōin hiji *l* 本朝桜陰比事
~ shoseki mokuroku *l* 本朝書籍目録
~ reisō *l* 本朝麗藻
Honda *s* 本田, 本多 ; *sm* 誉田 2010　　「212
~ Akira *ml* 本多顕彰
~ Kiyoji *ml* 本田喜代治　　　　「太郎
~ Kōtarō *mh* 本多光
~ Shuchiku *ml* 本田種竹
~ Shūgo *ml* 本多秋五
~ Toshiaki *mh* 本多利
Hondo *sp* 本渡　　「明
Hondō *s* 本堂, 本道, 本
(hone 骨 1213)　　「藤
Honekawa *la* 骨皮
Hōnen *mlh* 法然 824
Hongawa *m* 本川 212
Hongō *s* 北郷 138, 本江 212 ; *sp* 本郷
Hongū *p* 本宮
Hon'inbō *sm* 本因坊
Honji *ph* 本治 916, 品遅
Honjibe *s* 品遅部
Honjo *s* 本所 212
Honjō *sp* 本庄, 本城, 本荘, 本匠　　「男
~ Mutsuo *ml* 本庄陸
Honkawane *p* 本川根

Honkon *p* "Hongkong" 香港 961
Honma *s* 本間 212
~ Hisao *ml* 本間久雄
~ Yuiichi *ml* 本間唯
Honme *s* 本目　　「一
Honmoku *s* 本目, 本牧
Honmura *s* 本村
Honna *p* 本名
Honnō *sp* 本納
Honobe *s* 保延 781
Hōnoki *s* 朴木 255
Honomi *s* 穂樸 2308
(honoo 炎 697)
Honoo no hito *la* 炎の人　　　　　「239
Honosuke *m* 帆之助
Honsaki *s* 本咲 212
Honshuku *s* 本宿
Hon'ya *s* 千屋 44
Hon'yabakei *p* 本耶馬渓 212
Honzawa *s* 本沢
Honzu *s* 誉津 2010
Hooka *s* 保岡 781　　「824
Hōōtaisetsu *l* 法王帝説
Hora *s* 蕃良 2371. (秀 726, 洞 821)
Horado *p* 洞戸
Horage *s* 洞下
Horaguchi *s* 洞口
Hōrai *s* 宝来 676 ; *p* 鳳来 2233 ; *lp* 蓬莱 2195
~ no kyoku *l* 蓬莱曲
Hōreki 1751-64 宝暦 676
Hori *s* 保利 781, 堀 1847, 壕 2603, 濠 2610. (彫 1412, 堀 1847, 壕 2603)
Hōri *s* 祝部 851
Horiba *s* 堀場 1847
Horibe *s* 堀部
Horidome *s* 堀留
Horie *s* 堀江
Horifuji *s* 堀藤
Horigome *s* 堀込, 堀米
Horiguchi *s* 堀口
~ Daigaku *ml* 堀口大
Horii *s* 堀井　　「学
Horiike *s* 堀池
Horikane *p* 堀金
Horikawa *s* 堀川 ; *smh* 堀河
~ -in hyakushu *l* 堀河院百首
~-~ kesōbumi awase *l* 堀河院艶書合

Horiki *s* 本力 212, 堀木 1847
~ Katsuzō *ml* 堀木克　　　　「三
Horikiri *s* 堀切
Horikita *s* 堀北
Horikome *s* 堀籠
Horikoshi *s* 堀越, 壕越 2603
~ Saiyō *ml* 壕越菜陽
Horime *s* 堀米 1847
Horimonoya *s* 彫物屋 1412
Horimoto *s* 堀本 1847
Horimura *s* 堀村
Horinaga *s* 堀永
Horinaka *s* 堀中
Horinishi *s* 堀西
Horino *s* 堀野　　「堀内
Horinouchi *s* 堀ノ内,
Horinoya *s* 堀谷
Horio *s* 堀尾
Horioka *s* 堀岡
Hori Tatsuo *ml* 堀辰雄
Horiuchi *s* 堀内
~ Michitaka *ml* 堀内通孝　　　　「屋
Horiya *s* 堀谷, 堀家, 堀
Horiyama *s* 堀山
Horizawa *s* 堀沢
Horizu *s* 堀津
(horo 洞 821, 幌 1833)
Horoizumi *p* 幌泉
Horokanai *p* 幌加内
Horonobe *p* 幌延
Horouchi *s* 洞内 821
Hōryaku 1751-64 宝暦 676
Hōryūji *p* 法隆寺 824
Hosa *s* 保佐 781
Hosaka *s* 保坂, 蒲坂 1993, 穂阪 2308, 穂坂
Hōseidō Kisanji *ml* 朋誠堂喜三二 616
Hoshi *s* 保志 781, 星 946. (斗 70, 星 946, 参 978)
Hōshi *s* 法示 824
Hoshida *s* 星田 946
Hoshifu *s* 穂保 2308
Hoshii *s* 星井 946
Hoshijima *s* 星島
Hoshikabuto Goban Tadanobu *la* 兜碁盤忠信 1800
Hoshikawa *s* 星川 946
Hoshiko *f* 星子
Hoshikura *s* 星倉
Hōshin *s* 薫信 2567

Hoshina s 保科 781, 星名 946 「正之 781
~ Masayuki mh 保科
Hoshino sp 星野 946
~ Bakujin ml 星野麦人 「助
Hoshinosuke m 星之
Hoshino Tatsuko fl 星野立子 「知
~ Tenchi m 星野天
Hoshi no uta l 星歌
Hoshio m 星郎
Hoshi otsu shūfū go-jōgen l 星落秋風五丈原
Hoshito s 星戸
Hoshi Tōru mh-la 星谷 「亨
Hoshiya s 星谷
Hoshi yadoru tsuyu no tamagiku la 星舎露玉菊
Hoshiyama s 星山
Hoshizawa s 星沢
Hōshō s 円満 78, 円満井, 宝正 676, 宝生
Hōshōdan s 円満団 78
Hōshuyama p 宝珠山 (hoso 細 1958) 「676
Hōso l 彭祖 1693
Hosoai s 細合 1958
Hosobori s 細堀
Hosobuchi s 細淵
Hosoda s 細田
~ Genkichi ml 細田源吉
~ Tamiki ml 細田民 「樹
Hosodo s 細戸
Hosoe p 細江
Hosogai s 細貝
Hosogoe s 細越
~ Kason ml 細越夏村
Hosoi s 細井

~ Gyotai ml 細井魚袋
Hosoiri p 細入
Hosoi Wakizō mlh 細井和喜蔵
Hosojima s 細島
Hosokawa s 細川
~ Katsumoto mh 細川勝元 「重賢
~ Shigetaka mh 細川
~ Yoriyuki mh 細川頼之
~ Yūsai ml 細川幽斎
Hosokaya s 細萱
Hosoki s 細木
Hosokura s 細倉
Hosomi s 細見
Hosomura s 細村
Hosonami s 細浪
Hosone s 細根
Hosono s 細野
Hosonoya s 細谷
Hosonuma s 細沼
Hosooka s 細岡
Hosotani s 細渓
Hosotsuji s 細辻
Hosouchi s 細内
Hosoya s 細矢, 細谷, 細屋
~ Genji ml 細谷源二
Hosoyama s 細山
Hosozawa s 細沢
Hosshin wakashū l 発心和歌集 953
Hosshinshū l 発心集 (hosu 干 26)
Hōsui m 芳水 480
Hosuto s 法師人 824
Hota s 程田 1641
Hōta s 遭田 1515
Hotaka p 穂高 2308
Hōtaku p 飽託 2165
Hotaru m 煩垂 2503

Hotchi s 発地 953, 発智
Hotei sp 布袋 170
Hoten p "Mukden" 奉天 717
Hotoda s 保土田 781, 保戸田
Hotogi s 仏木 128
Hotoke f 仏
~ no hara la 仏原
Hotokorojima s 壌島 2602 「676
Hōtoku 1449-52 宝徳
Hotori sm 辺 179
Hototogisu l 不如帰 94
~ kojo no rakugetsu la 沓手鳥孤城落月 698 「953, 畋 1354)
Hotsu s 保津 781. (発
Hotta s 発田 953, 堀田 1847 「丁俊
~ Masatoshi mh 堀田
~ Masayoshi mh 堀田正睦
~ Yoshie ml 堀田善衛
Hoya s 梅干 1374
Hōya p 保谷 781
Hoyama s 帆山 239
Hōzawa s 杜沢 423
Hōzōin s 宝蔵院 676
(hozu 上 47, 末 211, 秀 726)
Hozue sm-f-p 上枝 47 ; m-f 秀枝 726 ; f 末枝 211 「秀真
Hozuma s 秀吉 726 ; sm
Hozume s 穂積 2308
Hozumi s 八月一日 19, 八月晦日, 八月朔日, 八朔, 秀積, 保津美 781, 保生, 秀積, 穂積 2308 ; sm 秀実 726 ; sm-p 穂積

~ Kiyoshi ml 穂積忠
~ Nobushige mh 穂積陳重 「宮 19
Hozumiya s 八月一宮
Hozunomiya s 八月一日宮 「碧 2225)
(hyaku 百 265, 辟 1919, Hyakugaku renkan l 百学連環 265
Hyakuhana s 百花
Hyakukien l 百鬼園
Hyakuman la 百万
Hyakunin isshu l 百人一首 「首燈
~ ~ akashi l 百人一
~ ~ kaikanshō l 百人一首改観抄
Hyakutake s 百武
Hyakutarō m 百太郎
Hyakuzō m 百三
Hyō m 彪 1523. (氷 140, 兵 499, 豹 1140, 評 1663, 漂 2083)
Hyōbanki l 評判記 1663
Hyōbu m 兵部 499
~ -kyō l 兵部卿
Hyōdō s 兵動, 兵頭, 兵
Hyōe m-fl 兵衛 「藤
Hyōgo p 兵庫
Hyōgorō m 兵五郎
Hyōichi m 兵一
Hyōji m 兵治
Hyōkichi m 兵吉
Hyōmin Usaburō l 漂民宇三郎 2083
Hyōnosen p 豹山 1140
Hyōsaburō m 兵三郎
Hyōsu s 兵須 「499
Hyōten l 氷点 140
Hyōtō l 氷島
Hyōzu s 兵主
Hyūga p 日向 77

I

I s 胆 845, 猪 1306. (口 28, 已 31, 五 91, 井 103, 以 134, 丕 163, 生 214, 伊 237, 似 350, 位 354, 囲 445, 炊 519, 衣 520 夷 535, 炊 602, 矣 665, 居 737, 医 743, 依 780, 怡 808, 胆 845, 祝 851, 委 960, 泉 965, 為 1005, 倚 1033, 射 1144, 萬

1170, 威 1251, 倭 1283, 唯 1286, 惟 1290, 猗 1301, 猪 1306, 姨 1357, 姫 1358, 移 1378, 尉 1410, 羞 1446, 異 1497, 偉 1535, 揖 1550, 値 1568, 集 1779, 斐 1781, 葦 1992, 意 2007, 椷 2096, 蔚 2191, 彙 2200, 禕 2304, 鋳 2343, 頤

2404, 熙 2409, 頤 2502, 維 2540, 熙 2583, 藏 2745, 闡 2838, 鍵 2856, 彝 2943, 懿 2958)
Iai s 井合 103
Iami sp 伊阿弥 237
Iba s 井波 103, 伊庭 237, 射場 1144
Ibana s 井花 103
Ibara sp 井原. (荊 899,

茨 932)
Ibaraki s 茨木, 茨城
Ibarasawa s 茨沢 ; p 荊沢 899
Ibata s 茨田 932
Ibayashi s 伊林 237
Ibe s 井部 103, 伊部 237
Ibi s 衣斐 520 ; sp 揖斐 1550
Ibigawa p 揖斐川

220

Ibo *p* 揖保
Ibogawa *p* 揖保川
Iboriya *s* 庵谷 1506
Ibuka *s* 井深 103
Ibuki *sp* 伊吹 237
~ Takehiko *ml* 伊吹武彦
Iburi *s* 千夫 44 ; *p* 胆振 845
Ibuse *s* 井伏 103
~ Masuji *ml* 井伏鱒二
Ibusuki *sp* 指宿 800
Ichi *s* 市 195. (乙 2, 一 3, 弌 74, 市 195, 聿 332, 壱 467, 単 919A, 都 1419, 逸 1504, 溢 1851, 鎰 2748, 櫟 2963)
Ichiaku no suna *l* 一握の砂 3   「195
Ichiba *s* 一場 ; *sp* 市場
Ichibagase *s* 一番ヶ瀬 3
Ichibashi *s* 市橋 195
Ichibee *s* 市兵衛
Ichiboku-zukuri *a* 一木造 3
Ichida *s* 市田 3
Ichigorō *m* 市五郎
Ichiguchi *s* 市口
Ichihara *s* 櫟原 2963 ; *sp* 市原 195
~ Toyota *ml* 市原豊田
Ichihasama *p* 一迫 3
Ichihashi *s* 市橋 195
Ichihii *s* 壱比韋 467
Ichiho *m* 一兵 3
Ichii *s* 市井 195. (櫟 2963)
Ichiiko *f* 櫟子
Ichiji *m* 一治 3
Ichijiku *s* 九 16 ; *l* 無花果 1789
Ichijima *sp* 市島 195
~ Shunjō *ml* 市島春城   「果
Ichiji no hate *l* 市路の
Ichijō *s* 一条 3, 一城, 一乗   「良
~ Kanera *ml* 一条兼
~ Shigemi *ml* 一条重美
Ichikai *sp* 市貝 195
Ichikawa *s* 一川 3, 一河, 市河 195 ; *sp* 市川
~ Daimon *p* 市川大門   「十郎
~ Danjūrō *ma* 市川団
~ Fusae *fh* 市川房枝

~ Sadanji *ma* 市川左団次
~ Tameo *ml* 市川為雄
Ichike *s* 市毛
Ichiki *s* 一木 3, 市木 195, 市征, 櫟木 2963 ; *sp* 市来 195
Ichiko *s* 市子 ; *ml* 移竹
Ichiku *s* 市来 ; *ml* 移竹
Ichikura *s* 一倉 3, 市倉 195
Ichimachida *s* 一町田 3
Ichimaru *m* 一丸, 市丸 195   「田
Ichimata *s* 一万 3, 一万
Ichimatsu *s* 一松
Ichimiya *p* 一宮
Ichimoji *s* 一文字
Ichimori *s* 一森   「邸
Ichimura *s* 市村 195, 市
Ichimuro *s* 一室 3
Ichindo *m* 市人 195
Ichinei Issan *mlh* 一寧一山 3   「有年
Ichinen yūhan *l* 一年
Ichino *s* 市野 195
Ichinohagima *s* 一風迫 3   「一風迫
Ichinohazama *s* 一迫,
Ichinohe *sp* 一戸
Ichinoi *s* 一井
Ichinokami *s* 市正 195
Ichinomiya *sp* 一宮 3 ; *p* 一の宮
Ichinomoto *s* 櫟本 2963
Ichinosawa *s* 市野沢 195
Ichinose *s* 一ノ瀬 3, 一之瀬, 一瀬, 市之瀬 195, 市瀬
Ichinoseki *p* 一関 3
Ichinotani *ph* 一谷
~ futaba gunki *la* 一谷嫩軍記
Ichi no tori *l* 一の酉
Ichio *s* 一尾 ; *m* 一大, 一生
Ichioka *s* 市岡 195
Ichirō *m* 一郎 3, 伊知郎 237   「体比
Ichirohi *s* 壱礼比 467,
Ichiroichi *m* 一郎一 3
Ichiryū *s* 一柳   「195
Ichisaburō *m* 市三郎
Ichisaka *s* 一坂 3
Ichisawa *s* 市沢 195
Ichise *s* 市瀬

Ichishi *s* 市師 ; *p* 一志 3
Ichisugi *s* 一杉
Ichisuke *m* 一資
Ichitani *s* 一谷
Ichitarō *m* 一太郎 3, 市太郎 195
Ichitsu *s* 櫟津 2963
Ichiu *p* 一宇 3
Ichiura *s* 市浦 195
Ichiyama *s* 一山, 市山 195
Ichiyanagi *s* 一柳 3
Ichiya shikasen *l* 一夜四歌仙
Ichiyō *fl* 一葉
Ichiyuki *s* 市征 195
Ichizaemon *m* 市左衛門   「195
Ichizō *m* 一三 3, 市蔵
Ichizuka *s* 市塚
Ichō *s* 銀杏 2345, 鴨長 2489, 鴨脚
Ida *s* 井田 103, 伊田 237, 猪田 1306
Idate *s* 伊達 237
Ide *s* 市代 103, 井出, 出 523, 射出 1144 ; *sp* 井手 103 (井 523)
Ideha *s* 出庭
Idehara *s* 出原
Idei *s* 出井, 出射
Idemitsu *m* 出光
Ideno *s* 出野
Ide no Akemi *ml* 井出曙覧 103
Ideta *s* 出田 523
Idewa *s* 出浦
Ido *s* 井戸 103
Ie *s* 伊江 237. (戸 59, 宅 283, 会 721, 長 939, 室 1183, 宮 1184, 家 1185, 屋 1233, 捨 1324, 宿 1438, 寮 2364, 盧 2594)
Ieda *s* 家田
Iedokoro *s* 家所
Iefune *m* 家船
Iehara *s* 家原
Ieiri *s* 家入
Iejima *sp* 家島
Iekado *m* 家門
Ieki *s* 家木, 家城
Ieko *f* 合子 721, 屋子 1233
Iemasa *m* 家正 1185
Iemochi *m* 家茂
Iemura *s* 家村

Iemutsu *m* 捨六 1324
Ienaga *sm* 家永 1185 ; *m* 家良
~ Saburō *ml* 家永三郎
Ienaka *s* 家中
Ienari *m* 家斉
Ienobu *m* 家尹
Ienori *m* 宅命 283
Iesada *m* 家存 1185, 家定
Iesaki *s* 家祥   「治
Iesato *m* 家達
Iesuke *s* 家介
Ietaka *ml* 家隆
Ieya *s* 家屋
Ieyasu *m* 家康
Ieyoshi *m* 舎栄 721
Iezaki *s* 家崎 1185
Ifuku *s* 伊福 237
Ifunaki *s* 伊舟城
Iga *sp* 伊賀
Igai *s* 猪飼 1306
Igaki *s* 井垣 103
Igarashi *sp* 五十嵐 91
Igari *s* 猪狩 1306
Igata *s* 伊形 103, 伊形 237, 鋳方 2343
Igawa *s* 猪川 1306 ; *sp* 井川 103
Igazaki *s* 伊ケ崎 237
Igeta *s* 井下田 103, 井桁
Igimi *s* 五千里 91
Igu *sp* 印具 260, 居具 737 ; *sp* 伊具 237   「1306
Iguchi *s* 井口 103, 猪口
Igui *s* 印具 260 ; *l* 居杭 737
Igumi *s* 井汲 103
Igumo *s* 井雲
Iguro *s* 井畔
Igusa *sp* 少草 88, 井草 103, 伊草 237
Ihachi *m* 亥八 519
Ihara *s* 井原 103, 伊原 237, 井原 523, 猪原 1306, 家原 1446 ; *p* 庵原 1506   「鶴 103
~ Saikaku *ml* 井原西
~ Seiseien *ml* 伊原青々園 237
Ihashi *s* 井橋 103, 伊橋
Ihee *s* 伊兵衛, 射兵衛
Ihi *s* 伊比 237   「1144
Ihira *s* 井平 103
Iho *s* 伊保 237, 庵 1506
Ihoki *s* 伊福 237
Ii *s* 井伊 103, 伊井 237, 飯 1964. (飯)

Iibuchi *s* 飯淵

Iichirō *m* 猪一郎 1306

Iida *sp* 飯田 1964

~ Bakuai *ml* 飯田莫哀

Iidabashi *p* 飯田橋

Iida Dakotsu *ml* 飯田蛇笏

Iidagawa *p* 飯田川

Iida Ryuta *ml* 歒出竜太

~ Takesato *ml* 飯田武

Iidate *p* 飯館 └郷

Iida Toshihira *ml* 飯田年平

Iidaya *s* 飯田屋

Iide *p* 飯豊

Iigaki *s* 飯垣

Iigawa *s* 飯川, 飯河

Iigō *s* 飯郷

Iigura *s* 飯倉

Iihama *s* 飯浜

Iihara *s* 飯原

Iiho *s* 指弘 800

Iijima *sp* 飯島 1964

~ Tadashi *ml* 飯島正

Iikubo *s* 飯久保, 飯窪

Iimaro *m* 飯麻呂

Iimori *s* 飯森; *sp* 飯盛

Iimura *s* 飯村

Iimuro *s* 飯室

Iinami *s* 飯浪

Iinan *p* 飯南 └弼 103

Ii Naosuke *mh* 井伊直

Iiniwa *s* 五百盤 91

Iino *sp* 飯野 1964

Iinuma *s* 飯沼, 飯浪

Iio *s* 指塩 800, 飯尾 1964

Iioka *sp* 飯岡 └1964

Iishi *s* 井石 103; *p* 飯石

Iishino *s* 飯篠

Iishiro *s* 邑代 460

Ii Tairō no shi *la* 井伊大老の死 103

Iitaka *sp* 飯高 1964

Iitomi *s* 飯富

Iitoyo *s* 飯土用

Iiyama *sp* 飯山 └237

Ii Yōhō *ma* 伊井蓉峰

Iiyoshi *s* 飯吉 1964

Iizaka *p* 飯坂

Iizasa *s* 飯笹, 飯篠

Iizawa *s* 飯沢

~ Tadasu *ml* 飯沢匡

Iizuka *sp* 飯塚

~ Tomoichirō *ml* 飯塚友一郎

Iizumi *s* 飯泉

Iijichi *s* 伊地知 237

Ijima *s* 井島 103

Ijimi *s* 一二三 3

Ijimino *sp* 五十公野 91

Ijimu *s* 伊自牟 237

Ijira *sp* 伊自良

Ijiri *s* 井尻 103

Ijūin *sp* 伊集院 237

Ijurō *m* 伊十郎

Ika *sp* 伊香 (昭 841)

(ikada 筏 1766)

Ikadai *s* 筏井

~ Kaichi *ml* 筏井嘉一

Ikado *s* 井門 103

Ikaga *s* 伊何我 237, 伊宜我, 胆香瓦 845, 為歌可 1005

Ikagawa *s* 五十川 91

Ikago *s* 五十字, 伊香 237; *sp* 五十子 91

Ikahata *s* 五十畑, 五十幡

Ikaho *s* 伊香保 237

Ikai *s* 猪甘 1306, 猪飼, 猪養 └威海衛 1251

Ikaiei *p* "Weihaiwei"

Ikaka *s* 猪耳 1555

Ikami *s* 伊神 237

Ikari *s* 五十里 91, 五十海, 井狩 103, 猪狩 1306, 碇 1909. (碇)

Ikarigaseki *p* 碇ケ関

Ikarikazuki *l* 碇潜

Ikarinosuke *s* 碇之助

Ikariya *s* 奴借屋 256, 碇谷 1909

Ikariyama *s* 碇山

Ikaruga *sp* 斑鳩 1609; *p* 何鹿 513 └1609

~ -no-miya *ph* 斑鳩宮

Ikarugamo *l* 斑鳩

Ikashi *s* 厳石 2706; *m* 厳. (茂 691, 厳 2706)

Ikashihoko *m* 厳戈

Ikashiko *s* 五十子 91

Ikashimaro *m* 茂丸 691

Ikata *p* 伊方 237

Ikatsuji *s* 五十辻 91, 五 └103, 伊川 237

Ikawa *s* 五十河, 井川

Ikazaki *sp* 五十崎 91

Ikazuchi *s* 五十土; *sm* 雷 2026 └郎強悪

~ Tarō gōaku *l* 雷太

Ike *s* 伊気 237, 池 251. (池, 活 819)

Ikeana *s* 池穴 251

Ikebe *s* 池辺, 池部

~ Yoshikata *ml* 池辺義象

Ikebuchi *s* 池淵

Ikebukuro *sp* 池袋

~ Kiyokaze *ml* 池袋

Ikeda *sp* 池田 └清風

~ Daigo *ml* 池田大伍

~ Katsumi *ml* 池田克巳

~ Kiyoshi *ml* 池田潔

Ikedo *s* 池戸

~ Mitsumasa *mh* 池田

Ikegai *s* 池貝 └光政

Ikegame *s* 生亀 214, 池亀 251

Ikegami *s* 池上, 池尻

Ikegata *s* 生形 214

Ikegawa *p* 池川 251

Ikegaya *s* 池谷

Ikeguchi *s* 池口

Ikehara *s* 池原

Ikehata *s* 池畑, 池端

Ikei *s* 池井, 活井 819

Ikejima *s* 池島 251

Ikejiri *s* 池尻, 池後

Ikeko *f* 池子 └一郎

Ike Kōurō *ml* 池皋雨

Ikemachi *s* 池町

Ikematsu *s* 池松

Ikemori *s* 池森; *sm* 池守

Ikemoto *s* 池本 └守

Ikemura *s* 池村

Ikenaga *s* 池永

Ikenishi *s* 池西

Ikeno *s* 池野

Ikenobe *s* 池辺

Ikenobō *s* 池坊

Ikenohata *s* 池之端

Ikenokoshi *s* 池越

Ikenoshiri *s* 池後

Ikenoshita *s* 池下

Ike no Taiga *ma* 池大雅

Ikenotani *s* 池野谷

Ikenouchi *s* 池内

~ Tomojirō *ml* 池内友次郎

Ikenoue *s* 池上

Ikenoya *s* 池ノ谷

Ikenushi *m* 池主

Ikeo *s* 池尾

Ikeru *s* 生 214

Ikesaki *s* 池崎 251

Ikeshita *s* 池下

Iketa *s* 井ケ田 103, 井下田, 井桁

Iketani *s* 池谷 251

~ Shinzaburō *ml* 池谷信三郎

Iketari *s* 池谷

Iketsu *s* 池津

Ikeuchi *s* 池内

Ikeura *s* 池浦

Ikeya *s* 池谷

Ikeyama *s* 池山

Ikezawa *s* 池沢

Ikezoe *s* 池添

Ikezumi *s* 生悦住 214

Iki *s* 井城 103, 木 109, 伊木 237, 伊吉, 伊岐, 猪木 1306; *sph* 壱岐 467. (生 214, 寿 539, 息 1224, 城 1290A, 蘇 2841)

Ikiko *f* 生子 214

Ikimatsu *s* 生松

~ Keizō *ml* 生松敬三

Ikimi *s* 五十公 91, 五十君

Ikina *p* 生名 214 └君

Ikinari *s* 行形 245

Ikine *s* 生稲 214

Ikio *m* 五木雄 91, 寿夫

Ikito *s* 生戸 214 └539

Ikitsuki *p* 生月

Ikiyō *m* 意気陽 2007

Ikkaku Sennin *la* 一角仙人 3

Ikkatai *s* 一方井

Ikkawa *s* 生川 214

Ikki *s* 一木 3

Ikku *sp* 一宮; *ml* 一九

Ikkyū *ml* 一休

~ Sōjun *ml* 一休宗純

Ikō *s* 伊香 237, 飯河 1964

~ nikki *h* 異国日記 1497

Ikoma *s* 井駒 103, 所古 600; *sp* 生駒 214

Ikoku *s* 伊谷 237

Iku *s* 一宮 3, 生 214; *f* 亥久 519. (生 214, 如 412, 杙 421, 活 819, 郁 890, 昱 944, 育 958, 或 1255, 煜 1874A, 億 2252, 幾 2597)

Ikube *s* 生部 214

Ikuchi *s* 生池

Ikude *s* 生出

Ikuechi *s* 生越

Ikuha *s* 的 635

Ikuhabe *s* 的部

Ikuhei *m* 幾平 2597

Ikuhiko *m* 郁彦 890

Ikuhina *s* 生夷 214

Ikuhō Mon'in *fh* 郁芳
門院 890

Ikui *s* 生井 214, 生夷

Ikuine *s* 生稲

Ikuji *s* 生地

Ikujirō *m* 郁次郎 890

Ikuko *f* 郁子, 幾子 2597

Ikuma *s* 井熊 103, 生馬
214, 生熊, 伊熊 237 ; *m*
幾馬 2597

Ikumi *s* 井汲 103

Ikumo *s* 芋毛 288

Ikunishi *s* 王宮西 90

Ikuno *sp* 生野 214

Ikunosuke *m* 幾之輔
2597   ⌈*f* 生越 214

Ikuo *m* 郁夫 890, 郁良 ;

Ikura *s* 井倉 103, 伊倉

Ikure *s* 勇礼 908   ⌊237

Ikurō *m* 育郎 958

Ikurumi *s* 王壬 90, 王
生   ⌈2597

Ikusaburō *m* 幾三郎

Ikusaka *s* 生坂 214

Ikusaku *m* 育作 958

Ikusanokimi *s* 将軍 1040

Ikushi *s* 生石 214

Ikushien *mh* 郁子園 890

Ikushima *s* 生島 214, 生
幾

Ikushino *s* 五十君野 91

Ikusue *s* 生末 214

Ikuta *s* 幾田 2597 ; *sp* 生
田 214   ⌈盛

~ Atsumori *la* 生田敦

~ Chōkō *ml* 生田長江

~ Chōsuke *ml* 生田蝶
介

Ikutagawa *sla* 生田川

Ikutahara *p* 生田原

Ikuta Kizan *ml* 生田葵
山   ⌈819

Ikutama *s* 生玉, 活玉

Ikutamabe *s* 生玉部 214

Ikutarō *m* 昱太郎 944,
幾太郎 2597

Ikuta Shungetsu *ml* 生
田春月 214

~ Yorozu *mh* 生田万

Ikutsu *s* 生津

Ikutsuki *s* 生月

Ikutsune *s* 如常 412

Ikuyo *s* 幾世 2597

Ikuyoshi *m* 昱禧 944

Ikuzawa *s* 生沢 214

Ikuze *s* 一宮善 3

Ima *s* 今 67, 伊馬 237 ; *f*

伊麻. (今 67, 末 210,
新 1965)

Imabari *sp* 今治 67

Imabayashi *s* 今林

Imabetsu *p* 今別

Imabori *s* 今堀

Imada *s* 今田

Imadate *sp* 今立

Imade *s* 今出

Imadegawa *s* 今出川

Imado *s* 今戸

~ shinjū *l* 今戸心中

Imae *s* 今江

Imaebisu *sm* 今毛人

Imaeda *s* 今枝

Imafu *s* 今府

Imafuji *s* 今藤

Imafuku *s* 今福

Imagane *sp* 今金

Imagawa *s* 今川

~ kana mokuroku *h*
今川仮名目録

~Ryōshun *mh* 今川了
俊   ⌈義元

~ Yoshimoto *ml* 今川

Imagire *s* 今切, 今給黎

Imagumano *sp* 今熊野

Imagunbai *s* 今軍倍

Ima Harube *ml* 伊馬春
部 237

Imahashi *s* 今橋 67

Imahie *s* 新比恵 1965,
新比叡

Imaichi *p* 今市 67, 今居

Imaida *s* 今井田

Imai Fukujirō *ml* 今井
福治郎   ⌈楊

~ Hakuyō *ml* 今井白

~ Kuniko *fl* 今井邦子

Imaizumi *s* 今泉

Imajō *sp* 今庄

Ima kagami *l* 今鏡

Imakebito *m* 今毛人

Imaki *sm* 今城 ; *sfl* 今
木. (新 1965)

Imakiayahito *s* 新漢人

Imakinoaya *s* 新漢

Imakinoayahito *s* 新漢
人   ⌈才伎 67

Imakinotebito *s* 今来

Imakita *s* 今北

Imako *f* 今子

Imakōji *s* 今小路

Imakure *s* 今給黎

Imamairi *s* 今良 ; *l* 今
参

Imamatsuri *s* 今奉

Imamatsuribe *s* 今奉

Imamichi *s* 今道

Imamine *s* 今峰

Imamiya *s* 今宮

Imamoto *s* 今本

Imamura *s* 今村

Imanaka *s* 今中

Imanari *s* 今成

Imanishi *s* 今西

Imano *s* 今野

~ Kenzō *ml* 今野賢三

Imao *s* 今尾

Imaōji *s* 今大路

Imaoka *s* 今岡

Imari *sp* 伊万里 237

Imasaka *s* 今坂 67

Imasato *m* 維摩郷 2540

Imashi *m* 乃 27

Imashiro *s* 今城 67
(imasu 坐 542)

Imataka *s* 今鷹 67

Imatake *s* 今武

Imatarō *m* 今太郎 67

Imayō *l* 今様

~ heta dangi *l* 当世下
手談義 282

~ Satsuma uta *la* 今
様薩摩歌 67

Imayoshi *s* 今吉

Imazato *s* 今里

Imazawa *s* 今沢

Imazeki *s* 今関

Imazu *sp* 今津

Imazumi *s* 五十棲 91

(imi 忌 462, 斎 1454)

Imibe *s* 斎部   ⌈462

Imikanuchi *s* 忌鉄師

Imiki *s* 伊美吉 237, 忌
寸 462

Imizu *s* 井水 103, 伊373
頭 237 ; *p* 射水 1144

(imo 芋 288, 妹 848)

Imoarai *sp* 一口 3

Imobuchi *s* 芋淵 288

Imochi *l* 稲熱病 2125

Imoda *s* 芋田 288

Imoji *s* 出雲路 523 ; *l*
伊予 237

Imokawa *s* 五百川 91,
芋川 288

Imoko *mh* 妹子 848

Imon *s* 已次 31   ⌈853

Imonokubo *s* 神久保

Imori *s* 井森 237

Imose *s* 芋瀬 288

Imoseyama onna tei-

kin *la* 妹背山婦女庭
訓 848

Imoseushi *p* 妹背牛

Imoto *s* 井本 103, 井元,
伊本 237

Imube *s* 斉部 701

Imuda *s* 蘭牟田 2838

Imura *s* 井村 103, 猪村
1306

In *s* 尹 98. (勻 72, 尹 98,
引 144, 允 217, 印 260,
因 311, 音 962, 院 1055,
殷 1139, 員 1167, 胤
1269, 寅 1439, 惰 1546,
陰 1563, 隠 2074, 蔭
2370, 贇 2852)

Ina *s* 為名 1005, 為奈,
猪名 1306 ; *sp* 伊那
237, 伊奈 ; *p* 伊南. (印
2125)

Inaba *s* 稲場 ; *sm-p* 稲
葉 ; *ph* 因幡 311

Inabadō *l* 因幡堂

Inabanooshinumi *s* 稲
羽忍海 2125

Inabata *s* 稲畑

Inabe *s* 猪名部 1306, 猪
奈部, 稲辺 2125 ; *sp*
員弁 1167

Inabu *p* 稲武 2125

Inabuchi *s* 南淵 912

Inada *s* 井稲 214, 稲田
2125

Inadome *s* 稲留

Inae *p* 稲枝

Inafune *f* 稲舟

Inagaki *sp* 稲垣

~ Taruho *ml* 稲垣足
穂   ⌈郎

~ Tatsurō *ml* 稲垣達

Inagawa *s* 伊奈川 237,
稲川 2125 ; *p* 猪名川
1306

Inage *s* 稲毛 2125

~ Sofū *ml* 稲毛詛風

Inagi *sm* 稲置 ; *sp* 稲城

Inaguma *s* 稲熊

Inahara *s* 稲原

Inahashi *s* 稲橋

Inai *s* 井上 103 ; *sp* 稲井

Inaishi *s* 稲石   ⌊2125

Inajima *s* 稲島

Inaka *m* 稲香

Inakadate *p* 田舎館 189

Inaka Genji *l* 田舎源氏

Inakake *s* 稲掛 2125

Irihirose *p* 入広瀬
Iriki *sp* 入来
Irikiin *s* 入来院
Irikura *s* 入倉
Irimajiri *s* 入交
Irimazari *s* 紅白 1423
Irimaze *s* 入交 15
Irimoya-zukuri *a* 入母屋造
Irimura *s* 入村
Irino *s* 入野
Irita *s* 入田
Iritani *s* 入谷
Iritomi *s* 納富 1685
Iritono *s* 入戸野 15
Iritsuki *s* 入月
Iriuchijima *s* 入内島
Iriya *s* 入矢, 入屋
Iriyama *s* 入山
Irizawa *s* 入沢
(iro 色 345, 紅 1423, 温 1585, 最 1742)
Irobe *s* 色部 345
Iroha *l* 伊呂波 237
~ jiruishō *l* 伊呂波字類抄
Irokawa *s* 色川 345
Iroki *m* 色樹
Iroko *f* 色子
Iroku *m* 亥六 519
Ironushi *m* 色主 345
Irota *s* 色田
Irotake utazaimon-zoroe *l* 色竹歌祭文揃
Irozange *l* 色懺悔
(iru 入 15)
Iruka *m* 入鹿
Iruma *sp* 入間
Irumagawa *sl* 入間川
Irumano *s* 入間野
Iruru *m* 容 1182
Isa *sf-p* 伊佐 237. (忆 131, 功 135, 伊 237, 沙 392, 武 751, 砂 876, 軍 906, 勇 908, 歳 1995, 率 2040, 勲 2407, 諫 2514, 續 2814, 驍 2957)
Isaburō *m* 伊三郎 237
Isachi *f* 猪幸 1306
Isada *m* 居貞 737
Isafushi *m* 鯨伏 2831
Isagane *s* 砂金 876
Isagawa *s* 伊沙川 392
Isago *s* 伊金 237, 伊砂, 砂金 876; *m* 砂
Isagoda *m* 沙田 392
Isahai *s* 飯酒盃 1964

Isaharu *m* 威勇治 1251
Isahaya *p* 諫早 2514
Isaka *s* 井坂 103, 伊坂 237, 猪坂 1306
Isakawa *s* 五十川 91, 去来川 266, 砂川 876, 率川 2040　「子 2814
Isako *f* 維佐子 2540, 績
Isami *m* 一二三 3, 武命 751, 勇 908, 勇三, 敢 1687, 孻 2626
Isamitsu *m* 勲光 2407
Isamu *m* 力 11, 伊武 237, 亥三 519, 制 656, 武 751, 勇 908, 悍 1051, 浩 1068, 慄 1287, 猛 1305, 偉 1535, 敢 1687, 熔 1838, 魁 2423, 諫 2514
Isanaga *m* 功長 135
Isano *s* 伊野 237
Isao *sp* 有功 303; *m* 力 11, 十六 18, 忆夫 131, 功 135, 公 156, 亥勇夫 519, 軍雄 906, 勇 908, 勇広, 勇鬼, 烈 1211, 庸 1507, 歳男 1995, 惠 2033, 徳 2063, 勲 2407, 勲夫, 勲男, 穎 2505, 續 2814, 驍夫 2957; *f* 怡肆弘 808
Isaoshi *m* 功 135
Isara *s* 闘 1257
Isato *s* 井里 103
Isawa *s* 石禾 172; *sp* 石和; *p* 胆沢 845
Isayama *s* 不知山 94, 伊佐山 237, 勇山 908, 諫山 2514
~ no Fumitsugu *ml* 勇山文継 908
Isayoshi *m* 勇記
Ise *sp* 伊勢 237
Isechi *s* 伊瀬地, 伊瀬知
Iseda *s* 伊勢田
Ise-dayū shū *l* 伊勢大輔集
Isefū *l* 伊勢風　「輯集
Isehara *p* 伊勢原
Iseho *s* 指保 800
Iseki *s* 井石 103, 井関, 伊関 237　「物語
Ise monogatari *l* 伊勢
~ monogatari kigi *l* 伊勢物語闕疑抄
Isen *p* 伊仙　「品遅部
Isenohonchibe *s* 伊勢
Iseri *s* 井芹 103

Isero *s* 指保 800
Ise Sōzui *mh* 伊勢宗瑞
Iseya *s* 伊勢屋　「237
Isezaki *sp* 伊勢崎
Ishi *f* 172. (石, 研 875, 鷲 2223)
Ishiai *s* 石合 172
Ishiba *s* 石場
Ishibai *s* 石灰
Ishibashi *s* 研橋 875; *sp* 石橋 172　「月
~ Ningetsu *ml* 石橋忍
~ Shian *ml* 石橋思案
~ Tatsunosuke *ml* 石橋辰之助
Ishibata *s* 石幡
Ishibe *sp* 石部　「2540
Ishi bigaku *l* 維氏美学
Ishibumi *l* 碑 1908
Ishida *s* 石田 172
~ Baigan *mh* 石田梅巌
~ Hakyō *ml* 石田波郷
~ Mitsunari *mh* 石田三成
Ishide *s* 石出, 石樽
Ishido *s* 石戸　「藤
Ishidō *s* 石堂, 石塔, 石
Ishidome *s* 石留
Ishidoriya *p* 石鳥谷
Ishidoshiro *s* 石徹白
Ishiga *s* 石賀
Ishigaki *s* 石垣
Ishigame *s* 石亀
Ishigami *s* 石神
Ishigane *s* 石金
Ishigaya *s* 石谷
Ishige *s* 石毛; *sp* 石下
Ishigeta *s* 石桁
Ishigōoka *s* 石郷岡
Ishiguro *s* 石黒
Ishihama *s* 石浜
~ Kinsaku *ml* 石浜金
Ishihara *s* 石原　「作
~ Atsushi *ml* 石原純
~ Shintarō *ml* 石原慎太郎　「束
~ Yatsuka *ml* 石原八
Ishii *s* 石居, 石射; *p* 石井　「亭
~ Hakutei *ma* 石井柏
~ Kikujirō *mh* 石井菊次郎　「月
~ Momoko *fl* 石井桃
~ Naozaburō *ml* 石井直三郎
~ Rogetsu *ml* 石井露

~ Tsuruzō *ml* 石井鶴
Ishijima *s* 石島　「三
Ishikage *m* 石陰
Ishikami *s* 石上
Ishikari *sp* 石狩
Ishikarigawa *l* 石狩川
Ishikawa *s* 石河; *sp* 石川　「川千代松
~ Chiyomatsu *ml*
~ Iwao *ml* 石川巖
~ Jōzan *ml* 石川丈山
~ Jun *ml* 石川淳
~ Keirō *ml* 石川桂郎
~ Kin'ichi *ml* 石川欣一　「雅望
~ Masamochi *ml* 石川
~ Rikinosuke *mh* 石川理紀之助
~ Sanshirō *mlh* 石川三四郎　「啄木
~ Takuboku *ml* 石川
~ Tatsuzō *ml* 石川達三
~ Zensuke *ml* 石川善　「助
Ishiki *s* 石来, 稲置 2125; *f* 鋳式 2343
Ishikina *fh* 石寸名 172
Ishikiri *s* 石切
Ishikizukuri *s* 石梲作
Ishiko *s* 石来, 石河; *s* 五四子 91
Ishikoshi *sp* 石越 172
Ishikura *s* 石倉
Ishikure *s* 石榑　「亦
~ Chimata *ml* 石榑千
Ishimaki *s* 石巻
Ishimaru *s* 石丸
Ishimatsu *s* 石松
Ishimi *s* 五十君 91
Ishimichi *s* 石道 172
Ishimitsu *s* 石光
Ishimoda *s* 石母田
~ Shō *ml* 石母田正
Ishimori *s* 石森
~ Nobuo *ml* 石森延男
Ishimoto *s* 石本
Ishimura *s* 石村
Ishinaga *s* 石永
Ishini *s* 夷隅 535
Ishino *s* 石野 172
Ishinokami *s* 石上
Ishinomaki *p* 石巻
Ishinosuke *ml* 石之助
Ishi no ue *l* 甃の上 2223
Ishio *s* 石尾 172
Ishiō *s* 石王
Ishioka *sp* 石岡

Ishioroshi s 石下
Ishira s 伊志良 237
Ishirai s 石占井 172, 石来
Ishirō s 伊四郎 237
Ishisaka s 石坂 172
~ Yōhei ml 石坂養平
~ Yōjirō ml 石坂洋次郎
Ishiseya s 石瀬屋
Ishisone s 石曾根
Ishitari m 石足
Ishitome sp 柘榴 864
Ishiuchi s 石内 172, 石中
Ishiura s 石浦 ⌐博
Ishiwa s 石禾
Ishiwada s 石和田
Ishiwata s 石渡, 石綿
Ishiwatari s 石渡
Ishiyaku s 石躍
Ishiyama sp 石山
~ -dera engi emaki ha 石山寺縁起絵巻
~ Tetsurō ml 石山徹郎
Ishizaki s 石崎 ⌐郎
Ishizawa s 石沢
Ishizu s 石津
Ishizuka s 石塚 ⌐二
~ Tomoji ml 石塚友
Ishizukuri s 石作
Ishuichi s 以首一 134
Iso s 五十 91, 172, 伊蘇 237, 磯 2916. (石 172, 勤 1698, 勲 2407, 礒 2732, 磯 2916)
Isoai s 磯合
Isoarashi s 五十嵐 91
Isobata s 五十幡
Isobayashi s 磯林 2916
Isobe s 五十部 91, 石辺 172, 印部 260, 礒部 2732, 磯部, 磯辺 2916; sp 磯部 ⌐2916
Isoda s 礒田 2732, 磯田
Isogai s 印貝 260, 磯谷 2916, 磯貝
~ Unbō ml 磯貝雲峰
Isogami s 磯上
Isogawa s 磯川
Isogaya s 磯谷
Isogimi m-f 五十君 91
Isohiko m 五十彦
Isoho l "Aesop" 伊曾保 237
Isoi s 五百井 91
Isoichi m 磯一 2916
Isoji m 磯次

Isōji m 伊三次 237
Isojima s 磯島 2916
Isokawa s 五十川 91
Isokichi s 磯吉 2916
Isoko f 勤子 1698, 礒子 2732; p 磯子 2916
Isoma m 五十馬 91
Isomae s 磯前
Isome s 井染 103, 居初 737, 磯目 2916
Isomura s 磯村
Isona f 磯菜
Isonaga s 磯永 ⌐2916
Isono s 礒野 2732, 磯野
Isonokami sp 石上 172
~ Gen'ichirō ml 石上玄一郎
~ no Otomaro ml 石上乙麻呂
~ no Yakatsugu ml 石上宅嗣 ⌐私淑言
~ sasamegoto l 石上
Isoo m 磯雄 2916
Isoroku m 五十六 91
Isoshi s 伊子志 237, 伊蘇志; sm 勤 1698; m 克 442
Isotari m 五十足 91, 石足 172, 磯足 2916
Isoya s 磯谷
Isoyama s 磯山
Isozaki s 礒崎 2732, 磯崎 2916
Isozumi s 五十棲 91
Issa ml 一茶 3
Issan s 一山 ⌐寧
~ Ichinei mlh 一山一
Issei m 一生, 一清
Isshiki sp 一色
Isshin niga byakudō la 一心二河白道
Issō s 一噌
Issun-bōshi l 一寸法師
Isuka s 伊硯谷 237
Isuke m 伊助
Isumi p 夷隅 535
Isurugi s 岩動 942; p 石動 172
Isusaba s 五十隻 91
Isuyama s 五十山
Isuzu m-f 五十鈴
Isuzugawa s 五十川 (ita 板 632)
Itabashi sp 板橋
Itabeoka s 板部岡
Itadori p 板取
Itagaki s 板垣

~ Naoko fl 板垣直子
~ Taisuke mh 板垣退助
~ Takaho ml 板垣鷹
Itahana s 板鼻 ⌐穂
Itahara s 板原
Itai s 板井
Itaka s 井高 237
Itako s 板荷 632; p 潮来 2275
Itakura sp 板倉 632
~ Katsushige mh 板倉勝重 ⌐重昌
~ Shigemasa mh 板倉
Itami m 伊丹 237
~ Mikihiko m 伊丹三樹彦
Itamiya s 伊丹屋
Itamochi s 板茂 632
Itani s 井谷 103, 伊谷 237, 鋳谷 2343
Itano p 板野 632 ⌐237
Itari p "Italy" 伊太利
Itarō m 亥太郎 519
Itaru m 之 24, 及 83, 至 485, 効 653, 周 736, 到 901, 昶 1004, 格 1099, 造 1810, 純 1956, 暢 2111, 諄 2324, 徹 2451, 親 2544, 薄 2637, 臻 2637
Itasaka s 板坂 632
Itasawa s 板沢
Itasu m 致 1407
Itate s 迎達 746
Itatsu s 伊達 632
Itaya s 板谷
Itayama s 板山
Itayanagi p 板柳
Itchū ma 一忠 3
Itchūbushi la 一中節
Iteya s 射屋 1144
Ito s 井門 103, 伊覢 237, 系 977; p 糸 977. (文 86, 糸 720, 系 977, 弦 1345, 純 1956, 絃 2331, 絲 2526)
Itō s 井东 103, 井藤, 伊統 237, 伊藤, 忌町 462, 縅藤 2745; sp 伊東 237
Itoda s 井戸田 103; sp 糸田 720
Itode m 五十迹手 91
Itō Einosuke ml 伊藤永之介 237
Itoeko f 糸重子 720
Itoga s 糸賀

Itogawa s 井戸川 103, 糸川 720 ⌐玄朴 237
Itō Genboku mh 伊藤
~ Gessō ml 伊東月草
~ Gingetsu ml 伊藤銀月 ⌐博穴
~ Hakubun m 伊藤
Itohara s 糸原 720
Itō Hirobumi mh 伊藤博文 237
~ Hitoshi ml 伊藤整
Itoi s 糸井 720
Itoigawa p 糸魚川
Itō Jakuchū ma 伊藤若冲 237
Itoji m 糸治 720
Itō Jinsai mhl 伊藤仁斎 237 ⌐子 720
Itoko f 生都子 214, 糸
Itokoku ph 伊都国 237
Itoku s 糸久 720
Itomi s 伊臣 237, 納富 ⌐代治 237
Itō Miyoji mh 伊東巳
Itonaga s 糸永 720
Itō Noe fl 伊藤野枝
Itonuki p 糸貫 720
Itoo s 糸尾
Itori s 井鳥 103
Itō Sachio ml 伊藤左千夫 237
~ Sei ml 伊藤整
~ Senzō ml 伊東専三
Itoshi f 糸之 720
Itoshima p 糸島
Itō Shinkichi ml 伊藤信吉 237
Itoshiro sp 石徹白 172
Itō Shizuo ml 伊東静雄 237
~ Shōu ml 伊藤松宇
~ Sukemasu mh 伊東祐益
Itotake shoshinshū l 糸竹初心集 720
Itō Tōgai mh 伊藤東涯
Itoya s 糸屋 720 ⌐237
Itō Yoshio ml 伊藤嘉夫 237
Itozawa s 糸沢 720
Itōzu s 到津 901
Itsu s 伊津 237; m 胆津 845. (乙 2, 一 3, 弌 74, 五 91, 伍 229, 聿 332, 壱 467, 斎 1454, 逸 1504, 揖 1550, 敬 1691, 溢

1851, 厳 2706, 鎧 2748)

Itsuaki *m* 逸暁 1504

Itsubo *s* 井坪 103, 伊坪 237

Itsue *s* 稜威 1917 ; *f* 逸枝 1504, 藺都絵 2838

Itsukai *s* 猪使 1306

Itsukaichi *p* 五日市 91

Itsuki *s* 伊吹 237, 貴泉 1755 ; *sm* 斎 1454 ; *m* 五十槻 91, 済 1336, 樹 2483, 厳 2706 ; *m-f* 斎宮 1454 ; *p* 五木 91

Itsukizono *m* 五十槻園

Itsuko *f* 五子, 稜威子 1917, 厳子 2706

Itsukushima *p* 厳島

Itsumaru *m* 厳丸

Itsumatsu *s* 五松 91

Itsumi *s* 逸見 1504 ; *m* 五観 91, 厳水 2706

Itsu no chiwake *l* 稜威道別 1917 　　　「言知

~ no kotowake *l* 稜威

Itsuo *m* 五雄 91, 伊雄 237, 斎男 1454, 敬雄 1691, 稜威雄 1917

Itsutarō *m* 厳太郎 2706

Itsuwa *p* 五和 91

Itsuyoshi *m* 逸好 1504

Itto *s* 者度 769

Ittsuji *s* 五辻 91

Iuchi *s* 井内 103

Iura *s* 井浦

(iwa 石 172, 岩 942, 磐 2400, 厳 2706, 巌 2936)

Iwabe *s* 岩部 942

Iwabori *s* 岩堀

Iwabuchi *s* 岩淵

Iwadani *s* 岩渓

Iwadate *s* 岩立, 岩楯

Iwade *sp* 岩出 　「舘

Iwadeyama *p* 岩出山

Iwadō *s* 岩堂

Iwae *m* 磐恵 2400

Iwafuji *s* 岩藤 942

Iwafune *p* 岩舟 ; *p-la* 岩船 　　　　「2936

Iwagaki *s* 岩垣, 巌垣

Iwagami *s* 岩上 942

~ Jun'ichi *ml* 岩上順一

Iwagawa *s* 猿来川 2062

Iwaguchi *s* 岩口 942

Iwahara *sp* 岩原

Iwahashi *s* 岩橋

Iwahei *m* 厳平 2706

Iwahide *m* 厳秀

Iwahisa *m* 岩亀 942

Iwai *s* 岩井 172, 磐 2425 ; *sm* 祝 851 ; *sp* 岩井 942 ; *m* 巌 2936. (斎 1454, 慶 2425)

Iwaichi *m* 磐一 2400

Iwaida *s* 慶田 2425

Iwaide *s* 岩出井 942

Iwaizumi *p* 岩泉

Iwajirō *m* 岩次郎, 岩治

Iwakado *s* 岩門 　「郎

Iwakami *s* 石上 172

Iwakata *s* 岩片 942

Iwakawa *s* 岩川, 巌川 2936

Iwaki *sp* 石城 172, 岩木 942, 岩城 ; *p* 磐城 2400

Iwakichi *m* 岩吉 942

Iwaki Juntarō *ml* 岩城準太郎

Iwakina *f* 石寸名 172

Iwakiri *s* 岩切 942

Iwaki Yukinori *ml* 岩城之徳

Iwako *f* 岩子, 磐子 2400

Iwakoshi *s* 岩越 942

Iwakubo *s* 岩窪 　「2936

Iwakumo *s* 岩雲, 巌雲

Iwakuni *s* 岩国 942

Iwakura *sp* 岩倉

~ Masaji *ml* 岩倉政治

~ Tomomi *mh* 岩倉具

Iwakuri *s* 岩郡 　「視

Iwama *sp* 岩間

Iwamae *m* 磐前 2400

Iwamasa *s* 岩政 942

Iwamatsu *s* 岩松

Iwami *s* 岩見 ; *sp* 石見 172 ; *p* 岩美 942

Iwaminojo-shiki *l* 石見女式 172

Iwamitsu *s* 岩満 942

Iwamizawa *p* 岩見沢

Iwamori *s* 岩森

Iwamoto *s* 岩元, 岩本, 巌本 2936

~ Zenji *ml* 巌本善治

Iwamura *s* 巌村 ; *sp* 岩村 942

Iwamurabe *s* 岩村部

Iwamuro *sp* 岩室

Iwana *s* 磐奈 2400

Iwanaga *s* 石野 172, 岩永 942

~ Yutaka *ml* 岩永胖

Iwanai *p* 岩内

Iwanami *s* 岩波, 岩浪, 岩陽

~ Shigeo *ml* 岩波茂雄

Iwanari *s* 岩成

Iwanasu *s* 石无 172

Iwanasuwake *s* 石别別, 磐梨別 2400

Iwane *sm* 岩根 942 ; *m* 五十羽 91, 石根 172

Iwano *s* 石野, 岩野 942

~ Hōmei *ml* 岩野泡鳴

Iwanokami *s* 石上 172

Iwanuma *sp* 岩沼 942

Iwao *s* 岩尾 ; *sm* 岩男 ; *m* 五八 91, 石雄 172, 岩男 942, 勤 1969, 邑 1974, 邑雄, 磐 2400, 礒 2732, 巌 2936, 礦 2996

Iwaoka *s* 岩岡 942

Iwappara *s* 岩原

Iware *s* 石村 172, 磐余 2400

Iwarugi *s* 岩動 942

Iwasa *s* 岩佐, 岩浅

Iwasaburō *m* 岩三郎

Iwasaka *s* 岩坂

Iwasaki *s* 巌崎 2936 ; *sp* 岩崎 942 　　　　「太郎

~ Yatarō *mh* 岩崎弥

Iwasa Matabee *ma* 岩佐又兵衛 　「一郎

~ Tōichirō *ml* 岩佐東

Iwasawa *s* 岩沢

Iwase *s* 石背 172, 磐瀬 2400 ; *sp* 岩瀬 942

~ Tadanari *mh* 岩瀬忠震

Iwashi *s* 石志 172

Iwashige *s* 岩重 942

Iwashiki *m* 石布 172

Iwashima *s* 岩島 942

Iwashimizu *sl* 石清水 172 　　　　　「代 942

Iwashiro *s* 石代 ; *p* 岩

Iwashita *s* 岩下

~ Shunsaku *ml* 岩下俊作

Iwata *s* 岩田, 瀬 2794 ; *m* 岩太 942 ; *p* 磐田 2400

Iwatake *s* 岩竹 942

Iwataki *p* 岩滝

Iwatani *s* 岩谷

Iwatarō *m* 磐太郎 2400

Iwatate *s* 岩垂 942

Iwate *sp* 岩手

Iwato *s* 岩戸, 岩門

Iwatō *s* 岩藤

~ Yukio *ml* 岩藤雪夫

Iwatoko *m* 岩床 942

Iwatsu *s* 岩津 942

Iwatsuka *s* 岩塚

Iwatsuki *s* 岩月, 岩附 ; *p* 岩槻

Iwatsukuri *s* 石作 172

Iwauchi *s* 石内, 岩内 942

Iwaura *s* 石占 172

Iwawaki *s* 岩脇 942

Iwaya *s* 岩谷, 岩屋, 巌谷 2936 　　　「942

~ Bakuai *ml* 岩谷莫哀

Iwayama *s* 岩山

Iwaya Sazanami *ml* 巌谷小波 2936

Iwazu katarazu *l* 不言不語 94

Iwazumi *m* 石積 172

Iwō *m* 祝 851, 賀 758

(iya 礼 146, 未 210, 弥 832, 珍 836)

Iya *s* 射屋 1144

Iyahito *m* 弥仁 832

Iyakōri *s* 弥郡

Iyama *s* 井山 103

Iyataka *m* 弥高 832

Iyayotsugi *l* 弥世継

Iyo *m* 以簡 134 ; *m-p* 伊予 237 ; *f* 弥 832. (愈 2358)

Iyobe *s* 伊予部 237

Iyoda *s* 伊与田, 伊予田

Iyoko *f* 愈子 2350

Iyoku *s* 岩谷 237, 伊能

Iyo Mishima *p* 伊予三

Iyori *s* 伊従 　「島

Izaki *s* 井崎 103, 伊崎 237 　　　「237, 伊雑

Izawa *s* 井沢 103, 伊沢

~ Shūji *ml* 伊沢修二

Izayoi *l* 十六夜 18

Izen *ml* 惟然 1290

Izō *m* 亥三 519

Izu *s* 出嶋 523 ; *sp* 伊豆 237. (五 91, 何 513, 出 523, 泉 965, 稜 1917, 厳 2706) 　　　「淵 523

Izubuchi *s* 伊豆淵, 出

Izuchiyomaru *m* 伊土代丸 237

Izue *f* 何恵 513

Izuha *s* 出羽 523

Izuhara *s* 伊原 237, 泉原 965 ; *p* 厳原 2706

Izuhiko m 稜彦 1917, 厳比古 2706
Izuho m 厳穂 「523
Izui s 井出井 103, 出井
Izuishi s 出石
Izuka s 井塚 103
Izuki s 伊月 237
Izuko f 厳子 2706
Izume s 猪爪 1306
Izumi s 厳美 2706; sm-f-p 泉 965; sp 出水 523, 和泉 638; m 五三 91, 井泉水 103, 出見 523. (泉 965)
Izumida s 泉田

Izumi-ga-jō l 和泉が城 638
Izumihara s 泉原 965
Izumikawa s 泉川
Izumi Kyōka ml 泉鏡花
Izumino s 五十公野 91
Izumi Ōtsu p 泉大津 965
~ Sano f 泉佐町
~ Shikibu fl 和泉式部 638
Izumitani s 泉谷
Izumitei s 泉亭
Izumiya s 泉谷, 泉屋

Izumiyama s 泉山
Izumizaki sp 泉崎
Izumizawa s 泉沢
Izumo sp 出雲 523
Izumonokuni ph 出雲国 「風土記
~ no fudoki l 出雲国
~ no miyatsuko no kamu yogoto l 出雲国造神賀詞
Izumo no Okuni fa 出雲阿国
Izumoto s 泉本 965
Izumozaki p 出雲崎 523

Izu Nagaoka p 伊豆長岡 237 「出野 523
Izuno s 伊津野, 伊野,
Izuru m 出 「出石 523
Izushi s 伊頭志 237; sp
Izushima s 伊豆島
Izuta s 伊豆田
Izutani s 泉谷 965
Izutsu s 伊秋 237, 伊筑; sf-la 井筒 103
Izutsuya s 井豆屋
Izuya s 伊豆屋 237
Izuyama s 伊豆山, 厳山 2706
Izuyo f 出世 523

J

(ja 邪 642, 射 1144, 蛇 1387)
(jaku 夕 33, 汐 250, 宅 283, 択 382, 沢 404, 若 692, 拓 864, 席 1242, 寂 1436, 雀 1530, 碏 1622, 弱 1647, 碩 2116, 簀 2687, 糧 2722)
Jakuchō ml 寂超 1436
Jakuemon m 雀右衛門 1530 「寂念
Jakunen ml 寂然 1436,
Jakuren ml 寂蓮
Jakushi s 若芝 692
Jasei no l 蛇性の婬 1387
Jashūmon l 邪宗門 642
Jawa p "Java" 瓜哇 305
Jayanagi l 蛇柳 1387
(ji 二 4, 已 30, 士 41, 下 46, 仕 124, 示 148, 尼 175, 氏 223, 次 226, 地 241, 而 264, 寺 268, 耳 331, 自 340, 似 350, 児 497, 侍 559, 祀 640, 冶 758, 事 768, 持 401, 治 825, 柿 867, 茨 932, 俟 1035, 除 1059, 視 1348, 時 1382, 詞 1465, 道 1811, 辞 1918, 路 1925, 嗣 1937, 蒔 1985, 滋 1987, 兹 2134, 爾 2250, 贄 2394, 滋 2557, 慈 2701, 邇 2785, 璽 2860)
Jian 1021-24 治安 825

Jibe s 児部 497
Jibiki s 地引 241, 地曳
Jibu p 治部 825
Jibutarō m 治部太郎
Jichin ml 慈鎮 2701
Jiemon m 治右衛門 1267
Jien m 慈円 2701
Jigemura s 寺家村 268
Jigokuhen l 地獄変 241
Jigorō m 治五郎 825
Jihara s 地原 241
Jihee m 治兵衛 825
Jihishinchō l 慈悲心鳥 2701
Jiichirō m 治一郎 825
Jijō 1178-81 l 治承
Jijū m 侍従 559
Jiken s 自見 340
(jiki 直 988, 埴 1561, 湜 1579, 漫 1854, 殖 1867, 植 1902, 稙 2122)
Jikihara s 直原 988
Jikka sp 十和 18
Jikkinshō l 十訓抄
Jikkunshō l 十訓抄
Jikkyoku m 十旭
Jikōji s 慈光寺 2701
(jiku 宍 470, 竺 729)
Jimeishō l 自鳴鐘 340
Jimokuji p 甚目寺 1267
Jimyōin s 持明院 801
Jin s 陣 1056. (仁 57, 壬 116, 仭 122, 任 235, 尽 290, 迅 307, 忱 371, 臣 527, 辰 738, 神 853, 陣 1056, 訒 1147, 奏 1202, 甚 1267, 陳 1311, 紅

1679, 靭 1694, 尋 1705, 晨 1731, 慎 1839, 榛 2097, 榛 2108, 溱 2270, 塵 2429, 儘 2435, 讌 2641, 薀 2680, 譚 2882)
Jinba s 神波 853
Jinbo s 神保
Jinbō sp 神保
Jinbo Kōtarō ml 神保光太郎
Jindō s 袖藤 1107
Jinen Koji la 自然居士 340
Jingo m 甚吾 1267
~-keiun 767-70 神護景雲 853
Jingorō m 甚五郎 1267
Jingūji s 神宮寺 「功
Jin'ichi m 甚一 1267
Jin'ichirō m 甚一郎
Jinjō p 新庄 1965
Jinkaishū lh 塵芥集 2429
Jinki 724-29 神亀 853
Jinkō p 信更 782
Jinmei m 神明 853
Jinmoku s 甚目 1267
Jinmu mh 神武 853
Jinnai s 陣内 1056
Jinnaka s 神中 853
Jinno s 神野, 陣野 1056
Jinnō shōtōki l 神皇正統記 853 「陳内 1311
Jinnouchi s 陣内 1056,
Jinō s 耳北字 331
Jinseki p 神石 853

Jinshichi m 甚七 1267
Jintarō m 甚太郎
Jinushi s 地主 241
Jin'yomo m 甚与茂 1267
Jinzaburō m 甚三郎
Jinzai s 神在 853, 神西
~ Kiyoshi ml 神西清
Jippensha Ikku ml 十返舎一九 18
Jirō m 二郎 4, 二朗, 次郎 226, 侍郎 559, 治郎 825, 治朗 「門
Jiroemon m 治郎右衛門
Jiromaru m 二郎丸 4
Jirozaemon m 次郎左衛門 226 「825
Jiryaku 1065-69 治暦
Jisaburō m 治三郎
Jisaku m 治策
Jisenseki l 二千石 4
Jishō ml 自笑 340; 1177-81 治承 825
Jishōji p 慈照寺 2701
Jisoji s 二十二 4
Jisuke m 治輔 825
Jiteiki l 耳底記 331
Jitō flh 持統 801
(jitsu 十 18, 日 77, 実 678, 昵 839)
Jitsukata s 実方 678
Jitsukawa s 実川
Jiunsai ml 而愿斎 264
Jizaimaru m 自在丸 340
Jizō-mai la 地蔵舞 241
Jo s 徐 1049. (女 114, 汝 394, 如 412, 助 431, 序 507, 叙 893, 徐 1049, 除

1059, 茹 1171, 恕 1483, 舒 1673, 諸 2329, 鋤 2336, 緒 2537, 曙 2719)

Jō s 城 796. (丈 36, 上 47, 仍 123, 仗 127, 召 152, 丞 296, 成 322, 状 365A, 杖 422, 劭 429, 条 457, 床 508, 帖 563, 定 677, 忠 705, 苗 753, 承 760, 城 796, 浄 823, 茸 925, 貞 982, 乗 1016, 祥 1074, 晟 1187, 渉 1331, 尉 1410, 剰 1426, 巣 1431, 常 1463, 盛 1469, 晴 1597, 靖 1905, 誠 1935, 鼎 1981, 畾 2145, 樵 2163, 濃 2479, 醸 2612, 裏 2738, 瀞 2769, 穣 2793, 穣 2802, 讓 2803, 鐺 2918, 襄 2925, 繩 2935, 2955)

Jōan 1171-75 承安 760
Jōban p 常磐 1463
Jōben ml 浄弁 823
Jōbō p 上房 47
Jōbōji s 浄法寺 823
Jōchō ma 定朝 677
Jōdai s 上代 47
Jōdo sanbukyō l 浄土三部経 823
~ Shinshū h 浄土真宗
Jōdoshū h 浄土宗
Jōe m 讓衛 2918
Jōei 1232-33 貞永 982
Jōfu m 裏夫 2769
Jōgan 859-76 貞観 982
Jōge p 上下 47
Jōgen 1207-11 承元 760; 976-78 貞元 982
Jogo s 余語 448
Jōgū Shōtoku hōōtai-setsu lh 上宮聖徳法王帝説 47
Jōhana p 城端 796
Jōhei m 丈平 36; 931-38 承平 760

Jōhen p 城辺 796
Jōhō 1074-77 承保 760
Jōhoku p 常北 1463
Jōichi m 尉一 1410, 襄一 2769
Jōji m 譲治 2918; 1362-68 貞治 982
Jōjima p 城島 796
Jōjin mh 成尋 322
~ Ajari Haha no shū l 成尋阿闍梨母集
Jōjirō m 丈次郎 36
Jōkei m 貞慶 982
Jokaisen kidan l 女誡扇綺譚 114
Jōki s 常喜 1463
Jōkichi m 浄吉 823, 譲吉 2918
Jōkō ml 如皐 412
Jōkō s 上甲 47; 浄光 823
(joku 濯 2609)
Jōkyō 1684-88 貞享 982
Jōkyū 1219-22 承久 760
Jomei mlh 舒明 1673
Jōmi s 絽美 1955
Jōnan p 城南 796
Jōno s 条野 457, 城野 796
~ Saigiku ml 条野採菊 457
Jōō 1652-55 承応 760; 1222-24 貞応 982
Joraishi m 徐来子 412
Jōroku m 静六 2145
Jōruri la 浄瑠璃 823
Jōryaku 1077-88 承暦 760
Jō Samon ml 城左門 796
Josetsu ma 如拙 412
Jōsō ml 丈草 36
Jōtarō m 丈太郎, 条太郎 457
Jōtō p 上道 47, 城東 796
Jōtoku 1097-99 承徳 760
Jōuchi s 城内 796
Jōwa 834-48 承和 760;

1345-50 貞和 982
Jōyō p 上陽 47, 城陽 796
Jōzuka s 定塚 677
(ju 戌 328, 住 355, 充 521, 寿 539, 受 730, 重 1017, 従 1050, 袖 1107, 授 1315, 就 1668, 頌 2113, 誦 2138, 需 2220, 豎 2221, 堅 2224, 儒 2432, 樹 2483, 嬬 2718, 橘 2724, 煮 2770, 雛 2888, 鶯 2901, 鷲 2980)
(jū 十 18, 廿 102, 戎 321, 住 355, 充 521, 拾 802, 柔 907, 重 1017, 従 1050, 習 1468, 集 1779, 楫 1899, 輯 2497)
Juei 1182-85 寿永 539
Jūemon m 十右衛門 18, 重右衛門 1017
Juge s 樹下 2483
Jūgorō m 重五郎 1017
Jūhei m 重平
Juichi m 寿一 539
Jūichiya s 十一谷 18
~ Gisaburō ml 十一谷義三郎
Jūji s 十字 18, 十司, 重次
Jūjirō m 重次郎
Jukichi m 寿吉 539
Jūkichi m 重吉 1017
(juku 熟 2406)
Jūmonji p 十文字 18
Jūmon saihsho l 十問最秘抄
Jun m 旬 807, 淳 1337, 順 1532, 純 1956, 遵 2418, 潤 2277. (旬 301, 恂 562, 荀 807, 洵 815, 盾 984, 准 1023, 隼 1230, 惇 1288, 淳 1337, 順 1532, 循 1569, 閏 1819, 楯 1897, 詢 1928, 純 1956, 馴 1966, 準 2041, 絢 2150, 尊 2187, 潤 2277, 醇 2315, 諄 2324,

遵 2418, 錞 2521, 鶉 2820)
~ -Den jitsujitsuki l 旬殿実々記 301
Jun'ichi m 順一 1532, 純一 1956
Jun'ichirō m 淳一郎 1337, 純一郎 1956, 潤一郎 2277
Jūnidan sōshi l 十二段草子 18
Junji m 淳治 1337, 順二 1532, 順耳, 順治
Junjirō m 順次郎, 潤次郎 2277 「純吉 1956
Junkichi m 順吉 1532,
Junnosuke m 淳之助 1337, 準之助 2041
Junpyō m 潤瓢 2277
Junsaku m 順作 1532, 準策 2041
Junshirō m 順四郎 1532
Junsuke m 順助
Juntarō s 諄太郎 2324
Juntokuin mlh 順徳院 1532
Junzaburō m 順三郎, 閏三郎 1819, 準三郎 2041
Junzō m 順三 1532, 順造
Jūō s 十王 18 「造
Jurō m 寿郎 539
Jūrō m 十郎 18
Jusaburō m 寿三郎 539
Jūsandaishū l 十三代集 18
Jūsan'ya l 十三夜
Jūshiya m 十四屋
Jūshiyama p 十四山
Jūsuke m 重助 1017
Jūta m 十太 18
Jūtarō m 重太郎 1017
Jūtoku m 従徳 1050
(jutsu 朮 209, 述 748, 術 1298)
Juzuya s 数珠屋 2169

K

Ka s 何 513. (一 3, 力 11, 下 46, 火 52, 化 56, 日 77, 戈 108, 加 121, 可 165, 甲 184, 禾 220, 乎 221, 仮 231, 圭 267, 瓜 305, 伽 357, 赤 443, 芬 477, 芳 480, 花 481, 何 513, 我 545, 佳 560, 呼 571, 河 597, 卦 647, 金 664, 庚 741, 果 770, 神 853, 柯 855, 科 877, 郁 890, 香 961, 迦 999, 哉 1006, 蚊 1135, 夏 1161, 家 1161, 哥 1193, 賀 1194, 荷 1259, 華 1266, 愒 1287, 椛 1363, 嘩 1517, 鉿 1652, 訶 1662, 葭 1725, 袈 1749, 賀 1756, 過 1804, 鹿 1823, 禍 1885, 遐 2048, 榎 2103, 榎 2107, 歌 2170, 嘉 2184, 箇 2216, 謌 2643, 鍋 2650, 鍜 2651, 駈 2665, 霞 2693, 銀

2886，馨 2904）

(kaba 椛 1363，樺 2103)

Kabasan *p* 加波山 121

Kabasawa *s* 樺沢 2103

Kabashima *s* 樺島

Kabata *s* 下野 46，加畑
121，蒲田 1993

Kabayama *s* 加場山
121，樺山 2103

(kabe 壁 2585)

Kabe *s* 加部 121；*sp* 可
部 165，壁 2585

Kabegusa *l* 壁草

Kabeya *l* 壁谷，壁屋

Kabiya *l* 鹿火屋 1823

Kabocha *s* 加保茶 121

(kabu 冠 905)

Kabuki *s* 冠木；*la* 歌
舞伎 2170

~ **jūhachiban** *la* 歌舞
伎十八番 「鏑 2816]

(kabura 冠 905，蕪 2373，

Kaburagi *s* 冠城 905，蕪
木 2373，鏑木 2816

~ **Kiyokata** *ma* 鏑木
清方

Kaburasaka *s* 蕪坂 2373

Kaburaya *s* 蕪屋

Kaburu *s* 禿 496；*sm* 僮
2056

Kabuto *s* 加太 121，甲
184，兜 1800，鹿伏兎
1823．（兜 1800)

Kabutō *s* 甲藤 184

Kabutochō *p* 兜町 1800

Kabutogi *s* 兜木

Kabu zuinōki *l* 歌舞随
脳記 2170

Kachi *s* 加地 121，可知
165，勝 1613．（徒 1048，
捷 1323，碦 1385，勝
1613，猾 1834，潤 2611，
闊 2710)

Kachibe *s* 勝部 1613

Kachii *s* 加地井 121

Kachio *s* 捷男 1323

Kachion *m* 勝臣 1613

Kachō *s* 華頂 1266

Kachōen *l* 花鳥編 481

Kada *s* 加田 121，荷 1259，
荷田，賀田 1756，鹿田
1823 　　　　「在満 1259

~ **no Arimaro** *ml* 荷田

~ **no Azumamaro** *ml*
荷田春満

Kadenokōji *s* 勘解由小
路 1699

Kadensho *l* 花伝書 481

Kado *s* 加戸 121，加登；
sp 上 47；*m* 門 601．（上
47，戸 59，主 267，角
547，門 601，柯 855，門
1010，矩 1108，葛 1994，
廉 2042)

Kadobayashi *s* 門林 601

Kadobe *s* 門部

Kadode *s* 角出 547

Kadoguchi *s* 門口 601

Kadohari *s* 角張 547

Kadoi *s* 角井，門井 601，
葛井 1994；*m* 門居 601

Kadokawa *s* 角川 547；
sp 門川 601

Kadoko *l* 廉子 2042

Kadokuni *m* 門国 547

Kadokura *s* 門倉 601

Kadoma *s* 角間 547，門
馬 601；*sp* 門真

Kadomatsu *s* 門松

Kadomoto *s* 角本 547

Kadono *s* 上遠野 47，角
野 547，門野 601；*m* 葛
野 1994

Kadōno *s* 上遠野 47

Kadooka *s* 廉岡 2042

Kadō shōken *l* 歌道小
見 2170 　　　　　「門 601

Kadota *s* 角田 547，門

Kadotani *s* 角谷 547

Kadowaki *s* 門脇 601

Kadoya *s* 角屋 547，門
谷 601，門星，廉星 2042

Kadoyama *s* 角山 547，
葛山 1994

Kadoya Shichirōbee
mh 角屋七郎兵衛 547

Kaede *s* 楓 1892，鶏冠
2821，鶏冠木 　「門

Kaedei *s* 鶏冠井

Kaedemaro *m* 楓麻呂
1892 　　「54 嘉永 2184

Kaei *l* 花影 481；1848-

Kaemon *m* 嘉右衛門

(kaeri 帰 1018)

Kaeriyama *s* 帰山

Kaeruda *s* 入 15

Kaetsu *s* 嘉悦 2184

Kafu *p* "Washington"
華府 1266

Kafū *ml* 荷風 1259

Kaga *s* 加宜 121；*sp* 加
賀．（利 436，香 961)

Kagae *s* 加加江 121

Kagai *s* 利井 436

Kagami *s* 加加見 121，
加加美，加賀美，各牟
277，利光 436，神鏡 853，
鏡味 2817；*sf-p* 鏡；*sp*
各務 277，香我 961；*p*
香我美．（鏡 2817)

Kagamigahara *sp* 各務
原 277

Kagamihara *s* 各務原

Kagamiishi *p* 鏡石 2817

Kagamino *p* 鏡野

Kagami otoko *la* 鏡男

~ **Shikō** *ml* 各務支考
277 　　　　　「2817

Kagamiyama *s* 鏡山

Kagamu *m* 亀 1531

Kaga no Chiyojo *fl* 加
賀の千代女 121

Kagari *s* 篝 2574

Kagaribi *l* 篝火 2574

Kagashima *s* 鏡島 2817

Kagatsume *s* 加加爪
121

Kagawa *s* 加川，賀川
1756；*sp* 香川 961

~ **Kageki** *ml* 香川景
樹 　　　　「景柄

~ **Kagemoto** *ml* 香川

~ **Susumu** *ml* 香川進

~ **Toyohiko** *mlh* 賀川
豊彦 1756

Kagaya *s* 加賀谷 121

Kagayaki *m* 輝 2499

Kagayama *s* 加賀山 121

Kage *s* 鹿毛 1823．（柿
867，陰 1563，晩 1595，景
1764，蔭 2357，蔭 2370，
蔭 2370，熊 2410)

Kageaki *m* 景明 1764

Kageatsu *m* 景惇

Kagechika *m* 景新

Kagei *s* 隠居 2074

Kagekatsu *m* 勝陰 1764

Kageki *m* 景樹

Kagekiyo *m-la* 景清

Kagekuni *m* 景晋

Kagemasa *m* 景方，景
正，景政

Kagemi *m* 蔭見 2370

Kagemitsu *m* 影光 2357

Kagemori *m* 陰守 1563，
景盛 1764

Kagemoto *m* 景柄

Kagen 1303-06 嘉元
2184 　　　　　「景憲

Kagenori *m* 景乗 1764，

Kagerō *l* 蜻蛉 2128

Kageshige *m* 晩重 1595，
景重 1764

Kagesue *m* 景季

Kagesuke *m* 景祐

Kageto *m* 勘解人 1699

Kagetoki *m* 景時 1764

Kagetomo *m* 景与，景
本

Kagetsu *la* 花月 481

Kagetsugu *m* 景漸 1764，
景紹 　　　　　「紙 481

Kagetsu sōshi *l* 花月草

Kageyama *s* 陰山 1563，
景山 1764，影山 2357，
蔭山 2370 　　　「1764

~ **Hideko** *fh* 景山英子

~ **Masaharu** *ml* 影山
正治 2357

Kageyasu *m* 景保 1764

Kageyoshi *m* 景ú

Kageyu *m* 勘解由 1699

Kagi *sl* 鍵 2652．（鍵，錺
2748，鑰 2998)

Kagiko *f* 鍵子 2652，錺
子 2748 　　　　「2998

Kaginosuke *m* 鑰之助

Kagitake *m* 鍵武 2652

Kagitomi *s* 鍵富

Kagiya *s* 鍵谷

Kagiyama *s* 鍵山

(kago 籠 2977)

Kagomiya *s* 籠宮

Kagoshima *s* 籠島；*sp*
鹿児島 1823

~ **Juzō** *ml* 鹿児島寿蔵

Kagu tsuchi *l* 迦具土
999

Kagura *p-a* 神楽 853

~ **uta** *l* 神楽歌

~ ~ **fuiraya** *l* 神楽歌
譜入文

Kaguyama *s* 香山 961

Kahee *m* 嘉兵衛 2184

Kahei *m* 嘉平；*l* 歌病
2170

Kaheiji *m* 嘉平治 2184

Kahi *s* 柯斐 855

Kaho *p* 嘉穂 2184

Kahō 1094-96 嘉保

Kahoku *p* 河北 597，香
北 961，鹿北 1823

Kai *s* 柯斐 855；*sf-ph*
甲斐 184．（刈 50，介 66，
夬 100，甘 207，价 236，
合 270，灰 302，回 309，
快 372，改 379，会 454，
芥 475，苅 479，貝 498，

戒 511，卦 647，恢 806，
柄 862，計 895，畍 967，
廻 994，海 1071，皆 1196，
啓 1491，偕 1537，堺
1560，開 1821，傀 1828，
階 1840，解 1923，楷
2098，誡 2139，槐 2296，
絵 2332，嵬 2374，魁
2423，稽 2491，継 2539，
継 2539，養 2558，蒯
2562A，薤 2565，壊 2602，
懐 2605，檜 2624，諧
2639，鶏 2821，蟹 2853，
繋 2959）

Kaibara s 貝原 498，海
原 1071，p 柏原 866
～ Ekiken / Ekken mh
貝原益軒 498
Kaibe s 海辺 1071，海部
Kaibo s 海保
Kaibu sp 海部
Kaichi m 佳一 560，嘉
一 2184，嘉市
Kaichirō m 佳一郎
Kaichōon l 海潮音
**Kaichō riyaku fuda
asobi-awase** l 開帳
利益札遊合 1821
Kaida s 合田 270，改田
379，貝田 498，戒田
511；sp 開田 1821 (see
also Kaita)
Kaidan'in shitennō d
戒壇院四天王 511
Kaide s 鶏冠 2821，鶏冠
井
Kaiden s 開田 1821
Kaidō s 海道 1071，海
藤，皆藤 1196
Kaidōki l 海道記 1071
Kaieda s 海江田
Kaifu s 養父 2558
Kaifūsō l 懐風藻 2605
Kaiga s 貝賀 498，海賀
1071 「法保
Kaigetsudō a 懐月堂
Kaigo s 海後 1071
Kaiho s 海保 「法保
Kaihō s 海保，海宝，海
Kaihoku s 海北
Kaiho Seiryō mh 海保
青陵
Kaihotsu s 開発 1821
Kaihō Yūshō ma 海北
友松 1071
Kaii s 改井 379 「1537
Kaiichirō m 偕一郎

Kaijima s 貝島 498
Kaijinmaru l 海神丸
Kaijū s 戒重 511 「1071
Kaikawa s 貝川 498
Kaikei ma 快慶 372
Kaiko f 貝子 498，佳似
子 560
Kaikō s 開高 1821；l 海
紅 1071，歌意考 2170
Kaikoku heidan l 海
国兵談 1071
Kaikō Takeshi ml 開
高健 1071
Kaimokushō l 開目鈔
Kaimon p 開聞
Kainan p ["Hainan"]
海南
Kaine s 甲斐根 184
Kaino s 戒野 511
Kainō s 戒能
Kainoshō s 甲斐庄 184
Kainuma s 貝沼 498，海
沼 1071
Kai-ōi l 貝おほひ 498
Kaion ml 海音 1071
Kaionji s 海音寺
～ Chōgorō ml 海音寺
潮五郎 「1828
Kairaishiki l 傀儡子記
Kairo s 海渡 1071
Kairokō l 薤露行 2565
Kaisawa s 螺沢 2805
Kaise s 貝瀬 498，海瀬
1071
Kaisei p 開成 1821
Kaisō s 海草 1071
Kaita sp 海田 1071；p 頴田
2505 (see also Kaida)
Kaitai shinsho lh 解体
新書 1923 「1071
Kaito s 垣外 795，海渡
Kaitō s 垣内 795，海東
1071，階藤 1840
Kaitokudō ph 懐徳堂
2605 「内松三 713
Kaitō Matsuzō ml 垣
外 「石間蕎 481
Kai tsūshōkō h 華夷
通商考 1266
Kaiya s 海谷 1071
Kaizaki s 海崎
Kaizō m 戒三 511
Kaizu s 貝津 498；sp
海津 1071 「塚 498
Kaizuka s 海塚；sp 貝
Kaizumi s 海住 1071
Kaji s 加治 121，梶 1371，
鹿出 1823，鍛冶 2651；

sp 可児 165. (怛 856，
梶 1371，椛 1899，鍛
2651，樫 2722，橿 2723）
Kajie s 楫江
Kajigaya s 梶ケ谷 1371
Kajihime fh 擬媛 2723
Kajii s 梶井 1371
～ Motojirō ml 梶井基
(kajika 鰍 2887) 「次郎
Kajikawa s 忙川 856，梶
川 1371；sp 加治川 121
Kajikazawa p 鰍沢 2887
Kajiki s 梶木 1371；p
加治木 121
Kajiko f 楫子 1899，橿
子 2722 「間 1371
Kajima s 加島 121，鹿
Kajimoto s 梶本
Kajimura s 梶村
Kajin no kigū l 佳人
之奇遇 560
Kajinari m 梶成 1371
Kajino s 梶野，楫野
1899
Kajirō m 嘉次郎 2184
Kajishima s 梶島 1371
Kajita s 梶田
Kajitani s 梶谷
Kajitori s 楫取 1899
Kajitsuka s 梶塚 1371
Kajiura s 梶浦 「正之
～ Masayuki ml 梶浦
Kajiwara s 梶原
～ Kagetoki ml 梶原景
時 「亘 1823
Kaji Wataru ml 鹿地
Kajiya s 加治屋 121，鍛
谷 1371
Kajiyama s 梶山
Kajō 1106–08 嘉承
Kajū m 嘉十 「2184
Kajūji s 勧修寺 1970
Kakaishō l 河海抄 597
Kakaji p 香香地 961
Kakan'ō ml 花間蕎 481
Kake s 梯 1617；sp 加計
121. (掛 1321，懸 2984）
Kakeaoi l 懸葵
Kakefuda s 掛札 1321
Kakegawa p 掛川
Kakehashi s 掛橋，桟
1615，梯 1617
Kakehi s 垣見 795；sm
筧 2014
Kakei sm 筧；ml 荷兮
1259；1387–89 嘉慶
2184

Kakeya p 掛合 1321
Kaki s 垣 795. (垣，柿
867，墻 1559，堅 1796，蠣
2870，蘺 3010）
Kakiage s 書上 1216
Kakibe s 部曲 1418
Kakichi m 嘉吉 2184
Kakida s 垣田 795，柿
田 867
Kakiemon s 柿衛門
Kakigara p 牡蠣殻 407
Kakihana s 柿花 867
Kakihara s 柿原
Kakiko f 垣子 795
Kakimi s 垣見 「867
Kakinoki p 柿木
Kakinomoto s 柿本；l
柿の本 「「本人麻呂
～ no Hitomaro ml 柿
～ ～ ～ Ason kanmon
l 柿本人麻呂朝臣勘
Kakinuma s 柿沼 「文
Kakio m 赤黄男 443
Kakioka s 柿岡 867
Kakishima s 柿島
Kakisu s 柿栖
Kakito s 垣内 795
Kakitsu s 垣内，嘉吉
2184
Kakitsubata la 杜若 423
Kakitsuda s 垣内田 795
Kakiuchi s 垣内，柿内
867 「m-f 堅磐 1796
Kakiwa s 堺町 1559；
Kakiyama s 柿山 867
Kaki yamabushi la 柿
山伏 「p 柿崎 867
Kakizaki s 蠣崎 2870；
Kakizawa s 柿沢
Kakizono s 柿園
Kako s 可児 165，賀古
1756；sp 加古 121
Kakō s 囗 28
Kakogawa sp 加古川
121，狩小川 791
Kako genzai ingakyō
la 過去現在因果経
1804
Kakogi s 鹿子木 1823
Kakotoshi s 神楽師 853，
神薬師
Kaku s 加来 121，角 547，
賀来 1756，革 1099. (各
277，角 547，拡 799，
恪 803，客 917，革 937，
画 991，格 1099，郭

1417, 脚 1612, 覚 1752,
廓 2239, 確 2305, 愨
2403, 穫 2729, 鶴 2926,
龝 3022)
Kakubari s 覚張 1752
Kakuda sp 角田 547
~ Kōkōkaku ml 角田
浩々歌客
Kakuichi m 角一
Kakujirō m 覚次郎 1752
Kakumi s 各務 277
Kakumoto s 覚本 1752
Kakumu s 各務 277
Kakunodate sp 角館 547
Kakunōin s 覚王院 1752
Kakuoka s 角岡 547
Kakurai s 加倉 121
~ Akio ml 加倉井秋を
Kakushin kurabu l 革
新倶楽部 937
Kakutarō m 覚太郎 1752
Kakutō p 加久藤 121
Kakuya s 角谷 547, 角
屋
Kakuyū ma 覚猷 1752
Kakuzō m 覚三
Kakyō 1387-89 嘉慶
2184 「2170
~ hyōshiki l 歌経標式
(kama 釜 1160, 蒲 1993,
鎌 2750) 「鎌腹
Kamabara s 鎌原; la
Kamabige la 鎌髭
Kamachi s 蒲池 1993
Kamae s 尺八分 3;
p 蒲江 1993
Kamagari p 蒲刈
Kamagata s 鎌形 2750
Kamagaya s 霞間屋
2693; p 鎌ケ谷 2750
Kamahara s 蒲原 1993,
鎌原 2750
Kamai s 釜井 1160
Kamaishi p 釜石
Kamaji m 鎌治 2750
Kamajirō m 庚午治郎
741, 釜次郎 1160
Kamakura sp 鎌倉 2750
~ bakufu h 鎌倉幕府
~ -dono mh 鎌倉殿
Kamano s 鎌野
Kamanoe s 一尺二寸 3
Kamaru m 可丸 165
Kamasawa s 蒲沢 1993
Kamata s 畑田 838, 釜
田 1160, 鎌田 2750
Kamataki s 鎌滝

Kamatari m 鎌足
Kamatarō m 鎌太郎
Kamato s 門真 601
Kamatsuka s 一尺八寸
3, 一寸八分, 一寸六
分 「谷 1993
Kamaya s 釜屋 1160, 蒲
Kamayachi s 釜范 1160,
釜范
Kamayatsu s 釜范
Kame sf 亀 1531. (瓶
1388, 亀1531, 甕 2908)
Kamechiyo m-f 亀千
代 1531
Kameda sp 亀田
Kamegaki s 亀垣
Kamegawa s 亀川
Kamegaya s 亀谷
Kamegorō m 亀五郎
Kamei s 亀井
Kameichi m 亀一, 嘉
芽市 2184
Kamei Katsuichirō ml
亀井勝一郎 1531
Kameji m 亀二
Kamejirō m 亀次郎
Kamekichi m 亀吉
Kameko f 甕子 2908
Kamekura s 亀倉 1531
Kamemitsu m 亀光
Kamemoto s 亀本
Kamemura s 亀村
Kamenosuke m 亀之
Kameo m 亀雄 「助
Kameoka sp 亀岡; m
亀丘
Kamesaburō m 亀三郎
Kamesaki s 亀崎
Kame-san l 亀さん
Kameshima s 亀島
Kameshiri s 瓶尻 1388
Kametani s 亀谷 1531
Kametarō m 亀太郎
Kameya s 亀谷, 亀屋
Kameyama sp 亀山
Kameyata m 亀弥太
Kamezawa s 亀沢
Kamezō m 亀造
Kami s 上 47, 甘味 207,
神 853, 紙 1953; sp 加
美 121, 可美 165; p 香
美 961. (上 47, 天 93,
尹 98, 正 205, 甫 533,
昇 713, 神 853, 柄 862,
首 920, 省 1013, 称 1118,
宰 1180, 漢 1860, 紙
1953, 督 2023, 頭 2504)

Kamiagata sp 上県 47
Kamiakutsu s 上阿久
津 「尹 神林 853
Kamibayashi s 上林;
Kamibe s 上部 47
Kamichi s 上地
Kamichika s 神近 853
~ Ichiko flh 神近市子
Kamida s 紙田 1953
Kamide s 上出 47
Kamifuji s 神藤 853
Kamifunao s 上舟尾 47
Kami-furano p 上富良
野 「1953
Kamifūsen la 紙風船
Kamigaki s 神垣 853
Kamigata sp 上方 47
Kamigō p 上郷
Kamigōri p 上郡
Kami-gotō p 上五島 47
Kamiguchi s 上口
Kamigyō p 上京
Kami-hei p 上閉郡
Kamihira s 上平
Kamiichi s 上依知; p
上市 「丸
Kamiichimaru m 上一
Kami-ina p 上伊那
Kamiishi s 上石
Kami-ishizu p 上石津
Kamiiso p 上磯
Kamiita p 上板
Kamiizumi s 上泉; p
神泉 853 「秀信 47
~ Hidenobu ml 上泉
Kamijima s 上島, 神島
853 「貫 47
~ Onitsura ml 上島鬼
Kamijō s 上条
Kamijōzu s 上上手
Kamikanki s 上神吉
Kamikatsu sp 上勝
Kamikawa s 上河; sp
上川, 神川 853
Kami-kawachi p 上河
内 47
Kamikawai s 上川井
Kamiki s 神木 853, 神
去
Kamikichi s 神吉
Kamikita p 上北 47
Kami-kitayama p 上北
山 「紙子 1953
Kamiko s 神子 853; f
Kami-koani p 上小阿
仁 47 「上高地
Kamikōchi s 上垣内; p

Kamikoso s 神社 853
Kamikubo s 上久保 47
Kami-kuishiki p 上九
一色
Kamikuni s 神三郡 853
Kamikura s 上倉 47, 神
蔵 853
Kamimagari s 上勾 47
Kamimaki p 上牧
Kami-mashiki p 上益
城
~ -matsura s 上松浦
Kamimatsuura s 上松
浦
Kamimikawa s 上三川
Kamimine sp 上峰
Kami-minochi p 上水
Kamimizu s 上水 「内
Kamimoku p 上牧
Kamimoto s 上本 47,
本 853 「神村 853
Kamimura s 上村 47,
Kaminaga s 神永, 神長
Kaminaka s 上中 47; p
上那賀 「la 神鳴
Kaminari s 神成 853;
Kami-niikawa p 上新
川 47
Kaminishi s 上西
Kamino s 神野 853; p
上野 47
Kaminobu s 上信
Kaminoho p 上之保
Kaminokuni p 上ノ国
Kaminomiya s 上宮
Kaminoseki p 上關
Kaminukiimi s 上抜井
見
Kaminuma s 上沼
Kaminuri s 神漆 853
Kamio s 神尾
Kamioka sp 上岡 47; sp
神岡 853
Kamiri s 上利 47
Kamiryō s 上領
Kamisago s 上砂
Kami-saibara p 上斎原
Kamisaka s 上坂, 神坂
853
Kamisaku s 神作
Kamisato s 上郷 47; sp
上里
Kamise s 神瀬 853
Kami-shihi p 上志比
47
~ -shihoro p 上士幌
Kamishiro s 上代

Kamisu s 神栖 853
Kami-sunagawa p 上砂川 47
~-taira p 上平
~-takai p 上高井
Kamitakara p 上宝
Kamitoko s 上床
Kami-tonda s 上富田
Kamitōno s 上遠野
Kamitsu s 神津 853
Kamitsuagata s 上県 47
Kami-tsue p 上津江
~-tsuga p 上都賀
Kamitsukasa s 上司
~ Shōken ml 上司小剣
Kamitsuke s 上毛
Kamitsukefu s 上毛布
Kamitsukenu s 上毛野
Kamitsuki s 上月
Kami-tsushima p 上対馬
Kamiuchi s 上有智
Kami-ukena p 上浮穴
Kamiura sp 上浦
Kamiutae s 神刑部 853
Kamiya s 上谷 47, 神谷 436, 神屋, 紙谷山 1953, 紙屋 「47
Kami-yahagi s 上矢作
Kamiyakko s 神奴 853
Kami-yaku p 上屋久 47
Kamiyama s 加美山 121; sp 上山 47, 神山 853 「田 47
Kami-yamada s 上山田
Kamiyamasa s 上山佐
Kamiyama Shigeo ml 神山茂夫 853
Kamiyanagi s 上柳 47
Kamiyato s 神谷戸 853
Kamiyosami s 上網 47
Kamiyoshi s 上吉 853
Kami-yūbetsu p 上湧別 47 「沢 853
Kamizawa s 上沢, 神沢
Kamizumi s 神墨
Kamo sm 加茂 2489; sp 加茂 121, 賀茂 1756. (鴨 2489)
Kamō s 蒲生 1993
Kamochi s 加持 121, 鹿持 1823, 鴨池 2489
~ Masazumi ml 鹿持雅澄 1823
Kamoda s 鴨田 2489
Kamogata p 鴨方

Kamogawa p 加茂川 121, 鴨川 2489
Kamoi s 鴨井
Kamoji s 鴨打
Kamojima p 鴨島
Kamome p 鷗 2975
Kamo monogurui la 加茂物狂 121 「1319
Kamon s 加門 1 掃部
Kamo no Chōmei ml 鴨長明 2489
~ no Mabuchi p 賀茂真淵 1756 「121
Kamonomiya p 加茂宮
Kamori s 掃守 1319; m 佳盛 560 「229
Kamoshida s 鴨志田
Kamoshita s 鴨下
Kamoto p 鹿本 1823
Kamotsugu m 鴨継 2489
Kamouchi s 鴨打
(kamu 神 853)
Kamuenai p 神恵内
(kamuhata 神服 2532)
Kamura s 加村 121, 香村 961, 嘉村 2184
~ Isota ml 嘉村磯多
Kamuro m 禿 496. (禿)
Kamuroji s 禿氏
Kamuroya s 円谷 78
Kan s 冠 905, 菅 1450, 寒 1714, 管 2212; m 寛 1977. (干 26, 廿 207, 汗 248, 亘 262, 肝 408, 完 471, 串 516, 伣 551, 邯 643, 冠 672, 虹 795, 神 853, 柑 858, 冠 905, 巻 975, 奐 979, 看 998, 咸 1003, 捍 1042, 悍 1051, 晅 1085, 桓 1058, 桊 1220, 函 1232, 晖 1352, 乾 1411, 菅 1450, 喧 1541, 涣 1577, 皖 1638, 款 1666, 寒 1714, 萱 1730, 貫 1754, 閑 1820, 間 1822, 塰 1843, 漢 1860, 渙 1872, 煥 1876, 毾 1881, 幹 1938, 勧 1970, 寛 1977, 僴 2054, 戡 2166, 管 2212, 関 2245, 澗 2274, 嫻 2475, 諠 2523, 諫 2514, 翰 2518, 縵 2532, 環 2620, 緩 2659, 韓 2741, 館 2761, 観 2765, 簡 2788, 懽 2863,

鑵 2952, 鑑 2968, 鑒 2982)
(kana 門 601, 金 606, 奏 951, 哉 1006, 鉛 1944)
Kanachi s 金持 664
Kanada sp 金田; p "Canada" 加奈陀 121
Kanadehon chūshin-gura la 仮名手本忠臣蔵 231
Kanadome p 京 663
Kanae s 金戸 664, 金江, 金重; sm-p 鼎 2246; m 香苗 961, 釱 2152, 匯 2238, 錡 2520; f 佳秧 560
Kanagaki s 仮名垣 231, 神垣 853 「文 231
~ Robun ml 仮名垣魯文
Kanagawa p 神奈川 853
Kanagi s 金木 664, 金
Kanahara s 金原 「城
Kanai s 金居; sp 金井; m 叶 132 「笑 664
~ Sanshō ml 金井三
Kanaji s 金出地, 金持
Kanaki s 十七夜 76
Kanako f 金中子 664, 神奈子 853, 奏子 951
Kanakubo s 金久保 664, 金窪 「倉 853
Kanakura s 金鞍, 神長
Kanakusuku s 金城 664
Kana majiri musume setsuyō l 仮名文章娘節用 231
Kanamari s 神余 853
Kanamaru s 金丸 664
Kaname m 中 75, 要 1218, 要人, 紀 1424, 最 1744; f 哉女 1006
Kan'ami mla 観阿弥 2765
Kanamori s 金森 664
Kanamura s 金村
Kanan p ["Honan"] 河南 927
Kanando m 要人 1218
Kana no motosue l 仮字本末 231
Kanaoka s 金岡 664
Kanari s 智 1194; m 可也 165
Kanasagō p 金砂郷 664
Kanasana s 金鑚
Kanasasu s 金刺

Kanasugi s 金杉
Kanatsume s 金集
Kanawa s 金輪; la 鉄輪 1948
Kanawaka m 金若 664
Kanaya s 金谷; sp 金屋 「sp 金山 664
Kanayama s 鉛山 1944;
Kanayomi Hakkenden l 仮名読八犬伝 231
Kanazawa s 金沢 664
~ Bunko pl 金沢文庫
~ Tanetomi ml 金沢種美 「231
Kana-zōshi l 仮名草子
Kanazu p 金津 664
Kanba s 神庭 853
Kanbara s 神原; sp 蒲原 1993
~ Ariake ml 蒲原有明
~ Katsushige mle 神原克重 853
~ Tai ml 神原泰
Kanbashi m 芳 480
Kanbayashi s 上林 47
~ Akatsuki ml 上林暁
Kanbe s 神戸 853, 掃部 1319, 鹿伏兎 463
Kanbun 1661-73 寛文 1977 「2765
Kanchōrō ml 観潮楼
Kanda s 刈田 50; sp 苅田 479, 神田 853
Kandabashi sp 神田橋
Kandachi s 神立
Kanda Takahira mlh 神田孝平
Kande s 寒田 1714
Kando s 神戸 853, 神奴, 神門
Kandō s 貫洞 1754
Kandori s 香取 961
Kane s 兼 1268; m 金 664, 矩 1108. (尺 96, 包 218, 印 260, 光 281, 金 664, 宝 676, 易 714, 具 718, 周 736, 侶 778, 封 885, 倹 1033, 矩 1108, 兼 1268, 務 1377, 粛 1528, 詠 1664, 捷 1837, 誠 1935, 鉦 1941, 鈺 1942, 鉄 1948, 該 2135, 説 2143, 鉱 2159, 銅 2159, 鼎 2246, 談 2325, 統 2333, 鋧 2338, 銀 2345, 監 2398, 錦 2525, 懐 2605, 謙 2646, 厳 2706,

鎌 2750, 鏡 2817, 鐘 2883, 鑑 2968)

Kaneai *m* 具集 718, 兼魄 1268　　　　「兼離

Kaneaki *m* 兼日, 兼洞,

Kaneakira *m* 兼明

Kaneari *m* 兼在

Kanebayashi *s* 金林 664

Kanechika *m* 兼及 1268, 兼集　　　　　　「田 1268

Kaneda *s* 金田 664, 兼

Kanedo *s* 金戸 664

Kaneeda *s* 金枝

Kanefumi *m* 錦文 2525

Kanefuru *m* 兼古 1268

Kanefusa *m* 兼房, 兼莫

Kanefushi *m* 兼節

Kanegae *s* 鐘江 2883

Kanegasaki *p* 金ケ崎 664

Kanehako *s* 金箱

Kaneharu *m* 兼花 1268, 兼青, 兼流

Kanehide *m* 包秀 218, 兼之 1268

Kanehiko *m* 庚子彦 741

Kanehira *m* 兼平 1268 ; *sm* 金平 664 ; *m* 周平 736, 兼衡 1268, 懐成 2605

Kanehiro *m* 兼大 1268, 兼戸, 兼外, 兼宏, 兼熙, 兼聞

Kanehisa *m* 兼古

Kanehito *m* 兼仁, 兼仙

Kan'ei *s* 金居 664 ; 1624-44 寛永 1977

Kaneida *s* 金井田 664, 金居田

Kaneie *m* 金宿, 兼宅 1268, 兼舎, 兼家, 兼屋

Kan'eiji *p* 寛永寺 1977

Kaneizumi *s* 金泉 664

Kanejirō *m* 鉦次郎 1941

Kanekane *m* 兼鋼 1941

Kanekata *m* 兼像

Kanekawa *s* 金川 664

Kanekazu *m* 兼計 1268, 兼員

Kaneki *s* 金木 664

Kanekichi *m* 兼吉 1268

Kanekiyo *m* 兼心, 兼井, 兼玉, 兼白, 兼研

Kaneko *s* 我如古 545, 金子 664, 金古, 金児 ; *sf* 兼子 1268 ; *f* 包子 218, 周子 736, 封子

885, 懐子 2605, 鏡湖 2817, 鐘子 2883

~ **Chikusui** *ml* 金子筑水 664

~ **Fukyū** *ml* 金子不泣

~ **Kentarō** *mh* 金子堅太郎　　　　　「圀

~ **Kun'en** *ml* 金子薫

~ **Mitsuharu** *ml* 金子光晴　　　　　「元臣

~ **Motoomi** *m* 金子

Kanekoto *m* 兼籌 1268, 鑑載 2968

Kaneko Tōta *ml* 金子兜太

~ **Yōbun** *ml* 金子洋文

Kanekuni *m* 兼州 1268

Kanemachi *m* 兼待

Kanemaki *s* 印牧 260, 印巻, 金巻 664, 鐘巻 2883　　　　「兼正 1268

Kanemasa *m* 金蔵 664, 兼政, 兼松 ; *m* 甲峰松 184

Kanemi *m* 鐘巳 2883

Kanemichi *m* 金道 664, 兼陸 1268, 兼達

Kanemitsu *m* 金光 664 ; *m* 兼充 1268

Kanemochi *s* 金持 ; *m* 兼持, 説望 2143

Kanemori *sm* 金守 664, 金盛 ; *m* 兼杜 1268, 兼関, 兼護

Kanemoto *m* 兼師

Kanemoto *s* 金本 664, 兼本 1268 ; *m* 兼下, 兼太, 兼体, 兼源, 務本 1377

Kanemuma *m* 兼馬 1268

Kanemura *m* 兼村

Kan'en 1748-51 寛延 1977　　　「*m* 懐良 2605

Kanenaga *s* 金長 664

Kanenami *m* 兼並 1268

Kanenari *s* 金成 664 ; *m* 兼入 1268, 兼生, 兼作, 兼得, 説成 2143

Kaneno *s* 金野 664

Kanenobu *m* 兼言 1268, 兼信, 兼施　　　「2883

Kane no ne *la* 鐘の音

Kanenori *m* 包教 218, 兼曲 1268, 兼廻, 兼教

Kaneo *s* 金生 664, 金尾 ; *m* 金雄, 庚子郎 741, 鉄夫 1948, 統雄 2817

Kaneoki *m* 兼奥 1268

Kaneoto *m* 兼乙

Kaneoya *s* 金親 664

Kanesaburō *m* 兼三郎 1268, 鉱三郎 2153

Kanesada *m* 兼員 1268

Kanesaka *s* 金坂 664, 兼坂 1268

Kanesaki *s* 金崎 664 ; *m* 兼前 1268

Kanesane *m* 兼実

Kanesawa *s* 金沢 664

Kaneshichi *m* 甲子七 184　　　　「兼重 1268

Kaneshige *sm* 兼重 664,

Kaneshiki *s* 金敷 664

Kaneshima *s* 金島

Kaneshiro *s* 金城

Kanesogi *s* 金曽木

Kanesuke *m* 兼相 1268, 兼輔, 誠佑 1935, 銀佐 2345

Kanesumi *m* 兼純 1268

Kanetada *m* 金田 664, 兼惟 1268

Kanetaka *s* 金高 664, 兼高 1268 ; *m* 包高 218, 兼上 1268, 兼山, 兼位, 兼伯, 兼孝, 兼楕, 兼敬, 兼崇 ; *ma* 包女 218, 兼女 1268

Kanetake *m* 兼武, 兼毅

Kanetane *m* 兼植, 鋹胤 2338, 鑑種 2968

Kanetani *s* 金谷

Kanetari *m* 兼足 1268

Kanetarō *m* 兼太郎

Kaneto *s* 金鋳 664, 兼人 1268

Kanetō *s* 兼頭

Kanetoki *m* 兼辰, 兼刻

Kanetomi *m* 兼福

Kanetomo *m* 兼付, 兼公, 兼同, 兼伴, 兼知, 兼奉, 兼倫, 兼流, 兼備, 兼等

Kanetoshi *m* 包蔵 218

Kanetsu *s* 金津 664

Kanetsugu *m* 包次 218, 兼従 1268, 兼続

Kanetsuka *s* 金塚 664

Kanetsuna *s* 金綱

Kanetsune *sm* 兼常 1268 ; *m* 兼積

~ **Kiyosuke** *ml* 兼常清佐

Kanetsura *m* 兼列

Kaneuchi *s* 金内 664, 鐘打 2883　　　「兼氏

Kaneuji *s* 兼姓 1268

Kaneumi *s* 金海 664

Kaneura *m* 兼裏 1268

Kanewaka *m* 兼分, 兼若, 兼涌　「金山 664

Kaneyama *sp* 兼山 ;

Kaneyasu *s* 金安, 金保 ; *sm* 兼安 1268 ; *m* 具慶 718

Kaneyo *m* 兼代 1268

Kaneyori *m* 兼仍, 兼自, 兼順

Kaneyoshi *s* 鉦宣 1942 ; *m* 包幸 218, 包是, 金甫 664, 兼令 1268, 兼伝, 兼宝, 兼香, 兼誼

Kaneyuka *m* 兼床

Kaneyuki *sm* 金行 664 ; *m* 周行 736

Kanezaki *s* 鐘崎 2883

Kanezane *m* 包真 218

Kanezashi *s* 金刺, 金指　　　　　「兼角

Kanezumi *m* 兼住 1268,

Kangakuin *ph* 勧学院 1970

Kangaya *s* 榛谷 2108

Kangen 1243-47 寛元 1977

Kangi *s* 神吉 853, 冠木 905, 冠城 ; 1229-32 寛喜 1977　　　「1820

Kanginshu *l* 閑吟集

Kango *m* 完吾 471

Kanhasshū tsunagiuma *la* 関八州繋馬 2245　　　「綺 2533

Kanhatori *s* 神服 853, 神保 853

Kanhō *s* 神保 853

Kani *s* 蟹 2853 ; *sp* 可児 165. (掃 1319, 蟹 2853)

Kan'ichi *m* 勘一 1699, 貫一 1754

Kan'ichirō *m* 幹一郎 1938, 寛一郎 1977

Kanie *sp* 蟹江 2853

Kanijima *s* 蟹島　　「丸

Kanikomaru *ml* 蟹子

Kanimori *s* 掃 1319, 掃守, 掃部 ; *m* 蟹守 2853

Kanimoto *s* 蟹本

Kan'in *s* 閑院 1820

Kanita *p* 蟹田 2853

Kanitani *s* 蟹谷

234

Kanitsu *s* 加悦 121, 嘉悦 2184 「山伏 2853
Kani yamabushi *la* 蟹
Kanizawa *s* 蟹沢
Kanja *s* 甘蔗 207
Kanji *m* 完二 471, 完治, 完爾, 勘治 1699, 寛次 1977, 簡治 2788; *m* 1078–94 寛治 1977
Kanjinchō *la* 勧進帳 1970
Kanjirō *m* 勘次郎 1699, 寛二郎 1977, 寛次郎, 鑑次郎 2968
Kanji san'onkō *l* 漢字三音考 1860 「漢書
Kanjo *lh* "Han shu"
Kanjō *m* 貫城 1754
~ suetsumuhana *l* 閑情末摘花 1820
Kanjū *m* 勘十 1699
Kanke bunsō *l* 菅家文草 1450
~ kōsō *l* 菅家後草
~ man'yōshū *l* 菅家万葉集
Kanki *sp* 神吉 853
Kankichi *m* 寒吉 1714
Kankō 1004–12 寛弘 1977
Kankoku *p* "(Republic of) Korea" 韓国 2741
Kankoshu *l* 寒紅集 1714
Kankurō *m* 寛九郎 1977
Kankyo no tomo *l* 閑居友 1820
Kanma *m* 勘馬 1699
Kanmaru *s* 神丸 853
Kanmichi *s* 上道 47
Kanmu *mh* 桓武 1100
~ Heishi *h* 桓武平氏
Kanmuri *s* 冠 905
~ Matsujirō *ml* 冠松次郎
Kannabe *p* 神辺 853
Kannabi *sp* 甘南備 207
Kannagi *s* 巫部 524
Kannami *s* 神波 853; *p* 函南 1232
Kannari *sp* 金成 664
Kannin 1017–21 寛仁 1977
Kanno *s* 神野 853, 菅野 1450, 管野 2212, 簡野 2788 「農; *m* 神生
Kannō *s* 神尾 853, 神
Kannon *fh* 観音 2765
Kannon'iwa *l* 観音岩
Kannosuke *m* 幹之助 1938
Kannuki *s* 環貫 2620
Kano *s* 加野 121, 狩野 791, 蚊野 1135; *sp* 鹿野 1823. (彼 578)
Kanō *s* 十七夜 18, 十七夜月, 加名生 121, 加能, 加納, 金太 664, 狩野 791, 嘉納 2184; *sm* 和 638; *m* 叶 132, 協 548, 適 2240, 諧 2639
Kan'ō 1350–52 観応 2765
Kanō Akatsuki *ml* 加納暁 121
Kanoashi *p* 鹿足 1823
Kanoe *f* 庚 741
Kanō Eitoku *ma* 狩野永徳 791
~ Hōgai *ma* 狩野芳崖
~ Jigorō *mh* 嘉納治五郎 2184
Kanokogi *s* 鹿子木 1823
~ Takeshirō *ma* 鹿子木孟郎 「子餅
Kanokomochi *l* 鹿の
Kanō Masanobu *ma* 狩野正信 791
Kanomata *s* 鹿又 1823
Kanome *s* 鹿目
Kanomi *s* 神麻續 853
Kanō Motonobu *ma* 狩野元信 791
Kan'onji *p* 観音寺 2765
Kanō Sakujirō *ml* 加能作次郎 121 「楽 791
~ Sanraku *ma* 狩野山
Kanose *p* 鹿瀬 1823
Kanosue *s* 彼末 578
Kanō Tan'yū *ma* 狩野探幽 791
Kanoto *m* 辛 493
Kanouchi *s* 加内 121, 叶内 132
Kanoya *p* 鹿屋 1823
Kanpaku *h* 関白 2245
Kanpei *m* 勘平 1699; 889–98 寛平 1977
Kanpō 1741–44 寛保
Kanpyō 889–98 寛平
Kanra *sp* 甘楽 207
Kanrai *l* 寒雷 1714
Kanrei *s* 神例 853
Kanroji *s* 甘露寺 207
Kanroku *mh* 観勒 2765
Kansai *p* 関西 2245
Kansaichi *s* 神私 853
Kansei 1789–1801 寛政 1977 「政三博士
~ no sanhakase *mh* 寛
~ no sankijin *mh* 寛政三奇人
Kansha *s* 神社 853
Kanshii *p* "Kwangsi" 広西 316
Kanshinji *p* 観心寺 2765
Kanshitsuzō *a* 乾漆像 1411 「1977
Kanshō 1460–66 寛正
Kansuke *m* 勘助 1699, 寛哉 1977
Kanta *s* 綺 2533
Kantan *la* 邯鄲 643
~ shokoku *l* 邯鄲諸国
Kantarō *m* 貫太郎 1754
Kanto *s* 完戸 471
Kantō *p* ["Kwantung"] 関東 2245
Kantoku 1044–46 寛徳 1977
Kanton *p* "Canton, Kwangtung" 広東 316
Katsukeno *s* 上毛野 47
Kantsukone *s* 神努 853
Kantsumichi *s* 上道 47
(kanu 光 281, 易 714, 周 736, 侶 778, 倚 1033, 兼 1268, 詠 1664, 摂 1837, 該 2135, 説 2143, 談 2325, 懐 2605)
Kan-U *mh-l* "Kuan Yü" 関羽 2245
Kanuchi *s* 金 664, 金作, 鉄工 1948, 鉄師, 鍛 2651, 鍛冶, 鍛師
Kanuma *s* 加沼 121, 賀浪 1756; *sp* 鹿沼 1823
Kanwa 985–87 寛和 1977 「1003
Kan'yōkyū *la* 咸陽宮
Kanzaburō *m* 寛三郎 1977 「神崎
Kanzaki *s* 神前 853; *sp*
~ Kiyoshi *ml* 神崎清
Kanzan rakuboku *l* 寒山落木 1714
Kanzawa *s* 神沢 853
Kanze *s* 観世 2765
~ Kiyotsugu *mla* 観世清次
~ Motokiyo *mla* 観世元清
Kanzen chōaku *l* 勧善懲悪 1970
~ ~ nozoki karakuri *la* 勧善懲悪覗機関
Kanzō *m* 勘蔵 1699, 寛造 1977, 寛憶
Kanzu *s* 上津 47
Kao *f* 娥 1356. (薫 2567, 顔 2754)
Kaō *p* 鹿央 1823; 1169–71 嘉応 2184
Kaoki *m* 霞群 2693
Ka Ōkin *mh* "Ho Ying-ch'in" 何応欽 513
Kaori *m* 嘉織 2184; *f* 加男利 121, 香居 961
Kaoru *m* 芬 477, 芳 480, 郁 890, 香織 961, 薆 2563, 薫 2567, 馡 2823, 馨 2904; *m-f* 香 961; *f* 香保留, 馥 2753
Kaoshi *l* 顔師 2754
Kappa *l* 河童 597
Kappo *la* 合浦 270
Kara *s* 甘良 207, 賀良 1756, 韓 2741; *ph* "Kaya / Karak" 加羅 121, 伽羅 357; *l* 唐 1246. (辛 493, 柄 862, 唐 1246, 樺 2103, 韓 2741)
Karaama *s* 韓白水郎
Karafuto *p* 樺太 2103
Karaguri *s* 京 663
Karahashi *s* 唐橋 1246
Karahata *s* 唐端 「862
Karai *s* 加来 121, 柄井
~ Senryū *ml* 柄井川柳
Karakama *s* 唐鎌 1246
Karakane *s* 唐金
Karakasa *s* 傘 1702
Karakawa *s* 唐川 1246
Karaki *s* 神楽 853, 唐木 1246
Karakida *s* 唐木田
Karaki Junzō *ml* 唐木順三
Karakoromo *s* 唐衣
Karakuni *mh* 韓国 2741
Karakuwa *p* 唐桑 1246
Karamatsu *s* 唐松
Karamono *s* 唐物
Kara monogatari *l* 唐物語

Karaosame no uretamigoto *l* 駆戎慨言 1697
Karasaki *s* 唐崎 1246
Karasawa *s* 柄沢 862, 唐沢 1246
Karashima *sp* 辛島 493
Karasu *p* 香良州 963. (烏 1256)
Karasugane *l* 烏金
Karasuma *p* 烏丸
Karasumaro *m* 烏麿
Karasumaru *sp* 烏丸
~ Mitsuhiro *ml* 烏丸光広
Karasuyama *p* 烏山
Karatsu *sp* 唐津 1246
Karaushi *s* 唐牛
Karawatari *s* 唐渡
Kara-yō kenchiku *a* 唐様建築
(kare 枯 859) 「鏡 43
Kareedosukōpu *l* 万華
Kareki *s* 枯木 859
Kare-sansui *a* 枯山水
Kari *s* 虞 2242. (刈 50, 苅 479, 狩 791, 借 1032, 雁 1801, 虞 2242, 臘 2867)
Karibe *s* 刈部 50, 苅部 479, 雁部 1801
Kaributo *p* 狩太 791
Karigane *m* 雁金 1801
Karihito *s* 虞人 2242
Karikomi *s* 刈込 50, 苅込 479 「樸樕 2170
Karin bokusoku *l* 歌林
Karino *s* 狩野 791
Karita *s* 刈田 50, 苅田 479 「呂
Karitamaro *m* 苅田麻
Karitamaru *m* 苅田丸
Karito *s* 狩戸 791
Kariwa *p* 刈羽 50
Kariya *s* 苅谷 479, 狩谷 791, 借屋 1032; *p* 刈谷 50 「斎 791
~ Ekisai *mlh* 狩谷棭
Kariyama *s* 苅山 479
Kariyone *s* 苅米
Karōdo *s* 唐人 1246
Karoku *m* 賀良倶 1756, 嘉六 2184; 1225–27 嘉禄 「軽 1657)
Karu *f* 軽 1657. (借 1032,
Karuabiko *s* 軽我孫
Karube *s* 軽部
Karuizawa *p* 軽井沢
Karukaya *s* 苅萱 479
~ Dōshin *lm* 苅萱道心
~ ~ Tsukushi no iezuto *la* 苅萱桑門筑紫轢
Karuma *s* 軽間 1657
Karumai *p* 軽米
Karume *s* 借馬 1031, 軽馬 1657
Karumi *s* 軽見
Karuta *s* 加留田 121
Karyaku 1326–29 嘉暦 2184 「1801
Karyūmaru *m* 雁宇丸
Kasa *s* 笠 1473; *sp* 加佐 121. (笠 1473, 傘 1702, 蓋 2193)
Kasabi *l* 傘火 1702
Kasadera *s* 笠寺 1473
Kasagi *s* 笠木; *p* 笠置
Kasahara *sp* 笠原
Kasai *s* 河西 597, 香西 961, 笠井 1473, 笠合, 葛 1994, 葛西; *sp* 加西 121
Kasaie *s* 笠家 1473
Kasai Zenzō *ml* 葛西善蔵 1994
Kasajima *s* 笠島 1473
Kasakake *p* 笠懸
Kasaku *m* 嘉作 2184
Kasakura *s* 笠倉 1473
Kasama *sp* 笠間
Kasamaro *m* 笠麻呂
Kasamatsu *s* 重松 1017; *sp* 笠松 1473
Kasamori *s* 笠森
Kasamoto *s* 笠元
Kasamura *s* 笠村
Kasano *s* 笠野
Kasa no Kanamura *ml* 笠金村
Kasanu *m* 重 1017
Kasanui *s* 笠縫 1473, 蓋縫 2193 「助 1473
~ Sensuke *ml* 笠縫専
Kasanuki *s* 笠貫, 葛貫
Kasao *s* 笠尾 1473 ⌊1994
Kasaoka *sp* 笠岡
Kasari *p* 笠利
Kasasa *p* 笠沙
Kasatsuji *s* 司辻 164
Kasaya *s* 笠谷 1473, 笠屋
~ Sankatsu nijūgonenki *la* 笠屋三勝二十五年忌
Kase *s* 加世 121, 加勢, 加瀬, 鹿背 1823, 嘉瀬 2184. (悴 1287A)
Kaseda *s* 悴田; *sp* 加世田 121
Kasei 1804–29 化政 56
Kasen *ml-fl* 歌仙 2170
Kasetani *s* 加瀬谷 121
Kasha *s* 我謝 545
Kashi *s* 白檮 216. (炊 602, 柏 866, 播 2259, 樫 2481, 橿 2622)
Kashiba *p* 香芝 961
Kashibara *s* 樫原 2481
(kashigi 炊 602)
Kashihara *sp* 柏原 866; *p* 橿原 2622 「184
Kashihiko *m* 甲子彦
Kashii *s* 柏井 866, 香椎 961, 葛 1994
(kashiko 惶 1545)
Kashima *s* 賀島 1756; *sp* 鹿島 1823; *p* 嘉島 2184 「1823
Kashimada *s* 鹿島田
Kashimadai *p* 鹿島台
Kashima kikō *l* 鹿島紀行
Kashimo *sp* 加子母 121
Kashimoto *s* 柏本 866
Kashimura *s* 鹿志村 1823, 樫村 2481
Kashino *s* 柏野 866
Kashio *s* 葛山 1994, 樫尾 2481; *m* 甲子男 184
Kashiro *s* 嘉代 2184
Kashirō *m* 甲子郎 184
Kashiwa *sm-p* 柏 866; *m* 橿 2622. (柏 866, 樫 2481, 橿 2622)
Kashiwabara *s* 橿原; *smh* 柏原 866
Kashiwabuchi *s* 柏淵
Kashiwada *s* 柏田, 樫田 2481
Kashiwade *s* 膳夭 2463, 膳部; *sm* 膳
Kashiwadenotomo *s* 勝伴 1613, 膳 2463
Kashiwagi *sla* 柏木 866
Kashiwaguma *s* 柏熊
Kashiwakura *s* 柏倉
Kashiwamoto *s* 柏本
Kashiwamura *s* 柏村
Kashiwano *s* 樫野 2481
Kashiwara *s* 樫原; *p* 橿原 2622
Kashiwaya *s* 柏谷 866, 柏屋, 樫谷 2481
Kashiwazaki *p-la* 柏崎 866 「山 2481
Kashiyama *s* 柏山, 樫
Kasho *s* 家所 1185
Kashō 848–51 嘉祥 2184
Kashōki *l* 可笑記 165
Kashū *s* 加集 121, 賀集 1756; *p* "California" 加州 121 「961
Kasokabe *s* 香宗我部
Kasori *s* 加曾利 121
Kassai *s* 葛西 1994
Kasu *p* 加須 121. (春 963, 粕 1390, 糟 2632)
Kasube *s* 春部 963
Kasuga *s* 春; *sp* 春日
Kasugabe *sp* 春部
Kasuga Gongen kenki *la* 春日権現験記
Kasugai *sp* 春日井; *p* 春日居 「竜神
Kasuga ryūjin *la* 春日
Kasugata *s* 春遂
Kasugawa *s* 粕川 1390
Kasuga-zukuri *a* 春日造 963
Kasukabe *s* 月下部 80, 春日部 963
Kasumi *sm-f-p* 霞 2693; *p* 香住 961. (霞 2693)
Kasumigaseki *p* 霞ケ関
Kasuya *s* 加須屋 121, 粕谷 1390, 糟谷 2632; *p* 粕屋 1390
Kata *s* 片 82, 方 85, 加田 121. (一 3, 才 36, 片 82, 方 85, 戈 108, 功 135, 礼 146, 斥 167, 右 172, 允 217, 包 218, 交 293, 名 346, 似 350, 状 365A, 形 414, 声 465, 艮 529, 和 638, 効 653, 命 671, 周 736, 固 744, 良 767, 岩 942, 訒 1147, 容 1182, 姿 1217, 兼 1268, 陳 1311, 捧 1318, 済 1336, 剛 1429, 粛 1528, 傍 1538, 硬 1635, 朝 1672, 敬 1691, 象 1761, 崇 1774, 普 1792, 堅 1796, 犀 1803, 雄 1912, 豊 2013, 歯 2051, 像 2061, 該 2135, 語 2136, 結 2151, 銘 2155,

豪 2177，潟 2273，標 2298，確 2305，談 2325，毅 2351，器 2378，鑒 2379，質 2395，賢 2579，謙 2646，覧 2695，鎌 2750，鑑 2968）

Kataakira m 崇明 1774

Kataba s 片羽 82

Katabami s 片波江，方波羽 85

Katabe s 刑部 258 (katabu 傾 1830)

Katabuchi s 片淵 82

Katabuko mh 傾子 1830

Katada s 片田 82；sp 堅田 1796

Katae s 片江 82

Katagami s 片上

~ Noburu ml 片上伸

Katagiri s 片切，片桐

~ Akinori ml 片桐顕智 「且元

~ Katsumoto mh 片桐

Katahara s 形原 414

Kataharu m 容大 1182，普春 1792 「2273

Katahigashi p 潟東

Katahira sp 片平 82

Katahirata s 片平田

Katahiro m 容衆 1182

Katahito m 周仁 736

Katahitsukuri s 模作 2104

Kataka s 安宅 472

Katakai s 片貝 82

Katakiuchi gijo no hanabusa l 敵討義女英 2354

Katako s 潟子 2273，確子 2305，賢子 2579

Katakura s 片倉 82

Katamasa m 方正 85

Katami s 片見 82；m 像見 2061

Katamitsu m 陳光 1311，賢三 2579

Katamori m 容保 1182

Katamu m 固 744

Katamura s 片村 82

Katana m 形名 414.（刀 12）

Katane s 片根 82

Kataniwa s 片庭

Katano s 片野；sp 交野 293

Katanobu m 容頌 1182

Katanoho s 潟保 2273

Katanori m 崇徳 1774

Katao m 剛雄 1429

Kataoka s 片岡 82

~ Kenkichi mh 片岡健吉

~ Teppei ml 片岡鉄兵

~ Yoshikazu ml 片岡良一

Kataoki s 容住 1182

Katarai s 語 2136

Katari s 語；m 談 2325.（語 2136）

Katase s 片瀬 82

Katashi m 介 66，艮 529，固 744，臤 1017，硈 1385，剛 1429，硬 1635，堅 1796，確 2305，鍛 2651，鏈 2815

Katashina sp 片品 82

Katata s 片多

Katataka s 堅高 1796

Katatoki m 方言 85

Katatsugu m 標績 2298

Katauta niya mondō l 片歌二夜問答 82

Katayama s 片山，形山 414，固山 744

~ Hiroko fl 片山広子

~ Koson ml 片山孤村

~ Sen mh 片山潜

~ Toshihiko ml 片山敏彦

Katayanagi s 片柳

Katayori s 片寄

Katei 1235–38 嘉禎 2184

Katō s 加頭 121，加藤，河東 597，嘉藤 2184；p 加東 121

~ -bushi a 河東節

~ Chikage ml 加藤千蔭 121 「鳥

~ Chōchō ml 加藤朝

~ Hiroyuki mlh 加藤弘之

Katōji m 嘉藤次 2184

Katō Kagemasa ma 加藤景正 121 「春

~ Kaishun ml 加藤介

~ Kazuo ml 加藤一夫

Katōki s 加藤木

Katō Kiyomasa mh 加藤清正 「将之

~ Masayuki ml 加藤

~ Michio ml 加藤道夫

Katori s 上匂 47，香取 961，楫取 1899；sm 鹿取

1823；sp 香取 961；m 可都里 165

~ Hozuma mla 香取秀真 961

~ Nahiko ml 楫取魚彦 1899

Katō Shūichi ml 加藤周一 121

~ Shūson ml 加藤楸邨

~ Takaaki mh 加藤高明

~ Takeo ml 加藤武雄

~ Tomosaburō mh 加藤友三郎

~ Tōri ml 加藤東籬

~ Totsudō ml 加藤咄堂

Katsu sm 勝 1613；m 克 442；m-f 捷 1323.（一3，万 43，弌 74，功 135，甲 184，且 192，包 218，克 442，坦 574，和 638，劼 652，独 788，活 815，柿 867，英 915，品 916，桂 1102，尅 1260，勉 1263，健 1282，捷 1323，硈 1385，勝 1613，割 1696A，曾 1794，達 1810，逵 1813，猾 1834，滑 1857，強 1878，雄 1912，葛 1994，徳 2063，蔵 2166，嘉 2177，積 2493，賢 2579，優 2599，澗 2611，噲 2667，闊 2710）

Katsuaki m 克明 442，健晋 1282，勝昶 1613，勝商，勝敵

Katsube s 勝部

Katsuchika m 勝，雄年 1912

Katsue m 克衛 442

Katsugase s 勝賀瀬 1613

Katsugorō m 勝五郎

Katsuharu m 弌春 74

Katsuhata s 勝畑 1613

Katsuhiko m 克彦 135，克彦 442，雄彦 1912

Katsuhiro m 勝曠 1613

Katsuhisa m 勝久

Katsui m 和仁 638

Katsuichi m 勝井 1613

Katsuichi m 勝一

Katsuichirō m 勝一郎

Katsuie m 勝家

Katsuji m 勝二，勝次，勝治

Katsujirō m 勝次郎

Katsujō m 葛城 1994

Katsukata m 勝堅 1613

Katsukawa s 勝川，勝河 「春章

~ Shunshō ma 勝川

Katsuki s 香月 961，勝木 1613；m 一月 3

Katsukida s 蒲田 1993

Katsukiyo m 勝摩 1613

Katsuko f 克子 442，勝津子 1613

Katsukura s 勝倉

Katsuma sm 勝間；m 勝馬

Katsumasa m 勝殷，曾政 1794，雄端 1912，積正 2493

Katsumata s 勝又 1613，勝亦，勝俣，勝間田

Katsume m 加集 121，勝目 1613

Katsumi s 香積 961，勝見 1613，葛見 1994；sm 克巳 442；m 且子 192，克身，克三，黄 1499，勝臣 1613，勝美，勝海，勝摘，勝親

Katsumine s 勝峰

~ Shinpū ml 勝峰晋風

Katsumoto sp 勝本；m 且元 192，勝元 1613

~ Seiichirō ml 勝本清一郎

Katsumura s 勝村

Katsunaga m 勝修，遂長 1806

Katsunari m 勝鳴 1613，勝慈

Katsundo m 勝人

Katsuno s 勝野

Katsunobu m 勝庸

Katsunori m 勝権

Katsunuma s 溶沼

Katsuo s 勝尾；m 桂男 1102，勝夫 1613，勝男，堅魚 1796

Katsura s 勝浦 1613，曾良 1794；sm-f-p 桂 1102；m 藤 2773.（葛 1994，蔓 2979）

Katsurada s 桂田 1102

Katsuragawa s 桂川

~ Hoshū mh 桂川甫周

Katsuragi s 葛城 1994，歌枕 2170

Katsurahara s 葛原 1994

Kawasuke *m* 川相 20
Kawatake *s* 河竹 597
～ Mokuami *ml* 河竹黙阿弥 「繁俊
～ Shigetoshi *ml* 河竹
～ Shinshichi *ml* 河竹新七
Kawatana *p* 川棚 20
Kawatani *s* 川谷
Kawatei *s* 川廷
Kawato *s* 川東, 河東 597 「川内 20
Kawauchi *s* 河内; *sp*
Kawaue *p* 川上
Kawaura *s* 川浦; *p* 河浦 597
Kawawa *s* 川和 20, 河匂 597; *sp* 河曲
Kawayashiro *l* 河社
Kawazoe *s* 川添 20, 河副 597, 河添; *sp* 川副 20 「国基
～ Kunimoto *ml* 川副
Kawazu *s* 川津; *sp* 河津 597; *m* 蛙 1648
Kawazumi *s* 川角 20, 川隅, 川澄, 河角 597
Kawazura *s* 川面 20, 河面 597
Kaya *s* 加舎 121, 加屋, 仮谷 231, 茅 690, 賀永 1756, 賀屋, 嘉悦 2184, 嘉陽; *sm* 賀陽 1756; *sp* 加悦 121, 柏 866; *m* 鹿文 1823; *f* 萱 1730. (茅 690, 草 934, 萱 1730, 榧 2291)
Kayaba *s* 萱場 1730; *p* 茅場 690
Kayahara *s* 茅原
～ Kazan *ml* 茅原華山
Kayaki *s* 柏木 866, 榧木 2291
Kayako *f* 茅子 690
Kayama *s* 加山 121, 香山 961, 萱間 1730, 鹿山 1823, 嘉山 2184
Kayamori *s* 萱森 1730
Kayane *m* 茹 1171
Kayano *s* 茅野 690, 萱野 1730
Kayanoin shichishu utaawase *l* 高陽院七首歌合 1163
～ Suikaku utaawase *l* 賀陽院水閣歌合 1756
Kayanoki *s* 榧木 2291
Kaya no Toyotoshi *ml* 賀陽豊年 1756
Kayanuma *s* 萱沼 1730
Kayashima *s* 茅島 690, 萱島 1730 「1756
Kayō *s* 萱生; *p* 賀陽
Kayoi Komachi *la* 通小町 1239
Kayoko *f* 甲代子 184, 圭世子 267, 佳代子 560 「河精 597
Kayoshi *m* 可賀 165; *f*
(kaza 風 986)
Kazado *s* 風戸
Kazahana *l* 風花
Kazahaya *s* 風早
Kazakiku *s* 風吉
Kazakiri *s* 風吉
Kazama *s* 風間
Kazamaki *s* 風巻
～ Keijirō *ml* 風巻景次郎
Kazamaura *p* 風間浦
Kazamatsuri *s* 風祭
Kazami *s* 風見
Kazan *mlh* 花山 481
Kazan'in *s* 華山院 1266; *smlh* 花山院 481
～ Nagachika *ml* 花山院長親
Kazaoka *s* 風岡 986
Kazari *s* 錺 2337. (錺)
Kazariya *p* 錺谷
Kazawa *s* 賀沢 1756
(kaze 吹 370, 風 986)
Kazo *p* 加須 121
Kazō *m* 嘉造 2184
Kazu *s* 石 172; *m* 和 638, 順 1532, 嘉寿 2184. (一 3, 二 4, 九 16, 七 17, 十 18, 八 19, 三 22, 万 43, 千 44, 弌 74, 円 78, 五 91, 尹 98, 収 133, 冬 161, 司 164, 主 196, 牙 202, 年 342, 多 347, 利 436, 毎 444, 会 454, 壱 467, 応 509, 寿 539, 妍 612, 枚 630, 知 636, 和 638, 効 653, 宗 679, 沓 698, 良 767, 法 824, 政 881, 計 895, 品 916, 春 963, 参 978, 重 1017, 師 1130, 般 1137, 員 1167, 起 1262, 兼 1268, 胤 1269, 倭 1283, 教 1408, 紀 1424, 順 1532, 量 1741, 策 1767, 運 1808, 雄 1912, 猷 1962, 葛 1994, 業 2024, 種 2124, 雑 2127, 数 2169, 算 2213, 箇 2216, 雍 2359, 選 2419, 積 2493, 憲 2562, 斂 2674, 籌 2901, 麗 2902)
Kazuaki *m* 一酉 3
Kazuchika *m* 一力, 和親 638
Kazue *s* 数江 2169; *m* 一衛 3, 万衛 43, 可寿丙 165, 主計 196, 数衛 2169, 算衛 2213; *f* 和家 638, 計 895
Kazufumi *m* 算文 2213
Kazufusa *m* 一英 3, 員種 1167 「16
Kazuhata *s* 九寸五分
Kazuhiko *m* 一位 3, 一彦, 雄比古 1912
Kazuhiro *m* 一口 3, 一敞, 一個
Kazuhisa *m* 一九
Kazuhito *m* 雍人 2359
Kazuho *m* 一秀 3
Kazui *s* 数井 2169
Kazuji *m* 一二 3
Kazukiyo *m* 一清
Kazuko *f* 一寿子, 二子 4, 千女 44, 弌子 74, 加寿子 121, 収子 133, 主子 196, 多子 347, 妍子 612, 和了 630, 効子 653, 計子 895, 紀子 1424, 量子 1741, 運子 1808, 数子 2169
Kazuma *m* 一馬 3, 万馬 43, 主馬 196, 計馬 895, 春馬 963, 員馬 1167, 数馬 1408, 数馬 2169, 算馬 2213
Kazumaki *s* 葛巻 1994
Kazumanosuke *m* 数馬助 2169
Kazumaru *m* 一丸 3
Kazumasa *m* 一予, 一政, 七要 17, 三政 22, 和応 638, 参正 978
Kazumi *s* 鹿住 1823, 数見 2169; *m* 一省 3, 八三 19, 三角 22, 三省, 運美 1808
Kazumitsu *m* 三充 22
Kazumo *s* 一最 3
Ka-zumō *la* 蚊相楪 1135
Kazumori *m* 葛盛 1994
Kazumoto *m* 量原 1741
Kazunao *m* 司直 164, 数直 2169 「角 1823
Kazuno *s* 数野; *p* 鹿
Kazunobu *m* 和誠 638, 憲宣 2562
Kazunomiya *m* 一宮 3; *fh* 和宮 638
Kazunori *m* 千礼 44, 員規 1167
Kazuo *m* 一夫 3, 一生, 一男, 一音, 一雄, 九穂 16, 七雄 17, 五雄 91, 年雄 342, 寿乙 539, 和夫 638, 和男, 和郎, 法夫 824, 計夫 895, 参男 978, 胤雄 1269, 倭夫 1283, 運夫 1808, 運雄
Kazura *s* 葛 1994, 葛山
Kazuraki *sla* 葛城
～ tengu *l* 葛城天狗
Kazusa *sp* 加津佐 121; *ph* 上総 47 「貞 638
Kazusada *m* 一定 3, 和
Kazusane *m* 一仁 3
Kazushige *m* 一成, 一誠, 重量 1017
Kazushime *f* 一四明 3
Kazusuke *m* 二祐 4, 二裕, 量輔 1741
Kazuta *sm* 収多 133; *m* 数太 2169
Kazutada *m* 員維 1167
Kazutaka *m* 一啓 3, 和高 638
Kazutane *m* 一種 3
Kazuto *m* 和外 638
Kazutō *m* 一十 3
Kazutoki *m* 一睦
Kazutoshi *m* 一敬, 万年 43, 員恵 1167
Kazutoyo *m* 一豊 3
Kazutsugu *m* 胤継 1269
Kazutsura *m* 一貫 3
Kazuuji *m* 和氏 638
Kazuyasu *m* 和育, 員昆 1167, 量慰 1741
Kazuyori *m* 員従 1167
Kazuyoshi *m* 一布 3, 一成, 十吉 18, 万吉 43, 和幸 638, 和義, 積善 2493
Kazuyuki *m* 一以 3, 一到, 千之 44, 量行 1741
Kazuzō *m* 籌三 2901
(ke 化 56, 介 66, 夬 100,

毛 117, 加 121, 价 236, 圭 267, 灰 302, 気 319, 希 475, 芥 475, 花 481, 祉 608, 卦 647, 恢 806, 奎 913, 桂 1102, 食 1159, 家 1185, 掛 1321, 笥 1472, 稀 1640, 霞 1706, 觖 1773, 樻 2107, 嘉 2184, 魁 2423, 幾 2597, 蹶 2806, 璣 2868, 機 2869, 鍥 2886, 磯 2916)

Kebu *s* 癸生 952
Kebukawa *s* 癸生川
(**kechi** 夬 100, 血 337, 決 402, 結 2151, 絜 2208, 潔 2615)
Kedo *s* 毛戸 117
Kedōin *p* 祁答院 641
Kega *s* 儀俄 2255
Kegon *p-l* 華厳 1266
Kei *s* 荊 899; *m* 慧 2392. (兄 101, 刑 258, 圭 267, 形 414, 邢 415, 冏 512, 径 576, 京 663, 茎 684, 計 895, 荊 899, 奎 913, 系 957, 契 980, 桂 1102, 勍 1150, 皆 1196, 恵 1226, 巠 1229, 渓 1330A, 畦 1381, 硎 1384, 啓 1491, 逕 1512, 軽 1687, 敬 1691, 勁 1697A, 景 1764, 傾 1830, 卿 1865, 経 1957, 境 2076, 慧 2392, 罫 2408, 慶 2491, 継 2539, 刲 2562A, 鮭 2671, 瓊 2717, 蹊 2807, 譓 2809, 鶏 2821, 頸 2828, 罄 2904, 鏧 2927, 繋 2959) 「2425
Keian 1648–52 慶安
~ **Genju** *ml* 桂庵玄樹 1102 「斑 663
Keibyō ippan *l* 京猫一
Keichō 1596–1615 慶 長 2425 「版
~ **chokuhan** *l* 慶長勅
Keichū *mlh* 契沖 980
Keieishō *l* 形影抄 414
Keigo *m* 奎吾 913
Keigoto *p* 景事 1764
Keihachi *m* 敬八 1691
Keihoku *p* 京北 663
Keiichi *m* 啓市 1491, 敬 一 1691, 罄 2904
Keiji *m* 気司 319, 恵二

1226, 啓次 1491, 敬二 1691, 敬治
Keijirō *m* 啓次郎 1491, 敬次郎 1691, 慶次郎 2425 「663
Keijō *p* "Seoul" 京城
Keikai *ml* 景戒 1764
Keikichi *m* 桂吉 1102, 敬吉 1691, 慶吉 2425
Keikin *s* 契斤 980
Keiko *f* 慶子 2425
Keikō *s* 啓甫 1491, 啓 虎; *m* 恵弘 1226
Keikōin *l* 慶光院 2425
Keikokushū *l* 経国集 1957
Keima *s* 刑馬 258
Keino *s* 慶野 2425
Keinosuke *m* 桂之助 1102, 啓之助 1491, 慶 之助 2425
Keiō 1865–68 慶応
~ **Gijuku** *p* 慶応義塾
Keiraishū *l* 軽雷集 1657
Keiro *s* 卦婁 647
Keiryū *s* 慶隆 2425
Keisaku *m* 気作 319, 慶 作 2425
Keisei Awa no Naruto *la* 傾城阿波の鳴門 1830
~ **hangonkō** *l* 傾城反 魂香 「1957
~ **hisaku** *l* 傾城色
~ **irojamisen** *l* 傾城色 三味線 1830
~ **Mibu dainenbutsu** *la* 傾城壬生大念仏
~ **muken no kane** *la* 傾城無間鐘
Keisen *p* 桂川 1102
Keishi *m* 敬止 1691
Keishichi *m* 敬七
Keishirō *m* 慶四郎 2425
Keisuke *m* 圭介 267, 計 介 895, 恵介 1226, 啓介 1491, 敬介 1691, 敬款, 経介 1957
Keita *m* 圭太 267
Keitarō *m* 恵太郎 1226, 啓太郎 1491, 慶太郎 2425 「天牧童 1491
Keiten Bokudō *ml* 敬
Keitō *l* 鶏頭 2821
Keiun *ml* 704–08 慶雲 2425
Keizaburō *m* 圭三郎

267, 恵三郎 1226, 敬三 1691, 慶三郎 2425
Keizai yōroku *lh* 経済 要録 1957
Keizairoku *lh* 経済録
Keizō *m* 圭三 267, 計三 895, 桂三 1102, 恵三 1226, 啓三 1491, 啓蔵, 敬三 1691, 慶二 2425, 慶蔵 「食満 1159
Kema *s* 毛馬 117; *sm-p*
Kemase *s* 気仙 319
Kemigawa *s* 検見川 2447
Kemori *s* 家守 1185
Ken *m* 健 1282, 憲 2562, 謙 2646. (犬 107, 見 518, 妍 612, 倪 774, 研 875, 巻 975, 涓 1061, 眍 1085, 剣 1151, 牽 1206, 県 1252, 虔 1253, 兼 1268, 健 1282, 険 1308, 炫 1344, 弦 1345, 現 1360, 乾 1411, 喧 1541, 硯 1634, 萱 1730, 堅 1796, 間 1822, 偐 1881, 献 1961, 勧 1970, 筧 2014, 牽 2028, 偐 2054, 慊 2068, 蜷 2129, 絃 2134, 甄 2188, 遣 2241, 腱 2245, 湔 2274, 権 2300, 絹 2330, 絃 2331, 鉉 2335, 監 2398, 僘 2434, 撿 2447, 婀 2475, 諌 2513, 諌 2514, 繦 2532, 謙 2562, 賢 2579, 謙 2646, 鍵 2652, 蹇 2677, 鎌 2750, 顕 2757, 簡 2788, 譴 2904, 繭 2896, 罄 2904, 懸 2984)
Kena *s* 毛穴 117
Kenbō *s* 兼房 1268
Kenbuchi *p* 剣淵 1151
Kenchō *l* 倦鳥 1034; 1249–56 建長 995
Kenchōji *p* 建長寺
Kenchū mitsukan *l* 顕 注密勘 2757
Ken'ei 1206–07 建永 995
Kengaishū *l* 賢外集
Kengen 1302–03 乾元 1411 「吾 2579
Kengo *m* 健吾 1282, 賢
Ken'ichi *m* 研一 875, 兼 一 1268, 健一 1282, 憲

一 2562, 謙一 2646
Ken'ichirō *m* 健一郎 1282, 賢一郎 2579
Kenji *m* 研二 875, 兼二 1268, 健二 1282, 健次, 健治, 憲次 2562, 憲治, 賢次 2579, 賢治 2646, 謙次, 謙治, 鎌治 2750, 顕治 2757; 1275– 78 建治 995
Kenjirō *m* 健二郎 1282, 健次郎, 健治郎, 憲二 郎 2562, 賢次郎 2579, 謙二郎 2646, 謙次郎, 顕次郎 2652
Kenji shinshiki *l* 建治 新式 995
Kenjō *s* 見城 518
Kenjūrō *m* 謙十郎 2646
Kenkichi *s* 巻吉 975; *m* 健吉 1282, 謙吉 2646
Kenkō *ml* 兼好 1268
Kenkyū 1190–99 建久 995
Kenmochi *s* 剣持 1151
Kenmoku *s* 見目 518
Kenmotsu *s* 剣持 1151; *sm* 監物 2398 「995
Kenmu 1334–38 建武
~ **nenkanki** *l* 建武年 間記
Kennin 1201–04 建仁
Kenninji *p* 建仁寺
Kennosuke *m* 剣之助 1151, 賢之助 2579
Kennyo *mh* 顕如 2757
Kenouchi *s* 家内 1185
Kenpō 1213–19 建保 995 「七条 2562
~ **jūshichijō** *l* 憲法十
Kenrei Mon'in *fh* 建 礼門院 995
~ ~ **Ukyō-dayū shū** *l* 建 礼門院右京大夫集
Kenryaku 1211–13 建 暦
Kenryū *m* 賢竜 2579
Kensaku *m* 健作 1282, 憲作 2562, 賢策 2579, 賢作
Kensei *m* 顕成 2757
Kenshirō *m* 賢四郎 2579, 謙四郎 2646
Kenshin *m* 謙信
Kenshō *mh* 顕昭 2757
Kenshun *mh* 賢俊 2579
Kensuke *m* 健介 1282,

健助, 謙介 2646, 謙輔

Kenta *m* 憲太 2562

Kentarō *m* 研太郎 875, 健太郎 1282, 堅太郎 1796, 憲太郎 2562, 賢太郎 2579, 巋太郎 2652

Kentoku 1370-72 建徳 995

Kentōsen *l* 遣唐船 2241

Kenu *m* 毛野 117

Kenuki *la* 毛抜 「1634

Ken'yūsha *l* 硯友社

Kenzaburō *m* 健三郎 1282, 謙三郎 2646

Kenzan *ma* 乾山 1411

Kenzō *m* 健三 1282, 健蔵, 堅蔵 1796, 堅造, 憲三 2562, 賢三 2579, 賢造, 賢蔵, 謙三 2646, 謙蔵, 顕三 2757

Keo *f* 毛生 117

Kera *s* 解良 1923 ; *p* 介良 66

Kere *s* 解礼 1923

Kesa *f* 今朝 67, 袈裟 1749. (祇 1127, 袈 1749)

Kesae *f* 袈江

Kesakatsu *m* 今朝勝 1127

Kesami *f* 今朝美 67

Kesema *s* 気仙 319

Kesen *p* 気仙

Kesennuma *p* 気仙沼

Ketchi *s* 結知 2151

Ketōin *s* 祈答院 609

Ketsu *s* 蕨 2566. (决 100, 穴 158, 血 337, 決 402, 杰 695, 契 802, 絜 1204, 傑 1827, 結 2151, 絜 2208, 蕨 2566, 潔 2615)

Ketsuge *s* 結解 2151

Ketsu Shin *ml* 蕨真 2566

Keuke *s* 毛受 117

Kewashi *m* 嵓 2374

Keyamura *s* 毛谷村 117

Kezori *s* 毛剃

Kezuka *s* 毛塚

Ki *s* 紀 1424 ; *m* 熙 2409. (乙 2, 几 6, 己 32, 寸 34, 大 48, 支 69, 木 109, 示 148, 卉 151, 甲 184, 生 214, 伎 232, 仟 245, 企 269, 圮 318, 気 319, 技 381, 玖 409, 妃 411, 材 420, 杖 422, 希 445, 忌 462, 束 536, 来 538, 岐 599, 祈 609,

---

杵 629, 枝 631, 林 633, 私 637, 邧 641, 京 663, 宜 675, 芸 689, 季 725, 其 734, 奇 752, 城 791, 竤 872, 軌 892, 癸 952, 屎 989, 哉 1006, 帰 1018, 倚 1033, 俟 1035, 祇 1127, 記 1149, 耆 1214, 息 1224, 翅 1248, 起 1262, 埼 1292, 淇 1328, 規 1349, 姫 1358, 紀 1424, 著 1448, 竿 1461, 基 1493, 黄 1499, 寄 1525, 鬼 1527, 亀 1531, 揆 1549, 崎 1592, 椒 1619, 稀 1640, 期 1671, 喜 1709, 葵 1723, 貴 1755, 逵 1813, 超 1816, 頎 1866, 輝 1875, 暉 1884, 棋 1903, 僖 2058, 幾 2093, 棄 2202, 箕 2214, 置 2232, 憘 2257, 槻 2295, 毅 2351, 器 2378, 熙 2409, 嬉 2476, 樹 2483, 綺 2533, 歖 2550, 憙 2559, 熏 2560, 冀 2571, 熙 2583, 興 2586, 幾 2597, 禧 2628, 譏 2730, 騎 2762, 畿 2859, 徽 2866, 璣 2868, 機 2869, 磯 2916, 驥 3008)

Kiami *mh* 木阿弥 734

Kiba *s* 木場 109

Kibata *s* 木畑, 木幡

Kibe *s* 木辺, 木部

Kibi *sm-p* 吉備 278

Kibihonji *s* 吉備品遅

Kibiiwanasuwake *s* 吉備石无別

Kibimaro *m* 吉備麻呂

Kibi no Makibi *mh* 吉備真備

Kibinoshō *s* 気比庄 319

Kibitsu no kama *l* 吉備津の釜 278

Kibo *s* 宜保 675

Kibuchi *s* 杵淵 629

Kibyōshi *l* 黄表紙 1499 (kichi 吉 278, 632, 652, 姞 1089, 橘 2484)

Kichibee *m* 吉兵衛 278

Kichiemon *m* 吉右衛門

Kichigorō *m* 吉五郎

Kichijirō *m* 吉次郎

Kichijōten *fh* 吉祥天

Kichijūrō *m* 吉十郎

Kichimo *s* 吉母

Kichinai *m* 吉内

Kichinosuke *m* 吉之助

Kichirō *m* 吉郎, 喜知郎 1709 「衛 278

Kichirobee *m* 吉郎兵

Kichisa *f* 吉三

Kichisaburō *m* 吉三郎

Kichise *s* 吉瀬

Kichishō *m* 吉省

Kichisuke *m* 吉助

Kichiya *m* 吉弥

Kichizaemon *m* 吉左衛門

Kichizō *m* 吉蔵, 吉造

Kida *s* 京田 663, 喜田 1709

Kidai *s* 希代 445

Kidamari *s* 木里 109

Kida Sadakichi *mh* 喜田貞吉 109

Kidate *s* 木立 109

Kido *s* 木戸, 城戸 796, 帰度 1018 「堂 2533

Kidō *s* 木藤 109 ; *ml* 綺

Kido Kōichi *mh* 木戸幸一 109 「796

Kidokoro *s* 木所, 城所

Kidosaki *s* 城戸崎

Kido Takayoshi *mh* 木戸孝允 109 「1755

Kifune *s* 木船, 貴布禰

Kiga *s* 木賀 109, 気賀 319

Kigake *s* 生縣 214

Kigaki *m* 木垣 109

Kigasawa *s* 気賀沢 319

Kigawa *s* 木川 109

Kigi *s* 木木, 木々

Kigin *ml* 季吟 725

Kigisu *s* 来吹 538

Kigi Takatarō *ml* 木々高太郎 109

Kigo *s* 木子, 木戸

Kigoku *s* 京極 663

Kigokuya *s* 京極屋

Kigoshō *l* 綺語抄 2533

Kigura *s* 木倉

Kigurashi *s* 木暮

Kigyo *l* 旗魚 2093

Kihachi *m* 喜八 1709

Kihachirō *m* 喜八郎

Kihara *s* 木原 109, 鬼原 1527

Kihaya *s* 喜早 1709

Kiheiji *m* 喜平次

Kihira *s* 木平 109, 紀平

Kihō *p* 紀宝 「1424

Kihoku *p* 輝北 2499

Kii *s* 杵築 629, 城井 796, 紀 1424 ; *sp* 紀伊

Kiichi *s* 私市 637, 紀一 1424 ; *sm* 鬼一 1527 ; *m* 木一 109, 希一 445, 喜一 1709, 喜市, 驥一 3008 「1527

~ Hōgen *mh* 鬼一法眼

~ ~ sanryaku no maki *la* 鬼一法眼三略巻

Kiichirō *m* 喜一郎 1709, 樹一郎 2483

Kiiko *f* 妃生子 411

Kiire *s* 給黎 2149 ; *sp* 喜入 1709 「基隆 1493

Kiirun *p* " Keelung " (kiji 雉 911)

Kijima *s* 鬼島 1527

Kijimadaira *p* 木島平 109

Kijimoto *s* 雉本 1911

Kijō *sp* 木城 109

Kijūrō *m* 喜十郎 1709, 喜重郎

Kikai *s* 喜界 「島 1527

Kikaigashima *la* 鬼界

Kikaku *ml* 其角 734

Kikawada *s* 黄川田 1499

Kikegawa *s* 亀卦川 1531

Kiki *kayō l* 記紀歌謡 1149

Kikira *s* 奇奇羅 752

Kikkawa *s* 切河 51, 吉川 278, 橘川 1499

Kikkōzuru *l* 亀甲鶴 1531

Kikonai *p* 木古内 109

Kikori *m* 樵 2479

Kikoshi *s* 木越 109

Kiku *s* 企救 269, 規矩 1349, 菊 1451. (菊, 毱 1812, 鞠 2664, 麹 2858)

Kikubo *s* 京久保 663

Kikuchi *s* 木口 109, 菊地 1451, 鞠智 2664 ; *sp* 菊池 1451

~ Chiyū *ml* 菊池知勇

~ Dairoku *mh* 菊池大麓

~ Hiroshi *ml* 菊池寛

~ Kan *ml* 菊池寛

~ Ken *ml* 菊池剣

~ Kurarō *ml* 菊地庫郎

~ Takemitsu *mh* 菊池武光 「武時
~ Taketoki *mh* 菊池
Kikuchiyo *f* 菊千代
Kikuchi Yūhō *ml* 菊池幽芳
Kikuda *s* 菊田
~ Kazuo *ml* 剪田　犬
Kikuei *m* 菊栄
Kikugawa *sp* 菊川
Kikugorō *m* 菊五郎
Kikuhara *s* 菊原
Kikui *s* 菊井
Kikuichirō *m* 菊一郎
Kikuike *s* 麴池 2858
Kikuiri *s* 菊入
Kikuji *m* 規矩次 1349
Kiku Jidō *la* 菊慈童 1451 「二郎
Kikujirō *m* 菊鹿次郎, 菊
Kikuka *p* 菊鹿 「約
~ no chigiri *l* 菊花の
Kikuma *sp* 菊間
Kikumaro *m* 奇久麿 752
Kikumori *s* 菊盛 1451
Kikumoto *s* 菊本
Kikumura *s* 菊村
~ Itaru *ml* 菊村到
Kikuna *s* 菊名
Kikunae *f* 菊苗
Kikunaga *s* 菊永
Kikuno *s* 菊野
Kikunosuke *m* 菊之助
Kikuo *m* 菊男, 菊雄, 喜久大 1709, 喜久雄
Kikuoka *s* 菊岡 1451
~ Kuri *ml* 菊岡久利
Kikusaburō *m* 菊三郎
Kikuse *m* 菊瀬
Kikushima *s* 菊島
Kikushirō *m* 菊四郎
Kikusui *p* 菊水
Kikuta *p* 喜久田 1709
Kikutake *s* 企救岳 269
Kikutani *s* 菊谷 1451
Kikutarō *m* 喜久太郎 1709
Kikutei *s* 菊亭 1451
~ Kōsui *ml* 菊亭香水
Kikuto *m* 喜久人 1709
Kikutoji *s* 額縅 2966
Kikuya *s* 菊谷 1451, 菊屋
~ Tahee *ml* 菊屋太兵
Kikuyama *s* 菊山
Kikuyō *p* 菊陽
Kikuzato *s* 菊里

Kikuzawa *s* 菊沢
Kikuzō *m* 菊蔵, 喜久三 1709
Kima *s* 木間 109
Kimachi *s* 来河 538, 来海 「座 1445
Kimase *s* 木間瀬 109, 著
Kimasu *m* 京升 663
Kimata *s* 木全 109, 木俣; *m* 鬼俣 1527, 亀万太 1531 「109
~ Osamu *ml* 木俣修
Kimi *s* 吉躬 278, 岐弥 599; *f* 公 156, 君美 515, 亀美 1531. (仁 57, 王 90, 公 156, 君 江 252, 后 304, 君 515, 林 633, 宮 672, 侯 777, 竜 1199, 乾 1411, 煮 1484, 鉄 1948)
Kimiaki *m* 王朝 90
Kimibukuro *s* 君袋 515
Kimifusa *m* 公房 156
Kimihei *m* 乙未平 2, 公平 156
Kimihide *m* 公任
Kimihira *sm* 公平
Kimihiro *m* 仁礼 57, 正博 205
Kimihito *m* 君仁 515
Kimikazu *m* 公麗 156
Kimiko *s* 吉俊 278, 吉彦; *f* 公子 156, 后子 304, 君子 515, 侯子 777, 煮子 1484, 喜美子 1709
Kimikobe *s* 吉弥侯部 278 「公詔
Kimimasa *m* 公正 156,
Kimimori *s* 公森; *m* 竜盛 1199
Kiminobu *m* 君義 515
Kimio *m* 公男 156, 君雄 515, 侯雄 777, 乾雄 1411, 鉄夫 1948 「156
Kimisaburō *m* 公三郎
Kimisato *m* 公利
Kimishima *s* 君島 515
Kimita *p* 君田
Kimite *m* 君手
Kimitsu *p* 君津
Kimiwada *s* 君和田
Kimiyo *f* 仁世 57
Kimiyoshi *m* 公賢 156, 公賣, 君美 515
Kimizuka *s* 公塚 156, 君塚 515
(kimo 肝 408)

Kimobetsu *p* 喜茂別 1709 「本, 木許
Kimoto *s* 木元 109, 木
Kimotsuki *s* 肝付 408, 肝衡; *sp* 肝属
Kimu *s* 金 664. (仁 57, 林 633) 「664
~ Darusu *ml* 金達寿
Kimura *s* 木村 109, 木邨, 木邑
~ Akebono *fl* 木村曙
~ Hisashi *mh* 木村久
~ Ki *ml* 木村毅
~ Motomori *ml* 木村素衛 「八
~ Shōhachi *ml* 木村荘
~ Shōshū *ml* 木村小舟
~ Sōta *ml* 木村岬太
~ Suteroku *ml* 木村捨録
~ Tomiko *fl* 木村富子
~ Yōtarō *ml* 木村鷹太郎
Kin *s* 金 664. (今 67, 勻 72, 公 156, 均 387, 各 446, 芹 478, 近 506, 君 515, 欣 603, 昕 622, 金 664, 衿 833, 訓 1148, 訴 1400, 菌 1441, 堇 1453, 鈞 1674, 欽 1678, 勤 1698, 琴 1778, 筋 2015, 禁 2021, 懂 2064, 緊 2289, 錦 2525, 謹 2645)
Kinadamura *l* 鬼粟村 1527
Kinai *p* 畿内 2859
Kin'aki *m* 公顕 156
Kin'akira *m* 公述
Kinami *s* 木南 109
Kinasa *s* 鬼無里 1527
Kinase *s* 木名瀬 109
Kinashi *s* 木梨
Kinbara *s* 金原 664
~ Seigo *ml* 金原省吾
Kinchika *m* 公允 156
Kindaishien *l* 近代詩苑 506
Kindaichi *sp* 金田一 664
~ Kyōsuke *ml* 金田一京助
Kine *s* 杵 629, 杵杵. (杵)
Kinebuchi *s* 杵渕
Kineda *m* 公条 156
Kineji *m* 甲子児 184
Kinekobe *s* 吉弥侯部 278

Kinenfuchi *s* 祈念仏 609
Kinenomiya *s* 杵宮 629
Kineo *m* 甲子男 184, 杵男 629 「1640
Kineya *s* 杵屋, 稀音家
Kinezumi *s* 木鼠 109
Kinfusa *m* 公雑 156
Kinga *m* 金鵝 664
Kingo *sm* 金吾; *m* 錦吾 2525 「664
Kingyokushū *l* 金玉集
Kinharu *m* 公元 156
Kinhaya *m* 公敬
Kinhira *m* 公衡
Kin'ichi *m* 均一 387, 欣一 603, 錦一 2525
Kin'ichirō *m* 謹一郎 2645
Kin'isa *m* 公績 156
Kinishi *s* 木西 109
Kin'ito *m* 公純 156
Kinji *m* 勤二 1698, 謹治 2645
Kinjirō *m* 金二郎 664, 金次郎, 金治郎
Kinkafu *l* 琴歌譜 1778
Kinkai *p* 琴海
Kinkaishū *l* 金槐集 664
Kinkakuji *p-l* 金閣寺
Kinkatsu *m* 公勝 156, 公遂
Kinkin sensei eiga no yume *l* 金々先生草花夢 664
Kinkoto *m* 公説 156
Kinkōzan *l* 錦光山 2525
Kinmasa *m* 公尹 156, 公政
Kinmei *mh* 欽明 1678
Kinmi *m* 公誠 156
Kinmichi *m* 公総
Kinmochi *m* 公望
Kinmon *p* "Quemoy, Golden Gate" 金門 664 「五三桐
~ gosan no kiri *l* 金門
Kinmura *m* 公城 156
Kinna *m* 公名
Kinnao *m* 公正, 公直
Kinnaru *m* 公功, 公燕
Kinnen shokoku-banashi *l* 近年諸国咄 「506
Kinno *m* 金野 664
Kinnosuke *m* 金之助, 謹之助 2645

Kino s 木野 109

Kinobe s 木目

Kinobori s 木登

Kinoe sp 木江; f 甲 184

Ki no Haseo ml 紀長谷雄 1424

~ no Kaion ml 紀海音

Kinokami s 城上 796

Kinokarakaji s 紀辛梶 1424

Kinokuniya s 紀伊国屋

~ Bunzaemon mh 紀伊国屋文左衛門

Kinokunizō s 紀国造

Kinome s 椒芽 1619

Kinomoto sp 木之本 109

Kinomura s 木野村

Kinoomi s 木使主

Kinookasakinokume s 城丘前来目 796

Kin'osa m 公正 156, 公修, 公長, 公脩, 公揖

Kinosakahito s 紀酒人 1424

Kinosaki p 城崎 796

Kinoshita s 木下 109

~ Chōshōshi ml 木下長嘯子

~ Jun'an mh 木下順庵

~ Junji ml 木下順二

~ Mokutarō ml 木下杢太郎

~ Naoe ml 木下尚江

~ Rigen ml 木下利玄

~ Tsunetarō ml 木下常太郎

~ Yūji ml 木下夕爾

Kinoshō s 木庄

Kinosuke m 甲之助 184, 喜之助 1709

Kinoto m 乙 2

Kin'oto m 公翰 156

Ki no Tokibumi ml 紀時文 1424　　「又則

~ no Tomonori ml 紀貫之

~ no Tsurayuki ml 紀貫之

Kinouchi s 木ノ内 109, 木之内, 木野内

Kinoue s 木上

Ki no uni f 樹海 2483

~ no Yoshimochi ml 紀淑望 1424　　「平 664

Kinpei m 均平 387, 金

Kinpira lm 金平

~ Jōruri m 金平浄瑠璃

Kinpishō lh 禁秘抄 2021

Kinpō p 金峰 664

Kinrai fūtaishō l 近来風体抄 506　　「行者

Kinro Gyōja ml 近路

Kinsada m 鏱定 446

Kinsashū l 金沙集 664

Kinsatsu la 金札

Kinseisetsu bishōnen roku l 近世説美少年録 506

Kinshō s 金生 664

Kinsumi m 公宜 156

Kintada m 公董

Kintake m 公嶽

Kintarō m 金太郎 664

Kintaru m 公健 156

Kinteru m 公栄

Kintō m 公勝; ml 公任; p "Near East" 近東 506

Kintomo m 公共 156

Kintsumu m 公恪, 公積

Kintsune m 公毬

Kinu f 絈 1679, 絹 2330. (衣 520, 帛 716, 侯 777, 表 914, 砧 1112, 紈 1421, 絹 2330)　　「716

Kinue f 衣江 520, 帛江

Kinugasa s 衣笠 520, 衣微, 蓋 2193

Kinugawa s 衣川 520, 絹川 2330

Kinuka f 絹香

Kinuko f 素子 914, 砧子 1112, 紈子 1421

Kinunui s 工 39, 工造

Kinunuinotomo s 縫伴 2746

Kinuo m 侯雄 777

Kinushiri s 衣揩 520

Kinuta s 絹田 2330; m-la 砧 1112

Kinutani s 絹谷 2330

Kinuyama s 絹山

Kinuyo f 帛世 716

Kinuzuri s 衣揩 520

Kin'ya m 金矢 664

Kin'yori m 公資 156

Kin'yōshū l 金葉集 664

Kin'yuki m 公致 156

Kinzane m 公誠

Kinzō m 欣造 603, 金造 664, 金蔵

Kioi s 競 2927

Kioko s 喜生子 1709

Kiomaro m 幾雄麻呂 2597

Kira s 雲英 2027; sp 吉良 278. (晃 1189)

Kirarashū l 雲母集 2027

Kirayuki m 晃之 1189

(kire 切 51)

Kiregawa s 喜連川 1709

Kireto p 切戸 51

Kiretsugawa s 喜連川 1709

(kiri 切 51, 桐 1103, 梧 1365, 霧 2846)

Kiribayashi s 桐林 1103

Kiribuchi s 桐淵

Kirigawa s 桐ケ谷

Kirigayatsu s 桐谷

Kirihara s 桐原

Kiri hitoha la 桐一葉

Kiriike s 切 51

Kiriishi m 切石

Kiriki s 桐木 1103

Kiriko s 切木 51; f 桐子 1103

Kirimaro m 桐麿

Kirimura s 桐村

Kirino s 桐野

Kirinoya s 桐ノ谷

Kirishima s 桐島; p 霧島 2846

Kirishitan bungaku l 吉利支丹文学 278

Kirita s 切田 51, 桐田 1103

Kiritake s 桐竹

Kiritani s 桐谷

Kiritsubo l 桐壷

Kiriya s 桐谷

Kiriyama s 切山 51, 桐山 1103

Kirizawa s 桐沢

Kirizuma-zukuri a 切妻造 51

Kiroko s 木呂子 51

Kiroku m 喜六 1709, 毅陸 2351

Kirokuda la 木六駄 51

Kiryū sp 桐生 1103

~ ori a 桐生織

Kisa s 私 637; f 象 1761; p 吉舎 278. (私 637, 象 1761)

Kisabu m 喜三 1709

Kisaburō m 喜三郎

Kisai s 私 637, 私市; p 騎西 2762　　「市

Kisaichi s 私 637; sp 私

Kisakata p 象潟 1761

Kisaku m 喜作 1709

Kisanji m 喜三次

Kisanuki s 木佐貫 109

Kisao m 象雄 1761

Kisara s 木皿 109

Kisaragi m 更衣 528; f 如月 412

Kisarazu p 木更津 109

Kisawa sp 木沢

Kisazō m 喜三蔵 1709

Kise s 木瀬 109

Kisei p 紀勢 1424

Kiseki ml 其磧 734

Kisenshiki l 喜撰式 1709

Kishi s 吉士 278, 吉志, 来住 538, 岸 941, 喜志 1709, 崖 1737, 貴司 1755, 貴志. (研 875, 岸 941)

Kishiba s 木柴 109

Kishibe s 吉志部 278, 吉使部, 吉師部, 岸部 941

Kishichi m 喜七 1709

Kishichirō m 喜七郎

Kishida s 岸田 941

~ Ginkō mlh 岸田吟香

~ Kunio ml 岸田国士

~ Ryūsei mla 岸田劉生　　「子

~ Toshiko fh 岸田俊

Kishigami s 岸上

Kishigawa s 岸川; p 貴志川 1755

Kishii s 岸井 941

Kishiko f 岸子 941, 貴志子 1755

Kishima s 木島 109, 城島 796, 貴島 1755; p 杵島 2846

Kishimi s 木志見 109

Kishimoto sp 岸本 941

Kishimura s 岸村

Kishina s 岸名

Kishinami s 岸波

Kishino s 岸野, 城篠 796

Kishinoue s 岸上 941

Kishiōji s 岸大路

Kishiro s 木城 109

Kishishita s 岸下 941

Kishiwada p 岸和田

Kishi Yamaji ml 貴司山治 1755

Kishizawa s 岸沢 941

Kishō ml 其笑 734

Kishū p 来位 538

Kishuku *p* 岐宿 599
Kishūshū *l* 鬼啾啾 1527
Kiso *s* 木曾 109，木薪，危寸 318，岐阻 599，岐薜，喜早 1709；*sp* 木祖
Kisō *m* 競 2927   └109
Kisogawa *p* 木曾川 109
Kisōhachi *m* 喜二八
Kisoi *s* 競 2927 └1709
Kisōji *s* 喜三二 1709
Kiso Koku *ml* 木薜穀 109
Kisosaki *p* 木曾岬
Kiso Yoshinaka *mh* 木曾義仲 「生記 1542
Kissa yōjōki *la* 喫茶養
Kisshō *m* 吉祥 278
Kisu *s* 支主 63，金須 664
Kisugi *s* 来生 538
Kisuki *p* 木次 109
Kita *s* 貴田 1755；*sp* 木田 109，北 138，喜多 1709.（北 138，朔 1393）
~ -adachi *p* 北足立 138
~ -aiki *p* 北相木
~ -aizu *p* 北会津
~ -akita *p* 北秋田
~ -amabe *p* 北海部
~ -arima *p* 北有馬
~ -azumi *p* 北安曇
Kitabashiri *s* 北
Kitabatake *s* 北畠
~ Akiie *mh* 北畠顕家
~ Chikafusa *ml* 北畠親房
~ Yaho *ml* 北畠八穂
Kitabayashi *s* 北林
Kitabe *s* 北辺，北部
Kitabō *s* 北坊
Kitabori *s* 北堀
Kitada *s* 北田
Kitadate *s* 北館
Kitada Usurai *ml* 北田薄氷
Kitade *s* 北出
Kitae *m* 鍛 2651；*f* 北枝 138
Kitafuji *s* 北藤
Kitagaito *s* 北垣内
Kitagaki *s* 北垣
Kitagata *sp* 北方
Kitagawa *s* 木田川 109，北河 138，喜田川 1709，喜多川；*sp* 北川 138
~ Fuyuhiko *ml* 北川冬彦
Kitagawara *s* 北河原

Kitagawa Utamaro *ma* 喜多川歌麿 1709
Kitagō *p* 北郷 138
Kitaguchi *s* 北口
Kita-gunma *p* 北群馬
Kitahama *s* 北浜
Kitahara *s* 北原 「秋 Hakushū *ml* 北原白
~ Takeo *ml* 北原武夫
Kitahashi *s* 北橋
Kitahata *s* 北畑；*p* 北波多
Kita-hiyama *p* 北檜山
Kitai *s* 北井，北居
Kita-ibaraki *p* 北茨城
Kitaike *s* 北池
Kita Ikki *mh* 北一輝
Kitajima *s* 喜多島 1709；*sp* 北島 138
Kitajiro *s* 北代，北白
Kitajō *p* 北条
Kitaka *s* 橘高 2484；*p* 気高 319
Kitakami *p* 北上 138
Kita-kanbara *p* 北蒲原
Kitakata *s* 北方；*p* 喜多方 1709 「城 138
Kita-katsuragi *p* 北葛
~ -katsushika *p* 北葛飾
~ -kawabe *p* 北川辺
Kitakaze *s* 北風
Kitaki *s* 木滝 109
Kitakoga *s* 北古賀 138
Kitakōji *s* 北小路
Kita-koma *p* 北巨摩
Kitakubo *s* 北久保
Kita-kuwada *p* 北桑田
~ -kyūshū *p* 北九州
Kitamado *s* 北窓
Kitamatsu *s* 北松
Kita-matsuura *p* 北松浦 「sp 北見 138
Kitami *s* 喜多見 1709；
Kita-mimaki *p* 北御牧
Kitami Shihoko *fl* 北見志保子
Kita Morio *ml* 北杜夫
~ -morokata *p* 北諸県
Kitamoto *sp* 北本
Kitamuki *s* 北向
Kitamura *s* 北村，北邑，喜多村 「138
~ Hisamura *ml* 喜多村久城
~ Hisao *ml* 北村寿夫
~ Kigin *ml* 北村季吟

~ Kihachi *ml* 北村喜八 「松
~ Komatsu *ml* 北村小松
~ Tōkoku *ml* 北村透谷 「村山
Kita-murayama *p* 北
~ -muro *p* 北牟婁
Kitanawa *s* 北谷 109，喜谷 1709
Kitani *s* 木谷 109，喜谷 1709
~ Rikka *ml* 喜谷六花
Kitaniwa *s* 北上神 138
Kitano *s* 喜多野 1709；*sp* 北野 138
~ Tenjin engi *la* 北野天神縁起
Kitao *s* 北尾
Kitaō *s* 北綴
Kitaōji *s* 北大路
Kitaoka *s* 北岡
Kitarō *m* 朔郎 1393，喜太郎 1709，貴太郎 1755
Kitaru *s* 来 538，儀 2255
Kita-saitama *p* 北埼玉 138
~ -saku *p* 北佐久
~ -shidara *p* 北設楽
~ -shigeyasu *p* 北茂安
Kitashimizu *s* 北清水
Kita-shiobara *p* 北塩原 「川
Kitashirakawa *sp* 北白
Kita-sōma *p* 北相馬
Kitasono *s* 北園
~ Katsue *ml* 北園克衛
Kitasu *m* 懐 2605 「里
Kita-takaki *p* 北高来
~ -tama *p* 北多摩
Kitatani *s* 北谷
Kita-tsugaru *p* 北津軽
Kitatsuji *s* 北辻
Kita-tsuru *p* 北都留
~ -uonuma *p* 北魚沼
Kitaura *sp* 北浦
Kita-uwa *p* 北宇和
Kitawaki *s* 北脇
Kitaya *s* 北屋
Kitayama *s* 喜多山 1709；*sp* 北山 138
Kitayasu *m* 北安
Kitazaki *s* 北崎 「里
Kitazato *s* 北郷；*sm* 北
~ Shibasaburō *mh* 北里柴三郎
Kitazawa *s* 北沢
Kitazoe *s* 北副，北添
Kitazume *s* 北爪，北詰

Kitazumi *s* 北住
~ Toshio *ml* 北住敏夫
Kitō *s* 紀藤 1424，鬼頭 1527；*sp* 城東 796；*m* 鍛 2651；*ml* 几董 6；*p* 木頭 109
Kitōin *s* 祈祷院 690
Kitokurō *m* 喜徳郎 1709
Kitosei *m* 鬼斗生 1527
Kitsu *s* 吉津 278，息津 1224.（吉 278，信 558，劼 652，姞 1089，部 1418，喫 1542，橘 2484）
Kitsuda *s* 橘田
Kitsugi *m* 木接 109
Kitsugu *s* 木次，次次 538
Kitsujisaki *s* 吉事崎 278
Kitsuke *s* 木付 109
Kitsuki *s* 城 796；*p* 杵築 629
Kitsunai *s* 橘内 2484
(kitsune 狐 789)
Kitsunegawa *s* 狐川
Kitsunekaji *m* 狐鍛冶
Kitsunezuka *sla* 狐塚
Kitsuregawa *s* 喜連川 1709
Kitsuya *s* 橘谷 2484
Kittaka *s* 橘高
Kiuchi *s* 木内 109
Kiun *ml* 喜雲 1709
Kiura *s* 木浦 109
Kiwa *p* 紀和 1424.（極 1896，際 2073）
Kiwako *f* 極子 1896，際子 2073
Kiwame *m* 格 1099，極 1896，極人，極馬
Kiwamu *m* 究 492，極 1896，窮 2573
Kiya *s* 木屋 109
Kiyama *s* 木山，帰山 1018；*p* 基山 1493
~ Shōhei *ml* 木山捷平 109 「助
Kiyanosuke *m* 木屋之
Kiyasu *s* 喜安 1709
Kiyo *m* 喜代；*f* 聖 2030.（于 25，心 49，井 103，水 140，圭 204，白 216，汐 250，圭 267，洌 549，妍 612，刷 655，青 700，斉 701，洗 817，洋 822，浄 823，神 853，研 875，政 881，除 1059，祓 1125，

粋 1132, 健 1282, 淑 1335,
淳 1337, 清 1342, 斎
1454, 雪 1495, 陽 1567,
湜 1579, 皖 1638, 湛
1855, 宮 2016, 舜 2017,
聖 2030, 廉 2042, 精
2131, 静 2145, 絜 2208,
澄 2276, 縻 2428, 潄
2456, 穆 2494, 養 2558,
磨 2596, 潔 2615, 瀏
2792, 瀞 2793, 櫛 2797,
鑿 2904)

Kiyō m 清生 1342

Kiyoaki m 神礼 853, 清
見 1342

Kiyochika m 政周 881,
清親 1342

Kiyoe s 清江

Kiyofuji s 清藤

Kiyofusa m 清房

Kiyohara s 清原

~ Nobukata mh 清原
宜賢 「原深義父

~ no Fukayabu ml 清

~ no Motosuke ml 清
原元輔 「武則

~ Takenori mh 清原

Kiyoharu m 清玄, 清
治, 清晏, 清温, 清張

Kiyohide m 清秀, 清
品, 清豪, 穆英 2494

Kiyohiko m 清彦 1342,
精彦 2131

Kiyohiro m 喜 世 瑩
1709, 淳浩 1337, 穆熙
2494 「清尚

Kiyohisa m 清久 1342 ;

Kiyohito m 清人

Kiyoichi m 喜代一 1709

Kiyoie sm 清家 1342

Kiyoji m 喜代次 1709,
喜勇爾

Kiyojima s 清島 1342

Kiyoka m 清哉, 廉香
2042

Kiyokami s 浄上 823

Kiyokata m 清剛 1342,
清豪, 清方 「清川

Kiyokawa s 清河 ; p

Kiyokazu m 清牧, 清種

Kiyoki m 潔興 2615

Kiyokimi m 清公 1342

Kiyoko f 冽子 549, 妍
子 612, 淑子 1335, 清
子 1342, 湜子 1579, 湛
子 1855, 廉子 2042, 穆
子 2494, 瀞子 2793

Kiyomasa m 清正 1342

Kiyomasu m 清倍

Kiyome m 清芽, 清馬

Kiyomi sm 清海 ; sm-p
清見 ; m 冽泉 549, 浄
三 823, 清水 1342, 清
身, 清深, 雪 1495, 潔真
2615

Kiyomichi m 陽通 1567

Kiyomine s 清岑 1342

Kiyomitsu m 清満

Kiyomiya s 清宮

Kiyomizu m 清水

~ -dera p 清水寺

~ Seigen chikai no
sakura v 清水清玄
誓約桜

Kiyomori m 清盛

Kiyomoto s 清本, 清
源 ; sma 清元 ; m 潔
茂 2615 「2615

Kiyomu m 雪 1495, 澄

Kiyomune m 清心 1342

Kiyomura s 清村

Kiyomuro m 宮室 2016

Kiyonaga s 清永 1342 ;
m 清長, 清修

Kiyonari sm 清成 ; m
清就

Kiyondo m 清人

Kiyone p 清音

Kiyoniwa m 浄庭 823

Kiyono s 清野 1342 ; m
浄野 823 「清信

Kiyonobu m 清宣 1342,
清庸, 清意, 清徳

Kiyonuka s 清額

Kiyoo m 于夫 25, 刷雄
655, 清夫 1342

Kiyooka s 浄岡 823, 清
岡 1342 「息, 神意

Kiyooki m 神気 853, 神

Kiyosaki m 清先 1342

Kiyosato p 清里

Kiyose s 清瀬 ; sp 清瀬

Kiyoshi sm 清 ; m 白
216, 圭 267, 冽 549, 明
623, 忠 705, 列 810, 洋
司 822, 浄 823, 亮 911,
美 923, 泉 965, 浩 1068,
絜 1204, 健 1282, 淑
1335, 清 1342, 清遠 1342,
鈔 1414, 肅 1528, 陽
1567, 涣 1577, 晴 1597,
皖 1638, 鈔 1676, 靖
1905, 純 1956, 廉 2042,

廉之 2080, 精 2131,
静 2145, 絜 2208, 碧
2225, 徴 2265, 澄 2276,
澂 2456, 潄 2455, 潄
2456, 潔 2615, 磷 2731,
瀏 2792, 瀞 2793, 瀘 2962

Kiyoshina s 清科 1342

Kiyosu p 清洲 ; ph 清
州

Kiyosuke m 圭資 267,
清左 1342 ; ml 清輔

Kiyosumi s 清須美, 清
棲, 清澄

Kiyota s 清田, 喜代田
1709 ; m 喜代太

Kiyotada m 清洛 1342

Kiyotaka m 清恪, 清隆,
清猛, 精孝 2131

Kiyotake m 清勇 1342,
清健 ; p 清武

Kiyotari m 清足

Kiyoteru m 清輝, 清曦

Kiyotsugu m 清次, 清
従, 清貢, 清族

Kiyotsuna m 清綱, 潔
綱 2615

Kiyoura s 清浦 1342

~ Keigo mh 清浦奎吾

Kiyowa f 清輪

Kiyoyama s 清山

Kiyoyasu m 清行, 清
安, 陽康 1567, 静修
2145

Kiyoyuki m 氷行 140,
皖是 1638, 絜行 2208

Kiyozawa sp 清沢

~ Manshi mh 清沢満

Kiyozuka s 清塚 「之

Kiyozumi s 清住

Kizaki s 木崎 109

Kizashi m 萠 1448

Kizawa s 鬼沢 1527

Kizu sp 木津 109

Kizuka s 木塚

Kizutani sp 木津谷

Ko s 子 38. (小 21, 三 22,
己 32, 子 38, 戸 59, 木
109, 女 114, 古 154, 乞
199, 乎 221, 巧 238, 去
266, 号 272, 光 281, 冴
348, 汻 393, 夅 452, 児
497, 居 500, 某 515, 来
538, 呼 571, 股 615, 居
737, 固 744, 虎 754, 孤
789, 枯 859, 胡 879, 故
880, 捆 1095, 祜 1124, 粉

1133, 挙 1207, 庫 1243,
皎 1375, 許 1403, 教
1408, 湖 1584, 琚 1605,
袴 1907, 鼓 1959, 壺 2183,
簡 2216, 糊 2309, 護
2877, 顧 2929, 籠 2977)

Kō s 宏 674, 胛 842, 浩
1068 ; sm 幸 661, 高
1163, 鴻 2614 ; sp 国府
745 ; m 耕 1131, 晃 1189.
(口 29, 工 39, 孔 58, 功
176, 甲 184, 巧 238, 行
245, 江 252, 劫 253, 光
281, 交 293, 炎 294, 后
304, 向 312, 広 316, 互
317, 仰 360, 狂 366, 攷
377, 攻 380, 弘 410, 好
413, 杠 418, 亨 440, 釡
447, 劻 487, 告 490, 匡
504, 更 528, 考 540, 孝
541, 佼 552, 佽 553, 狗
566, 劾 653, 幸 661, 享
662, 宏 674, 茎 684, 肯
709, 杲 711, 杲 712, 庚
741, 匣 742, 侯 777, 恰
804, 恆 805, 恒 809, 洪
811, 洸 813, 洽 816, 胛
842, 肱 844, 神 853, 虹
882, 郊 888, 荒 935, 昂
943, 香 961, 皇 964, 巷
974, 厚 985, 岡 987, 晄
1019, 侯 1029, 降 1058,
浩 1068, 峆 1079, 脇
1083, 晄 1084, 校 1096,
耿 1129, 耕 1131, 航
1136, 高 1163, 貢 1166,
冦 1177, 晃 1189, 皋
1197, 烋 1240, 屠 1258,
後 1300, 晧 1335, 栲
1364, 教 1408, 紅 1423,
剛 1429, 畬 1432, 皐
1459, 黄 1499, 康 1509,
項 1543, 惶 1545, 港
1583, 硬 1635, 皖 1639,
蛤 1649, 幌 1833, 塙
1845, 湟 1848, 溝 1859,
煌 1877, 鉱 1939, 絋
1949, 蒿 1980, 督 2023,
詁 2140, 絚 2146, 姚
2147, 鉱 2153, 豪 2177,
皓 2268, 皞 2283, 篁
2200, 衡 2450, 鋕 2549,
簧 2574, 興 2586, 壤
2603, 鴻 2614, 鴿 2631,
糠 2633, 講 2644, 綱

2661, 鮫 2672, 薫 2682, 曠 2796, 羹 2843, 疆 2873, 顯 2928, 轟 2939, 纊 2966, 響 2981, 饗 3005)

Koakutsu s 小圷 21

Koami s 小網

Kōami mu 幻阿弥 153

Kōan m 幸安 661; 1278–88 弘安 410; 1361–62 康安 1509

Koana s 小穴 21

~ Ryūichi ml 小穴隆一

Koane f 小姉 ┌一

Koaze s 小畔, 小畷

Koazumabito m 小東人

Koba s 小場, 木庭 109, 木場, 児馬 497

Kobae s 小八重 21

Kobai s 小唄

Kōbai l 紅梅 1423

Kobanawa s 庁 174, 庁

Kobari s 小張 21 ┌鼻

Kobatake s 小畠

Kobayakawa s 小早川

~ Takakage mh 小早川隆景

Kobayashi s 小林, 古

~ Hideo ml 小林英夫 21, 小林秀雄

~ Isamu ml 小林勇

~ Issa ml 小林一茶

~ Kiyochika ma 小林清親

~ Kokei ma 小林古径

~ Takiji ml 小林多喜二

~ Yoshio ml 小林愛雄

Kobe s 戸部 59

Kōbe s 兄部 181; p 神戸 853

Kōben mh 高弁 1163

Kobi p 子生 38

Kobinata sp 小日向 21

Kōbō Daishi ml 弘法大師 410

Kōboku l 幸木 661

Kobori s 小堀 21

~ Annu fl 小堀杏奴

~ Enshū m 小堀遠州

~ Tomone / Tomoto ma 小堀鞆音

Kobotoke s 小仏

Kobuchi s 小淵 ┌沢

Kobuchizawa p 小淵

Kōbukō s 後部高 1300

Kobuna s 小鮒 21

Kobunai s 小船井

Kobune s 小船

Kobuse s 小布施

Kobushi l 辛夷 493

Kochi s 辛喜 32, 巨智 199, 東風 771. (胇 1346)

Kōchi s 高地 1113; p 河内 297; p 甲地 184, 高知 1163

Kochibe s 巨知部 199

Kochie s 子地上 38

Kochigami s 子地上

Kochijimi s 小縮 21

Kōchinoaya m 西漢 336

Kōchinofumi s 西文

Kochiura s 東風浦 771

Kōchiyama s 河内山 597

Kōchiyo m 幸千代 661

Kochō la 胡蝶 879

Kōchō 1261–64 弘長 410

Kōda s 迎田 746, 神田 853, 香田 961, 鴻田 2614; sp 甲田 184, 幸田 661

~ Aya fl 幸田文

Kodachi s 古立 154

Kōdaiji p 高台寺 1163

Kodaira sp 小平 21, 古平 154

Kodaka s 小高 21, 小鷹

Kodaki s 小滝

Kodama s 小玉; sp 児玉 497; m 木魂 109, 谺 1652 ┌太郎 497

~ Gentarō mh 児玉源

~ Kagai ml 児玉花外

Kodamashū l 山響集 89

Kodanjō s 小弾正 21

Kōda Rohan ml 幸田露伴 661

Kodashima s 古田島

Kodate s 小立 21, 小館, 子館 38, 神館 853

Kōdayū mh 光太夫 281, 幸太夫

Kōden s 講殿 2644

Kodera s 小寺 21, 木寺 109, 古寺 154

~ Yūichi ml 小寺融吉 21 ┌香寺 961

Kōdera s 国分寺 745; p

Kōdo s 神戸 853, 神門, 郡戸 1146

Kōdō s 甲藤 184, 幸堂 661

Kōdōkan p 講道館 2644; ph 弘道館 410

Kodomari p 小泊 21

Kōdō Tokuchi ml 幸堂得知 661

Koeda s 小枝 21, 条 457

Kōei 1342–45 康永 1509

Koeki l 古駅 154

Koemi f 小笑 21

Koeru m 超 1816

Kōetsu mla 光悦 281

Koezuka s 越塚 2052

Kōfu p 甲府 184, 江府 252

Kofuda s 国府田 745

Kofuji s 小藤 21

Kofukata s 国府 745

Kōfukata s 甲府方 184

Kofuke s 小更 21

Kōfukuji p 興福寺 2586

Koga s 久我 45, 古狐 154, 空閑 723; sp 古河 154, 古賀

Kōga s 甲賀 184; p "Yellow River" 黄河 1499 ┌春江

Koga Harue ma 古賀

Kogai s 養蚕 2558

Kogaku s 古岳 154

Kogane s 小金 21

Koganei sp 小金井

~ Kimiko fl 小金井喜美子 ┌井良精

~ Yoshikiyo mh 小金

Koganesawa s 小金沢

Kōga Saburō ml 甲賀三郎 184 ┌里 154

Koga Seiri mh 古賀精

Kogawa s 小川 21, 古川 154, 粉川 1133; p 粉河

Kogaya s 古雅屋 154

Kōge p 郡家 1146

Kogen s 古閑 154

Kōgen 1256–57 康元 1509 ┌1584

Kogetsushō l 湖月抄

Kogi s 小木 21

Kogiku s 小菊

Kogiso s 小木曾

Kogitsune ma 小狐

Kogo s 故後 880

Kogō sf-la 小督 21

Kōgo s 向後 312

Kogoi s 小倉 21

Kogoma s 小駒

Kōgon mlh 光厳 281

Kogōri p 小郡 21

Kogorō m 小五郎

Kōgorō m 行五郎 245

Kogoshi s 小越 21

Kogo shūi l 古語拾遺 154

Kogota p 小牛田 21

Koguchi s 小口, 古口 154

Kogura s 小蔵 21

Kogurashi s 小暮

Kogure s 小暮, 木暮 109, 木檜 ┌21

~ Masaji ml 小暮政治

Kogusagawa s 小草川

Kogushi s 小串

Kogusuri s 小薬

Kōgyoku fh 皇極 964

Kohama s 小浜 21

Kohan shuki l 湖畔手記 1584

Kohana s 小花 21

Kohanawa s 小華和, 小塙

Kohara s 小原 21

Kohari s 小針 21

Koharu s 小春 ┌1131

Ko Haruto ml 耕治人

Kohase s 小長谷 21

Kohasebe s 小長谷, 小長谷部

Kohashi s 小橋

Kohata s 小畑, 小畠, 小幡, 小畷, 木幡 109

Kohayato m 小隼人 21

Kōhei m 公平 156, 孝平 541, 幸平 661, 宏平 674; 1058–65 康平 1509 ┌小平治

Koheiji m 小平次 21,

Kohis s 許斐 1403

Kohinata sp 小日向 21

Kohira s 小平 ┌巻

Kohirumaki s 小比類

Kohitsu s 小櫃, 古筆 21

Kohiyama s 小檜山 11

Kōho s 皇甫 964

Kōhō 964–68 康保 1509

Kohoku p 湖北 1584

Kōhoku p 江北 252, 更北 528, 港北 1583

Koi s 己斐 32, 許斐 1403. (恋 1223, 鯉 2764)

Kōi *m* 公威 156；*f* 更衣 528

Koibikyaku Yamato ōrai *la* 恋飛脚大和往来 1223

Koibuchi *s* 鯉淵 2764

Koichi *s* 小市 21；*m* 小一

Kōichi *m* 功一 135, 行一 245, 光一 281, 孝一 541, 幸一 661, 耕一 1131

Koichibee *m* 小市兵衛

Koichijō *s* 小一条 〔21

Koichirō *m* 小一郎

Kōichirō *m* 幸一郎 661, 浩一郎 1068

Koide *s* 古井出 154, 湖出 1584；*sp* 小出 21

～ Tsubara *ml* 小出粲

Koido *s* 小井土, 小井戸

Koie *s* 鯉江 2764

Koigoromo *l* 恋衣 1223

Koikawa *s* 恋川

～ Harumachi *ml* 恋川春町 〔154

Koike *s* 小池 21, 古池

～ Kenji *ml* 小池堅治 21

Koikichi *s* 鯉吉 2764

Koiku *s* 小生 21

Koi no omoni *la* 恋重荷 21

Koinuma *s* 小井沼 21, 肥沼 617, 鯉沼 2764

Koi nyōbō somewake tazuna *la* 恋女房染分手綱 1223

Koishi *s* 小石 21

Koishikawa *sp* 小石川

Koishiwara *s* 小石原

Koishiyama *s* 小石山

Koiso *s* 小磯 〔昭

～ Kuniaki *mh* 小磯国

Koitabashi *s* 小板橋

Koito *s* 鯉登 2764；*p* 小 〔糸 21

Koiwa *s* 小岩

Koiwai *s* 小岩井, 小祝

Koizumi *s* 小泉 21, 古泉 154 〔撢

～ Chikashi *ml* 古泉千

～ Magane *ml* 小泉鉄 21

～ Shinzō *ml* 小泉信三

～ Tōzō *ml* 小泉苳三

～ Yakumo *ml* 小泉八

Koji *sm* 小路 〔雲

Kōji *s* 巧児 238；*m* 小

祖父 21, 孝二 541, 孝次, 孝治, 厚二 985, 浩二 1068, 晃治 189；*p* 麹 2858；*l* 柑子 858；1555-58 弘治 410；1142-44 康治 1509

Kojidan *l* 古事談 154

Kojihi *m* 古慈悲 21

Kojijū *fl* 小侍従 21

Kojika *s* 小鹿

Kojiki *l* 古事記 21

～ akashi *l* 古事記燈

～ -den *l* 古事記伝

Kojima *s* 古島；*sp* 小島 21, 児島 497

Kōjima *s* 幸島 661

Kojima Hōshi *ml* 小島法師 21 〔497

～ Iken *mh* 児島惟謙

～ Kikuo *ml* 児島喜久雄 〔二郎 21

～ Masajirō *ml* 小島政

～ Nobuo *ml* 小島信夫

～ Tokuya *ml* 小島徳弥

～ Tsutomu *ml* 小島勗

～ Usui *ml* 小島烏水

Kōjimoto *s* 柑本 858

Kōjin *l* 行人 245, 鮫人 2672

Kojiro *s* 小城 21

Kōjiro *s* 神代 853

Kōjirō *m* 幸次郎 661, 幸治郎, 耕二郎 1131, 港次郎 1583, 興次郎 2858

Kōjiro Tanesuke *ml* 神代種亮 853

Kojō *s* 古城 154

Kōjo *p* 興除 2586

Kōjōkan *ph* 興讓館

Kōjo Kazunomiya *l* 皇女和の宮 964

Kojūrō *m* 小十郎 21

Kōka *m* 甲可 21, 江香 252；1844-48 弘化 410

Kōkabe *s* 伯伯壁 363

Kokabuto *s* 小甲 21

Kokagami *l* 小鏡

Kokai *s* 小貝, 小海

Kōkai *m* 宏海 674

Kokaji *s* 小梶 21；*sla* 小鍛冶 21

Kokame *s* 小亀

Kokan *s* 古関 21, 虎関 754

～ Shiren *mlh* 虎関師 錬

Kokarume *s* 小軽馬

Kokashiwa *s* 小柏

Kokatsu *s* 小勝

Kōkazu *s* 神一 853 (koke 苔 929)

Kōken *fh* 孝謙 541

Koke no koromo *l* 苔の衣 929 〔第 252

Kōke shidai *l* 江家次

Kōketsu *s* 交告 293；*sa* 額纈 2966 〔410

Kōki *m* 光亀 281, 弘毅

Kōkichi *m* 亨吉 440, 孝吉 541, 幸吉 661, 享吉 662, 厚吉 905

Kōkichirō *m* 幸吉郎 661

Kokiden *ph* 弘徽殿 410

Kokigawa *s* 小来川 21

Kokin *l* 古今 154

～ -chū *l* 古今集注

～ ryōdo kikigaki *l* 古今集両度聞書

Kokin waka rokujō *l* 古今和歌六帖

～ wakashū *l* 古今和歌集 〔集正義

～ seigi *l* 古今和歌

Kokishi *s* 王 90

Kokishunpū *l* 古稀春風 154

Kōkitsu *m* 幸橘 661

Kokka hachiron *l* 国歌八論 745 〔論余言

～ ～ yogen *l* 国歌八

～ ～ shūi *l* 国歌八論拾遺 〔1857

Kokkeibon *l* 滑稽本

Kokkei wagōjin *l* 滑稽和合人 154. (九, 16)

Koko *m* 子子 38, 古爾

Kōko *s* 江潮 252；*f* 孝子 541, 幸子 661

Kokoe *s* 小越 21

Kōkōhei *s* 光孝平 281

Kōkoku 1340-46 興国 2586

Kokomo *m* 甲許母 184

Kokon *s* 古今 154

～ bakashū *l* 故混馬鹿集 880 〔聞集 154

～ chomonjū *l* 古今著

～ hyakubaka *l* 古今百馬鹿

Kokonoe *f* 九重 16

(koku 旭 300, 曲 327, 克 442, 谷 449, 告 490, 国

745, 刻 900, 圀 1002, 尅 1260, 剋 1455, 黒 1486, 欽 1678, 惑 1784, 項 1874, 誥 2140, 穀 2168, 鞠 2664, 鵠 2739)

Kokubo *s* 小久保 21, 国保 745

Kokubu *sp* 国分

～ Ichitarō *ml* 国分一太郎

Kokubunji *p* 国分寺

Kokubu Seigai *ml* 国分青厓

Kokuchi *s* 古口 154

Kokuchō *l* 黒潮 1486

Kokufu *s* 国府 745

～ Saitō *ml* 国府犀東

Kokui seibo *l* 黒衣聖母 1486

Kokuma *s* 小熊 21

Kokumai *s* 国米 745

Kokuna *s* 谷那 449

Kokune *s* 古久根 154

Kokura *p* 小倉 21

Kokure *s* 小樽

Kōkuri *ph* "Koguryŏ" 高句麗 1163

Kokuro *s* 小黒 21

Kokuryō *s* 国領 745

Kokuryūkai *h* 黒竜会 1486

Kokusen'ya kassen *la* 国姓爺合戦 745

Kokusho *s* 国正, 黒正 1486

Kokuzawa *s* 古久沢 154

Kōkyō *l* 孝経 541

Koma *s* 小馬 21, 小間, 古満 154, 巨万 199；*sm* 狛 167；*sph* "Koguryŏ" 高麗 1163；*m* 洽馬 816. (狗 567, 狛 567, 駒 2349)

Kōma *s* 高麗 1163

Komaba *sp* 駒場 2349

Komabayashi *s* 駒林

Komachi *s-fl* 小町 21

Komachiya *s* 小町谷

Komada *s* 駒田 2349

～ Shinji *ml* 駒田信二

Komae *sp* 狛江 567

Koma gaku *a* 高麗楽 1163

Komagari *s* 小勾 21

Komagata *s* 駒形 2349

Komagi *s* 駒木

Komagine s 駒木根
Komagome sp 駒込
Komai s 小舞 21, 狛井 567, 駒井 2349 ; f 駒猪
Komajirō m 駒次郎
Komaki s 小巻 21 ; sf-p 小牧
Rocho ml 小牧簑潮
Komakichi m 駒吉 2349
Komaki Ōmi ml 小牧近江 21
Komame s 駒目 2349
Komamiya s 駒宮
Komamura s 駒村
Koman f 小万 21
Komano s 駒野
Komanochiisakobe s 狛堅部 567
Koma no Myōbu shū l 小馬命婦集 21
Komanosuke m 駒之助 2349
Komao m 駒雄
Komaru s 小丸 21
Kōmaru s 幸丸 661
Komata s 小又 21, 小俣, 古俣 154
Kōmata s 府役 740
Komatsu sp 小松 21
Komatsubara s 小松原
Komatsuchi m 駒槌 2349 ; f 狗月 566
Komatsuki s 小月 21,
Komatsu Kiyoshi ml 小松清 21 「麿 661
Kōmatsumaru m 幸松
Kōmatsumaru m 幸松丸 「村 21
Komatsumura s 小松
Komatsuno s 小松野
Komatsushima p 小松島
Komatsuya s 小松屋
Komatsuzaki s 小松崎
Komatsuzawa s 小松沢
Komaya s 駒谷 2349
Komayo f 駒代
Komazaki s 駒崎
Komazawa s 駒沢 (kome 込 178, 米 343)
Kōme sp 神目 853
Komechi s 古明池 154, 米持 343 「田 343
Komeda s 込田 178, 米
Komefu s 米生
Kōmei mh 孝明 541

Komemori m 米守 343
Kometani s 米谷
Komeya s 米屋
Komeyama s 込山 178
Komi s 小見 21. (込 178)
Kōmi sp 小海 21
Kominami s 小南
Kominato s 小湊
Komine s 小峰
Komisaki s 日橋崎 76
Komito s 小見戸 21
Komiya s 小宮, 古宮 154, 籠宮 2977
Komiyama s 小見山 21, 小宮山 「明敏
~ Akitoshi ml 小宮山
~ Tenkō ml 小宮山天香
Komiya Toyotaka ml 小宮豊隆
Komizo s 小溝
Komo s 薦 2683. (菰 1727, 蒋 2368, 薦 2683)
Komō p 小毛 21
Kōmo s 河面 597, 幸母 661, 香母 961, 紅毛 1423
Komochi s 蒋池 2368 ; p 子持 38
Komoda s 小茂田 21, 菰田 1727, 薦田 2683
Komōdo s 狛人 567
Komōdono m 狛人野
Komoike s 蒋池 2368
Komoku s 己込 2683
Komon s 己込 21, 古門 154
Komonji s 小文次 21
Komono s 菰野 1727
Komori s 小守 21, 小森, 古森 154. (籠 2977)
Komoriya s 小森谷 21, 籠谷 2977
Komoro p 小諸 21
Kōmoto s 河本 597, 高本 1163
Komoya s 古谷 154
Komozume s 薦集 2683
Kōmuchi s 神鞭 853
Komukai s 小向 21
Komuki s 昆解 945
Komura s 小村 21, 古村 154 「村 961
Kōmura s 幸村 661, 香
Komuraji m 小連 21
Komura Jutarō mh 小村寿太郎 「154
Komuro s 小室 21,

~ Kutsuzan ml 小室屈山 21 「夫
~ Shinobu mh 小室信
Kōmyō fh 光明 281
Kon s 今 67, 近 506, 金 664, 昆 945. (】 1, 今 67, 近 506, 艮 529, 坤 573, 炊 603, 昆 664, 相 858, 忻 873, 昆 945, 建 995, 恨 1052, 根 1372, 訢 1400, 童 1453, 欽 1678, 紺 1954, 献 1961, 魂 2488, 諢 2511, 錦 2525, 謹 2645, 墾 2702)
Kona s 小納 21 「2702)
Konagai s 小永井 ; p 小長井
Konagaya s 小長谷
Kōnai s 巫部 524, 神南 853 「子半 38
Konaka s 小中 21 ; p
Konakagawa s 小中川 21
Konakamura s 小中村
~ Kiyonori ml 小中村清矩
Kōnami s 神波 853
Konan p 湖南 1584
Kōnan p 甲南 184, 江南 252, 香南 961
Kōnantei s 江南亭 252
Konbe s 紺部 1954
Konbu s 昆布 945
Konda s 小墾田 21, 根田 1372, 誉田 2010, 墾田 2702 ; p 今田 67
Kondō s 近藤 506, 根東 1372 「506
~ Azuma ml 近藤東
~ Jūzō mh 近藤重蔵
~ Keiichi ml 近藤経一 「忠義
~ Tadayoshi ml 近藤
~ Yoshiki ml 近藤樹 「美
~ Yoshimi ml 近藤芳
Koneko s 子子子 38
Kongi s 昆義 945
Kongō s 今剛 67, 金剛 664
Kongōbuji p 金剛峰寺
Kon Hidemi ml 今日出海 67
Konikishi s 王 90
Kōnin mh 光仁 281 ; 810-24 弘仁 410
Konishi s 小西

Kōnishi s 香西 961
Konishi Izen ml 小西惟然 21 「行長
~ Yukinaga ml 小西
Konisho s 古仁所 154
Konita s 小荷田 21
Konjaku l 今昔 67
Konjiki s 近喰 506
Konjin s 金神 664
Kon Kan'ichi ml 今官一 67
Konkō p 金光 「明経
Konkōmyōkyō lh 金光
Konku s 紺口 1954
Konma s 金万 664
Konman s 今万 67, 金万 664
Konme s 小梅 21
Konmura s 紺村 1954
Konno s 今野 21, 近野 506, 金野 664, 昆野 945, 紺野 1954
Kono s 小野 21, 向野 312 ; f 古埜 154. (此 254, 好 413) 「能 184
Konō s 古野生 154, 甲
Kōno s 甲能, 甲野, 幸野 661, 香野 961, 高野 1163, 鴻野 2614 ; sp 河野 597 「此枝 254
Konoe sfl 近衛 506 ; f
~ Fumimaro mh 近衛文麿
Konohana p 此花 254
Konohara s 猶原 1555
Kōno Hironaka mh 河野広中 597
Kōnoike s 鴻池 2614
Kōnojō m 幸之丞 541
Konokonbō s 兄部坊 181
Konomi s 己斐 32, 許斐 1403 ; f 此美 254
Kōno Michiari mh 河野通有 597
Konomo m 好母 413
Kō no Moronao mh 高師直 1163
Kōnomoto s 鴻本 2614
Konomu m 好 413, 喜 1709
Konoshima s 木島 109
Kōnoshima s 府島 740
Kōno Shingo ml 河野慎吾 597
Kōnosu p 鴻巣 2614
Konosuke s 此助 254

Kōnosuke *m* 孝之助 541, 孝之亮, 孝之輔, 幸之助 661, 耕之介 1131

Kōno Toshigama *mh* 河野敏鎌 597

Konoura *p* 金浦 664

Kōno Yoichi *ml* 河野与一 597 ⌐春 664

Konparu *mla* 今春 67, 金 ~ Zenchiku *mla* 金春禅竹

Konrin *s* 金輪 ⌐禅竹

Konsen *s* 金仙

Kontani *s* 紺谷 1954

Kontō *s* 言同 439

Kon Tōkō *ml* 今東光

Kōnu *p* 甲奴 184 ⌐67

Konuki *s* 小貫 184

Konuma *s* 小沼 ⌐38

Konusubito *la* 子盗人

Kon'ya *s* 紺屋 1954

Konze *s* 金勝 664

Kōō 1389–90 康応 1509

Koōgi *l* 小扇 67

Kōōmaru *m* 幸王丸 661

Kōra *s* 高良 1163; *sp* 甲良 184 ⌐麗 1163

Kōrai *ph* "Koryŏ" 高

Korai fūtaishō *l* 古来風体抄 154

(kore *之* 24, 以 134, 云 147, 穴 158, 右 171, 兄 181, 伊 237, 此 254, 聿 332, 自 340, 官 672, 実 670, 是 947, 時 1086, 惟 1290, 這 1515, 斯 1670, 寛 1710, 兹 1987, 禔 2120, 兹 2134, 維 2540)

Koreaki *m* 是洞 947, 是彰, 維彬 2540

Koreakira *m* 惟明 1290, 惟斌

Korebe *s* 伊部 237

Korechika *m* 伊周, 是分 947, 惟前 1290, 惟親, 惟幾, 兹親 1987

Koredo *s* 惟戸 1290

Koreeda *s* 是枝 947; *m* 惟条 1290

Korehara *s* 兹原 2134

Korehiro *m* 是太 947, 寛弘 1710

Korekane *m* 兹慈 2134

Korekata *m* 是賢 947

Korekatsu *m* 之勝 24

Korekazu *m* 是一 947

Korekimi *m* 是公

Korekiyo *m* 是清

Koreko *f* 是子, 維子 2540

Koremasa *m* 以正 134

Koremitsu *m* 惟詳 1290

Koremori *m* 維盛 2540

Koremune *sm* 伊統 237, 惟宗

Korenaga *s* 是永 947

Korenobu *m* 維叙 2540

Korenori *m* 是儀 947, 兹矩 2134

Koreoka *s* 兹岡 24

Koreoki *m* 維織 2540

Koresada *m* 之貞 24

Koreshige *m* 惟重 1290

Koresue *m* 這季 1515

Koretada *m* 伊尹 237, 惟忠 1290, 惟紀, 惟粛

Koretō *s* 惟藤

Koretoki *m* 以言 134

Koretoshi *m* 兹俊 1987

Koretsuna *m* 自綱 340

Koreyasu *m* 惟雍 1290

Koreyoshi *m* 伊美 237, 惟精 1290

Korezawa *s* 是沢 947

Korezumi *s* 惟住 1290

(kori 凝 2431)

Kōri *s* 郡 1146, 高利 1163, 群 661; *sp* 桑折 1162. (郡 1146)

Kōriba *s* 郡場

Koriki *s* 高力 1163

Kōri ma *s* 光林 281

Kōrinomiyatsuko *s* 郡領 1146

Kōrioka *s* 郡岡

Kōri Torahiko *ml* 郡虎彦

Kōriyama *sp* 郡山

Kōro *s* 紅露 1423

Kōrogi *s* 興梠 2586

Kōrokan *ph* 鴻臚館 2614 ⌐974

Kōro katei *l* 巷路過程

Koromo *s* 来余 538, 来臨; *p* 挙母 1207

Koromogawa *p* 衣川

Kōru *m* 薫 2431 ⌐520

Kōryaku 1379–81 康暦 1509

Koryō *p* 湖陵 1584

Kōryō *p* 広綾 316

Koryū *m* 湖鯉鮒 1584

Kōryūji *p* 広隆寺 316

Kosa *s* 小佐 21

Kōsa *s* 匝嵯 308; *m* 幸佐 661; *p* 甲佐 184

Kosaburō *m* 小三郎 21

Kōsaburō 好三郎 413

Kosagawa *s* 小佐川 21

Kosai *p* 湖西 1584

Kōsai *s* 香西 961; *m* 孝哉 541; *p* 甲西 184

Kosaji *s* 小佐治 21

Kosaka *s* 小坂 21; *sp* 小阪

Kōsaka *s* 上坂 47, 上阪, 香坂 961, 高坂 1163, 高

Kosaku *s* 小作 21 ⌐阪

Kōsaku *m* 孝作 541, 耕作 1131

Kosaza *p* 小佐佐 21

Kose *s* 小瀬, 己西 32, 古瀬 154, 巨勢 199, 居勢 737, 許勢 1403

Kosebe *s* 許西部

Kōsei *p* 甲西 184

~ shinpen *lh* 厚生新編 985 ⌐田 199

Kosekakeida *s* 巨勢槭

Kose no Kanaoka *ma* 巨勢金岡

Kosenokashiketa *s* 巨勢槭田

Kosensui *l* 枯山水 859

Koshi *s* 越 2052, 踰 2740; *sp* 古志 154; *l* 高志 1163. (越 2052, 腰 2090, 趣 2422, 奥 2703, 踰 2740)

Kōshi *s* 高志 1163; *mlh* "Confucius" 孔子 58

Koshiba *s* 小柴 21

Koshibe *s* 越部 2052, 踰部 2740 ⌐尼 2052

~ no Zenni *fl* 越部禅尼

~ ~ ~ shōsoku *l* 越部禅尼消息 ⌐2740

Koshibeōi *s* 踰部大炊

Koshichō *l* 古史徴 154

Koshida *s* 越田 2052

Koshifu *s* 越生

Koshigae *s* 越替

Koshigawa *s* 越川, 腰川 2090

Koshigaya *s* 越ケ谷 2052; *p* 越谷

Koshigoe *s* 腰越 2090

Koshihara *s* 腰原

Koshiinori *l* 腰祈

Koshiishi *s* 越石 2052, 奥石 2703 ⌐越路

Koshiji *m* 越二 2052; *p*

Koshikibu no Naishi *fl* 小式部内侍 21

Kōshima *s* 府島 740

Kōshimibu *s* 高志壬生 1163

Koshimizu *s* 越水 2052, 奥水 2703; *p* 小清水

Koshimo *f* 小霜 ⌐21

Koshimura *s* 越村 2052

Kōshina *s* 神志部 853

Koshinaka *s* 越中 2052

Koshino *s* 越野, 増野 2077; *sf* 小篠 21; *p* 越酒

Koshinuma *s* 越沼

Koshio *s* 小塩 21, 越生 2052

Koshiro *s* 小代 21, 小城, 古城 154, 香代 961

Koshirō *m* 小四郎 21

Kōshirō *m* 甲子郎 184, 孝四郎 541, 幸四郎 661 ⌐文 154

Koshi seibun *l* 古史成文

Koshitaka *s* 腰高 209

Koshitsū *lh* 古史通 154

Koshiyama *s* 小檜山 21, 越山 2052, 趣山 2422

Koshizawa *s* 越沢 2052

Koshizuka *s* 越塚, 腰塚 2090 ⌐1309

Kōshō 1455–57 康正

~ *p* 更埴 528

~ gonin onna *l* 好色五人女 413

~ ichidai onna *l* 好色一代女 ⌐男

~ ~ otoko *l* 好色一代

Kōshū *p* 甲州 184

~ Kajikazawa adauchi *l* 甲州鰍沢報讐

Koso *s* 社 406. (社)

Kosobe *s* 巨曾部 199, 社戸 406, 許曾部 1403

Kosode Soga *la* 小袖曾我 21

Kosoge *s* 社下 406

Kōsokabe *s* 香宗我部 961, 香曾我部

Kosone *s* 小曽根 21, 巨曾根 199

Kosu *s* 古衆 154

Kōsu *s* 神主 853

Kosuda *s* 小須田 21

Kosudo *p* 小須戸
Kosuge *s* 小管; *sp* 小菅
Kosugi *sf* 小杉
~ Hōan *ml* 小杉放庵
~ Tengai *ml* 小杉天外
~ Yoshi *ml* 小杉余子
Kōsuke *m* 浩佑 1068, 耕輔 1131, 興右 2586
Kosukegawa *s* 小助川
Kota *s* 古田 154 ⌊21
Kotachi *s* 小太刀 21, 神館 853
Kotado *s* 古田土 154
Kōtaikō *fh* 皇太后 964
Kotaira *s* 古平 154
Kotajima *s* 古田島
Kotake *sp* 小竹 21
Kōtake *s* 神武 853, 高武 1163
Kōtaki *s* 上滝 47
Kotakumi *s* 木工 109
Kotani *s* 小谷 21
Kōtani *s* 神足 853
Kōtari *s* 神足
Kotarō *s* 小太郎 21
Kōtarō *m* 光太郎 281, 広太郎 316, 孝太郎 541, 幸太郎 661, 耕太郎 1131, 剛太郎 1429, 鴻太郎 2614 ⌊小竜
Kotatsu *s* 小達 21; *m*
Koteda *s* 籠手田 2977
Kotegawa *s* 小手川 21
Kōtei *l* 皇帝 964
Kōtetsu *m* 光哲 281
Koto *f* 古土 154, 琴 1778, 載 2050; *l* 古都 154. (士 41, 功 135, 言 439, 孚 483, 服 618, 采 707, 承 760, 事 768, 政 881, 思 966, 紀 1424, 異 1497, 詞 1665, 琴 1778, 辞 1918, 惡 2020A, 載 2050, 語 2136, 説 2143, 肇 2222, 誼 2322, 勳 2407, 謗 2508, 謀 2509, 謨 2638, 籌 2901)
Kotō *s* 小藤 21, 古東 154, 古藤; *p* 湖東 1584
Kōto *s* 額戸 2756
Kōtō *s* 勾当 168; *p* 江東 252
Kotoba no tama-no-o *l* 詞の玉緒 1665
Kotobuki *m* 寿 539
Kotoda *s* 琴田 1778

Kotōda *s* 古藤田 154
Kotohama *p* 琴浜 1778
Kotohira *p* 琴平
Kotohito *m* 政仁 881, 載仁 2050
Kotoji *m* 琴二 1778
Kotojirishū *l* 琴後集
Kotōke *s* 小藤花 21
Kotoko *f* 切十 135, 采子 707, 詞子 1665, 琴子 1778, 惡子 2020A
Kōtoku *s* 幸徳 661; *mh* 孝徳 541
Kōtokui *s* 幸徳井 661
Kōtokuin *s* 高徳院 1163
Kōtoku Shūsui *mlh* 幸徳秋水 661
Kotome *f* 小留 21
Kotomi *m* 言鑒 439
Kotomichi *m* 言道
Kotomitsu *m* 説光 2143
Kotonami *s* 琴南 1778
Kotondo *m* 言人 439
Kotonushi *m* 事主 768
Kotoo *m* 小人大 21
Kotooka *p* 琴丘 1778
Kotosuga *s* 士清 41
Kotosuna *m* 言綱 439
Kotoyamatonouchi *s* 別倭種 435
Kotoyasu *m* 功康 135 (kotsu 勿 110, 忽 704, 骨 1213, 胐 1346, 滑 1857)
Kotsubo *s* 小坪 21
Kotsuji *s* 小辻
Kōtsuke *ph* 上毛 47
Kōtsuki *s* 香月 961; *sp* 上月 47
Kōtsuma *s* 高妻 1163
Kotsumori *s* 告森 495
Kotsuna *s* 忽那 704
Kōtsura *sp* 上津浦 47
Kotsutsumi *s* 小堤 21
Kottai-san *l* 玉夫さん 105
Kō U *mh-l* "Hsiang Yu" 項羽 1543
Kouchi *s* 小内 21
Kouda *s* 古宇田 154
Kouma *s* 小馬 21
~ no Myōbu shū *l* 小馬命婦集
Koume *s* 小梅
Koumi *s* 小海
Kōun *ma* 光雲 281; *ml* 耕雲 1131
Koura *s* 小浦 21

Koushi *s* 小牛
Kō U to Ryū Hō *la* "Hsiang Yu and Lin Fang" 項羽と劉邦 1543
(kowa 強 1878, 彊 2621)
Kōwa 1381–84 弘和 410; 1099–1104 康和 ⌊300?
Kowada *s* 小和田 21
Kōwaka *sla* 幸若 661
Kōwakamaru *ma* 幸若
Kowaki *s* 小脇 21 ⌊丸
Kowarawako *m* 小童子
Kowashi *m* 剛 1429, 毅 2351
Kowata *s* 木綿 109
Kowatari *s* 古渡 154
Koya *s* 小屋 21
Kōya *s* 甲谷 184, 荒屋 935; *mh* 空也 723; *p* 高野 1163
Koyabu *s* 小籔 21
Koyadaira *sp* 木屋平 109
Koyagi *s* 小野木 21
Kōyagi *p* 香焼 961
Kōyaguchi *p* 高野口 1163
Kōya hijiri *l* 高野聖
Koyaizu *s* 小柳津 21, 小柳筒
Koyake *s* 小宅
Koyama *s* 小山, 古山 154, 児山 497, 湖山 1584
Kōyama *m* 甲山 184, 光山 281, 幸山 661, 神山 853; *p* 高山 1163
Koyama Itoko *fl* 小山いと子 21 ⌊— 497
~ Keiichi *ml* 児山敬
~ Kiyoshi *ml* 小山清 21 ⌊太郎
~ Shōtarō *ma* 小山正
~ Teiho *ml* 小山重浦
Koyamatsu *s* 小谷松
Koyama Yūshi *ml* 小山祐士
Kōya monogurui *la* 高野物狂 1163 ⌊21
Koyanagawa *s* 小梁川
Koyanagi *s* 小柳
Koyano *s* 小谷野, 古谷野 154, 児谷野 497
Kōya-san *p* 高野山 1163
Koyasu *s* 小安 21, 子安 38

Kōyasu *p* 高安 1163
~ inu *l* 高安犬
Koyata *s* 小谷田 21; *m* 小弥太, 顧弥太 2929
Koyatsu *s* 小谷津
Koyō *s* 小用
Kōyō *ml* 紅葉 1423; *p* 高陽 1163
Kyorogi *s* 小命綮 ⌊21
Koyu *p* 児湯 497
Koyuri *f* 小百合 21
Koyuru *m* 超 1816
Koza *p* 古座 154
Kōza *s* 高座 1163 ⌊21
Kozaemon *m* 小左衛門
Kozagawa *p* 古座川 154
Kozai *s* 古在
Kozakai *s* 小酒井 21, 小堺; *p* 小坂井
~ Fuboku *ml* 小酒井
Kozaki *s* 小崎 ⌊不木
Kōzaki *p* 神崎 853
Kozaki Hiromichi *mh* 小崎弘道 21
Kozakura *s* 小桜
Kōzan *p* 甲山 184
Kozaru *s* 小猿 21
~ Shichinosuke *la* 小猿七之助
Kozasa *s* 小笹 ⌊2977
Kozawa *s* 小沢, 籠沢
Kōzei *s* 香西 961; *ml* 行成 245 ⌊154
Kozeki *s* 小関 21, 古関
Kōzen *s* 幸前 661, 興膳 2586 ⌊護国論
~ gokokuron *lh* 興禅
Kōzō *m* 光造 410, 孝蔵 541, 幸三 661, 荒造 935, 厚三 985, 耕三 1131, 剛象, 耕蔵
Kozono *s* 小園 21
Kozu *s* 木津 109
Kōzu *s* 神津 853; *sp* 上津 47
Kozuchi *s* 小槌 21
Kōzuchi *sp* 上有智 47
Kozue *m* 表 914, 標 2298; *m-f* 梢 1362; *f* 鴻巣 江 2631
Kōzui *m* 光瑞 281
Kozuka *s* 小塚 21, 肥塚 617, 狐塚 789
Kōzuke *ph* 上野 47
Kōzukenosakamoto *s* 上毛野坂本 ⌊造 109
Kozukuri *s* 火作 52, 木

Kōzuma s 上妻 47

Kōzumi s 神墨 853, 香栖 961 「853

Kōzushima p 神津島

Kozutsumi s 小堤 21

(ku 九 16, 口 29, 工 39, 久 45, 孔 58, 弓 95, 旧 119, 功 135, 古 154, 公 156, 勾 168, 丘 219, 休 233, 伯 363, 攻 380, 汿 393, 玖 409, 弘 410, 杦 419, 夸 452, 究 492, 厩 500, 来 538, 供 555, 狗 566, 股 615, 昨 621, 苦 687, 具 718, 庖 754, 洪 811, 枯 859, 故 880, 紅 903, 穿 948, 倶 1028, 候 1029, 栩 1095, 矩 1108, 貢 1166, 宮 1184, 恭 1205, 庫 1243, 絋 1261, 胸 1347, 躬 1396, 救 1406, 糾 1422, 袴 1643, 鳩 1825, 溝 1859, 鉤 1939, 煦 2063, 雲 2183, 駒 2349, 鞏 2379, 窮 2573, 簆 2574, 顈 2909) (kū 空 723)

Kuami s 朽綱 419

Kuba s 久方 45; sp 久方 156 「芳 「窪寺 2203

Kubihiki la 首引 920

Kubiki p 頸城 2828

Kubo s 久保 45, 久芳, 公保 156, 窪 2203. (窪)

Kubō s 久芳 45; m 公方 156

Kubodera s 久保寺 45,

Kuboi s 久保井 45, 窪井 2203

Kubo Inokichi ml 久保猪之吉 45

Kubokawa s 久保川; sp 窪川 2203

~ Tsurujirō ml 窪川鶴次郎

Kuboki s 久保木 45

Kubomura s 久保村

Kuboniwa s 久保庭

Kubono s 久保埜, 久保野

Kubo Sakae ml 久保栄

Kuboshima s 久保島, 窪島 2203

Kubota s 窪田, 窮田 2573; sp 久保田 45

~ Fujiko fl 久保田不二子

~ Hikosaku ml 久保田彦作

~ Mantarō ml 久保田万太郎 「田正文

~ Masafumi ml 久保

Kubotani s 久保谷

Kubota Shōichirō ml 窪田章一郎 2203

~ Utsubo ml 窪田空穂 「天誦 45

Kubo Tenzui ml 久保

Kubotsu s 窪津 2203

Kubouchi s 久保内 45

Kuboya s 窪谷 2203

Kuboyama s 久保山 45, 窪山 2203 「り江 45

Kubo Yorie fl 久保よ

Kubunden s 口分田 29

Kubushiro s 久布白 45

Kubutsu s 久仏 16

(kuchi 朽 419)

Kuchiba sp 口羽 29

Kuchiki s 朽木 419

Kuchinotsu p ロノ津 29

Kuchira s 久地楽 45

Kuchiwa p 口和 29

Kuchizusami l 口遊

Kuchūdo m 口人

(kuda 下 46)

Kudaka s 久高

Kudamatsu sp 下松 46

Kudan p 九段 16

Kudara sph "Paekche" 百済 263 「宿

Kudaraasuka s 百済安

Kudara gaku a 百済楽

~ Kannon a 百済観音

~ no Kawanari ma 百済河成

Kudaratebito s 百済伎

Kudō s 工藤 39 「助

~ Heisuke mh 工藤平

Kudomi s 工富

Kudoyama p 九度山 16

Kudō Yoshimi ml 工藤好美 39

Kuga s 久我 45, 空閑 723, 陸 1312; sp 久賀 45; p 玖珂 409. (陸 1312) 「1312

Kugai s 久貝 45, 陸井

Kuga Katsunan mlh 陸羯南

Kugata s 陸田

Kuge s 久下 45, 久家

Kugeshū l 空華集

Kugetsuka s 具下場 718, 具下塚

(kugi 釘 1154)

Kugimiya s 釘宮

Kugimoto s 釘本

Kugino sp 久木野 45

Kugisaki s 釘崎 1154

Kugiya s 釘屋

Kugō sp 久郷 45

Kuguno s 久久野

Kugutsu-mawashi no ki l 傀儡子記 1832

Kugyō mh 公暁 156

Kuhara s 久原 45

Kuhei m 九平 16

Kui m 咋 570; p 久井 45. (代 421, 咋 570, 喰 1832, 椴 1893, 櫗 2477)

Kuichirō m 九一郎 16

Kuimaru p 喰丸 1832

Kuita s 咋田 570

Kuize s 杙瀬 421 「85

Kujakubune l 孔雀船

Kuji s 久慈 45; p 久井 45

~ hongi l 旧事本紀 119

Kujima s 九島 16, 久島 45

Kujioka s 鯨岡 2831

Kujira m 鯨

Kujirai s 鯨井

Kujiraoka s 鯨岡

Kujiro s 櫛代 2797

Kujō s 九条 16, 郡上 1146 「兼実 16

~ Kanezane mh 九条

~ Takeko fl 九条武子

Kujū p 九重, 久住 45

Kujūkuri p 九十九里 16 「216

~ -no-hama p 白里浜

Kūkai ml 空海 723

Kuki s 九鬼 16; sp 久喜 45. (茎 684, 878 860)

Kukiko f 茎子 684

Kukimura s 久木村 45

Kukisaki s 杦崎 860; p 茎崎 684 「造 16

Kuki Shūzō ml 九鬼周造

Kukita s 久木田 45

Kukuri s 八十一鱗 19, 久久利 45, 縚織 2966

Kuma s 九間 45, 肥 617, 隈 1841, 熊 2410; sp 久万 45; p 球磨 1359. (曲 327, 阿 569, 前 921, 隈 1841, 熊 2410)

Kumabe s 隈部 1841

Kumada s 阿 569, 熊田 2410

Kumagae s 熊谷

Kumagai s 熊谷

~ Takeo ml 熊谷武雄

Kumagawa s 隈川 1841, 熊川 2410

Kumagaya sp 熊谷

Kumage p 熊毛

Kumagiri s 熊切

Kumahiko m 熊彦

Kumahito s 熊人 617

Kumai s 熊井 2410; f 熊猪

Kumaichi m 熊一

Kumaida s 熊井田

Kumaishi p 熊石

Kumaji m 熊次

Kumajirō m 熊次郎

Kumaki s 熊木; m 熊喜 「45, 熊吉 2410

Kumakichi m 久万吉

Kumako f 隈子 1841

Kumakori m 熊延 2410

Kumakura s 熊倉

Kumamaru s 熊丸

Kumamoto s 隈元 1841, 隈本; sp 熊本 2410

Kumamura s 熊村

Kumanai s 毛馬内 117

Kumando m 久馬人

Kumano sp 熊野

Kumanoato p 熊野跡

Kumanogawa p 熊野川 「堂

Kumanomido s 熊埜御

Kumanoshō s 熊庄

Kumao m 熊雄

Kumaoka s 熊岡

Kumaomaro m 熊王丸

(kumari 分 64)

Kumasaburō m 熊三郎 2410 「熊坂

Kumasaka s 熊阪; sla

Kumasaki s 熊崎

Kumase s 熊勢

Kumashiro s 熊代; sp 神代 853, 神福

Kumaso h 熊襲 2410

Kumata s 来熊田 538

Kumataka s 隈鷹 1841

Kumatori p 熊取 2410

Kumawakamaru m 熊王丸 569, 阿新丸

Kumayama sp 熊山 2410

Kumazasa l 隈笹 1841

Kumazawa s 熊沢 2410
~ Banzan mh 熊沢蕃
山 「復六
~ Mataroku m! 熊沢
Kumazu s 熊津
Kumazuki s 熊懐
Kume sm 来目 538; sp
久米 45; f 久侮, 粂
915. (粂) ｜ 粂出 915
Kumeda s 久米田 45,
粂田
Kumee f 粂枝
Kumegawa s 久米川
45, 粂川 915
Kume Keiichirō ma 久
米桂一郎 45
Kumekichi s 粂吉 915
Kumeko f 久芽子 45,
粂子 915
Kume Kunitake mh 久
米邦武 45
Kumema s 粂馬 915
Kume Masao ml 久米
正雄 45
Kumenan p 久米南
Kumeno sf 粂野 915
Kumera s 苦桃 687
Kumezō m 久米蔵 45
(kumi 与 101, 伍 229, 汲
403, 紐 1682, 組 1952)
Kumida s 汲田 403
Kumihama s 久美浜 45
Kumiji m 汲事 403
Kumiko f 九三子 16,
伍子 229, 汲子 403, 紐
子 1682, 組子 1952
Kuminoyama p 久御
山 45
Kumio m 与雄 101
(kumo 雲 2027)
Kumoda s 口分田 29
Kumodani s 雲谷 2027
Kumode s 口分田 29
Kumodegawa s 雲出川
2027
Kumoi s 雲井 「雄
~ Tatsuo mh 雲井竜
Kumokiri s 雲切
Kumon s 公文 156, 公
門
Kumo ni magō Ueno
no hatsuhana la 天
衣紛ふ上野初花 93
Kumoto s 久下 45
Kumotsu s 雲津 2027
Kumoya s 雲谷
(kumu 組 1952)
Kumura s 久村 45

(kun 君 515, 郡 1146, 訓
1148, 焄 1484, 勲 2407,
薫 2567)
Kunai m 宮内 1184
Kunaikyō fl 宮内卿
Kunenbō m 九年坊 16
Kunezaki s 久根崎 45
Kuni s 久邇 745; sp
八吉 81, 蕃仁 1996; m
邦 417. (乙 2, 一 3, 之
24, 州 224, 地 241, 邦
417, 邑 460, 宋 468, 明
623, 呉 735, 国 745, 弟
764, 城 796, 洲 820, 圀
1002, 郡 1146, 晋 1215,
晋 1215, 城 1290A, 都
1419, 恕 1403, 第 1768,
漢 1860, 蜀 2005, 業
2024, 寰 2571) 「昭
Kuniaki s 国明 745, 国
Kuniakira s 国顕
Kunida s 国田
Kunie s 国江; f 都江
1419 「枝 745
Kunieda s 邦枝 417, 国
~ Kanji m 邦枝完二
417 「完 745
~ Shirō ml 国枝史郎
Kunifusa m 国維
Kunigo s 救仁郷 1406
Kunihara s 国原 745
Kuniharu m 国治 1419
Kunihashira m 国柱
745
Kunihide m 国日出
Kunihiko m 邦彦 417,
国彦 745 「国広
Kunihiro s 国弘; sm
Kunihisa sm 国久
Kunii s 国井
Kuniichi s 国一
Kuniie sm 国家
Kunijirō m 邦治郎 417
Kunika m 国香 「745
Kuikane m 邦兼 417
Kunikata sm 国方 745
Kunikazu m 邦一 417,
国十 745, 国多, 国算
Kunikata s 国木田
~ Doppo ml 国木田独
歩
Kunikiyo m 郡廉 1146
Kuniko f 地子 461, 邦
子 417, 国子 745, 洲子
820, 訓子 1148 「1205
Kuni-kyō ph 恭仁京

Kunimagi s 国覚 745
Kunimaro m 国満
Kunimatsu s 邦松 417,
国松 745
Kunimi m 邦省 417; f
久似 45; p 国見 745
Kunimitsu s 国光
Kunimori m 国守
Kunimoto s 国元, 国本
Kunimune m 国宗
Kuninaga m 邦寿 417
Kuninaka sm 国中 745
Kuninao m 邦尚 417
Kuninari m 邦尚
Kuninobu m 邦房
Kuninomikotomochi s
国宰 745 「45
Kuninomiya s 久邇宮
Kuni-no-miyako ph 久
邇京
Kunio m 一雄 3, 九二
夫 16, 邦雄 417, 国士
Kunioka s 国岡 「745
Kuniomi m 国臣
Kunioshi m 国忍
Kunisa s 国佐 「貞
Kunisada s 国定; m 国
~ Chūji mh-l 国定忠
治 「東
Kunisaki s 国崎; sp 国
~ Mokutarō ml 国崎
望久太郎
Kunisawa s 国沢
Kunishi s 国司
Kunishige m 国重; m
国臣, 国蕃
Kunishima s 国島
Kunisuke m 邦祐 417
Kunitachi p 国立 745
Kunitaka m 州孝 224,
郡孝 1146
Kunitake sm 国武 745;
m 邦矛 417
Kunitarō m 邦太郎, 明
太郎 623, 国太郎 745
Kuniteru m 邦照 1146
Kunito s 郡戸
Kunitō s 国藤 745
Kunitoki m 国祝
Kunitomi sm-p 国富
Kunitomo m 邦友 417,
国友 745; m 国納, 国
儔 「亜
Kunitsugu m 国壬, 国
Kunitsukasa s 国司
Kunitsuko s 国造
Kunitsukuri s 国造

Kuniuji m 邦氏 417, 国
氏 745
Kuniya s 国谷
Kuniyasu sm 国保, 国
安; m 国康
Kuniyori s 国頼
Kuniyoshi sm 国吉, 州
父 224, 邦栄 417, 邦
敬, 国芳 745, 国栄, 国
賢 「工 117
Kuniyoshi-ō mh 邦彦
Kuniyuki m 国行 745,
圀順 1002
Kunizō m 邦造 417, 邦
三, 国三 745, 国造, 国
蔵 「1148
Kunneppu p 訓子府
Kuno s 九野 16, 久埜
45, 久野
Kunō s 久能, 久納
Kunohe sp 九戸 16
Kunoki s 久能木 45
Kunori s 九里 16
Kuno Toyohiko ml 久
野豊彦 45
Kunpei m 君平 515, 薫
兵 2567
Kuntani s 訓谷 1148
Kunugi s 功力 135, 功
内, 椚 1618; f 樸 2963.
(椚 1618)
Kunugihara s 樸原 2963
Kunugita s 椚田 1618
Kura s 内蔵 81, 暗 1883,
蔵 2424; sm 倉 1165;
f 久良 45. (位 354, 坐
542, 放 606, 府 740, 冥
1158, 倉 1159, 倉 1165,
庫 1243, 座 1245, 椋
1628, 穀 2168, 蔵 2424,
鞍 2543, 闇 2709, 爵
2779) 「1165
Kurabayashi s 倉林
Kurabe s 倉部
Kurabu m 競 2927
Kurabuchi p 倉淵 1165
Kurachi s 倉地, 倉知,
鞍智 2543
Kuragaki s 倉垣
Kuragami s 倉上
Kuragano s 倉賀野
Kuragata s 倉形
Kurahara s 蔵原 2424
~ Korehito ml 蔵原惟
人 「二郎
~ Shinjirō m 蔵原伸
Kurahase s 椋橋部 1628

252

Kurahashi *s* 椋椅；*sp* 倉橋 1165　「1628

Kurahashibe *s* 椋橋部

Kurahashimaro *m* 倉梯麿 1165

Kurahashi Yumiko *fl* 倉橋由美子

Kurahei *m* 倉平

Kurahito *m* 倉彦

Kurahito *s* 椋人 1628

Kurahone *s* 檣作 2485

Kurai *s* 倉井 1165, 暗 1883

Kuraishi *sp* 倉石 1165

Kuraji *m* 内蔵司 81, 庫治 1243　「2424

Kurajimaro *m* 蔵下麿

Kurakake *s* 倉掛 1165, 鞍掛 2543

Kurakane *s* 倉金 1165

Kurakata *s* 倉方, 倉片, 倉形, 蔵方 2424

Kurakazu *s* 倉員 1165, 倉数

Kuraki *s* 久郎 45, 倉木 1165；*m* 蔵紀 2424

Kurakichi *m* 内蔵吉 81, 倉吉 1165, 庫吉 1243

Kurako *f* 鞍子 2543

Kuraku *s* 工楽 39

Kurama *s* 坐間 542；*p* 鞍馬 2543

~ ide *l* 鞍馬出

~ mairi *la* 鞍馬参

Kuramata *s* 倉又 1165

Kurama tengu *la* 鞍馬天狗 2543

Kuramatsu *m* 倉松 1165

Kurami *s* 倉見；*f* 倉美

Kuramitsu *s* 倉光

Kuramochi *s* 倉持, 蔵持 2424

Kuramoto *s* 倉本 1165, 蔵元 2424, 蔵本

Kuramu *s* 公使 156

Kuranaga *s* 倉永 1165

Kuranari *s* 倉成

Kurando *m* 蔵人 2424

Kuranishi *s* 倉西 1165

Kurano *s* 倉野, 蔵野 2424

Kuranuki *s* 鞍貫 2543

Kuraoi *m* 蔵老 2424

Kuraoka *s* 倉岡 1165, 鞍岡 2543

Kuraroku *m* 蔵六 2424

Kurasaki *s* 倉崎 1165

Kurasawa *s* 倉沢

Kurashige *s* 倉茂, 倉重, 倉繁, 蔵重 2424

Kurashiki *p* 倉敷 1165

Kurashima *s* 倉島

Kurashina *s* 倉品, 倉科

Kurata *s* 倉田, 蔵田 2424；*m* 内蔵太 81, 蔵太 2424　「三 1165

~ Hyakuzō *ml* 倉田百

Kuratake *p* 倉岳

Kurata Momozō *ml* 倉田百三　「2168

Kuratani *s* 倉谷, 穀谷

Kurate *p* 鞍手 2543

Kuratomi *s* 倉富 1165

Kuratsuji *s* 倉辻

Kuratsuka *s* 倉塚

Kuratsukuribe *s* 鞍部 2543

Kurauchi *s* 倉内 1165

Kuraya *s* 倉谷

Kurayama *s* 倉山

Kurayoshi *m-p* 倉吉

Kure *s* 伎楽 232, 榑 2105；*sp* 呉 735. (呉, 紅 1423, 晩 1595, 榑 2105, 暮 2190)

Kureaya *s* 呉漢

Kurebayashi *s* 紅林 1423, 榑林 2105

Kurechi *s* 暮地 2190

Kureha *sf-la* 呉服 735；*f* 呉葉；*p* 呉羽

Kurehara *s* 呉服

Kurehato *s* 呉服

Kurehatori *s* 呉服

Kureho *m-f* 晩穂 1595

Kureki *s* 真維 1228

Kureko *s* 久連木 45；*f* 呉子 735, 榑子 2105

Kurematsu *s* 久連松 45, 榑松 2105

Kuremoto *s* 呉本 735

Kurenai *s* 紅 1423

Kureo *m-f* 晩穂 1595

Kurese *s* 呉妹 735

Kure Shigeichi *ml* 呉茂一

Kureta *s* 暮田 2190

Kureyama *s* 榑山 2105

Kuri *s* 九里 16, 久利 45, 久里；*f* 栗 1219. (栗)

Kuribayashi *s* 栗林

~ Issekiro *ml* 栗林一石路　「原

Kurihara *s* 栗辰；*sp* 栗

~ Kiyoko *fl* 栗原潔子

Kurihashi *p* 栗橋

Kurii *s* 栗井

Kūriigashira no hyōjō *l* 苦力頭の表情 687

Kuriita *s* 栗板 1219

Kuriiwa *s* 栗岩

Kurikara *ph* 倶利加羅 1028　「1219

Kurikaradani *s* 栗殻谷

Kurikawa *s* 栗川

Kuriki *s* 栗木, 栗城

Kurikoma *p* 栗駒

Kurikuma *m* 栗隈

Kurimata *s* 栗又, 栗股

Kurimoto *s* 栗本；*p* 栗源

~ Joun *ml* 栗本鋤雲

Kurino *sp* 栗野

Kurinomoto *l* 栗の本

Kurio *s* 栗生

Kurioka *s* 栗岡

Kurisaki *s* 栗崎

Kurisawa *p* 栗沢

Kurise *s* 栗瀬

Kurishima *s* 栗島

Kurita *s* 栗田；*p* 栗太

Kuritani *s* 栗田

Kuriya *s* 栗谷. (廚 2417)

~ Hakuson *ml* 廚川白村

Kuriyagawa *s* 廚川

Kuriyaki *l* 栗焼 1219

Kuriyama *sp* 栗山

~ Riichi *ml* 栗山理一

~ Senpō *mh* 栗山潜鋒

Kurizuka *s* 栗塚 (kuro 玄 522, 畔 1110, 黒 1486)

Kurō *m* 久郎 45

Kurobane *p* 黒羽 1486

Kurobara *s* 黒原

Kurobe *sp* 黒部

Kuroda *s* 畔田 1110, 黒田 1486　「清隆

~ Kiyotaka *mh* 黒田

~ Kiyoteru *ma* 黒田清輝

~ Kiyotsuna *ml* 黒田

~ Nagamasa *mh* 黒田長政

~ Seiki *ma* 黒田清輝

Kurodashō *p* 黒田庄

Kurodatakagi *s* 黒田竹城　「田辰男

Kuroda Tatsuo *ml* 黒

~ Yoshitaka *mh* 黒田

Kuroe *s* 黒江　「孝高

Kuroemon *m* 九郎右衛門 16　「黒船

Kurofune *s* 黒舟 1486,

Kurogane *s* 黒金, 鉄 1948

Kurohato *s* 黒鳩 1486

Kurohi *l* 黒檜

Kurohime *p* 黒姫

Kurohone *p* 黒保根

Kuroi *s* 黒井

Kuroishi *p* 黒石

Kuroiso *p* 黒磯

Kuroita *s* 黒坂

Kuroiwa *s* 黒岩

~ Jūgo *ml* 黒岩重吾

~ Ruikō *mlh* 黒岩涙香　「玄上 522

Kurokami *s* 黒神；*m*

Kurokawa *s* 黒河 1486；*sp* 黒川　「頼

~ Mayori *ml* 黒川真

Kuroki *sp* 黒木

Kuroko *s* 黒子

Kurokōchi *s* 黒河内

Kuromasa *m* 玄理 522

Kuromatsu *s* 黒松 1486

Kuromatsunai *p* 黒松内

Kurome *f* 黒女

Kūuon *p* ″Kowloon″九竜 16

Kurono *s* 黒野 1486

Kuronuma *s* 黒沼

Kuroo *s* 黒尾

Kurosaka *s* 黒坂　「崎

Kurosaki *s* 黒前；*p* 黒

Kurosawa *s* 黒沢

Kurose *sp* 黒瀬

Kuroshima *s* 黒島

~ Denji *ml* 黒島伝治

Kurosu *s* 黒州, 黒須

Kurotaki *p* 黒滝

Kurotani *s* 黒谷

Kuroto *s* 黒殿

Kurotokage *l* 黒蜥蜴

Kuroue *s* 畔上 1110

Kurowa *s* 黒羽 1486

Kuroyagi *s* 畔柳 1110, 黒柳 1486

Kuroyama *s* 黒山

Kuroyanagi *s* 畔柳 1110, 黒柳 1486

~ Shōha *ml* 黒柳召波

Kuroyone s 黒米
Kurozuka la 黒塚
Kurozumi s 黒住
(kuru 車 532, 来 538, 栗 1219, 牽 2028, 薫 2567)
Kuruhara sp 来原 538
Kuruidaiko l 狂い凧 366
Kurujii l 蔵士 904
Kuruma s 車 532, 車間, 栗間 1219. (車 532, 榑 2292)
Kurumabayashi s 榑林
Kurumada s 車田 532
Kurumado s 轟止 2393
Kurumasa s 来正 538
Kuruma-sō la 車僧 532
Kurumatani s 車谷
Kurume p 久留米 45
Kurumi s 来海 538, 来河; sf 胡桃 879
Kurumizawa s 晃沢 1188
Kuruōchi s 黒河内 1486
Kururino s 苦林野 687
Kurushima s 久留島 45, 来島 538
Kurusu s 来栖, 栗栖 1219, 栗棕; 郎 538
~ Saburō mh 来栖三
Kuryū s 栗生 1219
~Sumio ml 栗生純夫
Kusa s 雑 2127. (艸 598, 草 934, 種 2124, 雑 2127)
Kusaba s 草場 934
Kusabira l 菌 1441
Kusabuka s 草深 934
Kusachi s 草地
Kusagaya s 草ケ谷
Kusahana s 草鼻 77
Kusaichi s 草井地 934
Kusajika s 草鹿
Kusajima s 草島
Kusaka s 久下 45, 久坂, 六月一日 61, 日下 77, 草 934, 草鹿
Kusakabe s 日下部 77, 草壁 934
Kusakada s 日下田 77
Kusakado s 草鹿砥 934
Kusaka Genzui mh 久坂玄瑞
Kusakago l 草籠 934
Kusakari s 草刈
Kusaki s 久崎 45
Kusama s 草間 934

Kusamura s 草村, 叢 2778 「星 934
~ Hokusei ml 草村北
Kusanagi s 日柳 77, 草彅 934; sl 草薙
Kusano s 草野
~ Shinpei ml 草野心平 「58
Kusanoya m 孔舎農家
Kusa senri l 艸千里 598
Kusata s 雑田 2127
Kusatsu p 草津 934
Kusayanagi s 日柳 77, 草柳 934
Kusa-zōshi l 草双紙
Kusazumi s 久積 45
Kusebe s 孔世部 58
Kusemai la 曲舞 327
Kusenoto l 九世戸 16
Kuseshishido s 国背女人 745
Kushi s 久志 45. (串 516, 奇 752, 釧 1415, 櫛 2797)
Kushibara p 櫛原
Kushibashi s 櫛橋 2797
Kushibiki sp 櫛引
Kushibuchi s 櫛淵
Kushida s 串田 516, 櫛田 2797 「孫一 516
~ Magoichi ml 串田
~ Tamizo ml 櫛田民蔵 2797
Kushigata p 櫛形
Kushige s 櫛笥. (匣 742)
Kushihara s 櫛原 2797
Kushiji s 櫛治
Kushikino p 串木野 516
Kushima p 串間
Kushimoto p 久志本 45; p 串本 516
Kushira s 串良
Kushiro s 久代 45, 釧 1415, 櫛代 2797; p 釧路 1415
Kushizu s 櫛笥 2797
Kushō s 公荘 156
(kuso 屎 989)
Kusō s 草生 934
Kusu s 楠 1901; p 玖珠 409. (奇 752, 楠 1901, 樟 2294, 薬 2568)
Kusubara s 楠原 1901
Kusuda s 楠田
Kusugawa s 楠川
Kusui s 楠井
Kusuji m 楠次
Kusujiri s 楠後

Kusuki s 楠木
Kusuko f 樟子 2294, 薬子 2568
Kusuku s 楠久 1901
Kusumi s 久隅 45, 久須見, 久須美, 楠見 1901, 楠美
Kusumoto s 楠元, 楠本, 樟本 2294
~ Kenkichi ml 楠本憲吉 1901 「楠
~ Masashige mh 楠木正成 「正行
~ Masatsura mh 楠木
Kusunose s 楠瀬
Kusu no tsuyu l 楠露
Kusuo m 奇男 752, 楠男 1901
Kusuri m 薬 2568. (薬)
Kusuriko fh 薬君
Kusushi sm 薬
Kusushie s 薬戸 「1901
Kusutarō m 楠太郎
Kusuyama s 楠山
~ Masao ml 楠山正雄
Kusuyata m 久寿弥太 45
Kutami s 朽網 419
Kutani sp 久谷 45
Kutchan p 倶知安 1028
Kutō s 苦桃 687
Kutsu s 圷 240. (委 960, 堀 1847)
Kutsū s 三方一新 22
Kutsukake s 沓掛 698
Kutsukamuri l 沓冠
Kutsuki s 工月 39; sp 朽木 419
Kutsumi s 久津見 45
Kutsuna s 忽那 704
Kutsuwa s 三方一新 22
Kutsuwame s 七十五分 17
Kutsuwata s 七寸五分, 三方一方 22, 三方一所
Kutsuzawa s 沓沢 698
Kutto s 堀戸 1847
Kuwa s 桑 1162, 躬和 1396. (桑 1162, 鍬 2648)
Kuwabara s 桑原 1162
~ no Haraaka ml 桑原腹赤
~ Takeo ml 桑原武夫
Kuwabata s 桑波田, 桑畑

Kuwada s 桑田
Kuwadani s 桑谷
Kuwae s 桑江
Kuwagata s 鍬形 2648
Kuwajima s 桑島 1162
Kuwakado s 桑門
Kuwaki s 桑木
~ Gen'yoku ml 桑木厳翼
Kuwakinu p 桑絹
Kuwako f 桑子
Kuwamoto s 桑本
Kuwamura s 桑村
Kuwana p 桑名
Kuwano s 桑野
Kuwaoka s 桑岡
Kuwashi m 細 1958, 精 2131
Kuwaya s 桑屋 1162
Kuwayama s 桑山
Kuwazawa s 桑沢
Kūya mh 空也 723
Kuyama s 久山 45
Kuze sp 久世; p 久瀬
Kuzō s 葛 1994
Kuzu s 国巣 745; sla 国栖. (葛 1994)
Kuzudani s 葛谷
Kuzuhara s 葛原
Kuzukami s 葛上
Kuzumaki sp 葛巻
Kuzumaro m 訓儒麿 1148
Kuzume s 葛目 1994
Kuzumi s 久住 45
Kuzune m 葛根 1994
Kuzuno s 葛野
Kuzuo s 葛生
Kuzuoka s 葛岡
Kuzuu p 葛生
Kuzuyama s 葛山
(kya 伽 357)
(kyaku 恪 803, 客 917, 格 1099, 脚 1612)
Kyakusha hyōbanki l 客車評判記 917
Kyara s 伽羅 357
~ makura l 伽羅枕
(kyo 巨 199, 去 266, 莒 680, 居 737, 挙 1207, 許 1403, 虚 1519, 琚 1605, 裾 1707, 鋸 2016, 嘘 2437, 鋸 2522)
Kyō s 杏 487, 京 663. (叶 132, 凶 173, 兄 181, 巧 238, 叫 253, 共 292, 狂 366, 亨 440, 杏 487, 匡

504, 岡 512, 更 528, 夾
534, 孝 541, 協 548, 佼
552, 供 555, 径 576, 効
653, 享 662, 京 663, 庚
741, 俠 773, 狹 790, 郊
888, 荊 899, 香 961, 嘘
1019, 倞 1024, 挾 1043,
峽 1078, 脇 1093, 校
1096, 耿 1129, 耕 1131,
釗 1152, 恭 1205, 至
1229, 庨 1240, 局 1258,
胸 1347, 皎 1375, 教
1408, 逕 1512, 軽 1657,
敬 1691, 勁 1697A, 景
1764, 喬 1775, 傾 1830,
塙 1845, 卿 1866, 強
1878, 鉅 1946, 経 1957,
跫 2008, 僑 2057, 境
2076, 郷 2112, 鉱 2153,
晶 2375, 鞏 2379, 鑒
2425, 橋 2485, 煩 2503,
興 2586, 彊 2621, 橿
2622, 矯 2626, 鮫 2672,
鏡 2817, 疆 2873, 鏧
2904, 彝 2909, 競 2927,
響 2981, 饗 3005)

Kyōchō 1596–1615 慶
長 2425

Kyōden ml 京伝 663

Kyōei m 強哉 1878

Kyōgase p 京ガ瀬 663

Kyōgen la 狂言 366

Kyōgoku sp 京極 663

~ Kiyō ml 京極杷陽

~ Tamekane ml 京極
為兼

Kyogokuya s 京極屋

Kyohakushū l 挙白集
1207

Kyōhei m 恭平 1205

Kyōhō 1716–36 享保
662

Kyōichi m 叶一 132

Kyōji m 恭二 1205

Kyōka ml 鏡花 2817 ; l
狂歌 366   「663

Kyokanoko l 京鹿子

Kyōko f 今日子 67
(kyoku 旭 300, 曲 327,
514, 頃 1455, 項 1874, 極
1896)

Kyōku l 狂句 366

Kyōkunzō nagamochi
l 教訓雑長持 1408

Kyokusanjin ml 曲山
人 327

Kyokushi p 旭志 300

Kyokusui l 曲水 327

~ -no-en waka l 曲水
宴和歌   「亭馬琴

Kyokutei Bakin ml 曲

Kyonan p 鋸南 2522

Kyorai ml 去来 266

Kyōraishi s 教来石 1408

Kyōraishō l 去来抄 266

Kyoroku ml 許六 1403

Kyōroku 1528–32 享禄
662

Kyoshi ml 虚子 1519

~ haiwa l 虚子俳話

Kyōshirō m 匡四郎 504

Kyōsuke s 亨介 440 ; m
恭介 1205, 恭助, 恭輔

Kyōtarō m 恭太郎

Kyōto p 京都 663   「662

Kyōtoku 1452–55 享徳

Kyōto Tsuda Sanzō l
凶徒津田三蔵 173

Kyōun 704–08 慶雲
2425

Kyōunshū l 狂雲集 366

Kyōwa p 共和 292, 協
和 548 ; 1801–04 享和
662

Kyō warabe l 京童 663

Kyōzō m 恭三 1205

Kyū s 邑 494, 邱 644. (九
16, 久 45, 及 83, 弓 95,
旧 119, 丘 219, 休 233,
臼 338, 汲 403, 玖 409,
朽 419, 究 492, 邑 494,
求 537, 泣 590, 邱 644,
糺 903, 穹 948, 宮 1184,
笈 1208, 赳 1261, 球
1359, 躬 1396, 救 1406,
糾 1422, 毬 1510, 級
1680, 翕 1704, 韮 1728,
鳩 1825, 給 2149, 窮
2573)

Kyūan 1145–51 久安 45

Kyūbee m 九兵衛 16,
久兵衛 45   「644

Kyū Eikan m 邱永漢

Kyūga s 久我 45

Kyūgo s 久後

Kyūgorō m 久五郎

Kyūhei m 久平

Kyūji m 久次, 久治

Kyūjirō m 久次郎, 久
治郎

Kyūju 1154–56 久寿

Kyūkaku s 皀郭 494

Kyūkichi m 久吉 45

Kyūkin chishū l 泣菫
詩集 590

Kyūno s 及能 83

Kyūnosuke m 久之助
45

Kyūragi p 厳木 2706

Kyūrō m 久郎 45

Kyūryū p "Kowloon"
九竜 16

Kyūsaku m 久作

Kyūseishū l 韮青集
1728

Kyūshi l 窮死 2573

Kyūshichi m 久七 45

Kyūshirō m 久四郎

Kyūtarō m 久太郎

Kyūtoku m 久徳

Kyūzaburō m 久三郎

Kyūzō m 久蔵

M

(ma 十 18, 午 112, 目 191,
末 211, 守 284, 由 327,
実 678, 茉 682A, 直 988,
真 1228, 馬 1257, 麻
1508, 間 1822, 増 2077,
澗 2274, 摩 2428, 磨
2596, 魔 2961)

Mabata s 馬喰田 1257

Mabe s 間部 1822

Mabechi m 真淵 1228,
馬淵 1257

Mabi p 真備 1228

Mabuchi s 間淵 1822 ;
sm 馬淵 1257 ; mlh 真
淵 1228

Machi s 町 426 ; f 需
2220. (市 195, 町 426, 待
785, 俟 1035)

Machida p 町田 426

~ Kashō ma 町田嘉章

Machide s 町出

Machiguchi s 町口

Machihiko m 町彦

Machii s 町井

Machijima s 町島

Machijiri s 町尻

Machijiriko f 町尻子

Machiko f 町子, 俟子
1035 ; f–l 真知子 1228

Machimoto s 坊本 389

Machino s 町野 426

Machiyama s 町山

Machiyo sf 万千代 43
(madara 斑 1609)

Madarame l 斑目

Madara neko l 斑猫

Madenokōji sp 万里小
路 43

~ Nobufusa mh 万里
小路宣房   「窓 1746)

Mado m 窓 1746. (円 78,
(madoi 惑 1784)

Madoka m 円 78, 円力 ;
f 団 310

Madokoro s 間所 1822

Mae s 前 921. (前)

Maebara sp 前原

Maebaru p 前原

Maebashi sp 前橋

Maebe s 前部

Maeda s 前田

~ Akira ml 前田晁

~ Fura ml 前田普羅

Maedagawa s 前田川

Maeda Gen'i mh 前田
玄以

Maedakō s 前田河

~ Hiroichirō ml 前田
河広一郎

Maeda Kōsetsu ml 前
田香雪   「名

~ Masana mh 前田正

~ Ringai ml 前田林外

~ Seison ma 前田青邨

~ Shozan ml 前田曙山

~ Tetsunosuke ml 前
田鉄之助   「家

~ Toshiie mh 前田利

~ Yūgure ml 前田夕暮

Maeguchi s 前口

Maegura s 前倉

Maeha s 前波

Maehata s 前畑

Maejima s 前島

~ Hisoka mh 前島密

Maekawa s 前川

~ Samio *ml* 前川佐美
Maeki *s* 前木　┌雄
Maemi *f* 真恵美 1228
Maemura *s* 前村 921
Maenaka *s* 前中
Maenami *s* 前波
Maeno *s* 前野
Maeoka *s* 前岡
Maesawa *sp* 前沢
Maetsue *p* 前津江
Maetsugimi *s* 大夫 48
Maeyama *s* 前山 921
Maezono *s* 前園　┌船
Mafune *m* 前舟 1228, 真
~ Yutaka *ml* 真船豊
(maga *o* 168, 曲道 327, 禍
1885)　┌垣, 籬 3010
Magaki *s* 曲木 327, 曲
Magami *s* 真上 1228, 真
神　　　┌鉄 1948
Magane *m* 真金, 真鉄,
Magari *s* 勾 168 ; *sm* 鉤
1939. (勾 168, 曲 327)
Magaribuchi *s* 曲淵
Magariki *s* 曲木　┌168
Magarinoyukei *s* 勾靫
Magarisawa *s* 曲沢 327
Magasaki *s* 真崎 1228
Magase *s* 曲瀬 327
Magata *s* 勾田 168, 曲田
327, 澗潟 2274
Magawa *s* 真川 1228
(mago 孫 1540)
Magobee *m* 孫兵衛
Magoemon *m* 孫右衛
門
Magoichi *m* 孫一
Magoichirō *m* 孫一郎
Magojirō *m* 孫次郎
Magokichi *m* 孫吉
Magome *sp* 馬込 1257
Magosaburō *m* 孫三郎
1540
Magosaku *m* 孫作
Magoshi *s* 馬越 1257
Magumi *s* 馬入
Magusa *s* 樹 2097
Mahari *m* 真榛 1228
Mahashi *s* 真橋
Mahiro *m* 真大
Mahitobe *s* 真人部
Mahora *m* 真秀
(mai *m* 343, 毎 444, 枚
630, 妹 848, 舞 2391, 邁
2592)　┌*p* 米原 343
Maibara *sp* 舞原 2391 ;
Maida *s* 米田, 毎田 444

Maiden *s* 毎田
Maie *s* 真家 1228
Maigetsushō *l* 毎月抄
444
Maihime *l* 舞姫 2391
Mai no hon *l* 舞の木
Maio *s* 麻殖生 1508
Mairu *m* 参 978
Maisaka *s* 舞阪 2391
Maita *s* 牧島 610, 前田
921
Maitaka *s* 毎高 444
Maiya *s* 米谷 343
Maizumi *s* 真泉 1228
Maizuru *s* 舞鶴 2391
Majima *s* 馬島 1257, 間
島 1822 ; *sm* 真島 1228
~ Fuyumichi *ml* 間島
冬道
~ Kinzan *ml* 間島琴山
Makabe *s* 摩賀部 2428 ;
sp 真壁 1228
Makado *sm* 真門
Makaji *m* 真梶, 真揖,
真楫
Makanda *s* 真神田
Makao *p* "Macao" 澳
門 2459　┌柄 1822
Makara *s* 真柄 1228, 間
Makashi *m* 任 235
Makata *s* 万リ 43, 真形
1228　┌万リ 43, 真形
Makaze *s* 直風 988, 真
~ koikaze *l* 魔風恋風
2961
Maki *s* 万木 43, 万喜,
真 1228, 真木, 馬来
1257, 満木 1861, 満喜,
槙 2297 ; *sp* 牧 610, 巻
975. (在 314, 牧 610, 巻
975, 真 1228, 蒔 1985, 槙
2297, 𤇆 2988)
Makibashira *s* 槙桂
2297 ; *l* 真木柱 1228
Makibi *m* 真備
Makida *s* 馬来田 1257
Makie *m* 牧衛 610
Makiginu *la* 巻絹 975
Makiguchi *s* 牧口 610,
巻口 975
Makihara *s* 牧原 610
Maki Itsuma *ml* 牧逸
馬
Makiko *f* 巻子 975, 蒔
子 1985, 槙子 2297
Makime *s* 万城目 43
Makimoto *s* 槙本 2297

~ Kusurō *ml* 槙本楠
郎
Makimuku *s* 纒向 2988
Makimura *s* 牧村 610,
槙村 2297
Makinishi *s* 牧西 610
Makino *s* 牧野 ┌2297
Makinoshima *s* 槙島
Makino Shin'ichi *ml*
牧野信一 610
Makinosuke *m* 万紀之
助 43
Makinu *s* 馬被 1257
Makio *m* 牧生 610, 巻雄
975, 真喜雄 1228
Makioka *s* 牧岡 610 ; *p*
牧丘
Makishima *s* 巻島 975
Makita *s* 牧田 610, 巻田
975, 蒔田 1985, 槙田
2297
Makitarō *m* 槙太郎
Makito *s* 牧戸 610
Makiuchi *s* 牧内
Makiuta *l* 牧唄
Makiyama *s* 牧山
Makiyo *m* 真清 1228
Makizono *sp* 牧園 610
Makkari *s* 真狩 1228
Makome *s* 馬籠 1257
(makomo 菰 1727)
Makomoda *s* 菰田
Makoto *m* 良 767, 真人
1228 ; *m*ー 3, 丹 79, 尹
98, 允 217, 任 235, 忱
371, 孚 483, 亨 521, 卓
660, 命 671, 実 678, 周
736, 信 782, 恂 807, 洵
815, 亮 911, 真 1228, 真
言, 真琴, 惇 1288, 淳
1337, 訢 1400, 欽 1678,
寔 1710, 童 1731, 慎
1839, 睦 1904, 詢 1928,
純 1946, 愃 2070, 精
2131, 節 2215, 愿 2228,
諄 2324, 諒 2326, 璞
2472, 諶 2641 ; *m-f* 誠
1935
Maku *s* 馬来 1257. (莫
1175, 摸 1836, 漠 1853,
幕 1989)
Makubetsu *p* 幕別
Makui *s* 莫位 1175
Makura *s* 枕 627. (枕)
~ Jidō *la* 枕慈童
~ monogurui *la* 枕物
狂

~ no sōshi *l* 枕草子
Makurazaki *p* 枕崎
Makuro *m* 真畔 1228
Makuta *s* 幕田 1989 ; *m*
馬来田 1257
Makuuchi *s* 幕内 1989
Makuwa *s* 馬加 1257
Makuwari *s* 馬加
(makuwaoi 胴 1637)
Makuya *s* 幕谷 1989, 幕
屋
Makuzu *m* 真葛 1228
(mama 儘 2435)
Mamada *s* 真真田 1228,
儘田 2435　┌井 1485
Mamai *s* 円満井 97, 魚
Mame *s* 馬目 1257. (豆
Mameda *s* 豆田　┌438)
Mamejima *s* 小豆島 21
Mamiya *s* 真神屋 1228,
間宮 1822　┌輔
~ Mosuke *ml* 間宮茂
~ Rinzō *mh* 間宮林蔵
Mamori *m* 真 284 ; 衛
間守 1822, 衛 2452
Mamoru *sm-f* 守 284 ;
m 士 41, 役 368, 坤 573,
保 781, 捍 1042, 桑 1723,
衡 2450, 衛 2452, 養
2558, 鎮 2751, 護 2877
Mamune *f* 真宗　┌1228
Mamura *s* 真村　┌川
Mamurokawa *p* 真室
Mamushi *m* 真虫
(man 万 43, 卍 197, 曼
1457, 満 1861, 蔓 2192,
幡 2261, 鬘 2976)
Mana *s* 曲直 327. (真
1228)
Manabe *s* 曲直部 327,
真辺 1228, 真部, 真鍋,
眼部 1637, 間人 1822,
間部, 間鍋　┌房
~ Akifusa *mh* 間部詮
Manabu *m* 仕 124, 学
719
Managare *s* 真流 1228
Manai *s* 魚井 1228
Manaka *s* 真中 1228, 間
中 1822, 間仲 ; *m* 真心
1228　　　┌真巳 1228
Manami *s* 万波 43 ; *m*
Manase *s* 曲直瀬 327,
間瀬 1822　┌1228
Manatsuru *m-p* 真鶴
Manba *s* 万場 43
Manchiyo *m* 万千代

Manda s 万田, 茨田 932

Mandai s 万代 43

Mandaishū l 万代集

Mandokoro sp-h 政所 (mane 弥 832) ⌐881

Maneba s 万年場 43, 万年馬

Man'emon m 万右衛門

Man'en 1860–61 万延

Mangoku s 万石

Man'ichirō m 万一郎

Manita s 真仁田 1228

Man'itsu m 万逸 43

Maniwa s 間庭 1822；p 真庭 1228

Manji m 万治 43, 1658–61 万治；卍 197. (卍)

Manjirō m 万次郎 43, 万治郎 ⌐197

Manji-rōjin ml 卍老人

Manjiya s 万字屋 43

Manjōme s 万城目, 万場目

Manju 1024–28 万寿

Manju la 満仲 1861

Mannen ml 万年 43

Mannensō l 万年艸

Mannō p 満濃 1861

Mannosuke m 万之助 43 ⌐真野 1228

Mano s 間野 1822；sp

Manomaro m 真野麿

Manomori m 真野守

Manpei m 万平 43

Mantarō m 満人郎 1861, 幡太郎 2261, 万太郎 43 ⌐賀

Mantei Ōga ml 万亭応

Man'yō daishōki l 万葉代匠記

Man'yōgana l 万葉仮

Man'yōkō l 万葉考

Man'yōshū l 万葉集

~ akashi l 万葉集燈

~ daishōki l 万葉集代匠記

~ kogi l 万葉集古義

~ shō l 万葉集抄

~ suminawa l 万葉集墨縄

~ tama no ogoto l 万葉集玉の小琴

Manzai kyōkashū l 万載狂歌集

Manzō m 万三, 万蔵

Mao s 万尾

Maoka p 真岡 1228

Maomi m 真臣

Marai p "Malay" 馬来 1257

(mare 少 88, 希 445, 椀 1624, 稀 1640)

Marehito m 間人 1822

Marendo m 希人 445

Mareo m 希男, 希雄, 稀雄 1640

Maresuke m 希典 445

Mareyo f 希世

Mari f 守理 284, 茉莉 682A. (丸 40, 毬 1510, 椀 1624, 毱 1812, 鞠 2664)

Maribe s 目鯉部 191

Marigaya s 万里谷 43

Mariko sf 丸子 40, 鞠子 2664；f 万里子 43, 茉理子 682A, 真利子 1228, 真理子, 毬子 1510, 椀子 1624, 毱子 1812 ⌐摩理勢 2428

Marise s 鞠瀬 2664；m

Maro m 麻呂 1508, 摩漏 2428, 麿 2786. (丸 40, 理 1361, 満 1861, 観 2765, 麿 2786)

Marōdo s 客 917

Maroe f 麿枝 2786

Maroko mh 麻呂子 1508

Maru m 丸 40；p 丸 40. (丸, 円 78, 団 310, 巻 975, 麿 2786)

Marubae s 丸碆 40

Marubashi s 丸橋

~ Chūya mh 丸橋忠弥

Marubayashi s 丸林

Maruchi s 丸地

Marufusa sp 丸房

Marugame p 丸亀

Maruhonmono a 院本物 1055

Marui s 丸井 40

Marukawa s 丸川

Maruki s 万木 43

Maruko sf-p 丸子 40

Marumaru chinbun l 団々珍聞 310 ⌐目

Marume s 丸女 40, 丸

Marumo s 丸毛, 丸茂

Marumori sp 丸森

Marumoto s 丸本

Marunari m 丸作

Maruno s 丸野

Marunouchi p 丸之内

Maruo s 丸尾 40, 磨雄 2540, 叡

Maruoka sp 丸岡

~ Akira ml 丸岡明

~ Katsura ml 丸岡桂

~ Kyūka ml 丸岡九華

Maruseppu p 丸瀬布

Marushima s 丸島

Maruta s 丸田, 円田 78

Marutani s 丸谷 40

Maruya s 丸谷, 丸屋

Maruyama s 円山 78；sp 丸山 40

~ Kaoru ml 丸山薫

~ Masao ml 丸山真男

~ Ōkyo ma 円山応挙 78 ⌐40

~ Sakura ml 丸山作楽

~ Shizuka ml 丸山静

~ Yoshimasa ml 丸山芳良

Maryū l 真流 1228

Masa s 勝 1613；m 諒 2326；f 全 271, 柾 861. (上 47, 大 48, 仁 57, 元 60, 于 62, 方 85, 少 88, 尹 98, 礼 146, 公 156, 巨 199, 正 205, 允 217, 壮 243, 全 271, 各 271, 当 282, 旬 301, 存 313, 庄 315, 成 322, 多 347, 均 387, 利 436, 牟 455, 完 471, 国 504, 応 509, 甫 533, 求 537, 征 580, 和 638, 宜 675, 苦 689, 若 697, 斉 701, 昌 715, 尚 753, 信 782, 柾 861, 相 868, 政 881, 客 917, 荘 933, 長 939, 妥 950, 栄 969, 直 988, 修 1038, 将 1040, 格 1099, 祇 1127, 眩 1139, 容 1182, 晨 1187, 맹 1195, 奏 1202, 真 1228, 連 1238, 倅 1279, 倭 1283, 済 1336, 理 1361, 祇 1380, 剛 1429, 逸 1504, 肅 1528, 順 1532, 備 1539, 温 1585, 勝 1613, 款 1666, 萱 1730, 董 1731, 品 1740, 陽 1802, 道 1811, 雅 1913, 誠 1935, 幹 1938, 督 2023, 聖 2030, 塡 2075, 暢 2111, 節 2215, 蔚 2191, 適 2240, 端 2306, 諒 2326, 絹 2330, 慇 2403, 蔵 2424, 綏 2534, 磨 2540, 叡

2555, 薫 2567, 賢 2579, 整 2581, 優 2599, 継 2658, 縁 2660, 懋 2700, 鎮 2751, 譲 2918, 縄 2955)

Masaaki m 仁監 57, 公明 156, 正旭 205, 正明, 正昭, 正晁, 正章, 成亮 322, 昌亮 715, 政章 881, 政鑑

Masaakira m 正旭 205, 正成, 正学, 正章, 正瞭, 政環 881, 政鑑

Masaari m 正益 205

Masaatsu m 政醇 881

Masabayashi s 正林 205

Masachi m 賢祐 2579

Masachika m 正判 205, 正身, 正遵, 正隣, 正親, 求周 537, 政別 881, 政知, 政速, 将愛 1040, 雅史 1913, 雅親

Masachiyo m 晨千世 1187

Masada s 正田 205, 政

Masae f 昌穣 715, 晶穣 1740

Masaeda m 正柯 205

Masaemon m 政右衛門 881

Masafumi m 正文 205, 正簡, 允文 217, 祇文 1127, 理文 1361, 祇文 1380, 諟文 1933

Masafusa m 方房 85；ml 匡房 504

Masagaki s 正垣 205

Masago s 砂子 876, 真砂 1228

Masagoda s 沙田 392

Masagorō m 政五郎 881

Masaharu m 正治 205, 正陽, 政鋪 881, 雅脩 1913 ⌐政秀 881

Masahide m 昌英 715, 正英 205

Masahime f 正姫 205

Masahiko m 正彦, 政彦 881, 剛彦 1429

Masahira m 正均 205, 匡衡 504, 政均 881

Masahiro m 仁敬 57, 正大 205, 正広, 正弘, 正洪, 正博, 壮宏 243, 全弘 271, 匡衡 504, 昌碩 715, 政弘 881, 政胖, 政優

Masahisa m 正久 205,

正寿, 政尚 881, 勝久 1613

Masahito m 正士 205, 政倫 881, 直人 988

Masai s 正井 205; m 政猪 881

Masaichi m 政一, 雅一 1919　「字 1913

Masaie m 政家 881, 政宅 1913

Masaike s 政池 881

Masaji m 政路 205, 政次 881, 政治, 雅二 1913

Masajirō m 政二郎 881, 政次郎, 温次郎 1585

Masaka s 真坂 1228; m 正鹿 205, 勝鬨 1613

Masakado m 将門 1040
~ -ki l 将門記

Masakaki l 真賢木 1228

Masakane m 正鈺 205

Masakata m 正容, 政礼 881, 整方 2581

Masakatsu m 正坦 205, 正勝, 相勝 868, 政優 881, 聖勝 2030

Masakazu m 正一 205, 正応, 允計 217, 庄五 315, 信一 782, 政一 881, 妥一 950, 栄量 969, 雅一 1913, 雅万, 諒一 2326

Masaki s 柾木 861, 政木 881, 真崎 1228, 間崎 1822; sm 正木 205; sm-f-p 真幸 1228; m 昌生 1116, 柾 861, 真前 1228; p 松前 869

Masakichi m 政吉 881

Masakida s 真鋒田 1228

Masaki Fujokyū ml 正木不如丘 861

Masakiyo m 政青 881, 政清, 政養

Masako f 方子 85, 正子 205, 匡子 504, 応子 509, 柾子 861, 相子 868, 政子 881, 栄子 969, 真佐子 1228, 倭子 1283, 備子 1539, 雅子 1913, 誠子 1935, 聖子 2030, 端子 2306

Masakoto m 正言 205, 正辞, 雅事 1913

Masakuni m 政国 881, 雅訓 1913

Masami m 正巳 205, 正太, 正見, 正美, 正幹, 正監, 昌三 715, 雅美 1913, 優美 2599; f 真善美 1228

Masamichi s 尹通 98; m 正倫 205, 正道, 正路, 昌猷 715, 順通 1532, 順路, 雅孔 1913, 雅充, 誠道 1935, 鎮吾 2751

Masamine m 政峻 881

Masamitsu m 正三 205, 正肥, 正満, 全光 271, 和光 638, 正弘 715, 政光 881, 政苗, 政参, 栄光 969

Masamori s 正司 205; m 正訥, 当壮 282, 政森 881

Masamoro m 正師 205

Masamoto m 正甫, 正孟, 正修, 正倫, 存身 313, 昌服 715, 真元 1228

Masamune sm 正宗 205, 当宗 282; m 政宗 881
~ Hakuchō ml 正宗白鳥 205　「政叢 881

Masamura sm 正村 205, ~

Masana m 正声 205, 正魚, 正銘　「永 2240

Masanaga m 正脩, 適

Masanami m 正甫 205

Masanao m 正修, 正直, 正躬, 正愨, 昌胖 715

Masanari m 正也 205, 正生, 正城, 正備, 正誠, 正整, 政合 881, 政苗, 政誠, 逸勢 1504

Masando m 正人 205, 和人 638, 雅人 1913

Masano s 真砂野 1228

Masanobu s 政脩 881, 政業; m 正宇 205, 正身, 正達, 正議, 正軌, 正震, 正温, 応叙 509, 昌綽 715, 政応 881, 雅庸 1913, 雅睦; ma 正信 205

Masanoki m 政宇 881

Masanori sm 正詮 205; m 方升 85, 方卅, 巨範 199, 正礼 205, 正令, 正式, 正則, 正得, 正章, 正弼, 正徳, 正儀, 正憲, 正鵠 504, 徳範 504, 応理 509, 昌紀 715, 昌則, 昌

昌道, 政則 881, 政憲, 将応 1040, 祇實 1127, 雅規 1913

Masanosuke m 征之助 580, 政之助 881, 政之輔, 雅之助 1913

Masao m 正夫 205, 正男, 正雄, 壮夫 243, 元雄 471, 侃大 500, 宜雄 675, 昌夫 715, 昌吉, 昌幸, 昌矣, 政男 881, 長男 939, 栄右 969, 真棹 1228, 真雄, 誠夫 1935, 聖夫 2030, 端夫 2306, 磨磋夫 2596　「881

Masaoichi m 政尾市

Masaoka s 正岡 205, 昌岡 715, 政岡 881
~ Shiki ml 正岡子規 205

Masaoki m 正沖, 正陽, 正奥, 当起 282, 政興 881

Masaomi m 正臣 205

Masaori m 正織

Masaoto m 正己

Masari m 俊 1039, 雅 1913

Masarō m 雅郎

Masaru m 大 48, 仍 55, 甲 184, 平 203, 正児 205, 多 341, 克 442, 卓 660, 杰 695, 昌 715, 果 770, 長 939, 俊 1039, 真猿 1228, 勉 1263, 健 1282, 捷 1320, 勝 1613, 勝矣, 最 1742, 傑 1807, 儁 2253, 潤 2277, 愈 2358, 賢 2579, 優 2599. (多 347)

Masaruko f 多子

Masashi m 一 3, 仁 57, 方 85, 礼 146, 正 205, 正士, 正史, 正師, 正矣, 匡 504, 昌 715, 政 881, 雅 1913, 誠 1935, 誠白, 精 2131

Masashige m 正成 205, 董重 1731

Masasose m 方副 85

Masasue m 正季 205

Masasuke m 正方, 正良, 正毘, 政助 881, 政輔

Masasumi m 正澄 205

Masatada m 正祥, 正産, 正禎, 匡也 504, 昌

貞 715, 政忠 881, 政股, 政恭, 政賢

Masataka s 正太 205, 正孝, 正隆, 正曉, 正喬, 応隆 509, 昌喬 715, 政崇 881, 真敬 1228

Masatane m 昌植 715

Masatarō m 政太郎 881, 雅太郎 1913

Masatate m 正健 205, 昌健 715

Masateru m 公光 156, 正映, 正燾, 当英 282

Masato sm 正戸 205; m 正人, 正外, 正表, 政人 881, 真達 1228

Masatō m 正徹 205

Masatoki m 正兇, 正辰, 正論, 当時 282

Masatomi sm 正富 205; m 雅富 1913
~ Ōyō ml 正富汪洋 205

Masatomo m 正大, 正全, 正肥, 正侶, 正光, 正曹, 政和 881, 政知

Masatora m 正虎 205

Masatoshi m 正世, 正年, 正俊, 正敏, 正倫, 正福, 正準, 正鋭, 正毅, 昌耆 715, 政敏 881, 政曆, 賢俊 2579

Masatsuchi m 正鎚 205

Masatsugu m 正次, 正治, 正紀, 正頌, 応酩 509, 理健 1361

Masatsuna m 正綱 205

Masatsune m 正恒, 正倫, 応道 509, 昌英 715, 政常 881, 真常 1228, 雅常 1913

Masatsura m 正行 205, 端連 2306

Masaura m 正占 205

Masaya m 正八, 正也, 正哉

Masayasu m 正保, 正恭, 存保 313, 昌康 715, 理泰 1361, 雅休 1913

Masayo s 当世 282

Masayori m 正因 205, 正倚, 正順, 正愿, 昌由 715, 政和 881, 順若 1532, 雅縁 1913

Masayoshi *f* 勝代

Masayoshi *s* 正好 205；*m* 大鐙 48, 仁義 57, 正因 205, 正栄, 正睦, 正凱, 正義, 正愛, 正誼, 昌寿 715, 昌甫, 昌達, 昌蔵, 昌穆, 昌黌, 昌臧, 政容 881, 政順, 政憙, 政養, 政議, 雅儀 1913, 雅嘉, 優厳 2599 　　　「豆米 1613

Masayotsume *f* 勝代

Masayuki *m* 正之 205, 正行, 正徹, 成之 322, 昌言 715, 昌邁, 政偏 881, 荘行 933, 将志 1040, 勝行 1613

Masazane *m* 正誠 205

Masazono *s* 真砂園 1228

Masazumi *s* 正住 205, 正泉；*m* 正純, 正澄, 雅澄 1913 　　　「863

Mase *s* 間瀬 1822. (柵

Maseda *s* 間世田 1822

Maseki *s* 柵木 863

(mashi 尚 753, 益 1201, 愛 2018, 猿 2062, 増 2077)

Mashiba *s* 真柴 1228

Mashida *p* 益田 1201

Mashike *p* 増毛 1201

Mashiki *p* 益城 1201

Mashiko *s* 愛子 2018, 猿子 2062, 増子 2077；*sp* 益子 1201

Mashikobe *s* 邑色部 191

Mashima *s* 馬島 1257, 摩島 2428；*sm* 真島 1228

Mashimizu *s* 真清水

Mashimo *s* 直下 988, 真下 1228

~ Hisen *ml* 真下飛泉

Mashina *s* 慎科 1839

Mashino *s* 真志野 1228, 増野 2077

Mashio *s* 真塩 1228, 猿尾 2062；*m* 真潮 1228

Mashita *s* 真下, 間下

Mashitachi *m* 益立 1201

Mashizu *s* 益津, 益頭

Masu *m* 益；*f* 舛 367, 愈 2358. (丈 36, 斗 71, 太 105, 升 113, 加 121, 舛 367, 刕 900, 如 431, 坐 542, 枡 628, 和 638, 昌 715, 尚 753, 施 831, 弥 832, 祐 852, 松 869,

長 939, 負 981, 倍 1025, 党 1191, 益 1201, 真 1228, 勉 1263, 伸 1291, 培 1291, 済 1336, 桝 1368, 剰 1426, 副 1428, 勝 1613, 賀 1756, 曾 1794, 満 1801, 桝 1867, 増 2077, 潤 2277, 賜 2317, 愈 2358, 滋 2460, 錫 2524, 綿 2538, 賢 2579)

Masuaki *sm* 舛明 367

Masubuchi *s* 増淵 2077

Masuda *s* 升田 113, 舛田 367, 沙田 392, 桝田 1368；*sp* 益田 1201, 増田 2077

~ Happū *ml* 増田八風

~ Tokisada *mh* 益田時貞 1201

Masue *m* 益得

Masuga *s* 真清 1228

Masugami *s* 益頭 1201

Masugi *s* 真杉 1228, 馬杉 1257 　　「1228

~ Shizue *fl* 真杉静枝

Masuhide *m* 滋秀 2460

Masuhiro *m* 益広 1201

Masuhito *m* 益人

Masuho *sp* 増穂 2077；*m* 十寸穂 18

Masui *s* 真井 1201, 益位, 増井 2077；*m* 桝伊 1368 　　「倍一 1025

Masuichi *m* 昌一 715, 益一 1201

Masujima *s* 増島 2077

Masujirō *m* 益次郎 1201, 増次郎 2077

Masu kagami *l* 増鏡

Masukawa *s* 益川 1201, 増川 2077

Masuke *m* 磨輔 2596

Masuki *s* 一寸木 3, 益城 1201, 増喜 2077；*m* 益材 1201, 真透 1228, 真鋤

Masuko *s* 猿子 2062；*sf* 益子 1201, 増子 2077；*f* 十寸子 18, 万砥子 43, 枡子 628, 和子 638, 益寿子 1201, 桝子 1368, 殖子 1867

Masumi *s* 十寸見 18, 馬澄 1257, 増見 2077；*m* 真澄 1228, 真澄, 潤登 2277

Masumizu *s* 舛水 367

Masumoto *s* 升本 113,

舛本 367, 桝本 1368, 増本 2077

Masumura *s* 増村

Masunaga *s* 増永

Masunari *m* 増業

Masuno *s* 増野

Masunosuke *m* 万寿之助 43

Masuo *s* 増尾 2077, 増穂；*m* 丈夫 36, 倍夫 1025, 真男 1228, 済夫 1336, 潤夫 2277

Masuoka *s* 舛岡 367, 増岡 2077

Masura *m* 益荒 1201

Masusaburō *m* 益三郎

Masushige *m* 増重 2077

Masutane *m* 錫胤 2524

Masutani *s* 桝谷 1368

Masutarō *m* 益太郎 1201

Masuteru *m* 増耀 2077

Masuto *s* 益戸 1201

Masutomi *s* 益富；*m* 斗福 71

Masutomo *m* 益以 1201

Masutoshi *m* 増勤 2077

Masutsune *m* 増式

Masuya *s* 升屋 113；*m* 加也 121

Masuyama *s* 増山 2077

Masuyoshi *m* 加孔 121

Masuzawa *s* 増沢 2077

Masuzō *m* 倍造 1025, 益蔵 1201, 増蔵 2077

Masuzu *s* 益頭 1201；*m* 真鈴 1228

Mata *s* 股 615；*m* 定 677. (又 13, 也 23, 加 121, 全 271, 亦 325, 完 471, 股 615, 俣 779, 派 812, 益 1201, 真 1228, 復 1571)

Matachi *m* 真楯 1228

Matahiro *m* 全仁 271

Mataichirō *m* 又一郎 13

Matajirō *m* 又次郎

Mataka *s* 役賀 368

Mataki *m* 完 471

Matako *f* 又子, 全子 271 　　　「*p* 真玉

Matama *m* 真瑞 1228；

Matano *s* 又野 13, 亦野 325, 股野 615, 俣野 779, 又夫 13, 又郎, 亦雄 325

Mataroku *m* 復六 1571

Matasaburō *m* 又三郎 13

Matasaku *m* 又策

Matashi *m* 又司, 完 471

Matasuke *m* 亦助 325

Matatarō *m* 亦太郎

Matawara *s* 又原 13

Matayo *f* 俣代 779

Matazō *m* 又蔵 13

Matezawa *s* 馬刀沢 1257 (mato の 635)

Matoba *s* の場

Matoi *s* 的井

Matomu *m* 纒 2988

Matono *s* 真野 1228

Matoshi *m* 真記

Matoya *s* 的屋 635

Matsu *sf* 松 869. (末 211, 当 282, 茉 682A, 待 785, 松 869, 李 938, 俟 1035, 須 1544, 淞 1581, 遅 1807, 寮 2364, 磬 2400)

Matsuba *s* 松葉 869

Matsubara *sp* 松原

~ Jizōson *ml* 松原地蔵尊

Matsubase *p* 松橋

Matsubaya *s* 松葉谷

Matsubayashi *s* 松林

Matsubushi *p* 松伏

Matsuchi *s* 待乳 785

Matsuda *s* 茨田 932；*sp* 松田 869

Matsudai *p* 松代

Matsudaira *sp* 松平

~ Katamori *mh* 松平容保 　　　「信綱

~ Nobutsuna *mh* 松平

~ Sadanobu *mh* 松平定信 　　　　「康英

~ Yasuhide *mh* 松平

~ Yoshinaga *mh* 松平慶永 　「*ml* 松田常憲

Matsuda Tsunenori

Matsudono *m* 松戸

Matsue *s* 松会；*sf-p* 松江；*m* 遅栄 1807

Matsueda *s* 松枝 869

Matsue Ishū *ml* 松江維舟 　　　　「重頼

~ Shigeyori *ml* 松江

Matsufuji *s* 松藤

Matsugaki *s* 松垣

Matsugane *s* 松金

Matsugo no me *l* 末期の眼 211

259

Matsuhashi *s* 松橋 869
Matsuhisa *s* 松久
Matsui *s* 松井, 松居
Matsuichirō *m* 松一郎
Matsuida *p* 松井田
Matsui Joryū *ml* 松井
　如流
Matsuishi *s* 松石
Matsui Shōō *ml* 松居
　松翁　　　　　　　「磨子
~ Sumako *fa* 松井須
Matsuji *s* 松地 ; *m* 松
　次
Matsujirō *m* 松次郎
Matsuka *s* 松家
Matsukage *s* 松蔭 ; *m*
　松影
Matsukata *s* 松方
~ Masayoshi *mh* 松方
　正義
Matsukawa *sp* 松川
~ saiban *l* 松川裁判
Matsukaze *sla* 松風
Matsuki *s* 松木
Matsukichi *s* 松吉
Matsuko *f* 松子, 俟子
　1035
Matsukuchi *s* 松口 869
Matsukuma *s* 松隈
Matsukura *s* 松倉
~ Yonekichi *ml* 松倉
　米吉
Matsumae *sp* 松前
Matsumaru *s* 松丸
Matsumi *s* 松見
Matsumiya *s* 松宮
~ Kankotsu *ml* 松宮
　寒骨　　　　　　　「松盛
Matsumori *s* 松森 ; *m*
Matsumoto *p* 松元, 松
　本
~ Masao *ml* 松本昌夫
~ Seichō *ml* 松本清張
Matsumura *s* 松村
~ Eiichi *ml* 松村英一
~ Goshun *ma* 松村呉
　春
~ Midori *ml* 松村緑
Matsumuro *s* 松室
Matsumushi *la* 松虫
Matsunae *sm* 松苗
Matsunaga *sp* 松永
~ Hisahide *mh* 松永
　久秀
~ Sekigo *ml* 松永尺五
~ Teitoku *ml* 松永貞
　徳

Matsunami *s* 松波, 松
　並, 松南, 松浪, 松濤
~ Sukeyuki *ml* 松波
　資之
Matsunawa *s* 松繩
Matsundo *m* 松人
Matsune *sm* 松根
~ Tōyōjō *ml* 松根東
　洋城
Matsuno *sp* 松野
Matsunobu *s* 松信
Matsu no ha *l* 松の葉,
　松農波
Matsunoki *s* 松木
Matsunoo *sla* 松尾
Matsu no ochiba *l* 松
　の落葉
Matsunosuke *m* 松之
　助, 杰之助 938
Matsunoya *s* 松屋 869,
　松廼家　　　　「家露八
~ Rohachi *mh-l* 松廼
Matsunoyama *p* 松之
　山
Matsunuma *s* 松沼
Matsuo *s* 松保 ; *sp* 松
　尾 ; *m* 松巖
~ Bashō *ml* 松尾芭蕉
Matsuoka *sp* 松岡
~ Eikyū *ma* 松岡映丘
~ Kōson *ml* 松岡荒村
~ Teisō *ml* 松岡貞総
~ Yōsuke *mh* 松岡洋
　右
~ Yuzuru *ml* 松岡譲
Matsuoto *m* 松韻
Matsura *sp* 松浦
~ -no-miya *l* 松浦宮
(matsuri 祭 1467)　「869
Matsusaburō *m* 松三郎
Matsusaki *s* 全先 271
Matsuse *s* 松瀬 869
~ Seisei *ml* 松瀬青々
Matsushige *p* 松茂
Matsushima *sp* 松島
Matsushiro *p* 松代
Matsushirō *m* 松四郎
Matsushita *s* 松下
Matsusue *s* 松末
Matsusuke *m* 松介, 松
　助
Matsusumi *s* 松角
Matsutarō *m* 松太郎
Matsutō *sp* 松任
Matsuu *s* 松生
Matsuura *sp* 松浦
~ Hajime *ml* 松浦一

~ Tatsuo *ml* 松浦辰男
Matsuwaki *s* 松脇
Matsuya *s* 松谷, 松屋
Matsuyama *sp* 松山
~ kagami *la* 松山鏡
~ tengu *la* 松山天狗
Matsuyani *la* 松脂
Matsuyo *f* 涨世 1581
Matsuyoshi *s* 松義 869 ;
　sm 松吉　　　「松阪
Matsuzaka *s* 松坂 ; *sp*
Matsuzaki *s* 松前 ; *p*
　松崎　　　　　　　「民
~ Tenmin *ml* 松崎天
Matsuzawa *s* 松沢
Matsuzō *m* 松三
Matsuzono *s* 松園
Matsuzuka *s* 松塚
Matsuzumi *s* 松住
Matta *s* 全田 271
Matto *s* 真人 1228
Mattō *sp* 松任 869
Maue *s* 馬上 1257
Maui *s* 間人 1822
Mawaki *s* 真脇 1228
Mawari *s* 廻 994. (回
　309)
Mawarimichi *s* 回道
Mawashi *s* 真鷲
Mawatari *s* 馬渡 1257
Maya-bunin *fh* 摩耶夫
　人 2428
Mayahara *s* 馬屋原 1257
Mayama *s* 真山 1228, 間
　山 1822　　　　「1228
~ Seika *ml* 真山青果
(mayu 眉 997, 繭 2896)
Mayuko *f* 繭子
Mayumi *sm* 真弓 1228 ;
　m-f 檀 2623
Maze *p* 馬瀬 1257
Me *m* 目 191. (人 14, 女
　114, 目 191, 売 466, 芽
　683, 哞 783, 妻 959, 馬
　1257, 梅 1374, 萌 1448,
　眼 1637)
Meate *m* 標 2298
Mebuta *s* 女部田 114
Medemaru *s* 珍丸 836
Mega *s* 女鹿 114, 目賀
　191, 妻我 959, 妻鹿, 馬
　鹿 1257
Megata *s* 目賀田 191
Megumi *m* 仁 57, 恩
　1225, 恵 1226. (萌 1448)
Megumiko *f* 萌子
Megumu *m* 仁 57, 竜

　1199, 恵 1226, 愛 2018,
　徳 2063
Meguro *sp* 目黒 191
Mei *s* 買 1753. (名 346,
　明 623, 命 671, 芽 683,
　冥 1158, 鳴 2065, 銘
　2155, 謎 2640)
Meido no hikyaku *l* 冥
　途の飛脚 1158
Meifu sansuie *l* 冥府
　山水図　　　　　「623
Meigetsuki *l* 明月記
Meiji *mh* 1868–1912 明
　治　　　「叛臣伝
~ hanshinden *l* 明治
Meiko *f* 芽子 683
Meikō ōrai *l* 明衡往来
　623
Meikyō *s* 名鏡 346
Meio *s* 命星 671　「623
Meiō 1492–1501 明応
Meireki 1655–58 明暦
Meisaburō *m* 明三郎
Meisetsu *m* 鳴雪 2065
Meishoki *l* 名所記 346
Meitoku 1390–94 明徳
　623
Meiwa *p* 1764–72 明和
Mekari *sla* 和布刈 638
Mekata *s* 目加田 191,
Meki *s* 米木 343 「目聖
Memanbetsu *p* 女満別
(memi 萌 1448)　「114
Memie *f* 萌枝
Memuro *p* 芽室 683
(men 免 762, 面 904, 勔
　1425, 綿 2538, 麵 2910)
Menda *p* 免田 762
Mendori *s* 女取, 妻鳥
　959
Menishi *s* 面西 904
Menjo *s* 毛所 117, 毛受
Menjō *s* 毛受, 校条 1096
Menju *s* 毛受 117
Menma *s* 毛馬
Meno *s* 米野 343
Menrai *s* 面来 904
Menuki *s* 目貫 191
Menukiya *s* 目貫屋
Menuma *p* 妻沼 959
Meo *s* 命尾 671
Meonosuke *m* 女男之
　助 114　　　　　「哉 104
Meoto zenzai *l* 夫妻善
Mera *s* 布良 170, 目良
　191, 米良 343 ; *sp* 女良
　114

(meshi 召 152, 飯 1964)

Meshida s 召田 152

Meshii s 飯井 1964

Meshiko s 目色 191, 目色 ; f 召子 152

Meshimori s 飯盛 1964

Meshino s 女篠 114

(mesu 召 152, 速 1237)

Metabi s 米多比 343

Mete s 目代 191

Metoki s 目時

Metoku s 目徳

Meura s 和布浦 638

Mezaki s 目崎 191

Mezamashigusa l 目不酔草

Mezuki s 売豆紀 466

(mi 三 22, 巳 30, 子 38, 心 49, 水 54, 仁 57, 乃 79, 方 85, 文 86, 王 90, 圡 105, 壬 116, 示 148, 史 183, 申 185, 目 191, 未 210, 生 214, 后 304, 耳 331, 民 333, 位 354, 体 358, 好 413, 形 414, 見 518, 充 521, 臣 527, 甫 533, 身 546, 角 547, 味 572, 命 671, 実 678, 굙 744, 並 676, 良 767, 倶 774, 洋 822, 弥 832, 相 868, 美 923, 泉 965, 参 978, 看 998, 査 1053, 酒 1066, 海 1071, 珠 1077, 扇 1156, 皆 1196, 益 1201, 真 1228, 胤 1269, 深 1341, 視 1488, 廻 1360, 躬 1396, 御 1572, 証 1660, 登 1744, 望 1777, 堅 1796, 誠 1935, 幹 1938, 像 2061, 察 2180, 箕 2214, 関 2245, 毅 2351, 質 2395, 監 2398, 親 2544, 窮 2573, 覧 2695, 瞳 2726, 鎹 2817, 顧 2929, 繻 2954, 鑑 2968, 鑒 2982)

Miasa p 美麻 923

Mibayashi s 三林 22

Mibe s 三部

Mibori s 三堀

Mibu s 丹生 79, 壬 116, 生 214, 生玉, 生部 ; sp 壬生 116

Mibube s 乳部 657

Mibuchi s 三淵 22

Mibuichi s 三分一

Mibukawa s 壬生川 116, 癸生川 952

Mibuko f 三二子 22

Mibu no Nii ml 壬生二位 116　　「生忠岑 ~ no Tadamine ml 壬

Mibunoya s 丹生谷 79

Michi m 岐 599, 道 1811 ; f 理 1361. (孔 58, 万 85, 礼 146, 田 189, 行 245, 交 293, 丙 303, 政 322, 伯 363, 利 436, 亨 440, 兊 447, 芳 480, 至 485, 吾 491, 充 521, 孝 541, 命 671, 宙 673, 宝 706, 学 719, 典 733, 俗 776, 信 782, 待 785, 陌 792, 茨 922, 長 939, 参 978, 迪 1001, 度 1009, 倫 1037, 修 1038, 訓 1148, 皆 1196, 盈 1200, 至 1229, 途 1234, 通 1239, 術 1298, 陸 1312, 理 1361, 務 1377, 能 1397, 教 1408, 恕 1483, 進 1503, 康 1509, 逞 1512, 順 1532, 猷 1546, 峻 1591, 裕 1645, 彭 1693, 達 1810, 道 1811, 遠 1813, 滿 1861, 路 1925, 猷 1962, 義 1975, 莖 2038, 磧 2116, 衝 2264, 導 2413, 遙 2421, 慶 2425, 儒 2432, 儘 2435, 徹 2451, 蹊 2468, 謐 2662, 蹊 2807, 巖 2936)

Michiaki sm 道明 1811 ; m 倫明 1037, 通晃 1239, 道文 1811, 道雄

Michiakira s 通亮 1239

Michiari m 道有 1811

Michie f 達朶 1810, 逕江 1512

Michieda m 通枝 1239

Michifuru s 道旧 1811

Michigami s 道上

Michiharu m 道晴 1239

Michihiko m 順彦 1532, 猷彦 1962, 碩彦 2116

Michihira m 道旧 1811

Michihisa m 路久 1925

Michihito m 方仁 85

Michiichirō m 迪一郎 1001

Michika m 道芳 1811, 道香

Michikata m 田賢 189

Michikatsu m 通勝 1239

Michikawa s 道川 1811

Michikaze s 道風

Michikazu m 康式 1509, 道一 1811, 道和

Michiko f 交子 293, 亨子 440, 径子 576, 宙子 673, 典子 733, 美智子 923, 空子 1229, 恕子 1483, 道子 1811, 路子 1925, 猷子 1962, 導子 2413, 蹊子 2807

Michimasa m 倫正 1037, 理正 1361, 道存 1811

Michimo m 道雲

Michimori m 田盛 189

Michinaga m 陸長 1312 ; mlh 道長 1811

Michinao m 道三

Michinari m 道済 1239, 道也 1811, 道成

Michinobu m 盈進 1200, 通同 1239　　「1925

Michinokoda s 路子工

Michinori m 方寸 85, 道憲 1239, 道機 1811

Michinoshi s 道師

Michio m 三千男 22, 芳生 480, 学夫 719, 理夫 1361, 康男 1509, 道大 1811, 道雄

Michiō m 道大

Michioki m 道幾

Michirō m 修郎 1038

Michisachi m 道吉 1811

Michisato m 道怜 1001

Michishiba l 道芝 1811

Michishige m 道成

Michishita s 道下

Michisuke m 道助, 道輔

Michitada m 能達 1397

Michitaka m 伯孝 363, 命孝 671, 通任 1239, 道孝, 通敬, 道生 1811, 道隆

Michitake m 行虎 245, 通伯 1239

Michitarō m 美智太郎 923, 道太郎 1811

Michitaru m 道善

Michitatsu m 道武 1239

Michiteru m 参顕 978

Michitō m 道通 1811, 道遠

Michitoki m 通侯 1239

Michitomi sm 道富 1811 ; m 通禧 1239

Michitomo m 至大 485, 盈比 1200, 通誠 1239, 道倫 1811

Michitose f 三千年 22

Michitoshi m 通俊 1239, 道紀 1811, 道暁

Michitoyo m 通富 1239

Michitsugu m 道次

Michitsumu m 通積

Michitsuna m 道綱 1811 ~ no Haha fl 道綱母

Michitsune m 通久 1239

Michitsura m 通貫

Michiu m 通生　　「1811

Michiwaru m 道和留 1239

Michiya m 通也 1239

Michiyama s 道山 1811

Michiyasu m 通庸 1239, 通泰, 達安 1810

Michiyo f 三千代 22

Michiyoshi m 陸良 1312, 道力 1811, 道因

Michiyuki m 命之 671 ; m-l 道行 1811　　「真

Michizane m 道実, 道

Michizō m 道三

Mida Nyorai wasan l 弥陀如来和讃 832

Midō Kanpaku mh 御堂関白 1572

~ ~ ki l 御堂関白記

~ ~ shū l 御堂関白集

Midori sm-f 翠 2204 ; m-f 碧 2225 ; m-f-p 緑 2535 ; f 深翠 1341 ; p 美土里 1972. (緑 2535)

Midorigawa s 翠川 2204, 碧川 2225, 緑川 2535

Midorinoya m 緑舎

Midō shichiban uta-wase l 御堂七番歌合 1572　　「923

Mie sp 三重 22 ; f 美柯

Miekichi m 三重吉 22

Mieko f 巳栄子 30

Mierō m 三重郎 22

Miesagusa l 三枝

Mifune s 三船 ; sm-p 御船 1572 ; m 真船 1228, 御舟 1572

Migai s 三貝 22　　「2596

Migaku m 琢 1608, 磨

Migashima *s* 三ケ島 22	Mikami *s* 三上, 三守, 三神, 見上 518	Mikkouchi *s* 三河口 22	Mimune *s* 三統 22
～ Yoshiko *fl* 三ケ島葭子 「尻	～ Otokichi *ml* 三上於菟吉	Miko *s* 御子 1572. (巫	Mimura *s* 三村, 味村 572 「室 1572
Migashiri *s* 三尻, 三賀	Mikamo *sp* 美甘 923 ; *p* 三加茂 22 「1572	Mikō *s* 御溝 1572 ⌊524)	Mimuro *s* 三室, 御室 1572
Migata *s* 三ケ田, 見形 518	Mikamoto *s* 御神本	Mikogami *s* 神子上 853, 御子神 1572	Mimurodo *s* 三室戸 2

Min *mh* 旻 710. (民 333, 珉 1076, 岷 1080, 眠 1376, 敏 1409, 瞽 2226)

Migi *m* 右 171. (右)
Migita *s* 右田 「宙床
～ Nobuhiko *ml* 右田
Migiwa *m* 汻 393, 淇 1328 ; *f* 汀 142
Migō *s* 御郷 1572
Migome *s* 見米 518
Miguma *s* 三熊 22
Migusa *sm* 三種
Mihama *s* 美浜 923, 御浜 1572
Mihara *s* 見原 518 ; *sp* 三原 22 ; *p* 美原 923
Miharu *s* 御春 1572 ; *m* 美波留 923 ; *p* 三春 22. (韶 2163)
Miharuko *f* 韶子
Mihashi *s* 三橋 22, 三觜
Mihashira *m* 真柱 1572
Mihata *s* 三畠 22, 御幡 1572
Mihaya *s* 水速 54
Mihira *s* 三平 22
Mihito *m* 実仁 678, 躬仁 1396
Miho *s* 三穂 22, 美浦 923 ; *sp* 三保 22 ; *p* 美保 923
Mihoko *f* 美帆子
Mihota *sp* 三穂田 22
Mii *s* 美乃 923 ; *sf* 三五 22 ; *p* 三井
Miida *s* 三井田
Miidera *p-la* 三井寺
Miike *sp* 三池
Miiki *s* 御息 1572
Miiko *f* 御井子
Miinoya *s* 満生野 1861
Miiraku *p* 三井楽 22
(mika 甀 1936, 甕 2908)
(mikado 帝 971)
Mikagawa *s* 甕川 2908
Mikageike *s* 御影池 1572 「尻 1388
Mikajiri *s* 三賀尻 22, 瓶
Mikaki *m* 三嘉喜 22, 実柿 678
～ no shitakusa *l* 御垣の下草 1572
Mikamaro *m* 甕麿 2908
Mikame *sp* 三瓶 22

Mikan *s* 甚廿 971
Mikanagi *s* 三巫 1572
Mikannagi *s* 御巫
Mikao *m* 甕男 2908
Mikari *m* 三狩 22
Mikasa *sp* 三笠
Mikasayama *s* 蓋山 2193
Mikatori *s* 甀取 1936
Mikawa *s* 参河 978, 御溝 1572 ; *sph* 三河 22 ; *p* 三川, 三加和, 美川 923
Mikawaguchi *s* 三河口
Mikazuki *s* 朏 1346 ; *sp* 三日月 22
Mike *s* 三毛, 三池, 三家, 美気 923, 食 1159. (食) 「鷹 923
Mikeimaro *m* 美毛比
Miki *s* 参木 978, 御木 1572 ; *sm* 三樹 22 ; 三木 ; *m* 美樹 923, 造酒 1236, 幹 1938 ; *f* 御酒 1572. (幹 1938, 樹 2483)
Mikihiko *m* 幹彦 1938
Mikijirō *m* 美亀次郎 923, 幹次郎 1938
Miki Kiyoshi *ml* 三木清
Mikiko *f* 樹子 2483
Mikimoto *s* 御木本 1572, 御酒本
～ Kōkichi *mh* 御木本幸吉 「1938
Mikinosuke *m* 幹之助
Mikio *m* 三喜男 22, 三樹雄, 巳喜男 30, 酒喜男 1066, 幹雄 1938
Mikita *s* 和田 638 ; *sm* 和 ; *m* 幹太 1938
Mikitada *m* 幹直
Miki Takeji *ml* 三木竹二 22
Mikizō *m* 美喜蔵 923

Mikuidan *s* 御子ヱ
Mikoshi *s* 三越 22
Mikoshima *s* 神子島 853
Mikoshiro *s* 皇子代 964
Mikoto *f* 命 671
Mikuji *s* 御鬮 1572
Mikuki *s* 美囊 923
Mikuma *s* 見雲 518 ; *sm* 巳熊 30
Mikumari *s* 水分 54
Mikumo *sp* 三雲 22
Mikuni *s* 三九二 ; *sp* 三国
～ kotoba katsuyōshō *l* 御国詞活用抄 1572
Mikura *s* 三倉 22, 御蔵 1572 ; *f* 三九娘
Mikurashima *p* 御倉島 1572
Mikuriya *s* 御霊谷, 御厨屋 ; *sp* 御厨
Mikurube *s* 三硔部 22, 釈迦牟尼仏 1395
Mikusa *s* 三草 22
Mima *s* 美馬 923 ; *p* 三間 22
Mimae *s* 御前 1572
Mimaki *s* 三牧 22 ; *sm* 御牧 1572
Mimana *ph* " Kaya / Karak " 任那 235
Mimasa *s* 御正 1572
Mimasaka *ph* 美作 923
Mimashi *s* 御座 1572
Mimasu *s* 三桝 22, 三増
Mimata *p* 三股
Mimatsu *s* 三松
(mimi 耳 331)
Mimichi *m* 水道 54
Mimijirō *m* 耳次郎 331
Mimi yōraku *l* 耳瓔珞
Mimore *m* 三守
Mimori *s* 三森 ; *sm* 三守 ; *m* 水守
Mimoru *m* 三守
Mimosuso *la* 御裳濯 1572 「裳濯川歌合
～ -gawa utaawase *l* 御
Mimoto *s* 御本

Mina *s* 御 1572. (水 54, 汎 249, 南 912, 咸 1003, 皆 1196, 備 1539, 程 1641, 蜷 2129)
Minabe *s* 三辺 22 ; *p* 南部 912
Minabegawa *p* 南部川
Minabuchi *s* 南淵
～ no Shōan *mh* 南淵請安 「視秋 1348
Minae *s* 薬袋 2568 ; *m*
Minagawa *s* 南川 912, 皆川 1196, 源川 1863
Minahiko *m* 皆彦 1196
Minai *s* 御薬袋 1572, 薬袋 2568
Minaka *s* 皆河 1196
Minakami *sp* 水上 54
～ Takitarō *ml* 水上滝太郎
～ Tsutomu *ml* 水上勉
Minakata *s* 南方 912
Minaki *s* 皆木 1196, 衆樹 1762
Minakiri *s* 皆吉 1196
Minako *f* 水無子 54, 汎子 249, 咸子 1003, 備子 1539
Minakuchi *sp* 水口 54
Minamata *s* 派 812 ; *p* 水俣 54
Minami *s* 陽 1567 ; *sp* 南 912 ; *p* 美並 923. (南 912)
～ -aiki *p* 南相木
～ -aizu *p* 南会津
～ -akita *p* 南秋田
～ -amabe *p* 南海部
Minamiarai *s* 南荒
Minami-arima *p* 南有馬
～ -ashigara *p* 南足柄
～ -azumi *p* 南安曇
Minamichi *m* 水道 54
Minami-chita *p* 南知多 912
Minamida *s* 南田
Minamidani *s* 南谷
Minamide *s* 南出

Minami-furano *p* 南富
良野
~ Hiroshi *ml* 南博
~ -horo *p* 南幌　「倉
Minamiiwakura *s* 南岩
Minami-izu *p* 南伊豆
Minamikata *p* 南方
Minami-katsuragi *p* 南
葛城
Minamikawa *s* 南川
Minami-kawachi *p* 南
河内
~ -kawara *p* 南河原
~ -kayabe *p* 南茅部
Minamiko *f* 南子
Minami-koizumi mu-
ra *l* 南小泉村
~ -koma *p* 南巨摩
~ -kushiyama *p* 南串
山
~ -kuwata *p* 南桑田
~ -maki *p* 南牧
~ -matsuura *p* 南松浦
~ -minowa *p* 南箕輪
~ -murayama *p* 南村
山
~ -muro *p* 南牟婁
Minaminagao *s* 南長尾
Minami-naka *p* 南那珂
~ -nasu *p* 南那須
~ -oguni *p* 南小国
Minamiōji *p* 南大路
Minami-okitama *p* 南
置賜　　　　　「窪
Minamionikubo *s* 南鬼
Minami-saitama *p* 南
埼玉
~ -saku *p* 南佐久
~ -shidara *p* 南設楽
~ -shinano *p* 南信濃
~ Shinji *ml* 南新二
~ -takaki *p* 南高来
~ -tama *p* 南多摩
~ -tane *p* 南種子
~ -tsugaru *p* 南津軽
~ -tsuru *p* 南都留
~ -uonuma *p* 南魚沼
Minamiura *s* 南浦
Minami-uwa *p* 南宇和
Minamiyama *s* 南山
Minami-yamashiro *p*
南山城
Minamizawa *s* 南沢
Minamochi *s* 弓納持 95
Minamoto *s* 源 1863
~ no Akikane *ml* 源顕
兼

~ no Michichika *mh*
源通親
~ no Mitsunaka *mh*
源満仲　　　「光行
~ no Mitsuyuki *mh*
~ no Noriyori *mh* 源
範頼　　　　「実朝
~ no Sanetomo *mh* 源
~ no Shigeyuki *ml* 源
重之
~ no Shitagō *ml* 源順
~ no Takaakira *mh* 源
高明　　　「源為朝
~ no Tametomo *mh*
~ no Tameyoshi *mh*
源為義　　　「俊頼
~ no Toshiyori *ml* 源
~ no Tsunenobu *ml*
源経信　　「源経基
~ no Tsunemoto *mh*
源経基　　　「源頼政
~ no Yoriie *ml* 源頼家
~ no Yorimasa *mlh* 源
頼政　　　　「頼光
~ no Yorimitsu *mh* 源
頼光
~ no Yorinobu *mh* 源
頼信　　　　「源頼朝
~ no Yoritomo *mh* 源
頼朝　　　　「頼義
~ no Yoriyoshi *mh* 源
~ no Yoshichika *mh*
源義親　　　「家
~ no Yoshiie *mh* 源義
~ no Yoshinaka *mh* 源
義仲　　　「源義朝
~ no Yoshitomo *mh*
源義朝　　　　「家
~ no Yoshitsune *mh*
源義経
~ no Yukiie *mh* 源行家
Minamura *s* 南村 912
~ Baiken *mh* 南村梅軒
Minano *s* 緑野 2535 ; *p*
皆野 1196
Minao *m* 南雄 912
Minasato *s* 南里
Minase *sp-l* 水無瀬 54 ;
f 美奈畝 923 ; *p* 湛瀬
1196　　　　　「吟 54
~ sangin *l* 水無瀬三
Minashiguri *l* 虚栗 1519
Minato *s* 水門 54 ; *m*
湊 1576 ; *m-f-p* 港 1583.
(港)
Minatozaki *s* 港崎
Minawa *s* 三縄 22
Minawashū *l* 水沫集
54, 美奈和集 923
Minayama *s* 皆山 1196

Minayoshi *s* 皆吉
~ Sōu *ml* 皆吉爽雨
Minazawa *s* 南沢 912
Minazuki-barae *la* 水
無月祓 54
Minbu *m* 民部 333
Minchō *ma* 明兆 623
Mine *s* 三根 22, 嶺 2776 ;
sp 峰 1351 ; *f* 壬子
116, 生子 214, 美泥
923 ; *p* 美禰. (峰 1351,
峯 1452, 峻 1591, 棟
1627, 節 2115, 嶺 2776,
巌 2936)
Mineda *s* 嶺田 2776
Minegishi *s* 峰岸 1351,
嶺岸
Minehama *p* 峰浜 1351
Mineichirō *m* 峰一郎
Mineko *f* 峰子, 嶺子
2776
Mincmatsu *s* 峰松
Minemoto *s* 峰元, 峰本
Minemura *s* 峰村, 峯
村 1452
~ Kuniichi *ml* 峯村国一
Mineo *sf* 峰尾 1351
Minesaburō *m* 峰三郎
Mineshige *m* 峰重
Mineshima *s* 峰島
Mineta *s* 峰田
Mineura *s* 峰浦
Mineyama *p* 峰山
Minezaki *s* 峰崎
Mingō nisso *l* 岷江入
楚 1080
Minishū *l* 壬二集 116
Minmaya *s* 御厩 1572 ;
p 三厩 22
Mino　*s* 巳野 30, 美努
923, 鹿野 1283, 箕野 ；
sp 三野 22 ; *p* 美濃
923. (蓑 2194, 箕 2214,
簑 2688)
Minō *p* 美蓑 923
Minobe *s* 美濃部
Minobu *p-la* 身延 546
Minofu *l* 美濃風 923
Minohara *s* 箕原 2214
Minoichi *s* 美影池 1572
Minoike *s* 御影池
Mino Kamo *s* 美濃加
茂 923
Minokawa *s* 箕川 2214
Minomaro *m* 蓑麿 2194
Minomaru *m* 蓑麿

Minomo *s* 箕面 2214
Minomura *s* 三野村 22
Minoo *s* 箕曲 2214, 箕
尾 ; *sp* 箕面 ; *m* 蓑夫
2194
Minori *s* 一日宮 3 ; *m*
実程 678, 美律 923, 躬
則 1396 ; *p* 美野里 923 ;
l 御法 1572
Minorigawa *s* 御法川
Minoru *m* 升 113, 正法
205, 成 322, 年 342, 利
436, 酉 526, 実 678, 宜
宜, 季 725, 秀 726, 秋
878, 秼 1115, 稔 1178, 登
1744, 豊 2013, 穀 2168,
實 2367, 穫 2729, 穰
2802 ; *m-f* 稔 1916, 穂
2308
Minosato *s* 箕郷 2214
Minoshima *s* 箕島
Minosuke *m* 美之助
923, 箕助 2194　「2214
Minota *s* 蓑田, 箕田
Minoto *m* 汈 141
Minoura *s* 箕浦 2214, 簑
浦 2845
Minowa *s* 美濃輪 923,
蓑和 2194, 蓑輪, 箕勾
2214, 箕曲 ; *sp* 箕輪
Minpei *m* 民平 333
Minu *m* 三野 22, 敏 1409
Minuki *s* 三幣 22
Minunouesu *s* 二野
宇泥須
Minusa *s* 三幣
Minushi *s* 水主 54
Mio *s* 三尾 22, 三保 ; *sl*
水尾 54 ; *f-l* 澪 2458.
(澪)
Mioka *s* 三岡 22
Mioki *s* 三尾木, 三保木
Miono *m* 美越乃 923
Mionoseki *p* 美保関
Mionoya *s* 三尾谷 22,
丹生屋 79, 満王野
1861, 満生野
Miori *m* 美織
Miotsukushi *l* 澪標 2458
Mioya *s* 二保屋 22
Mippō *s* 光法 281
Mirasaka *p* 三良坂 22
Miroku *mh* 弥勒 832
~ Bosatsu *mh* 弥勒菩
薩
Miru *sp* 三入 22. (三, 子
38, 見 518, 実 678, 相

868, 看 998, 省 1013, 躬
1396, 察 2180, 箕 2214,
徴 2265, 親 2544, 覧
2695, 観 2765, 鑑 2968)
Miruko *f* 見子 518, 海
松子 1071
(misa 節 2215, 操 2448)
Misaka *s* 三阪 22, 三坂；
f 操加 2448；*p* 御坂
1572
Misaki *s* 見崎 518, 味酒
572, 御前 1572, 御崎；
sp 三崎 22；*m-f-p* 岬
829　　　　「操子 2448
Misako *f* 好佐子 413,
Misakubo *p* 水窪 54
Misao *m* 貞 982, 節 2215,
節男, 操 2448；*f* 禰磋
節 2800　　「参岡 518
Misaoka *s* 三参岡 22, 見
Misasa *p* 三朝 22
Misasagi *p* 美陵 923
Misasaki *s* 陵 1310
Misato *s* 三里 22；*sp* 三
郷；*m* 美里 22；*m-p*
美郷 923；*p* 美里
Misawa *sp* 三沢 22；*f*
箕沢 2214
Mise *s* 三瀬 22
Miseki *s* 三関
Mishiba *s* 三柴
Mishiku *s* 御宿 1572
Mishima *s* 未至層 210；
sp 三島 22　「島通庸
~ **Michitsune** *mh* 三
~ **Shōdō** *ml* 三島章道
~ **Sōsen** *ml* 三島霜川
~ **Yukio** *ml* 三島由起
夫
Mishina *s* 三品, 三科
~ **Rinkei** *ml* 三品龍渓
Mishine *m* 御稲 1572
Mishiro *s* 御代　「678
Mishō *p* 三荘；*l* 実生
Mishuku *s* 三宿 1572
(miso 衣 520)
Misono *sp* 御園 1572
Misonō *s* 御薗生
Misosazai *s* 鷦鷯 2976
Misu *s* 三栖 22, 三須,
深栖 1341, 翠 2204
Misugi *s* 三杉 22；*p* 美
杉 54
Misui *p* 三水 22
Misumi *s* 美棲 923；*sp*
三角 22, 三隅；*m* 水
澄 54, 躬澄 1396

~ **Kan** *ml* 三角寛 22
Misumu *f* 生清 214
Misuna *s* 三砂 22
Misuno *s* 御簾納 1572
Mita *s* 三田 22, 美田 923,
箕田 2214
Mitagawa *s* 三田川
Mitaka *sp* 三鷹 22
Mitake *s* 三嶽；*sp* 三岳
22, 御岳 1572；*m* 真長
1228；*p* 御嶽 1572
Mitaki *s* 三滝 22
Mitama *s* 美玉 923；*sp*
三珠 22. (魂 2488)
Mitami *sm* 民 333
Mitaminoomi *s* 民使主
Mitamura *s* 三田村 22
~ **Engyo** *ml* 三田村鳶
魚
Mitani *s* 三谷, 三渓
~ **Akira** *ml* 三谷昭
Mitarai *s* 御手洗 1572
Mitarashi *s* 御手洗
Mita Reijin *ml* 三田澪
人 22
Mitasuki *s* 御田鍬 1572
Mitate *s* 御立；*m* 三干
22, 美楯 923
Mite *s* 御手 1572
Mitegura *s* 幣帛 2414
Mitehara *s* 御幣 1572
Miteshiro *s* 三手代 22,
御手代 1572
~ **no Hitona** *ml* 三手
代人名 22
Mito *s* 三戸 33, 見戸
518；*p* 水戸 54, 美都
923, 御津 1572
Mitō *p* 美東 923
Mitobe *s* 三戸部 22, 水
戸部 54
Mitoda *s* 御土田 1572
Mitoma *s* 三苫 22
Mitome *s* 三留, 見留
518
Mitomi *s* 三戸見 22, 見
富 518；*sp* 三富 22
~ **Kyūyō** *ml* 三富朽葉
Mitori *s* 倭 1283
Mitoshi *m* 美淑 923
Mitoya *s* 三刀谷 22；*p*
三刀屋
Mitoyo *sp* 三豊
Mitsu *s* 三津, 美津 923；
f 完 471, 填 2075；*p* 御
津 1572. (十 18, 三 22,
円 78, 内 81, 仞 122,

允 217, 屯 222, 全 271,
光 281, 充 294, 広 316,
米 343, 汾 397, 弘 410,
足 461, 完 471, 図 502,
充 521, 臣 527, 侁 553,
肥 617, 明 623, 即 648,
実 678, 苗 685, 秀 726,
直 771, 苟 1910, 侚 910,
叙 893, 則 902, 美 923,
参 978, 看 998, 称 1118,
師 1130, 晃 1189, 盈
1200, 益 1201, 茲 1205,
通 1239, 順 1532, 備
1539, 循 1569, 御 1572,
温 1585, 尋 1705, 密
1713, 慎 1839, 盛 1851,
満 1861, 瑗 1873, 詳
1927, 舜 2017, 照 2035,
慄 2068, 塡 2075, 暢
2111, 需 2220, 潤 2277,
蕃 2321, 憑 2582, 鞠
2664, 贏 2676, 續 2814)
Mitsuaki *m* 光明 281,
光秋, 光淳, 光彰, 充
晤 521
Mitsubuchi *s* 三淵 22
Mitsuchi *s* 三土
Mitsuchika *m* 光慈 281
Mitsuda *s* 光田, 密田
1713, 満田 1861
Mitsue *m* 三衛 22, 光徳
281；*m-f-p* 御杖 1572；
f 光榎 281
Mitsufuji *s* 光藤
Mitsugawa *s* 三津川
Mitsugi *s* 三津木；三
木木, 調 2328；*sp* 御
調 1572；*m* 租 1116, 税
1642；*m-f* 貢 1166
~ **Shun'ei** *ml* 三津木
春影
Mitsuha *m* 三羽
Mitsuharu *m* 光施 281,
光春, 光栄, 光華
Mitsuhashi *s* 三菊 22,
三ッ橋；*sp* 三橋
~ **Takajo** *fl* 三橋鷹女
Mitsuhide *m* 光秀 281
Mitsuhiro *m* 光広, 光
弘, 光煕, 充曼 521, 晃
弘 1189
Mitsuhito *m* 秀仁 726
Mitsui *s* 三井 22
Mitsuie *m* 光屋　「281
Mitsui Kōshi *ml* 三井
甲之 22
Mitsuishi *sp* 三石

Mitsuji *m* 光次 281, 光
治
Mitsujirō *m* 光次郎
Mitsuka *s* 三塚 22, 御
使 1572
Mitsukabi *p* 三ケ日 22
Mitsukai *s* 御使 1572
Mitsukaidō *p* 水海道
54
Mitsukata *m* 十銘 18
Mitsuke *s* 見付 518；*p*
見附
Mitsuki *m* 三鬼 22
Mitsuko *f* 三光子, 弘
子 410, 充子 521, 即子
648, 盈子 1200, 満子
1861；*f-l* 光子 281
Mitsukoshi *s* 三越 22
Mitsukuni *m* 光圀 281
Mitsukuri *s* 深作 1341
Mitsuma *s* 三間 22；*sp*
三瀦；*m* 三馬
Mitsumaki *s* 三巻
Mitsumasa *m* 光大 281,
光仁, 光予, 光少, 光
正, 光政, 光暢
Mitsumasu *sm* 光増
Mitsumata *s* 三俣 22,
三瀦
Mitsumi *s* 水満 54
Mitsumochi *m* 光庸 281
Mitsumori *s* 三森 22
Mitsumoto *s* 光本 281；
m 三林 22
Mitsumura *s* 三村, 光
寸 281, 光村
Mitsuna *m* 光多
Mitsunaga *sm* 光永 281,
光寿, 光栄
Mitsunari *m* 三成 22,
全成 271　「恒 1396
Mitsune *m* 三子 22, 躬
Mitsuno *s* 光野 281；*f*
並之 765
Mitsunō *s* 満納 1861
Mitsunobu *m* 光悦 281,
充常 521　「満範 1861
Mitsunori *m* 光議 281
Mitsunoshin *m* 満之進
Mitsuo *s* 三尾 22；*m* 三
夫, 三丘, 三男, 三鶴
夫, 光夫 281, 光雄, 満
夫 1861；*p* 岡 1661
Mitsuoka *s* 光岡 281, 満
Mitsuoki *m* 光宙 281,
光政
Mitsuru *m* 十 18, 仞 122,

光 281, 在 314, 充 521, 盈 1200, 躬弦 1396, 富 1715, 満 1861, 暢 2111, 碩 2116, 爾 2250
Mitsusato *m* 円郷 78
Mitsushi *m* 三通士 22, 晃司 1189
Mitsushige *m* 十重 18, 光成 281, 光鎮 「923
Mitsushima *p* 美津島
Mitsusuke *m* 光夫 281, 光佐, 光承, 光副, 光伝 「忠 832
Mitsutada *m* 光孚, 弥
Mitsutaka *m* 光子 281, 光教, 潤象 2277
Mitsutake *s* 光武 281; *m* 光威, 光彪
Mitsutaku *m* 光宅
Mitsutani *s* 満谷 1861
Mitsutarō *m* 光太郎 281
Mitsutome *s* 満留 1861
Mitsutomi *m* 光禄 281, 光棣
Mitsutomo *m* 光孚
Mitsutoshi *m* 光勤, 尜寿 294; *ml* 光俊 281
Mitsutoyo *m* 光豊
Mitsuwano *s* 満王野 1861 「17
Mitsuwata *s* 七七五分
Mitsuyama *s* 光山 281, 満山 1861; *la* 三山 22
Mitsuyanagi *s* 三柳
Mitsuyasu *m* 光和 281
Mitsuyori *m* 光遵, 光親
Mitsuyoshi *sm* 光吉; *m* 三厳 22, 三巌, 円喜 78, 盈良 1200, 順義 1532, 備愛 1539, 満快 1861, 満和, 満董
Mitsuyuki *sm* 光行 281; *m* 光享
Mitsuzane *m* 光孚
Mitsuzawa *s* 三津沢 22, 光沢 281
Mitsuze *p* 三瀬 22
Mitsuzō *m* 三三, 光造 281, 光蔵, 明三 623
Mitsuzuki *s* 七七五分
Mitto *s* 三戸 22 ⌊17
Mittomo *m* 三全
Miuki *s* 三木
Miumaya *p* 三厩
Miura *sp* 三浦
~ Baien *mh* 三浦梅園
~ Moriharu *ml* 三浦守治 「門
~ Shumon *ml* 三浦朱
~ Yasumura *mh* 三浦泰村
Miushi *mh* 御主人 1572
Miwa *s* 神 853; *sp* 三和 22; *sp-la* 三輪; *p* 美和 923. (神 853)
Miwahakishi *s* 神掃石
Miwa Jusō *mh* 三輪寿壮 22
Miwakawa *s* 神河 853
Miwamakamuda *s* 神麻加牟陀
Miwata *s* 三輪田 22
Miwayoda *s* 神依田 853
Miya *s* 三矢 22, 三谷; *sp* 宮 1184; *f* 壬八 116. (宮 1184)
Miyabara *sp* 宮原
Miyabayashi *s* 宮林
Miyabe *s* 宮辺, 宮部
Miyabi *m* 雅 1913
Miyachi *sm* 宮地 1184
Miyadani *s* 宮谷
Miyadera *s* 宮寺
Miyadokoro *s* 宮所
Miyafuji *s* 宮藤
Miyagaki *s* 宮垣
Miyagawa *s* 三宅川 22, 水谷川 54; *sp* 宮川 1184 「城
Miyagi *s* 宮木; *sp* 宮
~ Ken'ichi *ml* 宮城謙一 「雄
~ Michio *ma* 宮城道
Miyaguchi *s* 宮口
Miyai *s* 宮井, 宮居
Miyairi *s* 宮入
Miyaishi *s* 宮石
Miyaji *s* 宮司, 宮地, 宮治, 宮首, 宮道, 宮路
~ Karoku *ml* 宮地嘉六
Miyajima *sp* 宮島
~ Shinzaburō *ml* 宮島新三郎
~ Sukeo *ml* 宮島資夫
Miyajino *s* 宮道之
Miyajiri *s* 宮後
Miyake *s* 三家, 屯倉 222; *sm-p* 三宅 22
Miyakegawa *s* 三宅川
Miyakejima *p* 三宅島
Miyake Kaho *ml* 三宅花圃
~ Kanran *mh* 三宅観瀾
~ Setsurei *ml* 三宅雪嶺 「太郎
~ Shūtarō *ml* 三宅周
Miyaki *p* 三養基
Miyakichi *m* 宮吉 1184
Miyakita *s* 宮北
Miyako *s* 宮処; *sm-f* 都 1419; *sf* 宮子 1184; *sp* 宮古; *p* 京都 663. (都 1419)
~ -dayū Itchū *ma* 都太夫一中
Miyakoji *s* 宮古路 1184; *p* 都路 1419
Miyakojima *p* 都島
Miyakonojō *p* 都城
Miyako no Yoshika *ml* 都良香 「宮腰
Miyakoshi *s* 宮越 1184,
Miyakubo *s* 宮久保; *sp* 宮窪
Miyama *s* 三山 22, 見山 518, 宮山 1184, 真山 1228, 深山 1341; *p* 美山 923, 海山 1071
Miyamae *s* 宮前 1184
Miyamaro *m* 宮麻呂
Miyamatsu *s* 宮松
Miyamichi *s* 宮道
Miyamori *s* 宮森; *sp* 宮守
Miyamoto *s* 宮元, 宮本
~ Kenji *ml* 宮本顕治
~ Musashi *ml* 宮本武蔵 「子
~ Yuriko *fl* 宮本百合
Miyamura *s* 宮村
Miyanabe *s* 宮辺
Miyanaga *s* 宮永, 宮長
Miyanaka *s* 宮中
Miyanari *s* 宮成
Miyane *s* 宮根
Miyanishi *s* 宮西
Miyano *s* 宮野
Miyanojō *p* 宮之城
Miyanoshō *s* 宮庄
Miyao *s* 宮尾
Miyaoka *s* 宮岡
Miyase *s* 宮瀬
Miyashige *s* 宮重
Miyashiro *s* 宮城, 都城 1419; *sp* 宮代 1184
Miyashita *s* 宮下
Miya Shōji *ml* 宮柊二
Miyasu *m* 御安 1572
Miyata *sp* 宮田 1184
Miyatake *s* 宮武 「々
~ Kankan *ml* 宮武寒
~ Tobone *ml* 宮武外
Miyato *s* 宮戸 ⌊骨
Miyatsugu *m* 宮継
Miyauchi *sp* 宮内
~ Kan'ya *ml* 宮内寒弥
Miyauji *s* 宮氏
Miyawada *s* 宮和田
Miyawaki *s* 宮脇
Miyayama *s* 宮山
Miyazaka *s* 宮坂
Miyazaki *sp* 宮崎
~ Koshoshi *ml* 宮崎湖処子
~ Muryū *ml* 宮崎夢柳
~ Sanmai *ml* 宮崎三昧 「安貞
~ Yasusada *mh* 宮崎
Miyazato *s* 宮里
Miyazawa *s* 宮沢
~ Kenji *ml* 宮沢賢治
Miyazono *s* 宮園, 宮薗
Miyazu *sp* 宮津
Miyazuka *s* 宮塚
Miyo *f* 美代 923, 倶 1029
Miyoda *p* 御代田 1572
Miyoji *m* 巳代次 30, 巳代治 「御代川 1572
Miyokawa *s* 三代川 22,
Miyokichi *m* 三代吉 22
Miyoko *f* 巳生子 30, 美代子 923
Miyori *sp* 三依 22
Miyoshi *s* 三吉; *sp* 三次, 三好, 三芳, 三善; *m* 仁義 57; *f* 皆良 1196 「慶 22
~ Chōkei *mh* 三好長
~ Jūrō *ml* 三好十郎
~ no Kiyoyuki *mh* 三善清行 「善康信
~ no Yasunobu *mh* 三
~ no Yasutsura *mh* 三善康連 「洛
~ Shōraku *ml* 三好松
~ Tatsuji *ml* 三好達治
~ Toyoichirō *ml* 三好豊一郎
Miyoshino *s* 三芳野
Miyoshiya *s* 三吉野
Miyozō *m* 美代蔵 923
Miyuki *s* 三幣 22; *m* 幸 661; *f* 真幸 1228, 深雪 1341; *l* 行幸 245
Miyume *f* 美夢 923

Miza *s* 美座
(mizo 泉 965, 溝 1859)
Mizobe *s* 溝部; *p* 溝辺
Mizobuchi *s* 溝淵
Mizoe *s* 美添 923, 溝江 1859
Mizogami *s* 溝上
Mizogawa *s* 溝川
Mizoguchi *s* 水口 54, 溝口 1859 「羊
~ Hakuyō *ml* 溝口白
Mizogui *s* 溝杭
Mizohata *s* 溝畑, 溝端
Mizoi *s* 溝井
Mizoochi *s* 溝落
Mizorogi *s* 溝呂木
Mizota *s* 溝田
(mizu 水 54, 壬 116, 癸 952, 瑞 2094)
Mizuchi *m* 劉 2554
Mizue *s* 水江 54; *f* 水枝, 壬恵 116, 瑞枝 2094
Mizufuji *s* 水藤 54
Mizugaki *s* 水垣, 美図垣 923
Mizugame *l* 水甕 54
Mizugōri *s* 水郡
Mizuguchi *s* 水口
Mizuhara *s* 水原
~ Shūōshi *ml* 水原秋桜子
Mizuhashi *s* 水橋
Mizuhaya *s* 水早
Mizuho *m* 水穂; *p* 瑞穂 2094
Mizui *s* 水井 54
Mizuide *s* 水出
Mizukaga *s* 水利
Mizu kagami *l* 水鏡
Mizukake muko *la* 水掛聟
Mizukami *sp* 水上
Mizukawa *s* 水川
Mizuki *s* 水木, 湛 1855, 椹 2097; *sm* 劉 2554
~ Kyōta *ml* 水木京太 54
~ Yōko *fl* 水木洋子
Mizukoshi *s* 水越
Mizukuki *s* 水茎
Mizukuma *m* 湾 1849
Mizukuri *s* 箕作 2214
~ Rinshō *mh* 箕作麟祥
Mizuma *s* 水間 54
Mizumachi *s* 水町
~ Kyōko *fl* 水町京子

Mizumaki *sp* 水巻
Mizumi *s* 水見
Mizumō *s* 水毛生
Mizumori *s* 水守
~ Kamenosuke *ml* 水守亀之助
Mizumoto *s* 水元, 水本
Mizumura *s* 水村
Mizunami *p* 瑞浪 2094
Mizuneko *s* 水子 54
Mizuno *s* 水野 「徳
~ Hironori *ml* 水野広
Mizunoo *s* 水尾, 水越
Mizuno Senko *fl* 水野仙子 「忠邦
~ Tadakuni *mh* 水野
Mizunoya *s* 水谷, 水野谷 「川
Mizunoyagawa *s* 水谷
Mizuno Yōshū *ml* 水野葉舟
Mizunuma *s* 水沼
Mizuo *sp* 水尾; *m* 瑞夫 2094
Mizuochi *s* 水落 54
~ Roseki *ml* 水落露石
Mizuoka *s* 水岡
Mizusaki *s* 水崎
Mizusawa *sp* 水沢
Mizushi *s* 水志
Mizushima *s* 水島
Mizushina *s* 水品
Mizuta *s* 水田
Mizutame *s* 水溜
Mizutani *s* 水谷, 水渓
~ Futō *ml* 水谷不倒
Mizutanigawa *s* 水谷
Mizutari *s* 水足 └川
Mizutarō *m* 水太郎, 壬太郎 116
Mizuto *s* 水登 54
Mizutori *s* 水鳥
Mizutsu *s* 水津
Mizuya *s* 美図屋 923
(mo 母 326, 茂 691, 面 904, 姥 1090, 畝 1142, 最 1742, 雲 2027, 慭 2031, 模 2104, 裳 2376, 謨 2638, 藻 2837)
(mō 毛 117, 百 265, 芼 476, 孟 667, 盲 936, 庬 1241, 猛 1305, 萠 1448, 望 1777, 蒙 2003, 網 2536)
Mōanjō *l* 盲安抄 936
Mobara *s* 最原 1742, 裳原 2376; *p* 茂原 691
(mochi 才 35, 弋 108, 以 134, 四 188, 用 193, 平 203, 行 245, 有 303, 式 306, 住 355, 仰 360, 杖 422, 舎 453, 会 454, 往 579, 抱 584, 物 611, 卓 660, 茂 691, 或 750, 保 781, 持 801, 施 831, 倚 1033, 将 1040, 挾 1043, 時 1086, 侚 1259, 後 1300, 採 1314, 捧 1318, 庸 1507, 須 1544, 接 1548, 望 1777, 殖 1867, 試 1932, 蔚 2191, 虞 2242, 餅 2346, 操 2448, 積 2493, 懐 2605)
Mochida *s* 用田 193, 持田 801, 望田 1777
Mochigase *sp* 用瀬 193
Mōchigimi *s* 大夫 48
Mochihara *s* 餅原 2346
Mochihito *m* 以仁 134
~ -ō *mh* 以仁王
Mochiji *s* 持地 801
Mochiki *s* 持木; *m* 望城 1777
Mochikoto *m* 持言 801
Mochikuni *m* 懐国 2605
Mochimaru *s* 持丸 801
Mochinaga *s* 持永; *m* 以良 134, 持長 801
Mochinori *m* 以紀 134, 茂憲 691
Mochinose *s* 用瀬 193
Mochise *s* 用瀬
Mochiu *m* 庸 1507
Mochiya *s* 餅屋 2346
Mochiyo *m* 懐世 2605
Mochiyori *m* 用随 193
Mochiyoshi *m* 以悦 134, 用徳 193
Mochizuki *s* 十五月 18; *sp* 望月 1777
Mōda *s* 望陀
(modori 反 69)
Modoribashi *s* 反橋
(moe 萠 1448)
Moeba *f* 萠葉
Mogaki *s* 茂垣 691
Mogami *s* 茂上; *sp* 最上 1742 「内
~ Tokunai *mh* 最上徳
Mogi *s* 茂木 691
Mogiki *s* 十 18; *m* 索人 1703 「歌 2003
Mōgyū waka *l* 蒙求和
Mohara *m* 専 973
Mohei *m* 茂平 691

Mohira *s* 毛牧 117
Mohitori *s* 水取 54
Moji *s* 文司 86, 文字, 門地 601; *sp* 門司
Mojinoya *s* 文字屋 86
Mokawa *s* 門河 601
Mokichi *m* 茂吉 691
Moku *m* 杢 486. (木 109, 目 191, 杢 486, 牧 610, 鼂 1456, 睦 1904, 墨 2230, 黙 2405, 穆 2494)
Mokuami *m* 杢網 486; *ml* 黙阿弥 2405
Mokui *s* 裳咋 2376
Mokunoshin *m* 杢之進 486 「前心後 191
Mokuzen shingo *l* 目
(momi 籾 887, 紅 1423)
Momii *s* 籾井
Momiji *f* 紅葉 1423
~ -gari *la* 紅葉狩
~ no ga *l* 紅葉賀
Momiko *f* 紅子
Momiyama *s* 籾山 887, 粟山 1763, 樅山 2293
~ Shigetsu *ml* 籾山梓月 887
Momo *s* 桃 1104; *f* 佰 554. (百 265, 李 488, 桃 1104)
Momō *p* 桃生 「265
Momochiyo *f* 百千代
Momoda *s* 桃田 1104
Momoe *s* 百江 265
Momohara *s* 桃原 1104
Momoi *s* 百井 265, 桃井 1104
Momoishi *p* 百石 265
Momojima *s* 百島
Momoka *f* 桃香 1104
Momokawa *s* 百川 265, 桃川 1104
Momoke *s* 百毛 265
Momoki *s* 十 18, 百木 265, 桃木 1104; *m* 百鬼 265, 百喜
Momoko *f* 百百子, 李子 488, 桃子 1104
Momokubari *s* 桃配
Momomaro *m* 桃麻呂
Momomaru *m* 桃丸
Momonoi *s* 桃井 「詮
~ Naoakira *ml* 桃井直
Momose *s* 百瀬 265
Momo-sumomo *l* 桃李 1104
Momota *s* 百田 265

Momotani s 百渓, 桃谷 1104

Momotari sm 百足 265

Momotarō m 桃太郎 1104

~ -zamurai l 桃太郎侍

Momota Sōji ml 百田宗治 265

Momoto s 百元；m 百

Momotsu s 百津

Momoya s 桃谷 1104

Momoyama s 百百山 265；p 桃山 1104

~ monogatari l 桃山譚

Momoyo f-l 百夜 265

Momozawa s 桃沢 1104

Momozono s 桃園

Momozuka s 桃束 265

Momura s 毛牧 117

Mon l 門 601. (文 86, 1 212, 汶 398, 縅 510, 門 601, 蚊 1135, 問 1524, 紋 1684, 聞 2244)

Monai s 毛内 117

Monaka m 最中 1742

Monbetsu p 門別 601, 紋別 1684

Monden s 文伝 86, 門

Mondo m 主水 196

Mondori s 水取 54, 水撤

Moniwa s 茂庭 691

Monji s 門司 601

Monjirō m 門次郎, 紋次郎 601

Monju mh 文珠 86, 文殊

Monjūsho s 間注所 1524

Monma s 門馬 601, 門真, 門間

Monmu mh 文武 86

Monna s 門奈 601

(mono 物 611)

Monobe p 物部

Monoe s 物江

Monogusa Tarō l 物草太郎

Monoibe s 斎部 1454

Monomo m 物面 611

Mononobe s 物部

~ no Moriya mh 物部守屋   「尾輿

~ no Okoshi ml 物部

Mononofu s 物部

Monoō s 物応

Monoshirō m 物四郎

Monshi s 汶斯 398

Montan s 汶旦

Montarō m 紋太郎 1684

Montoku mh 文徳 86

~ jitsuroku l 文徳実録

Monzen p 門前 601

(morai 貰 2011)

Morai-muko la 貰聟 (more 守 284)

Mori s 毛利 117, 守 284, 杜 423；sm 盛 1469；sp 森 1735. (戸 59, 収 133, 司 164, 主 196, 壮 243, 守 284, 成 328, 名 346, 杜 423, 労 491A, 囲 501A, 命 671, 林 433, 典 733, 保 781, 狩 791, 捍 1042, 容 1182, 隆 1313, 彬 1370, 訥 1399, 執 1420, 寛 1437, 盛 1469, 庶 1505, 彭 1693, 森 1735, 衆 1762, 策 1767, 閑 1820, 豊 2013, 精 2131, 装 2135, 聞 2244, 衛 2264, 諸 2329, 蕃 2371, 衞 2452, 積 2493, 謹 2645, 續 2814, 護 2877, 藩 2934)

Mōri s 毛利 117

Moriaki m 司亮 164, 守詔 284, 盛彰 1469

Mori Arimasa ml 森有正 1735

~ Arinori mh 森有礼

Moribana s 森鼻

Moribayashi s 森林

Moribe s 森部；sm 守部 284

Morichika m 寛至 1437

Morie s 森江 1735；m 守衛 284, 閑衛 1820；f 盛枝 1469

Morigaki s 森垣 1735

Moriguchi s 森口；sp 守口 284

Morihara s 森原 1735

Morihashi s 森橋

Morihiko m 衛彦 2452

Morii s 森井 1735, 森居

Moriichi m 守一 284, 森一 1735

Moriie m 盛舎 1469

Moriizumi s 森泉 1735

Moriji m 盛治 1469

Morika m 盛郁

Mori Kainan ml 森槐南 1735

Morokatsu m 盛勝 1469

Morikawa s 守川 284, 森川 1735

~ Kyoroku ml 森川許

Moriki s 森木   「六

Moriko f 司子 164, 守子 284, 執子 1420, 盛子 1469

Morikubo s 森久保 1735

Morikuni m 護国 2877

Morima m 守真 284

Mori Mari fl 森茉莉 1735

Morimasa m 盛正 1469

Morimatsu s 森松 1735

Morime f 杜女 423

Morimi m 護躬 2877

Morimichi m 衛衛 2452

Morimitsu m 戌光 328；ma 守米 284

Morimoto s 守元 284, 守本, 森下 1735, 森元, 森本

~ Jikichi ml 森本治吉

~ Kaoru ml 森本薫

~ Kōkichi ml 森本厚吉   「利元就 117

Mōri Motonari mh 毛

Morimura s 守村 284, 森村 1735

Morinaga s 守永 284, 森永 1735；m 護良 2877

Morinaka s 守中 284

Morindo m 盛人 1469

Morino s 森野 1735

Morinobu s 森信；m 主信 196

Morinoshin m 盛之進 1469   「284

Morinosuke m 守之助

Morinuma s 森沼 1735

Morio s 守尾 284, 森尾 1735；m 守峰 284, 盛雄 1469, 森男 1735, 續雄 2493   「1735

Mori Ōgai ml 森鷗外

Morioka s 守岡 284, 森岡 1735；p 盛岡 1469

Moriomi m 護臣 2877

Moriosa m 守脩 284

Mori Oto ml 森於菟 1735

Morisada m 関定 2245

Morisaki s 森崎 1735

Morisawa s 森沢

Morise s 森瀬

Morishige s 森重；m

守重 284, 収茂 133, 盛達 1469   「1735

Mori Shige ml 森志げ

Morishima s 森島

Morishita s 森下

~ Uson ml 森下雨村

Morisuke m 守丞 284

Morisumi m 盛迂 1469, 盛徴   「森田 1735

Morita s 森田 284；sp

~ Girō ml 森田義郎

Moritaka s 盛高 1469；m 衛万 2452

Mōri Takachika mh 毛利敬親 117

Moritake s 森竹 1735；sm 守武 284   「1735

Moritani s 守谷, 森谷

Moritarō m 森太郎

Morita Shiken ml 森田思軒   「草平

Morita Sōhei ml 森田

Moritatsu m 護立 2877

Morite m 守手 284

Mōri Terumoto mh 毛利輝元 117

Morito s 守戸 284, 森戸 1735；m 守度 284, 杜人 423, 衛士 2452, 護戸 2877

Moritoki m 守晨 284

Moritomi m 盛徳 1469

Moritomo m 守彝 284

Moritoshi m 守利

Morito Tatsuo mh 森戸辰男 1735

Moritsugu m 林次 633

Moritsura m 盛諸 1469

Moriuchi s 森内 175

Moriuji m 守氏 164

Moriwaki s 森脇 1735

~ Kazuo ml 森脇一夫

Moriya s 守矢 284, 守家, 森谷 1735, 森屋；sm 守屋 284；sp 守谷；m 守舎   「山 1735

Moriyama s 守山, 森

~ Kei ml 森山啓

~ Teisen ml 森山汀川

Moriyasu s 守安 284, 保康 781；m 盛康 1469

Moriyoshi m 盛圭, 衛好 2452, 積善 2493；p 森吉 1735

Moriyuki m 守道 284, 寛行 1437, 盛亨 1469

Morizane s 森実 1735

Mototsugu m 幹嗣 1938

Mototsune m 元恒 60

Motouji m 基氏 1493

Motoya s 本谷 212

Motoyama s 元山 60 ; sp 本山 212

~ Tekishū ml 本山荻舟 「太泰 105

Motoyasu m 元予 60, 元康 60

Motoyoshi m 下吉 46, sm 元吉 60 ; sm-p 本吉 212 ; m 基良 60, 元源, 元義, 原南 1231, 基栄 1493

Motoyuki m 元運 60, 性之 564, 躬行 1396, 源行 1863

Motozaki s 元崎 60

Motozawa s 元沢, 本沢 212

Motozō m 元造 60

Motozu s 本津 212

Motozumi m 原澄 1231

(motsu 物 611)

(moya 靄 3004)

Moyako f 靄子

Moyoko f 最誉子 1742

Mozaemon m 茂左衛門

Mozai s 茂在 「門 691

Mozu s 万代 43, 方代 85, 毛受 117

Mozuka s 毛塚

Mozume s 万代 43, 物集 611, 物集女

Mozumime s 物集女

(mu 六 61, 无 92, 矛 150, 牟 455, 身 546, 武 751, 陸 1312, 務 1377, 眸 1636, 募 1718, 楳 1894, 鵡 1904, 夢 1990, 鉾 2342, 蕪 2373, 舞 2391, 謀 2509, 懋 2700, 鵡 2819, 霧 2846, 鷲 2847)

Mubezono s 郁戸園 890

Muchaku Seikyō ml 無着成恭 1789

(muchi 鞭 1755, 鞭 2752)

Muchiko f 鞭子

Muchimaro m 武智麿 751

Mugaku Sogen mh 無学祖元 1789 「312

Mugasa s 六笠 61, 向笠

Muge s 身毛 546, 武義 751 ; p 武芸

Mugebe s 武宜部

Mugenkyū l 無弦弓 1789

Mugetsu s 牟宜都 455, 牟義都, 身毛津 546

Mugi sp 牟岐 455 ; p 武儀 751. (麦 456)

Mugifu s 麦生

Mugijima s 麦島

Mugiko f 麦子

Mugikura s 麦倉

Mugura s 蕪 1719

Mugyū s 麦生 456

Muichi m 無市 1789

Muika p 六日 61

Muikaichi p 六日市

Mujū Ichien mlh 無住一円 1789

(muka 向 312)

Mukada s 向田

Mukadaka sp 向高

Mukade s 百足 265

Mukadeya s 百足屋

Mukai s 向 312, 向井, 迎 746. (向 312)

Mukaibō s 向坊

Mukaihara p 向原

Mukaihigashi p 向東

Mukaijima p 向島

Mukai Kyorai ml 向井去来

Mukaiyama s 向山

Mukasa s 武笠 751, 穆佐 2494

(mukashi 昔 699)

Mukashigatari tanzenburo l 昔語丹前風呂

Mukashigome mangoku tōshi la 昔米万石通

Mukawa sp 武川 751 ; p 鵡川 2819

(muke 向 312)

(muki 向, 剥 1427)

Mukinosukune m 向宿弥 312 「1427

Mukitokoro l 剥野老

Mukō m 向 312 ; p 向日

Mukōbata s 向畑

Mukōda s 向田

Mukōyama s 向山

Muku s 牟庫 455, 椋 1628, 鉾久 2342. (椋 1628)

Mukuchi s 陸口 1312

Mukuhara s 椋原 1628

Muku Hatojū ml 椋鳩十

Mukunashi s 椋梨

Mukuruma s 六車 61

(muma 馬 1257)

Mumyo s 武茂 751

Mumō hishō l 無名秘抄 1789

Mumyōshō l 無名抄

Mumyō to nizen l 無明と愛染

~ -zōshi l 無名草子

Munagi m 棟 1627

Munahachi m 六七八 61

Munakata s 宗方 679, 宗形, 棟方 1627 ; sp 宗像 679

Munaoka s 宗岳, 宗岡

Munasue s 棟居 1627

(mune 心 49, 旨 263, 志 464, 兵 499, 念 670, 宗 679, 肴 701, 肯 709, 指 800, 胸 1347, 能 1397, 致 1407, 梁 1475, 順 1532, 棟 1627, 極 1643, 寛 1977, 意 2007, 統 2333, 縁 2660)

Muneaki m 宗礼 679

Muneari m 宗在

Munechika sm 宗近 ; m 宗子, 宗睦

Muneda s 宗田

Munee m 宗徳

Munehari m 棟梁 1627

Muneharu m 胸治 1347, 棟治 1627

Munehide m 宗穎 679

Munehira m 宗均

Munehiro m 宗広

Muneichi m 棟一 1627

Muneisa m 宗功 679

Muneji m 宗二

Muneko f 宗子

Munekuni m 旨国 263

Munemasa m 統理 2333

Munemichi m 宗孝 679, 宗理 「光

Munemitsu s 宗弘, 宗

Munemoto m 宗翰

Munemura s 宗村

Munenaga m 宗寿, 宗良

Munenao m 宗直

Munenari m 宗城, 致也 1407

Munenobu m 宗衍 679

Munenori m 宗軌, 宗啓, 宗懽

Muneo m 宗雄, 武直夫 751 「宗岳

Muneoka s 宗岡 679,

Muneomi m 宗臣

Munesada m 宗判

Munesane m 宗城

Muneshige m 宗茂, 宗薫

Munesue m 棟居 1627

Muneta s 宗田 679

Munetada m 宗忠, 宗理

Munetaka m 宗敬, 宗享, mh 宗尊

Munetake m 旨武 263, 旨則, 宗武 679

Munetomo m 宗友

Muneyana m 宗梁

Muneyasu m 宗那, 宗賢

Muneyori m 宗従

Muneyoshi m 宗壬, 宗恵, 宗敬, 宗厳, 宗賛, 宗厳

Muneyuki m 宗干

Muni m 無二 1789

Muō no rigyo l 夢応の鯉魚 1990

Mura sf 村 424. (夬 100, 屯 222, 邑 368, 邨 645, 幸 661, 城 796, 祐 852, 軍 906, 宜 919, 㭴 1126, 県 1252, 城 1290A, 奥 1798, 福 1888, 群 2229, 槻 2209, 樹 2483, 簪 2778)

Murabayashi s 村林 424

Murachi s 村地

Muragaki s 村垣

Muraguchi s 村口

Murahashi s 村橋

Murai s 村井, 邑井 460

Muraichi m 邑一

Murai Chōan lm 村井長庵 424

~ ~ takumi no yaregasa la 村井長庵巧破傘

~ Gensai ml 村井弦斎

Muraishi s 村石

Muraji s 村地, 村治 ; sm 連 1238. (連)

Murajiko m 連子

Murajima s 村島 424

Murajiyasu m 連陽泰 1238

Murakage m 㭴景 1126

Murakami s 邑上 460 ; sp 村上 424

~ Kijō *ml* 村上鬼城

~ Namiroku *ml* 村上
浪六　　　　　　　「月

~ Seigetsu *ml* 村上霽

~ Senjō *mh* 村上専精

Murakawa *s* 村川

Murake *s* 村筧　　「1924

Muraki *s* 村木；*m* 群樹

Murakishi *s* 村岸 424

Murako *s* 伯 363；*f* 紫
子 2209

Murakoshi *s* 村越 424

Murakoso *s* 村社

Murakumo *s* 村雲

Murakuni *s* 村国

Muramatsu *sp* 村松

~ Masatoshi *ml* 村松
正俊　　　　　　　「孝

~ Sadataka *ml* 村松定

~ Shōfū *ml* 村松梢風

~ Takeshi *ml* 村松剛

Muramoto *s* 村本

Muranaka *s* 村中

Muranishi *s* 村西

Murano *s* 村野

~ Jirō *ml* 村野次郎

~ Shirō *ml* 村野四郎

Muranushi *s* 村主

Murao *s* 村尾

Muraoka *s* 邨岡 645；*sp*
村岡 424

Murasaka *s* 村坂

Murasaki *f* 紫 2209. (紫)

Murasakibara *s* 紫原

Murasakino *s* 紫野

Murasaki Shikibu *fl* 紫
式部　　　　　　　　「海

~ kashū *l* 紫式部家

Murasame *sf* 村雨

Murasawa *s* 村沢

Murase *s* 村瀬

Murasugi *s* 村杉

Murata *sp* 村田　　「海

~ Harumi *ml* 村田春

~ Jukō *ml* 村田珠光

Murataka *s* 村高

Muratane *m* 樹胤 2483

Muratani *s* 村谷 424

Murata Seifū *mh* 村田
清風

Murato *m* 叢人 2778

Muratoki *m* 村侯 424

Muratsubaki *s* 村椿

Muratsuka *s* 村塚

Muraura *s* 村浦

Murayama *sp* 村山

~ Kaita *ml* 村山槐多

~ Tomoyoshi *ml* 村山
知義

Murayasu *s* 紫安 2209

Murazaki *s* 村崎 424

Mure *sp* 牟礼 455. (軍
906, 群 1924)

Murinosuke *m* 無理之
介 1789

Muro *s* 室 1183, 無漏
1789；*p* 牟婁 455. (室
1183)

Murō *sp* 室生　　「1183)

Murobushi *s* 室伏

Muroe *f* 室枝

Muroga *s* 室賀

Murogimi *l* 室君

Murohara *s* 室原

Murohashi *s* 室橋

Muro hogi no kotoba
l 室寿詞

Muroi *s* 室井

Murokawa *s* 室川

Muroki *s* 室木

Murokoshi *s* 室越

Muro Kōshin *ml* 室伏
高信

~ Kyūsō *mh* 室鳩巣

Muromachi *sph* 室町

~ jidai koutashū *l* 室
町時代小歌集

Murone *p* 室根

Murooka *s* 室岡

Muroran *p* 室蘭

Murō Saisei *ml* 室生

Murota *s* 室田 「犀星

Murotani *s* 室谷

Muroto *p* 室戸

Murouchi *s* 室内 「屋

Muroya *s* 室谷；*sm* 室

Muroyama *s* 室山

Murozaki *s* 室崎

Murozawa *s* 室沢

Murozumi *s* 室住, 室積

~ Soshun *ml* 室積徂春

Musa *s* 牟佐 455, 身狭
546, 武社 751, 武佐, 武
射

Musashi *s* 八道 19, 无
邪志 92；*sm-p* 武蔵
751；*sp* 胸刺 1347；*m*
身挟 546, 無三四 1789

Musashilabumi *s* 武蔵
鐙 751

Musashino *sp-l* 武蔵野

Musha *s* 武者

Mushakōji *s* 武者小路

Mushanokōji *s* 武者小
路　　　　　「路実篤

~ Saneatsu *ml* 武者小
(mushi 虫 324)

Mushifu *s* 虫生

Mushika *s* 虫鹿

Mushimaro *m* 虫麿

Mushi mezuru hime-
gimi *l* 虫めづる姫君

Mushio *m* 虫雄

Mushiroda *s* 席田 1242

Mushōzu *sp* 無生津

Musoda *s* 六十田 61

Musō Soseki *mlh* 夢窓
疎石 1990

Musotani *s* 六十谷 61

Musu *s* 人首 14

(musubi 産 1520)

Musukobeya *l* 冷子洞
房 349　　「成寺 1599

Musume Dōjōji *a* 娘道

Muta *s* 牟田 455

Mutaguchi *s* 牟田口

Mutai *s* 務台 491

Mutaka *s* 六平 61

Muteemon *m* 無手右
衛門 1789

(muto 人 14)

Mutō *s* 武東 751, 武藤

Mutobe *s* 六人部 61, 身
人部 546, 身度部

Mutori *s* 六人 61, 身人
546

Mutsu *sp* 陸奥 1312；*f*
六 61. (陸 1312, 睦 1904,
穆 2494, 輯 2497)

Mutsubi *m* 睦 839

Mutsuga *s* 六鹿 61

Mutsuhara *s* 六原

Mutsuhito *m* 睦仁 1904

Mutsuki *m* 正月 205；*f*
睦月 1904 「睦子 1312

Mutsuko *f* 陸奥子 1312,

Mutsumi *m* 昵 839, 睦
1904；*f* 睦文, 睦美

Mutsumu *m* 睦陸, 睦睦

Mutsu Munemitsu *mh*
陸奥宗光 1312

Mutsundo *m* 穆人 2494

Mutsuo *sm* 六雄 61；*m*
陸雄 1312

Mutsuomi *m* 陸臣

Mutsura *p-la* 六浦 61

Mutsuro *s* 陸路 1312

Mutsutomi *m* 六富 61

Mutsuura *s* 六浦

Mutsu waki *l* 陸奥話
記 1312

Mutsuzaki *s* 六崎 61

Mutsuzawa *p* 睦沢 1904

(myō 卯 259, 名 346, 妙
614, 明 623, 命 671, 苗
685, 茅 690, 冥 926, 冥
1158, 猫 1304, 溝 1859,
甲 2249)

Myōami *ml* 明阿弥 623

Myōbu *f* 命掃 671

Myōchikurin-banashi
shichihenjin *l* 妙竹
林話七偏人 614

Myōchin *s* 明珍 623

Myōe *mlh* 明恵

~ Shōnin kashū *l* 明
恵上人歌集

(myōga 襄 2935)

Myōgaya *s* 襄屋

Myōgi *p* 妙義 614

Myōji *s* 苗代 685

Myōjō *sp-l* 明星 623

Myōken *s* 妙見 614

Myōkō *p* 妙高

Myōmi *s* 妙見

Myōsai *sp* 名西 346

Myōtō *sp* 名東

Myōtogi *s* 夫婦木 104

Myūdo *s* 身人 546

Myūto *s* 身人

Myūtobe *s* 身人部

N

(n 武 751)
(na 七 17, 已 32, 水 54, 中
346, 多 347, 汝 394, 邢

75, 勿 110, 号 272, 名
416, 声 465, 来 538, 林
633, 和 638, 命 671, 奈

696, 阜 731, 南 912, 称
1118, 梛 1367, 菜 1447,

魚 1485, 納 1685, 無 1789, 銘 2155, 樹 2483)

Nabaki s 南白亀 912

Nabari s 隠 2074；p 名張 346, 奈判利 696

Nabatame s 生天目 214 (nabe 鍋 2650)

Nabei s 鍋井

Nabekura s 鍋倉

Nabeshima s 鍋島

〜 Kansō mh 鍋島閑叟

Nabeta s 鍋田

Nabetani s 鍋谷

Nabetarō m 鍋太郎

Nabeya s 鍋谷 「八撥

Nabe yatsubachi ʃ 鍋

Nabika s 並河 765

Nabiku m 靡 2857

Naburi s 随分 1564

Nabusa s 随分

Nabusazuke s 随分附

Nachi s 生池 214；p 那智 416 「浦

〜 Katsuura p 那智勝

Nada s 洋 822；p 灘 2946. (灘)

Nadachi s 名立 346

Nadara s 柳楽 1105；s 南陀羅 912

Nadasaki p 灘崎 2946

Nadase sp 夏足 1161

Nademaro m 奈底麿 696

(nae 苗 685, 秧 1114)

Naemura s 苗村 685

Naeshiro s 苗代

Naetarō m 苗太郎

Naga m 永 149；p 名賀 346. (久 45, 大 48, 元 60, 永 149, 市 195, 存 313, 亨 440, 条 457, 呂 459, 廷 501, 酉 526, 寿 539, 孟 667, 命 671, 延 739, 良 767, 待 785, 長 939, 栄 969, 直 988, 度 1009, 修 1038, 祥 1074, 莘 1168, 脩 1281, 隆 1313, 流 1332, 備 1539, 温 1585, 詠 1664, 斐 1781, 遊 1809, 誠 1935, 増 2077, 暢 2111, 肆 2144, 隣 2443)

Nagaai s 長合 939

Nagaaki m 長卿

Nagaakira m 長昱, 長祥, 長晟, 長著

Nagaana s 長岫

Nagabuchi s 永淵 149

Nagabumi m 長文 939

Nagachika m 長爾

Nagadoro s 長土呂

Nagae s 永江 149, 長永 939, 長江 「藤 939

Nagafuji s 永藤 149, 長

Nagahama s 永浜 149；p 長浜 939 「原 939

Nagahara s 永原 149, 長

Nagaharu m 永登 149

Nagahashi s 長橋 939

Nagahata s 永幡 149, 長畑 939

Nagahide m 長秀

Nagahiro s 長広；m 命啓 671, 長溥 939, 脩広 1281 「m 存久 313

Nagahisa m 永久 149；

Nagahito m 良仁 767

Nagahori s 永堀 149, 長堀 939 「井 939

Nagai s 永井 149；sp 長

Nagaie m 大室 48, 永長 149 「風 939

Nagai Kafū ml 永井荷

Nagaike s 永池

Nagaishi s 永石

Nagai Tatsuo ml 永井竜男 「939

Nagaiwa s 永岩, 長岩

Nagaizumi p 長泉

Nagakage m 長景

Nagakai s 長合

Nagakata m 長方

Nagakatsu m 良勝 767

Nagakawa s 永川 149, 長川 939

Nagakazu m 長和, 長猷

Nagaki s 永木 149, 長岐 939；m 修 1038

Nagakiyo m 長淳 939

Nagako f 存子 313, 良子 767, 栄子 939

Nagakoto m 長勲 939

Nagakubo s 永久保 149, 長久保 939

Nagakuni m 大国 48

Nagakura s 永倉 149, 長倉 939

Nagakute p 長久手

Nagamasa m 寿昌 539

Nagamatsu s 永松 149, 長松 939

Nagame s 詠 1664

Nagami s 永見 149, 長見 939, 流水 1332

Nagamichi m 長礼 939, 長訓, 修道 1038

Nagamine s 永峰 149, 長岑 939, 長峰, 長嶺

Nagamitsu sm 永光 149；m 長光 939, 長穊

Nagamiya s 長宮

Nagamochi s 神用 149, 永持；m 永有, 長操 939

Nagamori m 永盛 149, 永森, 長森 939；sm 永守 149；m 長盛 939, 長衛

Nagamoto s 永元 149, 長本 939, 長職

Nagamune s 長統

Nagamura s 永村 149, 長村 939；m 長郡, 長群

Naganari m 長生, 長育, 長記, 直成 988

Naganawa s 長繩 939

Nagane s 永根 149, 長根 939 「長野 939

Nagano s 永野 149；sp

Naganobu m 栄信 969, 隣信 2443 「939

Naganohara s 長野原

Naganori m 長徳, 長誥, 脩孝 1281

Naganuma s 永沼 149；sp 長沼 939

Nagao sm 永緒 149, 長雄 939；sp 長尾；m 酉雄 526 「939

Nagaoka s 永岡 149；sp

Nagao Kagetora mh 長尾景虎

Nagaoka Hantarō mh 長岡半太郎

〜-kyō ph 長岡京

Nagaoki m 長生

Nagaosa s 永長 149

Nagara sm 長良 939；sp 長柄

Nagaragawa p 長柄川 (nagare 流 1332)

Nagareyama p 流山

Nagaru m 長流 939

Nagasa sp 長狭

Nagasachi m 永祜 149

Nagasaka s 永坂；sp 長坂 939

Nagasaki sp 長崎

〜 Takasuke mh 長崎高資

Nagasako s 永廻 149

Nagasaku s 永作

Nagasane m 永孚

Nagasawa s 永沢, 長沢 939

〜 Mitsu ml 長沢美津

Nagase s 永瀬 149, 長瀬 939 「149

〜 Kiyoko fl 永瀬清子

Nagashi m 永, 寿 539, 良 767, 長 939, 修 1038, 亀 1531, 融 2545

Nagashige m 長成 939

Nagashima s 永島 149；sp 長島 939

Nagashio s 長塩

Nagasone s 長曾根, 長曾禰

Nagasu s 長沙；p 長洲

Nagasuna s 長沙, 長砂

Nagata s 永田 149；sp 長田 939

Nagatada m 長祇

Nagata Hideo ml 長田秀雄

Nagataka m 長挙

Nagatake m 長孟

Nagataki s 長滝, 永滝 149 「衣

Nagata Kōi ml 永田耕

〜 Kōkichi ml 永田衡吉 「彦 939

〜 Mikihiko ml 長田幹

Nagatani s 永谷 149, 長谷 939 「青嵐 149

Nagata Seiran ml 永田

〜 Tetsuzan mh 永田鉄山

Nagateru m 長監 939

Nagato s 永戸 149, 長戸 939；sp 長門

Nagatochi s 永地 149

Nagatome s 永留

Nagatomi s 永富；m 修美 1038

Nagatomo s 永友 149, 長友 939；m 永命, 温知 1585

Nagatori s 永鳥 149

Nagatoshi m 長和 939, 長翁, 長順, 長詮

Nagatsu s 長津

Nagatsugu m 長説

Nagatsuka s 永塚 149, 長束 939, 長塚 「家

〜 Masaie mh 長束正

〜 Takashi ml 長塚節

271

Nagatsuma *s* 永妻 149, 長妻 939

Nagatsuna *m* 長維

Nagatsune *m* 永則 149

Nagaura *s* 永浦

Nagauta *a* 長唄 939 ; *la* 長歌

Nagawa *s* 奈河 696 ; *sp* 凸川 346 ; *p* 奈川 696

Nagaya *s* 長谷 939, 長屋
~ -ō *mh* 長屋王

Nagayama *s* 永山 149, 長山 939

Nagayasu *sm* 永安 149 ; *m* 永愷, 長康 939

Nagayo *s* 長与

Nagayori *sm* 長縁

Nagayo Senzai *mh* 長与専斎

Nagayoshi *s* 永吉 149 ; *m* 永福, 長吉 939, 長幸, 長貴, 長幹

Nagayo Yoshirō *ml* 長与善郎

Nagayuki *m* 長之

Nagi *p* 奈義 696. (梛

Nagino *s* 梛野　　〔1367)

Nagio *m* 梛男

Nagisa *s* 汀 391 ; *m-f* 渚 1575 ; *f* 江 142

Nagiso *p* 南木曾 912

Nago *s* 名合 346

Nagoe *s* 名越

Nagokata *s* 名児形

Nagoshi *s* 名越, 浪越 1339

Nagoya *s* 名児屋 346, 名越, 名護屋 ; *sp* 名古屋　　　〔雲 1074

Nagumo *s* 南雲 912, 祥

Nagura *s* 名倉 346, 那倉 416, 奈倉 696

Naguri *p* 名栗 346

Nagusa *s* 名種

Naha *p* 那覇 416

Nahata *s* 名畑 346

Nahiko *m* 魚彦 1485

(nai 乃, 27, 内 81)

Naidaijin-ke utaawase *l* 内大臣家歌合

Naie *p* 奈井江 696

Naiji *fh* 内侍 ［81

Naiki *s* 内呉, 内木, 内貴, 奈呉 696 ; *sm* 内記

Naishi *fh* 内侍 ［81

Naitō *s* 内藤
~ Arō *ml* 内藤濯

~ Jōsō *ml* 内藤丈草

~ Konan *ml* 内藤湖南

~ Meisetsu *ml* 内藤鳴雪　　　〔策

~ Shinsaku *ml* 内藤鋠

~ Tatsuo *ml* 内藤辰雄

~ Toten *ml* 内藤吐天

Naizen *ml* 内膳

Najima *s* 名島 346

Naka *s* 仲 227 ; *sp* 中 75, 那珂 416 ; *p* 那賀. (心 49, 水 54, 支 63, 中 75, 収 133, 央 182, 半 213, 仲 227, 弁 275, 沖 400, 判 434, 考 540, 尚 753, 参 798, 班 1075, 美 1175, 務 1377, 掌 1748, 殖 1867, 極 1896, 翰 2518, 鎮 2751, 齢 2766)

Nakaaki *m* 八月十五日 19

Nakaakira *m* 仲聡 227

Nakaba *s* 央馬 182, 夏秋 1161 ; *sm* 央 182 ; *m* 中 75, 半 213

Nakabachi *s* 中鉢 75

Nakabara *sp* 中原

Nakabaru *p* 中原

Nakabayashi *s* 中林

Nakabe *s* 中部

Nakabori *s* 中堀

Nakadai *s* 中台, 中代

Nakadaira *s* 中平

Nakadate *s* 中楯, 中館

Nakade *s* 中出

Nakae *s* 中江　　　〔兆民

~ Chōmin *mlh* 中江

Nakaegawa *s* 中江川

Nakae Tōju *mh* 中江藤樹

Nakafuji *s* 中藤　　〔野

Naka-furano *p* 中富良

Nakafuri *s* 中布利

Nakagaki *s* 中垣

Nakagami *s* 中上, 中神

Nakagamigawa *s* 中上

Nakagane *s* 中金　〔川

Nakagata *s* 中方

Nakagawa *s* 中河, 仲川 227 ; *sp* 中川 75 ; *p* 那珂川 416, 那賀川

~ Jun'an *mh* 中川淳庵 75　　　〔一政

~ Kazumasa *ml* 中川

~ Kiun *ml* 中川喜雲

~ Mikiko *fl* 中川幹子

~ Sōen *ml* 中川宋淵

~ Yoichi *ml* 中河与一

Nakagiri *s* 中桐

~ Kakutarō *ml* 中桐確太郎　　　〔中心 75

Nakago *s* 仲子 227 ; *m*

Nakagō *p* 中郷

Nakage *s* 中越

Nakagome *s* 中斗馬, 中込

Nakagōri *s* 中郡

Nakaguchi *s* 中口

Nakaguki *s* 中久木, 中久喜, 中茎

Nakagyō *p* 中京

Nakahama *s* 中浜

Nakahara *s* 中原, 仲原 227　　　〔75

~ Ayako *fl* 中原綾子

~ Chūya *ml* 中原中也

~ no Chikanobu *mh* 中原親能

Nakahashi *s* 中橋

~ Kōkan *l* 中橋公館

~ Tokugorō *mh* 中橋徳五郎

Nakahata *s* 中畑

Naka-heji *p* 中辺路

Nakahigashi *s* 中東

Nakahira *s* 中平

Nakahiro *m* 仲都 227, 仲博

Nakai *s* 中居 75, 仲井 227 ; *sp* 中井 75 ; *m* 魚養 1485　　　〔竹山 75

~ Chikuzan *mh* 中井

~ Katsuhiko *ml* 中井克比古

Nakaide *s* 中出

Nakaigawa *s* 中井川

Nakaishi *s* 中石

Naka-izu *p* 中伊豆

Nakaizumi *s* 中泉

Nakaji *s* 中道, 中路, 仲地 227 ; *m* 仲治

Nakajima *s* 中島 75, 仲島 227

~ Airō *ml* 中島哀浪 75

~ Atsushi *ml* 中島敦

~ Kawatarō *ml* 中島河太郎

~ Kenzō *ml* 中島健蔵

~ Kotō *ml* 中島孤島

~ Nobuyuki *mh* 中島信行

~ Shōen *ml* 中島湘煙

~ Takeo *ml* 中島斌雄

~ Utako *fl* 中島歌子

Nakajirō *m* 仲二郎 227, 仲次郎

Nakajō *s* 仲条 ; *sp* 中条 75

Naka-kanbara *p* 中蒲

~ Kansuke *ml* 中勘助

~ -kawachi *p* 中河内

~ -kawane *p* 中川根

Nakaki *m* 仲芸 227

Nakakiri *s* 中吉 75

Nakakita *s* 中北

Nakako *f* 仲子 227

Nakakōji *s* 中小路, 仲小路 227　　　〔75

Naka-koma *p* 中巨摩

~ -kubiki *p* 中頸城

Nakakura *s* 中倉

Nakakusa *s* 半草 213

Nakama *s* 中万 75, 仲間 227 ; *sp* 中間 75

Nakamachi *s* 中町

Nakamaki *s* 中牧

Nakamaro *sm* 仲麻呂 227, 仲麿

Nakamaru *s* 中丸 75, 仲丸 227　　　〔俣 227

Nakamata *s* 中俣 75, 仲

Nakamatsu *s* 中松 75

Nakame *s* 中目

Nakamichi *s* 中路 ; *sp* 中道　　　〔中上川

Nakamigawa *s* 中三川,

~ Hikojirō *mh* 中上川彦次郎

Nakamikado *s* 中御門

Naka-minato *p* 那珂湊 416　　　〔227

Nakamitsu *m-la* 仲光

Nakamiya *s* 中宮 75

Nakamizo *s* 中溝

Nakamori *s* 中森

Nakamoto *s* 中本, 中元, 中許, 仲本 75

Nakamuda *s* 中牟田 75

Nakamura *s* 中邑, 仲村 227 ; *sp* 中村 75

~ Akika *ml* 中村秋香

~ Burafu *ml* 中村武羅夫　　　〔折

~ Fusetsu *mla* 中村不

~ Hakuyō *ml* 中村白葉

~ Jihei *ml* 中村地平

~ Kasō *ml* 中村花痩

~ Kenkichi *ml* 中村憲吉　　　〔蔵

~ Kichizō *ml* 中村吉

Nanakamado *s* 七加
家, 七家
Nanako *f* 七子
Nanakura *s* 七坐
Nanakuro *s* 七坐
Nanami *s* 七見, 名波
346　　　　「帝 17
Nananomikado *mh* 七
Nammo *m* 七大, 七雄 ;
p 七尾
Nanasato *s* 七里
Nanasawa *s* 七沢
Nanase *s* 菜生 1447 ; *f*
七瀬 17
Nanashige *m* 七十
Nanatsuka *p* 七塚
Nanatsumen *l* 七つ面
Nanaumi *s* 七海
Nanayama *p* 七山
Nanba *s* 南場 912, 難波
2760 ; *sp* 南波 912
Nanbara *s* 南原
~ Shigeru *m* 南原繁
Nanbata *s* 難波田 2760
Nanbatei *m* 浪花停 1339
Nanbo *s* 南保 912
Nanboku *s* 南木 ; *ml*
南北
~ shinwa *l* 南北新話
Nanbu *sp* 南部
Nanbuchi *s* 南淵
Nanbu Shūtarō *ml* 南
部修太郎
Nandan *p* 南淡
Nan'e *s* 南江
Nangai *p* 南外
Nangen *s* 南原
Nangō *s* 南合 ; *sp* 南郷
Nangoku *p* 南国
~ taiheiki *l* 南国太平
Nangū *s* 南宮　　「記
(nani 何 513, 奈 696)
Naniai *p* 七二会 17
Nanie *f* 七二恵
Nanimaru *m* 何丸 513
Naniwa *p* 浪速 1339 ;
ph-la 難波 2760
~ dora *l* 難波鉦
Naniwae *s* 難波江
Naniwa kagami *la* 難
波鑑
~ miyage *l* 難波土産
Nanjō *s* 南城 912 ; *sp* 南
条　　　　　「雄
~ Bun'yū *mh* 南条文
~ Norio *ml* 南条範夫
Nankai *p* 南海

Nankaidō *p* 南海道
Nankan *p* 南関
Nanke *s* 南家　「南京
Nankin *p* " Nanking "
Nanko *s* 南湖
Nankō *p* 南光
Nanmoku *p* 南牧
Nannō *p* 南濃
Nanrei *ml* 南嶺
Nanri *s* 南里
Nansei *s* 南晴 ; *p* 南勢
Nansen *p* " S. Korea "
南鮮
Nansenshō Somahito
ml 南杣笑楚満人
Nanshoku ōkagami *l*
男色大鑑 495
Nansō *p* 南総 912
~ Satomi hakkenden
l 南総里見八犬伝
Nansōshū *l* 南窻集
Nantō *p* 南島
Nan'un *s* 南雲
Nan'yō *p* 南陽
Nao *f* 直 988. (三 22, 仍
123, 収 133, 巨 199, 正
205, 矢 215, 朴 255, 而
264, 有 303, 多 347, 作
362, 切 387, 如 412, 亨
440, 君 515, 侶 551, 実
678, 若 692, 斉 701, 尚
753, 胖 843, 直 988, 愈
1038, 真 1228, 至 1229,
通 1239, 庭 1244, 脩
1281, 躬 1396, 野 1398,
順 1532, 愈 1551, 復
1571, 董 1731, 植 1902,
堅 2224, 愿 2228, 端
2306, 愨 2403, 縮 2813,
糺 2955, 懿 2958, 矗
3017)
Naoaki *m* 直諒 988
Naotsu *m* 直温, 直惇
Naobayashi *m* 直林
1555　　　　「毘霊 988
Naobi no mitama *l* 直
Naochika *m* 直哉
Naoe *s* 直江 ; *m* 直徳 ;
f 轟江 3017
Naoetsu *m* 直江津 988
Naofusa *m* 正房 205
Naofuji *m* 直治 988, 直
浩, 直温
Naohide *m* 直幸, 直秀
Naohiko *m* 直彦
Naohira *m* 直平
Naohiro *m* 直胖

Naohisa *m* 直旧, 直富
Naoi *s* 直井　　「一 988
Naoichi *m* 尚一 753, 直
Naoiri *m-p* 直入
Naoji *m* 直治
Naojirō *m* 朴次郎 255,
直二郎, 直次郎,
直治郎, 猶治郎 1555
Naokai *m* 直養 988
Naokawa *p* 直川
Naokazu *m* 直計
Naoki *s* 直木 ; *m* 直,
直大, 直生
Naokichi *m* 直吉, 直橘,
猶吉 1555
Naoki Sanjūgo *ml* 直
木三十五 988
Naokiyo *m* 直廉
Naoko *f* 七緒子 17, 直
子 988, 苙子 1229, 猶子
1555, 愿子 2228 ; *f-l* 菜
穂子 1447　　「服 988
Naokoto *m* 尚服 753, 直
Naokuma *m* 直熊
Naoma *m* 直馬
Naomasa *m* 直方, 直
政, 直諒
Naomi *m* 直監 753, 直
心 988, 直見, 直臣, 直
幹 ; *f* 魚千美 1485
Naomichi *m* 直方 988,
直道
Naomitsu *m* 均光 387,
尚備 753, 直円 988, 直
映, 直称
Naomochi *m* 直有
Naomoto *m* 直旧, 直
故, 直躬, 猶moto 1555
Naomune *m* 尚志 753
Naomura *s* 直村 988
Naonatsu *m* 実夏 678
Naondo *m* 直人 988
Naonobu *m* 尚信 753,
直info 988, 直典
Naonori *m* 尚士 753, 直
法 988, 直憬, 直徳, 直
彝
Naosaburō *m* 直三郎
Naosane *m* 直胤
Naoshi *m* 兌 447, 尚 753,
良 769, 直 988, 道 1811 ;
p 直島 988
Naoshirō *m* 直四郎
Naosuke *m* 侃左 551, 直
助 988, 直亮
Naota *m* 直太
Naotada *m* 直縄

Naotaka *m* 尚隆 753, 直
応 988, 直孝, 直桓
Naotake *m* 尚武 753
Naotarō *m* 直太郎 988
Naoteru *m* 直昭
Naoto *m* 直人, 直砥
Naotō *m* 直孝
Naotoki *m* 直侯　「1532
Naotomo *m* 直交, 順朝
Naotoshi *m* 尚敏 753, 直
知 988, 直俊, 直頴
Naotsune *m* 直識
Naotsura *m* 直陳
Naoya *m* 有也 303, 直矢
988
Naoyasu *m* 直静, 直愈
Naoyoshi *m* 尚順 753,
直亮 988, 直好, 直良,
直侯, 直康, 直義, 直
禔
Naoyuki *m* 公行 156, 如
雪 412, 直征 753, 直随
998
Naozaki *s* 猶崎 1555
Naozane *m* 尚実 753, 直
真
Naozō *m* 直三 988, 直蔵
Naozumi *m* 尚住 753
Nara *s* 楽世 2029 ; *sp* 奈
良 696. (習 1468, 楢
1900, 稙 2122)
Narabara *s* 楢原 1900
Narabashi *s* 奈良橋 696
Narabayashi *s* 楢林
1900
Narabe *s* 奈良部 696
Narabu *m* 双 53, 並 765
Nara ehon *la* 奈良絵本
696
Narage *s* 楢下 1900
Naragiku *f* 楢菊
Naraha *sp* 楢葉
Narahara *s* 奈良原 696,
楢原 1900
Narai *s* 成相 322, 奈良
井 696, 楢井 1900
Narakawa *p* 楢川
Naraki *s* 楢木
Narakochibe *s* 奈良己
知部 696
Narama *s* 奈良間
Naramaro *m* 奈良麿
Nara mōde *la* 奈良詣
Naranoya *s* 楢舎 1900
Narao *s* 奈良尾 696
Naraoka *s* 奈良岡, 楢
岡 1900

274

Narasaki *s* 奈良崎 696,
櫓崎 1900 　　　 └1468
Narashino *p* 習志野
Naraya *s* 奈良屋 696
Narayamabushikō *l* 楢
山節考 1900
Naraya Mozaemon
mh 奈良屋茂左衛門
696
(nare 馴 1966)
(nari 入 15, 也 23. 功 135,
礼 146, 令 155, 平 203,
本 212, 生 214, 有 303,
成 322, 位 354, 体 358,
作 362, 攻 377, 均 387,
形 414, 亨 440, 克 442,
足 461, 考 540, 孝 541,
性 564, 往 579, 効 653,
宜 675, 宗 679, 斉 685,
斉 701, 忠 705, 周 736,
尚 753, 城 796, 政 881,
柔 907, 発 953, 育 958,
音 962, 廻 994, 校 1096,
校 1096, 記 1149, 容
1182, 造 1236, 威 1251,
得 1299, 済 1336, 規
1349, 救 1406, 教 1408,
備 1539, 晴 1591, 詞
1665, 就 1668, 登 1744,
然 1788, 曾 1794, 雅
1913, 稔 1916, 誠 1935,
愛 2018, 徳 2063, 鳴 2065,
震 2577, 整 2581, 諸
2639, 謹 2645, 慈 2701,
績 2814, 霽 2978)
Nariai *s* 成相 322, 鳩合
2024 　　　 └明 2581
Nariaki *m* 成彬 322, 整
Nariakira *m* 成煥 322,
斉彬 701
Narichika *m* 成親 322
Narihira *m* 業平 2024
Narihisa *m* 就久 1668
Narihito *m* 体仁 358
Nariie *m* 成家 322
Narikage *m* 業景 2024
Narikane *m* 成包
Narikazu *m* 成和, 得一
1299
Nariki *s* 成木 322
Nariko *f* 体子 358, 柔
子 907, 済子 1336, 登
子 1744, 業子 2024
Narimasa *m* 成允 322
Narimichi *m* 成蹊

Narimoto *s* 作本 362;
m 成元 322
Narinaga *m* 成命
Narinobu *m* 斉脩 701
Narinohara *s* 形原 414
Nario *s* 成尾 322
Narioki *m* 斉典 701
Narisawa *m* 成沢 322
Narishige *m* 斉蕋 701
Narita *sp* 成田 322
Naritada *m* 業尹 2024
Naritaka *m* 斉荘 701, 就
高 1668
Naritake *m* 斉貴 701
Naritari *m* 斉粛
Naritō *m* 斉広
Naritoki *m* 愛発 2018
Naritomi *m* 成富 322
Naritsugu *m* 愛臧 2018
Naritsuka *s* 成塚 322
Naritsura *m* 成烈
Nariwa *p* 成羽
Nariyasu *m* 斉徳 701
Nariyoshi *m* 成嘉 322,
斉斎 701, 威儀 1251, 就
馴 1668, 登吉 1744
Nariyuki *m* 成之 322
Narō *m* 俗 776, 温 1585,
準 2034
Naru *p* 奈留 696. (功
135, 平 203, 去 266, 成
322, 完 471, 考 540, 育
958, 済 1336, 登 1744, 遂
1806, 稔 1916, 誠 1935,
愛 2018, 徳 2063, 鳴
2065, 農 2205, 親 2544,
燕 2570, 震 2577, 鐷
2881) 　　　 └912
Narubeshi *l* 南留別志
Naruchika *m* 愛親 2018
Naruge *s* 成毛 322
Naruhiko *m* 稔彦 1916
Naruhito *m* 愛仁 2018
Narui *s* 成井 322
Narukami *la* 鳴神 2065
Narukawa *s* 生川 214,
成川 322
Naruko *f* 成子, 済子
1336; *p* 鳴子 2065
Narumi *s* 成海 322, 鳴
見 2065, 鳴海; *sm* 成
見 322; *m* 成実, 愛民
2018; *f* 完美 471
~ Senkichi *l* 鳴海仙吉
2065 　　　 └吉
~ Yōkichi *ml* 鳴海要
Narumo *s* 成尾 322

Narusawa *s* 成沢; *p* 鳴
沢 2065
Naruse *s* 成瀬 322; *sp*
鳴瀬 　　　 └322
~ Jinzō *mh* 成瀬仁蔵
~ Mukyoku *ml* 成瀬
無極
Narushige *m* 平林 203
Narushima *s* 成島 322,
鳴島 2065 　　　 └北 322
~ Ryūhoku *ml* 成島柳
Naruto *sp* 鳴門 2065; *m*
成人 322
Narutō *p* 成東
Naruto hichō *l* 鳴門秘
帖 2065
Naruya *s* 成谷 322
Naruyasu *m* 登康 1744,
誠康 1935
Nasa *s* 奈佐 696
Nasai *s* 那歳 416
Nasanu naka *l* 生さぬ
仲 214
Nase *p* 名瀬 346
(nashi 梨 1476, 無 1789,
類 2755)
Nashiba *s* 梨羽 1476
Nashiko *f* 梨子, 無子
1789
Nashimoto *s* 梨本 1476
Nashinoki *s* 梨木
Nashinomoto *s* 梨本
~ -shū *l* 梨本集
Nashiro *m* 名代 346
Nashitsubo no gonin
ml 梨壼五人 1476
Naso *s* 納所 1685
Nasu *s* 奈須 696; *sp* 那
須 416
Nasukata *s* 行方 245
Nasumi *s* 直見 988
Nasuno *s* 那須野 416
Natari *s* 名垂 346, 名足
Natashō *p* 名田庄
Natori *s* 名, 名理, 名
執; *sp* 名取; *m* 名鳥
Natorigawa *l* 名取川
Natorigusa Heike mo-
nogatari *l* 牡丹平家
譚 407
(natsu 夏 1161, 暑 1738A)
Natsuaki *s* 夏秋 1161
Natsubana otome *l* 夏
花少女
Natsuhana *l* 夏花
Natsui *s* 夏井
Natsuka *s* 長束 939

Natsuki *m* 夏樹 1161
Natsu kodachi *l* 夏木
Natsuma *s* 夏間 └立
Natsu-matsuri Nani-
wa kagami *l* 夏祭浪
花鑑 　　　 └1757)
Natsume *s* 夏目. (棗
Natsumeda *s* 棗田
Natsume Seibi *ml* 夏
目成美 1161
~ Sōseki *ml* 夏目漱石
Natsumi *s* 夏見
Natsuno *sm* 夏野
Natsura *m* 魚貫 1485
Natsuyama *s* 夏山 1161
~ Shigeki *m* 夏山繁
樹
Natsuyo *f* 七月代 17
Natta *s* 名田 346 　└畝
Naune *s* 長久 939; *sp* 長
Nawa *s* 那波 416, 縄
2955; *sp* 名和 346. (縄
2955)
Nawachi *s* 縄稚
Nawakura *s* 縄倉
Nawamura *s* 苗村 685
Nawa Nagatoshi *mh*
名和長年 346
Nawanai *l* 縄綯 2955
Nawata *s* 縄田
Naya *s* 納谷 1685
Nayoro *p* 名寄 346
Nayuki *s* 名雪
Nazo no obi chotto
Tokubee *la* 謎帯一
寸徳兵衛 2640
(nazu 摩 2428)
Nazuka *s* 名塚 346
Nazuku *m* 号 272; *m-f*
名 346
(ne 子 38, 兄 181, 泥 594,
音 962, 直 988, 値 1278,
峰 1351, 根 1372, 道
1811, 寝 1976, 稲 2125,
嶺 2300, 禰 2800)
Neba *p* 根া 1372
Nebashi *s* 根橋
Nebiki no kadomatsu
la 寿の門松 539
Nebukawa *s* 根府川
1372 　　　 └2800
Nechikaze *s* 禰知風
Neda *s* 根田 1372
Nedate *s* 根立
Negami *p* 根上
Negi *s* 喧 1047, 根木 1372
Negishi *s* 根岸

ph " Kaya / Karak " 任那 235

Ninnaji s 仁和寺 57

Ninohe sp 二戸 4

Ninohira s 仁ノ平 57

Ninokami s 二神 4

Ninomatsu s 二松

Ninomiya s 二宮

~ Sontoku mh 二宮尊徳

Ninomura s 二村

Ninotani s 二谷

Ninoue s 仁上 57

Ninpei 1151–54 仁平

Ninshō mh 忍性 463

Nintoku s 仁徳 57

Ninwa 885–89 仁和

Nio s 仁保, 丹尾 79, 鳰 1824; sp 仁尾 57. (匂 73, 勾 168, 鳰 1824, 薫 2567)

Niō smh-la 仁王 57; sla 二王 4. (匂 73)

Nioe f 匂枝

Nioi s 匂, 乳井 657

Niokata s 香芳 961

Nioko f 匂子 73, 丹穂子 79, 鳰子 1824, 薫子 2567

Niōnomiya l 匂宮 73

Niori s 新居 1965

Nippon p 日本 77

~ eitaigura l 日本永代蔵　　　「日暮里 77

Nippori s 新堀 1965; p

(nira 韮 1728, 薤 2567)

Nirasaki p 韮崎 1728

Nirasawa s 韮沢

Niratsuka s 韮塚

Nirayama s 仁羅山 57, 蓶山 2565; p 韮山 1728

Nire s 仁礼 57. (枌 624, 楡 2288A)

Nirei s 楡井

Nireki s 楡木

Nirō m 仁郎 57

Niroku shinpō l 二六新報 4　　　「三郎 57

Nisaburō m 二三郎, 仁三郎

Nisanamu s 爾散南 2250

(nise 似 350, 修 1275)

Nise-e p 似絵 350

~ Murasaki inaka Genji l 修紫田舎源氏 1275　　　「2805」

Nishi sp 西 336. (西, 螺 2805)

~-aizu p 西会津 336

~ Amane mlh 西周

Nishiara s 西新

Nishiari s 西有

Nishi-arie p 西有家

~-arita p 西有田

~-asai p 西浅井

~-awakura p 西粟倉

Nishibayashi s 西林

Nishibe s 西部

Nishi-biwajima s 西枇杷島

Nishibori s 西堀

Nishi–chikuma p 西筑摩　　　「西田 336

Nishida s 螺田 2805; sp

Nishidai s 西代

Nishida Kitarō mlh 西田幾多郎

Nishidate s 西館

Nishida Tenkō ml 西田天香

Nishide s 西出

Nishie s 螺江 2805

Nishigai s 西貝 336

Nishigaki s 西垣

Nishigami s 西上, 西神

Nishigata s 西潟

Nishigawara s 西河原

Nishigaya s 西ケ谷

Nishigō s 西郷

Nishigori s 米錦 343, 錦部 2525, 錦織

Nishigōri s 西郡 336

Nishigorinōtami s 錦民 2525　　　「336」

Nishi-gōshi p 西合志

Nishiguchi s 西口

Nishihara sp 西原

Nishiharu p 西春

Nishi-haruchika s 西春近

Nishihata s 西畑

Nishihijirikobe s 西泥部, 西塁部

Nishihira s 西平

Nishihiro s 西広

Nishii s 西井, 西居

Nishi-ibaraki p 西茨城

Nishiide s 西出

~ Chōfu ml 西山朝風

Nishiike s 西池

Nishiiri s 西入

Nishiitsuji s 西五辻

Nishi-iwai p 西磐井

~-iyayama p 西祖谷山

~-izu p 西伊豆

Nishijima s 西島

~ Bakunan ml 西島麦南

Nishijin p 西陣　　「南

Nishi-kamo p 西加茂

~-kanbara p 西蒲原

~-kasugai p 西春日井

Nishikata s 西片, 西形; p 西方

Nishikatsu s 西勝

Nishi-katsura p 西桂

Nishikawa s 西河; sp 西川

~ Joken mh 西川如見

~ Kōjirō ml 西川光二郎

Nishiki s 丹敷 79, 西亀 336; sp 錦 2525; p 西木 336, 西紀. (錦 2525)

Nishikibe s 錦部

Nishikido s 西木戸 336; sla 錦戸 2525

Nishikie a 錦絵

Nishikigi la 錦木

Nishikikōji s 錦小路

Nishikimi s 錦見

Nishikini s 錦貫

Nishikori s 錦古利, 錦古里　　　「336」

Nishi-kubiki p 西頸城

Nishikubo s 西久保

Nishi-kunisaki p 西国東

Nishikura s 西倉

Nishima s 西間

Nishimaki s 西牧, 西巻

Nishimatsu s 西松

Nishi-matsuura p 西松

Nishime sp 西目　「浦

Nishimeya p 西目屋

Nishimiya s 西宮

Nishimonai s 西馬音内

Nishimori s 西森

Nishimorinai s 西大音

Nishi-morokata p 西諸県　　　「本

Nishimoto s 西元, 西

Nishimuda s 西牟田

Nishimune s 西宗

Nishimura s 西村, 西邨　　　「樹

~ Shigeki mlh 西村茂

~ Tenshū ml 西村天囚　　　「村山

Nishi-murayama p 西

Nishimura Yōkichi ml 西村陽吉

Nishi-muro p 西牟婁

Nishimuta s 西牟田

Nishina s 仁秋 57, 仁科, 西名 336

Nishinaka s 西中

Nishinari sp 西成

Nishi-nasuno p 西那須野　　「科芳雄 57

Nishina Yoshio mh 仁

Nishine s 西根 336

Nishino s 西野

Nishinoiri s 西野入

Nishinokyō p 西京

Nishinomiya sp 西宮

~ Tōchō ml 西宮藤朝

Nishinoomote p 西表

Nishinoshima p 西島

Nishino Tatsukichi ml 西野辰吉

Nishinotoi s 西東院; sp 西洞院

Nishinotōin sp 西洞院

Nishinouchi s 西内

Nishinoya s 西谷

Nishio s 西保, 西面; p 西尾　　　「大条

Nishiōeda s 西大枝, 西

Nishioida s 西大条

Nishiōji s 西大寺, 西大路

Nishioka s 西岡　「賜

Nishi-okitama p 西置

~-okoppe p 西興部

Nishiori s 西織

Nishi-sakurajima p 西桜島

~-senboku p 西仙北

~-shirakawa p 西白河

~-sonogi p 西彼杵

~-tagawa p 西田川

Nishitakatsuji s 西高辻

Nishi-tama p 西多摩

Nishitani p 西谷

Nishi-tonami p 西礪波

~-tosa p 西土佐

~-tsugaru p 西津軽

Nishiuchi s 西内

Nishiumi sp 西海

Nishiura s 西浦

Nishi-usuki p 西臼杵

~-uwa p 西宇和

Nishiwaki s 西脇

~ Junzaburō ml 西脇順三郎

Nishiya s 西谷

Nishiyama sp 西山

~ Hakuun ml 西山泊雲

~ Sōin *ml* 西山宗因	
Nishi-yashiro *p* 西八代	
~-yodogawa *p* 西淀川	
Nishiyori *s* 西依	
Nishi-yoshino *p* 西吉 野　　　　　「辻	
Nishiyotsutsuji *s* 西四	
Nishiza *s* 西座	
Nishizaka *s* 西坂	
Nishizaki *s* 西崎	
Nishizawa *s* 西沢	
Nishizono *s* 西園	
Nishizuka *s* 西塚	
Nissai *s* 入西 15	
Nisshin *s* 日進 77；*mh* 日親	
Nisugi *s* 仁杉 57	
Nita *s* 仁田；*p* 仁多	
Nitadori *sp* 似鳥 350	
Nitanai *sp* 似内	
Nitawara *s* 仁田原 57	
Nitō *s* 仁藤	
Nitobe *s* 二藤部 4, 新 渡戸 1965　　　　「造	
~ Inazō *mlh* 新渡戸稲	
Nitoda *s* 仁戸田 57	
Nitori *s* 似 350	
Nitta *s* 仁田 57；*sp* 新 田 1965	
~ Jirō *ml* 新田次郎	
~ Jun *ml* 新田潤	
~ Yoshisada *mh* 新田 義貞	
Nitto *s* 日戸 77	
Nittō *s* 日東	
Nittono *s* 入戸野 15	
Niwa *s* 二葉 4, 土神 42, 上神 47, 丹波 79, 邇摩 2785；*sp* 丹羽 79.（庭	
Niwabi *l* 庭燎　　「1244	
Niwa Fumio *ml* 丹羽 文雄 79	
Niwagoke *l* 庭苔 1244	
Niwaji *s* 仁和寺 57	
Niwaki *s* 庭木 1244	
Niwano *s* 庭野	
Niwata *s* 庭田	
Niwatori muko *la* 鶏 聟 2821	
Niwayama *s* 庭山 1244	
Niyodo *p* 仁淀 57	
(no *s* 24, 乃 27, 野 1398, 埜 1489)	
Nō *la* 能 1397.（生 214, 能 1397, 納 1685, 農 2205, 濃 2612）	
Nōami *ma* 能阿弥 1397	
Nobata *s* 野畑 1398	

Nobayashi *s* 野林	
Nobe *s* 野辺, 野部	
Nobehara *s* 延原 739	
Nobeji *sp* 野辺地 1398	
Nobeoka *p* 延岡 739	
Nobeta *s* 野辺田 1398	
Nobeyama *s* 延山 739	
Nobi *l* 野火 1398	
Nobiru *m* 伸 353	
Nobori *s* 野堀 1398；*sm* 昇 713, 登 1744；*m* 升 113	
Noboribetsu *p* 登別 1744　　　　「曙夢 713	
Nobori Shomu *ml* 昇	
Noborizaka *s* 登坂 1744	
Noboru *sm* 登；*m* 上 47, 升 113, 卉 151, 聿 332, 伸 353, 好 341, 昇 713, 昻 943, 陞 1057, 陸 1307, 陟 1309, 暉 1352, 豊 2013, 徳 2063, 燈 2466, 謄 2593, 襄 2749, 騰 2867, 隲 2950	
Nobu *s* 延生 739；*m* 伸 353；*f* 乃武 27, 声 465, 鋪 2340；*p* 延.（一3, 之 24, 乃 78, 内 81, 文 89, 尹 98, 与 101, 収 133, 引 144, 永 149, 布 170, 申 105, 正 205, 允 217, 休 233, 江 252, 列 257, 亙 262, 同 298, 存 313, 亘 317, 聿 332, 伸 353, 伝 359, 町 435, 言 439, 孚 483, 序 507, 応 509, 更 528, 寿 539, 身 546, 彼 578, 所 600, 房 618, 命 671, 定 675, 辰 738, 延 739, 述 748, 信 782, 衍 786, 侚 807, 恒 809, 洵 815, 治 881, 叙 893, 宜 919, 長 939, 発 953, 昶 1004, 度 1009, 禹 1015, 重 1017, 修 1038, 将 1040, 悦 1054, 訒 1147, 晁 1195, 喜 1216, 席 1242, 翅 1248, 脩 1281, 惟 1290, 堆 1295, 陳 1311, 振 1320, 移 1378, 設 1401, 寅 1439, 常 1463, 曹 1479, 啓 1491, 展 1501, 進 1503, 庸 1507, 順 1532, 備 1539, 揚 1551, 舒 1673, 散 1689, 敦 1690, 達	

1709, 董 1731, 喬 1775, 達 1810, 淵 1858, 殖 1867, 鋪 1881, 陸 1904, 靖 1905, 雄 1911, 義 1935, 純 1956, 寛 1977, 葉 1991, 義 2010, 業 2024, 照 2035, 演 2079, 暢 2111, 顗 2110, 説 2143, 播 2258, 誕 2319, 諄 2324, 鋪 2340, 敷 2355, 遵 2418, 遭 2419, 謀 2509, 綽 2529, 劉 2554, 養 2558, 薫 2567, 震 2577, 整 2581, 謀 2641, 鍵 2659, 総 2662, 薦 2683, 繹 2924, 欅 2963, 蠹 3017）	
Nobuaki *m* 伸顕 353, 信 映 782, 信秋, 信卿, 信 徴, 信璋, 信顕, 宜明 919, 誠明 1935	
Nobuakira *m* 信旭 782, 信陽　　　　　「篤	
Nobuatsu *m* 信厚, 信	
Nobuchika *m* 信親	
Nobue *f* 信朶, 順恵 1532	
Nobufumi *m* 信文 782	
Nobuhara *s* 信原	
Nobuharu *m* 信元, 信 靄, 陳合 1311　「信愛	
Nobuhide *m* 信秀 782,	
Nobuhiko *m* 宜彦 675	
Nobuhira *m* 陽平 1567； *m* 江平 252, 信枚 782, 叙衡 893	
Nobuhiro *m* 円裕 78, 信弘 782, 信昊, 信淵, 喜光 1709	
Nobuhisa *m* 信古 782, 悦久 1054	
Nobuhito *m* 信民 782	
Nobui *m* 鋪猪 2340	
Nobuichi *m* 信一 782	
Nobuie *m* 信舎, 宜家 919	
Nobuji *m* 申二 185, 信 二 782, 信治	
Nobujirō *m* 伸次郎 353	
Nobuka *m* 延香 739	
Nobukado *m* 信圭 782	
Nobukage *m* 信景	
Nobukane *m* 信包	
Nobukata *m* 信方, 信 形, 信賢, 喜堅 1709	
Nobukatsu *m* 信勝 782	
Nobukazu *m* 信十, 信	

紀, 宜算 919, 喜雄 1709, 暢篤 2111	
Nobuki *s* 信木 782	
Nobukichi *m* 延吉 739	
Nobukiyo *m* 信心 782, 信馨	
Nobuko *f* 允子 217, 亙 十 262, 仔子 313, 聿子 332, 更子 528, 命子 671, 延子 739, 述子 748, 信 子 782, 衍子 786, 侚子 807, 宜子 919, 禹子 1015, 陳子 1311, 舒子 1673, 遵子 2418, 綽子 2529, 欅子 2963；*f-l* 伸子 353	
Nobukoto *m* 信思 782, 進士 1503, 喬言 1775	
Nobukuni *m* 信国 782	
Nobukura *m* 信蔵	
Nobumachi *m* 信市	
Nobumasa *m* 延全 739, 信真 782, 宜順 919, 禹 昌 1015, 順正 1532, 誠 内 1935	
Nobumasu *m* 信賢 782, 述実	
Nobumichi *m* 信享 782, 信学, 信達, 義道 2558	
Nobumitsu *m* 信光 782, 舒光 1673	
Nobumori *m* 洵盛 815	
Nobumoto *m* 信泉 782, 信意	
Nobumune *m* 信意	
Nobunaga *m* 信亨；*mh* 信長	
Nobunaka *m* 義仲 2558	
Nobunao *m* 述直 748	
Nobunari *m* 惟規 1290	
Nobunaru *m* 伸愛 353	
Nobunori *m* 信意 782, 信誉, 信業, 信愛, 惟 規 1290	
Nobuo *m* 伸雄 353, 言 夫 439, 信夫 782, 信尾, 信郎, 信雄, 宜力 919, 修男 1038, 脩夫 1281, 陳雄 1311, 展男 1501, 殖穂 1867, 暢夫 2111, 説男 2143	
Nobuoka *s* 信岡 782	
Nobuoki *m* 信発, 信恩, 誠業 1935	
Noburu *m* 伸 353, 辰 738, 延 739, 述 748, 信 782, 宜 919, 直 988, 陳	

1311, 舒 1673, 暢 2111, 擴 2713

Nobusada *m* 孚貞 483, 諶貞 2641

Nobusane *m* 延信 739, 信志 782, 信愛

Nobusato *m* 信叡

Nobusawa *s* 信沢

Nobushige *m* 信重, 信蕃 「資, 信輔

Nobusuke *m* 信介, 信

Nobusumi *m* 宜維 919

Nobutada *m* 信尹 782, 信忠, 宜一 919

Nobutaka *m* 布高 170, 信公 782, 信孝, 信阜, 信宝, 信高, 信堅, 信賢

Nobutake *m* 信児

Nobutane *m* 脩胤 1281, 靖胤 1905

Nobutarō *m* 延太郎 739, 信太郎 782

Nobuteru *m* 昶光 1004, 轟昶 3017

Nobutō *m* 信任 782

Nobutoki *m* 延秋 739, 信祝 782

Nobutomi *m* 喜福 1709

Nobutomo *ml* 信友 782

Nobutsugu *m* 允承 217, 信次 782, 信伝, 信継, 宜次 919

Nobutsuka *m* 信策 782

Nobutsuna *m* 信綱, 宜維 919, 鋪綱 2340

Nobutsune *m* 信恒 782, 信常

Nobutsura *m* 信享, 信煭, 信綿, 信離

Nobuwaka *m* 信稚

Nobuya *m* 信也

Nobuyasu *m* 信愷

Nobuyo *m* 信節

Nobuyori *m* 信凭, 信随, 信頼

Nobuyoshi *m* 与良 101, 伝義 359, 房喜 658, 辰由 738, 信可 782, 信好, 信良, 信弥, 信祝, 信美, 信雄, 信義, 信嘉, 信慶, 宜嘉 919, 順良 1532

Nobuyuki *m* 亙行 262, 延子 739, 信之 782, 信行, 信順, 進行 1503, 順之 1532

Nobuzane *ml* 信実 782

Nobuzō *m* 寅造 1439

Nochi *s* 野地 1398. (后 304, 後 1300, 終 1950)

Nochinari *m* 後生 1300

Noda *sp* 野田 1398

Nodagawa *p* 野田川

Nodani *s* 野谷

Node *s* 野出

Nodehara *s* 勝木原 1613

Nodera *s* 野寺 1398

Nodoka *m* 和 638, 温

Noe *f* 乃枝 27 「1585

Noga *s* 野賀 1398

Nōgaku *la* 能楽 1397

Nogami *sp* 野上 1398

~ Toyoichirō *ml* 野上豊一郎 「子

~ Yaeko *fl* 野上弥生

Nōgata *sp* 直方 988

Nogawa *s* 能川 1397, 野川 1398

Nōge *s* 直下 988

Nogi *s* 乃木 27, 乗木 1016; *sp* 野木 1398; *p* 能義 1397. (禾 220)

Nogiko *f* 乃木子 27

Nogi Maresuke *mh* 乃木希典

Nogimaro *m* 禾麿 220

Nogiwa *m* 野際 1398

Noguchi *s* 野口 1398

~ Hideyo *mh* 野口英

~ Neisai *ml* 野口寧斎

~ Ujō *ml* 野口雨情

~ Yonejirō *ml* 野口米次郎

Nohagi *s* 野萩 「次郎

Nohara *s* 野原

Nohata *s* 野畑

Nohira *s* 野平

Noi *s* 野井

Noichi *p* 野市

Nōin *ml* 能因 1397

~ Hōshi shū *l* 能因法師集 「枕

~ utamakura *l* 能因歌

Noiri *s* 野扱 1398

Noishiki *s* 野一色

Noji *s* 野路

Nojima *s* 能島 1397, 野島 1398

Nojiri *sp* 野尻

Nojiriko *p* 野尻湖

Nojō *s* 野条

Nōka *s* 苗鹿 685

Nokari *s* 野雁 1398

Nokariya *s* 野苅家

(noki 宇 285, 除 1059, 退 1236A)

Nokiai *m* 宇合 285

Nokita *s* 野北 1398

Noma *s* 馬野間

Nomaguchi *s* 野間口

Noma Hiroshi *ml* 野間宏

~ Seiji *ml* 野間清治

Nōme *s* 納米 1685

Nomi *s* 乃美 27, 能見 1397, 野見 1398, 野宝; *sp* 能美 1397. (呑 489)

Nomitsu *s* 野満 1398

Nomiya *s* 野宮

Nomiyama *s* 野見山

~ Asuka *ml* 野見山朱鳥

Nomiyoshi *m* 呑義 489

Nomizo *s* 野溝 1398

Nomizu *s* 野水

Nomori *la* 野守

Nomoto *s* 野元, 野本

Nomozaki *p* 野母崎

Nomura *s* 能村 1397; *sp* 野村 1398 「泊月

~ Hakugetsu *ml* 野村

~ Kichisaburō *mh* 野村吉三郎

~ Kōdō *ml* 野村胡堂

~ Shurindō *ml* 野村朱鱗洞 「畔

~ Waihan *ml* 野村隈

~ Yoshiya *ml* 野村吉 (non 嫩 2279) 「哉

Nonagase *s* 野長瀬 1398

Nonaka *s* 野中

Nonami *s* 野波

None *s* 野根

Nonki megane *l* 暢気眼鏡 2111

Nono *s* 乃野 27

Nōno *s* 南野 912

Nonoe *s* 野於 1398

Nonogaki *s* 野野垣

Nonoguchi *s* 野々口, 野野口 「圀

~ Ryūho *ml* 野々口立

Nonoichi *p* 野々市

Nonomiya *s* 野野宮; *sla* 野宮 「野野村

Nonomura *s* 野々村

~ Ninsei *ma* 野々村仁清 「宗達

~ Sōtatsu *ma* 野々村

Nonoyama *s* 野野山

Nori *s* 告 490; *m* 儀 2255.

(丁 8, 了 9, 寸 34, 工 39, 士 41, 土 42, 化 56, 仁 57, 父 65, 中 75, 日 76, 卡 84, 方 85, 文 86, 升 113, 代 125, 以 134, 功 135, 礼 146, 永 149, 令 155, 仙 228, 任 235, 行 245, 刑 258, 式 306, 成 322, 曲 327, 舟 339, 似 350, 位 354, 伝 359, 伯 363, 状 365A, 斤 373, 利 436, 言 439, 肖 451, 至 485, 児 497, 図 502, 応 509, 里 517, 玄 522, 甫 533, 考 540, 孝 541, 明 623, 知 636, 効 653, 制 656, 命 671, 官 672, 実 678, 芸 689, 忠 705, 昇 713, 学 719, 典 733, 周 736, 述 748, 律 787, 法 824, 珍 836, 祖 850, 祝 851, 政 881, 軌 892, 則 902, 品 916, 宜 919, 斉 953, 肯 977, 度 1009, 乗 1016, 准 1023, 倫 1037, 修 1038, 悟 1053, 陞 1057, 格 1099, 矩 1105, 祇 1118, 祇 1127, 師 1130, 訓 1148, 記 1149, 益 1201, 恭 1205, 書 1216, 哲 1227, 威 1251, 閣 1299, 倉 1300, 陛 1307, 険 1308, 陳 1311, 視 1348, 規 1349, 理 1361, 能 1397, 玖 1407, 教 1408, 紀 1424, 剰 1426, 章 1461, 恕 1483, 啓 1491, 基 1493, 庸 1507, 順 1532, 御 1572, 勝 1613, 程 1641, 詔 1658, 詞 1665, 斯 1670, 期 1671, 朝 1672, 納 1685, 敬 1691, 馭 1697, 勤 1698, 勘 1699, 尋 1705, 登 1744, 賀 1756, 象 1761, 然 1788, 智 1793, 堯 1795, 道 1811, 摸 1836, 琚 1839, 卿 1865, 雄 1912, 雅 1913, 稚 1914, 詮 1934, 誠 1935, 経 1957, 猷 1962, 義 1975, 寛 1977, 意 2007, 誉 2010, 愛 2018, 業 2024, 憲 2033, 率 2040, 準 2041, 載 2050, 像 2061, 徳 2063, 憧 2069, 弼 2092, 楷 2098, 模 2104,

郷 2112, 誥 2140, 銓 2156, 数 2169, 節 2215, 儀 2255, 権 2300, 糊 2309, 論 2320, 統 2333, 毅 2351, 範 2384, 製 2388, 韑 2393, 慰 2404, 熙 2409, 慶 2425, 稽 2491, 頼 2506, 緑 2535, 憲 2562, 賓 2579, 暹 2593, 幾 2597, 儗 2604, 謨 2638, 講 2644, 謹 2645, 謙 2646, 鵠 2739, 騎 2762, 識 2810, 績 2814, 機 2869, 議 2876, 彝 2909, 譲 2918, 彝 2943, 躋 2950, 纚 2955, 鑑 2968, 霽 2978, 鑾 2982)

Noriaki *m* 伯明 363, 孝顕 541, 経明 1957, 憲顕 2562

Noriakira *m* 文信 86

Noribumi *m* 則録 902, 勘文 1699

Norichika *m* 哲哉 1227

Norie *m* 雅英 1913; *f* 倫枝 1037, 鑾江 2982

Norifuji *m* 憲藤 2562

Norifumi *m* 則文 902

Norifusa *m* 周房 736, 銓総 2156

Noriharu *m* 堯治 1795

Norihide *m* 軌秀 892, 慎英 1839

「則彦 902

Norihiko *m* 位彦 354,

Norihiro *m* 仙弘 228, 納寛 1685, 経裕 1957

Norihisa *m* 了久 9, 典寿 733, 記久 1149

Norikage *m* 憲陰 2562

Norikane *m* 代包 125, 則兼 902, 教兼 1408, 徳包 2063

Norikaze *m* 御風 1572

Norikazu *m* 乗寿 1016, 模一 2104, 範一 2384, 謙和 2646

Noriki *s* 法木 824

Norikiyo *m* 則清 902, 規清 1349

Noriko *f* 式子 306, 命子 671, 法子 824, 祝子 851, 准子 1023, 格子 1099, 祇子 1127, 教子 1408, 賀子 1756, 義子 1975, 楷子 2098, 模子 2104, 儀子 2255, 範子 2384

Norikuni *m* 教邦 1408, 順域 1532

Norimasa *m* 宣政 919, 度正 1009, 徳全 2063, 謙昌 2646

Norimi *m* 章甫 1461

Norimichi *m* 敬道 1691

Norimitsu *m* 知満 626, 則光 902, 紀光 1424, 敬光 1691

Norimochi *m* 教用 1408

Norimori *m* 乗蘊 1016

Norimoto *m* 礼本 146

Norimune *m* 則宗 902, 範宗 2384

Norinaga *m* 宣長 919, 義良 1975

Norinao *m* 礼直 146

Norinari *m* 徳業 2063, 熙戎 2409

Norinobu *m* 教翅 1408

Norio *m* 功男 135, 典夫 733, 律夫 787, 則雄 902, 師男 1130, 恕郎 1483, 順雄 1532, 智夫 1793, 節雄 2215, 権士 2300, 範夫 2384

Norisada *m* 紀貞 1424

Norisane *m* 則心 902

Norisato *m* 宣諭 919, 儀達 2255, 統閭 2333

Norishige *m* 周重 736, 法茂 824, 則蕎 902, 紀成 1424, 経義 1957, 業繁 2024, 憲重 2562

Norishiro *m* 応代 509

Norisue *m* 孝季 541, 乗杉 1016

Norisuke *m* 憲相 2562

Noritada *m* 乗紀 1016, 義忠 1975, 意忠 2007, 範規 2384

Noritaka *m* 明幸 623, 教尚 1408, 徳仰 2063

Noritake *s* 乗竹 1016; *m* 則武 902

Noritane *m* 式胤 306

Noritarō *m* 祝太郎 851

Noriteru *m* 則耀 902, 惠輝 2033

「祝詞 851

Norito *m* 準人 2041; *l*

Noritoshi *m* 乗命 1016

Noritsugu *m* 矩次 1108, 徳次 2063

「1016

Noritsuhiko *m* 乗津彦

Noritsuke *m* 乗付

Noritsuna *m* 乗統

Noritsune *m* 宣経 919, 乗秩 1016, 訓常 1148, 規矩 1349

Noriumi *m* 徳海 2063

Noriyasu *m* 製保 2388

Noriyo *f* 至世 485

Noriyori *m* 阡尚 373, 得道 1299, 範頼 2384

Noriyoshi *m* 則瓊 902, 矩最 1108, 哲致 1227, 致美 1407, 登美 1744, 節義 2215, 儀義 2255, 頼誼 2506, 憲欽 2562, 憲福

Noriyuki *m* 言志 439, 則来 902, 矩随 1108, 記之 1149, 視之 1348, 敬礼 1691

Norizane *m* 徳真 2063

Norizō *m* 基三 1493

Noro *s* 野呂 1398

～ Genjō *mh* 野呂元丈

Noromatsu *s* 野呂松

(noru 宜 675)

「野栄

Nosaka *s* 野坂 1398; *p*

Nōsakusho *l* 能作書

Nosawa *s* 能沢

⌊1397

Nose *s* 能世, 能瀬, 野瀬 1398; *sp* 能勢 1397

Nosedani *s* 野世渓 1398

Nosegawa *sp* 野迫川

Noshichiri *s* 野七里

Noshiro *s* 野城; *p* 能代 1397

Nōso *s* 納所 1685

Nōsu *s* 野生司 1398

Notari *m* 野足

Noto *s* 能任 1397; *p* 能都, 能登

Notogawa *p* 能登川

Notojima *p* 能登島

Notomi *s* 納富 1685

Notoya *s* 能登屋 1397

Notsu *sp* 野津 1398

Notsuhara *p* 野津原

Nou *s* 能生 1397

Nouchi *s* 野内 1398

Nowaki *l* 野分

Noya *s* 野矢

Noyama *s* 野山

Noyasu *s* 野安

Noyo *s* 野与

Noyori *s* 野与, 野依

Noyuri *f* 野百合

Nozaka *s* 野坂

Nozaki *s* 野崎

～ Sabun *ml* 野崎左文

Nozarashi kikō *l* 野晒紀行

Nozashi *s* 野条

Nozato *s* 野里

Nozawa *sp* 野沢

Nozoe *s* 野副

Nozoki *s* 及位 63, 莅戸 1174. (莅)

Nozokido *s* 莅戸

Nozomu *m* 望 1777

Nozu *s* 能津 1397, 野津

Nozue *s* 野末

⌊1398

Nozuka *s* 野塚

(nu 奴 256, 沼 595, 怒 1222, 野 1398, 渟 1580)

Nuda *s* 奴田 256

Nudachi *s* 月出里 80

(nude 榯 2478A)

Nudejima *sp* 榯島

Nue *la* 鵺 2818

Nuekako *s* 水主 54

(nui 縫 2746, 繡 2954)

Nuigawa *s* 縫川 2746

Nuiji *m* 縫二

Nuiko *f* 縫子, 繡子 2954

Nuka *s* 奴可 256, 額 2756. (各 277, 糠 2633, 額 2756)

Nukada *sp* 額田

Nukadabe *s* 額田部

Nukada no Ōkimi *fl* 額田王

「六福

～ Roppuku *ml* 額田

Nukaga *s* 額賀

Nukagawa *s* 額川

Nukako *f* 糠子 2633

Nukamushi *m* 糠虫

Nukanobu *s* 糠信

Nukariya *s* 奴借屋 256, 忽滑谷 704, 怒借屋 1222

Nukaruya *s* 忽滑谷 704

Nukata *s* 各田 277

Nukatabe *s* 各田部

(nuke 抜 384)

Nukegara *l* 抜殻

Nuki *s* 札 145, 貫 1754. (抜 384, 枌 624, 貫 1754)

Nukii *s* 貫井

Nukike no Futokubi *ml* 抜気太首 384

Nukima *s* 飽間 2165

Nukina *s* 貫名 1754

Nukita *s* 枌田 624

Nukiyama *s* 抜山 384

Nukui *s* 温 1585, 温井, 貫井 1754

Nukumi *s* 温 1585
Numa *s* 沼 595, 沼間. (沼)
Numabatake *s* 沼畠
Numabe *s* 沼部
Numachi *s* 沼知
Numagami *s* 沼上
Numaguchi *s* 沼口
Numai *s* 沼井
Numajima *s* 沼島
Numajiri *s* 沼尻
Numako *f* 沼子
Numakuma *p* 沼隅
Numakura *s* 沼倉
Numamoto *s* 沼本
Numanami *s* 沼波, 沼浪
Numano *s* 沼野
Numao *s* 沼尾
Numasaki *s* 沼前
Numata *sp* 沼田
Numazaki *s* 沼崎
Numazawa *s* 沼沢
Numazu *sp* 沼津
(nume 絖 2147)
Numeko *f* 絖子
(nuna 渟 1580)
Nunami *s* 沼波 595
~ Keion *ml* 沼波瓊音
Nunawa *m* 蓴 2187
(nuno 布 170)
Nunoda *s* 布田
Nunogami *s* 布上
Nunokawa *s* 布川
Nunoko *f* 布子
Nunome *s* 布目
Nunomura *s* 布村
Nunose *s* 布忍
Nunoshi *s* 布忍, 布師
Nunoshita *s* 布師田
Nunoya *s* 布屋
Nuri *s* 泥 594, 漆 2087. (泥 594, 漆 2087)
Nuribe *s* 漆部
Nurihe *s* 泥戸 594
Nurishima *s* 漆島 2087
(nuru 沃 396)
Nurube *s* 漆部 2087
Nuruhi *s* 垂氷 761
Nurutō *s* 奴留湯 256
Nuruya *s* 怒留湯 1222
Nusa *s* 札 145. (麻 1508, 幣 2414)
Nusakazu *m* 幣一
Nusao *m* 麻男 1508
(nushi 主 196)
Nushida *s* 主田
Nushimori *m* 主守
Nushitani *s* 塗師谷 2038
Nutari *s* 沼垂 595, 渟足 1580
Nuttari *sp* 沼垂 595
(nyaku 若 692, 楉 1622)
Nyakuichi *l* 若市 692
(nyo 女 114, 汝 394, 如 412, 茹 1171)
(nyō 女 114, 仍 123, 茸 925, 穣 2802, 譲 2918, 饒 2925)
Nyogan *ml* 如願 412
~ Hōshi shū *l* 如願法師集
Nyoirin Kannon *fh* 如意輪観音
Nyōmura *s* 饒村 2925
Nyonin geijutsu *l* 女人芸術 114
(nyu 紐 1682, 儒 2432, 襦 2803)
Nyū *sp* 丹生 79. (入 15, 乳 657)
Nyūbe *s* 入部 15
Nyūgawa *p* 丹生川 79, 壬生川 116
Nyūhito *s* 丹人 79
Nyūi *s* 乳井 657
Nyūjiirando *p* "New Zealand" 新西蘭 1965
Nyūnoya *s* 入野屋 15
Nyūyōku *p* "New York" 紐育 1682
Nyūzen *sp* 入善 15

O

O *s* 呼於 571. (小 21, 凡 37, 士 41, 大 48, 日 76, 方 85, 少 88, 夫 104, 生 214, 丘 219, 乎 221, 壮 243, 白 265, 広 316, 男 495, 尾 505, 於 607, 房 658, 矣 665, 良 767, 偶 772, 保 781, 勇 908, 表 914, 音 962, 彦 1007, 即 1145, 家 1185, 烏 1256, 隆 1313, 済 1336, 弦 1345, 峰 1351, 魚 1485, 麻 1508, 陽 1567, 御 1572, 報 1667, 雄 1912, 飫 1963, 寛 1977, 意 2007, 越 2052, 節 2215, 穂 2308, 絃 2331, 緒 2537, 饒 2925, 巌 2936)
Ō *s* 大 48, 王 90, 太 105, 生 214, 多 347, 呼於 571, 音太 962, 飫富 1963, 飯富 1964, 意富 2007. (凡 37, 王 90, 太 105, 功 135, 公 156, 央 182, 巨 199, 生 214, 多 347, 伯 363, 均 387, 汾 397, 汪 401, 弘 410, 邑 460, 応 509, 臣 527, 往 579, 押 587, 泱 589, 旺 620, 迋 749, 洪 811, 胖 843, 相 868, 皇 964, 姶 1091, 秧 1114, 淡 1340, 桜 1373, 朗 1394, 翁 1430, 黄 1499, 逢 1516, 惶 1545, 奥 1798, 煌 1877, 鉅 1946, 媼 2089, 碩 2116, 蓊 2189, 横 2301, 篁 2382, 澳 2459, 嫗 2474, 鴨 2489, 諺 2508, 膺 2705, 艶 2833, 鶯 2940, 鷗 2975, 鷹 2995, 鸚 3021)
Oake *s* 緒明 2537
Ōakinai hiru ga Kojima *la* 大商蛭小島 48
Ōaku *s* 大阿久
Oama *sp* 小天 21
Ōama *s* 大甘 48; *mh* 大海人; *f* 大海
Ōami *sp* 大網
~ Shirasato *p* 大網白里
Ōan 1368–75 応安 509
Oana *s* 小穴 21
Ōan shinshiki *l* 応安新式 509
Ōarai *p* 大洗 48
Ōaraki *s* 大荒木, 邑楽 460
Ōasa *s* 大麻 48; *sp* 大朝
Ōasha *p* 大麻
(oba 姨 1357)
Ōba *s* 大羽 48, 大庭, 大場, 大峡
Oba ga sako *la* 伯母ケ酒 363
Ōba Hakusuirō *ml* 大場白水郎 48
~ Kakō *ml* 大場柯公
Obama *s* 小汀 21; *p* 小浜
Obanazawa *p* 尾花沢 505
Obara *sp* 小原 21
Obase *s* 小場瀬
~ Takuzō *ml* 小場瀬卓三
Obasute *la* 伯母捨 363, 姨捨 1357
Obata *s* 小畑 21, 小墾田, 小畠, 小幡, 小籏, 尾畑 505; *p* 小俣 21
Obatake *s* 小畠
Ōbatake *sp* 大畠 48
Obayashi *s* 尾林 505
Ōbayashi *s* 大林 48
Obe *s* 凡部 37
Ōbe *s* 大辺 48, 太部 105, 生部 214
Obi *s* 小尾 21. (帯 1192)
Obihiro *p* 帯広
Obikane *s* 帯包, 帯金
Obikawa *s* 及川 83
Obiko *f* 帯子 1192
Obinata *s* 帯刀
Obira *p* 小平 21
Obito *sm* 首 920; *m* 丘人 219. (首 920)
Obitomaro *m* 首麿
Obitona *m* 首名
Obitsu *p* 小櫃 21
Obiya *s* 帯谷 1192
Obokata *s* 小保方 21
Obonai *s* 小保内
Ōbori *s* 大堀 48
Ōboshi *s* 大星
Obu *s* 飫富 1963
Ōbu *s* 大生 48; *p* 大府
Obuchi *s* 小淵 21
Ōbuchi *s* 大淵 48
Obuse *sp* 小布施 21
Obusuma *s* 男衾 495
Obuto *sm* 首 920
Ochi *s* 小知 21, 邑智 460, 租地 1116, 越智 2052; *sp* 越知; *p* 隠地 2074. (日 76, 落 1733, 越 2052, 鉞 2157)
Ōchi *sp* 大内 48, 大市;

m 邑珍 460 ; p 邑智, 相知 868

Ochiai sp 落合 1733

~ Naobumi ml 落合直文

Ochiba la 落葉

Ochibito m 平知人 221, 越智人 2052

Ochiburō i s 十一仏 18, 十二仙, 十二神, 十二神島 「越人 2052

Ochi Etsujin ml 越智

Ochigori s 月目 80

Ochikubo l 落窪 1733

Ochimi m 落実

Ochita s 道田 1811

Ōchō 1311–12 応長 509

Ōchoku mh 王直 90

Oda s 尾田 505, 緒田 2537, 織田 2879 ; sm 於田 607 ; sp 小田 21

Ōdabira s 太平 105

Ōdachi s 大達 48, 大館

Odagaki s 小田垣 21

Odagawa s 小田川

Odagiri s 小田切, 小田桐 「雄

~ Hideo ml 小田切秀

Odai s 小田井, 尾台 505

Ōdai p 大台 48

Odaira s 小平 21

Ōdaira s 大平 48

Odajima s 小田島 21

Oda Jun'ichirō ml 織田純一郎 2879

Odaka sp 小高 21

Ōdaka sp 大高 48

Oda Kankei ml 小田観螢 21

Odaki s 小田木, 小田切, 小滝

Odakura s 小田倉

Oda Masanobu ml 織田正信 2879

Odamura s 小田村 21

Odanaka s 小田中

Odani s 男谷 495

Odano s 小田野 21

Oda Nobunaga mh 織田信長 2879

~ Sakunosuke ml 織田作之助

Odasuku s 小助 21

Oda Takeo ml 小田嶽夫 「sp 大館

Ōdate s 大立 48, 大達 ;

Odatori s 小田鳥 21

Odawara sp 小田原

Odera s 小寺, 尾寺 505

Ōdera s 大寺 48

Ōdō s 応堂 509 (odoke 諢 2511)

Odoke-banashi ukiyo-buro l 諢話浮世風呂

Odori s 踊 2132

Ōdoro s 行行林 245

Odorobayashi p 行行林

Ōe s 大声 48 ; sp 大江

Ōeda s 大江田, 大条, 大枝

Ōei 1394–1428 応永 509

Ōe Kenzaburō ml 大江健三郎 48

Ōemaru ml 大江丸

Ōe Mitsuo ml 大江満雄 「江朝綱

~ no Asatsuna ml 大

~ no Hiromoto mh 大江広元 「江匡房

~ no Masafusa ml 大

~ Ryōtarō ml 大江良太郎

Ōeyama la 大江山

Ōfuji s 大藤

Ōfuke s 大更

Ōfunato sp 大船渡

Ōfusa s 大房

Ofuta s 竹蓋 247

Oga p 男鹿 495

Ōga s 大神 48, 大賀, 大鋸 ; sp 相賀 868

Ogachi p 雄勝 1912

Ōgai s 大貝 48, 大畳 ; ml 鷗外 2975

Ōgaito s 大垣 48

Ōgaki sp 大垣, 大柿

Ogami s 尾上 505

Ōgane s 大金 48, 大兼, 大鐘

Ogano s 小彼 21, 小賀野 ; sp 小鹿野

Ogara s 麻柄 1508

Ogasa s 小笠 21

Ogasawara sp 小笠原

Ogashira s 麻首 48

Ogata s 小方 21, 尾方 505, 尾形, 緒形 2537 ; sp 緒方

Ōgata s 大形 48, 生形 214 ; p 大方 48, 大潟

Ogata Kamenosuke ml 尾形亀之助 505

~ Kenzan ma 尾形乾山

~ Kōan mh 緒方洪庵

~ Kōrin ma 尾形光林 505

Ogawa s 小河 21, 尾川 505 ; sp 小川 21 ; p 緒川 2537 「21

~ Mimei ml 小川未明

Ogawara s 小河原

Ogaya s 大鋸屋 48

Ogi s 尾木 505 ; sp 小木 21, 小城, 尾城 1176. (荻)

Ōgi sp 正親 205. (扇) 「1156)

Ōgiba s 扇迫

Ogida s 扇田

Ogie sf 荻江 1176

Ōgigayatsu s 扇谷 1156

Ogiko f 荻子 1176

Ogihata s 扇畑 1156

~ Tadao ml 扇畑忠雄

Ōgihazama s 扇迫

Ōgiku s 大菊 48

Ogikubo s 荻久保 1176 ; p 荻窪

Ōgimachi smh 正親町

~ Kinkazu ml 正親町公和

Ogimi f 雄君 1912

Ōgimi f 大儀見 48

Ogimura s 荻村 1176

Ōgin s 往岸 579

Ogino s 荻野 1176

Oginuma s 荻沼

Ogishima s 荻島

Ōgishō l 奥義抄 1798

Ogiso s 小木曾 21

Ogisu s 荻須 1176

Ogita s 荻田

Ogiwara s 荻原

~ Seisensui ml 荻原井泉水 「秀

~ Shigehide mh 荻原

Ogiya s 荻谷

Ōgiya s 扇谷 1156

Ogiyama s 荻山 1176

Ogō s 小江 21

Ōgo s 大湖 48 ; sp 大胡

Ōgoe sp 大越

Ogori p 小郡 21

Ogose p 越生 2052

Ogoshi s 生越 214

Ōgoshi s 大越 48, 大腰

Ogosho mh 大御所

Oguchi s 小口 21

Ōguchi sm-p 大口 48

Oguma sp 小熊 21

~ Hideo ml 小熊秀雄

Oguni sp 小国

Ogura s 小倉, 巨椋 199 ; sp 小椋 21

~ hyakunin isshu l 小倉百人一首

Oguri s 小栗

Ōguri s 大栗 48 「葉 21

Oguri Fūyō ml 小栗風

~ Hangan l 小栗判官

Oguro s 小黒 「呂

Oguromaro m 小黒麻

Ogurusu s 小栗栖

Ōgusa s 大日 48, 大草

Ogushi s 小串 21

Ogusu s 小楠 「1176

Ogyū s 大給 48, 荻生

~ Sorai mlh 荻生徂来

Ohama s 小浜 21

Ōhama sp 大浜 48

Ohana s 小花 21, 尾花 505 ; p 大原 48

Ohara s 尾原 ; sp 小原

Ōhara sp 大原 「幸

Ohara gokō la 大原御

Oharai no kotoba go-shaku l 大祓詞後釈

Ōhara Tomie fl 大原富枝 「学

~ Yūgaku mh 大原幽

Ōhari s 大針

Oharida s 小治田 21, 小墾田 「治

Ōharu s 大春 48 ; sp 大

Ōhasama s 小馬 21

Ōhasama sp 大迫 48

Ohase s 小谷 21, 小泊瀬, 小長, 小長谷

Ohasebe s 小長谷部

Ōhashi s 大橋 48

~ Junzō mh 大橋順蔵

~ Matsuhei ml 大橋松平

~ Otowa ml 大橋乙羽

Ōhata s 大畠 ; sp 大畑

Ohayashi s 小林 21

Ohazama s 大峡 48

Ōhi s 大日 ; m 大火

Ōhigashi s 大東

Ōhigata s 大日方

Ōhimatsuri s 大日奉

Ohinata s 小向田 21

Ōhinata s 大日方 48, 大日南

(云 147, 処 177, 生 214,
沖 225, 印 260, 気 319,
住 355, 沖 400, 宋 468,
知 616, 宙 673, 典 733,
居 737, 発 953, 息 1224,
恩 1225, 座 1245, 起 1262,
隆 1313, 設 1401, 致 1407,
翁 1430, 陽 1567, 御
1579, 奥 1798, 趙 1816,
寛 1977, 意 2007, 業
2024, 置 2232, 熙 2409,
澳 2459, 奥 2586, 幾
2597, 瀛 2865)

Ōki s 大城 48, 大喜, 仰
木 360, 和宇慶 638 ; sp
大木 48

~ Atsuo ml 大木惇夫
Okibe s 刑部 258
Okida s 恩田 1225
Ōkida sp 大分 48
Okigaki s 沖垣 400
Ōkiguchi s 大木口 48
Okihajime s 並始 765
Okihara s 沖原 400
Okihisa m 意留 2007
Okiie m 興家 2586, 興屋
Okijima s 沖島 400
Okikata m 興方
Okikaze s 興風 2586
Okikazu m 意壱 2007
Okiko f 沖子 225
Okimaro m 奥麿 1798,
澳麿 2459
Okimaru m 興丸 2586
Okimasa m 興正 「美
Okimi f 興成 400 ; p 沖
Okimichi s 興道 2586
Ōki Minoru ml 大木実
48
Okimori m 奥守 1798
Okimune sm 興統 2586
Okimura s 沖村 400
Okina la 翁 1430. (翁)
Okinaga p 息長 1224 ;
m 興増 2586
Okinamaro m 翁満 1430
Okinao m 興直 2586
Okinari m 興生
Okindo m 興人
Okinebori m 興根昇
Okino s 沖野 400, 興野
2586 ; m 澳野 2459
~ Iwasaburō ml 沖野
岩三郎 400
Okinori m 興文 2586
Ōkisaichi s 大私 48
Okisato sp 息郷 1224

Okishige m 興重 2586
Okisome s 置始 2232
Okisu s 乙須 2 「400
Okita s 小喜多 21, 沖田
Ōkita s 大分 48, 大北,
大喜多 「任
Ōki Takatō mh 大木喬
Okitatsu m 興立 2586
Okitsu s 沖津 400, 興津
2586
Okitsugu m 意次 2007
Okitsura m 興貫 2586
Okiuta m 興詩
Okiyama s 沖山 400
Okiyo s 興世 2586
Okkotsu s 乙骨 2
Oko s 左近 171, 尾古 505
Ōko s 大日子 48, 大古,
大胡, 大庫
Ōkobira s 大河平
Ōkōchi s 大河内
Ōkōchi s 大川内 ; sp
大河内
Okoe s 烏胡故 1256
Ōkoma s 大狛 48
Okonogi s 小此木 21
Okoppe p 興部 2586
Okori s 発 953
Okoshi s 小越 21, 起
1262 ; m 尾興 505
Okosu s 起 1262 「221
Okototen s 乎古止点 平
Oku s 奥 1798 ; p 邑久
460. (或 750, 莫 1233, 惑
1784, 奥 1798, 煜 1874A,
億 2252, 憶 2440)
Ōku s 大伯 48
Okuaki s 奥秋 1798
Okubee m 奥兵衛 「窪
Ōkubo sp 大久保 48, 大
~ Tadayasu ml 大久保
保忠保 「利謙
~ Toshiaki ml 大久保
~ Toshimichi ml 大久
保利通 「尾口 505
Okuchi s 邑智 460 ; p
Okuda s 奥田 1798
Okudai s 奥代
Okudaira s 奥平
Okudani s 奥谷
Okudera s 奥寺
Okudo s 奥戸
Okue s 小久江 21
Okufuji s 奥藤 1798
Okugawa s 奥川
Okugura s 奥倉
Okuhara s 奥原

Okui s 奥井, 奥居 ; m
少咋 88
Okuizumi s 奥泉 1798
Okuko f 奥子
Okuma sp 小熊 21
Ōkuma s 大隈 48 ; sp
大熊 「次郎
~ Chūjirō ml 大熊
~ Kotomichi ml 大隈
言道 「信行
~ Nobuyuki ml 大熊
~ Shigenobu mh 大隈
重信
Ōkumebe s 大来目部
Okumichi m 奥道 1798
Okumiya s 奥宮
Okumoto s 奥本
Okumura s 奥村
~ Ioko fh 奥村五百子
Okumyōgata p 奥明方
Okunaka s 奥中
Okuni fa 阿国 569, 於
国 607
Ōkuni s 大国 48
Okuni Kabuki a 於国
歌舞伎 607
Ōkuninushi no Kami
mh 大国主神
Ōkuni Takamasa mh
大国隆正
Okuno s 奥野 1798
Ōku no Himemiko fh
大伯皇女 48, 大来皇
女 「の細道 1798
Oku no hosomichi l 奥
Okuno Shintarō ml 奥
野信太郎
~ Takeo ml 奥野健男
Okunuki s 奥貫
Okura s 小内蔵 21 ; ml
憶良 2440 ; p 於庫 607
Ōkura s 大倉 48, 巨椋
199 ; sp 大蔵 48
Ōkuradani s 大暗谷
Okurai s 憶頼 2440
Ōkura Kihachirō mh
大倉喜八郎 48
~ Nagatsune mh 大蔵
永常
~ Tōrō ml 大倉桃郎
Okurezaki haruna no
umegaha la 後開榛
名梅ケ香 1300
Ōkuro s 大黒 48
Okurume s 小車梅 21
Okusaki s 奥崎 1798
Okuse s 奥瀬

Ōkushi s 大串 48
Okushima s 奥島 1798
Okushiri p 奥尻
Okuso fh 小屎 21 「1798
Oku-tama p 奥多摩
Okute f 晩稲 1595
Ōkuto s 奥戸 1798, 奥畠
Okutomi s 奥富
Okutsu s 奥津
Ōkuwa sp 大桑 48
Okuwaki s 奥脇 1798
Okuya s 奥谷
Okuyama s 奥山
Okuzawa s 奥沢
Okuzumi s 奥住, 奥隅
Ōkyū s 大給 48
Ōma sp 大間
Ōmachi sp 大町
~ Keigetsu ml 大町桂
Ōmae s 大前 「月
Omaezaki p 御前崎 1572
Ōmagari sp 大曲 48
Ōmakoto s 大允
Ōmama p 大間間
Omaro m 壮麻呂 243
Ōmasa s 大政 48
Omasama s 小間 21
Omata s 小俣
Ōmata s 大亦 48, 大股 ;
m 大派
Omatsu f 御松 1572
Ōmatsu s 大松 48
Ōme s 大目 ; sp 青梅
700
Omegawa s 男女川 495
Omi s 小見 21, 尾見 505,
尾身 527, 麻呂 527,
1508, 麻績 ; sm 使主
556 ; p 麻績 1508. (老
334, 臣 527)
Ōmi s 大見 48, 大弥 ;
sm 大洋, 淡海 1340 ;
sp 大海 48 ; sph 近江
506 ; p 青海 700
~ agata l 近江県 506
Ōmibu s 大生 48
Ōmichi s 大道
Omie f 臣江 527
Omigawa p 小見川 21
Ōmi Genji senjin ya-
kata la 近江源氏先
陣館 506 「八幡
~ Hachiman p 近江
Ōmihara s 大海原 48
Omiichi m 麻績一 1508
Omimaro m 意美麿
2007

Ominako *f* 老名子 334

Ominameshi *la* 女郎花 114

Ōminato *sp* 大湊 48

~ Tanabe *p* 大湊田名部

Ōmine *p* 大峰, 大嶺

Omino *s* 小見野 21, 小見濃

Ōminoashitsumi *s* 近江脚身 506 「1508

Ominoichi *m* 麻績一

Ōmi no Mifune *ml* 淡海三船 1340

Omio *f* 臣乙 527

Ōmi Seijin *mh* 近江聖人 506

Ōmishima *p* 大三島 48

Ōmiwa *s* 大神, 大三輪

Ōmiwashimotoda *s* 大神楉田

Ōmiya *sp* 大宮

Omiyama *s* 小見山 21

Ōmizo *s* 大溝 48

(omo 面 904, 表 914)

Omodaka *s* 沢瀉 404

Omoga *p* 面河 904

(omoi 思 966)

Omoigusa *l* 思草

Omokage *l* 於母影 607

Omokawa *s* 面川 904

Omoki *s* 面木

Ōmomo *s* 大桃 48

Omonogawa *s* 雄物川 1912

Ōmori *sp* 大森 48

~ Fusakichi *mh* 大森房吉 「郎

~ Gitarō *ml* 大森義太郎

Omoshi *m* 重 1017

Omote *s* 表 914

Omotegō *p* 表郷

Omoto *s* 尾本 505 ; *f* 万年青 43

Ōmoto *s* 大元 48, 大本

Ōmu *p* 雄武 1912

~ -gaeshi bunbu nidō *l* 鸚鵡返文武二道 3021

~ Komachi *la* 鸚鵡小町

Omura *s* 尾村 505

Ōmura *sp* 大村 48

~ Masujirō *mh* 大村益次郎 「純忠

~ Sumitada *mh* 大村

Omuro *p* 御室 1572

Ōmuro *s* 大室 48

Ōmusamiyakenotabe *s* 大身狭屯倉田部 (on 臣 527, 苑 682, 音 962, 恩 1225, 温 1563, 温 1585, 婉 1600, 媛 1868, 遠 2043, 園 2046, 猿 2062, 隠 2074, 榲 2089, 榲 2101, 蒸 2370, 穏 2492, 薗 2681, 蘊 2934)

Ona *s* 小名 21 「21

Ōna *s* 大魚 48 ; *p* 小谷

Onabuchi *s* 小女淵

Onagawa *p* 女川 114

Onai *s* 小内 21, 尾内 505

Onaka *s* 尾中

Ōnaka *s* 大中 48

Ōnakadō *s* 大中道

Ōnakagawa *s* 大中川

Ōnakatomi *s* 大中臣

~ no Yoshinobu *ml* 大中臣能宜

Onami *f* 男波 495

On'ami *ma* 音阿弥 962

Ōnami *s* 大波

Ōnari *s* 大成

Ōnawa *s* 大繩

Onaya *s* 大屋 114

Onba *s* 老馬 334

Onbetsu *p* 音別 962

Onchi *p* 恩地 1225, 恩智, 連地 2012

~ Kōshirō *ml* 恩地孝四郎 1225 「武 2043

~ Terutake *ml* 遠地輝

Onda *s* 音田 962, 恩田 1225, 遠田 2043

Ondo *m* 音人 962, 雄人 1912 ; *p* 音戸 962

~ -no-seto *p* 音戸瀬戸

Ōne *s* 大根 48, 嶺 2188

Ōnejime *p* 大根占 48

Onga *p* 遠賀 2043

Ongagawa *p* 遠賀川 (oni 鬼 1527)

Onigajō *s* 鬼ヶ城

Onigawara *la* 鬼瓦

Onijima *s* 鬼島

Oni-kage Musashi a-bumi *la* 鬼鹿毛無佐志鐙

Onikime *s* 鬼極

Onikojima *s* 鬼小島

Onikoshi *s* 鬼越

Onikubo *s* 鬼窪

Onimusashi *m* 鬼武蔵

Ōnin 1467–69 応仁 509

Oni no mamako *la* 鬼の継子 1527

Onio *s* 鬼尾

Oniō *s* 鬼王

Oniōmaru *ma* 鬼王丸

Onisakuza *m* 鬼作左

Onishi *s* 鬼石

Ōnishi *sp* 大西 48

~ Hajime *ml* 大西祝

~ Kyojin *ml* 大西巨人

~ Yoshinori *ml* 大西克礼

Onitake *sm* 鬼武 1527

Onitsura *ml* 鬼貫

Onizawa *s* 鬼沢

Onizuka *s* 鬼塚

Onjō *s* 遠城 2043

Onjōji *p* 園城寺 2046

Onjuku *p* 御宿 1572

Onma *s* 老馬 334

Onmyōdō *h* 陰陽道 1563 「学 114

Onna daigaku *lh* 大女

~ -goroshi abura jigo-ku *la* 女殺油地獄

~ Kabuki *l* 女歌舞伎

~ keizu *l* 婦系図 1603

Onnoko *s* 臣 527

Ono *s* 小能 21, 尾野 505, 斧 659, 穏野 2492 ; *sp* 小野 21. (自 340, 斧 659, 鉄 1677, 鉞 2157)

Ōno *s* 大 105, 巨野 199 ; *sm* 多 347 ; *sp* 大野 48

Ono Azusa *mh* 小野梓 21

Ōnobu *sp* 大生 48

Ono Bushi *ml* 小野蕪子 21

Onoda *s* 斧田 659 ; *sp* 小野田 21 「蕎 659

Onodera *s* 小野寺, 斧

Onoe *sp* 尾上 505 ; *f* 御野上 1572

~ Kikugorō *ma* 尾上菊五郎 505

~ Saishū *ml* 尾上柴舟

Onogami *p* 小野上 21

Ōnogi *s* 大野木 48

Onoguchi *s* 小野口 21

Onohara *s* 小野原

Ōnohara *s* 大野原 48

Onojima *s* 小野島 21

Onojirō *m* 鉄次郎 2157

Onokawa *s* 小野川 21

Onoki *s* 小野木

Ōnoki *s* 大米 48, 大軒, 大野木 ; *sp* 大仰

Onoko *f* 鉄子 1677

Onoma *m* 斧馬 659

Ōnomi *p* 大野見 48

Onomichi *p* 尾道 505

Onomura *s* 小野村 21, 尾村 505 「夫 48

Ōno Nobuo *ml* 大野誠

Ono no Dofū *mla* 小野道風 21 「妹子

~ no Imoko *mh* 小野

~ no Komachi *fl* 小野小町

~ no Michikaze *mla* 小野道風 「野篁

~ no Takamura *ml* 小

Onooka *s* 小野岡

Ōno Rinka *ml* 大野林火 48

Onose *s* 小野瀬 21

Ōno Shachiku *ml* 大野洒竹

Onosuke *m* 自助 340

Ono Tōzaburō *ml* 小野十三郎 21

Onouchi *s* 小野内

Onoyama *s* 小野山

Ō no Yasumaro *ml* 太安万侶 105

Onozaka *s* 小野坂

Onozaki *s* 小野崎

Onozato *s* 小野里

Onozawa *s* 小野沢

Onozuka *sp* 小野塚

Onsen *p* 温泉 1585

Onuki *s* 小貫 21

Ōnuki *s* 大貫 48

Onuma *s* 小沼 21

Ōnuma *sp* 大沼 48

On'yōdō *h* 陰陽道 1563

Onyū *sp* 遠敷 2043

Onyūda *s* 鬼生田 1527

Onzōshi shimawatari *l* 御曹子島わたり 1572

Ōoka *sp* 大岡 48 ; *p* 大丘

~ seidan *l* 大岡政談

~ Shōhei *ml* 大岡昇平

~ Tadasuke *mh* 大岡忠相

Ōosa *s* 大日佐 48

Ōoyu *ml* 少老 88

Ōoyu *m* 巨老 199

Oppuri *s* 十二神 18

Ōra *p* 邑楽 460

Ōraimono *l* 往来物 579

Osō s 小添 21

Ōso s 大蘇 48

Osome Hisamatsu ukina no yomiuri la 於染久松色読販 607

Ōsone s 小曾根 21

Ōsone s 大曾根 48

Osono s 小園 21, 小薗

Ōsono s 大薗 48

Osu s 小須 21

Ōsu s 大須 48 ; m 大為

Ōsuga s 大菅 ; sp 大須賀 「字

~ Otsuji m 大須賀乙

Ōsuge s 大菅

Ōsugi s 大杉

~ Sakae mlh 大杉栄

Ōsuke m 翁助 1430, 応輔 509

Ōsuma s 大須磨 48

Osumi s 小住 21 ; sm 小角, 小隅

Ōsumi s 大 48, 大住, 大角, sm-ph 大隅 ; sp

Ota p 織田 2879 ; s 大隈

Ōta s 巨田 199, 応田 509, 負他 981 ; sp 大田 48, 太田 105

Otabe s 小田部 21

Ōtachihimibube s 大蝮壬部 48

Ōtachikara s 大田税

Ōtachime s 大音

Ōta Dōkan mh 太田道灌 105

Otae s 刑部 258

Ōtagaki s 大田垣 21, 太田垣 105 「蓮月 48

~ Rengetsu ml 大田

Ōtagawa s 大田川

Otagi sp 愛宕 2018

Ōtaguro s 大田黒 48, 太田黒 105

Ōta Gyokumei ml 太田玉茗

Otai s 小田井 21

Ōtajiro s 大田代 48

Ōtaka s 尾高 505

Ōtaka s 大高 48, 大鷹

Ōtakara s 大宝, 大財

Otake s 小竹 21, 尾竹 505, 御兵 48

Ōtake s 大武 48, 大岳 ; sp 大竹

Otakeda s 小竹田 21

Ōtake Shinsuke ml 大竹新助 48

Ōtaki sp 大滝, 大多喜, 王滝 90 「村 105

Ōta Kōson ml 太田鴻

Otama m 男玉 495

Ōtama p 大玉 48

Ōtamaro m 太田麿 105

Ōtami s 大田見 48

Ōta Mizuho ml 太田水穂 105 「畝 48

Ōta Nanpo ml 大田南

Otani s 小谷 21, 尾谷 505, 丘谷 19 ; p 遠渓

Ōtani s 大谷 48 「2043

~ Fujiko fl 大谷藤子

~ Gyōseki ml 大谷続石 「仏

~ Kubutsu ml 大谷句

Otari s 忍足 463 ; m 少足 88, 男足 495 ; p 小

Otaru p 小樽 「谷 21

Ōta Seikyū ml 太田青丘 105

Otate s 小楯 21

Ōtawa s 大多和 48

Ōtawara s 大田原

Ōta Yōko fl 大田洋子

Ōte sp 大手

Oteko m 小手子 21

Ōteru s 大煇 48, 大輝

Ōte Takuji ml 大手拓次

Oto m 於菟 607, 雄兎 1912.(乙 2, 乙 32, 吟 369, 呂 459, 声 465, 男 196, 呼 571, 弟 764, 律 787, 音 962, 頴 2113, 読 2142, 詔 2163, 徴 2265, 諷 2515, 翰 2518, 震 2577, 韻 2824, 響 2981)

Otō s 大豆 48

Ōto s 大多和, 大音, 首 920 ; sm-p 大戸 48 ; m 碩人 2116

Ōtō m 大任 48 ; p 大塔

Otoba s 乙葉 2

Otobe sp 乙部

Otobone s 乙骨

Otodo m 大臣 48

Otofuke p 音更 962

Otogawa s 音川 「1572

Otogibōko l 御伽婢子

Otogizōshi l 御伽草子

Otogorō m 音五郎 962

Otoguro s 乙黒 2

Otohata s 乙幡

Otohiko m 乙彦, 弟彦

Otoine m 弟稲 「764

Otoineppu p 音威子府

Otoji m 音治 「962

Otojirō m 音次郎, 音治郎

Otokawa s 乙川 2

Otokichi m 乙吉, 音吉 962 「509

Ōtoku 1084–87 応徳

Otokuma m 乙熊 2

Otokuni sp 乙訓 ; ml 乙州

Otomaro m 弟麻呂 764

Otomatsu m 音松 962

Otome s 乙面 2 ; f 大十女 48, 弟女 764, 音女 962 ; f-p 乙女 2 ; l 少女 88

Ōtomi s 大富 48

Ōtomo s 大友, 大供, 王供 48 ; sp 大伴 48

~ no Kanamura mh 大伴金村

~ no Ōji mh 大友皇子

~ no Sakanoe no Iratsume fl 大伴坂上郎女

~ no Tabito ml 大伴旅人

~ no Yakamochi ml 大伴家持

~ Sōrin mh 大友宗麟

~ Yoshishige mh 大友義鎮

Otomuto m 音人 962

Otona m 老人 334, 老夫 ; f 乙魚 2, 音那 ; m 乙魚 962, 音無 「962

Otondo m 音人

Otone sp 大利根 48

Otoneribe s 大舎人部

Otonushi m 音主 962

Otoo m 乙男 2

Ōtori s 大鳥 48

Ōtoribe s 大舎人部

Ōtori-zukuri a 大鳥造

Otose s 大刀西

Ōtoshi m 大歳, 大蔵

Otoshibanashi l 落話 1733

Otosuke m 音輔 962

Ototashi m 置曷 2232

Ototsu s 乙津 2

Otowa p 音羽 48

Otowaya s 音羽屋

Otoya m 男也 495, 音弥 962

Otoyama m 音山

Ōtoyo p 大豊 48

Otozō m 音三 962

Ōtozumi s 大角集 48

Otsu sp 乙津 2. (乙, 榲 2101)

Ōtsu s 大津 48

Ōtsubo s 大坪 「郎

~ Sōjirō ml 大坪草二

Otsuburui s 十二仏 18, 十二仙, 十二神, 十二神島

Ōtsuchi sp 大槌

Otsufuru s 越振 2052

Otsugae s 乙亥正 2

Otsugu m 緒嗣 2537

Otsuhata s 乙幡 2

Otsuhechi s 御返事 1572

Ōtsui s 大角集 48

Otsuji s 尾辻 505

Ōtsuji s 大辻 48

Ōtsuka s 大束, 大塚

~ Kinnosuke ml 大塚金之助

~ Kōzan ml 大塚甲山

~ Kusuoko fl 大塚楠緒子

Otsukawa s 乙川 2

Ōtsuka Yasuji ml 大塚保治 48

Ōtsuki s 小槻 21

Ōtsuki s 大即 48, 大肌, 大槻, 大築 ; sp 大月

~ Gentaku ml 大槻玄沢

~ Joden ml 大槻如電

~ Kenji ml 大槻憲二

Ōtsu-kyō ph 大津京

Ōtsume s 大角集

Ōtsumi s 大津美

Ōtsunu m 小角 21

Otsurui s 十二神島 18

Ottachi s 大竹 2

Ottake s 乙竹

Ouchi s 尾内 505

Ōuchi s 桜内 1373 ; sp 大内 48

~ Hyōe ml 大内兵衛

Ōuchiyama sp 大内山

Ōuchi Yoshitaka mh 大内義隆

Ōuda p 大宇陀

Ōue s 大上

Ouki lh 小右記 21

Ōumi s 大海 48

Ōunabara s 大海原

Ōura sp 大浦

Ōusu m 大碓

Ōwa *s* 大和, 大輪; 961–64 応和 509

Owada *s* 小和田 21

Ōwada *s* 大和田 48; *sp* 大輪田 「田泊

~-no-tomari *ph* 大輪

~ Tateki *ml* 大和田建

Ōwake *s* 大捌　　「樹

Ōwaki *s* 大脇

Ōwaku *s* 大和久

Ōwani *sp* 大鰐

Owari *m* 巳 31; *ph* 尾張 505

Owase *p* 尾鷲

Ōwashi *s* 大鷲 48

Ōwata *p* 大曲　「2544

(oya 祖 850, 御 1572, 督

Ōya *s* 大矢 48, 大宅, 大谷, 大家, 君家 515; *sp* 大屋 48

Oyabe *s* 小矢部 21

Ōyabu *s* 大藪 48

Ōyagi *s* 大八木, 大米, 大谷木, 大野木

Oyaizu *s* 小柳津 21, 小柳筒

Ōyaizu *s* 大柳津 48

Oyakai *s* 小屋貝 21

Ōyake *s* 小宅, 尾宅 505

Ōyake *s* 大家 48, 大屋; *sp* 大宅　　　「世継

~ no Yotsugi *ml* 大宅

Ōyako *s* 大陽胡

Ōyakodaka *l* 父子鷹 65

Ōyaku *s* 大宅 48

Oyama *s* 尾山 505, 鴻山 2614; *sp* 小山 21

Ōyama *sp* 大山 48

Oyamada *s* 小山田 21

Ōyamada *s* 大山田 48

Ōyama dōchū kurige no shiriuma *l* 大山道中栗毛後駿足

~ Ikuo *mlh* 大山郁夫

~ Iwao *m* 大山巌

~ Teiichi *ml* 大山定一

Oyama Tokujirō *ml* 尾山篤二郎

Ōyamatsu *s* 親松 2544

Ōyamazaki *p* 大山崎 48

Ōyanagi *s* 小柳 21

Ōyanagi *s* 大柳 48

Ōyano *sp* 大矢野

Ōyashima gakkai *l* 大八洲学会

Ōyashiro *l* 大社

Ōya Sōichi *ml* 大宅壮

Oyayubi *s* 拇 798　「一

Ōyazu *s* 大谷津 48

(oyo 及 83)

Oyobibe *s* 及部

Ōyodo *sp* 大淀 48

Oyokawa *s* 及川 83

Ō Yōmei *mlh* "Wang Yang-ming" 王陽明 90

Ōyosami *s* 大網 48

Ōyoshi *s* 大吉; *m* 大義 (oyu 老 334)

Ōyu *s* 大湯 48

Ōyue *s* 大湯人, 大湯坐

Oyuka *s* 男壮 495

Ōyuke *s* 大湯座 48

Oyumi *s* 生実 214; *m* 小弓 7

Ozaki *s* 小崎, 尾崎 505

~ Hirotsugu *ml* 尾崎宏次

~ Hōsai *ml* 尾崎放哉

~ Kazuo *ml* 尾崎一雄

~ Kihachi *ml* 尾崎喜八

~ Kōko *fl* 尾崎孝子

~ Kōyō *ml* 尾崎紅葉

~ Shirō *ml* 尾崎士郎

~ Yukio *mh* 尾崎行雄

Ozaki *sp* 小作 21

Ōzasa *s* 小笹, 小篠

Ōzasa *s* 大笹 48

Ozase *s* 小篠 21

Ōzato *s* 尾里

Ōzatsuma *s* 大薩摩 48

Ozawa *s* 小沢 21, 男沢 495, 尾沢 505　「童 21

~ Hekidō *ml* 小沢碧

~ Kiyoshi *ml* 小沢清

~ Roan *ml* 小沢蘆庵

~ Seiji *ma* 小沢征爾

~ Takeji *ml* 小沢武二

Ozeki *s* 小関, 尾関 505

Ōzeki *s* 大関 48

Ozeki San'ei *mh* 小関三英 21

Ozu *s* 隠曾 2074

Ozono *s* 尾園 505

Ōzora *s* 大空 48

Ōzu *s* 小豆 21, 小津, 面図 904

Ōzu *s* 大頭 48; *sp* 大洲

Ōzuru *s* 大鶴

Ozutsumi *s* 小堤 21

P

Pan *l* 麺麭 2910

Pari *p* "Paris" 巴里 97, 巴理

Peipin *p* "Peiping" 北

平 138

Pekin *p* "Peking" 北京

Perusha *p* "Persia" 波

斯 596

Pippu *p* 比布 137

Pontochō *p* 先斗町 280

Porando *p* "Poland"

波蘭 596

Porutogaru *p* "Portugal" 葡萄牙 1724

R

(ra 良 767, 荒 935, 浦 1067, 郎 1145, 娘 1599, 螺 2805, 羅 2937)

Rachi *s* 良知 767

Rai *s* 来 538; *sm* 頼 2506. (礼 146, 来 538, 徠 1297, 雷 2026, 厲 2234, 黎 2389, 賚 2396, 頼 2506, 瀬 2794, 蠣 2870, 麗 2902)　　「電 2026

Raiden *la* 来殿 538, 雷

Raigō wasan *l* 来迎和讃 538

Raijō *s* 来城　「146

Raiki *l* "Li Chi" 礼記

Rai Mikisaburō *mh* 頼三樹三郎 2506

~ Noboru *mh* 頼裏

~ San'yō *mh* 頼山陽

Raishirō *m* 賚四郎 2396

Raita *m* 雷太 2026

Raizō *m* 頼三 2506

Raku *s* 楽 2029. (洛 818, 落 1733, 楽 2029)

Rakuami *la* 楽阿弥

Rakujō *l* 落城 1733

Rakushu *l* 落首

Rakuyō *ph* ["Lo-yang"] 洛陽 818

斯 596

Pippu *p* 比布 137

Pontochō *p* 先斗町 280

Porando *p* "Poland"

~ dengakuki *l* 洛陽田楽記　　　「所集

~ meishoshū *l* 洛陽名

(ran 乱 437, 嵐 2000, 覧 2695, 闌 2708, 藍 2772, 蘭 2839, 爛 2913)

Rangaku *lh* 蘭学 2839

~ kotohajime *l* 蘭学事始

Ranjatai *l* 蘭奢待

Rankō *ml* 闌更 2708

Rankoshi *p* 蘭越 2839

Ransetsu *ml* 嵐雪 2000

Rasa *p* 良佐 767

Rase *s* 楽世 2029

波蘭 596

Porutogaru *p* "Portugal" 葡萄牙 1724

Rashōmon *l* 羅生門

Rausu *p* 羅臼　「2937

Razan *mlh* 羅山

~ bunshū *lh* 羅山文集

Rebun *p* 礼文 146

Rei *s* 鴒 2974. (礼 146, 令 155, 冷 349, 励 430, 刔 432, 怜 565, 苓 687A, 玲 834, 茘 924, 秢 1115, 誇 1661, 鈴 1947, 厲 2234, 黎 2389, 霊 2458, 齢 2766, 嶺 2776, 礪 2798, 蠣 2870, 麗 2902)　　「法師 146

Reigon Hōshi *ml* 礼厳

Reihō *p* 鈴峰 1947

Reihoku *p* 苓北 687A

Reiiki *l* 霊異記 2390

Reijirō *m* 礼次郎 146

Reiki 715–17 霊亀 2390

Reikichi *m* 礼吉 146, 黎吉 2389

Reiko *f* 麗子 2902

Reinosuke *m* 礼之助 146

Reisaku *m* 励作 430

Reisuke *m* 礼助 146, 礼弼

Reitarō *m* 鈴太郎 1947

Reizei *smh* 冷泉 349

~ Tamesuke *ml* 冷泉為相

Reizō *m* 令蔵 155

(reki 暦 2235, 歴 2247, 櫟 2963, 礫 2987)

Rekitei *l* 歴程 2247

(ren 恋 1223, 連 1238, 廉 2042, 漣 2082, 蓮 2197, 璉 2285, 輦 2393, 鏈 2527, 斂 2617, 鏈 2815, 簾 2844, 聯 2948)

Ren'ami *ma* 連阿弥 2197

Renga *l* 連歌 1238

~ hikyōshū *l* 連歌比況集

~ honshiki *l* 連歌本式

~ nusubito *la* 連歌盗人 「抄

~ shihōshū *l* 連歌至宝

~ shinshiki *l* 連歌新式

~ ~ kon'an *l* 連歌新式今案

Ren'ichirō *m* 連一郎

Renjirō *m* 廉次郎 2042

Renkichi *m* 廉吉

Rennyo *mh* 蓮如 2197

Renri hishō *l* 連理秘抄 1238

Rensuke *m* 廉助 2042

Rentarō *m* 廉太郎

Renzō *m* 連三 1238

(retsu 列 257, 冽 549, 洌 810)

Ri *s* 李 488. (有 303, 吏 329, 利 436, 李 488, 里 517, 亥 519, 俐 775, 降 1058, 浬 1063, 莅 1174, 理 1361, 梨 1476, 裏 2176, 釧 2341, 履 2415, 璃 2473, 鯉 2764, 織 2879, 離 2889, 籬 3010)

Ribee *m* 利兵衛 436

Rifu *s* 利生; *sp* 利府

Riichi *m* 利一

Riichirō *m* 理一郎 1361

Rijin Shōgun *mh* 利仁将軍 436

Rikashū *l* 季花集 488

(riki 力 11, 仂 55, 励 291)

Rikichi *m* 利吉 436

Rikimaru *m* 力丸 11

Rikisaburō *m* 利喜三郎 436

Rikitarō *m* 利喜太郎

Rikizō *m* 力三 11, 力造, 力蔵

Rikkokushi *l* 六国史 61

(riku 六, 陸 1312)

Rikubetsu *p* 陸別

Rikuchū *ph* 陸中

Rikuda *s* 陸田

Rikuhara *s* 陸原

Rikukawa *s* 陸川

Rikurō *m* 陸郎

Rikuzen *ph* 陸前

~ Takada *p* 陸前高田

Rikyū *ma* 利休 436

Rin *s* 林 633; *f* 倫 669. (林 633, 侖 669, 倫 1037, 鈴 1947, 厘 1941, 輪 2316, 論 2320, 隣 2443, 擤 2446, 綸 2527, 璘 2618, 磷 2731, 藺 2838, 麟 3000)

Rinbayashi *s* 林林 633

Ringorō *m* 林五郎

Rin'ichi *m* 林一

Rinji *m* 林治

Rinjirō *m* 林次郎, 林治郎, 鈴治郎 1947

Rinkan *l* 林間 633

Rinkichi *m* 林吉

Rinoie *s* 李家 488

Rinoue *s* 理上 1361

Rinpei *m* 林平 633

Rinsenshū *l* 林泉集

Rinshirō *m* 林四郎

Rintarō *m* 倫太郎 1037

Rin'ya *m* 麟也 3000

Rin'yū gaku *a* 林邑楽 633

Rinzō *m* 林蔵, 麟蔵 3000; *l* 輪蔵 2316

Ririura *l* 理里有楽 1361

Ri Ryō *mh-l* "Li Ling" 李陵 488

Risaburō *m* 利三郎 436, 鯉三郎 2764

Risaku *m* 理作 1361

Rishiri *p* 利尻 436

Risshō ankokuron *l* 立正安国論 194

Risuke *m* 利助 436

Ritsu *s* 立 194; *f* 織 2879. (立 194, 律 787, 栗 1219, 笠 1473, 葎 1719, 率 2040)

Rittō *p* 栗東 1219

Ro *s* 呂 459, 盧 2594. (呂 459, 芦 484, 良 767, 侶 778, 亮 911, 旅 1073, 魯 2385, 閭 2426, 蕗 2564, 盧 2594, 璐 2619, 蘆 2842, 蘆 2855, 露 2941, 鷺 2954, 艣 3001, 轤 3007, 鱸 3014)

(rō 老 334, 良 767, 郎 1145, 狼 1303, 浪 1339, 朗 1394, 娘 1599, 廊 1606, 滝 1862, 稜 1917, 綾 2878, 籠 2977)

Roankyō *l* 籠鞍橋 3007

Rōben *mh* 良弁 767

Robun *p* 魯文 2385

Rōei *l* 朗詠 1394

Rō-Giō *la* 籠祇王 2977

Rohan *ml* 露伴 2941

Ro Jin *ml* "Lu Hsün" 魯迅 2385

Rōka *ml* 浪花 1339

Rokkaku *s* 六角 61

Rokkasen *ml-fl* 六歌仙

Rokkasho *p* 六ケ所

Rokoku *p* "Russia" 魯国 2385, 露国 2941

Roku *s* 角 547. (六 61, 劦 141, 禄 1589, 鹿 1823, 録 2523, 緑 2535, 麓 2903)

Rokubee *m* 六兵衛 61

Rokubutsu *s* 六物

Rokugawa *s* 六川

Rokugō *p* 六郷

Rokuhara *sph* 六波羅

Rokuichirō *m* 六一郎

Rokuji *m* 六二

Roku Jizō *la* 六地蔵

Rokujō *p* 六条

Rokumeikan *ph-la* 鹿鳴館 1823

Rokumeishū *l* 鹿鳴集

Rokumura *s* 六村 61

Rokuno *s* 六野

Rokunohe *p* 六戸

Rokunosuke *m* 録之助 2523

Rokuonji *p* 鹿苑寺 1823

Rokurō *m* 六郎 61, 禄郎 1589, 録郎 2523

Rokusei *p* 鹿西 1823

Rokushika *s* 六鹿 61

Rokusho *s* 六所

Rokutarō *m* 緑太郎 2535

Rokuzō *m* 六造 61

Rōma *p* "Rome" 羅馬 2937

Rōmusha *l* 老武者 334

(ron 侖 669, 倫 1037, 論 2320) 「倫敦 1037

Rondon *p* "London"

~-tō *l* 倫敦塔

Roren *l* 呂蓮 459

Rōshi *mlh* "Lao-tzu" 老子 334 「西亜 2941

Roshia *p* "Russia" 露

Rōsōdō Eiki *ml* 老鼠堂永機 334

Rō taiko *l* 籠祇王太鼓

Rotekishū *l* 蘆荻集 2842

Rotsū *ml* 路通 1925

(ru 塁 497, 流 1332, 留 1470, 劉 2554, 縷 2878, 鏤 3001) 「1470

Rubeshibe *p* 留辺蘂

Rui *f* 累 2004. (涙 1062, 滝 1862, 累 2004, 類 2755) 「国史

Ruijū kokushi *l* 類聚

~ ~ myōgishō *l* 類聚国史名義抄

Ruikon *l* 涙痕 1062

Rukō shinsō *l* 縷紅新草 2878

Rumoi *p* 留萌 1470

Ruson *p* "Luzon" 呂宋 459

Rusu *s* 留守 1470, 留守

Rusutsu *p* 留寿都

(ryaku 暦 2235, 歴 2247, 櫟 2963, 礫 2987)

Ryakunin 1238–39 暦仁 2235

Ryakuō 1338–42 暦応

(ryo 呂 459, 侶 778, 旅 1073, 閭 2426, 盧 2594, 蘆 2842, 蘆 2855, 轤 3007)

Ryō *s* 竜 1199; *sm* 梁 1475; *m* 良 767; *f* 令 155, 立 194, 冷 349, 剴 432, 両 531, 怜 565, 苓 687A, 良 767, 玲 835, 亮 911, 涼 1020, 凌 1022, 倞 1024, 称 1115,

竜 1199, 陵 1310, 涼 1330, 菱 1449, 梁 1475, 椋 1628, 諒 1661, 量 1741, 遼 1862, 禰 1906, 稜 1917, 鈴 1947, 澪 2080, 漁 2086, 蓼 2229, 樑 2290, 諒 2326, 寮 2364, 霊 2390, 澪 2458, 縷 2541, 遼 2590, 瞭 2629, 簗 2690, 齢 2766, 嶺 2776, 鵃 2974)

Ryōa *ml* 了阿 9
Ryōanji *p* 竜安寺 1199
Ryōgen *s* 竜見 ; *mh* 良源 767
Ryōgoku *p* 両国 531
Ryōhei *m* 良平 767, 亮平 911
Ryōichi *m* 良一 767, 亮一
Ryōitsu *m* 良逸 767
Ryōji *m* 良治, 亮二 911
Ryōjin hishō *l* 梁塵秘抄 1475
Ryojun *p* " Port Arthur " 旅順 1073
Ryōkami *p* 両神 531

Ryōkan *mh* 良寛 767 ; *mlh* 良寛
Ryōkichi *m* 良吉, 亮吉 911 「虎 1199
Ryōko *f* 良子 767 ; *l* 竜 (ryoku 力 11, 仂 55, 劣 291, 禄 1589, 録 2523, 緑 2535)
Ryokusadan *l* 緑簑談
Ryokuushū *l* 緑雨集
Ryōnan *p* 綾南 2541
Ryōnin *mh* 良忍 767
Ryōnosuke *m* 良之助
Ryōsaku *m* 良作, 亮策 911
Ryōsen *s* 竜山 1199
Ryōshi *m* 良士 767
Ryōsuke *m* 良助, 良輔
Ryōta *m* 良太 ; *ml* 蓼太 「亮太郎 911
Ryōtarō *m* 良太郎 767,
Ryōtei *m* 蓼汀 2229
Ryōtsu *m* 両津 531
Ryōunshū *l* 凌雲集 1022
Ryōzen *p* 霊山 2390
Ryōzō *m* 良三 767, 良造, 良蔵, 亮三 911

(ryu 竜 1199, 隆 1313)
Ryū *s* 竜 1199, 笠 1473; *m* 劉 2554. (立 194, 柳 1105, 竜 1199, 隆 1313, 流 1332, 粒 1389, 留 1470, 笠 1473, 滝 1862, 蓼 2229, 劉 2554, 瀏 2792)
Ryūdokui *l* 竜土会 1199
Ryūgadake *p* 竜ケ岳
Ryūgasaki *p* 竜ケ崎
Ryūge *s* 竜花
Ryūgen *s* 竜見
Ryūgo *m* 立五 194, 柳梧 1105
Ryūhei *m* 竜平 1199
Ryūhoku *p* 竜北
Ryūichi *m* 柳一 1105, 竜一 1199, 隆一 1313
Ryūichirō *m* 隆一郎
Ryūji *m* 竜二, 隆次
Ryūjin *p* 竜神 1199
Ryūkatei Tanekazu *ml* 柳下亭種員 1105
Ryūkichi *m* 竜吉 1199, 隆吉 1313
Ryūkyō shinshi *l* 柳橋新詩 1105

Ryūma *m* 竜馬 1199
Ryūnosuke *m* 竜之介
Ryūō *p* 竜王
Ryūsaku *m* 柳作 1105
Ryūsen *s* 竜泉 1199
Ryū Shintarō *ml* 笠信太郎 1473
Ryūtanji Yū *ml* 竜胆寺雄 1199
Ryūtarō *m* 柳太郎 1105, 竜太郎 1199, 隆太郎 1313
Ryūtatsu *mla* 隆達
Ryūtei *s* 柳亭 1105, 笠亭 1473, 滝亭 1862
~ Rijō *ml* 滝亭鯉丈
~ Senka *ml* 笠亭仙果 1473
~ Tanehiko *ml* 柳亭種彦 1105
Ryūyō *p* 竜洋 1199
Ryūzaki *s* 竜崎
Ryūzaburō *m* 竜三郎
Ryūzenkō *l* 竜涎香
Ryūzō *m* 竜蔵, 竜三, 隆三 1313, 隆造
Ryūzōji *s* 竜造寺 1199

S

Sa *m* 左 169. (二 4, 小 21, 五 91, 左 169, 早 295, 作 362, 佐 365, 渉 392, 坐 542, 咲 784, 砂 790, 相 846, 砂 876, 勇 908, 茶 931, 底 992, 為 1005, 祚 1126, 差 1164, 座 1245, 娑 1474, 柴 1529, 狭 1554, 朝 1672, 紗 1683, 善 1799, 楽 2029, 猿 2062, 嵯 2095, 蓑 2194, 裟 2311, 積 2493, 総 2662, 簑 2668)
Saba *sp* 佐波 365 ; *m* 鯖 2830. (鯖)
Sabae *s* 鯖江
Sabamaro *m* 鯖麻呂
Sabanosuke *m* 左馬助
Sabase *s* 佐橋 365 └169
Sabashi *s* 佐橋
Sabato *l* 奢羅都 1706 (sabu 三 22, 珊 834, 総 2662, 簑 2668)
Sabuemon *m* 三甫右衛門 22

Saburi *s* 佐分 365, 佐分利
Saburō *m* 三郎 22, 珊朗 834
Saburobee *m* 三郎兵衛
Saburōji *m* 三郎治
Saburosuke *m* 三郎助
Sachi *s* 佐代 365, 佐治 ; *f* 相智 868. (士 41, 吉 278, 征 580, 刷 655, 幸 661, 祐 852, 祥 1074, 祐 1124, 范 1173, 禄 1589, 禎 1887, 福 1888, 祺 1903, 葛 1994)
Sachibumi *m* 幸文 661, 幸翰
Sachihiko *m* 祐彦 852
Sachihiro *m* 幸弘, 661
Sachiko *f* 祜子 1124, 禎子 1887, 祺子 1903, 葛子 1994 「福麿 1888
Sachimaro *m* 士親 41,
Sachio *m* 征朗 580, 幸生 661, 幸男
Sachū *m* 左中 169

Sachūda *s* 左中太, 佐中太 365
Sada *s* 佐太, 貞 982 ; *p* 佐田 365. (央 100, 必 120, 尼 175, 正 205, 弁 275, 存 313, 成 322, 自 340, 決 402, 判 434, 会 454, 完 471, 安 472, 帖 563, 制 656, 定 677, 信 782, 治 825, 貞 982, 員 1167, 真 1228, 渉 1331, 済 1336, 晏 1458, 補 1644, 断 1669, 勘 1699, 奠 1701, 覚 1752, 禎 1887, 慥 2070, 填 2075, 寧 2201, 節 2215, 質 2395, 憲 2562)
Sadaaki *m* 夫夫 100, 夫介, 定敬 677, 貞著 982, 貞融, 禎章 1887
Sadaakira *m* 貞発 982
Sadaatsu *m* 定豊 677
Sadachika *m* 貞親 982
Sadae *m* 定条 677 「982
Sadafusa *m* 定房, 貞成

Sadagasaki *s* 三段崎 22
Sadaharu *m* 貞喜 982
Sadahisa *m* 貞央
Sadaichi *m* 定一 677
Sadaie *ml* 定家
Sadaisa *m* 定功
Sadajirō *m* 定次郎, 定治郎, 貞治郎 982
Sadaka *m* 曁, 崇 1435
Sadakage *m* 信景 782
Sadakami *m* 定省 677
Sadakane *m* 定兼, 貞懐 982 「方 982
Sadakata *s* 定方 677, 貞
Sadakatsu *m* 定豪 677
Sadaki *m* 貞機 982, 貞喜
Sadakichi *m* 定吉 677
Sadakiyo *m* 定静, 貞祗 982
Sadako *f* 弁子 275, 成子 322, 決子 402, 制子 656, 定子 677, 貞子 982, 奠子 1701, 節子 2215
Sadakoto *m* 定護 677
Sadakuni *m* 貞訓 982

Sadamasa *m* 定正 677

Sadamasu *m* 定加, 貞升 982

Sadamatsu *m* 貞松

Sadame *m* 定 677

Sadami *m* 貞仁 982 ; *f* 節美 2215

Sadamichi *m* 弁道 275

Sadamitsu *m* 真光 1228 ; *p* 貞光 982

Sadamizu *m* 定琮 677

Sadamochi *m* 貞行 982

Sadamori *m* 貞守, 貞盛 貞固 982

Sadamoto *m* 定宗 677, 貞固 982

Sadamu *m* 夬 100, 処 177, 成 322, 定 677, 莫 1175, 理 1361, 断 1669, 勘 1699, 禎 1887, 毅 2351

Sadamune *m* 貞宗 982

Sadanaga *m* 定祥 677

Sadanaminoya *ml* 泊洎舎 592

Sadanari *m* 定功 677, 貞作 982, 貞亨

Sadanji *ma* 左団次 169

Sadanobu *m* 定信 677, 貞啓 982

Sadanori *m* 必典 120, 完識 471, 定忠 677, 定順, 定敬, 定識, 貞利 982, 貞勝, 貞雅, 貞載, 貞範 ⌐677

Sadanosuke *m* 定之助

Sadao *m* 定夫, 貞夫 982, 貞朗, 貞雄, 憲夫 2562

Sadaoi *m* 貞老 982

Sadaoki *m* 貞意, 貞實

Sadashige *m* 定芝 677

Sadasue *m* 貞居 982

Sadasuke *m* 定助 677

Sadatae *m* 貞巧 982

Sadataka *m* 完孝 471

Sadatake *m* 定武 577, 貞丈 982, 貞長

Sadato *m* 貞統

Sadatoki *m* 貞斎, 貞説

Sadatomo *m* 貞幹

Sadatoshi *m* 定後 677, 定逸, 貞才 982

Sadatsugu *m* 貞次

Sadatsura *m* 貞羅

Sadayasu *m* 定静 677

Sadayori *m* 定猗, 貞寄 982

Sadayoshi *m* 定剛 677,

定温, 貞允 982, 貞俶, 貞哲, 貞義, 貞謙, 貞懿, 真義 1228

Sadayuki *m* 貞敬 982, 真行 1228

Sadazumi *m* 貞隅 982

Sade *s* 佐代 365

Sadehiko *m* 狭手彦 790

Sado *s* 狭度 ; *sp* 佐渡 365

~-gitsune *la* 佐渡狐

Sadoshima *sp-l* 佐渡島

Sadowara *sp* 佐土原

Sadoyama *s* 佐渡山 (sae 冴 348, 則 1394)

Saegusa *s* 三枝 22, 三枝松, 三枝郎

Saeki *sp* 佐伯 365

~ Shōichi *ml* 佐伯彰一 ⌐1394

Saeko *f* 冴子 348, 朗子

Saga *s* 相賀 868, 嵯峨 2095 ; *sp* 佐賀 365. (相 868)

Sagae *sp* 寒河江 1714

Sagami *s* 佐上 365 ; *fl-p* 相模

Sagamihara *p* 相模原

Sagami-ko *p* 相模湖

Sagamu *s* 相武

Sagane *s* 相根 ⌐365

Saganoseki *p* 佐賀関

Saganoya Omuro *ml* 嵯峨の屋御室 2095

Sagara *s* 左柄 169 ; *p* 相良 868

Sagaraku *s* 相楽

Sagawa *s* 狭川 790 ; *sp* 佐川 365

Sagi *sla* 鷺 2993. (勾 168, 包 218, 雀 1530, 鷺 2993)

Saginoike *s* 鷺池

Saginuma *s* 鷺沼

Sagio *sm* 鷺雄

Sagisaka *s* 勾坂 168, 包坂 218, 鷺坂 2993

Sagitani *s* 鷺谷

Sagiya *s* 鷺屋

Sago *s* 三五 22

Sagō *s* 佐郷 365

Sagoromo *ml* 狭衣 790

Sagoshi *s* 砂越 876

Sahachi *s* 佐八 365

Sahanai *s* 佐羽内

Saho *s* 佐保

Sahota *s* 佐保田

Sai *s* 西 336, 崔 1738, 讃

井 3013 ; *p* 佐井 365, (才 35, 在 314, 西 336, 材 420, 幸 661, 斉 701, 采 707, 妻 959, 哉 1006, 栖 1101, 財 1143, 宰 1180, 柴 1221, 栽 1254, 埼 1292, 採 1434, 済 1336, 彩 1413, 寀 1435, 菜 1447, 斎 1454, 祭 1467, 婇 1602, 妻 1722, 崔 1738, 最 1742, 犀 1803, 腮 1870, 細 1958, 歳 1995, 載 2050, 催 2060, 際 2073, 躋 2950, 溰 2962, 齋 2978)

Saibara *l* 催馬楽 2060

~ fuiriaya *l* 催馬楽譜入文

Saichi *m* 佐一 365

Saichō *ml* 最澄 1742

Saida *s* 才田 35, 斉田 701, 座田 1245, 斎田

Saidaiji *p* 西大寺 336

Saido *s* 道祖 1811 ; *sp* 道祖土

Saigawa *s* 斉川 701, 斎川 1454 ; *p* 犀川 1803

Saigō *s* 斉郷 701 ; *p* 西郷 336 ⌐頁

Saigon *p* "Saigon"

Saigō Takamori *mh* 西郷隆盛 ⌐郷従道

~ Tsugumichi *m* 西

Saigū *s* 斉宮 701

Saigusa *s* 七種 17, 福草 1888 ; *sm* 三枝 22

Saigusabe *s* 福草部 1888

Saigusa Hiroto *ml* 三枝博音 22 ⌐高

~ Yasutaka *ml* 三枝康

Saigyō *ml* 西行 336

~ -zakura *la* 西行桜

Saihaku *p* 西伯 ⌐1467

Saihara *s* 西原, 祭原

Saihōji *p* 西芳寺 336

Saiichirō *m* 才一郎 35, 最一郎 1742

Saiissho *s* 三分一所 22

Saijō *s* 西城 336; *sp* 西条

~ Yaso *ml* 西条八十

Saika *s* 斎鹿 1454

Saikachi *sm* 西海枝 336

Saikai *p* 西海

Saikaidō *p* 西海道

Saikaku *ml* 西鶴

~ okimiyage *l* 西鶴置土産

~ oritome *l* 西鶴織留

~ shokoku-banashi *l* 西鶴諸国咄

Saiki *s* 才木 35, 佐脇 365, 斉木 701, 斎木 1454, 斎宮 ; *sp* 佐伯 365

Saikichi *m* 斉吉 701, 最吉 1742, 載吉 2050

Saikō 854–57 斉衡 701

~ danshō *l* 西公談抄

Saikoku *p* 西国 ⌐336

~ risshihen *l* 西国立志編

Saikyō *s* 斎京 1454

Saima *s* 斉間 701, 斎間 1454

Saimaro *m* 才麿 35

Saimei *fh* 斉明 701

Saimoku *s* 西牧 336

Saimon *l* 祭文 1467

Saimura *s* 斉村 701

Sainen *s* 西念 336

Saino *s* 采野 707

Sainoki *s* 道祖木 1811

Sainoo *s* 道祖尾

Saionji *s* 西園寺 336

~ Kinmochi *mh* 西園寺公望

Saiō toppyakuin *l* 西翁十百韵

Sairaikyo *s* 西来居

Sairyūji *s* 西隆寺

Saisaburō *m* 幸三郎 661

Saisaka *s* 三郎坂 22

Saisei *ml* 犀星 1803

Saisho *s* 斎所 1454, 税所 1642, 最所 1742

Saishu *s* 最首 1742

Saita *s* 産田 1520, 税田 1642 ; *p* 財田 1143

Saitama *p* 埼玉 1292

Saito *s* 西都 336

Saitō *s* 在藤 314, 西藤 336, 西東, 斉藤 701, 斎藤 1454

~ Dōsan *mh* 斎藤道三

~ Fumi *ml* 斎藤史

~ Makoto *mh* 斎藤実

~ Mokichi *ml* 斎藤茂吉 ⌐野の人

~ Nonohito *ml* 斎藤

~ Ryokuu *ml* 斎藤緑
雨
~ Ryū *ml* 斎藤瀏
~ Sanki *ml* 西東三鬼
336   「1454
~ Shōzō *ml* 斎藤昌三
~ Takeshi *ml* 斎藤勇
Saizō *m* 犀蔵 1803
Saizōshū *l* 犀蔵集 35
Saji *sp* 佐治 365
Sajie *m* 左治衛 169
Sajima *s* 左司馬
Sajinu *s* 佐自努 365
Saka *s* 久里 45, 争 344,
佐香 365, 酒 1066, 属
1802; *sp* 坂 390. (尺 96,
争 344, 阪 375, 坂 390,
昌 715, 栄 969, 酒 1066,
祥 1074, 逆 1235, 穎
2505, 賢 2579)
Sakaabe *s* 坂合部 390
Sakaba *s* 酒場, 酒葉
1066
Sakabashi *s* 佐下橋 365
Sakabe *s* 争戸 344, 阪部
375, 坂戸 390, 坂部, 酒
部 1066
Sakachi *s* 酒乳 390
Sakade *s* 酒出 1066
Sakado *s* 尺度 96
Sakae *m* 光 281, 昌 715,
秀 726, 復 1571, 斌 1590,
富 1715, 蕃 2189, 潤
2277; *m-f-p* 栄 969; *f*
祥枝 1074; *p* 境 2076
Sakaedani *s* 栄谷 969
Sakagami *s* 阪上 375, 坂
上 390
Sakagawa *s* 坂川, 酒川
1066
Sakaguchi *s* 阪口 375,
坂口 390
~ Ango *ml* 坂口安吾
Sakahito *m* 穎人 2505
Sakahogai *l* 酒ほがい
1066
Sakahogi *p* 坂祝 390
Sakahoko *l* 逆矛 1235
Sakai *s* 佐ケ 365, 阪井
375, 栄井 969, 酒人
1066, 酒井, 酒居, 逆井
1235, 境長 2076; *sm-p*
境; *sp* 坂井 390, 堺
967, 堺 1560. (界 967,
堺 1560, 境 2076)
Sakaibe *s* 坂合部 390,
境部 2076

Sakaida *s* 坂井田 390,
酒井田 1066
~ Kakiemon *ma* 酒井
田柿右衛門
Sakaide *p* 坂井出 390
Sakaigawa *p* 境川 2076
Sakai Hiroji *ml* 酒井広
治 1066   「一
~ Hoitsu *m/a* 酒井抱
~ Kosen *ml* 堺枯川
1560   「良伎 375
~ Kuraki *ml* 阪井久
Sakaimaro *m* 界麿 967
Sakaiminato *p* 境港
Sakaino *p* 境野   「2076
Sakairi *s* 坂入 390
Sakaisa *s* 堺沢 1560
Sakai Toshihiko *mlh*
堺利彦
Sakaizumi *s* 酒泉 1066
Sakaji *s* 酒介
Sakaki *s* 坂木 390, 坂寄,
彭 1693, 彭城 2106; *m*
榊 2106; *m-l* 栄木 969; *m-l*
賢木 2579; *p* 坂城 390.
(榊 2106)
Sakakibara *s* 榊原
~ Yoshibumi *ml* 榊原
美文
Sakakida *s* 榊田
Sakakita *p* 坂北 390
Sakakiya *s* 榊屋 2106
Sakakiyama *s* 榊山, 槙
山 2297
~ Jun *ml* 榊山潤 2106
Sakakura *s* 坂倉 390
Sakama *s* 坂間   「1066
Sakamaki *s* 坂巻, 酒巻
Sakamaro *m* 酒麻呂
Sakami *s* 酒見
Sakamitsu *s* 酒看部
Sakamizu *s* 酒水 390
Sakamo *s* 坂茂
Sakamochi *s* 坂茂
Sakamoto *s* 阪本 375,
坂元 390, 坂茂, 酒本
1066; *sp* 坂本 390
~ Etsurō *ml* 阪本越郎
375   「蓮洞 390
~ Gurendō *ml* 坂本紅
~ Hiroshi *ml* 坂本浩
~ Ryōma *mh* 坂本竜
馬
~ Setchō *ml* 坂本雪鳥
~ Shihōda *ml* 坂本四
方太
Sakamuki *s* 酒向 1066

Sakamura *s* 坂村 390
Sakan *s* 目 191; *m* 史
183, 壮 243, 昌 715, 昶
1004, 斌 1590, 属 1802,
興 2586
Sakanai *s* 坂名井 390
Sakanashi *s* 坂梨
Sakanaya *s* 魚屋 1485
Sakane *s* 阪根 375
Sakanishi *s* 坂西 390
Sakaniwa *s* 阪庭 375
Sakano *s* 坂野 390
Sakanoe *s* 阪上 375, 坂
上 390, 坂於, 酒上 1066
~ no Iratsume *fl* 坂上
郎女 390
Sakanoshita *s* 坂ノ下
Sakanoue *s* 坂上
~ no Mochiki *ml* 坂上
望城
~ no Tamuramaro
mh 坂上田村麻呂
Sakanushi *s* 坂主
Sakao *s* 坂尾; *m* 坂雄,
栄夫 969
Sakara *s* 酒良 1066
Sakari *p* 十八女 18; *m*
壮 243, 盛 1469
Sakaru *m* 戌 208
Sakashi *m* 斌 1590, 智
1793, 賢 2579
Sakashita *sp* 坂下 390
Sakata *s* 佐方 365, 阪田
375, 栄田 969, 逆田
1235; *sp* 坂田 390; *p*
酒田 1066   「谷 390
Sakatani *s* 阪谷 375, 坂
Sakata Tōjūrō *ma* 坂
田藤十郎
Sakato *s* 酒人 1066; *sp*
坂戸 390
Sakatoko *s* 酒作 1066
Sakauchi *sp* 坂内 390
Sakaue *s* 坂上
Sakaushi *s* 坂牛
Sakawa *s* 酒向 1066; *p*
酒勾
Sakawada *s* 佐川田 365
Sakaya *s* 昌谷 715
Sakayama *s* 栄山 969
Sakayori *p* 阪寄 375, 酒
寄 1066, 酒勾
Sakazaki *s* 坂崎 390, 昌
崎 715   「390
~ Shiran *ml* 坂崎紫瀾
Sakazume *s* 坂爪, 坂詰
(sake 酒 1066, 鮭 2671)

Sakegawa *p* 鮭川
Sakenobe *s* 鮭延
Sakenokimi *m* 酒君
1066
Saki *s* 散吉 1689. (兄 181,
先 280, 早 295, 幸 661,
肯 709, 咲 784, 省 850,
首 920, 前 921, 祥 1074,
崎 1592, 割 1696A, 福
1888, 鋒 2339, 興 2586,
禧 2628)   「吉 365
Sakichi *m* 左吉 169, 佐
Sakie *f* 崎永 1592
Sakigake *s* 魁 2423
Sakigawa *s* 崎川 1592
Sakigusa *m* 福草 1888
Sakihana *s* 咲花 784
Sakiko *f* 咲喜子 784, 前
子 921, 崎子 1592, 福
子 1888, 禧子 2628
Sakimaro *m* 福麻呂 1888
Sakimitsu *s* 先光 280;
m 前光 921
Sakimori *m* 防人 374
Sakimoto *s* 咲本 784, 崎
元 1592
Sakimura *s* 崎村
Sakio *m* 左吉雄 169, 幸
男 661
Sakisaka *s* 向坂 312
Sakita *s* 崎田 1592
Sakitane *m* 幸殖 661
Sakito *s* 前刀 921; *p* 崎
戸 1592
Sakitoyo *m* 前豊 921
Sakiyama *s* 崎山 1592
Sakka *s* 目 191, 眼目
1637, 粟冠 1763, 属 1802
Sakkiden *l* 数奇伝 2169
Sako *s* 佐古 365, 迫 747,
雑古 2127. (迫 747)
Sakō *s* 酒匂 1066, 酒勾,
酒向; *m* 佐綱 365, 荘
933, 栄 969
Sakoda *s* 迫田 747
Sako Jun'ichirō *ml* 佐
古純一郎 365
Sakoma *s* 迫間 747
Sakomi *s* 迫水
Sakomizu *s* 迫水
Sakon *m-fl* 左近 169
Sakon'emon *m* 左近右
Sakonji *s* 左近司 「門
Saku *f* 咲 784; *p* 佐久
365. (尺 96, 冊 190, 作
362, 咋 570, 咲 784, 柵
863, 朔 1393, 酢 1654, 索

1703, 策 1767, 開 1821, 嘖 2278, 簀 2687, 爵 2779) 「口 365
Sakuchi *s* 左口 169, 佐
Sakuda *s* 作田 362
Sakuhei *m* 作平
Sakuji *s* 左今次 169 ; *m* 作次 362
Sakuki *p* 作木
Sakuma *s* 作間 ; *sp* 佐久間 365 ; *m* 咲麻 784
~ Teiichi *mh* 佐久間貞一 365 「山
~ Zōzan *mh* 佐久間象
Sakumi *f* 咲美 784
Sakumo *s* 祥雲 1074
Sakumoto *s* 作本 362
Sakuna *s* 作名
Sakunami *s* 作並
Sakune *s* 作根
Sakunosuke *m* 作之助, 策之助 1767
Sakura *sm-f-p* 桜 1373 ; *sp* 佐倉 365 ; *m* 作楽 362. (桜 1373)
Sakuraba *s* 桜間, 桜庭
Sakurabayashi *s* 桜林
Sakurabe *s* 索羅下 1703
Sakurada *s* 桜田 1373
~ Jisuke *ml* 桜田治助
~ Momoe *ml* 桜田百衛
~ Sako *ml* 桜田左交
Sakurado *sm* 作楽戸 362
Sakurae *p* 桜江 1373
Sakuragawa *sp-la* 桜川
Sakuragi *sp* 桜木
Sakurahime zenden akebono-zōshi *l* 桜姫全伝曙草紙
Sakurai *s* 柵頼 863, 柵瀬 ; *sp* 桜井 1373
~ Chūon *ml* 桜井忠温
~ Jōji *mh* 桜井錠二
~ no eki *l* 桜井駅
~ Tendan *ml* 桜井天壇
Sakurajima *sp-l* 桜島
Sakurako *f* 咲良子 784
Sakurama *s* 桜間 1373
Sakuramachi *s* 桜町
Sakuramoto *s* 桜本
Sakurane *s* 桜根
Sakuraoka *s* 桜岡
Sakura Sōgo *mh* 佐倉宗吾 365
Sakurauchi *s* 桜内 1373
Sakurayama *s* 桜山
Sakurazawa *s* 桜沢
Sakurazono *m* 作楽園 362
Sakusaburō *m* 作三郎
Sakutarō *m* 作太郎, 策太郎 1767
Sakutō *p* 作東 362
Sakuya *s* 作屋
Sakuyama *s* 作山, 佐久山 365 「三 1767
Sakuzō *m* 作造 362, 策
Sakyō *s* 佐京 365, 佐鏡 ; *sp* 左京 169 ; *m* 左脇
Sama *s* 佐満 365. (様
Samani *p* 様似 ⌊2099)
Samata *s* 佐俣 365
Same *f* 醒 2501. (雨 759, 鮫 2672)
Samegai *sp* 醒井 2501
Samegawa *sp* 鮫川 2672
Samejima *s* 鮫島
Samezō *m* 鮫造
Sami *s* 佐海 365, 佐味
Samon *m* 左門 169
Samonji *s* 左文字
Samori *m* 左衛
Samoto *s* 佐本 365
(samu 祥 1074, 寒 1714)
Samukawa *s* 寒河 ; *sp* 寒川
~ Kōtarō *ml* 寒川光太郎 「骨
~ Sokotsu *ml* 寒川鼠
Samumitsu *m* 祥光 1074
Samurō *m* 三郎 22
Samuru *m* 醒 2501
(san 三 22, 山 89, 杉 425, 珊 834, 参 978, 門 1010, 塞 1434, 産 1520, 桟 1615, 散 1689, 傘 1702, 蒜 1986, 粲 2019, 算 2213, 潸 2455, 讃 3013, 纘 3019, 鑽 3020)
Sana *s* 佐奈 365. (真 1228)
Sanada *sp* 真田
Sanae *f* 早苗 295, 朝阜苗 1672 「助 295
Sanaenosuke *m* 早苗之
Sanage *p* 猿投 2062
Sanagōchi *p* 佐那河内
Sanagu *s* 佐奈宜 ⌊365
Sanai *s* 讃井 3013
Sanaka *s* 佐仲 365 「21
Sanami *s* 佐波 ; *f* 小波
San'ami *ma* 三阿弥 22
Sanao *m* 真男 1228
Sanba *ml* 三馬 22
Sanbasō *lam* 三番叟
Sanbe *s* 三瓶 「絵詞
Sanbō ekotoba *l* 三宝
Sanboku *p* 山北 89
~ kikashū *l* 散木奇歌集 1689
Sanbō myōgishō *l* 三宝名義抄 22
Sanbongi *p* 三本木
Sanbon no hashira *la* 三本柱 「類字抄
Sanbō ruijishō *l* 三宝
Sanbu *p* 山武 89
Sanbuichisho *s* 三分一所 22
Sanda *p* 三田 「実録
Sandai jitsuroku *l* 三代
Sandaishū *l* 三代集
Sandaya *s* 三田谷
Sane *m* 実 678. (人 14, 子 38, 心 49, 仁 57, 収 133, 以 134, 札 145, 平 203, 允 217, 守 284, 志 464, 壱 467, 孚 483, 実 678, 学 719, 尚 753, 良 767, 信 782, 城 796, 咸 1003, 修 1038, 真 1228, 脩 1281, 孫 1540, 猶 1555, 斯 1671, 寔 1710, 誠 1935, 嗣 1937, 愛 2018, 銑 2158, 撰 2258, 諄 2324, 賛 2394, 選 2419, 積 2493, 諟 2512, 績 2814, 護 2877, 欑 2986)
Saneai *m* 実和 678
Saneaki *m* 実曈
Saneakira *m* 実英, 実麗, 信明 782 「実徳
Saneatsu *m* 実淳 678,
Saneaya *m* 実順 「近
Sanechika *m* 実用, 実
Saneeda *m* 実枝
Saneharu *m* 実栄
Sanehide *m* 実穎
Saneisa *m* 実勲
Sanekata *ml* 実方
Sanekatsu *m* 実逵
Saneko *f* 真子 1228
Sanekoto *m* 実孚 678
Sanemi *m* 実堅, 実誠
Sanemichi *m* 真行 1228
Sanemitsu *m* 実光 678
Sanemochi *m* 実庸
Sanemori *m* 信菫 782, 信謹, 真森 1228
Sanenobu *m* 真信
Sanenori *m* 実政 678
Saneoka *m* 実岳
Saneosa *m* 実揖, 実総
Sanesato *m* 実利
Saneshige *m* 実受, 積成 2493
Sanetada *m* 誠忠 1935
Sanetaka *ml* 実隆 678
Sanetake *m* 真節 1228
Sanetaru *m* 実福 678
Sanetō *m* 実遠, 実勝
Sanetomi *m* 実美
Sanetomo *m* 実朝
Sanetoshi *m* 仁寿 57, 実敏 678
Sanetsumu *m* 実万
Saneyane *m* 実梁
Saneyasu *m* 人康 14, 実廉 678, 真庸 1228
Saneyo *m* 実世 678
Saneyori *m* 実頼
Saneyoshi *sm* 実吉 ; *m* 誠美 1935
Sanezato *m* 真郷 1228
Sanezumi *m* 真澄
Sangada *s* 三个田 22
Sangaiya *s* 三階屋
Sangaku *a* 散楽 1689
Sangawa *sp* 寒川 1714
Sange *s* 三下 22
Sango *s* 三五
Sangō *p* 三郷
Sangokushi engi *l* 三国志演義
Sangoku tsūran zusetsu *lh* 三国通覧図説
Sangō shiiki *l* 三教指
Sangū *s* 山宮 89 ⌊帰
~ Makoto *ml* 山宮允
Sangyō gisho *l* 三経義疏 22
Sangyokushū *l* 三玉集
Sanhan kikan sōshitsu *l* 三半規管喪失
San'indō *p* 山陰道 89
Sanji *m* 山治
Sanjirō *m* 讃次郎 3013
Sanjō *sp* 三条 22
Sanjōnishi *s* 三条西
~ Sanetaka *ml* 三条西実隆 「季和
~ Suetomo *ml* 三条西
Sanjō Sanetomi *mh* 三条実美
~ wasan *l* 三帖和讃
Sanjūrō *m* 三重郎

公 156, 吏 329, 利 436, 邑 460, 里 517, 束 536, 怜 565, 知 636, 丟 703, 学 719, 俐 775, 郊 888, 巷 974, 彦 1007, 悟 1053, 郡 1146, 恵 1226, 哲 1227, 県 1252, 敏 1409, 都 1419, 量 1741, 覚 1752, 答 1765, 智 1793, 達 1810, 詮 1934, 聖 2030, 徳 2063, 郷 2112, 睿 2199, 聡 2311, 慧 2392, 熙 2409, 閭 2426, 隣 2443, 諭 2510, 叡 2555, 賢 2579, 濬 2583, 憶 2604, 嶷 2774, 識 2810)
Satō *s* 佐藤 365; *p* 佐東
Satofumi *m* 学文 719
Satogawa *s* 里川 517
Satoharu *sm* 里春
Satō Haruo *ml* 佐藤春夫 365
Satohiro *m* 覚弘 1752
Satohito *m* 識仁 2810
Satō Ichiei *ml* 佐藤一英 365 「2344
Satoki *m* 覚行 1752, 鋭
Satoko *f* 里子 517, 怜子 565, 俐子 775, 郊子 888, 都子 1419, 智子 1793, 賢子 2579
Satō Koroku *ml* 佐藤紅緑 365
Satomi *s* 里見 517; *f* 郊美 888; *p* 里美 517
Satomichi *m* 達道 1810
Satomi hakkenden *l* 里見八犬伝 517
～ Ton *ml* 里見弴
Satomura *s* 里村
～ Kinzō *ml* 里村欣三
～ Shōha *ml* 里村紹巴
Satō Naokata *mh* 佐藤直方 365
Satonobu *m* 知暢 636
Satō Nobuhiro *mh* 佐藤信淵 365
～ Norikiyo *ml* 佐藤義清 「1227
Satoo *m* 丟夫 703, 哲夫
Satori *s* 左部 169, 佐鳥 365; *m* 悟里 1053
Satoru *m* 了 9, 仏 128, 兌 447, 知 636, 学 719, 俠 773, 悟 1053, 哲 1227, 済 1336, 暁 1596, 覚 1752, 智 1793, 達 1810, 解 1923, 詮 1934, 聖 2030, 聡 2311, 慧 2392, 賢 2579, 斅 2892
Satō Satarō *ml* 佐藤佐太郎 365
Satoshi *m* 訇 432, 邑 460, 里 517, 怜 565, 知 636, 俊 1039, 悟 1053, 秩 1119, 恵 1226, 哲 1227, 捷 1323, 敏 1409, 敏之, 悊 1480, 惺 1547, 暁 1596, 喆 1646, 敬 1691, 覚 1752, 智 1793, 達 1810, 詮 1934, 聖 2030, 郷司 2112, 郷四, 睿 2199, 聡 2311, 聡敏, 慧 2392, 穎 2505, 諭 2510, 叡 2555, 賢 2579, 嶷 2774, 譓 2809. (啓 1491)
Satoshiko *f* 啓子
Satoshō *p* 里庄 517
Satō Sōnosuke *ml* 佐藤惣之助 365
Satosu *m* 論 2510
Satouchi *s* 里内 517
Satoyasu *m* 達安 1810
Satoyoshi *s* 里吉 517
Satō Yoshisuke *ml* 佐藤義亮 365
Satsu *f* 佐都. (札 145, 冊 190, 刷 655, 殺 1138, 茁 1173, 颯 2109, 察 2180, 擦 2601, 薩 2684)
Satsuka *s* 佐塚 365
Satsuki *sm* 五月 91; *f* 皐月 1197, 皐月 1459
Satsuma *sph* 薩摩 2684
～ Jōun *ma* 薩摩浄雲
～ no Kami *la* 薩摩守
Satta *s* 薩陀, 薩埵
Satte *p* 幸手 661
Sawa *s* 沢 404, 颯波 2109; *sp* 佐波 365. (沢 404, 兌 447, 爽 1529)
Sawabara *s* 沢原 404
Sawabatake *s* 沢畑, 沢畠
Sawabe *s* 沢辺, 沢部
Sawachi *s* 沢地
Sawada *s* 沢田; *p* 佐和田 365 「二郎 404
～ Shōjirō *ma* 沢田正
Sawae *s* 沢江
Sawaguchi *s* 沢口
Sawahashi *s* 沢橋
Sawai *s* 沢井
Sawajirō *m* 沢二郎
Sawaki *s* 佐脇 365, 沢木 404 「一
～ Kin'ichi *ml* 沢木欣
Sawako *f* 爽子 1529
Sawamata *s* 沢俣 404
Sawamoto *s* 沢本
Sawamura *s* 沢村
～ Koi *ml* 沢村胡夷
～ Tanosuke *ma-l* 沢村田之助
Sawanaka *s* 沢中
Sawano *s* 沢野
Sawa Nobuyoshi *mh* 沢宣嘉 「久雄
Sawano Hisao *ml* 沢野
Sawao *s* 沢尾
Sawara *sp* 早良 295, 佐原 365; *p* 砂原 876
Sawarabi *l* 早蕨 295
Sawaragi *s* 椹 2097
Sawashima *s* 沢島 404
Sawatari *s* 猿渡 2062
Sawato *s* 沢渡 404
Sawauchi *s* 佐羽内 365; *sp* 沢内 404
Sawaura *s* 沢浦
Sawaya *s* 沢屋, 沢谷
Sawayama *s* 沢山
Sawayanagi *s* 沢柳
～ Masatarō *mh* 沢柳政太郎
Sawazaki *s* 沢崎
Saya *s* 茶谷 931; *sp* 佐屋 365. (居 737, 爽 1529, 鞘 2542)
Sayako *f* 爽子 1529, 紗綾子 1683, 鞘子 2542
Sayama *s* 茶山 931, 猨山 1554, 猿山 2062; *sm* 佐山 365; *sp* 狭山 790; *m* 左也馬 169
Sayanagi *s* 佐柳 365
Sayo *sp* 佐用; *f* 小夜 21
Sayogoromo *l* 小夜衣
Sayuri *f* 小百合
(saza 鉅 1946)
Sazae *f* 螺江 2805
Sazai *m* 礫 2987
Sazaka *s* 鉅鹿 1946
Sazarashi *s* 九石 16
Sazawa *s* 佐沢 365
Saze *s* 佐善
Sazen *m* 左膳 169
Sazō *m* 佐三 365
Sazuku *m* 授 1315
(se 世 335, 施 831, 背 957, 畝 1142, 脊 1212, 催 2060, 瀬 2794, 灑 2962)
Seba *s* 洗馬 817, 瀬場 2794
Sebata *s* 瀬畑, 瀬端
Sebee *m* 瀬兵衛
(sechi 折 385, 晢 1478, 説 2143, 察 2180)
Sechibaru *p* 世知原 335
Sedani *s* 瀬谷 2794
Sefuri *p* 背振 957
Sega *s* 瀬賀 2794
Segai *s* 揖斐 1550, 楫斐 1899; *sp* 清和井 1342
Segami *s* 瀬上 2794
Segawa *s* 瀬川, 瀬河
～ Jokō *ml* 瀬川如皐
Seguchi *s* 瀬口
Sehei *m* 瀬平
Sei *sm* 清 1342; *m* 省 1013, 精 2131; *f* 勢似 2039. (井 103, 正 205, 生 214, 成 322, 世 335, 西 336, 声 465, 性 564, 征 580, 制 656, 青 700, 斉 701, 城 796, 浄 823, 牲 830, 姓 846, 政 881, 星 946, 妛 950, 妻 959, 呰 972, 省 1013, 凊 1021, 倩 1031, 栖 1101, 晟 1187, 済 1336, 清 1342, 盛 1469, 惺 1547, 晴 1597, 婧 1601, 税 1642, 婁 1722, 犀 1803, 靖 1905, 誠 1935, 鉦 1941, 細 1958, 歳 1995, 貰 2011, 聖 2030, 勢 2039, 際 2073, 蜻 2128, 精 2131, 静 2145, 誓 2218, 請 2323, 製 2388, 醒 2501, 整 2581, 騂 2665, 濟 2793, 鯖 2830, 躋 2950, 霽 2978)
Seiashō *l* 井蛙抄 103
Seibee *m* 清兵衛 1342
～ to hyōtan *l* 清兵衛と瓢簞 「成美 322
Seibi *m* 正美 205; *ml*
Seibu *p* 西部 336
Seichū *m* 正中 205
Seidan matsu no shirabe *l* 清談松の調 1342 「*l* 清談峰初花
～-mine no hatsuhana
Seiemon *m* 清右衛門
Seifū *m* 清風 「2218
Seiganji *p-la* 誓願寺

Senjūrō *m* 銑十一郎 2158

Senjūshō *l* 撰集抄 2258

Senka *ml* 仙果 228

Senkaku *ml* 仙覚

Senmaya *p* 千厩 44

Senmyō *l* 宣命 919

Senna *s* 仙名 228

Sennami *s* 仙波 「965

Sennan *p* 仙南, 泉南

Senno *s* 千野 44

Sennojō *m* 釧之允 2341

Sen no Rikyū *ma* 千利休 44 「973

Sennosuke *m* 専之助

Seno *s* 瀬能 2794, 瀬野

Senogawa *p* 瀬野川

Senokuchi *s* 瀬之口

Senoo *s* 瀬尾; *sp* 妹尾

Senryū *l* 川柳 20 ⌊848

Senryūtei *s* 千柳亭 44

Senshi *m* 千之

~ Naishinnō *fl* 選子内親王 2419

Senshirō *m* 仙四郎 228

Senshū *s* 千秋 44

Senshu waka *l* 千首和

Sensui *s* 泉水 965 ⌊歌

Sentarō *m* 千太郎 44, 仙太郎 228, 専太郎 973, 詮太郎 1934

Sentō *s* 千頭 44

~ hyakuban utaawase *l* 仙洞百番歌合 220

Sentomaru *m* 千任丸 44

Sentō shinwa *l* 銭湯新話 2160

Senuma *s* 瀬沼 2794

~ Kayō *fl* 瀬沼夏葉

~ Shigeki *ml* 瀬沼茂樹

Sen'ya *s* 銭谷 2160; *m* 千也 44, 千弥 ⌈2158

Senzaburō *m* 銑三郎

Senzai *lam* 千歳 44

Senzaishū *l* 千載集

Senzaki *s* 千崎, 先崎

Senzoku *s* 千足 44 ⌊280

Senzu *s* 仙頭 228

Seo *s* 妹尾 848, 瀬尾 2794

Sera *s* 世良 335, 西羅 336; *sp* 世羅 335

Seranishi *p* 世羅西

Serata *s* 世良田

(seri 芹 478, 迫 747)

Serikawa *s* 芹川 478

Serikoshi *s* 芹草越

Serino *s* 芹野

Serita *s* 芹田, 迫田 747

~ Hōsha *ml* 芹田鳳車

Serizawa *s* 芹沢 ⌈478

~ Kōjirō *ml* 芹沢光治

Seryū *s* 芹生 ⌈良

Sesaki *s* 瀬崎 2794

Seshima *s* 妹島 848, 瀬島 2794

Seshimo *s* 瀬下

Seshita *s* 瀬下

Sesonji *s* 世尊寺 335

Sesshōseki *la* 殺生石 1138

Sesshū *ma* 雪舟 1495

Sesson Yūbai *ml* 雪村友梅

Seta *s* 世田 335, 勢田 2039; *s* 勢多; *p* 瀬田 2794

Setagaya *p* 世田谷 335

Setaka *p* 瀬高 2794

Setana *p* 瀬棚

Setchūbai *l* 雪中梅 1495

Seto *sp* 瀬戸 2794

Setō *s* 瀬藤

Setoda *p* 瀬戸田

Setogawa *p* 瀬戸川

Setoguchi *s* 瀬戸口

Setouchi *p* 瀬戸内

~ Harumi *ml* 瀬戸内晴美

Setoyama *s* 瀬戸山

Setsu *m* 節 2215. (切 51, 折 385, 殺 1138, 苫 1173, 設 1401, 晢 1478, 雪 1495, 摂 1548, 摂 1837, 説 2143, 節 2215)

Setsubun *la* 節分

Setsuda *s* 説田 2143

Setsugekka *l* 雪月花 1495

Setsuji *p* 節治 2215

Setsuko *f* 苫子 1173, 説子 2143, 節子 2215

Setsumon *l* 雪門 1495

Setsuya *s* 世津谷 335

Setsuyōshū *l* 節用集

Setsuzō *m* 節蔵 ⌊2215

Settai *la* 摂待 1837

Settsu *sph* 摂津

Sewaki *s* 瀬脇 2794

Seya *s* 世谷 335, 瀬谷 2794 「瀬谷

Seyama *s* 世家真 335,

Sezaemon *m* 瀬左衛門

Sezai *s* 瀬在

Sha *s* 車 532. (沙 392, 社

406, 車 532, 舎 721, 者 769, 酒 814, 柘 864, 砂 876, 射 1144, 捨 1324, 斜 1392, 娑 1474, 紗 1683, 奢 1706, 煮 1787)

Shakkō *l* 赤光 443

Shakkyō *la* 石橋 172

Shakotan *p* 積丹 2493

(shaku 尺 96, 斥 167, 石 172, 赤 443, 咋 570, 昔 699, 借 1032, 迹 1249, 釈 1395, 寂 1515, 策 1767, 晢 1791, 跡 1926, 勣 1969, 渇 2273, 諸 2329, 積 2493, 錫 2524, 綽 2529, 爵 2537, 爵 2779, 繧 2814) 「空 1395

Shaku Chōkū *ml* 釈迢

Shakudo *s* 赤土 443

Shakudō *s* 赤藤

Shakunage *l* 石楠 72

Shaku Nihongi *l* 釈日本紀 1395

Shakuzuru *sma* 赤鶴 443 「hai "上海 47

Shanhai *p-l* "Shang-Shaō *ml* "Shakespeare" 沙翁 392

Sharebon *l* 洒落本 814

Shari *p* 斜里 1392; *la* 舎利 721

~ santan *l* 舎利讃歎

Shariki *p* 車力 532

Shasekishū *l* 沙石集 392

Shatani *s* 車谷 532

Shatei *l* 舎弟 721

Shazenso *l* 車前草 532

(shi 之 24, 巳 30, 子 38, 士 41, 下 46, 支 63, 止 87, 仕 124, 示 148, 勾 157, 司 164, 石 172, 史 183, 四 188, 市 195, 矢 215, 白 216, 氏 223, 次 226, 此 254, 旨 263, 芝 289, 西 336, 至 440, 似 350, 孜 378, 址 386, 沚 391, 志 464, 至 485, 冢 530, 使 556, 侍 559, 祉 631, 知 636, 祉 637, 祀 640, 刺 654, 糸 720, 事 768, 指 800, 施 831, 姉 847, 柿 867, 癸 947, 思 966, 旹 972, 屎 989, 偲 996, 侇 1035, 胝 1082, 時 1086, 始 1092, 祇 1127, 師 1130, 耆

1214, 姿 1217, 柴 1221, 翅 1248, 視 1348, 移 1378, 祇 1380, 時 1382, 砥 1384, 笥 1472, 脚 1612, 詞 1665, 斯 1670, 酓 1700, 崇 1774, 獅 1835, 辞 1918, 試 1932, 詩 1937, 雉 1945, 蒔 1953, 蒔 1985, 資 2012, 歯 2051, 禔 2120, 誌 2141, 肆 2144, 紫 2209, 幟 2260, 賜 2371, 滋 2460, 熾 2465, 積 2493, 諟 2512, 絲 2526, 髭 2697, 慈 2701, 贄 2781, 識 2810, 磯 2916)

Shia *s* 塩飽 1846

Shiba *s* 司馬 164, 志波 464, 柴 1221, 斯波 1670, 榛葉 2108, 標葉 2298; *sp* 芝 289. (芝, 柴 1221)

Shibafu *s* 芝生 289

Shiba Fukio *ml* 芝不器男

Shibagaki *s* 芝垣

Shibahana *s* 庁鼻 174

Shibahara *s* 芝原 289, 柴原 1221

Shibahashi *s* 柴橋

Shibai *s* 柴井

Shibakawa *sp* 芝川 289

Shibaki *s* 芝木

Shibakin *s* 芝金

Shibaki Yoshiko *fl* 芝木好子

Shibako *f* 柴子 1221

Shibakōji *s* 芝小路 289

Shiba Kōkan *ma* 司馬江漢 164

Shibama *s* 芝間 289

Shibamiya *s* 柴宮 1221

Shibamoto *s* 芝本 289, 柴本 1221

Shibamura *s* 芝村 289

Shibanai *s* 柴内 1221

Shibano *s* 芝野 289, 柴野 1221 「山

~ Ritsuzan *mh* 柴野栗

Shibanuma *s* 柴沼

Shibaoka *s* 柴岡

Shibaraku *la* 暫 2402

Shiba Ryōtarō *ml* 司馬遼太郎 164

Shibasaburō *s* 柴三郎

Shiba Sen *mlh* "Ssu-ma Ch'ien" 司馬遷 164

Shibata s 芝田 289；sp
　柴田 1221, 新発田 1965
Shiba Tachito mh 司
　馬達等 164
Shibata Hakuyōjo fl 柴
　田白葉女 1221　「家
~ Katsuie mh 柴田勝
~ Kyūō mh 柴田鳴翁
~ Renzaburo ml 柴田
　錬三郎
~ Tenma ml 柴田天馬
Shiba Tatto mh 司馬
　達等 164
Shibata Zeshin ma 柴
　田是真 1221
Shibatei s 芝亭 289
Shibatsuji s 芝辻
Shibaya s 芝屋
Shibayama s 柴山 1221；
　sp 芝山 289
Shiba Yoshimasa mh
　斯波義将 1670
Shibazaki s 芝崎 289,
　柴崎 1221
(shibe 標 2298)
Shibecha p 標茶
Shiberia p "Siberia"
　西伯利亜 336
Shibetsu p 士別 41, 標
　津 2298　　　「2669
Shibi s 志斐 464；m 鮪
Shibōta s 柴生田 1221
~ Minoru ml 柴生田
　稔　　　　　「1334
Shibu s 四分 188.（渋
Shibue s 渋江, 渋谷
~ Chūsai mh-l 渋江抽
　斎
Shibuemon m 渋右衛
Shibui s 渋井　　「門
Shibukawa s 渋河；sp
　渋川
~ Genji ml 渋川玄耳
~ Gyō ml 渋川驍
~ Shunkai mh 渋川春海
Shibuki s 渋木　　「海
Shibun yōryō l 紫文要
　領 2209
Shibushi p 志布志 464
Shibuta s 志富田
Shibutani s 渋谷 1334
Shibuya sp 渋谷
~ Sadasuke ml 渋谷定
　輔
Shibuzawa s 渋沢
~ Eiichi mh 渋沢栄一
Shichi s 志知 464.（七

17, 室 1183, 時 1382, 悉
　1481, 悉 2020A, 質 2395,
　櫛 2797）
Shichichin s 七珍 17
Shichida s 七田
Shichifuku s 七福
Shichigahama p 七ケ
　浜
Shichigashuku p 七ケ
　宿
Shichiike s 志地池 464
Shichijō s 七条 17；p 七
　城　　　　　　「落
Shichiki-ochi la 七騎
Shichiku shoshinshū l
　糸竹初心集 720
Shichinohe s 七戸 17
Shichiri s 七里
Shichirō m 七郎
Shichirobei m 七郎平
Shichiroku m 七六
Shichitarō m 七太郎
Shichiyō ō l 七曜
Shichizaemon m 七左
　衛門
Shida s 正田 205, 信田
　782, 思 966, 滋田 2460；
　sp 志田 464, 信太 782；
　p 志太 464
Shidachi s 志立
Shidami s 志段, 志談
Shidan s 志談
Shidao s 歯朶尾 2051
Shidara s 雑楽 2127；sp
　設楽 1401
Shida Sokin ml 志田
　素琴 464　　　「2414
Shidate s 志立；m 幣
Shida Yaba ml 志田野
　坡 464
Shidehara s 幣原 2414
~ Kijūrō mh 幣原喜重
Shido p 志度 464　「郎
Shidō s 志道
Shidori s 委文 960
Shifūdo l 詩風土 1933
Shiga sp 四賀 188；sp-la
　志賀 464；p 滋賀 2460
Shigaki s 柴垣 2209
Shiga Kiyoshi mh 志
　賀潔 464　　　「子 188
~ Mitsuko fl 四賀光
~ Naoya ml 志賀直哉
　464　　　　　「穴太
Shiganoanaho s 志賀
Shigaraki sp 信楽 782
Shiga Shigetaka mlh
　志賀重昂 464

Shige s 志毛；m 重
　1017；f 臣 527, 苞 688,
　稠 1915, 賈 2367.（十 18,
　子 38, 方 85, 木 109, 口
　134, 兄 181, 戌 208, 包
　218, 列 257, 卯 259, 芋
　287, 芝 289, 成 322, 枝
　631, 林 633, 茂 691, 受
　730, 兜 758, 信 782, 城
　796, 勇 926, 苗 927, 草
　934, 発 953, 栄 969, 咸
　1003, 為 1005, 乗 1016,
　重 1017, 従 1050, 殷
　1139, 華 1168, 挙 1207,
　柴 1221, 恵 1226, 甚
　1267, 滋 1301, 陸 1313,
　習 1468, 盛 1469, 順
　1532, 妻 1722, 葆 1726,
　董 1731, 賀 1756, 達
　1810, 靜 1889, 稠 1915,
　誠 1935, 義 1975, 蓁
　1984, 茲 1987, 蒼 1988,
　誉 2000, 誉 2010, 種 2124,
　精 2131, 蕃 1899, 蓄
　2191, 彙 2200, 諄 2344,
　調 2328, 鋪 2340, 駛 2348,
　蕃 2371, 滋 2460, 樹
　2483, 維 2460, 薫 2567,
　篤 2576, 薦 2683, 懋
　2700, 慈 2701, 鎮 2751,
　穆 2802, 穏 2803, 繁
　2848, 韓 2865, 鑑 2968）
Shigeaki m 以昭 134, 茂
　明 691, 重陽 1017
Shigeatsu m 重厚, 鎮
　重 2751
Shigeaya m 成章 322
Shigechika m 重近 1017,
　重隣, 重親, 彙遒 2200
Shigeeda s 重枝 1017
Shigefu s 滋生 2460
Shigehara s 茂原 691,
　重原 1017
Shigeharu m 滋春 2460
Shigehide m 茂秀 691,
　重栄 1017
Shigehiko m 枝彦 631,
　栄彦 969, 重彦 1017, 蔚
　彦 2191, 滋彦 2460
Shigehiro m 重溥 1017,
　重鴻, 誠弥 1935, 誠寛
Shigehisa m 重久 1017；
　m 重旧, 稠尚 1915
(shigei 茂 691)
Shigeie m 重舎 1017, 鎮
　家 2751
Shigeiko f 茂子 691

Shigeji s 重地 1017；m
　茂二 691, 重次 1017, 繁
　二 2848
Shigejirō m 樹次郎 2483
Shigekado m 卯外 259,
　重廉 1017
Shigekngu m 繁薦 2848
Shigekane m 重鎌 1017
Shigekata m 重容
Shigekatsu m 重功, 誠
　克 1935　　「従尹 1050
Shigekazu m 重一 1017,
Shigeki m 茂樹 691, 苅
　樹 926, 栄樹 969, 重喜
　1017, 重樹, 盛樹 1469,
　種樹 2124, 蕃 1899, 蕃
　樹 2371　　「繁吉 2848
Shigekichi m 茂橘 691,
Shigekiyo m 木喜代 109
Shigeko f 子子 38, 辛
　子 287, 成子 322, 茂子
　691, 苗子 927, 栄子 969,
　妻子 1722, 董子 1731,
　滋子 2460, 樹子 2483,
　薫子 2567, 穂子 2803
Shigekore m 重茲 1017
Shigemaru m 薫丸 2567
Shigemasa m 茂済 691,
　重昌 1017, 重政
Shigematsu s 重松
Shigemi s 重見；m 成
　相 322, 成実 322, 茂 691,
　竜 1199, 葆見 1726
Shigemichi m 成達 322,
　重迪 1017, 重理, 重教,
　重道　　「m 成允 322
Shigemitsu m 重光；
Shigemori s 重森 1017；
　sm-p 重盛
Shigemoto m 重元, 重
　本；m 茂苞 691, 重太
　1017　　　　「重村 1017
Shigemura s 茂村 691,
Shigenami m 鎮漣 2751
Shigenao m 重直 1017,
　挙直 1207
Shigenari m 重成 1017,
　重然　　　　「1139
Shigene m 重音, 殷根
Shigeno s 茂野 691, 重
　野 1017, 繁野 2848；sm
　滋野 2460
Shigenobu sm-p 重信
　1017；m 戌申 208, 重
　靖 1017
Shigeno no Sadanushi
　ml 滋野貞主 2460

Shigenori *m* 茂徳 691,
　重訓 1017, 重恪, 重恭,
　重威, 重険, 重徳
Shigenosuke *m* 恵之輔
　1226　　「野天來 2848
Shigeno Tenrai *ml* 繁
Shigeo *s* 木尾 109；*m*
　方雄 85, 茂雄 691, 重
　雄 1017, 狩夫 1301, 鎮
　男 2751, 韓雄 2885
Shigeoka *s* 重岡 1017；
　m 茂岳 691
Shigeomi *m* 重臣 1017
Shigeoyu *m* 重老
Shigeri *m* 茂亥 691, 蕃
　2371
Shigeru *m* 子 38, 什 130,
　申 185, 戌 208, 卯 259,
　芋 287, 成 322, 林 633,
　苞 688, 茂 691, 秀 726,
　垂 761, 苒 927, 栄 969,
　重 1017, 苙 1442, 盛
　1469, 復 1571, 葆 1726,
　董 1731, 森 1735, 殖
　1867, 椣 1889, 稠 1915,
　蒋 1982, 蓁 1984, 滋
　1987, 蒼 1988, 蕎 2189,
　蔚 2191, 蕃 2371, 滋
　2460, 蕷 2491, 蕄 2575,
　蕤 2679, 懋 2700, 慈
　2701, 穰 2803, 繁 2848,
　蘊 2895, 樆 2986, 蔚
　3011
Shigesada *m* 鑑定 2968
Shigesane *m* 重仁 1017
Shigesato *m* 重里, 重諷
Shigeshi *m* 重, 彬 1370,
　稠 1915, 滋 2460, 繁 2848
Shigeshige yawa *l* 繁
　野話
Shigesu *s* 重栖 1017
Shigesue *sm* 重末
Shigesumi *m* 誉純 2010
Shigeta *s* 茂田 691, 重
　田 1017, 繁田 2848；*m*
　茂太 691
Shigetada *m* 木忠 109,
　重忠 1017, 繁嬌 2848
Shigetaka *m* 重孝 1017,
　重威, 重隆, 繁栄 2848
Shigetame *m* 林為 633
Shigetane *m* 鎮休 2751
Shigetarō *m* 茂太郎 691,
　繁太郎 2848
Shigetatsu *m* 茂樹 691
Shigeteru *m* 林昱 633,
　重光 1017, 重熙

Shigeto *m* 重任
Shigetō *m* 重遠
Shigetomi *s* 重富；*m*
　重宝, 重盛
Shigetoshi *m* 重要, 重
　憲, 薫明 2567
Shigetsugu *m* 茂語 691,
　重次 1017
Shigetsura *m* 重行
Shigeuji *m* 茂氏 691, 繁
　氏 2848　　　「哉 2540
Shigeya *m* 重哉 1017, 維
Shigeyama *s* 茂山 691,
　重山 1017
Shigeyo *m* 重帯, 重齢
Shigeyoshi *m* 成節 322,
　重意 1017
Shigeyuki *m* 茂幸 691,
　茂薫, 重幸 1017, 重進,
　重恭；*ml* 重之
Shigezō *m* 繁三 2848, 繁
　造, 繁蔵
Shigi *s* 信貴 782
~ -san *p* 信貴山
Shigō *m* 至剛 485
Shigura *s* 志倉 464
Shigure *m-f* 時雨 1086
Shigureko *f* 時雨子
Shigure no kotatsu *l*
　時雨の炬燵
Shihi *s* 悉悲 1482
Shihida *s* 志比陀 464
Shihonmatsu *s* 四本松
　188
Shihoro *s* 士幌 41
Shii *s* 志比 464, （椎 1629）
Shiiba *s* 椎葉
Shiida *p* 椎田
Shiigamoto *l* 椎本
Shiihara *s* 椎原
Shiihashi *s* 椎橋
Shiikai *s* 椎貝
Shiina *s* 椎名
~ Rinzō *ml* 椎名麟三
Shiino *s* 椎野　　　「木
Shiinoki *s* 椎木；*l* 椎
Shiinshū *l* 柿蔭集 867
Shiiro *s* 新納 1965
Shiiya *s* 椎谷 1629
Shiizono eisō *l* 椎園詠
Shiizu *s* 椎津　　　「草
Shiji *s* 志道 464
Shijiki *s* 志自岐
Shijima *s* 四十方 188
Shijimimiyake *s* 縮見
　屯倉 2813　　　「464
Shijimimura *s* 志深村

Shijō *sp* 四条 188
Shijōnawate *p* 四条畷
Shijōnomiya *s* 四条宮
~ Shimotsuke-shū　*l*
　四条宮下野集
Shijōritsu *l* 至上律 485
(shika 而 264, 然 1788, 爾
　2250, 鹿 1823)
Shikabe *p* 鹿部
Shikada *s* 鹿田　　「485
Shikadōsho *l* 至花道書
Shikago *p* "Chicago"
　市俄古 195
Shikahama *s* 鹿浜 1823
Shikahito *m* 鹿人
Shikajirō *m* 鹿次郎
Shikakichi *m* 鹿吉
Shikakubo *s* 鹿窪
Shikakura *s* 鹿倉
Shikama *s* 四釜 188, 志
　鎌 464, 鹿間 1823；*p* 色
　麻 345, 飾磨 2164
Shikamachi *p* 鹿町 1823
Shikamata *s* 鹿又, 鹿股
Shikamura *s* 鹿村
Shikano *sp* 鹿野
~ Buzaemon *mla* 鹿
　野武左衛門
Shikanohe *s* 志我閇 464
Shika no makifude *l*
　鹿の巻筆 1823
Shikanosuke *m* 鹿之助
Shikaoi *p* 鹿追
Shikashū *l* 私家集 437,
　詞花集 1665
Shikata *s* 四方 188；*p*
　志方 464　　「多咄 637
Shikatabanashi *l* 私可
Shikatari *m* 鹿足 1823
Shikatsu *p* 師勝 1130
Shikauchi *s* 鹿内 1823
Shikayoshi *m* 然良 1788
Shikazono *s* 鹿園 1823
Shiki *s* 志糺 464, 志岐；
　ml 子規 2916.（及 83, 布 170, 式
　306, 色 345, 食 1159, 鈇
　2152, 飾 2164, 敷 2355,
　機 2477, 職 2734, 識
　2810, 織 2879）
Shikiba *s* 式場 306
~ Ryūzaburō *ml* 式場
　隆三郎
Shikibu *mh-fh* 式部
Shikibuchi *sm* 及淵 83
Shikichi *m* 敷地 2355
Shikida *s* 敷田

Shikimi *s* 敷見
Shikimori *s* 式守 306
Shikimura *s* 敷村 2355
Shikinokami *s* 城上 796
Shikinokazura *s* 城纏
Shikine *s* 敷根 2355
Shikinobu *m* 及淵 83
Shikionron *l* 色音論 345
Shikishima *p* 敷島 2355
Shikishi Naishinnō　*fl*
　式子内親王 306
Shikitei Sanba *ml* 式亭
　三馬
Shikitsu *s* 尋来津 1706
Shikkaiya Yasukichi *l*
　悉皆屋康吉 1482
Shikkō *s* 執行 1420
(shiko 色 345)
Shikō *ml* 支考 65
Shikofuchi　*m*　色布知
　345　　「1332, 蕃 2371）
(shiku 布 170, 芝 289, 流
Shikyō *l* 四鏡 188
Shikyū *s* 四至内
Shima *s* 志馬 464, 志塵；
　sm 島 1522；*sm-p* 志
　摩 464.（島 1522）
Shimabara *sp* 島原
Shimabukuro *s* 島袋
Shimachi *s* 島地
Shima chidori tsuki
　no shiranami *la* 島
　衛月白浪
Shimada *s* 四真田 188,
　斯真田 1670；*sp* 島田
　1522
~ Kinji *ml* 島田謹二
Shimadani *s* 島谷
Shimada Saburō　*mh*
　島田三郎
~ Seihō *ml* 島田青峰
~ Seijirō *ml* 島田清次
　郎
Shimagahara *p* 島ケ原
Shimagi *s* 島木　　「彦
~ Akahiko *ml* 島木赤
Shimaguchi *s* 島口
Shimahashi *s* 島橋
Shimai *s* 島井, 島居
Shimaji *s* 島地　　「雷
~ Mokurai *mh* 島地黙
Shimakata *s* 島方
Shimakawa *s* 島川
Shimaki *s* 島木
Shimakichi *s* 島吉
Shimaki Kensaku *ml*
　島木健作

299

1037, 差 1164, 姿 1217, 婉 1600, 級 1680, 等 1770, 階 1780, 標 2298)
Shinada s 品田 916
Shinae f 等枝 1770
Shinagawa sp 品川 916
~ Yajirō mh 品川弥二郎
Shinakichi m 品吉
Shinako f 科子 877, 品子 916, 姿子 1217, 婉子 1600, 級子 1680, 等子 1770
Shinami s 志波 464, 斯波 1670, 階見 1840
Shinando s 階戸
Shinano s 信乃 782; sp 信濃; l 科野 877
Shin-asahi m 新旭 1965
Shinata m 西南北 336
Shinato s 階土 1840, 階戸
Shinba s 榛葉 2108
~ Eiji ml 榛葉英治
Shinbai s 真奪 1228
Shinbo s 新保 1965
Shinbori s 新堀
Shin budō denraiki l 新武道伝来記
Shinchi p 新地
Shincho hyakushu l 著百種　「勅撰集
Shin-chokusenshū l 新
Shinden-zukuri a 寝殿造 1976
Shindō s 神藤 853, 真道 1228, 真藤, 進藤 1503, 新銅 1965, 新藤
~ Junkō l 進藤純孝 (shine 稲 2125)　「1503
Shin'emon m 新右衛門 1965
Shin'en l 寝園
Shin'engei l 新演芸 1965
Shingaku hayazome kusa l 心学早染草 49
Shingapōru p "Singapore" 星港 946
Shingo m 信吾 782, 真吾 1228, 惠吾 2033
Shingō p 神郷 853, 新郷 1965　「1228
Shingonshū h 真言宗
Shingorō m 真五郎
Shin-gosenshū l 新後撰集 1965

~ -goshūishū l 新後拾遺集　「宮 1965
Shingū sp 神宮 853, 新
Shingyōji s 新行内
Shinhaiwakai l 新俳話会　「摘
Shin-hanatsumi l 新花-Heike l 新平家
Shin'ichi m 真一 1228, 新一 1965, 鎮一 2751; p 新市 1965
Shin'ichirō m 信一郎 782, 真一郎 1228, 新一郎 1965
Shin'in l 新韻
Shinji sp 宍道 470; m 信二 782, 信次, 信治, 慎治 1839
~ hifumiden l 神字日文伝 853
Shinjirō m 晋次郎 1215, 信治郎 782, 新次郎 1965
Shinjo s 新荘, 新城, 新条; sp 新庄
Shinjuan kakochō l 真珠庵過去帳 1228
Shinjū futatsu haraobi la 心中二つ腹帯 49
~ kasane-izutsu la 心中重井筒
Shinjuku p 新宿 1965
Shinjūrō m 新十郎
Shinjū ten no Amijima la 心中天網島 49
~ yoigōshin la 心中宵庚申
Shinkai s 真貝 1228, 新海 1965; sp 新開
~ Taketarō ma 新海竹太郎
Shinkan ml 真観 1228
Shinkawa p 新川 1965
Shinkei ml 心敬 49
~ kasanegafuchi l 真景累ケ淵 1228
Shinki m 信毅 782
Shinkichi m 真吉 1228, 慎吉 1839, 新吉 1965
Shin-kobunrin l 新古文林　「集
~-kokinshū l 新古今
~~ Mino no iezuto l 新古今集美濃家苞
Shinkubo s 新久保
Shinkyoku Kaguyahime la 新曲赫映姫

Shinkyokushō l 真曲抄 1228
Shinma s 新間 1965
Shin-man'yōshū l 新万葉集
Shinma Shin'ichi ml 新間進一
Shinmeichōkō l 神名帳考 853　「明造
Shinmei-zukuri a 神
Shinmen s 新免 1965
Shinmi s 新見　「興
~ Masaoki mh 新見正興
Shinminato p 新湊
Shinmura s 新村
~ Izuru ml 新村出
Shinnai la 新内
Shinnen m 真稗 1228
Shinno s 信乃 782
Shinnojō m 新之允 1965
Shinnosuke m 信之介 782, 慎之助 1839, 新之助 1965
Shinnotō s 秦党 1202
Shinnyo mh-la 真如 1228
Shino s 志野 464, 滋野 2460, 篠 2691; lm 信乃 1965; m-f 志乃 463; f 訒 1147, 荵 1169 (忍 463, 信 782, 神 853, 姿 1217, 要 1218, 篠 2691)　「782
Shinō s 小竹 21, 信乃
Shinobe s 信部
Shinobu sm-p 信夫; m 仁 57, 忍夫 463, 恕 1483, 愛 2351; m-f 忍 463; f 訒 1147, 荵 1169
Shinobugaoka s 忍岡 463　「麿 853
Shinobumaro m 神符
Shinobunoya m 志濃夫廼舎 464
Shinoda s 小竹田 21, 信田, 信濃田, 笹田 1773, 篠田 2691; sp 信太 782　「2691
~ Tarō ml 篠田太郎
~ Teijirō ml 篠田悌二郎
Shinoe f 篠江
Shinogi s 篠木
Shinogu m 凌 1022
Shinohara s 篠原 2691
~ Bon ml 篠原梵
~ Hōsaku ml 篠原鳳作
~ Ontei ml 篠原温亭

~ Shizuji ml 篠原志都児
Shinohe sp 四戸 188
Shinoi s 篠井 2691
Shi no ie l 詩之家 1933
Shinomata s 信俣 782, 篠俣 2691
Shinomi s 新見 1965
Shinomiya s 四宮 188, 篠宮 2691
Shinomoto s 篠本
Shinonoi p 篠ノ井
Shinooka s 篠岡
Shinoyama s 篠山
Shinozaki s 篠崎
Shinozawa s 篠沢
Shinozuka s 篠塚
Shinpachi m 新八 1965
Shinpan utazaimon l 新版歌祭文
Shinpei m 真平 1228, 進平 1503, 新平 1965
Shinra s 森羅 1735, 新良 1965; ph "Silla" 新羅　「象 1735
~ Banshō ml 森羅万
Shinran mh 親鸞 2544
Shinrei Yaguchi-no-watashi l 神霊矢口渡 853　「1228
Shinrokurō m 真六郎
Shinsarugaku-ki l 新猿楽記 1965
Shinsawa s 新沢
Shinsei p 真正 1228
Shinsengumi l 新撰組 1965, 新選組
~ shimatsuki l 新選組始末記　「鏡
Shinsen jikyō l 新撰字
~ rōeishū l 新撰朗詠集　「氏録
~ shōjiroku l 新撰姓
~ Tsukubashū l 新撰菟玖波集
Shin-senzaishū l 新千載集　「髄脳
Shinsen zuinō l 新撰
Shinshi s 進士 1503
Shinshichi m 新七 1965
Shinshinotsu p 新篠津
Shinshiro p 新城
Shinshirō m 信四郎 782
Shinshū l 信州
Shin-shūishū l 新拾遺集 1965
Shinshū Kawanakaji-

ma kassen *l* 信州川中島合戦 782

~ Shin *p* 信州新

Shinsoku bussei *l* 新即物性 1965

Shinsō no kajin *l* 新粧之佳人

Shinsuke *m* 新助

Shinta *s* 信田 762，*m* 信太 『抄 1965

Shintaishishō *l* 新体詩

Shintaku *s* 新宅

Shintani *s* 新谷

Shintarō *m* 信太郎 782，慎太郎 1839，新太郎 1965

Shintō *s* 榛東 2108

Shin-tone *p* 新利根 1965

Shintoku *ml* 信徳 782；*p* 新得 1965

Shintomi *p* 新富

Shintōshū *l* 神道集 853

Shintō taii *l* 神道大意

Shin-totsukawa *p* 新十津川 1965 『屋

Shintowaya *s* 新音羽

Shinu *s* 小竹 21 『1965

Shin'uonome *p* 新魚目

Shinuta *s* 小竹田 21

Shinwa *p* 新和 1965

Shinwayō *a* 新和様

Shin'ya *s* 新谷，新屋，新家；*m* 信也 782，真也 1228

Shin'yō *s* 榛葉 2108

Shin-yoshitomi *p* 新吉富 1965

Shin'yōshū *l* 新葉集

Shinza *p* 新座

Shinzaburō *m* 進三郎 1503，新三郎 1965

Shinzō *m* 信三 782，真三 1228，慎三 1839

Shin-zokukokinshū *l* 新続古今集 1965

Shio *m* 塩 1846；*f* 志保 464；*p* 志雄. (入 15，汐 250，塩 1846，潮 2275)

Shioaki *m* 汐明 250

Shiobara *p* 塩原 1846

Shioda *s* 四方田 188；*sp* 塩田 1846

Shiōda *s* 新発田 1965

Shioda Ryōhei *ml* 塩田良平 1846

Shiofuji *s* 塩藤

Shiogama *p* 塩釜

Shiohama *s* 塩浜

Shioi *s* 塩井

Shioiri *s* 塩入

Shioi Ukō *ml* 塩井雨江

Shioji *s* 塩路；*m* 四方治 188

Shiojima *s* 塩島 1846

Shiojiri *sp* 塩尻

~ Kōmei *ml* 塩尻公明

Shiomaro *m* 塩麻呂

Shiomi *s* 汐見 250，塩見 1846；*f* 汐美 250

Shion *s* 施恩 831；*l* 紫苑 2209 『入野 15

Shiono *s* 塩野 1846；*sp*

Shionoe *p* 塩江 1846

Shionogi *s* 塩野義

Shionoha *p* 入之波 15

Shionoiri *s* 塩入 1846，塩野入

Shionokawa *sp* 塩川

Shionoya *s* 塩谷，塩野

Shiori *f* 栞 1220 『谷

Shiosai *l* 潮騒 2275

Shiotsu *s* 塩津 1846

Shioura *s* 塩浦

Shiowaki *s* 塩脇

Shiowaku *s* 塩飽

Shioya *s* 塩屋；*sp* 塩谷

Shioyaki *m* 塩焼

Shioyama *s* 塩山

Shiozaki *s* 汐崎 250，塩崎 1846，潮崎 2275

Shiozawa *sp* 塩沢 1846

Shioze *s* 塩瀬

Shiozuka *s* 塩塚

Shiozuki *s* 塩月

Shippō *p-a* 七宝 17 (shira 白 216，精 2131)

Shirabe *s* 調 2328

Shirabyōshi *fa-a* 白拍子 216

Shirae *s* 白江，白柄

Shirafuji *s* 白藤

Shiragaki *p* 信楽 782

Shiragi *s* 新良貴 1965；*ph* "Silla" 新羅 ~ gaku *a* 新羅楽

Shiragikukai *l* 白菊会 216

Shirahae *l* 白南風

Shirahama *sp* 白浜

Shirahata *s* 白畑，白幡，白旗

Shirahato *l* 白鳩

Shirahige *la* 白鬚

Shirai *s* 白井，白猪

~ Kenzaburō *ml* 白井健三郎

~ Kyōji *ml* 白井喬二

Shiraishi *s* 白石

Shiraiwa *s* 白岩

Shirakaba *l* 白樺

Shirakami *s* 白上，白神

Shirakawa *smh-p* 白河；*sp* 白川

~ Atsushi *ml* 白川渥

~ kikō *l* 白河紀行

Shiraki *s* 素木 1707；*sp* 白木 216

Shirako *p* 白子

Shirakoshi *s* 白輿

Shirakura *s* 白倉

Shiramatsu *s* 白松

Shiramine *sp-l* 白峰

Shiramizu *p* 白水

Shiranami *s* 白浪

Shirane *sp* 白根

Shirani *s* 白土，白仁

Shiranui *s* 白縫；*p* 不知火 94

Shiranuka *p* 白糠 216

Shirao *s* 白尾；*m* 白雄

Shiraogawa *s* 白男川

Shiraoi *p* 白老

Shiraoka *sp* 白岡

Shirasaka *s* 白坂

Shirasaki *s* 白崎

Shirasawa *sp* 白沢

Shirase *s* 白瀬

Shirashima *s* 白島

Shirasu *s* 白洲，白須

Shirasugi *s* 白杉

Shirasuna *s* 白砂

Shirataka *sp* 白鷹

Shirataki *sp* 白滝

Shiratama *l* 白珠

Shirato *s* 白土，白戸

Shiratori *s* 白鳥

Shiratsu *s* 白津

Shiratsuka *s* 白柄，白塚

Shiratsuki *s* 白築

Shiraya *s* 白谷

Shirayama *s* 白山

Shirayanagi *s* 白柳

~ Shūko *ml* 白柳秀湖

Shiren *mlh* 師錬 1130 (shiri 尻 176，知 636，後 1300)

Shiribeshi *p* 後志

Shirikake *s* 尻掛 176

Shirikishinai *p* 尻岸内

Shiritaka *s* 尻高

Shiritsuki *s* 後月 1300

Shiriuchi *p* 知内 636

Shiro *sm-f* 城 796；*m-f* 白 216. (太 105，代 125，白 216，城 796，背 956，素 1707)

Shirō *s* 斯朦 1670；*m* 十郎 41，四郎 188，素人 1707，嗣郎 1937；*ml* 士朗 41 『*m* 銀 2345

Shirogane *sm* 白金 216；

Shiroguchi *s* 城口 796

Shiroi *p* 白井 216

Shiroishi *p* 白石

Shirokawa *p* 城川 796

Shiroki *s* 白木，素木 1707

Shiroko *f* 白子 216

Shirokura *s* 城倉 796

Shiromoto *s* 城本

Shiromukuge *l* 白木槿

Shirone *p* 白根 『216

Shironushi *l* 代主 125

Shiroo *m* 四亮夫 188

Shirosaki *s* 城崎 796

Shirose *s* 白勢 216

Shiroshi *m* 白，素 1707

Shiroshita *s* 城下 796

Shirota *s* 代田 125，白田 216，城田 796

Shirotori *sp* 白鳥 216

~ Seigo *ml* 白鳥省吾

Shirotsuka *s* 城塚 796

Shiroyama *sp* 城山

Shirozō *m* 素三 1707

Shirōzu *sp* 白水 216 (shiru 印 260，知 636，訓 1148)

(shirushi 璽 2860)

Shirusu *m* 志 464，記 1149，紀 1424

Shisa *s* 志佐 464

Shisei *l* 詩聖 1933

Shiseki *s* 始関 1092，紫関 2209 『四川 188

Shisen *p* "Szechwan"

Shisenshū *l* 私撰集 637

Shishi *s* 師子 1130，獅子 1835. (宍 470，完 471，書 1181，猊 1302，猪 1306，鹿 1823) 『細胸 853

Shishiba *s* 四柴 188，神

Shishi Bunroku *ml* 獅子文六 1835

Shishido *s* 宍人 470，宍戸，完戸 471

Shishifu *s* 鹿生 1823

Shishiguri *s* 宍粟 470

Shishigusa *s* 完草 471

Shishihito *s* 害人 1181

Shishihitobe *s* 害人部

Shishiji *s* 志道 464, 完道 471

Shishikai *sp* 宍甘 470

Shishikō *s* 宍甘

Shishikui *p* 宍喰

Shishikura *s* 宍倉, 猊倉 1302

Shishikusa *s* 宍粟 470

Shishima *s* 上上島 47

Shishin *l* 詩神 1933

Shishio *m* 宍夫 470

Shishiuchi *s* 四宍内 188, 鹿討 1823

Shishizawa *s* 宍粟 470

Shishoku *l* 私燭 637

Shishūdo *s* 宍人 470

Shisō *p* 宍粟

Shisōsha *l* 詩草社 637

Shisui *p* 泗水 吸水, 酒酒井 1066　　　「坤 573」

Shita *s* 信田 782. (下 46,

Shitada *s* 下田 46

Shitagō *m* 趁 1815 ; *ml* 順 1532

Shitakusa *l* 下草 46

Shitaya *s* 下谷　　　「188

Shitennō *smh* 四天王

Shitennōji *p* 四天王寺

Shitō *s* 市東 195, 志藤 464, 紫桃 2209, 紫藤

Shitoke *p* 雫 144

Shitokitsuki *s* 米餅搗 343　　　　　　「485

Shitoku 1384-87 至徳

Shitomi *sm* 鄯 2186

Shitori *s* 完利 471, 従者 1050, 後 1300 ; *sm* 倭 1283, 倭文 ; *sp* 白堤 216　　　「後部 1300

Shitoribe *s* 従者部 1050,

(shitsu 七 17, 室 1183, 後 1300, 執 1420, 悉 1482, 蛭 1920, 瑟 2020A, 漆 2087, 肆 2144, 膝 2281, 質 2395, 櫛 2797)

Shitsuki *s* 志筑 464 ; *m* 後城 1300 ; *p* 倭

~ Tadao *mh* 志筑忠雄 464

Shitsumi *s* 七美 17

Shittaka *s* 尻高 176

Shiuchi *s* 四十住 188,

四至内, 吹智 370, 志内 464

Shiunji *p* 紫雲寺 2209

Shiura *sp* 市浦 195

Shiwa *s* 志波 464 ; *p* 志和, 紫波 2209　　「464

Shiwahime *p* 志波姫

Shiwasuta *s* 十二月一日 18, 十二月田

Shiwato *s* 塩飽 1846

Shiyū *l* 新納 1965

Shizawa *s* 志沢 464 ; *sp* 宍粟 470

Shizu *s* 志津 464 ; *sf* 倭 1283, 倭文 ; *f* 静 2145, 賤 1283. (玄 522, 浄 823, 倭 *g* 1300, 寂 1436, 康 1509, 閑 1820, 靖 1905, 静 2145, 寧 2181, 廉 2318, 嫺 2475, 穏 2492, 謙 2646, 鎮 2751)

Shizue *f* 倭江 1283, 閑衛 1820, 静枝 2145

Shizugawa *p* 志津川 464

Shizuharu *m* 鎮治 2751

Shizuhata *s* 志豆機 464 ; *l* 賤機 2318

Shizuhataobi *a* 賤機帯

Shizuhide *m* 静英 2145

Shizuhiko *m* 倭彦 1283

Shizuka *m* 玄 522, 担 574, 康 1509, 舒 1673, 諡 2637A, 驀 2938 ; *m-f* 香 2145 ; *f* 静香, 賤香 2318　　　「*sp* 俊川

Shizukawa *s* 後河 1300 ;

Shizuki *f* 志豆紀 464

Shizuko *f* 倭文子 1283, 閑子 1820, 静子 2145, 賤子 2318, 嫺子 2475, 穏子 2492　　　「1494」

Shizuku *s* 志筑 464. (雫

Shizukuishi *sp* 雫石

Shizuma *s* 四十方 188, 静妻 2145, 静間 ; *m* 志津廉 464, 志津磨, 志頭磨, 鎮馬 2751

Shizume *s* 鎮目 ; *m* 静馬 2145, 鎮 2751

Shizumi *m* 鎮

Shizumu *m* 鎮

Shizunai *p* 静内 2145

Shizuno *s* 志津野 464

Shizuo *m* 浄夫 823, 倭夫 1283, 靖夫 1905, 静

夫 2145, 静治男, 静家, 静雄, 寧雄 2181, 賤夫 2318, 謙夫 2646 ; *f* 静緒 2145

Shizuoka *p* 静岡

Shizuri *s* 志津梨 464

Shizurie *s* 静戸 2145

Shizusane *m* 静修, 鎮実 2751

Shizuta *s* 静田 2145

Shizu-uta *l* 兹郢歌 2134

Shizuya *m* 静弥 2145

Shizuya *m* 鎮弥, 礎 2751

Shizuyasu *m* 康安 1509

(sho 処 177, 且 192, 初 427, 助 431, 序 507, 所 600, 杵 629, 徐 1049, 書 1216, 庶 1505, 渚 1575, 暑 1738A, 組 1952, 楚 2022, 諸 2329, 鋤 2336, 曙 2719, 礎 2730)

Shō *s* 荘 933 ; *m* 正 205, 章 1461 ; *mh-fl* 少輔 88 ; *p* 庄 315. (小 21, 少 88, 升 103, 圧 152, 正 205, 生 214, 壮 243, 承 296, 庄 315, 阼 373, 劭 429, 肖 451, 声 465, 匠 503, 性 564, 征 580, 沼 595, 枡 605, 邵 646, 青 700, 昇 713, 昌 715, 尚 753, 承 760, 姓 830, 昭 841, 姓 846, 相 868, 松 869, 政 881, 荘 933, 枩 938, 星 946, 省 1013, 乗 1016, 清 1031, 倡 1021, 偆 1030, 倩 1031, 将 1040, 従 1050, 陞 1057, 祥 1074, 称 1118, 釗 1152, 釟 1153, 倉 1165, 宵 1179, 笑 1209, 烝 1210, 唱 1284, 埠 1362, 鈔 1342, 梢 1362, 鉥 1426, 剰 1426, 寔 1434, 菖 1446, 脊 1460, 章 1461, 常 1462, 恕 1483, 逍 1514, 商 1526, 惺 1547, 接 1548, 猩 1553, 淞 1601, 焼 1588, 婧 1601, 勝 1613, 椒 1619, 竦 1632, 詔 1658, 証 1660, 舒 1673, 鈔 1676, 敏 1687, 掌 1748, 象 1761, 摂 1837, 詳 1927, 鉦 1941, 紹 1955, 聖 2030, 照 2035, 奨 2036, 徹

2055, 像 2061, 摺 2068, 橋 2100, 頌 2113, 種 2124, 精 2131, 誦 2138, 韶 2163, 鞘 2167, 彰 2174, 衝 2264, 暲 2284, 璋 2287, 樅 2293, 樟 2294, 蒋 2368, 蕉 2372, 裳 2376, 賞 2377, 箱 2383, 墾 2412, 橡 2478, 樵 2478A, 樵 2479, 醒 2501, 緒 2537, 鞘 2542, 整 2581, 摺 2607, 鍬 2648, 鍾 2649, 鮮 2665, 篠 2691, 霜 2694, 聲 2698, 鏘 2747, 鯖 2830, 鏘 2881, 蹤 2888, 繡 2954, 繩 2955, 鷦 2976)

Shō-Ajia *p* "Asia Minor" 小亜細亜 21

Shōami *s* 正阿弥 205

Shōan 1171-75 承安 760 ; 1299-1302 正安 205　　　「庄原 315

Shōbara *s* 荘原 933 ; *sp*

Shōbayashi *s* 庄林

Shōbee *m* 庄兵衛

Shōboku *s* 勝北 1613

Shōbu *p* 菖蒲 1444

Shōbuke *s* 正部家 205

Shōchiku *a* 松竹 869

Shōchō 1428-29 正長 205

Shōchū 1324-26 正中

Shōda *s* 正田, 庄田 315, 勝田 1613

Shōdai *s* 小代 21

Shōdō kimikimi sekenzaru *l* 諸道聴耳世間猿 2329

Shōgaki *s* 正墻 205

Shōgase *s* 勝賀瀬 1613

Shōgawa *sp* 庄川 315

Shōge *s* 正化 205

Shōgen *s* 正玄 ; 1207-11 承元 760 ; 1259-60 正元 205

Shōgenji *s* 生源寺 214

Shōgo *m* 正五 205, 正吾, 鈔吾 1676

Shōgorō *m* 正五郎 205, 正午郎, 正吾郎

Shōha *ml* 召波 152, 紹巴 1955　　「璋八 2287

Shōhachi *m* 正八 205,

Shōhaku *ml* 肖柏 451

Shōhara *s* 庄原 315

Shōhata *s* 正白田 205

2418, 瞬 2498, 錞 2521, 濬 2608, 駿 2763, 鶉 2820)

Shunbara *s* 春原 963

Shundei *l* 春泥

Shundo *s* 春藤

Shun'e *ml* 俊恵 1039

Shun'ei *la* 春栄 963

Shungo *m* 俊吾 1039

Shunji *m* 舜治 2017

Shunjo *mh* 俊芿 1039

Shunkan *mh-la* 俊寛

Shunkichi *m* 俊吉, 駿 吉 2763 ⌐963

Shunkinshō *l* 春琴抄

Shunnichi *s* 春日

Shun'oku Myōha *mh* 春屋妙葩

Shunpei *m* 俊平 1039

Shunpū bateikyoku *l* 春風馬堤曲 963

Shunrai *ml* 俊頼 1039

Shunrokurō *m* 俊六郎

Shunsaku *m* 俊作

Shunshoku eitai dango *l* 春色英対暖語 963

~ megumi no hana *l* 春色恋之花

~ tatsumi no sono *la* 春色辰巳園

~ umegoyomi *l* 春色梅児誉美

~ umo mibune *l* 春色梅美婦禰

Shunsuke *m* 俊助 1039

Shuntarō *m* 春太郎

Shuntō *l* 春燈 963

Shunzei *ml* 俊成 1039

~ -kyō no Musume no shū *l* 俊成卿女集

~ Tadanori *la* 俊成忠度

Shunzō *m* 俊蔵 ⌐度

Shuri *m* 修理 1038

Shurinosuke *m* 修理亮

Shūron *l* 宗論 679

Shūsaku *m* 周作 736

Shūseikai *l* 秋声会 878

Shushi *mlh* "Chu-tzu" 朱子 341

Shushigaku *h* 朱子学

Shu Shunsui *mh* 朱舜水

Shūsō *p* 周防 736

Shusse Kagekiyo *la* 出世景清 523

Shūsuirei *la* 秋水嶺 878

Shūtarō *m* 周太郎 736

Shuten dōji *l* 酒顛童子 1066 ⌐920

Shutō *s* 守藤 284, 首藤

Shūtō *l* 周藤 736 ; *sp* 周東 ⌐述 748, 册 883)

(shutsu 朮 209, 出 523,

Shutta *s* 習田 1468

Shuzen *m* 主膳 196

Shuzenji *p* 修善寺 1038 ; *la* 修禅寺

Shūzō *m* 秀三 726, 周三 736, 周蔵, 修三 1038, 修造

Shuzui *s* 守随 284

So *s* 素 1707. (十 18, 三 22, 処 177, 且 192, 初 427, 衣 520, 俎 577, 征 580, 所 600, 祖 850, 租 1116, 祚 1126, 酢 1654, 素 1707, 疽 1814, 組 1952, 楚 2022, 麁 2053, 鼠 2430, 礎 2730, 蘇 2841, 嚼 2945, 齟 2983)

Sō *s* 宋 468, 宗 679, 曾 1794, 藪 2840 ; *m* 荘 933. (三 22, 双 53, 爪 115, 壮 243, 早 295, 匝 308, 庄 315, 争 344, 庄 441, 宋 468, 岬 598, 册 605, 荘 933, 草 934, 奏 951, 将 1040, 桑 1162, 倉 1165, 造 1236, 埩 1293, 掃 1319, 巣 1431, 曹 1479, 窓 1529, 湊 1576, 琮 1604, 創 1696, 窓 1746, 棗 1757, 崇 1774, 惣 1785, 曾 1794, 僧 1829, 蒼 1988, 塑 2036, 愴 2070, 漱 2084, 槍 2100, 雑 2127, 馺 2171, 彰 2174, 聡 2311, 蒋 2368, 箱 2383, 竪 2412, 蔵 2424, 操 2448, 綜 2528, 臧 2595, 糟 2632, 総 2662, 霜 2694, 鎗 2747, 叢 2784, 藻 2837, 藪 2840, 鎗 2881, 鏘 2972, 鏘 2999, 鼞 3025)

Sōami *ma* 宗阿弥 679, 相阿弥

Sōanshū *l* 草庵集 934 (soba 傍 1538)

Sōba *s* 相馬 868

Sobae *l* 日照雨 77

Sobagai *s* 祖母井 850

Sobashima *s* 傍島 1538

Sōbetsu *p* 壮瞥 243

Sōbō *l* 蒼茫 1988

Sobue *sp* 祖父江 850

Sobuhei *m* 甦生平 1814

Sōbun *m* 宗文 679

Sochi *mh* 帥 883. (帥)

Sochinomiya Atsumichi *mh* 帥宮敦道

Sōchō *m* 宗長 679

Soda *s* 曾田 1794

Sōda *s* 左右田 169, 早田 295, 宗田 679

~ Kiichirō *ml* 左右田喜一郎 169 ⌐谷 1794

Sode *f* 袖 1107. (袖)

Sodef *s* 曾谷 1707, 曾

Sodeda *s* 袖香

Sodeko *f* 袖子

Sodeoka *s* 袖岡

Sodeshima *s* 袖島

Sodeura *s* 袖浦

Sodeyama *s* 袖山

Sodezaki *s* 袖崎

Sodō *ml* 素堂 1707

Sōdōshū *h* 曹洞宗 1479 (soe 添 1338, 副 1428)

Soeda *s* 副田 ; *sp* 添田

Soehi *s* 傍陽 1538 ⌐1338

Soejima *s* 副島 1428

~ Taneomi *mh* 副島種臣

Soekami *p* 添上 ⌐1338

Soeko *f* 添子

Soemu *m* 副武 1428

Soeno *s* 添野 1338

Soenomitsue *s* 添御杖

Sō Fukan *ml* 宗不早 679

Sofukawa *s* 曾布川 1794

Sofusofu *s* 曾歩曾歩

Soga *s* 我何 545, 宗岳 679, 宗岡, 蘇我 2841, 蘇京, 蘇宜 ; *s!* 曾我

Sōga *s* 相賀 868 ⌐1794

Sogabe *s* 曾我部 1794

Sogae *s* 曾谷

Soga Kaikeizan *la* 曾我会稽山

Sogame *s* 十亀 18

Soga no Emishi *mh* 蘇我蝦夷 2841

~ no Iname *mh* 蘇我稲目 ⌐鹿

~ no Iruka *mh* 蘇我入

~ no Ishikawamaro

mh 蘇我石川麻呂

~ no Umako *mh* 蘇我馬子 ⌐1794

Soganoya *s* 曾我廼家

Sogawa *s* 曾川

(soge 粉 624)

Sogetani *s* 粉谷

Sōgi *s* 三木 22 ; *ml* 宗祇 679

~ shūen no ki *l* 宗祇終焉記 ⌐河

Sogō *s* 十川 18, 十合, 草 295, 宗田 679

Sōgō *s* 小郷 21, 草郷 934

Sōhachi *m* 惣八 1785

Sohara *s* 曾原 1794

Sōhei *m* 宗平 679

Sohō *s* 曾方布 1794

Sōhō *mh* 宗彭 679

Sōi *s* 早尾 295 ⌐1785

Sōichi *m* 壮一 243, 惣一

Sōichirō *m* 総一郎 2662

Sōin *m* 宗因 679

Soizumi *s* 祖泉 850

Sōja *p* 総社 2662

Soji *s* 南界 912

Sōji *s* 荘司 933 ; *m* 三二 22, 宗志 679

Sōjirō *m* 宗治郎

Sōjū *m* 荘十 933

Sōjun *ml* 宗純 679

Sōka *s* 草可 934 ; *p* 草加 ; *l* 早歌 295

Sōkan *ml* 宗鑑 679

Sōkawa *s* 寒川 1714

Soke *s* 村挙 424

Soki *s* 家宜 1185, 曾木 1794 ⌐578

Sōki *s* 佐脇 365, 彼杵

Sōkichi *m* 宗吉 679

Sōkō *p* "San Francisco" 桑港 1162

Sōkonshū *l* 草根集 934 (soku 足 461, 束 536, 即 648, 則 902, 息 1224, 速 1237, 族 1343, 測 1578, 簇 2185)

Sokuta *s* 集田 1779

Sōkyū *l* 蒼穹 1988

Soma *s* 杣 626. (杣, 椙 1626, 橡 2479)

Sōma *s* 宗右衛 679 ; *sp* 相馬 868

Somada *s* 杣田 626

Somagi *s* 杣木

Sōma Gyofū *ml* 相馬御風 868 ⌐2022

Somahito *ml* 楚満人

Somako *f* 柚子 626

Sōma Kokkō *ml* 相馬黒光 「2022

Somando *m* 楚満人

Somao *m* 樵夫 2479

Sōma Taizō *ml* 相馬泰三 868

Sōmatō *l* 走馬燈 441

Sōmatsu *m* 左右松 169

Somayama *s* 杣山 626, 椙山 1626

(some 染 968)

Someemon *m* 染右衛 「門

Somei *s* 染井

Somekawa *s* 染川

Someko *f* 染子

Somemiya *s* 染宮

Somemura *s* 染村

Someno *s* 染野

Sometani *s* 染谷

Someya *s* 染谷, 染屋

Somezaki *s* 染崎

~ Nobufusa *ml* 染崎延房

Sōmin *mh* 僧旻 1829

Somiya *s* 曾宮 1794

Sōmiya *s* 宗宮 679

Sōmokuchūgyo *l* 艸木虫魚 598

Sōmon *l* 相聞 868

Sōmura *s* 宗村 679

(son 寸 34, 存 313, 村 424, 邨 645, 孫 1540, 巽 1760, 尊 1794, 噂 2467, 遜 2482, 遜 2591, 鱒 2805A)

Sōnai *p* 荘内 933

Sonare no matsu *l* 磯馴松 2916

Sonawaru *m* 備 1539

Sone *s* 曾根 1794, 曾禰

Soneda *s* 曾根田

Sonehara *s* 曾根原

Son'en *mh* 尊円 1797

Sone no Yoshitada *ml* 曾禰好忠 1794

Sonezaki *sp* 曾根崎

~ shinjū *la* 曾根崎心中

Soni *p* 曾爾

Sono *s* 曾野, 園 2046 ; *f* 薗 2681. (彼 578, 苑 682, 其 734, 囿 990, 園 2046, 薗 2681)

Sonō *sf* 園生 2046 ; *m* 弁 275, 園 1539

Sono Ayako *fl* 曾野綾子 1794

Sonobe *s* 苑部 682, 園辺 2046, 薗部 2681 ; *sp* 園部 2046

Sonoda *s* 其田 734, 園田 2046, 薗田 2681

Sonohachi *ma* 薗八

Sonoi *s* 園井 2046

Sonoike *s* 園池 「枝

~ Kin'yuki *ml* 園池公

Sonoji *m* 其二 734

Sonoki *s* 彼杵 578, 園木 2046

Sonokichi *m* 其吉 734

Sonomo *m* 其母, 園面 2046

Sonomura *s* 園村

Sonondo *m* 園人

Sono omokage *l* 其面影 734

Sonosaburō *m* 園三郎 2046 「1785

Sōnosuke *m* 惣之助

Sonoyama *s* 園山 2046

Sono yukari hina no omokage *l* 其由縁鄙廼俤 734

~ yukikage *l* 其雪影

Soo *sp* 囎唹 2945

Sora *ml* 曾良 1794. (天 93, 空 723)

Sōra *s* 早良 295, 相楽 868 「空知

Sorachi *s* 空地 723 ; *p*

Sorai *mlh* 徂徠 577

Sōraku *sp* 相楽 868

Sora ni muraboshi *l* 天仁群星 93 「浪

~ utsu nami *l* 天うつ

Soren *p* "U.S.S.R." 蘇連 2841

(sori 反 69)

Sorimachi *sp* 反町

Sorita *s* 反田

(soro 候 1029)

Sorobee *m* 候兵衛

Sorori *s* 曾呂利 1794

Sōryō *p* 総領 2662

Sōsa *s* 寒風沢 1714 ; *sp* 匝瑳 308

Sōsaburō *m* 惣三郎 1785

Sosei *mh* 素性 1707

Sōsei *l* 創生 1696

Soseki *m* 漱石 2084

Soshi *s* 祖師 850, 曾雌 1794

Sōshi-arai Komachi *la* 草子洗小町 934

Soshiro *s* 十代 18

Soshiroda *s* 十代田

Sōshun *ml* 宗春 679

Soshū no shi *l* 楚囚之詩 2022

Sōso *s* 宗素 679

Sosogu *m* 雪 1495

Sōsuke *m* 惣助 1785

Sotan *ml* 曾丹 1794

Sotango *ml* 曾丹後

Sotanshū *l* 曾丹集

Sōtarō *m* 惣太郎 1785, 総太郎 2662

Sōtatsu *ma* 宗達 679

Soteme *f* 蘇提売 2841

(soto 外 139)

Sotoba Komachi *la* 卒都婆小町 732, 卒塔婆小町

Sotogawa *s* 外川 139

Sotoji *m* 外治

Sotojirō *m* 外次郎

Sotome *p* 外海

Sōtome *p* 五月女 91 ; *sp* 早乙女 295

Sotomi *s* 外海 139

Sotomura *s* 外村

~ Shirō *ml* 外村史郎

Sotoo *m* 外雄

Sotoyama *s* 外山

Sotsu *f* 帥 883. (卒 732, 帥 883, 率 2040)

Sotsuhiko *m* 襲津彦 2983

Sowa *s* 曾和 1794

Soya *s* 征矢 580

Sōya *p* 宗谷 679

Soyagimi *s* 十八公 18

Soyagin *s* 十八公

Soyako *f* 征矢子 580

Soyama *s* 曾山 1794

Soyano *s* 征矢野 580

(soyo 勇 908)

Soyō *p* 蘇陽 2841

Soyota *s* 副田 1428

Sōzaburō *m* 総三郎 2662

Sōzei *ml* 宗砌 679

Sōzen *s* 宗前

Sōzō *m* 宗三

(su 司 164, 主 196, 守 284, 朱 341, 沙 392, 宋 468, 洲 820, 春 963, 為 1005, 栖 1101, 巣 1431, 進 1503, 雀 1530, 順 1521, 須 1544, 惣 1785, 湊 1576, 淞 1581, 琮 1604, 酢 1654, 素 1707, 崇

1774, 惣 1785, 摺 2067, 数 2169, 聡 2311, 諏 2327, 総 2662, 簀 2687, 叢 2778, 藪 2840, 蘇 2841, 雛 2888)

(sū 菘 1721, 崇 1774, 数 2169, 嵩 2207, 雛 2888)

(subara *s* 須原 1544

(sube 皇 964)

Suburu *m* 総 2262

Suchi *s* 須知 1544

Suchō *s* 朱鳥 341

Suda *s* 須田 1544, 隅田 1566

Sudate *s* 須立 1544

Sūden *mh* 崇伝 1774

Sudō *s* 寿藤 539, 首藤 920, 須藤 1544, 陶東 1565, 集堂 1779, 数藤 2169

~ Gojō *ml* 数藤五城

Sudoko *s* 寿床 539

Sudō Nansui *ml* 須藤南翠 1544

Sue *s* 陶 1565, 陶部, 陶器所 ; *p* 須恵 1544. (々 101, 末 211, 形 414, 村 424, 肖 451, 厖 505, 君 515, 季 725, 秀 726, 居 737, 淑 1335, 椚 1362, 副 1428, 陶 1565, 淵 1858, 殿 1960, 像 2061, 愷 2071, 裔 2217, 標 2298)

Sueba *s* 季羽 725

Suebe *s* 陶部 1565

Sueda *s* 末田 211

Suēden *p* "Sweden" 瑞典 2094

Sueharu *m* 季良 725

Sue Harukata *mh* 陶晴賢 1565

Suehide *m* 末昆 211, 季彬 725 「弘

Suehiro *sm* 末広 211, 末

~ -gari *la* 末広狩

~ Tetchō *ml* 末広鉄腸

Suehogi *m* 末寿

Sueie *s* 季家 725

Sueishi *s* 居石 737

Suekane *sm* 末包 211, 末兼

Suekawa *s* 末川

Sueki *s* 末木 ; *m* 末喜

Suekichi *m* 末吉, 尾吉 505, 季吉 725

Sueko *f* 末子 211, 尾子 505, 季子 725
Suekuma *m* 季熊
Suematsu *s* 末松 211
～ Kenchō *ml* 末松謙澄
Suemitsu *m* 末盈
Suemori *s* 末森
Suemoto *sm* 末元
Suemura *s* 末村
Suenaga *sm* 末永
Suenobu *sm* 末延; *m* 季誕 725
Sueo *m* 末雄 211, 季雄 725, 裔生 2217
Sueoka *s* 末岡 211
Sueoki *m* 季興 725
Suesada *m* 末貞 211
Sueshige *m* 季茲 725
Suetaka *s* 尾高 505; *sm* 末高 211; *m* 季宝 725, 季鳳, 副隆 1428
Suetake *sm* 末武 211
Suetomo *m* 末耦
Suetsugu *sm* 末次; *m* 季次 725
～ Heizō *mh* 末次平蔵 211 「花
Suetsumuhana *l* 末摘
Suetsune *sm* 末常
Sueyama *s* 陶山 1565
～ Tsutomu *ml* 陶山務
Sueyoshi *sm* 末次 211; *sm-p* 末吉; *m* 末彦, 季備 725, 季巌
～ Magozaemon *mh* 末吉孫左衛門 211
Suezō *m* 末蔵
Sufu *s* 周布 736, 周敷
Suga *s* 菅 1450, 須加 1544, 須賀; *sf* 清 1342, (苞 688, 清 1342, 菅 1450, 廉 2042)
Sugada *s* 菅田 1450
Sugafu *s* 菅生
Sugahara *s* 菅原
Sugahiko *m* 菅彦
Sugai *s* 西水 526, 菅井 1450, 須貝 1544
Sugaji *m* 菅治 1450
Sugako *f* 苞子 688, 菅子 1450 「1544
Sugama *s* 菅間, 須釜
Sugamiya *s* 菅宮 1450
Sugamura *s* 菅村
Suganami *s* 菅波, 菅浪
Sugane *m* 菅根
Sugano *s* 菅野, 萱野 1730
Suganoya *s* 菅谷 1450
Suganuma *s* 菅沼
Sugao *s* 菅緒; *m* 清夫 1342, 菅雄 1450
Sugaomi *m* 清臣 1342
Sugasawa *s* 菅沢 1450
Sugase *s* 菅瀬
Sugatani *s* 菅谷
Sugata Sanshirō *l* 姿三四郎 1217
Sugawa *s* 須川 1544, 素川 1707
Sugawara *s* 菅原 1450
～ denju tenarai kagami *la* 菅原伝授手習鑑 「原文時
～ no Fumitoki *ml* 菅
～ no Michizane *ml* 菅原道真 「孝標
～ no Takasue *ml* 菅原
～ ～ ～ no Musume *ml* 菅原孝標女
Sugaya *s* 菅屋; *sp* 菅谷
Suge *s* 習宜 1468, 摺宜 2067. (菅 1450, 管 2212)
Sugenaga *m* 菅永 1450
Sugeno *s* 菅野
Sugenoi *s* 菅井
Sugetsune *m* 管恒 2212
Sugi *s* 杉 425. (杉, 椙 1626, 榲 2101)
Sugibayashi *s* 杉林 425
Sugie *sf* 杉江
Sugifu *s* 杉生
Sugihara *s* 杉原, 椙原 1626 「平 1626
Sugihira *s* 杉平 425, 椙
Sugii *s* 杉井 425 「1626
Sugikawa *s* 杉川, 椙川
Sugiki *s* 杉木 425
Sugiko *f* 榲子 2101
Sugimori *s* 杉森 425
～ Hisahide *ml* 杉森久英 「郎
～ Kōjirō *ml* 杉森孝次
Sugimoto *s* 杉本
Sugimura *s* 杉村; *m* 榲邨 2101 「人冠 425
～ Sojinkan *ml* 杉村楚
Suginaka *s* 杉中
Suginami *p* 杉並
Sugino *s* 杉野
Suginohara *s* 椙原 1626
Suginome *s* 杉妻 425
Suginomori *s* 椙社 1626
Sugioka *s* 杉岡 425
Sugisaka *s* 杉坂
Sugisaki *s* 杉崎
Sugisawa *s* 杉沢
Sugishima *s* 杉島
Sugishita *s* 杉下
Sugita *s* 杉田 「白
～ Genpaku *ml* 杉田玄
～ Hisajo *fl* 杉田久女
Sugitani *s* 杉谷, 杉渓
Sugitate *s* 杉立
Sugita Tsuruko *fl* 杉田鶴子
Sugito *p* 杉戸
Sugiuchi *s* 杉内
Sugiura *s* 杉浦
～ Jūgō *mlh* 杉浦重剛
～ Minpei *ml* 杉浦明平 「重剛
～ Shigetaka *mlh* 杉浦
～ Suiko *fl* 杉浦翠子
Sugiwaka *s* 杉若
Sugiya *s* 杉谷 「1626
Sugiyama *s* 杉山, 椙山
～ Hizennojō *ma* 杉山肥前掾 425 「助
～ Heisuke *ml* 杉山平
～ Hideki *ml* 杉山英樹
～ Sanpū *ml* 杉山杉風
～ Tangonojō *ma* 杉山丹後掾
Sugō *s* 菅生 1450, 須合 1544, 須郷
(sugu 直 988)
Sugunari *m* 直成
Suguo *m* 直雄
Sugure *m* 勝 1613
Suguri *s* 村士 424, 村主, 勝 1613
Suguritomo *s* 勝伴
Suguro *s* 須黒 1544, 勝呂 1613; *sm* 勝
Suguru *sm* 勝; *m* 克 442, 英 693, 俊 1039, 捷 1323, 逸 1504, 精 2131, 賢 2579, 驍 2957
Suguta *s* 直田 988, 勝田 1613 「963, 栖原 1101
Suhara *s* 寿原 539, 春原
Suhata *s* 簀秦 2687
(sui 水 54, 吹 370, 出 523, 炊 602, 垂 761, 帥 883, 粋 1132, 推 1322, 萃 1442, 随 1564, 椎 1629, 遂 1806, 瑞 2094, 翠 2204, 穂 2308, 綏 2534, 穟 2728, 髄 2826)
Suia ganmoku *l* 水蛙眼目 54
Suibara *p* 水原
Suichō kōkei *l* 粋町甲閨 1132
Suifu *p* 水府 54 「帖
Suiha kuchō *l* 水巴句
Suikazura *l* 忍冬 463
Suiko *fh* 推古 1322
Suimei *l* 水明 54
Suinō *s* 出納 523
Suisōki *l* 水荘記 54
Suisu *p* "Switzerland" 瑞西 2094
Suita *s* 吹 370; *sp* 吹田
～ Junsuke *ml* 吹田順
Suitō *s* 出納 523 「助
Suitsu *s* 水津 54
Sujime *m* 文 86
Sujin *mh* 崇神 1774
Suka *s* 須賀 1544
Sukada *s* 須賀田
Sukagawa *sp* 須賀川
Sukai *s* 須賀井, 須賀院
Suke *m* 介 66. (又 13, 介 66, 友 70, 方 85, 夫 104, 左 169, 右 171, 允 217, 丞 296, 戎 321, 伴 361, 佑 364, 佐 365, 扶 383, 如 412, 助 431, 甫 533, 制 656, 芸 689, 昌 715, 典 733, 延 739, 承 760, 良 767, 祐 852, 相 868, 亮 911, 宥 918, 育 958, 為 1005, 哉 1006, 耿 1129, 高 1163, 差 1164, 毘 1195, 席 1242, 翊 1248, 脩 1281, 涼 1330, 理 1361, 救 1406, 副 1428, 傅 1536, 棚 1625, 棟 1627, 補 1644, 裕 1645, 款 1666, 崇 1774, 桀 1780, 淵 1858, 資 2012, 督 2033, 弼 2092, 稗 2123, 輔 2133, 廣 2242, 播 2259, 鋪 2340, 賞 2377, 賛 2394, 維 2540, 融 2545, 養 2558, 翼 2686) 「相近 868
Sukechika *m* 助参 431,
Sukefuyu *m* 甫冬 533
Sukegawa *s* 介川 66, 助川 431
Sukehide *m* 助暎
Sukehiko *m* 祐彦 852
Sukehiro *m* 右弘 171, 助弘 431, 祐泰 852

Sukehisa *m* 伴久 361
Sukeichi *m* 如意地 412, 助市 431, 弼一 2092
Sukekatsu *m* 資徳 2012
Sukekazu *m* 助千 431
Sukeko *f* 補子 1644, 資子 2012, 輔子 2133
Sukekoto *m* 資承 2012
Sukekuni *m* 祐邦 852
Sukemasa *m* 助当 431
Sukemasu *m* 祐殖 852
Sukematsu *m* 助松 431
Sukemichi *m* 助有, 助盈
Sukemori *m* 助林
Sukemoto *m* 資幹 2012
Sukena *m* 助名 431
Sukenaka *m* 右仲 171
Sukenari *m* 介成 66, 弼成 2092, 融成 2545
Sukenobu *m* 允信 217, 扶信 383, 祐命 852
Sukenori *m* 祐方, 祐慶
Sukeoki *m* 佐興 365
Sukeomi *m* 輔臣 2133
Sukeroku *la* 助六 431
Sukesada *m* 佑貞 364, 資貞 2012
Sukeshige *m* 資芝
Suketada *m* 佐忠 365, 典田 733, 傳田 1536, 資忠 2012
Suketaka *m* 佐理 365, 祐丘 852, 資公 2012, 資邁 ⌐431
Suketakaya *s* 助高屋
Suketake *m* 佐武 365
Suketane *m* 助種 431
Suketarō *s* 助太郎, 祐太郎 852
Suketaru *m* 賞善 2377
Suketō *m* 左任 169
Suketomo *m* 祐相 852, 涼朝 1330 ⌐助賢 431
Suketoshi *m* 介寿 66, 佐世 365
Suketsugi *s* 佐世 365
Suketsugu *m* 助受 431
Sukeya *s* 佐谷 365
Sukeyama *m* 祐山 364
Sukeyasu *m* 祐靖 852, 副安 1428
Sukeyoshi *m* 助休 431, 資凱 2012
Sukeyuki *m* 祐之 852, 裕志 1645 ⌐門 431
Sukezaemon *m* 助左衛門
Sukezumi *m* 亮澄 911

Suki *s* 寸喜 34, 陶器 1565; *p* 周吉 736, 須木 1544. (俘 356, 透 1502, 鋤 2336, 鍬 2648)
Sukie *s* 鋤柄 2336
Sukigara *s* 鋤柄
Sukikaeshi *l* 還魂紙料 2588 ⌐「屏風 1127
Sukiya-zukuri *a* 数寄
Suko *s* 須子 1544
Sukoppei *m* 周滑平 736
Suku *s* 珠洲 1077. (少 88, 奇 752, 宿 1438, 透 1502)
Sukumo *s* 須久毛 1544; *sp* 宿毛 1438 ⌐「88
Sukuna *s* 足奈 461. (少 99)
Sukunamaro *m* 少麻呂, 宿奈麿 1438
Sukune *s* 足尼 461; *m* 宿弥 1438, 宿禰
Sukunemaro *m* 宿禰麿
Sukuni *s* 宿尼
Sukuri *s* 宿利
Suma *s* 寿麻 539; *sp-l* 須磨 1544
~ Genji *la* 須磨源氏
Sumako *f* 寿増子 2012, 須磨子 1544
Sumami *s* 周参見 736
Suma no miyako Genpei tsutsuji *la* 須磨都源平躑躅 1544
(sumera *m* 皇 964)
Sumeragi *s* 皇 ⌐2276
Sumeri *s* 清 1342; *m* 澄
Sumeru *m* 澄, 統 2333
Sumi *s* 住 355, 角 547, 炭 1186, 須見 1544, 墨 2230, 鷺 2980; *f* 澄 2276. (了 9, 処 177, 角 303, 在 314, 住 355, 俘 356, 好 413, 邑 460, 完 492, 角 547, 宜 675, 迂 749, 宜 919, 栖 1101, 炭 1186, 恭 1205, 淑 1335, 済 1336, 清 1342, 紀 1424, 宿 1438, 隅 1566, 奥 1798, 純 1956, 着 2131, 誦 2138, 墨 2230, 徴 2265, 潜 2272, 澄 2276, 統 2333, 激 2456, 維 2540, 絫 2576, 簾 2844)
Sumiaki *m* 統秋 2333
Sumichiyo *f* 栖千代 1101
Sumida *s* 角田 547, 澄田 2276; *sp* 隅田 ⌐2230

1566; *p* 墨田 2230
~ Chikurei *ml* 角田竹令 547
Sumidagawa *la* 角田川, 隅田川 1566
~ hana no goshozome *la* 隅田川花御所染
Sumida no haru geisha katagi *l* 隅田春妓女容性
Sumidawara *l* 炭俵 1186
Sumida Yōkichi *ml* 隅田葉吉 1566
Sumie *s* 墨江 2230; *f* 丁江 9, 澄枝 2272
Sumihide *m* 住英 355
Sumihiko *m* 純彦 1956
Sumii *s* 住井 355 ⌐2276
Sumikawa *s* 住川, 澄川 2276
Sumikiyo *m* 純精 1956
Sumiko *f* 淑子 1335, 済子 1336, 進美子 1503, 順美子 1566, 澄美子, 簾子 2844
Sumikura *s* 角倉 547
Sumimaro *m* 角麿
Sumimasa *m* 純正 1956
Sumimoto *m* 澄元 2276
Suminami *s* 角南 547
Sumino *s* 住野 355, 角野 547
Suminoe *s* 住江 355, 住吉, 墨江 2230
Suminokura *s* 角倉 547
~ Ryōi *mh* 角倉了以
Suminosuke *s* 墨之助 2230 ⌐「住道
Suminoto *s* 住酢 355,
Suminuri *l* 墨塗 2230
S. onna *la* 墨塗女
Sumio *m* 住雄 355, 清雄 1342, 純夫 1956, 純雄, 澄男 ⌐2276
Sumire *f* 菫 1453
Sumita *sp* 住田 355
Sumi Taigi *ml* 炭太祇 1186
Sumitaka *m* 純孝 1956
Sumitani *s* 住谷 355
Sumitomo *s* 住友; *m* 純友 1956
Sumiya *s* 角谷 547, 角屋, 隅屋 1566
Sumiyama *s* 住山 355, 隅山 1566
Sumiyō *p* 住用 355

Sumiyoshi *sp-l* 住吉; *m* 純義 1956 ⌐「355
~ Gukei *ma* 住吉具慶
~ mōde *la* 住吉詣
~ -zukuri *a* 住吉造
Sumizane *m* 奥実 1793
Sumizome-zakura *la* 墨染桜 2230
(sumomo 李 488)
Sumomogi *s* 李木
Sumon *p* 守門 284
Sumori *s* 巣森 1431
Sumoto *p* 洲本 820, 栖本 1101 ⌐「激 2:56)
(sumu 清 1342, 澄 2276, 統 2333)
Sumuji *s* 住道 355
(sun 寸 34, 郁 645)
(suna 沙 392, 砂 876, 淳 1337, 漁 2086)
Sunada *s* 砂田 876, 漁田 2086
Sunadoi *s* 砂土居 876
Sunae *s* 魚吉 1485
~ shibari *l* 砂絵呪縛 876
Sunaga *s* 砂賀 876, 巣永 1431, 須永 1544, 須長
Sunagashi *s* 洲流 820
Sunagawa *l* 沙川 392; *sp* 砂川 876
Sunago *s* 砂金
Sunaji *s* 砂治
Sunako *s* 砂子
Sunami *s* 陶浪 1565; *sp* 角南 547; *p* 巣南 1431
Sunamura *s* 砂村 876
Sunanaga *s* 砂永
Sunao *m* 朴 255, 侃 551, 忠 705, 政 881, 是 947, 直 988, 惇 1289, 淳 1337, 淳夫, 順 1532, 温 1585, 素 1707, 純 1956, 廉 2042, 愿 2228, 質 2395, 慤 2403, 馴 2909; *l* 素直 1707
Sunaoshi *s* 砂押 876
Sunayama *s* 砂山
Sunazuka *s* 砂塚
Sundo *l* 寸土 34
(sune 強 1878, 髄 2826)
Sunohara *s* 春原 963
Sunomata *s* 洲股 820, 黒股 1486; *sp* 墨俣 ⌐2230
Sunori *s* 苔 929 ⌐「2230
Sunouchi *s* 洲内 820, 巣内 1431, 須之内 1544
Suntō *p* 駿東 2763

Suō *sph* 周防 736
~ otoshi *l* 素袍落 1707
Supein *p* "Spain" 西
　班牙 336
(suri 摺 2067)
Surizawa *s* 摺沢
Suruga *s* 珠流河 1077,
　珠琉河, 鷹河 2683;
　sph 駿河 2763
Susa *s* 諏佐 2327; *sp* 須
　佐 1544
Susai *s* 周西 736, 酒西
　1066, 須細 1544
Susaki *s* 朱雀 341, 寿崎
　539, 洲崎 820, 須佐木
　1544; *sp* 須崎
Susami *sp* 周参見 736
Suseki *s* 栖関 1101
Susenji *s* 鋳銭司 2343
Suseyama *s* 嵩山 2207
(suso 裾 1907, 闌 2708)
Susogo *s* 下農 46, 下濃
Susomi *f* 裾巳 1907
Susono *p* 裾野
(susu 煤 1503, 薄 2569)
Susuki *s* 須須木 1544,
　薄 2569, 薄木.(薄)
Susukida *s* 薄田
~ Kyūkin *ml* 薄田泣
　菫
Susukio *s* 蘆尾 2842
Susukioya *s* 薄尾屋 2569
Susume *m* 進馬 1303
Susumi *s* 晋 1215; *m* 進
　実 1503, 漸 2081, 懋 2700
Susumu *m* 丿 1, 一 3,

二 4, 万 43, 上 47, 収
133, 生 214, 先 280, 丞
296, 存 313, 年 342, 亨
440, 旨 450, 侑 557, 効
653, 享 662, 歩 694, 昇
713, 延 739, 軍 906, 前
921, 羮 922, 迪 1001, 将
1040, 陞 1057, 貢 1166,
臬 1197, 益 1207, 甑
1210, 晋 1215, 函 1232,
備 1274, 敏 1409, 乾
1411, 鳧 1456, 晜 1459,
進 1503, 粛 1528, 亀
1531, 値 1568, 斌 1590,
普 1792, 達 1810, 晄
1922, 新 1965, 勧 1970,
督 2023, 奨 2036, 漸
2081, 暲 2284, 範 2384,
邁 2592, 遷 2593, 謹
2645, 黷 2666, 盡 2680,
勤 2767
Sutama *p* 須玉 1544
Sute *f* 捨 1324. (捨, 棄
2202, 鐸 2922)
Sutegiku *f* 捨菊 1324
Suteji *m* 捨二
Sutejirō *m* 捨次郎
Sutekichi *m* 捨吉
Suteko *f* 棄子 2202
Sutenabe *f* 捨鍋 1324
Sutezō *m* 捨造
Suto *s* 須戸 1544
Sutoki *mh* 崇徳 1774
Suttsu *s* 寿都 539
Suu *sp* 周布 736
Suwa *s* 須波 1544; *sp*

諏訪 2327
Suwabe *s* 諏訪部
Suwa ichi *l* 諏訪都
Suwara *s* 須原 1544, 数
　原 2169
Suwaraya *s* 須原屋 1544
Suya *s* 酢屋 1654
Suyama *s* 巣山 1431, 須
　山 1544, 陶山 1565
Suzaka *s* 須坂 1544
Suzakiya *l* 須崎屋
Suzaku *mh* 朱雀 341
Suzawa *s* 須沢 1544
Suzu *f* 寿津 539, 珠鶴
　1077, 雀鶴 1530, 紗 1683,
　錫 2524; *p* 珠洲 1077.
　(表 914, 幸 1180, 錫
　2524, 鴽 2787, 鐸 2922)
Suzue *sf* 鈴江 1947; *f*
　錫枝 2524
Suzui *s* 酒酒井 1066
Suzuka *s* 鈴賀 1947; *sp*
　鈴鹿
~ Noburo *m* 鈴鹿野
　風呂
Suzukawa *s* 鈴川
Suzuki *s* 寿寿木 539, 進
　来 1503, 数木 1544,
　鈴木 1947, 鐸木 2922,
　鱸 3014.(鱸)
~ -bōchō *la* 鱸庖丁
~-~ aoto no kireaji *l*
　鱸庖丁青砥切味
~ Bunji *mh* 鈴木文治
　1947
Suzukida *s* 鈴木田

Suzuki Daisetsu *ml* 鈴
　木大拙
~ Hanamino *ml* 鈴木
　花蓑
~ Harunobu *ma* 鈴木
　春信　　　　「恭
~ Hiroyasu *ml* 鈴木弘
~ Kantarō *mh* 鈴木貫
　太郎　　　　「重吉
~ Miekichi *ml* 鈴木三
~ Senzaburō *ml* 鈴木
　泉三郎　　　「信
~ Shintarō *ml* 鈴木信
~ Shōsan *ml* 鈴木正三
~ Takashi *ml* 鐸木孝
　2922　　　「雄
~ Torao *ml* 鈴木虎雄
~ Umetarō *mh* 鈴木梅
　太郎　　　　「太郎
~ Zentarō *ml* 鈴木善
Suzuko *f* 春秋子 963,
　宰子 1180, 鈴子 1947,
　錫子 2524, 鴽子 2787
Suzumura *s* 須受武良
　1544, 鈴村 1947
Suzumushi *l* 鈴虫
(suzuna 菘 1721)
Suzunako *f* 菘子
Suzuno *s* 鈴野 1947
Suzuo *m* 鈴雄, 鐸男
(suzuri 硯 1634)　「2922
Suzuriya *s* 硯
Suzushi *m* 冷 349, 涼
　1020, 清 1021
Suzuta *s* 鈴田 1947
Suzuya *s* 鈴屋

T

(ta 太 105, 手 118, 他 129,
北 138, 夳 160, 田 189,
多 347, 朶 458, 妥 708,
柁 856, 哦 996, 为 1005,
碓 1910, 蒼 1988)
Tabashi *s* 田橋 189
Tabata *s* 田畑, 田端, 田
　幡, 多畑 347, 多端
~ Shūichirō *ml* 田畑
　修一郎 189
Tabayama *sp* 丹波山 79
Tabayashi *s* 田林 189
Tabe *s* 田部, 多部 347
Tabei *s* 田部井 189
(tabi 旅 1073)
Tabigawa *s* 旅川

Tabiko *f* 旅子
Tabira *p* 田平 189
Tabito *m* 旅人 1073; *p*
　田人 189
Tabuchi *s* 田淵
Tabusa *s* 田総　「布施
Tabuse *s* 田伏; *sp* 田
Tachi *s* 田地, 立
　194, 城 796, 館 2761.(刀
　12, 立 194, 楯 1897, 館
　2761)
Tachiarai *p* 太刀洗 105
Tachibai *la* 太刀奪
Tachibana *s* 田 知 花
　189; *sp* 立花 194, 橘
　2484

~ Hokushi *ml* 立花北
　枝 194
~ Itoeko *fla* 橘糸重子
　2484　　　　「利
~ Munetoshi *ml* 橘宗
~ no Hayanari *ml* 橘
　逸勢　　　「三千代
~ no Michiyo *fh* 橘
~ no Moribe *mh* 橘守
　部　　　　　「兄
~ no Moroe *mlh* 橘諸
~ no Nagayasu *ml* 橘
　永愷　　「奈良麻呂
~ no Naramaro *mh* 橘
~ no Narisue *ml* 橘成
　季

~ no Yachimata *ml* 橘
　八衢
~ Toseko *fl* 橘東世子
Tachibanaya *s* 橘屋
Tachida *s* 立田 194
Tachigi *s* 立木
Tachigori *s* 日日 77
Tachihaki *s* 刀佩 12
Tachihara *s* 立原 194
~ Michizō *ml* 立原道
　造
Tachii *sp* 丹比 79
Tachiiri *s* 立入 194
Tachiishi *s* 立石
Tachiiwa *s* 立岩
Tachijima *s* 立島

Tachika *s* 田近 189

Tachikawa *s* 太刀川 105, 立河 194；*sp* 立川 ～ bunko *l* 立川文庫

Tachimatsu *s* 立松

Tachimi *s* 立見

Tachimori *s* 日月 77

Tachino *s* 立野 194, 館野 2161

Tachishiro *s* 帯手 1192

Tachito *m* 達等 1810

Tachiya *s* 太刀屋 105

Tachiyama *s* 立山 194

Tachizawa *s* 立沢

Tachū *m* 太仲 105, 多仲 347

Tada *s* 田田 189, 多田 347, 多多, 唯 1286. (一 3, 九 16, 三 22, 也 23, 子 38, 工 39, 士 41, 土 42, 孔 58, 中 75, 内 81, 止 87, 方 98, 公 156, 只 157, 疋 166, 尼 175, 兄 181, 由 186, 田 189, 正 205, 矢 215, 允 217, 仕 235, 伊 237, 地 241, 江 252, 旬 301, 但 351, 伸 353, 位 354, 伝 359, 均 387, 孚 483, 廷 501, 匡 504, 艮 529, 考 540, 身 546, 侃 551, 信 558, 帖 563, 妙 614, 即 648, 吝 701, 忠 705, 周 736, 信 782, 政 881, 訂 894, 糺 903, 品 916, 単 919A, 帝 971, 貞 982, 直 988, 度 1009, 徒 1048, 祥 1074, 格 1099, 粋 1132, 殷 1139, 宰 1180, 衷 1190, 恭 1205, 真 1228, 唯 1286, 惟 1290, 陟 1309, 渉 1331, 済 1336, 規 1349, 理 1361, 祇 1380, 救 1405, 糾 1422, 紀 1424, 斎 1454, 産 1520, 問 1524, 粛 1528, 孫 1540, 渡 1586, 婧 1601, 楢 1622, 評 1631, 款 1666, 欽 1678, 雷 1700, 寔 1710, 萱 1730, 董 1731, 覚 1752, 喬 1775, 達 1810, 弾 1880, 禎 1887, 雅 1913, 亶 1972, 資 2012, 督 2023, 精 2131, 肆 2144, 彰 2174, 肇 2222, 夢 2229, 端 2306, 質 2395, 監 2398, 蔵 2424,

隣 2443, 諟 2512, 諌 2514, 維 2540, 叡 2555, 薫 2567, 賢 2579, 矯 2626, 覧 2695, 繩 2955)

Tadaaki *m* 忠丙 705, 忠秋, 忠発, 忠義, 糾明 1422, 孫顕 1540, 督章 2023

Tadaakira *m* 忠存 705, 忠亮, 忠哲, 忠威

Tadaari *m* 忠徳

Tadaatsu *m* 忠淳, 忠敬, 忠強, 忠篤

Tadachika *m* 忠見, 忠直, 忠親 ［1731 ～ -e *f* 忠蓋；*f* 董枝

Tada Fuji *ml* 多田不二 347 ［格文 1099

Tadafumi *m* 忠文 705,

Tadafusa *m* 忠綏 705

Tadahachi *m* 只八 157

Tadaharu *m* 忠珍 705, 忠晴 ［忠彦 705

Tadahiko *m* 忠比古,

Tadahira *m* 三成 22, 忠平 705, 忠挙, 忠啓

Tadahiro *m* 忠洪, 忠嘉

Tadahisa *m* 忠寿, 忠健

Tadahito *m* 正仁 205

Tadai *s* 唯井 1286

Tadaichi *m* 唯一, 惟一 1290 ［道 988

Tadaji *m* 忠二 705, 直

Tadakane *m* 忠鼎 705

Tadakata *m* 忠良, 忠敬, 忠器

Tadakatsu *m* 九万 16, 忠勝 705, 唯一 1286

Tadakazu *m* 伊一 237, 忠音 705, 忠籌, 唯一 1286

Tadaki *s* 只木 157；*sp* 但木 351；*ml* 中興 75

Tadakiyo *m* 忠粛 705

Tadako *f* 伸子 353, 忠子 705, 渉子 1331, 産子 1520, 婧子 1601, 雷子 1700, 縄子 2955

Tadakumo *m* 忠雲 705

Tadakuni *m* 忠邦, 忠郡 ［*m* 忠位 705

Tadakura *s* 直椋 988

Tadamasa *m* 正政 205, 忠当 705, 忠匡, 忠将, 忠祗, 忠済, 忠粛, 忠順, 忠款, 督正 2023, 肇政 2222

Tadamatsu *m* 尹松 98

Tadami *s* 忠見 705, 忠相；*sp* 只見 157；*m* 忠倪 705, 萱躬 1731

Tadamichi *m* 忠宝 705, 忠恕, 度道 1009；*ml* 忠通 705

Tadami-chishū *l* 田多民治集 189

Tadamine *ml* 忠岑 705

Tadamitsu *m* 忠光, 忠苗, 忠実, 忠瑗, 幸光 1180 ［忠持

Tadamochi *m* 忠用 705,

Tadamori *m* 三守 22, 忠豊 705

Tadamoto *m* 忠大, 忠民, 忠幹

Tadamune *sm* 忠宗

Tadamura *s* 忠村

Tadana *m* 斎名 1454

Tadanai *s* 忠内 705

Tadanaka *m* 忠考, 忠翰 ［縄直 2955

Tadanao *m* 忠直, 忠懿, ～ -kyō gyōjōki *l* 忠直卿行状記 705

Tada Nanrei *ml* 多田南嶺 347 ［忠震

Tadanari *m* 忠礼 705,

Tadanaru *m* 忠愛

Tadando *m* 唯人 1286

Tadani *s* 田谷 189

Tadano *s* 只野 157

Tadanobu *m* 斉信 701, 忠言 705, 忠述, 忠信

Tada no Jijii *ml* 多田爺 347

Tadanori *m* 匡徳 504, 忠位 705, 忠度, 忠怒, 忠恵, 唯糊 1286

Tadanushi *m* 縄主 2955

Tadao *m* 但夫 351, 忠夫 705, 忠郎, 忠雄, 直夫 988, 唯男 1286, 唯雄, 糾夫 1422, 紀男 1424, 弾男 1880, 精夫 2131, 端夫 2306, 隣夫 2443

Tadaoka *p* 忠岡 705

Tadaoki *m* 忠居, 忠意, 忠興, 直氣 988

Tadaon *m* 忠臣 705

Tadaosa *m* 忠順

Tadare *l* 爛 2913

Tadasaki *m* 忠鋒 705

Tadasato *m* 忠学, 忠彦

Tadashi *m* 子ゝ 38, 仁

57, 中 75, 方 85, 尹 98, 公 156, 旦 162, 正 205, 匡 504, 冽 549, 侃 551, 佶 558, 征 580, 斉 701, 忠 705, 延 739, 律 787, 政 881, 糺 903, 堯 910, 荘 933, 曷 947 ［内 988, 直 988, 軒 988, 格 1099, 矩 1108, 砥 1111, 衷 1190, 恭 1205, 真 1228, 淳 1337, 規 1349, 紀 1361, 糾 1422, 紀 1424, 恕 1483, 董 1731, 覚 1752, 善 1799, 禎 1887, 雅 1913, 義 1975, 廉 2042, 徳 2063, 剴 2092, 精 2131, 肇 2222, 儀 2255, 靖 2278, 端 2306, 質 2395, 闇 2427, 憲 2562, 督 2579, 義 2575, 議 2727, 衢 2790, 顒 2827

Tadashige *m* 尹鎮 98, 忠重 705, 忠恵, 忠稠

Tadashirō *m* 匡四郎 504

Tadasono *m* 忠園 705

Tadasu *m* 正 205, 忙 271, 攷 378, 匡 504, 征 580, 忠 705, 律 787, 治 825, 政 881, 訂 894, 糺 903, 貞 982, 直 988, 迪 1001, 格 1099, 矩 1108, 規 1349, 理 1361, 糾 1422, 温 1585, 董 1731, 督 2023, 端 2306, 憲 2562

Tadasue *m* 政孝 881

Tadasuke *m* 允亮 217, 忠賛 705, 忠翼, 救介 1405 ［忠篤

Tadasumi *m* 忠恭 705,

Tadatae *m* 忠克

Tadataka *m* 忠升, 忠位, 忠挙, 忠廉, 忠揚, 忠敏

Tadatake *m* 忠宝

Tadatami *m* 糺民 903

Tadateru *m* 忠英 705, 忠是, 忠韶, 忠顕, 忠照, 忠耀

Tadato *m* 忠人

Tadatō *m* 忠寛

Tadatoki *m* 忠言, 忠刻, 忠節

Tadatomo *m* 忠和, 忠宝, 忠倫, 周知 736

Tadatoshi *m* 孔敏 58, 忠勇 705, 忠俊, 忠要,

1139, 財 1143, 高 1163, 宮 1184, 皋 1197, 恭 1205, 挙 1207, 豪 1217, 威 1251, 堆 1295, 猛 1306, 険 1308, 陟 1309, 陵 1310, 隆 1313, 捧 1318, 渉 1331, 峰 1351, 理 1361, 梢 1362, 能 1397, 教 1408, 剛 1490, 爺 1488, 皋 1459, 章 1461, 堂 1462, 啓 1491, 揚 1551, 陽 1567, 峻 1591, 琢 1608, 棟 1627, 敞 1688, 敬 1691, 崟 1736, 建 1738, 登 1744, 貴 1755, 象 1761, 等 1770, 崇 1774, 喬 1775, 堯 1795, 堅 1796, 尊 1797, 雄 1912, 稜 1917, 誠 1935, 累 2004, 誉 2010, 筠 2015, 楚 2022, 儒 2057, 旗 2093, 尉 2167, 農 2205, 嵩 2207, 節 2215, 鳳 2233, 輒 2260, 標 2298, 毅 2351, 賞 2377, 筥 2382, 橋 2485, 翰 2518, 賢 2570, 邁 2592, 懐 2605, 璽 2698, 厳 2706, 顕 2757, 嶽 2775, 爵 2779, 邇 2785, 議 2876, 驀 2972, 巍 2991, 鷹 2995, 鑽 3020)

Takaaki m 公明 156, 孝顕 541, 高明 1163, 高聡, 隆研 1313, 章明 1461

Takaari m 隆生 1313

Takaaya m 高琢 1163

Takaba s 高場, 高羽, 鷹羽 2995

Takabatake s 高畠 1163
~ Motoyuki mlh 高畠素之
~ Ransen ml 高畠藍

Takabayashi s 高林

Takabe s 高部

Takabeya s 鷹部屋 2995

Takabori s 高堀 1163

Takabumi m 尚文 753

Takachi s 高市 1163

Takachiho s 高千穂

Takachika m 孝弟 541, 高悠 1163, 挙周 1207, 敬親 1691

Takachio s 高知尾 1163

Takada sp 高田

Takadachi l 高館

Takada Hanbō ml 高田半峰 「厚
~ Hiroatsu ml 高田博
~ Mizuho ml 高田瑞穂 「浪吉
~ Namikichi ml 高田

Takadani s 高谷

Takadanobaba p 高田馬場

Takadaya s 高田屋
~ Kahee mh 高田屋嘉兵衛

Takadera s 高寺

Takado s 高戸

Takae m 鷹衛 2995 ; f 崇恵 1774

Takaeda m 高朶 1163

Takafuji s 高藤

Takafumi m 堯文 1795

Takagai s 鷹谷 2995

Takagaki s 高垣 1163

Takagami s 高上

Takagawa s 高川

Takagi s 竹城 247, 高城 1163, 都木 1419, 喬木 1775, 鷹木 2995 ; sp 高木 1163 ; p 高来
~ Kazuo ml 高木一夫

Takagishi s 高岸 「卓

Takagi Taku ml 高木

~ Teiji ml 高木貞治

Takagiwa s 高際

Takaguchi s 高口

Takaha s 高羽 「萩

Takahagi s 高荻 ; p 高

Takahama sp 高浜
~ Kyoshi ml 高浜虚子
~ Toshio ml 高浜年尾

Takahara sp 高原

Takaharu m 登治 1744

Takahase s 高長合 1163

Takahashi s 高階, 高橋, 鷹橋 2995, 鷹嘴 ; sp 高梁 1163
~ Gorō ml 高橋五郎
~ Kageyasu mh 高橋景保 「巳
~ Kazumi ml 高橋和
~ Korekiyo mh 高橋是清 「高橋虫麻呂
~ no Mushimaro l
~ Oden yasha mono-gatari l 高橋阿伝夜叉譚 「新吉
~ Shinkichi ml 高橋
~ Teiji ml 高橋禎二

~ ujibumi l 高橋氏文
~ Yoshitaka ml 高橋義孝
~ Yūichi ma 高橋由一

Takahata s 高畑, 高幡 ; sp 高畠

Takahei m 高幣

Takahide m 降成 1313, 隆英

Takahiko m 孝孫 541, 恭彦 1205, 尊孫 1797

Takahira s 孝平 541, 高平 1163, 高比良 ; m 香平 961, 隆平 1313, 尊成 1797

Takahiro s 高広 1163 ; m 任弘 235, 高弘 1163, 隆玄 1313, 尊礼 1797, 巍洋 2991

Takahisa sm 高久 1163 ; m 高弥, 隆良 1313

Takahito m 徹仁 2260

Takahoko s 高鉾 1163

Takai s 高井, 筥 2382. (高 1163)

Takaichi sp 高市 ; m 殷一 1139, 鑽一 3020

Takaiko f 高子 1163

Takaishi p 高石

Takaito m 隆純 1313

Takaiwa s 高岩 1163

Takaji s 高地 ; m 珍次 836, 高次 1163, 剛二 1429, 堯爾 1795, 鷹治 2995

Takajirō m 高次郎 1163, 誉次郎 2010, 鷹次郎 2995

Takajō p 高城 1163

Takakado m 高門

Takakage m 孝景 541, 高陰 1163

Takakaibe s 鷹廿戸 2995, 鷹甕戸 「高鎌

Takakata m 高謙 1163,

Takakatsu m 高柿

Takakazu m 高品, 隆師 1313

Takaki s 高境 1163 ; sp 高木 ; m 喬樹 1775

Takakiyo m 孝潔 541, 高精 1163, 高潔, 鷹清 2995

Takako f 任子 235, 邵子 646, 荘子 933, 穹子 948, 殷子 1139, 高子 1163, 登子 1744, 貴子

1755, 尊子 1797, 累教 2004, 楚子 2022, 尉子 2167, 聳子 2698, 厳子 2706

Takaku s 高久 1163

Takakuni ml 隆国 1313

Takakura s 高倉 1163, 高﨑

Takakuraji m 高倉下

Takakusa s 高草

Takakusagi s 高草木

Takakusu s 高楠
~ Junjirō mh 高楠順次郎

Takakuwa s 高桑, 高鍬
~ Sumio ml 高桑純夫

Takama s 高天, 高間

Takamado s 高円

Takamaro m 高円 ; m 孚麿 483

Takamasa m 荘政 933, 隆正 1313, 隆道, 隆督, 賞雅 2377

Takamasu m 隆賢 1313

Takamatsu s 鷹松 2995 ; sp 高松 1163

Takami s 高見, 鷹見

Takamichi s 高道 1163 ; m 孝道 541, 隆術 1313, 隆忿 「順 1163

Takami Jun ml 高見

Takamiki m 孝幹 541

Takamine s 高峰 1163, 高嶺 「吉
~ Jōkichi mh 高峰譲

Takamitsu m 香光 961, 隆光 1313, 貴﨑 1755 ; ml 高光 1163

Takamiya sp 高宮

Takamizawa s 高見沢

Takamizu s 高水

Takamochi m 高或

Takamori s 鷹森 2995 ; sp 高森 1163 ; m 隆盛 1313

Takamoto s 高本 1163 ; m 上基 47, 卓幹 660, 喬求 1775

Takamuko s 高向 1163
~ no Kuromaro mh 高向玄理

Takamuku s 高向

Takamune s 遯宗 2785 ; m 在宗 171

Takamura sm-l 筥 2382 ; sp 高村 1163 「郎
~ Kōtarō ml 高村光太

~ Tsuyoshi *ml* 高山毅

Takayanagi *s* 高揚；*sp*
高柳　　　　「重信
~ Shigenobu *ml* 高柳

Takayasu *sm* 高安；*m*
孝緒 541, 高慶 1163, 隆
定 1313, 隆抵, 隆育,
捧泰 1318, 剛靖 1429,
韓倆 1797

~ Gekkō *ml* 高安月郊
1163　　　　　「世
~ Kuniyo *ml* 高安国

Takayo *f* 誉代 1163,
高聴 1163

Takayoshi *m* 万穀 43,
公誉 156, 孝昌 541, 孝
允, 孝恭, 孝義, 高泰
1163, 高陳, 高斌, 高
潔, 恭慶 1205, 隆孝
1313, 隆衷, 隆嘉, 琢禅
1608, 敬義 1691, 貴命
1755, 誉富 2010

Takayu *s* 高楡 1163

Takayuki *m* 尚之 753,
高行 1163, 高献, 宮行
1184

Takaze *p* 高瀬 1163

Takazō *m* 邸蔵 646

Takazumi *m* 尊澄 1797

Take *s* 多気 347, 嵩 220/；
m 筥 2015；*f* 丈 243,
竹 247, 武 751.（丈 36,
矛 150, 壮 243, 竹 247,
全 271, 広 316, 伯 363,
兵 499, 孟 667, 宝 676,
学 719, 虎 751, 虎 754,
兕 758, 勇 908, 茸 925,
長 939, 岳 956, 建 995,
咫 996, 桓 1100, 高 1163,
烈 1211, 威 1251, 赴
1261, 健 1282, 猛 1305,
剛 1429, 盛 1469, 彪
1523, 偉 1590, 斌 1590,
程 1641, 貴 1755, 強
1878, 雄 1912, 楙 1961,
義 1975, 筥 2015, 豪
2177, 嵩 2207, 節 2215,
毅 2351, 蓋 2503, 彊
2621, 闥 2708, 嶽 2775）

Takeaki *m* 建顕 995

Takeba *s* 竹葉 247

Takebana *s* 竹花

Takebayashi *s* 竹林, 武
林 751

Takebe *s* 竹部 247, 武
部 751；*sp* 建部 995

~ no Ayatari *ml* 建部
綾足

Takebu *s* 竹生 247

Takebuchi *s* 竹淵

Takechi *s* 竹知, 武内
751, 武市, 武知, 武智,
高市 1163；*m* 威知
1251　　　　「麻呂 1163
Takechimaro *m* 高市

Takechi no Kurohito
ml 高市黒人

~ Tetsuji *ml* 武智鉄
二 751　　　　「1100
Takechiyo *f* 桓千代

Takechi Zuizan *mh* 武
市瑞山 751

Takeda *s* 健田 1282；*sp*
竹田 247, 武田 751

~ Gyōtenshi *ml* 武田
仰天子
~ Izumo *ml* 竹田出雲
~ Katsuyori *mh* 武田
勝頼 751　　「出雲 247
~ Koizumo *ml* 竹田小
~ Kōrai *ml* 武田交来
751　　　　　「雲斎
~ Kōunsai *mh* 武田耕
~ Ōtō *ml* 武田鸞塘
~ Rintarō *ml* 武田麟
太郎　　　　　「玄
~ Shingen *mh* 武田信
~ Taijun *ml* 武田泰淳

Takee *s* 武江

Takefu *s* 武藤；*sp* 武生

Takefumi *m* 雄章 1912

Takegaki *s* 竹垣

Takegami *s* 竹上

Takegawa *s* 竹川, 武川
751

Takegorō *m* 竹五郎 247

Takeguchi *s* 竹口

Takegura *s* 竹倉

Takeguraya *s* 竹倉屋

Takehana *s* 竹鼻

Takehara *s* 武原 751；*sp*
竹原 247

Takehashi *s* 竹橋

Takehazama *s* 竹迫

Takehiko *m* 武彦 751,
健彦 1282, 筥彦 2015,
毅彦 2351

Takehira *s* 竹平 247

Takehiro *m* 竹丕 247；
ma 広啓 316

Takehisa *s* 竹 久 247；
sm 武久 751；*m* 偉久
1535

~ Yumeji *ml* 竹久夢
二 247　　　「盛仁 1469
Takehito *m* 威仁 1251,

Takei *s* 竹井 247, 竹居,
武井 751, 武居；*m* 猛
猪 1305

Takeichi *s* 竹市 247, 武
市 751, 武市, 武智

Takeiri *m* 竹入 247

Takeishi *s* 竹石, 武石
751　　　　　「昭夫
Takei Teruo *m* 武井

Takeji *m* 竹治 247, 武二
751, 武次, 武治, 茸次
925

Takejirō *m* 竹二郎 247,
竹次郎, 武次郎 751

Takeka *m* 武香

Takekatsu *m* 全勝 271,
武甲 751

Takekawa *sl* 竹河

Takeki *m* 武幹 751, 虎
754, 赴城 1261, 健樹
1282, 猛 1305

Takeko *f* 武子 751, 威
子 1251, 邏子 2593

Takekoshi *s* 竹越 247,
竹腰
~ Sansa *ml* 竹越三叉
~ Yosaburō *mh* 竹越
与三郎

Takekuma *s* 武隈 751

Takekuni *m* 武第

Takema *s* 万千野 43, 竹
万 247

Takemae *s* 竹前

Takemaro *m* 建麿 995

Takemasa *s* 竹政 247；
m 武済 751, 武正, 武
政, 猛昌 1305

Takemata *s* 竹俣 247

Takematsu *s* 竹松；*m*
武松 751

Takemi *s* 竹見 247；*m*
丈巳 36, 兵視 499, 武
命 751, 猛省 1305

Takemitsu *s* 竹光 247；
sm 武光 751

Takemiya *s* 竹宮 247,
武宮 751, 健軍 1282

Takemo *s* 竹門 247

Takemori *m* 竹森, 武森
751；*m* 岳守 956

Takemoto *s* 竹元 247,
竹本, 武本 751；*sm* 武
元　　　　「太夫 247
~ Gidayū *ma* 竹本義

Takemune *m* 長宗 939

Takemura *s* 武村 247,
武村 751　　　　「247
~ Toshio *ml* 竹村俊郎

Takenaga *s* 竹永, 武永
751　　　　「武中 751
Takenaka *s* 竹 中 247,
~ Iku *ml* 竹中郁 247
~ Kyūshichi *ml* 武永
久七

Takendo *m* 武人 751

Takeno *s* 竹野, 武野
751；*sp* 竹野 247

Takenobō *s* 竹坊 247

Takenobu *s* 武信 751；
m 武修, 武整「紹陽
Takeno Jōō *mh* 武野

Takenori *m* 全徳 271,
孟伯 667, 武則 751, 武
能, 雄昇 1912

Take no satouta *l* 竹の
里歌 247

Takenoshita *s* 竹下, 竹
之下　　　　　「751
Takenosuke *m* 武之助

Takenouchi *s* 竹ノ内
247, 竹内, 竹之内, 武
内 751　　　「久一 247
~ Hisakazu *ma* 竹内
~ Masashi *ml* 竹内仁
~ Shikibu *mh* 竹内式
部

Takenoya *sm* 竹屋

Take no yuki *la* 竹雪

Takenuki *s* 竹貫

Takeo *s* 竹尾；*sm* 竹
雄；*sm-p* 武雄 751；
m 壮夫 243, 全雄 271,
武夫 751, 武生, 武男,
岳男 956, 桓夫 1100, 烈
男 1211, 赴夫 1261, 健
夫 1282, 猛 1305, 猛雄,
剛男 1429, 彪夫 1523,
斌雄 1590, 義士 1975,
毅雄 2351, 邏雄 2593,
嶽夫 2775

~ Chūkichi *ml* 竹尾忠
吉 247　　　　「武岡
Takeoka *s* 竹岡, 武岡

Takeru *sm* 建 995；*m*
武 751, 威 1251, 健 1282,
健児, 猛 1305

Takerube *s* 武 部 751,
建部 995　　　　「751
Takesaburō *m* 武三郎

Takesada *m* 武定

Takesaki *s* 竹前 247

Takesato *m* 武郷 751

Takeshi *s* 武子, 剛志 1429 ; *sm* 武士 751 ; *sp* 武石 ; *m* 大 48, 壮 243, 孟 667, 英 693, 武 751, 武志, 虎 754, 洸 813, 勇 908, 長 939, 建 995, 虓 1019, 桓 1100, 烈 1211, 威 1251, 威士, 馬 1257, 赳 1261, 健 1282, 猛 1305, 乾 1411, 剛 1429, 彪 1523, 斌 1590, 断 1669, 傑 1827, 雄 1912, 鉅 1946, 偲 2054, 豪 2177, 毅 2351, 諓 2508, 魁 2519, 毅 2549, 矯 2626, 闌 2708, 驍 2957, 驥 3008. (孟 667)

Takeshiba *s* 竹柴 247

~ Kisui *ml* 竹柴其水

Takeshige *s* 武重 751 ; *m* 武林 「想庵

~ Musōan *ml* 武林無

Takeshima *s* 竹島 247, 武島 751 「羽衣

~ Hagoromo *ml* 武島

Takeshirō *s* 孟郎 667 ; *m* 武四郎 751

Takeshita *s* 竹下 247, 竹志田, 武下 751

Takeso *s* 武曾

Takesu *s* 竹州 247

Takesue *m* 武末 751

Takesuke *m* 竹介 247, 烈資

Taketa *s* 建梓 995

Taketaba *s* 竹束 247, 竹

Taketani *s* 竹谷 ∟廻

Taketarō *m* 武太郎 751

Taketo *m* 丈人 36

Taketomi *s* 竹富 247, 武富 751 ; *m* 武臣

Taketomo *s* 竹友 247

~ Sōfū *ml* 竹友藻風

Taketora *m* 桓虎 1100

Taketori *l* 竹取 247

Taketoshi *m* 兵俊 499, 武紀 751, 武敏, 武駿

Taketoyo *p* 武豊

Taketsu *s* 竹津 247, 武津 751 「辻 238

Taketsuji *s* 竹辻 247, 武

Takeuchi *s* 竹内 247, 武内 751 「勝太郎 247

~ Katsutarō *ml* 竹内

~ Seihō *ma* 竹内栖鳳

~ Toshio *ml* 竹内敏雄

~ Yoshimi *ml* 竹内好

Takewaka *s* 竹若

Takewaki *s* 竹脇

Takeya *s* 竹谷, 竹家, 竹屋, 武谷 751, 達谷 1810, 達谷窟

Takeyama *s* 竹山 247, 武山 751

~ Hideko *fl* 武山英子

~ Michio *ml* 竹山道雄 247

Takeyasu *sm* 武安 751 ; *m* 武要, 勇逸 908, 健康 1282

Takeyoshi *m* 孟芳 667, 孟懿, 武芳 751

Takeyuki *m* 武之, 武幸

Takezaki *s* 竹崎 247

~ Suenaga *mh* 竹崎季長 「751

Takezawa *s* 竹沢, 武沢

Takezō *m* 竹三 24/, 竹蔵, 武蔵 751

Takezoe *s* 竹添 247

Takezono *s* 竹園

Takezuka *s* 竹塚

Taki *s* 多木 347, 多記, 多喜, 滝 1862 ; *sp* 多気 347, 多紀 ; *p* 多伎, 高城 1163. (滝 1862)

Takichi *m* 太吉 105

Takidani *s* 滝谷 1862

Takigami *s* 滝上

Takigasaki *s* 滝ケ崎

Takigawa *s* 多岐川 347 ; *sp* 滝川 1862

~ Kyō *ml* 多岐川恭 347

~ Yukitoki *mh* 滝川幸辰 1862

Takiguchi *s* 滝口

~ Nyūdō *l* 滝口入道

~ Shūzō *ml* 滝口修造

~ Takeshi *ml* 滝口武士

Takihara *s* 滝原 「士

Taki Haruichi *ml* 滝春一

Takihira *s* 滝平

Takii *s* 滝井 「作

~ Kōsaku *ml* 滝井孝

Takiji *m* 多喜二 347

Takiko *f* 滝子 1862

Takima *m* 多喜麿 347

Takimoto *s* 滝本 1862

Takimura *s* 滝村

Takinaka *s* 滝中

Takinami *s* 滝波, 滝浪

Takine *p* 滝根

Takino *sp* 滝野

Takinogawa *s* 滝野川

Takinoue *p* 滝上

Takio *m* 多喜男 347

Taki Rentarō *ma* 滝廉太郎 1862

Takise *s* 滝瀬

Takishima *s* 滝島

Takishita *s* 滝下

Takita *s* 田北 189, 滝田 1862

~ Choin *ml* 滝田樗陰

Takitarō *m* 滝太郎

Takitō *s* 滝藤

Takiuchi *s* 滝内

Takiura *s* 滝浦

Takiwaki *s* 滝脇

Takiwara *s* 滝原

Takiya *s* 滝谷

Takiyama *s* 滝山

Takizaki *s* 滝崎

~ Yasunosuke *ml* 滝崎安之助

Takizawa *s* 多喜沢 347 ; *sp* 滝沢 1862

~ Bakin *ml* 滝沢馬琴

Takizō *m* 多喜蔵 347, 滝三 1862

Tako *s* 大児 48, 多子 347, 多胡, 多湖 ; *p* 多

Takō *s* 竹生 247 「古

Taku *s* 宅 283 ; *sp* 多久 347 ; *m* 卓 660. (干 26, 宅 203, 択 382, 沢 404, 拓 586, 邑 747, 倬 1027, 託 1147A, 啄 1285, 梣 1364, 琢 1608, 椓 1620, 詫 1931, 磔 2486, 濯 2609, 櫂 2722, 鐸 2922)

Takuan *mh* 沢庵 404

Takubo *s* 田久保 189, 田窪, 田窪

Takuboku *ml* 啄木 1285

Takuichi *m* 卓一 660

Takuji *m* 啄二 1285, 啄治

Takujun *m* 卓淳 660

Takukichi *m* 卓吉

Takuma *s* 田熊 189, 宅間 283, 宅磨, 宅麿, 託摩 1147A ; *sp* 託麻 ; *m* 琢磨 1608, 逞 1513 ; *p* 詫間 1931

~ no Tamenari *ma* 宅磨為成

Takumi *s* 工匠 39, 任美 235 ; *sm* 工 39, 巧 238 ;

m 内匠 81, 木工 109, 匠 503 「1608

Takunosuke *m* 琢之助

Takuo *m* 千雄 26, 卓雄

Takura *s* 宅 283 ∟660

Takurō *m* 卓郎 660

Takusagawa *s* 田草川 189 「660

Takushirō *m* 卓四郎

Takuya *m* 卓哉

Takuzō *m* 卓造, 卓蔵

Tama *s* 多磨 347 ; *ma* 玉 204 ; *f* 珉 1076, 珠 1077, 琚 1605, 瑞 2094, 璞 2472, 瓊 2717 ; *p* 多摩 347. (玉 204, 圭 267, 玖 409, 玲 835, 珠 1077, 球 1359, 琅 1606, 斑 1873, 珉 1874, 瑞 2094, 碧 2225, 瑶 2286, 璋 2287, 賜 2317, 霊 2390, 賚 2396, 璞 2472, 魂 2488, 瑞 2619, 瓊 2620, 瓊 2717, 璧 2782)

Tamaari *m* 玉有 204

Tamaburu *m* 玉陣

Tamachi *sp* 田町 189

Tamada *s* 玉田 204, 霊田 2390

Tamae *sf* 玉江 204 ; *f* 玲枝 835, 球恵 1359, 琅枝 1606, 環江 2620

Tamagaki *m* 玉垣 204

Tamagami *s* 玉上

Tamagawa *sp* 出 汀 川 189 ; *sp-l* 玉川 204

Tamagoe *s* 玉越

Tamahahaki *l* 玉箒子

Tamaho *p* 玉穂

Tamai *s* 玉井

Tamaji *m* 球二 1359

Tamakage *s* 玉楮 204

Tamakaji *s* 玉楮

Tamakatsuma *l* 玉勝間 「玉鬘

Tamaki *s* 田巻 189, 田牧, 玉木 204, 玉置 ; *sp* 玉城 ; *m* 手繦 118, 玉樹 204, 玖城 409, 珠璣 1077, 釧 1415, 瑞樹 2094, 環 2620, 瑨 2868, 鐶 2922 ; *m-f* 環 2620 ; *f* 環輝 1077, 瓊玖 2717

Tamakichi *m* 玉吉 204

Tamako *f* 玉子, 球子 1359, 頊子 1874, 賜子

2317, 瑤子 2286, 璋子 2287, 璧子 2782

Tamakoshi s 玉腰 204

Tamakura s 霊鞍 2390

Tamakushige l 玉櫛笥 204 「玉匣両浦嶼

~ futari Urashima la

Tamamatsu sl 玉松

~ Misao mh 玉松操

Tamami f 圭美 267

Tamamizu s 玉水 204

Tamamo l 玉藻

Tamamoshū l 玉藻集

Tamamoto s 玉本

Tamamura sp 玉村

Tamamushi sl 玉虫

~ no zushi a 玉虫厨子 「汝

Tamana sp 玉名; m 玉

Tamano s 玉乃; sp 玉野

Tama no i la 玉井

Tama no ogoto l 玉の小琴 「櫛

~ no ogushi l 玉の小

Tamanosuke m 玉之助

Tamanoura p 玉ノ浦

Tamanoya s 玉舎

Tamanyū sp 玉生

Tamao m 玉緒, 圭雄 267, 瑞夫 2094, 璋男 2287, 賚夫 2396

Tamaoka sp 玉岡 204

Tamaoki s 玉置

Tamaoya s 玉祖

Tamari s 玉利; sp 玉里

Tamaru s 田丸 189

Tamashima sp 玉島 204

Tamashimayama s 玉島山

Tamashiro s 玉代

Tamatarō m 璐太郎 2619

Tamate s 玉手 204

Tamaya s 玉谷; sp 玉屋

Tamayama sp 玉山

Tamayu p 玉湯

Tamazaki s 玉崎

Tamazawa s 玉沢

Tamazō m 玉造

Tamazukuri s 玉作; p 玉造

Tame s 多目 347, 多米. (為 1005, 絲 2526)

Tametatsu s 為適 1005

Tamechika m 為恭, 為寛

Tamegai s 為我井

Tamehisa m 為栄

Tameie ml 為家

Tamekane m 為兼

~ wakashō l 為兼和歌抄

Tamekichi m 為吉

Tamekiyo m 為浄

Tameko f 為子

Tamemasa m 為理

Tamemori m 為守

Tamemoto m 為紀

Tamenaga sm 為永

~ Shunsui ml 為永春水

Tamenao m 為修

Tamenaru m 為遂

Tamenobu m 為暄

Tamenori m 為実

Tamenosuke m 為之介

Tameo m 為生

Tamesaburō m 為三郎

Tamesada m 為定, 為貞

Tamesaki m 為兄

Tameshige m 為隆

Tamesuke m 為介, 為理; ml 為相

Tametaka m 為学

Tametarō m 為太郎

Tametari m 為善

Tametomo m 為禎

Tametsugu m 為知

Tameuji ml 為氏 「逸

Tameyasu m 為恭, 為

Tameyori m 為居

Tameyoshi m 為栄, 為貴, 為義

Tameyuki m 為是

Tamezō m 為造

Tami sf 民 333; m 為示 1005. (人 14, 民 333, 珉 1076, 彩 1413, 農 2205, 黎 2389)

Tamichi s 田路 189

Tamie m 民衛 333

Tamigata s 民形

Tamihiko m 民彦

Tamiko f 珉子 1076, 蒼生子 1989, 黎子 2389

Tamine sp 段嶺 874

Taminosuke m 民之助 333

Tamio m 人雄 14

Tamisuke m 民輔 333

Tamitaka m 民陟

Tamiya s 田宮 189, 民谷 333 「彦 189

~ Torahiko ml 田宮虎

Tamiyo f 彩世 1413

Tamō s 玉生 204; m 賜 2317, 錫 2524 「189

Tamokami sp 田母神

Tamon s 田麦, 多門 347; m 多聞 「189

Tamonmata s 田家俣

Tamono s 田母野

Tamoto s 田本

Tamotsu m 支 63, 方 85, 任 235, 全 271, 有 303, 存 313, 扶 383, 完 471, 寿 539, 俠 773, 保 781, 将 1040, 惟 1290, 維 2540, 翼 2686

Tamura s 太村 105; sp 田村 189

Tamurako f 田村子

Tamura Ryūichi ml 田村隆一 「郎

~ Shōgyo ml 田村松魚

~ Taijirō ml 田村泰次

~ Toshiko fl 田村俊子

Tamuro m 屯 222. (屯)

Tamuromaro m 屯麿

Tamuronoosa s 部将 1418

Tan s 丹 79, 且 162, 端 2306. (反 69, 丹 79, 且 162, 井 206, 団 310, 但 351, 坦 574, 担 581, 段 845, 段 874, 単 919A, 炭 1186, 探 1316, 淡 1340, 短 1633, 堪 1843, 湛 1855, 弾 1880, 毯 1893, 亶 1972, 潭 2269, 槫 2292, 端 2306, 誕 2319, 談 2325, 歎 2353, 鍛 2651) 「1625〕

Tana s 多名 347. (棚

Tanaami s 田名網 189, 棚網 1625

Tanabata s 七夕 17

Tanabe s 一富士 3, 田名部 189, 田部, 多部 347; sp 田辺 189

~ Hajime ml 田辺元

~ Jūji ml 田部重治

~ no Sakimaro ml 田辺福麻呂

Tanada s 棚田 1625

Tanaga s 田永 189

Tanagura sp 棚倉 1625

Tanahashi s 棚橋

Tanaka s 田中 189, 田仲 「夫

~ Chikao ml 田中千禾

Tanakadate s 田中舘

~ Aikitsu mh 田中舘愛橘 「中冬二

Tanaka Fuyuji ml 田

~ Giichi mh 田中義一

~ Hidemitsu ml 田中英光

~ Jun ml 田中純

~ Katsumi ml 田中克巳 「勝助

~ Katsusuke mh 田中

~ Kōtarō ml 田中貢太郎

Tanakamaru s 田中丸

Tanaka Ōdō ml 田中王堂

~ Ōjō ml 田中王城

~ Shōzō mh 田中正造

~ Sumie fl 田中澄江

~ Yasutaka ml 田中保隆

Tanaki s 棚木 1625

Tanami s 田波 189, 田南

Tanamiki s 田並木

Tanami Mishiro ml 田波御白

Tanamura s 田那村, 棚村 1625, 種村 2124

Tanase s 棚瀬 1625

Tanashi sp 田無 189

Tanasuenotebito s 手末才伎 113

Tanaya s 棚谷 1625

Tanazawa s 棚沢

Tanba sp 丹羽 79, 丹波

Tanbara p 丹原

Tanbase s 丹波瀬

Tanba Yosaku matsuyo no komurobushi la 丹波与作待夜の小室節

Tanbo s 反保 69, 丹保 79, 田保 189, 多武保

Tanbu s 丹生 79 「347

Tanda s 丹田

Tandai l 探題 1316

Tandaishōshin-roku l 胆大小心録 845

Tane s 多樴 347. (子 38, 休 233, 任 235, 孚 483, 物 611, 苗 685, 栽 1254, 莟 1267, 胤 1269, 留

1470, 殖 1867, 植 1902,
誠 1935, 弼 2092, 稙
2122, 種 2124, 鎮 2751)
Taneda s 種田 2124
~ Santōka ml 種田山
頭火   「島
Tanegashima sph 種子
~ Tokitaka mh 種子
島時堯
Tanehide m 種英
Tanehiko ml 種彦
Taneichi m 留一 1470 ;
p 種市 2124
Taneie m 植家 1902
Tanejirō m 種治郎
Tanekazu m 種憲
Taneki m 種材
Taneko f 孚子 483, 種
子 2124
Tanemasa m 莪正 1254
Tanemichi m 稙通 2122
Tanemori m 稙森 2124
Tanemoto m 弼基 2092
Tanemura m 稙村
Tanenaga m 植長 1902
Tanenobu m 稙信 1269
Taneo m 胤勇
Tanesachi m 胤禄
Tanesada m 胤貞
Tanesuke m 胤昌
Tanetada m 種任 2124
Tanetatsu m 種樹
Tanetomi m 種殷
Taneyama m 種山
Taneyoshi m 胤禄 1269,
種美 2124
Taneyuki m 誠之 1935,
種行 2124
Tanezane m 種実
Tange s 丹下 79
~ Sazen lm 丹下左膳
Tango s 丹呉 ; sp 丹後
Tani s 田荷 189, 谷 449,
渓 1330A. (谷 449, 足
461, 渓 1330A, 菜 1991,
潤 2274)
Taniai s 谷合 449
Tanibe s 谷部   「晁
Tani Bunchō ma 谷文
Tanida s 谷田
Tanide s 谷出
Tanifuji s 谷藤
Tanigae s 谷谷
Tanigaki s 谷垣
Tanigami s 谷上
Tanigishi s 谷岸
Tanigawa s 谷川, 谷河

Tanigaya s 谷谷
Tanigorō m 谷五郎
Taniguchi s 谷口
Tanigumi p 谷汲
Tanihara s 谷原
Tanihata s 谷畑
Tanihira s 谷平
Tanii s 谷井
Tani Jichū mh 谷時中
~ Kanae ml 谷鼎
~ Kaoru ml 谷馨
~ Kattō ml 谷活東
Tanikawa s 谷川, 谷河
~ Shuntarō ml 谷川
俊太郎   「三
~ Tetsuzō ml 谷川徹
Tanikō la 谷行
Tanimori s 谷森
Tanimoto s 谷元, 谷本
Tanimura s 谷村
Taninaga s 谷永
Taninaka s 渓中 1330A
Tanino s 谷野 449
Tanio m 潤生 2274, 潤
雄
Tanioka s 谷岡 449
Tanishima s 谷島
Tan'ishō l 歎異抄 2353
Tanitaka s 谷高 449
Tani Tateki mh 谷干
Taniuchi s 谷内   「城
Taniwa s 丹波 79
Taniwaki s 谷脇 449
Taniyama sp 谷山
Tanizaki s 谷崎
~ Jun'ichirō ml 谷崎
潤一郎
~ Seiji ml 谷崎精二
Tanizawa s 谷沢
Tanizō m 谷蔵
Tanizu s 谷津
Tanji s 丹治 79
Tanjihi s 丹治比
Tanjirō m 丹次郎
Tanjo s 丹所
Tanka l 短歌 1633
~ senkaku l 短歌撰格
~ sōgen l 短歌草原
Tankei ma 湛慶 1855
Tankodama s 丹児玉
79
Tannai s 丹内, 谷内 449
Tannami s 丹南 79
Tannan sp 丹南
Tanno s 丹野 ; p 端野
2306
Tannomiya s 炭宮 1186

Tannori s 淡輪 1340
Tannowa s 淡輪
Tano sp 多野 347 ; p 田
野 189
Tanō s 多納 347
Tanobe s 田野辺 189,
田野部
Tanobori s 田登   「347
Tanoemon m 多之衛門
Tanoguchi s 田野口 189
Tanohata p 田野畑
Tanoi s 田野井
Tanokami s 田母神
Tanokimi s 田公
Tanokuchi s 田口
Tanokura s 田野倉
Tanomo s 田母 ; m 田
面   「2506
Tanomogi s 頼母木
Tanomu m 頼
Tanomura s 田能村
189, 田野村
~ Chikuden ma 田能
村竹田
Tanoshi m 孚 62, 喜
1709, 凱 1967, 楽 2029
Tanoshita s 田下 189
Tanosuke m 田之助
Tanouchi s 田内
Tanoue s 田上
Tanoura p 田浦
Tanrokubon l 田緑本
79   「東 351
Tantō s 田頭 189 ; p 但
Tanuchi s 銅工 2603
Tanuma sp 田沼 189
~ Okitomo mh 田沼意
知   「意次
~ Okitsugu mh 田沼
Tanushi m 田主
Tanushimaru p 田主丸
Tanzan s 丹山 79
Tanzawa s 丹沢
Tao s 田尾 189 ; f 婉
1600. (姚 1088, 婉 1600)
Taoda s 峠田 1081
Taoka s 田岡 189
~ Reiun ml 田岡嶺雲
Taoko f 婖子 1088
Taosa m 畯 2110
Tara p 太良 105
Taragi p 多良木 347
Taraku s 太楽 105
Tarami s 任美 235 ; p
多良見 347
Tarao s 多羅尾
(tarashi 足 461, 帯 1192)

Tarashiko s 帯士, 帯
王 ; f 帯子
(tare 垂 761)
Taree f 垂枝
(tari 十 18, 足 461, 垂 761,
粛 1528, 給 2148)
Tarihi s 垂氷 761
Tariho m 足穂 461, 垂
穂 761
Tarimaro m 垂麿
Tario m 多利男 347
Tarō m 太郎 105 ; p 田
老 189
Tarobei m 太郎平 105
Tarōdachi s 太郎館
Tarōdate s 太郎館
Taroichi m 太郎一
Tarosaburō m 太郎三
郎
Taru s 樽 2482. (立 194,
垂 761, 神 853, 健 1282,
善 1799, 福 1888, 稜
1917, 熾 2465, 樽 2482)
Taruhiko m 稜彦 1917
Taruhito m 善仁 1799,
熾仁 2465
Taruho m 足穂 461
Tarui s 樽井 2482 ; sp
垂井 761   「吉 2482
~ Tōkichi mh 樽井藤
Tarukawa s 樽川
Taruko f 樽子
Tarumi s 樽見, 樽味 ;
sp 垂水 761
Tarumizu p 垂水
Tarumoto s 樽本 2482
Taruno s 足 461 「2482
Tarunosuke m 樽之助
Taruo m 神郎 853
Tarusawa s 樽沢 2482
Tasaka s 田阪 189, 田坂
Tase s 多勢 347
Tashima m 幡 2070 ; f
確 2305
Tashiro sp 田代 189
Tashita s 田下
Tasoko p 田底
Tasuke m 太介 105, 多
助 347, 輔 2133
Tasuki s 手繦 118
Tasuku m 又 13, 介 66,
比 137, 右 171, 多助
347, 多艮久, 佑 364, 佐
365, 助 431, 匡 504, 祐
852, 相 868, 将 1040, 救
1406, 補 1644, 毘 1780,
資 2012, 弼 2092, 輔

2133，賛 2394，攢 2446，翼 2686

Tatae s 堪 1843；m 湛 1855   「多羅

Tatara s 多多良 347，多

Tatari s 田又利 189

Tatasu s 河合 597

Tate s 立 194，楯 1897，館 2761．(十 26，立 194，竑 872，盾 984，建 995，健 1282，達 1810，楯 1897，竪 2224，館 2761)

Tatebatake s 建畠 995

Tatebayashi s 立林 194；sp 館林 2761

Tatebe s 建部 995

Tateda s 立田 194

Tategawa s 立川，立河，竪川 2224

Tatehara s 立原 194

Tateiri s 立入

Tateishi s 立石，建石 995，楯石 1897

Tateiwa s 立岩 194；p 館岩 2761

Tatejima s 立島 194

Tatekawa s 建川 995

Tateki sp 干城 26；m 建城 995，建樹

Tateko f 竑子 872

Tatema s 立馬 194

Tatematsu s 立松

Tatemi s 立見

Tatemichi s 建通 995

Tatemura s 館村 2761

Tateno s 立野 194，建野 995，竪野 2224，館野 2761

Tatenomi m 楯臣 1897

Tateno Nobuyuki ml 立野信之 194

Tatenuki s 楯 1897，楯又，楯縫

Tateo m 干雄 26，立夫 194，盾夫 984 「岡 1897

Tateoka s 立岡 194，楯

Tateshi s 殺陣師 1138

Tateshina sp 立科 194

Tatewaki s 立脇；sm 帯刀 1192

Tateyama s 竪山 2224；sp 立山 194，館山 2761

~ **Kazuko** fl 館山一子

Tateyoshi s 楯衛 1897

Tateyuku s 日立 77

Tatezawa s 立沢 194

Tatō m 湛 1855

Tatomi sp 田富 189

Tatsu s 竜 1199；m 立 194，辰 738；f 起 1262．(立 194，幸 661，辰 738，武 751，建 995，竜 1199，挙 1207，起 1262，健 1282，達 1810，超 1816，蔦 2196，麗 2001，樹 2483)

Tatsuaki m 立誠 194

Tatsue s 辰江 738

Tatsugō p 竜郷 1199

Tatsugorō m 辰五郎 738

Tatsuhara s 立原 194

Tatsuhebi s 竜蛇 1199

Tatsui s 辰井 738，竜居 1199；m 辰猪 738

Tatsuichi s 辰市

Tatsuji m 辰治，達二 1810，達治，達賛

Tatsujirō m 辰次郎 738，達次郎 1810

Tatsuka s 立家 194

Tatsukai s 田令 189

Tatsukawa s 立川 194

Tatsuke s 田附 189

Tatsuki s 田付，辰木 738，竜木 1199；m 樹 2483

Tatsukichi m 達吉 1810

Tatsuko f 立子 2196，蔦子 2196，樹子 2483；p 田子 189

Tatsukuri s 調布 2328

Tatsuma sm 辰馬 738；m 辰午，竜馬 1199

Tatsumaro m 竜麻呂

Tatsumi s 立見 194，巽 巳 118；m 立，辰 194，竜水 1199，竜海，巽 1760，達海 1810

~ **fugen** l 辰巳婦言 738

Tatsunaga m 立暢 194

Tatsunami s 立波

Tatsundo m 達人 1810，樹人 2483

Tatsuno s 立野 194；sp 辰野 738，竜野 1199

Tatsunokuchi p 辰口 738

Tatsunosuke m 辰之助，達之助 1810，達之輔   「野隆 738

Tatsuno Yutaka ml 辰

Tatsuo m 辰男，辰良，辰夫，辰雄，竜雄 1199，

挙雄 1207，健夫 1282，達夫 1810，蔦夫 2196，樹夫 2483

Tatsuō ma 竜王 1199

Tatsuoka s 辰岡 738，竜岡 1199

Tatsuoki m 竜起，竪興   「2224

Tatsuro m 辰郎 738

Tatsuru m 立 194，建 995   「189

Tatsuruhama p 田鶴浜

Tatsusaburō m 辰三郎 738，竜三郎 1199

Tatsushirō m 辰四郎 738   「竜田 194

Tatsuta sp 立田 194；l la

Tatsutane m 竜種

Tatsutarō m 辰太郎 738

Tatsuuma s 辰馬

Tatsuya m 辰弥，達夸 1810

Tatsuyama sp 竜山 1199

Tatsuzawa s 立沢 194，竜沢 1199

Tatsuzō m 達三 1810

Tatta s 立田 194

Tatto m 達等 1810 (tau 絶 2148) 「347

Tauchi s 田内 189，多内

Tauko f 太生子 105

Taura s 田浦 189，多浦 347

Tawada s 多和田

Tawara s 田原 189，俵 1280．(俵)

Tawaragi s 俵木 「189

Tawaramoto p 田原本

Tawaraya s 田原屋，俵屋 1280，俵谷

Tawarayama s 俵山

Tawaraya Sōtatsu ma 俵屋宗達

Taya s 田谷 189，田屋

Tayama s 田山

~ **Katai** ml 田山花袋

Tayasu s 田安 「宗武

~ **Munetake** ml 田安

Tayori m 柠 356

(tayu 妙 614)

Tayui s 田結 189 「105

Tazaemon m 太左衛門

Tazaki s 田崎 189

Tazawa s 田沢

Tazawako p 田沢湖

Tazei s 田制

Tazoe s 田添

(tazu 鶴 2739，鶴 2926)

Tazushirō m 鶴四郎

Tazuyo m 鶴世 2739

Te s 手 118．(手，弖 202，勅 898)

Teburi s 伝法輪 359，転法輪 1656

Tedate m 相 110

Tega s 手賀 118

Tegara s 手柄

Tegarayama s 手柄山

Tegawa s 手川

Tegoshi s 手越

Tehata s 弖秦 202

Tehito s 才伎 35，工匠 39

Tei s 丁 8，鄭 2356；m 貞 982．(丁 8，汀 142，氐 297，体 358，廷 501，定 677，弟 764，抵 797，訂 894，勅 898，亭 969，帝 971，貞 982，底 991，釘 1154，萇 1170，庭 1244，停 1272，偵 1276，悌 1289，砥 1386，逞 1513，堤 1557，渟 1580，棣 1616，梯 1617，程 1641，酊 1700，第 1768，禎 1887，碇 1909，碓 1910，堤 2037，逓 2047，禔 2120，鼎 2246，鄭 2356，諟 2512，諦 2516，綴 2530，鵜 2822) 「市

Teiichi m 貞一 982，貞

Teiichirō m 貞一郎

Teiji m 貞二，貞次，貞治，偵次 1276，悌次 1289，禎次 1887

Teijirō m 貞二郎 982，貞次郎，貞治郎，悌二郎 1289，禎次郎 1887

Teijō m 定条 677

Teika ml 定家

Teikichi m 定吉，貞吉 982，悌吉 1289 「1244

Teikin ōrai l 庭訓往来

Teine p 手稲 118 「982

Teinosuke m 貞之助

Teiriki m 帝力 971

Teisaburō m 貞三郎 982，悌三郎 1289

Teisei m 諦成 2516

Teisuke m 定輔 677

Teitoku ml 貞徳 982

Teizō m 貞三，貞造，悌三 1289

Tejina s 手品 118

(teki 的 635，迪 1001，荻

1176, 笛 1471, 摘 2066,
頴 2114, 適 2240, 敵
2354, 鏑 2816)
Tekura *s* 言語同断 439
Tekurada *s* 言語同断
(ten 天 93, 苫 686, 典 733,
淀 1333, 添 1338, 展
1501, 腆 1611, 転 1656,
奠 1701, 塡 2075, 槇
2297, 顛 2490, 纏 2988)
Ten'an 857-59 天安
Tenarai *l* 手習 118
Tenashi *s* 手結 「93
Tenbun 1532-55 天文
Tenbyō 729-49 天平
Tenchi *mhl* 天智
~ ujō *l* 天地有情
Tenchō 824-34 天長
Tendai *h* 天台
~ daishi wasan *l* 天台
大師和讃
Tendō *p* 天童 「天永
Ten'ei *p* 天栄; 1110-13
Ten'en 973-76 天延
Tengai *s* 手搔 118
Tengen 978-83 天元 93
Tengi 1053-58 天喜
Tengyō 938-47 天慶
Tenioha *l* 手爾乎葉 118
Tenji 1124-26 天治 93
Tenjiku *sp* 天竺
~ Tokubee ikokuba-
nashi *la* 天竺徳兵衛
韓噺
~-yō *a* 天竺様 「林
Tenjin bayashi *s* 天神
Tenjō 1131-32 天承
Tenju 1375-81 天授
Tenkai *smh* 天海
Tenkawa *p* 天川
Tenko *la* 天鼓
Tenkō *l* 天香
Tenkyū *s* 天休
Tenmabayashi *p* 天間
林
Tenmangū *p* 天満宮
~ natane no gokū *la*
天満宮菜種御供
Tenmei *s* 1781-89 天
明
Tenmon 1532-55 天文
Tenmu *mlh* 天武
Tenmyō *s* 天明
Tenna 1681-84 天和
Tennin 1108-10 天仁
Tennō *p* 天王
Tennōji *p* 天王寺

Ten no yūgao *l* 天の
夕顔 93
Ten'ō 781-82 天応
Tenpō 1830-44 天保
Tenpuku 1233-34 天
福
Tenpyō 729-49 天平
~-hōji 757-65 天平宝
字 「神護
~-jingo 765-67 天平
~-kanpō 749 天平感宝
~-shōhō 749-57 天平
Tenri *p* 天理 「勝宝
Tenrō *l* 天狼
Tenroku 970-73 天禄
Tenryaku 947-57 天暦
Tenryū *p* 天竜
Tenryūji *p* 天竜寺
Tenshin *p* "Tientsin"
天津 「1656
~ no shō *l* 転身の頌
Tenshō 1131-32 天承
93; 1573-92 天正
Tensui *p* 天水
Tensuishō *l* 天水抄
Tentoku 957-61 天徳
~ utaawase *l* 天徳歌
合
Tentsuchi *m* 伝槌 359
Tenwa 1681-84 天和 93
Ten'yō 1144-45 天養
Teppei *m* 鉄平 1948
Tera *s* 弖良 202, 氏良
297. (寺 268)
Terabayashi *s* 寺林
Terabe *s* 寺部
Terada *s* 寺田
Teradani *s* 寺谷
Terada Torahiko *ml*
寺田寅彦
~ Tōru *ml* 寺田透
Terado *s* 寺戸
Teradomari *p* 寺泊
Teragaki *s* 寺垣
Teraguchi *s* 寺口
Terahara *s* 寺原
Terai *sp* 寺井
Terajima *s* 寺島
~ Munenori *mh* 寺島
宗則
Terakado *s* 寺門
Terakawa *s* 寺川
Teraki *s* 寺木
Terakoya *la-h* 寺小屋
Terakubo *s* 寺久保
Terakura *s* 寺倉
Teramachi *s* 寺町

Teramatsu *s* 寺松
Terami *s* 寺見
Teramoto *s* 寺本
Teramura *s* 寺村
Teranishi *s* 寺西
Terano *s* 寺野
Terao *s* 寺尾
~ Hisashi *mh* 寺尾寿
Teraoka *s* 寺岡
Terasaka *s* 寺坂
Terase *s* 寺瀬 「2035
Terashi *s* 寺師; *m* 照
Terashita *s* 寺下 268
Terasu *m* 暉 1884, 照
2035, 暹 2593, 曜 2720
Terato *s* 寺戸 268
Terauchi *s* 寺内
Terawaki *s* 寺脇
Terayama *s* 寺山
Terazaki *s* 寺崎
~ Hiroshi *mh* 寺崎浩
~ Kōgyō *ma* 寺崎広
Terazawa *s* 寺沢 「業
(teri 照 2035) 「狂言
Teriha kyōgen *l* 照葉
Teru *m* 光 281; *m-f* 暉
1884; *f* 莹子 2387, 曜
2720. (央 182, 光 281, 旭
300, 侊 553, 明 623, 英
693, 竟 727, 映 840, 昭
841, 栄 969, 昶 1004, 晨
1187, 晃 1189, 昆 1195,
暎 1594, 晴 1597, 瑛
1607, 皖 1639, 詥 1661,
晶 1740, 瑗 1873, 煇
1875, 煌 1877, 暉 1884,
照 2035, 燁 2088, 曄
2091, 彰 2163, 彰 2174,
璉 2285, 璋 2287, 莹
2387, 監 2398, 照 2409,
輝 2499, 燕 2570, 曜
2720, 燿 2721, 顕 2727,
燕 2770, 曦 2914, 耀
2919)
Teruaki *m* 光揚 281, 照
映 2035, 照煦, 曦章
2914
Teruakira *m* 輝徳 2499
Teruatsu *m* 栄同 969
Terube *s* 照部 2035
Teruchika *m* 照千賀,
輝規 2499
Terue *f* 輝栄 1875, 暉
衛 1884
Terufusa *m* 昭英 841
Teruhata *s* 照幡 2035
Teruhide *m* 英薫 693

Teruhiko *m* 光彦 281,
昶彦 1004, 晴彦 1597,
輝久 2499
Teruhisa *m* 光久 281,
照久 2035 「623
Terui *s* 照井; *m* 明居
Teruji *m* 暎二 1594, 燕
次 2770
Teruka *f* 輝香 2499
Teruko *f* 央子 182, 明
子 623, 映子 840, 晨子
1187, 皓子 1639, 詥子
1661, 照子 2035, 燁子
2088, 曄子 2091, 熙子
2409, 輝子 2499, 曦子
2914
Terukuma *m* 照阿 2035
Terumasa *m* 輝政 2499
Terumi *m* 暉三 1884; *f*
英真 693
Terumichi *m* 曄道 2091;
m 照道 2035, 輝充 2499
Terumine *s* 照峰 2035
Terumoto *m* 輝元 2499
Teruni *m* 光竟 281
Terunobu *m* 旭信 300
Terunori *m* 暉児 1884
Terunuma *s* 照沼 2035
Teruo *m* 央夫 182, 光均
281, 侊男 553, 晃央
1189, 照男 2035, 輝夫
2499, 輝雄, 耀男 2919
Teruoka *s* 暉岡 1884
Teruomi *m* 晴臣 1594
Terusato *m* 光熙 281
Terushige *m* 英薫 693,
照重 2035
Terutane *m* 燿胤 2721
Terutora *m* 輝虎 2499
Terutoshi *m* 晃年 1189,
輝智 2499, 輝聴, 耀星
2919
Terutsugu *m* 昆次 1195
Teruuchi *s* 照内 2035
Teruya *s* 照屋
Teruyama *s* 照山
Teruyasu *m* 輝和 2499
Teruyo *f* 瑛代 1607
Teruyori *m* 照憑 2035
Teruyoshi *m* 璋悦 2287,
輝承 2499, 曜禧 2720
Teruyuki *m* 英通 693,
昭之 841
Teruzane *m* 照実 2035
Teshigawara *s* 勅使河
原 898; *sp* 勅使川原
Teshikaga *p* 弟子屈 764

Teshima *s* 手島 118, 豊島 2013　　「118

~ Toan *mh* 手島堵庵

Teshio *p* 天塩 93

Teshiro *s* 手白 118

Teshirogi *s* 手代木

Tessan *s* 鉄山 1948

Tessei *b* 哲西 1227

Tesshoki *l* 徹書記 2451

Tetora *m* 手刀良 118

Tetsu *sm* 鉄 1948; *m* 徹 2451; *m-f* 哲 1227, 喆 1646. (哲 1227, 悊 1480, 喆 1646, 鉄 1948, 銕 2338, 徹 2451, 澈 2454, 綴 2530, 轍 2874)

Tetsuhei *m* 鉄平 1948

Tetsuichi *m* 徹一 2451

Tetsuichirō *m* 哲一郎 1227, 鉄一郎 1948

Tetsuji *m* 哲二 1227, 鉄二 1948, 徹二 2451

Tetsujirō *m* 哲次郎 1227, 鉄次郎 1948

Tetsukichi *m* 鉄吉

Tetsukuri *s* 調布 2328

Tetsuma *s* 鉄馬 1948

Tetsunosuke *m* 鉄之助

Tetsuo *m* 哲夫 1227, 鉄男 1948

Tetsuomi *m* 鉄臣

Tetsurō *m* 哲郎 1227, 徹郎 2451

Tetsushi *m* 哲史 1227, 徹志 2451　　「1227

Tetsushirō *m* 哲四郎

Tetsutarō *m* 哲太郎, 鉄太郎 1948, 徹太郎 2451

Tetsuya *s* 鉄屋 1948

Tetsuzō *m* 哲造 1227, 哲三, 鉄三 1948, 鉄蔵, 徹三 2451, 徹蔵

Tetta *p* 哲多 1227

Teura *s* 土浦

Tezuka *s* 手束 118, 手塚

~ Tomio *ml* 手塚富雄

(to 乙 2, 刀 12, 人 14, 十 18, 士 41, 土 42, 仁 57, 戸 59, 斗 71, 止 87, 太 105, 外 139, 任 235, 吐 242, 百 265, 年 342, 杜 423, 利 436, 図 502, 門 601, 兎 763, 妬 914, 斉 962, 徒 1048, 途 1234, 迹 1249, 砥 1386, 敏 1409, 都 1419, 留 1470, 渡

1586, 富 1715, 菟 1729, 登 1744, 豊 2013, 聡 2311, 賽 2677, 儞 2798)

Tō *s* 東 771, 藤 2773. (刀 12, 十 18, 永 149, 冬 161, 允 217, 任 235, 当 282, 有 303, 在 314, 広 316, 豆 438, 忝 463, 玄 522, 更 528, 妙 614, 卓 660, 茂 691, 沓 698, 延 739, 迫 747, 東 771, 拾 802, 洽 816, 治 825, 耐 884, 到 901, 柔 907, 迢 1000, 昶 1004, 桐 1103, 桃 1104, 党 1191, 竜 1199, 途 1234, 速 1237, 通 甚 1267, 深 1341, 桶 1369, 能 1397, 野 1398, 透 1502, 逗 1511, 島 1522, 塔 1558, 陽 1565, 湯 1587, 勝 1613, 棟 1627, 断 1669, 納 1685, 董 1731, 登 1744, 棠 177, 答 1765, 登 1737, 達 1810, 筒 1818, 塘 1842, 漢 1853, 純 1956, 寛 1977, 途 2038, 遠 2043, 遏 2048, 遁 2235, 樋 2799, 踏 2314, 統 2333, 遙 2421, 徹 2451, 橙 2466, 穆 2494, 頭 2504, 融 2545, 遼 2590, 邁 2592, 濤 2613, 橋 2724, 藤 2773, 騰 2867, 鐙 2880, 韜 2884, 寶 2897, 鵬 2984)

Toaki *s* 十秋 18　　「1521

Toba *smh-ma-p* 鳥羽

~ -ke no kodomo *l* 鳥羽家の子供

Tobari *s* 戸張 59, 登張 1744, 襃張 2677

~ Chikufū *ml* 登張竹風 1744

Tobata *sp* 戸畑 59

Tobe *s* 土部 42, 戸部 59, 戸辺; *smh-fh* 戸畔; *p* 砥部 1386

Tobeta *s* 銅directory 銅直 2159

Tōbetsu *p* 当別 282

Tobi *p* 外山 139. (飛 1014, 鳶 2179)

Tobikoe *l* 飛越 1014

Tobikumo *l* 飛雲

Tobinaga *s* 飛永

Tobishi *s* 飛志

Tobishima *p* 飛島

Tobita *s* 飛田　　「千句

Tobiume senku *l* 飛梅

Tobiyama *s* 飛山

Tobi-za *a* 外山座 139

Tobizawa *m* 鳶沢 2179

Tōhoku *la* 東北 771

Tōbō-saku *ml-la* "Tung-fang Shuo" 東方朔

Tōbu *p* 東部 771

Toburi *s* 斗 206

(tochi 栃 865, 杤 1095, 橡 2478)

Tōchi *s* 十市 18

Tochigi *s* 栃木 1095; *p* 栃木 865

Tochihara *s* 栃原

Tochii *s* 東池井 771

Tochiko *f* 栃子 865

Tochimoto *s* 栃本

Tochinai *s* 栃内

Tochio *m* 十一夫 18; *p* 栃尾 865

Tochiuchi *s* 栃内

Tochiya *s* 栃谷

Tochizawa *s* 栃沢

Toda *s* 吐田 242; *sp* 戸田 59　　「2043

Toda *s* 任田 235; *p* 遠

Tō-daiwajō tōseiden *l* 唐大和尚東征伝 1246

Todaka *s* 戸高 59

Toda Kindō *ml* 戸田欽堂

~ Mosui *ml* 戸田茂睡

Todani *s* 戸谷, 外谷 139

(todo 榎 1893)

Tōdō *s* 藤堂 2773

Todohiko *m* 百十彦 265

Todohokke *p* 椴法華

Todoki *s* 椴木 H

Todokoro *s* 戸所 59, 外 139, 外所, 外処, 都所 1419, 富所 1715

Todomu *m* 乙 2, 止 87, 停 1272

Todoroki *s* 八十八騎 19, 等等木 1770, 轟 2939, 轟木; *sp* 等等力 1770　　「87

Todoromi *p* 止呂美

Toeda *s* 戸枝 59

Tōei *p* 東栄 771; *la* 藤永 2773, 藤栄

Tōemon *m* 藤右衛門

Tōfusa *m* 延房 739

Toga *s* 化間 56, 門叶 601, 砥鹿 1386, 都賀 1419, 問叶 1524, 問計; *p* 利賀 436. (橡 1097)

~ Hajime *ml* 十返肇

Togai *s* 栂井 1097

Togakushi *s* 戸隠 59

Togama *m* 敏鎌 1409

Togami *s* 戸上 59, 砥上 1386

Tōgane *s* 鴾根 2280; *sp* 東金　　「士

Tōgan Koji *la* 東岸居野

Togano *s* 栂野 1097

Toganō *s* 戸叶 59

Togari *s* 戸苅, 戸鹿里, 利刈 436

Togasaka *s* 栂坂 1097

Togasaki *s* 戸賀崎 59, 戸ヶ崎

Togashi *s* 富樫 1717

~ Masachika *mh* 富樫政親

Togawa *s* 十川 18, 十河, 戸川 59, 外川 139, 刑苅 258, 砥川 1386, 跡川 1926　　「骨 59

~ Shūkotsu *ml* 戸川秋

~ Yukio *ml* 戸川幸夫

~ Zanka *ml* 戸川残花

Tōge *s* 峠 1081. (峠)

Tōgenshū *l* 桃源集 1104

Togeri *m* 迷 1806

Tōge Sankichi *ml* 峠三吉 1081

Togezawa *s* 斗ケ沢 71

Togi *s* 研 875; *sp* 富来 1715. (炊 602, 研 875)

Tōgi *s* 東儀 771

Togikawa *s* 研川 875

Togitsu *p* 時津 1086

Togō *s* 十川 18, 都甲 1419　　「郷 771

Tōgō *s* 十合 18; *sp* 東

Togōchi *p* 戸河内 59

Tōgō Heihachirō *mh* 東郷平八郎 771

(togu 炊 602)

Tōgū *s* 東宮 771

Toguchi *s* 戸口 59

Togura *sp* 戸倉

Tōhachi *m* 十八 18

Tōhaku *p* 東伯 771; *l* 冬柏 161　　「1246

Tōhara *s* 東原 771, 唐原

Tōhei *m* 東平 771

~ Ieyoshi *mh* 徳川家慶

~ jikki *h* 徳川実紀

~ Keiki *mh* 徳川慶喜

~ Mitsukuni *mh* 徳川光圀　「昭

~ Nariaki *mh* 徳川斉

~ Tsunayoshi *mh* 徳川綱吉　｜房

~ Yorifusa *mh* 徳川頼房

~ Yorinobu *mh* 徳川頼宣　「川吉宗

~ Yoshimune *mh* 徳川

~ Yoshinao *mh* 徳川義直　　「慶喜

~ Yoshinobu *mh* 徳川

Tokugorō *m* 徳五郎

Tokuha *s* 常羽 1463

Tokuhara *s* 徳原 2063

Tokuhira *sm* 得平 1299

Tokuhiro *s* 徳弘 2063

Tokuhisa *sm* 徳久

Tokui *s* 徳井

Tokuichi *m* 徳一

Tokuji *s* 得地 1299 ; *m* 徳次 2063, 篤治 2576 ; *p* 徳地 2063 ; 1306–08 徳治

Tokujirō *m* 徳次郎, 徳治郎, 篤次郎 2576

Tokuju *m* 徳寿 2063

Tokuko *f* 徳子

Tokuma *m* 得馬 1299, 徳間 2063

Tokumaru *s* 徳丸

Tokumasa *s* 徳政

Tokumasu *s* 徳増

Tokumatsu *m* 徳松

Tokumi *s* 戸汲 59, 徳見 2063

Tokumitsu *s* 徳光

Tokumoto *s* 徳本

Tokumura *s* 徳村

Tokunaga *sm* 徳永

~ Sunao *ml* 徳永直

Tokuno *s* 徳野

Tokunō *s* 徳能 ; *sl* 得能 1299　「徳之

Tokunoshima *p* 徳之

Tokunosuke *m* 徳之助

Tokuoka *s* 徳岡

Tokura *s* 土倉 42, 都倉 1419, 登倉 1744, 徳楽 2063

Tokuriki *s* 徳力

Tokurō *m* 惠郎 2033

Tokusa *sla* 木賊 109

Tokusaburō *m* 得三郎 1299, 徳三郎 2063

Tokushi *s* 禿氏 496 ; *m* 徳司 2063

Tokushichi *m* 徳七

Tokushige *s* 徳重

Tokushima *sp* 徳島

Tokushirō *m* 得四郎 1299, 篤志郎 2576

Tokushuku *s* 徳宿 2063

Tokutake *s* 徳竹, 徳武

Tokutari *m* 徳太理

Tokutarō *m* 徳太郎, 篤太郎 2576

Tokutome *s* 徳留 2063

Tokutomi *s* 徳富

~ Roka *ml* 徳富蘆花

~ Sohō *ml* 徳富蘇峰

Tokutsune *sm* 得恒 1299

Tokuue *s* 徳植 2063

Tokuwaka *s* 徳若

~ gomanzaishū *l* 徳和歌後万載集

Tokuyama *sp* 徳山

Tokuzawa *s* 徳沢

Tokuzō *m* 得三 1299, 徳三 2063, 徳蔵

Tōkyō *p* 東京 771

(toma 苫 686, 篦 2689)

Tōma *s* 十摩 18, 東万 771, 当間 282, 当麻, 藤間 2773 ; *sm* 東馬 771 ; *sp* 当麻 282　「686

Tomabechi *sp* 苫米地

Tomada *s* 苫田

Tōmai *sp* 玉米 204

Tomako *f* 篦子 2689

Tomakomai *p* 苫小牧 686

Tomamae *p* 苫前

Tomari *sp* 泊 592

Tomaru *s* 外丸 139, 都丸 1419 ; *m* 戸丸 59, 止 87

Tomasu *s* 富 1715

Tomatsu *s* 戸松 59, 外松 139, 富松 1715

Tōmatsu *s* 東松 771

Tomatsuri *s* 戸祭 59

Tome *s* 富米 1715 ; *sp* 登米 174, 上 87, 末 211, 姥 1090, 徠 1297, 留 2063

Tomeji *m* 留次　└1470」

Tomekichi *m* 留吉

Tomeko *f* 止子 87, 姥子 1090

Tomemaru *m* 末満留 211

Tomeo *m* 留夫 1470

Tomeri *m* 富 1715

Tomeru *m* 富

Tomi *s* 迹見 1249, 跡見 1926 ; *m-p* 富 1715, 富 (十10, 多 34/, 止 527, 祉 608, 肥 617, 私 637, 幸 661, 宝 676, 美 923, 殷 1139, 倅 1277, 禄 1589, 棟 1616, 富 1715, 量 1741, 登 1744, 答 1765, 智 1793, 福 1888, 寛 1977, 徳 2063, 聡 2311, 禧 2628)

Tomiai *p* 富合 1715

Tomichika *f* 十九 18

Tomidokoro *s* 富所 1715

Tomie *f* 富枝 ; *p* 富江

Tomigashi *s* 富樫

Tomigaya *s* 富谷

Tomihara *s* 富原

Tomihari *s* 富張

Tomihide *m* 多栄 347

Tomihira *sm* 富平 1715

Tomihisa *m* 富久, 豊三久 2013

Tomii *s* 富井 1715

Tomiie *s* 富家

Tomijima *s* 富島

Tomijirō *m* 富次郎

Tomika *m* 十三日 18 ; *p* 富加 1715

Tomikatsu *m* 富強

Tomikawa *s* 富川

Tomiki *s* 富木, 富城 ; *sp* 富来

Tomiko *f* 倅子 1277, 富子 1715, 登子 1744, 福子 1888

Tomiku *m* 富来 1715

Tomikura *s* 富倉

Tomimasa *s* 冨祐 1977, 寛裕

Tomimatsu *s* 富松 1715

Tomimochi *m* 富将

Tomimori *s* 富森 ; *sm* 富守

Tomimoto *s* 富本

~ Buzennojō *ma* 富本豊前掾

Tominaga *s* 福長 1888 ; *sm* 富永 1715

~ Nakamoto *mh* 富永仲基

~ Tarō *ml* 富永太郎

Tominao *m* 臣直 527, 富直 1715

Tominari *s* 富成

Tōmine *s* 遠峰 2043

Tomino *s* 富野 1715

Tominosawa *s* 富ノ沢 1715

~ Rintarō *ml* 富ノ沢麟太郎

Tomio *s* 富尾 ; *m* 乙末生 2, 外美雄 139, 宝男 676, 美雄 923, 富雄 1715, 福男 1888, 聡夫 2311

Tomioka *sp* 富岡 1715

~ koi no yamabiraki *la* 富岡恋山開

~ Tessai *ma* 富岡鉄斎

Tomioki *s* 富尾木

Tomisaka *s* 富坂

Tomisato *p* 富里

Tomita *s* 富田, 頓田 2115

Tomitaka *s* 富高 1715

Tomitarō *m* 富太郎

Tomita Saika *ml* 富田砕花　「雄

~ Tsuneo *ml* 富田常

Tomitoki *m* 富勅

Tomiura *p* 富浦

Tomiya *s* 富谷

Tomiyama *s* 外宮山 139 ; *sp* 富山 1715

Tomiyasu *sm* 富安

~ Fūsei *ml* 富安風生

Tomiyoshi *m* 富吉

Tomizaki *s* 富崎

Tomizawa *sp* 富沢

~ Kakio *ml* 富沢赤黄男

~ Uio *ml* 富沢有為男

Tomizu *s* 戸水 59

Tomizuka *s* 富塚 1715

Tomo *s* 伴 361 ; *m* 智 1793, (丈 36, 大 48, 友 70, 文 86, 止 87, 巴 97, 与 101, 戈 108, 付 126, 以 134, 比 137, 云 147, 公 156, 匹 187, 共 236, 全 271, 共 292, 交 293, 同 298, 有 303, 伴 361, 作 362, 伯 363, 那 416, 言 439, 呂 459, 孚 483, 供 555, 朋 616, 肥 617, 知 636, 和 638, 幸 661, 孟 667, 侖 669, 宝 676, 奉 717, 具 718, 述 748, 侶 778, 相 868, 委 960,

栄 969, 倶 1028, 倫 1037,
徒 1048, 始 1092, 郡
1146, 党 1191, 毘 1195, 皆
1196, 兼 1268, 偏 1273,
悌 1289, 流 1332, 致
1407, 寅 1439, 曹 1479,
偆 1537, 備 1539, 朝
1672, 納 1685, 登 1744,
衆 1762, 答 1765, 等
1770, 智 1793, 階 1840,
張 1879, 禎 1887, 睦
1904, 群 1924, 詮 1934,
幹 1938, 寛 1977, 雑
2127, 鞆 2162, 算 2213,
節 2215, 筒 2216, 橘
2310, 諄 2324, 寮 2364,
儔 2433, 錞 2521, 興
2586, 篷 2689, 類 2755,
鵬 2795, 囁 2799, 饒
2925, 彝 2943 〕

Tomō *m* 兎毛 763

Tomoaki *m* 知眧 636,
知哲

Tomoatsu *m* 篤篤 1977

Tomoaya *m* 朋礼 616

Tomobayashi *s* 伴林
361 〔*部* 70

Tomobe *s* 伴部 ; *sp* 友

Tomochi *p* 砥用 1386

Tomoda *s* 友田 70, 苫
田 686

Tomoe *s* 友江 70 ; *m-f*
巴 97 ; *f* 友枝 70, 巴
絵 97, 鞆絵 2162

Tomoeda *s* 友枝 70

Tomoeyama *s* 巴山 97

Tomohachi *m* 朋八 616

Tomoharu *m* 倫治 1037,
備治 1539, 朝治 1672

Tomohaya *m* 知速 636

Tomohiko *m* 倫彦 1037,
鐇彦 2521

Tomohira *m* 友平 70,
朝成 1672

Tomohiro *sm* 友博 70 ;
m 知淵 636, 致寛 1407,
智寛 1793 〔有人 303,

Tomohisa *m* 有久 303,

Tomohito *m* 兼仁 1268,
智仁 1793, 寛仁 1977

Tomo-hōshi *ma* 友法
師 70

Tomoichi *m* 鵬一 2795

Tomoji *m* 友二 70, 友治

Tomojirō *m* 友次郎

Tomokake *s* 鞆掛 2162

Tomokata *m* 朝象 1672

Tomokazu *m* 公一 156,
知二 636

Tomoki *s* 友木 70 ; *m*
朋来 616

Tomokichi *m* 友吉 70

Tomokiyo *m* 友精, 与
清 101

Tomoko *f* 大子 48, 价
子 236, 伯子 363, 邪子
416, 供子 555, 朋子 616,
和子 638, 述子 748, 委
子 960, 倫子 1037, 偕子
1537, 等子 1770, 鞆子
2162

Tomokuni *m* 具国 718

Tomomaru *m* 曹丸 1479

Tomomasa *m* 共昌 292,
奉政 717

Tomomatsu *s* 友松 70

Tomomi *m* 具 視 718,
具瞻

Tomomichi *m* 友随 70

Tomomitsu *s* 友光 ; *m*
戈光 108, 朋満 616

Tōmon *s* 東門 771

Tomonaga *s* 友永 70 ;
sm 友長 70 〔十郎
~ **Sanjūrō** *ml* 朝永三

Tomonai *s* 伴 361

Tomonao *m* 寅直 1439

Tomonari *sm* 友成 70 ;
m 友礼

Tomonaru *m* 供愛 555

Tomono *s* 友野 70, 伴
野 361 ; *f* 登藻野 1744

Tomonobu *m* 伴信 361,
知一 636, 具選 718, 流
宣 1332, 偕宣 1537

Tomonori *m* 友則 70,
登徳 1744, 智義 1793,
智準 〔介 70

Tomonosuke *m* 友之

Tomo no Yoshio *mh* 友
伴善男 361

Tomoo *m* 知雄 636, 悌
夫 1289, 朝陽 1672

Tomooka *s* 友岡 70

Tomori *m* 外守 139, 外
衛

Tōmori *m* 登盛 1744

Tomosaburō *m* 友三郎
70, 知三郎 636, 智三郎
1793

Tomosachi *m* 共福 292

Tomosada *m* 朝定 1672

Tomoshi *m* 倶志 1028

Tomoshige *m* 共重 292

Tomoshirō *m* 友四郎
70, 知四郎 636

Tomotada *m* 有忠 303,
知十 636 〔止此

Tomotaka *m* 与敬 101

Tomotake *s* 渡守武
1586 ; *m* 知健 636, 知強

Tomoto *m* 鞆音 2162

Tomotō *m* 知速 636

Tomotsuna *m* 等綱 1770

Tomotsune *sm* 友常 70 ;
m 知常 636

Tomouji *m* 具氏 718

Tomoya *m* 友哉 70, 知
也 636

Tomoyama *s* 友山 70

Tomoyasu *sm* 友安 ; *m*
友悌, 知養 636

Tomoyo *m* 知福

Tomoyoshi *m* 友修 70,
知洗 636, 知義, 奉表
717, 寅栄 1439

Tomozawa *s* 友沢 70

Tomozō *m* 友三, 知三
636 〔村 139

Tomura *s* 戸村 59, 外

Tomuro *s* 戸室 59

(**ton** 井 206, 屯 222, 吞
489, 邨 645, 盾 984, 敦
1690, 頓 2115, 噉 2469,
鈍 〕

Ton'a *ml* 頓阿 2115

Tonami *s* 戸波 59, 戸波,
外波 139, 鳥神山 1521 ;
p 礪波 2798 〔1521

Tonamiyama *s* 鳥神山

Tonan *m* 図南 502 ; *p*
都南 1419

Tonara *s* 戸奈良 59

Tonari *m* 兎也 763, 隣
2443

Tonbara *p* 頓原 2115

Tonda *s* 富田 1715, 福
当 1888 〔林 1715

Tondabayashi *p* 富田

Tone *s* 刀禰 12 ; *sp* 刀
根, 利根 436 〔(舎 721)

Tonedachi *s* 刀根館 1

Tonegawa *s* 舎川 721 ;
sp 利根川 436

Toneko *f* 外禰子 139,
利根子 436

Toneri *sm-p* 舎人 721

Toneriko *l* 秦皮 1202

Toneri Shinnō *mlh* 舎
人親王 721

Tongu *s* 頓宮 2115

Tonizō *m* 十二蔵 18

Tonjo *s* 頓所 2115

Tonmon *s* 水主 54

Tonno *s* 富野 1715
(**tono** 外 139, 殿 1960)

Tonō *m* 唱 1284

Tōno *s* 東野 771 ; *p* 遠
野 2043

Tonoe *s* 渡植 1586 ; *f*
外栄 139, 外恵

Tonohara *s* 塔原 1558,
殿原 1960

Tonoi *s* 御宿 1572

Tonoki *s* 殿木 1960, 殿
来 1715

Tonomi *s* 止美 87, 富海

Tōnomine *sph* 多武峰
347 〔将
~ **Shōshō** *l* 多武峰少

Tonomo *sm-p* 主殿 196

Tonomori *s* 殿 1960

Tonomukashi *s* 常昨
1463 〔殿村 1960

Tonomura *s* 外村 139,
~ **Shigeru** *ml* 外村繁
139 〔岡 1960

Tonooka *s* 外野岡, 殿

Tonosawa *s* 塔沢 1558

Tonoshō *p* 土庄 42

Tō no Tsuneyori *ml*
東常縁 771

Tonoura *s* 外浦 139

Tonozuka *s* 殿塚 1960

Tooka *s* 外岡 139

Tora *s* 寅 1439 ; *f* 虎
754 ; *ph* "Thailand?"
度羅 1009. (玄 522, 良
529, 虎 754, 寅 1439, 彪
1523, 菟 1977)

Toraakira *m* 虎明 754

Tora gaku *a* 度羅楽
1009

Toragorō *m* 虎五郎 754

Torahiko *m* 虎彦, 寅彦
1439

Torahime *p* 虎姫 754

Toraichirō *m* 虎一郎

Tōrai Sanna *ml* 唐来
三和 1246

Toraiwa *s* 虎岩 754

Toraji *m* 虎児, 虎治, 寅
二 1439, 寅次

Torajirō *m* 虎次郎 754,

寅二郎 1439, 寅次郎
Torakichi *m* 寅吉
Torakiyo *m* 虎清 754
Toranosuke *m* 虎之介, 虎之助, 寅之助 1439
Torao *s* 虎尾 754; *m* 艮雄 529, 虎雄 754
Toraōmaru *ma* 虎王丸
Torarokurō *m* 虎六郎
Torasaburō *m* 虎三郎, 寅三郎 1439
Torasuke *m* 寅輔
Torata *m* 虎太 754
Toratarō *m* 虎太郎, 寅太郎 1439
Toratoshi *m* 寅甫
Toraya *s* 虎谷 754, 虎屋
Torazawa *ma* 虎沢
Tōreki *l* 冬暦 161
Tori *s* 刀利 12; *m* 鳥 1521. (伻 356, 酉 526, 取 650, 鳥 1521) 「里
Tōri *s* 東籬 771; *sm* 東
Toribeyama shinjū *la* 鳥辺山心中 1521
Torigoe *sp* 鳥越
～ Shin *ml* 鳥越信
Torihami *s* 鳥喰
Torihara *s* 鳥原
Torii *s* 酉井 526, 鳥井 1521, 鳥居
～ Kiyonaga *ma* 鳥居清長 「清信
～ Kiyonobu *ma* 鳥居
Toriiōji *s* 鳥居大路
Toriire *s* 鳥入
Torikai *s* 鳥養, 鳥飼
Torikata *s* 鳥方
Toriko *f* 酉子 526
Torimi *s* 鳥海 1521
Torimitsu *s* 鳥光
Torimoto *s* 鳥本
Tōrin *ml* 桃隣 1104
Torino *s* 鳥野 1521
Torinoumi *s* 鳥海
Torio *s* 鳥尾; *m* 酉夫 526, 鳥雄 1521
Torioi *la* 鳥追
～ -bune *la* 鳥追舟
Torioto *m* 酉乙 526
Tōri Sannin *ml* 東里山人 771
Torisawa *s* 鳥沢 1521
Torisu *s* 鳥巣
Torita *s* 鳥田
Torite *p* 取手 650
Toriumi *s* 鳥海 1521
Toriya *p* 鳥屋
Toriyabe *s* 鳥谷部
Toriyama *s* 鳥山
Torizō *m* 酉三 526
Torizuka *s* 鳥塚 1521
Toroshi *sp* 取石 650
(toru 取, 執 1420, 操 2448)
Tōru *m* [illegible], 冲 223, 亙 317, 利 436, 亨 440, 免 447, 明 623, 阜 731, 亮 911, 昶 1004, 涓 1061, 竜 1199, 泰 1203, 通 1239, 済 1336, 透 1502, 博 1534, 貫 1754, 達 1810, 達朗, 逵 1813, 超 1816, 塗 2037, 暢 2111, 関 2245, 澄 2276, 徹 2451, 叡 2555, 豁 2667; *m-la* 融 2545
Toruko *p* "Turkey" 土耳古 42
Tōryū *s* 東流 771
Tosa *s* 北向 138; *sph* 土佐 42
Tosabō *mh* 土佐房
Tōsaburō *m* 冬三郎 161, 登三郎 1744 「1744
Tosaka *s* 戸坂 59, 登坂
～ Jun *ml* 戸坂潤 59
Tosakai *s* 鶏冠井 2821
Tosaki *s* 戸前 59, 戸崎
Tōsaku *m* 藤作 2773
Tosa Mitsunaga *ma* 土佐光長 42
～ Mitsunobu *mh* 土佐光信 「起
～ Mitsuoki *ma* 土佐光
Tōsandō *p* 東山道 771
Tosa nikki *l* 土佐日記 42 「記燈
～ ～ akashi *l* 土佐日
Tosao *f* 都操 1419
Tosa Shimizu *p* 土佐清水 42
Tosayama *p* 土佐山
Tosa Yamada *p* 土佐山田 「歳 1995)
Tose *s* 刀西 12. (年 342,
Tōseikatsusha *l* 党生活者 1191
Tōsen *la* 唐船 1246
Tōsha *s* 当舎 282
Toshi *m* 利 436, 浰 1063, 敏 1409, 寔 1434, 逺 2043, 豪 2177, 僬 2253, 鋭 2344, 駿 2763; *f* 登志 1744, 聡 2311, 憲 2562. (才 35, 子 38, 牛 111, 代 125, 冬 161, 平 203, 夙 299, 迅 307, 老 334, 世 335, 年 342, 利 436, 言 439, 亨 440, 甫 533, 寿 539, 考 540, 佽 561, 侚 562, 明 623, 和 638, 祀 640, 命 671, 宗 679, 英 693, 斉 701, 季 725, 信 782, 施 831, 秋 878, 勇 908, 星 946, 系 977, 哉 1006, 倫 1037, 俊 1039, 浰 1063, 校 1096, 祚 1126, 記 1149, 釗 1152, 莫 1175, 烝 1210, 者 1214, 要 1218, 恵 1226, 隼 1230, 威 1251, 健 1282, 惇 1288, 振 1320, 捷 1323, 淑 1335, 淳 1337, 理 1361, 敏 1409, 紀 1424, 翁 1430, 寔 1434, 章 1461, 逸 1504, 逞 1513, 粛 1528, 順 1532, 禄 1589, 斌 1590, 峻 1591, 暁 1596, 期 1671, 鈊 1675, 敬 1691, 勤 1698, 答 1765, 等 1770, 智 1793, 福 1888, 稔 1916, 詮 1934, 幹 1938, 鉄 1948, 歳 1995, 資 2012, 舜 2017, 牽 2028, 聖 2030, 照 2035, 準 2041, 載 2050, 歯 2051, 駁 2171, 豪 2177, 暦 2235, 僬 2253, 慞 2257, 聡 2311, 銒 2341, 鋭 2344, 駙 2347, 駃 2348, 毅 2351, 敵 2354, 趣 2422, 蔵 2424, 儁 2433, 儇 2434, 穏 2492, 穎 2505, 録 2523, 叡 2555, 憙 2559, 熹 2560, 憲 2562, 賢 2579, 禧 2628, 聴 2634, 駿 2763, 齢 2766, 鏡 2817, 繁 2848, 驥 3008)
Tōshi *s* 藤氏 2773
Toshiaki *m* 利精 436, 利謙, 敏明 1409, 逸朗 1504, 鉄朗 1948, 銒秋 2341
Toshiakira *m* 利見 436, 利豁, 敏昉 1409, 聖讃 2030
Toshiatsu *m* 利同 436
Toshiaya *m* 利彪, 俊章 1039
Toshi bunshū *l* 都氏文集 1419
Toshichika *m* 利恭 436, 利彰 「信田
Toshida *s* 土志田 42, 土
Toshie *f* 鏡枝 2817
Toshifumi *m* 明文 623, 紀文 1424
Toshifusa *m* 捷房 1323
Toshiharu *m* 年美 342, 利鋪 436, 暁春 1596
Toshihide *m* 寿幸 539, 斌衡 1590
Toshihiko *m* 利彦 436, 俊彦 1039, 敏彦 1409
Toshihira *m* 利行 436, 俊位 1039, 俊迪
Toshihiro *m* 冬弘 161, 亨弘 440
Toshihisa *m* 利剛 436, 俊久 1039, 俊寿, 紀久 1424, 歳久 1995
Toshihito *m* 利寛 436, 智仁 1793
Toshihogi *m* 利寿 436
Toshiie *m* 利家
Toshiji *m* 理二 1361, 逞治 1513, 舜二 2017, 繁次 2848
Toshika *m* 利晐 436
Toshikami *m* 利上
Toshikane *m* 利周, 歳兼 1995
Toshikata *m* 利声 436, 利器, 利賢, 利謙
Toshikatsu *m* 利雄, 敏功 1409, 敏且
Toshikawa *s* 利川 436
Toshikazu *m* 利和, 紀三 1424, 敏般 1409, 順一 1532, 鋭憲 2344, 駃量 2348, 繁数 2848, 驥一 3008 「鋭清 2344
Toshikiyo *m* 寿瀏 539,
Toshiko *f* 夙子 299, 年子 342, 利子 436, 甫子 533, 侚子 562, 祀子 640, 季子 725, 俊子 1039, 淑子 1335, 敏子 1409, 鈊子 1675, 舜子 2017, 銒子 2341, 齢子 2766
Toshikoto *m* 利功 436
Toshima *s* 戸島 59, 外島 139, 敏馬 1409; *sp* 豊島 2013; *p* 十島 18, 利島 436
Toshimaru *m* 俊丸 1039

Toshimasa *m* 利理 436, 俊懋 1039, 憲正 2562
Toshimasu *m* 利太 436
Toshimatsu *m* 寿松 539
Toshime *m* 俊馬 1039
Toshimi *m* 利見 436
Toshimichi *m* 平道 203, 利通 436
Toshimitsu *sm* 利光; *m* 英光 693
Toshimochi *m* 利以 436
Toshimori *m* 俊豊 1039
Toshimoto *m* 利初 436, 利躬, 俊基 1039
Toshimune *m* 俊順
Toshina *s* 豊階 2013
Toshinaga *m* 代長 125, 寿 539, 寿命, 俊久 1039, 耆長 1214
Toshinaka *m* 利極 436
Toshinao *m* 利亨
Toshinari *m* 利克, 利為; *ml* 俊成 1039
~ no Musume *fl* 俊成女
Toshinaru *m* 俊親
Toshinobu *m* 勇宜 908, 俊信 1039, 俊将, 憲信 2562
Toshinori *m* 利制 436, 利謙, 寿修 539, 寿格, 和徳 638, 俊程 1039, 要範 1218
Toshio *s* 淑郎 1335; *m* 子男 38, 年魚 342, 利夫 436, 利雄, 攸男 561, 祀夫 640, 斉雄 701, 季雄 725, 勇夫 908, 俊士 1039, 俊夫, 俊雄, 健郎 1282, 敏男 1409, 敏郎, 逸雄 1504, 敬夫 1691, 稔男 1916, 穏雄 2492, 憲雄 2559, 駿男 2763
Toshioki *m* 夙興 299
Toshirō *m* 俊郎 1039, 惇郎 1288, 敏四郎 1409, 敏郎, 憲郎 2560
Tōshirō *m* 藤四郎 2773
Toshiroda *s* 十代田 18
Toshisada *m* 利定 436, 俊完 1039
Toshisane *m* 俊信
Toshishizu *m* 俊玄
To Shishun *mlh-l* "Tu Tzu-ch'un" 杜子春 423

Toshisuke *m* 年助 342, 資弼 2012
Toshitada *m* 利済 436, 利理, 俊政 1039
Toshitaka *m* 利誉 436, 淳高 1337
Toshitake *m* 俊雄 1039, 振武 1320
Toshitane *m* 利物 436
Toshitari *m* 稔足 1916
Toshitarō *m* 寿太郎 539
Toshitatsu *m* 年立 342
Toshito *m-f* 寿人 539
Toshitora *m* 利彪 436
Toshitsugu *m* 俊次 1039, 峻次 1591
Toshitsuna *m* 言綱 439, 寿縄 539, 等綱 1770
Toshitsune *m* 利幹 436
Toshitsura *m* 利位, 敏行 1409
Toshiwaza *m* 敏事
Toshiya *m* 俊弥 1039
Toshiyasu *m* 世安 335, 利考 436, 洌夲 1063
Toshiyo *m* 舜世 2017
Toshiyori *ml* 俊頼 1039
~ kudenshū *l* 俊頼口伝集 「無名抄
~ mumyōshō *l* 俊頼
~ zuinō *l* 俊頼髄脳
Toshiyoshi *m* 利和 436, 利可, 利美, 利温, 利徽, 俊義 1039, 俊賢, 俊懋, 駁栄 2171, 儇儀 2434
Toshiyuki *m* 利行 436, 利通, 利随, 和孝 638, 敏行 1409
Toshizō *m* 利三 436, 順三 1532, 歳三 1995
Tōshūsai Sharaku *ma* 東洲斎写楽 771
Tōson *ml* 藤村 2773
Tosshin *s* 取石 650
Tosu *s* 鳥巣 1521; *p* 鳥栖
Tosuho *m* 十寸穂 18
Tōsuke *m* 藤助 2773
Tōta *m* 藤太
Tōtarō *m* 藤太郎
Tote *s* 栩 1095
Tōteru *m* 延光 739
(toto 十 18)
Totoki *s* 十木, 十時
Tōtōmi *ph* 遠江 2043
Totonō *m* 整 2581

Totori *s* 十鳥 18
Totsu *s* 戸津 59. (凸 323, 突 722, 咄 1046, 訥 1399)
Totsuka *s* 十束 18, 計束 895; *sp* 戸塚 59
Totsukawa *p* 十津川 18
Totsukuri *s* 土作 42
Tōtsuna *m* 玄綱 522
Tōtsuōmi *s* 遠江 2043, 遠淡海 「鳥取 1521
Tottori *s* 富取 1715; *sp* (tou 問 1524) 「内 1744
Touchi *s* 土有知 42, 登
Tōwa *s* 唐和 1246; *p* 十和 18, 東和 771
Towada *sp* 十和田 18
~ Misao *ml* 十和田操
Towako *f* 永久子 149, 永遠子 「語 94
Towazu-gatari *l* 不問
Toya *s* 戸矢 59, 戸谷, 戸屋, 外谷 139
Tōya *s* 遠矢 2043; *p* 洞爺 821
Toyabe *s* 鳥谷部 1521
Toyama *s* 戸山 59, 外山 139, 登山 1744; *sp* 富山 1715
Tōyama *s* 当山 282, 東山 771, 遠山 2043, 頭山 2504
Toyama Chūzan *ml* 外山ゝ山 139
~ Masakazu *ml* 外山正一 「頭山満 2504
Tōyama Mitsuru *mh*
Toyama Usaburō *ml* 外山卯三郎 139
Toyasaka *p* 豊栄 2013
Toyo *s* 豊. (仁 57, 茂 691, 富 1715, 晨 1739, 豊 2013, 農 2205, 絜 2208)
Tōyō *p* 東洋 771, 東陽
Toyoake *p* 豊明 2013
Toyoaki *m* 豊秋
Toyochika *m* 豊雍
Toyoda *sp* 豊田
~ Saburō *ml* 豊田三郎
~ Sakichi *mh* 豊田佐
Toyofuku *s* 豊福 ⌊吉
Toyoguchi *s* 豊口
Toyohama *p* 豊浜
Toyohara *s* 豊原
Toyohashi *p* 豊橋
Toyohatori *s* 豊綺
Toyohiko *m* 豊日子, 豊
Toyohira *p* 豊平 ⌊彦

Toyohiro *m* 豊広
Toyohito *m* 茂仁 691
Toyoichirō *m* 豊一郎 2013
Toyoizumi *s* 豊泉
Toyoji *m* 豊次, 豊治
Toyojirō *m* 豊治郎
Toyoka *s* 十四日 18
Toyōka *s* 十八日
Toyokai *m* 豊穎 2013
Toyokawa *sp* 豊川
Toyokazu *m* 豊策
Toyokichi *m* 豊吉, 豊橘
Toyokoro *p* 豊頃
Toyokuni *ma* 豊国
Toyoma *s* 豊間; *sp* 登米 1744
Toyomasa *m* 豊昌 2013
Toyomatsu *p* 豊松
Toyomizu *s* 豊水
Toyomoto *s* 豊本; *m* 豊原
Toyomura *s* 豊村
Toyonaga *s* 豊永, 豊名賀
Toyonaka *p* 豊中
Toyone *p* 豊根
Toyono *sp* 豊野; *p* 豊能 「敷
Toyonobu *m* 豊信, 豊
Toyonori *m* 豊誠
Toyoo *m* 豊夫
Toyooka *sp* 豊岡; *p* 豊
Toyora *s* 豊浦 ⌊丘
Toyosaburō *m* 豊三郎
Toyosaka *p* 豊栄
Toyosaki *s* 豊崎
Toyosaku *m* 豊作
Toyosato *p* 豊里, 豊郷
Toyoshige *m* 豊信
Toyoshima *s* 豊島; *sp* 十余島 18
~ Yoshio *ml* 豊島与志雄 2013 「豊科
Toyoshina *s* 豊階; *p*
Toyoshirō *m* 豊四郎
Toyosuke *m* 豊助
Toyota *s* 十代田 18; *sp* 豊田 2013; *m* 豊太
Toyotada *m* 豊産
Toyotaka *m* 豊隆
Toyotake *s* 豊竹
Toyotama *p* 豊玉
Toyotarō *m* 登代太郎 1744, 豊太郎 2013
Toyoteru *m* 豊熙

Toyotomi *s* 豊臣 ; *p* 豊富 「秀次

~ Hidetsugu *mh* 豊臣

~ Hideyoshi *mh* 豊臣秀吉

Toyotoshi *m* 豊俊

Toyotsu *p* 豊津

Toyoura *sp* 豊浦

Toyoyama *p* 豊山

Toyoyasu *m* 豊泰

Toyoyuki *m* 豊行, 豊恭

Toyoyuta *s* 豊饒

Toyozawa *s* 豊沢

Toyozumi *s* 豊住

Toyuke *s* 豊受

Tōzaburō *m* 藤三郎 2773

Tōzaka *s* 遠坂 2043

Tozaki *s* 土崎 42, 戸崎 59, 外崎 139

Tozakida *s* 土崎田 42

Tozawa *sp* 戸沢 59

Tōzō *m* 棟造 1627

Tozu *f* 登鶴 1744

Tsu *p* 津

(tsu 津, 桶 1369, 都 1419, 港 1583, 樋 2299, 藤 2773, 鶴 2926)

(tsū 通 1239)

(tsuba 椿 1895, 鐔 2882)

Tsubae *s* 椿紅 1895

Tsubai *s* 椿井

Tsubaki *f-p* 椿. (椿)

Tsubakimoto *s* 椿本

Tsubakitōge *p* 椿峠

Tsubame *f* 乙鳥 2 ; *p* 燕 2570

Tsubani *s* 椿紅 1895

Tsubara *m* 桑 2019

Tsubasa *m* 翼 2686

Tsubata *p* 津幡 826

Tsubaya *s* 鐔屋 2882

Tsube *s* 津辺 826

Tsubetsu *p* 津別

Tsubo *s* 箸木 1765. (坪 575, 壺 2183)

Tsubogami *s* 坪上 575

Tsubohira *m* 坪平

Tsuboi *s* 坪井, 壺井 2183

~ Sakae *fl* 壺井栄

~ Shigeji *ml* 壺井繁治

~ Shōgorō *mh* 坪井正五郎 575

Tsubokawa *s* 坪川

Tsuboki *s* 坪木

Tsubokura *s* 坪倉

Tsubomi *s* 四月一日 188 ; *f* 蕾 1172

Tsubone *f* 局 514

Tsubono *s* 坪野 575

~ Tekkyū *ml* 坪野哲久 「2183

Tsubota *s* 坪田, 壺田

~ Hanako *fl* 壺田花子

~ Jōji *ml* 坪田譲治 575

Tsubouchi *s* 坪内, 壺内 2183 「575

~ Shikō *ml* 坪内士行

~ Shōyō *ml* 坪内逍遙

Tsuboya *s* 坪谷

Tsuboyama *s* 坪山 (tsubu 粒 1389)

Tsubuki *s* 津吹 826

Tsubuku *s* 津布久

Tsubukumi *s* 積組 2493

Tsubura *s* 粒良 1389, 螺良 2805 ; *sm* 円 78

Tsuburai *s* 円井, 隆来 1313

Tsuburaya *s* 円谷 78

Tsuchi *f* 壌 2602. (土 42, 地 241, 盈 1200, 椎 1629, 槌 2102, 鎚 2749)

Tsuchida *s* 土田 42, 槌田 2102 「村」42

~ Kyōson *ml* 土田杏

~ Kohei *ml* 土田耕平

Tsuchido *s* 土戸

Tsuchie *s* 土江

Tsuchigami *s* 土上

Tsuchigo *s* 土御

Tsuchigorō *m* 槌五郎 2102 「42

Tsuchigumo *la* 土蜘蛛

Tsuchigura *s* 土蔵

Tsuchiguruma *la* 土車

Tsuchihashi *s* 土橋

Tsuchii *s* 土井

Tsuchikado *s* 土門

Tsuchikawa *s* 土川

Tsuchiko *s* 土子

Tsuchikura *s* 土倉

Tsuchimi *s* 土水

Tsuchimikado *mh* 土御門

Tsuchimochi *s* 土持

Tsuchimoto *s* 土本

Tsuchimura *s* 土村

Tsuchino *s* 土野

Tsuchinosuke *m* 鎚之助 2749

Tsuchito *s* 土人 42

Tsuchitsukuri *m* 土作

Tsuchiura *sp* 土浦

Tsuchiya *s* 土谷, 土屋, 槌谷 2102

~ Bunmei *ml* 土屋文明 42 「雨

~ Chikuu *ml* 土屋竹

Tsuchiyama *sp* 土山

Tsuchizawa *s* 土沢

Tsuda *p* 津田 826

Tsudaka *p* 津高

Tsudake *s* 都竹 1419

Tsuda Mamichi *ml* 津田真道 826

~ Seifū *ml* 津田青風

~ Sōkichi *mlh* 津田左右吉

~ Umeko *fh* 津田梅子

Tsudo *s* 津戸

Tsudoi *s* 集 1779

Tsudome *s* 津留 826

Tsue *sp* 津江. (杖 422)

Tsuebe *s* 杖部

Tsūen *la* 通円 1239

Tsuga *sp* 都賀 1419 ; *p* 筒賀 1818. (欅 2290)

Tsugai *s* 番 1773

Tsugako *f* 欅子 2290

Tsugami *s* 津上 826

Tsugane *s* 津金

Tsugao *m* 都賀夫 1419

Tsugaru *sp-l* 津軽 826

Tsuga Teishō *ml* 都賀庭鐘 1419

Tsugawa *sp* 津川 826

Tsuge *s* 津下, 柘植 864, 黄楊 1499 ; *sp* 柘 826 ; *p* 都祁 1419. (告 490)

Tsugegaki *s* 柘垣 864

Tsugemori *s* 告森 490

Tsūgen Sōmagaki *l* 通言総籬

Tsugeo *m* 黄楊夫 1499

Tsugi *m* 二 4. (乙 2, 二 4, 月 80, 次 226, 存 313, 世 335, 伝 359, 承 760, 弟 764, 良 767, 系 977, 連 1237, 連 1238, 胤 1269, 族 1343, 副 1428, 著 1445, 接 1548, 嗣 1937, 紹 1955, 衝 2264, 調 2328, 続 2334, 継 2539, 緝 2658, 襲 2983)

Tsugihiro *m* 緝熙 2658

Tsugihito *m* 継人 2539

Tsugiji *f* 継路

Tsugikaze *m* 亜風 525

Tsugiko *f* 亜子, 紹子 1955, 緝子 2658

Tsugimitsu *m* 次光 226

Tsuginobu *m* 二葉 4, 次信 226, 存男 313, 継信 2539

Tsugio *m* 乙男 2, 二男 4, 次雄 226, 存男 313, 亜夫 525, 紹雄 1955

Tsugioki *m* 調興 2323

Tsugisada *m* 嗣定 1937

Tsugishige *m* 世茂 335

Tsugisho *s* 柝折 419

Tsugita *s* 次田 226

Tsugitake *m* 嗣武 1937

Tsugitsukai *s* 調使 2328

Tsugiyoshi *m* 次義 226, 世吉 335

Tsugizō *m* 続蔵 2334

Tsugu *m* 纘 3019 ; *f* 緝 2658 ; *p* 津具 826. (二 4, 子 38, 壬 116, 次 226, 世 335, 伝 359, 告 490, 序 507, 胤 586, 承 760, 受 730, 庚 741, 承 760, 倐 1030, 倫 1037, 従 1050, 貢 1166, 胤 1269, 族 1343, 晤 1355, 訳 1402, 紀 1424, 著 1445, 接 1548, 報 1667, 番 1773, 禎 1887, 嗣 1937, 紹 1955, 蒸 1981, 漸 2081, 韶 2113, 語 2136, 詰 2140, 説 2143, 静 2145, 韶 2163, 調 2328, 続 2334, 纂 2439, 論 2510, 緒 2537, 継 2539, 臧 2595, 講 2644, 緝 2658, 鞠 2664, 麗 2902, 纂 2924, 縄 2955, 繋 2959)

Tsuguoki *m* 晤章 1355

Tsuguakira *m* 承昭 760

Tsuguchika *m* 亜周 525

Tsuguhiko *m* 亜彦

Tsuguhito *m* 世仁 335, 紹仁 1955 「359

Tsugujirō *m* 伝二郎

Tsuguko *f* 韶子 2163, 継子 2539

Tsugumi *s* 積組 2493

Tsugumichi *m* 従道 1050

Tsugumitsu *m* 承叙 760

Tsugumo *s* 白 216

Tsugumune *m* 紹念 1955

Tsugunobu *m* 継述 2539, 継信

Tsugunori *m* 世徳 335, 従矩 1050

Tsugunosuke *m* 継之助 2539，[男 2539

Tsuguo *m* 嗣夫 1937, 継

Tsugutamuro *m* 継毛

Tsuguyori *m* 嗣頼 1937

Tsuguyoshi *m* 世誠 335

Tsuhara *s* 津原 826

Tsuho *s* 答本 1765

Tsui *s* 津井 826. (追 993, 堆 1295, 椎 1629, 槌 2102, 築 2575, 鎚 2749)

Tsuihiji *s* 六十里 61

Tsuiji *sp* 築地 2575

Tsuiki *s* 立木 194, 築城 2575，[栖 1950

Tsui no sumika *l* 終

Tsuishine *s* 春米 1460

Tsuishu *sm* 堆朱 1295

Tsuishuya *s* 堆朱屋

Tsuji *s* 十字 18, 辻 320, 都路 1419. (辻 320, 迲 1813)　　　　[320

Tsuji basha *l* 辻馬車

Tsujibashi *s* 辻橋

Tsujihara *s* 辻原

Tsujii *s* 辻井

Tsuji Jun *ml* 辻潤

Tsujikawa *s* 辻川

Tsujiko *f* 辻子

Tsujimoto *s* 辻元, 辻本

Tsujimura *s* 辻村, 迲邑 1813

Tsujino *s* 辻野 320

Tsujioka *s* 辻岡

Tsujisawa *s* 辻沢

Tsujita *s* 辻田

Tsujiuchi *s* 辻内

(tsuka 束 536, 柄 862, 恭 1205, 策 1767, 塚 1844, 墓 1979, 緑 2535)

Tsukada *s* 束田 536, 塚田 1844

Tsukae *m* 恭兄 1205

Tsukagoe *s* 塚越 1844

Tsukaguchi *s* 塚口

Tsukahara *s* 束原 536, 塚原 1844

Tsukahira *s* 塚平

~ Jūshien *ml* 塚平渋柿園

Tsukaihatashite nibu kyōgen *l* 尽用二分狂言 290

Tsukamachi *s* 筑摩地 1771

Tsukamoto *s* 塚本 1844

Tsukane *m* 束 536, 束稲, 緯 2744

Tsukano *s* 塚野 1844

Tsukanu *m* 束 536

Tsukasa *s* 政 881；*m* 工 39, 士 41, 元 60, 仕 124, 任 130, 司 164, 主 196, 任 235, 吏 329, 佰 554, 典 733, 良 767, 長 939, 師 1130, 宰 1180

Tsukasagi *s* 司城 164

Tsukase *s* 塚瀬 1844

Tsukatani *s* 塚谷

Tsukawaki *s* 塚脇

Tsukazaki *s* 塚崎

Tsukazuki *s* 調月 2328

(tsuke 付 126)

Tsukechi *p* 付知

Tsuki *s* 大月 48, 調伎 2328, 築城 2575；*m* 月 87；*f* 築 1811, 調 2328. (坏 388, 春 1460, 第 1768, 終 1950, 槻 2295, 調 2328, 築 2575)

Tsukida *s* 月田 80

Tsukidate *sp* 月館；*p* 築館 2575

Tsukigase *s* 月瀬 80

Tsukigata *sp* 月形, 月潟

Tsukihiko *m* 月彦

Tsukii *s* 月井

Tsukiji *p* 築地 2575

Tsukiko *f* 槻子 2295

Tsukikusa *l* 月草 80

Tsukimaro *m* 月満

Tsukimori *m* 月森

Tsukimoto *s* 月本, 槻本 2295

Tsukimura *s* 月村 80

Tsukinao *s* 月直

Tsukinoe *m* 月野柄

Tsukinokawa *s* 調川 2328

Tsukinowa *s* 月輪 80

Tsukioka *s* 月岡

Tsukisaranoki *s* 都岐沙羅柵 1419

Tsukishima *s* 月島

Tsukishine *s* 春米 1460

Tsukitate *p* 月館 80

Tsukitsukuri *s* 坏作 388

Tsukiyama *s* 筑山 1771, 築山 2575

Tsukiyasu *s* 月安 80

Tsukiyono *p* 月夜野

Tsukiyoshi *m* 月良

Tsukizaki *s* 月崎

Tsukizuki *s* 調月 2328

Tsukō *m* 仕 124, 伻 356, 孝 541

Tsuku *s* 即 648, 柘 864. (突 722, 柘 864, 委 960, 皖 1639, 疘 1660, 筑 1771, 遂 1806, 衝 2264, 尌 2347, 筈 2381, 築 2575)　　　　[1771

Tsukuba *sm-p* 筑波

~ mondō *l* 筑波問答

Tsukubashū *l* 莬玖波集 1729

Tsukube *s* 筑部 2575

Tsukubo *p* 都窪 1419

Tsukubōsen *l* 突棒船 722

Tsukuda *sm* 佃 352

Tsukude *p* 作手 362

Tsukui *s* 筑井 1771；*sp* 津久井 826

Tsukumi *p* 津久見

Tsukumo *sm-f-p* 九十九 16

Tsukuna *s* 無尽 1789

Tsukureshima *s* 壊島

(tsukuri 作 362)　　[2718

Tsukuru *m* 作

Tsukushi *s* 竹志 247, 竺志 729；*sph* 筑紫 1771

~ dōki *l* 筑紫道記

~ no oku *l* 筑紫奥

Tsukuyama *s* 筑山

Tsuma *f* 津摩 826；*p* 都万 1419. (妻 959, 嬬 2718)

Tsumagari *s* 津曲 826

Tsumagi *s* 妻城 959

Tsumago *s* 妻籠

Tsumagoi *p* 嬬恋 2718

Tsumagoiyuki *la* 妻恋行 959　　　　　[981

Tsumaki *s* 妻木 80, 蒸

Tsumako *f* 妻子 959

Tsumatakumi *s* 爪工 115

Tsumatani *s* 妻谷 959

(tsume 爪 115)

Tsumeiro no ame *l* 爪色の雨

Tsumetakumi *s* 爪工

(tsumi 租 1116, 祇 1127, 罪 2006, 摘 2066, 積 2493)

Tsumida *s* 積田

Tsumie *s* 柘植 864

Tsumiyama *s* 罪山 2006

Tsumoi *s* 千万億 44

Tsumori *s* 津守 826, 都守 1419

Tsumoru *m* 千万億 44, 百千万億 265；*m* 万 43, 積 2493

Tsumoto *s* 津本 826, 港元 1583

(tsumu 万 43, 恪 803, 紡 1681, 聚 2221, 積 2493, 蕋 2641)

(tsumugi 紬 1951)

Tsumugiko *f* 紬子

Tsumugu *m* 績 2814

Tsumuji *s* 街風 1570

Tsumuko *f* 紡子 1681

Tsumura *s* 津村 826

~ Hideo *ml* 津村秀夫

~ Nobuo *ml* 津村信夫

Tsumuraya *s* 円谷 78

Tsuna *sm* 綱 2661；*p* 津名 826. (之 24, 卓 660, 是 947, 倬 1027, 紀 1424, 斯 1670, 道 1811, 純 1956, 茲 1987, 韶 2163, 統 2333, 緑 2535, 維 2540, 綱 2661, 繩 2955, 繫 2959)　　　[1811

Tsunachiyo *m* 道千代

Tsunade *m* 綱手 2661

Tsunagawa *s* 綱川

Tsunagi *p* 津奈木 826

Tsunagu *m* 維 2540

Tsunahiro *m* 維大

Tsunahito *m* 韶仁 2163

Tsunajima *s* 綱島 2661

~ Ryōsen *ml* 綱島梁川

Tsunako *f* 維子 2540, 綱子 2661, 繫子 2959

Tsunami *s* 都並 1419

Tsunan *p* 津南 826

Tsunano *s* 綱野 2661

Tsunanori *m* 綱紀

Tsunao *m* 紀雄 1424

Tsunashige *m* 維重 2540

Tsunayuki *m* 綱之

Tsune *m* 恒 809, 法 824, 常 1463；*m-f* 彝 2943. (凡 37, 久 45, 方 85, 比 137, 永 149, 平 203, 式

306, 村 424, 毎 444, 序 507, 玄 522, 寿 539, 実 678, 英 693, 昔 699, 典 733, 恒 809, 法 824, 治 825, 則 902, 長 939, 倫 1037, 矩 1108, 秩 1119, 盈 1200, 常 1463, 庸 1507, 尋 1705, 曾 1794, 道 1811, 雅 1913, 幹 1938, 経 1957, 愛 2018, 歴 2247, 統 2333, 積 2493, 継 2539, 懐 2605, 職 2734, 鎮 2751, 識 2810, 彝 2943, 縄 2955)

Tsuneaki m 典明 733, 常晨 1463, 経甄 1957, 経顕 「経明 1957

Tsuneakira m 恒明 809,

Tsuneari m 恒存 809

Tsuneda s 常田 1463

Tsuneeda m 恒柯 809

Tsunegawa s 恒川, 恒河, 常川 1463

Tsunegi s 常木

Tsuneharu m 玄治 522, 経治 1957

Tsunehei m 恒平 809

Tsunehiko m 常彦 1463

Tsunehisa m 常久

Tsunei s 常井

Tsuneie s 経家 1957

Tsuneizumi s 常泉 1463

Tsuneji m 毎治 444

Tsunejirō m 恒二郎 809, 恒次郎, 矩次郎 1108, 常次郎 1463, 恒二郎 1913 「倫方 1037

Tsunekata m 恒堅 809,

Tsunekatsu m 序克 507

Tsunekawa s 常川 1463, 雅川 1913

~ **Hiroshi** ml 雅川滉

Tsunekazu m 長一 939, 統一 2333

Tsuneki s 常木 1463

Tsunekichi m 恒吉 809, 常吉 1463

Tsunekiyo m 恒清 809

Tsuneko f 凡子 37, 典子 733, 恒子 809, 常子 1463, 庸子 1507, 識子 2810

Tsunemaro m 則麿 902

Tsunematsu m 恒松 809, 常松 1463

Tsunemi s 常見, 常深; m 恒心 809

Tsunemichi s 経道 1957

Tsunemitsu m 序光 507, 常光 1463

Tsunemochi m 常操

Tsunemoto m 恒心 809, 経孟 1957, 経幹

Tsunena m 常邪 1463

Tsunenaga sm 恒 良 809; m 常誠 1463

Tsunenao m 常尚

Tsunenari m 経済 1957

Tsunenobu ml 経信

Tsunenori m 常憲 1463, 曾益 1794, 経式 1957, 経教

Tsuneo m 凡夫 37, 恒夫 809, 恒雄, 矩夫 1108, 秩夫 1119, 道夫 1811, 常隆 1463, 常雄, 庸夫, 庸雄, 経夫 1957, 経緯, 職夫 2734, 彝雄 2943

Tsuneoka s 常岡 1463

Tsunesaburō m 常三郎

Tsunesada m 恒貞 809

Tsunesaku m 常作 1463

Tsuneshichi m 恒七 809

Tsuneshige m 常栄 1463

Tsunesue m 長季 939

Tsunesumi p 常澄 1463

Tsuneta s 常田; m 恒太 809, 常太 1463

Tsunetada m 経雅

Tsunetaka m 庸嵩 1507

Tsunetami m 常民 1463

Tsunetarō m 恒太郎 809, 庸太郎 1507

Tsuneteru m 雅光 1913, 経輝 1957 「人 444

Tsuneto m 凡人 37, 毎

Tsunetō m 恒藤 809

Tsunetoki m 常晨 1463, 経則 1957

Tsunetomi s 恒富 1463

Tsunetomo m 常伴 1463, 常孟, 庸公 1507

Tsunetoshi m 典暁 733

Tsunetsugu m 常次 1463

Tsuneya s 恒屋 809; m 平也 203, 雅也 1913

Tsuneyama s 常山 1463

Tsuneyasu m 毎保 444, 経慰 1957, 鎮静 2751

Tsuneyoshi sm 恒吉 809, 常賀 1463; m 恒 徳 809

Tsuneyuki m 恒之, 恒 幸

Tsunezō m 平生三 203, 恒三 809, 常造 1463

Tsuno s 角 547, 津野 826, 都努 1419; sp 都 濃。(角 547)

Tsunoda s 角田 809; m 常誠 1463

Tsunoi s 角井, 都野井 1419 「826

Tsunomiya s 津ノ宮

Tsunomura s 角村 547

Tsunoo s 角尾

Tsunoori s 角折

Tsunoma m 募 1718

Tsunowa m 角和 547

Tsunu s 角。(角)

Tsunuga s 角鹿; ph 角 我 「宿禰

Tsununosukune m 角

Tsura s 連 1238, 貫 1754。(正 205, 行 245, 列 257, 位 354, 役 368, 享 662, 定 677, 忠 705, 面 904, 宜 919, 系 977, 貞 982, 倩 1031, 陣 1056, 班 1075, 般 1137, 茹 1171, 烈 1211, 連 1238, 偏 1273, 陳 1311, 寅 1439, 常 1463, 按 1548, 貫 1754, 番 1773, 属 1827, 葛 1994, 連 1283, 諸 2329, 煩 2503, 綿 2538, 離 2889, 麗 2902, 繹 2934, 羅 2937, 聯 2948, 鑾 2979)

Tsurahara s 黒葛原 1486

Tsurahide m 連英 1238

Tsuraki m 列樹 257

Tsurako f 列子, 連子 1238

Tsuranaga m 貫長 1754

Tsurane m 聯 2948

Tsurayuki m 面幸 904; ml 貫之 1754

Tsureyama s 連山 1238

Tsurezuregusa l 徒然 草 1048

(tsuri 釣 1416)

Tsuribune s 釣船

Tsurigitsune la 釣狐

Tsuru s 津留 826, 鶴 2926; sp 都留 1419。(弦 1345, 釣 1416, 敦 1690, 蔓 2192, 絃 2331, 鉉 2335, 鶴 2926, 鷺 3022)

Tsurubami l 橡 2478

Tsurubuchi s 鶴淵 2926

Tsurudo m 鶴所

Tsurudono m 鶴殿

Tsuruga s 鶴賀; sp 敦 賀 1690

Tsurugaoka s 鶴岡 2926

Tsurugenai m 鶴賀斎

Tsurugashima p 鶴ケ 島 「[1151]

Tsurugi p 鶴来。(剣

Tsuruhachi s 鶴八 2926 ~ **Tsurujirō** l 鶴八鶴 次郎

Tsuruhara s 鶴原

Tsuruhashi s 鶴橋

Tsuruhe s 綴喜 2530

Tsuruheiji s 二十里 4

Tsuruhiko m 弦彦 1345, 弦孫

Tsurui s 敦井 1690; f 鶴 集 2926; p 鶴居

Tsuruichi m 鶴一

Tsurujirō m 鶴二郎

Tsurukai s 鶴貝, 鶴飼

Tsurukame la 鶴亀

Tsurukawa s 鶴川

Tsuruki s 弦木 1345

Tsurukichi m 鶴吉 2926

Tsuruko f 釣子 1416, 蔓子 2192, 鉉子 2335

Tsuruma s 鶴間 2926

Tsurumaki s 弦巻 1345, 鶴巻 2926

Tsurumaru s 水流丸 54, 鶴丸 2926

Tsurumatsu m 鶴松

Tsurumi sp 鶴見

Tsurumine s 鶴峰

Tsurumi Yūsuke ml 鶴見祐輔

Tsurumoto s 鶴本

Tsurumura s 鶴群

Tsuruno s 鶴野

Tsurunoto m 鶴ノ門

Tsuruo m 弦男 1345, 敦 男 1690, 絃夫 2331, 鶴 雄 2926, 鷺雄 3022

Tsuruoka sp 鶴岡 2926

Tsurusaburō m 鶴三郎

Tsurushi s 九十九院 16, 九十九員 188, 四十 四院

Tsuruta sp 鶴田 2926 ~ **Tomoya** ml 鶴田知 也

Tsuruya s 鶴屋, 鶴谷

~ Nanboku *ml* 鶴谷南北
Tsuruzaki *s* 鶴崎
Tsuruzawa *s* 鶴沢
Tsuruzō *m* 鶴三, 鶴造
Tsusaka *s* 津阪 826
Tsushi *s* 桶師 1369
Tsushima *sp* 対馬 405, 津島 826 「405
~ Kanji *ml* 対島完治
Tsushita *s* 津下 826
Tsuta *s* 蔦 2196. (伝 359, 蔦 2196)
Tsutae *m* 伝 359
Tsutahiko *m* 伝彦
Tsutaki *s* 蔦木 2196
Tsutamatsu *m* 蔦松
Tsuta momiji Utsunoya tōge *la* 蔦紅葉宇都谷峠
Tsutamoto *s* 蔦本
Tsutaya *s* 蔦屋
Tsutazawa *s* 蔦沢
Tsuto *s* 都刀 1419. (夙 299, 朝 1672)
Tsutō *m* 伝 359
Tsutomi *s* 都富 1419
Tsutomu *m* 力 11, 工 39, 仂 55, 功 135, 司 164, 伝 359, 孜 377, 孜 378, 励 430, 劼 652, 孟 667, 忞 702, 努 728, 事 768, 恪 803, 勊 1008, 格 1099, 耕 1131, 剣 1151, 釗 1152, 拳 1206, 勉 1263, 務 1377, 敏 1409, 乾 1411, 勔 1425, 勗 1455, 朝武 1672, 敦 1690, 勤 1698, 強 1878, 義 1975, 愗 2031, 奨 2036, 精 2131, 督 2226, 黽 2249, 勲 2407, 魁 2423, 薫 2567, 蓮 2592, 彊 2621, 懃 2699, 懋 2700, 懇 2702, 驚 2847, 疆 2873, 亹 2932; *f* 劭 429
Tsutori *s* 都鳥 1419
(tsutsu 土 42, 廿 102)
Tsutsui *s* 筒井 1818, 筒居
Tsutsumi *s* 堤 1557; *m* 土巳 42, 塘 1842. (提 1557) 「言
~ Chūnagon *l* 堤中納
Tsutsumu *m* 温 1585
Tsutsuyama *s* 廿山 102
Tsuuchi *s* 津打 826
~ Jihee *ml* 津打治兵衛
Tsuwano *p* 津和野
Tsuya *s* 津谷; *f* 釉 1653, 艶 2833. (婉 1600, 艶 2833) 「艶子 2833
Tsuyako *f* 婉子 1600,
Tsuyama *sp* 津山 826
Tsuyata *m* 艶太 2833
Tsuyazaki *s* 津屋崎 826
Tsuyo *f* 鶴齢 2926. (烈 1211, 威 1251, 健 1282, 務 1377, 剛 1429, 強 1878, 張 1879, 豪 2177, 毅 2351, 厳 2706)
Tsuyoki *m* 毅 2351
Tsuyoo *m* 豪雄 2177
Tsuyoshi *m* 丁 8, 劥 253, 侃 551, 勑 651, 耐 884, 倞 1024, 勍 1150, 勊 1008, 健 1282, 健志, 剛 1429, 彪 1523, 勁 1697A, 堅 1796, 強 1878, 幹 1938, 鉅 1946, 豪 2177, 毅 2351 「(露 2941)
Tsuyu *s* 栗花落 1219.
Tsuyudandan *l* 露団々
Tsuyuguchi *s* 露口
Tsuyuhara *sl* 露原
Tsuyuhiji *s* 二十五里 4
Tsuyuka *f* 露香 2941
Tsuyuki *s* 露木
Tsuyuko *f* 露子
Tsuyu kosode mukashi hachijō *la* 梅雨小袖昔八丈 1374
Tsuyukubo *s* 露久保 2941
Tsuyu no Gorobee *ml* 露五郎兵衛
Tsuyuo *m* 栗花生 1219
Tsuyuri *s* 栗花落
Tsuyusaki *s* 露崎 2941
Tsuzaki *s* 津崎 826, 都崎 1419
Tsuzu *s* 通津 1239. (廿 102, 綴 2530)
Tsuzuki *s* 都筑 1419, 都築, 続 2334, 続木, 綴 2530; *sp* 綴喜; *m* 胤 1269, 統 2333 「1419
~ Shōgo *ml* 都築省吾
Tsuzuku *m-f* 続 2334
Tsuzumi *s* 都住 1419, 鼓 1959; *sf* 都都美 1419
~ Tsuneyoshi *ml* 鼓常良 1959
Tsuzume *s* 津爪 826
Tsuzura *s* 廿楽 102
Tsuzurabumi *l* 藤簍冊子 2773
Tsuzurahara *s* 黒葛原 1486, 葛原 1994
Tsuzuya *s* 廿屋 102

U

(u 又 13, 于 25, 友 70, 打 136, 右 171, 生 214, 羽 246, 卯 259, 宇 285, 芋 288, 有 303, 佑 364, 兎 544, 侑 557, 於 607, 雨 759, 兎 763, 祐 852, 宥 918, 囿 990, 禹 1015, 栩 1095, 烏 1256, 得 1299, 翁 1430, 菟 1729, 蓊 2189, 優 2599, 鮪 2669, 鵜 2822, 鷗 2975)
(uba 姥 1090)
Ubagae *s* 祖母江 850
Ubagai *s* 祖母井
Ubagatani 雲母谷 2027
Ubaguchi *sp* 右左口 171
Ubai *s* 祖母井 850
Ubakai *s* 右馬飼 171
Ubara *f* 楚 2022, 茨 932
Ubaraki *s* 茨木
Ubari *s* 牛屎 111
Ubayaki *s* 姥沢 1090
Ube *p* 宇部 285
Ubeyama *s* 道理山 1811
(ubu 生 214, 幼 428, 産 ⌊1520)
Ubuga *s* 産賀
Ubukata *s* 生方 214, 生形, 幼方 428
~ Tatsue *fl* 生方たつゑ 214 「郎
~ Toshirō *ml* 生方敏
Ubumeki *s* 産婦木 1520
Ubuuchi *s* 生内 214
Ubuyama *p* 産山 1520
Uchi *p* 宇智 285. (中 75, 内 81, 打 136, 尉 1410, 奥 1798, 蔚 2191, 管 2212, 欝 3011)
Uchibori *s* 内堀 81
Uchida *s* 内田, 打宅 136; *sp* 打田
~ Ginzō *mh* 内田銀蔵 81 「百閒
~ Hyakken *ml* 内田
~ Kōsai *mh* 内田康哉
~ Roan *ml* 内田魯庵
~ Senzan *ml* 内田沾山
Uchigaki *s* 内垣
Uchigasaki *s* 内ケ崎
Uchigikishū *l* 打聞集 136
Uchigō *sp* 内郷 81
Uchihara *sp* 内原
Uchiichi *s* 打越 136
Uchiike *s* 内池 81
Uchijima *s* 内島
Uchikake *l* 裲襠 1906
Uchikata *s* 内方 81
Uchikawa *s* 内川
Uchiki *s* 内木, 内樹, 打木 136
Uchiko *sp* 内子 81; *f* 有智子 303
Uchikoga *s* 内古閑 81
Uchikoshi *s* 打越 136
Uchikura *s* 内蔵 81; *sm* 内倉
Uchimaro *m* 内麿
Uchimaru *sm* 内丸
Uchimoto *s* 内本
Uchimura *s* 内村
~ Kanzō *ml* 内村鑑三
~ Naoya *ml* 内村直也
Uchinada *p* 内灘
Uchino *s* 内野, 海野 1071 「81
Uchinokura *s* 内野倉
Uchinuma *s* 内沼
Uchisaki *m* 内前
Uchisato *sm* 内郷
Uchishi *s* 越石 2052
Uchishika *s* 内芝 81
Uchito mōde *la* 内外詣
Uchiume *s* 内梅
Uchiumi *sp* 内海
Uchiura *sp* 内浦
Uchiya *s* 打矢 136

Uchiyama *s* 中山 75, 内山 81
~ Kanzō *ml* 内山完造
Uchizaki *s* 内崎
Uda *s* 打宅 136, 宇田 285, 兎太 763, 雨田 759; *smh* 宇多 285; *sp* 宇陀
Udagawa *s* 宇田川, 宇多川 「文海
~ Bunkai *ml* 宇田川
~ Genshin *mh* 宇田川玄真 「玄随
~ Genzui *mh* 宇田川
~ Yōan *mh* 宇田川榕
Udaka *s* 宇高 ⌊庵
Udamohitoribe *s* 菟田主水部 1729
Udano *p* 菟田野
Udanosakabe *s* 宇陀酒部 285
Uda Reiu *ml* 宇田零雨
Udaru *m* 宇陀児
Ude *s* 右手 171
Udeshi *s* 打越 136
Udo *s* 有渡 303
Udō *s* 右働 171, 右遠, 有動 303, 有働
Udono *sp* 鵜殿 2822
Ue *s* 於 607, 表 914; *sp* 上 47. (高 1163, 殖 1867,
Ueba *s* 植場 ⌊植 1902)
Uechi *s* 上地 47
Ueda *s* 殖田 1867, 植田 1902; *sp* 上田 47
~ Akinari *ml* 上田秋成
~ Bin *ml* 上田敏
~ Boku *ml* 上田穆
~ Hideo *ml* 上田英夫
~ Hiroshi *ml* 上田広
~ Juzō *ml* 植田寿蔵 1902
~ Kazutoshi *ml* 上田万年 47 「年
~ Mannen *ml* 上田万
~ Susumu *ml* 上田進
Uedōno *s* 上遠野
Uegaki *s* 上垣
Uehara *s* 上原, 植原 1902 「作 47
~ Yūsaku *mh* 上原勇
Uehata *s* 上畠
Uehira *s* 上平
Uei *s* 植井 1902 「1902
Uejima *s* 上島 47, 植島
Uekawa *s* 上川 47
Ueki *s* 上木; *sp* 植木 1902 「盛
~ Emori *mlh* 植木枝
Uekura *s* 上倉 47
Uekuri *s* 植栗 1902
Uekusa *s* 植草
Uematsu *s* 植松; *sp* 上松 47 「1902
~ Hisaki *ml* 植松寿樹
Uemi *s* 上見 47
Uemon *m* 右衛門 171
Uemonjō *m* 右衛門尉
Uemori *s* 上森 47
Uemoto *s* 上本, 植本 1902 「村 1902
Uemura *s* 上村 47, 植
~ Masahisa *mlh* 植村正久 「47
~ Shōen *fa* 上村松園
~ Tai *ml* 植村諦 1902
Uenaka *s* 上中 47, 植中 1902
Uenishi *s* 上西 47
Ueno *s* 上埜, 植野 1902; *sp* 上野 47
Uenohara *sp* 上野原
Ueno Takeo *ml* 上野壮夫
Uenoyama *s* 上野山
Uenuma *s* 上沼
Ueoka *s* 上岡
Ueru *m* 栽 1254
Uesaka *s* 上坂 47
Uesaki *s* 上崎
Uesugi *s* 上杉
~ Harumori *mh* 上杉治憲 「景勝
~ Kagekatsu *mh* 上杉
~ Kenshin *mh* 上杉謙信 「憲政
~ Norimasa *mh* 上杉
~ Norizane *mh* 上杉憲実 「重房
~ Shigefusa *mh* 上杉
~ Shinkichi *mh* 上杉慎吉 「憲
~ Ujinori *mh* 上杉氏
Uetake *s* 上竹, 植竹 1902
Uetani *s* 上谷 47
Uetsuka *s* 上塚
Uetsuki *s* 殖月 1867, 植月 1902 「山 1902
Ueyama *s* 上山 47, 植
Ueyanagi *s* 上柳 47, 植柳 1902
Uezawa *s* 上沢 47
Uezono *s* 上園
Uga *s* 宇賀 285
Ugaki *s* 宇垣 「一成
~ Kazushige *mh* 宇垣
Ugawa *s* 宇川, 鵜川 2822
Ugaya *s* 烏賀陽 1256
Ugayo *s* 烏賀陽
Ugetsu *l* 雨月 759
Ugo *p* 羽後 246
Ugō *s* 宇郷 285
Ugoshi *s* 打越 136
(uguisu 鶯 2940)
Uguisudani *p* 鶯谷
Uguisusawa *p* 鶯沢
Uhara *s* 兎原 763
Uhashi *s* 宇橋 285
Uheiji *m* 宇平治
Ui *s* 宇井
Uichi *m* 右一 171, 卯一 259, 宇一 285
Uiin *p* "Vienna" 維也納 2540
Uio *m* 有為男 303
Uirō *s* 陳外郎 1311
Uirōuri *la* 外郎売 139
Uiyamabumi *l* 初山踏 427
Uji *s* 菟道 1729; *sp* 宇治 285. (氏 223, 姓 846, 框 1100, 項 1543)
Ujiaki *m* 氏曄 223
Ujiakira *m* 氏昉 「171
Ujie *s* 氏家; *m* 右治衛
Ujifune *m* 氏舟 223
Ujigawa *s* 宇治川 285
Ujihara *s* 氏原 223
Ujihiro *m* 氏宥
Ujihisa *m* 氏懿
Ujii *s* 雲林院 2027
Ujiie *sp* 氏家 223
~ Makoto *ml* 氏家信
Uji jūjō *l* 宇治十帖 285
Ujika *s* 宇自可
Ujikane *m* 氏鉄 223
Ujikimi *m* 氏公
Ujikiyo *m* 氏養
Ujima *m* 右司馬 171
Ujimasa *m* 氏政 223, 氏
Ujimune *m* 氏心 ⌊賢
Ujimura *s* 宇知村 285
Ujindo *m* 氏人 223
Ujinori *m* 氏中, 氏命
Ujisato *m* 氏郷, 氏識
Uji shūi *l* 宇治拾遺 285
Ujisuke *m* 氏如 223
Ujita *s* 氏田, 宇治田 285
Ujitaka *m* 氏共 223
Ujitake *m* 氏筠
Uji Tawara *p* 宇治田原 285
Ujiya *s* 氏家 223
Ujiyasu *m* 氏綏
Ujiyoshi *m* 氏彦, 氏燕
Ukagami *s* 宇賀神 285
Ukai *s* 鵜養 2822; *sla* 鵜飼
Ukaibe *s* 鵜甘部
Ukaji *s* 宇梶 285
Ukan *p* 有漢 303
Ukanume *s* 宇漢迷 285
Ukawa *s* 右川 171
(uke 受 730, 承 760, 食 1159, 請 2323)
Ukegawa *s* 受川 730, 請川 2323
Ukeji *s* 請地
Uken *p* 宇検 285
Ukena *s* 浮穴 1069, 浮名
(ukeshi 猾 1834)
Uki *s* 卯木 259, 宇木 285, 鵜木 2822. (浮 1069)
Ukichi *m* 右橘 171, 卯吉 259
Ukifune *la* 浮舟 1069
Ukigai *s* 浮貝, 福谷 1888
Ukiha *p* 浮羽 1069
Ukishima *s* 浮島
Ukita *s* 宇喜田 285, 宇喜多, 浮田 1069
~ Hideie *mh* 宇喜多秀家 285, 浮田秀家 1069 「和民
~ Kazutami *ml* 浮田
Ukiyo-buro *l* 浮世風呂
~ dōchū hizakurige *l* 浮世道中膝栗毛
~-doko *l* 浮世床
~-e *a* 浮世絵
~ oyaji katagi *l* 浮世親仁形気
~-zōshi *l* 浮世草子
Ukō *fl* 羽紅 246
Ukon *sm-f* 右近
Ukon'emon *m* 右近右衛門 「730)
Uku *sp* 宇久 285. (受
Ukuru *m* 稟 1973
Ukuso *s* 牛九十 111, 牛
Ukyō *p* 右京 171 ⌊糞
Uma *s* 有漢 303, 馬 1257; *p* 宇摩 285. (午 112, 宇 285, 味 572, 肥 617, 美 923, 馬 1257)
Umagoe *s* 馬越

Umahito *m* 肥人 617

Umaji *p* 馬路 1257

Umajirō *m* 馬次郎

Umakai *s* 右馬飼 171；
m 宇合 285, 馬養 1257

Umako *f* 馬子

Umamikui *s* 馬工, 馬御樴 「171

Umanosuke *m* 右馬允

Umaru *m* 生 214

Umasaka *s* 味尺 572

Umasake *s* 味淳, 味酒

Umashi *m* 可怜 165, 美 923, 美石. (味 572, 美 923)

Umashima *m* 馬島 1257

Umashine *m* 美稲 923；
ml 味稲 572 「171

Umashirō *m* 右馬四郎

Umasugi *s* 馬杉 1257

Umasuke *m* 午介 112

Umayahara *s* 馬屋原 1257

Ume *sla* 梅 1374；*p* 宇目 265. (埋 1041, 梅 1374, 楳 1894)

Umebachi *s* 梅鉢 1374

Umebayashi *s* 梅林

Umebori *s* 梅暮里

Umeboshi *s* 梅干

Umechi *s* 梅地

Umeda *s* 楳田 1894；*sp* 梅田 1374

~ Haruo *ml* 楳田晴夫

~ Unpin *mh* 梅田雲浜

Umedo *s* 梅戸 「枝

Umegae *s* 梅香家；*l* 梅

Umegami *s* 梅上

Umegashima *p* 梅ヶ島

Umegawa *s* 梅川

Umegoyomi *l* 梅暦

Umehara *s* 梅原

~ Hokumei *ml* 梅原北明 「竜三郎

~ Ryūsaburō *ma* 梅原

Umeichi *m* 楳一 1894

Umeji *s* 梅地 1374

Umejima *s* 梅島

Umekawa *s* 楳川 1894

Ume Kenjirō *mh* 梅謙次郎

Umeki *s* 梅木

Umekichi *m* 梅吉

Umekita *s* 梅北

Umeko *f* 梅子

Umekōji *s* 梅小路

Umemiya *s* 梅宮

Umemori *s* 梅森

Umemoto *s* 梅本

~ Katsumi *ml* 梅本克巳

Umemura *s* 梅村

Umene *s* 梅根

Umeno *s* 梅野

Umenokōji *s* 梅小路

Umenoto *s* 梅門

Umeo *m* 梅男, 梅雄

Umeoka *sf* 梅岡

Umeshirō *m* 梅四郎

Umetada *s* 梅多田, 梅忠；*sm* 埋忠 1041

Umetani *s* 梅谷 1374, 梅渓

Umetarō *m* 梅太郎

Umetsubo *s* 梅壺

Umetsuji *s* 梅辻

Umeura *s* 梅浦

Umewaka *s* 梅若

Umeya *s* 梅屋

Umeyama *s* 梅山

Umezaki *s* 梅崎

~ Haruo *ml* 梅崎春生

Umezawa *s* 梅沢

Umezono *sm* 梅園

Umezu *s* 梅津

Umi *p* 宇美 285. (洋 822, 海 1071)

Umida *sp* 海田

Umieda *s* 海江田

Umihei *m* 海平

Umiki *m* 美樹 923

Umimatsu *s* 海松 1071

Uminoya *s* 海ノ屋

Umio *m* 海雄

Umon *m* 右門 171

~ torimonochō *l* 右門捕物帖

Umori *m* 右衛

(umu 産 1520)

(un 云 147, 呼 571, 芸 689, 温 1585, 敬 1691, 運 1808, 雲 2027, 媼 2089, 贇 2852)

Una *s* 烏那 1256. (海 1071, 量 1997)

Unabara *s* 海原 1071

Unade *s* 雲梯 2027

Unagami *s* 海上 1071

~ Tanehira *ml* 海上胤平 「日処女 1729

Unai Otome *fh* 菟名

Unara *s* 雲掃 2027

Unazuki *p* 宇奈月 285

Une *s* 宇根, 畝 1142. (采 707, 畝 1142, 稲 1381, 綵 1602, 疇 2799)

Unebe *s* 畝米 1142

Unebi *s* 畝尾, 畝傍, 雲飛 2027 「1142

Unebiyama *p* 畝ノ傍山

Unehiko *m* 疇彦 2799

Uneko *f* 畝子 1142

Uneme *sf-p* 采女 707；*f* 婇女 1602

Unemori *s* 畦森 1381

Unenojō *m* 疇之丞 2799

Uneo *s* 畝尾 1142；*m* 采男 707

Unesu *s* 宇泥須 285

Ungorō *m* 贇五郎 2852

Uni *s* 有弐 303

Unkoku *s* 雲谷 2027

Unmo *l* 雲母

Unno *s* 海野 1071, 雲野 2027 「1071

Unnokuchi *s* 海野口

Uno *s*. 菟野 1729, 鵜野 2822；*sp* 宇野 285

Uno Chiyo *fl* 宇野千代

Unoke *p* 宇ノ気

Unokichi *m* 宇之吉

Uno Kōji *ml* 宇野浩二

U no matsuri *la* 鵜祭 2822 「夫 285

Uno Nobuo *ml* 宇野信

Unoshima *s* 宇島

Unosuke *m* 卯之助 299

Unotoro *s* 鵜瀞 2822

Unozawa *s* 宇野沢 285

Unrin'in *sla* 雲林院 2027

Unshū ōrai *l* 雲州往来

Untei *plh* 芸亭 689

Unu *s* 菟野 1729

Unuma *s* 魚沼 1485
(uo 魚)

Uojima *p* 魚島

Uokai *m* 魚養

Uona *m* 魚名

Uonuma *s* 魚沼

Uotani *s* 魚谷

Uozu *p* 魚津

Uozumi *s* 魚住 「蘆

~ Setsuro *ml* 魚住折

Ura *s* 浦 1067；*m* 裏 2176. (卜 10, 上 47, 占 153, 浦 1067, 裏 2176)

Urabe *s* 卜部 10, 占部 153, 浦辺 1067, 浦部

~ Kanetomo *ml* 卜部兼倶 10

Uraeri *m* 裏襟 2176

Uragami *s* 浦上 1067

Uragare *l* 末枯 211

Uraguchi *s* 浦口 1067

Urahoro *p* 浦幌

Urai *s* 浦井 「河

Urakawa *s* 浦川；*p* 浦

Urakawara *p* 浦川原

Uraki *s* 浦木

Urako *f* 上子 47

Uramatsu *s* 浦松 1067, 裏松 2176 「介 1052

Urami no Suke *l* 恨の

Uramoto *s* 浦本 1067

Urana *s* 浦名

Urano *s* 浦野

Uraoka *s* 浦岡

Urasaki *s* 浦崎

Urasawa *s* 浦沢

Urase *s* 浦瀬

Urashima *s* 浦島

~-go no den *l* 浦島子

Urata *s* 浦田 「伝

Uratani *s* 浦谷

Uratsuji *s* 裏辻 2176

Urausu *p* 浦臼 1067

Urawa *p* 浦和

Uraya *s* 浦谷

Urayama *s* 浦山

Urayasu *p* 浦安

Ureshino *p* 嬉野 2476 (uri 瓜 305, 売 466)

Urihari *s* 六月一日 61

Uriin *s* 雲林院 2027

Uri nusubito *la* 瓜盗

Urita *s* 瓜田 「人 305

Uritani *s* 瓜谷

Uriwari *s* 瓜破

Urizane *m* 瓜実

Urizura *p* 瓜連

Uru *s* 宇留 285. (閏 1819, 漆 2087, 潤 2277)

Urue *m* 閏江 1819

Urugi *p* 売木 466

Uruha *s* 漆葉 2087

Uruko *f* 閏子 1819

Uruma *s* 漆間 2087

Uruno *s* 宇留野 285

Uruo *m* 潤 2277

Uruppu *p* 得撫 1299

Urushi *s* 漆 2087. (漆)

Urushibata *s* 漆原

Urushibata *s* 漆畑

Urushibe *s* 漆部

Urushido s 漆戸
Urushima s 漆馬, 漆間
Urishiyama s 漆山
Urushizaki s 漆崎
Uruu m 潤 2277
Uryū s 瓜生 305 ; p 雨竜 759 「305
~ Tadao ml 瓜生忠夫
Usa s 菟狭 1787 ; sp 宇佐 285 ; f 兎 763
Usaburō m 卯三郎 259, 宇三郎 285
Usagawa s 宇佐川
Usami s 宇佐見, 宇佐美 ; m 右左美 171
Usawa s 宇沢 285, 鵜沢 2822 「沈 399, 貝 529)
(ushi 孔 58, 丑 99, 牛 111,
Ushiama s 牛尼 111
Ushiba s 牛場
Ushibori p 牛堀
Ushibuka p 牛深
Ushida s 牛田
Ushie f 得志恵 1299
Ushigase s 牛ヶ瀬 111
Ushigoe s 牛越
Ushigome s 牛込
Ushiji m 丑二 99
Ushijima s 牛島 111
Ushijirō m 丑次郎 99
Ushikai m 牛甘 111, 牛養 「牛鋪
Ushiki s 牛木, 牛敷 285,
Ushiku s 宇宿 ; p 牛久 111 「窪
Ushikubo s 牛久保, 牛
Ushikusa s 牛草
Ushima s 牛田
Ushimado p 牛窓
Ushimaru s 牛円 ; m 牛麿
Ushimaru m 牛丸
Ushio s 牛尾 ; m 潮 2275
Ushioda s 潮田
Ushioku s 牛奥 111
(ushiro 後 1300)

Ushirogu s 後
Ushiroku s 後宮
Ushiromiya s 後宮
Ushitarō m 有志太郎 303
Ushiyama s 牛山 111
Ushizawa s 牛沢
Ushizu p 牛津
Ushū m 牛生 「2437
Uso no mi l 嘘の果
(usu 臼 338, 碓 1910, 薄 2569, 磨 2596)
Usuba s 薄葉 2569
Usuda s 薄田 ; sp 臼田 338
~ Arō ml 臼田亜浪
Usugawa s 碓川 1910
Usugumo l 薄雲 2569
Usui s 臼井 338, 臼射, 笛吹 1471, 臼吹峠, 薄井 2569, 磨井 2596 ; sp 碓井 1910, 碓氷
~ Taiyoku ml 臼井大翼 「見
~ Yoshimi ml 臼井吉
Usuki sp 臼杵
Usukine s 臼杵
Usukura s 臼倉
Usuo m 碓男 1910
Usurai ml 薄氷
Usutani s 磨谷 2596
Uta m 雅楽 1913 ; f 詠 1664. (唄 1045, 哥 1193, 唱 1283, 訶 1662, 詠 1664, 詩 1933, 頌 2113, 歌 2170, 謌 2643)
~ andon l 歌行燈 2170
Utaawase l 歌合
~ ruijū l 歌合類聚
Utada s 歌田
Utagaeshi l 歌返
Utagawa s 歌川
~ Toyokuni ma 歌川豊国
Utai la 謡 2642
Utaka s 鵜高 2822

Utakai l 歌会 2170
Utakane s 一二三 3
Utakawa s 雅楽川 1913
Utakichi m 歌吉 2170
Utako f 唄子 1045, 哥子 1193, 訶子 1662, 歌子 2170
Utamakura l 歌枕
Utamaro m 宇多麻呂 285 ; ma 歌麿 2170
Utanobori p 歌登
Utanosuke m 雅楽介 1913
Utaomi m 詩臣 1933
Utarō m 謌郎 2643
Utashinai p 歌志内 2170
Utashiro s 歌代
Utata m 転 1656
Utatane s 一二三 3
~ no ki l 転寝の記 1656
Utatsu p 歌津 2170
Utaura la 歌占
Utazaimon l 歌祭文
Utazawa l 歌沢
Utazu p 宇多津 285
Uteichi s 打越 136
Utena s 台 276
Uto s 宇都 285 ; p 宇土
Utō s 宇藤, 笛吹 1471, 善知 1799, 鵜取 2822 ; sla 善知鳥 1799
~ Yasukata chūgiden l 善知鳥安方忠義伝
Utsu s 宇津 285, 宇都. (内 81, 打 136, 全 271, 尉 1410, 槍 2100, 蔚 2191, 欝 3011)
Utsubo l 宇津保 285
~-zaru l 靭猿 1694
Utsubusa m 内房 81
Utsuda s 槍田 2100
Utsuhi s 日内 77
Utsuho p 宇津保 285
Utsuki s 宇津木, 宇都木
Utsuku f 寵 2893

Utsukushi f 寵
Utsumaro m 内麿 81
Utsumi s 打見 136 ; sp 内海 81 「杖
~ Getsujō ml 内海月
Utsunari m 全成 271
Utsuno s 宇津野 285, 宇都野
~ Ken ml 宇都野研
Utsunomiya s 宇津宮 ; sp 宇都宮
Utsunoura sp 内之浦 81
Utsusemi l 空蝉 723
Uwa p 宇和 285. (上 47, 表 914)
Uwabu s 上符 47
Uwagawa s 宇和川 285
Uwahira s 上平 47
Uwaho s 上保
Uwajima p 宇和島 285
Uwakata s 上方 47
Uwanari l 嫐 2738
Uwano s 宇和野 285
Uwaumi p 宇和海
Uwazumi s 上住 47
(uya 礼 146, 恭 1205, 敬 1691, 譲 2918)
Uyako f 恭子 1205
Uyama s 宇山 285
Uzen m 右膳 171 ; ph 羽前 246
(uzu 太 105, 珍 836, 埋 1041, 鈿 1940)
Uzuhara s 楊蘆原 1898
Uzuhashi s 埋橋 1041, 堆橋 1295
Uzuhiko m 珍彦 836
Uzuki s 卯月 259
Uzumagawa p-l 巴波川 97 「宇豆麿 285
Uzumaro m 珍麿 836,
Uzumasa sp 太秦 105
Uzume f 鈿女 1940
(uzura 鶉 2820)
Uzuragoromo l 鶉衣
Uzurao s 鶉尾
Uzushige m 太重 105

W

Wa m 和 638. (八 19, 王 90, 禾 220, 瓜 305, 吾 491, 和 638, 倭 1283, 輪 2316)
Waabe s 和安部 638

Wachi s 和地, 和智 ; p 和知
Wachigai s 輪違 2316
Wada sp 和田 638 「2874
Wadachi s 和達 ; m 轍

Wada Eisaku ma 和田英作 638
Wadagaki s 和田垣
Wada kassen onna-maizuru la 和田合

戦女舞鶴
Wadaki s 和田木
Wadamaru m 輪田丸 2316 「山蘭 638
Wada Sanran ml 和田

~ Sanzō ma 和田三造
Wadatsu s 和田津
Wada Tsutō ml 和田伝
Wadayama p 和田山
Wada Yoshie mh 和田
芳恵　　　　「義盛
~ Yoshimori mh 和田
Wadō 708-15 和銅
Wadomari p 和泊
Waga p 和賀. (吾 491,
我 545)
Wagae f 吾枝 491
Wagatsuma s 我妻 545
Wagimo l 吾妹 491
Wagō s 吾河, 和合 638 ;
Waguri s 和栗 [p 和郷
Wahei m 和平
(wai 隈 1841, 廆 2198)
Waichi m 和一 638, 倭
市 1283
Waichirō m 和一郎 638
Waida s 和井田
Wainai s 和井内
~ Sadayuki mh 和井
内貞行
Wajima sp 輪島 2316
Waka l 和歌 638. (分 64,
王 90, 弁 275, 幼 428,
若 692, 涌 1065, 童 1743,
稚 1914, 新 1965)
Wakabayashi s 若林 692
~ Kyōsai mh 若林強
Wakabe s 若部　[斎
Wakada s 若田
Waka dairinshō l 和歌
題林抄 638 「蒙抄
~ dōmōshō l 和歌 童
Wakae s 若江
Wakafuji s 若藤
Wakagi s 若木
Wakaguri s 若栗
Wakahara s 若原
Wakahime f 若比売
Wakaho p 若穂
Wakai s 和置井 638, 若
井 692 「若色 692
Wakairo s 十八女 18,
Wakaiso s 十八女 18
Wakaizumi s 若泉 692
Wakaki s 若菱
Wakako f 若子, 稚子
1914　　　　「品 638
Waka kuhon l 和歌九
Wakakusa p 若草 692
Wakamaro m 若麻呂
Wakamatsu sp 若松
~ Shizuko fl 若松賤子

Wakameda s 若目田
Wakamei s 若命
Wakami s 若見
Wakamikoto s 若命
Wakamiya p 若宮
Wakamizu sm 若水
Wakamori s 若森
Wakamurasaki l 若紫
Wakana sf-la 若菜
Wakan rōeishū l 和漢
朗詠集 638
Wakao s 若尾 692
Wakaomi s 若臣績
Wakasa sf 若狭 ; sph 若
狭 ; p 若桜
Wakasagi m 若雀 「部
Wakasakurabe s 若桜
Waka sakusha burui l
和歌作者部類 638
Wakashima s 若島 692
Wakashiro s 若代
Wakasugi s 若杉
~ Kei ml 若杉慧
Wakatai jisshu l 和歌
体十種 638
Wakatake s 若竹 692
Wakatarashi s 若帯
Waka teikin l 和歌庭
訓 638
Wakatsu m 八 19
Wakatsuka s 若塚 692
Wakatsuki s 和歌月
638, 若月 692, 若槻, 輪
賀月 2316 「次郎 692
~ Reijirō mh 若槻礼
Wakawa s 吾河 491
Wakayama s 若山 692 ;
p 和歌山 638
~ Bokusui ml 若山牧
水 692　　　　「子
~ Kishiko fl 若山喜志
Wakayanagi p 若柳
Wakayue s 若湯座
Wakazono s 若園
Wake sp 和気 638. (分
64, 別 435, 訳 1402)
Wakebe s 分部 64
Wakehi s 訳樋 1402
Wake no Hiromushi
fh 和気広虫 638
~ no Kiyomaro mh 和
気清麻呂
Wakese s 分瀬 64
Waki s 和気 638 ; sp 和
木 ; sf-p 脇 1083. (別
435, 涌 1065, 脇 1083)
Wakida s 脇田

Wakiko f 涌子 1065
Wakimoto s 脇本 1083
Wakino s 脇野
Wakinosawa p 脇野沢
Wakiya s 脇谷, 脇屋
Wakiyama s 脇山
Wakizaka s 脇坂
Wakizawa s 脇沢
Wakkanai p 稚内 1914
Wakō s 和光 638, 若生
692
Waku s 和久 638. (別
435, 和 692, 或 750, 涌
1065, 惑 1784, 稚 1914,
穫 2729)
Wakuda s 涌田 1065
Wakui s 和久井 638, 涌
井 1065
Waku i l 涌井
Wakuko f 若子 692, 涌
子 1065 「女 1914
Wakume f 若売 692, 稚
Wakumizu s 或水 750
Wakuraba l 老葉 334
Wakushima s 涌島 1065
Wakuta s 和久田 638
Wakutomo s 和久兎毛
Wakuya p 涌谷 1065
Wamyō ruijūshō l 倭
名類聚鈔 1283
Wamyōshō l 和名抄 638
(wan 椀 1624, 湾 1849)
Wanami s 和波 638
Wani s 丸 40, 丸邇, 和
爾 638, 和邇 ; m 和
仁 ; mh 王仁 90. (赤
443, 鼉 3015)
Wanibuchi s 鼉淵 3015
Waniishi s 鼉石
Wanikawa s 鼉川
Wankyū sue no Ma-
tsuyama la 椀久末松
山 1624
Wanona-no-kuni ph
倭奴国 1283 「2316
Wanouchi p 輪之内
Wan'ya s 椀屋 1624
Wara p 和良 638. (藁
2682)
Warabi sp 蕨 2566
~ Kyōdō s 蕨攫堂
~ Tōken ml 蕨桐軒
Waragai s 藁谷 2682
Warashina s 藁品, 藁
Waraya s 藁谷 「科

~ eisō l 藁屋詠草
(ware 余 448, 吾 491)
(wari 割 1696A)
Warita s 割田
Wasa s 和佐 638
Wasaburō m 和三郎
Wasada sp 早田 295
Wasaji s 和佐二 638
Wasaki s 和崎
Wasaku m 和作
Wasan l 和讃 「稲
Wase s 早苗 295 ; f 早
Waseda p 早稲田
Waseki s 上関 47
Washi s 鷲 2980. (鷲)
Washichi m 和七 638
Washida s 鷲田 2980
Washima p 和島 638
Washimi s 鷲見 2980
Washimitsu m 鷲光
Washimiya p 鷲宮
Washimori s 鷲森
Washino s 鷲野
Washinoo s 鷲尾
Washinozu s 鷲頭
Washio s 鷲尾 ; m 鷲雄
Washishiki p 鷲敷
Washisu s 鷲巣
Washiyama s 鷲山
Washizu s 鷲津, 鷲栖
Washizuka s 鷲塚
Wassamu p 和寒 638
Wasuke m 和介
Wasuregusa l 萱草 1730
~ ni yosu l 萱草に寄
す 「2538
(wata 曰 76, 済 1336, 綿
Watabe s 渡部 1586
Watabiki s 綿引 2533
Wataki s 綿木
Watakushi s 下家 46
Watamaro m 綿麿 2538
Watamiya s 渡海谷 1586
Watamori m 和多守 638
Watanabe s 和田鍋, 渡
辺 1586, 渡部
~ Junzō ml 渡辺順三
~ Katei ml 渡辺霞亭
~ Kazan mlh 渡辺崋
山
~ Kazuo ml 渡辺一夫
~ Kōfū ml 渡辺光風
~ Mokuzen ml 渡辺
黙禅
~ Suiha ml 渡辺水巴
Watano s 綿野 2538
Watanu s 四月一日 188

Watanuki *s* 四月, 四月一日, 四月朔日, 更衣 528, 渡貫 1586, 綿貫 2538

Watanuma *s* 渡沼 1586

(watara 度 1009, 渡 1586)

Watarae *s* 度会

Watarai *s* 下家 46, 濠井 1586, 渡会; *sp* 度会

Watarase *s* 渡瀬 └1009

Watari *s* 日理 76, 亙理 317, 渡里 1586, 渡利; *sm* 亙 262, 亙 317, 渡 1586; *sp* 亙理 262; *m* 弥 832, 涉 1331, 済 1336. (渡 1586) └助

Watarinosuke *m* 渡之

Watarise *s* 渡瀬

Wataru *sm* 亙 262, 亙 317, 渡 1586; *m* 和 638,

和多留, 和樽, 恒 805, 恒 809, 弥 832, 度 1009, 航 1136, 涉 1331, 済 1336, 移 1378, 道 1811

Watase *s* 渡瀬 1586

Watasu *sm* 亙 317; *m* 済 1336

Watatsumi *s* 海航 1071

Watauchi *s* 綿内 2538, 綿打

Wataya *m* 綿屋

Watayō *s* 済陽 1336

Watsuji *s* 和辻 638

~ Tetsurō *ml* 和辻哲 └郎

Watsuka *s* 和束 └郎

Wauke *s* 和宇慶

Waza *s* 輪座 2316. (技 381, 事 768)

Wazayoshi *m* 技美 381

Waze *s* 吾全 491

Y

(ya 八 19, 也 23, 文 86, 矢 215, 治 449, 夺 452, 邪 642, 舎 721, 夜 766, 弥 832, 耶 889, 哉 1006, 室 1183, 家 1185, 屋 1233, 移 1378, 野 1398, 埜 1489, 陽 1567, 椰 1891, 楊 1898, 数 2169, 箭 2397, 鵺 2818)

Yaba *s* 八羽 19; *ml* 野坡 1398

Yabakei *p* 耶馬渓 889

Yabase *s* 八橋 19; *sp* 矢橋 215

Yabashi *s* 矢橋

Yabe *s* 八戸 19, 野部 1398; *sp* 矢部 215, 養父 2558 └「薮)

Yabu *s* 八生 19, 藪 2840.

Yabuhara *s* 藪原

Yabuki *sp* 矢吹 215

Yabumoto *s* 藪本 2840

Yabunaka *s* 藪中

Yabuno *s* 藪野

Yabunouchi *s* 藪内

Yabusaki *s* 八武崎 19, 藪崎 2840

Yabushita *s* 藪下

Yabuta *s* 藪田

~ Yoshio *ml* 藪田義雄

Yabutsuka *s* 藪塚

Yabuuchi *s* 藪内

Yabuzukahon *p* 藪塚本

Yachi *s* 谷内 449, 谷地

Yachida *s* 谷内田, 谷地田

Yachige *s* 八下 19

Yachiho *p* 八千穂

Yachiki *m* 数千木 2169

Yachimata *m* 八衢 19; *p* 八街

Yachiyo *p* 八千代

Yada *s* 矢田 215

Yadanji *m* 弥田次 832

Yada Sōun *ml* 矢田挿雲 215 └「世子

~ Tsuseko *fl* 矢田津 (yado 宿 1438)

Yadome *s* 矢留 215

Yadori *m* 芨 681

Yadorigi *l* 宿木 1438, 寄生木 1525 └「舎 721

Yadoru *m* 次 226, 芨 681, 宿 1438

Yadoya *s* 宿屋 1438

~ Meshimori *ml* 宿屋飯盛

Yae *s* 八戸 19; *f* 八重

Yaegaki *s* 八重垣

Yaegashi *s* 八重樫

Yaegushi *s* 八重櫛

Yaekichi *m* 八重吉

Yaeko *f* 八重子

Yaesu *p* 八重洲

Yaeta *s* 八重田, 八重田; *m* 弥栄太 832

Yaeyama *s* 八相山 19

Yaezawa *s* 八重沢

Yagaki *s* 家垣 1185

Yagami *s* 矢上 215

Yagasaki *s* 矢ケ崎

Yageta *s* 八下井 215

Yagi *s* 矢木 215, 家城 1185, 家喜, 陽疑 1567, 楊貴 1898; *sp* 八木 19. (柳 1100, 楊 1898)

Yagihara *s* 八木原 19

Yagihashi *s* 八木橋

Yagi Hideji *mh* 八木秀次

Yagii *s* 楊井 1898

Yagi Jūkichi *ml* 八木重吉 19 └柳本

Yagimoto *s* 柳元 1105,

Yaginuma *s* 八木沼 19, 柳沼 1105

Yagioka *s* 八木岡 19

Yagira *s* 柳楽 1105

Yagi Ryūichirō *ml* 八木隆一郎 19

Yagisawa *s* 八木沢

Yagishima *s* 柳島 1105

Yagishita *s* 八木下 19, 柳下 1105

Yagita *s* 八木田 19

Yagiyashi *s* 八木八四

Yagi Yoshinori *m* 八木義徳

Yago *s* 八子, 矢後 215

Yagō *s* 矢郷

Yagohara *s* 藪原 2840

Yaguchi *s* 矢口 215, 谷口 449, 箭口 2397

Yagura *s* 矢倉 215

Yaguri *m* 舎 721

Yagusa *s* 八楠 19

Yagyū *sp* 柳生 1105

~ bugeichō *l* 柳生武芸帖

Yahaba *p* 矢巾 215

Yahachi *s* 弥八 832

Yahagi *s* 矢 215, 矢萩; *sp* 矢作, 矢矧

Yahana *s* 矢花 └766

Yahanraku *la* 夜半楽

Yahata *sp* 八幡 19

Yahazu *s* 箭括 2397; *m* 抜 384

Yahee *s* 弥兵衛 832

Yahiko *p* 弥彦

Yahiro *s* 八尋 19

Yai *s* 谷井 449. (燒 1588)

Yaichi *m* 矢一 215, 弥一 832, 弥市

Yaichirō *m* 弥一郎, 弥市郎

Yaishi *s* 弥石 └市郎

Yaita *s* 矢板 215

Yaizu *p* 焼津 1588

Yaji *s* 矢地 215, 谷治 449

Yajirō *m* 弥二郎 832

Yaka *s* 家 1185. (宅 283, 家 1185)

Yakabe *s* 宅部 283

Yakabu *s* 八国生 19

Yakage *p* 矢掛 215

Yakahito *m* 家仁 1185

Yakame *s* 家亀

Yakami *s* 八神 19

Yakamochi *ml* 家持 1185

Yakamori *m* 宅守 283

Yakara *s* 族 1343

Yakata *s* 八角島 19, 館 2761

Yakatoji *fh* 宅刀自 283

Yakatsugu *m* 宅嗣

Yakawa *s* 益甲 1201

(yake 宅 283, 家 1185)

Yakehitobe *s* 家人部

Yakeshi *s* 八祐 19

Yaki *s* 楊枳 1898. (焼 1588)

Yakichi *m* 弥吉 832

Yako *s* 八居 19, 楊公 1898, 楊胡 └215

Yakō *s* 八国生 19, 矢向

Yakobu *s* 八国分 19, 八国生, 八国府

Yakoda *s* 谷古田 449

Yakou *s* 谷古宇

Yaku *p* 屋久 1233. (厄 68, 亦 325, 役 368, 易 714, 益 1201, 訳 1402, 懌 2924, 鑰 2568, 繹 2924, 鑰 2998)

Yakū *s* 八国生 19

Yakumi *s* 厄巳 68

Yakumo *m-p-l* 八雲 19

~ mishō *l* 八雲御抄

Yakuno *p* 夜久野 766

Yakunugi *s* 八椚 19

Yakusha kuchi-jami-sen *l* 役者口三味線 368

~ rongo *l* 役者論語

Yakushi *s* 薬師 2568

Yakushiji *sp* 薬師寺

Yakushi Nyorai *mh* 薬師如来

Yakushiyama *s* 薬師山

Yakuta *m* 弥久太 832

Yakutarō *m* 弥久太郎

Yakutomi *s* 八九十三 19 「889. (山 89)

Yama *s* 山 89；*p* 耶麻

Yama-arashi *l* 山嵐

Yamaba *s* 山羽, 山葉

Yamabara *s* 山原

Yamabata *s* 山幡

Yamabe *s* 山家；*sp* 山辺, 山部 「赤人

~ no Akahito *ml* 山部

Yamabiki *s* 山引

Yamabiko *s* 山彦

Yamabito *m* 仙 228

Yamada *sp* 山田 89

~ Bimyō *ml* 山田美妙

~ Haseki *ml* 山田葩夕

Yamadaka *s* 山高

Yamada Kōsaku *ma* 山田耕筰 「長政

~ Nagamasa *mh* 山田

Yamadani *s* 山谷

Yamada Seizaburō *ml* 山田清三郎

Yamadera *s* 山寺

Yamae *s* 山家；*p* 山江

Yamafuji *s* 山藤

Yamaga *s* 山我, 山家, 山賀；*sp* 山鹿, 山香

Yamagai *s* 山谷

Yamaga Sokō *mh* 山鹿素行

Yamagata *s* 山片, 山肩；*sp* 山方, 山形, 山県

~ Aritomo *mh* 山県有朋

~ Bantō *mh* 山片幡桃

~ Daini *mh* 山県大弐

Yamagishi *s* 山岸

~ Gaishi *ml* 山岸外史

~ Kayō *ml* 山岸荷葉

Yamagiwa *s* 山際, 山極

Yamagō *s* 山郷

Yamagoe *s* 山越

Yamaguchi *sp* 山口

~ Hatsujo *fl* 山口波津女 「吉

~ Mokichi *ml* 山口茂

~ Seishi *ml* 山口誓子

~ Seison *ml* 山口青邨

Yamahata *s* 山畑

Yamahime *s* 山姫

Yamahira *s* 山平

Yamai *s* 山井

Yamairi *s* 山入

Yamaishi *s* 山石

Yamaji *s* 山地, 山道, 山路

~ Aizan *ml* 山路愛山

Yamakado *s* 山角, 山門

Yamakage *s* 山影, 山蔭

Yamakami *s* 山上

Yamakawa *s* 山河；*sp* 山川

~ Hitoshi *mh* 山川均

~ Kikue *flh* 山川菊栄

~ Tomiko *fl* 山川登美子 「89

Yamaki *s* 八巻 19, 山木

Yamakita *s* 山北

Yamakoshi *s* 山腰；*p* 山古志

Yamakubo *s* 山久保

Yamakuni *sp* 山国

Yamakura *s* 山倉

Yamamasu *s* 山桝

Yamamichi *s* 山道

Yamamiya *s* 山宮

Yamamomo *s* 楊梅 1898

Yamamori *s* 山森 89；*sm* 山守 「本

Yamamoto *sp* 山元, 山本権兵衛

~ Gonnohyōe *mh* 山本権兵衛

~ Hōsui *ma* 山本芳翠

~ Kazuo *ml* 山本和夫

~ Kenkichi *ml* 山本健吉 「正秀

~ Masahide *ml* 山本

~ Sanehiko *ml* 山本実彦

~ Senji *mh* 山本宣治

~ Shūgorō *ml* 山本周五郎

~ Shūji *ml* 山本修二

~ Shunkyo *ma* 山元春挙

~ Tarō *ml* 山本太郎

~ Tatsuo *mh* 山本達雄 「友一

~ Tomoichi *ml* 山本

~ Tosanojō *ma* 山本土佐掾 「星雄

~ Toseiyū *ml* 山元都

Yamamura *s* 山村, 山邑

~ Bochō *ml* 山村暮鳥

~ Fusaji *ml* 山村房次

Yamamuro *s* 山室

~ Gunpei *mh* 山室軍平

~ Shizuka *ml* 山室静

Yamana *s* 山名

~ Mochitoyo *ml* 山名持豊 「清

~ Ujikiyo *ml* 山名氏清

Yamanaka *sp* 山中

~ Minetarō *ml* 山中峰太郎

Yamanari *s* 山成

Yamanashi *s* 月見里 80；*sp* 山梨 89

Yamanba *la* 山姥

Yamane *s* 山根

Yamaneko *s* 山猫

Yamanishi *p* 山西

Yamano *s* 山野

Yamanobe *s* 山野辺；*sp* 山辺

Yamanoe *s* 山上, 山於

~ no Okura *ml* 山上憶良 「口

Yamanoguchi *s* 山之口

~ Baku *ml* 山之口貘

Yamanoi *s* 山井, 山野井

Yamanokami *s* 山上

Yamanoshiro *s* 山之城

Yamanouchi *s* 山之内；山内；*p* 山ノ内

~ Toyoshige *mh* 山内豊信

~ Yoshio *ml* 山内義雄

Yamanoue *s* 山上

Yamao *s* 山尾

Yamaoka *sp* 山岡

~ Genrin *ml* 山岡元隣

~ Sōhachi *ml* 山岡荘八 「鉄太郎

~ Tetsutarō *mh* 山岡

Yamaryō *s* 山領

Yamasa *s* 山佐

Yamasaka *s* 山坂

Yamasaki *sp* 山前

Yamase *s* 山勢, 山瀬

Yamasendai *s* 山千代

Yamashima *s* 山島

Yamashina *s* 山科, 山階

Yamashiro *sp* 山代；*sph* 山背, 山脊, 山城

Yamashirobe *s* 山背部, 山脊部 「山背大兄

Yamashiro no Ōe *mh*

Yamashiroya *s* 山城屋

Yamashita *s* 山下

~ Mutsu *ml* 山下陸奥

~ Hidenosuke *ml* 山下秀之助

Yamasu *s* 山須

Yamata *s* 矢股 215

Yamatai-koku *ph* 邪馬台国 642

Yamate *s* 山手 89

~ Kiichirō *ml* 山手樹一郎

Yamato *s* 大養徳 48, 日本 77, 山戸 89, 山登, 和徳 638, 高市 1163, 養徳 2558；*sm* 和 638, 倭 1283；*p* 大和 48, 大倭, 山門 39, 山都. (倭 1283)

~-e *a* 大和絵 48, 倭絵 1283 「師

Yamatokanuchi *s* 倭鍛

Yamato Kōriyama *p* 大和郡山 48

Yamatoku *s* 山徳 89

Yamatomaro *m* 倭麻呂 1283 「771

Yamatonoaya *s* 東漢

Yamatonofumi *s* 東文

Yamato shi uruwashi *l* 大和し美し 48

~ Takada *p* 大和高田

Yamatoya *s* 和屋 638

Yamatsumi *s* 山祇 89

Yamatsuri *p* 矢祭 215

Yamauba *la* 山姥 89

Yamauchi *s* 山打；*sp* 山内

Yamaura *s* 山浦

Yamawaki *s* 山脇

~ Shintoku *ml* 山脇信徳

~ Tōyō *mh* 山脇東洋

Yamaya *s* 山谷, 山家, 山屋 「橘

Yamayakawa *s* 山谷加

Yamayoshi *s* 山吉

Yamaza *s* 山座

Yamazaki *sp* 山崎

~ Ansai *mh* 山崎闇斎

~ Shikō *ml* 山崎紫紅
~ Sōkan *ml* 山崎宗鑑
~ Toshio *ml* 山崎敏夫
~ Toyoko *fl* 山崎豊子
~ Yoshibee nebiki no kadomatsu *la* 山崎与次兵衛寿の門松
Yamazakurato *m* 山桜
Yamazato *s* 山里 ⌐戸
Yamazawa *s* 山沢
Yamazoe *sp* 山添
Yamazumi *s* 山住, 山角, 山澄
Yame *sp* 八女 19
Yamichi *s* 八道
Yamori *s* 矢守 215
Yamoto *p* 矢本
Yamura *s* 八村 19, 矢村
Yamuro *s* 矢袋 ⌐215
Yana *p* 八名 19. (柵 663, 柳 1105, 梁 1475, 楊 1898, 簗 2690)
Yanabe *s* 矢鍋 215
Yanabori *s* 柳堀 1105
Yanada *s* 梁田 1475, 簗田 2690
Yanadani *sp* 柳谷 1105
Yanaga *s* 弥永 832
Yanagawa *s* 柳河 1105; *sp* 柳川, 梁川 1475
~ Shun'yō *ml* 柳川春葉 1105 ⌐三
~ Shunzō *ml* 柳河春
Yanagi *s* 柳, 楊 1898. (柳 1105, 楊 1898)
Yanagida *sp* 柳田 1105
Yanagidaru *l* 柳樽, 柳多留
Yanagihara *s* 柳原
~ Byakuren *fl* 柳原白蓮 ⌐堂
~ Kyokudō *ml* 柳原極
Yanagimachi *s* 柳町
Yanagimoto *s* 柳元, 柳本 ⌐柳宗悦
Yanagi Muneyoshi *ml*
Yanagisawa *s* 柳沢
~ Ken *ml* 柳沢健
~ Yoshiyasu *mh* 柳沢吉保
Yanagishita *s* 柳下
Yanagita *s* 柳田
~ Kunio *ml* 柳田国男
~ Izumi *ml* 柳田泉
Yanagiuchi *s* 柳内
Yanagiya *s* 柳谷, 柳屋
Yanagizono *sm* 柳園

Yanagura *s* 柳倉
Yanahara *p* 柵原 863
Yanahashi *s* 柳橋 1105
Yanai *s* 谷内 449, 楊井 1898, 箭内 2397; *sp* 柳井 1105. (柳, 楊 1898)
Yanaihara *s* 矢内原 215
~ Tadao *ml* 矢内原忠雄 ⌐柳津 1105
Yanaizu *s* 楊津 1898; *p*
Yanaka *s* 谷中 449
Yanamaro *m* 梁満 1475
Yanamori *m* 梁守
Yanase *s* 柳瀬 1105, 梁瀬 1475, 簗瀬 2690
Yanashima *s* 簗島 1475
Yanayama *s* 柳山 1105
Yanbe *s* 山家 89
Yane *s* 矢根 215. (梁 1475)
Yano *s* 矢乃 215, 谷野 449, 箭野 2397; *s* 矢野 215
Yanoda *s* 家納 1185
Yanobe *s* 矢延 215
Yano Hōjin *ml* 矢野峰人
Yanokuchi *s* 箭口 2397
Yano Ryūkei *ml* 矢野竜渓 215
Yanoshima *s* 欠野島
Yanosuke *m* 弥之助 832
Yanuma *s* 矢沼 215
Yao *sp-l* 八尾 19
Yaoita *s* 矢尾板 215
Yaoko *f* 八百子 19
Yaori *m* 八百里
Yaotome *l* 八少女
Yaotsu *p* 八百津
Yaoya *s* 八百屋
~ O-Shichi *la* 八百屋お七
Yaozaka *s* 矢尾坂 215
(yari 鎗 2747, 鑓 2953)
Yarimizu *s* 鑓水
Yarita *s* 鎗田 2747, 鑓田 2953 ⌐一
~ Ken'ichi *ml* 鑓田研
Yarō mushi *l* 野郎虫 1398
Yasabu *m* 弥三 832
Yasaburō *m* 弥三郎
Yasada *s* 矢定 215
Yasaka *sp* 八坂 19; *m* 八尺; *p* 弥栄 832
Yasaki *s* 弥幸
Yasakichi *m* 弥三吉

Yasato *p* 八郷 19
Yase *s* 屋瀬 1233
Yasetsukabe *s* 八丈部 (yashi 椰 1891) ⌐19
Yashiki *s* 屋敷 1233
Yashiko *f* 椰子 1891
Yashima *s* 谷島 449, 家島 1185; *sp* 矢島 215; *sp-la* 八島 19; *la* 屋島 1233
Yashimoda *s* 谷下田 449
Yashio *p* 八潮 19
Yashiro *s* 八代, 矢代 215, 屋代 1233; *p* 社 406
~ Tōson *ml* 矢代東村 215
~ Yukio *ml* 矢代幸雄
Yashita *s* 矢下
Yaso *m* 八十 19
Yasogawa *s* 八十川
Yasoji *m* 弥三次 832
Yasonami *s* 八並 19
Yasose *s* 八十瀬
Yasoshima *s* 八十島
Yasu *s* 八州, 矢集 215, 連 1238; *sm* 安 472; *sp* 夜須 766; *f* 坦 574, 息 1224; *p* 野洲 1398. (乃 6, 又 13, 子 38, 予 62, 方 85, 文 86, 叶 132, 艾 159, 杢 160, 処 177, 休 233, 伏 234, 行 245, 全 271, 存 313, 快 372, 邦 416, 安 472, 考 540, 協 548, 侃 551, 和 638, 宜 675, 定 677, 易 708, 易 714, 居 737, 庚 741, 夜 766, 保 781, 抵 797, 弥 832, 柔 907, 昆 945, 育 958, 彦 1007, 倍 1025, 修 1038, 徐 1049, 弸 1072, 祥 1074, 耕 1131, 容 1182, 毘 1195, 泰 1203, 紊 1205, 烈 1211, 要 1218, 恵 1226, 連 1238, 席 1242, 甚 1267, 俾 1279, 健 1282, 倭 1283, 悌 1289, 術 1298, 得 1299, 済 1336, 祗 1380, 能 1397, 救 1406, 尉 1410, 寂 1436, 宴 1437, 晏 1458, 逸 1504, 庸 1507, 康 1509, 順 1532, 温 1585, 裕 1645, 盚 1711, 甯 1712, 葆 1726, 属 1802, 運 1808, 閑 1820, 鳩 1825, 靖

1855, 暖 1882, 祺 1903, 靖 1905, 誉 2010, 資 2012, 愛 2018, 廉 2042, 僖 2058, 徳 2063, 愷 2068, 愷 2071, 隠 2072, 隠 2074, 静 2145, 寧 2181, 寘 2232, 虞 2242, 億 2252, 僉 2358, 靽 2359, 盤 2399, 慰 2404, 慶 2425, 儒 2432, 穏 2492, 穆 2494, 錫 2524, 綽 2529, 綏 2534, 綿 2538, 養 2558, 燕 2570, 賢 2579, 遜 2591, 懐 2605, 鑑 2637A, 綏 2659, 緑 2660, 慈 2701, 鎮 2751) ⌐明, 順皓 1532
Yasuaki *m* 安旦 472, 安旦
Yasuakira *m* 安旦 472
Yasuba *s* 安場
Yasuchika *m* 安至, 安親, 寧親 2181
Yasuda *s* 安寿田 472, 保田 781, 家寿多 1185, 安須多, 康田 1509; *sp* 安多 472
~ Ayao *ml* 安田章生
~ Seifū *ml* 安田青風
~ Yojūrō *ml* 保田与重郎 781 ⌐靱彦 472
~ Yukihiko *mu* 安田
Yasue *s* 安江; *f* 安英, 妥江 708, 徐江 1049, 綏枝 2534
Yasufuku *s* 安福 472
Yasufumi *m* 靖章 1905, 穆文 2494 ⌐472
Yasufuruichi *p* 安古市
Yasugi *s* 八杉 19, 安木 472; *p* 安来
~ Sadatoshi *ml* 八杉貞利 19
Yasugorō *m* 安五郎 472
Yasuhara *s* 安原
Yasuharu *m* 安治, 泰敏 1203, 康晴 1509, 懐春 2605
Yasuhide *m* 育英 958, 康秀 1509
Yasuhiko *m* 快彦 372, 安彦 472, 泰彦 1203, 恭彦 1205, 鳩彦 1825, 靖彦 1905, 綏彦 2534
Yasuhira *m* 泰平 1203
Yasuhiro *m* 泰啓, 静弘 2145
Yasuhisa *m* 保栄 781,

庸久 1507, 裕久 1645
Yasuhito *m* 雍仁 2359, 穏仁 2492
Yasui *s* 谷井 449, 安井 472, 安居, 保井 781, 康井 1509; *ml* 野水 1398
Yasuichi *m* 保一 781
Yasuichirō *m* 安一郎 472
Yasui Santetsu *mh* 保井算哲 781 「郎 472
~ Sōtarō *ma* 安井曾太
Yasuji *m* 保二 781, 保治, 康二 1509, 康治
Yasujirō *m* 安次郎 472, 安治郎, 定二郎 677, 易二郎 714, 易次郎, 保次郎 781
Yasujo *f* 尉女 1410
Yasuka *m* 穏香 2492
Yasukabe *s* 安福 472
Yasukado *m* 康圭 1509
Yasukae *s* 安福 472
Yasukata *m* 保鞏 781, 保固, 泰賢 1203
Yasukawa *s* 安川 472, 保川 781
Yasukazu *m* 保選, 育一 958, 康景 1509
Yasuke *m* 弥助 832; *p* 八祐 19
Yasuki *m* 穏 2492
Yasukichi *m* 安吉 472, 保吉 781
Yasukiyo *m* 安王 472, 保浄 781, 泰舜 1203
Yasuko *f* 几子 6, 予子 62, 休子 233, 存子 313, 安子 472, 柔子 907, 昆子 945, 育子 958, 徐子 1049, 耕子 1131, 尉功 1410, 晏子 1458, 康子 1509, 陽春子 1567, 寍子 1711, 甯子 1712, 祺子 1903, 愷子 2071, 寧子 2181, 雍子 2359, 慰子 2404, 穏子 2492, 綏子 2534, 遜子 2591; *m* 彦三 1007
Yasukōchi *s* 安河内 472
Yasukuni *m* 安都, 康国 1509 「保馬 781
Yasuma *s* 安間 472; *m*
Yasumaro *m* 康麿 1509
Yasumasa *m* 安正 472, 安礼, 安誠, 安誠, 和正 638, 保昌 781, 保誠, 泰賢 1203, 晏尚 1458, 康正 1509, 康政, 康昌
Yasumatsu *s* 安松 472
Yasumi *s* 八住 19, 八角, 八隅, 安宅 472, 安見; *m* 八洲民 19
Yasumichi *m* 恵教 1226, 康裕 1509, 靖道 1905
Yasumi Toshio *ml* 八住利雄 19
Yasumitsu *sm* 安光 472, 安満; *m* 全光 271, 能光 1397, 康光 1509, 葆光 1726
Yasumo *s* 安雲 472
Yasumochi *m* 康保 1509
Yasumori *m* 安容 472, 鎮衛 2751
Yasumoro *m* 安認 472
Yasumoto *s* 安元, 安本; *m* 養根 2558
Yasumu *m* 休 233
Yasumura *s* 安村 472; *m* 安邑
Yasumuro *s* 安室
Yasunaga *sm* 安永; *m* 養長 2558 「協中 548
Yasunaka *s* 安中 472; *m*
Yasunari *sm* 安成 472; *m* 泰業 1203, 悌成 1289, 康成 1509, 綏稔 2534, 緩稔 2659
~ Jirō *ml* 安成二郎 472
~ Sadao *ml* 安成貞雄
Yasuno *s* 安野
Yasunobu *m* 泰舒 1203, 康命 1509, 康信
Yasunochi *m* 安後 472
Yasunori *m* 八州仙 19, 安典 472, 安憲, 容度 1182, 泰経 1203, 泰令, 恭行 1205, 康敬 1509, 穏徳 2492
Yasunosuke *m* 安之助 472, 保之助 781
Yasuo *m* 又郎 13, 子生 38, 安彦 472, 安雄, 倍男 1025, 耕雄 1131, 恭雄 1205, 甚夫 1267, 康百 1509, 康男, 康雄, 資雄 2012, 愷夫 2071, 隚夫 2072, 燕夫 2570, 鎮男 2751
Yasuoka *s* 安岡 472; *p* 泰阜 1203 「太郎 472
~ Shōtarō *ml* 安岡章
Yasuoki *m* 安居
Yasuomi *m* 保臣 781, 虞臣 2242
Yasuori *m* 安宅 472
Yasura *m* 野州良 1398
Yasuraoka *s* 安良岡 472
Yasusaburō *m* 安三郎, 康三郎 1509, 靖三郎 1905 「安貞, 安補
Yasusada *m* 安定 472,
Yasushi *m* 也寸志 23, 仁 57, 予 62, 艾 159, 休 233, 存 313, 安 472, 寿 539, 坦 574, 欣 603, 和 638, 易 714, 保 781, 泰 1203, 恭 1205, 悌 1289, 術 1298, 康 1509, 順 1532, 靖 1905, 愷 2071, 静 2145, 寧 2181, 頤 2502, 綏 2534, 鎮 2751, 簡 2788
Yasushige *m* 安殷 472, 安順, 安繁, 康穣 1509
Yasushima *s* 安島 472
Yasushiro *m* 泰代 1203
Yasuta *m* 術太 1298
Yasutada *m* 安但 472, 保忠 781, 康匡 1509
Yasutaka *s* 保高 781; *m* 安王 472, 安崇, 保孝 781, 保考, 康荘 1509, 康隆, 康爵 「蔵 781
~ Tokuzō *ml* 保高徳
Yasutake *s* 安武 472; *m* 保健 781
Yasutani *s* 安谷 472
Yasutari *sm* 安足
Yasutarō *m* 安太郎, 保太郎 781
Yasuto *m* 逸人 1504
Yasutō *m* 又玄 13, 康融 1509 「康秋 1509
Yasutoki *m* 済時 1336,
Yasutomi *sp* 安富 472; *m* 泰祉 1203
Yasutoshi *m* 保恵 781, 泰儁 1203, 康哉 1509, 慶利 2425
Yasutsugu *m* 安族 472, 安繹, 祥次 1074, 康禎 1509
Yasutsune *m* 泰経 1203
Yasuura *p* 安浦 472
Yasuya *m* 康哉 1509
Yasuyo *s* 安代 472; *f* 倭代 1283, 晏代 1458
Yasuyomo *m* 康四方 1509
Yasuyori *m* 康陸
Yasuyoshi *m* 安喜 472, 安歓, 和義 638, 宜慶 675, 保義 781, 泰義 1203, 康工 1509, 康賛, 静嘉 2145, 錫類 2524
Yasuyuki *m* 快之 372, 靖文 1905, 徳至 2063, 懐之 2605
Yasuzaemon *m* 安左衛門 472
Yasuzane *m* 康誠 1509
Yasuzawa *s* 安沢 472
Yasuzō *m* 倭蔵 1283
Yasuzuka *p* 安塚 472
Yasuzumi *s* 安住; *m* 安究, 安純 「449
Yata *s* 八田 19; *sp* 谷田
Yatabe *sp* 矢田部 215, 谷田部 449
Yatabori *s* 矢田堀 215
Yatagai *s* 八谷 19, 谷田貝 449
Yatagawa *s* 谷田川
Yatako *f* 八咫子 19
Yatarō *m* 矢太郎 215, 弥太郎 832
Yato *s* 谷戸 449
Yatō *s* 矢当 215, 矢頭
Yatomi *s* 矢富, 家富 1185, 屋富 1233; *p* 弥富 832
Yatori *s* 矢渡利 215
Yatose *f* 八年 19
Yatsu *s* 八都, 谷 449; *sp* 谷津. (八 19, 谷 449)
Yatsuchi *s* 矢土 215
Yatsuda *s* 谷津田 449
Yatsue *s* 山谷 89
Yatsugai *s* 谷貝 449
Yatsugaya *s* 谷谷
Yatsugi *s* 矢次 215; *m* 弥続 832
Yatsuhashi *s* 八ツ橋 19; *sp* 八橋
Yatsui *s* 谷井 449
Yatsuka *s* 八塚 19, 八握; *sm-p* 八束
Yatsukawa *s* 谷川 449
Yatsume *s* 矢集 215, 箭集 2397
Yatsumi *f* 八美 19
Yatsunami *s* 八並
Yatsuo *f* 八峰; *p* 八尾
Yatsurugi *s* 八剣
Yatsushiro *sp* 八代
Yatsuya *s* 谷谷 449

Yauchi *s* 矢内 215
Yauma *s* 八馬 19
Yawa *f* 柔 907
Yawahara *p* 谷和原 449
Yawaki *m* 和気 638
Yawara *m* 矢原 215, 和 638　　　「八幡 19
Yawata *sp* 矢幡 215；*p*
Yawatahama *p* 八幡浜
Yaya *m* 八谷　　　「前
Yayoi *sp-h* 弥生 832
Yayoshi *m* 弥吉
Yayū *ml* 也有 23
Yazaki *m* 矢崎 215
~ Dan *ml* 矢崎弾
~ Saganoya *ml* 矢崎
嵯峨の屋　　　「義盛
~ Yoshimori *ml* 矢崎
Yazama *s* 矢間
Yazato *s* 八里 19
Yazawa *s* 矢沢 215, 谷
沢 449　　　「三 832
Yazō *s* 野三 1398；*m* 弥
Yazu *sp* 矢頭 215；*p* 八
頭 19
Yazukuri *s* 矢作 215
(yo 予 62, 与 101, 代 125,
四 188, 序 230, 吉 278,
聿 332, 世 335, 余 448,
服 618, 命 671, 昌 715,
夜 766, 俗 776, 依 780,
勇 908, 美 923, 帯 1192,
淑 1335, 問 1524, 福
1888, 飫 1963, 誉 2010,
節 2015, 頼 2506, 輿
2703, 齢 2766)

Yō *sm* 陽 1567. (丁 8, 永
149, 央 182, 用 193, 生
214, 羊 273, 幸 274, 幼
428, 和 638, 英 693, 洋
822, 映 840, 栄 969, 容
1182, 盈 1200, 要 1218,
庸 1507, 揚 1551, 陽
1567, 暎 1594, 瑛 1607,
詠 1664, 窈 1745, 営
1751, 熔 1838, 楊 1898,
容 1983, 葉 1991, 溶
2085, 輝 2088, 腰 2090,
様 2099, 踊 2132, 曙
2282, 瑤 2286, 影 2357,
雍 2359, 瑩 2387, 遙
2421, 環 2471, 頴 2505,
維 2540, 養 2558, 謡
2642, 贏 2676, 膺 2705,
嶸 2716, 曜 2720, 燿
2721, 踰 2740, 瀛 2865,

甕 2908, 耀 2919, 鷹
2940, 鷹 2995)
(yobo 丁 8)
Yobono *s* 丁野
Yoboro *s* 丁
Yoboroko *sm* 丁子
Yoborono *s* 丁野
(yobu 召 152, 呼 571)
Yobuko *p* 呼子
Yoda *s* 与田 101, 余田
448, 養田 2558；*sp* 依
田 780
~ Gakkai *ml* 依田学海
~ Jun'ichi *ml* 与田準
一 101　　　「780
~ Shūho *ml* 依田秋圃
Yodo *p* 淀 1333. (淀)
~ Yōdo *s* 用土 193
Yodoe *p* 淀江 1333
Yodogawa *p-l* 淀川
~ aburakasu *l* 淀川油
精
Yodogimi *fh* 淀君
Yodono *s* 淀野
~ Ryūzō *ml* 淀野隆三
Yodoya *s* 淀屋
~ Tatsugorō *mh* 淀屋
辰五郎
Yogawa *s* 横川 2301
Yogo *s* 余語 448；*p* 余
Yogō *s* 余郷　　　「呉
Yogorō *m* 与五郎 101
Yogoroku *m* 四五六 188
Yogoto *l* 寿詞 539
Yogura *s* 与倉 101
Yohito *m* 淑人 1335
Yohomi *s* 衣箱 520
(yoi 宵 1179)
Yoichi *m* 与一 101, 与
市, 余一 448；*p* 余市
Yōichi *m* 陽一 1567, 養
一 2558
Yoichiemon *m* 与一右
衛門 101
Yoichirō *m* 与一郎
Yoinara *s* 四十八朝 188,
四十八願
Yoita *sp* 与板 101
Yōji *s* 楊枝 1898；*m* 陽
二 1567, 養二 2558
Yōjirō *m* 羊治郎 273,
洋次郎 822
Yōka *p* 八鹿 19
Yōkaichi *p* 八日市
Yōkaichiba *p* 八日市場
Yōkan *mh* 永観 149
Yokata *s* 四方 188

Yokawa *s* 余川 448；*p*
吉川 278
(yoke 除 1059)
Yokemura *s* 除村
~ Yoshitarō *ml* 除村
吉太郎
Yoki *m* 与喜 101. (除
1059, 榮 1378, 能 1397)
Yokichirō *m* 与吉郎 101
Yokie *m* 能恵 1397
Yō-kihi *fh-la* "Yang
Kuei-fei"　　「琴菊 659
1898
Yoki koto o kiku *l* 斧
Yokimura *s* 除村 1059
Yokitsume *s* 米集 343
Yokka *s* 四日 188
Yokkaichi *p* 四日市
(yoko 横 2301)
Yōko *f* 洋子 822
Yokobari *s* 横張 2301
Yokobashi *s* 横橋
Yokobori *s* 横堀
Yokochi *s* 横地, 横知
Yokoe *s* 横江
Yokogawa *sp* 横川
Yokogoshi *p* 横越
Yokohagi *s* 横矧
Yokohama *sp* 横浜
Yokoi *s* 横井　　　「楠
~ Shōnan *mh* 横井小
~ Yayū *ml* 横井也有
Yokoki *s* 横木
Yokokura *s* 横倉
Yokomae *s* 横前
Yokomatsu *s* 横松
Yokomichi *s* 横道
Yokomitsu *sm* 横光；*m*
横充
~ Riichi *ml* 横光利一
Yokomizo *s* 横溝
~ Seishi *ml* 横溝正史
Yokomori *s* 横森
Yokomura *s* 横村
Yokono *s* 横野
Yokoo *s* 横尾
Yokosaka *s* 横坂
Yokose *sp* 横瀬
~ Yau *ml* 横瀬夜雨
Yokoshiba *p* 横芝
Yokoshima *sp* 横島
Yokosone *s* 横曾根
Yokosuka *p* 横須賀
Yokota *sp* 横田
Yokotake *s* 横竹
Yokotani *s* 横谷
Yokote *sp* 横手

Yokotomi *s* 与牛富 101
Yokouchi *s* 横内 2301
Yokoya *s* 横矢, 横谷,
横屋
Yokoyama *s* 横山
~ Gennosuke *ml* 横山
源之助　　　「虹
~ Hakukō *ml* 横山白
~ Kendō *ml* 横山健堂
~ Taikan *ma* 横山大
観
~ Yūsaku *ml* 横山有策
Yokozawa *s* 横沢
Yokozeki *s* 横関
Yokozuka *s* 横塚
(yoku 可 165, 沃 396, 杙
421, 昱 944, 浴 1064, 翌
1466, 匵 2238, 億 2252,
翼 2686)
Yokuya *l* 沃野 396
Yōkyoku *l* 謡曲 2642
Yomaze *s* 夜交 766
Yomi *l* 冥府 1158. (幹
1938, 読 2142)
Yomibito shirazu *l* 読
人不知
Yomihon *l* 読本
Yomiko *f* 読子
Yomizu *m* 好津 413
Yomo *sf* 四方 188
Yomoda *s* 四方田
Yomoe *f* 四方恵
Yomogi *l* 蒿 1980. (蓬
2195)
Yomogifu *l* 蓬生
Yomogita *p* 蓬田
Yomoichi *m* 与望都 101
Yomoko *f* 四方子 188
Yomo no Akara *ml* 四
方赤良
Yomoo *m* 四方男
Yomosa *s* 右衛門佐 171
Yomoshigoemon *m* 四
方四五右衛門 188
(yomu 頌 2113, 諷 2515)
Yonaga *s* 依永 780
Yonago *p* 米子 343
Yonai *s* 米内　　　「光政
~ Mitsumasa *mh* 米内
Yonaiyama *s* 米内山
Yonayama *s* 米山, 米
Yone *s* 米. (米)　「内山
Yonebashi *s* 米橋
Yonebayashi *s* 米林
Yoneda *s* 米田
~ Yūrō *ml* 米田雄郎
Yonehara *s* 米原

338

Yonei *s* 米井
Yoneichi *s* 米市
Yonejima *s* 米島
Yonejirō *m* 米次郎
Yonekawa *s* 米川
～ Masao *ml* 米川正夫
Yonekichi *m* 米吉
Yonekizu *s* 米津
Yoneko *f* 米子
Yonekubo *s* 米久保, 米窪
Yonekura *s* 米倉
Yonemaru *s* 米丸
Yonematsu *m* 米松
Yonemitsu *s* 米光
Yonemochi *s* 米持
Yonemoto *s* 米元, 米本
Yonemura *s* 米村
Yoneno *s* 米野
Yoneoka *s* 米岡
Yonesato *s* 米里
Yonetani *s* 米谷
Yonetarō *m* 米太郎
Yonetsu *s* 米津
Yoneya *s* 米谷
Yoneyama *sp* 米山
Yonezaki *s* 米崎
Yonezawa *sp* 米沢
～ Junko *fl* 米沢順子
Yonezō *m* 米造, 米蔵
Yoni *s* 陽丹 1567
Yonkeru kigoku *l* 揚牙児奇獄 1551
Yono *sp* 与野 101
Yōno *s* 丁野 8
Yo no nezame *l* 夜の寝覚 766
Yōnosuke *m* 洋之助 822, 庸之助 1507
Yonōzu *p* 米水津 343
Yonushi *s* 四主 188
Yora *s* 与良 101
Yori *f* 頼里 2506. (之 24, 方 85, 无 92, 仍 123, 仗 127, 可 165, 由 186, 屯 222, 因 311, 自 340, 形 414, 利 436, 和 638, 即 648, 若 692, 凭 727, 典 733, 居 737, 奇 752, 尚 753, 依 780, 保 781, 亮 911, 為 1005, 帰 1018, 倚 1033, 従 1050, 時 1086, 株 1098, 託 1147A, 席 1242, 猗 1301, 陞 1307, 移 1378, 異 1497, 寄 1525, 順 1532, 馮 1533, 偉 1535, 猶 1555, 随 1564, 道 1811, 閑 1820, 階 1840, 幹 1938, 義 1975, 資 2012, 愛 2018, 率 2040, 穀 2168, 賚 2396, 遵 2418, 選 2419, 頼 2506, 絲 2526, 親 2544, 賢 2579, 憑 2582, 聴 2634, 縁 2660, 職 2734, 攀 2851, 麗 2902, 襲 2983)
Yoriakira *m* 自明 340
Yoriatsu *m* 仍敦 123
Yorichika *m* 頼義 2506
Yorifuji *s* 依藤 780
Yorihata *m* 仗幡 127
Yorihiro *m* 頼明 2506, 頼恕
Yorihisa *m* 仍久 123, 頼央 2506, 頼説
Yorihito *m* 職仁 2734
Yorii *p* 寄居 1525
Yorikane *m* 頼錦 2506
Yorikatsu *m* 頼戡
Yorikazu *m* 頼寿
Yoriko *f* 因子 311, 倚子 1033, 寄子 1525, 選子 2419
Yorikoto *m* 時言 1086
Yorikuni *m* 自国 340, 頼郡 2506
Yorimasa *m* 従正 1050, 頼多 2506, 頼政
～ kashū *l* 頼政家集
Yorimichi *m* 依徹 780, 率道 2040, 頼倫 2506; *ml* 頼通
Yorimitsu *s* 依光 780; *m* 帰光 1018, 随光 1564, 頼全 2506, 頼潤
Yorimoto *m* 頼職
Yorimune *m* 頼旨
Yorina *m* 頼名
Yorinaga *m* 頼存, 頼寿
Yorinao *m* 職直 2734
Yorinobu *m* 依信 780, 頼宣 2506, 頼信, 縁信 2660
Yorinori *m* 頼升 2506, 頼則, 頼郷, 頼慶
Yorio *m* 亮夫 911, 倚男 1033, 義保 1975
Yorioka *s* 依岡 780
Yorioki *m* 頼知 2506, 頼熙
Yoriosa *m* 頼易
Yorishima *p* 寄島 1525
Yorisuke *m* 頼救 2506
Yorita *s* 依田 780
Yoritaka *m* 頼位 2506, 頼幸, 頼殷, 頼恭, 頼筠
Yoritake *m* 頼桓
Yoritoki *m* 随時 1564
Yoritomo *m* 頼朝 2506
Yoritoshi *m* 頼稔, 頼聡
Yoritsugu *m* 頼縄
Yoritsune *m* 頼則
Yoriuji *m* 依氏 780
Yoriya *s* 寄谷 1525
Yoriyasu *m* 頼寧 2506
Yoriyo *m* 馮代 1533
Yoriyoshi *m* 愛善 2018, 頼芸 2506, 頼慎
Yoriyuki *m* 和志 638, 頼由 2506, 頼僮
(yoro 弱 1647)
Yorō *s* 丁 8
Yōro *s* 丁
Yōrō *p-la* 717–24 養老 2558
Yoroboshi *la* 弱法師 1647
Yorogi *sp* 余綾 448
Yoroi *s* 甲 184
Yōroko *s* 一字 3, 丁子 8, 丁字
Yoron *p* 与論 101
Yōrō ritsuryō *l* 養老律令 2558
Yoroshi *m* 宜 675
Yorozu *m* 万 43
～ chōhō *l* 万朝報
Yorozuya *s* 万屋
Yorozuyo *f* 万代
(yoru 万, 仗 127, 因 311, 凭 727, 夜 766)
Yoruka *f* 因香 311
Yoruki *s* 万木 43
Yorumune *m* 夜宗 766
Yosa *sp* 与謝 101
Yosaburō *m* 与三郎
Yosa Buson *ml* 与謝蕪村
Yosami *s* 衣羅 520, 依網 780, 網 2536; *sp* 依羅 780
Yosamibe *s* 網部 2536
Yosano *s* 与謝野 101
～ Akiko *fl* 与謝野晶子
～ Hiroshi *ml* 与謝野寛
～ Reigon *ml* 与謝野礼厳
～ Tekkan *ml* 与謝野鉄幹
Yosara *s* 依羅 780
Yosashichi *m* 与三七 101
(yose 寄 1525)
Yosegi-zukuri *a* 寄木造
Yoshi *s* 攀 2851; *m* 与志 101, 芳 480, 佳 560, 夜詩 766, 悌 1289, 淑 1335, 彬 1370, 善 1799, 義 1975, 慶 2425, 禧 2628; *m-f* 与之 101; *f* 四四 188, 頼 2506, 憙 2559. (乂 5, 力 11, 之 24, 工 39, 仁 57, 孔 58, 元 60, 介 66, 中 75, 文 86, 与 101, 女 114, 壬 116, 礼 146, 召 152, 令 155, 艾 159, 可 165, 布 170, 兄 181, 由 186, 平 203, 正 205, 甘 207, 允 217, 伃 230, 休 233, 任 235, 价 236, 伊 237, 巧 238, 兆 244, 旨 263, 圭 267, 合 270, 吉 278, 因 311, 成 322, 住 355, 伝 359, 佐 365, 狂 366, 快 372, 攻 380, 如 412, 好 413, 利 436, 克 442, 芳 480, 芦 484, 至 485, 彣 510, 君 515, 甫 533, 寿 539, 考 540, 孝 541, 身 546, 佼 552, 佶 558, 佳 560, 往 579, 欣 603, 祉 608, 妍 612, 妙 614, 明 623, 林 633, 和 638, 叔 649, 幸 661, 命 671, 宜 675, 宝 676, 芸 689, 若 692, 英 693, 斉 701, 昌 715, 奉 717, 秀 726, 凭 727, 典 733, 辰 738, 尚 753, 承 760, 良 767, 侯 777, 持 801, 洗 817, 治 825, 弥 832, 珍 836, 祝 851, 祐 852, 到 901, 亮 911, 南 912, 表 914, 宣 919, 美 923, 是 947, 怤 954, 香 961, 栄 969, 為 1005, 彦 1007, 省 1013, 俶 1026, 候 1029, 倩 1031, 修 1038, 俊 1039, 悦 1054, 祥 1074, 時 1086, 姞 1089, 桂 1102, 称 1118, 記 1149, 容 1182, 衷 1190, 哿 1194, 泰 1203, 恭 1205, 烈 1211, 恵 1226, 哲 1227, 悌 1289, 惟 1290, 陳 1311, 淑 1335, 済 1336, 淳 1337, 理 1361, 彬 1370, 祗 1380, 能 1397, 訢 1400, 致 1407,

紀 1424, 剛 1429, 宴 1437, 斉 1454, 恕 1483, 康 1509, 逞 1513, 順 1532, 偉 1535, 傳 1536, 備 1539, 惜 1546, 陶 1565, 循 1569, 温 1585, 禄 1589, 斌 1590, 勝 1613, 款 1666, 欽 1678, 敬 1691, 喜 1709, 富 1715, 葭 1725, 董 1731, 最 1742, 営 1751, 覚 1752, 貴 1755, 賀 1756, 巽 1760, 斐 1781, 堅 1796, 善 1799, 達 1810, 慎 1839, 滝 1862, 源 1863, 頎 1866, 暉 1884, 禎 1887, 福 1888, 祺 1903, 睦 1904, 雄 1912, 誠 1935, 幹 1938, 純 1956, 新 1965, 馴 1966, 凱 1967, 義 1975, 寛 1977, 意 2007, 羨 2009, 誉 2010, 資 2012, 豊 2013, 舜 2017, 愛 2018, 督 2023, 楽 2029, 照 2035, 僖 2058, 僐 2059, 徳 2063, 愷 2071, 頔 2114, 禔 2120, 精 2131, 読 2142, 静 2145, 韶 2163, 飾 2164, 穀 2168, 嘉 2184, 節 2215, 愿 2228, 儀 2255, 憘 2257, 徴 2265, 権 2300, 禕 2304, 誼 2322, 毅 2351, 歓 2352, 賞 2377, 鞏 2379, 霊 2390, 賛 2394, 嫠 2403, 熙 2409, 選 2419, 蔵 2424, 慶 2425, 儒 2432, 懌 2439, 衛 2452, 膳 2463, 嬉 2476, 稽 2491, 穆 2494, 頼 2506, 諠 2513, 緯 2529, 綏 2534, 融 2545, 歆 2550, 叡 2555, 褒 2556, 養 2558, 懿 2559, 熹 2560, 燕 2570, 賢 2579, 整 2581, 盧 2594, 臧 2595, 潔 2615, 禧 2628, 謙 2646, 縁 2660, 斂 2674, 懋 2700, 慈 2701, 厳 2706, 瓊 2717, 職 2734, 類 2755, 艶 2833, 蘆 2842, 攀 2851, 贇 2852, 韙 2856, 懽 2863, 徽 2866, 韜 2884, 寵 2893, 麗 2902, 馨 2904, 彝 2909, 曦 2914, 讓 2918, 巌 2936, 懿 2958)

Yoshiaki *m* 可朗 165, 由章 186, 允明 217, 好暁 413, 美章 923, 美誠, 是洞 947, 純明 1956, 義光 1975, 義明, 義昭, 義韶, 嘉明 2184, 嘉顕, 謙亮 2646

Yoshiakira *m* 仁詮 57, 克知 442, 義礼 1975, 義詮, 義鏡

Yoshiari *m* 能有 1397

Yoshiatsu *m* 吉鍾 278, 良敬 767, 営篤 1751, 義温 1975, 義貴

Yoshiba *s* 与芝 101, 吉羽 278, 吉葉, 吉場, 葭葉 1725

Yoshibayashi *s* 芳林 480

Yoshibuchi *s* 善淵 1799

Yoshibumi *m* 仁文 57

Yoshichi *m* 与七 101

Yoshichika *m* 吉亨 278, 芳幾 480, 祥哉 1074, 敬親 1691, 喜哉 1709, 善隣 1799, 義比 1975, 義央, 義局, 義和, 義愛, 義懐, 豊親 2013, 愛発 2018 「101

Yoshichirō *m* 与七郎

Yoshida *s* 由田 186, 佳田 560; *sp* 吉田 278

～ Genjirō *ml* 吉田絃二郎

～ Issui *ml* 吉田一穂

～ Kanetomo *mh* 吉田兼倶 「一

～ Ken'ichi *ml* 吉田健

～ Kōyū *mh* 吉田光由

～ Masatoshi *ml* 吉田正俊 「定房

～ Sadafusa *mh* 吉田

～ Seiichi *ml* 吉田精一

～ Shigeru *mh* 吉田茂

～ Shintō *mh* 吉田神道

～ Shōin *mh* 吉田松陰

～ Tōyō *ml* 吉田冬葉

Yoshidome *s* 吉留

Yoshie *s* 吉江; *m* 葭江 1725, 善衛 1799, 義柄 1975; *f* 吉柯 278, 好重 413, 省江 1013, 恵江 1226, 惟恵 1290, 彬江 1370, 禎栄 1887, 舜江 2017, 愿江 2228

～ Takamatsu *ml* 吉江喬松 278

Yoshifuji *s* 吉藤

Yoshifumi *m* 典文 733, 恵文 1226, 義文 1975, 義履 「尚古 753

Yoshifuru *m* 宜振 675,

Yoshifusa *m* 良房 767

Yoshiga *s* 吉賀 278

Yoshigaki *s* 吉垣

Yoshihama *s* 吉浜

Yoshihara *s* 葭原 1725

Yoshiharu *m* 与治 101, 好日 413, 利治 436, 美珍 923, 喜東 1709, 義令 1975, 義治, 義晴, 徳晴 2063, 精華 2131

Yoshihashi *s* 吉橋 278

Yoshihi *m* 義陽 1975

Yoshihide *m* 圭秀 267, 吉英 278, 欣秀 603, 淳秀 1337, 義秀 1975, 養秀 2558

Yoshihiko *m* 吉彦 278, 賀彦 1194, 順彦 1532, 義彦 1975, 愛彦 2018, 懿彦 2559

Yoshihira *sm* 吉平 278; *m* 楽平 2029, 静平 2145, 嘉衡 2184

Yoshihiro *s* 吉広 278, 吉弘; *m* 休広 233, 圭弘 267, 至弘 485, 昌裕 715, 良栄 767, 珍弘 836, 美宏 923, 是太 947, 恵弘 1226, 恵敬, 剛寛 1429, 誠博 1935, 義太 1975, 義公, 義広, 義弘, 愛勲 2018, 誼衡 2322

Yoshihiru *m* 嘉昼 2184

Yoshihisa *m* 好古 413, 芳久 480, 幸久 661, 美久 923, 栄喜 969, 富久 1715, 義久 1975, 義比, 義尚, 義亀

Yoshihito *m* 壬士 116, 宜仁 675, 栄仁 969, 喜仁 1709 「芳井 480

Yoshii *sp* 吉井 278; *p*

Yoshiichi *m* 芳市

Yoshiie *m* 吉宿 278, 義寮 1975 「勇 278

Yoshii Isamu *ml* 吉井

Yoshiike *s* 吉池

Yoshiizumi *s* 吉泉

Yoshijima *s* 吉島

Yoshijirō *m* 吉次郎, 芳次郎 480

Yoshika *s* 吉鹿 278; *m* 良馨 767, 是香 947, 温乎 1585, 慶香 2425

Yoshikado *m* 義門 1975

Yoshikage *m* 美蔭 923, 義景 1975

Yoshikai *s* 吉開 278

Yoshikane *s* 吉兼; *m* 凱金 1967, 義務 1975, 義銀, 義謙, 義鏡

Yoshikata *m* 吉固 278, 善方 1799, 善剛, 祺和 1903, 義堅 1975, 義質

Yoshikatsu *m* 義克, 義勝, 慶勝 2425

Yoshikawa *s* 吉河 278, 芳川 480; *sp* 吉川 278

～ Eiji *ml* 吉川英治

～ Kōjirō *ml* 吉川幸次郎 「惟足

～ Koretaru *mh* 吉川

Yoshikazu *m* 孔一 58, 由三 186, 休弌 233, 好一 413, 和三 638, 英一 693, 良知 767, 祥三 1074, 能運 1397, 欽一 1678, 喜一 1709, 喜多, 喜起, 最一 1742, 善一 1799, 誠一 1935, 義五 1975, 義員, 義量, 義数, 義算

Yoshiki *s* 吉木 278, 吉鋪, 吉識; *m* 可樹 165, 吉樹 278, 芳樹 480, 祥樹 1074, 義杵 1975, 嘉樹 2184; *p* 吉城 278, 吉敷 「101

Yoshikichi *m* 与四吉

Yoshikiyo *s* 吉清 278; *m* 吉廉, 温圭 1585, 義清 1975, 義舜, 膳清 2463

Yoshiko *f* 令子 155, 可子 165, 伃子 230, 休子 233, 伊子 237, 吉子 278, 吉孜子, 快子 372, 好子 413, 芳子 480, 佳子 560, 欣子 603, 妍子 612, 良子 767, 良志子, 美子 923, 是子 947, 怤子 954, 俶子 1026, 祥子 1074, 姞子 1089, 淑子 1335, 順子 1532, 愔子 1546, 喜子 1709, 葭子 1725, 賀子 1756, 善子 1799, 頎子 1866, 福子 1888, 祺子 1903, 義子

1975, 羹子 2009, 誉子 2010, 侾子 2058, 僖子 2059, 愷子 2071, 嘉子 2184, 儀子 2255, 歆子 2352, 賛子 2394, 慶子 2425, 懌子 2458, 嬉子 2476, 誼子 2513, 襃子 2556, 憙子 2559, 臧子 2595, 禧子 2628, 懽子 2863, 徽子 2866, 麗子 2902, 懿子 2958

Yoshikoshi s 吉越 278

Yoshikoto m 為功 1005

Yoshikuni s 吉国 278; *m* 吉光, 営邦 1751, 斐邦 1781, 善国 1799, 義国 1975, 義城, 義恕, 馨邦 2904

Yoshikura s 吉倉 278

Yoshima s 与島 101, 吉島 278; *p* 好間 413

Yoshimachi s 吉町 278

Yoshimaki s 義巻 1975

Yoshimaro m 愁麿 2403

Yoshimaru *sm* 吉丸 278; *m* 義丸 1975

Yoshimasa m 昌正 715, 彦正 1007, 福督 1888, 純正 1956, 義公 1975, 義正, 義和, 義政, 義将, 嘉真 2184, 曦正 2914

Yoshimasu s 吉益 278

Yoshimatsu *sp* 吉松

Yoshime ƒ 烈女 1211

Yoshimi s 吉身 278, 吉海, 好見 413, 芦見 484, 妙見 614, 妙美, 美 923; *sp* 吉見 278; *m* 由美 186, 好 413, 叔省 649, 俶躬 1026, 修 1038, 悦耳 1054, 喜望 1709, 福巳 1888, 義視 1975, 穀美 2168, 嘉 2184, 親 2544; ƒ 交 293, 好示 413, 幹示 1938

Yoshimichi *sm* 善道 1799; *m* 中行 75, 由路 186, 吉達 278, 吉義, 順康 1532, 貴道 1755, 睦道 1904, 義允 1975, 嘉道 2184

Yoshimine s 吉峯 278, 良岑 767

~ **no Harutoshi** *ml* 良岑玄利 767

~ **no Yasuyo** *ml* 良岑

Yoshimitsu s 吉光 278, 吉満; *m* 栄光 969, 泰光 1203, 富光 1715, 義光 1975, 義弥; *mh* 義満; *ma* 女光 114

Yoshimizu s 吉水 278; *m* 嘉瑞 2184

Yoshimochi m 淑望

Yoshimori s 吉森 278; *m* 堅守 1796, 義盛 1975, 義蕃

Yoshimoto s 吉元 278, 吉本, 義始 1975; *m* 之元 24, 攻質 380, 好祖 413, 良太 767, 良基, 喜楽 1709, 義故 1975, 義祇, 義質, 義意, 嘉基 2184

~ **Ryūmei** *ml* 吉本隆明 278

Yoshimune *sm* 令宗 155; *m* 令家, 吉宗 278, 義心 1975, 義胸, 義統

Yoshimura s 吉村 278, 芳村 480; *m* 良邑 767

~ **Tetsutarō** *ml* 吉村鉄太郎 278; *p* 寅太郎

~ **Toratarō** *m* 吉村

Yoshina s 芳名 480

Yoshinaga *sm* 好永 413; *sm-p* 吉永 278; *m* 吉呂, 吉修, 欣永 603, 宝栄 676, 奉永 717, 覚長 1752, 義元 1975, 義修, 義暢, 煕永 2409, 懿修 2958

Yoshinaka s 吉中 278; 吉仲

Yoshinao m 善直 1799

Yoshinari *sm* 吉成 278; *m* 生兆 244, 好造 413, 幸得 661, 良成 767, 良業, 淑成 1335, 敬愛 1691, 啓成 1751, 義備 1975, 楽成 2029

Yoshindo m 喜人 1709

Yoshine m 仁道 57, 美稲 923

Yoshino s 良野 767; 吉野 278; *m* 芳野 480; ƒ 慶之 2425

~ **Hideo** *ml* 吉野秀雄

~ **Gajō** *ml* 吉野臥城

~ **Sakuzō** *mlh* 吉野作造

~ **Saemon** *ml* 吉野左衛門

~ **Shizuka** *la* 吉野静

~ **Shōji** *ml* 吉野鉦二

~ **shūi** *l* 吉野拾遺

~ **Tennin** *la* 吉野天人

Yoshinobu m 仁信 57, 令寿 155, 吉宜 278, 吉修 442, 甫信 533, 致陳 1407, 喜文 1709, 最信 1742, 純信 1956, 慶喜 2425, 賢信 2579; *ml* 能宜 1397

Yoshinori s 賀訓 1756; *m* 由後 186, 吉甫 278, 吉品, 佐伝 365, 好玄 413, 好孝, 好義, 克礼 442, 芳徳 480, 良能 767, 珍順 836, 美仁 923, 美摸, 勝経 1613, 喜鑑 1709, 富則 1715, 貴孝 1755, 義珍 1975, 義則, 義規, 義教, 義徳, 義賢, 嘉経, 嘉献 2184, 嘉徳, 愿徳 2228, 賢礼 2579

Yoshinosuke m 義之介 1975

Yoshinotani *p* 吉野谷 278

Yoshinuma s 吉沼

Yoshio s 吉尾; *m* 元佳 60, 壬夫 116, 良夫 186, 伊男 237, 吉士 278, 吉雄, 快雄 372, 余四男 448, 芳夫 480, 芳男, 芳雄, 和夫 638, 宜雄 675, 秀郎 726, 尚男 753, 良士 767, 良夫, 良男, 良雄, 祐夫 852, 宜雄 919, 美夫 923, 美臣, 栄夫 969, 俶男 1026, 俊夫 1039, 祥男 1074, 桂夫 1102, 能雄 1397, 紀男 1424, 恕夫 1483, 禄夫 1589, 斌夫 1590, 喜雄 1709, 善雄 1799, 義夫 1975, 義男, 義良, 義勇, 義雄, 義郎 2018, 愛雄, 督応 2023, 頤雄 2114, 韶夫 2163, 節雄 2215, 賛雄 2394, 慶夫 2425, 禧夫 2494, 濡雄 2615, 謙雄 2646, 贇夫 2852, 靄雄

Yoshioka s 義岡 1975; *sp* 吉岡 278; *m* 淑允 1335 寺洞 278

~ **Zenjidō** *ml* 吉岡禅寺洞

Yoshioki m 義興 1975

Yoshiоkо ƒ 吉報子 278

Yoshira m 克郎 442

Yoshirō m 由郎 186, 克

郎 442, 芳郎 480, 佳郎 560, 倩郎 1031, 善郎 1799, 義朗 1975, 義朗

Yoshisaburō m 由三郎 186, 芳三郎 480, 義三郎 1975

Yoshisada m 義正, 義貞, 穀定 2168, 慶定 2425

Yoshisane m 義積 1975

Yoshisato m 能達 1397

Yoshishige *sm* 善滋 1799, 慶滋 2425; *m* 任重 235, 至鎮 485, 良茂 767, 珍重 836, 義泰 1975, 義躬, 義慈, 愛茂 2018, 賞成 2377, 懿誉 2958

~ **no Yasutane** *ml* 慶滋保胤 2425

Yoshishirō m 狂四郎 366

Yoshisue m 倩孝 1031, 義居 1975

Yoshisuke m 由扶 186, 吉相 278, 傳助 1536, 喜又 1709, 純資 1956, 義介 1975, 義助, 義弼, 義輔, 誉弼 2010

Yoshisumi m 良澄 767, 義処 1975

Yoshitada m 伊賢 237, 吉品 278, 吉祇, 快彰 372, 好忠 413, 好問, 宝忠 675, 良廸 767, 致公 1407, 善禰 1799, 純正 1956, 義格 1975, 義恭, 義理, 義質

Yoshitaka s 吉高 278; *m* 可官 165, 由恭 186, 成立 322, 克孝 442, 芳喬 480, 孝高 541, 宜孝 675, 宜剛, 美峻 923, 惟高 1290, 剛恭 1429, 喜正 1709, 善堯 1799, 義垣, 義高, 義隆, 義章, 義旗, 義登, 義喬, 愛雄 2018, 嘉隆 2184

Yoshitake s 吉竹 278, 吉武; *m* 芳武 480, 住丈 560, 義武 1975, 義勇, 義建, 禕健 2304

Yoshitami m 義農 1975

Yoshitane m 義苗, 義植, 義種

Yoshitani s 吉谷 278

341

Yoshitarō *m* 芳太郎 480, 義太郎 1975
Yoshitatsu *m* 義竜
Yoshiteru *m* 義光, 義照, 義輝, 義曜, 愛昶 2018
Yoshito *m* 吉人 278, 吉人, 芳人 480, 喜仁 1709, 義留 1975
Yoshitō *m* 吉十 278, 良任 767, 義深 1975, 儀任 2255; *f* 佳妙 560
Yoshitoki *m* 由言 186, 吉鴻 278
Yoshitome *m* 義止 1975
Yoshitomi *sp* 吉富 278; *m* 好美 413, 孝福 541, 善富 1799, 義美 1975
Yoshitomo *m* 吉偕 278, 良知 767, 勝伴 1613, 義友 1975, 義知, 義朝, 義栄, 慶寛 2425
Yoshitori *s* 好鳥 413
Yoshitoshi *s* 吉利 278; *m* 禄寿 1589, 喜稔 1709, 禎利 1887, 義勇 1975, 義祚, 義威, 義理, 義智, 義詮, 養利 2558, 職俊 2734
Yoshitsugu *m* 良世 767, 良蒸, 典次 733, 栄胤 969, 義倫 1975, 義著, 義続, 賢次 2579, 膳次 2463
Yoshitsuka *m* 義柄 1975
Yoshitsumu *m* 美積 923, 義諶 1975
Yoshitsune *m* 良経 767; *mh* 義経 1975
~ senbonzakura *la* 義経千本桜
~ Shin Takadachi *l* 義経新高館
Yoshitsura *m* 恕連 1483
Yoshiue *s* 吉植 278; *m* 義高 1975 「亮 278
~ Shōryō *ml* 吉植庄
Yoshiumi *p* 吉海
Yoshiura *s* 吉浦
Yoshiwa *p* 吉和
Yoshiwara *sp* 吉原
~ suzume *a* 吉原雀
Yoshiya *s* 吉屋
~ Nobuko *fl* 吉屋信子
Yoshiyama *s* 吉山, 霊山 2390
Yoshiyasu *m* 伊定 237, 良祺 767, 義温 1975, 義綏, 賢保 2579
Yoshiyori *m* 吉倚 278, 義和 1975
Yoshiyuki *s* 吉行 278; *m* 由之 186, 吉之 278, 如行 412, 好就 413, 利敬 436, 修之 1038, 時之 1086, 致行 1407, 温之 1513, 敬行 1691, 善之 1799, 義之 1975, 義元, 嘉幸 2184, 頼行 2506 「淳之介 278
~ Junnosuke *ml* 吉行
Yoshizaka *s* 吉阪
Yoshizaki *s* 吉崎
~-bō *ph* 吉崎坊
Yoshizane *m* 凱実 1967
Yoshizawa *s* 吉沢 278, 吉臭, 芳沢 480
~ Yoshinori *ml* 吉沢義則 278
Yoshizō *m* 由蔵 186, 芳蔵 480, 義三 1975
Yoshizu *m* 美静 923
Yoshizuka *s* 吉塚 278
Yoshizumi *s* 吉住, 妙泉 614, 善積 1799; *sm* 善澄; *m* 好純 413, 義澄 1975
Yosōji *m* 与三次 101
Yosomatsu *m* 与三松
Yosomiya *s* 四十宮 188
Yosonara *s* 四十八朝
Yosoo *m* 与曾房 101
Yōsuke *m* 洋右 822
Yosuma *s* 四十方 188
Yosumi *s* 与住 101, 四十住 188
Yosuyama *s* 五十山 91
Yōtarō *m* 陽太郎 1567
Yoto *s* 与等 101
Yotoshi *s* 吉年 278, 吉利
(yotsu 四 188, 肆 2144)
Yotsuami *m* 四綱 188
Yotsugane *sp* 四纏
Yotsugi *s* 世継 335
~ Soga *la* 世継曾我
Yotsukaidō *p* 四街道 188
Yotsukura *p* 四倉
Yotsumoto *s* 四元, 四本
Yotsunoya *s* 乗 1016
Yotsuse *s* 四瀬 188
Yotsutsuji *s* 四辻
~ Yoshinari *ml* 四辻善哉
Yotsuya *s* 四屋, 四家, 肆矢 2144; *sp* 四谷 188
~ kaidan *l* 四谷怪談
Yotto *s* 者度 769
Youchi Soga *la* 夜討曾我 766
Yowa *f* 澔 2268. (弱 1647) 「2558
Yōwa 1181–82 養和
Yowai *m* 秢 1115
Yowa nasake ukina no yokogushi *l* 与話情浮名横櫛 101
~ no nezame *l* 夜半の寝覚 766 「代々木
Yoyogi *s* 代代木 125; *sp*
Yōyōshadan *l* 洋々社談 822
Yoyoshi *l* 世吉 335
Yōzaburō *m* 要三郎 1218 「101
Yozaemon *m* 与左衛門
Yoza ichiryū *a* 四座一流 188
~ yakusha mokuroku *l* 四座役者目録
Yōzō *m* 要造 1218, 要蔵
Yu *s* 湯 1587. (夕 33, 水 54, 弓 95, 由 186, 用 193, 酉 526, 油 593, 柚 857, 羑 922, 容 1182, 悠 1481, 庸 1507, 猶 1555, 游 1574, 湯 1587, 釉 1653, 遊 1809, 楢 1900, 猷 1962, 蓉 1983, 楡 2288A, 愈 2358, 雍 2359, 諭 2510, 融 2545, 踰 2740, 甕 2908)
Yū *s* 由 186; *sp* 由宇; *m* 雄 1912. (又 13, 夕 33, 友 70, 右 171, 由 186, 有 303, 佑 364, 邑 460, 酉 526, 侑 557, 祐 852, 柚 857, 勇 908, 宥 918, 羑 922, 囿 990, 涌 1065, 悠 1481, 猶 1555, 游 1574, 裕 1645, 釉 1653, 遊 1809, 楢 1900, 雄 1912, 猷 1962, 逌 2047, 喩 2064, 踊 2132, 幽 2251, 熊 2410, 融 2545, 優 2599, 鮪 2669)
Yuami *s* 浴 1064. (浴)
Yuamibe *s* 浴部
Yuasa *sp* 湯浅 1587
~ Hangetsu *ml* 湯浅半月
~ Yoshiko *fl* 湯浅芳子
Yuba *s* 弓場 95
Yūbai *ml* 友梅 70
Yubara *s* 由原 186, 油原 593; *sp* 湯原 1587
Yūbari *p* 夕張 33
Yūbetsu *p* 涌別 1065
(yubi 指 800)
Yubisui *s* 指吸
Yubisuku *s* 指宿
Yubu *s* 由布 186
Yuchi *s* 湯池 1587, 湯地
~ Takashi *ml* 湯地孝
Yuda *s* 油田 593; *sp* 湯田 1587
Yūda *s* 紫合 2209
Yue *s* 湯人 1587, 湯生, 湯江, 湯坐; *m* 湯座
Yufuin *p* 湯布院
Yūgao *lf-la* 夕顔 33
Yugawa *s* 油川 593
Yugawara *p* 湯河原 1587
Yugaya *s* 由茅 186
Yuge *s* 弓 95; *sp* 弓削
Yūgen *l* 幽玄 2251
Yugeta *s* 弓削田 95
Yugi *p* 湯来 1587
Yūgiri *lf-fl* 夕霧 33
Yuguchi *s* 湯口 1587
Yūgure ikashū *l* 夕暮遣歌集 33
Yugyō Shōnin *ml* 遊行上人 1809
~ yanagi *la* 遊行柳
Yuhama *s* 由浜 186
Yui *s* 由井, 油井 593, 油比; *sp* 由比 186. (唯 1286, 惟 1290, 結 2151)
Yuichi *m* 由一 186
Yūichi *m* 勇一 908, 雄一 1912 「雄一郎 1912
Yūichirō *m* 悠一郎 1481,
Yuiko *f* 結子 2151
Yuimakyō *l* 維摩経 2540
~ gisho *l* 維摩経義疏
Yuishinbōshū *l* 唯心房集 1286 「正雪 186
Yui Shōsetsu *mh* 由井
Yūji *s* 熊耳 2410; *m* 勇児 908, 雄二 1912, 雄次, 逌爾 2047
Yūjirō *m* 勇治郎 908, 雄二郎 1912

Yūjōbō *s* 祐乗坊 852
(yuka 床 508, 縁 2660)
Yukako *f* 縁子
Yukami *s* 湯上 1587
Yukari *m* 因 311
～ no fujinami *l* 所縁の藤波 600 「梅 186
～ no ume *l* 由佳里の
Yukawa *s* 湯河 1587; *sp* 湯川 「樹
～ Hideki *mlh* 湯川秀
Yukei *s* 靭 1694, 靭負
Yuki *s* 由木 186, 由起, 幸 661; *f* 恕 1483; *f-la* 雪 1495; *p* 由岐 186, 油木 593. (之 24, 于 25, 千 44, 元 60, 介 66, 文 86, 五 91, 升 113, 以 134, 礼 146, 公 156, 由 186, 行 245, 而 264, 先 280, 氏 297, 役 368, 如 412, 判 434, 亨 440, 走 441, 肖 451, 足 461, 志 464, 至 485, 来 538, 孝 541, 侑 557, 往 579, 征 580, 門 601, 放 606, 服 618, 幸 661, 享 662, 迋 749, 抵 797, 政 881, 到 901, 是 947, 為 1005, 将 1040, 徐 1049, 浴 1064, 時 1086, 恭 1205, 晋 1215, 通 1239, 起 1262, 偏 1273, 致 1407, 教 1408, 敏 1409, 章 1461, 恕 1483, 雪 1495, 透 1502, 進 1503, 逞 1513, 順 1532, 随 1564, 循 1569, 就 1668, 舒 1673, 敬 1691, 靭 1694, 喜 1709, 普 1792, 運 1808, 遊 1809, 道 1811, 超 1816, 詣 1930, 猷 1962, 勧 1970, 廉 2042, 歴 2247, 徸 2263, 遵 2418, 徹 2451, 維 2540, 薫 2567, 邁 2592, 潔 2615, 諧 2639, 豁 2667, 鵬 2795)
Yūki *s* 涌喜 1065; *sp* 結城 2151 「果
～ Aisōka *ml* 結城哀草
Yukiami *s* 靭編 1694
Yukichi *m* 諭吉 2510
Yūkichi *m* 祐吉 852, 勇吉 908, 裕吉 1645, 雄吉 1912 「以親 134
Yukichika *m* 千寸 44,
Yukida *s* 行田 245
Yukie *sm-p* 靭負 1694; *f* 亨江 440, 志依 464, 幸守 661, 幸枝, 容甲枝 1182 「1694
Yukienosuke *m* 靭負輔
Yuki Fujin ezu *l* 雪夫人絵図 1495
Yukigawa *s* 行川 245
Yukige *l* 雪解 1495
Yukihara *s* 直原 988
Yukihide *m* 進秀 1503
Yukihira *m* 行平 245
Yukihisa *m* 以久 134, 行芬 245
Yukiho *m* 征帆 580
Yukikage *m* 幸景 661
Yukikane *m* 幸謙
Yukikazu *m* 恭一 1205
Yūki Kenzō *ml* 結城健三 2151
Yukiki *m* 往来 579
Yukikiyo *m* 行心 245
Yukiko *f* 夕起子 33, 夕輝子, 至子 485, 幸子 661, 靭子 1694, 超子 1816 「晋匡 1215
Yukimasa *m* 以修 134,
Yukimatsu *m* 幸松 661
Yukimi *m* 詣見 1930
Yukimichi *m* 之通 24, 如道 412
Yukimitsu *m* 恭光 1205, 敬光 1691
Yukimoto *m* 幸民 661
Yukinaga *s* 浴永 1064, *m* 敬栄 1691
Yukinari *m* 行成 245, 行造, 教成 1408
Yukino *s* 雪野 1495
Yukinobu *m* 之布 24, 行信 245, 如信 412, 章信 1461
Yukinori *m* 行則 245, 順徳 1532 「1495
Yukinoshita *sp* 雪下
Yukio *s* 由木尾 186; *m* 由紀夫, 行夫 245, 行雄, 志雄 464, 往雄 579, 幸男, 幸雄 661, 雪夫 1495, 雪雄, 進男 1503, 敬夫 1691, 靭雄 1694, 喜郎 1709
Yukioka *s* 雪岡 1495
Yukiomi *m* 雪臣
Yuki-onna gomai hagoita *l* 雪夫人女五枚羽子板
Yukisaki *m* 行先 245
Yukishita *s* 雪下 1495
Yūki Somei *ma* 結城素明 2151
Yukitada *m* 行忠 245
Yukitaka *m* 之剛 24, 公孝 156, 幸専 661, 幸高
Yukitake *s* 行武 245
Yukitame *m* 行為
Yukitari *m* 幸足 661
Yukitō *m* 志純 464
Yukitoki *m* 幸辰 661
Yukitomo *m* 志朝 464
Yukitoshi *m* 行歳 245, 征捷 580, 幸年 661
Yukiyama *s* 行山 245, 雪山 1495
Yukiyasu *m* 幸健 661
Yukiyo *m-f* 幸世
Yukiyoshi *m* 行欣 245, 幸宜 661
Yukizawa *s* 行沢 245
Yukizō *m* 章三 1461
Yūko *f* 木綿子 109
Yūkō *m* 雄幸 1912
(yuku 水 54, 徂 577, 征 580, 許 1403, 款 1666, 巽 1760, 路 1725, 雲 2027, 適 2240)
Yukuhashi *p* 行橋 245
Yukuko *f* 徂子 577, 適子 2240 「夫 580
Yukuo *m* 行郎 245, 征
Yūma *s* 遊馬 1809
Yume no ukihashi *l* 夢浮橋 1990
Yumesaki *p* 夢前
Yumesuke *m* 夢助
Yumi *s* 由美 186. (弓 95, 弨 833) 「95
Yumiharizuki *l* 弓張月
Yumiko *f* 弓子
Yumimaro *m* 弓麿
Yumino *s* 弓野
Yumita *s* 弓田 「幡
Yumi Yawata *la* 弓矢
Yumoto *sp* 湯本 1587
～ Kisaku *ml* 湯本喜作
Yumura *s* 湯村, 湯邑
Yunamochi *s* 弓納持 95
Yuni *sp* 由仁 186
Yūnoki *s* 柚木 857
Yunomae *p* 湯前 1587
Yūnosuke *m* 勇之助 908, 雄之助 1912
Yunotani *p* 湯之谷 1587
Yunoura *p* 湯浦
Yura *sp* 由良 186
Yuranosuke *m* 由良之助 「利 186
Yuri *sf* 百合 265; *sp* 由
Yurigorō *m* 百合五郎 265
Yuri Kimimasa *mh* 由利公正 186
Yuriko *f* 由里子, 百合子 265 「助 186
Yurinosuke *m* 由利之
Yuriwaka Daijin *l* 百合若大臣 265
Yūroku *m* 祐六 852
(yuru 万 43)
Yurugi *s* 余綾 448
Yuruki *s* 万木 43
Yurusu *m* 恕 1483
Yūryaku *mh* 雄略 1912
Yusa *sp* 遊佐 1809
Yūsaburō *m* 勇三郎 908, 雄三郎 1912
Yūsai *ml* 幽斎 2251
～-ō kikigaki *l* 幽斎翁聞書
Yūsaki *s* 結崎 2151
Yūsaku *m* 勇作 908
Yūshi hōgen *l* 遊子方言 1809
Yūshō *ma* 友松 70
(yusu 檮 2724)
Yusuhara *p* 檮原
Yūsuke *m* 雄祐 1912, 裕輔 1645
Yusumi *s* 五百姓 91
(yusuru 万 43)
Yusurugi *s* 万木, 石動山 172 「2013)
(yuta 支 63, 茂 691, 豊
Yutahito *m* 茂仁 691, 豊仁 2013
Yutaka *m* 大 48, 完 471, 坦 574, 担 581, 肥 617, 胖 843, 浩 1068, 泰 1203, 隆 1313, 游 1574, 温 1585, 裕 1645, 富 1715, 最 1742, 豊 1972, 寛 1977, 粲 2019, 僴 2054, 愷 2071, 碩 2116, 綽 2529, 優 2599, 穣 2802, 饒 2925; *m-p* 豊 2013
Yutani *s* 油谷 593
Yūtarō *m* 祐太郎 852, 勇太郎 808, 雄太郎 1912, 猷太郎 1962
Yūtō *p* 雄踏 1912

Z

APPENDICES

Appendix 1

NAME CHARACTERS ARRANGED BY RADICALS

The following list contains all the characters given in Part I as initial characters, including the variant forms and the old forms of *tōyō kanji,* arranged in the traditional way according to their radicals and additional strokes. The classification in Nelson's *The Modern Reader's Japanese-English Character Dictionary* has been followed for the characters given there, and that in Ueda's *Daijiten* for other characters.

The numbers to the left of the characters indicate the number of strokes in them apart from the radical elements; and those to the right, the numbers under which the characters are listed in Part I of the index.

RAD. 1

一	3
1 丁	8
2 于	22
于	25
万	43
下	46
与	101
3 五	91
天	93
不	94
丑	99
互	200
4 丕	163
可	165
且	192
丙	198
平	203
正	205
丞	296
民	333
5 亙	262
百	265
亘	317
両	531
6 呑	489
吾	491
巫	524
亜	525
更	528
7 武	751
兩	755
東	771
画	991
函	1232
8 昼	983
9 夏	1161
哥	1193
晉	1215
10 惡	1483A
11 甦	1814
13 爾	2250
18 壘	2860

RAD. 2

丿	1
2 也	23
3 中	75
内	81
卍	197
4 卅	119
卉	151
央	182
史	183
甲	184
申	185
由	186
冊	190
本	212
凸	323
世	335
出	523
5 州	224
印	260
向	312
曲	327
7 串	516
果	770
表	914
8 帥	883
衷	1190
甚	1267
幽	2251
9 師	1130
剛	1429
10 肅	1528
11 賽	1757
12 繭	2248
13 暢	2111
15 鴨	2489

RAD. 3

1 丶	5
3 尤	106
4 必	120
氷	140
永	149
半	213
6 甫	533
求	537
8 単	919A
為	1005
10 巣	1431
梵	1490
12 業	2024
17 叢	2778

RAD. 4

1 ノ	7
九	16
乃	27
2 丈	36
丸	40
千	44
久	45
及	83
3 丹	79
少	88
尹	98
井	103
夫	104
午	112
升	167
4 斥	167
丼	206
未	210
木	211
包	218
丘	219
乎	221
弗	330
5 后	304
危	318
吏	329
朱	341
年	342
争	344
夷	535
6 励	430
兵	499
乕	500
夾	534
東	536
来	538
寿	539
兎	544
我	545
承	760
系	977
7 刷	655

奉	717
垂	761
兎	763
8 卑	976
盾	984
咫	996
眉	997
看	998
省	1013
乗	1016
重	1017
胤	1269
9 殷	1139
烏	1256
勉	1263
乘	1265
島	1522
10 尉	1410
彫	1412
爽	1529
兜	1800
11 甞	1775
奥	1798
12 辟	1919
殿	1960
14 戯	2350
15 縣	2825
16 嚴	2706

RAD. 5

乙	2
1 七	17
3 巴	97
屯	222
7 乳	657
10 乿	1971
18 亂	2175

RAD. 6

1 了	9
2 才	35
3 予	62
7 事	768

RAD. 7

二	4
2 元	60
云	147
6 亞	1264
10 亶	1700

RAD. 8

1 之	24
2 六	61
3 市	195
主	196
4 交	293
亦	325
亥	519
充	521
5 亨	440
6 享	662
京	663
卒	732
夜	766
盲	936
育	958
7 亭	909
亮	910

亮 911
変 970
帝 971
8 歆 1142
9 商 1526
牽 2028
率 2040
10 就 1668
11 亶 1972
稟 1973
準 2041
裏 2176
棄 2202
雍 2359
12 豪 2177
13 褻 2556
16 襲 2908
19 亹 2932

RAD. 9

人 14
2 仍 55
化 56
仁 57
介 66
今 67
仍 128
仏 128
以 134
3 仮 122
仕 121
代 125
付 126
仗 127
他 130
仟 131
令 155
仙 228
4 仲 227
伍 229
仔 230
仮 231
伎 232
休 233
伏 234
任 235
价 236
伊 237
企 269
合 270
全 271
似 350
伝 359
仰 360
会 454
5 但 351
佃 352

伸 353
位 354
佇 355
伻 356
伽 357
体 358
伴 361
作 362
伯 363
佑 364
佐 365
余 448
含 453
何 513
佛 550
6 侃 551
佼 552
優 553
佰 554
供 555
使 556
侑 557
佶 558
侍 559
佳 560
佽 561
佝 562
俞 669
念 670
命 671
舍 721
來 756
依 780
7 俱 772
俠 773
俔 774
利 775
俗 776
侯 777
侶 778
俣 779
保 781
信 782
俟 1035
俊 1039
8 倞 1024
倍 1025
俶 1026
倬 1027
俱 1028
候 497
健 1030
倩 1031
借 1032
倚 1033
倦 1034
俳 1036
倫 1037

修 1038
倉 1165
値 1278
俵 1280
倭 1283
9 條 1270
假 1271
停 1272
偏 1273
偵 1274
修 1275
偵 1276
倬 1277
伸 1279
脩 1281
健 1282
偉 1535
偕 1537
10 傅 1536
傍 1538
備 1539
傘 1702
翁 1704
傑 1827
傀 1828
11 傳 1826
僧 1829
傾 1830
會 2020
催 2060
12 傭 2054
僦 2055
僮 2056
僑 2057
僞 2058
僕 2059
像 2061
儌 2253
13 億 2252
僻 2254
儀 2255
償 2434
14 儒 2432
僑 2433
儘 2435
15 優 2599

RAD. 10

3 无 279
4 先 280
5 兒 497
6 兒 757
兄 758
免 762
10 兟 1922

RAD. 11

入 15

RAD. 12

八 19
2 分 64
公 156
谷 446
4 共 292
5 兌 447
吳 735
弅 764
7 典 733
其 734
並 765
7 前 921
8 益 1201
兼 1268
翁 1430
9 曾 1477
貧 1498
10 奠 1701
巽 1760
普 1792
曾 1794
尊 1797
善 1799
11 慈 2701
14 冀 2571
興 2586
輿 2703

RAD. 13

2 円 78
4 同 298
5 冏 512
6 周 736
岡 987

RAD. 14

7 冠 905
軍 906
8 冥 1158

RAD. 15

4 冲 225
次 226
兆 244
冴 348
5 冷 349
6 列 549
8 涼 1020
清 1021
凌 1022
准 1023
弱 1647
10 馮 1533
14 凝 2431

RAD. 16

几 6
1 凡 37
4 夙 299
凭 727
10 凱 1967
12 鳳 2233

RAD. 17

2 凶 173

RAD. 18

刀 12
2 刈 50
切 51
3 召 152
4 刑 258
5 刔 432
判 434
別 435
6 刜 605
刺 654
制 656
刻 900
7 剎 886
荊 899
8 剣 1151
剙 1427
9 剛 1426
副 1428
10 剩 1695
創 1696
割 1696A
13 劉 2554

RAD. 19

力 11
3 加 121
4 劬 253
5 劲 429
助 431
劳 491A
勑 651
努 728
6 劼 652
効 653
7 勁 896
勒 897
勅 898
勇 908
勍 1008
勁 1967A
8 劼 1150
脅 1157
9 勔 1425
勘 1699
10 勞 1776
11 勤 1968
勧 1969

勧 1970
勢 2039
14 勵 2552
勣 2553
15 勤 2767
17 勸 2834

RAD. 20

2 勹 72
匂 73
勿 110
勾 168
9 匍 1655

RAD. 21

3 北 138
4 旨 263
眞 1496

RAD. 22

2 匹 187
巨 199
3 匝 308
4 匠 503
匡 504
5 匣 742
医 743
11 匱 2238

RAD. 24

十 18
3 古 154
5 克 442
孝 541
6 協 548
直 988
7 南 912
哉 1012
者 1012
8 真 1228
栽 1254
索 1703
9 乾 1411
10 博 1534
11 幹 1938
載 2050
14 翰 2518
22 矗 3017

RAD. 25

卜 10
1 上 47
2 卞 84
3 占 153
6 卦 647
卓 660
7 貞 982

355

Appendix 2
LIST OF RADICALS

The following is the traditional listing of the 214 radicals and radical numbers, arranged according to stroke count. Numbers in parentheses indicate variant forms as noted by Nelson.

1	一	一	丨	丨	丶	丿	乀	一	乙	乚	乚	亅
	1	(1)	2	(2)	3	4	(4)	(4)	5	(5)	(5)	6
2	二	二	亠	亠	人	亻	入	儿	入	入	八	八
	7	(7)	8	(8)	9	(9)	(9)	10	11	(11)	12	(12)
	⺍	冂	刀	刂	刀	冖	冫	几	凵	凵	刀	刂	力
	(12)	13	(13)	(13)	(13)	14	15	16	(16)	17	18	(18)	19
	勹	匕	匕	匚	匚	匸	十	忄	十	卜	卜	卜	卩
	20	21	(21)	22	(22)	23	24	(24)	(24)	25	(25)	(25)	26
	㔾	厂	厶	又	又	辶	阝	阝
	(26)	27	28	29	(29)	(162)	(163)	(170)
3	口	囗	土	土	圡	士	夂	夂	夊	夊	夕	大
	30	31	32	(32)	(32)	33	34	(34)	(34)	35	36	37
	宀	女	子	宀	寸	小	丷	尢	尸	屮	屮	山	川
	(37)	38	39	40	41	42	(42)	43	44	45	(45)	46	47
	巛	工	己	已	巳	巾	干	幺	广	廴	廾	廿	弋
	(47)	48	49	(49)	(49)	50	51	52	53	54	55	(55)	56
	弓	彐	彐	彑	彡	彳	忄	扌	氵	丬	犭	艹	辶
	57	58	(58)	(58)	59	60	(61)	(64)	(85)	(90)	(94)	(140)	(162)
4	心	小	忄	戈	戈	戶	戸	手	手	扌	支	攴
	61	(61)	(61)	62	(62)	63	(63)	64	(64)	(64)	65	(65)
	攴	攵	文	斗	斤	方	无	旡	日	曰	月	木	欠
	66	(66)	67	68	69	70	71	(71)	72	73	74	75	76
	止	歹	歺	殳	毋	母	比	毛	毛	氏	气	水	氵
	77	78	(78)	79	80	(80)	81	82	(82)	83	84	85	(85)
	氺	火	灬	爪	爪	爫	爫	父	爻	爻	爿	丬	片
	(85)	86	(86)	87	(87)	(87)	(87)	88	89	(89)	90	(90)	91
	牙	牛	牛	犬	王	壬	正	礻	內	歺	月	月	艹
	92	93	(93)	94	(96)	(96)	(103)	(113)	(114)	(125)	(130)	(130)	(140)

5	无 (71)	先 (71)	母 (80)	比 (81)	米 (85)	牙 (92)	玄 95	玉 (96)	王 (96)	壬 (96)	瓜 97	瓦 98
	甘 99	生 100	用 101	田 102	疋 103	正 (103)	广 104	癶 105	白 106	皮 107	皿 108	目 109	矛 110
	矢 111	石 112	示 113	礻 (113)	禸 114	禾 115	穴 116	穴 (116)	立 117	立 (117)	罒 (122)	艮 (138)	衤 (145)
6	竹 113	⺮ (118)	米 119	糸 120	缶 121	网 122	罒 (122)	羊 123	⺶ (123)	羋 (123)	羽 124	羽 (124)
	老 125	耂 (125)	而 126	耒 127	耒 (127)	耳 128	耴 (128)	聿 129	聿 (129)	肉 130	肉 (130)	月 (130)	月 (130)
	臣 131	自 132	至 133	臼 134	舌 135	舛 136	舟 137	舟 (137)	艮 138	艮 (138)	色 139	艸 140	艹 (140)
	艹 (140)	虍 141	虫 142	血 143	血 (143)	行 144	衣 145	衤 (145)	西 146	覀 (146)	襾 (146)	豸 (152)	⻊ (157)
7	臣 (131)	舛 (136)	見 147	角 148	言 149	谷 150	豆 151	豕 152	豸 153	貝 154	赤 155	走 156
	足 157	身 158	車 159	辛 160	辰 161	辰 (161)	辵 162	邑 163	酉 164	釆 165	里 166	長 (168)	麦 (199)
8	金 167	長 168	镸 (168)	門 169	阜 170	隶 171	隹 172	雨 173	青 174	靑 (174)	非 175	齐 (210)
9	面 176	革 177	韭 179	音 180	頁 181	風 182	飛 183	食 184	飠 (184)	食 (184)	首 185	香 186
10	韋 (178)	馬 187	骨 188	高 189	髟 190	鬥 191	鬯 192	鬲 193	鬼 194	鬼 (194)	竜 (212)	竜 (212)
11	高 (189)	魚 195	鳥 196	鹵 197	鹿 198	麤 (198)	麥 199	麻 200	麻 (200)	黃 (201)	黑 (203)	龜 (213)
12	黃 201	黄 (201)	黍 202	黑 203	黒 (203)	黹 204	黽 (205)	鼎 (206)	齒 (211)
13-14	黽 205	鼎 206	鼓 207	鼔 (207)	鼠 208	鼡 (208)	鼥 (207)	鼻 209	鼻 (209)	齊 210	齐 (210)
15-17	齒 211	齒 (211)	龍 212	竜 (212)	竜 (212)	龜 213	亀 (213)	龠 214

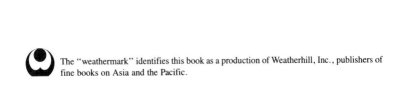
The "weathermark" identifies this book as a production of Weatherhill, Inc., publishers of fine books on Asia and the Pacific.